本書出版得到國家古籍整理出版專項經費資助

中國歷史文集叢刊

吕本中全集

一

〔宋〕吕本中 撰
韓酉山 輯校

中華書局

圖書在版編目(CIP)數據

呂本中全集/(宋)呂本中撰;韓酉山輯校. —北京:中華書局,2019.6
(中國歷史文集叢刊)
ISBN 978-7-101-13693-7

Ⅰ.呂…　Ⅱ.①呂…②韓…　Ⅲ.呂本中-全集
Ⅳ.Z424.2

中國版本圖書館 CIP 數據核字(2019)第 005332 號

責任編輯:許慶江

中國歷史文集叢刊

呂本中全集

(全四册)

〔宋〕呂本中 撰

韓酉山 輯校

*

中 華 書 局 出 版 發 行

(北京市豐臺區太平橋西里 38 號　100073)

http://www.zhbc.com.cn

E-mail:zhbc@zhbc.com.cn

北京瑞古冠中印刷廠印刷

*

850×1168 毫米 1/32 · 59 印張 · 8 插頁 · 1300 千字

2019 年 6 月北京第 1 版　　2019 年 6 月北京第 1 次印刷

印數:1-2000 册　　定價:198.00 元

ISBN 978-7-101-13693-7

呂本中全集整理説明

呂本中是南北宋之交的著名道學家、詩人和詩論家，在思想史、文化史和詩歌史上具有相當重要的地位。呂祖謙稱其「躬受中原文獻之傳」，是南北宋之交思想文化的重要傳承者；《宋元學案》爲彰其貢獻，專設《紫微學案》以闡述其學説；他曾作《江西詩社宗派圖》，首倡詩派之説；他提出「活法」與「悟入」説，並以其創作實踐，對南宋詩歌創新發展起着重要的推動作用。然迄無全集問世，不少著述已湮没不存；單行於世的著述，亦往往誤爲他人之作。詩論家偏重其詩論、詩作，道學家則偏重其近語録之作，隨意删節合併，即僅存之作，亦非原貌。爲補亡羊之牢，現將呂氏僅存之作搜集整理，結集出版，以饗讀者。

此次整理，主要做了以下工作：

一、輯佚。呂氏著述，有的有目而無書。如呂氏之文，我們從陸游的《呂居仁集序》中得知，其孫祖平曾經編輯整理過，然是否刊行，不得而知。至今没有發現傳世的刊本或抄本。此次所收《呂居仁文輯》，皆輯自各種典籍，僅釐爲一卷。即傳世著述，亦多非全璧，有前人肆意删節者，如《童蒙訓》「近語録者全存，近詩話者全汰」。有輾轉傳抄訛誤散佚者，亦復不少。此次整理，凡能見諸典籍者，皆輯入原著述中，力求接近原貌。在此基礎上，纂爲全集。經整理呂氏現存著作，按經、史、子、集排列，有以下十三種：

(一)《春秋集解》三十卷
(二)《呂氏大學解》(殘篇)
(三)《痛定録》(殘篇)
(四)《童蒙訓》三卷；《輯佚》一卷
(五)《官箴》一卷
(六)《師友雜志》一卷
(七)《紫微雜説》一卷
(八)《紫微雜記》一卷
(九)《軒渠録》一卷
(十)《東萊詩集》二十卷；《外集》三卷；《輯佚》一卷
(十一)《紫微詞》一卷
(十二)《呂居仁文輯》一卷
(十三)《紫微詩話》一卷

二、校勘。吕本中單行於世的著述，自宋至今，輾轉傳抄，訛奪之處甚多；刊行的版本，亦精粗各異。此次整理，儘量選取較早、較好的版本作爲底本，與流傳的各種版本進行比校，擇善而從。

三、考辨。吕氏的各種著述，因其流傳渠道各異，往往在著作權上存在疑義。如《春秋集解》，自《宋史·藝文志》著録此書作者爲吕祖謙之後，即衆説紛紜，至清編《四庫全書》始作糾正，然近年又有學者舊案重提。類似問題，如《紫微雜説》、《紫微雜記》、《紫微詩話》等亦復存在，故須略加考辨，以釋讀者之疑。其考辨内容皆見諸各著述《點校説明》或《整理説明》。

本項目是在拙著《吕本中詩集校注》付梓之後，由中華書局許慶江先生提出的，在完成此項目的過程中，許先生給予諸多幫助，謹此致謝。

總目

吕本中與「中原文獻之傳」(代前言)

韓酉山

南宋之後,人們稱讚某位學者學有淵源且善誨後學,往往以「中原文獻之傳」美之。「文獻」一詞出自《論語·八佾》,朱熹注曰:「文,典籍也;獻,賢也。」〔一〕通俗地説,就是歷史文化典籍和熟悉歷史文化的賢者。爲何南宋特别冠以「中原」二字? 一方面因爲中原長期作爲政治、經濟、文化中心,賢者輩出,學術文化積澱很深,向來被視爲中華文明的根蒂和命脈;另一方面,北宋時期,作爲主流學術文化思想的新儒學——道學形成於此,出現了許多有成就的道學家。當然也包含着他們不忘故國的文人情懷,表明中原雖喪,而斯文不墜。因此,在南渡的士大夫中,有不少人自覺不自覺地充當「中原文獻」的傳承者,其中,壽州吕氏的貢獻尤爲突出,而在吕氏家族中,吕本中則是承先啟後的關鍵人物。但長期以來,由於他在詩壇的盛名和朱熹等人對他的種種批評,往往被學術思想史的研究者所忽略。下面我們從三個方面來探討這個問題。

一

呂本中（一〇八四——一一四五）字居仁。壽州（治今安徽鳳臺）人。高祖呂夷簡、曾祖呂公著皆位至宰相，北宋一百多年間，呂氏可謂世代簪纓，而紆青拖紫，服冕乘軒者不啻數十百人。呂本中早年以蔭入仕，徽宗朝做過濟陰主簿、泰州士曹掾、大名帥府幹官等，召爲樞密院編修官；欽宗靖康初遷職方員外郎；高宗紹興六年，賜進士出身，歷起居舍人、中書舍人兼侍講、權直學士院等，紹興八年，以反對和議，忤秦檜，罷官奉祠，卒。

呂本中作爲南北宋之交的著名道學家、詩人和詩論家，對於他的學術淵源和學術品格，其從孫呂祖謙在《祭林宗丞文》中説：「昔我伯祖西垣公，躬受中原文獻之傳，載之而南，裴回顧望，未得所付。逾嶺入閩，而先生與二李伯仲實來，一見意合，遂定師生之分。於是嵩洛關輔諸儒之源流靡不講，慶曆、元祐群叟之本末靡不咨。以廣大爲心，而陋專門之曖昧；以踐履爲實，而刊繁文之枝葉；致嚴乎辭受出處，而欲其明白無玷；致察乎邪正是非，而欲其毫髮不差。」〔二〕林宗丞，指林之奇，爲呂本中的弟子，也是呂祖謙的業師。因此，呂祖謙在追溯林之奇的學術淵源和學術品格時，實際上也概括了呂本中的學術淵源和學術品格。

（一）吕本中「躬受中原文獻之傳」。

吕祖謙説吕本中「躬受中原文獻之傳」，「躬受」二字有兩層意思，一是説吕本中接受了祖上傳下來的中原歷史文化典籍。吕氏自吕夷簡起，即以儒學起家，世代高官，吕夷簡、吕公著父子都做過宰相，家藏的典籍應該是豐富的。靖康之變，多數士大夫家藏典籍遭到洗劫，而吕家卻因吕好問曾接受了金人傀儡政權僞楚的官職，受到保護。吕本中在靖康中即以父嫌休官，金人北撤之初，便攜家先至揚州。建炎元年（一一二七）五月，吕好問以擁立功，被宋高宗任命爲尚書右丞，次年以嘗污僞命出守宣州。因此，建炎三年金人攻陷揚州時，吕家早已遷到宣城，此後由江西、湖南輾轉到嶺外，紹興三年回到江西，其間雖有損失，重要的典籍應該是保存下來了。二是説吕本中是在形成「中原文獻」的氛圍中親身接受「中原文獻」的傳授和薰陶。其中，吕祖謙特别强調兩個方面的内容，即「嵩洛關輔諸儒之源流」和「慶曆、元祐群叟之本末」。前者是以張載爲代表的關學和以二程爲代表的洛學，後者則是慶曆、元祐諸賢的言論和行爲。就這兩方面來説，吕本中確有得天獨厚的條件。從他的家族來説，高祖吕夷簡「以儒學起家」；曾祖吕公著自少講學，「以治心養性爲本」；祖父吕希哲與程頤同學，是最先發現並師尊程頤的道學家，與程頤在師友之間；父親吕好問也崇尚道學，在北宋末年與楊時有「南楊北吕」之譽。史稱吕本中「自少講學，即聞父祖至論，又與諸君子晨夕相接薰陶」〔三〕。吕本中出生以後，還經歷了吕氏第二個巔峰，即吕公著爲相時期，元祐四年（一〇八九）吕公著卒，本中已經六歲；紹聖以後，吕氏在黨爭中雖然逐步走向衰落，但吕氏之門，仍不乏元祐遺老和碩學鴻儒的過從。吕本中身歷其境，耳濡目染，不僅熟悉儒家經典和關洛學説的源流，也熟悉朝章典故和慶曆、元祐群賢的事蹟。前者代表著北宋後期儒學發展的最新成就，而後者則歸之爲吕本中經常强調的「前言往行」。他在《童蒙訓》中説：「《大畜》之卦曰：『君子以多識前言往行以畜其德。』所謂『識』者，識其是非也，識其邪正也。夫如是，故能畜其德。」如果説，吕本中的學術思想有體有用，那末，儒家經典、關洛之學就是「體」，而「多識前言往行以畜其德」就是「用」。這是構成吕本中學術思想的基本内容。

（二）吕本中對待學術文化具有「以廣大爲心」的開放性和包容性。

所謂「廣大爲心」，是説在學術思想上具有開放性和包容性，不偏執於一門一派的學説。吕氏家族，作爲宰相世家，是與趙宋王朝休戚與共的。爲了這個政權的鞏固，不得不考慮在政治上要有較大的涵容，使統治集團内部各個階層能夠和諧圓融。而這種政治上的涵容延伸到學術文化上，則表現爲開放性和包容性。他的曾祖父公著先從歐陽修講學，後又與王安石交遊，至令其子希哲師從王氏。公著官列侍從之後，所薦的官員，如孫覺（莘老)、顧臨(子敦),爲安定(胡瑗)門人;周敦頤(茂叔),爲濂溪學派的創始人;程顥(伯淳)、程頤(正叔),爲伊洛學派創始人;張戩(天祺),張載兄,關學創始人之一這些屬於不同學派的人,公著基本不存芥蒂。他後期與王安石在政治上分道揚鑣,但在主政期間,只提出學校、科舉考試「經義參用古今諸儒説,毋得專取王氏」,對王安石的學説也没有一概否定。《宋元學案・滎陽學案》説吕本中的祖父希哲「初學于焦千之,廬陵(歐陽修)之再傳也。已而學於安定、學於泰山(孫復)、學於康節(邵雍),亦嘗學於王介甫,而歸於程氏。集益之功,至廣且大。」

吕氏家學這一優良傳統,至吕本中得到發揚光大。他説:「『德無常師,主善爲師。』此論最善。以言學者不主一門,不私一人,善則從之。」他還徵引陳瓘的話説:「凡爲學者,師弟之間,如善財之參善知識,可也。善財初見文殊,文殊令見德雲,告以解脱門,且云惟我知此,又使别見一知識焉。當是時也,德雲不自以我爲盡,善財亦不以德雲爲非,亦不疑德雲之言,而復見一知識,如是展轉至五十三人。故能師不以爲私惠,弟子不以爲私恩。今則不然,教者惟以我説爲然,學者惟以師説爲是,故皆卒至於蔽溺不通,而遂至於大壞也。」〔四〕《宋元學案・紫微學案》説:

大東萊先生爲滎陽冢孫,其不名一師,亦家風也。自元祐後,諸名宿如元城(劉安世）、龜山（楊時）、廌山（游酢）、了翁（陳瓘）、和靖（尹焞）以及王信伯（王蘋）之徒，皆嘗從遊。

這些人中，楊時、游酢、尹焞都是二程的嫡傳弟子，大體上是嚴守師説的。其他諸人則各有不同之處，劉安世是司馬光的入室弟子，主張「爲學務在力行」，「以行爲貴」；陳瓘私淑二程、司馬光和邵雍，治學的門徑博雜，他反對學者獨善其身，主張兼濟天下；王蘋先師程頤，後師楊時，但他引進禪宗「人人皆有佛性」的思想，認爲「己之心無異聖人之心，廣大無垠，萬善皆備，盛德大業，由此而成。故欲傳堯舜禹湯文武以來之道，擴充是心焉」〔五〕。啟後來陸九淵之「心學」。呂本中對這些人的思想基本是採取兼容並包、擇善而從的態度。一般道學家視儒家之外的學説爲異端，呂本中則不同，他認爲：「學問當以《孝經》、《論語》、《中庸》、《大學》、《孟子》爲本，熟味詳究，然後通求之《詩》、《書》、《易》、《春秋》，必有得也。既自做得主張，則諸子百家長處，皆爲吾用矣。」〔六〕宋代是一個儒釋道三教相互吸收融合的時代，士大夫大多耽于禪學。不過二程（包括後來的朱熹）是「入室操戈」，吸收了禪學的思想，反身又攻擊禪學。呂氏卻不同，是公開「溺禪」，呂本中尤甚，他公開宣稱佛與孔子的學説「不異」。認爲：「孔子以知止而後有定，定而後能靜，靜而後能安，安而後能慮，慮而後能得也。……而佛之教，由戒生定，由定生慧，蓋與《大學》之説無異者。孟子以萬物皆備於我，反身而誠，樂莫大焉。而佛之説，以天地萬物皆吾心之所見，山河大地皆吾身之所有，正與孟子之説同。吾是以知佛之説與孔子不異也。」〔七〕他與許多高僧大德交往，公開地與他們説佛談禪，其學術思想當然包含著禪學的成分，這也成爲後來朱熹攻擊呂學的口實。

呂本中還是「衣傳江西」的著名詩人和詩論家。早年曾作《江西詩社宗派圖》，江西詩派由此得名。一般江西詩人學詩，只局限於學習杜甫和黄庭堅，排斥李白、蘇軾，路子越走越窄。呂本中説：「讀《莊子》令人意寬思大敢作；讀《左傳》便使人入法度，不敢容易。此二書不可偏廢也。近世讀東坡、魯直詩，亦類此。」〔八〕「自古以來，語文章之妙，廣備衆體，出奇無窮者，唯東坡一人；極風雅之變，盡比興之體，包括衆作，本以新意者，唯豫章一人。此二者當永以爲法。」〔九〕又説：「《楚詞》、杜、黄，固法度所在，然不若遍考精取，悉爲吾用，則姿態横生，不窘一律矣。如東坡、太白雖規摹宏大，學者難依，然讀之使人敢道，澡雪滯思，無窮苦艱難之狀，亦一助也。」〔一〇〕在要求詩人們遵守「法度」的同時，要突破思想壁壘，「遍考精取，悉爲吾用」；李白、蘇軾，是與杜、黄不同創作趣向的詩人，他認爲雖然「學者難依」，但讀了他們的詩作，可以洗滌胸中的沉滯，作起詩來，可以擺脱模式化的束縛，去除「窮苦艱難」的情狀。

（三）呂本中倡導「以踐履爲實」的學用觀。

所有的道學家都講「窮理盡性」、「修身養性」，但往往只説不做，學用分離。司馬光説「爲學唯在力行」，劉安世説「説得一丈，不如行得一尺；説得一尺，不如行得一寸，故以行爲貴。」就是針對這種現象而言的。這對呂本中的影響很深，在《宣州新學序》中，他痛斥士人「徇空言而忘實用」，强調要有曾子「反諸其躬而求其内」的精神，「窮探力索而見之行事」〔一一〕。他讚揚鄭國材：「平生務躬行，聖處久收功。」〔一二〕他反復告誡弟子：「讀書萬卷君所聞，只要躬行不要反。」〔一三〕「讀書要躬行，俗事不厭簡。」〔一四〕「少年學問要躬行，世事營營勿與爭。」〔一五〕等。他的弟子周憲説：「憲紹興癸亥間，獲供灑掃於中書舍人呂公之門，公教人大要：明是非邪正，進退出處，嚴辭受取予之義，而躬行以盡其性。」〔一六〕在「躬行」之中，他又特别强調嚴辭受出處，察邪正是非。儒家講修身養性，不僅僅是爲了「獨善其身」，更重要的是爲了實現治國、平天下的理想。但在什麽情況下出仕，什麽情況下隱居不出，什麽情況下接受升遷，什麽情況下辭官不就，必須明辨是非邪正，把握時機，這是牽涉到個人節操的大問題。他曾説：

世之學者，忘近而趨遠，忽近而升高，虚詞大言，行不適實。雖始就學，則先言：言不必信，行不必果，達節行權，由仁義行。而不知言必信、行必果、守節共學，行仁義之爲先務也。故修其身，荒唐繆悠之説；施之於事，則顛倒悖亂而卒無所正也。

所謂「達節行權」，就是識時務，行權宜之計。這往往是一些没有節操的人的辯詞。所以，呂本中認爲言必信、行必果、涵養節操與學聖人之道是共爲一體的，而且是行仁義首先必須解決的問題。他説：「寓言有十九，《曲禮》至三千，所要在守節，未言能與權。」〔一七〕他在《童蒙訓》中又説：「前輩士大夫專以風節爲己任，其於褒貶取予甚嚴，故其所立實有過人者。近年以來，風節不立，士大夫節操一日不如一日。」下面列舉了他認爲在當時有風節的士大夫：

夏侯旄節夫，京師人。年長本中以倍，本中猶及與之交。崇寧初，召任諸州牧授學，制既頒，即日尋醫去。後任西京幕官罷任，當改官，以舉將一人安惇也，不肯用，卒不改官，浮沉京師，至死不屈。

唐丈名恕字處厚，崇寧初，任荆南知縣，新法既行，即致仕。不出者幾三十年。范丈正平子夷，忠宣公之子。忠宣公當國，子夷是時官當入遠，不肯用父恩例，卒授遠地；後爲祥符尉，當紹聖初，與中貴人爭打量地界，與辨曲直，不屈，得罪去。

劉丈玹斯立、蹈斯行，皆丞相莘老子。登高科，以文學知名，仕州縣，自處約甚，人不知其爲宰相子也。

汪革信民，政和間，諸公熟聞其名，除國子博士，欲漸用之，竟辭不受。

謝逸無逸，臨川人。州郡欲以八行薦，堅卻之。

凡此諸公，皆卓然自立一時，不愧古人，爾來流俗不復以此爲貴矣。

夏侯旄、唐恕、汪革、謝逸在奸相蔡京當權之際，在政治上不與合作，劉跂、劉蹈不借重宰相父親權勢，范正平既不用父親的恩例，且不畏强權，在吕本中看來，這就是能夠「嚴辭受出處，察邪正是非」，具有「風節」的表現。吕本中本人也是身體力行者。宣和間，宦官梁師成用事，勢焰熏天，試圖結交當時已有文名的吕本中，本中卻拒而不答。朱熹説，這在當時是「絶無而僅有」的事。〔一八〕紹興初，他再次入朝作官，即建言：「任人當别邪正，邇來建言用事之臣，稍稍各徇私見，不主正説，元祐、紹聖混爲一途，其意皆有所在。若不早察，必害政體。」靖康間，他曾與秦檜同爲郎官，相處得很好，且秦檜入御史臺，其父好問有薦舉之力。本中爲中書舍人、權直學士院時，趙鼎、秦檜爲左右相，議論多不合，秦檜主和，欲擅相權而行其事，大肆排斥異議人士。吕本中爲陳《易經》中「同人于野，亨」之義，力勸秦檜「當以大同至公，圖濟艱難」，不可汲用親黨。秦檜不聽。未幾，任用親黨除目下，本中拒行制詞，上疏駁回。〔一九〕《哲宗實録》成，趙鼎當除特進，本中行制詞云：「謂合晉楚之成，不如尊王而賤霸；謂散牛、李之黨，未如明是而去非。惟爾一心，與予同德。」〔二〇〕被秦檜指爲朋比大臣，破壞和議，罷去官職。岳珂説：「公在南渡後，歸乎靈光，尊王賤霸之語，著於王言，天下凜然，始知有大義。其正人心，扶世教，功不淺矣。」[二一]故《宋史》傳論稱其「才略可以經邦，風節可以勵世」。

由此可見，吕本中無論是擁有的歷史文化典籍，還是個人的學養、品格，都具備了傳承「中原文獻」的良好資質。

二

朱熹説：「吕居仁家往往自擡舉，他人家便是聖賢。其家法固好，然專恃此以爲道理，只如此卻不是。如某人才見長上便須尊敬，以求見教；見年齒纔小，便要教他。多是如此。」[二二]這裏的「某人」，很顯然指的就是吕本中。朱熹嘲笑吕本中好爲人師，甚至强加於人。若是我們從積極意義來理解朱熹的話，那就是吕祖謙所説的，吕本中「躬受中原文獻之傳，載之而南，裴回顧望，未得所付。」對傳承「中原文獻」具有强烈的責任感和緊迫感，希望傳授得人。他的弟子汪應辰就説過：「吕丈於吾人甚眷眷」[二三]。又説：「宫使舍人，誤相期待，有意篤之使有成。雖知不稱，不敢不勉。」[二四]可見他對後學的殷殷期望。

南渡以後，吕本中入朝作官的時間很短，其主要活動即著書和聚徒講學。他的著述十分豐富，除部分詩作外，大多著述完成於南渡以後，現可知者有《春秋集解》三十卷、《春秋解》（不知卷數）、《吕氏大學解》（殘篇，不知卷數）、《吕文靖公事狀》（不知卷數）、《中國春秋》（不知卷數）、《痛定録》（殘篇，不知卷數）、《童蒙訓》三卷、《官箴》一卷、《紫微雜説》一卷、《紫微雜記》一卷、《師友雜志》一卷、《軒渠録》一卷、《東萊詩集》二十卷、《外集》三卷、《紫微詞》一卷，《吕居仁集》（陸游序，不知卷數）、《江西詩社宗派圖》（不知卷數）、《紫微詩話》一卷等。

至於南渡後的聚徒講學，則始於紹興三年（一一三三）寓居臨川時。當時，時局稍事穩定，士大夫大都忙於入朝做官，他卻忙於聚徒講學。吕祖謙在《題伯祖紫微翁與曾信道手簡後》一文中轉述他父親大器的話説：「紹興初，寇賊稍定，舍人與諸父相攜出桂嶺，惕臨川，訪舊友多死生，慨然太息，乃收聚故人子曾信道輩，與吾兄弟共學。親指揮，孳孳不怠。今集中寄臨川聚學諸生數詩是也。」〔二五〕其中所説的「寄臨川聚學諸生數詩」，今集中《聞大倫與三曾二范聚學並寄夏三十一四首》〔二六〕即是。參與此次聚學，可考者有如下諸人：

吕大猷字允升，本中子。〔二七〕以陰補官，淳熙八年以朝奉大夫知汀州，九年七月奉祠，主管武夷山沖佑觀。

吕大同字逢吉，本中子。以陰補官，曾官從事郎，早卒，後以子祖平通籍於朝，贈通直郎[二八]。

吕大器字治先，其弟弸中子，祖謙之父。以陰補官。紹興十六年，爲江東提舉司幹官；二十一年爲浙東提刑司幹官，二十五年爲福建提刑司幹官，三十年通判岳州，三十二年知黄州，乾道元年知池州，二年召爲尚書倉部郎，四年出知江州，改吉州，乾道七年奉祠，卒。

吕大倫字時叙，弸中子。以陰補官，紹興十五年爲武義縣縣丞，官至奉議郎。

曾季貍字裘父，自號艇齋，臨川人，曾宰的曾孫。再舉進士不第，以布衣終其身。著有《論語訓解》、《艇齋詩話》、《艇齋小集》等。

曾季直，曾季貍的兄弟行。本中有《送曾季直下第歸臨川》詩。

曾發字信道。亦曾季貍的兄弟行。曾爲臨川掾、吉州教授[二九]。早卒。著有《泮林討古集》二卷、《選注摘遺》三卷[三〇]。其子曾撙(節夫)爲吕祖謙同年進士。

二范，《艇齋詩話》云：「二范即范顧言叔侄。」其行實不詳。

夏翌字庭列，夏倪之子。先從學尹焞，後又從本中學。

晁公慶字仲石，諸晁之後，本中有《送晁公慶西歸》詩，周必大跋云：『仲石諱公慶，紹興初，與范顧言、曾裘父同學詩於吕紫微，故得是詩。』

這次聚學，時間雖然不長，但對與學者卻産生了很深的影響。吕氏兄弟自不待説，始終恪守家學。如吕大倫於紹興十五年任武義縣丞，築豹隱堂，與兄弟「講習道義於其間」，汪應辰爲作記曰：「吕氏之學，遠有端緒，粹然一出於正，爲世師表者相繼也。而時叙兄弟，實謹守其所聞，凡衆言之是非若觀火矣，持是而往，所謂孰能禦之者歟！」[三一]而吕大同，後來成爲汪應辰的講友，汪説他「所講繹者，莫非前言往行之要」[三二]，這正是吕本中學術思想的核心。吕大器的長子祖謙所以能夠成爲吕本中的再傳，與朱熹、張栻並稱東南三賢，次子祖儉學亦有成，皆得其訓導之力。且吕本中的一些重要著作亦賴以存世，如今傳宋刊《童蒙訓》，就是根據他的手寫本整理刊刻的。曾季貍在道學和詩學上皆有成就，「嘗遍從南渡初諸名宿，而學道以吕舍人居仁爲宗，乾、淳諸老多敬畏之。」[三三]「吕東萊（祖謙）數稱其學有淵源，南軒有『探古書盈室，憂時雪滿顛』，汪應辰有『四海曾裘父』之句。」[三四]

紹興四年至福州，居閩兩年，本中又接收一批從學弟子，其中如林之奇、李楠、李樗諸人，後來成爲很著名的道學家。

林之奇（一一一二——一一七六）字少穎，一字拙齋。學者稱爲三山先生。福州侯官人。吕本中入閩，之奇甫冠，即從之學。紹興五年，之奇赴試禮部，本中《送林之奇少穎秀才往行朝》云：「窮通決有命，所願求諸己。聖賢有明訓，不在拾青紫。丈夫出事君，邪正從此始。」〔三五〕林之奇行次衢州，以「不得事親」而反。從此學習更加努力。呂本中離閩後，他遵照師囑，從閩中諸賢如陸佑、方德順、胡憲、劉勉之等人講學。紹興十九年第進士，官止宗正丞，然講學、著書不輟。著有《尚書》、《周禮》、《論語》、《孟子》、《楊子》等講義，又有《拙齋集》二十卷行世。

李楠字和伯，李樗字迂仲，爲林之奇的舅表兄弟。候官人。之奇説李楠如元紫芝（唐元德秀），而李樗如黄叔度（東漢黄憲）。惜皆鄉貢不第，早卒。林、李三人，爲當時閩中名儒，登門求教者絡繹不絶。呂祖謙説：『長樂之士，知鄉大學，知尊前輩，知宗正論，則皆先生（林之奇）與二李公之力焉。』

紹興八年（一一三八），呂本中罷官，流寓嚴、衢、婺、信等州，每至一地，都有學者從之問學。這期間有方疇、汪應辰、王時敏、王師愈、徐止、周憲、詹慥、方豐之諸人。

方疇字耕道，弋陽人。學者稱困齋先生。建炎中，成進士。初爲婺源尉，紹興六年，爲敕令所删定官，因受趙鼎的牽累，罷官。從呂本中學，本中告以「守至正以待天命，觀物變以養學術」。後起爲武岡通判，紹興二十四年坐與流人胡銓通書，除名勒停，永州編管。秦檜死，通判建康，卒於官。有《稽山語録》。汪應辰説：「幸聞耕道之風，庶取則不遠，且足令吾同學者有所興起。」〔三六〕

汪應辰(一一一八——一一七六)字聖錫,信州玉山人。學者稱玉山先生。紹興五年,進士第一,時年十八。先爲鎮東軍簽判,紹興八年三月,召爲秘書省正字。五月上疏反對言和,觸怒秦檜,出爲建州通判,遂請祠以歸。寓居常山永年寺,從本中問學,「益以修身講學爲事」。三主台州崇道觀,後通判袁州、靜江、廣州,十餘年不内遷,秦檜死,還朝。孝宗時,官至吏部尚書。

王時敏字德修,上饒人。先從呂本中學,本中薦之于尹焞,與韓元吉爲同門友〔三七〕。有《師説》三卷,記和靖語。後朱熹曾從問和靖之學〔三八〕。

王師愈(一一二二——一一九〇)字與正,金華人。年十三即從同鄉潘良貴學,良貴頗奇之。與見楊時,「受《易》、《論語》之説」,呂本中寓居金華,又從「問知中朝諸老言行之懿」,深得楊時、呂本中的期許。紹興二十七年登進士第,乾道七年除金部郎官兼崇政殿説書。紹熙元年卒,年六十九。朱熹説他「居官取予,問法如何,推達賢才,不爲勢屈」;「病革,猶爲諸子誦説前賢事業」〔三九〕。

徐止字大雅,一字知止,玉山人。本中居上饒期間,曾從之問學,與汪應辰爲同門。本中稱讚他「學有根源」。淳熙間,趙蕃有贈詩曰:「好在東都孺子孫,壯年曾謁舍人門。只今此道同終少,君獨深藏恥自論。」〔四〇〕可見其終身嚴守師教。

周憲字可則，永豐人。紹興十三年從本中受業，本中病重，薦於王蘋門下繼成學業。在薦函中説：「周憲秀才朴茂可喜，有志斯道，當自蒙與進。」有《震澤記善録》，記王蘋言論〔四一〕。

詹慥字應之，崇安人。遠道來上饒登門求教，臨别，本中有《送詹慥秀才》詩爲贈。初以孝廉爲鄉校師，執經者屨溢牖下。晚爲信豐尉。金完顔亮叛盟，曾向張浚獻破金秘計，張浚辟爲幕官。有文集二十卷。

方豐之字德亨，莆田人。亦遠道來上饒登門求教者。本中在《送方豐之秀才歸福唐》詩中教以「求聖根源，惟正之守。正之不守，棄師背友。」仕至監鎮。能詩，陸游、朱熹皆爲作序。《紫微學案》説他有「紫微之餘風」。

韓元吉在《兩賢堂記》中還説，吕本中寓居上饒廣教寺期間，「上饒士子，稍宗其學問」。稍者，甚也。意思是，上饒的士人非常推尊吕本中的學問。足見從學之人，難以勝記。

三

朱熹批評吕家學問「博雜」，説吕本中的學術「不純」。或許正是這種博雜和不純，使吕本中在傳承「中原文獻」上的貢獻是多方面的。

首先在道學上，呂本中强調以「多識前言往行以畜其德」，推進了性理之學與修身、齊家、治國、平天下的踐履的進一步結合，對南宋道學的發展産生了深刻的影響。呂本中的弟子大多能守師説。如林之奇長期在閩中講學，「及門者常數百人」，「士類歸仰，如水赴壑。」〔四二〕對閩學的前期發展發生過不可忽視的影響。朱熹雖然批評呂本中學術「不純」，甚至「詆及婺學」，但他受呂本中的影響也是不可否認的。其業師劉勉之、劉子翬、胡憲即與呂本中爲講友，且互相推重，學術思想當互有影響；林之奇年長朱熹十八歲，爲閩中名儒，朱熹並不否認曾從之問學，後來他在給弟子講論《尚書》時，多引林氏之説。最值得重視的是，他與呂祖謙關係密切，曾合撰《近思録》，還令其子朱塾師從祖謙。他撰写的《小學》、《伊洛淵源録》、《宋名臣言行録》，及《朱子語類》中講論歷史人物和事件的部分，顯然也是以「多識前言往行以畜其德」爲指歸的。在呂祖謙卒後，他處處貶低呂本中、呂祖謙，極力與呂學劃清界線，顯然不是實事求是的態度。又如汪應辰，史稱「應辰接物温遜，遇事特立不回」〔四三〕。又説他「博綜諸家」，爲師門「幹蠱（能弘揚師説）之弟子」。「其骨鯁極似横浦（張九成），多識前言往行以畜德似紫微（呂本中）」他認爲「學問之道止是揆於心而安，稽於古而合，措於事而宜。所以體究涵養，躬行日用，要以盡此道而已」。他批評不重視前言往行，空談性理者：「世之自謂得道者，以前言往行爲糟粕芻狗，以治天下國家爲緒餘土苴。迄之放棄典刑，闊略世務，至於爲西晉之禍。或者出而矯之，曰：吾之道，固所以經世也。然而天人異觀，物我殊歸，高明中庸，析爲二致。跡其行事，則私智之鑿而已，道果如是乎？」〔四四〕朱熹説：「汪聖錫日以親師取友，多識前言往行。故其晚年德成行尊，爲世名卿。」〔四五〕其子汪逵「能繼世科，恪守家法……博學多識，綽有父風」〔四六〕；門人如尤袤、章穎皆一代名臣。

最爲重要的是對婺學的影響。婺學的創始人是他的從孫吕祖謙，早年以其父大器爲師，後又師從林之奇、汪應辰諸人，而實爲吕本中的再傳。《東萊學案》説：「宋乾、淳以後，學派分而爲三：朱（熹）學也，吕（祖謙）學也，陸（九淵）學也。三家同時，皆不甚合。朱學以格物致知，陸學以明心，吕學則兼取其長，而復以中原文獻之統潤色之。」又説：「小東萊之學，平心易氣，不欲逞口舌以與諸公角，大約在陶鑄同類以漸化其偏，宰相之量也。」他當時不僅與朱熹、張栻、陸九淵交往，與永康學派和永嘉學派的代表人物如陳亮、薛季宣、陳傅良、葉適等人交往亦頗深，在思想上或多或少都互有影響。其中如陳亮一向恃才傲物，但對吕祖謙卻十分尊重，他有不少著作都徵求過吕祖謙的意見。這説明吕祖謙繼承和發揚了吕本中「以廣大爲心」的包容精神。其實這也是婺學的生命力所在。在吕祖謙的弟子中，《宋元學案》爲另立學案的，有《麗澤諸儒學案》、趙廣的《潛庵學案》、舒璘的《廣平定川學案》、袁燮的《絜齋學案》等，其薪火相傳，至明而不絶。

其次，吕本中重視「前言往行」的目的，是以史證經，借古人或近人的言行闡釋修齊治平的道理。他熟悉歷史典籍，又熟悉本朝的歷史掌故，在他的著述中往往旁徵博引，借歷史故事或歷史人物，闡明義理，明辨是非邪正。他教育弟子：「上欲窮經書，下考百代史。發而爲文詞，一一當俊偉。」〔四七〕在這方面，對吕祖謙的影響最深。如吕祖謙《少儀外傳》即「雜引前哲之懿言嘉行兼及於立身行己應世居官之道，所該繁富，不專主於灑掃進退之末節。」〔四八〕由此發端，激起了他研究史學的熱情，他認爲「中國所以不淪于夷狄者，皆史官扶持之力也。」〔四九〕因此，在治經的同時，他撰寫大量的歷史著作，其史學觀點的精到與治史方法的嚴謹都深受學者的推崇，李心傳説：「近歲吕伯恭最爲知古，陳君舉最爲知今，伯恭親作《大事記》……世號精密。」〔五〇〕一時在浙東學界，研究史學蔚成風氣，史學不再成爲道學的附庸。對此，朱熹深惡痛絶。他説吕祖謙「於史分外仔細，於經卻不甚理會。」「緣他先讀史多，所以看（經）粗著眼。」〔五一〕甚至説：「近年道學外面被俗人攻擊，裏面被吾黨作壞。婺州自伯恭死後，百怪都出，至如子約（吕祖儉）别説一般差異的話，全然不是孔孟規模，卻做管、商見識，令人駭歎。然亦是伯恭自有些拖泥帶水，致得如此，又令人追恨也。」〔五二〕從反面證明婺學對歷史研究的重視程度，而其濫觴之功，應歸於吕本中。

其三，與重視「前言往行」相聯繫的，吕本中重視政治倫理的建設。在他的著作中一個重要議題，就是借助「前言往行」談如何處理好君臣之間、上下級之間、同僚之間、官民之間的關係，而且把這種關係都上升到修身的高度。如《官箴》，專講爲官之道，開宗明義就説：「當官之法，唯有三事：曰清，曰慎，曰勤。知此三者，可以保禄位，可以遠恥辱，可以得上之知，可以得下之援，則知所以持身矣。」把「清」、「慎」、「勤」同「持身」聯繫起來，也就是把做官當作一個實際的修身過程。後來吕祖謙把《官箴》作爲家規編入《家範》中，並作爲教育學生的教材，對後世有很深的影響。南宋理宗寶慶三年（一二二七），陳昉在刊刻《官箴》的跋中説：「昉顓蒙之資，早膺吏事，塵囂馳騖，無所津梁，既得此書，稍知自勉。敬鋟於梓，與有志者同之。」陳昉是把它作爲爲官的「津梁」推薦給同好的。可以想像，在當時刊刻、傳抄此書的不只陳昉一家。元張養浩的《三事忠告》、清王永吉的《人臣儆心録》皆不出清、慎、勤三事，顯然是受到吕本中《官箴》的影響。《四庫提要》説：此書乃作者「多閲歷有得之言，可以見諸實事。書首即揭清、慎、勤三字，以爲當官之法，其言千古不可易。……至其論不欺之道，明白深切，亦足以資儆戒。雖篇帙無多，而詞簡義精，因有官者之高抬貴手也。」清康熙帝曾書清、慎、勤三字刻石遍賜内外諸臣〔五三〕，足見其重視的程度。

再者，吕本中作爲道學家兼詩人，在詩歌創作和詩學理論上也有很高的造詣。他在詩歌創作上崇尚江西詩派，主張學習杜甫和黄庭堅。年青時，雖不及見黄庭堅，但曾與年輩稍長的韓駒、徐俯、潘大臨、洪炎、夏倪、謝逸兄弟、晁沖之、汪革、李彭、饒節、江端本和王直方等人交游，熟悉當時文壇情況，因仿道學傳承的淵源關係，作《江西詩社宗派圖》，列黄庭堅而下二十五人爲江西派詩人，推黄庭堅爲宗主，這些人大多有道學背景，詩風也近似。在當時雖不無異議，但卻開拓了宋代詩歌流派研究的先河。鑒於江西詩人在創作上産生的種種弊端，他引進禪學中關於「參活句」的説法，提出「活法」和「悟入」説，認爲「學詩當識活法。所謂活法者，規矩具備，而能出於規矩之外；變化不測，而亦不背於規矩也。」〔五四〕「作文必要悟入處，悟入必自工夫中來，非僥倖可得也。」〔五五〕並針對江西詩人實際存在的生硬枯澀的詩風，强調追求「流轉圓美如彈丸」的藝術效果。這本來是爲了挽救江西詩派的頽風，客觀上卻起著推進南宋前期的詩風變革的作用，被稱爲中興四大詩人的尤（袤）、楊（萬里）、范（成大）、陸（游），無一不或多或少受到過吕本中的影響。

自吕祖謙於淳熙三年（一一七六）祭林之奇文出後，吕祖儉作吕祖謙《壙記》、黄榦作朱熹《行狀》、陳自强等祭周必大文，皆贊以「中原文獻之傳」。其後，用之者不勝枚舉，然付之踐行，而倡風氣之先者，不能不首推吕本中。全祖望説：「先生（吕本中）之家學，在多識前言往行以畜德，蓋自正獻（吕公著）以來所傳如此。原明（吕希哲）再傳而爲先生，雖歷登楊（時）、游（酢）、尹（焞）之門，而所守者世傳也。先生再傳而爲伯恭（吕祖謙），其所守者亦世

傳也。故中原文獻之傳獨歸吕氏，其餘大儒弗及也。」〔五六〕

〔一〕《論語集注·八佾》：「子曰：『夏禮吾言之，杞不足徵也；殷禮吾能言之，宋不足徵也，文獻不足故也，足則吾能徵之矣。』」朱熹注：「文，典籍也；獻，賢也。」《書·益稷》：「萬邦黎獻，共惟帝臣。」孔安國傳曰：「獻，賢也。」

〔二〕吕祖謙《吕東萊文集》卷九

〔三〕《宋名臣言行録别集上》卷七《吕本中》

〔四〕吕本中《師友雜志》。善財參善知識故事，見《華嚴經》；「德無常師，主善爲師。」出自《書·咸有一德》

〔五〕王蘋《王著作集》卷五附章憲《墓誌》

〔六〕吕本中《童蒙訓》卷上

〔七〕《嘉定赤城志》卷二九《寺觀門》三《重建仙居淨梵院記》

〔八〕胡仔《苕溪漁隱叢話》前集卷四九《山谷》下

〔九〕陳鵠《西塘集耆舊續聞》卷二《吕東萊贈趙承國論學帖》

〔一〇〕《苕溪漁隱叢話》前集卷四九《山谷》下《吕居仁與曾吉甫論詩第一帖》

〔一一〕嘉慶《寧國府志》卷二一《藝文志》文上

〔一二〕吕本中《東萊詩集》卷一八《教授鄭國材挽詩》

〔一三〕《東萊詩集》卷六《臨川王坦夫從溪堂先生謝無逸學北行過廣陵見余意甚勤其行也作詩送之》

〔一四〕《東萊詩集》卷一九《送詹慥秀才》

〔一五〕《東萊詩集》卷二〇《送晁公慶西歸》

〔一六〕王蘋《王著作集》卷八《震澤記善録》

〔一七〕《東萊詩集》卷九《叔度季明學問甚勤而求於余甚重其將必有所成也因作兩詩寄之》

〔一八〕黄震《黄氏日抄》卷三四《晦庵先生文集》

〔一九〕李幼武《宋名臣言行録别集上》卷七《呂本中》

〔二〇〕李心傳《建炎以來繫年要録》卷一二二，紹興八年九月丁未記事

〔二一〕岳珂《寶真齋法書贊》卷二五《呂居仁瞻仰收召二帖》

〔二二〕《朱子語類》卷一三二《中興至今日人物下》

〔二三〕汪應辰《文定集》卷一六《答毛季中》

〔二四〕《文定集》卷一四《與呂逢吉》

〔二五〕呂祖謙《呂東萊文集》卷六

〔二六〕《東萊詩集》卷一五

〔二七〕章定《名賢氏族言行類編》卷三六《呂本中》

〔二八〕陸游《渭南文集》卷三六《呂從事夫人墓誌銘》

〔二九〕張栻《南軒集》卷四一《張氏墓表》

〔三〇〕《宋史·藝文志》四、八

〔三一〕《文定集》卷九《豹隱堂記》

〔三二〕《文定集》卷十四《與吕逢吉》

〔三三〕《宋元學案》卷三四《紫微學案》

〔三四〕《兩宋名賢小集》卷一二五《艇齋小集》

〔三五〕《東萊詩集》卷一四

〔三六〕《宋元學案》卷三四《紫微學案》

〔三七〕韓淲《澗泉日記》

〔三八〕《宋元學案》卷二七《和靖學案》

〔三九〕《晦庵集》卷八九《中奉大夫直焕章閣王公神道碑銘》

〔四〇〕趙蕃《淳熙稿》卷二〇《報謁徐大雅仁因以題贈三首》之一

〔四一〕《王著作集》卷八附周憲《震澤記善録》後記云：「憲紹興癸亥間，獲供灑掃於吕公之門，……公病日漸，乃以書屬著作先生曰：『周憲秀才朴茂可喜，有志斯道，當自蒙與進。』未果行，而公啟手足。公之門弟曾（幾）文清公又以書申公意，且勉其行。」

〔四二〕林之奇《拙齋文集》附録潘自牧所作林之奇《行實》

〔四三〕《宋史》卷三八七《汪應辰傳》

〔四四〕《宋元學案》卷四六《玉山學案》

〔四五〕《朱子語類》卷一三二《中興至今日人物下》

〔四六〕《攻媿集》卷六八《恭題汪逵所藏高宗宸翰》

〔四七〕《東萊詩集》卷一五

〔四八〕《四庫提要》卷九二《少儀外傳》

〔四九〕吕祖謙《東萊博議》卷八《曹劌諫觀社》

〔五〇〕李心傳《建炎以來朝野雜記》乙集卷一二《昔人著書多或差誤》

〔五一〕《朱子語類》卷一二二《吕伯恭》

〔五二〕《晦庵集》卷三五《與劉子澄》

〔五三〕王士禎《古夫于亭雜録》卷一

〔五四〕王正德《餘師録》卷三

〔五五〕《苕溪漁隱叢話》後集卷三一《山谷》上

〔五六〕《宋元學案》卷三四《紫微學案》

春秋集解

春秋集解點校説明

一、《春秋集解》作者辨疑。《春秋集解》，又稱《吕氏春秋集解》。最早著録該書者爲陳振孫《直齋書録解題》。陳氏曰：

《春秋集解》十二卷，吕本中撰。自三傳而下，集諸家之説，各記其名氏，然不過陸氏、兩孫氏、兩劉氏、蘇氏、程氏、許嵩老、胡文定數家而已。大略如杜諤《會義》，其所擇頗精，卻無自己議論。

稍晚王應麟《玉海》的《春秋·宋朝春秋傳》著録：「吕本中《集解》十二卷。」馬端臨《文獻通考》著録此書，即沿陳氏之説。据此，《春秋集解》爲吕本中所撰，殆無疑義。然與陳振孫同時或稍晚的趙希弁《郡齋讀書志》附志著録：「《春秋集解》三十卷。右東萊先生所著也。長沙陳邕和父爲之序。」只言「東萊先生所著」，而不書名。吕氏三代皆曾以「東萊」爲稱，好問封東萊郡侯，本中稱其爲「東萊公」；本中人稱「東萊先生」（《宋元學案》稱「大東萊先生」），祖謙亦稱（《宋元學案》稱「小東萊先生」）。祖謙與朱熹、張栻時稱「東南三賢」，名掩本中，本中諸多著作如《官箴》、《紫微雜説》、《紫微雜記》、《紫微詩話》皆曾誤署爲吕祖謙。

祖謙精於《春秋》之學，《春秋集解》誤爲祖謙之作，亦屬事出有因。故《宋史·藝文志》有「《春秋集解》三十卷，吕祖謙撰」的錯誤著録，甚至刊刻此書，有徑署吕祖謙之名者。至清初，朱彝尊提出質疑：「趙氏讀書附志以《春秋集解》爲東萊先生所著，而不書其名，蓋吕氏自右丞好問徙金華，成公述《家傳》稱東萊公，而居仁爲右丞子，學山谷爲詩，作《江西宗派圖》。學者亦稱爲東萊先生。然則吕氏三世皆以東萊爲目，成公特最著者耳。陳氏《書録解題》撮居仁《集解》大旨，謂自三傳而下集諸儒之説，不過陸氏、兩孫氏、兩劉氏、蘇氏、程氏、許氏、胡氏數家，合之今書良然，而《宋史·藝文志》於《春秋集解》三十卷，直書成公姓名，世遂因之。考成公年譜，凡有著述必書，獨《春秋集解》不書，疑世所傳三十卷，即居仁所撰，惟卷帙多寡未合，而陳和父之序無存，此學者之疑，猶未能釋也。」納蘭成德《通志堂經解》序此書，基本取朱氏之説，謂：「竊疑是編爲居仁所著，第卷帙多寡不合，或居仁草創而成公增益之者。與序其端，用質淹通博洽之君子，倘獲善本，有陳和父序者，予之疑庶可以釋矣。」《四庫全書》則直署「吕本中撰」，謂舊刻署吕祖謙爲誤，謂「本中字居仁，好問之子。《宋史》載其紹興六年賜進士，擢起居舍人，遷中書舍人，兼侍講，權直學士院，學者稱爲東萊先生。故趙希弁讀書附志稱是書爲東萊先生撰。後人因祖謙與朱子遊，其名最著，亦稱曰東萊先生。而本中以詩擅名，詩家多稱吕紫微，東萊之號稍隱，遂移是書於祖謙，不知陳振孫《書録解題》載是書固明云本中撰也。振孫又言，是書自三傳而下，集諸儒之説不過陸氏、兩孫氏、兩劉氏、蘇氏、程氏、許氏、胡氏數家，而采擇頗精，全無自己議論。以此本考之亦合，知舊刻誤題審矣」。

對四庫的推斷，幾成學界定讞。然近年卻有學者提出異議，并引起關於《春秋集解》著作者問題的討論。大体有三种意见：第一種意見堅持《宋志》之説，認爲《春秋集解》作者爲吕祖謙，而非吕本中，甚至將該書直接編入《吕祖謙全集》。第二種意見認爲吕本中、吕祖謙皆著有《春秋集解》，吕祖謙之《集解》已經亡佚，今傳《集解》爲吕本中所作。第三種意見則認爲吕本中著十二卷本，吕祖謙在十二卷本基礎上增益整理，重新分卷爲三十卷本，故作者應爲吕本中、吕祖謙二人。筆者以爲認定本書的作者，必須從今傳本内容出發，在歷史記載中尋求答案。

（一）陳振孫《解題》著録十二卷本謂：「自三傳而下，集諸家之説，各記其名氏，然不過陸氏、兩孫氏、兩劉氏、蘇氏、程氏、許嵩老、胡文定數家而已。大略如杜諤《會義》，其所擇頗精，卻無自己議論。」這一條是辨别作者的最關鍵證據。陳氏所言與今傳本的内容基本相符。有學者提出實際上除三傳作者、陸質、孫復、孫覺、劉敞、劉絢、程頤、蘇轍、許翰、胡安國之外，多出何休、杜預、范甯、孔穎達等人。愚以爲，該書除「吕氏曰」、「東萊吕氏曰」

外，何、杜、范、孔，實際包含在「三傳」之内，恐非後來增益者。

（二）陳氏《解題》原書不存，清修《四庫全書》，輯自《永樂大典》，關於《春秋集解》的作者則記爲吕祖謙。然元初馬端臨《文獻通考·經籍考》轉録此條，謂爲吕本中。馬端臨爲度宗朝右相馬廷鸞之子，曾以蔭補官，咸淳間漕試第一。與陳氏年代相接，所引當屬寓目原書。清盧文弨校《解題》即從馬氏之説。又清初朱彝尊《經義考》卷一八四謂：「吕氏本中《春秋集解》《宋志》十二卷。存。」卷一八七謂：「吕氏祖謙《春秋集解》《宋志》三十卷。未見。」

（三）今傳三十卷本乃十二卷本經過後人增益與重新分卷。四庫提要曰：「疑宋刻本析其原卷，改題祖謙，故相沿訛異，史亦因之重出耳。」有學者考證，認爲書中之「吕氏曰」爲吕本中另一著述《春秋解》中論述，而「東萊吕氏曰」則爲吕祖謙關於《春秋》的論述。二者皆係今傳本整理者附入，並非原著内容。

（四）《春秋集解》所引諸家，除「吕氏曰」「東萊吕氏曰」外，其他皆在吕本中之前，最晚爲胡安國，亦卒於紹興八年（一一三八）。

（五）《春秋集解》所集諸家之説，往往見諸吕本中其他著作。

如庄公四年「紀侯大去其國」引常山劉氏曰：「紀侯大去其國，自去也。大者，紀侯之名也。生名之，著失地也。齊兵未始加乎其國，而紀遂不能守。」其《童蒙訓》卷下云：「劉元承、元禮嘗師事伊川，説『紀侯大去其國』。大者，紀侯之名也。齊師未入境而已去之，則罪不在齊侯也，故不書齊侯焉。」

又閔公二年「夏，五月乙酉，吉禘于莊公」。引唐陸淳《春秋啖趙集傳纂例》卷二《辨禘義》，其《紫微雜説》亦略述陸文，謂「自鄭康成論郊禘之説，紛紜不同。以爲禘者，冬至圜丘祭昊天上帝也。郊者，孟春南郊祭感生帝也。而孔穎達之徒，又以爲《經》《傳》之文，稱禘非一，其義各殊。《論語》『禘自既灌而往者』，及《春秋》『禘於太廟』，謂宗廟之祭也。《喪服小記》曰：『王者禘其祖之所自出』，及《大傳》曰：『不王不禘』，謂祭感生之帝於南郊也。而《祭法》所謂禘黄帝者，祭昊天上帝於圜丘也。必知此是圜丘者，以禘文在郊祭之前。郊祭之前，惟圜丘耳。鄭康成又謂《噫嘻》『春夏祈穀於上帝』，春者祭感生帝於南郊，夏即雩祭。凡此紛紜，皆由康成惑於讖緯妖説。後之學者，不能極力辨明，反爲出力以濟誣僞。王肅《聖證論》力疏鄭短，如謂圜丘與郊爲一之類，所補甚多。然猶有未盡。獨陸淳之論，坦然明白，盡去邪説，實有功於聖人，學者不可不察也。」

又宣公二年「晉趙盾弑其君夷皐」引武夷胡氏傳：「趙穿手弑其君，董狐歸獄於盾，其斷盾之獄詞曰『子爲正卿，亡不越竟，反不討賊』，以是書斷，而盾也受其惡而不敢辭。仲尼因其法而不之革，其義云何？曰『亡而越境』，謂去國而不還也，然後君臣之義絶；『反而討賊』，謂復讎而不釋也，然後臣子之事終。不然，是趙盾僞出而實聞乎故也。假令不與聞者，而縱賊不討，是有『無將』之心，而意欲穿之成乎弒矣。惡莫憯乎意，今以此罪盾，乃閑臣子邪心而謹其漸也。微夫子推見至隱，垂法後世，亂臣賊子皆以詭計獲免，而至愚無知如史太、鄧扈樂之徒皆蒙歸獄而受戮焉，君臣父子不相夷，以至於禽獸也幾希！」《童蒙訓》卷下，舉伊川先生説，「仲尼曰『惜乎出境乃免』」（《左傳》原文：孔子曰：「董孤，古之良史也，書法不隱。趙宣子，古之良大夫也，爲法受惡。惜也，越竟乃免。」），須終身不反始可免罪。

又哀公三年「春，齊國夏、衛石曼姑帥師圍戚」引《春秋劉氏傳》曰：「此衛戚也。曷爲不曰圍衛？戚子之義不可以加乎父也。曼姑主兵以圍戚，則其先齊國夏何？臣之義不可以加其君也。冉有謂子貢曰：『夫子爲衛君乎？』子貢曰：『諾。吾將問之。』入，曰：『伯夷叔齊何人也？』孔子曰：『古之賢人也。』曰：『怨乎？』孔子曰：『求仁而得仁，又何怨！』子貢出曰：『夫子不爲也。』」《紫微雜説》則引劉氏《意林》云：「齊國夏、衛石曼姑帥師圍戚。曼姑受命而立輒，其不可以圍戚，何也？……伯夷、叔齊讓國而不取，餓於首陽之下，終身訢然。以爲求仁得仁，故無怨也。夫不以能有其國家爲貴，而以全其志義爲安。孔子故稱之。舜有天下，瞽瞍殺人，是亦將循伯夷之義，安在其循有司之法，而以己之貴加其親，此不爲知《春秋》。」

如此等等，皆可資旁證。

二、本書集解徵引的書目，按陳氏《解題》分列如下：

「三傳」：《春秋左傳》徵引正文一千零二十三則，杜氏（預）注五百九十一則，孔氏（穎達）《正義》三則；《公羊傳》徵引正文二百四十五則，何氏（休）注三十五則；《穀梁傳》徵引正文二百八十九則，范氏（甯）注三十六則。

「陸氏」：書中亦稱「陸氏」，爲唐陸淳（？——八〇六），所著《春秋啖趙傳纂例》徵引一百二十九則，《春秋微旨》徵引六則，《春秋集傳辨疑》徵引十九則。

「兩孫氏」：書中稱「泰山孫氏」者，爲宋孫復（九九二——一〇五七），所著《春秋經解》徵引一百六十三則；書中稱「高郵孫氏」者，爲宋孫覺（一〇二八——一〇九〇），所著《春秋經解》徵引八十四則。

「兩劉氏」：書中稱「劉氏」者，爲宋劉敞（一〇一九——一〇六八），所著《春秋權衡》徵引五十則，《春秋傳》徵引一百五十九則，《春秋意林》徵引八十六則；書中稱「常山劉氏」者，爲宋劉絢（一〇四五——一〇八七），所著《春秋傳》（或稱《劉質夫春秋》、《春秋學》）徵引五十五則。是書今不傳。

「蘇氏」：書中亦稱「蘇氏」，爲宋蘇轍（一〇三九——一一一二）所著《春秋集解》徵引六十五則。

「程氏」：書中稱「伊川先生」，爲宋程頤（一〇三三——一一〇七），所著《程氏經説·春秋》徵引二百一十二則。

「許嵩老」：書中稱「襄陵許氏」，爲宋許翰（？——一一三三），所著《春秋傳》徵引二百一十一則。是書今亦不傳。

「胡文定」：書中稱「武夷胡氏」，爲宋胡安國（一〇七四——一一三八），所著《春秋胡氏傳》徵引五百八十七則。

此外，屬後人增益者二人：稱「吕氏」者，爲吕本中（一〇八四——一一四五），徵引一百零六則，或出自吕氏另著《春秋解》（今不傳）；稱「東萊吕氏」者，爲吕祖謙（一一三七——一一八一），徵引六則，未詳所自（莊公十一年「秋，宋大水」條下一則見諸四庫本《春秋左傳注疏》卷八考證，亦不知出自何書）。

三、本書的體例，原著先標經文，後列集解。經文以《春秋左傳》爲底本，校以《公羊傳》（書中稱《公》或《公羊》）、《穀梁傳》（書中稱《穀》或《穀梁》），異文以小字夾註列後，現仍其舊。爲閲讀方便，經文字體放大一號加粗。集解分人臚列，其小字夾註，亦仍其舊。

四、本書今存通志堂本、四庫全書文淵閣本與摛藻堂四庫全書薈要本。此次整理以通志堂本爲底本，參校以下各書：

（一）四庫全書文淵閣本《吕氏春秋集解》

（二）四庫全書摛藻堂本《吕氏春秋集解》

（三）四庫全書文淵閣本《春秋左傳正義》

（四）中華書局一九八一年版楊伯峻《春秋左傳注》

（五）四庫全書文淵閣本《春秋公羊傳注疏》

（六）四庫全書文淵閣本《春秋穀梁傳注疏》

（七）四庫全書文淵閣本陸淳《春秋啖趙集傳纂例》

（八）四庫全書文淵閣本陸淳《春秋微旨》

（九）四庫全書文淵閣本陸淳《春秋集傳辨疑》

（十）通志堂經解本劉敞《春秋權衡》

（十一）通志堂經解本劉敞《春秋傳》

（十二）通志堂經解本《春秋意林》

(十三)四庫全書文淵閣本孫復《春秋經解》
(十四)四庫全書文淵閣本孫覺《春秋經解》
(十五)四庫全書文淵閣本《程氏經説·春秋》
(十六)四庫全書文淵閣本蘇轍《春秋集解》
(十七)四部叢刊影印宋刊本《春秋胡氏傳》
(十八)四庫全書文淵閣本李明復《春秋集義》
(十九)四庫全書文淵閣本《春秋胡氏傳附録纂疏》
(二十)四庫全書文淵閣本《春秋傳説彙纂》
(二十一)浙江古籍出版社二〇〇八年版《吕祖謙全集》第五册《春秋集解》

春秋集解目録

春秋集解卷一

隱　公名息姑，惠公之子。謚法：不尸其位曰隱。杜預《釋例》：「謚法：隱拂不成曰隱。」

《左氏傳》：惠公元妃孟子。孟子卒，繼室以聲子，生隱公。宋武公生仲子。仲子生而有文在其手，曰「爲魯夫人」。故仲子歸於我。生桓公，而惠公薨，是以隱公立而奉之。

《穀梁傳》：《春秋》貴義而不貴惠，信道而不信邪。孝子揚父之美，不揚父之惡。先君之欲與桓，非正也，邪也。雖然，既勝其邪心，以與隱矣。已探先君之邪志，而遂以與桓，則是成父之惡也；兄弟，天倫也。爲子受之父，爲諸侯受之君。已廢天倫而忘君父，以行小惠，曰小道也。若隱者，可謂輕千乘之國，蹈道則未也。

伊川先生解：《春秋》，魯史之名也。夫子之道既不行於天下，於是因魯《春秋》立百王不易之大法。平王東遷，在位五十一年，卒不能復興先王之業，王道絶矣。孟子曰：「王者之迹熄而《詩》亡，《詩》亡然後《春秋》作。」適當隱公之初，故始於隱公。

泰山孫氏曰：《春秋》之始於隱公者非他，以平王之所終也。平王東遷，歷孝逾惠，莫能中興，播蕩淩遲，逮隱而死。夫生猶可待也，死則何所爲哉？故《詩》自《黍離》而降，《書》自《文侯之命》而絶，《春秋》自隱公而始也。

元年，春，王正月。

《左氏傳》：元年，春，王周正月。杜氏注：言周，以别夏、殷。

《公羊傳》：元年，春，王正月。元年者何？君之始年也。何言乎「王正月」？大一統也。

《穀梁傳》：雖無事，必舉正月，謹始也。

伊川先生解：隱公之始年。春，天時；正月，王正。書「春王正月」，示人君當上奉天時，下承王正。明此義，則知王與天同大，而人道立矣。周正月，非春也，假天時以立義耳。平王之時，王道絶矣，《春秋》假周以正王法。隱，不書即位，明大法於始也。諸侯之立，必由王命，隱公自立，故不書即位，不與其爲君也。法既立矣，諸公或書或不書，義各不同。既不受命於天子，以先君之命而繼世者，則正其始，文、成、昭、襄、哀是也。繼世者，既非王命，又非先君之命，不書即位，不正其始，隱、莊、閔、僖是也。桓、宣、定之書即位，桓弑君而立，宣受弑賊之立，定爲逐君者所立，皆無王無君，何命之受？故書其自即位也。定之比宣，則又有間矣。

陸氏《纂例》曰：啖子曰：「凡天子崩，諸侯薨，既殯而嗣子爲君，《康王之誥》是也。未就阼階之位，來年正月朔日乃就位，南面而改元，《春秋》所書是也。」

劉氏《權衡》曰：大凡「元年春正月公即位」，此八字者，文理相須，苟載事者，必皆庸焉，非聖人新意也。惟「王」一字在「春」「正」之間，爲聖人新意耳。

常山劉氏曰：平王以降，天子之命，不行於諸侯，諸侯之嗣皆專立，而無所謂命。如隱、文、成、襄、昭、哀，皆受國於先君，而不請命於天子者也。隱公獨不書即位者，入春秋之始，聖人即以王法奪之，而大義舉矣。若文、成、襄、昭、哀亦不書乎，則與夫内復不受於先君者，無以爲别，故五公書之，言猶繼正而有所受之矣。如莊、閔、僖皆内無所受，上無所承爾，至桓、宣、定三公，則著其自立也。

武夷胡氏傳：人君嗣立，逾年必改元，此重事也。當國大臣、冢宰必以其事告於廟，秉筆史官必以其事書於策。緣始終之義，一年不二君，故不改於柩前，定位之初。緣臣民之心，不可曠年無君，故不待於三年。舉喪之後，逾年春正月，乃謹始之時，得理之中者也，於是改元著新君即位之始，宜矣。即位而謹始，本不可以不正。爲子受之父，爲諸侯受之王，此大本也。咸無焉，則不書「即位」，隱、莊、閔、僖四公是也。聖人恐此義未明，又於衛侯晉發之，書曰「衛人立晉」，以見内無所承，上不請命者，雖國人欲立之，其立之非也。在春秋時，諸侯皆不請王命矣，然承國於先君者，則得書「即位」，以别於内復無所承者，文、成、襄、昭、哀五公是也。聖人恐此義未明，又於齊孺子荼發之。荼幼，固不當立，然既有先君景公之命矣，陳乞雖流涕欲立長君，其如景公之命何？以乞君荼不死，先君之命也。命雖不敢死，以别於内復無所承者，可也。然亂倫失正，則天王所當治。聖人恐此義未明，又於衛侯朔發之。朔殺伋、壽，受其父宣公之命，嘗有國矣，然四國納之則貶，王人拒之則褒，於以見雖有父命，而亂倫失正者，王法所宜絶也。由是推之，王命重矣。雖重天王之命，若非制命以義，亦將壅而不行。故魯武公以括與戲見宣王，王欲立戲，仲山甫不可，王卒立之，魯人殺戲，立括之子，諸侯由是不睦。聖人以此義非盡倫者不能斷也。又特於首止之盟發之。夫以王世子而出會諸侯，以列國諸侯而上與王世子會，此例之變也，而《春秋》許之。鄭伯奉承王命，不與是盟，此禮之常也，而《春秋》逃之。所以然者，王將以變易儲貳。桓公糾合諸侯，仗正道以翼世子，使國本不摇，而天下之爲父子者定，所謂「一匡天下，民到於今受其賜」者也。至是變而之正，以大義爲主，而崇高之勢不與焉，然後即位，謹始之義終矣，萬世之大倫正矣。故曰《春秋》之法大居正，非聖人莫能修之，謂此類爾。

又曰：謂正月爲「王正」，則知天下之定於一也。天無二日，土無二王，家無二主，尊無二上，道無二致，政無二門，故議常經者，黜百家，尊孔氏。諸不在六藝之科者，勿使並進，此道術之歸於一也。言致理者，欲令政事皆出中書，而變禮樂，革制度，則流放竄殛之刑隨其後，此國政之歸於一也。若乃闢私門，廢公道，各以便宜行事，是人自爲政，謬於《春秋》大一統之義矣。

三月，公及邾《公》作「邾婁」。儀父盟于蔑。《公》、《穀》作「眛」。

《左氏傳》：邾子克也，未王命，故不書爵。公攝位而欲求好於邾，故爲蔑之盟。

《公羊傳》：「及」者何？與也。「會」、「及」、「暨」，皆與也。曷爲或言「會」，或言「及」，或言「暨」？「會」，猶最也；「及」，猶汲汲也；「暨」，猶暨暨也。「及」，我欲之；「暨」，不得已也。「儀父」者何？字也。劉氏《權衡》曰：案「公會齊侯，盟于柯」，當是時，曹子手劍劫齊侯，以復汶陽之田，可謂我欲之矣，而反書「會」，則「及」者，非我欲之也。案《春秋》有相與及者，此是也；有相次及者，「及其大夫孔父」是也；有逮其及者，「公追齊師弗及」是也。文爲事出，不專汲汲而已。

《穀梁傳》：「及」者何？内爲志焉爾。劉氏《權衡》曰：「及齊高傒盟」，「及晉處父盟」，豈復内爲志者邪？

伊川先生解：盟誓以結信，出於人情，先王所不禁也。後世屢盟而不信，則罪也。諸侯交相盟誓，亂世之事也。凡盟，内爲主稱「及」，外爲主稱「會」。在魯地，雖外爲主，亦稱「及」，彼來而及之也。兩國以上則稱「會」，彼盟而往會之也。郳，附庸國。郳子克，字儀父，附庸之君稱字，劉氏傳、泰山孫氏同。同王臣也。夷狄則稱名，降中國也。

杜氏注：郳，今魯國鄒縣也。蔑，姑蔑，魯地。魯國卞縣南有姑城。

孔氏《正義》曰：凡盟禮，殺牲歃血告誓神明，若有背違，欲令神加殃咎，使如此牲也。《曲禮》曰：「涖牲曰盟。」《秋官·司盟職》曰：「邦國有疑，會同，則掌其盟約之載。」

劉氏傳：何如則謂之附庸？公、侯百里，伯七十里，子、男五十里，不及五十里，附於諸侯，曰附庸。公九命，侯、伯七命，子、男五命，附庸四命。

高郵孫氏曰：凡會盟侵伐，重其爲首者，其事善，則首者之善重；其事惡，則首者之惡亦重。是故盟會則以主會爲首，侵伐則以主兵爲首，所以輕重之也。然而於内之主，則可言公及某；於外之主，則不言某及公。故聖人變其文曰「及」曰「會」也。「及」者，以内而及外，因此而及彼。「會」者，以此從彼，彼處某，而我往會之也。

蘇氏曰：或曰：「古者禮樂征伐自天子出，諸侯專之，非禮也。凡書，皆以譏之。」予以爲不然，春秋之際，王室衰矣，然而周禮猶在，天命未改，雖有湯、武，未能取而代之也。諸侯之亂，舍此何以治之？要之以盟會，威之以征伐，小國恃焉，大國畏焉，猶可以少安也。

武夷胡氏傳：王朝大夫例稱字，列國之命大夫例稱字，諸侯之兄弟例稱字，中國之附庸例稱字，其常也。聖人案是非，定褒貶，則有例當稱字或黜而書名，例當稱人或進而書字，其變也。常者，道之正；變者，道之中。

夏，五月，鄭伯克段于鄢。

《左氏傳》：初，鄭武公娶於申，曰武姜。生莊公及共叔段。莊公寤生，驚姜氏，故名曰寤生，遂惡之。愛共叔段，欲立之。亟請於武公，公弗許。及莊公即位，爲之請制。公曰：「制，巖邑也，虢叔死焉，他邑唯命。」請京，使居之，謂之京城大叔。祭仲曰：「都城過百雉，國之害也。……」公曰：「姜氏欲之，焉辟害？」對曰：「姜氏何厭之有？不如早爲之所。……」公曰：「多行不義必自斃。子姑待之。」既而大叔命西鄙、北鄙貳於己。公子呂曰：「國不堪貳，君將若之何？……」公曰：「無庸，將自及。」大叔又收貳以爲己邑。子封曰：「可矣，厚將得衆。」公曰：「不義不暱，厚將崩。」大叔完聚，繕甲兵，具卒乘，將襲鄭。夫人將啓之。公聞其期，曰：「可矣！」命子封帥車二百乘以伐京。京叛大叔段。段入于鄢，公伐諸鄢。五月辛丑，大叔出奔共。書曰：「鄭伯克段于鄢。」段不弟，故不言「弟」；如二君，故曰「克」；稱「鄭伯」，譏失教也；謂之鄭志。不言出奔，難之也。

《穀梁傳》：段，鄭伯弟也。何以知其爲弟也？殺世子、母弟目君。以其目君，知其爲弟也。段，弟也而弗謂弟，公子也而弗謂公子，貶之也。段失子弟之道矣。賤段而甚鄭伯也。何甚乎鄭伯？甚鄭伯處心積慮成於殺也。于鄢，遠也。猶曰取之其母之懷中而殺之云爾，甚之也。然則，爲鄭伯者宜奈何？緩追逸賊，親親之道也。

伊川先生解：鄭伯失爲君之道，無兄弟之義，故稱鄭伯而不言弟。克，勝也。言勝，見段之强。使之强，所以致其惡也。不書奔，義不繫於奔也。

杜氏注：鄭在滎陽宛陵縣西南；鄢，今潁川鄢陵縣。

陸氏《微旨》曰：段雖不弟，乃是鄭伯養成其惡，故特稱鄭伯，以譏失教。

蘇氏曰：不稱段之奔，而稱鄭伯之克，何也？段之亂，鄭伯成之也。凡諸侯之事，告則書，不然則否。雖及滅國，滅不告敗，勝不告克，不書於策。《公羊》、《穀梁》以爲諸侯之事盡於《春秋》也，而事爲之説，則過矣。

武夷胡氏傳：用兵，大事也。必君臣合謀而後動，則當稱國；命公子吕爲主帥，則當稱將；出車二百乘，則當稱師。三者咸無稱焉，而專目鄭伯，是罪之在鄭伯也。猶以爲未足，又書曰「克段于鄢」。克者，力勝之辭。不稱弟，路人也。于鄢，操之爲已蹙矣。夫君親無將，段將以弟篡兄，以臣伐君，必誅之罪也，而莊公特不勝其母焉爾。曷爲縱釋叔段，移於莊公，舉法若是失輕重哉？曰：姜氏當武公存之時，常欲立段矣。及公既没，姜以國君嫡母主乎内，段以寵弟多才居乎外，國人又悦而歸之，恐其終將軋己爲後患也，故授之大邑而不爲之所，縱使失道以至於亂。然後以叛逆討之，則國人不敢從，姜氏不敢主，而大叔屬籍當絶，不可復居父母之邦。此鄭伯之志也。王政以善養人，推其所爲，使百姓興於仁而不偷也，況以惡養天倫，使陷於罪，因以翦之乎！《春秋》推見至隱，首誅其意，以正人心，示天下爲公，不可以私亂也，垂訓之義大矣。

秋，七月，天王使宰咺來歸惠公仲子之賵。

《公羊傳》：賵者，蓋以馬，以乘馬束帛。何休注：此周制也。以馬者，謂士不備四也。《禮·既夕》曰：「公賵、玄纁束帛、兩馬」①是也。乘馬者，謂大夫以上，備四也。束帛，謂玄三纁二。車馬曰賵，貨財曰賻，衣被曰襚。

《穀梁傳》：賵者，何也？乘馬曰賵，衣衾曰襚，貝玉曰含，財錢曰賻。

伊川先生解：王者奉若天道，故稱「天王」，其命曰天命，其討曰天討，盡此道者，王道也。後世以智力把持天下者，霸道也。《春秋》因王命以正王法，稱「天王」以奉天命。夫婦，人倫之本，最當先正。春秋之時，嫡妾僭亂，聖人尤謹其名分。男女之配，終身不變者也，故無再娶之禮。大夫而下，内無主，則家道不立，故不得已有再娶之禮。天子、諸侯，内職具備，后、夫人亡，可以攝治，無再娶之禮。《春秋》之始，尚有疑焉，故仲子羽數特異，僖公而後無復辨矣。《春秋》因其竊號而書之，以志僭亂，仲子繫惠公而言，故正其名。不曰夫人，曰「惠公仲子」，謂惠公之仲子，妾稱也。以夫人禮賵人之妾，不天亂倫之甚也。然春秋之始，天王之義未見，故不可去「天」而名「咺」，以見其不王。王臣雖微不名，況於宰乎！

陸氏《纂例》：趙子曰：「天子而賵妾母，是啓僭也。」

高郵孫氏曰：惠公仲子，一人也。仲子者，惠公再娶之夫人。不曰「夫人」，而繫之惠公者，不正其爲夫人，故從夫以别之也。蓋仲子卒於《春秋》之前，天王至是而來賵之耳。仲子繫之夫，失禮者夫也。成風繫之子，失禮者子也。

常山劉氏曰：以天王之尊，而下賵諸侯之妾，壞法亂紀，莫斯爲甚。王朝公卿，有爵者例書爵，無爵者例書字。咺者，王之宰，書而名之，所以著其貶也。成風之喪，亦妾母也，王使榮叔歸含且賵，又王使召伯來會葬，俱不稱「天」者，以明其無天道也。一則名其宰而見貶，一則去其「天」以示譏。

武夷胡氏傳：王朝公卿書官，大夫書字，上士、中士書名，下士書人。咺，位六卿之長而名之，何也？仲子，惠公之妾爾，以天王之尊，下賵諸侯之妾，是加冠於屨，人道之大經拂矣。天王，紀法之宗也；六卿，紀法之守也。議紀法而修諸朝廷之上，則與聞其謀；頒紀法而行諸邦國之間，則專掌其事。而承命以賵諸侯之妾，是壞法亂紀，自王朝始也。《春秋》重嫡、妾之分，故特貶而書名，以見宰之非宰也。

九月，及宋人盟于宿。

《左氏傳》：始通也。

《公羊傳》：孰及之？內之微者也。劉氏《權衡》曰：盟者，國之大事，豈兩微者所定乎？苟有兩微者盟，《春秋》固不書之。然則，此自公也，諱之，没公矣。

《穀梁傳》：及者何？內卑者也；宋人，外卑者也。

伊川先生解：惠公之季年，敗宋師于黄，公立而求成焉。盟于宿，魯志也。稱「及」，稱「人」，皆非卿也。

杜氏注：宿，小國，東平無鹽縣是也。凡盟以國地者，國主亦與盟。

陸氏《纂例》：趙子曰：「不書公，諱與大夫盟，示恥也。」

劉氏傳：孰及之？卑者之盟不志。及之者，公也。公則曷爲不言公？恥與宋人盟也。曷爲恥與宋人盟？大國之卿，可以會小國之君，小國之卿，不可以會次國之君。

武夷胡氏傳：內稱「及」，外稱「人」，皆微者。其地以國，宿亦與焉。微者盟會，不見於《春秋》，此其志者，有宿國之君也。

呂氏曰：隱公以諸侯之尊，而下與他國大夫盟，苟徇目前之利，無廉恥之節。此固聖人所宜貶也。

冬，十有二月，祭伯來。

《左氏傳》：非王命也。

《穀梁傳》：來者，來朝也。其弗謂朝，何也？寰内諸侯，非有天子之命，不得出會諸侯。不正其外交，故弗與朝也。聘弓鍭矢不出竟場，束修之肉不行竟中，有至尊者不貳之也。

伊川先生解：祭伯，畿内諸侯，爲王卿士，來朝魯。不言朝，不與其朝也。當時諸侯不修朝覲之禮，失人臣之義，王所當治也。祭伯爲王臣，不能輔王正典刑，而反與之交，又來朝之，故不與其朝，以明其罪。先儒有王臣無外交之説，甚非也。若天下有道，諸侯順軌，豈有内外之限？其相交好，乃常禮也。然委官守而遠相朝，無是道也。《周禮》所謂「世相朝」，謂鄰國耳。

武夷胡氏傳：案左氏曰：「非王命也。」祭伯，畿内諸侯，爲王卿士，來朝於魯，而直書曰「來」，不與其朝也。人臣義無私交，大夫非君命不越境。所以然者，杜朋黨之原，爲後世事君而有貳心者之明戒也。惟此義不行，然後有藉外權，如繆留之語韓宣惠者；交私議論，如莊助之結淮南者；倚彊藩爲援，以脅制朝廷，如唐盧攜之於高駢、崔胤之於宣武、昭緯之於邠岐者矣。《經》於内臣朝聘告赴皆貶而不與，正其本也。豈有誣上行私自植其黨之患哉！

公子益師卒。

伊川先生解：諸侯之卿，必受命於天子。當時不復請命，故諸侯之卿皆不書官，不與其爲卿也。稱公子，以公子故，使爲卿也。惟宋王者後得命官，故獨宋卿書官。卿者，佐君以治國，其卒，國之大事，故書於此，見君臣之義矣。或日或不日，因②舊史也。古之史記事簡略，日月或不備，《春秋》因舊史有可損，而不能益也。

劉氏傳：公子曰「公子」，公子之子曰「公孫」，公孫之子，以王父字爲氏，公子之尊視大夫。

高郵孫氏曰：古者，遇臣之禮，來朝則改容，當坐則爲起，疾病則臨問，死喪則哭之哀。君之遇之也重，則其報之也亦重；君之遇之也輕，則其報之也亦輕。春秋之時，君遇臣之禮，不止於薄也，或專殺之；臣事君之道，不止於欺也，而或弒之。聖人痛君臣之交失道也，則於内大夫之卒少見其意焉。内大夫見於《經》者，四十有七，卒者三十，不書卒者十有七，所以見君之薄厚，且記臣道之始終也。書卒者，或君臨之，或賻贈之，恩及之，則卒也。其不書卒者，或弑賊，或出奔，或君不親臨，或賻贈不加，恩不及，則不卒也。亦或卒於春秋之後也。

【校　記】

① 公賵、玄纁束帛、兩馬：《儀禮·既夕》作「公賵、玄纁束、馬兩」。

② 因：原脱。據《程氏經説》補。

二年，春，公會戎于潛。

《左氏傳》：修惠公之好也。戎請盟，公辭。

《穀梁傳》：會者，外爲主焉爾。知者慮，義者行，仁者守。有此三者，然後可以出會。會戎，危公也。劉氏《權衡》曰：「會者，外爲主焉爾」，非也。若令内爲志者，可曰「公及戎于潛」乎？

伊川先生解：周室既衰，蠻夷猾夏①，有散居中國者。方伯大國，明大義而攘斥之，義也。其餘列國，慎固封守可也。若與之和好，以免侵暴，非所謂「戎狄是膺」，所以容其亂華也②。故《春秋》華夷之辨尤謹③，居其地而親中國與盟會者，則與之。會戎，非義也。

杜氏注：陳留，濟陽縣東南，有戎城。潛，魯地。

泰山孫氏曰：諸侯，非天子之事，不得出會諸侯，況會戎哉！

武夷胡氏傳：戎狄舉號④，外之也。天無所不覆，地無所不載，天子與天地參者也。《春秋》天子之事，何獨外戎狄乎？曰：中國之有戎狄，猶君子之有小人，内君子外小人爲「泰」，内小人外君子爲「否」。《春秋》聖人傾否之書，内中國而外四夷，使之各安其所也。無不覆載者，至道之體；内中國而外四夷者，王道之用。是故以諸夏而親戎狄，致金繒之奉，首顧居下，其策不可施也。以戎狄而朝諸夏，位侯王之上，亂常失序，其體不可行也。以羌胡而居塞内，無出入之防，非我族類，其心必異。萌猾夏之階，其禍不可長也⑤。爲此説者，其知内外之旨，而明於馭戎之道。正朔所不加也，奚會同之有？書「會戎」，譏之也。

夏，五月，莒人入向。

《左氏傳》：莒子娶于向。向姜不安莒而歸。夏，莒人入向，以姜氏還。

《公羊傳》：入者何？得而不居也。

《穀梁傳》：入者，内弗受也。劉氏《權衡》：《穀梁》曰：「入者，内弗受也。」此義疎矣。凡將兵攻人之國而能勝之，入焉者，斯謂之入矣，非必以内弗受解也。有入人之國而可受之者乎？然則《穀梁》今所言者，歸入之例也，妄并之矣。

伊川先生解：莒子娶于向，向姜不安莒而歸，莒人入向，以姜氏還。天下有道，禮樂征伐自天子出。春秋之時，諸侯擅相侵伐，興兵以侵伐人，其罪著矣。《春秋》直書其事，而責常在被侵伐者。蓋彼加兵於己，則當引咎，或自辨，諭之以禮義；不得免焉，則固其封疆，告於天子、方伯。若忿而與之戰，則以與戰者爲主，處己絶亂之道也。書「莒人」，微者也。凡將尊師衆曰某帥師，將尊師少曰某伐某，將卑師衆曰某師，將卑師少曰某人，不知衆寡將帥名氏亦曰某人。書「入」，入其國也。侵人之境且爲暴，况入人之國乎！

杜氏注：向，小國也。譙國龍亢縣東南有向城。莒國，今城陽莒縣是也。

劉氏傳：入者何？入其國也。

泰山孫氏曰：莒，小國，以兵入向者。隱、桓之際，征伐用師，國無大小，皆專而行之。

襄陵許氏曰：《春秋》外卿帥師稱「人」。外書卿帥師，自晉襄之季始也。故中世以後，卿而人之者，貶矣。

無駭《公》作「侅」。**帥師入極。**

《左氏傳》：司空無駭入極。

伊川先生解：古者，卿皆受命于天子。春秋之時，諸侯自命，已賜族者則書族，不書族者，未賜也。賜族者，皆命之世爲卿也。

杜氏注：無駭，魯卿；極，附庸小國。無駭不書氏，未賜族。劉氏《權衡》：公子稱公子，公子之子稱公孫，公孫之子以王父字爲氏，乃常禮也。若此無駭者，繼公孫者也，則其賜氏久矣，豈及其死而未賜氏乎？如其公孫也，則公孫乃其氏矣，又何賜乎？若以謂公子、公孫，亦必賜然後稱也，是不達於禮矣。夫禮，所以賜氏者，非以爲榮也，乃以爲公孫之子，其族無稱也。其族無稱，故請之於君，君賜之氏而後稱之也。則族者，固公子、公孫之類也，公子、公孫不待賜而稱之也，以親屬爲氏也。公孫之子，必待賜而立氏者，公孫不敢以親屬爲氏也。

孔氏正義：賈逵云：「極，戎邑也。」

劉氏傳曰：無駭者何？吾大夫也。何以不氏？再命也，諸侯大國三卿，皆命於天子；次國三卿，二卿命於天子；小國三卿，一卿命於天子。大國之卿三命，次國再命，小國一命，禮也。

蘇氏曰：無駭之不氏，未賜族也。或曰未王命也。古者，天子賜姓，諸侯賜族，楚未嘗通於周，而其大夫曰屈完，故氏非王命。

襄陵許氏曰：凡大夫謂爵命於天子，不氏。《春秋》之初，尚謹此也。無駭、翬、挾、柔、溺及宛之見隱、桓、莊篇是也。自齊桓以後，列國皆命大夫，非夷狄無不族稱者矣⑥，蓋不復請命於周也。

秋，八月庚辰，公及戎盟于唐。桓二年亦「公及戎盟于唐」。

《左氏傳》：戎請盟。秋，盟于唐，復修戎好也。

伊川先生解：戎猾夏而與之盟，非義也⑦。

杜氏注：高平方與縣北，有武唐亭。八月無庚辰，庚辰，七月九日也。日月必有誤。

陸氏《纂例》：啖子曰：凡夷狄⑧，皆不分其爵號，而君臣同辭。

泰山孫氏曰：郲儀父，中國也⑨。公與中國盟⑩，猶曰不可，與戎盟于唐，甚矣。

九月，紀裂繻來逆女。 裂繻，《公》、《穀》並作「履緰」。

《左氏傳》：卿爲君逆也。

《公羊傳》：女曷爲或稱女，或稱婦，或稱夫人？女在其國稱女，在塗稱婦，入國稱夫人。

伊川先生解：非命卿皆書名。以君命來逆夫人也。在魯，故稱女。内女嫁爲諸侯夫人則書「逆」，書「歸」，明重事也。來逆非卿，則書「歸」而已，見其禮之薄也。先儒皆謂諸侯當親迎。親迎者，迎於其所館，有親御授綏之禮。豈有委宗廟社稷而遠適他國以逆婦者乎！非惟諸侯，即卿大夫而下莫不然也。《詩》稱文王「親迎于渭」，未嘗出疆也。

杜氏注：裂繻，紀大夫；紀國，在東莞劇縣。

何休注：《春秋》正夫婦之始也。

常山劉氏曰：文王之迎太姒，惟曰「于渭」，不云「于莘」。且文王當是時，未知其已爲諸侯否也。至《詩》云：「韓侯迎止，于蹶之里。」則蹶父爲王卿士。若韓侯因朝覲至周而迎，不亦宜乎！

吕氏曰：婚姻之禮，男女之別見矣。王政以此爲本，故《春秋》内女之歸，其禮不備者，必謹書之，所以使天下後世知婚姻之禮爲重，古聖人之意也。否則淫慝邪僻生焉。裂繻不氏，未命也；而使來逆女，其非禮可知。

冬，十月，伯姬歸于紀。

《公羊傳》：婦人謂嫁曰歸。《穀梁傳》同。

伊川先生解：送之者雖公子、公孫，非卿則不書。

劉氏傳：内女嫁於諸侯則尊同，尊同則志。

紀子帛、《公》、《穀》作「伯」。莒子盟于密。

《左氏傳》：魯故也。

《公羊傳》：「紀子伯」者何？無聞焉爾。何休注：《春秋》口授相傳，至漢公羊氏及弟子胡毋生等乃始記於竹帛，故有所失也。

伊川先生解：闕文也。泰山孫氏同。當云「紀侯、某伯、莒子盟于密」。左氏附會作

「帛」。杜預以爲裂繻之字。《春秋》無大夫在諸侯上者。《公羊》、《穀梁》皆作「伯」。

杜氏注：子帛，裂繻字也。莒、魯有怨，紀侯既昏於魯，使大夫盟莒以和解之。密，莒邑，城陽淳于縣東北有密鄉。

十有二月，乙卯，夫人子氏薨。

《穀梁傳》：夫人薨，不地。夫人無出境之事，薨有常處。夫人者，隱之妻也。卒而不書葬，夫人之義，從君者也。

伊川先生解：隱公夫人也。薨，上墜之聲。諸侯國内稱之，小君同。婦人，從夫者也。公在，故不書葬。於此，見夫婦之義矣。

劉氏傳：何以不書葬？不以夫人葬也。何爲不以夫人葬？公欲不終爲君，亦不以子氏爲夫人也。

泰山孫氏曰：不言葬者，五月而葬也。

鄭人伐衛。

《左氏傳》：元年，鄭共叔之亂，公孫滑出奔衛，衛人爲之伐鄭，取廪延。鄭人以王師、虢師伐衛南鄙。二年，鄭人伐衛，討公孫滑之亂也。

伊川先生解：聲其罪曰「伐」。衛服，故不戰。衛服，可免矣。鄭之擅興戎，王法所不容也。

陸氏《纂例》曰：成公以前，侵伐稱「人」者，多不必盡是君命之卿，蓋遠事難詳，從舊史書「人」耳。又凡師稱罪致討曰「伐」，無名行師曰「侵」。

武夷胡氏傳：征伐，天子之大權。今鄭無王命，雖有言可執，亦王法所禁，況於修怨乎！

【校記】

① 蠻夷猾夏：四庫本作「遠方殊俗」。

② 非所謂「戎狄是膺」，所以容其亂華也：四庫本作「非所謂以固吾圉，所以啓其亂源也」。

③ 華夷：四庫本作「中外」。

④ 戎狄：四庫本作「外裔」。

⑤ 中國之有戎狄……其禍不可長也：四庫本作「中國之有外裔，猶晝之有夜，陰之有陽，晝短則夜長，陰盛則陽衰，此自然之理，聖人于此加之區别，爲之分制，所以使之各安其所也。無不覆載者，王道之體；内中國，外外裔者，王道之用。是故以諸夏而親外裔，致金繒之奉於義，不順其策，不可始也。以外裔而朝諸夏，位侯王之上，亂常失序，其禮不可行也。以允姓姜戎陸渾之屬而居内，非我族類，其心必異，萌寇亂之階，其禍不可長也」。

⑥ 夷狄：四庫本作「外裔」。

⑦ 戎猾夏而與之盟，非義也：四庫本作「魯，列侯，而與戎盟，非義也」。

⑧ 夷狄：四庫本作「外裔」。

⑨⑩ 中國：四庫本作「附庸」。

三年，春，王二月，己巳，日有食之。

《公羊傳》：日食則曷爲或日或不日，或言朔或不言朔？曰「某月某日朔，日有食之」者，食正朔也。其或日或不日，或失之前，或失之後。失之前者，朔在前也；失之後者，朔在後也。泰山孫氏曰：凡日食，言日言朔，食正朔也。言日不言朔，失其朔也。言朔不言日，失其日也。不言日，不言朔，日、朔俱失也。皆曆象錯亂，太史廢職。或失之前，或失之後，故《春秋》詳而録之，以正其罪也。

《穀梁傳》：其不言食之者，何也？知其不可知，知也。

伊川先生解：月，王月也。事在二月，則書「王二月」，在三月，則書「王三月」，無事則書時，書首月。蓋有事則道在事，無事則存天時。王朔天時備，則歲功成，王朔存則人理立①，《春秋》之大義也。日有食之，有食之者矣，更不推求何者也②。太陽，君也，而被侵食，君道所忌。然有常度，災而非異也。星辰陵歷亦然。

杜氏注：日行遲，一歲一周天。月行速，一月一周天。一歲凡十二交會。然日月動物，雖行度有大量，不能不小有盈縮，故有雖交會而不食者，或有頻交而食者。以《長曆》推《經》《傳》，明此是食二月朔也。

劉氏傳：曷爲或日或不日，或言朔或不言朔？史之記失也。非史之記失，則日有食之，不得其正。

武夷胡氏傳：凡《經》所書者，或妾婦乘其夫，或臣子背君父，或政權在臣下，或夷狄侵中國③，皆陽微陰盛之證也。

三月，庚戌，天王崩。

《左氏傳》：三月，壬戌，平王崩。赴以庚戌，故書之。劉氏《權衡》曰：左氏曰：「壬戌，平王崩。赴以庚戌，故書之。」杜云：「欲諸侯速至，故遠日以赴。《春秋》不書實崩而曰遠日者，即傳其僞，以懲臣子之過也。」非也。王實以壬戌崩，而赴以庚戌崩，則天下皆謂其真以庚戌崩也。此史自當書庚戌。聖人雖欲還正，亦不可得，豈故傳其僞者乎？且非《春秋》又何以見平王非庚戌崩乎？

《穀梁傳》：高曰崩，厚曰崩，尊曰崩。天子之崩，以尊也。

伊川先生解：崩，上墜之形。四海之内，皆當奔赴。魯君不往，惡極罪大，不可勝誅。不書而自見也。

杜氏注：不書葬，魯不會。

高郵孫氏曰：《春秋》之王，一十有三。崩、葬皆書者五，周告之崩，魯會之葬也。崩而不葬者四，周告之而魯不會也。崩、葬不見者三，周不告，魯不會也。其一則崩在《春秋》之後也。《春秋》之書葬者，皆我葬之也。

武夷胡氏傳：平王崩，周人來訃，而隱公不往，是無君也。或曰：「萬國，至衆也；封疆，至重也。天王之喪，不得越境以奔，而修服於國，卿供弔送之禮，訖葬卒哭而除喪，禮乎？」案《周書·康王之誥》：太保率西方諸侯入應門左，畢公率東方諸侯入應門右，再拜，趨出，王反喪服。此奔成王之喪者，安得以爲修服於國内而可乎！諸侯歲時或朝覲於京師，或會同於方岳，或從兵革征伐之事，越境踰時，不以爲難，何獨難於奔喪，而薄君臣始終存没之義哉！大非先王之禮，失《春秋》之義矣。

夏，四月辛卯，君《公》、《穀》並作「尹」。**氏卒。**

《左氏傳》：君氏卒，聲子也。劉氏《權衡》曰：妾母不得稱夫人，自常禮也。假令實爲聲子，雖不稱夫人，猶應比定十五年姒氏卒及葬定姒之例書之，何忽稱「君氏」，又不葬乎？又曰：不書姓，爲公故曰「君氏」。《春秋》以昭公娶吴，故諱其姓，謂之孟子，則諱姓者，避同姓也。今聲子非魯同姓，諱姓，無義也。

《公羊傳》：尹氏者何？天子之大夫也。其稱尹氏何？貶。曷爲貶？譏世卿。世卿，非禮也。外大夫不卒，此何以卒？天王崩，諸侯之主也。

伊川先生解：尹氏王之世卿，古者使以德，爵以功，世禄而不世官，是以俊傑在位，庶績咸熙。及周之衰，士皆世官，政由是敗。尹氏世爲王官，故於其卒書曰「尹氏」，見其世繼也。

陸氏《纂例》：臣無外交之禮，今死而赴，故書以譏。

武夷胡氏傳：功臣之世世其禄，世卿之官嗣其位。禄以報功也，故其世可延；位以尊賢也，故其官當擇。官不擇人，世授之柄，黨與既衆，威福下移，大姦根據而莫除，人主孤立而無助，國不亡，幸爾！《春秋》於周書尹氏、武氏、仍叔之子，於魯書季友、仲遂，皆志其非禮也。

秋，武氏子來求賻。

《左氏傳》：王未葬也。

《公羊傳》：武氏子者何？天子之大夫也。其稱武氏子者何？譏。何譏爾？父卒，子未命也。何以不稱使？當喪未君也。劉氏傳：嗣子定位於初喪，則其曰未君何？百官總己以聽於冢宰三年。

《穀梁傳》：歸死者曰賵，歸生者曰賻。曰歸之者，正也；求之者，非正也。周雖不求，魯不可以不歸；魯雖不歸，周不可以求之。求之爲言，得不得未可知之辭也，交譏之。

伊川先生解：武氏，王之卿士。稱「武氏」，見其世官④。天王崩，諸侯不供其喪，故武氏遣其子徵求於四國。書之，以見天子失道，諸侯不臣之甚也。

武夷胡氏傳：武氏，天子之大夫，何以不稱使？當喪未君，非王命也。嗣子定位於初喪，其曰未君何也？古者君薨，諒陰，百官總己以聽於冢宰三年。夫百官總己以聽，則是攝行軍國之事也。以非王命而不稱使，《春秋》之旨微矣。於以謹天下之通喪，而嚴君臣之名分也。

八月庚辰，宋公和卒。

伊川先生解：吉凶慶弔，講信修睦⑤，鄰國之常禮，人情所當然。諸侯之卒，與國之大故，來告則書。

杜氏注：稱「卒」者，略外以别内也。

陸氏《纂例》：趙子曰：「《春秋》記諸侯卒，著易代也。不曰『薨』，異外内也，名之，降於天子也。」

高郵孫氏曰：左氏記楚公子圍已弑君而使赴於鄭，伍舉問應爲後之辭焉。對曰：「寡大夫圍。」伍舉更之曰：「共王之子圍爲長。」是當君卒而赴諸侯，則已言嗣君之名矣。故凡往來之國，皆得記其名也。然則不待於同盟朝會聘告，而嗣君之名已見於常所往來之諸侯矣。故《春秋》記外諸侯之卒百三十有三，無名者十，或即位之初，不以名赴，或史失之，未可知也。必若以盟會求之，則未常與者五十有二，而不名者九耳。此未可通也。

武夷胡氏傳：外諸侯卒，國史承告而後書，聖人皆存而弗削。曷爲弗削？《春秋》，天子之事也。古者，諸侯之邦交間問殷聘而世相朝。蓋王事相從，則有和好之情，及告終易代，則有弔恤之禮，是諸侯所以睦鄰國也。周制：王哭諸侯，則大宗伯爲上相，司服爲王制緦麻，宰夫掌邦之弔事，戒令與其幣器財用。是王者所以懷諸侯也。凡諸侯卒，皆存弗削，而交鄰國、待諸侯之義見矣。

冬，十有二月，齊侯、鄭伯盟于石門。

《左氏傳》：尋盧之盟也。杜氏注：盧盟在春秋之前。

伊川先生解：天下無王，諸侯不守信義，數相盟誓，所以長亂也。故外諸侯盟來告者，則書之。

杜氏注：石門，齊地。或曰濟北盧縣故城西南濟水之門。

劉氏傳：何以書？會盟之事，告則書。盟會之事，曷爲告則書？常事不書，非常則書。盟會於諸侯，常也；於王者，非常也。

癸未，葬宋穆《公》、《穀》並作「繆」。**公。**

《左氏傳》：天子七月而葬，同軌畢至。言「同軌」，以别四夷之國。諸侯五月同盟至。同在方岳之盟。大夫三月同位至。古者行役不踰時。士踰月，外姻至。

伊川先生解：諸侯告喪，魯往會葬，則書。啖、趙同。春秋之時，皆不請而私謚。稱私謚，所以罪其臣子。

陸氏《纂例》：啖子曰：「吴越之君，不書葬者，不可言葬某王也。五等諸侯，本國臣子皆稱之曰公，葬既，不請王命，而私謚爲公，正禮：諸侯皆合請王謚。從而書之，以見非禮。」

武夷胡氏傳：卒而或葬或不葬者何？有怠於禮而不葬者，有弱其君而不葬者，有討其賊而不葬者，有諱其辱而不葬者，有治其罪而不葬者，有避其號而不葬者。宋殤、齊昭告亂，書弑矣，而《經》不書葬，是討其賊而不葬者也；晉主夏盟，在景公時告喪，書日矣，而《經》不書葬，是諱其辱而不葬者也；魯、宋盟會，未嘗不同，而三世不葬，是治其罪而不葬者也；吴、楚之君，書卒者十，亦有親送於西門之外者矣，而《經》不書葬，是避其號而不葬者也。怠於禮而不往，弱其君而不會，無其事闕其文，魯史之舊也。討其賊而不葬，諱其辱而不葬，治其罪而不葬，避其號而不葬，聖人所削，《春秋》之法也。

【校　記】

①朔：《程氏經説》作「道」。

②何者：四庫本作「者何」。

③夷狄：四庫本作「外裔」。

④其：原脱。據《程氏經説》補。

⑤信：《程氏經説》作「好」。

春秋集解卷二

隱公

四年，春，王二月，莒人伐杞，取牟婁。

《公羊傳》：外取邑，不書。此何以書？疾始取邑也。劉氏《權衡》：《公羊》以謂「外取邑，不書。疾始取邑」，非也。《公羊》以百二十國書言之，故云爾。不知伐國取邑，有赴不赴也。赴者書之，不赴者不書之。其書之，則《春秋》所有也，其不書之，則《春秋》所未有也。

《穀梁傳》：傳曰：言「伐」言「取」，所惡也。范甯注：既伐其國，又取其土，明伐不以罪而貪其利，兩書取、伐，以彰其惡。

伊川先生解：諸侯土地，有所受之。伐其罪而奪取其土，惡又甚焉。王法所當誅也。

杜氏注：杞國，本都陳留雍丘縣。牟婁，杞邑，城陽諸縣東北有婁鄉。

陸氏《纂例》：啖子曰：「凡先書伐國，下書取邑者，明取其國之邑也。」趙子曰：「凡力得之曰取，或是邑，或是附庸，力得之者，故曰取。不當取也。言取，見其不當取。不是其專奪，雖復取本邑，亦無異詞。」其有，本是我邑及我之附庸，爲彼所奪之，後却取得，當異其文。謂其不能申明直辭，請於王而正疆理，但專自以兵争奪，不得正道，故悉同辭言之。

武夷胡氏傳：取者，收奪之名，或曰：「諸侯土地，上受之天王，下傳之先祖，所以守宗廟之典籍也。聖王不作，諸侯放恣，强者多兼數圻，弱者日以侵削。當是時，有取其故地者，夫豈不可？」然僖公嘗取濟西田矣，成公嘗取汶陽田矣，亦書曰「取」，何也？苟不請於天王以正疆理，而擅兵争奪，雖取本邑，與奪人之有者無以異。《春秋》之義，不以亂易亂，故亦書曰「取」，正其本之意也。

戊申，衛州《穀》作「祝」。後同。**吁弑其君完。**

《左氏傳》：衛莊公娶于齊，曰莊姜，美而無子。戴嬀生桓公，莊姜以爲己子。公子州吁，嬖人之子也，有寵而好兵，公弗禁，莊姜惡之。石碏諫，弗聽，其子厚與州吁游，禁之，不可。桓公立，乃老。四年春，衛州吁弑桓公而立。

伊川先生解：自古篡弑多公族，蓋自謂先君子孫，可以爲君，國人亦以爲然而奉之。《春秋》於此明大義，以示萬世。故《春秋》之初，弑君者多不稱公子、公孫。蓋身爲大惡，自絶於先君矣，豈復得爲先君子孫也？古者公族刑死則無服，況弑君乎！大義既明於初矣，其後弑立者，則皆以屬稱。或見其以親而寵之太過，任之太重，以至於亂，或見其天屬之親而反爲寇讎，立義各不同也。《春秋》大率所書，事同則辭同，後人因謂之例。然有事同而辭異者，蓋各有義，非可以例拘也。

劉氏傳：州吁者何？衛公子也。何以不稱公子？公子雖貴，非三命不氏。公子之重視大夫。

武夷胡氏傳：此衛公子州吁也，而削其屬籍，特以國氏者，罪莊公不待之以公子之道，使預聞政事，主兵權而當國也。以公子之道待州吁，教以義方，弗納於邪，不以賤妨貴，少陵長，則桓公之位定矣，亂何由作！州吁有寵，好兵而公弗禁，石碏盡言極諫而公弗從，是不待以公子之道，使預聞政事，主兵權而當國也。《春秋》之旨，在於端本清源。以《衛詩・緑衣》諸篇考之，所謂「前有讒而不見，後有賊而不知」者，莊公是也。其不稱公子而以國氏，著後世爲人君父者之戒爾。故《傳》有之曰：「爲人君父而不通《春秋》之義者，必蒙首惡之名。」

夏，公及宋公遇于清。

《左氏傳》：公與宋公爲會，將尋宿之盟。未及期，衛人來告亂。夏，公及宋公遇于清。

《公羊傳》：遇者何？不期也。一君出，一君要之也。

伊川先生解：諸侯相見而不行朝會之禮，如路道之相遇，故書曰「遇」。非《周禮》「冬見曰遇」之「遇」也。

杜氏注：遇者，草次之期，二國各簡其禮，若道路相逢遇也。清，衛邑。濟北東阿縣有清亭。

陸氏《纂例》：啖子曰：「古制遇禮，恐忽有邂逅相遇，簡略而行，故與會禮不同。時雖非相遇而從省易，以遇禮相見者，故書曰『遇』。」趙子曰①：「簡禮而會曰『遇』。」

常山劉氏曰：王室衰微，典法廢壞，諸侯各逞其欲，盟會紛然。舍此，又簡易其事，若道路相逢遇，無國君之禮，《春秋》所以致譏也。

襄陵許氏曰：莊、隱之間，凡六書「遇」，以其去古未遠也。自閔而後，有會無遇，忠益不足而文有餘矣。

宋公、陳侯、蔡人、衛人伐鄭。

《左氏傳》：宋殤公之即位也，公子馮出奔鄭。鄭人欲納之。及衛州吁立，將修先君之怨於鄭，而求寵於諸侯，使告於宋曰：「君若伐鄭，以除君害，君爲主，敝邑以賦與陳、蔡從，則衛國之願也。」宋人許之。於是陳、蔡方睦於衛，故宋公、陳侯、蔡人、衛人伐鄭，圍其東門，五日而還。

伊川先生解：宋以公子馮在鄭故，與諸侯伐之也。摟諸侯以伐鄭，固爲罪矣，而衛弑其君，天下所當誅也，乃與修好而同伐人，其惡甚矣。

杜氏注：謂二年鄭人伐衛之怨。

武夷胡氏傳：《春秋》之法，誅首惡。興是役者，首謀在衛，而以宋主兵，何也？前書州吁弑君，其罪已極，至是阻兵修怨，勿論可也。而鄰境諸侯聞衛之有大變也，可但已乎？田常弑簡公，孔子沐浴而朝，告於哀公，請討之。公曰：「告夫三子者。」子曰：「以吾從大夫之後，不敢不告也。」之三子告，不可。子曰：「以吾從大夫之後，不敢不告也。」然則鄰有弑逆，聲罪赴討，雖先發而後聞，可矣。宋殤不恤衛有弑君之難，欲定州吁而從其邪説，是肆人欲，滅天理，非人之所爲也。故以宋公爲首，諸國爲從，示誅亂臣，討賊子，必先治其黨與之法也，此義行，爲惡者孤矣。故曰《春秋》成而亂臣賊子懼。

襄陵許氏曰：《擊鼓》詩序以爲使公孫文仲將而平陳與宋，是以書「衛人」。

秋，翬帥師會宋公、陳侯、蔡人、衛人伐鄭。

《左氏傳》：秋，諸侯復伐鄭。宋公使來乞師，公辭之。羽父請以師會之，公弗許，固請而行，故書曰「翬帥師」，疾之也。諸侯之師，敗鄭徒兵，取其禾而還。

《公羊傳》：翬者何？公子翬也。何以不稱公子？貶。曷爲貶？與弑君也。《穀梁傳》同。

伊川先生解：宋虐用其民，衛當誅之賊，而與之同伐人，其罪大矣。二國搆怨，而他國與之同伐，其罪均也。再序四國，重言其罪，左氏以爲再伐，妄也。翬不稱公子，弒逆之人，積其强惡，非一朝一夕之故，辨之宜早，故去其「公子」。隱公不能辨，是以及禍。

杜氏注：陳，今陳國陳縣；蔡，今汝南上蔡縣。

泰山孫氏曰：翬不氏，未命也。

武夷胡氏傳：貴戚之卿，其植根膠固，難御於異姓之卿，況翬已使主兵而方命乎！隱公不能辨之於早，罷其兵權，猶使之帥師也，是以及鍾巫之禍。《春秋》於此去其「公子」，以謹履霜之戒。《春秋》立義至精，詞極簡嚴而不贅也。若曰「翬帥師會伐鄭」，豈不白乎！再序四國，何其辭費而不憚煩也？言之重，詞之複，其中必有大美惡焉。四國合黨，翬復會師，同伐無罪之邦，欲定弒君之賊，惡之極也。言之不足而再言之，聖人之情見矣。

九月，衛人殺州吁于濮。

《左氏傳》：州吁未能和其民。厚問定君於石子。石子曰：「王覲爲可。」曰：「何以得覲？」曰：「陳桓公方有寵於王。若朝陳，使請，必可得也。」厚從州吁如陳。石碏使告於陳圖之。陳人執之。衛人使右宰醜涖殺州吁于濮。

《公羊傳》：其稱「人」何？討賊之辭也。明國中人人得討之，所以廣忠孝之路。

伊川先生解：稱「衛人」，衆辭也，舉國殺之。

杜氏注：濮，陳地，水名。

陸氏《纂例》：凡作亂自立爲君，而國人殺之者，皆稱「人」以殺，言衆所共棄，不君之也，且明無所累也。

武夷胡氏傳：伐鄭稱「人」，責詞也。殺州吁稱「人」，衆詞也。知然者，伐鄭之役，公孫文仲爲主將，而變文稱「人」，則是指國人聽州吁號令從文仲而南行者也，故曰責辭。其殺州吁，則石碏謀之而使右宰醜涖也，變文稱「人」，則是人皆有欲討賊之心，亦夫人之所得討也，故曰衆辭。公羊子曰：「稱『人』者何？討賊之辭也。」其義是矣。「于濮」者，閔衛國之人，著諸侯之罪也。衛人失賊，而曰著諸侯之罪，何也？夫州吁二月弑君而不能即討者，緣四國連兵欲定其位，久然後能殺之于濮耳，非諸侯之罪而何？夫以討賊許衆人，而以失賊罪鄰國，與賊者寡矣。故曰《春秋》成，而亂臣賊子懼。

冬，十有二月，衛人立晉。

《左氏傳》：衛人逆公子晉于邢。冬十二月，宣公即位。

《穀梁傳》：「衛人」者，衆詞也。「立」者，不宜立者也。晉之名惡也，其稱「人」以立之，何也？得衆也。得衆，則是賢也，賢則其曰不宜立，何也？《春秋》之義，諸侯與正不與賢也。范甯注：立君非以尚賢，所以明有統也。建儲非以私親，所以定名分也。名分定，則賢無亂長之階，而自賢之禍塞矣。

伊川先生解：衛人逆公子晉於邢而立之，書曰「衛人立晉」，衛人立之也。諸侯之立，必受命於天子，當時雖不受命於天子，猶受命於先君。衛人以晉公子也，可以立，故立之。《春秋》所不與也。雖先君子孫，不由天子、先君之命，不可立也，故去其「公子」。

泰山孫氏曰：諸侯受國乎天子，非國人可得立也。

高郵孫氏曰：晉以國人衆立，宜其有得立之理。聖人特於疑似之閒，而發明不當得立之義。《春秋》於疑似之閒，衆人以爲功，一時以爲善者，聖人必立大辨以正之，所以明示皇極之道，而較著一王之法也。

【校記】

①「趙」下原有「簡」字，據陸淳《纂例》删。

五年，春，公矢《公》、《穀》並作「觀」。魚于棠。

《左氏傳》：公將如棠觀魚者，臧僖伯諫曰：「凡物不足以講大事，其材不足以備器用，則君不舉焉。君，將納民於軌物者也。」公曰：「吾將略地焉。」遂往，陳魚而觀之。書曰：「公矢魚于棠。」非禮也，且言遠地也。正義云：《釋例》舊説棠，魯地。據《傳》：公辭欲略地，則非魯竟也。《釋例·土地名》：棠在魯部内，云本宋地，蓋魯、宋之界上也。

《公羊傳》：棠者何？濟上之邑也。

《穀梁傳》：傳曰：常事曰視，非常曰觀。禮，尊不親小事，卑不尸大功。魚，卑者之事也，公觀之非正也。

伊川先生解：諸侯非王事、民事不遠出，遠出觀魚，非道也。

杜氏注：高平方與縣北有武唐亭，魯侯觀魚臺。

泰山孫氏曰：觀魚，非諸侯之事也。天子、諸侯無非事者，動必有爲也。故孟子曰：「天子適諸侯曰巡狩。巡狩者，巡其所守也。諸侯朝於天子曰述職。述職者，述其所職也。無非事者①。是故春省耕而補不足，秋省斂而助不給。」隱公怠棄國政，春觀魚于棠，可謂非事者矣。棠，魯地。

夏，四月，葬衛桓公。

《左氏傳》：衛亂，是以緩。杜氏注：有州吁之亂，十四月乃葬。

伊川先生解：衛亂，是以緩。稱「桓公」，見國人私謚也。魯往會，故書。送終，大事也，必就正寢，不没於婦人之手。曾子易簀而没，豈苟然乎？死而加之不正之謚，知忠孝者，肯爲乎？

泰山孫氏曰：賊討則書葬。

武夷胡氏傳：衛本侯爵，何以稱公？見臣子不請於王而私自謚爾。《春秋》於邦君薨，正以王法而書卒，至於葬，則從其私謚而稱公。或革或因，前以貶不臣順之諸侯，後以罪不忠孝之臣子。詞顯而義微，皆所以遏人欲，存天理，大居正也。

秋，衛師入郕《公》作「盛」。

《左氏傳》：衛之亂也，郕人侵衛，故衛師入郕。

《公羊傳》：曷爲或言率師，或不言率師？將尊師衆稱某率師，將尊師少稱將，將卑師衆稱師，將卑師少稱人。君將不言率師，書其重者也。

伊川先生解：衛晉乘亂得立，不思安國保民之道，以尊王爲先，居喪爲重，乃興戎修怨，入人之國，書其失道也。

杜氏注：東平剛父縣西南有郕鄉。

武夷胡氏傳：稱師者，紀其用衆，而立義不同。有矜其盛而稱師者，如齊師、宋師、曹師城邢之類是也；有著其暴而稱師者，楚滅陳、蔡，公子棄疾主兵而曰楚師之類是也；有惡其無名不義而稱師者，次于郎以俟陳、蔡及齊圍郕之類是也。衛宣繼州吁暴亂之後，不施德政，固本恤民，而毒衆臨戎，入人之國，失君道矣。書「衛師入郕」，著其暴也。

九月，考仲子之宮，初獻六羽。

《左氏傳》：考仲子之宮，將萬焉。公問羽數於衆仲，對曰：「天子用八，八八六十四人。諸侯用六，六六三十六人。大夫四，四四十六人。士二。二二四人。」公從之。於是，初獻六羽，始用六佾。劉氏《權衡》：仲②云士二佾。所謂士者，特牲、少牢，皆士禮也。無用樂舞之儀，安得二佾而施之乎？《周禮》舞師之職：「凡小祭祀，則不興舞。」小祭祀者，王服玄冕不興舞矣，士服玄冕反舞之乎？且玄冕又非士所當服者。

《公羊傳》：初獻六羽，何以書？譏。何譏爾？譏始僭諸公也。六羽之爲僭奈何？天子八佾，諸公六，諸侯四。諸公者何？諸侯者何？天子三公稱公，王者之後稱公，其餘大國稱侯，小國稱伯、子、男，始僭諸公，昉於此乎？前此矣。前此，則曷爲始乎此？僭諸公猶可言也，僭天子不可言也。東萊呂氏曰：《孟子》：古《王制》皆以公、侯爲大國，伯爲次國，子、男爲小國，計其土地大小是也。其禮數高下皆稱。《公》、《穀》又以爲天子八佾，諸公六，諸侯四，亦異於《王制》、《孟子》。古書所記當時禮文，公侯多爲一等，未嘗有以侯爲一等，伯、子、男同爲一等者。然則《公》、《穀》之出，去孔子之世遠甚。

伊川先生解：諸侯無再娶，仲子不得爲夫人。《春秋》之初，尚以爲疑，故別宮以祀之。考，始成而祀也，書以見非禮。成王賜魯用天子禮樂祀周公，後世遂羣廟皆用。仲子别宫，故不敢同羣廟而用六羽也。書「初獻」，見前此用八之僭也。仲尼以魯之郊禘爲周公之道衰，用天子之禮樂祀周公，成王之過也。

杜氏注：成仲子宫，安其主而祭之。惠公議仲子手文娶之，欲以爲夫人。諸侯無二嫡，蓋隱公成父之志，爲别立宫也。

高郵孫氏曰：凡舞有干羽，此不言干，但言羽者，婦人無武事，但陳羽舞也。

常山劉氏曰：魯僭天子禮樂，孔子每因事而書之，以正天下之典也。

武夷胡氏傳：禮無二嫡。孟子入惠公之廟，仲子無祭享之所，爲别立宫以祀之，非禮也。故因其事來賵而正名之曰「仲子之賵」，因其考宫而正名之曰「仲子之宫」，而夫人、衆妾之分定矣，隱公攝讓之實辨矣，桓公簒弑之罪昭矣。存則以氏繫姓，以姓繫號，没則以謚繫號，以姓繫謚者，夫人也。存不稱號，没不稱謚，單舉姓者，妾也。凡宫廟非志災失禮則不書。

邾《公》作「邾婁」。**人、鄭人伐宋。**

《左氏傳》：宋人取邾田。邾人告於鄭曰：「請君釋憾於宋，敝邑爲道。」鄭人以王師會之。伐宋，入其郛，以報東門之役。

伊川先生解：宋人取邾田，邾人告於鄭曰：「請君釋憾於宋，敝邑爲道。」邾人、鄭人伐宋。先邾人，爲主也。

杜氏注：邾主兵，故序鄭上。

陸氏《纂例》：趙子曰：「凡書侵伐，不書勝敗，殺掠而還也。」

武夷胡氏傳：凡班序上下，以國之大小，從禮之常也。而盟會征伐，以主者先，因事之變也。然則衛州吁告於宋以伐鄭，事與此同，而聖人以宋爲主者何？此《春秋》撥亂之大法也。凡誅亂臣，討賊子，必深絶其黨。

螟。

伊川先生解：書「螟」書「螽」，皆爲災也。國之大事，故書。

杜氏注：蟲食苗心者。

武夷胡氏傳：國以民爲本，民以食爲天。《春秋》書「螟」，記災也。聖人以是爲國之大事也，故書。而近世王安石乃稱爲人牧者，不必奏論災傷之事，亦獨何哉？甚矣，其不講於聖人之經以欺當年，而誤天下與來世也。

冬，十有二月，辛巳，公子彄卒。

杜氏注：大夫書卒不書葬者，臣子之事，非公家之所及也。

陸氏《纂例》：趙子曰：「魯卿有王命者即書『卒』，尊吾命卿，所以尊王命也。」

宋人伐鄭，圍長葛。

《左氏傳》：宋人伐鄭，圍長葛，以報入郛之役也。杜注：潁川長社縣北有長葛城。

伊川先生解：伐國而圍邑，肆其暴也。

陸氏《纂例》：趙子曰：「伐國而圍邑，皆書之，不可偏遺也③。」言其事輕重等，故不偏舉之也④。

蘇氏曰：伐其國，又圍其邑也。

【校記】

① 無非事者：原脱。據《孟子·梁惠王》補。

② 仲：原作「中」，據劉敞《春秋權衡》改。

③ 偏：陸淳《纂例》作「徧」。

④ 偏：陸淳《纂例》作「徧」。

六年，春，鄭人來渝《公》、《穀》並作「輸」。平。

《左氏傳》：更成也。杜氏注：公之爲公子，戰於狐壤，爲鄭所執，逃歸。東萊吕氏曰：渝，變也。鄭人以前之平未成也，故變前之平而更成焉。

《公羊傳》：輸平，猶墮成也。何言乎墮成？敗其成也。

伊川先生解：魯與鄭舊修好，既而迫於宋、衛，遂與之同伐鄭，故鄭來絶交。渝平，變其平也。匹夫且不肯失信於人，爲國君而負約，可羞之甚也。

杜氏注：和而不盟曰平。

陸氏《微旨》：淳聞於師曰：「二百四十二年背盟渝約者多矣，何獨書此乎？善其量力守信，告而後絶，非見利忘義者也。」

劉氏傳：輸平者何？輸平，猶致成也。曷爲致成？爲伐鄭，故致成也。然則何致？致祊田也。

泰山孫氏曰：鄭人來輸誠於我，平四年翬會諸侯伐鄭之怨也。

高郵孫氏曰：輸者，納也。鄭人請和，來納其平。

武夷胡氏傳：輸者，納也。平者，成也。鄭人曷爲納成於魯？以利相結，解怨釋仇，離宋、魯之黨也。公之未立，與鄭人戰於狐壤，止焉。元年，及宋盟於宿。四年，遇於清，其秋會師伐鄭。即宋、魯爲黨，與鄭有舊怨明矣。五年，鄭人伐宋，人其郛，宋來告命，魯欲救之，使者失詞，公怒而止。其冬，宋人伐鄭，圍長葛。鄭伯知其適有用閒可乘之隙也，是以來納成耳。然則善之乎？曰：平者，解怨釋仇，固所善也。輸平者，以利相結，則貶矣。曷爲知其相結之以利也？後此，鄭伯使宛來歸祊，而魯入其地，會鄭人伐宋，得郜及防，而魯又取其二邑，是知輸平者，以利相結，乃貶之也。諸侯修睦，以蕃王室，所主者義耳。苟爲以利使，爲人臣者懷利以事其君，爲人子者懷利以事其父，爲人弟者懷利以事其兄，諸侯必曰「何以利吾國」，大夫必曰「何以利吾家」，士、庶人必曰「何以利吾身」，上下交征利，不至於簒弑奪攘則不厭矣。故特稱「輸平」，以明有國者必正其義，不謀其利，杜亡國敗家之本也。

夏，五月，辛酉，公會齊侯盟于艾。

《左氏傳》：始平於齊也。杜氏注：春秋前魯與齊不平。

杜氏注：泰山牟縣東南有艾山。

秋，七月。

《公羊傳》：「秋七月」，此無事何以書？《春秋》雖無事，首時過則書。首時過則何以書？《春秋》編年，四時具，然後爲年。

伊川先生解：無事書首月、天時，王月備而後成歲也。

冬，宋人取長葛。

《左氏傳》：秋，宋人取長葛。

《公羊傳》：何以書？久也。

伊川先生解：宋人圍長葛，歲且周矣。其虐民無道之甚，而天子弗治，方伯弗征，鄭視其民之危困而不能保有，赴訴，卒喪其邑，皆罪也。宋之强取，不可勝誅矣。

杜氏注：上有伐鄭圍長葛，長葛，鄭邑可知，故不言鄭也。

七年，春，王三月，叔姬歸于紀。

伊川先生解：娣歸不書，憫其無終也。

何氏注：叔姬者，伯姬之媵也。至是乃歸者，待年父母國也。

高郵孫氏曰：法不當書而書者，《春秋》變例，以見其賢，叔姬爲伯姬之娣。紀侯大去其國，紀季以酅入齊，復存紀之宗社；叔姬又歸于酅，以承紀之宗祀。紀之國侵削殆盡，其所存者，宗祀而已。紀侯又以大去，而叔姬不以國之盛衰繫其懷，不以夫之存亡易其慮，而唯宗社之是依，聖人安得不賢之乎！

常山劉氏曰：古者諸侯一娶九女，所以定名分而懲亂原。若不格之同時，而使得繼行，則源源而來，將無紀極，故書以見譏。

滕侯卒。

《左氏傳》：不書名，未同盟也。凡諸侯同盟，於是稱名，故薨則赴以名，告終、稱嗣也，以繼好息民，謂之禮經。劉氏《權衡》云：常同盟者卒，未必皆名，未常同盟者卒，未必皆不名。而《左氏》又云赴以名則書之，不然則否。若實從例，則不當從赴。若實從赴，則無用設例。今進不必從赴，退不必從例，徒用是紛紛也。

《公羊傳》：何以不名？微國也。

伊川先生解：卒不名，史闕文也。

杜氏注：滕國在沛國公丘縣東南。

陸氏《纂例》：趙子曰：「凡諸侯同盟於載書，朝會名於要約，聘告名於簡牘，故於卒赴可知而紀也。非此則否，示詳慎也。《左氏》云：『凡諸侯同盟，故薨則赴以名。』此於理不安。豈有臣子正當創巨痛深之日，乃忍稱君之名？《禮》篇所録亦云『寡君不禄』而已。《春秋》諸侯卒，不同盟者凡五十二人，九人不書名，餘並書名。」

劉氏傳：赴以名，禮也。不赴以名，非禮也。天王崩，赴以爵；諸侯薨，赴以名。會盟朝會之事存焉，以慎終繼世，是故諸侯不生名。

夏，城中丘。

《左氏傳》：書，不時也。

《公羊傳》：何以書？以重書也。

伊川先生解：爲民立君，所以養之也。養民之道，在愛其力，民力足，則生養遂；生養遂，則教化行而風俗美。故爲政以民力爲重也。《春秋》凡用民力必書。其所興作，不時害義，固爲罪也；遂時且義，必書，見勞民爲重事也。後之人君知此義，則知慎重於用民力矣。然有用民力之大而不書者，爲教之義深矣。僖公修泮宫，復閟宫，非不用民力也，然而不書。二者復古興廢之大事，爲國之先務，如是而用民力①，乃所當用也。人君知此義，則知爲政之先後輕重矣。凡書「城」者，完舊也；書「築」者，創始也。城中丘，使民不以時，非人君之用心也。

杜氏注：中丘，在琅邪臨沂縣東北。

泰山孫氏曰：城邑宫室高下大小，皆有王制，不可妄作。是故城一邑，新一廄，作一門，築一囿，時與不時，皆詳而録之。得其時者其惡小，非其時者其惡大。此聖人愛民力，重興作，懲僭忒之深旨也。

齊侯使其弟年來聘。

《左氏傳》：齊侯使夷仲年來聘，結艾之盟也。

伊川先生解：凡不稱「公子」而稱「弟」者，或責其失兄弟之義，或罪其以弟之愛而寵任之過。《左氏》、《公羊傳》皆曰：「年，齊僖公之母弟。」先儒母弟之説，蓋緣禮文有立嫡子同母弟之説。其曰同母弟，蓋謂嫡爾，非以同母爲加親也。若以同母爲加親，是不知人理，近於禽道也。天下不明斯義也久矣。僖公愛年，其子尚禮秩如嫡，卒致篡弑之禍。書「弟」，見其以弟之愛而寵任之過也。桓三年同。

陸氏《纂例》：趙子曰：「禮以通好曰聘。將國命，大夫之事。此譏弟也。」

常山劉氏曰：《周禮・大行人》：「凡諸侯之邦交，歲相問也，殷相聘也，世相朝也。」先王制禮，所以盡人之情。諸侯之於鄰國，壤地相接，苟無禮以相與，則何以講信修睦哉！王室不綱，典制大壞，無禮義之交，而唯强弱之視，故小國則朝之，聘之，大國則聘而不朝。故來朝於魯，非邾、郜、紀、薛，則郜、杞、曹、滕，皆小國也。魯侯之所如者，唯齊、晉、楚之三大國。而聘於魯者，則齊、晉、宋、衛、陳、鄭、秦、楚之邦。魯臣之所如者，則亦惟大國，而或及於小國者矣。

武夷胡氏傳：兄弟，先公之子，不稱「公子」，貶也。書「盟」書「帥師」而稱兄弟者，罪其有寵愛之私。書「出奔」、書「歸」而稱兄弟者，責其薄友恭之義。仁人之於兄弟，絶偏係之私，篤友恭之義。人倫正而天理存，其《春秋》以訓天下與來世之意也。

秋，公伐邾。《公》作「邾婁」。

《左氏傳》：秋，宋及鄭平。七月庚申，盟于宿。公伐邾，爲宋討也。杜氏注：公距宋而更與鄭平，欲以鄭爲援。今鄭復與宋盟，故懼而伐邾，欲以求宋。

伊川先生解：擅興甲兵，爲人而伐人，非義之甚也。

武夷胡氏傳：奉詞致討曰「伐」。宋人先取邾田，故邾人入其郛。魯與儀父則元年盟於眛矣。邾人何罪可聲？特託爲詞説以伐之爾。

冬，天王使凡伯來聘。

伊川先生解：《周禮》：「時聘以結諸侯之好。」諸侯不修臣職而聘之，非王體也。

杜氏注：凡伯，周卿士。凡國，伯爵也。汲郡共縣東南有凡城。

戎伐凡伯于楚丘以歸。

《左氏傳》：初，戎朝于周，發幣於公卿。凡伯弗賓。冬，王使凡伯來聘。戎伐之於楚丘以歸。

《穀梁傳》：凡伯者，何也？天子之大夫也。國而曰「伐」，此一人而曰「伐」，何也？大天子之命也。

伊川先生解：楚丘，衛地。伐，見其以衆。天子之使，道由於衛，而戎得以衆伐之，衛不能衛，其罪可知。言「以歸」，則非執。凡伯有失節之罪。

杜氏注：楚丘，衛地，在濟陰城武縣西南。

泰山孫氏曰：「于楚丘」者，責衛不能救難；録「以歸」者，惡凡伯不死位。

【校　記】

① 力：原脱。據《程氏經説》補。

八年，春，宋公、衛侯遇于垂。

《左氏傳》：齊侯將平宋、衛，有會期。宋公以幣請於衛，請先相見。衛侯許之，故遇於犬丘。犬丘，垂也。地有兩名。

《穀梁傳》：不期而會曰遇。

伊川先生解：齊侯將平宋、衛於鄭，有會期。宋公以幣請於衛，請先相見。故遇于垂。宋忌鄭之深，故與鄭卒不成好，無諸侯相見之禮，故書曰「遇」。

杜氏注：垂，衛地，濟陰句陰縣東北有垂亭。

劉氏傳：何以書？接乎我也。我未有接之者，其曰接乎我何？諸侯之遇於我者，雖無事焉，必以禮交之，道也。饇牽云乎！芻米云乎！垂者何？吾近邑也。

三月，鄭伯使宛來歸祊。《公》、《穀》並作「邴」。

《左氏傳》：鄭伯請釋泰山之祀而祀周公，以泰山之祊易許田。三月，鄭伯使宛來歸祊，不祀泰山也。成王營王城，賜周公許田，以爲魯國朝宿之邑，後世因而立周公別廟焉。鄭桓公，周宣王之母弟，封鄭，有助祭泰山湯沐之邑在祊。鄭以天子不能巡狩，故欲以祊易許田，各從本國所近之宜，恐魯以周公別廟爲疑，故云已廢泰山之祀，而欲爲魯祀周公。孫辭，以有求也。

《穀梁傳》：名宛，所以貶鄭伯，惡其與地也。去其族，惡擅易天下之邑。

伊川先生解：魯有朝宿之邑，在王畿之內，曰許。鄭有朝宿之邑近於魯，曰祊。時王政不修，天子不巡狩，魯亦不朝，故欲以祊易許田，各取其近者，故使宛來歸祊。始以祊歸魯，未言易也。朝宿之邑，先祖受之於先王，豈可相易也。鄭來歸而魯受之，其罪均也。

杜氏注：宛，鄭大夫，不書氏，未賜族。祊，在琅邪費縣東南。劉氏《權衡》云：苟取不氏者，以未賜族説之耳，人誰知之？翬、溺則以爲貶，柔、俠則以爲未賜族，僑如及遂，則以爲尊夫人，宋督、宋萬之比，則以爲從赴，人豈能知之乎？

陸氏《微旨》曰：淳聞於師曰：「參議之也。鄭不當歸，魯不當受。受，宛當諫。」

武夷胡氏傳：鄭伯欲以泰山之祊易許田，前此來輸平者，以言請之矣，未入地也。至是來歸祊者，其地既輸矣，未易許也。

庚寅，我入祊。

《公羊傳》：其言「入」何？難也。

《穀梁傳》：「入」者，内弗受也。邴者，鄭伯所受命於天子而祭泰山之邑也。

伊川先生解：「入」者，内弗受也。義不可而强入之也。

范氏注：諸侯有大功盛德於王室者，京師有朝宿之邑，泰山有湯沐之邑，所以供祭祀也。魯，周公之後；鄭，宣王母弟。若此有賜邑，其餘則否。許慎曰：「若令諸侯京師之地皆有朝宿之邑，周有千八百諸侯，盡京師之地不足以容。不合事理。」

劉氏傳：未有言我入者，其曰「我入祊」何？祊，非我有也。何言乎祊非我有？王者制諸侯之地有常，鄭不得與諸人，魯不得取諸人。

夏，六月，己亥，蔡侯考父卒。

武夷胡氏傳：天王崩，告於諸侯則不名。諸侯薨，以名赴，而自別於太上，禮也。古者，死而不謚，不以名爲諱。周人以謚易名，於是乎有諱禮。故君薨赴於他國，則曰「寡君不禄，敢告執事」。春秋之時，遵用此禮。凡赴者，皆不以名矣。《經》書其終，雖五霸强國，齊桓、晉文之盛，莫不以名者，是仲尼筆之也。赴不以名，而書其名者，與魯通也。已通而不名者，舊史失之爾。未通而名者，有所證矣。故傳此義者，記於《禮篇》，曰：「諸侯不生名。」夫生則不名，死而名之，别於太上，示君臣尊卑之等，蓋禮之中也。諸侯薨，赴不以名，而仲尼革之，必以名書，變周制矣。《春秋》，魯史，聖人修之也，而孟子謂之「作」，以此類也。

辛亥，宿男卒。

吕氏曰：宿男不名，史失，聖人不得而益之也。

秋，七月，庚午，宋公、齊侯、衛侯盟于瓦屋。

《左氏傳》：齊人卒平宋、衛于鄭。秋，會于温，盟于瓦屋，以釋東門之役，禮也。

《穀梁傳》：《春秋》之參盟於是始，故謹而日之也。

伊川先生解：宋爲主盟，與鄭絶也。

杜氏注：瓦屋，周地。

武夷胡氏傳：《春秋》謹參盟，善胥命，美蕭魚之會，以信待人而不疑也。

襄陵許氏曰：春秋之初，宋公先齊，序爵也，其後乃以國之大小爲次，唯主會者爲之矣。

八月，葬蔡宣公。

《公羊傳》：卒何以名而葬不名？卒從正而葬從主人。

杜氏注①：三月而葬，速。

九月，辛卯，公及莒人盟于浮來。《公》、《穀》並作「包來」。

《左氏傳》：以成紀好也。

伊川先生解：鄰國之交，講信修睦可也，安用盟爲？公屈己而與臣盟，義非安也。

杜氏注：莒人，微者，不嫌敵公侯，故直稱「公」。浮來，紀邑，東莞縣北有邳鄉，邳鄉西有公來山，號曰邳來。

陸氏《微旨》曰：淳聞於師曰：「凡公獨與外大夫盟，例不書『公』，及齊高傒、晉處父盟是也。所以罪齊、晉也。此特書『公』者，莒，小國也，非大夫所敢盟公，是公自欲與之盟爾。所以譏公之失禮，且明非大夫之罪也。」

螟。

伊川先生解：螟爲災也。民以食爲本②，故有災必書。

冬，十有二月，無駭《穀》作「侅」。**卒。**

《左氏傳》：無駭卒。羽父請謚與族。公問族於衆仲。衆仲對曰：「天子建德，因生以賜姓，胙之土而命之氏。諸侯以字，爲謚，因以爲族。官有世功，則有官族，邑亦如之。」公命以字爲展氏。

伊川先生解：未賜族，書名而已。

陸氏《纂例》：啖子曰：「魯卿既王命，皆書『卒』。隱公攝位不命大夫，故未命之卿亦書『卒』，明非怠慢也。俠、無駭是也。餘公則不命之卿無書『卒』者，責不尊王室。」桓十一年，柔會宋公；莊三年，溺會齊師，而並不書「卒」是也。

武夷胡氏傳：無駭書名，未賜族也。諸侯之子爲大夫，則稱「公子」，其孫也而爲大夫，則稱「公孫」。公孫之子與異姓之臣未賜族而身爲大夫則稱名，無駭、俠之類是也。已賜族而使之世爲大夫則稱族，如仲孫、叔孫、季孫之類是也。古者置卿必求賢德，不以世官。春秋之初，猶爲近古，故無駭與俠皆書名爾。其後，官人以世，無不賜之族，或以字，或以謚，或以官，或以邑，而先王之禮亡矣。至於三家專魯，六卿分晉，諸侯失國出奔者相繼，職此由也。案禮，天子寰内，諸侯世其禄而不嗣。然則諸侯所置大夫嗣其位而不易，豈禮也哉！觀《春秋》所書，而是非之迹著矣，治亂之效明矣。

【校記】

① 注：原作「傳」，據《薈要》本改。

② 本：《程氏經説》作「命」。

九年，春，天王使南季來聘。

《穀梁傳》：南，氏姓也；季，字也；聘，問也。聘諸侯，非正也。范甯：《周禮》説天子「時聘以結諸侯之好」。許慎曰：「禮，臣病，君親問之，天子有下聘之義。《傳》曰：『聘諸侯，非正。』甯所未詳。」

伊川先生解：《周禮・大行人》：「時聘以結諸侯之好。」王法之行，時加聘問，以懷撫諸侯，乃常禮也。春秋之時，諸侯不修臣職，朝覲之禮廢，皆王法所當治也。不能正典刑而反聘之，又不見荅，失道甚矣。

劉氏傳：曷爲字？下大夫也。天子之下大夫四命。

武夷胡氏傳：隱公即位九年於此，而史册不書遣使如周，則是未嘗聘也；亦不書公如京師，則是未嘗朝也。一不朝則貶其爵，再不朝則削其地。如隱公者，貶爵削地可也。刑則不舉，遣使聘焉，其斯以爲不正乎！《經》書公如京師者一，朝于王所者二，卿大夫如京師者五。舉魯一國，則天下諸侯怠慢不臣可知矣。書天王來聘者七，錫命者三，賵葬者四，則問於他邦及齊、晉、秦、楚之大國，又可知矣。王之不王如此，征伐安得不自諸侯出乎？諸侯之不臣如此，政事安得不自大夫出乎？君臣上下之分易矣，陪臣執國命，夷狄制諸夏矣，其原皆自天王失威福之柄也。《春秋》於此，蓋有不得已焉爾矣。

三月，癸酉，大雨、震電。庚辰，大雨雪。

《左氏傳》：春，王三月，癸酉，大雨霖以震。書，始也。庚辰，大雨雪，亦如之。書，時失也。凡雨，自三日以往爲霖，平地尺爲大雪。

《公羊傳》：「三月癸酉，大雨震電」，何以書？記異也。何異爾？不時也。「庚辰，大雨雪」，何以書？記異也。何異爾？俶甚也。

伊川先生解：陰陽運動，有常而無忒，凡失其度，皆人爲感之也。故《春秋》災異必書。漢儒傳其説而不達其理，故所言多妄。三月大雨震電，不時，災也；大雨雪，非常，爲大，亦災也。

杜氏注：三月，今正月。

挾卒。《公》、《穀》並作「俠」。

《公羊傳》：「俠」者何？吾大夫之未命者也。

《穀梁傳》：弗大夫者，隱不爵大夫也。隱之不爵大夫，何也？不成爲君也。

杜氏注：挾，魯大夫賜族。

夏，城郎。

《左氏傳》：書，不時也。

伊川先生解：不時也。

武夷胡氏傳：城者，禦暴保民之所。而城有制，役有時。大都不過三國之一，邑無百雉之城，制也。魯嘗城費、城郈，其後復墮焉，則越禮而非制矣。凡土功，龍見而戒事，火見而致用，水昏正而栽，日至而畢，時也。隱公城中丘，城郎而皆以夏，則妨農務而非時矣。城不違制，役不違時。又當分財用，平版榦，稱畚築，程土物，議遠邇，略基址，揣厚薄，仞溝洫，具餱糧，度有司，量功命日，不愆於素，然後爲之可也。況失其時制，妄興大作，無愛養斯民之意者，其罪之輕重見矣。

襄陵許氏曰：七年書城中丘而後伐邾，九年書城郎而後伐宋，皆譏公不務崇德修政以戒蕭牆，而念外人之有非，干時動衆，恃城保國，亦已末矣。

秋，七月。冬，公會齊侯于防。《公》作「邴」。

《左氏傳》：宋公不王。鄭伯爲王左卿士，以王命討之。秋，鄭人以王命來告伐宋。冬，公會齊侯於防，謀伐宋也。

伊川先生解：謀伐宋也。

杜氏注：防，魯地，在琅邪華縣東南。

武夷胡氏傳：《周官·行人》曰：「時會以發四方之禁。」此謂非時而合諸侯，以禁止天下之不義也。列國何爲有此名？凡書「會」，皆譏也。謂非王事相會聚耳。《左氏》稱宋公不王，鄭伯以王命討之，使來告命，會于防，謀伐宋也，于中丘爲師期也，亦謂之非王事，可乎？曰：以王命討宋，而聽征討之禁於王都，雖召陵之舉，不是及矣。始則私相會爲謀於防，中則私相盟爲師期於鄧，終則乘敗人而深爲利，以取二邑歸諸己，奉王命討不庭者，果如是乎？《經》之書會、伐而不異其文，以此。

十年，春，王二月，公會齊侯、鄭伯于中丘。

《左氏傳》：春，王正月，公會齊侯、鄭伯于中丘。癸丑，盟于鄧，爲師期。

伊川先生解：爲師期也。

夏，翬帥師會齊人、鄭人伐宋。

《左氏傳》：五月，羽父先會齊侯、鄭伯伐宋。

《公羊傳》：此公子翬也。何以不稱「公子」？貶。曷爲貶？隱之罪人也。故終隱之篇貶也。

伊川先生解：三國先遣將致伐。齊、鄭稱「人」，非卿也。翬，不稱「公子」，與四年同。

劉氏《意林》：伐宋，敗宋，取郜，取防，滕侯、薛侯來朝，入許，隱公之所以弑也。德薄而多大功，慮淺而數得意也。備其四竟，禍反其内，可不哀與！孔子曰：人無遠慮，必有近憂。不在顓臾，而在蕭牆也。

武夷胡氏傳：翬不氏，先期也。始而會宋以伐鄭，固請而行；今而會鄭以伐宋，先期而往。不待鍾巫之變，知其有無君之心矣。夫亂臣賊子，積其强惡，非一朝一夕之故，及權勢已成，威行中外，雖欲制之，其將能乎！故去其「公子」以戒兵柄下移，制之於未亂也。

六月，壬戌，公敗宋師于菅。

《左氏傳》：六月戊申，公會齊侯、鄭伯于老桃。壬戌，公敗宋師于菅。

伊川先生解：不言「戰」而言「敗」，敗者爲主，彼與戰而此敗之也。

杜氏注：齊、鄭後期，故公獨敗宋師。書敗宋，未陳也。菅，宋地。

劉氏傳：曷爲或言戰，或不言戰？皆陳曰「戰」，詐戰曰「敗」。

辛未，取郜。辛巳，取防。

《左氏傳》：壬戌，公敗宋師于菅。庚午，鄭師入郜。辛未，歸于我。庚辰，鄭師入防。辛巳，歸于我。劉氏《權衡》曰：《經》無老桃之事，又但書公敗宋師，取郜、取防，曾不言鄭伯居閒者，豈得如《傳》言哉？且如《傳》言，《春秋》爲縱漏鄭伯取邑之罪，反移之於其君也，爲人臣子，固若此邪？

《公羊傳》：一月而再取，甚之也。

伊川先生解：取二邑而有之，盜也。

杜氏注：濟陰城武縣東南有郜城，高平昌邑縣西南有西防城。

武夷胡氏傳：内大惡其詞婉，小惡直書而不隱。夫諸侯分邑，非其有而取之，盜也。曷不隱乎？於取之中猶有重焉者。若成公取鄟，襄公取邿，昭公取鄫，皆覆人之邦而絕其嗣，亦書曰「取」。所謂猶有重焉者，此也。故取郜取防，直書而不隱也。

秋，宋人、衛人入鄭。

《左氏傳》：蔡人、衛人、郕人不會王命。秋，七月，庚辰，鄭師入郊，猶在郊。宋人、衛人入鄭。

杜氏注：宋、衛奇兵乘虚入鄭。

伊川先生解：鄭勞民以務外①，而不知守其國②，故二國入之。

宋人、蔡人、衛人伐戴。《公》、《穀》並作「載」。**鄭伯伐取之。**

《左氏傳》：蔡人從之伐戴。從宋、衛伐戴也。八月壬戌，鄭伯圍戴。癸亥，克之，取三師焉。三國之軍在戴，故鄭伯合圍之。宋、衛既入鄭，而以伐戴召蔡人，蔡人怒，故不和而敗。

《公羊傳》：其言「伐取之」何？易也。其易奈何？因其力也。因誰之力？因宋人、蔡人、衛人之力也。

伊川先生解：宋人、衛人入鄭，蔡人從之，伐戴。鄭伯圍戴克之，取三師焉。戴，鄭所與也，故三國伐之。鄭、戴合攻，盡取三國之衆，其殘民也甚矣。

杜氏注：戴國，今陳留外黄縣東南有戴城。

武夷胡氏傳：稱「伐」稱「取」，兼之也。或疑鄭人兵力不能取戴兼三國之師，非矣。什圍伍攻，正也；以寡覆衆，奇也。莊公蓋嘗克叔段，敗王師，困州吁而入許，能以奇勝，可知也。故駐師於郊，多方以誤之也。四國已鬭，起乘其弊，一舉而兼取之，卞莊子之術也。然則，可乎？孟子曰：「善戰者服上刑。」稱「伐取」者，其以鄭莊公殘民之甚，當此刑矣。

吕氏曰：此見王室之微，諸侯放恣之甚。「伐取」之，又甚之之詞也。聖人書是，爲甚有力，欲使後世亂臣賊子讀之者，悚然而惕懼，不敢爲惡如此之甚也。三復其詞，吾有以知其邪心暗消、忿戾之氣不敢萌也。而世之讀《春秋》者，專以挍凡例，考同異爲意。惜哉！其求聖人之旨遠也。

冬，十月，壬午，齊人、鄭人入郕。《公》作「盛」。

《左氏傳》：冬，齊人、鄭人入郕。討違王命也。

伊川先生解：討不會伐宋也。宋以公子馮在鄭故，二國交惡。《左氏傳》云：宋公不王，鄭伯以王命討之。於《春秋》不見其爲王討也。王臣不行，王師不出，矯假以逞私欲爾。

武夷胡氏曰：若討違王命，則不書「入」矣。「入」者，不順詞也。苟以爲難詞，則齊、鄭大國，於討郕何難哉？

【校　記】

① 鄭：原脱。據《程氏經説》補。

② 守：原脱。據《程氏經説》補。

十有一年，春，滕侯、薛侯來朝。

《公羊傳》：諸侯來曰朝。大夫來曰聘。案：《春秋》諸侯以他事來者多矣，不可悉云朝。

《穀梁傳》：諸侯來朝，犆言，同時也。犆言，謂别言也。若穀伯綏來朝，鄧侯吾離來朝。同時來，不俱至。累數，皆至也。累數，總言之也。若滕侯、薛侯來朝，同時俱至。

伊川先生解：諸侯雖有相朝之禮，而當時諸侯於天子未嘗朝覲，獨相率以朝魯，得爲禮乎！

杜氏注：薛，魯國薛縣。

陸氏《纂例》：趙子曰：「朝聘諸侯必有婚姻之好，疆埸之理，故王者不絶其交焉。春秋之代，則多自於黨仇矣。皆國之大事，君子志之。」

劉氏傳：王者之制，諸侯歲相問，殷相聘，世相朝。其兼言之何？譏。何譏爾？旅見也。非天子，不旅見諸侯。諸侯相旅見，非禮也。

劉氏《意林》：晉侯使荀庚來聘，衛侯使孫良夫來聘，固人臣也。魯不敢同日而參盟，丙午及荀庚盟，丁未及孫良夫盟，是也。今一旦而朝兩君，不能識其非禮也而受之，則非獨驕也，志荒矣。死不亦宜乎！

泰山孫氏曰：齊、晉、宋、衛未嘗朝魯，而滕、薛、邾、杞來朝，奔走而不暇也。齊、晉、宋、衛，未嘗朝魯者，齊、晉盛也，宋、衛敵也。滕、薛、邾、杞來朝奔走而不暇者，土地狹陋，兵衆寡弱，不能與魯伉也。凡書「朝」者，皆惡之也。

高郵孫氏曰：外之朝天子者，不見於《經》，内之朝天子者，二而已，又皆在於王所，而不在於京師。其如京師者一而已，又因會伐秦而遂行。由此觀之，當時朝覲之禮一施於强國，天子名存而已也。聖人因其實而書之，以罪之也。

夏，《公》、《穀》並有「五月」二字。**公會鄭伯于時來。**《公》、《穀》作「祁黎」。

《左氏傳》：夏，公會鄭伯于郲，謀伐許也。

伊川先生解：謀伐許也。

杜氏注：時來，郲也。滎陽縣東有釐城，鄭地。

秋，七月，壬午，公及齊侯、鄭伯入許。

《左氏傳》：秋，七月，公會齊侯、鄭伯，伐許。庚辰，傅于許。潁考叔取鄭伯之旗蝥弧以先登。子都自下射之，顛，瑕叔盈又以蝥弧登，周麾而呼曰：「君登矣。」鄭師畢登。壬午，遂入許。許莊公奔衛。齊侯以許讓公，公曰：「寡人弗敢與聞。」乃與鄭人。鄭伯使許大夫百里奉許叔以居許東偏，使公孫獲處許西偏。

伊川先生解：書「及」，内爲主也。非内爲主，則先書「會伐」，後書「入」也。

杜氏注：許，潁川許昌縣。

泰山孫氏曰：案，前年正月，公會齊侯、鄭伯于中丘。夏，翬帥師會齊人、鄭人伐宋；六月壬戌，公敗宋師於菅；辛未，取郜；辛巳，取防。此年五月，公會鄭伯于時來；秋七月壬午，公及齊侯、鄭伯入許，甚矣。公二年之中，與齊侯、鄭伯連兵自恣，以爲不道，其惡若此也。

蘇氏曰：急曰「及」，緩曰「會」。

武夷胡氏傳：書「會」則伐許者，本鄭志也。書「及」則入許者，公所欲也。隱公即位十有一年，天王遣使者來聘者再，而未嘗朝於京師，罪一也；平王崩，不奔喪會葬，至使武氏子來求賻，罪二也；禮樂征伐自天子出，而擅興兵甲，爲宋而伐邾，爲鄭而伐宋，罪三也；山川土田，各有封守，上受之天王，下傳之先祖，而取郜及防，入祊易許，罪四也；今又入人之國而逐其君，罪五也。凡此五不韙者，人臣之大惡，而隱公兼有之。然則，不善之殃，豈特始於惠，成於桓，而隱之積亦不可得而揜矣。使隱公者，爲國以禮而自强於善，豈有鍾巫之難乎！是故《春秋》所載，以人事言，則是非善惡之迹設施於前，而成敗吉凶之效見於後；以天道言，則感應之理明矣，不可不察也。

吕氏曰：隱公有蕭牆之變，近在目前而不知。方且夏與鄭伯會，秋及齊侯、鄭伯入人之國，至冬遂及。其不明如是，死固宜也。

冬，十有一月，壬辰，公薨。

《左氏傳》：羽父請殺桓公，將以求大宰。公曰：「爲其少故也。吾將授之矣。使營菟裘，吾將老焉。」羽父懼，反譖公於桓公，而請殺之。十一月，公祭鍾巫，齊于社圃，館于寪氏。壬辰，羽父使賊弑公于寪氏。立桓公而討寪氏，有死者。不書葬，不成喪也。

《公羊傳》：弑則何以不書葬？《春秋》君弑賊不討不書葬，以爲無臣子也①。公薨何以不地？不忍言也。不忍言其僵尸之處。

伊川先生解：人君薨於路寢，見卿大夫而終，乃正終也。薨於燕寢，不正而終也。薨不書地，弑也。賊不討，則不書葬，無臣子也。

劉氏傳：君弑，臣討賊，猶親弑子復讎也。讎不復則不葬，不葬則服不除，寢苦枕戈，所以明爲臣子也。葬者，臣子之終事也，其義未終，故不敢以急葬也。

高郵孫氏曰：弑君不地，不忍言也。《春秋》之法，外弑言弑，内弑不地，所以辨内外、遠凶變、養忠孝也。

武夷胡氏傳：致隱讓國，立不以正，惠公之罪也。致桓弑君，幾不早斷，隱公之失也。既有讒人交亂其閒，憂虞之象著矣，而曰「使營菟裘，吾將老焉」，是猶豫留時②，辨之不早辨也。其及也宜。隱公見弑，魯史舊文必以實書。其曰「公薨」者，仲尼親筆也。古者史官以直爲職而不諱國惡。仲尼筆削舊史，斷自聖心。於魯君見弑，削而不書者，蓋國史一官之守，《春秋》萬世之法，其用固不同矣。不書弑，示臣子於君父，有隱避其惡之理；不書地，示臣子於君父，有不没其實之忠；不書葬，示臣子於君父，有討賊復讎之義。非聖人莫能修，謂此類也。夫賊不討，讎不復而不書葬，則服不除，寢苦枕戈，無時而終事也。以此法討罪，至嚴矣。故曰：《春秋》成而亂臣賊子懼。

【校　記】

① 無：原脱。據《公羊傳》補。

① 時：四庫本作「待」，據底本、《胡氏春秋傳》。

春秋集解卷三

桓　公

名允，惠公子，隱公弟。桓王九年即位。桓，謚也。闢土服遠曰桓。

元年，春，王正月，公即位。

《公羊傳》：繼弑君不言即位，此其言即位何？如其意也。

《穀梁傳》：桓無王，其曰「王」，何也？謹始也。其曰「無王」，何也？桓弟弑兄，臣弑君，天子不能定，諸侯不能救，百姓不能去，以爲無王之道，遂可以至焉爾。元年有「王」，所以治桓也。繼故不言即位，正也。繼故不言即位之爲正，何也？曰：先君不以其道終，則子弟不忍即位也。繼故而言即位，則是與聞乎弑也。繼故而言即位，是爲與聞乎弑，何也？曰：先君不以其道終，已正即位之道而即位，是無恩於先君也。

伊川先生解：桓公弑君而立，不天無王之極也。而書「春，王正月，公即位」，以天道、王法正其罪也。

杜氏注：嗣子位定於初喪，而改元必須踰年者，繼父之業不忍有變於中年也。桓公簒立而用常禮，欲自同於遭喪繼位者。

高郵孫氏曰：元年書「王」者，以爲弒君之賊將而必誅。已弒君矣，其能免於誅乎？元年書「王」，所以誅桓也。二年書「王」，必以爲王室微弱，弒君之賊，力不能即時誅之。二年而後誅之，亦晚矣。然亦足以爲王誅也。十年書「王」者，政教之出，不可一日無之。十年無王，則王道將絶於天下也。十八年有「王」者，桓公之終也。弒君之賊，無可赦之理，不見誅於即時，當見誅於歲月；不見誅於其生，當見誅於將死；不見誅於終身，當見誅於萬世。

武夷胡氏傳：元年，即位之始年也。自是累數，雖久而不易，此前古人君紀事之例，《春秋》祖述爲編年法。及漢文帝惑方士之言，改後元年，始亂古制。夫在位十有六載矣，復稱元年，可乎？孝武又因事别建年號，歷代因之。或五六年，或四三年，或一歲再更，使記注繁蕪，莫之勝載。夫歷世無窮，而美名有盡，豈記久明遠可行之法也！必欲傳久，當以《春秋》編年爲正。桓公與聞乎故而書「即位」，著其弒立之罪，深絶之也。美惡不嫌同詞。或問：「桓非惠公之嫡子乎？嫡子當立而未能自立，是故隱公攝焉，以俟其長而授之位。久攝而不歸，疑其遂有之也，是以至於見弒，而惡亦有所分矣。《春秋》曷爲深絶桓也？」曰：古者諸侯不再娶，於禮無二嫡。惠公元妃既卒，繼室以聲子，則是攝行内主之事矣。仲子安得爲夫人？母非夫人，則桓乃隱之庶弟，安得爲嫡子謂當立乎？桓不當立，則國乃隱公之國。其欲授桓，乃實讓之，非攝也。攝、讓異乎？曰：非其所有而居之者，攝也。故周公即政而謂之攝。推己所有以與人者，讓也。故堯舜禪授而謂之讓。惠無嫡嗣，隱公，繼室之子，於次居長，禮當嗣世。其欲授桓，所謂推己所有以與人者也，豈曰攝之云乎？以其實讓，而桓乃弑之，《春秋》所以惡桓，深絶之也。然則《公羊》所謂「桓幼而貴，隱長而卑，子以母貴」者，其説非歟？曰：此徇惠公失禮而爲之詞，非《春秋》法也。仲子有寵，惠公欲以爲夫人。母愛者子抱，惠公欲以桓爲嫡嗣，禮之所不得爲也。禮不得爲，而惠公縱其邪心而爲之，隱公又探其邪志而成之，《公羊》又肆爲邪説而傳之，漢朝又引爲邪議而用之，夫婦之大倫亂矣。《春秋》明著桓罪，深加貶絶，備書終始討賊之義，以示王法，正人倫，存天理，訓後世，不可以邪汩之也。

三月，公會鄭伯于垂，鄭伯以璧假許田。

《左氏傳》：公即位，修好於鄭。鄭人請復祀周公，卒易祊田。公許之。三月，鄭伯以璧假許田，爲周公、祊故也。

《穀梁傳》：會者，外爲主焉爾。范氏注：鄭伯所以欲爲此會者，爲易田故。非假而曰假，諱易地也。禮，天子在上，諸侯不得以地相與也。許田者，魯朝宿之邑也。邴者，鄭伯之所受命而祭泰山之邑也。用見魯之不朝於周，而鄭之不祭泰山也。

伊川先生解：隱公八年，鄭伯使宛來歸祊，蓋欲易許田，魯受祊而未與許。及桓弑立，故爲會而求之，復加以璧①。朝宿之邑，先祖受之於先王，豈可相易也？故諱之曰「假」，諱國惡，禮也。

劉氏傳：許田者何？魯湯沐之邑也。方伯時朝乎天子，天子必賜之湯沐之邑於縣内，視元士。魯非方伯也，其謂之方伯何？自陜而東者，周公主之。許田之爲魯，自周公始焉。《意林》：許田，周公之邑也。詩云：「居常與許②，復周公之宇。」蓋非方伯不得有湯沐之邑，非周公不得世享其祀。

蘇氏曰：許田，所以易祊也，以祊爲未足，而益之以璧爾。

武夷胡氏傳：魯，山東之國，與祊爲鄰；鄭，畿内之邦，許田，近地也。以此易彼，各利於國，而聖人乃以爲惡而隱之，獨何歟？曰：利者，人欲之私，放於利，必至於奪攘而後厭。義者，天理之公。正其義，則推之天下國家而可行。《春秋》惡易許田。孟子極陳利國之害，皆拔本塞源，杜篡弑之漸也。湯沐之邑，朝宿之地，先王所錫，先祖所受，私相貿易而莫之顧，是有無君之心，而廢朝覲之禮矣，是有無親之心，而棄先祖之地矣。故聖人以是爲國惡而隱之也。

襄陵許氏曰：以祊近魯，許田近鄭，而以相與。利則利矣，而義不得。凡情之所便，而亂之所生，此特《春秋》之所謹也。

夏，四月，丁未，公及鄭伯盟于越。

《左氏傳》：結祊成也。

《穀梁傳》：「及」者，内爲志焉爾。

伊川先生解：桓公欲結鄭好以自安，故既與許田，又爲盟也。弑君之人，凡民罔弗憝，而鄭與盟以定之，其罪大矣。

杜氏注：公以篡立而修好於鄭，鄭因而迎之，成禮於垂，終易二田，然後結盟。垂，犬丘，衛地也。越，近垂，地名。

武夷胡氏傳：垂之會，鄭爲主也，故稱「會」。越之盟，魯志也，故稱「及」。鄭人欲得許田以自廣，是以爲垂之會。桓公欲結鄭好以自安，是以爲越之盟。夫弑逆之人，凡民罔弗憝，即孟子所謂「不待教命，人得而誅之」者也，而鄭與之盟以定其位，是肆人欲，滅天理，變中國爲夷狄③，化人類爲禽獸。聖人所爲懼，《春秋》所以作。無俟於貶絶而惡自見矣。

秋，大水。

《公羊傳》：記災也。

伊川先生解：君德修則和氣應而雨暘若，桓行逆德，而致陰沴，乃其宜也。

高郵孫氏曰：「大」者，非常之辭。水非常而爲災，或害民禾稼，敗民廬居。凡爲災，則書之也。

冬，十月。

【校記】

① 加：四庫本作「扣」。

② 常：原作「嘗」，據《詩・周頌・閟宫》改。

③ 變中國爲夷狄：四庫本作「委大義於土壤」，據底本、四部叢刊本《胡氏春秋傳》。

二年，春，王正月，戊申，宋督弑其君與夷及其大夫孔父。

《左氏傳》：宋華父督見孔父之妻於路，目逆而送之曰：「美而豔。」二年春，宋督攻孔氏，殺孔父而取其妻。公怒，督懼，遂弑殤公。君子以督爲有無君之心，而後動於惡，故先書「弑其君」。

《公羊傳》：宣公謂繆公曰：「以吾愛與夷，則不若愛女。以爲社稷宗廟主，則與夷不若女。盍終爲君矣！」宣公死，繆公立。繆公逐其二子莊公馮與左師勃，終致國乎與夷。莊公馮弑與夷。故君子大居正。宋之禍，宣公爲之也。及者何？累也。累，累從君而死，齊人語也。弑君多矣，舍此無累者乎？曰：有。仇牧、荀息皆累也。舍仇牧、荀息，無累者乎？曰：有。有則此何以書？賢也。何賢乎孔父？孔父可謂義形於色矣。其義形於色奈何？督將弑殤公，孔父生而存，則殤公不可得而弑也，故於是先攻孔父之家。孔父正色而立於朝，則人莫敢過而致難於其君者。孔父可謂義形於色矣。

《穀梁傳》：孔父先死，其曰「及」，何也？書尊及卑，《春秋》之義也。孔父之先死何也？督欲弑君，而恐不立，於是乎先殺孔父。孔父閑也。孔，氏；父，字謚也。

伊川先生解：桓公無王而書「王正月」，正宋督之罪也。弑逆之罪，不以王法正之，天理滅矣。督雖無王，而天理未嘗亡也。人臣死君難，書「及」，以著其節。父，名也。稱大夫，不失其官也。

陸氏《纂例》①：趙子曰：「忠義見殺，與君而死，故言『及』，以連之也。」

劉氏傳：《春秋》賢者不名。孔父者，所賢也，則其名之何？父前子名，君前臣名。

泰山孫氏曰：孔父者，天子命大夫也。古者，諸侯之大夫，皆命於天子，故春秋列國時或有之，宋孔父、鄭祭仲、魯單伯、陳女叔之類是也。

武夷胡氏傳：案《左氏》，宋殤公立，十年十一戰，民不堪命。孔父爲司馬，無能改於其德，非所謂格君心之非者。然君弒死於其難，處命不渝，亦可以無媿矣。父者，名也。著其節而書「及」，不失其官而書「大夫」，是《春秋》之所賢也。賢而名之，何也？故侍讀劉敞以謂既名其君於上，則不得字其臣於下。此君前名臣，禮之大節也。督將弒殤公，孔父生而存，則不可得而弒。於是乎先攻孔父，而後及其君。能爲有無，亦庶幾焉。凡亂臣賊子畜無君之心者，必先翦其所忌而後動於惡。不能翦其所忌，則有終其身而不敢動者也。華督欲弒君而憚孔父，劉安欲叛漢而憚汲直，曹操欲禪位而憚孔融。此數君子者，義形於色，皆足以衛宗社而忤邪心，姦臣之所以憚也。不有君子，其能國乎！《春秋》賢孔父，示後世人主崇奬節義之臣，乃天下之大閑，有國之急務也。

滕子來朝。

伊川先生解：滕本侯爵，後服屬於楚，故降稱「子」，夷狄之也。首朝桓公之罪自見矣。

杜氏注：隱十一年稱「侯」，今稱「子」者，蓋時王所黜。

泰山孫氏曰：滕子朝弒逆之人，其惡可知。

武夷胡氏傳：隱公末年，滕稱「侯」爵。距此三歲爾，乃降而稱「子」者，先儒謂爲時王所黜也。使時王能黜諸侯，《春秋》豈復作乎？又有言其在喪者，終春秋之世，不復稱

「侯」，無説矣。然則云何？《春秋》爲誅亂臣討賊子而作，其法尤嚴於亂賊之黨，使人人知亂臣賊子之爲大惡而莫之與，則無以立於世。無以立於世，則莫敢勸於爲惡，而篡弒之禍止矣。今桓公弟弒兄，臣弒君，天下之大惡，凡民罔復憝也。已不能討，又先鄰國而朝之，是反天理，肆人欲，與夷狄無異，而《春秋》之所深惡也，故降而稱「子」，以正其罪。四夷雖大，皆曰「子」。其降而稱「子」，狄之也。或曰：「非天子不制度，不議禮，不考文。仲尼豈以匹夫專進退諸侯，亂名實哉！」則將應之曰：仲尼固不可以匹夫專進退諸侯，亂名實矣，不曰《春秋》天子之事乎！知我罪我者，其惟《春秋》乎！世衰道微，暴行交作，仲尼有聖德無其位，不得如黄帝、舜、禹、周公之伐蚩尤，誅四凶，戮防風，殺管、蔡，行天子之法於當年也，故假魯史，用五刑，奉天討，誅亂賊，垂天子之法於後世。其事雖殊，其理一爾。何疑於不敢專進退諸侯，以爲亂名實哉！夫奉天討，舉王法，以黜諸侯之滅天理，廢人倫者，此名實所由定也。故曰《春秋》成而亂臣賊子懼。

吕氏曰：《春秋》以後，杞或稱「侯」，或稱「伯」，或稱「子」；滕或稱「侯」，或稱「子」；薛或稱「侯」，或稱「伯」，皆不可得而詳考，殆後世録《春秋》者，文誤也。借使聖人爲《春秋》黜陟當世以爲賞罰，則何不黜陟晉、楚强國，以定一王之法，而獨區區於小國如是哉！後之録《春秋》者，由前人口授相傳，遂致謬誤，不可知也。晉、楚、齊、秦諸大國，顯者也，故不誤；小國，微也，故多誤。其亦以是故歟！

三月，公會齊侯、陳侯、鄭伯于稷，以成宋亂。

《左氏傳》：會于稷，以成宋亂。爲賂故，立華氏也。宋殤公立，十年十一戰，民不堪命。孔父嘉爲司馬，督爲太宰，故因民之不堪命，先宣言曰：「司馬則然。」已殺孔父而弑殤公，召莊公於鄭而立之，以親鄭。以郜大鼎賂公，齊、陳、鄭皆有賂，故遂相宋公。

伊川先生解：宋弑其君而四國共成之，此天下之大惡也。

杜氏注：稷，宋地。

范氏注：徐邈曰：「《春秋》雖爲親尊者諱，然亦不没其實，故納鼎於廟，躋僖逆祀及王室之亂、昭公之孫皆指事而書。」

陸氏《纂例》曰：夫子制作，本教中人，故簡易其文，昭著其義，若能以質直見之，則可不俟傳注而自通矣。故言滅國，則知滅者之罪；見諸侯生名，則知非復人君，皆文勢常理，何必立異乎？又上言伐衛，次言王人救衛，下言衛侯朔入于衛，則知逆王命；上言成宋亂，下言納鼎，則知貪賂縱罪；見正月烝，五月烝，則知黷祀。凡此類，上下相應而見其理。

劉氏傳：成之者何？成之者，平之也。平之則曷爲不言平之？保人之賊，私人之賂，制人之上下，謂之成亂則可，謂之平亂則不可。

武夷胡氏傳：案《左氏》：「爲賂故，立華氏也。」郲定公時，有弒父者，公瞿然失席，曰：「是寡人之罪也。嘗學斷斯獄矣。臣弒君，凡在官者，殺無赦；子弒父，凡在宫者，殺無赦。殺其人，壞其室，洿其宫而瀦焉。蓋君踰月而後舉爵。」華督弒君之賊，凡民罔弗憝也。而桓與諸侯會，而受賂以立華氏，使相宋公，甚矣。故特書其所爲，而曰「成宋亂」。夫臣爲君隱，子爲父隱，禮也。此其目言之何？桓惡極矣。臣子欲盡隱之，而不可以欺後世。其曰「成宋亂」，而不書立華氏，猶有爲隱乎爾？《春秋》列會，未有言其所爲者，獨此與襄公末年會于澶淵，各書其事者。桓弒隱，督弒殤，般弒景，皆天下大惡，聖人所爲懼，《春秋》所以作也。一則受宋賂而立華氏，一則謀宋災而不能討，故特書其事以示貶焉。然澶淵之會，既不書魯卿，又貶諸國之大夫而稱「人」，此則書公，又序諸侯之爵，何也？澶淵之會，欲謀宋災而不討弒君之賊，雖書曰「宋災故」，而未能表其誅責之意也，必深諱魯卿而重貶諸國之大夫，然後足以啓問者，見是非也。稷之會，前有宋督弒君，後有取宋鼎之事，書曰「成宋亂」，則其責已明，不必諱公與貶諸侯之爵次，然後見其罪矣。

夏，四月，取郜大鼎于宋。戊申，納于大廟。

《左氏傳》：非禮也。

《穀梁傳》：桓内弒其君，外成人之亂，受賂而退，以事其祖，非禮也。其道以周公爲弗受也。

伊川先生解：四國既成宋亂，而宋以鼎賂魯，齊、陳、鄭皆有賂。魯以爲功而受之，故書「取」。以成亂之賂器，置於周公之廟，周公其饗之乎！故書「納」。納者，弗受而强致之也。

杜氏注：大廟，周公廟也。

泰山孫氏曰：甚之也。

高郵孫氏曰：鼎自宋得之，然而謂之「郜大鼎」者，鼎之成自郜也。凡物皆有以名之，若和氏之璧、雲和之琴瑟之類是也。《公》、《穀》更論郜鼎之名，煩碎無足取焉。

武夷胡氏傳：取者，得非其有之稱；納者，不受而强致之謂。弑逆之賊，不能致討，而受其賂器置於大廟，以明示百官，是教之習爲夷狄禽獸之行也②。公子牙、慶父、仲遂、意如之惡又何誅焉！聖人爲此懼而作《春秋》，故直載其事，謹書其日，垂訓後世，使知寵賂之行，保邪廢正，能敗人之國家也，亦或知戒矣。

秋，七月，杞《公》、《穀》並作「紀」。**侯來朝。**

《左氏傳》：杞侯來朝，不敬。杞侯歸，乃謀伐之。

《穀梁傳》：桓内弑其君，外成人之亂。紀即是事而朝之，惡之也。

伊川先生解：凡杞稱侯者，皆當爲紀。杞爵非侯，文誤也。及「紀侯大去其國」之後，紀不復稱侯矣③。

武夷胡氏傳：《公》、《穀》、程氏以杞爲紀。桓弟弒兄，臣弒君，天下之大惡，王與諸侯不奉天討，反行朝聘之禮，則皆有貶焉，所以存天理，正人倫也。紀侯來朝，何獨無貶乎？當是時，齊欲滅紀，紀侯求魯爲之主，非爲桓立而朝也。

蔡侯、鄭伯會于鄧。

《左氏傳》：始懼楚也。杜氏注：楚國，今南郡江陵縣北紀南城也。楚武王始僭號稱王，欲害中國。蔡、鄭，姬姓，近楚，故懼而會謀。

《公羊傳》：離不言會，此其言會何？蓋鄧與會爾。劉氏《權衡》曰：蔡侯、鄭伯會于鄧。《公羊》曰：「離不言會，而言會者，蓋鄧與會也。」非也。二國相會，理不可言「蔡侯、鄭伯及于某」。且實行會禮，非會而何？承赴而書，故不甚見爾。乃據齊侯、鄭伯如紀以爲比例，彼自亦妄説，何可據乎！所謂「離不言會」者，《左氏》得之矣。

伊川先生解：始懼楚也。

杜氏注：潁川召陵縣西南有鄧城。

武夷胡氏傳：案《左氏》曰：「始懼楚也。」其地以國，鄧亦與焉。楚自西周已爲中國之患，宣王蓋嘗命將南征矣。及周東遷，僭號稱王，憑陵江、漢。此三國者，地與之鄰，是以懼也。其後卒滅鄧，虜蔡侯，而鄭以王室懿親爲之服役，終春秋之世。聖人蓋傷之也夫。天下莫大於理，莫彊於信義。循天理，惇信義以自守其國家，荆楚雖大，何懼焉？不知本此，事醜德齊，莫能相尚，則以地之大小，力之彊弱分勝負矣。觀諸侯會盟離合之迹，而夷夏盛衰之由可考也④。觀《春秋》進退與奪抑揚之旨，則知安中夏待四夷之道矣⑤。

九月，入杞。

《左氏傳》：討不敬也。

伊川先生解：將卑而師少，外則稱「人」，内則止曰「入某」、「伐某」。

呂氏曰：入杞，微者也。其事弗詳。然則何以書？曰：天子在上，諸侯擅相攻伐，入人之國，罪之大者。聖人以爲無王也，《春秋》所由作也。

公及戎盟于唐。冬，公至自唐。

《左氏傳》：公及戎盟于唐，修舊好也。杜氏注：惠、隱之好。冬，公至自唐，告於廟也。凡公行，告於宗廟。反行，飲至、舍爵、策勳焉，禮也。特相會，往來稱地，讓事也。自參以上，則往稱地，來稱會，成事也。

伊川先生解：君出而書「至」者，有三：告廟也，過時也，危之也。桓公弒立，嘗與鄭、齊、陳會矣，皆同爲不義。及遠與戎盟，故危之而書「至」。戎若不如三國之黨惡，則討之矣，居夷浮海之意也。中國既不知義，夷狄或能知之也。

高郵孫氏曰：《春秋》書「至」者，皆志其所出之事。以地至者四而已。此年公至自唐，文十七年公至自穀，定八年公至自瓦，十年夏公至自夾谷四處爾。趙子以爲魯地則至自地。此説是也。

常山劉氏曰：古者，諸侯朝會有常節，出入有常期。周衰已後，無法而妄行征伐、會盟，紛紛四出，棄社稷，委人民，往越月踰歲而後得反。觀其所書，而其亂自著焉矣。

【校記】

① 纂：原作「篡」，據陸淳《纂例》改。

② 夷狄禽獸：四庫本作「弑逆叛亂」。

③ 紀：原作「杞」，據《程氏經説》改。

④ 夷狄：四庫本作「世道」。

⑤ 夷：四庫本作「國」。

三年，春，正月，公會齊侯於嬴。

《左氏傳》：成婚於齊也。

伊川先生解：桓公弒君而立。元年書「王」，以王法正其罪也。二年，宋督弒其君，以王法正其罪也。三年不書「王」，見桓之無王也，會齊侯于嬴，成婚於齊也。

杜氏注：嬴，齊邑，今山東嬴縣。

劉氏傳：二年有「王」，未畢喪也。

武夷胡氏傳：桓公三年而後，《經》不書「王」。有以爲周不班曆者。昭公末年，王室有子朝之亂，豈暇班曆？而《經》書皆書「王」，非不班曆明矣。又有以爲此闕文也。安得一公之内，凡十四年皆不書「王」，其非闕文亦明矣。然則云何？桓公弒君而立，至於今三年，而諸侯之喪事畢矣，是入見受命於天子之時也。而王朝之司馬不施殘執之刑，鄰國之大夫不聞有沐浴之請，魯之臣子義不戴天，反面事讎，曾莫之恥，使亂臣賊子肆其凶逆，無所忌憚，人之大倫滅矣。故自是而後不書「王」者，見桓公無王與天王之失政而不王也。

夏，齊侯、衛侯胥命于蒲。

《左氏傳》：不盟也。

《公羊傳》：胥命者何？相命也。何言乎相命？近正也。此其爲近正奈何？古者不盟，結言而退。

伊川先生解：二國爲會，約言相命，而不爲盟詛，近於理也，故善之。

杜氏注：蒲，衛地，在陳留長垣縣西南。

劉氏傳：胥命者何？相命也。何言乎相命？古者有方伯，有州牧，有卒正，有連率。命於天子，正也；諸侯自相命，非正也。齊，太公之後，東州之侯也；衛，康叔之後，北州之侯也。以事相命也。

六月，公會杞《公》作「紀」。侯於郕。《公》作「盛」。

《左氏傳》：杞求成也。杜氏注：二年入杞，故來求成。

伊川先生解：自桓公篡立，無歲不與諸侯盟會，結外援以自固也。

襄陵許氏曰：婣大國，服小國，著得意也。天下無王而後亂人得意如此。

秋，七月，壬辰，朔，日有食之，既。

《公羊傳》：既者何？盡也。

伊川先生解：既，盡也。食盡，爲異大也。

杜氏注：曆家之說，謂日光以望時遥奪月光，故月食。日月同會，月掩日，故日食。

公子翬如齊逆女。

伊川先生解：翬於隱時不稱「公子」，隱之賊也。於桓世稱「公子」，桓之黨也。卿逆夫人，於禮爲稱。翬雖尊屬，當官而行，亦無嫌也。

泰山孫氏曰：孔子曰：「《關雎》樂而不淫，哀而不傷。」孔子之言，豈徒然哉！蓋傷周室陵遲，婚姻失道，無賢女輔佐君子，致《關雎》后妃之德以化天下也。是時文姜亂魯，驪姬惑晉，南子傾衛，夏姬喪陳，上下化之，滔滔皆是，不可悉舉也。故自隱而下，夫人内女出處之迹，皆詳而録之，以懲以戒，爲萬世法。噫！夫夫婦婦，風教之始，人倫之本也，可不重乎！

武夷胡氏傳：娶妻必親逆，禮之正也。若夫邦君，以爵則有尊卑，以國則有大小，以道途則有遠邇。或迎之於其國，或迎之於境上，或迎之於所館，禮之節也。紀侯於魯，以小大言，則親之者也，而使履綸來；魯侯於齊，以遠邇言，則親之者也，而使公子翬往。是不重大婚之禮，失其節矣，故書。

九月，齊侯送姜氏于讙，公會齊侯于讙。

《左氏傳》：非禮也。凡公女嫁於敵國，姊妹，則上卿送之，以禮於先君；公子，則下卿送之。於大國，雖公子亦上卿送之；於天子，則諸卿皆行，公不自送；於小國，則上大夫送之。

《公羊傳》：諸侯越竟送女，非禮也。此入國矣，何以不稱「夫人」？自我言齊，父母之於子，雖爲鄰國夫人，猶曰吾姜氏。

《穀梁傳》：禮，送女，父不下堂，母不出祭門，諸母兄弟不出闕門。父戒之曰：「謹慎從爾舅之言。」母戒之曰：「謹慎從爾姑之言。」諸母般申之曰：「謹慎從爾父母之言。」送女踰竟，非禮也。

伊川先生解：齊侯出疆送女，公遠會之，皆非義也。

杜氏注：讙，魯地，濟北蛇丘縣西有下讙亭。

武夷胡氏傳：爲齊侯來，乃逆而會之于讙。是公之行，其重在齊侯而不在姜氏，豈禮也哉！

夫人姜氏至自齊。

《公羊傳》：翬何以不致？得見乎公矣。

《穀梁傳》：其不言翬之以來，何也？公親受之於齊侯也。

伊川先生解：告一作「見」。於廟也。

泰山孫氏曰：此齊侯送姜氏，公受之於讙也。公受姜氏於讙，不以讙至者，不與公受姜氏於讙也，故曰「夫人姜氏至自齊」，以正其義。

冬，齊侯使其弟年來聘。

《左氏傳》：致夫人也。

伊川先生解：致夫人也。稱「弟」，義見隱七年。

襄陵許氏曰：隱、桓之時，大夫尚輕，相如不書。諸侯使其子弟之來則書，貴貴之義也。自嬴之會，至於仲年來聘，備紀姜氏如此，謹昏義也。《春秋》反復意有所致者，不可不察也，必有深誡其中。故志文姜悉者，閑其亂也。録伯姬詳者，矜其節也。是以《易》著《歸妹》、《家人》之大義，可不重哉！

有年。

《公羊傳》：恃有年也。

《穀梁傳》：五穀皆熟爲有年也。

伊川先生解：書「有年」，紀異也。人事順於下，則天氣和於上。桓弑君而立，逆天理，亂人倫，天地之氣爲之謬戾，水旱凶災乃其宜也。今乃有年，故書其異。宣公爲弑君者所立，其惡有間，故大有年，則書之。

高郵孫氏曰：《春秋》二百四十二年之久，而書「有年」、「大有年」者二處而已。其一即桓公是也，其一即宣公是也。宣、桓大惡者，是行何道而致有年乎？書之者，不宜有也。

武夷胡氏傳：舊史，災異與慶祥並記，故「有年」、「大有年」得見於《經》。若舊史不記，聖人亦不能附益之也。然十二公多歷年所，有務農重穀，閔雨而書「雨」者，豈無豐年，而不見於《經》。是仲尼於他公皆削之矣。獨桓「有年」，宣「大有年」則存而弗削者，緣此二公獲罪於天，宜得水旱凶災之譴，今乃有年，則是反常也，故以爲異，特存爾。然則，天道亦僭乎？桓、宣享國十有八年，獨此二年書「有年」，他年之歉，可知也，而天理不差信矣。此一事也，在不修《春秋》則爲慶祥，君子修之則爲變異。是聖人因魯史舊文，能立興王之新法也。故文史如畫筆，《經》文如化工。嘗以是觀，非聖人莫能修之審矣。「有年」、「大有年」，先儒説《經》者，多列於慶瑞之門，至程氏發明奧旨，然後以爲記異。此得於言意之表者也。

四年，春，正月，公狩于郎。

《左氏傳》：書，時，禮也。

《公羊傳》：常事不書，此何以書？譏。何譏爾？遠也。諸侯曷爲必田狩？一曰乾豆，二曰賓客，三曰充君之庖。

伊川先生解：公出動衆，皆當書。于郎，遠也。

杜氏注：周之春，夏之冬也。田狩，從夏時。郎，非國内之狩地，故書地。

何氏注：禽獸多則傷五穀。因習兵事，又不空設，故因以捕禽獸，所以共承宗廟，不忘武備，又因以爲田除害。

陸氏《纂例》：啖子曰：「蒐狩合禮者，常事不書。非時及越禮而爲之則書，以示譏也。」趙子曰：「四時之田，其事各殊，其名亦異。春以閲武擇材，故以蒐爲稱。夏以爲苗除害，故以苗爲名。秋則順天時以殺物，故以獮爲義。冬則因守禽獸以習戰，故以狩爲目。《左氏》曰：『春蒐、夏苗、秋獮、冬狩』是也。」《周禮》、《爾雅》並同此義。

劉氏《意林》：公狩于郎，徒非其地爾而書之，此《春秋》謹於微之義也。以謂微事不謹，則大事不立。故每慎其微，而後王德全矣。

武夷胡氏傳：譏遠也。不時則傷農，不地則害物。田狩之地，如鄭有原圃，秦有具囿，皆常所也。

夏，天王使宰渠伯糾來聘。

伊川先生解：桓公弒其君而立，天子不能治，天下莫能討，而王使其宰聘之，示加尊寵，天理滅矣，人道亡矣。書「天王」，言當奉天也，而其爲如此。名糾，尊卑貴賤之義亡也。人理既滅，天運乖矣；陰陽失序，歲功不能成矣，故不具四時。

劉氏傳：渠伯者何？爵也。

劉氏《意林》：《春秋》於大夫莫書其官，至冢宰獨書之，以此見任事之最重也。宰天下者莫名，至糾獨名之，以此見責之最備也。周公作《周禮》，冢宰之職固賞善誅惡，進賢而退不肖，今銜命下聘弒逆之人，故書名貶之。

武夷胡氏傳：王朝公卿書爵，大夫書字，上士、中士書名，下士書人，例也。糾位六卿之長，降從中士之例而書名，貶也。糾何貶乎？在周制，大司馬九伐之法，「諸侯而有賊殺其親則正之，放弒其君則殘之」。桓公之行，當此二者，舍曰不討而又聘焉，失天職矣。操刑賞之柄以御下者，王也；論刑賞之法以詔王者，宰也。以經邦國則有治典，以安邦國則有教典，以平邦國則有政典，以詰邦國則有刑典。治、教、政、刑，而謂之典，此天下之大常也。太宰所掌而獨謂之建，以此典太宰之所定也。乃爲亂首，承命以聘弒君之賊乎！故特貶而書名，以見宰之非宰也。夫咺賵仲子、糾聘桓公，其事皆三綱之所繫也。然咺獨書官，糾兼稱爵，何也？如咺者，豈初得政猶未受封，而糾則或以諸侯入相，或既相而已封者乎！漢初命相，必擇列侯爲之，後用公孫，因相而得封，蓋欲仿古重其任也。任之重則責益深矣。嫡妾之分，君臣之義，天下之大倫，無所輕重。糾以既封，故兼稱爵，見《春秋》責相之意也。

杜氏注：不書秋、冬首月，史闕文。

五年，春，正月，甲戌、己丑，陳侯鮑卒。

《左氏傳》：再赴也。於是陳亂，文公子佗殺太子免而代之。公疾病而亂作，國人分散，故再赴。

《穀梁傳》：鮑卒，何爲以二日卒之？《春秋》之義，信以傳信，疑以傳疑。

伊川先生解：「五年春正月甲戌」下文闕。

陸氏《纂例》：「甲戌」下脱也。

劉氏《意林》：「正月甲戌」，史之闕文與？非也。仲尼之後，俄然亡之。

夏，齊侯、鄭伯如紀。

《左氏傳》：齊侯、鄭伯朝於紀，欲以襲之。紀人知之。

伊川先生解：齊侯、鄭伯朝於紀，欲以襲之。紀人知之。齊爲諸侯，而欲爲賊於鄰國，不道之甚。鄭伯助之，其罪均矣。

陸氏《纂例》：趙子曰：「外相如不書，凡書皆譏也。」常山劉氏曰：外諸侯相如，唯此年齊侯、鄭伯如紀及是年州公如曹。

劉氏傳：齊侯、鄭伯將襲紀，以朝往焉。紀人知之，然後以朝反。如者，朝辭也。蓋尊不朝乎卑，大不朝乎小，强不朝乎弱。不正其爲詐以圖人之國，使若誠朝然。疾之也。

劉氏《意林》：齊侯、鄭伯如紀，《春秋》惡其懷不義之心。雖卒不能害，而疾之與襲人之國無異。此聖人誅意之效也。故云：「兵莫憯於志，莫邪爲下矣。」

天王使仍《穀》作「任」。**叔之子來聘。**

《左氏傳》：弱也。

《公羊傳》：其稱「仍叔之子」何？譏。何譏爾？父老子代從政也。

伊川先生解：古之授任稱其才德，故士無世官。周衰，官人以世，故卿大夫之子代其父任事。仍叔受命來聘，而使其子代行也。

武夷胡氏傳：「仍叔之子」云者，譏世官非公選也。帝王不以私愛害公選，故仕者世禄而不世官。任之不以其賢也，使之不以其能也，卿大夫子弟以父兄故而見使，則非公選，而政由是敗矣。上世有自耕野釣渭擢居輔相，而人莫不以爲宜。伊陟象賢，復相大戊；丁公世美，入掌兵權，不以世故疑之也。崇伯殛死，禹作司空；蔡叔既囚，仲爲卿士，亦不以其父故廢之也。惟其公而已矣。及周之衰，小人得政，視朝廷官爵爲己私，援引親黨，分據要途，施及童稚，賢者退處於蓽門，老身而不用。公道不行，然後夷狄侵陵，國家傾覆，雖有智者不能善其後矣。《春秋》書「武氏」、「仍叔之子」云者，戒後世人主徇大臣私意，而用其子弟之弱者，居公選之地，以敗亂其國家。欲其深省之也。

呂氏曰：王不能討桓之逆，比年遣人來聘，其無立志也可知矣。

葬陳桓公。

城祝丘。

泰山孫氏曰：祝丘，魯邑。

秋，蔡人、衛人、陳人從王伐鄭。

《左氏傳》：王奪鄭伯政，鄭伯不朝。秋，王以諸侯伐鄭。鄭伯禦之。王爲中軍；虢公林父將右軍，蔡人、衛人屬焉；周公黑肩將左軍，陳人屬焉。……戰於繻葛，蔡、衛、陳皆奔。王卒亂。鄭人合以攻之，王卒大敗。祝聃射王，中肩。

《公羊傳》：「從王」，正也。

伊川先生解：王師於諸侯不書敗，諸侯不可敵王也；於夷狄不言戰，夷狄不能抗王也。此理也。其敵其抗，王道之失也。

陸氏《纂例》：啖子曰：「不言『會』『及』，臣從君之亂也。」

陸氏《微旨》：三國之君不行，而使微者從王，不待貶絶而罪自見也。

武夷胡氏傳：案《左氏》：「王奪鄭伯政，鄭伯不朝，王以諸侯伐鄭，鄭伯禦之。」戰於繻葛，王卒大敗。《春秋》書王必稱「天」者，所章則天命也，所用則天討也。王奪鄭伯政而怒其不朝，以諸侯伐焉，非天討也，故不稱「天」。或曰鄭伯不朝，惡得爲無罪？曰：桓公弑君而自立，宋督弑君而得政，天下大惡，天理所不容也，則遣使來聘而莫之討。鄭伯不朝，貶其爵可也，何爲憤怒自將以攻之也！移其師以加宋、魯，誰曰非天討乎？《春秋》天子之事，述天理而時措之也。既譏天王，以端本矣。三國以兵會伐，則言從王者，又以明君臣之義也。君行而臣從，正也。戰於繻葛而不書戰，王卒大敗①而不書敗者，又以存天下之防也。三綱，軍政之本。聖人寓軍政於《春秋》，而書法若此，皆裁自聖心，非國史所能與也。

大雩。

《左氏傳》：書，不時也。劉氏《權衡》曰：「書，不時也。」非也。龍見而雩，常事爾。遇旱而雩，非常也。非常當書。書爲旱發，非爲過時發也。且此下書「螽」，螽之爲物，常因旱而生，此雩非失時者，自爲旱故也。凡祀，啓蟄而郊，杜氏注：啓蟄，夏正建寅之月，祀天南郊。劉氏《權衡》曰：「啓蟄而郊」，亦非也。魯郊以周正，周郊以夏正，不專啓蟄而已。龍見而雩杜氏注：龍見，建巳之月。蒼龍宿之體昏見東方，萬方始盛。祭天，爲百穀祈膏雨。始殺而嘗，杜氏注：建酉之月，陰氣始殺，嘉穀始熟，故薦於宗廟。閉蟄而烝。杜氏注：建亥之月，萬物皆成，可薦者衆，故烝祭宗廟。過則書。

《公羊傳》：大雩者何？旱祭也。何以書？記災也。

伊川先生解：成王尊周公，故賜魯重祭，得郊禘大雩。大雩，雩於上帝，用盛樂也。諸侯雩於境内之山川爾。成王之賜，魯公之受，皆失道也。故夫子曰：「魯之郊禘，非禮也，周公其衰矣。」大雩，歲之常祀，不能皆書也，故因其非時則書之。遇旱災則非時而雩，書之，所以見其非禮，且志旱也。郊禘亦因事而書。

劉氏傳：其言「大」何？大雩，非諸侯之雩也。曷爲非諸侯之雩？天子雩主上帝，諸侯雩主星辰山川。

劉氏《意林》：大雩爲説者，皆曰成王尊周公②，故賜魯以天子之禮樂，祀上帝，禘文王。吾未知其然。成王者，周之盛主也，其亦謹於禮矣。禮之有天子、諸侯之别，自伏羲以來未之有改也。成王其惑歟？然則魯之有天子禮樂，殆周之末王賜之，非成王矣。昔者魯惠公使宰讓請郊廟之禮於天子，天子使史角往，惠公止之，其後在魯，實始爲墨翟之學。由是觀之，使成王之世，而魯已郊矣，則惠公奚請？惠公之請也，其殆由平王以下乎！

泰山孫氏曰：雩，求雨之祭，建巳之月常祀也。故《經》無六月雩者。建午、建申之月非常，則書。謂之大者，雩於上帝也。噫，是時周室既微，王綱既絶，舉於魯，則諸侯之僭從可見矣。然《春秋》魯史，孔子不敢斥也。其或災異非常，改作不時者，則從而録之，以著其僭天子之惡。隱五年九月③，考仲子之宫，初獻六羽；此年秋，大雩；六年八月壬午大閲；閔二年夏五月乙酉吉禘于莊公；僖三十一年夏四月四卜郊，不從，乃免牲；宣三年春王正月郊牛之口傷，改卜牛，牛死，乃不郊；定二年夏五月壬辰，雉門及兩觀災之類是也。嗚呼，其旨亦微矣。

武夷胡氏傳：魯諸侯而郊禘大雩，欲悉書於策，則有不勝書，故雩祭則因旱以書，而特謂之大；郊禘亦因事以書，而義自見。此皆國史所不能與，君子以謂性命之文是也。

螽。《公》作「蝝」。

《公羊傳》：蝝何以書？記災也。

伊川先生解：螽，蝗也。既旱又蝗，饑不待書也。

杜氏注：蚣蝑之屬。

冬，州公如曹。

《左氏傳》：冬，淳于公如曹，度其國危，遂不復。杜氏注：淳于，州國所都，城陽淳于縣也。

伊川先生解：州公，嘗爲王三公，故稱「公」。不能保其國，去如曹，遂不復。

杜氏注：曹國，今濟陰定陶縣。

武夷胡氏傳：外相如不書，此何以書？將有其末，故先録其本。

【校　記】

①「敗」後衍「書」字，據説《胡氏春秋傳》删去。

②尊：原作「康」，據四庫本改。

③年：原作「月」，據四庫本改。

六年，春，正月，寔來。

《左氏傳》：春自曹來朝，書曰「寔來」，不復其國也。杜氏注：承五年冬《傳》淳于公如曹也。

伊川先生解：五年冬如曹，尚爲君也，故以諸侯書之。今不能反國，則匹夫也，故名之。來，來魯也。忽稱鄭忽，明其正也。寔，不稱州，亡其國也。

泰山孫氏曰：闕文也。

武夷胡氏傳：案《左氏》：「自曹來朝，書曰『寔來』，不復其國也。」寔者，州公名也。《春秋》之法，諸侯不生名，失地滅同姓則名。正名，經世之本，名正而天下定矣。或曰：

諸侯失國之後，託於諸侯，孟子以爲禮也。今州公來朝，將以諸侯之禮接之乎？則《春秋》乃書其名，將以匹夫之賤畜之乎？孟子乃以託國爲禮，將何處而可？曰：世衰道微，諸侯放恣，彊陵弱，衆暴寡，天子不能正，方伯不能治，其有壤地褊小，迫乎大國之閒而失國，是不幸焉，非其罪也。則以諸侯之禮接之可也。若譚子在莒，弦子在黄，温子在衛，雖失國出奔，而《春秋》不名，義可見矣。若夫不能修道以正其國，或棄賢保佞，或驕奢淫縱，或用兵暴亂，自底滅亡，如蔡獻舞、郳益、曹陽、州寔之徒，皆其自取焉爾。則待之以初，則禮之過也。觀《春秋》名與不名，則知所以處寓公之禮，與强爲善自暴棄者之勸戒矣。

夏，四月，公會紀侯于成。《穀》作「郕」。

《左氏傳》：紀來，諮謀齊難也。

伊川先生解：謀齊難也。

杜氏注：成，魯地，在泰山鉅平縣東南。

秋，八月，壬午，大閲。

《左氏傳》：簡車馬也。

《公羊傳》：何以書？蓋以罕書也。

伊川先生解：爲國之道，武備不可廢，必於農隙講肄，保民守國之道也。盛夏大閲，妨農害人，失政之甚。無事而爲之，妄動也。有警而爲之，教之不素，何以保其國乎？

杜氏注：齊爲大國，以戎事徵諸侯之戍，嘉美鄭忽。而忽欲以有功爲班，怒而訴齊。魯人懼之，故以非時簡車馬。

武夷胡氏傳：先王寓軍政於四時之田，訓民禦暴，其備豫也。懼鄭忽，畏齊人，不因田狩而閲兵車，厲農失政甚矣，何以保其國乎？《春秋》非特以不時非禮書也。乃「天未陰雨，徹彼桑土，綢繆牖户」之意。

襄陵許氏曰：桓蓋聞齊圖紀之謀，見周伐鄭之事，是以飭城守，閲武備，蓋其謀國知此而已。觀其用衆之不時，知其志不在民矣。

蔡人殺陳佗。

伊川先生解：佗弑世子而竊位，不能有其國，故書曰「陳佗」。陳厲公，蔡出也，故蔡桓侯殺佗而立之。佗，天下之大惡，人得而誅之，蔡侯殺之，實以私也，故書「蔡人」，見殺賊者衆人之公也。

陸氏《微旨》：淳聞於師曰：「臣弑其君，子弑其父，凡在官者，殺無赦。陳佗，殺太子之賊也。蔡雖他國，以義殺之，變之正也，故書曰『蔡人』。」

武夷胡氏傳：書「蔡人」以善蔡，書「陳佗」以善陳。善蔡者，以蔡人知佗之爲賊；善陳者，以陳國不以佗爲君。知其爲賊，故稱「人」。稱「人」，討賊之辭也。不以爲君，故稱名。稱名，當討之賊也。魯桓弑君而鄭伯與之盟，宋督弑君而四國納其賂，則不知爲賊矣。齊商人弑君者，及其見殺則稱位；蔡般弑父者，及其見殺則稱爵。是齊、蔡國人皆以爲君矣。聖人於此抑揚予奪，遏人欲於横流，存天理於既滅，見諸行事，可謂深切著明矣。

九月，丁卯，子同生。

《左氏傳》：以大子生之禮舉之。

《公羊傳》：何言乎「子同生」？喜有正也。劉氏《權衡》曰：國之嫡嗣莫重焉，史無得不書。以爲感隱、桓之禍，故以喜書，不亦淺近乎！

伊川先生解：冢嗣之生，國之大事，故書。

劉氏傳：此世子也。其不曰「世子」何？天下無生而貴者，誓於天子，然後爲世子。

冬，紀侯來朝。

《左氏傳》：紀侯來朝，請王命以求成於齊。公告不能。

伊川先生解：紀侯懼齊，來朝以求助。不能上訴於天子，近赴於諸侯，和輯其民人，效死以守，而欲求援於魯桓，不能保其國宜矣。

武夷胡氏傳：案《左氏》：會于郲，謀齊難也。冬，來朝，請王命以求成於齊也。公告不能。孟子曰：「觀近臣以其所爲主，觀遠臣以其所主。」主者，成敗之機，榮辱之本也。昭公棄晉主齊，至於客死。鄭伯逃齊主楚，終以乞盟。觀其所主，而榮辱成敗見矣。魯桓者，弑君之賊，人人所同惡，夫人得而討之也，而主之以求援，其能國乎？然則何以免於貶？志不在於朝桓也。

春秋集解卷四

桓公

七年，春，二月，己亥，焚咸丘。

伊川先生解：古者，昆蟲蟄而後火田，去莽翳以逐禽獸，非竭山林而焚之也。咸丘，地名。云「焚咸丘」，如盡焚其地，見其廣之甚也。

杜氏注：焚，火田也。咸丘，魯地，高平鉅野縣南有咸亭。譏盡物，故書。

夏，穀伯綏來朝，鄧侯吾離來朝。

《左氏傳》：春，穀伯、鄧侯來朝。名，賤之也。

伊川先生解：臣而弒君，天理滅矣，宜天下所不容也。而反天子聘之，諸侯相繼而朝之，逆亂天道，歲功不能成矣，故不書「秋」、「冬」，與四年同。或曰：然則十五年邾人、牟人、葛人來朝，何以書「秋」、「冬」？曰：四年與此，明其義矣。三國之來，别立義也。

杜氏注：穀國在南鄉筑陽縣北。

劉氏傳：同時而特言之者，特見之。

高郵孫氏曰：以名書者，趙子曰：「用夷禮也。」

武夷胡氏傳：《春秋》之法，諸侯不生名。穀伯、鄧侯何以名？桓，天下之大惡也，執之者無禁，殺之者無罪。穀伯、鄧侯，越國踰竟，相繼而來朝，即大惡之黨也，故特貶而書名，與失地、滅同姓者比焉。《經》於朝桓者或貶爵，或書名，或稱「人」，以深絶其黨，撥亂之法嚴矣。誅止其身，而黨之者無罪，則人之類不相賊殺爲禽獸者幾希。東萊吕氏曰：二年，滕子來朝，不名；紀侯來朝，不名，何獨於穀伯、鄧侯罪而名之乎？

吕氏曰：杜預以謂不書「秋」、「冬」首月，史闕文，其説既善矣，然謂之「史闕文」則不可，謂之「闕文」則可矣。

八年，春，正月，己卯，烝。

《公羊傳》：烝者何？冬祭也。春曰祠，夏曰礿，秋曰嘗，冬曰烝。何氏注：薦尚稻、雁。烝，衆也，氣盛貌。冬萬物畢成，所薦衆多，芬芳備具，故曰烝。常事不書，此何以書？譏。何譏爾？譏亟也。亟則黷，黷則不敬。君子之祭也，敬而不黷。疏則怠，怠則忘。劉氏《權衡》曰：《春秋》欲見五月再烝，故於此不得不書「己卯烝」，猶將書「壬午猶繹」者，不得不先書「有事於太廟」也。此其實矣，又何亟乎？

伊川先生解：冬，烝，非過也。書之，以見五月又烝，爲非禮之甚也。

杜氏注：此夏之仲月，非爲過而書者，爲下五月復烝見瀆也。

陸氏《纂例》：趙子曰：「周雖以建子爲正，至於祭祀，則用夏時本月，以行四時之祭。故桓八年正月烝，則夏之仲冬也。凡四時之祭，皆用孟月，若有故及日不吉，即用仲月，桓八年正月烝是也。」

泰山孫氏曰：烝，冬祭也。春興之，非禮也。祭祀從夏時。周之正月，夏之十一月也。四時之祭，用孟月。

高郵孫氏曰：不書所祭之名，而謂之有事，若宣八年「有事於大廟，仲遂卒於垂，壬午猶繹」。失禮者，猶繹也，祭無譏焉。書祭名者，罪在祭也。烝己卯之類是也。

武夷胡氏傳：《周官·大司馬》烝以中冬，今魯烝以春正月，其不同何也？《周書》有周月以紀政，而言曰：「夏數得天，百王所同。其在商、周，革命改正，示不相沿。至於敬授民時，巡狩烝享，猶自夏焉。」然則司馬中冬教大閲，獻禽以享烝，所謂「自夏」，而魯之烝在春正月，見《春秋》用周正紀魯事也。

天王使家父來聘。

伊川先生解：魯桓公弑立，未嘗朝覲，天王不討而屢使聘之，失道之甚也。

杜氏注：家父，天子大夫。家，氏；父，字。

武夷胡氏傳：下聘弑逆之人，而不加貶，何也？既名冢宰於前，其餘無責焉，乃同則書重之義，以此見《春秋》任宰相之專，而責之備也。虞史以人主、大臣爲一體，《春秋》以天王、宰相爲一心。以爲一體，故帝庸作歌，則曰：「股肱喜哉！元首起哉！百工熙哉！」臯陶賡歌則曰：「元首明哉！股肱良哉！庶事康哉！」而垂、益九官之徒不與也。以爲一心，故歸賵仲子，會葬成風，則宰咺書名於前，而王不稱「天」於後；來聘桓公，錫桓公命，則宰糾書名以正其始，王不稱「天」以正其終，而榮叔、家父之徒不與也。故人主之職，在論相而已矣。

夏，五月，丁丑，烝。

《公羊傳》：何以書？譏亟也。

伊川先生解：正月既烝矣，而非時復烝者，必以前烝爲不備也，其黷亂甚矣。

武夷胡氏傳：《春秋》之文，有一句而包數義者，有再書而一貶者。「戎伐凡伯於楚丘以歸」之類，一句而包數義；「春正月己卯烝」，「夏五月丁丑烝」①，再書而一貶。

秋，伐邾。《公》作「邾婁」。

泰山孫氏曰：不出主名，微者。

呂氏曰：微者也，其事不可得而詳也。然則何以書？曰：天子在上，諸侯擅相侵伐，君子以爲無王也，《春秋》所由作也。

冬，十月，雨雪。

《公羊傳》：何以書？記異也。何異爾？不時也。何氏注：周之十月，夏之八月，未當雨雪。

伊川先生解：建酉之月，未霜而雪，書異也。

祭公來，遂逆王后于紀。

《公羊傳》：祭公者何？天子之三公也。女在其國稱「女」，此其稱「王后」何？王者無外，其辭成矣。

《穀梁傳》：遂，繼事之辭也。

伊川先生解：祭公受命逆后而至魯，先行私禮，故書「來」，以逆后爲遂事，責其不虔王命而輕天下之母也。

陸氏《纂例》：趙子曰：「言『遂逆』者，譏不躬白於王。」

泰山孫氏曰：桓王取后於紀，魯受命主之，故祭公來謀逆后之期。其曰「遂逆王后于紀」者，祭公來謀逆后之期，既謀之，則當復命於天子，命之逆則逆之，不可專也。祭公不復命於王，專逆王后于紀，故曰「遂」以惡之。

劉氏《意林》：祭公之來，命魯以婚姻之事也。若是，則苟大夫可矣，何待於三公？三公，大任也，非所當輕使也。任之大而使之輕，使祭公得緣其義，專命不報，遂行如紀，由輕重不相副也。故王以輕使爲失，而祭公以遂行爲專。君令過，則臣事放矣。

【校記】

① 丁：原作「己」，據《春秋胡氏傳》改。

九年，春，紀季姜歸于京師。

《左氏傳》：凡諸侯之女行，唯王后書。

《公羊傳》：紀季姜歸于京師，其辭成矣。則其稱「紀季姜」何？自我言紀，父母之於子，雖爲天王后，猶曰「吾季姜」。京師者何？天子之居也。京者何？大也。師者何？衆也。天子之居，必以衆大之辭言之。

伊川先生解：書王國之事，不可用無王之月，故書時而已。或曰：借如正月日食則如何書之？曰：書「春日食」，則其義尤明也。王后之歸，天下當有其禮，諸侯莫至，是不能母儀天下也。故書紀女歸而已。

杜氏注：紀季姜，桓王后也。季，字；姜，紀姓也。

劉氏《意林》：逆也稱「王后」，歸也稱「季姜」，此言禮之上下取予，進退先後，各有所宜，而不相悖也。公卿謀之，諸侯主之，龜策諏之，天子命之，是王后矣。然而未見宗廟也，未覯君子也，未覿羣臣也，則不敢居其位。其詞順以聽。此正始之道，王化之本也。詩云：「未見君子，憂心惙惙。亦既見止，亦既覯止，我心則説。」《周》、《召》之風也。

吕氏曰：史失季姜歸月，《春秋》不得而增益也，獨記其「春」耳。

夏，四月。秋，七月。

冬，曹伯使其世子射姑來朝。

《左氏傳》：曹大子來朝，賓之以上卿，禮也。

《穀梁傳》：朝不言使，言使，非正也。使世子伉諸侯之禮而來朝，曹伯失政矣。諸侯相見曰朝。以待人父之道待人之子，以内爲失正矣。内失正，曹伯失正，世子可以已矣，則是放命也。尸子曰：「夫已，多乎道。」

伊川先生解：曹伯有疾，不能親行，故使其世子來朝。春秋之時，君疾而使世子出，取危亂之道也。

杜氏注：曹伯有疾，故使其子來朝。

武夷胡氏傳：案《周官·典命》：「凡諸侯之適子，誓於天子而攝其君，則下其君之禮一等；未誓，則以皮帛繼子、男。」世子固有出會朝聘之儀矣。然攝其君繼子、男者，謂諸侯朝於天子，有時而不敢後，故老疾者使世子攝己事以見天子，急述職也。諸侯閒於王事則相朝，其禮本無時。曹伯既有疾，何急於朝桓而使世子攝哉？大位，姦之窺也；危病，邪之伺也；世子，君之貳也。君疾而儲副出，啓窺伺之心，危道也。當享而射姑歎，踰月而終生卒，其有疾明矣，而使世子來，終生之過也。世子將欲已乎，則方命矣。曰：孝子盡道以事其親者也，不盡道而苟焉以從命爲孝，又焉得爲孝？故尸子曰：「夫已，多乎道。」

十年，春，王正月，庚申，曹伯終生卒。

泰山孫氏曰：此年書「王」者，王無十年不書也。十年無王，則人道滅矣。

武夷胡氏傳：桓無王，今復書「王」，何也？十者，盈數也。天道十年則亦周矣，人事十年則亦變矣，故《易》稱守貞者十年而必反，《傳》論遠惡者十年而必棄。桓公至是，其數已盈，宜見誅於天人矣。十年書「王」，紀常理也。有習於穀梁子而不得其傳者，見二年書「王」，以爲正與夷之卒；此年書「王」而曹伯適薨，遂附益之，以爲正終生之卒，誤矣。果正諸侯之卒，不緣簒弑者，陳侯鮑在五年之正月，曷不書王以正其卒乎？

夏，五月，葬曹桓公。

秋，公會衛侯于桃丘，弗遇。

《穀梁傳》：弗遇者，志不相得也。弗，内辭也。

杜氏注：衛侯與公爲會期，中背公更與齊、鄭，故云獨往而不相遇也。桃丘，衛地，濟北東阿縣東南有桃城①。

陸氏《纂例》：趙子曰：「書『弗遇』者，見衛侯之無信。」

劉氏傳：「不」者，正辭也。「弗」者，遷辭也。

吕氏曰：公與衛侯爲會，而衛侯不至，故弗遇。其無信可知。《春秋》之世，專計利害，不顧信義如是。

冬，十有二月，丙午，齊侯、衛侯、鄭伯來戰于郎。

《左氏傳》：齊、衛、鄭來戰于郎，我有辭也。初，北戎病齊，諸侯救之。鄭公子忽有功焉。齊人餼諸侯，使魯次之。魯以周班後鄭。鄭人怒，請師於齊。齊人以衛師助之，故不稱侵伐。先書齊、衛，王爵也。杜氏注：鄭主兵而序齊、衛下者，以王爵次之也。

伊川先生解：三國爲主，甚其惡也。

常山劉氏曰：戰不言師敗績者，敗在内也。敗在内，何以不言？恥也。

劉氏《意林》：來戰于郎。戰者，仁人之所惡也，有不得已而應之者矣，未有得已而先之者也。

武夷胡氏傳：《春秋》加兵於魯衆矣，未有書「來戰」者。此獨不稱侵伐，而以「來戰」爲文，何也？兵，凶器；戰，危事。聖人之所重也。誅暴禁亂，敵加於己，蓋有不得已而應之者矣，未有悖道縱欲、得已不已而先之者也。魯桓弑立，天下大惡，人人之所得討也。鄭伯則首盟于越以定其位，齊侯則繼會于稷以濟其姦，曾不能修方伯之職，駐師境上，聲罪致討，伸天下之大義也。今特以私忿小怨，親帥其師戰於魯境，尚爲知類也哉！此《春秋》之所必誅而不以聽也，故以三國爲主而書「來戰于郎」。鄭人主兵而首齊，猶衛州吁主兵而先宋。

【校　記】

① 阿縣東：原作「河」，據《春秋左傳正義》改。

十有一年，春，正月，齊人、衛人、鄭人盟于惡曹。

《左氏傳》：春，齊、衛、鄭、宋盟于惡曹。

劉氏傳：此大國也，皆微者乎？非微者也，微者之盟不志。非微者，則其稱「人」何？大夫之交盟於中國自此始，故貶之也。

劉氏《意林》：齊、衛、鄭相與會盟而君不行，委之大夫。《春秋》正本謹始，知其後必且有大夫脅君交政之患；苟大夫有脅君交政之患，則又有陪臣執國於上之禍，其勢相召也，故於是貶而絶之。

武夷胡氏傳：盟會皆君臣之禮，故微者之盟會不志於《春秋》。凡《春秋》所志，必有君與貴大夫居其閒者也。惡曹之盟，即三國之君矣。既不以道興師爲郎之戰，又結怨固黨爲惡曹之盟，故前書其爵而以「來戰」著罪，後書此盟而以奪爵示貶。

吕氏曰：盟，我不與也。其曰「人」，不詳也。來戰，無禮，既盟而去，動無禮文，不可得而詳也。

夏，五月癸未，鄭伯寤生卒。秋，七月葬鄭莊公。

《左氏傳》：夏，鄭莊公卒。初，祭封人仲足有寵於莊公。莊公使爲卿。爲公娶鄧曼，生昭公，故祭仲立之。宋雍氏女於鄭莊公，曰雍姞，生厲公。雍氏宗有寵於宋莊公，故誘祭仲而執之，曰：「不立突，將死。」亦執厲公而求賂焉。祭仲與宋人盟，以厲公歸而立之。秋，九月，丁亥，昭公奔衛。己亥，厲公立。

杜氏注：三月而葬，速。

武夷胡氏傳：鄭莊公志殺其弟，使餬其口於四方，自以爲保國之計得也。然身没未幾而世嫡出奔，庶孽奪正，公子五争，兵革不息。忽、儀、亹、突之際，其禍憯矣。亂之初生也，起於一念之不善，後世則而象之，至於兄弟相殘，國内大亂，民人思保其室家而不得，不亦酷乎！有國者，所以必循天理，而不可以私欲滅之也。莊公之事，可以爲永鑒矣。

九月，宋人執鄭祭仲。

《穀梁傳》：「宋人」者，宋公也。其曰「人」何也？貶之也。劉氏《權衡》曰：《穀梁》曰：「宋人者，宋公也。其曰『人』何也？貶之也。」此非《穀梁》例也。《穀梁》之例，當以稱「人」執之爲是，稱「侯」執之爲非。向令書宋公執者，得無云斥宋公以執祭仲乎？且齊人執鄭詹，何以獨不曰貶乎？文同而義異，何哉？

陸氏《纂例》曰：諸國大夫，王賜之畿内邑爲號令歸國者，皆書族書字，同於王大夫①，敬之也。鄭祭仲、魯單伯、陳女叔是也。

劉氏傳：曷爲或稱「人」以執，或稱「侯」以執？稱「侯」以執者，伯討之也；稱「人」以執者，非伯討也。

武夷胡氏傳：祭仲，鄭相也，見執於宋，使出其君，而立不正，罪較然矣。何以不名？命大夫也。命大夫而稱字，非賢之也，乃尊王命，貴正卿，大祭仲之罪以深責也。其意若曰：以天子命大夫爲諸侯相，而執其政柄，事權重矣，固將下庇其身，而使其君保安富尊榮之位也。今乃至於見執，廢絀其君而立其非所立者，不亦甚乎！任之重者責之深，祭仲無所逃其罪矣。《春秋》美惡不嫌同詞。突之書名，則本非有國，由祭仲立之也。若忽則以世嫡之正，至於見逐，不能立乎其位，貴賤之分亡矣。凡此類抑揚其詞，皆仲尼親筆，非國史所能與。而先儒或以從赴告而書者，殊誤矣。或曰：「孔父賢而書名，則曰禮之大節也。今此則名其君於下，而字其臣於上，何以異乎？」曰：《春秋》者，輕重之權衡也。變而不失其正之謂權，常而不過於中之謂正。宋殤、孔父道其常，祭仲、昭公語其變。惟可與權者，其知之矣。

呂氏曰：陸淳以爲執大夫例稱「人」，不可別爲義。

突歸于鄭。

《穀梁傳》：突歸于鄭。曰「突」，賤之也；曰「歸」，易辭也。祭仲易其事，權在祭仲也。死君難，臣道也。今立惡而黜正，惡祭仲也。

伊川先生解：突不稱「公子」，不可以有國也。

劉氏傳：突歸於鄭何？病祭仲也。祭仲之爲人臣也，處則不能守，出則不能權，貪生而好勢，廢正以立亂。曰「突歸於鄭」者，見突之挈乎祭仲者也。「歸」者，順辭也，有易辭焉。非所順而書「歸」，易也。「入」者，逆辭也，有難辭焉，非所逆而書「入」，難也。突之易，見祭仲之挈也，交惡之。

劉氏《意林》：突内因强臣之力，赤外援戎狄之衆，以奪其嫡而禍其宗，皆有不仁之心，姦桀之材，《春秋》所惡也。專治突，則祭仲不明；專治赤，則戎不見。故挈其上而易其下，其罪一施之，所以絶禍本，禁首惡也。

武夷胡氏傳：小白入於齊，則曰「齊小白」，突歸於鄭，何以不稱「鄭突」乎？以小白繫之齊者，明桓公之宜有齊也。不以突繫之鄭者，正厲公不當立也。

鄭忽出奔衛。

《左氏傳》：秋，九月，丁亥，昭公奔衛，己亥，厲公立。

《穀梁傳》：鄭忽者，世子忽也。其名，失國也。劉氏《權衡》曰：《穀梁》曰：「其名，失國也。」非也。《春秋》失國者多矣，豈皆名之乎？

伊川先生解：忽，國之正也，不能有其位，故不爵。

常山劉氏曰：鄭莊公既葬，而忽既立，出奔乃名者，絶也。何則？忽，鄭之世嫡，不能自固其位，以至於亡。考之於《詩》，其迹備見。《有女同車》，則刺無大國之助；《山有扶蘇》，則所美非美；然《蘀兮》，則刺君弱臣强，不唱而和；《狡童》，則刺不能與賢人圖事，權臣擅命也。由其不能自固，進退之權在於祭仲，故宋因而執之。

武夷胡氏傳：或曰：「詩人刺忽不婚於齊，至於見逐。欲固其位者，必待大國之援乎？」曰：此獨爲鄭忽言也。如忽之爲人，苟無大援，則不能立爾。若夫志士仁人卓然有以自立者，進退之權在我矣。鄭自五霸之後，益以侵削。他日子産相焉，馳詞執禮，以當晉、楚，至於壞諸侯之館垣，却逆女之公子於野，皆變其常度。以晉、楚之强，卒莫能屈，亦待大國之助乎？然則仲見脅，忽出奔，咸其自取焉爾。《春秋》書法如此，欲人自强於爲善也。

柔會宋公、陳侯、蔡叔，盟于折。

《公羊傳》：柔者何？吾大夫之未命者也。劉氏《權衡》曰：《公羊》曰：「柔者何？吾大夫之未命者。」非也。再命耳。

杜氏注：柔，魯大夫未賜族者。蔡叔，蔡大夫。叔，名也。

陸氏《纂例》：趙子曰：「凡大夫特盟公、侯，非禮也。」言特者，明更有諸侯，則可兼大夫也。言公、侯者，明可以會子、男也。

蘇氏曰：柔，魯大夫之未賜族者也。叔，蔡大夫之未賜族者也。

武夷胡氏傳：臣與宋公盟于折，君與宋公會于夫鍾、于闞、于虚、于龜，皆存而不削，何其辭費也？曰：屢盟而長亂，數會以厚疑，聖人皆存而不削，於以見屢盟而卒叛，數會而卒離，其事可謂著明矣。

公會宋公于夫鍾。《公》作「童」。冬，十有二月，公會宋公于闞。

杜氏注：夫鍾，郕地。闞，魯地，在東平須昌縣東南。

【校記】

① 王：原脱。據陸氏《纂例》補。

十有二年，春，正月

夏，六月，壬寅，公會杞《公》、《穀》並作「紀」。侯、莒子，盟于曲池。《公》作「歐蛇」。

《左氏傳》：盟于曲池，平杞、莒也。

杜氏注：曲池，魯地，魯國汶陽縣北有曲水亭。

秋，七月，丁亥，公會宋公、燕人，盟于穀丘。

《左氏傳》：公欲平宋、鄭。秋，公及宋公盟于句瀆之丘。杜氏注：句瀆之丘，即穀丘。

杜氏注：穀丘，宋地。燕人，南燕大夫。

高郵孫氏曰：昭三年書北燕伯款出奔齊，又稱北燕。則燕有二國矣。言北燕則有南燕也，故杜預在此解燕人爲南燕大夫。蓋北燕限於山戎，自莊二十八年，齊桓伐山戎之後，始與燕開路，於是得通中國。此穀丘之會，北燕猶爲戎所隔，未能自通。

八月，壬辰，陳侯躍卒。

杜氏注：厲公也。壬辰，七月二十三日。書於八月，從赴也。

公會宋公於虚。《公》作「郯」①。

杜氏注：虚，宋地。

冬，十有一月，公會宋公于龜。

杜氏注：龜，宋地。

丙戌，公會鄭伯，盟于武父。

杜氏注：武父，鄭地。陳留濟陽縣東北有武父城。

襄陵許氏曰：王迹既熄，霸統未興，諸侯自擅，無所稟命。觀隱十年，見兵革之亂也；桓十一年以來，見盟會之亂也。是以君子不得已於斯民，而以禮樂征伐實與桓、文，故霸統興起，則無復此亂，諸侯有所一矣。

呂氏曰：此年書盟會之數如此，見諸侯無王，放恣自若，多事屢盟，民不堪命如此之極也。聖人傷之，以爲世戒。後之君子，有意於善者，其知慎事守約，愛民爲急，以合聖人之意乎！

丙戌，衛侯晉卒。

泰山孫氏曰：再言「丙戌」者，羨文也。

十有二月，及鄭師伐宋。丁未，戰于宋。

《左氏傳》：公欲平宋、鄭。秋，公及宋公盟于句瀆之丘。宋成未可知也，故又會于虛；冬，又會于龜。宋公辭平，故與鄭伯盟于武父，遂帥師而伐宋，戰焉，宋無信也。

《公羊傳》：戰不言伐，此其言伐何？辟嫌也。惡乎嫌？嫌與鄭人戰也。此偏戰也，何以不言師敗績？内不言戰，言戰乃敗矣。劉氏《權衡》曰：丁未戰于宋。《公羊》曰：「内不言戰，言戰乃敗矣。」非也。若偏戰而内勝，何得不言戰？若曰「内不言敗，言戰則敗矣」，可也。

武夷胡氏傳：既書「伐宋」，又書「戰于宋」。責賂于鄭而無厭，屢盟於魯而無信者，宋也。二國聲其罪以致討，故書曰「伐」。夫宋人之罪，則固可伐矣，然取其賂以立督者，魯桓也；資其力以篡國者，鄭突也。無諸己，然後可以非諸人。《春秋》之義，用賢治不肖，不以亂易亂也，故又曰「戰于宋」。來戰者，罪在彼，「戰于郎」是也。往戰者，罪在内，

「戰于宋」是也。

【校　記】

① 郯：原作「剡」，據《公羊傳》改。

十有三年，春，二月，公會紀侯、鄭伯。己巳，及齊侯、宋公、衛侯、燕人戰，齊師、宋師、衛師、燕師敗績。

《左氏傳》：宋多責賂於鄭，鄭不堪命，故以紀、魯及齊與宋、衛、燕戰。不書所戰，後也。

高郵孫氏曰：案《經》書「公會紀侯、鄭伯」，則是紀侯主兵。若如《左氏》之文，乃鄭主兵矣。此非也。趙子亦曰：「若紀侯助鄭，即當戰於宋、鄭之境，不當在紀也。」

《穀梁傳》：戰稱「人」，敗稱「師」，重衆也；其不地，於紀也。

杜氏注：衛宣公未葬，惠公稱侯以接鄰國，非禮也。

襄陵許氏曰：趙氏曰：「凡諸侯在喪而有境外之事，以喪行者稱『子』，以吉行者稱爵，志惡之淺深也。」

三月，葬衛宣公。

常山劉氏曰：葬，自内録也。君子怨不棄義，怒不廢禮，惡不忘親。

武夷胡氏傳：既與衛人戰，曷爲葬宣公？怨不棄義，怒不廢禮，是知古人以葬爲重也。

夏，大水。秋，七月。冬，十月。

十有四年，春，正月，公會鄭伯于曹。

《左氏傳》：會于曹。曹人致餼，禮也。

無冰。

《公羊傳》：記異也。何氏注：周之正月，夏之十一月，法當堅冰。無冰者，温也。

武夷胡氏傳：案《豳風·七月》，周公陳王業之詩也。其詞曰：「二之日鑿冰沖沖，三之日納于淩陰，四之日其蚤，獻羔祭韭。」《周官》淩人之職，頒冰于夏。其藏之也，固陰沍寒，於是乎取；其出之也，賓食喪祭，於是乎用。藏之周，用之徧，亦理陰陽天地之一事也。今在仲冬之月，燠而無冰，則政治縱弛不明之所致也。故書於策。夫《春秋》所載，皆經邦大訓，而書法若此，其察於四時寒暑之變詳矣。

夏五。

《穀梁傳》：孔子曰：「聽遠音者，聞其疾而不聞其舒；望遠者，察其貌而不察其形。」立乎定、哀以指隱、桓，隱、桓之日遠矣。「夏五」，傳疑也。

泰山孫氏曰：孔子作《春秋》，專其筆削，損之益之，以成大中之法，豈其日月舊史之有闕者，不隨而刊正之哉！此云「夏五」，無「月」者，後人傳之脱漏耳。

鄭伯使其弟語《穀》作「禦」。**來盟。**

《左氏傳》：鄭子人來尋盟，且修曹之會。杜氏注：子人，即弟語也。

《穀梁傳》：來盟者，前定也。

伊川先生解：使來盟，盟前定矣，與高子不同。

陸氏《纂例》：趙子曰：「來盟，彼欲之也。欲之故來，此與外爲志同義。不書其誰，不書内盟者名。敵者也，名位敵，無嫌也①。簡辭也。

蘇氏曰：凡外大夫來盟於魯，内大夫涖盟於他國，皆盟其君也。

武夷胡氏傳：來盟稱「使」，則前定之盟也。其不稱「使」，如楚屈完、齊高子，則權在二子，盟不盟，特未定也。諸侯之弟兄例以字通，而書名者，罪其有寵愛之私，非友于之義也。

秋，八月，壬申，御廩災。乙亥，嘗。

《左氏傳》：秋，八月，壬申，御廩災。乙亥，嘗。書，不害也。劉氏《權衡》曰：《左氏》曰：「書，不害也。」非也。記災而書其不害，何益於教乎？火不害粟，此亦物之不爲災者，於例當不書。何故自書於上，又自解釋於下乎？苟令御廩災在乙亥之後，當不復見其不害矣。

《公羊傳》：御廩之災，粢盛委之所藏也。御廩災何以書？記災也。

《穀梁傳》：御廩之災不記，此其志，何也？以爲唯未易災之餘而嘗可也。志不敬也。范氏注：用火焚之餘以祭宗廟，非人子所以盡其心力，不敬之大者也。天子親耕以供粢盛，王后親蠶以供祭服。國非無良農工女也，以爲人之所盡事其祖禰，不若以己所自親者也。何用見其未易災之餘而嘗也？曰：甸粟而内之三宫，三宫米而藏之御廩。夫嘗，必有兼甸之事焉。壬申，御廩災，乙亥，嘗。以爲未易災之餘而嘗也。

高郵孫氏曰：趙子曰：「此乃大故，何得不志。」

泰山孫氏曰：嘗，秋祭也。周之八月，夏之六月也。其言「八月壬申，御廩災。乙亥，嘗」者，以不時與災之餘而嘗也。以不時與災之餘而嘗，此桓之不恭也甚矣。

蘇氏曰：災而爲害，則不嘗，善矣。災而不害，而可以勿嘗乎？事之不可以意推者，當從史，《左氏》，史也。

冬，十有二月，丁巳，齊侯禄父卒。

宋人以齊人、蔡人、衛人、陳人伐鄭。《公羊》「衛人」在「蔡人」上。

《左氏傳》：宋人以諸侯伐鄭，報宋之戰也。焚渠門，入，及大逵。伐東郊，取牛首，以大宮之椽歸爲盧門之椽。

《公羊傳》：「以」者何？行其意也。

《穀梁傳》：「以」者，不以者也。范氏注：不以者，謂本非所得制，今得以之也。

武夷胡氏傳：師而曰「以」者，能左右之以行己意也。宋怨鄭突之背己，故以四國伐鄭。魯怨齊人之侵己，故以楚師伐齊。蔡怨囊瓦之拘己，故以吴子伐楚。蔡弱於吴，魯弱於楚，宋與蔡、衛、陳敵而弱於齊，乃用其師以行己意，故特書曰「以」。列國之兵有制，皆統乎天子，而敢私用之與私爲之用，以伐人國，大亂之道也。故穀梁子曰：「『以』者，不以者也。」

【校記】

① 嫌也：原作「議嫡」，據陸氏《纂例》改。

十有五年，春，二月，天王使家父來求車。

《左氏傳》：非禮也。諸侯不貢車服，天子不私求財。

《公羊傳》：王者無求，求車，非禮也。

《穀梁傳》：求車，非禮也。求金，甚矣。

泰山孫氏曰：諸侯貢賦不入，周室財用不足也。

常山劉氏曰：世之治也，天子命貢賦於天下，而無敢不從，無有求也。諸侯奉貢賦於天子，而無敢不共，不至於來求也。世亂反此。書者，交譏之，所以見王室之微而著諸侯之罪也。

武夷胡氏傳：遣使需索之謂求。王畿千里，租税所入，足以充費，不至於有求。四方諸侯各有職貢，不至於來求。以喪事而求貨財，已爲不可，況車服乎！《經》於求賻、求車、求金皆書曰「求」，垂後戒也。夫上有好者，下必甚焉者矣。王者有求，下觀而化，諸侯必將有求以利其國，大夫必將有求以利其家，士、庶人必將有求以利其身。皇皇焉唯恐不足，未至於篡弑奪攘則不厭矣。古之君人者，必昭儉德，以臨照百官，尊卑登降，各有度數，示等威，明貴賤。民志既定之後，皆安其分而無求，兵刑寢矣。及侈心一動，莫爲防制，必至於亢不衷，官失德，廉恥道喪，寵賂日章，淪於危亡而後止也。觀《春秋》所書，則見王室衰亂之由，而知興衰撥亂之説矣。

三月，乙未，天王崩。

何氏注：桓王也。

襄陵許氏曰：桓紹文勝之弊，不反其質，而欲恃詐諼以欺天下。諸侯弗聽，則以兵從之。至於覆敗而不暇，王室之威靈盡矣。

夏，四月己巳，葬齊僖公。

五月，鄭伯突出奔蔡。

《左氏傳》：祭仲專，鄭伯患之，使其婿雍糾殺之，將享諸郊。雍姬知之……以告。祭仲殺雍糾，尸諸周氏之汪。夏，厲公出奔蔡。

《公羊傳》：突何以名？奪正也。

伊川先生解：避祭仲而出，非國人出之也。

陸氏《纂例》：啖子曰：「凡人君奔，例書名者，罪其失地，言不復諸侯也。」

陸氏《微旨》：淳聞於師曰：「祭仲逐君，其惡大矣。没而不書，其義何也？」曰：「逐君之臣，其罪易知也。君而見逐，其惡甚矣。聖人之教，在乎端本清源，故凡諸侯之奔，皆不書所逐之臣，而以自奔爲名，所以警乎人君也。」

鄭世子忽復歸于鄭。

《左氏傳》：六月乙亥，昭公入。

《公羊傳》：其稱世子何？復正也。曷爲或言「歸」，或言「復歸」？復歸者，出惡；歸，無惡。復入者，出無惡，入有惡。入者，出、入惡；歸者，出、入無惡。劉氏《權衡》曰：《公羊》以爲復歸者，出惡，歸無惡。歸者，出入無惡。非也。如忽之奔，蓋有不得已，亦何惡乎？若以爲惡，猶有可委，未知突之篡國亦何故出入無惡乎？

伊川先生解：稱世子，本當立者，不能保其位，故不爵。鄭人謂之狡童，又曰狂童恣行，其不肖可知。

陸氏《纂例》曰：復歸之正者，莫過於鄭忽。

劉氏《意林》：忽之出，無鄭者也，而又不得稱子，則忽之可以君國者無幾矣。《春秋》別嫌疑，明是非，以謂忽雖失道乎，固君之世子矣。世子者，必命於天子者也。若側庶因亂得逐而奪之，則天下之姦臣縱矣。復歸，有君臣之異言，固不可概舉也。以其世也，故可言復。可言復而不言復者，奪其國之意也。以其不世也，故不可言復。不可言復而言復者，效其竊取位之意也。

泰山孫氏曰：歸者，善也；復歸者，不善也。入者，惡也；復入者，甚惡也。忽世嫡當嗣，其歸不善者，諸侯受國乎天子，鄭世子忽其奔也祭仲逐之，其歸也祭仲反之，以其進退在祭仲而不在天子也。

高郵孫氏曰：此雖未善，然彼之不善者有甚於此，不得不少進以見彼之惡也。忽之得稱「世子」，非以其德能堪之而見許也，蓋示突之不正耳。

許叔入于許。

《穀梁傳》：許叔，許之貴者也，莫宜乎許叔。其曰「入」，何也？其歸之道，非所以歸也。范氏注：泰曰：「進無王命，退非父授，故不書『歸』，同惡之也。」

杜氏注：許叔，莊公弟也。隱十一年，鄭使許大夫奉許叔居許東偏。鄭莊公既卒，乃入居位。

陸氏《微旨》：啖子曰：「言『入』，志非其正也。字之，善興復也。」

劉氏傳：何以字？賢也。何賢爾？宜爲君也。宜爲君則其稱「入」何？難也。何難焉爾？鄭欲滅之，迨其亂而後能入也。

常山劉氏曰：許叔蓋因鄭亂而竊入於許也。許，先王之建國，叔不能申正義於天王，或求直於大國，以反厥邦，復先君之宗廟社稷，乃竊入焉。則許叔之非可見矣。國難竊入，故難。

公會齊侯于艾。《公》作「鄗」，《穀》作「高」。

《左氏傳》：謀定許也。

邾《公》作「邾婁」。**人、牟人、葛人來朝。**

《公羊傳》：皆何以稱「人」？夷狄之也。

何氏注：桓公行惡，而三人俱朝事之，故夷狄之。

杜氏注：牟國，今泰山牟縣。葛國，在梁國寧陵縣東北。

陸氏《纂例》：雜用夷禮者，以「人」稱之。「邾人、牟人、葛人來朝」是。

劉氏《意林》：滕、薛之旅見也，與邾、牟、葛無異。滕、薛之貶輕，而邾、牟、葛之貶重，何也？曰：古之諸侯朝者，固曰聞於天子之事，考禮正刑一德以尊天子焉耳。滕、薛是也。今天王崩，魯與三國未嘗奔問弔贈，修臣子之職，而方沛然以朝禮自處，其義上僭，是所以責之重也。

泰山孫氏曰：稱「人」者，賤其相與朝弑逆之人，貶之也。

常山劉氏曰：董仲舒曰：「爲其天王崩而相朝也。」斯義得矣。

秋，九月，鄭伯突入于櫟。

《左氏傳》：「鄭伯因櫟人殺檀伯而遂居櫟。」莊公十四年六月，「傅瑕殺鄭子……而納厲公。」

伊川先生解：突，非正也，忽既恣行，故國人君之，諸侯助之。書爵，所以戒居正者，己不能保，則人取之矣。書「入」，以見義不容也。

杜氏注：櫟，鄭别都也，今河南陽翟縣。

武夷胡氏傳：《經》於厲公復國削而不書，獨書「入于櫟」，何也？夫制邑之死虢君，共城之叛大叔，皆莊公所親戒也。今又城櫟而寘子元焉，使昭公不立，何謀國之誤也。衛有蒲、戚而出獻公，楚有陳、蔡、不羹而叛棄疾，末大必折，有國之害也。故夫子行乎季孫曰：「古者家不藏甲，邑無百雉之城。」遂墮三都，以張公室。於厲公削而不書者，若曰既入于櫟，則其國已復矣，於以明居重馭輕，强幹弱枝，以身使臂之義，爲天下與來世之鑒也。爲國者可不謹於禮乎！

襄陵許氏曰：此《詩》所謂「公子五争，兵革不息」者也。鄭亂如此，《春秋》弗志，志突入櫟而已。語曰「櫟人實使鄭子不得其位」。言邑，國之大也。忽失其政，不能制突，使斬鄭而居之，以生民心，此亂根也。故君子略其枝葉，使世謹夫亂之所生。

冬，十有一月，公會《公》有「齊侯」。**宋公、衛侯、陳侯于袲，**《公》作「侈」。**伐鄭。**

《左氏傳》：會于袲，謀伐鄭，將納厲公也。弗克而還。

杜氏注：袲，宋地，在沛國相縣西南。

武夷胡氏傳：《左氏》曰：「將納厲公也。弗克而還。」《穀梁》曰：「地而後伐，疑詞。

非其疑也。」昭公與突之是非邪正亦明矣。然昭公雖正，其才不足以君一國之人，復歸於鄭，日以微弱。厲公雖篡，其智足以結四鄰之援，既入于櫟，日以盛强。諸侯不顧是非而計其强弱，始疑於輔正，終變而與邪。《穀梁》所謂「非其疑」者，非其疑於爲義而果於爲不義，相與連兵動衆納篡國之公子也。故詳書其會地而後言伐，以譏之也。

十有六年，春，正月，公會宋公、蔡侯、衛侯于曹。

《左氏傳》：謀伐鄭也。

泰山孫氏曰：未能納突，故復會於此。

夏，四月，公會宋公、衛侯、陳侯、蔡侯，伐鄭。

伊川先生解：突善結諸侯，故皆爲之致力屢伐鄭也。

杜氏注：蔡常在衛上，今序陳下，蓋後至。

武夷胡氏傳：春正月會于曹，蔡先于衛。夏四月伐鄭，衛先于蔡。王制，諸侯之爵次，其後先固有序矣。在《周官·大司馬》「設儀辨位，以等邦國」，猶天建地設，不可亂也。及春秋時，禮制既亡，霸者以意之向背爲升降，諸國以勢之强弱相上下。蔡當先衛，今序陳下者，先儒以爲後至也。以至之先後易其序，是以利率人而不要諸禮也，豈所以定民智乎！後世有以醲賞誘人之趨事赴功，以重賞罰沮人之奉公守正，意亦如此。夫亂之所由生也，則儀位以爲階。《春秋》防微杜漸，尤嚴於名分。考其所書，意自見矣。

呂氏曰：會于曹，蔡先衛；伐鄭，衛先蔡。蓋當時諸侯皆以一切强弱，目前利害爲先後，不復用周班也。《春秋》因事紀實，以見當時之亂，無復禮文也。

秋，七月，公至自伐鄭。

伊川先生解：不惟告廟，又以見勤勞於鄭突也。

泰山孫氏曰：助篡伐正，踰時而反。

冬，城向。

《左氏傳》：書，時也。

《辨疑》：啖子曰：「案下有十一月。縱是同月，亦今之九月，農功未畢，不可興役。」

十有一月，衛侯朔出奔齊。

《左氏傳》：初，衛宣公烝於夷姜。生急①子，屬諸右公子。爲之娶於齊，而美，公取之，生壽及朔。屬壽於左公子。夷姜縊，宣姜與公子朔搆急子。公使諸齊，使盜待諸莘，將殺之。壽子告之，使行，不可。……壽子載其旌以先，盜殺之。急子至，曰：「我之求也，此何罪，請殺我乎！」又殺之。二公子故怨惠公。十一月，左公子洩、右公子職立公子黚牟。惠公奔齊。

《公羊傳》：衛侯朔何以名？絶。曷爲絶之？得罪於天子也。

【校　記】

① 急：原作「伋」，據《春秋左傳注疏》改。下同。

十有七年，春，正月丙辰，公會齊侯、紀侯，盟于黄。

《左氏傳》：平齊、紀，且謀衛故也。

杜氏注：黄，齊地。

二月[①]，丙午，公會《公》、《穀》並作「及」。邾《公》作「邾婁」。儀父盟于趡。

《左氏傳》：尋蔑之盟也。

杜氏注：趡，魯地。

高郵孫氏曰：及者，内爲志；會者，外爲志。邾儀父，魯附庸小國之君，非敢盟公，公欲與之盟耳。此當以「及」字爲定。

《穀》有「夏」字。五月，丙午，及齊師戰于奚。《穀》作「郎」。

《左氏傳》：疆事也。

《穀梁傳》：内諱敗，舉其可道者也。

杜氏注：奚，魯地。

泰山孫氏曰：此公及齊師戰也。不言「公」者，諱之。莊九年及齊師戰于乾時，僖二十二年及邾人戰于升陘②，皆此義也。

眉山蘇氏曰：不書「夏」，闕文也。

六月，丁丑，蔡侯封人卒。秋，八月，蔡季自陳歸于蔡。

《左氏傳》：蔡桓侯卒。蔡人召蔡季于陳。秋，蔡季自陳歸於蔡。

《穀梁傳》：自陳有奉焉爾。

何氏注：蔡侯封人無子，季次當立。封人欲立獻舞而疾害季，季辟之陳。封人死，歸反奔喪，思慕三年，卒無怨心，故賢而字之。

劉氏傳：蔡季者何？蔡侯之弟也。何以稱字？賢也。何賢也？其去也以道，其反也以禮。公子不去國，何賢乎？季之去，權也。若季者，道足以與權而不亂，力足以得國而不居，遠而不攜，邇而不逼者也。

高郵孫氏曰：杜預以爲桓侯無子，故召季而立之。案《蔡世家》及《諸侯年表》，無蔡季嘗立爲蔡君之文。又莊十年，荆敗蔡師于莘，以蔡侯獻舞歸，相去裁十年之閒，不容蔡季卒葬與獻舞得立之迹不見於《經》也。

陸氏《纂例》：案《史記》、《世本》、《左氏傳》，蔡之諸君皆謚爲侯，《經》則皆稱公者，以其私謚，與僭同也。唯蔡桓侯稱「侯」，蓋告王請謚，故特書之，明得禮也。

陸氏《微旨》：啖子曰：「其稱『侯』，蓋蔡季之賢，請謚於王也。此言凡諸侯請謚於王，王之策書則云謚曰某侯，諸國史因而紀之。故西周諸侯記傳皆依本爵。《春秋》之時，則皆稱公，夫子因而書之，以明其不請於王也。」

癸巳，葬蔡桓侯。

劉氏傳：葬者稱公，此其稱爵何？稱爵，禮也；稱公，非禮也。稱爵何以禮？稱公何以非禮？稱爵者，誄之於天子者也；稱公者，非誄之於天子也。賤不誄貴，幼不誄長。天子崩誄於郊，諸侯薨誄於王，大夫卒誄於君。

武夷胡氏傳：或曰：「葬未有不稱公者，其稱『侯』，《傳》失之爾。臣子之於君，極其尊而稱之，禮也。」其説誤矣。孔子疾，子路使門人爲臣。子曰：「無臣而爲有臣，吾誰欺，欺天乎！」曾子疾革而易簀，曰：「吾得正而斃焉，斯已矣。」故終而必安於正，人子不以非所得而加之於父，是爲孝。人臣不以非所得而加之於君，是爲忠。極其尊而稱之，不正之大者，而可以爲禮哉！

及宋人、衛人伐邾。《公》作「邾婁」。

《左氏傳》：宋志也。杜氏注：邾、宋争强，魯從宋志，背趡之盟。《辨疑》：趙子曰：「據例稱『及』者，皆内之志。云宋志，非也。」

襄陵許氏曰：正月與齊爲黄之盟，而五月戰焉；二月與邾爲趡之盟，而八月伐之。《詩》曰：「君子屢盟，亂是用長。」豈不然哉！

冬，十月，朔，日有食之。

《左氏傳》：「十月，朔，日有食之。」不書日，官失之也。天子有日官，諸侯有日御。日官居卿以底日，禮也。日御不失日，以授百官於朝。《辨疑》：趙子曰：凡不書日，或史官闕之，或年深寫誤，何關日官、日御乎？

【校　記】

①月：四庫本作「年」。

②十二：原脱。據《春秋》經文補。

十有八年，春，王正月，公會齊侯于濼，公與《公》無「與」字。夫人姜氏遂如齊。

《穀梁傳》：濼之會，不言及夫人，何也？以夫人之伉，弗稱數也。劉氏《權衡》：濼會時夫人自不在會。會畢，公更召夫人與之如齊耳。

杜氏注：濼水，在濟南歷城縣西北，入濟。

劉氏傳：何以不言及夫人？伉也。猶曰匹夫匹婦之相與云爾。

劉氏《意林》：公夫人姜氏遂如齊，原其禍之所自始，以伉言之。公子遂、季孫行父如齊，則以起子赤之弑；季孫斯、仲孫忌如晉，則以起陪臣執國命之禍。事之始搆，而文已變矣。此亦《春秋》慮患於微，除禍於早之情也。

武夷胡氏傳：是年桓公已終，復書「王」者，春秋之時，諸侯放恣，弑君簒國者已列於會，則不復致討。故魯宣殺惡及視以取國，賂齊請會，而《傳》曰：「會于平州，以定公位。」曹伯負芻殺太子自立，見執於晉，而曹人請之曰：「若爲有罪，則君列諸會矣。」孔子爲此懼，作《春秋》。於十八年後復書「王」者，明弑君之賊，雖身已没，而王法不得赦也。又據桓十五年，「天王崩」至是新君嗣位，三年之喪畢矣。明弑君之賊雖在前朝，而古今之惡一也。然則簒弑者不容於天地之間，身無存没，時無古今，皆得討而不赦。聖人之法嚴矣。已列於會，則不致討，可乎？故曰：《春秋》成，而亂臣賊子懼。「與」者，許可之辭。曰「與」者，罪在公也。爲亂者，文姜，而《春秋》罪桓公，治其本也。

夏，四月，丙子，公薨于齊。

《左氏傳》：春，公將有行，遂與姜氏如齊。申繻曰：「女有家，男有室，無相瀆也，謂之有禮。易此必敗。」公會齊侯于濼，遂及文姜如齊。齊侯通焉。公謫之。以告。夏，四月，丙子，享公，使公子彭生乘公。公薨於車。魯人告於齊，請以彭生除之。齊人殺彭生。

杜氏注：不言戕，諱之也。

武夷胡氏傳：魯公弑而薨者，則以不地見其弑。今書「桓公薨于齊」，豈不没其實乎？前書「公與夫人姜氏如齊」，後書「夫人孫于齊」，去其姓氏，而莊公不書即位，則其實亦明矣。

丁酉，公之喪至自齊。

秋，七月。

冬，十有二月，己丑，葬我君桓公。

《公羊傳》：賊未討何以書「葬」？讎在外也。讎在外，則何以書「葬」？君子辭也。

春秋集解卷五

莊　公

名同，桓公子。莊王四年即位，莊，謚也。勝敵克亂曰莊。

元年，春，王正月。

《穀梁傳》：繼弑君，不言「即位」，正也。繼弑君不言「即位」之爲正，何也？曰：先君不以其道終，則子不忍即位也。

陸氏《纂例》：《左氏》云：莊公不言「即位」，文姜出故也。且母以得罪去國，猶曰不忍，父爲他國所弑，其情若何？不舉其大，而舉其細，非通論也。且三月，文姜方孫，何妨正月即位乎？

武夷胡氏傳：不書「即位」，内無所承，上不請命也。或曰：莊公嫡長，其爲儲副明矣。雖内無所承，上不請命，獨不可以享國而書「即位」乎？曰：諸侯之嫡子，必誓於王。莊雖嫡長而未誓，安得爲國儲君副稱世子也。《春秋》絀而不書，父子、君臣之大倫正矣。

三月，夫人孫于齊。

《左氏傳》：不稱姜氏，絶不爲親，禮也。

《公羊傳》：内諱奔，謂之「孫」。夫人何以不稱姜氏？貶。曷爲貶？與弑公也。

《穀梁傳》：不言氏姓，貶之也。人之於天也，以道受命；於人也，以言受命。范氏注：臣子則受君父之命，婦受夫之命。不若於道者，天絶之也；不若於言者，人絶之也。臣子大受命。

杜氏注：夫人，莊公母也。魯人責之，故出奔。

武夷胡氏傳：夫人，文姜也。桓公之弑，姜氏與焉，爲魯臣子者，義不共戴天矣。嗣君，夫人所出也，恩如之何？徇私情，則害天下之大義；舉王法，則傷母子之至恩。此國論之難斷者也。《經》書「夫人孫于齊」，恩義之輕重審矣。梁人有繼母殺其父者①，而其子殺之，有司欲當以大逆。孔季彦曰：「文姜與弑魯桓，《春秋》去其『姜氏』，《傳》謂：『絶不爲親，禮也。』夫絶不爲親，即凡人耳。方諸古義宜以非司寇而擅殺當之，不得以逆論也。」人以爲允。故通於《春秋》然後能權天下之事矣。「孫」者，順讓之辭，使若不爲人子所逐，以全恩也。哀姜去而弗返，文姜即歸於魯，例以「孫」書，何也？與聞殺桓之罪已極，有如去而弗返，深絶之也。然則恩輕而義重矣。《河廣》之詩，其詞何取而聖人録於國風者，明宋襄公之重本②，亦此義也。其垂訓遠矣。

夏，單伯送王姬。《公》、《穀》並作「逆王姬」。

《公羊傳》：單伯者何？吾大夫之命乎天子者也。何以不稱使？天子召而使之也。逆之者何？使我主之也。曷爲使我主之？天子嫁女於諸侯，必使諸侯同姓者主之。諸侯嫁女於大夫，必使大夫同姓者主之。

《穀梁傳》：單伯者何？吾大夫之命乎天子者也。命大夫，故不名也。其不言「如」，何也？其義不可受於京師也。其義不可受於京師，何也？曰：先君弑於齊③，使之主婚姻，與齊爲禮，其義固不可受也。

杜氏注：單伯，天子卿也。單，采地，伯，爵也。高郵孫氏曰：單伯於此見《經》之後，莊十四年書「齊人、陳人、曹人伐宋，單伯會伐宋」，冬又會諸侯于鄄。《春秋》王臣而會諸侯，但序諸侯之上④，亦不若内臣而書會也。惟内臣會諸侯則曰會某。由此觀之，則單伯内臣，非王臣也。

劉氏《意林》：單伯逆王姬。上公九命，侯、伯七命，子、男五命，公之孤四命。此皆人君也，有不生名之義，故附庸稱字矣。《周禮》有孤無附庸。《魯頌》有附庸無孤。附庸即孤，孤即附庸。附於大國，故謂之附庸；南面稱孤，故謂之孤。其實一也。

秋，築王姬館于外。

陸氏《微旨》：趙子曰：「言築之爲宜，不若辭之爲正也，故君子貴端本也。」

劉氏傳：主嫁女者，必自其廟。仇讎之人，非所以接婚姻也；衰麻之服，非所以接弁冕也。如辭而已矣。

泰山孫氏曰：魯主王姬者，非一也。王姬之館，故有常處。此言「築王姬之館於外」者，知齊讎不可接婚姻也。知齊讎不可接婚姻，故築王姬之館於外。此公之惡從可見矣。

高郵孫氏曰：桓公見弑於齊，仇讎未復，天王遽使魯主王姬之婚，天王則已失禮矣。爲莊公者，當辭於天王，期於得請而後已。於是之時，非無同姓之諸侯也，非無告喪之鄰國也，蓋莊公未之辭耳。辭之不固，與不辭同也。誠之至者，動乎鬼神；哀之切者，感於異類。乃遽釋怨與之爲婚姻之主，雖變其禮，猶未免於交婚也。不知而爲之者猶可恕也，知其非是然且爲之，此聖人所深誅之者也。莊公知主婚之非，改築王姬之館，孰與辭之不築也。蓋攘雞者待來年而後已，孟子非之。不當主婚而築館於外，《春秋》罪之。

武夷胡氏傳：莊公有父之讎，方居苫塊，此禮之大變也。而爲之主婚，是廢人倫，滅天理矣。《春秋》於此事一書再書又再書者，其義以復讎爲重，示天下後世臣子不可忘君親之意。

冬，十月，乙亥，陳侯林卒。

王使榮叔來錫桓公命。

《公羊傳》：追命也。

陸氏《纂例》：趙子曰：「不稱『天王』，寵篡弒以黷三綱也。」

陸氏《微旨》曰：言不能法天正道，故去「天」字以貶之也。

劉氏《意林》曰：桓公篡君取國，終不受命，而王不能誅，反追命之，此無天法甚矣。與葬成風，引之爲夫人，使妾並后無以異，故其文一施之。《春秋》所譏刺於王亦多矣，皆莫謂之無天，獨至於錫桓公命，葬成風，而以無天責之者。王者之位，至貴也，至重也，至大也，不尸小事，不任小義，未可以小失貶也。今臣弒君，妾僭嫡，而王尊禮之，則王義廢，人倫滅矣。桀、紂之所以失天下者，因廢王義，滅人倫者也，不可以不深貶。

蘇氏曰：錫命者，命之以策也。衛襄公之没也，王使成簡公追命之，曰：「叔父陟恪，在我先王之左右，以佐事上帝，予敢忘高圉、亞圉？」

王姬歸于齊。

陸氏《纂例》：趙子曰：「凡外女歸，皆以非常乃書。」

齊師遷紀郱、鄑、郚。

杜氏注：齊欲滅紀，故徙其三邑之民而取其地。郱在東莞臨朐縣東南。郚在朱虛縣東南。北海都昌縣西有訾城。

常山劉氏曰：「遷」者，迫逐而遷之以爲己屬也。不曰「滅」者，時未滅也。凡書「遷」

者，皆自是而滅矣。

武夷胡氏傳：邑不言遷，遷不言師。其以師遷之者，見紀民猶足與守，而齊人强暴，用大衆以迫之爲己屬也。

【校　記】

① 父：原作「母」，據《春秋胡氏傳》改。

② 明：原作「名」，據《春秋胡氏傳》改。

③ 先：四庫本《穀梁傳》作「躬」。

④ 但序諸侯：原脱，據孫覺《春秋經解》補。

二年，春，王二月，葬陳莊公。

夏，公子慶父帥師伐於餘丘。

《公羊傳》：於餘丘者，邾婁之邑也。劉氏《權衡》曰：《公羊》以謂於餘丘，邾邑也。非也。《公羊》見邑不係國若可疑者，悉附之邾婁爾。

杜氏注：於餘丘，國名也。莊公時年十五，則慶父，莊公庶兄。《辨疑》：啖子曰：「案前後未有邑言伐者，故依《左氏》舊説爲國。」

泰山孫氏曰：於餘丘，附庸國。

武夷胡氏傳：案二《傳》，「於餘丘」，邾邑也。國而曰「伐」。此邑爾，其曰「伐」，何也？志慶父之得兵權也。莊公幼年即位，首以慶父主兵，卒致子般之禍。「於餘丘」，法不當書，聖人特書，以志亂之所由，爲後戒也。魯在春秋中見弒者三君，其賊未有不得魯國之兵權者。公子翬再爲主將，專會諸侯，不出隱公之命。仲遂擅兵兩世，入杞伐邾①，會師救鄭，三軍服其威令之日久矣。故翬弒隱公而寪氏不能明其罪，慶父弒子般而成季不能遏其惡，公子遂殺惡及視而叔仲惠伯不能免其死。夫豈一朝一夕之故哉！《春秋》所書爲戒遠矣。

襄陵許氏曰：當莊公初，魯未有以勝齊，則當休兵息民，蓄德修政以俟有閒。舍堂堂之讎國弗圖，而用師伐於餘丘，有以知莊公之無志。

東萊吕氏曰：於餘丘，或曰邑，或曰國也；或曰附庸國，或曰夷國也。以爲夷國者，似是也。於，發語辭，若於越然。

秋，七月，齊王姬卒。

《公羊傳》：外夫人不卒，此何以卒？録焉爾。我主之也。

泰山孫氏曰：外女不卒，此卒之者，公主其卒也。莊公忘父之讎，既主齊嫁，又主其卒，不子之甚也。

東萊吕氏曰：齊告王姬之喪，莊公爲之服大功之服。大功之服，則是以姊妹之服服之也。違禮忘讎，於是爲甚。春秋之世，君臣上下能少自立者幾希矣。

冬，十有二月，夫人姜氏會齊侯于禚。《公》作「郜」。

《左氏傳》：書，姦也。

杜氏注：禚，齊地。

陸氏《微旨》：趙子曰：「姜氏、齊侯之惡著矣，亦以病公也。曰：子可以制母乎？夫死從子，通乎其下，況國君乎！君者，人神之主也，風化之本也，不能正家，如正國何？若莊公者，哀痛以思父，誠敬以事母，威刑以督下，車馬僕御莫不俟命，夫人徒往乎！夫人之往也，則公威命之不行，哀戚之不至爾。」

乙酉，宋公馮卒。

【校記】

①杞：原作「祀」，據《春秋胡氏傳》改。

三年，春，王正月，溺會齊師伐衛。

《左氏傳》：疾之也。

《公羊傳》：溺者何？吾大夫之未命者也。

《穀梁傳》：其不稱「公子」何也？惡其會仇讎而伐同姓，故貶而名之也。

泰山孫氏曰：溺，内大夫之未命者。衛侯朔在齊，故溺會齊師伐衛，謀納朔也。

夏，四月，葬宋莊公。

五月，葬桓王。

《左氏傳》：緩也。杜氏注：以桓十五年三月崩，七年乃葬，故曰「緩」。

陸氏《纂例》：趙子曰：「凡天王葬，不會則不書，志不臣也。」

高郵孫氏曰：孫復説古者天子崩，諸侯近者奔喪，遠者會喪，故《周禮·大行人》：「若有大喪，則詔相諸侯之禮。」

武夷胡氏傳：先儒或言天子不志葬，又以爲不言葬者常也。夫事孰有大於葬天子者，而可以不志乎！死生終始之際，人道之大變，豈以是爲常事而不書也。

秋，紀季以酅入于齊。

《左氏傳》：紀季以酅入于齊，紀於是乎始判。

《公羊傳》：紀季者何？紀侯之弟也。何以不名，賢也。何賢乎紀季？魯子曰：

「請後五廟以存姑姊妹。」

陸氏《纂例》：不書名，言季非叛也。不書弟，言兄無惡也。諸侯之兄弟，外附之美者，莫過於紀季。

杜氏注：酅，紀邑，在齊國安平縣。

劉氏傳：紀季者何？紀侯之弟也。何以不曰「紀侯之弟」？言以酅爲附庸於齊也。紀季曷爲以酅爲附庸於齊？齊將滅紀，紀侯以道事之，則不得免焉。因不忍鬪其民也，逡巡有去志。紀季用是以酅入于齊，後五廟焉。然則予之乎？予之也。何以見其予之也？其字而不名，入而不畔，是予之也。予之則其言「入」何？難也。何難焉爾？析地以去國，降志以事讎，是非季之心也，以宗國爲寄矣。

冬，公次于滑。《公》、《穀》並作「郎」。

《左氏傳》：公次于滑，將會鄭伯，謀紀故也。鄭伯辭以難。杜氏注：厲公在櫟故。凡師一宿爲舍，再宿爲信，過信爲次。

《穀梁傳》：次，止也。有畏也，欲救紀而不能也。

杜氏注：滑，鄭地。在陳留襄邑縣西北。

常山劉氏曰：諸侯非王命不出竟，卿大夫國政所屬，兵師民命所係。凡非王命，遷延次舍必詳録之，以正非法。《春秋》之義，謹嚴如此。

武夷胡氏傳：《春秋》紀兵，伐而書「次」，以次爲善。救而書「次」，以次爲譏。「次于滑」，譏之也。魯、紀有婚姻之好，當恤其患；於齊有父之讎，不共戴天。苟能救紀抑齊，一舉而兩善并矣。見義不爲而有畏也，《春秋》之所惡，故書「公次于滑」以譏之也。

四年，春，王二月，夫人姜氏享《公》、《穀》並作「饗」。**齊侯于祝丘。**

《穀梁傳》：饗，甚矣。

杜氏注：祝丘，魯地。

陸氏《微旨》曰：参譏之也。公、夫人、齊侯，皆失正也。

吕氏曰：前此常會矣，而未之享也。今享矣，又復如齊師矣。人之爲不善，一縱之後，如水方至，莫知所極，其可不戒慎於始，而防閑其微哉！

三月，紀伯姬卒。

《穀梁傳》：外夫人不卒，此其言「卒」，何也？吾女也。適諸侯則尊同，以吾爲之變，卒之也。范氏注：《禮》：諸侯絶傍朞，姑姊妹、女子子嫁於國君者，尊與己同，則爲之服大功九月。

泰山孫氏曰：紀伯姬，隱二年，紀裂繻所逆内女也。禮，諸侯絶傍朞，姑姊妹、女子子嫁於國君者，尊與己同，則爲之服大功九月，常事也。故内女不卒之。此卒者，爲下紀侯大去其國，六月齊侯葬紀伯姬起。

夏，齊侯、陳侯、鄭伯遇于垂。

蘇氏曰：鄭伯，鄭子儀也。桓十五年五月，書鄭伯突出奔蔡，九月書鄭伯突入于櫟，十八年齊襄公殺子亹，鄭人立子儀，莊十四年突使傅瑕弑子儀而入，則遇于垂者，子儀也。然則，鄭有二君矣，可乎？《春秋》有一國而二君，鄭突與儀，衛衎與剽是也。突、衎始終爲君，儀之君鄭十有四年，剽之君衛十有一年，皆既能君者也。故《春秋》因其實而君之。然則孰與？曰：皆不與也。突之入也以篡，衎之出也以惡；儀、剽雖國人之所立，而突、衎在焉，非所以爲安也。故四人者，《春秋》莫適與也，皆不没其實而已。君子不幸而處於此，如子臧、季札可也，不如是則亂不止①。

襄陵許氏曰：齊與陳、鄭遇垂，蓋謀取紀。是以紀侯見難而去。

紀侯大去其國。

《左氏傳》：紀侯不能下齊，以與紀季。夏，紀侯大去其國，違齊難也。

杜氏注：以國與季，季奉社稷，故不言「滅」。不見迫逐，故不言「奔」。「大去」者，不反之辭。

常山劉氏曰：紀侯大去其國，自去也。大者，紀侯之名也。生名之，著失地也。齊兵未始加乎其國，而紀遂不能守。

武夷胡氏傳：凡大閲、大雩、大蒐而謂之大者，譏其僭也。大無者，志倉廩之竭也；大去者，土地、人民、儀章、器物悉委置之而不顧也。或曰：「以争國爲小而不爲，以去國爲大而爲之者也。夫守天子之土疆，承先祖之祭祀，義莫重焉，委而去之，無貶與？」曰：有國家者，以義言之，世守也，非身之所能爲，則當效死而勿去；以道言之，不以其所以養人者害人，亦可去而不守。於斯二者，顧所擇如何爾。然則，擬諸大王去邠之事，其可以無媿矣。大王去邠，從之者如歸市；紀侯去國，日以微滅，則何大王之可擬哉！故聖人與其不争而去，而不與其去而不存。與其不争而去，是以異於失地之君而不名。不與其去而不存，是故書叔姬歸酅而不録紀侯之卒，明其爲君之末矣。

六月，乙丑，齊侯葬紀伯姬。

陸氏《微旨》：齊侯恃其强大，並人之國而禮葬其妻，是謂豺狼之行而爲婦人之仁也。

武夷胡氏傳：葬紀伯姬，不稱齊人而目其君者，見齊襄迫逐紀侯使之去國，雖其夫人在殯而不及葬，然後襄公之罪著矣。或曰：葬之，禮也，而以爲著其罪，何也？弑魯君，滅其婚姻之國而葬其女，是猶加刃於人，以手撫之也，而可以爲禮乎！斥言齊侯，賤之也。或曰：惡其詐也。如紀似禮，存季似義，葬伯姬似仁，惡似而非者。惡莠，恐其亂苗也。

秋，七月。

冬，公及齊人狩于禚。《公》、《穀》並作「郜」。

《公羊傳》：公曷爲與微者狩？齊侯也。齊侯則其稱「人」何？諱與讎狩也。前此者有事矣，後此者有事矣，則曷爲獨於此焉譏？於讎者，將壹譏而已，故擇其重者而譏焉，莫重乎其與讎狩也。於讎者則曷爲將壹譏而已？讎者無時，焉可與通，通則爲大譏，不可勝譏，故將壹譏而已。其餘從同同。

《穀梁傳》：「齊人」者，齊侯也。其曰「人」何也？卑公之敵，所以卑公也。何以卑公也？不復讎而怨不釋，刺釋怨也。

武夷胡氏傳：夫狩者，馳騁田獵，其爲樂，下主乎己。一爲乾豆，其事上主乎宗廟，以爲有人心者，宜於此焉變矣，故齊侯稱「人」而魯公書「及」，以著其罪。

【校　記】

① 止：原作「正」，據蘇轍《春秋集解》改。

五年，春，王正月。

夏，夫人姜氏如齊師。

武夷胡氏傳：師者，衆多之地。案齊詩《載驅》刺襄公無禮義，盛其車服，疾驅於通邑大都，與文姜淫之詩也。其三章曰：「汶水湯湯，行人彭彭。魯道有蕩，齊子翺翔。」彭彭者，多貌也。其四章曰：「汶水滔滔，行人儦儦。魯道有蕩，齊子遊敖。」儦儦者，衆貌也。曰會，曰享，猶爲之名也。至是如齊師，羞惡之心亡矣。夫人之行，不可復制矣。《春秋》書此，以戒後世，謹禮於微，慮患於早之意也。

秋，郳《公》作「倪」。犂《公》、《穀》並作「黎」。來來朝。

杜氏注：附庸國也。東海昌慮縣東北有郳城。犂來，名。其後數從齊桓以尊周室，王命以爲小邾子。

劉氏傳：郳者何？小邾也。小邾則曷爲謂之郳？未成國謂之郳，既成國謂之小邾。犂來者何？其君也。何以名？貶。曷爲貶？用夷禮也。

冬，公會齊人、宋人、陳人、蔡人伐衛。

《左氏傳》：納惠公也。

《穀梁傳》：是齊侯、宋公也。其曰「人」何也？人諸侯，所以人公也。其人公，何也？逆天王之命也。范氏注：王不欲立朔也。

伊川先生解：諸國稱「人」，違抗王命也。貶諸侯，則魯在其中矣。

六年，春，王正《公》、《穀》並作「三」。月，王人子突救衛。

《穀梁傳》：王人，卑者也。稱名，貴之也。善救衛也。救者善，則伐者不正矣。

伊川先生解：雖微稱字，王人當尊也。

陸氏《纂例》：王師之正者，莫過於子突。夫子制作，本教中人，故簡易其文，昭著其義，若能以質直見之，則可不俟傳注而自通矣。上言伐衛，次言王人救衛，下言衛侯朔入于衛，則知逆王命。

武夷胡氏傳：王人，微者；子突，其字也。以下士之微，超從大夫之例而書字者，褒救衛也。朔陷其兄，使至於死，罪固大矣。然其父所立，諸侯莫得而治也。王治其舊惡而廢之，可也。又借諸侯之力，抗王命以入國，故四國之君貶而稱「人」。王人之微，嘉而書字。或曰：子突，王之子弟也。用兵大事而委諸子弟，使無成功，故書「人」以譏之。必若此言，是《春秋》以成敗論事而不計理也。使諸侯苟顧逆順之理，子突雖微，自足以申王命矣。彼既肆行莫之顧也，雖天子親臨，將有請從如祝聃者，況其下乎！子突不勝五國，使之得入也，其亦不幸焉爾矣。幸不幸，命也；守義循理者，法也。君子行法以俟命，故其褒貶如此。

夏，六月，衛侯朔入于衛。

《左氏傳》：春，王人救衛。夏，衛侯入，放公子黔牟於周，放甯跪於秦，殺左公子洩、右公子職，乃即位。

《穀梁傳》：其不言伐衛納朔，何也？不逆天王之命也。入者，内弗受也。何用弗受也？爲以王命絶之也。朔之名，惡也。朔入逆，出則順矣。朔出入名，以王命絶之也。

伊川先生解：朔搆其兄而使至於死，其罪大矣。然父立之，諸侯莫得而治也。王治其舊惡而廢之宜也，故書名、書「入」①。

武夷胡氏傳：入有二義，一難詞也，一逆詞也。朔藉諸侯之力，連五國之師，距王官之微者，以復歸於衛。其勢宜無難矣。而書「入」者，逆王命也，故衛朔書名、書「入」，以著其惡。王人書字、書「救」，以著其善。外則諸侯書「人」，内則莊公書「至」，而《春秋》之情見矣。

秋，公至自伐衛。

《公羊傳》：曷爲或言致會，或言致伐？得意致會，不得意致伐。衛侯入于衛，何以致伐？不敢勝天子也。

《穀梁傳》：惡事不致，此其致，何也？不致，則無以見公之惡，事之成也。

螟。

冬，齊人來歸衛俘。《公》、《穀》並作「寶」。

《左氏傳》：冬，齊人來歸衛俘，文姜請之也。

武夷胡氏傳：俘者，二《傳》以爲寶。案《商書》稱：「遂伐三朡，俘厥寶玉。」則俘者正文也，寶者釋詞也。言齊歸衛寶，則知四國皆受朔之賂矣。《春秋》特書此事結，正諸侯之罪也。夫以弟弑兄，臣弑君，篡居其位，上逆天王之命，人理所不容矣。彼諸侯者，豈其弗察而援之甚力，則未有以驗其喪心失志迷惑之端也。及書齊人歸寶，然後知其有欲貨之心，而後動於惡也。世衰道微，暴行交作，徇於貨寶，賄賂公行，使君臣父子兄弟終去仁義，懷利以相與，不至於篡弑奪攘則不厭也。《春秋》書此結，正諸侯之罪，垂戒明矣。

【校記】

① 入：原作「人」，據《程氏經説》改。

七年，春，夫人姜氏會齊侯于防。

《左氏傳》：齊志也。杜氏注：文姜數與齊侯會，至齊地則姦發。夫人至魯地，則齊侯之志。故《傳》略舉二端以言之。

杜氏注：防，魯地。

夏，四月，辛卯，夜，《穀》作「昔」。恒星不見，夜中，星隕《公》作「霣」。如雨。

《左氏傳》：恒星不見，夜明也。杜氏注：恒，常也。謂常見之星。辛卯，四月五日，月光尚微，蓋時無雲，日光不以昏没。

《穀梁傳》：恒星者，經星也。

《辨疑》：啖子曰：「星隕如雨，謂奔流者衆，如雨之多。自漢以來，史籍頻有。《詩》曰『有女如雲』，李陵曰『謀臣如雨』，皆言多耳。三《傳》不達此理，故悉穿鑿。」

武夷胡氏傳：恒星者，列星也。如雨者，言衆也。人事感於下，則天變動於上。前此者，五國連衡，旅拒王命；後此者，齊桓、晉文更霸中國，政歸盟主而王室遂虚。其爲法度廢絶，威信陵遲之象著矣。漢成帝永始中，亦有星隕之異，而五侯擅權，賊莽居攝，漢之宗支埽蕩幾盡。天之示人顯矣。《春秋》謹於天象至矣。

襄陵許氏曰：王運將終而霸統方起之祥也。

呂氏曰：恒星不見，星隕如雨，變異之極也。而當世君臣莫能自省，日趨於亂，先王之道不復行於世矣。堯、舜、禹、湯、文、武之澤不復被於生民矣。變異之極，豈徒然哉！

秋，大水。

無麥、苗。

《穀梁傳》：麥、苗同時也。范氏注：麥與黍稷之苗同時死。

杜氏注：今五月，周之秋。平地出水，漂殺熟麥及五稼之苗。

高郵孫氏曰：案：「大」者，非常之詞。非常而爲災，故書也。

武夷胡氏傳：書「大水」，畏天災也。「無麥、苗」，重民命也。畏天災，重民命，見王者之心矣。忽天災而不懼，輕民命而不圖，國之亡無日矣。《春秋》所以謹之也。

冬，夫人姜氏會齊侯于穀。

杜氏注：穀，齊地，今濟北穀城縣。

武夷胡氏傳：防，魯地也。穀，齊地也。初會于禚，次享于祝丘，又次如齊師，又一歲而再會焉，其爲惡益遠矣。明年無知弑諸兒，其禍淫之明驗也。

八年，春，王正月，師次于郎，以俟陳人、蔡人。

《穀梁傳》：次，止也。俟，待也。

杜氏注：期共伐郕，陳、蔡不至，故駐師于郎以待之。

蘇氏曰：魯將與陳、蔡有事於鄰國，而陳、蔡不至，故次于郎以待之。

武夷胡氏傳：伐而次者，有整兵慎戰之意，其次善之也，「遂伐楚，次于陘」是也。救而次者，有緩師畏敵之意，其次譏之也，次于匡、于聶北、于雍榆是也。俟而次者，有無名妄動之意，次于郎以俟陳人、蔡人是也。

呂氏曰：師次于郎，以俟陳人、蔡人。陳人、蔡人卒不至，故甲午復治兵，至夏而後師及齊師圍郎也。諸侯放恣，擅相侵伐，予奪遲速，無復綱紀，謀不素定，民不預教，亦已甚矣。郕降于齊師，從强者也。秋，師還，言行役之久也。《春秋》記用兵，未有如此之詳，獨於此焉詳盡如是者，蓋罪其放恣之甚，殘民之極也。

甲午，治兵。《公》作「祠兵」。

《穀梁傳》：出曰治兵，習戰也。入曰振旅，習戰也。

武夷胡氏傳：此治兵于郎也。俟而不至，暴師露衆，役久不用，則有失伍離次、逃亡潰散之虞，故復申明軍法以整齊之。其志非善之也，譏黷武也。

夏，師及齊師圍郕，郕《公》皆作「成」。**降于齊師。**

劉氏傳：郲者何？國也。郲降于齊師。降者何？降之者何？降者，未失其國家也。降之者，失其國家者也。未失其國家者復見，失其國家者不復見，猶還也。

武夷胡氏傳：書「及齊師」者，親仇讎也。「圍郲」者，伐同姓也。「郲降于齊師」者，見伐國無義而不能服也。於是莊公之罪著矣。

秋，師還。

武夷胡氏傳：書「師還」，譏役久也。案《左氏》：仲慶父請伐齊師，莊公不可。是國君上將親與圍郲之役也。然其次、其及、其還，皆不稱公者，重衆也。《春秋》正例，軍將不稱帥師，則以君爲重。今此不稱公，又以爲重衆，何也？輕舉大衆，妄動久役，侯陳、蔡而陳、蔡不至，圍郲而郲不服，歷三時而後還，則無名。黷武非義，害人未有如此之甚也。至是師爲重矣，義繫於師，故不書公，以著勞民毒衆之罪爲後戒也。《春秋》於王道輕重之權衡，此類是矣。

冬，十有一月，癸未，齊無知弑其君諸兒。

《左氏傳》：齊侯使連稱、管至父戍葵丘，瓜時而往，曰：「及瓜而代。」期戍，公問不至，請代，弗許，故謀作亂。僖公之母弟曰夷仲年，生公孫無知，有寵於僖公，衣服禮秩如適。襄公絀之，二人因之以作亂。十二月齊侯田於貝丘。反，徒人費遇賊於門，伏公而出，鬭死於門中，石之紛如死於階下。遂入，殺孟陽於牀，曰：「非君也，不類。」見公之足於户下，遂弑之，而立無知。

《辨疑》：趙子曰：「不命之卿，例不書氏。既不書氏，自然以名連國。」

蘇氏曰：齊侯諸兒雖無道，而無知以其私弑之，故稱「無知」。

武夷胡氏傳：無知曷爲不稱「公孫」而以國氏？罪僖公也。弑君者無知，於僖公何罪乎？不以公孫之道待無知，使恃寵而當國也。案無知者，夷仲年之子。年者，僖公母弟也。私其同母異於他弟，施及其子，衣服禮秩如適，此亂本也。故於年之來聘特以「弟」書。於無知之弑不稱「公孫」，著其有寵而當國也，垂戒之義明矣。古者，親親與尊賢並行而不相悖，故堯親九族，必克明俊德，而後九族睦。周封同姓，必庸康叔、蔡仲而後王室强。徒知寵愛親屬，而不急於尊賢，使爲儀表，以明親親之道，必有篡弑之禍矣。案《左氏》：齊侯遊於姑棼，遂田於貝丘。徒人費遇賊於門，先入，伏公而出，鬭死，石之紛如死於階下。是能死節者也。《春秋》重死節之臣，而法有特書，其不見於《經》，何也？如費等，所謂便嬖私暱之臣，逢君之惡，田獵畢弋而不修民事，使百姓苦之者也，與大臣孔父、仇牧義形於色，不畏彊禦，以身死其職則異矣。當是時，管仲、隰朋、鮑叔皆沈於下寮不見庸也，而徒人費、石之紛如乃得居左右，襄公之所踈遠親信者如此。故於齊國之彊大一也，桓公用之，九合諸侯不以兵車，由親賢人遠小人所以興也。襄公用之，不能保其身，死於户下，由親小人遠賢人所以亡也。此二人雖死於難，與自經於溝瀆而莫之知者猶不逮焉，乃致亂之臣，死不償責，又何取乎！

九年，春，齊人殺無知。

《左氏傳》：初，公孫無知虐於雍廩。九年，春，雍廩殺無知。

劉氏傳：雍廩殺之，則稱「人」以殺之何？討賊之辭也。

武夷胡氏傳：弒君之賊，人人之所惡。夫人之所得討，故稱「人」。人者，衆詞也。

無知不稱君，已不能君，齊人亦莫之君也。

公及齊大夫盟于蔇。《公》、《穀》並作「暨」。

《左氏傳》：公及齊大夫盟于蔇。齊無君也。

杜氏注：蔇，魯地。琅琊繒縣北有蔇亭。

陸氏《纂例》：趙子曰：「納讎人之子，損禮而盟大夫，故書『公』。」

夏，公伐齊，納子《公》、《穀》並無「子」字。**糾。齊小白入于齊。**

《左氏傳》：初，襄公立，無常。鮑叔牙曰：「君使民慢，亂將作矣。」奉公子小白出奔莒。亂作，管夷吾、召忽奉公子糾來奔。夏，公伐齊，納子糾。桓公自莒先入。秋，師及齊師戰于乾時，我師敗績。公喪戎路，傳乘而歸。鮑叔帥師來言，曰：「子糾，親也，請君討之。管、召，讎也，請受而甘心焉。」乃殺子糾於生竇，召忽死之。管仲請囚，鮑叔受之，及堂阜而稅之。歸而以告曰：「管夷吾治於高傒，使相可也。」公從之。

杜氏注：二公子各有黨，故雖盟而迎子糾，當須伐乃得入。

劉氏《意林》：夏，公伐齊，納糾。仲尼正天下之義，明德怨處，以爲德不可以報怨。怨莫甚於父母之仇，而德莫重乎君國子民，豈可相貿易哉！

武夷胡氏傳：《左氏》書「子糾」。二《傳》曰「伐齊納糾」。君子以《公》、《穀》爲正。「納」者，不受而强致之。稱「入」者，難詞。糾不書「子」者，明糾不當立也。以小白繫齊者，明小白宜有齊也。所以然者，襄公見殺，糾與小白皆以庶子出奔，而糾弟也，又未嘗爲世子。案史稱周公誅管、蔡以安周，齊桓殺其弟以反國。是糾幼而小白長，其有齊宜矣。宜則何以不稱「公子」？內無所承，上不稟命，故以王法絶之也。桓公於王法雖可絶，視子糾則當立，故管氏相桓爲徙義，而聖人稱之，曰：「微管仲，吾其被髮左衽矣！」召忽於子糾爲傷勇，比諸匹夫匹婦之諒，自經於溝瀆而莫之知也。

秋，七月，丁酉，葬齊襄公。

高郵孫氏曰：《春秋》之義，弑君賊討則書「葬」。襄公見弑於無知，齊人已討無知殺之矣。

八月，庚申，及齊師戰于乾時。我師敗績。

伊川先生解：及其師，非卿也。公戰，諱敗。凡言「敗績」，大敗也。小小勝負，不書。

杜氏注：乾時，齊地。時水在樂安界歧流①，旱則竭涸，故曰乾時。

陸氏《纂例》：趙子曰：「内敗不書，此書者，納讎喪師，以惡内也。」

吕氏曰：内不言敗，而曰「我師敗績」，則是内不言敗者，謬也。春秋無義戰，凡相侵伐，皆聖人之罪人，曾是不諱，而諱敗乎！

九月，齊人取子糾殺之。

《穀梁傳》：外不言「取」，言「取」，病内也。取，易辭也。猶曰「取其子糾而殺之」云爾。十室之邑，可以逃難；百室之邑，可以隱死。以千乘之魯而不能存子糾，以公爲病矣。

常山劉氏曰：公伐齊，納不正，故書「納糾」而不曰「子」。齊人殺糾而書「子」者，齊大夫既自與魯盟而立之矣，又自殺之，故曰「齊人取子糾而殺之」，以罪齊也。或曰《左氏·經》書「公伐齊納子糾」，先儒説《春秋》者亦皆以子糾爲正，今云不正，當何所據？子貢曰：「管仲非仁者與？桓公殺公子糾不能死，又相之。」子曰：「管仲相桓公，霸諸侯，一匡天下，民到於今受其賜。微管仲，吾其被髪左衽矣！豈若匹夫匹婦之爲諒也，自經於溝瀆而莫之知也。」以是觀之，則可知矣。如糾正當立，而管仲反面事讎，則孔子豈特謂之匹夫匹婦之諒哉！惟其始事不正，變而之義，此夫子所以云耳而已矣。

武夷胡氏傳：「取」者，不義之詞。前書「納糾」不稱「子」者，明不當立也。此書殺糾復稱「子」者，明不當殺也。或奪或予，於義各安，《春秋》精意也。仁人之於兄弟不藏怒焉，不蓄怨焉，親愛之而已矣。糾雖争立，越在他國，置而勿問可也。必請於魯殺之然後快於心，其不仁亦甚矣。後世以傳讓爲名而取國者，必殺其主，以爲一人心，防後患，意與此同，流毒豈不遠哉！故孟子曰：「五霸者，三王之罪人也。仲尼之徒，無道桓、文之事者。」

冬，浚洙。

《公羊傳》：浚之者何？深之也。曷爲深之？畏齊也。

杜氏注：洙水，在魯城北，下合泗。浚深之，爲齊備。

武夷胡氏傳：固國以保民爲本。輕用民力，妄興大作，邦本一揺，雖有長江巨川限帶封域，洞庭、彭蠡、河、漢之險，猶不足憑，而況洙乎！書「浚洙」，見勞民於守國之末務而不知本，爲後戒也。

【校　記】

①　歧：原作「岐」，據《春秋左傳正義》改。

十年，春，王正月，公敗齊師于長勺。

《左氏傳》：春，齊師伐我。公將戰，曹劌請見。……公與之乘。戰於長勺。公將鼓之，劌曰：「未可。」齊人三鼓，劌曰：「可矣。」齊師敗績。……公問其故，對曰：「夫戰，勇氣也。一鼓作氣，再而衰，三而竭。彼竭我盈，故克之。」

杜氏注：長勺，魯地。

武夷胡氏傳：齊師伐魯，《經》不書「伐」，意責魯也。詐戰曰「敗」，敗之者爲主。或曰：長勺，魯地，而齊師至此，所謂敵加於己而應之者也。疑若無罪焉，何以見責乎？善爲國者不師，善師者不陣，善陣者不戰，故行使則有文告之辭，而疆埸則有守禦之備，至於善陣，德已衰矣，而況兵刃相接，又以詐謀取勝乎！故書魯爲主以責之，皆已亂之道，寡怨之方，王者之事也。

二月，公侵宋。

陸氏《纂例》：趙子曰：「凡書侵伐，不書勝敗，殺掠而還也。凡師稱罪致討者曰『伐』，無名行師曰『侵』。」

泰山孫氏曰：公既敗齊師於長勺，又退而侵宋，搆怨二國。

三月，宋人遷宿。

《穀梁傳》：「遷」者，猶未失其國家以往者也。

陸氏《纂例》：啖子曰：「凡言『遷』者有二義，如宋人遷宿、齊人遷陽，是移其國於國中而爲附庸也。如邢遷於夷儀、衛遷於帝丘之類，或自請遷，或見彊遷，皆猶爲列國，故不言某人遷之，言所遷之地，但言移國都而已，非爲附庸也。」趙子曰：「凡非所遷而遷之，非己邑而遷之。其惡著矣。」

襄陵許氏曰：遷之，使未失其國家以往，其義猶有所難，則是王澤之未盡亡也。至僖、文以後，則有滅國，無遷國矣。

夏，六月，齊師、宋師次于郎。公敗宋師于乘丘。

《左氏傳》：齊師、宋師次于郎。公子偃曰：「宋師不整，可敗也。宋敗，齊必還，請擊之。」公弗許。自雩門竊出，蒙臯比而先犯之。公從之，大敗宋師于乘丘。齊師乃還。

杜氏注：乘丘，魯地。

劉氏傳：此次也，其言敗何？譏之也①。何謂譏之？齊師、宋師次于郎，未知其伐我與？伐人與？公子偃曰：「宋師不整，擊之，勝無幸焉②。」莊公從之。自雩門出，蒙馬以虎皮而犯之，大敗宋師。次者不以義，勝者不以道，交譏之。

劉氏《意林》：齊、宋輕用其師，揚兵整旅，以徑人之國而不名所伐，欲闚利乘便，快其攻取之意。故使魯人恫疑憂恐，出奇計詐謀以自救，覆滅其軍。百姓父子無辜陷没，此人君貪利輕用其衆之罪也。蓋君子貴道德而賤功力，上禮讓而下鄙争。魯人誠能不用詐謀，推忠信，奉詞令，雖以膏沐止齊、宋之師，齊、宋遠矣。其所以弭患止亂、安國便民，不亦益堅且久邪！偷得一時之勝，而忘長世之慮，此小人釁於勇，嗇於禍之咎，非君子之道。

襄陵許氏曰：齊桓始入，未撫其民而輕用之，是以再不得志於魯。晉文之入，五年而後用其民，蓋監此也。

秋，九月，荆敗蔡師于莘，以蔡侯獻舞《穀》作「武」。**歸。**

《左氏傳》：蔡哀侯娶于陳，息侯亦娶焉。息嬀將歸，過蔡。蔡侯曰：「吾姨也。」止而見之，弗賓。息侯聞之，怒，使謂楚文王曰：「伐我，吾求救於蔡而伐之。」楚子從之。秋九月，楚敗蔡師于莘，以蔡侯獻舞歸。

《穀梁傳》：荆者，楚也。何爲謂之荆？狄之也。何爲狄之？聖人立必後至，天子弱必先叛。故曰：荆，狄之也。

杜氏注：荆，楚本號。莘，蔡地。

陸氏《纂例》：趙子曰：「不曰獲，見其戰之不力，敗而不奔也。」

《辨疑》：啖子曰：「蔡侯失地，故名。」

劉氏《意林》：聖人者，慎絶人。吴，太伯之後也；楚，祝融之後也；徐，伯益之後也；越，大禹之後也。其上世皆有元德顯功，通乎周室，與中國冠帶之君，奚以異？徐始稱王，楚後稱王，吴、越因遂稱王。王非諸侯所當名也，故夷狄之③。雖然，猶不欲絶其類。是以上不使與中國等，下不使與夷狄均④，推之可遠，引之可來也。此聖人慎絶人也。

劉氏傳：蔡侯獻舞，何以名？絶。曷爲絶？去位而虜也。死社稷，正也；逃之，罪也，猶有恥焉。虜，賤甚矣。

常山劉氏曰：凡書敗，書滅，書入，而以其君歸皆名者，謂其服而以之歸也，責其不死位，又無復興之志；言其位已絶，故以匹夫名之也。唯僖二十六年，楚子滅夔以夔子歸不名者，夷狄小國，魯史所不能知；以邾子益來獨不曰歸者，以我而内外異辭，文體然爾。武夷胡氏傳：以夔子歸獨不名者，夔子以無罪見討，雖國滅身爲臣虜，其義直，其詞初不服也，是以猶加之爵而不名也。

蘇氏曰：荆，楚之舊號也。不稱荆人，夷也。

武夷胡氏傳：《春秋》之法，諸侯不生名。失地則生而名之，比於賤者，欲使有國之君，戰戰兢兢，長守富貴，無危溢之行也。

冬，十月，齊師滅譚，譚子奔莒。

《左氏傳》：齊侯之出也，過譚，譚不禮焉。及其入也，諸侯皆賀，譚又不至。冬，齊師滅譚。

《公羊傳》：何以不言出？國已滅矣，無所出也。

伊川先生解：《春秋》之法，將尊師衆，曰某帥師；將卑師衆，曰某師；將卑師少，曰某人；將尊師少，曰某伐某。齊自管仲爲政，莊十一年而後⑤，未嘗興大衆也，其賦於諸侯亦寡矣。終管仲之身四十年，息養天下厚矣。惟救邢稱師，譏其次也。至於秦、晉，使之不競而已，不强致也，以其功卑而易成。

杜氏注：譚國在濟南平陵縣西南。

范氏注：凡書「奔」者，責其不死社稷。

陸氏《纂例》：啖子曰：「凡滅國直書『滅』者，罪來滅者甚於見滅者，言力屈而死故也。凡書『滅』，又有書其君奔者，則兩罪之，且責其不死社稷也。諸侯失地則書名，國滅而奔者何以不名？既書其滅⑥，罪已昭矣，緣隨敵人歸者，書名以重其罪。故奔者不名，以示等差也。凡書『滅』又書『以歸』及名者，罪重於奔者也。既責其不死位，又責其無興復之志也。國滅君奔者四，其三不書名，惟徐子章禹書名，《傳》以服吴，後乃奔楚，故書名以罪之。

武夷胡氏傳：滅而書「奔」，責不死位也。不書「出」，國亡無所出也。國滅身奔，而不能守其富貴，何以書爵乎？己無取滅之罪，爲横逆所加，而力不能勝，至於出奔，則亦不幸焉爾矣，其義蓋未絶也。案《左氏》：齊侯之出也，過譚，譚不禮焉；及其入也，諸侯皆賀，譚又不至。責其失事大之禮可矣，坐此見滅，可乎？齊師滅譚，譚子奔莒；楚人滅弦，弦子奔黄；狄滅温，温子奔衛。三國所以皆存其爵，不比於失地之君而名之也。然則，吴滅徐，徐子章禹奔楚，何以獨名？案《左氏》：吴伐徐，徐子斷其髪，攜其夫人以逆吴子，既已屈服而後奔，豈有復興之志乎？獨書名，所以絶之也。《春秋》之義，雖在於抑强扶弱，又責弱者之不自强於爲善也。故其書法如此。

【校記】

① 讖：原作「諼」，據劉敞《春秋傳》改。

② 勝無幸焉：《左傳》記乘丘之役，公子偃語無此四字。劉敞引此，不知出處。

③ 故夷狄之：四庫本作「是以外之」。

④ 上不使與中國等，下不使與夷狄均：四庫本作「書國仍其舊號，爵或紀其本封」。

⑤ 一：原作「二」，據《程氏説經》改。

⑥ 其：原作「而」，據陸氏《纂例》改。

春秋集解卷六

莊公

十有一年，春，王正月。

夏，五月，戊寅，公敗宋師于鄑。

《左氏傳》：宋爲乘丘之役，故侵我。公禦之，宋師未陳而薄之，敗諸鄑。

杜氏注：鄑，魯地。

秋，宋大水。

《左氏傳》：秋，宋大水。公使弔焉，曰：「天作淫雨，害於粢盛，若之何不弔？」對曰：「孤實不敬，天降之災。又以爲君憂，拜命之辱。」

杜氏注：公使弔之，故書。

武夷胡氏傳：凡外災，告則書。所謂災者，害及民物，如水火兵戎之寇是也。諸侯於四鄰有恤病救急之義，則告爲得禮，而不可以不弔。故四國同災，許人不弔，君子於是知許之先亡也。凡志災，見《春秋》有謹天戒、卹民隱之心，王者之事也。

東萊吕氏曰：諸國告則書。其顯然爲衆所知者，亦不待告也。春秋之世，災異多矣，聖人不能盡書，特取一二甚者以爲世戒也。

冬，王姬歸于齊。

《左氏傳》：齊侯來逆共姬。

泰山孫氏曰：羣公受命主王姬者多矣，唯元年與此書者，惡公忘父之讎，再與齊接婚姻也。

高郵孫氏曰：元年之書王姬，莊公之父新見殺。創巨痛深之際，於仇讎者之婚也，而使臣逆之，築館待之，故詳書之，以重其罪。於此王姬之歸，非無逆之者矣，然不書於《經》者，仇讎之人嘗已易世，於其子孫之婚，但擇其重者書之耳。

武夷胡氏傳：案周制，王姬嫁於諸侯，車服不繫其夫，下王后一等，禮亦隆矣。《春秋》之義，尊君抑臣。其書王姬下嫁，曷爲與列國之女同辭而不異乎？曰：陽倡而陰和，夫先而婦從，天理也。述天理，訓後世，則雖以王姬之貴，其當執婦道，與公、侯、大夫、士、庶人之女何以異哉！故舜爲匹夫，妻帝二女，而其書曰「嬪于虞」。西周王姬嫁於諸侯亦執婦道，成肅雍之德，其《詩》曰：「曷不肅雍？王姬之車。」自秦而後，尤欲尊君抑臣，爲治而不得其道。至謂列侯尚公主，使男事女，夫屈於婦，逆陰陽之位。故王陽條奏世務，指此爲失；而長樂王回亦以其弊至父母不敢畜其子，舅姑不敢畜其婦。原其意，雖欲尊君抑臣爲治，而使人倫悖於上，風俗壞於下，又豈所以爲治也。其流至此，然後知《春秋》書王姬、侯女同辭而不異，垂訓之義大矣。

十有二年，春，王三月，紀叔姬歸于酅

《公羊傳》：其言歸于酅何？隱之也。何隱之？其國亡矣，徒歸于叔爾也。

杜氏注：紀侯去國而死，叔姬歸魯。紀季自定於齊而後歸之，全守節義以終婦道，故繫之紀。

陸氏《微旨》：啖子曰：「稱紀，言紀之婦也。書『歸』，善叔姬之全婦道也。此言蓋紀侯大去國之後死於他國，而叔姬還魯，至是乃歸于酅。」

高郵孫氏曰：叔姬爲伯姬媵，法不當書。《春秋》賢之，故備書之也。

武夷胡氏傳：「歸」者，順辭，以宗廟在酅，歸奉其祀也。魯人高其節義，恩禮有加焉，是故其歸于酅，其卒，其葬史册悉書。夫子修《經》，存而弗削，爲後世勸。

夏，四月

秋，八月，甲午，宋萬弑其君捷《公》作「接」。**及其大夫仇牧。**

《左氏傳》：十二年，秋，宋萬弑閔公於蒙澤。遇仇牧於門，批而殺之。遇太宰督於東宫之西，又殺之。立子游。羣公子奔蕭。公子御説奔亳。南宫牛、猛獲帥師圍亳。

《公羊傳》：及者何？累也。弑君多矣，舍此無累者乎？孔父、荀息皆累也。舍孔父、荀息無累乎？曰：有。有則此何以書？賢也。何賢乎仇牧？仇牧可謂不畏彊禦矣。其不畏彊禦奈何？萬嘗與莊公戰，獲乎莊公。莊公歸，散舍諸宫中，數月然後歸之。歸反，爲大夫於宋，與閔公博。婦人皆在側。萬曰：「甚矣！魯侯之淑，魯侯之美也！天下諸侯，宜爲君者，惟魯侯爾。」閔公矜此婦人，妬其言，顧曰：「此虜也！爾虜焉故，魯侯之美惡乎至？」萬怒，搏閔公，絶其脰。仇牧聞君弑，趨而至，遇之於門，手劍而叱之。萬臂摋仇牧，碎其首，齒著乎門闔。仇牧可謂不畏强禦矣。

《穀梁傳》：及其大夫仇牧，以尊及卑也。仇牧，閑也。

武夷胡氏傳：君殺而大夫死於其難，《春秋》書之者，其所取也。大夫死於弑君之難而有不書者，故知孔父、牧、息皆所取也夫！仇牧，可謂不畏强禦矣，然徒殺其身不能執賊，無益於事也，亦足取乎？食焉不避其難，義也。徒殺其身，不能執賊，亦足爲求利焉而逃其難者之訓矣，何名爲無益哉！夫審事物之重輕者，權也，權重輕而處之得其宜者，義也。大宰督亦死於閔公之難，削而不書者，非君命也。召忽死於子糾之難，孔子比於匹夫匹婦之諒，自經於溝瀆而莫之知者，所事不正也。崔杼弑君，晏平仲曰：「人有君而人①弑之，吾焉得死之？而焉得亡之？」君子不以是罪晏子者，齊莊公不爲社稷死，而晏子非其私暱之臣也。若仇牧、荀息，立乎人之本朝，執國之政，而君見弑，不以其私也，雖欲勿死，焉得而勿死？聖人書而弗削，以爲求利焉而逃其難者之勸也。惟此義不明，然後有視棄其君猶土梗弁髦，曾莫之省，而三綱絶矣。

襄陵許氏曰：《春秋》之法，與時偕行。莊公以前，自衛州吁至於宋萬，弑君之賊，皆貶其氏。蓋是時大夫有氏有不氏也，故貶其氏，不與其貴也。自霸統變正，大夫無不氏者，則氏輕。輕則去之不足以殘元惡，雖弑君之賊，亦以氏書矣。

冬，十月，宋萬出奔陳。

《左氏傳》：冬十月，蕭叔大心及戴、武、宣、穆、莊之族以曹師伐之，殺南宫牛於師，殺子游於宋，立桓公。猛獲奔衛。南宫萬奔陳。宋人請猛獲於衛，請南宫萬於陳，皆醢之。

陸氏《纂例》：啖子曰：「内外大夫奔，卿則書，君之股肱也，治亂所寄，故重而書之。凡奔，皆惡也。有非者，則異其文，宋司城是也；有美者，又褒之，子哀是也。

泰山孫氏曰：弑君之賊，當急討之。萬八月弑閔公，十月出奔陳。宋之臣子緩不討賊若此。

常山劉氏曰：天下之惡一也。凡弑君叛國，凡民罔弗憝，況均諸侯哉！王道之行，不容有受之者矣。書所奔之國，則受之之罪亦自見也。

武夷胡氏傳：案《左氏》，宋人請萬於陳，以賂而醢萬。然則賊已討矣，曷爲不書陳人殺萬而葬閔公乎？夫天下之惡一也，陳人不以萬爲賊而納之，又受宋人之賂，是與賊爲黨，非政刑也。特書萬出奔陳而閔公不葬，以著陳人與賊爲黨之罪而不能正天討，其法嚴矣。故曰：《春秋》成，而亂臣賊子懼。

【校記】

① 今傳本《晏子春秋》無「人」字。

十有三年，春，齊侯、《穀》作「人」。宋人、陳人、蔡人、邾《公》作「邾婁」。人會于北杏。

《左氏傳》：會于北杏，以平宋亂。

《穀梁傳》：是齊侯、宋公也。其曰「人」何也？始疑之。何疑焉？桓非受命之伯也①，將以事授之者也。曰：可以乎？未乎？舉「人」，衆之辭也。

杜氏注：北杏，齊地。

高郵孫氏曰：齊桓公將興霸業，諸侯未甚信，而齊桓欲過爲謙，故親屈其尊以會諸侯之臣也。

蘇氏曰：齊桓始合諸侯，以平宋亂。自是遂得諸侯，故四國皆稱「人」，言衆之也。僖二十八年，晉文公與齊、宋、秦敗楚于城濮，三國皆稱「師」。蓋《春秋》之書始得諸侯者，好會則稱「人」，兵會則稱「師」，以示衆與之也。

武夷胡氏傳：桓何以及四國之微者會？是宋公、邾子也。然則何以稱「人」？春秋之世，以諸侯而主天下會盟之政，自北杏始。其後宋襄、晉文、楚莊、秦穆交主夏盟，迹此而爲之者也。桓非受命之伯，諸侯自相推戴以爲盟主，是無君矣。故四國稱「人」，以誅始亂、正王法也。齊侯稱爵，其與之乎？上無天子，下無方伯，有能會諸侯、安中國而免民於左衽②，則雖與之，可也。誅諸侯者，正也。與桓公者，權也。

夏，六月，齊人滅遂。

《左氏傳》：會于北杏，以平宋亂。遂人不至。夏，齊人滅遂而戍之。杜氏注：遂國，在濟北蛇丘縣東北。

泰山孫氏曰：桓公貪土地之廣，恃甲兵之衆，驅逐逼脅，以强制諸侯。懼其未盡從也，約之以會，要之以盟，臨之以威，束之以兵。有弗徇者，小則侵之伐之，甚則執之威之，其實假尊周之名，以自封殖爾！故此年滅遂，十四年伐宋，十五年伐郳，十六年伐鄭，十八年伐衛，十九年伐我西鄙，二十年伐徐，二十八年伐衛，三十年降鄣，閔元年救邢，二年遷陽，皆稱「人」，以切責之。

武夷胡氏傳：滅國之與見滅，罪孰爲重？取國而稱「滅」，奪人土地使不得有其民人，毁人宗廟使不得奉其祭祀，非至不仁者，莫之忍爲！見滅而書「滅」，亡國之善詞，上下之同力也，其亦不幸焉爾。《語》有之曰：「興滅國，繼絶世，舉逸民③，天下之民歸心焉。」今乃滅人之國而絶其世，罪莫重矣。「齊人滅遂」，其稱「人」，微者爾。凡書「滅」者，不待再貶而惡已見矣。

襄陵許氏曰：非受命聖人爲天吏者，不可以兼弱攻昧，取亂侮亡，是故《春秋》以滅國爲大禁。《春秋》征伐，齊、晉實與，而文不與，滅國，未有伐德也④。

秋，七月

冬，公會齊侯，盟于柯。

《左氏傳》：始及齊平也。

《公羊傳》：桓會不致，信之也。

杜氏注：此柯，今濟北東阿，齊之阿邑，猶祝柯，今爲祝阿。

武夷胡氏傳：始及齊平也。世讎而平，可乎？於《傳》有之：「敵惠敵怨，不在後嗣。」魯與襄公有不共戴天之讎，當其身則釋怨不復，而主王姬，狩於禚，會伐衛，同圍郕，納子糾，故聖人詳加譏貶，以著其忘親之罪。今易世矣，而桓公始合諸侯，安中國，攘夷狄[5]，尊天王，乃欲修怨怒鄰而危其宗社，可謂孝乎？故長勺之役，專以責魯；而柯之盟，公與齊侯皆書其爵，則以爲釋怨而平可也。或稱齊襄公復九世之讎，而《春秋》賢之，信乎？以仲尼所書柯之盟，其詞無貶，則後九世之讎，而《春秋》賢之者，妄矣。其諸傳者，借襄公事以深罪魯莊，當其身而釋怨邪！

【校　記】

① 非：原作「公」，據《穀梁傳》改。
② 左衽：四庫本作「水火」。
③ 舉逸民：原脱，據《論語・堯曰》補。
④ 伐：四庫本作「代」。
⑤ 夷狄：四庫本作「僭亂」。

十有四年，春，齊人、陳人、曹人伐宋。夏，單伯會伐宋。

《左氏傳》：宋人背北杏之會。十四年，春，諸侯伐宋……取成於宋而還。

劉氏《權衡》：伐宋之時，魯本不預謀。後聞之，乃遣大夫往會之耳。

武夷胡氏傳：宋人背北杏之會，諸侯伐宋。其稱「人」者，將卑師少也。齊自管仲得政，滅譚之後，二十年閒未嘗遣大夫爲主將，亦未嘗動大衆出侵伐，蓋以制用兵而賦於民薄矣，故能南摧强楚，西抑秦、晉，天下莫能與之争也。或以爲貶齊稱「人」，誤矣。隱公四年，諸侯伐鄭，翬帥師會伐，則再舉宋、衛、陳、蔡四國之名。今諸侯伐宋而單伯會伐，不復再舉三國之名，何也？宋人背北杏之會，合諸侯而伐之者，齊桓公也。會伐者，無貶焉，故其詞平。主謀伐鄭而欲求寵於諸侯以定位者，州吁也。會之者，黨逆賊矣。故其詞繁而不殺，疾之也。再舉而列書者，甚疾四國之詞也。言之不足，故再言之，而聖人之情見矣。

秋，七月，荆入蔡。

《左氏傳》：蔡哀侯爲莘故，繩息嬀以語楚子。楚子如息，以食入享，遂滅息。以息嬀歸，生堵敖及成王焉。未言，楚子問之，對曰：「吾一婦人而事二夫，縱弗能死，又奚言？」楚子以蔡侯滅息，遂伐蔡。秋七月，楚入蔡。

泰山孫氏曰：荆入蔡，桓未能救中國也。

冬，單伯會齊侯、宋公、衛侯、鄭伯于鄄。

《左氏傳》：宋服故也。

杜氏注：鄄，衛地。今東郡鄄城也。

泰山孫氏曰：《經》以單伯主會爲文者，凡會盟，公或大夫往，則皆以魯主其會爲文，《春秋》魯史故也。內不與，則曰某人會于某。十五年齊侯、宋公、陳侯、衛侯、鄭伯會于鄄，昭二十七年，晉士鞅、宋樂祁犂、衛北宫喜、曹人、邾人、滕人會于扈之類是也。

十有五年，春，齊侯、宋公、陳侯、衛侯、鄭伯會于鄄。

《左氏傳》：齊始霸也。劉氏《權衡》曰：凡霸者，則當主諸侯，諸侯莫先焉。此年秋伐郳，宋序齊上，明年夏伐鄭，宋亦序齊上。齊之未主諸侯明矣。然則，齊始霸在十六年十二月九國同盟于幽之時也，自此始爲諸侯主矣。

襄陵許氏曰：始霸在十三年，而人諸侯，微之。至十四年以宋服會盟。至是諸侯始以禮會，霸體正矣。齊桓三合諸侯而不盟，以示重慎。是以盟則衆信，莫敢渝也。

夏，夫人姜氏如齊。

杜氏注：夫人，文姜。

襄陵許氏曰：鄄之會，魯侯尚未從桓。以其未能比近，無以示遠，務在求好於魯，是以於此受文姜而弗逆，以昭親親，而齊、魯之交卒合。然而禮防一弛，則夫人復啓越竟之志，而遂成如莒之姦，使人倫失正，而風俗相化。此先王之典所以貴道謹法而不言利也。

秋，宋人、齊人、邾《公羊》有「婁」字。**人伐郳。**《公羊》作「兒」。

《左氏傳》：秋，諸侯爲宋伐郳。杜氏注：郳，附庸，屬宋而叛，故齊桓爲之伐郳。

杜氏注：宋主兵，故序齊上。

劉氏傳：宋其序齊上何？主兵者也。諸侯無專征，有霸者在焉。霸者之先諸侯，專征也。非霸者而先諸侯，主兵也，譏也。此齊桓之師，何以不得爲霸者？桓猶未成乎霸也。

劉氏《意林》：當是之時，桓未成乎霸。明年會于幽，爲九合之始。始於幽，終於淮，合者九也，而皆不以兵車。

鄭人侵宋。

《左氏傳》：諸侯爲宋伐郳。鄭人閒之而侵宋。

武夷胡氏傳：侵伐之義，三《傳》不同。《左氏》曰：「有鐘鼓曰『伐』，無鐘鼓曰『侵』。」先儒或非其說，以爲聲罪致討曰「伐」，無名行師曰「侵」，未有以易之也。然考諸五經皆稱「伐」。在《易・謙》之六五曰：「利用侵伐，征不服也。」《書》之《泰誓》曰：「我武維揚，侵于之疆。」《詩》之《皇矣》曰：「依其在京，侵自阮疆。」《周官・大司馬》「以九伐之法正邦國」，而曰「賊賢害民則伐之，負固不服則侵之」，而以爲無名行師，可乎？然則，或曰「侵」，或曰「伐」，何也？聲罪致討曰「伐」，潛師掠境曰「侵」。聲罪者，鳴鐘擊鼓，整衆而行，兵法所謂正也。潛師者，銜枚卧鼓，出人不意，兵法所謂奇也。

冬，十月。

十有六年，春，王正月。

夏，宋人、齊人、衛人伐鄭。

《左氏傳》：宋故也。

杜氏注：宋主兵也。班序上下，以國大小爲次。征伐則以主兵爲先，《春秋》之常也。

襄陵許氏曰：中國諸侯宋爲大，既爲之服郳，又爲之報鄭。宋蓋自是與齊爲一。宋親而中國諸侯以定。

秋，荆伐鄭。

《左氏傳》：鄭伯自櫟入，緩告於楚。秋，楚伐鄭，及櫟，爲不禮故也。

泰山孫氏曰：荆伐鄭，桓未能救中國，可知也。

襄陵許氏曰：三書荆入蔡伐鄭，將以崇桓之責。三書楚人伐鄭侵鄭，將以大桓之功。於是召陵之美深長矣。

冬，十有二月，《公》有「公」字。**會齊侯、宋公、陳侯、衛侯、鄭伯、許男**《公》、《穀》有「曹伯」。**滑伯、滕子同盟于幽。**

《左氏傳》：鄭成也。

《公羊傳》：同盟者何？同欲也。

伊川先生解：齊桓始霸，仗義以盟，而魯首畔盟，故諱不稱「公」，上無明王，下無方伯，諸侯交争。齊桓始霸，天下與之，故書「同盟」。

杜氏注：滑國都費，河南緱氏縣。幽，宋地。

邾《公》作「邾婁」。**子克卒。**

《穀梁傳》：其曰「子」，進之也。范氏注：附齊而尊周室，王命進其爵。

杜氏注：克，儀父名。稱「子」者，蓋齊桓請王命以爲諸侯。

十有七年，春，齊人執鄭詹。《公》作「瞻」，下同。

《左氏傳》：鄭不朝也。

杜氏注：齊桓始霸，鄭既伐宋，又不朝齊。詹爲鄭執政大臣，詣齊見執。

陸氏《纂例》：凡執諸侯，執大夫，皆稱「人」，亂常也。

劉氏傳：鄭詹者何？鄭大夫也。執者曷爲或稱「行人」，或不稱「行人」？稱「行人」者，執之以其所爲使者也；不稱「行人」者，執之不以其所爲使及非行人者也。

泰山孫氏曰：詹不氏，未命也。

武夷胡氏傳：書齊人執詹，惡齊之詞也。鄭既侵宋，又不朝齊。詹爲執政，蓋用事之臣也，其見執宜矣。而以惡齊何也？以責人之心責己則盡道，以愛己之心愛人則盡仁，此《春秋》待齊之意也。

襄陵許氏曰：宋大鄭小，齊桓蓋懷宋以示德，而威鄭以正法。文王之興，大邦畏其力，小邦懷其德。而桓公反之，是以爲霸道也。至於宋襄執鄫之虐，則桓不爲矣。

夏，齊人殲《公》作「瀐」。**于遂。**

《左氏傳》：遂因氏、頜氏、工婁氏、須遂氏饗齊戍，醉而殺之。齊人殲焉。

《穀梁傳》：無遂則何爲言遂①？其猶存遂也。存遂奈何？曰：齊人滅遂，使人戍之。遂人之因氏飲戍者酒而殺之，齊人殲焉。此謂狎敵也。

陸氏《纂例》：啖子曰：「殲者，自殲之義也。不言遂人殲之，言齊人自取其殲也。」

武夷胡氏傳：殲者，盡也。齊滅遂，使人戍之。遂之餘民飲戍者酒而殺之，齊人殲焉。《春秋》書此者，見齊人滅遂，恃强淩弱，非伐罪弔民之師。遂人書「滅」，乃亡國之善詞，上下之同力也。夫以亡國餘民能殲强齊之戍，則申胥一身可以存楚，楚雖三户，可以亡秦，固有是理，足爲强而不義之戒，而弱者亦可省身而自立矣。

襄陵許氏曰：齊師滅譚，譚子奔莒，著其君不絀也②。齊人滅遂，齊人殲于遂，著其民不歸也。孟子以爲「霸者以力服人，非心服也，力不贍也」。觀桓之興如此，則所謂以力服人者非也③！荀子曰：「桓詐邾襲莒，并國三十五。」如卿之言，則所滅蓋不盡書。書滅譚、滅遂，上下一見之也。

秋，鄭詹自齊逃來。

《穀梁傳》：逃義曰逃。

陸氏《纂例》：逃者，匹夫之事也。

劉氏傳：何以書？譏。何譏爾？譏逃也。以爲義，死制云乎？以爲不義，死道云乎？君子不曰幸而免。

蘇氏曰：詹之義，當以身受齊責，以紓國患，而逃遁自免，故不書「來奔」，而書「逃來」，賤之也。

武夷胡氏傳：齊桓始霸，同盟于幽，而魯首叛盟，受其逋逃，虧信義矣。書「自齊逃來」，又以罪魯也。

冬，多麋。

杜氏注：麋多則害五稼，故以災書。

高郵孫氏曰：《春秋》之法，以有爲災則書「有」，「有蜮」是也；以無爲異則書「無」，無冰是也。至於麋者，常有之物，雖無，不足以爲異，惟其多而害五穀，則書之矣。

武夷胡氏傳：麋，魯所有也。多則爲異，以其又害稼也。故書此，亦禹放龍蛇，周公遠犀象之意也。害稼則及人矣。

吕氏曰：麋多爲民害，君德不明，政事不修所致也。《春秋》書此，以爲萬世之戒，使遇災則懼，有異則畏，思保其國家以承天意焉。

【校記】

①「何」下衍「以」字，據《穀梁傳》删。

②絀：四庫本作「屈」。

③也：四庫本作「耶」。

十有八年，春，王三月，日有食之。

泰山孫氏曰：不言朔，不言日，日、朔俱失之也。

吕氏曰：無日與朔，史失之。《春秋》亦無由追考也。災異之變，褒貶之義，蓋不在是焉。

夏，公追戎于濟西。

杜氏注：戎來侵，魯公逐之於濟水之西。

泰山孫氏曰：案僖二十六年，齊人侵我西鄙，公追齊師至酅，弗及。先言侵，而後言追。此不言侵伐者，明不覺其來，已去而追之也。書者，譏内無戎備①。

秋，有蜮。

《左氏傳》：爲災也。

《穀梁傳》：一有一亡曰「有」。蜮，射人者也②。

杜氏注：蜮，短狐也。蓋以含沙射人爲災。

武夷胡氏傳：蜮，魯所無也，故以「有」書。夫以含沙射人，其爲物至微矣。魯人察之，以聞於朝，魯史異之，以書於策，何也？山陰陸佃曰：「蜮，陰物也；麋，亦陰物也。是時，莊公上不能防閑其母，下不能正其身，陽淑消而陰慝長矣，此惡氣之應。」其説是也。然則《蕭韶》作而鳳皇來儀，《春秋》成而麟出於野，何足怪乎！《春秋》書物象之應，欲人主之慎所感也。世衰道微，邪説作，正論消，小人長，善類退，天變動於上，地變動於下，禽獸將食人而不知懼也，亦昧於仲尼之意矣。

冬，十月

【校　記】

① 備：四庫本作「備」。

② 者：原脱，據《穀梁傳》補。

十有九年，春，王正月。

夏，四月。

秋，公子結媵陳人之婦于鄄，遂及齊侯、宋公盟。

《公羊傳》：媵不書，此何以書？爲其有遂事書。大夫無遂事，此其言遂何？聘禮。大夫受命不受辭，出境有可以安社稷、利國家者，則專之可也。

伊川先生解：鄄之巨室，嫁女於陳人，結以庶女媵之，因與齊、宋盟。挈之以往，結好大國，所以安國息民，乃以私事之小而取怒大國①，故深罪之。書其爲媵而往盟爲遂事。

杜氏注：結在鄄，聞齊、宋有會，權事之宜，去其本職，遂與二君爲盟，故備書之。本非魯公意，而又失媵陳之好，故冬各來伐。

劉氏《權衡》曰：陳人者，陳大夫也。

武夷胡氏傳：媵，淺事。陳人，微者。公子往焉，是以所重臨乎禮之輕者也。齊侯，霸主；宋公，王者之後。盟，國之大事也，大夫輒與焉，是以所輕當乎禮之重者也。禮者，不失己亦不失人。失己與人，寇之招也。是故結書「公子」而曰「媵陳人之婦」，譏其重以失己也。齊、宋書爵而曰「遂」，譏其輕以失人也。「遂」者，專事之詞。聘禮，大夫受命不受辭，出境有可以安社稷、利國家，則專之可也。謂本有此命，得以便宜從事，特不受專對之詞爾。若違命行私，雖有利國家、安社稷之功，使者當以矯制請罪，有司當以擅命論刑。何者？終不可以一時之利，亂萬世之法。是《春秋》之旨也。

夫人姜氏如莒。

杜氏注：非父母國而往，書姦。

冬，齊人、宋人、陳人伐我西鄙。

伊川先生解：齊桓始霸，責魯不恭其事，故來伐也。

杜氏注：鄑，邊邑。

襄陵許氏曰：公之事齊，後於諸侯，又受鄭詹未討。齊、宋在鄄，將以陳人伐我而結知之，故權國重而與之盟，示先下之以禮。齊、宋以公子之盟未足以結成也，故卒來伐而取服焉，則魯之被兵也輕。此公子遂事之謀也。齊桓與魯，蓋養之以恩，而收之以威。此魯所以懷服而不貳也歟！

【校 記】

① 而：原脱，據《程氏經説》補。

二十年，春，王二月，夫人姜氏如莒。《公》作「正月」。

夏，齊大災。

《穀梁傳》：其志，以甚也。

杜氏注：天火曰「災」。

劉氏傳：災則言「大」何？大，非一也。宗廟廄庫盡矣。此齊大災也，何以書？弔焉爾。弔人者，哀其禍而救其乏。

秋，七月。

冬，齊人伐戎。《穀》作「我」。

襄陵許氏曰：戎自春秋之初即見，荆後起。是故攘中國之患，莫宜戎先。齊桓既霸七年，諸侯略定，蓋是時始伐戎。

二十有一年，春，王正月

夏，五月，辛酉，鄭伯突卒。

武夷胡氏傳：杜預稱莊公四年，鄭伯遇于垂者，乃子儀也，而以爲厲公者。案《春秋》突歸于鄭之後，其出奔蔡入於櫟，皆以名書，猶繫于爵，雖篡而實君，雖君而實篡，不没其實也。忽雖世子，其出奔猶不得稱「子」，其復歸猶不得稱「伯」，以其實不能君也。而況子儀，雖乘閒得立，其爲君微矣，豈敢輕國去都，與諸侯會於外乎？故知遇于垂者，乃厲公也。其始終書爵，不没其實也，亦可以爲居正而不能保者之戒矣。

秋，七月，戊戌，夫人姜氏薨。

《穀梁傳》：婦人弗目也。范氏注：鄭嗣曰：「弗目，謂不目其薨地也。婦人無外事，居有常所，故薨不書地。」

冬，十有二月，葬鄭厲公。

杜氏注：八月乃葬，緩慢也。

二十有二年，春，王正月，肆大眚。《公》作「省」。

杜氏注：赦有罪也。

泰山孫氏曰：肆，放也；眚，過也；「肆大眚」者，罪惡無不赦之辭也。

常山劉氏曰：《舜典》曰：「眚災肆赦。」臯陶曰：「宥過無大。」《易》曰：「君子以赦過宥罪。」《吕刑》曰：「五刑之疑有赦，五罰之疑有赦。」未聞「肆大眚」也。「肆大眚」者，元惡大憝俱肆之詞也。上廢天討，下虧國典，縱釋有罪，賊虐無辜，莫此爲甚。天子尚曰不可，況魯國諸侯而敢專肆眚哉！後世惠姦宄、賊良民，其流於此乎！殊失《春秋》之旨也。

癸丑，葬我小君文姜。

蘇氏曰：文姜之惡甚矣，而薨葬盡禮，《春秋》無異詞焉，何也？君雖不君，臣不可以不臣；父雖不父，子不可以不子。子爲父隱，直在其中矣，而文姜之惡何損焉。

常山劉氏曰：夫人之謚，皆私謚也。嘗疑夫人之義，皆從君者也，無非無儀。婦人不尸善名，不當别謚，謂如宋共姬者爲得禮。恐此不特爲私謚著譏也。

武夷胡氏傳：文姜之惡甚矣，而用小君之禮，其無譏乎？以書夫人孫于齊，不稱姜氏，及書哀姜薨于夷，齊人以歸考之，則譏小君。典禮當謹之於始，而後可正也。文姜已歸，爲國君母，臣子送終之禮，雖欲貶之，不可得矣。

陳人殺其公子御《公》、《穀》並作「禦」。**寇。**

《左氏傳》：陳人殺其大子御寇。

《穀梁傳》：公子之重，視大夫。

陸氏《纂例》：啖子曰：「凡他國殺大夫、公子目君者，惡其君也。稱『人』者，討罪之詞也。」

劉氏傳：公子非大夫也，何以書？公之嫡子也。公之嫡子則世子也，其謂之「公子」何？嫡子既誓稱「世子」，未誓稱「公子」。雖未誓，書也。殺世子、母弟目君。此其曰陳人殺之何？世子以誓爲貴，貴成而目君。其曰陳人殺之者，病御寇也。曷爲病之？御寇之爲人子也，蓋足以殺其身而已矣。

劉氏《意林》：陳人殺其公子御寇，以爲大夫則非大夫也，以爲世子則非世子也。然而書者，知其爲君之嫡也。君之嫡雖未誓爲世子，未可以稱世子，然而已有可以爲世子之端矣，故不可不重也。王法貴嫡，嫡子之生，而其禮固已異矣。王法正名，嫡子雖生而異其禮，苟未誓，則不敢名世子也。此道並行而不相悖也。輕重大小，義各有施而不可亂，此之謂禮之情。

泰山孫氏曰：《春秋》之義，非天子不得專殺。此言「陳人殺其公子御寇」者，譏專殺也。是故二百四十二年無天王殺大夫者，書諸侯殺大夫者四十七。古者諸侯之大夫，皆命於天子，諸侯不得專命也。大夫有罪則請命於天子，諸侯不得專殺也。大夫猶不得專殺，况世子、母弟乎！春秋之世，國無大小，其卿大夫皆專命之，有罪無罪皆專殺之，其無王也甚矣。故孔子從而録之，以誅其惡。觀其專殺之罪雖一，而輕重之惡有三：殺世子、母弟則稱君者，甚之也；殺大夫不以其罪則稱國，稱國者次之也；殺有罪則稱人，稱人者又次之也。

武夷胡氏傳：殺其公子御寇。公子之重視大夫，殺而或稱君，或稱國，或稱人，何也？稱君者，獨出於其君之意，而大夫、國人有不與焉，如晉侯殺其世子申生之類是也。稱國者，稱君、大夫與聞其事而不請於天子，如鄭殺其大夫申侯之類是也。稱人者有二義：其一，國亂無政，衆人擅殺，而不出於其君，則稱人，如陳人殺其公子御寇之類是也；其一，弑君之賊，人人之所得討，背叛之臣，國人之所同惡，則稱人，如衛人殺州吁、鄭人殺良霄之類是也。考於《傳》之所載，以觀《經》之所斷，則罪之輕重見矣。

夏，五月。

劉氏傳：「夏五月」，此其以五月首時何？《春秋》，故史也，有所不革。子曰：「其事則齊桓、晉文，其文則史，其義則丘竊取之矣。」

泰山孫氏曰：蓋五月之下有脱事爾。

秋，七月，丙申，及齊高傒盟于防。

《公羊傳》：齊高傒者何？貴大夫也。曷爲就吾微者而盟？公也。公則曷爲不言公？諱與大夫盟也。

伊川先生解：高傒上卿，魯無使微者與盟之理，蓋諱公盟。始與仇爲婚，惡之大也。

何氏注：防，魯地。

武夷胡氏傳：微者，名姓不登於史册。高傒，齊之貴大夫也。曷爲就吾之微者盟？蓋公也。其不言公，諱與高傒盟也。來議結婚，娶仇人女，大惡也。娶者，其爲吉，下主乎己，上主乎宗廟，以爲有人心者宜於此焉變矣。公親如齊納幣，則不待貶也。

冬，公如齊納幣。

《穀梁傳》：納幣，大夫之事也。公之親納幣，非禮也，故譏之。

伊川先生解：齊疑婚議，故公自行納幣。後二年方逆，齊難之也。

杜氏注：母喪未再期而圖婚。

陸氏《纂例》：趙子曰：「魯往他國納幣，皆常事不書，凡書者，皆譏也。他國來，亦如之。婚禮有六：一納采，二問名，三納吉，四納徵，即納幣也。五請期，六親迎。即逆女也。《春秋》獨書其二，納幣及逆女也。以納幣方契成，已前三禮並未結定。逆女爲事終，舉重之義也。」

呂氏曰：齊遇公違禮，如齊失義。《春秋》之世，君臣上下有意於善者，蓋少矣。

二十有三年，春，公至自齊。

祭叔來聘。

《穀梁傳》：其不言使，何也？天子之内臣也，不正其外交，故不與使也。

劉氏傳：祭者何？邑也。叔者何？字也。曷爲邑而字？天子之下大夫也。下大夫，爵附庸。

武夷胡氏傳：祭伯來朝而不言朝，祭叔來聘而不言使，尹氏、王子虎、劉卷來訃而不書其爵，皆所以正人臣之義也。人君而明此，不容下比之臣；人臣而明此，不爲私交之計，黨錮之禍息矣。

夏，公如齊，觀社。公至自齊。

《左氏傳》：夏，公如齊，觀社，非禮也。曹劌諫曰：「不可。夫禮，所以整民也。故會以訓上下之則，制財用之節；朝以正班爵之義，帥長幼之序；征伐以討其不然。諸侯有王，王有巡守，以大習之。非是，君不舉矣。舉必書，書而不法，後嗣何觀？」

《穀梁傳》：常事曰視，非常曰觀。觀，無事之辭也。范氏注：言無朝會之事。

伊川先生解：婚議尚疑，故公以觀社爲名，再往請議。後一年方逆，蓋齊難之。

杜氏注：齊因祭社蒐軍實，故公往觀之。

荆人來聘。

《公羊傳》：荆何以稱「人」？始能聘也。

杜氏注：不書荆子使某來聘，君臣同辭者，蓋楚之始通，未成其禮。

陸氏《纂例》：啖子曰：凡夷狄來聘①，皆稱「人」，君臣同辭。

武夷胡氏傳：荆自莊公十年，始見於《經》，十四年入蔡，十六年伐鄭，皆以州舉者，惡其猾夏不恭，故狄之也②。至是來聘，遂稱「人」者，嘉其慕義自通，故進之也。朝聘者，中國諸侯之事，雖蠻夷而能修中國諸侯之事，則不念其猾夏不恭③，而遂進焉。見聖人之心，樂與人爲善矣。後世之君，能以聖人之心爲心，則與天地相似。凡變於夷者④，叛則懲其不恪，而威之以刑；來則嘉其慕義，而接之以禮，邇人安，遠者服矣。《春秋》謹華夷之辨⑤，而荆、吴、徐、越，諸夏之變於夷者⑥，故書法如此。

公及齊侯遇于穀。蕭叔朝公。

《穀梁傳》：及者，内爲志焉爾；遇者，志相得也。蕭叔朝公，微國之君未爵命者。其不言來，於外也。朝於廟，正也。於外，非正也。

杜氏注：蕭，附庸國，就穀朝公，故不言來。

劉氏《意林》：蕭叔朝公，爲禮非其時，猶非其禮也；爲禮非其處，猶非其禮也；爲禮非其禮，猶非其禮也；爲禮非其物，猶非其禮也。九月郊，五月烝，此之謂非其時；蕭叔朝公，此之謂非其處；祭叔來聘，齊侯來獻捷，此之謂非其義；邾人、牟人、葛人來朝，此之謂非其物。雖有肅敬之心，繁飾之容，而君子不受也。故禮非其禮，而猶不受，必歸之正而止，又況未始有正者乎！

高郵孫氏曰：簡禮而會曰「遇」。

吕氏曰：魯莊公，至不肖人也。初未嘗有怨齊心。《公羊》云：柯之盟，公謂曹沫曰：「寡人之生則不若死矣。」以公爲不能忘齊人也者，皆里巷雜記妄説也。至是又圖婚於齊，納幣觀社，與其大夫盟，夏與齊侯遇于穀，冬又盟于扈。君子以魯莊非人也。聖人書《春秋》如此之詳者，以爲萬世不肖子之戒，於莊公何責焉？

秋，丹桓宫楹。

《穀梁傳》：禮：天子諸侯黝堊，大夫倉，士黈。丹楹，非禮也。

何氏注：楹，柱也。丹之者，爲將娶齊女，欲以夸大示之。

冬，十有一月，曹伯射姑卒。

十有二月，甲寅，公會齊侯，盟于扈。

伊川先生解：遇穀，盟扈，皆爲要結姻好。

杜氏注：扈，鄭地，在滎陽卷縣西北⑦。

武夷胡氏傳：程子曰：「遇于穀，盟于扈，皆爲要結姻好也。」《傳》稱：男子二十而冠，冠而列丈夫。三十而不娶，則非禮矣。然天子、諸侯十五而冠者，以娶必先冠。而國不可久無儲貳，欲人君早有繼體，故因以爲節也。鰥者，老而無妻之稱。舜方三十未娶，而師錫帝堯已曰：「有鰥在下矣。」妻帝之二女，則不告於父母，以爲告則不得娶，而廢人之大倫。堯亦不告而娶焉，其欲及時而無過如此也。今莊公生於桓公之六年，至是三十有六載矣。以世嫡之正，諸侯之貴，尚無内主同任社稷之事，何也？蓋爲文姜所制，使必娶於母家，而齊女待年未及，故莊公越禮不顧如此其急，齊人有疑如此其緩。而遇于穀，盟于扈，要結之也。娶夫人，奉祭祀，爲宗廟之主。而母言是聽，不以大義裁之，至於失時，不孝甚矣。《春秋》詳書於策，爲後戒也。

【校記】

①夷狄：四庫本作「外裔」。

②猾夏不恭，故狄之也：四庫本作「淫名薦食，故外之也」。

③猾夏不恭：四庫本作「淫名薦食」。

④變於夷者：四庫本作「在宇下者」。

⑤華夷：四庫本作「中外」。

⑥諸夏之變於夷者：四庫本作「皆自絶於中國者」。

⑦滎：原作「榮」，據《春秋左傳正義》改。

春秋集解卷七

莊　公

二十有四年，春，王三月，刻桓宫桷。

《左氏傳》：二十三年，秋，丹桓宫之楹。二十四年，春，刻其桷，皆非禮也。御孫諫曰：「臣聞之：『儉，德之共也；侈，惡之大也。』先君有共德，而君納諸大惡，無乃不可乎！」

《穀梁傳》：禮：天子之桷，斲之礱之，加密石焉。諸侯之桷，斲之礱之。大夫斲之。士斲本。刻桷，非正也。夫人，所以崇宗廟也，取非禮與非正而加之於宗廟，以飾夫人，非正也。刻桓宫桷，丹桓宫楹，斥言桓公，以惡莊也。

杜氏注：桷，椽也。

武夷胡氏傳：丹楹刻桷，疑若小失，而《春秋》詳書於策，御孫以爲大惡，何也？桓公見殺於齊，則不能復，而盛飾其宫，夸示仇人之女，乃有亂心，廢人倫，悖天道，而不知正者也。御孫知爲大惡，而不敢盡言。《春秋》謹禮於微，正後世人主之心術者也，故詳書於策。斥言桓宫以惡莊，爲後世鑒也。

葬曹莊公。

夏，公如齊逆女。秋，公至自齊。

《穀梁傳》：親迎，恒①事也，不志。此其志，何也？不正其親迎於齊也。

泰山孫氏曰：案：桓六年九月丁卯，子同生。公十四年即位，此年如齊逆女。公即位二十四年，三十七歲矣，始得成婚於齊者，文姜制之，不得以時而婚爾。故其母喪未終，如齊納幣，圖婚之速也。

武夷胡氏傳：穀梁子曰：「親迎，恒事也②，不志。此其志，何也？不正其親迎於齊也。」或曰：「常事不志，歲事之常也，親迎可以常乎？」則其説誤矣！所謂常者，其事非一。有月事之常，則視朔是也；有時事之常，則蒐狩是也；有歲事之常，則郊祀雩祭之類是也；有合禮之常，則婚姻之納幣、逆女、至歸之類是也。凡此類合禮之常，則不志矣。其志，則於禮不合，將以爲戒者也。若夫崩薨、卒葬、即位之類，不以禮之合否而皆書。此人道始終之大變也，其於親迎異矣。

八月丁丑，夫人姜氏入。

《穀梁傳》：入者，内弗受也。何用不受也？以宗廟弗受也。其以宗廟弗受，何也？娶仇人子弟，以薦舍於前，其義不可受也。

泰山孫氏曰：公親迎于齊，不俟夫人而至，失夫之道也。婦人，從夫者也。夫人不從公而入，失婦之道也。

武夷胡氏傳：何以不致？不可見乎宗廟也。姜氏，齊襄王之女。「入」者，不順之詞。以宗廟爲弗受也。婚義以正始爲先，而公不與夫人皆至，姜氏不從公而入，已失夫婦之正，弒閔孫邾之亂兆矣。莊公不勝其母，越禮踰時，俟仇人之女薦舍於宗廟，以成好合，卒使宗嗣不立，弒逆相仍，幾至亡國。故《春秋》詳書其事，以著莊公不孝之罪，爲後戒也。

戊寅，大夫宗婦覿，用幣。

《左氏傳》：秋，哀姜至，公使宗婦覿，用幣，非禮也。御孫曰：「男贄，大者玉帛，小者禽鳥，以章物也。女贄，不過榛栗棗脩，以告虔也。今男女同贄，是無別也。男女之別，國之大節也，而由夫人亂之，無乃不可乎！」

《公羊傳》：宗婦者何？大夫之妻也。覿者何？見也。用者何？用者，不宜用也。

杜氏注：禮，小君至，大夫執贄以見。莊公欲奢夸夫人，故使大夫宗婦同贄俱見。武夷胡氏傳：禮，夫人至，大夫郊迎，明日執贄以見。宗婦，大夫之妻也。公事曰「見」，私事曰「覿」。見夫人，禮也。覿用幣，何以書？曷爲以私言之？夫人不可見於宗廟，則不可以臨羣臣，故以私言之也。覿用幣，何以書？男贄，大者玉帛，小者禽鳥，以章物也；女贄，不過榛栗棗脩，以告虔也。今男女同贄，是無別也。公子牙、慶父之亂兆矣。《春秋》詳書，正始之道也。

大水。

吕氏曰：政有不得於此，則災變見乎彼，理之必然也。人君睹此而知所戒懼，則危亡之禍何從而至哉！春秋之世，多水災，其必有所爲矣。

冬，戎侵曹。曹羈出奔陳。赤歸于曹。

杜氏注：羈，蓋曹世子也。先君既葬而不稱爵者，微弱不能自定。赤，曹僖公也，蓋爲戎所納。

《辨疑》曰：案：曹羈者，義同鄭忽爾。

劉氏《意林》：「曹羈出奔陳，赤歸于曹。」赤之爲者，與鄭伯突無以異。突因宋，赤因戎，皆奪其君。然而《春秋》一貶之，無上下之異者。《春秋》治治，不治亂也。使鄭忽、曹羈事親而孝，爲上而禮，在喪而哀，將事而恭，大夫順之，國人信之，雖有宋武之衆，突、赤之孽，何緣而起？然而君臣交争，兄弟爲仇者，上有失，故下得也。

郭公。

杜氏注：《經》闕誤也。

【校記】

① 恒：原作「桓」，據《穀梁傳》改。

② 恒：原作「常」，據《穀梁傳》改。

二十有五年，春，陳侯使女叔來聘。

《左氏傳》：陳女叔來聘，始結陳好也。

《穀梁傳》：其不名，何也？天子之命大夫也。

高郵孫氏曰：諸侯之大夫，天子賜之邑，使之歸國，則書氏書字，鄭祭仲、魯單伯、陳女叔是也。

夏，五月，癸丑，衛侯朔卒。

六月，辛未，朔，日有食之，鼓，用牲于社。

《左氏傳》：夏，六月，辛未，朔，日有食之，鼓，用牲於社。非常也。杜氏注：長曆推之，辛未，實七月朔，置閏失所，故致月錯。唯正月之朔，慝未作，杜氏注：正月，夏之四月，周之六月，謂正陽之月。今書「六月」，而《傳》云「唯」者，明此月非正陽之月也。日有食之，於是乎用幣于社，伐鼓于朝。劉氏《權衡》曰：《夏書》記日食之變，季秋月朔，亦有伐鼓之事，豈必正陽之月哉！儻夏禮與周不同乎！然日有食之，變之大者，人君當恐懼修省以答天意，豈但非正陽之月則安而視之哉！《春秋》所以書者，蓋譏其不鼓于朝，乃鼓于社，又用牲爾。

《穀梁傳》：鼓，用牲于社。鼓，禮也。用牲，非禮也。天子救日，置五麾，陳五兵，五鼓。諸侯置三麾，陳三鼓，三兵。大夫擊門。士擊柝。言充其陽也。

武夷胡氏傳：案禮：諸侯旅見天子，入門不得終其禮者四，而日食與焉。古者固以是爲大變，人君所當恐懼修省以答天意而不敢忽也。故《夏書》曰：「乃季秋月朔，辰弗集于房，瞽奏鼓，嗇夫馳，庶人走。」《周官》：鼓人「救日月，則詔王鼓」；大僕「凡軍旅田役，贊王鼓，救日月」亦如之。諸侯用幣于社，伐鼓于朝，退而自責，皆恐懼修省以答天意而不敢忽也。然則鼓、用牲於社，何以書？譏不鼓于朝而鼓于社，又用牲，則非禮矣。

伯姬歸于杞。

武夷胡氏傳：其不言「逆」，何也？逆者非卿，其名姓不登於史策，則書「歸」以志禮之失也。大夫來逆，名姓已登於史策，足以志其失矣。猶書「歸」者，以別於大夫之自逆者也。猶書「歸」者，紀伯姬是也。自逆者，莒慶、齊高固是也。

秋，大水，鼓，用牲于社、于門。

《左氏傳》：鼓，用牲于社、于門，亦非常也。凡天災，有幣無牲。非日月之眚，不鼓。

杜氏注：門，國門也。

冬，公子友如陳。

杜氏注：諸魯大夫出朝聘皆書「如」。

二十有六年，春，《公》無「春」字。**公伐戎。夏，公至自伐戎。**

襄陵許氏曰：以伐戎，致大伐戎也。齊、魯伐戎而中國崇也。隱、桓以來，世有戎盟。至於莊公，戎始變渝，我是以有濟西之役。於此伐戎，義已勝矣。

曹殺其大夫。

劉氏傳：大夫無罪而君殺之，非也。雖有罪，不以歸於京師，亦非也。孔子曰：「大夫彊而君殺之，義也。由三桓始也。」此之謂也。

泰山孫氏曰：稱國以殺，不以其罪也。不書名字者，脱之。

武夷胡氏傳：稱國以殺者，國君、大夫與謀其事，不請於天子而擅殺之也。義繫於殺，則止書其官，曹殺其大夫、宋人殺其大夫是也。義繫於人，則兼書其名氏，楚殺其大夫得臣、陳殺其大夫洩冶之類是也。然殺大夫，而曰大夫與謀其事，何也？與謀其事者，用事之大夫也。見殺者，不得於君之大夫也。所謂義繫於殺者，罪在於專殺，而見殺者之是非有不足紀也，故止書其官而不録其名氏也。古者諸侯之卿、大夫、士命於天子，而諸侯不敢專命也。其有罪則請於天子，而諸侯不敢專殺也。及春秋時，國無小大，卿、大夫、士皆專命之，而不以告於王朝，有罪無罪皆專殺之，而不以歸於司寇，無王甚矣。五霸，三王之罪人，而葵丘之會，猶曰「無專殺大夫」。故《春秋》明書於策，備天子之禁也。凡諸侯之大夫，方其交政中華，會盟征伐，雖齊、晉上卿，止録其名氏；至於見殺，雖曹、莒小國，亦書其官。或抑或揚，或奪或予，聖人之大用也。明此，然後可以司賞罰之權矣。

秋，公會宋人、齊人伐徐。

杜氏注：宋序齊上，主兵。徐國，在下邳鄞縣。

劉氏《意林》：伐徐，小事也，而亂王者之制。固曰諸侯不專征。諸侯不專征，是以屬之方伯連率。今齊以其事小，其衆少，而因使宋主之。是則人自爲政，與諸侯無霸奚以異？物蓋有其變微而其損大者，此之類也，不可不正也。

武夷胡氏傳：案《書》伯禽嘗征徐戎，則戎在徐州之域，爲魯患舊矣。是年春伐戎，秋又伐徐者，必戎與徐合兵表裏，爲魯國之患也。故雖齊、宋將卑師少，而公獨親行。其不致者，役不淹時，而齊、宋同會，則無危殆之憂矣。

冬，十有二月，癸亥，朔，日有食之。

二十有七年，春，公會杞伯姬于洮。

《左氏傳》：公會杞伯姬于洮，非事也。天子非展義不巡守①，諸侯非民事不舉，卿非君命不越竟。

杜氏注：伯姬，莊公女。洮，魯地。

陸氏《微旨》：淳聞於師曰：「參議之也。公及杞侯、伯姬俱失正矣。」

夏，六月，公會齊侯、宋公、陳侯、鄭伯，同盟于幽。

《左氏傳》：陳、鄭服也。杜氏注：二十二年，陳亂而齊納敬仲；二十五年，鄭文公之四年，獲成於楚，皆有二心於齊。今始服也。

《穀梁傳》：同者，有同也，同尊周也。於是而後授之諸侯也。其授之諸侯何也？齊侯得衆也。

伊川先生解：同志而盟，非率之也。

《辨疑》：啖子曰：「諸侯同志而盟。」

武夷胡氏傳：同盟之例，有惡其反覆而書同盟，有諸侯同欲而書同盟。此盟鄭伯之所欲而書同盟者也。凡盟，皆小國受命於大國，不得已而從焉者也。其有小國願與之盟，非出於勉强者，則書同盟，所以志同欲也。前此鄭伯嘗貳於齊矣，至是齊桓强盛，有霸中國，攘夷狄之勢②，諸侯皆歸之，鄭伯於是焉有畏服之心。其得與於盟，所欲也，故特書「同」。穀梁子所謂「於是而後授之諸侯」是也。其授之諸侯，齊侯得衆也，視他盟爲愈矣。

秋，公子友如陳，葬原仲。

《左氏傳》：非禮也。原仲，季友之舊也。

陸氏《微旨》：啖子曰：「凡大夫既没則不名，原仲所以書字也。」

武夷胡氏傳：公子友如陳葬原仲，私行也。人臣之禮無私交，大夫非君命不越竟，何以通季子之私行而無貶乎？曰：《春秋》，端本之書也。京師，諸夏之表也。祭伯以寰内諸侯而來朝，祭叔以王朝大夫而來聘，尹氏以天子三公來告其喪，誣上行私，表不正矣。是故季子違王制委國事越竟而會葬，齊高固、莒慶以大夫即魯而圖婚。其後陳莊子死，赴喪於魯③，魯人欲勿哭，繆公召縣子而問焉。曰：「古者大夫，束脩之問不出竟，雖欲哭諸，焉得而哭諸？今之大夫，交政於中國，雖欲勿哭，焉得而勿哭？」末流可知矣。《春秋》深貶王臣，以明始亂，備書諸國大夫而無譏焉，則以著其效也。凡此皆正其本之意。

呂氏曰：凡此一歲之中，公會杞伯姬于洮，公子友如陳葬原仲，杞伯姬來，莒慶來逆叔姬，皆爲非禮。然則治平之世，聖王在上，惟能使人克己復禮而已爾。使人克己復禮，《春秋》所爲作也。

冬，杞伯姬來。

《左氏傳》：歸寧也。凡諸侯之女，歸寧曰「來」，出曰「來歸」。夫人歸寧曰「如某」，出曰「歸于某」。

陸氏《纂例》：趙子曰：「合禮者，悉常事，不書。豈有二百四十二年内，唯兩度歸寧乎？蓋知非禮而來，故書爾。」

劉氏傳：伯姬之來也已亟，非禮也。

武夷胡氏傳：《左氏》曰：「歸寧也。」禮，父母在，歲一歸寧。若歸而合禮，則常事，不書。其曰「杞伯姬來」者，不當來也。女子有行，遠父母兄弟。春會于洮矣，冬又歸魯，故知其不當來也。來而必書，《春秋》於男女往來之際嚴矣。

莒慶來逆叔姬。

《穀梁傳》：諸侯之嫁子於大夫，主大夫以與之，來者，接内也。不正其接内，故不與夫婦之稱也。范氏注：接内，謂與君爲禮也。夫婦之稱，當言「逆女」。劉氏《權衡》曰：莒慶之來，不得復曰「逆女」，亂於逆君夫人者也。然則書「叔姬」，自其理然。豈惡其接内哉！凡大夫而越竟逆女，此誠《春秋》所貶者。然而以謂書「叔姬」者，不與夫婦之稱，不亦謬乎！

劉氏《意林》：莒慶非有君命也，叔姬非適諸侯也，何以得書乎？以公之自主之。公之自主之，則敵，敵則書矣。喜怒哀樂愛惡者，人之情所不免也。人之情所不免，而無禮義之制，則放而不反。是以聖人物爲之防，使人廢心而任禮，禮然而然，不以私意損益。其閒未始有物者也。每若是而天下服矣。

杞伯來朝。

杜氏注：杞稱伯者，蓋爲時王所黜。

襄陵許氏曰：齊桓之令，行乎天下，爲幽之盟，而《春秋》授之諸侯。考莊二十七年所書如此，則諸侯之風和平可知。雖云未盡合乎先王之禮，蓋易約也。齊桓之功美④，有孚于幽，而盛於首止，相爲終始也。宣王《大雅》言「韓侯出祖」，盛顯父、侯氏之燕胥，言「韓侯取妻」⑤，懿韓姞諸婦之光寵者，使人用是以觀中興之風。故《春秋》每書列國之事，以昭霸者之勳，樂人之遠於禍亂，而嘉其熏熏往來，如齊桓、晉文之興，庶幾乎《大雅》之美矣。是以知凡志天下禍亂之變，皆咎王霸之失道也。

吕氏曰：滕、薛、杞爵號不同，皆口授傳寫，小國多誤爾。

公會齊侯于城濮。

杜氏注：城濮，衛地，將討衛也。

【校　記】

①展：原作「尸」，據《春秋左傳正義》改。

②夷狄：四庫本作「外裔」。

③赴：原作「越」，據《春秋胡氏傳》改。

④齊：原爲空格，據文意補。

⑤取：原作「娶」，據《詩·大雅·韓奕》改。

二十有八年，春，王三月，甲寅，齊人伐衛。衛人及齊人戰，衛人敗績。

《左氏傳》：王使召伯廖賜齊侯命，且請伐衛，以其立子頹也。二十八年，春，齊侯伐衛，戰，敗衛師。數之以王命，取賂而還。

陸氏《纂例》：啖子曰：「凡外戰，先書被伐之國，以及來伐者。凡戰之道①，以主及客也。主人服則不戰。凡戰不書『及』，交爲主也。」如秦初伐晉而退，而晉復追之，至河曲而戰之類也。

泰山孫氏曰：前年公會齊侯、宋公、陳侯、鄭伯，同盟于幽。衛侯不至，故齊人伐衛。衛人及齊人戰，衛不服罪也。以衛主齊者，衛受伐也。《春秋》之義，伐者爲客，受伐者爲主，故曰「衛人及齊人戰」。不地者，戰於衛也。

武夷胡氏傳：《春秋》紀兵，及者爲主。齊人舉兵而伐衛，衛人見伐而受兵，則其以衛及之何也？齊人舉兵，乃奉王命，聲衛立子頹之罪以討之也。爲衛計者，誠有是罪，則當請歸司寇服刑可也。若惠徽康叔，不泯其社稷，使得自新，亦惟命，則可以免矣。今不徵詞請罪，而上逆王命，下拒方伯之師，直與交戰，則是衛人爲志乎此戰，故以衛主之也。

夏，四月，丁未，邾《公》作「邾婁」。**子瑣卒。**

秋，荆伐鄭，公會齊人、宋人《公》有「邾婁人」。**救鄭。**

《左氏傳》：楚令尹子元以單車六百乘伐鄭②，入於桔柣之門。衆車入自純門。及逵市。縣門不發。楚言而出。子元曰：「鄭有人焉。」諸侯救鄭，楚師夜遁。鄭人將奔桐丘，諜告曰：「楚幕有烏。」乃止。

《穀梁傳》：善救鄭也。

武夷胡氏傳：案《左氏》，楚令尹子元無故以車六百乘伐鄭，入自純門。是陵弱暴寡之師也，故以州舉，狄之也③。鄭人將奔桐丘，諸侯救之，楚師夜遁，是得救急卹鄰之義也，故書「救鄭」，善之也。齊、宋稱「人」，將卑師少。桓公主兵，攘夷狄④，安中國之事見矣。

冬，築郿。《公》、《穀》並作「微」。

《公羊傳》：造邑也。

杜氏注：郿，魯下邑。

劉氏《權衡》曰：築者，作邑爾。詩云：「築室百堵」，「百堵皆興，鼛鼓弗勝。」不謂城邑也。

武夷胡氏傳：功大曰「城」，小曰「築」。

大無麥、禾。

杜氏注：書於冬者，五穀畢入，計食不足而後書也。

陸氏《微旨》：淳聞於師曰：「無水旱螽螟之災，而書『無麥、禾』，譏教令之無經，農失其業也。」

劉氏《意林》：「大無麥、禾」，此言爲國者之不可無九年之蓄也。三年耕，餘一年之食；九年耕，餘三年之食；三九二十七年則餘九年之食。百官之奉，賓客之禮，不外求而足。雖有水旱如堯、湯之久，而上下不憂。今莊公在位二十八年矣，而麥、禾曾不足以待國用，所謂寄生之君也。

蘇氏曰：是歲，未嘗有水旱螽螟之災，而書「大無麥、禾」，何也？劉向《春秋説》曰：「土氣不養，稼穡不成也。」沈約《宋志》言：「吴孫皓時嘗歲無水旱⑤，苗稼豐美而實不成，百姓以饑，闔境皆然，連歲不已。」此則所謂「大無麥、禾」也。

武夷胡氏傳：麥熟於夏，禾成在秋，而書於冬者，莊公惟宫室臺榭是崇是飾，費用寖廣，調度不充，有司會計歲入之多寡虚實，然後知倉廩之竭也。故於歲杪而書。

臧孫辰告糴于齊。

《左氏傳》：冬，饑。臧孫辰告糴于齊，禮也。

《公羊傳》：請糴也。何以不稱使？以爲臧孫辰之私行也。曷爲以臧孫辰之私行？君子之爲國也，必有三年之委，一年不熟告糴，譏也。

《穀梁傳》：國無九年之蓄曰不足，無六年之蓄曰急，無三年之蓄，國非其國也。諸侯無粟，諸侯相歸粟，正也。臧孫辰告糴于齊，告然後與之，言内之無外交也。古者，税什一，豐年補敗，不外求，而上下皆足也。雖累凶年，民弗病也。一年不艾而百姓饑，君子非之。不言「如」，爲内諱也。

杜氏注：臧孫辰，魯大夫臧文仲。

陸氏《纂例》：趙子曰：「譏臧孫爲政而無蓄也，故以自行爲文。」

劉氏《意林》：臧孫辰告糴于齊。此言大臣任國事，治名而不治實之敝也。務農重穀，節用而愛人，則倉廩實。不知爲此，事至而憂之，何其末與！魯人悦其名而以急病讓夷爲功。君子責其實，而不能節用爲罪，此王政之務本也。

武夷胡氏傳：劉敞曰：「不言『如齊告糴』，而曰『告糴于齊』者，言『如齊』則其詞緩，『告糴于齊』則其情急。」

【校記】

① 凡：原作□，四庫本作「蓋」，據陸氏《纂例》改。

② 百：原作「佰」，據《春秋左傳正義》改。

③ 狄：四庫本作「外」。

④ 夷狄：四庫本作「僭亂」。

⑤ 歲無水旱：原作「有之」，據《宋書·五行志》改。

二十有九年，春，新延廄。

《左氏傳》：新作延廄，書，不時也。凡馬日中而出，日中而入。杜氏注：日中，春、秋分也。治廄當以秋分，因馬向入而修之，今以春作，故曰「不時」。

《公羊傳》：新延廄者何？修舊也。修舊不書，此何以書？譏。何譏爾？凶年不修。

《穀梁傳》：延廄者，法廄也。其言「新」，有故也。有故，則何爲書也？古之君人者，必時視民之所勤。民勤於力則功築罕，民勤於財則貢賦少，民勤於食則百事廢矣。冬築微，春新延廄，以其用民力爲已悉矣。

劉氏《意林》：延廄者，天子之廄，非諸侯之廄也。南門者，天子之門，非諸侯之門也。所謂庫門，天子皐門；雉門，天子應門矣。延廄之僭，非莊公也，過則可革而不革，故曰「新」。南門之僭，自僖公始，罪在不可爲而爲，故曰「新作」。夫《春秋》之紀，略常事，簡小事，謹大事，所以經後世，非史官之任也。

泰山孫氏曰：惡不愛民也。冬，大無麥、禾，臧孫辰告糴于齊，則民饑矣。延廄雖壞，未新可也。莊公春新延廄，不愛民力若此。

夏，鄭人侵許。

襄陵許氏曰：許以近楚，自齊之霸，未會諸侯，故鄭侵之，以求好焉。蓋自是後，許從中國矣。

秋，有蜚。

《左氏傳》：爲災也。凡物不爲災，不書。

《公羊傳》：記異也。何氏注：蜚者，臭惡之蟲也。南越盛暑所生，非中國之所有。

冬，十有二月，紀叔姬卒。

蘇氏曰：紀雖滅而叔姬守義於酅，故繫之紀。賢而録其卒、葬。

武夷胡氏傳：紀已滅矣，其卒之何？見紀侯去國，終不能自立，異於古公亶父之去。故特書叔姬卒而不卒紀侯，以明其不争而去則可，能使其民從而不釋則微矣。

城諸及防。

《左氏傳》：書，時也。凡土功，龍見而畢務。戒事也。杜氏注：謂今九月，周十一月。龍星角、亢晨見東方，三務始畢，戒民以土功事。火見而致用，杜氏注：大火，心星，次角、亢。見者，致築作之物。水昏正而栽，杜氏注：謂今十月，定星昏而中，於是樹版榦而興作。口至而畢。杜氏注：日南至，微陽始動，故土功息。

《辨疑》：趙子曰：「此但依先後次第，或甚者先之。」

三十年，春，王正月。

夏，《公》、《穀》並有「師」字。次于成。

《辨疑》：趙子曰：「魯蓋欲會齊圍郕。至成待命，聞郕已降，故不行耳。然疑事無質，但當存而勿解。

秋，七月，齊人降鄣。

《公羊傳》：鄣者何？紀之遺邑也。

杜氏注：鄣，紀附庸國，東平無鹽縣東北有鄣城。蓋齊以兵脅使降附。

陸氏《纂例》：趙子曰：「鄣則降服爲附庸。」

《辨疑》：啖子曰：「鄣自是小國爾。」

高郵孫氏曰：郕降于齊師。是時齊、魯之師，相會圍郕，不降我而獨降齊，非齊師能使之降，郕自降爾。齊人降鄣，非鄣欲降也，齊降之爾。

常山劉氏曰：鄣，微弱小國，齊肆其强力，脅而服之也。不書鄣降，而曰「齊人降鄣」。以齊之强，故罪之深；以鄣之弱，故責之薄。《春秋》之義，抑强扶弱而已。若郕降于齊師，則義則責魯。

呂氏曰：强以兵威劫服之也。管仲所以相其君者，功業可見矣。

八月，癸亥，葬紀叔姬。

杜氏注：以賢録也。

武夷胡氏傳：滅國不葬，此何以葬？賢叔姬也。紀侯既卒，不歸宗國而歸於酅，所謂秉節守義，不以忘故而睽婦道者也，故繫之於紀而録其卒葬。先儒謂賢而得書，是也。賢而得書，所以爲後世勸也。

九月，庚午朔，日有食之，鼓，用牲于社。

泰山孫氏曰：凡救日食，鼓，禮也；用牲，非禮也。孔子書「鼓、用牲」者，止譏其用牲爾，非謂九月不鼓也。

冬，公及齊侯遇于魯濟。

《左氏傳》：謀山戎也。以其病燕故也。

杜氏注：濟水歷齊、魯界，在齊界爲齊濟，在魯界爲魯濟，蓋魯地。

襄陵許氏曰：齊桓伐郳、伐鄭、伐徐，皆以宋人主兵；而與公會於城濮而後伐衛，與公遇于魯濟而後伐戎。以是知桓公之霸不自恃也，用人之能以爲能，集人之功以爲功。故其用兵行師，每資武於宋桓而取策於魯莊。其治國也，一則仲父，二則仲父，遂能力正天下，澤濟生民。

齊人伐山戎。

《穀梁傳》：齊人者，齊侯也。其曰「人」，何也？愛齊侯乎山戎也①。其愛之，何也？桓内無因國，外無從諸侯，而越千里之險，北伐山戎，危之也。則非之乎？善之也。何善乎爾？燕，周之分子也，貢職不至，山戎爲之，伐矣。

杜氏注：山戎，北狄。

武夷胡氏傳：齊人者，齊侯也。其稱「人」，譏伐戎也。自管仲得政，至是二十年，未嘗命大夫爲主將，亦未嘗興大衆出侵伐。故魯莊十一年而後，凡用兵皆稱「人」者，以將卑師少爾。今此安知其非將卑師少而獨以爲齊侯，何也？以來獻戎捷稱「齊侯」，則知之矣。夫北戎病燕，職貢不至，桓公内無因國，外無從諸侯，越千里之險，爲燕闢地，可謂能修方伯連帥之職。何以譏之乎？桓不務德，勤兵遠伐，不正王法，以譏其罪。則將開後世之君勞中國以事外夷，舍近政而貴遠略，因吾民之力，争不毛之地。其患有不勝言者，故特貶而稱「人」，以爲好武功而不修文德者之戒也。然則伐楚之役，何以美之？其稱退師召陵，責以大義，不務交兵而强楚自服乎！觀此，可以見聖人强本治内，柔服遠人之意矣。

【校記】

① 乎：原作「平」，據《穀梁傳》改。

三十有一年，春，築臺于郎。

何氏注：禮，天子有靈臺，以候天地；諸侯有時臺，以候四時。登高遠望，人情所樂。動而無益於民者，雖樂不爲也。

夏，四月，薛伯卒。

築臺于薛。

杜氏注：薛，魯地。

六月，齊侯來獻戎捷。

《左氏傳》：非禮也。凡諸侯有四夷之功，則獻於王，王以警於夷。中國則否，諸侯不相遺俘。

《穀梁傳》：軍得曰「捷」。

武夷胡氏傳：軍獲曰「捷」。凡諸侯有四夷之功，則獻於王，王以警於夷。中國則否，諸侯不相遺俘。獻者，下奉上之辭。齊伐山戎，以其所得功來誇示。書「來獻」者，抑之也。後世宰臣有不賞邊功，以沮外徼生事之人，得《春秋》抑戎捷之意。

秋，築臺于秦。

《穀梁傳》：不正罷民三時。且財盡則怨，力盡則懟，君子危之，故謹而志之也。或曰：倚諸桓也。桓外無諸侯之變，内無國事，越千里之險，北伐山戎，爲燕闢地。魯外無諸侯之變，内無國事，一年罷民三時，惡内也。

杜氏注：東平范縣西北有秦亭。

冬，不雨。

《公羊傳》：記異也。

伊川先生解：一歲三築臺，明年春，城小穀，故冬書「不雨」，閔之深也。

三十有二年，春，城小穀。

范氏注：小穀，魯地。

泰山孫氏曰：魯邑曲阜西北有小穀城。

夏，宋公、齊侯遇于梁丘。

《左氏傳》：齊侯爲楚伐鄭之故，請會於諸侯。宋公請先見於齊侯。夏，遇於梁丘。

杜氏注：梁丘，在高平昌邑縣西南。

劉氏傳：何以書？我接之也。則其先宋何？宋主齊也。宋何以主齊？齊遠而宋近也。席則有上下，室則有奥阼。諸侯之事，重主輕，大主小，近主遠，貴主賤。

秋，七月，癸巳，公子牙卒。

《左氏傳》：初，公築臺臨黨氏，見孟任，從之。閟。而以夫人言，許之，割臂盟公。生子般焉。雩，講於梁氏。女公子觀之。圉人犖自牆外與之戲。子般怒，使鞭之。公曰：「不如殺之，是不可鞭。犖有力焉，能投蓋於稷門。」公疾，問後於叔牙，對曰：「慶父材。」問於季友，對曰：「臣以死奉般。」公曰：「鄉者牙曰『慶父材』。」成季使以君命命僖叔，待於鍼巫氏，使鍼季酖之。曰：「飲此，則有後於魯國。不然，死且無後。」飲之，歸，及逵泉而卒。立叔孫氏。

《公羊傳》：曷爲不言刺之？爲季子諱殺也。曷爲爲季子諱殺？季子之遏惡也，不以爲國獄，緣季子之心而爲之諱。季子之遏惡奈何？莊公病將死，以病召季子，曰：「牙謂我曰：『魯一生一及，君已知之矣。』慶父也存。」季子曰：「夫何敢？是將爲亂乎！夫何敢？」俄而牙弑械成。季子和藥而飲之，飲之無傫氏，至乎王堤而死。公子牙今將爾，辭曷爲與親弑者同？君親無將，將而誅焉。然則善之與？曰：然。殺世子、母弟直稱君者，甚之也。季子殺母兄，何善爾？誅不得辟兄，君臣之義也。然則，曷爲不直誅而酖之？行誅乎兄，隱而逃之，使託若以疾死然，親親之道也。

杜氏注：牙，慶父同母弟僖叔也。飲酖而死，不以罪告，故得書「卒」。

陸氏《微旨》：季子愛義俱立，變而得中，故夫子書其自卒，以示無譏也。

八月，癸亥，公薨于路寢。

《左氏傳》：八月，癸亥，公薨于路寢。子般即位，次於黨氏。冬，十月，己未，共仲使圉人犖賊子般於黨氏。成季奔陳，立閔公。閔公，莊公庶子，於是年八歲。

《公羊傳》：路寢者何？正寢也。

《穀梁傳》：寢疾居正寢，正也。男子不絶於婦人之手，以齊終也。

杜氏注：公薨，皆書其所，詳凶變。

陸氏《微旨》：趙子曰：「君必終於正寢，以就公卿也。大位，姦之窺也；危病，邪之伺也。若蔽於隱，是使小人、女子得行其志也。莊公正終而嗣禍，分位不明，而閨帷不修也。故宗嗣素定之，兵權散主之，闈闥嚴飾之，小人、女子不尸重任，賢良受託，鼎足交輔，則篡弑之禍，曷由而至哉！

武夷胡氏傳：莊公以世適承國，不爲不貴。周公之後，「奄有龜、蒙」，不爲不强。即位三十二年，不爲不久。薨于路寢，不爲不正。而嗣子受禍，幾至亡國，何也？大倫不明，而宗嗣不定，兵柄不分，而主威不立，得免其身，幸矣。

吕氏曰：公薨于路寢，正也。正則何以書？死生之變，國之大事，得其正則爲萬世法，不得其正則有危亡顛覆之慮，故君子慎之。

冬，十月己《公》、《穀》作「乙」。**未，子般卒。**

《左氏傳》：冬，十月，己未，共仲使圉人犖賊子般於黨氏。

《公羊傳》：子卒云子卒，此其稱「子般卒」何？君存稱世子，君薨稱子某，既葬稱子，踰年稱公。子般卒何以不書葬？未踰年之君也。有子則廟，廟則書葬。無子不廟，不廟則不書葬。

武夷胡氏傳：昔舜不告而娶，恐廢人之大倫，以懟父母，君子以爲猶告也。莊公失時越禮，謬於《易》基《乾》《坤》、《詩》始《關雎》、大舜不告而娶之義，甚矣。而子般乃孟任之所自出也，胡能有定乎？雖享國日久，獲終路寢，而嗣子見殺，幾至亡國。有國者可不以爲戒哉！

公子慶父如齊。

《穀梁傳》：此奔也。其曰「如」，何也？諱莫如深，深則隱。苟有所見，莫如深也。

陸氏《微旨》：啖子曰：「書『公子慶父如齊』，見臣子之罪也。此言弑君之賊，臣子不能討之，又非君逐而去，故明書『如齊』，以見其罪。淳聞於師曰：『齊爲霸主而不能討，又許其來，惡可知也。』」

劉氏《權衡》曰：慶父雖殺子般，未敢便取其國，利閔公之幼而立焉。其如齊者，直告立君也。

武夷胡氏傳：子般之卒，慶父弑也。宜書出奔，其曰「如齊」，見慶父主兵自恣，國人不能制也。昔成王將終，命大臣相康王。方是時掌親兵者，太公望之子伋也。宰臣召公奭命仲桓、南宫毛取二干戈、虎賁百人於伋，以逆嗣子。伋雖掌兵，非有宰臣之命不敢發也。召公雖制命，非二諸侯將命以往，伋亦不承也。兵權散主，不偏屬於一人可知矣。今莊公幼年即位，專以兵權授之慶父，歲月既久，威行中外，其流至此。故於餘丘法不當書，而聖人特書「慶父帥師」，以志得兵之始；而卒書「公薨」，「子般卒」，「慶父如齊」，以見其出入自如，無敢討之者。以示後世，其垂戒之義明且遠矣。

狄伐邢。

杜氏注：邢國在廣平襄國縣。

襄陵許氏曰：《春秋》，戎先見，荆次之，狄次之，而荆暴於戎，狄又暴於荆。當惠王世，戎、狄、荆楚交伐諸夏，使無齊桓攘服定之，豈有周天子哉！

春秋集解卷八

閔　公

名開，莊公子。惠王十六年即位。閔，謚也。在國逢難曰閔。《索隱》曰：系本名啓，避漢景帝諱作「開」。

元年，春，王正月。

武夷胡氏傳：不書「即位」。内無所承，上不請命也。莊公薨，子般卒，慶父、夫人利閔公之幼而得立焉。是内不承國於先君也。案周制，王哭諸侯，則大宗伯爲上相，未有諸侯之薨而不告於王者也。職喪掌諸侯之喪，以國之喪禮涖其禁令，序其事。凡國有司以王命有事焉，則詔贊主人。未有諸侯之子主喪，而王不遣使者也。今魯有大故，不告於周；閔既主喪，而王不遣使。是上不請命於天子也。内無所承，上不請命，故不書「即位」，正人道之大倫也。

齊人救邢。

《左氏傳》：狄人伐邢。管敬仲言於齊侯曰：「戎狄豺狼，不可厭也；諸夏親暱，不可棄也；宴安酖毒，不可懷也。《詩》云：『豈不懷歸，畏此簡書。』簡書，同惡相恤之謂也。

請救邢，以從簡書。」齊人救邢。

《穀梁傳》：善救邢也。

武夷胡氏傳：凡書「救」者，未有不善之也。救在京師，則罪列國，子突救衛是也。救在夷狄，則罪諸侯，狄救齊、吴救陳是也。救在遠國，則罪四鄰，晉陽處父帥師伐楚，以救江是也。救而不速救者，則書所次，以罪其慢，叔孫豹救晉，次於雍榆是也。救而不敢救者，則書所至，以罪其怯，齊侯伐我北鄙，圍成，公救成至遇是也。兵者，《春秋》之所甚重，衛靈公問陳，孔子對曰：「俎豆之事，則嘗聞之矣。軍旅之事，未之學也。」獨至於救兵而書法若此，此聖人之情見矣。其稱「人」，將卑師少也。

夏，六月，辛酉，葬我君莊公。

《左氏傳》：葬莊公，亂故，是以緩。

秋，八月，公及齊侯盟于落姑。《公》、《穀》並作「洛姑」。

《左氏傳》：公及齊侯盟于落姑，請復季友也。齊侯許之，使召諸陳。公次于郎以待之。

杜氏注：落姑，齊地。

季子來歸。

《左氏傳》：季子來歸，嘉之也。

《穀梁傳》：其曰「季子」，貴之也；其曰「來歸」，喜之也。

杜氏注：季子，公子友之字。

陸氏《微旨》：季子之出不書，何也？慶父之難，季子力不能正，違而去之，權也。君立，見召而來，義也。故聖人善其歸，不譏其去，以明變而得中，進退不違道也。

劉氏傳：慶父專魯，則曷爲召季子？季子之賢，内得於國人，外聞於諸侯，則未知其以是爲説與？不得已與？抑將圖之與？季子至，而國人授之以政，百姓歸焉。殺公子牙，今將爾，季子不免。慶父弑君，何以不誅？非不誅也，勢未能也。

武夷胡氏傳：案《左氏》，盟于落姑，請復季友也。其曰「季子」，賢之也。其曰「來歸」，喜之也。自外至者爲歸，是嘗出奔矣。何以不書？莊公薨，子般弑，慶父主兵，勢傾公室，季子力不能支，避難而出奔，恥也。魯國方危，内賊未討，國人思得季子以安社稷，而公爲落姑之盟以請於齊，則是賢也。《春秋》欲没其恥，故不書奔；欲旌其賢，故特稱「季子」，聖人之情見矣。隱惡而揚善，舜也；樂道人之善，惡稱人之惡，孔子也。爲尊者諱，爲親者諱，爲賢者諱，《春秋》也。明此可以畜納汙之德，樂與人爲善矣。

冬，齊仲孫來。

《左氏傳》：齊仲孫湫來省難，書曰「仲孫」，亦嘉之也。仲孫歸，曰：「不去慶父，魯難未已。」公曰：「若之何而去之？」對曰：「難不已，將自斃，君其待之。」公曰：「魯可取乎？」對曰：「不可。猶秉周禮，周禮所以本也。臣聞之，國將亡，本必先顛，而後枝葉從之。魯不棄周禮，未可動也。君其務寧魯難而親之。」

劉氏《意林》：桓公不務修霸主之義，討有罪，扶微國，而更使智計之士，覘伺虛實，令慶父極惡，魯君再弑。此由桓公、仲孫謀不臧之蔽也。故奪其君臣之常辭，以見君使臣不以禮，臣事君不以忠，聖人法之所禁也。故田恒弑其君，孔子沐浴而朝，告於哀公，請討之。夫事君之義，舍孔子無可爲者矣。豈嘗沮其君，以齊人尚强，待其自斃哉！

二年，春，王正月，齊人遷陽。

杜氏注：陽，國名。蓋齊人偪徙之。

陸氏《纂例》：啖子曰：「移其國於國中，而爲附庸也。」

呂氏曰：聖人作《春秋》，功過不相掩。齊人遷陽，强以兵力劫遷之，罪之甚也。

夏，五月，乙酉，吉禘于莊公。

《左氏傳》：速也。

《公羊傳》：其言「吉」何？言吉者，未可以吉也。曷爲未可以吉？未三年也。三年矣，曷爲謂之未三年？三年之喪，實以二十五月。何氏注：時莊公薨至是適二十二月。其言於莊公何？未可以稱宮廟也。曷爲未可以稱宮廟？在三年之中也。

陸氏《纂例》：趙子曰：「《禮記·大傳》云：『禮，不王不禘。王者禘其祖之所自出，以其祖配之。』《喪服小記》曰：『王者禘其祖之所自出。』正與《大傳》同，則諸侯不得禘禮明矣。是以《祭法》云：『有虞氏禘黄帝，舜祖顓頊出於黄帝，則所謂禘其祖之所自出也。夏后氏亦禘黄帝，義同舜也。殷人禘嚳，殷，契出，祖自嚳。周人禘嚳。義與殷同。』禘者，帝王立始祖之廟，猶謂未盡其追遠尊先之義，故又推尋始祖所出之帝而追祀之。此祭不兼羣廟之主，爲其踈遠不敢褻狎故也。鄭玄注《祭法》云：『禘，謂配祭昊天上帝於圜丘也。』蓋見《祭法》所説，文在郊上，謂爲郊之最大者，故爲此説爾。《祭法》所論禘、郊、祖、宗者，謂六廟之外，永世不絶者有四種爾。禘之所及最遠，故先言之爾。又云：『祖之所自出，謂感生帝靈威仰也。』此何妖妄之甚！此文出自讖緯，始於漢哀、平閒僞書也。故桓譚、賈逵、蔡邕、王肅之徒疾之如讎，而鄭玄通之於《五經》，其爲誣蠹甚矣。或問曰：若然，則《春秋》書魯之禘，何也？答曰：成王追寵周公故也。故《祭統》云：『成王追念周公，賜之重祭，郊、社、禘、嘗，是其義也。』郊、禘，天子之禮。社與嘗，諸侯所自有。撰《禮》者，見《春秋》書嘗、社，以爲郊、禘同，遂妄言爾。魯之用禘，蓋於周公廟而上及文王。文王即周公之所出故也。此祭唯得於周公廟爲之。閔公時遂僭於莊公廟行之。以其不追配，故直言莊公，而不言莊宮，明用其禮物爾，不追配文王也。問曰：《左傳》云烝、嘗、禘於廟，何也？答曰：此謂見《春秋》經前後祭祀，唯有此三種，以爲祭名盡於此。但據《經》文，不識《經》意，所以云爾。又見《經》中『禘于莊公』，以爲諸廟合行之，故妄云禘于武公、僖公、襄公，皆妄引禘文而説祭爾。問者曰：若非時祭之名，則《禮記》諸篇所説，其故何也？曰：《禮記》諸篇，或孔門後末流弟子所撰，或是漢初諸儒私撰之。見《春秋》禘于莊公，遂以爲時祭之名。見《春秋》唯兩度書『禘』，一春一夏，所以或謂之春祭，或謂之夏祭，各自著書，不相符會，理可見也。且《春秋》文二年，《公羊》云：『大事，祫也，毁廟之主，陳於太祖。陳者，明素皆藏於太祖廟，今但出而陳之也。未毁廟之主皆升，合食於太祖。升者，明自本廟而來升也。』《禮記·曾子問》篇云：『祫祭於太廟，祝迎四廟之主。明毁廟之主，皆素在太廟，故不迎也。』又云：『非祫祭，則七廟、五廟無虚主。』並無説禘爲殷祭處，則禘，不爲殷祭明矣。問曰：若禘非三年喪畢之殷祭，則晉人云：『以寡君之未禘祀』何也？答曰：此《左氏》之妄也。《左氏》見《經》文『吉禘于莊公』，以爲喪畢當禘，而不知此本魯禮也，不合施他國。故《左氏》亦自云：

『魯有禘樂，賓祭用之。』即明諸國無禘，了可知矣。又《左氏》自相違背，亦可見矣。或曰：禘非殷祭，則《論語》云：『禘自既灌而往者，吾不欲觀之矣』何也？答曰：既灌之後，至於饋薦，則事繁而生懈慢，故夫子退而嫌之。注家不達其意，遂妄云既灌之後，列尊卑，序昭穆，爲躋僖公故惡之。且祫祭之時，固當先陳設座位，位定之後，乃灌以降神。《郊特牲》云『既祼，然後迎牲』，明牲至即殺之以獻，何得先祼然後設位乎！問者曰：《王制》所云『礿則不禘，禘則不嘗，嘗則不烝，烝則不礿』，信如鄭説乎？答曰：撰此篇者，亦緣見《春秋》中唯有禘、烝、嘗三祭，謂魯唯行此三祭，遂云爾。若信如鄭注，諸侯每歲皆朝，即遠國來往，須歷數時，何獨廢一時而已？又須往來，常在道路，如何守國理民乎？問者曰：《明堂位》云『季夏六月以禘禮禘周公于太廟』，又云『夏礿，秋嘗，冬烝』，此即以禘爲大祭，而時祭闕一時，義甚明著也。答曰：《禮篇》之中，庸淺鄙妄，此篇爲甚。故云『四代之官，魯兼而用之』。又云『君臣未嘗相弑也』，其鄙若此，何足徵乎！鄭玄不能尋本討原，但隨文求義，解此禘禮，輒有四種：其注《祭法》、《喪服小記》則云『禘是祭天』；注《毛詩頌》云『禘是宗廟之祭，小於祫』；注《郊特牲》則云『禘當爲礿』；注《祭統》、《王制》則云『禘是夏、殷之時祭名』，殊可怪也。」

劉氏《意林》：「吉禘于莊公」，説者以禘爲諸侯之禮也。何繆歟！不王不禘，禘之爲王禮，明矣。王者禘其祖之所自出，以其祖配之。虞之所自出，黄帝也，而祖顓頊；夏之所自出，黄帝也，而祖則禹；商之所自出，嚳也，而祖契；周之所自出，嚳也，而祖文王。今魯既用天子禮樂，而祖周公，故其禘也，則主文王矣。禘者，帝也；帝者，天子之號也。諸侯不得祖天子，故禘不及諸侯也。天子禘，諸侯祫，大夫享，庶人薦，此上下之殺也。言禘、郊者，皆先禘後郊，此以祖考之遠近爲次。禘之先郊，猶祖之先宗也，非以禘祭天而郊享帝也。孔子曰：「魯之郊、禘非禮。」言魯之郊、禘，則先郊而後禘。此魯之郊主后稷，而禘文王驗也。《左氏》曰：「魯有禘樂，賓祭用之。」禘，非諸侯禮，又明矣。

秋，八月，辛丑，公薨。

《左氏傳》：初，公傅奪卜齮田，公不禁。秋，八月，辛丑，共仲使卜齮賊公於武闈。成季以僖公適邾。共仲奔莒，乃入立之，以賂求共仲於莒。莒人歸之。及密，使公子魚請，不許，哭而往。共仲曰：「奚斯之聲也。」乃縊。

《公羊傳》：公薨，何以不地？隱之也。何隱爾？弑也。

劉氏《權衡》曰：所謂君弑賊不討不書葬者，言比其葬時而賊未討則不書葬也。既葬而後乃討賊，賊雖已討，葬猶不追書也，此閔公是已。討賊雖遲，而葬在討賊之後，則葬得書，此陳靈公是已。

武夷胡氏傳：案《左氏》，初，公傅奪卜齮田，公不禁。慶父使卜齮賊公於武闈。魯史舊文，必以實書。其曰「公薨」不地者，仲尼親筆也。觀於刪《詩》，在諸國，則變風皆取；在魯，則獨編史克之《頌》。或問：吾黨有直躬者，其父攘羊，而子證之。則曰：吾黨之直者異於是。父爲子隱，子爲父隱，直在其中矣。後世緣此，制爲五服相容隱之條，以綴骨肉之恩。《春秋》有諱，義蓋如是。《禮記》稱魯之君臣未嘗相弒者，蓋習於《經》文，而不知聖人書薨不地之旨故云爾。然則諱而不言弒也，何以傳信於將來？曰：書薨，以示臣子之情；不地，以存見弒之實，何爲無以傳信也？凡君終必書其所，獨至於見弒，則没而無所，其情厚矣，其事亦白矣。非聖人能修之乎！後世記言之士，欲諱國惡，則必失其實；直書無隱，又非臣子所當施之於君父也，而《春秋》之法不傳矣。

九月，夫人姜氏孫于邾。《公》作「邾婁」。

《左氏傳》：閔公，哀姜之娣叔姜之子也，故齊人立之。共仲通於哀姜，哀姜欲立之。閔公之死也，哀姜與知之，故孫于邾。

《穀梁傳》：孫之爲言，猶孫也，諱奔也。

武夷胡氏傳：夫人稱「孫」，閨乎故也。不去姓氏，降文姜也。莊公忘親釋怨，無志於復讎，《春秋》深加貶絶。一書再書又再書而不諱者，以爲三綱，人道所由立也。忘父子之恩，絶君臣之義，國人習而不察，將以是爲常事，則亦不知有君之尊，有父之親矣。莊公行之而不疑，大臣順之而不諫，百姓安之而無憤疾之心也，則人欲必肆，天理必滅。故叔牙之弑械成於前，慶父之無君動於後，圉人犖、卜齮之刃交發於黨氏、武闈之閒，哀姜以國母與聞乎故而不忌也。當是時，魯君再弑，幾至亡國，其應不亦憯乎！《春秋》以復讎爲重，而書法如此，所謂治之於未亂，保之於未危，不可不察也。

公子慶父出奔莒。

武夷胡氏傳：公子出奔，譏失賊也。閔公立而季子歸，何以見弑？慶父主兵日久，其權未可遽奪也。季子執政日淺，其謀未得盡行也。設以聖人處之，期月而已可矣。季子賢人而當此，能必克乎！及閔公再弑，慶父罪惡貫盈而疾之者愈衆，季子忠誠顯著而附之者益多，外固强齊之援，内協國人之情，正邪消長之勢判矣。然後夫人不敢安其位，慶父不得肆其姦。此明爲國者不知圖難於其易，爲大於其細，雖有智者，亦不能善其後矣。世儒或言用魯之衆，因齊之力，以戮慶父，其勢甚易，而季子不能，故書「夫人孫邾」、「慶父奔莒」，所以深惡其緩不討賊，則非也。以絳侯勃之果，陳平之無誤，將相交歡，而内有朱虚，外連齊、楚，以制諸吕庸人，宜易於反手。然太尉已入北軍，士皆左袒，猶恐不勝，未敢誦言誅之也。況於慶父巨姦，七百里之侯國，革車千乘，而三十年執其兵柄，其植根深矣，其耳目廣矣，其用物弘矣，而以爲戮之，其勢甚易，此未察乎難易遲速之幾者也。

吕氏曰：屬文比事，《春秋》教也。以經文觀之，夫人、慶父有罪自可見矣。

冬，齊高子來盟。

《公羊傳》：然則何以不名？喜之也。何喜爾？正我也。其正我奈何？莊公死，子般弒，閔公弒，比三君死，曠年無君。設以齊取魯，魯不興師，徒以言而已矣。桓公使高子將南陽之甲，立僖公而城魯。或曰自鹿門至於争門者是也，或曰自争門至於吏門者是也。

陸氏《微旨》：不言齊侯使高子，高子奉使，合宜受命不受辭也。

武夷胡氏傳：高子，齊大夫也。子者，男子之美稱。其稱「子」，賢之也。何賢乎高子？莊公薨，子般卒，閔公弒，慶父、夫人亂乎内，魯於是曠年無君。齊桓公使將南陽之甲，至魯而謀其國，其命高子必曰：「魯可取，則兼其國以廣地。魯可存，則平其亂以善鄰。」非有安危繼絶一定不可易之計也。高子至則平魯難，定僖公，魯人賴焉，以爲美談，至於久而不絶，曰「猶望高子」也。聖人美其明人臣之義，得奉使之宜，特稱「高子」以著其善。其不曰齊侯使之者，權在高子也。

十有二月，狄入衛。

《左氏傳》：冬，十二月，狄人伐衛。衛懿公好鶴，鶴有乘軒者。將戰，國人受甲者皆曰：「使鶴，鶴實有禄位，余焉能戰？」及狄人戰於熒澤，衛師敗績。遂滅衛。初，惠公之即位也少，齊人使昭伯烝於宣姜。不可，强之，生齊子、戴公、文公、宋桓夫人、許穆夫人。及敗，衛之遺民立戴公，以廬於曹。杜氏注：曹，衛下邑。戴公名申，立其年卒，而立文公。齊侯使公子無虧帥車三百乘，甲士三千人以戍曹。

武夷胡氏傳：衛，康叔之後，蓋北州大國，狄何以能入乎？臣昔嘗謂河南劉奕曰：「史氏記繁而志寡，如班固載諸王淫亂等事，盡削之可也。」奕曰：「必若此言，仲尼删詩，如《牆有茨》、《鶉之奔奔》、《桑中》諸篇，何以録於國風而不削乎？」臣不能答。後以問延平楊時。時曰：「此載衛爲戎狄所滅之因也，故在《定之方中》之前。」因以是考於歷代，凡淫亂者，未有不至於殺身敗家而亡其國者也。然後知古詩垂戒之大。而近世有獻議乞於經筵不以《國風》進讀者，殊失聖《經》之旨矣。

鄭弃其師。《公》、《穀》作「棄」。

《左氏傳》：鄭人惡高克，使帥師次於河上，久而弗召。師潰而歸，高克奔陳。鄭人爲之賦《清人》。

陸氏《微旨》：淳聞於師曰：「夫人臣之義，可則竭節而進，否則奉身而退。高克進退違義，見惡於君，罪亦大矣。不書其奔，其意何也？曰：高克見惡於君，其罪易知也。鄭伯惡其卿而不能退之以禮，兼棄其人，失君之道矣。故聖人異其文而深譏焉。」

常山劉氏曰：鄭詩《清人》，「刺文公也。高克好利而不顧其君，文公惡而欲遠之，不能，使高克將兵而禦狄於竟①。陳其師旅，翱翔河上，久而不召，衆散而歸，高克奔陳。公子素惡高克，進之不以禮，文公退之不以道，危國亡師之本，故作是詩也」。觀此詩序，則鄭棄其師之道，灼然著矣。

武夷胡氏傳：人君擅一國之名寵，殺生予奪惟我所制爾。使克不臣之罪已著，案而誅之可也；情狀未明，黜而遠之可也；愛惜其才，以禮馭之可也。烏有假以兵權，委諸境上，坐視其失伍離散而莫之恤乎？然則棄師者鄭伯，乃以國稱何也？二三執政，股肱心膂，休戚之所同也，不能進謀於君，協志同力黜逐小人，而國事至此，是謂「危而不持，顛而不扶，則將焉用彼相」矣。晉出帝時，景延廣專權，諸藩擅命，及桑維翰爲相，出延廣於外，一制書所敕者十有五鎮，無敢不從者。以五季之末，維翰能之，而鄭國二三執政畏一高克，不能退之以道，何政之爲！書曰「鄭棄其師」，君臣同責也。

【校記】

① 狄：原作「敵」，據《毛詩·清人》序改。

春秋集解卷九

僖公

名申，莊公子，閔公庶兄。惠王十八年即位。僖，謚也。小心畏忌曰僖。

元年，春，王正月

武夷胡氏傳：不書「即位」，内無所承，上不請命也。閔公薨，夫人孫于邾，慶父奔莒，公於是焉，以成風所屬，而季子立之，内無所承也。嗣子定位於初喪，而魯使不告於周；明年正位改元，而周使亦不至於魯；又明年服喪已畢，而不見於京師，上不請命也。承國於先君者，父子之倫；請命於天王者，君臣之義。今僖公内無所承，上不請命，不書「即位」，正王法也。是故有四海而即天王之位者，受之於天者也；有一國而即諸侯之位者，受之於王者也。受之於天者，必奉若天道，而後能保天下；受之於王者，必謹守王度，而後能保其國。

齊師、宋師、曹師次于聶北，救邢。夏六月，邢遷于夷《公》作「陳」。儀。齊師、宋師、曹師城邢。

《左氏傳》：諸侯救邢。邢人潰，出奔師。師遂逐狄人，具邢器用而遷之，師無私焉。夏，邢遷于夷儀，諸侯城之，救患也。凡侯伯，救患、分災、討罪，禮也。

《公羊傳》：救不言「次」，此其言「次」何？不及事也。遷者何？其意也。遷之者何？非其意也。

《穀梁傳》：齊師、宋師、曹師城邢，是向之師也，使之如改事然，美齊侯之功也。

伊川先生解：齊未嘗興大衆，此稱「師」，責其衆可救而徒次以爲聲援，致邢之不保其國也。

杜氏注：聶北，邢地；夷儀，邢地。

陸氏《纂例》：啖子曰：「凡救當奔命而往救。『次』，失救道也。」

蘇氏曰：先言「次」，而後言「救」，案兵待事，卒能救邢，故以救終之也。

武夷胡氏傳：三國稱「師」，見兵力之有餘也。聶北書「次」，譏救邢之不速也。《春秋》大義，伐而書次，其次爲善。「遂伐楚，次于陘」，美之也。救而書「次」，其「次」爲貶，救邢，「次于聶北」，譏之也。聖人之情見矣。故救患分災，於禮爲急；而好攻戰，樂殺人者，於罪爲大。又曰：書「邢遷于夷儀」，見齊師次止，緩不及事也。然邢以自遷爲文，而再書「齊師、宋師、曹師城邢」者，美桓公志義，卒有救患之功也。不以王命興師，亦聖人之所與乎？中国衰微，夷狄猾夏①，天子不能正，至於遷徙奔亡，諸侯有能救而存之，則救而存之可也。以王命興師者，正；能救而與之者，權。

秋，七月，戊辰，夫人姜氏薨于夷。齊人以歸。

《左氏傳》：哀姜孫于邾，齊人取而殺之于夷，以其尸歸。僖公請而葬之。

《穀梁傳》：夫人薨，不地。地，故也。

楚人伐鄭。

《左氏傳》：秋，楚人伐鄭，鄭即齊故也。

泰山孫氏曰：莊十年，荆敗蔡師于莘，始見於《經》。十四年入蔡，稱「荆」。二十三年來聘，始進稱「人」。二十八年伐鄭，稱「荆」，反狄之。今曰「楚人伐鄭」者，以其兵衆地大，漸通諸夏，復其舊封，比之小國也。

蘇氏曰：荆自此交通中國，《春秋》始以「人」書之，然猶君臣同詞。凡書其君臣者，皆特書也。

常山劉氏曰：楚自此浸强矣，故稱「人」焉。然終齊桓之世，只稱「人」而不得與中國之會盟者，爲齊桓能制其强也。至十有七年，齊桓卒，楚於是乎始横。十有九年，則已盟於齊矣。書曰：「冬，會陳人、蔡人、楚人、鄭人盟于齊。」二十有一年，春，「宋人、齊人、楚人盟于鹿上。」用此見中國衰微，夷狄方張爾②。至其秋之會，則書曰：「宋公、楚子、陳侯、蔡侯、鄭伯、許男、曹伯會于盂，執宋公以伐宋。」楚於是大張，位列於陳、蔡之上而書爵矣。

武夷胡氏傳：楚稱「人」，浸强也。莊公十年，敗蔡師，虜獻舞，固已强矣。然獨舉其號者，始見於《經》，則本其僭竊之罪，正其夷狄③之名，著王法也。二十三年來聘，嘉其慕義，乃以「人」書。二十八年伐鄭，惡其猾夏④，復其號舉。至是又伐鄭也，亦書「人」者，豈許其伐國而稱「人」乎？會中華，執盟主，朝諸侯，長齊、晉，其所有來者漸矣。

八月，公會齊侯、宋公、鄭伯、曹伯、邾《公》作「邾婁」**人于檉。**《公》作「朾」。

《左氏傳》：盟于犖，謀救鄭也。杜氏注：犖，即檉也。地有二名。

杜氏注：檉，宋地。陳國陳留縣西北有檉城。

九月，公敗邾《公》有「婁」字⑤。**師于偃。**《公》作「纓」。

《左氏傳》：公敗邾師于偃。虚丘之戍將歸者也。杜氏注：虚丘，邾地。邾人既送哀姜還，齊人殺之。因戍虚丘，欲以侵魯。

杜氏注：偃，邾地。

武夷胡氏傳：檉之會，謀救鄭，而公與邾人咸與焉，則是志同而謀協也。今既會邾人于檉，又敗邾師于偃，於此責公無攘夷狄安中國之誠矣⑥。凡此類皆直書其事，而義自見也。詐戰曰「敗」，敗之者爲主。

呂氏曰：公方會霸主，而遽敗邾師。君子以齊桓之服諸侯僅矣。

冬，十月，壬午，公子友帥師敗莒師於酈，《公》作「犂」，《穀》作「麗」。獲莒挐。

《左氏傳》：莒人來求賂，杜氏注：求還慶父之賂。公子友敗諸酈，獲莒子之弟挐。

杜氏注：酈，魯地。

十有二月，丁巳，夫人氏之喪至自齊。

《公羊傳》：夫人何以不稱「姜氏」？貶。曷爲貶？與弒公也。然則曷爲不於弒焉貶？貶必於其重者，莫重乎其以喪至也。

杜氏注：不稱「姜」，闕文。

劉氏《意林》：哀姜與乎亂，殺二子，幾亡國。齊桓討而誅之，是也。此上之所以行乎下，君之所以行乎臣，霸者之所以行乎諸侯之義。且哀姜安可復配宗廟，復臨羣臣哉！魯以臣子不得討，而齊以霸主得舉法，故臣子可緣霸主之命以尊宗廟，霸主亦可緣天子之法以絶魯私請。今齊以公議誅之，而魯以私意請之，是魯之不忍也。而不可通於《春秋》，故去「姜氏」以見焉，異乎文姜。文姜殺夫，雖臣子得絶之矣；哀姜殺子，終不可以子故讎母，唯霸主得行焉爾。

【校　記】

①中国衰微，夷狄猾夏：四庫本作「邢，姬姓也，而狄伐之」。

②夷狄方：四庫本作「楚人浸」。

③夷狄：四庫本作「僻陋」。

④猾夏：四庫本作「荐食」。

⑤有：原作「作」，據《公羊傳》改。

⑥夷狄：四庫本作「外患」。

二年，春，王正月，城楚丘。

《左氏傳》：諸侯城楚丘而封衛焉。不書，所會後也。

《穀梁傳》：楚丘者何？衛邑也。國而曰「城」。此邑也，其曰「城」，何也？封衛也。則其不言「城衛」，何也？衛未遷也。劉氏《權衡》曰：邑亦謂之城爾，若不謂之城，當爲之何哉？《定之方中》之詩曰：「文公徙居楚丘，始建城市而營宫室。」其辭曰：「定之方中，作于楚宫。揆之以日，作于楚室。」又曰：「升彼虚矣，以望楚矣。望楚與堂，景山與京，降觀于桑。卜云其吉，終焉允臧。」由此而言，文公先徙居，而後建城市，不得云衛未遷也。

陸氏《微旨》：淳聞於師曰：「楚丘，衛邑也。魯城之，非正也。曷爲無譏焉？曰：

王政不行，夷狄交至①，齊桓爲霸主，有存亡繼絶之功，從其令，亦所以自安也，故通其變，以示不失正也。不言齊命，爲桓公諱也。不繫於衛，示無譏也。若云『城衛楚丘』，則彼我俱非也。凡變而不失其正者，皆以諱爲善。」

武夷胡氏傳：楚丘，衛邑。桓公帥諸侯城之而封衛也。不書桓公，不與諸侯專封也。《木瓜》美桓公而夫子録之，意豈異乎？不與專封，正王法也。《木瓜》有取焉，善衛人之情也。曷爲善之？報者，天下之利，以德報德，則民有所勸矣。城楚丘，略而不書。城邢，詞繁而不殺，何也？案周制，凡封國，大宗伯儐，司几筵設黼扆，内史作册命。是天子大權，非諸侯所得擅而行之者也。衛人渡河，野處漕邑。許穆夫人閔其亡而《載馳》賦，文公徙居楚丘而後百姓悦，則其國嘗亡滅而不存矣。城楚丘，是擅天子之大權而封國也。邢遷於夷儀，《經》以自遷爲文，則其遷出於己意，其國未嘗滅也。諸侯城邢，是爲同惡相恤，以從簡書，故詞繁而不殺，美救患也。桓公封衛而衛國忘亡，其有功於中華甚大，爲利於衛人甚博，宜有美詞，發揚其事。今乃微之若此者，正其義不謀其利，明其道不計其功，略小惠，存大節，《春秋》之法也。故曰「五霸，三王之罪人」，「仲尼之徒無道桓文之事者」。

吕氏曰：先儒以謂諸侯之義，不得專封。夫所謂專封者，以此地畀此人也，則謂之專封，固不可也。如同時諸侯有相滅亡，天子不能令，方伯不能救，天下諸侯力能救而復之，則是蹈仁而踐義也。而以是爲專封，是嫂溺援之以手而以爲罪也。

夏，五月，辛巳，葬我小君哀姜。

虞師、晉師滅下《公》、《穀》並作「夏」。**陽。**

《左氏傳》：晉荀息請以屈産之乘與垂棘之璧，假道於虞以伐虢。公乃使荀息假道於虞。虞公許之，且請先伐虢。宫之奇諫，不聽，遂起師。夏，晉里克、荀息帥師會虞師伐虢，滅下陽。先書虞，賄故也。

《公羊傳》：虞，微國也。曷爲序乎大國之上？使虞首惡也。曷爲使虞首惡？受賂假滅國者道，以取亡焉。

《穀梁傳》：非國而曰「滅」，重夏陽也。虞先晉，何也②？爲主乎滅夏陽也。夏陽者，虞、虢之塞邑，滅夏陽而虞、虢舉矣。虞之爲主乎滅夏陽，何也？晉獻公欲伐虢，荀息曰：「君何不以屈産之乘、垂棘之璧而借道乎虞也？」公曰：「此晉國之寶也，如受吾幣，而不借吾道，則如之何？」荀息曰：「玩好在耳目之前，而患在一國之後。此中知以上乃能慮之。臣料虞君中知以下也。」公遂借道而伐虢。

伊川先生解：虞假道而助晉伐虢。虢之亡，虞實致之，故以虞爲主。下陽，邑也。

虢之亡由此，故即書「滅」。

杜氏注：下陽，虢邑。在河東大陽縣。

陸氏《微旨》曰：滅虢之事，實晉爲主，以虞首惡，其意何也？晉侯貪而忘親，滅人之國，其罪易知也。虞君職爲上公，受人之賂，遂其强暴，以取滅亡，其惡至矣，故聖人以爲首焉。

武夷胡氏傳：案《孟子》：「晉人以垂棘之璧、屈産之乘假道於虞以伐虢。宫之奇諫，百里奚不諫。」然則晉人造意，以虞首惡，何也？貪得重賂，遂其强暴，滅兄弟之國，以及其身，而亡社稷，所以爲首乎！《春秋》，聖人律令也。觀此義，可以見法矣。唐高宗賜其臣長孫無忌金寶繒錦，欲以立武昭儀。雖無忌終不順旨，君子猶議其没於利而不反君賜也，矧受他人之賂，遂其强暴者乎！國而曰「滅」，下陽，邑爾，其書「滅」，何也？下陽，虞、虢之塞邑，猶秦有潼關，蜀有劍嶺，皆國之門户也。潼、劍不守，則秦、蜀破，下陽既舉，而虞、虢亡矣。

襄陵許氏曰：書「鄭伯突入于櫟」，不書「入鄭」；書「虞師、晉師滅下陽」，不書「滅虢」，觀物有要矣。

秋，九月，齊侯、宋公、江人、黄人盟于貫。《公》作「貫澤」。

杜氏注：貫，宋地。梁國蒙縣西北有貰城。「貫」與「貰」字相似。江國在汝南安陽縣。黄國在弋陽縣。

《左氏傳》：服江、黄也。杜氏注：江、黄，楚與國也。始來服齊，故爲合諸侯。

武夷胡氏傳：案《左氏》：盟于貫，服江、黄也。荆楚天下莫强焉；江、黄者，其東方之與國也。二國來定盟，則楚人失其右臂矣。樂毅破齊，先結韓、趙；孔明伐魏，中好江東。雖武王牧野之師，亦誓友邦，遠及庸、蜀、彭、濮八國之人，共爲掎角之勢也。桓公此盟，其服荆楚之慮周矣，其攘夷狄、免民於左衽之義著矣③。

冬，十月，不雨。

《穀梁傳》：不雨者，勤雨也。

楚人侵鄭。

《左氏傳》：冬，楚人伐鄭。鬭章囚鄭聃伯。

【校　記】

①夷狄：四庫本作「外寇」。

②何：原作「故」，據《穀梁傳》改。

③其攘夷狄、免民於左衽之義著矣：四庫本删此句。

三年，春，王正月，不雨①。夏，四月，不雨。

《穀梁傳》：正月不雨。不雨者，勤雨也。夏，四月，不雨。一時言不雨者，閔雨也。閔雨者，有志乎民者也。

徐人取舒。

杜氏注：徐國，在下邳僮縣東南。舒國，今廬江舒縣。

高郵孫氏曰：舒，國也。徐人取之而不言「滅」者，舒之宗祀復存，未嘗見滅也。舒者，附庸之國，服屬於楚。徐人自楚取之，使之屬徐也。趙子曰：「凡得國而不書『滅』者，不絕其祀也。此説是也。」

襄陵許氏曰：僖公之《頌》曰：「荆、舒是懲。」則舒蓋荆與國，是以徐人取之。蓋倚齊、魯，故易如此。

六月，雨。

《穀梁傳》：六月，雨。雨云者，喜雨也。喜雨者，有志乎民者也。

武夷胡氏傳：雨云者，喜雨也。閔雨，與民同其憂；喜雨，與民同其樂。此君國子民之道也。觀此義則知《春秋》有懼天災，恤民隱之意。遇天災而不懼，視民隱而不恤，自樂其樂，而不與民同也，國之亡無日矣。

秋，齊侯、宋公、江人、黄人會于陽穀。

《左氏傳》：謀伐楚也。

《穀梁傳》：陽穀之會，桓公委端搢笏而朝諸侯，諸侯皆諭乎桓公之志。

杜氏注：陽穀，齊地。在東平須昌縣北。

武夷胡氏傳：案《左氏》：「謀伐楚也。」或曰：侵蔡次陘之師，諸侯皆在，江、黄獨不與焉，則安知其爲謀伐楚乎？曰：兵有聚而爲正②，亦有分而爲奇。諸侯之師同次于陘，所謂聚而爲正也。江人、黄人各守其地，所謂分而爲奇也。次陘，大衆厚集其陣，聲罪致討，以震中國之威。江人、黄人各守其境，案兵不動，以爲八國之援。此克敵制勝之謀也。退於召陵而盟禮定，循海以歸而濤塗執。然後及江人、黄人伐陳，則知侵蔡次陘而二國不會，自爲犄角之勢明矣。此大會而末言者，善是謀也。

冬，公子《穀》有「季」字。**友如齊涖**《公》、《穀》並作「蒞」。**盟。**

《左氏傳》：齊侯爲陽穀之會來尋盟。冬，公子友如齊涖盟。

杜氏注：涖，臨也。

《公羊傳》：蒞盟者何？往盟乎彼也。其言來盟者何？來盟於我也。

《穀梁傳》：蒞者，位也，范氏注：盟誓之言素定，今但往其位而盟。前定也。

襄陵許氏曰：公蓋有故，不會陽穀，是以季友如齊涖盟，用是見桓之寬政優簡於諸侯，而僖之誠德亦既信矣。

楚人伐鄭。

《左氏傳》：楚人伐鄭。鄭伯欲成，孔叔不可，曰：「齊方勤我，棄之不祥。」

【校　記】

① 不雨：原脱，據《春秋》經文補。

② 爲：原作「不」，據《春秋胡氏傳》改。

四年，春，王正月，公會齊侯、宋公、陳侯、衛侯、鄭伯、許男、曹伯侵蔡。蔡潰，遂伐楚，次于陘。

《左氏傳》：齊侯與蔡姬乘舟於囿。蕩公，公懼，變色，禁之，不可。公怒，歸之，未之絶也。蔡人嫁之。四年，春，齊侯以諸侯之師侵蔡。蔡潰，遂伐楚。楚子使與師言曰：「君處北海，寡人處南海，唯是風馬牛不相及也。不虞君之涉吾地也，何故？」管仲對曰：「昔召康公命我先君大公曰：『五侯九伯，女實征之，以夾輔周室。』賜我先君履，東至於海，西至於河，南至於穆陵，北至於無棣。爾貢包茅不入，王祭不共，無以縮酒，寡人是徵。昭王南征而不復，寡人是問。」對曰：「貢之不入，寡君之罪也，敢不供給。昭王之不復，君其問諸水濱。」師進，次于陘。

《公羊傳》：「潰」者何？下叛上也。其言「次于陘」何？有俟也。時楚强大，卒暴征之，則多傷士衆。桓公先犯其與國，臨蔡，蔡潰。兵精威行，乃推以伐楚。楚懼，然後使屈完來受盟，修臣子之職，不頓兵血刃。故詳録其止次。

《穀梁傳》：侵，淺事也。侵蔡而蔡潰，以桓公爲知所侵也。遂，繼事也。

杜氏注：陘，楚地。穎川召陵縣南有陘亭。

劉氏傳：此伐楚也，曷爲次于陘？止師以修文告之命。古者，邦内甸服，邦外侯服，侯衛賓服，蠻夷要服，戎狄荒服。甸服者祭，侯服者祀，賓服者享，要服者貢，荒服者王。日祭，月祀，時享，歲貢，終王。不祭則修意，不祀則修言，不享則修文，不貢則修名，不王則修德。序成而有不至則修刑。故刑不祭，伐不祀，征不享，讓不貢，告不王。伐國者，蓋賓之也，非殘之也。次于陘，義矣。

泰山孫氏曰：桓之病楚也久矣，故元年會于檉，二年盟于貫，三年會于陽穀以謀之。是時，楚方强盛，勢陵中國，不可易也。蔡，楚與國，故先侵蔡。俟其兵震威行，然後大舉。蔡既潰，遂進師次於敵境。陘，楚地。

蘇氏曰：二年楚人侵鄭，三年楚人伐鄭。齊桓公會諸侯于陽穀，爲鄭謀楚，將以諸侯伐之而未行。桓公與蔡姬乘舟于囿，蕩公，公懼，禁之，不可，公怒，歸之，而未絶也。蔡人嫁之。至是，因諸侯之師以侵蔡，蔡師潰，遂伐楚，責包茅之不入。故蔡曰「侵」，楚曰「伐」。然蔡小國也，以齊侵之，不待諸侯。諸侯之師，實爲楚動。而《春秋》書其迹，先侵蔡而後伐楚，若以蔡故勤諸侯，言私欲之害也。凡民逃其上曰「潰」，在上曰「逃」。楚人方强，齊將綏之以德，故次于陘以待之。既而楚屈完來求盟，因而許之。雖有諸侯之衆而不用，蓋伯者之師，求以服人而已，非若後世，必以戰勝爲功也。二十八年，晉、楚戰于城濮，晉文公退三舍避楚。楚成得臣從之，不已而後戰。方其退舍而楚還，則文公亦將不戰矣。由此觀之，桓、文之於用兵，皆求服人，而不求必勝也。

武夷胡氏傳：潛師掠境曰「侵」，侵蔡者，奇也。聲罪致討曰「伐」，伐楚者，正也。「遂」者，繼事之辭，而有專意。「次」，止也。楚貢包茅不入，王祭不供，無以縮酒，桓公是徵，而楚人服罪，師則有名矣。孟氏何以獨言春秋無義戰也？譬諸殺人者，或曰：「人可殺歟？」曰：「可。」「孰可殺之？」「爲士師則可以殺之矣。」「國可伐歟？」曰：「可。」「孰可伐之？」曰：「爲天吏則可以伐之矣。」楚雖暴横，憑陵上國。齊侯不請命，擅合諸侯，豈所謂「爲天吏」以伐之乎？《春秋》以義正名而樂與人爲善，以義正名則君臣之分嚴矣。書「遂伐楚」，譏其專矣。樂與人爲善，苟志於善，斯善之矣。書「次于陘。楚屈完來盟于師，盟于召陵」，序其績也。

夏，許男新臣卒。

《辨疑》：趙子曰：「許國與楚近。蓋許男遇疾而歸，卒於國，故不言卒於師爾。若實卒於師而不言師，則在師遇疾而歸國乃卒，即如何爲文乎？」

劉氏《意林》：以許男卒於師乎？當曰「卒於師」。卒於會乎？當曰「卒於會」。今一無稱焉者，此去其師與會而復之驗也。《春秋》褒不失實，貶不違理。新臣之爲人君，不知命者也。人之患莫大於不知命，不知命則必畏死，畏死則必貪生，貪生則必亂於理矣，而後有容身苟免之恥，而後有淫祀非望之惑。燕昭、秦始皇浚民竭國以自封焉，不知命之蔽也。

楚屈完來盟于師，盟于召陵。

《左氏傳》：夏，楚子使屈完如師。師退，次于召陵。齊侯陳諸侯之師，與屈完乘而觀之。齊侯曰：「豈不穀是爲，先君之好是繼。與不穀同好，如何？」對曰：「君惠徼福於敝邑之社稷，辱收寡君，寡君之願也。」齊侯曰：「以此衆戰，誰能禦之；以此攻城，何城不克！」對曰：「君若以德綏諸侯，誰敢不服？君若以力，楚國方城以爲城，漢水以爲池，雖衆，無所用之。」屈完及諸侯盟。

《公羊傳》：喜服楚也。何言乎喜服楚？楚有王者則後服，無王者則先叛。夷狄也，而亟病中國。南夷與北夷交，中國不絶如綫。桓公救中國而攘夷狄，卒帖荆。

《穀梁傳》：其不言使，權在屈完也①。……于召陵，得志乎桓公也。得志者，不得志也。以桓公得志爲僅矣。

杜氏注：召陵，潁川縣也。

陸氏《微旨》：啖子曰：「來盟于師，我在師也。」淳聞於師曰：「楚，蠻夷之强國也，未嘗與中國爲會。屈完之佐楚子，而能從善服義，得爲臣之道，故聖人特書族以褒之。」

劉氏《意林》：桓公之威可謂盛矣，責楚之包茅則諾，問昭王之不復則辭②。然而不以己力之有餘而加人。此雖益贊于禹，班師振旅之義何異！凡人之情，强則暴，服則懾。今齊强而不暴，楚服而不懾，俱捐其私，以義理相勝者也。苟以義理相勝，而無喜怒愛惡之遷，則王事純矣。故不多齊之有功，而多楚之服罪，不貴楚之能拒敵，而貴齊之能不遂也。

泰山孫氏曰：案元年，桓公救邢，城邢，皆曰某師某師。此合魯、衛、陳、鄭七國之君，侵蔡，遂伐楚，書爵者，以其能服强楚，攘夷狄③，救中國之功始著也。故自是征伐用師皆稱爵焉。

常山劉氏曰：楚屈完來盟于師，盟于召陵。彼自服而來求盟於我也。如成二年，袁婁之盟，則異於是。齊侯使國佐如師，非服而來也，畏晉之强而賂晉也。晉受賂而與盟，明我反及彼也，故不曰「來盟」而曰「秋，七月，齊侯使國佐如師。己酉，及國佐盟于袁婁」。《春秋》於王道，信輕重之權衡，曲直之繩墨也。

武夷胡氏傳：桓公帥九國之師侵蔡而蔡潰，伐楚而楚人震恐，兵力强矣。責包茅之不貢則諾，問昭王之不復則辭，徼與同好則承以寡君之願，語其戰勝攻克則對以用力之難。然而桓公退師召陵以禮楚使，卒與之盟而不遂也。於此見齊師雖强，桓公能以律用之而不暴；楚人已服，桓公能以禮下之而不驕。庶幾乎王者之事矣。

襄陵許氏曰：楚之未服，則侵蔡，進師次陘以威之；其既服也，則退師召陵以禮焉。若得「或躍在淵」之象者。此楚之所以畏而慕之，久而不能忘也。

齊人執陳轅《公》、《穀》並作「袁」。濤塗。

《左氏傳》：陳轅濤塗謂鄭申侯曰：「師出於陳、鄭之閒，國必甚病。若出於東方，觀兵於東夷，循海而歸，其可也。」申侯曰：「善。」濤塗以告齊侯，許之。申侯見曰：「師老矣，若出於東方而遇敵，懼不可用也。若出於陳、鄭之閒，共其資糧屝屨，其可也。」齊侯悦，與之虎牢。執轅濤塗。

《公羊傳》：稱「侯」而執者，伯討也。稱「人」而執者，非伯討也。此執有罪，何以不得爲伯討？古者，周公東征則西國怨，西征則東國怨。桓公假塗於陳而伐楚，則陳人不欲其反由己者，師不正故也。不修其師而執濤塗，古人之討則不然也。

秋，及江人、黄人伐陳。

《左氏傳》：秋，伐陳，討不忠也。

伊川先生解：齊命也。

八月，公至自伐楚。

《穀梁傳》：有二事偶，則以後事致。後事小，則以先事致。其以伐楚致，大伐楚也。

泰山孫氏曰：出踰二時。

葬許穆《公》作「繆」④。公。

冬，十有二月，公孫兹《公》作「慈」。帥師會齊人、宋人、衛人、鄭人、許人、曹人侵陳。

《左氏傳》：冬，叔孫戴伯帥師會諸侯之師侵陳。陳成，歸轅濤塗。

蘇氏曰：伐陳、侵陳，皆討濤塗之不忠也。前曰「伐」，當其罪也。後曰「侵」，已甚也。

武夷胡氏傳：揚子《法言》：「或問：『爲政有幾？』曰：『思、斁。』……『昔在周公，征於東方，四國是皇，……其思矣夫。齊桓公欲徑陳，陳不果納，執轅濤塗，其斁矣夫。』」桓公識明而量淺，管仲器不足而才有餘。方楚人未帖，而齊以爲憂也，致勤於鄭，振中夏之威；會于陽穀，惇遠國之信；案兵于陘，修文告之詞；退舍召陵，結會盟之禮。何其念之深，禮之謹也。存此心以進善，則桓有王德，而管氏爲王佐矣。堯、舜性之也，湯、武身之也，五霸假之也。久假而不歸，烏知其非有？惜乎，桓公假之不久而遽歸也！楚方受盟，志已驕溢。陳大夫一謀不協，其身見執，其國見伐、見侵，而怒猶未怠也。桓德於是乎衰矣。愛人不親反其仁，治人不治反其知，禮人不答反其敬，行有不得者皆反求諸己。其身正而天下歸之，曾可厚以責人不自反乎！原其失，在於量淺而器不宏也。魏武纔得荆州而張松見忽，唐莊宗自矜取汴而高氏不朝。成湯勝夏，撫有萬方，乃曰：「茲朕未知，獲戾於上下。慄慄危懼，若將隕於深淵。」「其爾萬方，有罪在予一人。予一人有罪，無以爾萬方。」人之度量相越，豈不遠哉！《春秋》稱「人」以執，罪齊侯也。稱「侵陳」者，深責之也。故孟子曰：「仲尼之徒無道桓文之事者」，「管仲、曾西之所不爲也，而子爲我願之乎！」

【校　記】

① 權：原作「兵」，據《穀梁傳》改。

② 復：原作「服」，據劉敞《春秋意林》改。
③ 夷狄：四庫本作「外患」。
④ 公：原脱，據《公羊傳》補。

五年，春，晉侯殺其世子申生。

《左氏傳》：晉獻公娶于賈，無子。烝於齊姜，生秦穆夫人及大子申生。又娶二女於戎。大戎狐姬生重耳，小戎子生夷吾。晉伐驪戎，驪戎男女以驪姬。歸，生奚齊，其娣生卓子。驪姬嬖，欲立其子，賂外嬖梁五與東關嬖五。使言於公，曰：……「晉侯」使大子居曲沃，重耳居蒲城，夷吾居屈。羣公子皆鄙，唯二姬之子在絳。以上見莊公二十八年。及將立齊奚，既與中大夫成謀。姬謂大子曰：「君夢齊姜，必速祭之。」大子祭於曲沃，歸胙於公。公田，姬寘諸宫六日。公至，毒而獻之。杜氏注：毒，酒經宿輒敗，而經六日，明公之惑。公祭之地，地墳；與犬，犬斃；與小臣，小臣亦斃。姬泣曰：「賊由大子。」大子奔新城。公殺其傅杜原款。或謂大子：「子辭，君必辯焉。」大子曰：「君非姬氏，居不安，食不飽。我辭，姬必有罪。君老矣，吾又不樂。」曰：「子其行乎！」大子曰：「君實不察其罪。被此名也以出，人誰納我？」十二月，縊於新城。姬遂譖二公子，曰：「皆知之。」重耳奔蒲，夷吾奔屈。見四年。

《公羊傳》：曷爲直稱晉侯以殺？殺世子、母弟直稱君者，甚之也。

陸氏《微旨》曰：申生進不能自明，退不能違難，雖有愛父之心，而乃陷之於不義，俾讒人得志，國以亂離。古人云：「小仁，大仁之賊也。」其斯之謂歟！

武夷胡氏傳：申生愛父以姑息，而陷之於不義，而目晉侯斥殺專罪獻公何也？《春秋》端本清源之書也。内寵並后，嬖子配適，亂之本也。驪姬寵，奚齊、卓子嬖，亂本成矣。尸此者其誰乎？是故目晉侯斥殺專罪獻公，使後世有欲紊妃妾之名，亂適庶之位，縱人欲，滅天理，以敗其家國者，知所戒焉。以此防民，猶有以堯母名門，使姦臣逆探其意，有危皇后、太子之心，以成巫蠱之禍者。

杞伯姬來朝其子。

《公羊傳》：與其子俱來朝也。

《穀梁傳》：諸侯相見曰「朝」。伯姬爲志乎朝其子也。伯姬爲志乎朝其子，則是杞伯失夫之道矣。諸侯相見曰「朝」，以待人父之道待人之子，非正也。故曰「杞伯姬來朝其子」，參譏也。

杜氏注：伯姬來寧，寧成風也。

夏，公孫兹《公》作「慈」。如牟。

《左氏傳》：夏，公孫兹如牟娶焉。

公及齊侯、宋公、陳侯、衛侯、鄭伯、許男、曹伯會王世子于首止。《公》、《穀》並作「戴」，下同。秋，八月，諸侯盟于首止。

《左氏傳》：會王大子鄭，謀寧周也。杜氏注：惠王以惠后故，將廢大子鄭而立王子帶，故齊桓帥諸侯會王大子，以定其位。

《公羊傳》：曷爲殊會王世子？世子貴也。「諸侯盟于首止」，諸侯何以不序？一事而再見者，前目而後凡也。

《穀梁傳》：及其會，尊之也。何尊焉？「王世子」云者，唯王之貳也。「諸侯盟于首止」，無中事而復舉諸侯何也？尊王世子而不敢與盟也。尊則其不敢與盟何也？盟者，不相信也，故謹信也。不敢以所不信而加之尊者。桓，諸侯也，不能朝天子，是不臣也。王世子，子也，塊然受諸侯之尊己而立乎其位，是不子也。桓不臣，王世子不子，則其所善焉，何也？是則變之正也。

伊川先生解：世子，王之貳，不可與諸侯列。世子出，諸侯會之，故其辭異。

杜氏注：惠王大子鄭也。首止，衛地，陳留襄邑縣東南有首鄉。

劉氏傳：此一地也，曷爲再言首止？善是盟也。曷爲善之？王將以愛易世子，桓公爲是率諸侯會而盟之，王室以安。則是正乎？不正。不正則其嘉之何也？王將以愛易世子，諸侯莫知。以争則不可，以諫則不得。桓公控大國，扶小國，會世子于首止，以尊天王爲之也。然而諸侯以睦，天王以尊，後嗣以定，一會而父子君臣之道皆得焉。

蘇氏曰：首止之會，非王志也。帥諸侯以定世子爲義也。然而諸侯不以王命而會世子，世子不以王命而出會諸侯，衰世之事也。

武夷胡氏傳：「及」以「會」，尊之也。以王世子而下會諸侯則陵，以諸侯而上與王世子會則抗。《春秋》抑强臣，扶弱主，撥亂世，反之正，特書「及」以「會」者，若曰王世子在是，諸侯咸往會焉，示不可得而抗也。後世論其班位，有次於三公、宰臣之下，亦有序乎其上者，則將奚正？自天王而言，欲屈遠其子，使次乎其下，示謙德也。自臣下而言，欲尊敬王世子，則序乎其上，正分義也。天尊地卑而其分定，典序禮秩而其義明，使羣臣得伸其敬，則貴有常尊，上下辨矣。《經》書宰周公，祇與王人同序於諸侯之上，而不得與殊會同書，此聖人尊君抑臣之旨也，而班位定矣。無中事復舉諸侯會盟同地，再言首止者，書之重，詞之複，其中必有大美惡焉。首止之盟，美之大者也。王將以愛易世子，桓公有憂之，控大國，扶小國，會於首止，以定其位。大子踐祚，是爲襄王。一舉而父子君臣之道皆得焉。故夫子稱之曰：「管仲相桓公，一匡天下，民到於今受其賜。微管仲，吾其被髮左衽矣！」中國之爲中國，以其有父子君臣之大倫也。一失則爲夷狄矣！故曰：首止之盟，美之大者也。

鄭伯逃歸不盟。

《左氏傳》：秋，諸侯盟。王使周公召鄭伯，曰：「吾撫女以從楚，輔之以晉，可以少安。」杜氏注：王恨齊桓定大子之位，故召鄭伯，使叛齊也。鄭伯喜於王命，而懼其不朝於齊也，故逃歸不盟。

武夷胡氏傳：事有惡者，不與爲幸；其善者，不與爲貶。平丘之盟，惡也，請魯無勤，是以爲幸，故直書曰「公不與盟」。首止之盟，善也，犯衆不盟，是以爲貶。故特書曰「鄭伯逃歸」。逃者，匹夫之事，以諸侯之尊，下行匹夫之事，雖悔於終，病而乞盟，如所喪何！其書「逃歸不盟」，深貶之也。或曰：首止之會，非王志也，王惡齊侯定世子，而使周公召鄭伯曰：「吾撫女以從楚，可以少安。」鄭伯喜於王命而畏齊，故逃歸不盟。然則何罪乎？曰：《春秋》道名分，尊天王，而以大義爲主。夫義者，權名分之中而當其可之謂也。諸侯會王世子，雖衰世之事，而《春秋》與之者，是變之中也。鄭伯雖承王命，而制命非義，《春秋》逃之者，亦變之中也。天下之大倫，有常有變，舜之於父子，湯武之於君臣，周公之於兄弟，皆處其變也。賢者守其常，聖人盡其變。會首止，逃鄭伯，處父子君臣之變，而不失其中也。噫！此《春秋》之所以爲《春秋》，而非聖人莫能修之者也。

楚人滅弦，弦子奔黄。

《左氏傳》：楚鬬穀於菟滅弦，弦子奔黄。於是江、黄、道、柏方睦於齊，皆弦姻也。弦子恃之而不事楚，又不設備，故亡。

杜氏注：弦國，在弋陽軑縣東南。

泰山孫氏曰：楚人滅弦者，惡桓不能救也，故弦子不名。十年狄滅温，十二年楚人滅黄，同此。

九月，戊申朔，日有食之。

冬，晉人執虞公。

《左氏傳》：晉侯復假道于虞以伐虢。宫之奇諫，弗聽，許晉使。八月，甲午，晉侯圍上陽。杜氏注：上陽，虢國都，在弘農陝縣東南。……冬，十二月，丙子朔，晉滅虢。虢公醜奔京師。師還，館於虞，遂襲虞，滅之。執虞公及其大夫井伯，以媵秦穆姬。

《公羊傳》：虞已滅矣，其言執之何？不與滅也。曷爲不與滅？滅者，亡國之善辭也。滅者，上下之同力者也。

《穀梁傳》：執不言所於地，緼於晉也。范氏注：時虞已包裹屬於晉。

伊川先生解：書「執」而不書「滅」，自取也。

陸氏《纂例》：天子三公，故不書名。啖子曰：「春秋時，以强暴弱，故執諸侯皆稱『人』，亂辭也。」

劉氏《意林》：虞之滅，自夏陽始。夏陽滅，則虞亡矣。宫之奇、舟之僑之徒皆知之，獨其君不知。故《春秋》因大見其釁於滅夏陽，而深没其迹於執虞公，使天下之爲人君者從而省之，可以戒於此矣。故曰：「家有既亡，國有既滅，由别之不别也。」可不大哀乎！人君莫不惡亡而好存，莫能固亡而保存，是何也？嗜欲之習近，而憂患之來遠也。

蘇氏曰：不言晉之滅虞，虞自滅也。秦之取梁也，書曰「梁亡」而不及秦，以爲梁自亡也。

武夷胡氏傳：書滅下陽於始，而記執虞公於後，可以見棄義趨利，瀆貨無厭之能亡國敗家審矣。

【校記】

① 失爲夷狄：四庫本作「否則奚貴中國」。

六年，春，王正月。

夏，公會齊侯、陳侯、衛侯、曹伯伐鄭，圍新城。

《左氏傳》：諸侯伐鄭，以其逃首止之盟故也。圍新密，鄭所以不時城也。

杜氏注：新城，鄭新密，今滎陽密縣。

襄陵許氏曰：圍而不舉，則亦服之而已，有遺力者也。

秋，楚人圍許。諸侯遂救許。

《左氏傳》：楚子圍許以救鄭。諸侯救許，乃還。冬，蔡穆侯將許僖公以見楚子於武城，許男面縛銜璧，大夫衰絰，士輿櫬。楚子使復其所。

《穀梁傳》：善救許也。

冬，公至自伐鄭。

《穀梁傳》：其不以救許致，何也？大伐鄭也。

泰山孫氏曰：出踰三時。

春秋集解卷十

僖　公

七年，春，齊人伐鄭。

武夷胡氏傳：將卑師少稱「人」，聲罪致討曰「伐」。鄭伯背華即夷①，南與楚合而未離也。故桓公復治之。

夏，小邾《公》作「邾婁」。**子來朝。**

杜氏注：郳犂來始得王命而來朝也。邾之别封，故曰「小邾」。

高郵孫氏曰：霸者之興，而附庸小國類多稱爵。《春秋》因而書之。所以見當時之爵或降或升，惟霸者之所欲爲爾！

鄭殺其大夫申侯。

《左氏傳》：春，齊人伐鄭。孔叔言於鄭伯，請下齊以救國，公曰：「吾知其所由來矣。姑少待我。」夏，鄭殺申侯以説於齊，且用陳轅濤塗之譖也。

《穀梁傳》：稱國以殺大夫，殺無罪也。

劉氏傳：申侯之罪奈何？申侯之爲人臣也，專利而不厭，興事以自爲功，足以殺其身而已矣。

劉氏《意林》：《春秋》君臣皆譏，以謂鄭伯内忌而殺申侯；申侯雖不當誅，亦有以取之。

呂氏曰：言被殺者無罪，而殺之者濫殺也。

秋，七月，公會齊侯、宋公、陳世子款、鄭世子華，盟于甯《穀梁》作「寧」。**母。**

《左氏傳》：謀鄭故也。管仲言於齊侯曰：「臣聞之：『招攜以禮，懷遠以德。』德、禮不易，無人不懷。」齊侯修禮於諸侯，諸侯官受方物。鄭伯使太子華聽命於會，言於齊侯，曰：「洩氏、孔氏、子人氏三族實違君命。若君去之以爲成，我以鄭爲内臣，君亦無所不利焉。」齊侯將許之。管仲曰：「君以禮與信屬諸侯，而以姦終之，無乃不可乎！子父不姦之謂禮，守命共時之謂信。違此二者，姦莫大焉。」齊侯辭焉。子華由是得罪於鄭。

杜氏注：高平方與縣東有泥母亭，音如「甯」。

曹伯班《公》作「般」。**卒。**

公子友如齊。

冬，葬曹昭公。

【校　記】

① 背華即夷：四庫本作「背中即外」。

八年，春，王正月，公會王人、齊侯、宋公、衛侯、許男、曹伯、陳世子款《公》有「鄭世子華」。盟于洮。鄭伯乞盟。

《左氏傳》：請服也。

《公羊傳》：王人者何？微者也。曷爲序乎諸侯之上？先王命也。

《穀梁傳》：兵車之會也。

杜氏注：洮，曹地。新服，未與會，故不序例，别言「乞盟」。

陸氏《纂例》：啖子曰：「王人與盟，非禮也。」

陸氏《辨疑》：啖子曰：「乞者，卑重之辭爾。」

武夷胡氏傳：王人，下士也。内臣之微者，莫微於下士。外臣之貴者，莫貴於方伯、公、侯。今以下士之微，序乎方伯、公、侯之上，外輕内重，不亦偏乎！《春秋》之法，内臣以私事出朝者，直書曰「來」，以私好出聘者不稱其使，以私情出訃者止録其名，不以其貴故尊之也。以王命行者，雖下士之微，序乎方伯、公、侯之上，不以其賤故輕之也。然則班列之高下，不在乎内外，特係乎王命爾。聖人之情見矣，尊君之義明矣。乞者，卑遜自屈之辭，欲與是盟，而未知其得與否也。始而逃歸，今則乞盟，於以見舉動人君之大節，不可不慎也。

夏，狄伐晉。

襄陵許氏曰：晉恃强大且遠，不與齊合，是以狄得侮之與！故當齊桓之隆，同盟者安，介立者殆矣。

秋，七月，禘于大廟，用致夫人。

《左氏傳》：禘而致哀姜焉，非禮也。凡夫人不薨於寢，不殯於廟，不赴於同，不祔於姑，則弗致也。劉氏《權衡》曰：凡國君夫人於四者一不備，則不致於廟也。設令夫人歸寧而死，亦將不致乎？

杜氏注：「致」者，致新死之主於廟，而列之昭穆。夫人淫而與弑，不薨於寢，於禮不應致，故僖公疑其禮。歷三禘，今果行之。

冬，十有二月，丁未，天王崩。

劉氏傳：《傳》曰：「惠王也。」

九年，春，王三月，丁未，宋公御《公》、《穀》並作「禦」。説卒。

夏，公會宰周公、齊侯、宋子、衛侯、鄭伯、許男、曹伯于葵丘。

《左氏傳》：宋桓公卒，未葬而襄公會諸侯，故曰「子」。夏，會于葵丘，尋盟且修好，禮也。王使宰孔賜齊侯胙。孟子曰：「五霸，桓公爲盛。葵丘之會，諸侯束牲載書而不歃血。初命曰：『誅不孝，無易樹子，無以妾爲妻。』再命曰：『尊賢育才，以彰有德。』三命曰：『敬老慈幼，無忘賓旅。』四命曰：『士無世官，官事無攝，取士必得，無專殺大夫。』五命曰：『無曲防，無遏糴，無有封而不告。』曰：『凡我同盟之人，既盟之後，言歸於好。』」①

《穀梁傳》：天子之宰，通於四海。宋其稱「子」何也？未葬之辭也。禮，柩在堂上，孤無外事。今背殯而出會，以宋子爲無哀矣。

伊川先生解：天子之宰與世子禮異，故不殊會。

杜氏注：周公，宰孔也。宰，官。周，采地。天子三公不字。陳留外黄縣有葵丘。

陸氏《微旨》：趙子曰：「凡諸侯在喪而出，以喪行者稱『子』，以吉行者稱爵，志惡之淺深也。」

武夷胡氏傳：其曰「宰周公」者，以冢宰兼三公也。古者三公無其人，則以六卿之有道者上兼師保之任。冢宰或闕，亦以三公下行端揆之職。禹自司空進宅百揆，又曰「作朕股肱耳目」，是以宰臣上兼師保之任也。周公爲師，又曰「位冢宰，正百工」，是以三公下行端揆之職也。所以然者，三公與王坐而論道，固難其人；而冢宰統百官，均四海，亦不易處也。夫以冢宰兼三公，其職任重矣，而不殊會之，何也？人臣則有進退之節，出入均勞之義，非王世子貴有常尊之可比也。

秋，七月，乙酉，伯姬卒。

《公羊傳》：此未適人，何以卒？許嫁矣。婦人許嫁，字而笄之，死則以成人之喪治之。

九月，戊辰，諸侯盟于葵丘。

《左氏傳》：秋，齊侯盟諸侯于葵丘。宰孔先歸，遇晉侯曰：「可無會也。齊侯不務德而勤遠略。」晉侯乃還。

《公羊傳》：貫澤之會，桓公有憂中國之心，不召而至者江人、黄人也。葵丘之會，桓公震而矜之，叛者九國。

伊川先生解：云「諸侯盟」，見宰不與。

陸氏《微旨》：淳聞於師曰：「盟稱『諸侯』者，前目後凡之義，且明周公之不與盟也。不與盟，禮也，天子無疑諸侯之禮。

劉氏傳：此一地也，曷爲再言葵丘？善是盟也。曷爲善之？桓公誅不孝，無易樹子，無以妾爲妻；尊賢育才，以彰有德；敬老慈幼，無忘賓旅；士無世官，官事無攝，取士必得，無專殺大夫；無遏糴，無有封而不告。凡我同盟之人，既盟之後，言歸於好。以是爲盡禁矣，諸侯咸諭乎桓之志，蓋束牲載書而不歃血也。

武夷胡氏傳：觀孟子所載此盟初命之詞，則知桓公翼戴襄王之事信矣。

甲子，《公》作「戊」。**晉侯佹**《公》、《穀》並作「詭」。**諸卒。冬，晉里克殺**《公》作「弑」。**其君之子奚齊。**

《左氏傳》：晉獻公卒。里克、丕鄭欲納文公，故以三公子之徒作亂。杜氏注：三公子：申生、重耳、夷吾。初，獻公使荀息傅奚齊。公疾，召之曰：「以是藐諸孤，辱在大夫，其若之何？」稽首而對曰：「臣竭其股肱之力，加之以忠貞，其濟，君之靈也；不濟，則以死繼之。」冬十月，里克殺奚齊於次。書曰：「殺其君之子。」未葬也。荀息將死之，人曰：「不如立卓子而輔之。」荀息立公子卓，以葬。十一月，里克殺公子卓於朝，荀息死之。

《公羊傳》：弑未踰年君之號也。

《穀梁傳》：「其君之子」云者，國人不子也。國人不子何也？不正其殺世子申生而立之也。

武夷胡氏傳：穀梁子曰：「『其君之子』云者，國人不子也。不正其殺申生而立之也。」人君擅一國之名寵，爲其所子則當子矣，國人何爲不子也？民至愚，而神是非好惡靡不明且公也。其所子而弗子者，莫能使人弗之子也；非所子而子之者，莫能使人之亦子也。周幽王嘗黜大子宜臼，子伯服矣，而犬戎殺其身。晉獻公亦殺世子申生，立奚齊矣，而大臣殺其子。《詩》不云乎：「天生烝民，有物有則。民之秉彝，好是懿德。」此言天理根於人心，雖以私欲滅之，而有不可滅也。《春秋》書此以明獻公之罪，抑人欲之私，示天理之公，爲後世戒，其義大矣。以此防民，猶有欲易大子而立趙王如意，致夫人之爲人彘者。

【校記】

① 「孟子曰」以下一段，底本、四庫本、摛藻堂本皆作原文。按本書體例，應爲作者引述孟子之説註釋葵丘之會。以例改爲小字。

十年，春，王正月，公如齊。

泰山孫氏曰：公始朝齊也。不至者，朝桓安之，與他國異也。十五年如齊，同此。

狄滅温，温子奔衛。

《左氏傳》：蘇子無信也。蘇子叛王即狄，又不能於狄。狄人伐之，王不救，故滅。蘇子奔衛。

杜氏注：蓋中國之狄。

晉里克弑其君卓《公》有「子」字。**及其大夫荀息。**

《公羊傳》：「及」者何？累也。弑君多矣，舍此無累者乎？曰：有。孔父、仇牧皆累也。舍孔父、仇牧無累者乎？曰：有。有則此何以書？賢也。何賢乎荀息？荀息可謂不食其言矣。

劉氏《意林》：晉里克弑其君卓。里克能不聽優施之謀，甯喜能不從孫林父之亂，陳乞能不隨景公之惑，則晉無殺世子之禍，衛無逐君之惡，齊無立孽孽之變矣。患在婾合苟容，逢君之惡，故《春秋》成其君臣之名，以正其篡弑之罪也。所謂不知其義，被之空言不敢辭矣。不然，卓與剽、荼豈有宜爲君之義哉！陳平之王吕氏，誅少帝也似此。皆不明於大臣之分者也。

武夷胡氏傳：國人不君奚齊、卓子，而曰「里克弑其君卓」何也？是里克君之也。里克者，世子申生之傅也。驪姬將殺世子而難里克，使優施飲之酒，而告之以其故。里克聽其謀，乃欲以中立自免，稱疾不朝，居三旬而難作，是謂持禄容身，速獻公殺嫡立庶之禍者。故成其君臣之名，以正其弑逆之罪。克雖欲辭而不受，其可得乎？使克明於大臣之義，據經廷諍以動其君，執節不貳，固大子以攜其黨，多爲之故以變其志。其濟，則國之福也；其不濟，而死於其職，亦無歉矣。人臣所明者義，於功不貴幸而成；所立者節，於死不貴幸而免。克欲以中立祈免，自謂智矣，而終亦不能免。等死爾，不死於世子而死於弑君，其亦不知命之蔽哉！《語》曰：「不知命，無以爲君子也。」爲人臣而不知《春秋》之義者，必陷於簒弑誅死之罪，克之謂矣。荀息者，奚齊、卓子之傅也，君弑而死於難。書「及」，所以著其節；書「大夫」，不失其官也。於荀息何取焉？若息者，可謂不食其言矣。或曰：息既從君於昏，不食其言，庸足取乎？世衰道微，人愛其情，私相疑貳，以成傾危之俗，至於刑牲歃血，要質鬼神，猶不能固其約也。孰有可以託六尺之孤，寄百里之命，臨死節而不可奪如息者哉！自古皆有死，民無信不立。故聖人以信易食，而君子以信易生。息不食言，其可少乎！

夏，齊侯、許男伐北戎。

晉殺其大夫里克。

《左氏傳》：九年，晉郤芮使夷吾重賂秦以求入。齊隰朋帥師及秦師納晉惠公。十年，夏，四月，周公忌父、王子黨會齊隰朋，立晉侯。晉侯殺里克以説。將殺里克，公使謂之曰：「微子，則不及此。雖然，子弒二君與一大夫，爲子君者，不亦難乎！」對曰：「不有廢也，君何以興？欲加之罪，其無辭乎！臣聞命矣。」伏劍而死。於是丕鄭聘於秦，且謝緩賂，故不及。

《穀梁傳》：稱國以殺，罪累上也。里克弒二君與一大夫，其以累上之辭言之，何也？其殺之不以其罪也。其殺之不以其罪奈何？里克所爲弒者，爲重耳也。夷吾曰：「是又將殺我乎？」故殺之。

呂氏曰：里克弒君，殺之宜也，然稱國以殺，罪累上者，何也？晉惠公討不以其罪，而恐其不利於己也，故殺之爾。《春秋》推見至隱，於此可見。

秋，七月。

冬，大雨雪。《公》作「雹」。

十有一年，春，晉殺其大夫丕鄭父。

《左氏傳》：十年，丕鄭之如秦也，言於秦伯曰：「呂甥、郤稱、冀芮實爲不從，若重問以召之，臣出晉君，君納重耳，蔑不濟矣！」冬，秦伯使泠至報問，且召三子。郤芮曰：「幣重而言甘，誘我也。」遂殺丕鄭、祁舉及七輿大夫。

《穀梁傳》：稱國以殺，罪累上也。

蘇氏曰：丕鄭，里克之黨也。惠公既殺里克，丕鄭言於秦伯，請出晉君而納重耳，鄭則有罪矣。然鄭之謀，由殺里克致之也。故稱國以殺，言君亦過也。

武夷胡氏傳：其稱國者，兼罪用事大夫不能格君心之非，至於多忌濫刑，危其國也。

夏，公及夫人姜氏會齊侯于陽穀。

杜氏注：婦人送迎不出門，見兄弟不踰閾。與公俱會齊侯，非禮。

秋，八月，大雩。

《穀梁傳》：得雨曰「雩」，不得雨曰「旱」。

襄陵許氏曰：先乎陽穀之會爲大雨雪，後乎陽穀之會爲大雩，盛陰之極，其反爲暘。僖，賢君也，不能禮佐齊桓，儆其怠忽，而與之俱肆於寵樂，是以見戒於天如此。

冬，楚人伐黄。

《左氏傳》：黄人不歸楚貢。冬，楚人伐黄。

武夷胡氏傳：被兵城守，更歷三時，告命已至而援師不出，則失救患分災、攘夷狄①、安與國之義矣。滅弦、滅温，皆不書「伐」，滅黄而書「伐」者，罪桓公既與會盟而又不能救也。

襄陵許氏曰：以公、夫人陽穀之會觀之，則齊侯霸業怠矣。是以楚人伐黄而不能救也。

【校　記】

① 攘夷狄：四庫本作「畏簡書」。

十有二年，春，王正月，庚午，日有食之。

杜氏注：不書朔，官失之。

夏，楚人滅黄。

《左氏傳》：黄人恃諸侯之睦於齊也，不供楚職，曰：「自郢及我九百里，焉能害我？」夏，楚滅黄。

《穀梁傳》：貫之盟，管仲曰：「江、黄遠齊而近楚。楚爲利之國也。若伐而不能救，則無以宗諸侯矣。」桓公不聽，遂與之盟。管仲死，楚伐江滅黄，桓公不能救，故君子閔之也。

武夷胡氏傳：《春秋》，滅人之國，其罪則一，而見滅之君，其例有三：以歸者既無死難之節，又無克復之志，貪生畏死，甘就執辱，其罪爲重，許斯、頓牂之類是也。出奔者，雖不死於社稷，有興復之望焉，託於諸侯，猶得寓禮，其罪惟輕，弦子、温子之類是也。若夫國滅，死於其位，是得正而斃焉者矣，於禮爲合，於時爲不幸，若江、黄二國是也。其書「滅」者，見夷狄之强①，罪諸夏之弱，責方伯連帥之不修其職，使小國賢君困於强暴不得其所。公羊子所爲亡國之善詞，上下之同力者也。

秋，七月。

冬十有二月，丁丑，陳侯杵《公》作「處」。臼卒。

【校　記】

① 夷狄：四庫本作「荆楚」。

十有三年，春，狄侵衛。

武夷胡氏傳：齊桓公爲陽穀之會，是肆於寵樂，其行荒矣。楚人伐黄而救兵不起，是忽於簡書，其業怠矣。然後狄人窺伺中國①，今年侵衛，明年侵鄭，近在王都之側，淮夷亦來病杞而不忌也。伯益戒於舜曰：「無怠無荒，四夷來王。」此至誠無息，帝王之道，《春秋》之法也。齊桓、晉文若此類者，其事則直書於策，其義則遊聖門者默識於言意之表矣。故曰：「仲尼之徒，無道桓、文之事者。」

襄陵許氏曰：桓政始衰，自楚伐黄不救，則狄有以量中國矣。

夏，四月，葬陳宣公。

公會齊侯、宋公、陳侯、衛侯、鄭伯、許男、曹伯于鹹。

《左氏傳》：淮夷病杞故，且謀王室也。

杜氏注：鹹，衛地。東郡濮陽縣東南有鹹城。

秋，九月，大雩。

冬，公子友如齊。

【校　記】

① 狄人：四庫本作「其微」。

十有四年，春，諸侯城緣陵。

《左氏傳》：春，諸侯城緣陵而遷杞焉。不書其人，有闕也。杜氏注：闕，謂器用不具，城池未固而去，爲患不終也。

《穀梁傳》：其曰「諸侯」，散辭也。聚而曰散，何也？「諸侯城」，有散辭也，桓德衰矣。

杜氏注：緣陵，杞邑。辟淮夷，遷都於緣陵。

劉氏《意林》：諸侯城緣陵，異於城楚丘，何也？曰：諸城不專封。專封而善，僅可以贖過爾。故平其文，不使霸者獨享其功，爲人之迷於義而乃以專封爲德也。專封而不善，是冒王法而又勤諸侯，故異其文，以見霸者之罪。比緣陵於城楚丘，則楚丘善而緣陵不善矣。比楚丘於王者之義，則桓公救過之不給，奚暇稱賢哉！齊桓城楚丘而封衛，蓋城者亦非獨魯也，而獨書魯焉者，以謂彼之爲未足以爲功，故反循吾之常義而稱城焉爾。使俗人論齊桓、晉文之功，則必以謂莫或比高焉。而《春秋》曾未異於常人也。此以正待人之體也。厚而深，博而遠，優優大哉，天地之德也夫！

夏，六月，季姬及鄫《穀》作「繒」，下同。**子遇于防，使鄫子來朝。**

《左氏傳》：鄫季姬來寧，公怒，止之，以鄫子之不朝也。夏，遇于防，而使來朝。

秋，八月，辛卯，沙鹿崩。

《公羊傳》：沙鹿崩，何以書？記異也。外異不書，此何以書？爲天下記異也。

《穀梁傳》：林屬於山爲鹿。沙，山名也。

杜氏注：沙鹿，山名。平城縣東有沙鹿土山，在晉地。

劉氏傳：沙鹿者何？山也。山則曷爲不曰山？有號有名，以名通者，不待號可也。然則曷爲不繫國？山不可以繫國。山曷爲而不可以繫國？名山大澤，不可以封，諸侯守之。沙鹿崩，何以書？記異也。

襄陵許氏曰：恒星不見，星隕如雨，齊桓之祥也。沙鹿崩，晉文之祥也。齊桓將興而天文墮，晉文欲作而地理決，王道之革也。

狄侵鄭。

襄陵許氏曰：前年狄侵衛，今年狄侵鄭，而莫或攘之，桓志衰也。王霸之政，兢兢不可怠已。齊桓之烈，盛茂如此，一矜而易心生之，則夷狄鬩兵中國。是以先王屢省成功而率作興事，修誠慎憲，務以戒終也。

冬，蔡侯肸卒。

十有五年，春，王正月，公如齊。

楚人伐徐。

《左氏傳》：即諸夏故也。

三月，公會齊侯、宋公、陳侯、衛侯、鄭伯、許男、曹伯，盟于牡丘，遂次于匡。公孫敖帥《公》作「率」。師及諸侯之大夫救徐①。

《左氏傳》：尋葵丘之盟，且救徐也。孟穆伯帥師及諸侯之師救徐。諸侯次于匡以待之。

《穀梁傳》：兵車之會也。「遂次于匡」，遂，繼事也；次，止也。有畏也。范氏注：畏楚。

杜氏注：牡丘，地名。闕。匡，衛地。在陳留長垣縣西南。

武夷胡氏傳：楚都于郢，距徐亦遠，而舉兵伐徐，暴横憑陵之罪著矣。徐在山東，與齊密邇。以封境言之，不可以不速救；以形勢言之，非有餽糧越險之難也。今書「盟于牡丘」，見諸侯救患之不協矣。書「次于匡」，見霸主號令之不嚴矣。書大夫帥師而諸侯不行，見桓德益衰而禦夷狄安中國之志怠矣②。凡兵而書「救」，未有不善之也。救而書「次」，則尤罪其當速而故緩，失用師之義矣。《中庸》曰：「至誠無息，不息則久。」《春秋》謹始卒，欲有國者敦不息之誠也。始勤而終怠，則不能久，而無以固其國矣。

夏，五月，日有食之。

秋，七月，齊師、曹師伐厲。

《左氏傳》：秋，伐厲，以救徐也。

杜氏注：厲，楚與國，義陽隨縣北有厲鄉。

八月，螽。《穀》作「蟓」。

九月，公至自會。

泰山孫氏曰：暴露師衆三時。

季姬歸于鄫。《公》作「繒」。

杜氏注：來寧不書，此書者，以明中絶。

乙卯，晦，震夷伯之廟。

《穀梁傳》：夷伯，魯大夫也。因此以見天子至於士皆有廟。天子七廟，諸侯五，大夫三，士二，故德厚者流光，德薄者流卑。是以貴始，德之本也。始封必爲祖。

杜氏注：夷伯，魯大夫，展氏之祖父，夷，謚；伯，字。

陸氏《辨疑》：趙子曰：「晦者，晦朔之晦爾。據十六年戊申朔，隕石于宋五，成十六年甲午晦，晉、楚戰于鄢陵，並書『晦』、『朔』，則知古史之體應合書日，而遇晦朔必書之，以爲歷數之證。

常山劉氏曰：大抵《春秋》所書，皆天人嚮應，有致之之道。如石隕于宋而言「隕石」，如夷伯之廟震而言「震夷伯之廟」，此天應之也。但以人淺狹之見以爲無應，其實皆應之。然漢儒推災異皆牽合不足信，儒者見在因盡廢之。

冬，宋人伐曹。

《左氏傳》：討舊怨也。

襄陵許氏曰：同盟始自相攻，桓不能一矣，則何以禁夷狄之亂？霸德方衰，荒服闚欲，至是而諸侯浸以貳也。威靈之陵夷，可不慎哉！

楚人敗徐于婁林。

《左氏傳》：徐，恃救也。

杜氏注：婁林，徐地。下邳僮縣東南有婁亭。

吕氏曰：諸侯之大夫之救徐者，亦無能爲也。齊桓亦無意於中國也。

十有一月，壬戌，晉侯及秦伯戰于韓，獲晉侯。

《左氏傳》：晉侯之入也，秦穆姬屬賈君焉，且曰：「盡納羣公子。」晉侯烝於賈君，又不納羣公子，是以穆姬怨之。晉侯許賂中大夫，既而皆背之。賂秦伯以河外列城五，東盡虢略，南及華山，内及解梁城，既而不與。晉饑，秦輸之粟；秦饑，晉閉之糴，故秦伯伐晉。晉侯逆秦師，使韓簡視師，復曰：「師少於我，鬭士倍我。」公曰：「何故？」對曰：「出因其資，入用其寵，饑食其粟，三施而無報，是以來也。今又擊之，我怠秦奮，倍猶未也。」戰于韓原。晉戎馬還濘而止。秦獲晉侯以歸，舍諸靈臺。子桑曰：「歸之而質其大子，必得大成。」乃許晉平，改館晉侯，饋七牢焉。十一月，晉侯歸。

劉氏傳：戰而言「及」者，主之者也。猶曰「晉侯」，爲志乎此戰也云爾。

武夷胡氏傳：秦伯伐晉，而《經》不書「伐」，專罪晉也。獲晉侯以歸，而《經》不書「歸」，免秦伯也。書「伐」書「及」者，兩俱有罪，而以「及」爲主。書「獲」書「歸」者，兩俱有罪，而以「歸」爲甚。今此專罪晉侯之背施幸災、貪愛怒鄰而恕秦伯也。然則，秦戰義乎？《春秋》無義戰，彼善於此則有之矣。其不言師敗績何也？君獲不言師敗績，君重於師也。大夫戰而見獲，必書師敗績，師與大夫敵也。君爲重，師次之，大夫敵，《春秋》之法也。與孟子之言何以異？孟子爲時君牛羊用人莫之恤也，故以民爲貴，君爲輕。《春秋》正名定分，爲萬世法，故以君爲重，師次之。堯以天下命舜，舜亦以命禹，必稱「元后」爲先，此經世大常，而仲尼蓋祖述之者也。惟此義不行，然後叛逆之黨，有託以爲民，輕棄君親而不顧者矣。

【校記】

① 四庫本「徐」後有「丘」字。

② 夷狄：四庫本作「外侮」。

十有六年，春，王正月。戊申，朔，隕《公》作「霣」。石于宋五。是月，六鷁退飛，過宋都。鷁，《穀》作「鶂」。

《左氏傳》：隕石于宋五。隕星也。六鷁退飛，過宋都，風也。

《穀梁傳》：民所聚曰都。

杜氏注：鷁，水鳥，高飛遇風而退。

劉氏《意林》：同盟有分災救患之義，故水火兵戎之爲敗則告，告則赴之，赴則弔之，此所待於外者也。奇物妖變之至，則天之所以警人。君雖有堯、舜之智，反而責其躬，此無待於外者也。無待於外者，何赴告之有？

高郵孫氏曰：書是月者，所以別非戊申之日爾。不書日者，所不可知，闕之也。

常山劉氏曰：隕石于宋，自空凝結而隕。六鷁退飛，倒逆飛也。必有氣驅之也。

武夷胡氏傳：石隕鷁飛而得其數與名。在春秋時，凡有國者，察於物象之變亦審矣。此宋異也，何以書於魯史？亦見當時諸國有非所當告而告之者矣。何以不削乎？聖人因災異以明天人感應之理，而著之於《經》，垂戒後世。知石隕于宋而書「隕石」，此天應之也。和氣致祥，乖氣致異，人事感於下，則天變應於上。苟知其故，恐懼修省，變可消矣。宋襄以亡國之餘，欲圖霸業。五石隕，六鷁退飛，不自省其德也，後五年有盂之執，又明年有泓之敗。天之示人顯矣，聖人所書之義明矣。

三月，壬申，公子季友卒。

劉氏傳：大夫卒稱名。季者，字也，其稱季友何？譏。何譏爾？世卿。世卿，非禮也。言自是世季氏也。世卿多矣，曷爲獨譏乎此？因其可譏而譏之。此其爲可譏奈何？言是乃逐昭公者也。其諸則宜於此焉正之矣。

武夷胡氏傳：季者，其字也。友者，其名也。大夫卒而書名，則曷爲稱字？聞諸師曰：「春秋時，魯卿有生而賜氏者，季友、仲遂是也。」生而賜氏者何？命之世爲卿也。季子忠賢，在僖公有翼戴之勤。襄仲弑逆，在宣公有援立之力。此二君者，不勝私情，欲以異賞報之也，故皆生而賜氏，俾世其官。《經》於其卒，各以氏書者，誌變法亂紀之端，貽權臣竊命之禍，其垂戒遠矣。

夏，四月，丙申，鄫《穀》作「繒」。**季姬卒。**

高郵孫氏曰：《春秋》内女適諸侯者書「卒」。

秋，七月，甲子，公孫兹《公》作「慈」。**卒。**

冬，十有二月，公會齊侯、宋公、陳侯、衛侯、鄭伯、許男、邢侯、曹伯于淮。

《左氏傳》：謀鄫，且①東略也②。城鄫，役人病，有夜登丘而呼曰：「齊有亂。」不果城而還。

《穀梁傳》：兵車之會也。

杜氏注：臨淮郡左右。

【校　記】

①且：原作「在」，據《春秋左傳正義》改。

②略：原作「賂」，據《春秋左傳正義》改。

十有七年，春，齊人、徐人伐英氏。

《左氏傳》：齊人爲徐伐英氏，以報婁林之役也。杜氏注：英氏，楚與國。

夏，滅項。

《左氏傳》：師滅項。淮之會，公有諸侯之事，未歸，而取項。齊人以爲討而止公。

伊川先生解：滅人之國，罪惡大矣，在君則當諱，故魯滅國書「取」。滅項，君在會，季孫所爲也，故不諱。

杜氏注：項國，今汝陰項縣。

武夷胡氏傳：案《左氏》，淮之會，公有諸侯之事，未歸，而取項。齊人以爲討而止公。然則，滅項者，魯也。二《傳》以爲桓公滅之，孰信乎？考於《經》，未有書外滅而不言國者，如「齊師滅譚」是也。亦未有書内取而直言魯者，如「取鄟」、「取邿」、「取鄫」是也。由此知項爲魯滅無疑矣。然聖人於魯事有君臣之義，凡大惡必隱避其辭而爲之諱。今此滅項，其惡大矣，曷不諱乎？曰：事有隱諱，臣子施之於君父者也，故成公取鄟，襄公取邿，昭公取鄫，皆不言「滅」而書「取」。程氏以爲在君則當諱，是也。若夫滅項，則僖公在會，季孫所爲爾。執政之臣，擅權爲惡，而不與之諱。此《春秋》尊君抑臣，不爲朋黨比周之意也。

秋，夫人姜氏會齊侯于卞。

《左氏傳》：秋，聲姜以公故，會齊侯于卞。九月，公至，書曰「至自會」，猶有諸侯之事焉，且諱之也。

杜氏注：卞，今魯國卞縣。

九月，公至自會。

泰山孫氏曰：踰三時。

冬，十有二月，乙亥，齊侯小白卒。

《左氏傳》：齊侯之夫人三，王姬、徐嬴、蔡姬，皆無子。齊侯好内，多内寵。内嬖如夫人者六人，長衛姬生武孟，少衛姬生惠公，鄭姬生孝公，葛嬴生昭公，密姬生懿公，宋華子生公子雍。公與管仲屬孝公於宋襄公，以爲大子。雍巫有寵於衛共姬，因寺人貂以薦羞於公，亦有寵。公許之，立武孟。管仲卒，五公子皆求立。冬，十月，乙亥，齊桓公卒。易牙入，與寺人貂因内寵以殺羣吏，而立公子無虧。孝公奔宋。十二月，乙亥，赴。辛巳，夜，殯。

春秋集解卷十一

僖　公

十有八年，春，王正月，宋公、《公》有「會」字。**曹伯、衛人、邾**《公》作「邾婁」。**人伐齊。夏，師救齊。五月，戊寅，宋師及齊師戰于甗，齊師敗績。**

《左氏傳》：宋襄公以諸侯伐齊。三月，齊人殺無虧。齊人將立孝公，不勝四公子之徒，遂與宋人戰。夏，五月，宋敗齊師於甗，立孝公而還。

《穀梁傳》：非伐喪也，善救齊也。

伊川先生解：書宋「及」，曲在宋也。奪少以奪長，其罪大矣。「齊師敗績」，書敗，責齊臣也。

杜氏注：甗，齊地。

劉氏傳：伐齊，以納公子昭也。伐齊以納公子昭，則何以不曰納齊公子昭於齊？不與納也。納公子昭，非正也。納公子昭之爲非正，奈何？齊桓公之夫人三，皆無子。桓公好内，多内寵，長衛姬生無虧，小衛姬生元，鄭姬生昭，葛嬴生潘，密姬生商人，宋華子生雍。六人者，莫之適立。桓公死，六人皆欲爲後。國人立無虧，昭出奔宋，宋襄公率諸侯伐齊，納焉。立嫡以長不以賢，立子以貴不以長，貴均以年，年均以德。納公子昭，非正也。

武夷胡氏傳：伐齊之喪，奉少奪長，其罪大，故其責詳。書「師救齊」者，善魯也。救者善，則伐者惡矣。凡書「救」者，未有不善之也。書「狄救齊」者，許狄也。許夷狄，則罪諸夏矣。許之，曷爲不稱人？深著中國諸侯之罪也。凡伐者爲客，受伐者爲主。今齊人受伐，以宋爲主者，曲在宋也。凡師，直爲壯，曲爲老。書「齊師敗績」者，責齊臣也。或曰：桓公、管仲嘗屬孝公於宋襄公以爲世子矣，則何以不可立乎？曰：不能制命。雖天王欲撫鄭伯以從楚，《春秋》猶以大義裁之而不與也。桓公君臣乃欲以私愛亂長幼之節，其可哉？獨不見宣王與仲山甫争魯侯戲、括之事，其後如之何也？《春秋》深罪宋公，大義明矣。

狄救齊。

《穀梁傳》：善救齊也。

襄陵許氏曰：桓公攘服夷狄，雖恃兵力，亦以禮讓恩信能結其心。觀狄之救、楚之盟，有以見公之遺烈矣。

秋，八月，丁亥，葬齊桓公。

武夷胡氏傳：桓公九合諸侯，不以兵車，威令加乎四海，幾於改物，雖名方伯，實行天子之事。然而不能慎終如始，付託非人，柩方在殯，四鄰謀動其國家而莫之恤，至於九月而後葬。以此見功利之在人淺矣。《春秋》明道正義，不急近功，不規小利，於齊桓、晉文之事有所貶而無過褒，以此。

冬，邢人、狄人伐衛。

《左氏傳》：邢人、狄人伐衛，圍菟圃。衛侯以國讓父兄子弟，及朝衆，曰：「苟能治之，燬請從焉。」衆不可，而後師于訾婁，狄師還。

《穀梁傳》：狄其稱「人」，何也？善累而後進之，伐衛，所以救齊也。功近而德遠矣。

高郵孫氏曰：衛嘗見滅於狄，而齊桓封之。齊桓死未踰年爾，而衛人與諸侯伐之。邢人自以復存者桓公也，於是不忍齊之見伐而衛之無恩也，與狄人伐之。書曰「邢人、狄人伐衛」，中國則夷狄焉①，而狄則人焉。稱之曰「人」，所以見中國之亂，人理亡泯，而夷狄爲人也②。

【校　記】

①夷狄：四庫本作「外之」。

②夷狄爲：四庫本作「彼有」。

十有九年，春，王三月，宋人執滕子嬰齊。

《左氏傳》：宋人執滕宣公。

武夷胡氏傳：執之是非，決於稱人與稱爵。而見執者，則以名與不名，知其罪之在也。《經》書見執於人者，悉皆不名，而滕子獨名，是亦有罪焉爾。夫以齊桓之盛，九合諸侯，不以兵車，雖江、黄遠國，猶相繼來盟。而滕介齊、宋之閒，不與衣裳之會者三十有七年，及宋襄繼起，又不尊事大國，其見執則有由矣。書名，著其罪也。苟爲有罪，其見執固宜，何以稱「人」？不得爲伯討乎？執雖以罪，不歸於京師，則稱「人」惡其專也；歸於京師而執非其罪，則稱「人」，惡其濫也。

夏，六月，宋公、《公》作「人」。曹人、邾《公》作「邾婁」，下同。人盟于曹南。

劉氏傳：曹南者何？曹之南也。

鄫《穀》作「繒」，下同。子會盟于邾。《公》有「婁」字。己酉，邾人執鄫子，用之。

《左氏傳》：宋公使邾文公用鄫子於次睢之社，欲以屬東夷。司馬子魚曰：「古者六畜不相爲用，小事不用大牲，而況敢用人乎！祭祀，以爲人也。民，神之主也。用人其誰饗之？齊桓公存三亡國以屬諸侯，義士猶曰薄德，今一會而虐二國之君，又用諸淫昏之鬼，將以求霸，不亦難乎！」

《公羊傳》：其言「會盟」何？後會也。惡乎用之？用之社也。其用之社奈何？蓋叩其鼻以血社也。

高郵孫氏曰：邾、鄫，世讎之國，宣十八年又戕鄫子於其國。邾、鄫皆小國，其相讎之迹，不能悉見於《經》，惟其無道之甚著見者記之爾。

蘇氏曰：宋公使邾文公用鄫子於次睢之社，欲以屬東夷。然《春秋》書邾人而不及宋，何也？諸侯之尊，善惡可以專之，非人所得使也。邾以諸侯而聽命於宋，以行不義，是以專罪邾也。若宋公之罪，則不待貶而見矣。

秋，宋人圍曹。

《左氏傳》：討不服也。子魚言於宋公曰：「文王聞崇德亂而伐之，軍三旬而不降，退，修教而復伐之，因壘而降。詩曰：『刑于寡妻，至於兄弟，以御於家邦。』今君德無乃猶有所闕，而以伐人，若之何？盍姑内省德乎！無闕而後動。」

武夷胡氏傳：盟于曹南，口血未乾，今復圍曹者，討不服也。愛人不親反其仁，治人不治反其智。襄公不能内自省德，而急於合諸侯。執嬰齊，非伯討，不足以示威。盟曹南，非同志，不足以示信。卒於兵敗身傷，不知反求諸己，欲速見小利之過也。漢景削七國而吴、楚叛，東都疾横議而黨錮興，唐文宗切於除姦而訓註用。故子夏爲莒父宰問政，子曰：「無欲速，無見小利。欲速則不達，見小利則大事不成。」《經》書襄公不越數端，而知其操心之若此者，仲尼筆削，推見至隱，如化工賦像，并其情不得遁焉，非特書筆之肖其形爾。故《春秋》者，化工也，非畫筆也。

衛人伐邢。

《左氏傳》：衛人伐邢，以報菟圃之役。

冬，《公》有「公」字。**會陳人、蔡人、楚人、鄭人，盟于齊。**

《左氏傳》：陳穆公請修好於諸侯，以無忘齊桓之德。冬，盟于齊，修桓公之好也。

杜氏注：地於齊，齊亦與盟。

武夷胡氏傳：盟會，皆君之禮也。微者盟會，不志於《春秋》。凡所志者，必有君與貴大夫居其閒也。然則，爲此盟者，乃公與陳、蔡、楚、鄭之君，或其大夫矣。曷爲内則没公，外則人諸侯與其大夫？諱是盟也。楚人之得與中國會盟，自此始也。莊公十年，荆敗蔡師，始見於《經》，其後入蔡伐鄭，皆以號舉，夷狄之也①。僖公元年，改而稱楚，《經》亦書「人」，於是浸强矣。然終桓公之世，皆止稱「人」，而不得與中國盟會者，以齊修霸業，能制其强故也。桓公既没，中國無霸，鄭伯首朝於楚，其後遂爲此盟，《春秋》没公，人陳、蔡諸侯，而以鄭列其下，蓋深罪之也。又二年，復盟于鹿上，至會于盂，遂執宋公以伐宋，而楚於是乎大張，列位於陳、蔡之上而書爵矣。聖人書此，豈與之乎？所以著夷狄之强②，傷中國之衰莫能抗也。故深諱此盟，一以外夷狄，二以惡諸侯之失道，三以謹盟會之始也。

梁亡。

《左氏傳》：梁亡，不書其主，自取之也。初梁伯好土功，亟城而弗處。民罷而弗堪，則曰「某寇將至」。乃溝公宫，曰：「秦將襲我。」民懼而潰。秦遂取梁。

《公羊傳》：梁亡。此未有伐者，其言「梁亡」何？自亡也。其自亡奈何？魚爛而亡也。

《穀梁傳》：梁亡，自亡也。湎於酒，淫於色，心昏耳目塞，上無正長之治，大臣背叛，民爲寇盗。梁亡，自亡也。梁亡，鄭棄其師，我無加損焉，正名而已矣。

陸氏《微旨》：淳聞於師曰：「梁伯亟用其人，自取滅亡，其罪當矣。秦人肆其强暴，取人之國，没而不書，其義安在？曰：乘人之危，其惡易見也。滅人之國，其罪易知也。自取滅亡，其意微矣。《春秋》之作，聖人所以明微也。

武夷胡氏傳：易曰：「天行健，君子以自强不息。」古者，諸侯朝修其業令，晝考其國職，夕省其典刑，夜儆百工，無使慆淫，而後即安。故克勤於邦，荒度土功者，禹也；慄慄危懼，撿身若不及者，湯也；自朝至於日中昃，不遑暇食，用咸和萬民者，文王也。凡有國家者，土地雖廣，人民雖衆，兵甲雖多，城郭雖固，而不能自强於政治，則日危月削，如火銷膏，以至滅亡而莫覺也。而況好土功，輕民力，湎於酒，淫於色，心昏而出惡政者乎！其亡可立而待矣。

【校記】

① 夷狄：四庫本作「乃外」。

② 夷狄：四庫本作「荆楚」。

二十年，春，新作南門。

《左氏傳》：書，不時也。

《穀梁傳》：作，爲也，有加其度也。言「新」，有故也，非作也。南門者，法門也。

杜氏注：魯城南門也。本名稷門，僖公更高大之，今猶不與諸門同，改名高門也。

劉氏傳：其謂之南門何？南非一門也，庫門，天子皐門；雉門，天子應門。

武夷胡氏傳：書「新作南門」，譏用民力於所不當爲也。魯人爲長府，閔子騫曰：「仍舊貫，如之何？何必改作！」孔子曰：「夫人不言，言必有中。」《春秋》凡用民力得其時制者，猶書於策，以見勞民爲重事，而況輕用於所不當爲者乎！然僖公嘗修泮宮，復閟宮矣，奚斯董其役，史克頌其事，而《經》不書者，宫廟以祀其祖考，學校以教國之子弟，二者爲國之先務，雖用民力，不可廢也。其垂教之意深矣。

夏，郜子來朝。

杜氏注：郜，姬姓國。

五月，乙巳，西宫災。

《公羊傳》：西宫者何？小寢也。小寢則曷謂之西宫？有西宫則有東宫矣。魯子曰：「以有西宫，亦知諸侯之有三宫也。」西宫災，何以書？記災也。

鄭人入滑。

秋，齊人、狄人盟于邢。

《左氏傳》：爲邢謀衛難也。於是衛方病邢。

冬，楚人伐隨。

《左氏傳》：隨以漢東諸侯叛楚。冬，楚鬬穀於菟帥師伐隨，取成而還。

襄陵許氏曰：楚既服隨，則將争衡於上國矣。而宋欲盟之，其能絀乎！

二十有一年，春，狄侵衛。

襄陵許氏曰：中國無霸，則諸侯力攻，四夷衡決，民被其災。此書伐衛、伐邢、入滑、伐隨、侵衛，著無霸之急也。

宋人、齊人、楚人盟于鹿上。

《左氏傳》：宋人爲鹿上之盟，以求諸侯於楚。楚人許之。公子目夷曰：「小國争盟，禍也。宋其亡乎！幸而後敗。」

杜氏注：鹿上，宋地。汝陰有原鹿縣。宋爲盟主，故在齊人上。

夏，大旱。

《公羊傳》：記災也。

秋，宋公、楚子、陳侯、蔡侯、鄭伯、許男、曹伯會于盂。《公》作「霍」，《穀》作「雩」。執宋公以伐宋。

《左氏傳》：諸侯會宋公於盂。子魚曰：「禍其在此乎！君欲已甚，其何以堪之？」於是楚執宋公以伐宋。冬，會于薄以釋之。子魚曰：「禍猶未也。」

《公羊傳》：宋公與楚子期以乘車之會。公子目夷諫曰：「楚，夷國也，强而無義。請君以兵車之會往。」宋公曰：「不可。吾與之約以乘車之會。自我爲之，自我墮之，曰不可。」終以乘車之會往。楚人果伏兵車，執宋公以伐宋。

杜氏注：盂，宋地。楚與中國行會禮。

伊川先生解：宋率諸侯爲會，而蠻夷執會主，諸侯莫違，故以同執書之。

陸氏《微旨》：趙子曰：「此楚執爾。其以諸侯執之之辭何也？譏諸侯而罪宋公也。南面之君，兵馬非不多也，力非不足也，而聽蠻荆之君執辱盟主，故譏之。宋公德不足懷，慮不及遠，而求諸侯，以及於難，故罪之。」

武夷胡氏傳：《春秋》爲賢者諱。宋公見執，不少隱之，何也？夫盟主者，所以合天下之諸侯，攘戎狄①，尊王室者也，宋公欲繼齊桓之烈，而與楚盟會，豈攘戎狄②，尊王室之義乎！故「人」宋公於鹿上之盟，而盂之會，直書其事而不隱，所以深貶之也。

冬，公伐邾。《公》作「邾婁」。

楚人使宜申來獻捷。

《穀梁傳》：捷，軍得也。其不曰「宋捷」，何也？不與楚捷於宋也。

武夷胡氏傳：不曰「來獻宋捷」，爲魯諱也。諸侯從楚伐宋，而魯獨不與，故楚來獻捷以脅魯。爲魯計者，拒其使而不受可也，請於天王而討之可也。宋公，先代之後，作賓王家，方修盟會，而伏兵車執之於壇坫之上，又以軍獲遺獻諸侯，其横逆甚矣。拒其使而不受，聲其罪而致討，不患無詞。魯於是時，曾不能申大義以攘荆楚，尊中國，故不曰「宋捷」，特爲魯諱之也。

十有二月，癸丑，公會諸侯，盟于薄，釋宋公。

《穀梁傳》：不言楚，不與楚專釋也。

蘇氏曰：凡諸侯見執而不失國者，於歸名之。書曰：「某侯某歸于某。」此其不名而言「釋」，何也？以爲執之釋之皆在諸侯也。若是而尚可以求諸侯乎！

【校　記】

①② 攘戎狄：四庫本作「扶大義」。

二十有二年，春，公伐邾，《公》作「邾婁」，下同。**取須句。**《公》作「朐」。

《左氏傳》：任、宿、須句、顓臾，風姓也。實司太皞與有濟之祀，以服事諸夏。邾人滅須句。須句子來奔，因成風也。成風爲之言於公曰：「崇明祀，保小寡，周禮也。蠻夷猾夏，周禍也。若封須句，是崇皞、濟而修祀，紓禍也。」（點校者注：以上見《左傳》僖二十一年）二十二年春，伐邾，取須句，反其君焉，禮也。

武夷胡氏傳：案《左傳》：須句，風姓，實司太皞與有濟之祀。邾人滅之。須句子來奔，因成風也。公伐邾，取須句而反其君焉。審如是，故得崇明祀，保小寡之禮，何以書「取」乎？不請於王命，而專爲母家報怨，謀動干戈於邦内，擅取人國而反其君，是以亂易亂，非所以爲禮也，與收奪者無以異矣。

夏，宋公、衛侯、許男、滕子伐鄭。

《左氏傳》：三月，鄭伯如楚。夏，宋公伐鄭，子魚曰：「所謂禍在此矣。」

泰山孫氏曰：鄭即楚故也。案莊十六年荆伐鄭，二十八年荆伐鄭；僖元年，楚人伐鄭，二年楚人侵鄭，三年楚人伐鄭，鄭不即楚。此而即者，齊桓既死，宋襄不能與楚抗故也。

秋，八月，丁未，及邾人《公》作「邾婁人」。**戰于升陘。**

《左氏傳》：邾人以須句故出師。公卑邾，不設備而禦之。臧文仲曰：「國無小，不可易也，無備，雖衆不可恃也。詩曰：『戰戰兢兢，如臨深淵，如履薄冰。』又曰：『敬之敬之，天惟顯思，命不易哉！』先王之明德，猶無不難也，無不懼也，況我小國乎！君其無謂邾小，蠭蠆有毒，而況國乎！」弗聽。八月丁未，公及邾人戰於升陘。我師敗績。邾人獲公胄，縣諸魚門。

《穀梁傳》：内諱敗，舉其可道者也。

伊川先生解：公戰也。

武夷胡氏傳：邾人以須句故出師，公卑邾，不設備，戰于升陘。我師敗績，邾人獲公胄，縣諸魚門。記稱邾婁復之以矢，蓋自戰于升陘始也。魯既敗績，邾亦幾亡，輕用師徒，害及兩國，亦異於誅亂禁暴之兵矣。故諱不言公，而書「及」，内以諱爲貶。

冬，十有一月，己巳，朔，宋公及楚人戰于泓。宋師敗績。

《左氏傳》：楚人伐宋以救鄭。冬，十一月，己巳，朔，宋公及楚人戰于泓。宋人既成列，楚人未既濟。司馬曰：「彼衆我寡，及其未既濟也，請擊之。」公曰：「不可。」既濟而未成列，又以告，公曰：「未可。」既陳而後擊之，宋師敗績。公傷股，門官殲焉。國人皆咎公。公曰：「君子不重傷，不禽二毛。古之爲軍也，不以阻隘也。寡人雖亡國之餘，不鼓不成列。」子魚曰：「君未知戰。勍敵之人，隘而不列，天贊我也。阻而鼓之，不亦可乎！猶有懼焉。且今之勍者，皆吾敵也。雖及胡耇，獲則取之，何有於二毛！明恥教戰，求殺敵也。傷未及死，如何勿重！若愛重傷，則如勿傷。愛其二毛，則如服焉。」

《穀梁傳》：《春秋》三十有四戰，未有以尊敗乎卑，以師敗乎人者也。以尊敗乎卑，以師敗乎人，則驕其敵。襄公以師敗乎人，而不驕其敵，何也？責之也。泓之戰，以爲復雩之恥也。雩之恥，宋襄公有以自取之。伐齊之喪，執滕子，圍曹，爲雩之會。不顧其力之不足而致楚成王，成王怒而執之。故曰：「禮人而不答則反其敬，愛人而不親則反其仁，治人而不治則反其知。過而不改，又甚之，是謂過。」襄公之謂也。古者被甲嬰胄，非以興國也，則以征無道也。豈曰以報其恥哉！

劉氏《意林》：宋襄公不厄人於險，不鼓不成列，此天下所謂至仁大義。雖文王之戰，不能過之者也。而《春秋》惡之，以其好戰而不務本，飭小名而妨大德，此無異盜跖之分均爲仁，出後爲義也。彼君子不然。正其義不謀其利，修其道不急其功。子夏爲莒父宰，問政於孔子，孔子曰：「無欲速，無見小利。」所謂欲速者，遺本者也；所謂小利者，計末者也。

蘇氏曰：宋公被執見釋而猶争諸侯，楚以夷狄而干諸夏，故泓之戰，雖曲在宋，而

《春秋》詞無所予。

武夷胡氏傳：物有本末，事有終始，順事恕施者，王政之本也。襄公伐齊之喪，奉少奪長，使齊人有殺無虧之惡，有敗績之傷，此晉獻公之所以亂其國者，罪一也；桓公存三亡國以屬諸侯，義士猶曰薄德，而一會虐二國之君，罪二也；曹人不服，盍姑省德無闕然後動，而興師圍之，罪三也。凡此三者，不仁非義，襄公敢行，而獨愛重傷與二毛，則亦何異盜跖之以分均、出後爲仁義，陳仲子以避兄離母居於陵爲廉乎！故詞繁不殺，而宋公書「及」，以深貶之也。

二十有三年，春，齊侯伐宋，圍緡。《穀》作「閔」。

《左氏傳》：齊侯伐宋，圍緡，以討其不與盟於齊也。

杜氏注：緡，宋邑，高平昌邑縣東南有東緡城。

武夷胡氏傳：齊，霸國之餘業也。宋襄公既敗于泓，荆楚之勢益張矣。齊侯既無尊中國，攘夷狄①，恤患災，畏簡書之意，又乘其約而伐之，此尤義之所不得爲者也，故書伐國而言圍邑，以著其罪。然則桓公伐鄭圍新城，何以不爲貶乎？鄭與楚合，憑陵中國，桓公伐之，攘夷狄也②。宋與楚戰，兵敗身傷，齊侯伐之，殘中夏也。其事異矣，美惡不嫌同詞。

夏，五月，庚寅，宋公兹《公》作「慈」。父卒。

《左氏傳》：傷於泓故也。

《辨疑》：趙子曰：「《公》、《穀》見不書葬，皆爲異説。案例，凡諸侯葬與不葬，從魯會與不會爾，無他義。」

秋，楚人伐陳。

《左氏傳》：秋，楚成得臣帥師伐陳，討其貳於宋也。遂取焦、夷，城頓而還。

冬，十有一月，杞子卒。

《左氏傳》：書曰「子」，杞，夷也。杜氏注：成公始行夷禮，故於卒貶之。杞實稱伯，仲尼以文貶稱「子」。

伊川先生解：杞，二王後而伯爵，疑前世黜之也。中間從夷，故子之，後復稱伯。

武夷胡氏傳：案《左氏》：杞成公卒，書曰「子」，杞，夷也。杜預以謂杞實稱伯，而書曰「子」者，成公始行夷禮終其身③，故仲尼於其卒以文貶之。此説是也。或曰：信斯言，是《春秋》黜陟諸侯爵次，以見褒貶，不亂名實乎？曰：《春秋》固天子之事也，而尤謹於華夷之辨④，中國之所以爲中國，以禮義也。一失則爲夷狄，再失則爲禽獸，人類滅矣⑤。魯桓簒弑，滕首朝之，貶而稱「子」，治其黨也。夷不亂華⑥，成公變之，貶而稱「子」，存諸夏也。

【校　記】

① 夷狄：四庫本作「荆楚」。

② 攘夷狄：四庫本作「除惡黨」。

③ 行夷：四庫本作「棄周」。

④ 華夷：四庫本作「内外」。

⑤ 一失則爲夷狄，再失則爲禽獸，人類滅矣：四庫本作「禮義既失，則人道將滅，何以自立於天地哉」。

⑥ 夷不亂華：四庫本作「内外有辨」。

二十有四年，春，王正月。

夏，狄伐鄭。

《左氏傳》：鄭之入滑也，滑人聽命。師還，又即衛。鄭公子士、洩堵俞彌帥師伐滑。王使伯服、游孫伯如鄭請滑。鄭伯怨惠王之入而不與厲公爵也，又怨襄王之與衛、滑也，故不聽王命而執二子。王怒，將以狄伐鄭。富辰諫曰：「不可。……」王弗聽。使頹叔、桃子出狄師。夏，狄伐鄭，取櫟。

襄陵許氏曰：近世如唐、晉，資夷狄之力①，以定中國，皆卒爲禍。此蓋不講於《春秋》戒周襄之所以出也。

秋，七月。

冬，天王出居于鄭。

《左氏傳》：王德狄人，將以其女爲后。富辰諫曰：「不可。狄固貪惏，王又啓之。女德無極，婦怨無終。狄必爲患。」王又弗聽。初，甘昭公有寵於惠后。惠后將立之，未及而卒。昭公奔齊。王復之，又通於隗氏。王替隗氏。頹叔、桃子曰：「我實使狄，狄其怨我。」遂奉大叔以狄師攻王。王御士將禦之，王曰：「先后其謂我何？寧使諸侯圖之。」王遂出。及坎欿，國人納之。秋，頹叔、桃子奉大叔以狄師伐周，大敗周師，獲周公忌父、原伯、毛伯、富辰。王出適鄭，處於氾。大叔以隗氏居於温。二十五年，秦伯師于河上，將納王。狐偃言於晉侯曰：「求諸侯，莫如勤王。」晉侯辭秦師而下。三月，甲辰，次於陽樊。右師圍温，左師逆王。夏，四月，丁巳，王入於王城。取大叔於温，殺之於隰城。

《穀梁傳》：天子無出，出失天下也。居者，居其所也。雖失天下，莫敢有也。

常山劉氏曰：春秋之時，王者政令僅行於畿内，才出畿甸，即非王有。故書曰「出」。

聖人之法，撥亂世反之正，則曰：「普天之下，莫非王土。」非諸侯所得專也。故書曰「居」。

武夷胡氏傳：自周無出。特書曰「出」者，言其自取之也。夫鄭伯不王，固有罪矣。襄王不知自反念其制命之未順也，忍小忿，暱懿親，以扞外侮，而棄德崇姦，遂出狄師。是用夷制夏②，如木之植，拔其本也，不亦傎乎！王者以天下爲家，京師爲室，而四方歸往，猶天之無不覆也。東周降於列國，既不能家天下矣，又毁其室而不保，則是寄生之君爾。貶而書「出」，以爲後戒。

晉侯夷吾卒。

《左氏傳》：二十三年，九月，晉惠公卒。杜氏注：《經》在明年，從赴。懷公命無從亡人，期，期而不至，無赦。狐突之子毛及偃從重耳在秦，弗召，懷公殺之。晉公子重耳之及於難也，晉人伐諸蒲城。重耳奔狄，處狄十二年而行。過衛，衛文公不禮焉。及齊，齊桓公妻之。及曹，曹共公聞其駢脅，欲觀其裸，浴，薄而觀之。僖負覊之妻曰：「子盍早自貳焉。」乃饋盤餐，寘璧焉。公子受餐反璧。及宋，宋襄公贈之以馬二十乘。及鄭，鄭文公亦不禮焉。及楚，楚子送諸秦。二十四年，春，王正月，秦伯納之，濟河，圍令狐，入桑泉，取臼衰。二月，甲午，晉師軍於廬柳。秦伯使公子縶如晉師。師退，軍於郇。辛丑，狐偃及秦、晉之大夫盟於郇。壬寅，公子入於晉師。丙午，入於曲沃。丁未，朝於武宮。戊申，使殺懷公於高梁。

【校 記】

① 夷狄：四庫本作「回紇」。

② 用夷制夏：四庫本作「以疏閒親」。

二十有五年，春，王正月，丙午，衛侯燬滅邢。

《左氏傳》：二十四年，衛人將伐邢。禮至曰：「不得其守，國不可得也。我請昆弟仕焉。」乃往，得仕。二十五年，春，衛人伐邢。二禮從國子巡城，掖以赴外，殺之。正月，丙午，衛侯燬滅邢。

《穀梁傳》：燬之名何也？不正。其伐本而滅同姓也。

夏，四月，癸酉，衛侯燬卒。

宋蕩伯姬來逆婦。

《穀梁傳》：非正也。

杜氏注：伯姬，魯女，爲宋大夫蕩氏妻也。自爲其子來逆。

劉氏傳：婦人不專行。姑爲婦逆，非禮也。然則，何以書？以公之自主之也。

劉氏《意林》：伯姬之嫁也，固不見《經》。今其來也，且何爲見《經》？吾以此觀之，内女雖親，體不敵則不書於策。不書於策，所以尊君也。今君失其禮，以愛易典，主大夫之婚。是卑朝廷而慢宗廟，非安上治民之節也。

宋殺其大夫。

襄陵許氏曰：凡不稱名姓，義在殺大夫也。

秋，楚人圍陳，納頓子于頓。

常山劉氏曰：王政不綱，天下大亂。國君、世子、大夫歸復、廢立，不由天子之命，唯諸侯之强有力者專之。非所謂「天吏」而擅命興師，槩有罪焉。然其閒善惡淺深，各從乎其文矣。頓子迫於陳而出奔，故楚人圍陳以納之。楚人之近義可見也。

武夷胡氏傳：圍陳，納頓子也。「納」云者，不與納也。諸侯失國，諸侯納之，正也。何以不與乎？夫陳，先代之後，不能以禮安靖鄰國，保恤寡小，中國諸侯又不能修方伯連帥之職，而使楚人納之。是夷狄仗義正諸夏也①。故書曰：「楚人圍陳，納頓子于頓。」其責中國深矣。此亦正本自治之意也。

葬衛文公。

冬，十有二月，癸亥，公會衛子、莒慶，盟于洮。

《左氏傳》：衛人平莒於我。十二月，盟于洮，修衛文公之好，且及莒平也。

杜氏注：洮，魯地。

《辨疑》：趙子曰：「凡事接於魯，雖非命卿，皆書名。」

陸氏《纂例》：「子」，在喪之稱。

【校　記】

① 夷狄：四庫本作「蠻荒」。

二十有六年，春，王正月，己未，公會莒子、衛甯速《公》作「遬」。盟于向。

《左氏傳》：公會莒茲丕公①、甯莊子，盟于向。尋洮之盟也。

杜氏注：向，莒地。

齊人侵我西鄙，公追齊師至巂，《公》、《穀》作「嶲」。不《公》、《穀》並作「弗」。及。

《左氏傳》：齊師侵我西鄙，討是二盟也。

杜氏注：濟北穀城縣西有地名巂下。

陸氏《纂例》：趙子曰：「寇至不知，追而不及，言内之無戒警。」

劉氏傳：追之者何？逐之也。其言「弗及」何？弗者，遷辭也。爲畏而不敢及，使若不及然。

蘇氏曰：侵曰「人」，追曰「師」，不可言公追齊人故也。

武夷胡氏傳：凡書「追」者，在境内，則譏其不預，追戎於濟西是也；在境外，則譏其深入，追齊師至巂是也。

夏，齊人伐我北鄙②。

《左氏傳》：夏，齊孝公伐我北鄙。公使展喜犒師，使受命於展禽。齊侯未入境，展喜從之，曰：「寡君聞君親舉玉趾，將辱於敝邑，使下臣犒執事。」齊侯曰：「魯人恐乎？」對曰：「小人恐矣，君子則否。」齊侯曰：「室如縣罄，野無青草，何恃而不恐！」對曰：「恃先王之命。昔周公、太公股肱周室，夾輔成王。成王勞之，而賜之盟，曰：『世世子孫，無相害也。』載在盟府，大師職之。桓公是以糾合諸侯而謀其不協，彌縫其闕而匡救其災，昭舊職也。及君即位，諸侯之望曰：『其率桓之功。』我敝邑用不敢保聚，曰：『豈其嗣世九年，而棄命廢職，其若先君何？君必不然。』恃此以不恐。」齊侯乃還。

衛人伐齊。

《左氏傳》：衛人伐齊，洮之盟故也。

公子遂如楚乞師。

《左氏傳》：東門襄仲、臧文仲如楚乞師。臧孫見子玉而道之伐齊、宋，以其不臣也。

《公羊傳》：乞者何？卑辭也。曷爲以外内同若辭？重師也。曷爲重師？師出不正反，戰不正勝也。

《穀梁傳》：乞，重辭也。何重焉？重人之死也，非所乞也。師出不必反，戰不必勝，故重之也。

陸氏《纂例》：趙子曰：「天子在上，諸侯自相請師，非禮也。《穀梁》釋『乞』字之義，而不言其大意。」

泰山孫氏曰：齊再伐我，故公子遂如楚乞師。夫國之大小，師之衆寡，皆有王制，不可乞也。書者，惡魯不能修戎備，而外乞師於夷狄。

常山劉氏曰：世之治也，兵甲悉統於天子，征伐不出於諸侯，不得妄舉，不得私假。世亂反是。是以聖人之筆，雖晉之大，命魯之興師，一書曰「乞」，所以正王法，且抑其强也。若公子遂如楚乞師，則又譏用夷狄伐中國爾③。

武夷胡氏傳：衛人報德以怨，伐齊之喪，助少陵長，又遷怒於邢，而滅其國，不義甚矣。公既與其君盟于洮，又與其臣盟于向，是黨衛也。故齊人既侵其西，又伐其北。齊師固亦非義矣，而僖公不能省德自反，深思遠慮，計安社稷，乃乞楚師，與齊爲敵，是以蠻夷殘中國也④，於義可乎！其書「公子遂如楚乞師」而惡自見矣。

秋，楚人滅夔，《公》作「隗」，下同。**以夔子歸。**

《左氏傳》：夔子不祀祝融與鬻熊，楚人讓之。對曰：「我先王熊摯有疾，鬼神弗赦，而自竄於夔，吾是以失楚，何祀焉？」秋，楚成得臣、鬭宜申帥師滅夔，以夔子歸。

杜氏注：夔，楚同姓國，今建平秭歸縣。

劉氏《意林》：楚人滅夔，以夔子歸。國滅而虜無不名者。國滅，罪也。虜，服屬也。而夔何以獨不名？夔之所以取滅者，乃非其罪，故假之也。夔曰：「我先王熊摯有疾，鬼神弗赦，而自竄於夔，吾是以失楚，何祀焉」者，楚祖鬻熊，夔祖熊摯，是不得祀焉者也。諸侯之祀，無過其祖者，夔子可謂若於義矣，而楚反以是滅之。《春秋》以謂非其罪也，故黜楚而伸夔。夔雖不幸，而實無負於義。有王者作，興滅國，繼絶世，則夔庶幾矣。

武夷胡氏傳：楚滅同姓，何以不名？《春秋》待夷狄之體也。

冬，楚人伐宋圍緡。《穀》作「閔」。

「《左氏傳》：宋以其善於晉侯也，叛楚即晉。冬，楚令尹子玉、司馬子西帥師伐宋，圍緡。」

公以楚師伐齊，取穀。

《左氏傳》：公以楚師伐齊、取穀。凡師，能左右之曰「以」。寘桓公子雍於穀，易牙奉之，以爲魯援。楚申公叔侯戍之。

武夷胡氏傳：楚强魯弱，而能用其師，進退在己，故特書曰「以」。以者，不以之也。夫背華及夷③，取人之邑爲己有，失正甚矣。患之始必自此始，其致危之也。

公至自伐齊。

《公羊傳》：公至自伐齊，此已取穀矣，何以致伐？未得乎取穀也。曷爲未得乎取穀？曰：患之起，必自此始也。

【校　記】

①　平：原作「平」，據《春秋左傳》改。

②　北：原作「西」，據《春秋左傳》經文改。

③　夷狄：四庫本作「外兵」。

④　夷：四庫本作「荆」。

⑤　背華及夷：四庫本作「棄好同惡」。

二十有七年，春，杞子來朝。

《左氏傳》：杞桓公來朝，用夷禮，故曰「子」。公卑杞，杞不共也。

夏，六月，庚寅，齊侯昭卒。

襄陵許氏曰：齊桓既没，諸侯思之，如周人思召伯也，而孝公不能藉之以興。觀其間楚之勝以困宋襄，又侵伐魯僖不已，與下宋桓、魯莊之意正反，有以知其爲謀不遠，霸之所以隳矣。

秋，八月，乙未，葬齊孝公。

乙巳，公子遂帥師入杞。

《左氏傳》：秋，入杞，責無禮也。

冬，楚人、陳侯、蔡侯、鄭伯、許男圍宋。

《左氏傳》：冬，楚子及諸侯圍宋。宋公孫固如晉告急。狐偃曰：「楚始得曹而新昏於衛，若伐曹、衛，楚必救之，則齊、宋免矣。」於是乎蒐於被廬，作三軍。謀元帥①，趙衰曰：「郤縠可。臣亟聞其言矣，説禮、樂而敦《詩》、《書》。」乃使郤縠將中軍。

《穀梁傳》：「楚人」者，楚子也。其曰「人」何也？人楚子，所以人諸侯也。其人諸侯何也？不正其信夷狄而伐中國也。

伊川先生解：楚稱「人」，貶之，爲其合一作「摟」。諸侯以圍宋也。

陸氏《微旨》：四國伸夷狄之强，屈中國之義，其惡大矣。若書「楚子」，則四國之惡不著，故書曰「楚人」，則從夷狄之罪昭然可見矣。

十有二月，甲戌，公會諸侯，盟于宋。

武夷胡氏傳：楚稱「人」，貶也。宋公，先代之後，作賓王家，非有篡弒之惡。楚人無故摟諸侯以伐之，何名也？故黜而稱「人」，以著其罪。諸侯信夷狄伐中國，獨無貶乎？人楚子，所以人諸侯也。公與楚結好，故往會盟。其地以宋者，衆方見圍，無嫌於與盟，而公之罪亦著矣。

【校　記】

① 四庫本此下闕文，摛藻堂本與底本同。

春秋集解卷十二

僖公

二十有八年，春，晉侯侵曹。晉侯伐衛①。

《左氏傳》：春，晉侯將伐曹，假道於衛，杜氏注：曹在衛東故。衛人弗許。還，自南河濟，侵曹，伐衛。正月，戊申，取五鹿。二月，晉郤縠卒，原軫將中軍，衛侯請盟，晉人弗許。

《穀梁傳》：再稱「晉侯」，忌也。

蘇氏曰：晉文之出也，曹、衛皆不禮焉。

武夷胡氏傳：再稱「晉侯」者，譏復怨也。春秋之時，用兵者非懷私復怨，則利人土地爾。《詩》云：「百爾君子，不知德行。不忮不求，何用不臧！」不忮，則能懲忿；不求，則能窒慾，然後貪憤之兵亡矣。或曰：曹、衛背華即夷，於是乎致武，奚爲不可？曰：楚人摟諸侯以圍宋，陳、蔡、鄭、許舉兵而同會，魯公與會而同盟。楚雖得曹，新婚於衛，然其君不在會，其師不與圍，以方諸國，不猶愈乎！又況衛已請盟，而晉人弗之許也。

《書》曰：「必有忍，其乃有濟；有容，德乃大。」文公能忍於奄豎里鳧須矣②，何獨不能忍於曹、衛乎？再稱「晉侯」者，甚之也。下書「楚人救衛」，則譏晉深矣。《春秋》責備賢者，而樂於人改過。責備賢者，故再稱「晉侯」，樂於人改過，故謂已請盟不當拒而絶之也。

襄陵許氏曰：齊桓之興，至於伐楚，伐北戎也，而後稱爵。而晉文始見即稱爵者，事彌速，功彌淺矣。

呂氏曰：侵曹、伐衛，兩事也，既侵曹矣，又伐衛也。《春秋》書之，如此其詳者，見諸侯之放恣也。晉侯之害兩國，深切著明如此其甚也。

公子買戍衛，不足戍，刺之。楚人救衛。

《左氏傳》：公子買戍衛。楚人救衛，不克。公懼於晉，殺子叢以説焉。謂楚人曰：不卒戍也。

《公羊傳》：「刺之」者何？殺之也。内諱殺大夫，謂之「刺之」也。

杜氏注：内殺大夫，皆書「刺」，言用《周禮》三刺之法。

陸氏《纂例》：偃則直書「刺」者，有罪當殺也。買則上言晉人伐衛，買不卒戍，明不勝而還，非其罪也。不斥言無罪，申臣禮也。凡惡事須書者，則避辭言之，猶公夫人奔則曰「孫」，殺大夫則曰「刺」之類是也。

蘇氏曰：刺未有書其故者。書其故，言非其實也。

武夷胡氏傳：孟子曰：「無罪而殺士，則大夫可以去；無罪而戮民，則士可以徙。」今乃殺無罪之主將，以苟説於强國，於是乎不君矣，故特書其故以貶之也。

吕氏曰：戍衛而不卒戍，罪也。刺之，則過矣。春秋之世，賞罰皆有所爲，類如此。

三月，丙午，晉侯入曹，執曹伯，畀宋人。

《左氏傳》：晉侯圍曹。門焉，多死。曹人尸諸城上，晉侯患之。聽輿人之謀曰：「稱舍於墓。」師遷焉。曹人兇懼。……三月，丙午，入曹，數之以其不用僖負羈，而乘軒者三百人也，且曰獻狀。令無入僖負羈之宫而免其族，報施也。魏犨、顛頡怒曰：「勞之不圖，報於何有！」爇僖負羈氏。……宋人使門尹般如晉師告急。公曰：「宋人告急，舍之則絶，告楚不許。我欲戰矣，齊、秦未可，若之何？」先軫曰：「使宋舍我而賂齊、秦，藉之告楚。我執曹君而分曹、衛之田以賜宋人。楚愛曹、衛，必不許也。喜賂怒頑，能無戰乎！」公説。執曹伯，分曹、衛之田以畀宋人。

杜氏注：執諸侯以歸京師。晉欲怒楚使戰，故以與宋，所謂譎而不正。

陸氏《纂例》：不稱晉人執者，承上「晉侯入曹」文，故不可重言晉人也。

武夷胡氏傳：古者，覿文匿武，修其訓典，序成而不至，於是乎有攻伐之兵。故孟子謂萬章曰：「子以爲有王者作，將比今之諸侯而誅之乎？其教之不改而後誅之乎？」曹伯羸者③，未狎晉政，莫知所承。晉文不修詞令，遽入其國，既執其君，又分其田，暴矣。欲致楚師與之戰，而以曹伯畀宋人，譎矣。雖一戰勝楚，遂主夏盟，不中於禮，亦亂矣。徒亂人上下之分，無君臣之禮，其功雖高，道不足尚也。故曰：「五霸，三王之罪人。」「仲尼之徒，無道桓文之事者。」

吕氏曰：二十八年一年，記晉事最詳，皆聖人所致意者。觀晉文公舉動如此，有意於爲善乎？

夏，四月，己巳，晉侯、齊師、宋師、秦師及楚人戰于城濮。楚師敗績。

《左氏傳》：楚子入居于申，使申叔去穀，使子玉去宋，曰：「無從晉師。晉侯在外十九年矣，而果得晉國。險阻艱難，備嘗之矣；民之情僞，盡知之矣。天假之年，而除其害。天之所置，其可廢乎！……」子玉使伯棼請戰，王怒，少與之師，唯西廣、東宮與若敖之六卒實從之。子玉使宛春告於晉師曰：「請復衛侯而封曹，臣亦釋宋之圍。」先軫曰：「……不如私許復曹、衛以攜之，執宛春以怒楚，既戰而後圖之。」公説。乃拘宛春於衛，且私許復曹、衛。曹、衛告絶於楚。子玉怒，從晉師。晉師退。軍吏曰：「以君辟臣，辱也。且楚師老矣，何故退？」子犯曰：「師直爲壯，曲爲老，豈在久乎？微楚之惠不及此，退三舍辟之，所以報也……我退而楚還，我將何求！若其不還，君退臣犯，曲在彼矣。」退三舍，楚衆欲止，子玉不可。夏，四月，戊辰，晉侯、宋公、齊國歸父、崔夭、秦小子慭次于城濮。……晉車七百乘，韅、靷、鞅、靽。晉侯登有莘之虚以觀師，曰：「少長有禮，其可用也。」遂伐其木，以益其兵。己巳，晉師陳于莘北，胥臣以下軍之佐當陳、蔡。子玉以若敖之六卒將中軍，曰：「今日必無晉矣。」子西將左，子上將右。胥臣蒙馬以虎皮，先犯陳、蔡。陳、蔡奔，楚右師潰。狐毛設二旆而退之。欒枝使輿曳柴而僞遁，楚師馳之，原軫、郤溱以中軍公族橫擊之。狐毛、狐偃以上軍夾攻子西，楚左師潰。楚師敗績。子玉收其卒而止，故不敗。晉師三日館、穀，及癸酉而還。

劉氏《意林》：及楚人戰于城濮。當是時，晉辟楚三舍，欲戰者得臣也。而《春秋》書晉焉。得臣雖有必戰之意，由先軫則激之，是以書晉也。此誅心原情之義也。

武夷胡氏傳：荆楚恃强，憑陵諸夏，滅黄而霸主不能恤，敗徐於婁林而諸大夫不能救，執中國盟主而在會者不敢與之争。今又戍穀逼齊，合兵圍宋，戰勝中國，威動天下。非有城濮之敗，則民其被髮左衽矣④。宜有美詞稱揚其績，而《春秋》所書如此其略，何也？仁人明其道不計其功，正其義不謀其利。文公一戰勝楚，遂主夏盟，以功利言則高矣，語道義則三王之罪人也。知此説，則曾西不爲管仲，而仲尼、孟子雖老於行而不悔，其有以夫！

楚殺其大夫得臣。

《左氏傳》：「〔楚子玉〕既敗，王使謂之曰：『大夫若入，其若申、息之老何？』」子西、孫伯曰：「得臣將死，二臣止之，曰：『君其將以爲戮。』」及連穀而死。晉侯聞之，而後喜可知也，曰：「莫余毒也已。蔿吕臣實爲令尹，奉己而已，不在民矣。」

劉氏傳：稱國以殺大夫者，罪累上也。此殺有罪，其以累上之辭言之何？惡楚子也。何惡乎楚子？知其不可使也而不能勿使，知其不可敵也而不能勿敵，是亦棄其師之道也。

衛侯出奔楚。

《左氏傳》：衛侯欲與楚，國人不欲，故出其君以説於晉。衛侯出居於襄牛。衛侯聞楚師敗，懼，出奔楚，遂適陳，使元咺奉叔武以受盟。

武夷胡氏傳：諸侯失國出奔，未有不名者，衛侯何以不名？著文公之罪也。衛侯失守社稷，背華即夷⑤，於文公何罪乎？衛之禍，文公爲之也。初，齊、晉盟于斂盂，衛侯請盟，晉人不許，是塞其向善之心，雖欲自新改轍，而其道無由也。高帝一封雍齒而功臣不競，世祖燒棄文書而反側悉安。使文公釋怨許、衛，結盟南向，諸侯棄楚而歸晉矣。忿不思難，唯怨是圖，必使衛侯竄身無所，奔於荆蠻，歸於京師，兄弟相殘，君臣交訟，誰之咎也！夫心不外者乃能統大衆，智不鑿者乃能處大事。文公欲主夏盟，取威定霸，而舉動煩擾，若不勝任者，惟鑿智自私而心不廣也。《春秋》於衛侯失國出奔，不以其罪名之，而重文公之咎，蓋端本議刑，責備賢者之意也。

五月，癸丑，公會晉侯、齊侯、宋公、蔡侯、鄭伯、衛子、莒子，盟于踐土。

《左氏傳》：甲午，至於衡雍，作王宮於踐土。杜氏注：襄王聞晉戰勝，自往勞之，故爲作宮。五月丁未，獻楚俘於王，駟介百乘，徒兵千。鄭伯傅王，用平禮也。己酉，王享醴，命晉侯宥。王命尹氏及王子虎、内史叔興父策命晉侯爲侯伯，賜之大輅之服、戎輅之服，彤弓一、彤矢百、玈弓矢千、秬鬯一卣、虎賁三百人。曰：「王謂叔父，敬服王命，以綏四國，糾逖王慝。」晉侯三辭，從命。曰：「重耳敢再拜稽首，奉揚天子之丕顯休命。」受策以出。出入三覲。……癸亥，王子虎盟諸侯於王庭，要言曰：「皆獎王室，無相害也。有渝此盟，明神殛之。俾隊其師，無克祚國。及其玄孫，無有老幼。」

《穀梁傳》：諱會天王也。

杜氏注：踐土，鄭地。衛侯出奔，其弟叔武攝位受盟，非王所加，從未成君之禮，故稱「子」，而序鄭伯之下。

高郵孫氏曰：齊桓之興，始致世子。晉文公之霸，遂召天王。

武夷胡氏傳：踐土之會，天王下勞諸侯，削而不書，何也？周室東遷，所存者號與祭耳，其實不及一小國之諸侯。晉文之爵，雖曰侯伯，而號令天下，幾於改物，實行天子之事。此《春秋》之名實也。與其名存實亡，猶愈名實俱亡。是故天王下勞晉侯於踐土，則削而不書，去其實以全名，所謂君道也，父道也。晉侯以臣召君，則書「天王狩于河陽」，正其名以統實，謂臣道也，子道也，而天下之大倫尚存而不滅矣。衛侯奔楚，不書名者，未絶其位也。叔武受盟，而稱「衛子」者，立以爲君也。此見聖人深罪晉文報怨行私，專權自恣，廢置諸侯之意。

陳侯如會。

杜氏注：陳本與楚，楚敗，懼而屬晉。來不及盟，故曰「如會」。

襄陵許氏曰：鄫子會盟，後會也。陳侯如會，後盟也。宋襄使邾用鄫子，而晉文受陳侯，霸圖宏矣。

公朝于王所。

《公羊傳》：曷爲不言公如京師？天子在是也。天子在是，則曷爲不言天子在是？不與致天子也。

《穀梁傳》：朝不言「所」。言「所」者，非其所也。

杜氏注：王在踐土，非京師，故曰「王所」。

劉氏《意林》：踐土之會，天子自往也。自往雖微，而猶可言。河陽之會，臣召君也。臣召君，不可以訓，故書「狩」焉。

武夷胡氏傳：朝不言「所」。言「所」，非其所也。朝於廟，禮也。於外，非禮也。有虞氏五載一巡狩，羣后四朝。周制，十有二年，王乃時巡，諸侯各朝於方岳，亦何必於京師、於廟，然後爲禮乎？古者，天子巡狩於四方有常時，諸侯朝於方岳有常所。其宫室道塗可以預修，故民不勞；其供給調度可以預備，故國不費。今天王下勞晉侯，公朝于王所，則非其時與地矣。自秦而後，巡遊無度，至有長史以倉卒不辦被誅，民庶以煩勞不給生厭，蓋《春秋》之義不行故也。然則天子在是，其可以不朝乎？天子在是而諸侯就朝，禮之變也。《春秋》不以諸侯就朝爲非，而以王所非其所爲貶，正其本之意也。

六月，衛侯鄭自楚復，歸于衛。衛元咺出奔晉。

《左氏傳》：或訴元咺於衛侯曰：「立叔武矣。」其子角從公，公使殺之。咺不廢命，奉夷叔以入守。六月，晉人復衛侯。甯武子與衛人盟於宛濮。衛侯先期入。叔武將沐，聞君至，喜，捉髮走出。前驅射而殺之，元咺出奔晉。

《穀梁傳》：「自楚」，楚有奉焉爾。

劉氏傳：衛侯鄭，何以名？貶。曷爲貶？殺叔武也。

武夷胡氏傳：衛侯殺叔武，是不念鞠子哀，而以争國爲心，亂民彝，滅天理，其爲罪大矣。此所以名也。元咺由是走之晉而訟其君。然衛侯初歸則稱「復」，再歸何以不稱「復」乎？《春秋》立法甚嚴，而待人以恕。鄭之初歸，既殺叔武，既名之矣，猶意其或出於誤而能革也，是以稱「復」。及其再歸，又殺元咺及公子瑕，則是終以争國爲心，長惡不悛，無自艾之意矣，是以不稱「復」。其曰「歸于衛」者，易詞也。諸侯嗣，故稱「復」者，繼之也；不稱「復」者，絶之也，而國非其國矣。

陳侯款卒。

秋，杞伯姬來。

襄陵許氏曰：志入杞之怨釋也。歸寧，常事，不書者也。中國有霸，則諸侯弛兵，而室家綏帶，於是族姻之恩始録，而鄰國之好交修，以是爲晉侯之澤也。故書「伯姬」。二十五年歸杞，知伯姬非哀姜出。今其來歸，蓋寧成風也。

公子遂如晉。

襄陵許氏曰：志伐齊之仇解也。齊自孝公之立，與魯好絶，比相侵伐。昭公元年，復與公同踐土之盟，故公遣大夫聘之，修舊好焉，禮也。

冬，公會晉侯、齊侯《穀》無「齊侯」。宋公、蔡侯、鄭伯、陳子、莒子、邾《公》作「邾婁」。子、秦人于温。

《左氏傳》：冬，會于温，討不服也。杜氏注：討衛、許。

《穀梁傳》：諱會天王也。

杜氏注：陳共公稱「子」，先君未葬。宋襄公稱「子」，自在本班；陳共公稱「子」，降在鄭下；陳懷公稱「子」，而在鄭上，蓋主會所次。

天王狩《穀》作「守」。于河陽。壬申，公朝于《穀》作「於」。王所。

《左氏傳》：是會也，晉侯召王，以諸侯見，且使王狩。仲尼曰：「以臣召君，不可以訓。」故書曰：「天王狩于河陽。」言非其地也。壬申，公朝于王所。

《公羊傳》：不與再致天子也。

《穀梁傳》：全天王之行也。爲若將狩而遇諸侯之朝也，爲天王諱也。水北爲陽，山南爲陽，温，河陽也。

杜氏注：晉地。今河内有河陽縣。壬申，十月十日，有日而無月，史闕文。

陸氏《微旨》：啖子曰：「時天子微弱，諸侯驕惰，怠於臣禮。若令朝京師，多有不從。又晉已强大，率諸侯而入王城，亦有自嫌之意，故請王至温而行朝禮，若天子因狩而諸侯得覲。然以常禮言之，晉侯召君，名義之罪人也，其可以爲訓乎！若原其自嫌之意，嘉其尊主之意，則晉侯請王之狩，忠亦至焉。故夫子特書曰：『天王狩于河陽。』所謂《春秋》之作，原情爲制，以誠變禮者也。」

武夷胡氏傳：以尊周而全晉也。

晉人執衛侯，歸之于京師。

《左氏傳》：衛侯與元咺訟，甯武子爲輔，鍼莊子爲坐，士榮爲大士。衛侯不勝，殺士榮，刖鍼莊子，謂甯俞忠而免之。執衛侯，歸之於京師，置諸深室。甯子職納櫜饘焉。

《公羊傳》：衛侯之罪何？殺叔武也。文公逐衛侯而立叔武。叔武辭立，而他人立，則恐衛侯之不得反也，故於是已立，然後爲踐土之會，治反衛侯。衛侯得反，曰：「叔武簒我！」元咺争之曰：「叔武無罪。」終殺叔武。元咺走而出。此晉侯也，其稱「人」何？貶。曷爲貶？衛之禍，文公爲之也。文公爲之奈何？文公逐衛侯而立叔武，使人兄弟相疑，放乎殺母弟者，文公爲之也。

劉氏傳：曷爲或言「歸于」，或言「歸之于」？「歸于」者，正也；「歸之于」者，不正也。此其爲不正奈何？文公使元咺與衛侯訟，文公右元咺，刖衛大夫鍼莊子，殺士榮，然後執衛侯歸之于京師。文公之聽也已頗。古者，蓋君臣無獄，諸侯不專殺。

襄陵許氏曰：司馬之法，邦國賊殺其親則正之。衛侯殺叔武，執有罪也，則何爲不得爲伯討？天子在是而擅執諸侯，軋矣。是以推而遠之也。

衛元咺自晉復歸于衛。

《左氏傳》：元咺歸于衛，立公子瑕。

《穀梁傳》：「自晉」，晉有奉焉爾。

劉氏傳：其言「復歸」何？大夫無復。復者，位已絶也。已絶而復，惡也。惡則其言歸何？易也。其易奈何？以文公爲之主也。

諸侯遂圍許。

《左氏傳》：丁丑，諸侯圍許。

《穀梁傳》：遂，繼事也。

武夷胡氏傳：諸侯比再會，天子再至，皆朝于王所。而許獨不會，以其不臣也，故諸侯圍許。案古者巡狩，諸侯各朝於方岳。今法天子行幸，三百里内亦皆問起居。許距河陽、踐土近矣，而可以不會乎？其稱「遂」，繼事之詞也。

襄陵許氏曰：許之能從齊、宋，而不能從晉者，何也？案齊桓自北杏之會，十有七年而後侵許，服之，又九年而後從於伐楚，蓋使失其所係如此之難也。宋襄之興，紹桓遺緒。逮晉文時，則許既離於中國，而合於蠻夷矣。國人一服楚之威令，是以難變也。

曹伯襄復歸于曹，遂會諸侯圍許。

《左氏傳》：晉侯有疾，曹伯之豎侯獳貨筮史，使曰：「以曹爲解……」公復曹伯，遂會諸侯於許。

劉氏《意林》：曹伯襄復歸于曹。衛侯以殺叔武名，曹伯以賂得國名，其惡不同，其貶一也。此正性命之理也。

武夷胡氏傳：夫以賂得國，而《春秋》名之，比於失地滅同姓之罪，以此知聖人嚴於義利之别，以正性命之理。其説行而天下定矣，豈曰小補之哉！

吕氏曰：晉侯執曹伯畀宋人，既赦之使歸，則遂會諸侯圍許。晉文之於諸侯，殆以奴之也。曹伯不能感激自奮以求合於義，而遂萎靡不振以死，亦君子所鄙也。

【校　記】

① 晉：原作「曹」，據《春秋左傳》本、薈要本改。

② 豎：底本、《春秋胡氏傳》作「楚」，據《春秋左傳》、薈要本改。

③ 羸：底本漫漶不清，四庫本作「羸」，據《春秋胡氏傳》改。

④ 民其被髮左衽：四庫本作「天下折而入楚」。

⑤ 背華即夷：四庫本作「即安于楚」。

二十有九年，春，介葛盧來。

《左氏傳》：春，介葛盧來朝，舍於昌衍之上。公在會，餽之芻米，禮也。

《公羊傳》：介葛盧者何？夷狄之君也。何以不言朝？不能乎朝也。

杜氏注：介，東夷國也，在城陽黔陬縣。葛盧，介君名也。

呂氏曰：葛盧，夷狄之附庸。

公至自圍許。

夏，六月《公》、《穀》並有「公」字。會王人、晉人、宋人、齊人、陳人、蔡人、秦人，盟于翟泉。

《公》作「狄泉」。

《左氏傳》：夏，公會王子虎、晉狐偃、宋公孫固、齊國歸父、陳轅濤塗、秦小子憖，盟于翟泉，尋踐土之盟，且謀伐鄭也。卿不書，罪之也。在禮，卿不會公、侯，會伯、子、男可也。

伊川先生解：晉文連年會盟，皆在王畿之側。而此盟復迫王城，又與王人盟，强逼甚矣。故諱「公」，諸侯貶稱「人」，惡之大也。

杜氏注：翟泉，今洛陽城内大倉西南池水也。

劉氏傳：是稱「人」，皆微者與？非微者也。王子虎、晉狐偃、宋公孫固、齊國歸父、陳轅濤塗、秦小子慭之盟也。則其稱「人」何？翟泉在王城之内，諸侯之大夫入天子之境，雖貴曰「士」，陪臣也。而盟於天子之側自此始，是以貶也。其餘從同。

劉氏《意林》：列國之卿，亂王室之禮，王子虎不能正也。使陪臣盟天子之側，此所謂下陵上替也。

秋，大雨雹。

《左氏傳》：爲災也。

武夷胡氏傳：《正蒙》曰：「凡陰氣凝聚，陽在内者不得出，則奮擊而爲雷霆；陽在外者不得入，則周旋不舍而爲風。和而散，則爲霜雪雨露；不和而散，則爲戾氣曀霾。陰常散緩，受交於陽，則風雨調，寒暑正。」雹者，戾氣也，陰脅陽，臣侵君之象。當是時，僖公即位日久，季氏世卿，公子遂專權，政在大夫，萌於此矣。

冬，介葛盧來。

《左氏傳》：冬，介葛盧來。以未見公故復來朝，禮之，加燕好。

三十年，春，王正月。

夏，狄侵齊。

《左氏傳》：春，晉人侵鄭，以觀其可攻與否。狄間晉之有鄭虞也①。夏，狄侵齊。

武夷胡氏傳：晉人侵鄭，以觀其可攻與否。狄間晉之有鄭虞也，遂侵齊。《詩》不云乎：「戎狄是膺，荆舒是懲。」四夷交侵，所當攘斥。晉文公若移圍鄭之師以伐之，則方伯連率之職修矣。上書「狄侵齊」，下書「圍鄭」，此直書其事，而義自見者也。

秋，衛殺其大夫元咺及公子瑕。

《左氏傳》：晉侯使醫衍酖衛侯。甯俞貨醫，使薄其酖，不死。公爲之請，納玉於王與晉侯，皆十瑴。王許之。秋，乃釋衛侯，使賂周歂、冶廑，曰：「苟能納我，吾使爾爲卿。」周、冶殺元咺及子適、子儀。

《穀梁傳》：稱國以殺，罪累上也。衛侯在外，其以累上之罪言之，何也？待其殺而後入也。

高郵孫氏曰：公子瑕嘗立爲君矣，於是殺之，猶曰「公子」者，瑕見立於元咺耳，非受命於天王、傳國於先君者也。不曰「其君」，非君也。元咺及之者，言瑕之見殺，由於元咺立之。元咺存則公子瑕存，元咺死則公子瑕死。咺立之君，咺見殺，則公子瑕死也。

常山劉氏曰：殺二大夫以上不書「及」者，其事同，殺之之志均故也。「殺其大夫某及某」者，以某之故而延及某也。

武夷胡氏傳：稱國以殺者，君與大臣專殺之也。衛侯在外，其稱國以殺，何也？穀梁子曰：「待其殺而後入也。」待其殺而後入，是志乎殺咺、瑕也。兵莫憯於志，鏌鋣爲下。衛侯未入，稱國以殺，此《春秋》誅意之效也。然則，大臣何與焉？從君於惡而不能止，故並罪之也。

衛侯鄭歸于衛。

《左氏傳》：解在上文。

《公羊傳》：此殺其大夫，言其「歸」何？歸惡乎元咺也。曷爲歸惡乎元咺？元咺之事君也，君出則己入，君入則己出，以爲不臣也。

劉氏《意林》：鄭之初歸也，得言「復」。當是之時，叔武在内，鄭雖無國，國固其國也。及其又歸也，殺叔武矣，執之歸於京師矣，殺元咺及公子瑕矣。鄭雖得國，國非其國也，故不言「復」。《春秋》之褒善罰惡，豈不至明至察哉！向也無國，而義可以有國，則亦謂之有國。今也得國，而義不可以得國，則亦謂之無國。由是觀之，天子者，得天下之義者也，非得其位也。諸侯者，得一國之義者也，非得其勢也。得其義，雖未有其位，君子謂之得矣。失其義，雖能專其勢，君子謂之失矣。故曰：「義重於富，仁重於爵。」

武夷胡氏傳：衛侯出奔於楚則不名，見執於晉則不名，今既歸國，復有土地，何以反名之乎？不名者，責晉文公之以小怨妨大德；名之者，罪衛侯鄭之以忮害戕本支。末世隆怨薄恩，趨利棄義，有國家者恐公族之軋己，至於網羅誅殺，無以芘其本根，而社稷傾覆，如六朝者衆矣。衛侯始歸而殺叔武，再歸而及公子瑕，是葛藟之不若，而《春秋》之所惡也。故再書其名爲後世戒。此義苟行，則六朝之君或亦少省矣。

晉人、秦人圍鄭。

《左氏傳》：九月，甲午，晉侯、秦伯圍鄭，以其無禮於晉，且貳於楚也。晉軍函陵，秦軍氾南。鄭伯使燭之武見秦伯，曰：「……鄰之厚，君之薄也。若舍鄭以爲東道主，行李往來，共其乏困，君亦無所害。……」秦伯説，與鄭人盟，使杞子、逢孫、楊孫戍之，乃還。子犯請擊之。公曰：「不可。微夫人之力不及此。因人之力而敝之，不仁；失其所與，不智；以亂易整，不武。吾其還也。」亦去之。

武夷胡氏傳：鄭伯之於晉公子，特不能厚將迎贈送之禮，而未嘗以橫逆加之也。坐此見圍，爲列國者，不亦難乎！

介人侵蕭。

冬，天王使宰周公來聘。

《左氏傳》：冬，天王使周公閱來聘。

《穀梁傳》：天子之宰通於四海。

杜氏注：周公，天子三公兼冢宰也。

高郵孫氏曰：禮雖有天子聘諸侯之義，然義不當使三公。書曰「宰周公來聘」，見周道之衰，而諸侯强盛也。

公子遂如京師，遂如晉。

《左氏傳》：東門襄仲將聘於周，遂初聘於晉。

武夷胡氏傳：大夫出疆，有以二事出者，有以一事出而專繼事者，其書皆曰「遂」。公子遂如周及晉，與祭公自魯逆王后，皆所謂二事出者也；公子結往媵而及齊、宋盟，則專繼事者也。是非得失則存乎其事矣。冢宰上兼三公，其職任至重，而來聘於魯，天王之禮意莫厚焉。魯侯既不朝京師，而使公子遂往，又以二事出，夷周室於列國。此大不恭之罪。履霜堅冰之漸，《春秋》之所誅，而不以聽者也。則何以無貶乎？有不待貶而罪惡見者，不貶絶以見罪惡。

【校記】

① 閒：原作「聞」，據《春秋左傳》改。

三十有一年，春，取濟西田。

《左氏傳》：取濟西田，分曹地也。使臧文仲往，宿於重館。重館人告曰：「晉新得諸侯，必親其共。不速行，將無及也。」從之。分曹地，自洮以南，東傅於濟，盡曹地也。

高郵孫氏曰：《左氏》、《公羊》皆以爲晉侯以曹地分諸侯，而魯取濟西之田。然案《經》書之，與汶陽田相等耳，無異文也。此蓋晉侯執曹伯而反諸侯之侵地。魯濟西之田嘗見侵，入于曹，魯於是取之。

常山劉氏曰：凡力得之曰「取」，不當取也，不㫖其專奪；雖復取本邑，亦無異詞。其有本是己邑及我之附庸，以彼所奪之後却取得，當異其文。謂其不能申明直辭，請於王而正疆理，但專自以兵甲争奪，不得正道，故悉同辭言之。

案：此年取濟西田，成二年取汶陽田，先本魯地而皆書「取」。若此義例，據《經》爲合。蓋《春秋》之義，以治易亂，而不以亂易亂，所正者本而已。凡取人之有，其惡易見；而取己之舊，不以其道者，其罪難知。聖人所書，正名曰「取」，以顯微也。

公子遂如晉。

《左氏傳》：襄仲如晉，拜曹田也。

夏，四月，四卜郊，不從，乃免牲，猶三望。

《左氏傳》：夏四月，四卜郊，不從，乃免牲，非禮也。猶三望，亦非禮也。禮，不卜常祀，而卜其牲日。牛卜日曰「牲」。牲成而卜郊，上怠惰也。望，郊之細也。不郊，亦無望可也。

《公羊傳》：曷爲或言三卜，或言四卜？三卜，禮也；四卜，非禮也。三卜何以禮？四卜何以非禮？求吉之道三。禘嘗不卜，郊何以卜？卜郊，非禮也。卜郊何以非禮？魯郊，非禮也。魯郊何以非禮？天子祭天，諸侯祭土。天子有方望之事，無所不通。諸侯山川有不在其封内者，則不祭也。曷爲或言免牲，或言免牛？免牲，禮；免牛，非禮也。免牛何以非禮？傷者曰「牛」。三望者何？望祭也。然則曷祭？祭泰山、河、海。曷爲祭泰山、河、海？山川有能潤於百里者，天子秩而祭之。觸石而出，膚寸而合，不崇朝而徧雨乎天下者，唯泰山耳。河、海潤於千里。「猶」者何？通可以已也。何以書？譏不郊而望祭也。

《穀梁傳》：免牲者，爲之緇衣纁裳，有司玄端奉送，至於南郊。免牛亦然。

杜氏注：三望，分野之星。國中山川，皆因郊祀望而祭之。魯廢郊天而修其小祀，故曰「猶」。「猶」者，可止之辭。

范氏注：鄭君曰：「望者，祭山川之名也，謂海也，岱也，淮也。非其疆界則不祭。」《禹貢》曰：「海、岱及淮惟徐州。」徐州，魯也。

陸氏《纂例》：啖子曰：「凡祭，常事，多不書。失禮及非常乃書。」啖子曰：「天子以冬至祭上帝於郊，故謂之郊。魯以周公之故，特得以孟春周之三月。祈穀於上帝，亦謂之郊。郊皆用辛日，故以二月卜三月上辛；不吉，則卜中辛；又不吉，則卜下辛。所謂吉事先近日也。」凡養牲，必養二牲，一以祀上帝，一以祀后稷。帝牛有變，變謂所傷之類。則改卜稷牛以代之，而別以他牛爲稷牛可也。禮曰：「帝牛必在滌三月，稷牛唯具。」

劉氏傳：三卜，禮也；四卜，非禮也。三卜何以禮？四卜何以非禮？郊用正月上辛。郊用正月上辛，則曷爲卜哉？以十二月下辛卜正月上辛；如不吉，則以正月下辛卜二月上辛；如不吉，則又以二月下辛卜三月上辛；如不吉，則不郊。夏后氏以建寅爲正，商人以建丑爲正，周人以建子爲正。王者必以其正月郊。曷爲或言免牲，或不言免牲？免牲，禮也；不免牲，非禮也。免牲何以禮？不免牲何以非禮？郊者，歲事也。六月上甲始庀牲，十月上甲始繫牲，帝牲必在滌三月，如不從，則免矣。曷爲或言牲，或言牛？中禮曰「牲」，不中禮曰「牛」。何以則中禮？何以則不中禮？夏后氏玄牡，商人白牝，周人騂牝。天地之牛角繭栗，宗廟之牛角握，賓客之牛角尺。「猶三望」，三望者何？望，祭也。然則曷祭？祭星辰、山川。曷爲祭星辰、山川？星辰，民所瞻仰也；山川，民所取財用也。

劉氏《意林》：謂「猶者，可以已之辭」，何其不知《春秋》也！《春秋》貴正貴備，安有廢大存小，而又教之曰「可以已」哉！是猶逐其父養其母者，而謂之曰「可并逐母」也，亦誨之孝而已矣。王介甫曰：「不郊矣，幸其猶三望也；不告朔矣，幸其猶朝於廟也。」是猶紾其兄之臂者，而曰「我且徐之，以全吾愛」云爾，其可乎！亦誨之悌而已矣。故以「猶」爲「可已矣」者，逐父而養母之説也；以「猶」爲「愈乎已」者，紾兄而徐徐之説也。君子不然。彼不郊而三望，自以爲猶愈乎已者，故譏之。彼不告朔而朝廟，自以爲猶愈乎已，故非之。君子之道，致乎其至者也。當其必爲，不曰「可以已」，亦不曰「愈乎已」。

武夷胡氏傳：記禮者曰：「祭帝于郊，所以定天位也。禮行於郊，而百神受職焉。」魯諸侯，何以有郊？成王以周公有大勲勞於天下，命魯公世世祀周公以天子之禮樂。是故魯君孟春乘大輅，載弧韣，旂十有二旒，日月之章，祀帝於郊，配以后稷，天子之禮也。以人臣而用天子之禮可乎？是成王過賜而魯公伯禽受之非也。楊子曰：「天子之制，諸侯庸節。節莫差於僭，僭莫重於祭，祭莫重於地，地莫重於天。」諸侯而祀天，其僭極矣。聖人於《春秋》，欲削而不存，則無以志其失，爲後世戒；悉書之乎，則歲事之常，有不勝書者。是故因禮之變而書於策。或以卜，或以時，或以望，或以牲，或以牛，於變之中又有變焉者，悉書其事。而謂言偃曰：「魯之郊禘，非禮也。周公其衰矣。杞之郊也，禹也；宋之郊也，契也。是天子之事守也。」言杞、宋、夏、商之後，受命於周，作賓王家。統承先王，修其禮物，其得行郊祀而配以其祖，非列國諸侯之比也。是故天子祭天地，諸侯祭社稷，祝嘏莫敢易。其常占易，則亂名犯分，人道之大經拂矣。故曰：郊社之禮，所以事上帝也。宗廟之禮，所以祀乎其先也。明乎郊社之禮，禘嘗之義，治國其如視諸掌乎！夫庶人之不得祭五祀，大夫之不得祭社稷，諸侯之不得祭天地，非欲故爲等殺，蓋不易之定理也。知其理之不可易，則安於守分，無欲僭之心矣，爲天下國家乎何有！

秋七月。

冬，杞伯姬來求婦。

《穀梁傳》：婦人既嫁，不踰境。杞伯姬來求婦，非正也。

武夷胡氏傳：蕩伯姬來逆婦而書者，以公自爲之主失其班列書也。杞伯姬敵矣，其來求婦，曷爲亦書？見婦人之不可預國事也。王后之詔令不施於天下，夫人之教令，不施於境中。婚姻，大事也。杞獨無君乎？而夫人主之也。故特書於策，以爲婦人亂政之戒。母爲子求婦，猶曰不可，況於他乎？此義行，無吕、武之禍矣。

吕氏曰：以求婦而來父母之國，非禮也，故書。《春秋》之書，凡以此。欲人克己復禮而反人道之正云爾。毫髪不合於禮，則於心術之微，必有不自得者。惟能自克於義，以求合於禮，則心廣氣盛，千萬人吾往矣，其終必可以至於聖人也，此《春秋》所由作也。

狄圍衛①。

十有二月，衛遷于《穀》作「於」。帝丘。

杜氏注：帝丘，今東郡濮陽縣故帝顓頊之虚，故曰帝丘。

武夷胡氏傳：帝丘，東郡濮陽顓頊之丘，亦衛地也。狄常迫逐黎侯，黎侯寓於衛，而衛不能修方伯連率之職。戎常伐凡伯于楚丘，而衛不能救王臣之患。其後遂爲狄人所滅，東徙渡河矣。齊桓公攘夷狄封之，而衛國忘亡。今又爲狄所圍，其遷於帝丘，避狄難也。而中國衰微，夷狄强盛②，衛侯不能自强於政治，晉文無却四夷安諸夏之功③，莫不見矣。

【校　記】

① 狄：原作「秋」，據《春秋左傳》、四庫本、摛藻堂本改。

② 夷狄强盛：四庫本作「强暴憑陵」。

③ 却四夷：四庫本作「恤與國」。

三十有二年，春，王正月。

夏，四月，己丑，鄭伯捷卒。《公》作「接」。

衛人侵狄。秋，衛人及狄盟。

《左氏傳》：夏，狄有亂，衛人侵狄。狄請平焉。秋，衛人及狄盟。

杜氏注：不地者，就狄廬帳盟。

泰山孫氏曰：不地者，就狄盟也。復曰「衛人」者，嫌與内之微者同。

冬，十有二月，己卯，晉侯重耳卒。

范氏注：晉自莊公已前，不書於《春秋》，又不言文公之入，何乎？徐邈曰：「諸侯有朝聘之禮，赴告之命，所以敦其交好，通其憂虞。若鄰國相望而情志否隔，存亡禍福不以相關，則他國之史無由得書，故告命之事絶，則記注之文闕。此蓋内外相與之常也。魯政雖陵遲，而典刑猶存，史策所録不失常法，其文獻之實足徵，故孔子因而修之，事仍本史。」

三十有三年，春，王二月，秦人入滑。

《左氏傳》：三十有二年，杞子自鄭使告於秦，曰：「鄭人使我掌其北門之管。若潛師以來，國可得也。」穆公訪諸蹇叔。蹇叔曰：「勞師以襲遠，非所聞也。師勞力竭，遠主備之，無乃不可乎！師之所爲①，鄭必知之，勤而無所，必有悖心。且行千里，其誰不知！」公辭焉。召孟明、西乞、白乙，使出師於東門之外。蹇叔哭之曰：「孟子，吾見師之出，而不見其入也。」公使謂之曰：「爾何知？中壽，爾墓之木拱矣。」三十三年，春，秦師及滑，鄭商人弦高將市於周，遇之。以乘韋先，牛十二犒師，曰：「寡君聞吾子將步師出於敝邑，敢犒從者。不腆敝邑，爲從者之淹，居則具一日之積，行則備一夕之衛。」且使遽告於鄭。鄭穆公使視客館，則束載、厲兵、秣馬矣。使皇武子辭焉……杞子奔齊，逢孫、楊孫奔宋。孟明曰：「鄭有備矣，不可冀也。攻之不克，圍之不繼，吾其還也。」滅滑而還。

齊侯使國歸父來聘。

《左氏傳》：齊國莊子來聘，自郊勞至於贈賄，禮成而加之以敏。臧文仲言於公曰：「國子爲政，齊猶有禮。君其朝焉。臣聞之，服於有禮，社稷之衛也。」

夏，四月，辛巳，晉人及姜戎敗秦師《公》無「師」字。于殽。癸巳，葬晉文公。

《左氏傳》：晉原軫曰：「秦違蹇叔，而以貪勤民，天奉我也……」欒枝曰：「未報秦施，而伐其師，其爲死君乎！」先軫曰：「一日縱敵，數世之患也。」遂發命，遽興姜戎。子墨衰絰，梁弘御戎，萊駒爲右。夏，四月，辛巳，敗秦師于殽，獲百里孟明視、西乞術、白乙丙以歸，遂墨以葬文公。晉於是始墨。文嬴請三帥，公許之。秦伯素服郊次，鄉師而哭，曰：「孤違蹇叔，以辱二三子，孤之罪也。不替孟明，孤之罪也。大夫何罪？且吾不以一眚掩大德。」

《公羊傳》：其謂之秦何？夷狄之也。曷爲夷狄之？秦伯將襲鄭，百里子與蹇叔子諫，秦伯怒曰：「若爾之年者，宰上之木拱矣。」師出……晉人與姜戎要之，擊而殺之，匹馬隻輪無反者。其言「及姜戎」何？姜戎，微也；稱「人」，亦微也。何言乎姜戎之微？先軫也。或曰：襄公親之。襄公親之，則其稱「人」何？貶。曷爲貶？君在乎殯而用師，危不得葬也。

《穀梁傳》：晉人者，晉子也。其曰「人」，何也？微之也。何爲微之？不正其釋殯而主乎戰也。

伊川先生解：晉不稱君，居喪未葬，不可從戎也。忘親背惠，其惡甚矣。秦爲無道，越晉踰周以襲人，衆所共憤。故書「晉人」。其稱「及姜戎」亦然。

劉氏傳：其謂之秦何？夷狄之也。秦之所以爲狄，與人之臣而謀其君，利人之喪而襲其國，弱人之孤而死其親，背大臣而與小臣圖事，貪得地而棄其師者也。

武夷胡氏傳：案《書序》：「秦穆公伐鄭，晉襄公帥師敗諸殽。」而《經》書：「晉人敗秦師于殽。」是皆仲尼親筆，其詞何以異乎？《書序》專取穆公悔過自誓之言，止於勸善，其辭恕。《春秋》備書秦、晉無道用兵之失，兼於懲惡，其法嚴。此所以異也。晉襄親將，絀不稱君者，俯逼喪期，忘親背惠，墨衰絰而即戎，其惡甚矣。視秦猶狄，其罪云何？客人之館而謀其主，因人之信己而逞其詐，利人之危而襲其國，越人之國而不哀其喪，叛盟失信，以貪勤民而棄其師，狄道也。夫杞子、先軫之謀，偷見一時之利，徼幸其成，自以爲功者也。二君皆過聽焉，而貪其利。是使爲人臣者懷利以事其君，爲人子者懷利以事其父。君臣父子去仁義，懷利以相與。利之所在，則從之矣。何有於君父？故一失則夷狄，再失則禽獸，而大倫滅矣。《春秋》人晉子而狄秦，所以立人道，存天理也。

狄侵齊。

《左氏傳》：狄侵齊，因晉喪也。

襄陵許氏曰：晉文未暇攘服要荒，是以方其霸也，則狄已侵齊圍衛。使天復假文公以年，則必將有討矣。

公伐邾，《公》作「邾婁」，下同。**取訾婁。**《穀》作「樓」，《公》作「取叢」。**秋，公子遂帥**《公》作「率」。**師伐邾。**

《左氏傳》：公伐邾，取訾婁，以報升陘之役。邾人不設備。秋，襄仲復伐邾。

高郵孫氏曰：夏，公伐邾，取其邑。秋，又使其臣伐之。《春秋》一切志之，用見天下無王，而諸侯横暴，侵伐無已也。

武夷胡氏傳：案《左氏》：「公伐邾，取訾婁，報升陘之役。邾人不設備，襄仲復伐之。」此皆不勝忿慾，報怨貪得，恃强陵弱，不義之兵也。直書其事，而罪自見矣。或曰：「取須句、訾婁，有爲爲之也。伐邾至於再三，念母勤矣。」夫念母者，必當止乎禮義。平王不恤其民，而遂屯戍於母家，詩人刺之，夫子録焉。僖公以成風之有功於己也，越禮以尊其身，違義以報其怨，殘民動衆，取人之邑，曾是以爲可乎！

晉人敗狄于箕。

《左氏傳》：狄伐晉，及箕。八月，戊子，晉侯敗狄于箕，郤缺獲白狄子。

杜氏注：太原陽邑縣南有箕城。

襄陵許氏曰：自三十年狄始侵齊，晉未暇討。自是中國歲有狄患。至敗於此，而後懲艾不服犯略。是故戎狄之亂，不能震疊以威武，未易以德懷也。

冬十月，公如齊。

《左氏傳》：公如齊朝，且弔有狄師也。

十有二月，公至自齊。

乙巳，公薨于小寢。

《左氏傳》：即安也。

武夷胡氏傳：左氏曰：「即安也。」周制，王官六寢：路寢一，小寢五。君日出而眡朝；退，適路寢聽政，使人眡大夫；退，然後適小寢釋服。是路寢治事之所也，而小寢燕息之地也。《公羊》以西宫爲小寢，魯子以諸侯有三宫，則列國之制盖降於王。其以路寢，則非正矣。曾子曰：「吾得正而斃，又何求哉！」古人貴於得正乃如此。凡此直書，而義自見矣。

襄陵許氏曰：君子自治，常使心熟於仁，而體安於禮，則正勝。於死生之際，終不可亂矣。曾子易簀是也。

隕《公》作「霣」。霜不殺草，李梅實。

《公羊傳》：何以書？記異也。何異爾？不時也。

杜氏注：周十一月，今九月。霜當重，重而不能殺草，所以爲災。

襄陵許氏曰：僖公寬仁過厚，其失也豫。而文公以暗弱繼之，其咎遂著。三桓之盛，自僖公始，卒以專魯。將蔓之祥，卜郊不從者，凡以爲此。天之感變，蓋深遠矣。

晉人、陳人、鄭人伐許。

《左氏傳》：晉、陳、鄭伐許，討其貳於楚也。

【校　記】

① 之：原作「知」，據《春秋左傳》改。

春秋集解卷十三

文　公名興，僖公子。襄王二十六年即位。謚法，慈惠愛民曰文。

元年，春，王正月，公即位。

二月，癸亥，《公》有「朔」字。日有食之。

天王使叔服來會葬。

夏，四月，丁巳，葬我君僖公。

《左氏傳》：春，王使内史叔服來會葬。夏，四月，丁巳，葬僖公，緩。

杜氏注：七月而葬，緩。

陸氏《纂例》：會僖公葬，記是以著非也。

武夷胡氏傳：凡崩薨卒葬，人道始終之大變也，不以得禮爲常事而不書。其或失禮而害於王法之甚者，聖人則有削而不存，以示義者矣。

天王使毛伯來錫公命。

《左氏傳》：王使毛伯來錫公命。

《公羊傳》：錫者何？賜也。命者何？加我服也。

杜氏注：諸侯即位，天子錫以命圭，合瑞爲信。劉氏《權衡》曰：諸侯喪畢，以士服見於王，王乃於廟命之。古者，五十而命。至周，喪畢則命矣。喪未畢而命，非禮也。

劉氏傳：錫命者何？命爲諸侯也。諸侯在喪稱「子」。踰年即位，終喪受命，正也。未畢喪，命之，非正也。既畢喪，不受命，亦非正也。錫命則曷爲或書或不書？常事不書，有非常然後書。

晉侯伐衛。

《左氏傳》：晉文公之季年，諸侯朝晉。衛成公不朝，使孔達侵鄭，伐緜、訾及匡。晉襄公既祥，使告於諸侯而伐衛。及南陽，先且居曰：「效尤，禍也。請君朝王，臣從師。」晉侯朝王于溫。先且居、胥臣伐衛。五月，辛酉，朔，晉師圍戚。六月，戊戌，取之，獲孫昭子。

叔孫得臣如京師。

《左氏傳》：叔孫得臣如周拜。謝錫命。

杜氏注：得臣，叔牙之孫。

高郵孫氏曰：天王錫命魯公，魯公使得臣拜之，非禮之甚者也。魯公即位，未嘗如周，而周錫之命。受命矣，又不自行，而使臣以往，其爲不臣可知矣。

衛人伐晉。

《左氏傳》：衛人使告於陳。陳共公曰：「更伐之，我辭之。」衛孔達帥師伐晉。

秋，公孫敖會晉侯于戚。

《左氏傳》：秋，晉侯疆戚田，故公孫敖會之。

杜氏注：戚，衛邑，在頓丘衛縣西。

冬，十月，丁未，楚世子商臣弒其君頵①。《公》、《穀》並作「髡」。

《左氏傳》：初，楚子將以商臣爲太子，訪諸令尹子上。子上曰：「君之齒未也，而又多愛。黜乃亂也。楚國之舉，恒在少者。且是人也，蠭目而豺聲，忍人也。不可立也。」弗聽，既有欲立王子職而黜太子商臣。商臣聞之而未察，告其師潘崇曰：「若之何而察之？」潘崇曰：「享江芈而勿敬也。」從之，江芈怒曰：「呼，役夫，宜君王之欲殺女而立職也。」告潘崇曰：「信矣！」潘崇曰：「能事諸乎？」曰：「不能。」「能行乎？」曰：「不能。」「能行大事乎？」曰：「能。」冬，十月，以宫甲圍成王。王請食熊蹯而死，弗聽。丁未，王縊。

何氏注：君之於世子，有父之親，有君之尊。言「世子」者，所以明有父之親；言

「君」者，所以明有君之尊，又責臣子當討賊也。

武夷胡氏傳：書世子殺君者，有父之親，有君之尊，而至於弑逆，此天理大變，人情所深駭。《春秋》詳書其事，欲以起問者，察所由，示懲戒也。唐世子弘受《左氏春秋》至此，廢書而歎曰：「經籍，聖人垂訓，何書此邪？」郭瑜對曰：「《春秋》義存褒貶，以善惡爲勸戒，故商臣千載而惡名不滅。」弘曰：「非惟口不可道，故亦耳不忍聞。願受他書。」瑜請讀《禮》，世子從之。嗚呼！聖人大訓不明於後世，皆腐儒學《經》不知其義者之罪耳。夫亂臣賊子，雖陷穽在前，斧鉞加於頸而不避顧。謂身後惡名足以係其邪志，而懲於爲惡，豈不謬哉！持此曉人，可謂茅塞其心意矣。若語之曰：「爲人君父而不通於《春秋》之義者，必蒙首惡之名；爲人臣子而不通於《春秋》之義者，必陷篡弑誅死之罪。聖人書此者，使天下後世察於人倫，知所以爲君臣父子之道，而免於首惡之名，誅死之罪也。」則世子弘而聞此，必將愯然畏懼，知《春秋》之不可不學矣。學於《春秋》，必明臣子之義，不至於奏請咈旨而見酖矣。《傳》者，案也；《經》者，斷也。考於《傳》之所載，可以知其所由致之漸，豈隱乎！嫡妾必正，而楚子多愛；立子必長，而楚國之舉常在少者；養世子不可不慎也，而以潘崇爲之師；侍膳問安，世子職也，而多置宫甲。降而不憾，憾而能眕者鮮矣。乃欲黜兄而立其弟，謀及婦人，宜其敗也。而使江芈知其情，是以不仁處其身，而以不孝處其子也。其及宜矣。楚頵僭王，憑陵中國，戰勝諸侯，毒被天下。然昧於君臣父子之道，禍發蕭牆而不之覺也。不善之積，豈可揜哉！君不君，則臣不臣；父不父，則子不子。《春秋》書世子弑其君者，推本所由，而著其首惡，爲萬世之大戒也。然則商臣無貶矣？曰：弑父與君之賊，其惡猶待於貶而後著乎！

公孫敖如齊。

《左氏傳》：穆伯如齊，始聘焉，禮也。凡君即位，卿出並聘，踐修舊好，要結外援，好事鄰國，以衛社稷，忠信卑讓之道也。

【校　記】

① 弑：原作「殺」，據《春秋》三傳經文改。

二年，春，王二月，甲子，晉侯及秦師戰于彭衙。秦師敗績。

《左氏傳》：秦孟明視帥師伐晉，以報殽之役。二月，晉侯禦之。先且居將中軍，趙衰佐之，王官無地御戎，狐鞫居爲右。甲子，及秦師戰於彭衙，秦師敗績。秦伯猶用孟明。孟明增修國政，重施於民。趙成子言於諸大夫曰：「秦師又至，將必辟之。懼而增德，不可當也。《詩》曰：『毋念爾祖，聿修厥德。』孟明念之矣。念德不怠，其可敵乎！」

杜氏注：馮翊郃陽縣西北有彭衙城。

伊川先生解：越國襲人，秦罪也。忘親背惠，晉惡也。秦經人之國以襲人，雖忿，無以爲辭矣，故其來不稱「伐」。晉不諭秦而與戰，故書「晉及」。忿以取敗，故書「敗績」。

武夷胡氏傳：戰而言「及」者，主乎是戰者也。夫敵加於己，不得已而起者，謂之應兵。争恨小故，不忍忿怒者，謂之忿兵。案《左氏》秦孟明帥師伐晉，報殽之役。此所謂忿兵，疑罪之在秦也。而以晉侯主之，何哉？處已息争之道，遠怨之方也。然則，敵加於己，縱其侵暴，將不得應乎？曰：敵加於己，而己有罪焉，引咎責躬，服其罪則可矣；己則無罪，而不義見加，諭之以詞命，猶不得免焉，亦告於天子方伯可也。若遽然興師而與戰，是謂以桀攻桀，何愈乎？故以晉侯爲主者，處己息争之道，寡怨之方，王者之事也。

丁丑，作僖公主。

《左氏傳》：書不時也。僖三十三年《傳》：作主，非禮也。凡君薨，卒哭而祔，祔而作主，特祀於主，烝、嘗、禘於廟。

《公羊傳》：作僖公主者何？爲僖公作主也。主者曷用？虞主用桑，練主用栗。用栗者，藏主也。作僖公主何以書？譏。何譏爾？不時也。

《穀梁傳》：譏其後也。

武夷胡氏傳：作主者，造木主也。既葬而反虞，虞主用桑。期年而練祭，練主用栗。用栗者，藏主也。何以書？僖公薨，至是十有五月，然後作主，慢而不敬甚矣。夫慢而不敬，積惡之原也。以爲無傷而不去，至於積惡而不可揜，所以謹之也。

吕氏曰：練而用栗主。過時而作主，文公孝心不至可知矣，其能爲國乎！

三月，乙巳，及晉處父盟。

《左氏傳》：晉人以公不朝，來討，公如晉。夏，四月，乙巳，晉人使陽處父盟公，以恥之。

武夷胡氏傳：及處父盟者，公也。其不地，於晉也。諱不書「公」者，抑大夫之伉，不使與公爲敵，正君臣之分也。適晉不書，反國不致，爲公諱恥，存臣子之禮也。凡此類筆削魯史之舊文衆矣。

襄陵許氏曰：《春秋》之道，抑高舉下。「處父」云也者，君臣辭也，以抑晉也。

夏，六月，公孫敖會宋公、陳侯、鄭伯、晉士穀，盟于垂隴。《公》、《穀》並作「垂斂」。

《左氏傳》：公未至。六月，穆伯會諸侯及晉司空士穀，盟于垂隴。晉討衛故也。陳侯爲衛請成於晉，執孔達以説。

杜氏注：垂隴，鄭地。滎陽縣東有隴城①。

襄陵許氏曰：元年衛人伐晉，至是諸侯會盟，而明年衛人會晉伐沈，則知衛服於垂隴之會矣。晉襄方患秦、楚專養中國，罪苟有所委，斯受之可也。

自十有二月不雨，至于秋七月。

《穀梁傳》：歷時而言「不雨」，文不憂雨也。不憂雨者，無志乎民也。

武夷胡氏傳：書「不雨至于秋七月」，而不曰「至于秋七月不雨」者，蓋後言「不雨」，是冀雨之詞，非文公之意也。夫書「不雨至於秋七月」而止，即八月嘗雨矣。然而不書「八月雨」者，見文公之無意於雨，不以民事繫憂樂也。其怠於政事可知，而魯衰自此始矣。

八月，丁卯，大事于大廟，躋僖公。

《左氏傳》：逆祀也。於是夏父弗忌爲宗伯，尊僖公，且明見曰：「吾見新鬼大，故鬼小。」……君子以爲失禮。禮無不順。祀，國之大事也，而逆之，可謂禮乎！子雖齊聖，不先父食久矣。故禹不先鯀，湯不先契，文武不先不窋；宋祖帝乙，鄭祖厲王，猶上祖也。是以《魯頌》曰：『春秋匪懈，享祀不忒。皇皇后帝，皇祖后稷。』君子曰：「禮」謂其后稷親而先帝也。《詩》曰：『問我諸姑，遂及伯姊。』君子曰「禮」，謂其姊親而先姑也。

《公羊傳》：大事者何？大祫也。大祫者何？合祭也。其合祭奈何？毁廟之主，陳於大祖。未毁廟之主，皆升合食於大祖。五年而再殷祭。躋者何？升也。何言乎升僖公？譏。何譏爾？逆祀也。其逆祀奈何？先禰而後祖也。

《穀梁傳》：躋，升也。先親而後祖也，逆祀也。逆祀則是無昭穆也，無昭穆則是無祖也，無祖則是無天也。君子不以親親害尊尊，此《春秋》之義也。

杜氏注：僖公，閔公庶兄，繼閔而立，廟坐宜次閔下，今升在閔上。

劉氏傳：大事者何？祫也。祫則曷爲謂之大事？諸侯之大事也。毁廟之主，陳於大祖，未毁廟之主皆升合食於大祖，曰祫。祀其祖之所自出，以其祖配之，曰禘。升僖公，譏。何譏爾？逆祀也。其逆祀奈何？先禰而後祖也。此非祖禰也，其謂之祖禰何？臣子一例也。

劉氏《意林》：時祭稱有事，祫祭稱大事，大之外無加者矣。以是推之，魯之郊禘非禮也。大夫有善於其君，則干祫及其高祖。諸侯有善於天子，則禘其祖之所自出。皆周之末造也，非太平制名器正上下之分也。

武夷胡氏傳：閔、僖二公，親則兄弟，分則君臣。以爲逆祀者，兄弟之不先君臣，禮也。夫有天下者事七世，諸侯五世。説《禮》者曰：世指父子，非兄弟也。然三《傳》同以閔公爲祖而臣子一例，是以僖公父視閔公爲禮。而父死子繼，兄亡弟及，名號雖不同，其爲世一矣。

冬，晋人、宋人、陳人、鄭人伐秦。

《左氏傳》：冬，晋先且居、宋公子成、陳轅選、鄭公子歸生伐秦，取汪及彭衙而還，以報彭衙之役。

伊川先生解：秦以忿取敗，晋可以已矣，而復伐秦，報復無已，殘民結怨，故貶稱「人」。

武夷胡氏傳：案《左氏》，皆國卿也，其貶而稱「人」者，晋人再勝秦師，在常情亦可以已矣，而復興此役，是報復之無已也。

公子遂如齊納幣。

《公羊傳》：納幣不書，此何以書？譏。何譏爾？譏喪娶也。娶在三年之外，則何譏乎喪娶？三年之内不圖昏。何氏注：僖公以十二月薨，至此未滿二十五月。吉禘於莊公，譏。然則曷爲不於祭焉譏？三年之恩疾矣②，非虚加之也。以人心爲皆有之。以人心爲皆有之，則曷爲獨於娶焉譏？娶者，大吉也，非常吉也。其爲吉者，主於己，以爲有人心焉者，則宜於此焉變矣。

陸氏《纂例》：趙子曰：譏使公子納幣也。

武夷胡氏傳：婚姻常事不書，其書「納幣」者，喪未終而圖婚也。夫娶在三年之外矣，何譏乎？《春秋》論事莫重乎志。志敬而節具，與之知禮。志和而音雅，與之知樂。志哀而居約，與之知喪。非虛加之也，重志之謂也。此皆使人私欲不行，閑邪復禮之意。

常山劉氏曰：先儒謂婚姻不當使公子，而不述其所以。蓋公子、公孫於國事皆臣禮而已。唯婚姻之禮，則於家人有尊卑之序。若俾尊者從事，則非順也。

【校記】

①熒：原作「滎」，據《春秋左傳》改。

②疾：原作「絶」，據《公羊傳》改。

三年，春，王正月，叔孫得臣會晉人、宋人、陳人、衛人、鄭人伐沈。沈潰。

《左氏傳》：莊叔會諸侯之師伐沈，以其服於楚也。沈潰。凡民逃其上曰「潰」，在上曰「逃」。

杜氏注：沈，國名也。汝南平輿縣北有沈亭。

武夷胡氏傳：案《左氏》，伐沈，以其服於楚也。沈潰，民逃其上也。五國皆稱「人」，將非命卿也。沈在汝南平輿縣北，未嘗與中國會盟，而南服於楚。師入其境而民人逃散，雖非義舉①，比於報復私怨之兵則有閒矣，故其辭無褒貶。凡此類，欲示後世用師者知權而本之以正也。

襄陵許氏曰：内會伐不書帥師始此，則外重矣。

夏，五月，王子虎卒。

《左氏傳》：王叔文公卒，來赴弔，如同盟。杜氏注：王子虎與僖公同盟于翟泉。

武夷胡氏傳：王子虎不書爵，譏之也。天子内臣無外交。

秦人伐晉。

《左氏傳》：秦伯伐晉，濟河，焚舟，取王官及郊。晉人不出，遂自茅津濟，封殽尸而還。遂霸西戎，用孟明也。

伊川先生解：搆怨連禍，殘民以逞，晉人畏之而不出。秦人極其忿而後悔過，聖人取其終能改耳。

武夷胡氏傳：案《左氏》，秦伯伐晉，濟河，焚舟，封殽尸而還。其稱「人」何也？聖人作《易》以懲忿窒慾，爲《損》卦之象，其辭曰：「損，德之修也。」春秋諸侯之知德者鮮矣。穆公初聽杞子之請，違蹇叔之言，其名爲貪兵，是慾而不能窒也。及敗於殽，歸作

《秦誓》，庶幾能改，將窒其慾矣。復起彭衙之師，報殽、函之役，其名爲憤兵，是忿而不能懲也。今又濟河取郊。人之稱斯師也何義哉？晉人畏秦而不出，穆公逞其忿而後悔，自是見伐不報，始能踐自誓之言矣。是故於此貶而稱「人」，備責之也。

秋，楚人圍江。

雨螽于宋。

《左氏傳》：隊而死也。

陸氏《纂例》：趙子曰：「自空而下，又多有，似雨耳。歷代有雨血、雨毛、雨土，皆此類。」

冬，公如晉。十有二月，己巳，公及晉侯盟。

《左氏傳》：晉人懼其無禮於公也，請改盟。公如晉，及晉侯盟。

陸氏《纂例》：在晉都盟，故不言地。

晉陽處父帥師伐楚，以《公》、《穀》無「以」字。**救江。**

《左氏傳》：楚師圍江。晉先僕伐楚以救江。冬，晉以江故告於周。王叔桓公，晉陽處父伐楚以救江，門于方城，遇息公子朱而還。

《公羊傳》：此伐楚也。其言救江何？爲諼也。其爲諼奈何？伐楚爲救江也。

武夷胡氏傳：「以」者，不以者也。救江善矣，其書「以」何？楚嘗伐鄭矣，齊桓公遠結江、黄，合九國之師於召陵，然後伐鄭之謀罷；又嘗圍宋矣，晉文公許復曹、衛，會四國之師於城濮，然後圍宋之役解。今江國小而弱，非能與宋、鄭比，楚人圍之，必不待徹四境屯戍守禦之衆與宿衛盡行也。當是時，楚有覆載不容之罪。晉主夏盟，宜合諸侯聲罪致討，命秦甲出武關，齊以東兵略陳、蔡而南，處父等軍於方城之外，楚必震恐而江圍自解矣。計不出此，乃獨遣一軍遠攻强國，豈能濟乎？故書「伐楚以救江」，言救江雖善，而所以救之者，非其道矣。

襄陵許氏曰：《春秋》有一國之辭，有天下之辭。魯國有興則書帥師，此一國之辭也；諸侯侵伐則簡之矣，此天下之辭也。中世以後，天下崇武，大夫尊强，卒乘繁興，於是諸侯侵伐書卿帥師，且著内輕而外重，强弱相形也。此《春秋》紀用兵之法也。

【校　記】

①非：原作「未」，據《春秋胡氏傳》改。

四年春，公至自晉。

呂氏曰：自是公朝强國皆至者，事近得詳，事遠則不得詳也。

夏，逆婦姜于齊。

《左氏傳》：逆婦姜于齊，卿不行，非禮也。君子是以知出姜之不允於魯也。曰：「貴聘而賤逆之，君而卑之，杜氏注：君，小君也。立而廢之，棄信而壞其主，在國必亂，在家必亡，不允宜哉！《詩》曰：『畏天之威，于時保之。』敬主之謂也。」

伊川先生解：納幣在喪中，與喪婚同也。稱「婦姜」，已成婦也。不稱夫人，不可爲小君，奉宗廟也。不書逆者，雖卿亦失其職也。

劉氏《意林》：逆婦姜于齊，正始之道也。待之不以夫人之禮，故夫人不以其位終。國亂子弒，强臣擅命，幾於亡矣。文公非不欲存妻子傳世者也①，闇弱惰慢，不能率禮而行，以謂苟若而可，何禮之守？故卒至於禍也。夫婦之際，人倫之首，可不慎哉！故鑒末以原本，因微以知著。又非獨文公之罪也，雖夫人預有罪矣。當是之時，夫人不能早避喪娶之辱，冒大禮以往，國人皆賤之，遂無所據依，以危其身而亡其子，由本不正故也。殆而呼天，不亦晚乎！吾以此觀之，禮之於人大矣。是存則存，是亡則亡。文公之不能保其後嗣者，由無以刑其妻也；夫人之不能安其位者，由無以謹於禮也。此正始之道也。

武夷胡氏傳：逆皆稱女，以未成婦。而女者，在父母家之所稱也。往逆而稱「婦」，入國不書「至」，何哉？此《春秋》誅意之效也。禫制未終，思念娶事，是不志哀而居約矣。方逆也，而已成爲婦；未至也，而如在國中，原其意而誅之也。不稱「夫人姜氏」者，亦與有貶焉。婦人不專行，何以與有貶？父母與有罪也。文公不知敬其伉儷，違禮而行，使國亂子弑，齊人不能鑒微知著，冒禮而往，使其女不允於魯，皆失於不正其始之過也。夫婦之際，人倫之首，不可不謹也！故交貶之以爲後鑒。

狄侵齊。

襄陵許氏曰：狄自箕之敗，至是始復侵齊，閒晉有秦、楚之難也。

秋，楚人滅江。

晉侯伐秦。

《左氏傳》：秋，晉侯伐秦，圍邧、新城，以報王官之役。

伊川先生解：秦逞忿以伐晉，晉畏而避之。其見報，乃常情也。秦至此能悔過矣，故不復報晉。聖人取其能遷善也，稱「晉侯」不復加譏，見秦宜得報，而自悔不復修怨，乃其善也。

武夷胡氏傳：晉人三敗秦師，見報乃常情耳。而穆公濟河焚舟則貶而稱「人」。秦取王官及郊，未至結怨如晉師之甚也。襄公又報之，常情過矣。而得稱爵何也？聖人以常情待晉襄，而以王事責秦穆，所以異乎！襄公忘親背惠，大破秦師，敗狄伐許，怒魯侯之不朝也而以無禮施之，是專尚威力，先事加人，莫知省德而後動也。今又報秦，不足罪矣。穆公初敗于殽，悔過自誓，增修德政，宜若過而知悔，悔而能改。又有濟河之役，則非誓言之意，所以責備也。然晉襄見伐而報，猶無譏焉。秦穆至是見伐而不報，善可知矣。不譏晉侯，所以深善秦伯。《春秋》大改過，嘉釋怨，王者之事也。故仲尼定《書》，列《秦誓》於百篇之末，以見悔過能改而不責人。雖聖賢誥命，不越此矣。

衛侯使甯俞來聘。

《左氏傳》：衛甯武子來聘。

冬，十有一月，壬寅，夫人風氏薨。

《左氏傳》：成風薨。

伊川先生解：自成風以後，妾母稱夫人，嫡妾亂矣。仲子始僭，尚未敢同嫡也。

陸氏《纂例》：啖子曰：「自成風之後，妾母皆僭用夫人禮。」

常山劉氏曰：凡魯事之諱者，皆由諱而後顯，聖人之旨微哉。

武夷胡氏傳：風氏，僖公之母，莊公妾也，而稱「夫人」，自是嫡妾亂矣。《語》曰：「邦君之妻，邦人稱之曰『君夫人』；稱諸異邦曰『寡小君』。」蓋嫡體之稱也。若夫妾媵，則非嫡矣。其生亦以夫人之名號稱之，其没亦以夫人之禮卒葬之，非所以正其分也。以妾媵爲夫人，徒欲尊寵其所愛，而不虞卑其身；以妾母爲夫人，徒欲崇貴其所生，而不虞賤其父。卑其身則失位，賤其父則無本，越禮至是，不亦悖乎！夫禮，庶子爲君，爲其母無服，不敢貳尊者也。《春秋》於成風記其卒葬，各以實書，不爲異辭者，謹禮之所由變也。

【校記】

① 不：原脱，據《春秋意林》補。

五年，春，王正月，王使榮叔歸含且賵。

《左氏傳》：春，王使榮叔來含且賵。

《公羊傳》：含者何？口實也。其言「歸含且賵」何？兼之。兼之非禮也。

伊川先生解：天子成妾母爲夫人，亂倫之甚，失天理矣。不稱「天」，義已明。稱「叔」，存禮也。

杜氏注：珠玉曰含。含，口實。車馬曰賵。

劉氏傳：王何以無「天」？言是非天之法也。是非天之法者何？是始以妾爲嫡也。

武夷胡氏傳：珠玉含，車馬賵。「歸含且賵」者，厚禮妾母也。不稱「天王」者，弗克若天也。《春秋》繫王於天，以定其名號者，所履則天位也，所治則天職也，所敕而惇之者，則天之所叙也；所自而庸之者，則天之所秩也；所賞所刑，則天之所命而天之所討也。夫婦，人倫之本，王法所尤謹者。今成風以妾僭嫡，王不能正。又使大夫歸含賵焉，而成之爲夫人，則王法廢，人倫亂矣。是謂弗克若天而悖其道，非小失耳。故特不稱「天」，以謹之也。

三月，辛亥，葬我小君成風。

陸氏《纂例》：自文公葬成風之後，乃有二夫人祔廟，非禮也。

蘇氏曰：仲子雖聘而非惠公之嫡也，故特爲之宫而不祔，不書其葬，蓋禮之正也。自成風以來，妾母皆葬，蓋祔也。魯禮之變，自此始矣。

王使召《穀》作「毛」。**伯來會葬。**

《左氏傳》：召昭公來會葬。

伊川先生解：天子以妾母同嫡，亂天理一作「倫」。也，故不稱「天」。聖人於此尤謹其戒。

杜氏注：召伯，天子卿也。召，采地。伯，爵也。

武夷胡氏傳：王臣下聘桓公，冢宰書名示貶，而大夫再聘則無譏焉①。或以爲從同同也，或以爲同則書重也。成風薨，王使榮叔歸含且賵，既不稱「天」矣，及使召伯來會葬，又與貶焉。何也？歸含且賵，施於妾母，已稠疊矣；又使卿來會葬，恩數有加焉，是將祔之於廟也，而致禮於成風盡矣。聘一也，含賵而又葬，則其事益隆，亂人倫，廢王法甚矣。再不稱「天」者，聖人於此，尤謹其戒，而不敢略也。

襄陵許氏曰：《喪服傳》曰：「庶子爲父後者，爲其母何以緦也？與尊者爲一體，不敢私其親也。」《服問》曰：「君之母，非夫人也，則羣臣無服，惟近臣及僕、驂乘從服，唯君所服也。」此禮之正也。

夏，公孫敖如晉。

秦人入鄀。

《左氏傳》：初，鄀叛楚即秦，又貳於楚。夏，秦人入鄀。

秋，楚人滅六。

《左氏傳》：六人叛楚，即東夷。秋，楚成大心、仲歸帥師滅六。冬，楚公子燮滅蓼。臧文仲聞六與蓼滅，曰：「皐陶、庭堅不祀忽諸，德之不建，民之無援，哀哉！」

杜氏注：六國，今廬江六縣。

冬，十月，甲申，許男業卒。

【校　記】

① 聘：原作「命」，據《春秋胡氏傳》改。

六年，春，葬許僖公。

夏，季孫行父如陳。

《左氏傳》：臧文仲以陳、衛之睦也，欲求好於陳。夏，季文子聘於陳，且娶焉。

杜氏注：行父，季友孫。

秋，季孫行父如晉。

八月，乙亥，晉侯驩卒。《公》作「讙」。

《左氏傳》：八月，乙亥，晉襄公卒。靈公少，晉人以難故，欲立長君。趙孟曰：「立公子雍，好善而長，先君愛之。且近於秦，秦舊好也。」使先蔑、士會如秦，逆公子雍。

冬，十月，公子遂如晉，葬晉襄公。

杜氏注：卿共葬事，文、襄之制也。三月而葬，速。

晉殺其大夫陽處父。晉狐射《穀》作「夜」。姑出奔狄。

《左氏傳》：六年，春，晉蒐于夷，舍二軍。使狐射姑將中軍，趙盾佐之；陽處父至自温，改蒐于董，易中軍。陽子，成季之屬也，故黨於趙氏，且謂趙盾能，曰：「使能，國之利也。」是以上之。宣子於是乎始爲國政。賈季怨陽子之易其班也，而知其無援於晉也。九月，賈季使續鞫居殺陽處父。十一月，丙寅，晉殺續簡伯，賈季奔狄。

《穀梁傳》：稱國以殺，罪累上也。襄公已葬，其以累上之辭言之，何也？君漏言也。上泄則下闇，下闇則上聾。且闇且聾，無以相通。夜姑，殺者也。夜姑之殺奈何？曰：晉將與狄戰，使狐夜姑爲將軍，趙盾佐之。陽處父曰：「不可。古者，君之使臣也，使仁者佐賢者，不使賢者佐仁者。今趙盾賢，夜姑仁，其不可乎！」襄公曰：「諾。」謂夜姑曰：「吾使趙盾佐女，今女佐盾矣。」夜姑曰：「敬諾。」襄公死，處父主竟上之事，夜姑使人殺之。君漏言也。

武夷胡氏傳：公羊子曰：「晉殺其大夫陽處父，則狐射姑曷爲出奔？射姑殺也。射姑殺，則其稱國以殺何？君漏言也。」《易》曰：「不出户庭，無咎。」何謂也？子曰：「亂之所生，則言語以爲階。君不密則失臣，臣不密則失身，幾事不密則害成，是以君子慎密而不出也。」凡書「殺」者，在上則稱君，在下則稱氏，在衆則稱人，在微則稱盜，君與臣同殺則稱國。今殺處父者，射姑耳。君獨以漏言，故亦預殺焉，所以爲後世戒也。或以處父爲侵官，非歟？曰：人君用人失當，則其國必危。凡立於朝者舉當諫君，況身爲國之太傅邪！若以爲侵官，將相大臣非其人，百官有司失其職，在位者當拱默自全，陰聽人主之所爲，至於顛危而不救，則將焉用彼相乎？率天下臣子爲持禄容身不忠之行，以誤朝迷國者，必此侵官之説矣。

襄陵許氏曰：處父賢趙盾而不可射姑，爲國忠謀，豈曰黨哉。使處父於此從容不言，以免爲智者，是使國不用賢而用亂人也，非「蹇蹇匪躬」臣道之訓也。《傳》又罪其改蒐爲侵官。當襄公時，晉政未亂，卿帥之重，孰能擅改？使謀出處父而公行之，又何咎焉！

閏月，不告月①，猶朝于廟。

《左氏》曰：閏月不告朔，非禮也。閏以正時，時以作事，事以厚生，生民之道於是乎在矣。不告閏朔，棄時政也，何以爲民？

陸氏《纂例》：趙子曰：「天子常以今年冬班，明年正朔於諸侯。諸侯受之，每月奉月朔甲子以告於廟，所謂稟正朔也。文公以閏非正，不行告朔之禮，而以其朔日但身至廟拜謁而已。故曰『猶朝于廟』。」

劉氏傳：閏月不告月，非正也。朝廟爲告月也。不告月而朝廟，亦非正也。

武夷胡氏傳：不告月者，不告朔也。不告朔則曷爲不言朔也？因月之虧盈而置閏，是主乎月而有閏也，故不言朔而言月。占天時則以星，授民事則以節，候寒暑之至則以氣。百官修其政於朝，庶民服其事於野，則主乎是焉耳矣。閏不可廢乎？曰：迎日推策則有其數，歸奇於扐以象閏，數也。轉璣觀衡則有其象，斗指兩辰之閒，象也。象數者，天理也，非人所能爲也。故以定時成歲者，唐典也。以詔王居門終月者，周制也。班告朔於邦國，不以是爲附月之餘而弗之數也。「猶朝于廟」者，幸其不已之詞。子貢欲去告朔之餼羊，子曰：「爾愛其羊，我愛其禮。」

【校　記】

① 月：原作「朔」，據《春秋》三傳經文改。

七年，春，公伐邾。《公》作「邾婁」。三月，甲戌，取須句，《公》作「朐」。遂城郚。

《左氏傳》：公伐邾，閒晉難也。取須句，寘文公子焉，非禮也。

杜氏注：須句，魯之封内屬國也。僖公反其君之後，邾復滅之，因伐邾師以城郚。郚，魯邑。卞縣南有郚城。

夏，四月，宋公王《穀》作「壬」。臣卒。宋人殺其大夫。

《左氏傳》：宋成公卒，昭公將去羣公子。樂豫曰：「不可。公族，公室之枝葉也。

若去之，則本根無所芘蔭矣。……」不聽，襄、穆之族率國人以攻公，殺公孫固、公孫鄭於公宫。六卿和公室，樂豫舍司馬以讓公子卬。昭公即位而葬。書曰「宋人殺其大夫」，不稱名，衆也。

劉氏傳：其稱「人」以殺何？衆殺之者也。

武夷胡氏傳：書「宋人」者，國亂無政，非君命而衆人擅殺之也。大夫不名，義繫於殺大夫，而其名不足紀也。

戊子，晉人及秦人戰于令狐。

《左氏傳》：穆嬴日抱太子以啼於朝，曰：「先君何罪？其嗣亦何罪？舍適嗣不立，而外求君，將焉寘此？」出朝，則抱以適趙氏，頓首於宣子，曰：「先君奉此子也而屬諸子。曰：『此子也才，吾受子之賜；不才，吾唯子之怨。』今君雖終，言猶在耳，而棄之若何？」宣子與諸大夫皆患穆嬴，且畏偪，乃背先蔑而立靈公。以禦秦師……及堇陰。宣子曰：「我若受秦，秦則賓也。不受，寇也。既不受矣，而復緩師，秦將生心。先人有奪人之心，軍之善謀也；逐寇如追逃，軍之善政也。」訓卒，利兵，秣馬，蓐食，潛師夜起。戊子，敗秦師于令狐，至於刳首。

伊川先生解：晉始逆立公子雍，既而悔之，故秦興兵以納之。晉不謝秦，秦納不正，皆罪也。故稱「人」。晉懼秦之不肯已而擊之，故書「晉及」。

劉氏傳：此晉趙盾之師也，其稱「人」何？貶。曷爲貶？不與大夫專廢置君也。

常山劉氏曰：戰必有勝敗，唯此秦敗不書者，晉曲甚故也。何者？晉使先蔑召公子雍於秦，秦爲送之。晉反背約，禦秦師而敗之。秦何罪焉？故不書秦敗，所以甚晉人之惡也。

武夷胡氏傳：晉、秦稱「人」，晉書「及」，其貶之如此者，使後世臣子慎於廢立之際，不可忽也。治亂存亡，係國君之廢立，事莫重於此矣，而可以有誤乎！奕者舉棊不定，不勝其偶，況置君而可以不定乎！

晉先蔑《公羊》：「晉先眛以師。」奔秦。

《左氏傳》：己丑，先蔑奔秦，士會從之。

泰山孫氏曰：先蔑不言「出」者，明自軍中而出。

常山劉氏曰：杜氏曰：「不言『出』，在外奔，他皆倣此。」

狄侵我西鄙。

《左氏傳》：狄侵我西鄙，公使告於晉。趙宣子使因賈季問酆舒，且讓之。

襄陵許氏曰：狄懲箕之敗，四年閒一侵齊而未敢肆。至是始復侵魯，侵齊，侵宋，侵衛。晉襄既没，莫之忌矣。

秋，八月，公會諸侯、晉大夫，盟于扈。

《左氏傳》：秋，八月，齊侯、宋公、衛侯、陳侯、鄭伯、許男、曹伯會晉趙盾，盟于扈，晉侯立故也。公後至，故不書所會。凡會諸侯，不書所會，後也。杜氏注：不書所會，謂不具公、侯及卿、大夫。

伊川先生解：文公怠政，事多廢緩，既約晉盟而復後至，故書往會，而隱其不及；不序諸侯，以見其不在。故明年公子遂再往與晉盟也。

杜氏注：扈，鄭地。滎陽卷縣西北有扈亭①。

高郵孫氏曰：《春秋》書及某大夫盟者，惟二例耳。莊公九年，公及齊大夫盟于蔇，及此年晉大夫是也。《春秋》之法，外臣不盟我公，皆書名，以見其罪。不幸其國無君，若無知之亂，則齊之大夫得免焉。大夫而盟諸侯，亦書名，以見其罪；不幸其君薨而嗣子少，若靈公之在抱，則晉之大夫得免焉。舍是二者，未有不得罪於《春秋》矣。

武夷胡氏傳：趙盾内專廢置其君，外强諸侯爲此盟，其不名者，見大夫之强也。

襄陵許氏曰：諸侯何以不序？大夫何以不名？大夫而主盟諸侯，自扈之會始也，君子惡之。靈公始立而失正如此，其將無以終矣。

冬，徐伐莒。公孫敖如莒涖《公》、《穀》並作「莅」。盟。

《左氏傳》：徐伐莒。莒人來請盟，穆伯如莒涖盟。

《穀梁傳》：涖，位也。其曰「位」何？前定也。

泰山孫氏曰：徐不稱「人」，夷也。

【校記】

① 熒：原作「榮」，據《春秋左傳》改。

八年，春，王正月。

夏，四月。

秋，八月，戊申，天王崩。

《左氏傳》：襄王崩。

冬，十月，壬午，公子遂會晉趙盾，盟于衡雍。乙酉，公子遂會《公》有「伊」字。雒戎，盟于暴。

《左氏傳》：晉人以扈之盟來討。冬，襄仲會晉趙孟，盟于衡雍，報扈之盟也。遂會伊雒之戎。

劉氏傳：曷爲再言「公子遂」？兩之也。

襄陵許氏曰：戎醜在雒，亂華甚矣。稱「公子遂」，兩之也。兩之也者，內諸夏而外戎也。《春秋》所謹如此。而晉、唐得戎，與之雜居。晉既大亂不救，唐亦幾危而悔。此爲國不學《春秋》之過也。

公孫敖如京師，不至而《公》無「而」字。**復。丙戌，奔莒。**

《左氏傳》：穆伯取於莒，曰戴己，生文伯；其娣聲己，生惠叔。戴己卒，又聘於莒。莒人以聲己辭，則爲襄仲聘焉。穆伯……爲仲逆……自爲娶之。仲請攻之，……公止之。……使仲舍之，公孫敖反之。……穆伯如周弔喪，不至，以幣奔莒，從己氏焉。

陸氏《纂例》：還者，事畢；復者，未畢。師還，公還自晉，歸父還自晉，士匄聞齊侯卒乃還，皆不當更往，又並合禮。故曰：還，事畢也。公如晉至河乃復，公孫敖如京師不至而復，仲遂至黄乃復，皆事未畢而復也。

武夷胡氏傳：案《左氏》，公孫敖奔莒，從己氏也。男女，人之大欲存焉。寡欲者，養心之要。欲而不行，可以爲難矣。然欲生於色，而縱於淫。色出於性，目之所視，有同美焉，不可掩也。淫出於氣，不持其志，則敖僻趨蹶，無不爲矣。敖如京師，其書「不至而復」者，言敖無入使於周之意，惟己氏之欲從也。夫以志徇氣，肆行淫慾而不能爲之帥，至於棄其家國，出奔而不顧，此天下之大戒也。《春秋》謹書其事，於敖與何誅？使後人爲鑒，必持其志，修窒欲之方也。

螽。《公》作「蝝」。

宋人殺其大夫司馬。宋司城來奔。

《左氏傳》：宋襄夫人，襄王之姊也。昭公不禮焉。夫人因戴氏之族，以殺襄公之孫孔叔、公孫鍾離及大司馬公子卬，皆昭公之黨也。司馬握節以死，故書以官。司城蕩意諸來奔，效節於府人而出。公以其官逆之，皆復之。亦書以官，皆貴之也。

陸氏《纂例》：啖子曰：「守節以死，特書官以美之。」啖子曰：「内外大夫奔，卿則書，君之股肱也。治亂所寄，故重而書之。凡奔，皆惡也；有非者，則異文，宋司城是也。

吕氏曰：守節以死者，死其官也。稱官以奔者，得其職也。劉原父以爲稱官皆不能其官，非也。如不能其官，何稱其官之有？然而不名者，其人他無可稱，獨死其官、得其職可録爾。故舉其官，不繫其人也。

春秋集解卷十四

文　公

九年，春，毛伯來求金。

《左氏傳》：毛伯衛來求金，非禮也。不書王命，未葬也。

《公羊傳》：毛伯者何？天子之大夫也。何以不稱使？當喪未君也。踰年矣，何以謂之未君？即位矣，而未稱王也。未稱王，何以知其即位？以諸侯之踰年即位，亦知天子之踰年即位也。以天子三年然後稱王，亦知諸侯於其封内三年稱子也。踰年稱公矣。則曷爲於其封内三年稱子？緣民臣之心，不可一日無君；緣終始之義，一年不二君，不可曠年無君；緣孝子之心，則三年不忍當也。毛伯來求金，何以書？譏。何譏爾？王者無求，求金，非禮也。

《穀梁傳》：求車猶可，求金甚矣。

伊川先生解：家父致命以征車，故書使來求。毛伯風魯以欲金，故不云王使。

武夷胡氏傳：毛伯，天子大夫，何以不稱使？當喪未君也。踰年即位矣，何以言未君？古者諒陰三年，百官總己以聽於冢宰。夫百官總己以聽，則是冢宰獨專國政之時，託於王命以號令天下，夫豈不可而不稱使？《春秋》之旨微矣，非特謹天下之通喪，所以示後世大臣當國秉政不可擅權之法戒也。跋扈之臣，假仗主威，脅制中外，凡有所行，動以詔書從事，蓋未有以《春秋》此義折之耳。

襄陵許氏曰：王室大喪，諸侯莫賻，是以有求金焉。書之，非特王之譏也，所以偏刺天下之諸侯。

夫人姜氏如齊。

二月，叔孫得臣如京師。

《左氏傳》：莊叔如周，葬襄王。

《穀梁傳》：京，大也；師，衆也。言周，必以衆與大言之也。

辛丑，葬襄王。

陸氏《纂例》曰：七月始葬。

高郵孫氏曰：《春秋》，天王書葬者五，君往者三，臣往者二。君往者不書，公如京師，常事得禮，法所當略也。臣往者悉書其人，以爲天王之喪，君不自往而使臣焉，則是無君父之恩，而廢臣子之禮。

晉人殺其大夫先都。 并解在下文「箕鄭父」下。

三月，夫人姜氏至自齊。

劉氏傳：夫人曷爲或致或不致？或可以致，或不可以致。曷爲或可以致，或不可以致？出入以禮，則可以致；出入不以禮，則不可以致。此其爲有禮奈何？父母在而歸寧也。

武夷胡氏傳：夫人與君敵體，同主宗廟之事，出必告行，反必告至，則書於策。然適他國者，或曰「享」，或曰「會」，或曰「如」，衆矣。未有致之者，則其行非禮，以不致見其罪也。出姜如齊，以寧父母，於禮得行矣。其致者，非特以告廟書耳。夫人初歸，豈其不告，爲文公越禮，故削而不書，示誅意之法矣。今此書「至」者，又以見小君之重也。夫承祭祀以爲宗廟主，一國之母儀，而可以動摇乎？出姜至是，蓋不安於魯，故至而特書，以示防微杜漸之意，其爲慮深矣。

晉人殺其大夫士縠及其箕鄭父。

《左氏傳》：八年，夷之蒐。晉侯將登箕鄭父、先都，而使士縠、梁益耳將中軍。先克曰：「狐、趙之勳，不可廢也。」從之。先克奪蒯得田於堇陰，故箕鄭父、先都、士縠、梁益耳、蒯得作亂。九年，春，王正月，己酉，使賊殺先克。乙丑，晉人殺先都、梁益耳。三月，甲戌，晉人殺箕鄭父、士縠、蒯得。

武夷胡氏傳：殺先都、士縠，國也。其稱「人」以殺者，國亂無政，衆人擅殺之稱也。何以知其非討賊之詞？書「殺其大夫」則知之矣。三大夫皆强家也，求專晉不得，挾私怨以作亂，而使賊殺其中軍佐，則固有罪矣。曷爲不去其官？當是時，晉靈初立，主幼不君，政在趙盾，而中軍佐者，盾之黨也。若獄有所歸，則此三人者，獨無可議從末減乎！而皆殺之，是大夫專生殺而政不自人主出也。故不稱國討，不去其官。而箕鄭父書「及」，示後世司賞罰者必本忠恕，無有黨偏之意，其義精矣。

楚人伐鄭。

《左氏傳》：范山言於楚子曰：「晉君少，不在諸侯，北方可圖也。」楚子師於狼淵以伐鄭，囚公子堅、公子尨及樂耳。鄭及楚平。

泰山孫氏曰：楚復强也。楚自城濮之敗，不敢加兵於鄭。今伐鄭者，晉文既死，中國不振故也。

公子遂會晉人、宋人、衛人、許人救鄭。

《左氏傳》：公子遂會晉趙盾、宋華耦、衛孔達、許大夫救鄭，不及楚師。卿不書，緩也，以懲不恪。

武夷胡氏傳：書「救」而稱「人」，以罪趙盾之不能折衝消患，爲夷狄之所窺也。

夏，狄侵齊。

秋，八月，曹伯襄卒。

九月，癸酉，地震。

《公羊傳》：地震者何？動地也。何以書？記異也。

冬，楚子使椒《穀》作「萩」①。**來聘。**

《左氏傳》：冬，楚子越椒來聘。

《公羊傳》：椒者何？楚大夫也。楚無大夫，此何以書？始有大夫也。始有大夫，則何以不氏？許夷狄者，不一而足也。

劉氏傳：聘，常事也。其曰「椒」何？楚進也。楚進久矣，曷爲始乎此？自是與中國通也。與中國通者何？自是以中國之禮爲之者也。

武夷胡氏傳：楚僭稱王，《春秋》之始獨以號舉，夷狄之也②。中間來聘，改而書「人」，漸進之矣。至是其君書爵，其臣書名而稱使，遂與諸侯比者，是以中國之禮待之也。所謂謹華夷之辨③，内諸夏而外四夷④，義安在乎？曰：吴、楚，聖賢之後，見周之弱，王靈不及，僭擬名號，此以夏而變於夷者也⑤，聖人重絶之。夫《春秋》立法謹嚴，而宅心忠恕。嚴於立法，故僭號稱王，則深加貶黜，比之夷狄⑥，以正君臣之義；恕以宅心，故内雖不使與中國同，外亦不使與夷狄等⑦。思善悔過，向慕中國，則進之而不拒。此慎用刑、重絶人之意也。噫，《春秋》之所以爲《春秋》，非聖人莫能修之者乎！

秦人來歸僖公成風之襚。

《穀梁傳》：秦人弗夫人也。即外之弗夫人而見正焉。

陸氏《纂例》：啖子曰：「僖公成風與惠公仲子何殊？《傳》謂兩人，誤也。」

泰山孫氏曰：妾母稱夫人，自僖公始。天子不能正而秦人能之。故曰「秦人來歸僖公成風之襚」。此固周室陵遲，典禮錯亂，秦人之不若也。

葬曹共公。

【校　記】

①萩：原作「荻」，據《穀梁傳》改。

②夷狄：四庫本作「乃外」。

③華夷：四庫本作「内外」。

④夷：四庫本作「裔」。

⑤ 此以夏而變於夷者也：四庫本作「叛乎王即以忘其祖矣」。

⑥ 比之夷狄：四庫本作「不齒列侯」。

⑦ 夷狄：四庫本作「遐荒」。

十年，春，王三月，辛卯，臧孫辰卒。

夏，秦伐晉。

《左氏傳》：春，晉人伐秦，取少梁。夏，秦伯伐晉，取北徵。

伊川先生解：禮一失則爲夷狄，再失則爲禽獸①，聖人初恐人之入於禽獸也，故《春秋》之法極嚴謹，諸侯而用夷禮者②，則便夷狄之③。

高郵孫氏曰：以其易世相讎，交攻不已，故不稱其「人」，但曰「秦」者，狄之也④。

楚殺其大夫宜申。

《左氏傳》：楚子西謀弒穆王。穆王聞之。五月，殺鬭宜申。

武夷胡氏傳：案《左氏》，宜申與仲歸謀弒穆王而誅，則是討弒君之賊也。曷爲稱國以殺，又書其官，而不曰「楚人殺宜申」乎？曰：穆王者，即楚世子商臣也，而《春秋》之義微矣。

自正月不雨，至于秋七月。

《穀梁傳》：歷時而言不雨，文不閔雨也。不閔雨者，無志乎民也。

及蘇子盟于女栗。

杜氏注：蘇子，周卿士。女栗，地。闕。

劉氏傳：孰及之？公也。公則曷爲不言公？不與公盟也。曷爲不與公盟？古者内諸侯不外交，外諸侯不内交。有至尊在，不貳之也。

冬，狄侵宋。

楚子、蔡侯次于厥《公》作「屈」。**貉。**

《左氏傳》：陳侯、鄭伯會楚子於息。冬，遂及蔡侯次于厥貉，將以伐宋。宋華御事曰：「楚欲弱我也。先爲之弱乎？何必使誘我？我實不能，民何罪？」乃逆楚子，勞且聽命。

高郵孫氏曰：厥貉之次遂稱楚子，而明年伐麇又以爵書，蓋自是與中國等矣。楚夷狄而中國與之等⑤，則夷狄益强⑥，而中國之衰益甚矣。

武夷胡氏傳：楚滅江、六，平陳與鄭，於是乎爲伐宋之舉，次于厥貉。凡伐而次者，其次爲善；次而伐者，其次爲貶。齊師次陘，修文告以威敵，善之也，故上書「伐楚」以著其美。楚次厥貉，藏禍心以憑夏，貶之也，故下書「伐麇」以著其罪。當是時，陳、鄭、宋皆從楚矣，獨書「蔡侯」何哉？鄭失三大夫，侯救而不及；陳獲公子茷而懼；宋方有狄難，蓋有不得已者，非所欲也。蔡無四境之虞，則是得已不已，志在從夷狄矣⑦。故削三國，書「蔡侯」，見其棄諸夏之惡也。

【校記】

① 則爲夷狄，再失則爲禽獸：四庫本作：「天理滅亡，將入于禽獸。」

② 用夷：四庫本作「有棄」。

③ 便夷狄：四庫本作「遂絶」。

④ 狄：四庫本作「外」。

⑤ 夷狄：四庫本作「蠻荒」。

⑥ 夷狄：四庫本作「楚人」。

⑦ 夷狄：四庫本作「于楚」。

十有一年，春，楚子伐麇。《公》作「圈」。

《左氏傳》：十年，厥貉之會，麇子逃歸。十一年，春，楚子伐麇，成大心敗麇師于防渚。潘崇復伐麇，至于錫穴①。

襄陵許氏曰：楚侵伐書爵始此，中國日替矣。

夏，叔仲彭生會晉郤缺于承匡。

《左氏傳》：叔仲惠伯會晉郤缺于承匡，謀諸侯之從於楚者。杜氏注：九年，陳、鄭及楚平。十年，宋聽楚命。

杜氏注：承匡，宋地。在陳留襄邑縣西。郤缺，冀缺。

秋，曹伯來朝。

《左氏傳》：秋，曹文公來朝，即位而來見也。

公子遂如宋。

《左氏傳》：襄仲聘於宋，且言司城蕩意諸而復之，因賀楚師之不害也。

狄侵齊。

冬，十月，甲午，叔孫得臣敗狄于鹹。

《左氏傳》：鄋瞞侵齊，杜氏注：鄋瞞，狄國名，防風之後，漆姓。遂伐我。公卜使叔孫得臣追之，吉。侯叔夏御莊叔，緜房甥爲右，富父終甥駟乘。冬，十月，甲午，敗狄于鹹，獲長狄僑如，富父終甥摏其喉②，以戈殺之。

《公羊傳》：長狄也。

杜氏注：鹹，魯地。

劉氏《意林》：非長狄乎？曰：非也。《春秋》正名，狄也，戎也，淮夷也，白狄也，赤狄也，山戎也，夷蠻也，陸渾戎也，姜戎也，是不一名。

【校　記】

① 穴：原作「冗」，據《春秋左傳》改。

② 擠：原作「櫅」，據《春秋左傳》改。

十有二年，春，王正月，郕《公》作「盛」。伯來奔。

《左氏傳》：十一年，郕大子朱儒自安於夫鍾，國人弗徇。十二年，春，郕伯卒。郕人立君。大子以夫鍾與郕邽來奔，公以諸侯逆之。

《辨疑》：趙子曰：「案諸侯嗣位未踰年，猶稱『子』，豈有君父病而不視，死而不喪，身未即位，以邑出奔而稱『郕伯』？一何乖繆！且鄭忽、曹羈、莒展皆已即位，及其出奔，猶但稱名，況於郕未嗣位乎？且《春秋》正王綱之節，乃云爲魯公以諸侯迎之之故，即書曰『郕伯』，乃《春秋》紊王綱也。一何厚誣邪！」

劉氏《權衡》：意者先郕伯以去年卒，大子今即位，而不能自安，遂出奔，此乃真郕伯矣。以其即位日淺，或謂之太子，而《左氏》則誤以爲太子出奔也。案莊八年，師及齊師圍郕，郕降於齊師，自是入齊爲附庸。此而來奔，齊所偪爾，故不名。

泰山孫氏曰：諸侯播越失地皆名，此不名者，非自失國也。

《公羊傳》：失地之君也。

常山劉氏曰：太子位當世立，國人弗立而來奔，聖人即書其爵，以其當立爲君也。郕人豈可絶之哉！《春秋》大居正王道若此，豈可亂乎！

杞伯來朝。

《左氏傳》：杞桓公來朝，始朝公也。且請絶叔姬而無絶婚，公許之。

杜氏注：復稱「伯」，舍夷禮。

二月，庚子，子叔姬卒。

《左氏傳》：二月，叔姬卒，不言杞，絶也。

陸氏《纂例》：趙子曰：「時君之女，故曰『子』，以别先君之女也。」

高郵孫氏曰：《左氏·經》無「子」字。

夏，楚人圍巢。

《左氏傳》：羣舒叛楚。夏，子孔執舒子平及宗子，遂圍巢。

杜氏注：巢，吴楚閒小國。廬江六縣東，有居巢城。

秋，滕子來朝。

《左氏傳》：滕昭公來朝，亦始朝公也。

秦伯使術《公》作「遂」。**來聘。**

《左氏傳》：秦伯使西乞術來聘，且言將伐晉。襄仲辭玉，曰：「君不忘先君之好，照臨魯國，鎮撫其社稷，重之以大器，寡君敢辭玉。」對曰：「不腆敝器，不足辭也。」主人三辭。賓答曰：「寡君願徼福於周公、魯公以事君，不腆先君之敝器，使下臣致諸執事，以爲瑞節，要結好命，所以藉寡君之命，結二國之好，是以敢致之。」襄仲曰：「不有君子，其能國乎！國無陋矣。」厚賄之。

《辨疑》曰：案例，外大夫來魯未命者皆書名，無他義也。

冬，十有二月，戊午，晉人、秦人戰于河曲。

《左氏傳》：秦爲令狐之役故，冬，秦伯伐晉，取羈馬。晉人禦之。趙盾將中軍，荀林父佐之；郤缺將上軍，臾駢佐之；欒盾將下軍，胥甲佐之；范無恤禦戎，以從秦師于河曲。臾駢曰：「秦不能久，請深壘固軍以待之。」從之。秦人欲戰，秦伯謂士會曰：「若何而戰？」對曰：「趙氏新出，其屬曰臾駢，實爲此謀，將以老我師也。趙有側室曰穿，晉君之壻也，有寵而弱，不任軍事；好勇而狂，且惡臾駢之佐上軍也。若使輕者肆焉，其可。」十二月，戊午，秦軍掩晉上軍，趙穿追之，不及，反，怒，以其屬出。宣子曰：「秦獲穿也，獲一卿矣。秦以勝歸，我何以報？」乃皆出戰，交綏。秦行人夜戒晉師，曰：「兩軍之士，皆未憖也，明日請相見也。」臾駢曰：「使者目動而言肆，懼我也。將遁矣。薄諸河，必敗之。」胥甲、趙穿當軍門呼，曰：「死傷未收而棄之，不惠也；不待期而薄人於險，無勇也。」乃止。秦師夜遁，復侵晉，入瑕。

伊川先生解：凡戰，皆以主人及客。秦曲，故不云「晉及」。

杜氏注：河曲在河東蒲坂縣南。

陸氏《纂例》：趙子曰：「凡戰不書『及』，交爲主也。」如秦初伐晉而退，而晉復追之至河曲而戰之類也。

武夷胡氏傳：秦伯親將，晉上卿趙盾禦之，其稱「人」何？爲令狐之役故也。秦納不正，遂非積忿；晉不謝秦，濳師禦之，是以暴兵連禍，至此極也。凡戰，皆以主人及客者，處己之道，寡怨之方，王者之事。其不書「晉及」，何也？前年秦師來伐晉，不言戰者，晉已服矣，故狄秦而免晉。今又爲此役，則秦曲甚矣，故不以晉爲主。惟動大衆從秦師，不奉詞令以止之也，故貶而稱「人」。此輕重之權衡也。

季孫行父帥師城諸及鄆。《公》作「運」。

《左氏傳》：書，時也。

杜氏注：鄆，莒、魯所争者。城陽姑幕縣南有員亭。員即鄆也①。

【校記】

① 員：原作「須」，據《春秋左傳》改。

十有三年，春，王正月。

夏，五月，壬午，陳侯朔卒。

邾子蘧蒢卒。

《左氏傳》：邾文公卜遷於繹。史曰：「利於民而不利於君。」邾子曰：「苟利於民，孤之利也。……」遂遷於繹。五月，邾文公卒。君子曰：「知命。」

自正月不雨，至于秋七月。

大《公》作「世」。室屋壞。

《左氏傳》：秋七月，大室之屋壞。書，不共也。

《公羊傳》：世室屋壞。世室者何？魯公之廟也。周公稱大廟，魯公稱世室，羣公稱宮。魯祭周公，何以爲牲？周公用白牡，魯公用騂犅①，羣公不毛。魯祭周公，何以爲盛？周公盛，魯公燾，羣公廩。世室屋壞，何以書？譏。何譏爾？久不修也。

《穀梁傳》：大室，猶世室也。周公曰大廟，伯禽曰大室，羣公曰宮，爲社稷之主，而先君之廟壞，極稱之，志不敬也。

杜氏注：大廟之室。

常山劉氏曰：觀《春秋》之中，文公事宗廟最爲不謹，遂有大室屋壞之變。天人之際，可不畏哉！

吕氏曰：君子之於宗廟，有斯須不敢忘者，非以崇孝而厚遠也。孝子之於親，心固如是也。推是心以爲政，雖不中，不遠矣。魯之爲國，至使大室屋壞，其能有以及物乎！

冬，公如晉。衛侯會公于沓。《公》無「公」字。

高郵孫氏曰：沓之會，公也去魯而未至於晉也。

狄侵衛。

十有二月②，己丑，公及晉侯盟。公《公》、《穀》無「公」字。**還自晉。鄭伯會公于棐。**《公》作「斐」。

《左氏傳》：公如晉，朝且尋盟。衛侯會公于沓，請平於晉。公還，鄭伯會公于棐，亦請平於晉。公皆成之。

《公羊傳》：還者何？善辭也。何善爾？往黨，衛侯會公于沓，至得與晉侯盟；反黨，鄭伯會公于棐，故善之也。何氏注：黨，所也。所，猶時。齊人語也。

杜氏注：棐，鄭地。

【校記】

①犅：原作「剛」，據《春秋左傳》改。

②有：原脱，據《春秋》經文補。

十有四年，春，王正月，公至自晉。

邾《公》作「邾婁」①，下同。人伐我南鄙，叔彭生帥師伐邾②。

《左氏傳》：邾文公之卒也，公使弔焉，不敬。邾人來討，伐我南鄙，故惠伯伐邾。

夏，五月，乙亥，齊侯潘卒。

《左氏傳》：子叔姬妃齊昭公，生舍。叔姬無寵，舍無威。公子商人驟施於國③，而多聚士，盡其家，貸於公有司以繼之。夏，五月，昭公卒，舍即位。

六月，公會宋公、陳侯、衛侯、鄭伯、許男、曹伯、晉趙盾。癸酉，同盟于新城。

《左氏傳》：邾文公元妃生定公，二妃晉姬生捷菑。文公卒，邾人立定公，捷菑奔晉。六月，同盟于新城，從於楚者服，且謀邾也。

《穀梁傳》：同者，有同也。同外楚也。

伊川先生解：諸侯始會，議合而後盟。盟者志同，故書同。同外楚也。

杜氏注：新城，宋地。在梁國穀熟縣西。

武夷胡氏傳：同盟于新城。同外楚也。其曰「同」者，志諸侯同欲，非强之也。而宋公、陳侯、鄭伯在焉，則知楚次厥貉，三國雖從，誠有勿獲已者，削而不書，蓋恕之也。蔡不與盟，果有背華及夷之實矣④。夷考晉、楚行事，未有以大相遠也。而《春秋》予奪如此者，荆楚僭王，若與同好陵蔑中華，是將代宗周爲共主，君臣之義滅矣，可不謹乎！

秋，七月，有星孛入于北斗。

《公羊傳》：孛者何？彗星也。其言「入于北斗」何？北斗有中也。中者，魁中。何以書？記異也。

《穀梁傳》：孛之爲言，猶茀也。其曰入北斗，斗有環域也。

高郵孫氏曰：星孛之異，《經》書者三，而皆曰「有」也。「有」者，不宜有之辭。且不知其孛者何星，闕所不知也。

公至自會。

晉人納捷《公》作「接」。菑于邾，弗克納。《公》作「邾婁」。

《左氏傳》：晉趙盾以諸侯之師八百乘，納捷菑于邾。邾人辭曰：「齊出貜且長。」宣子曰：「辭順而勿從，不祥。」乃還。

《穀梁傳》：是郤克也。其曰「人」何也？微之也。何爲微之也？長轂五百乘，緜地千里，過宋、鄭、滕、薛，敻入千乘之國，欲變人之主，至城下然後知，何之晚也！「弗克納」，未伐而曰「弗克」，何也？弗克其義也。捷菑，晉出也；貜且，齊出也。貜且正也，捷菑不正也。

陸氏《纂例》：其自以爲君而來爭國者，則不論命與不命，皆但名而已。不言「公子」、「公孫」，言非復人臣也，所謂當國者也。齊小白、莊九年。陽生、哀六年。邾捷菑、文十四年。莒去疾昭元年。之類是也。

陸氏《微旨》：趙子曰：「弗克納，言失之於初，而得之於末也，愈乎遂也。」淳聞於師曰：「據三《傳》之説，晉師皆有名氏，則必非微者矣，書曰『人』，何也？曰：廢置諸侯，王者之事，人臣專之，罪莫大焉。夫子善其聞義能徙，故爲之諱也。凡事不合常禮而心可嘉者，皆以諱爲善。」

劉氏傳：弗者，遷辭也。

武夷胡氏傳：在《易·同人》之九四曰：「乘其墉，弗克攻，吉。」象曰：「『乘其墉』，義弗克也。其吉，則困而反則也。」其趙盾之謂矣。聖人以改過爲大。過而不改，將文過以遂非⑤，則有怙終之刑。過而能悔，不貳過，以遠罪，則有遷善之美。其曰「弗克納」，見私欲不行，可以爲難矣。然則何以稱「人」？大夫而廢置諸侯，非也。聞義能徙，故爲之諱。内以諱爲貶，外以諱爲善。

九月，甲申，公孫敖卒于齊。

《左氏傳》：穆伯之從己氏也，魯人立文伯。穆伯生二子於莒，而求復。……三年而盡室以復，適莒。文伯卒，立惠叔。穆伯請重賂以求復。惠叔以爲請，許之。將來，九月，卒于齊。告喪，弗許。

劉氏傳：大夫出奔，曷爲或卒或不卒？或可以卒，或可以不卒。曷爲或可卒，或可以不卒？大夫去其宗廟，爵禄猶列於朝，出入猶詔於國，兄弟宗族猶存，是大夫而已矣，卒之可也。爵禄無列於朝，出入無詔於國，兄弟宗族無存，是非大夫而已矣，卒之不可也。

劉氏《意林》：赦不循法度，自絶於魯，而猶卒之。《春秋》不以爲非，以爲君臣之閒厚莫重焉。故君誠有禮於其臣，可以死，可以亡；君誠有恩於其臣，則臣雖死雖亡而不怨也。若是而國家之禍亂遠矣。

齊公子商人弑其君舍。

《左氏傳》：秋，七月，乙卯，夜，齊商人弑舍而讓元。元曰：「爾求之久矣，我能事爾。爾不可使多蓄憾，將免我乎？爾爲之。」……齊人定懿公，使來告難，故書以「九月」。

《穀梁傳》：舍未踰年，其曰「君」何也？成舍之爲君，所以重商人之弑也。

陸氏《微旨》：淳聞於師曰：「《春秋》之作，本懲姦惡也。若未踰年之君被弑而不曰『君』，則逆亂之臣皆以未踰年而肆其凶惡也。故原其情以立此義。晉奚齊本不正，又里克不伐其位，故異於此也。」

高郵孫氏曰：人子之心，則未踰年而稱「子」；國人弑君，則未踰年而稱「君」。此《春秋》所以辨君臣之分，而防簒弑之禍也。

宋子哀來奔。

《左氏傳》：宋高哀爲蕭封人，以爲卿，不義宋公而出，遂來奔。書曰「宋子哀來奔」，貴之也。

陸氏《纂例》：奔亡之美者，莫過於子哀。

武夷胡氏傳：宋昭公無道，高哀爲蕭封人，以爲卿，不義宋公而出，遂來奔。書「宋子哀」，貴之也。《易》曰：「幾者，動之微，吉之先見者也。君子見幾而作，不俟終日。」宋子哀有焉。昔微子去紂，列於三仁之首。子哀不立於危亂之邦，而《春秋》書字，謂能貴愛其身以存道也。若偷生避禍而去國出奔，亦何取之有！

襄陵許氏曰：大夫執雁，義先去就。如曹羈、宋子哀，蓋得之矣。

冬，單伯如齊。齊人執單伯。齊人執子叔姬。

《左氏傳》：單伯如齊，請子叔姬。齊人執之，又執子叔姬。

《公羊傳》：執者，曷爲或稱「行人」，或不稱「行人」？稱「行人」而執者，以其事執也；不稱「行人」而執者，以己執也。

劉氏傳：子叔姬者何？齊君舍之母也。齊君舍之母，則齊人何爲執之？公子商人弑其君而暴其母，單伯如齊，請以歸，曰：「殺其子，焉用其母？」商人怒，爲是執之。何以不稱「行人」？或曰：不稱「行人」者，非其所爲使也。或曰：附庸之君也，生不名，死不卒，故執亦不稱「行人」也。此一事也，曷爲再言「齊人」？嫌也。

常山劉氏曰：商人弑君之惡已顯，而執叔姬之事，聖人不獨罪商人也。齊人不討賊，俱北面事之，又致執其君之母，齊人均有罪焉。

武夷胡氏傳：齊君舍，魯之甥也。商人弒舍，固忌魯矣。魯侯使單伯如齊。齊人意欲辱魯，故執單伯并執子叔姬，而誣之以罪。不稱「行人」，《公羊》所謂「以己執之」者也。齊人懷商人之私惠，忘君父之大倫，弒其君而不能討，執其母而莫之救，則是舉國之人皆有不赦之罪也。假有人焉，正色而立於朝，誰敢致難其君與執其母而不之顧乎？故聖人書曰「齊人執子叔姬」，所以窮逆賊之黨與而治之也。其討賊之旨嚴矣。故曰「《春秋》成而亂臣賊子懼」。

【校　記】

① 婁：原作「意」，據《公羊傳》改。

② 「叔」後衍「仲」字，據《春秋》經文删除。

③ 於國：原脱。據《春秋左傳》補。

④ 背華及夷：四庫本作「棄盟黨惡」。

⑤ 「以」下重出「以」字，據《春秋胡氏傳》删。

十有五年，春，季孫行父如晉。

《左氏傳》：季文子如晉，爲單伯與子叔姬故也。

襄陵許氏曰：使魯能修其政，則齊亂可以義討。今反遇辱，而因晉以請，爲齊弱焉。《傳》曰：「國家閒暇，及是時明其政刑，雖大國必畏之矣。」前此，魯亦暇矣，而豫怠僭差，政刑不敕，卒困於齊。斯豈非自取侮哉！

三月，宋司馬華孫來盟。

《左氏傳》：宋華耦來盟，其官皆從之。杜氏注：古之盟會，必備威儀，崇贄幣，賓主以成禮爲敬。故《傳》曰：「卿行旅從。」春秋時率多不能備義。華孫能率其屬以從古典，所以敬事而自重。公與之宴，辭曰：「君之先臣督得罪於宋殤公，請承命於亞旅。」

陸氏《纂例》：趙子曰：「來盟，彼欲之也。」啖子曰：「凡外臣來，不言君使者，皆有義。」

高郵孫氏曰：華孫其君闇亂，國事廢弛，而賢臣外奔。華孫懼鄰國之諸侯，因其閒隙而侵伐之，於是來盟，以紓其國之難。《春秋》之大夫見於《經》者多矣，其以官舉者，惟三人焉，又皆在宋昭公之時也。豈非禍亂之際，則節義之士有以顯名於後歟！

吕氏曰：不言使，自請之也。稱司馬，能其官也。

夏，曹伯來朝。

齊人歸公孫敖之喪。

《左氏傳》：齊人或爲孟氏謀曰：「魯，爾親也。飾棺寘諸堂阜，魯必取之。」從之。卞人以告。惠叔猶毁以爲請，立於朝以待命。許之。取而殯之。齊人送之。書曰：「齊人歸公孫敖之喪。」爲孟氏，且國故也。葬視共仲。

杜氏注：大夫喪還不書，善魯感子以赦父，敦公族之恩，崇仁義之教。

劉氏傳：何以書？譏。何譏爾？以大夫卒之，而不以大夫終之，非魯也；制人之君臣，使上不行乎下，非齊也。

襄陵許氏曰：以敖之醜奔，而録卒，録其喪歸。《春秋》爲之屢見於《經》者，以文伯、惠叔之哀誠無已也。《易》曰：「有子，考無咎。」《書》曰：「尚蓋前人之愆，惟忠惟孝。」故聖人以敖著教焉。

六月，辛丑，朔，日有食之，鼓，用牲于社。

《左氏傳》：鼓，用牲于社，非禮也。日有食之，天子不舉，伐鼓于社；諸侯用幣於社，伐鼓於朝，以昭事神、訓民、事君，示有等威，古之道也。

單伯至自齊。

《左氏傳》：齊人許單伯請而赦之，使來致命。杜氏注：以單伯執節不移，且畏晉，故許之。

《穀梁傳》：大夫執則致，致則名。此其不名，何也？天子之命大夫也。

晉郤缺帥師伐蔡。戊申，入蔡。

《左氏傳》：新城之盟，蔡人不與。晉郤缺以上軍、下軍伐蔡，曰：「君弱，不可以怠。」戊申，入蔡，以城下之盟而還。

襄陵許氏曰：言「伐」言「入」，甚之。

秋，齊人侵我西鄙。季孫行父如晉。

《左氏傳》：齊人侵我西鄙，故季文子告于晉。

冬，十有一月，諸侯盟于扈。

《左氏傳》：晉侯、宋公、衛侯、蔡侯、陳侯、鄭伯、許男、曹伯盟于扈，尋新城之盟，且謀伐齊也。齊人賂晉侯，故不克而還。於是有齊難，是以公不會。書曰：「諸侯盟于扈。」無能爲故也。

伊川先生解：魯以備齊不在會，故不序。又稱「諸侯」者，衆辭，見衆國無能爲也。此盟爲齊亂也。

劉氏《意林》：大者天地，其次君臣，道莫先焉。晉爲霸主，齊弑其君，與諸侯而莫能正①，晉則固有罪矣；諸侯又莫之討，不亦病乎！夫諸侯，不專征者也。田恒弑簡公而孔子請討焉，是豈非義而孔子行之哉！固以謂天地之道，君臣之義，是乃其宜也。從此觀之，盟于扈之意，晉則固有罪，而諸侯亦病矣。

武夷胡氏傳：盟于扈者，晉侯、宋公、衛、蔡、陳、鄭、曹、許八國之君也。何以不序？略之也。《春秋》於夷狄君臣同詞而不分爵號，説者以爲略之也。八國曷爲略之，等於夷狄乎？齊人弒君不能致討，受賂而退，奚以賢於夷狄矣？不曰「晉人會諸侯盟于扈」，而曰「諸侯盟」者，分惡於諸侯也。田恒弒其君，孔子沐浴而朝，告於哀公，請討之。弒君之賊，夫人之所得討也，而況於諸侯乎！況於鄰國乎！略諸侯而不序，以其欲討齊罪而復不能也，而況於鄰國初不與盟會者乎！魯君之罪亦可知矣。

十有二月，齊人來歸子叔姬。

劉氏《意林》：出夫人者，未嘗不使大夫將命也。彼其曰「郯伯姬來歸」，此其曰「齊人來歸子叔姬」，何哉？曰：《春秋》正名，别賢不肖，使弗相亂者也。義屈則屈，義直則直。郯伯姬以罪出，雖父母於其子，而不敢以私愛害公義，辭不教而已矣。子叔姬以禍亂逐，非得罪於先君者也。魯雖受之，其義固可以自直，故謂之「齊人來歸」，明罪之所在也。凡人之議法也，所親則回，所踈則察。君子不然，親則憐之，而不以愛妨公；踈則容之，而不以枉誣正，所以見王者之事也。

泰山孫氏曰：齊人來歸子叔姬也，商人既殺其子，又絶其母，甚矣。

武夷胡氏傳：《春秋》深罪齊人以商人爲君，而不知其惡，故其執、其歸與弑其君，商人皆稱「齊人」，深責之也。

齊侯侵我西鄙，遂伐曹，入其郛。

《左氏傳》：「齊侯侵我西鄙」，謂諸侯不能也。「遂伐曹，入其郛」，討其來朝也。

杜氏注：郛，郭也。

襄陵許氏曰：魯盡禮於晉，而見侵弗恤；曹修禮於魯，而被伐莫救。此仁義之所以日壞，而兵革之所以方興。夫豈特齊懿之暴戾無道，皆晉靈、趙盾之責也。

【校記】

① 諸：原脱，據《春秋意林》補。

十有六年，春，季孫行父會齊侯于陽穀，齊侯弗及盟。

《左氏傳》：春，王正月，及齊平。公有疾，使季文子會齊侯于陽穀。請盟，齊侯不肯，曰：「請俟君閒。」

夏，五月，公四不視朔。

《左氏傳》：公四不視朔，疾也。

《公羊傳》：曷爲四不視朔？公有疾也。何言乎公有疾不視朔？自是公無疾不視朔也。然則曷爲不言公無疾不視朔？有疾，猶可言也；無疾，不可言也。蘇氏曰：《公羊》曰：「自是無疾不視朔也。」定、哀之閒，子貢欲去告朔之餼羊，蓋不復視朔矣。此《公羊》之所以爲此言也。然而五月書「四不視朔」，則六月視朔矣。視朔之廢，非始於此也。

《穀梁傳》：天子告朔於諸侯，諸侯受乎禰廟，禮也。公四不視朔，公不臣也。以公爲厭政已甚矣。

杜氏注：諸侯每月必告朔聽政，因朝於廟，今公以疾闕，不得視二月、三月、四月、五月朔也。

武夷胡氏傳：文公厭政，備見於《經》，閏不告，朔不視，無雨不閔，會同不與，廟壞不修，作主不時，事民治神之怠也，則心放而不知求久矣。

六月，戊辰，公子遂及齊侯盟于郪《公》作「犀」，《穀》作「師」。**丘。**

《左氏傳》：公使襄仲納賂於齊侯，故盟於郪丘。

杜氏注：郪丘，齊地。

秋，八月辛未，夫人姜氏薨。

《左氏傳》：秋，八月，辛未，聲姜薨。

杜氏注：僖公夫人，文公母也。

毁泉臺。

《公羊傳》：毁泉臺，何以書？譏。何譏爾？築之譏，毁之譏。先祖爲之，己毁之，不如勿居而已矣。

《穀梁傳》：毁泉臺。喪不貳事。貳事，緩喪也。以文爲多失道矣。范氏注：緩作主，躋僖公，四不視朔，毁泉臺之類。

武夷胡氏傳：先祖爲之非矣。然臺之存毁，非安危治亂之所係也，雖勿居可也；而必毁之，是暴揚其失，有輕先祖之心。此履霜之漸，弑父與君之萌，《春秋》之所謹也，故書。

楚人、秦人、巴人滅庸。

《左氏傳》：楚大饑，庸人帥羣蠻以叛楚。麇人帥百濮聚於選，將伐楚。於是申、息之北門不啓。楚人謀徙於阪高。蔿賈曰：「不可。我能往，寇亦能往，不如伐庸。夫麇與百濮，謂我饑不能師，故伐我也。若我出師，必懼而歸。百濮離居，將各走其邑，誰暇謀人！」乃出師，旬有五日，百濮乃罷。自廬以往，振廩同食，次於句澨。使廬戢黎侵庸，及庸方城。庸人逐之，囚子揚窻。三宿而逸，曰：「庸師衆，羣蠻聚焉，不如復大師，且起王卒，合而後進。」師叔曰：「不可。姑又與之遇以驕之。彼驕我怒，而後可克。先君蚡冒所以服陘隰也。」又與之遇，七遇皆北，唯裨、儵、魚人實逐之。庸人曰：「楚不足與戰矣。」遂不設備。楚子乘馹會師於臨品，分爲二隊，子越自石溪，子貝自仞以伐庸。秦人、巴人從楚師。羣蠻從楚子盟，遂滅庸。

冬，十有一月，宋人弒其君杵《公》作「處」。臼。

《左氏傳》：宋公子鮑禮於國人。宋饑，竭其粟而貸之。……無日不數於六卿之門，國之材人，無不事也，親自桓以下無不恤也。……[襄]夫人助之施。昭公無道，國人奉公子鮑以因夫人。……冬，十一月，甲寅，宋昭公將田孟諸。未至，夫人王姬使帥甸攻而殺之。蕩意諸死之。

武夷胡氏傳：此襄夫人使帥甸攻而殺之也，而書「宋人」者，昭公無道，國人之所欲弒也。君無道而弒之，可乎？諸侯殺其大夫，雖當於罪，若不歸諸司寇，猶有專殺之嫌，以爲不臣矣，況於北面歸戴奉之以爲君也？故曰：「人臣無將，將而必誅。」昭公無道，聖人以弒君之罪歸宋人者，以明三綱人道之大倫，君臣之義不可廢也。然則有土之君，可以肆於民上而無誅乎？諸侯無道，天子、方伯在焉。臣子、國人其何居？死於其職，而明於去就從違之義，斯可矣。蕩意諸亦死職，《春秋》削之，不得班於孔父、仇牧、荀息何也？三子閑其君而見殺，《春秋》之所取也。意諸知國人將弒其君而不能止，知昭公之將見殺而不能正，坐待其及而死之，所謂匹夫匹婦自經於溝瀆而莫之知也，奚得與死於其職者比乎！聖人所以獨取高哀之去，而書字以褒之也。

十七年，春，晉人、衛人、陳人、鄭人伐宋。

《左氏傳》：晉荀林父、衛孔達、陳公孫寧、鄭石楚伐宋，討曰：「何故弑君？」猶立文公而還。卿不書，失其所也。

伊川先生解：行天討而成其亂，失天職也，故不卿之。

杜氏注：自僖、閔以下，終於《春秋》，陳侯常在衛侯上，今大夫會，在衛下。《傳》不言陳公孫寧後至，則寧位非上卿故也。

夏，四月，癸亥，葬我小君聲《公》作「聖」。**姜。**

《左氏傳》：葬聲姜，有齊難，是以緩。

泰山孫氏曰：聲，謚也。九月而葬。

齊侯伐我西鄙。六月，癸未，公及齊侯盟于穀。諸侯會于扈。

《左氏傳》：齊侯伐我西鄙，襄仲請盟。六月，盟于穀。晉侯蒐于黄父，遂復合諸侯于扈，平宋也。公不與會，齊難故也。書曰「諸侯」，無功也。

武夷胡氏傳：宋昭公雖爲無道，人臣將而必誅。《春秋》正宋人爲弒君之罪，所以明人道之大倫也。故大夫無沐浴之請，則貶而稱「人」；諸侯無討賊之功，則略而不序。不然，是廢君臣之義，人欲肆而天理滅矣。故曰：「《春秋》成而亂臣賊子懼。」

秋，公至自穀。

冬，公子遂如齊。

《左氏傳》：襄仲如齊，拜穀之盟。

十有八年，春，王二月，丁丑，公薨于臺下。

《穀梁傳》：臺下，非正也。

高郵孫氏曰：人君之薨，必於路寢。非路寢者，皆不正也。其曰「臺下」，蓋又甚焉。

秦伯罃卒。

泰山孫氏曰：秦康公。

夏，五月，齊人弒其君商人。

《左氏傳》：齊懿公之爲公子也，與邴歜之父爭田，弗勝。及即位，乃掘而刖之，而使歜僕。納閻職之妻，而使職驂乘。夏，五月，公遊於申池，二人……弒懿公，納諸竹中。

歸，舍爵而行。齊人立公子元。

武夷胡氏傳：案《左氏》，齊懿公即位，刖邴歜之父而使歜僕，納閻職之妻而使職驂乘，二人實弑懿公。然則於法宜書曰「盜」，而特變其詞以爲「齊人」，何也？亂臣賊子之動於惡，必有利其所爲而與之者。人人不利其所欲爲而莫之與，則孤危獨立無以濟其惡，篡弑之謀息矣。惟利其所爲而與之者衆，是以能濟其惡，天下胥爲禽獸而莫之遏也。公子商人驟施於國而多聚士，盡其家而貸於公有司，是以財誘齊國之人也。齊人貪公子一時之私施，而不顧君臣萬世之大倫，弑其國君，則靦面以爲之臣而不能討；執其君母，則拱手以聽其所爲而不能救。故於懿公見殺，特不書「盜」，反以弑君之罪歸諸齊人，以誅亂賊之黨，弭篡弑之漸，所謂拔本塞源，懲禍亂之所由也。故曰：「《春秋》成，而亂臣賊子懼。」

六月，葬我君文公。

秋，公子遂、叔孫得臣如齊。

《左氏傳》：秋，襄仲、莊叔如齊，惠公立故，且拜葬也。

《穀梁傳》：使舉上客而不稱介，不正其同倫而相介，故列而數之也。

劉氏《意林》：「公子遂、叔孫得臣如齊。」《春秋》之文有常有變，變用於變，常用於常，不相襲也。變之甚微，讀者難知也，則以爲史耳。乃《春秋》則欲起問者，見善惡也。公子遂將弑君，謀之齊而後决；陽虎將竊國，謀之晉而後發。而《經》書「子卒」、「盜竊寶玉大弓」，其實尚隱，故原其禍亂之始，邪謀之發，著之奉使之日，以見非常也。使學者比其類，揆其情，因是而知之，所謂「微而顯，志而晦」者也。非聖人，孰能修之哉！齊與人之大臣謀弑其君，晉與人之陪隸謀覆其國，意俱惡而禍俱大，此《春秋》所以異而惡之也。

武夷胡氏傳：使舉上客，將稱元帥，此《春秋》立文之常體也。其有變文書介副者，欲以起問者，見事情也。子赤，夫人之子，今卒於弑，不著其實，是爲國諱惡，無以傳信於將來，而《春秋》之大義隱矣。故上書大夫並使，下書「夫人歸于齊」，中曰「子卒」，則見禍亂邪謀發於奉使之日，而公子遂弑立其君之罪著矣。

冬，十月，子卒。

《左氏傳》：文公二妃，敬嬴生宣公。敬嬴嬖而私事襄仲，宣公長而屬諸襄仲。襄仲欲立之，叔仲不可。仲見於齊侯而請之。齊侯新立，而欲親魯，許之。冬，十月，仲殺惡及視，而立宣公。杜氏注：惡，大子；視，其母弟。書曰「子卒」，諱之也。仲以君命召惠伯，其宰公冉務人止之曰：「入必死。」叔仲曰：「死君命，可也。」公冉務人曰：「若君命可死，非君命何聽？」弗聽，乃入，殺而埋之馬矢之中。

《公羊傳》：「子卒」者孰謂？謂子赤也。

陸氏《纂例》：啖子曰：「凡未踰年君卒，皆書『卒』，言嗣先君未成君也，故不書崩、薨，而曰『卒』。先君未葬則名之，既葬則不名。外諸侯未踰年而卒則不書，異於内也。」趙子曰：「子般、子赤以被殺，故不書地，義與隱同。子野非被殺而亦不書地，闕文也。」

武夷胡氏傳：諸侯在喪稱「子」，繼世不忍當也。既葬不名，終人子之事也。踰年稱君，緣人臣之心也。

夫人姜氏歸于齊。

《左氏傳》：夫人姜氏歸于齊，大歸也。將行，哭而過市曰：「天乎！仲爲不道，殺適立庶。」市人皆哭，魯人謂之哀姜。

《穀梁傳》：惡宣公也。有不待貶絶而罪惡見者。范氏注：直書姜氏之歸，則宣公罪惡不貶而自見。有待貶絶而惡從之者。侄娣者，不孤子之意也。一人有子，三人緩帶。

高郵孫氏曰：子赤見弑，宣公立。夫人姜氏不安於魯而大歸於齊，聖人書之曰「子卒」，「夫人姜氏歸于齊」。然則，宣公之弑，不亦明歟！

武夷胡氏傳：書「夫人」，則知其正；書「姜氏」，則知其非見絶於先君；書「歸于齊」，則知其無罪，異於「孫于邾」者。而魯國臣子殺適立庶，敬嬴、宣公不能事主君、存適母，其罪不書而並見矣。

季孫行父如齊。

襄陵許氏曰：文子之行，告宣公立也。前乎「子卒」書「如齊」，後乎「子卒」書「如齊」，齊與聞乎故也，所以惡齊也。

吕氏曰：君死不正，而國之大臣恃大國以自免，施施肆肆，無所忌憚。行父，名大夫也，而猶若是，先王之澤盡矣。

莒弑其君庶其。

陸氏《纂例》：稱國以弑，自大臣也。「晉弑其君州蒲」之類凡四：莒、吴、薛。

吕氏曰：稱國以弑，自大臣也。其君則亦惡加夫一國也。

中國歷史文集叢刊

吕本中全集

二

〔宋〕吕本中　撰
韓酉山　輯校

中華書局

春秋集解卷十五

宣　公

名倭，或作接。文公子。匡王五年即位。謚法：善問周達曰宣。

元年，春，王正月，公即位。

《公羊傳》：繼弑君不言「即位」，此言「即位」何？其意也。

高郵孫氏曰：桓弑隱而立，《春秋》月而不王，以罪天王之不能誅。宣公弑子赤而立，其罪同於桓公，《春秋》書「月」書「王」，不罪天王之不討者，非赦之也。天下無王。自平王而下，至於桓公，王道之不行未久也。聖人一十八年之閒，書「王」者四，始終反覆，欲其見討而竟不能，於是而不王，以爲法於萬世。至宣公，則王道之不行百餘年矣，亂臣賊子接迹以起，而王者未嘗誅之。非天下之無王，何至是也！惟其無王，是以書「王」耳。《春秋》於桓、宣之惡，非偏有輕重，以桓公之時，王猶可望，而宣公之時竟無王也。王猶可望，則可以待王之誅；後竟無王，於是書「王」以討之也。

武夷胡氏傳：宣公爲弑君者所立，受之而不討賊，是亦聞乎弑也。故如其意焉而書

「即位」，以著其自立之罪，而不嫌於同詞。美一也，有大小則褒詞異；惡一也，有大小則貶詞異。一美一惡，無嫌於同。

公子遂如齊逆女。

杜氏注：不譏喪娶者，不待貶絶而自明也。

武夷胡氏傳：魯秉周禮，喪未期年，遣卿逆女，何亟乎？大子赤，齊出也。仲遂殺子赤及其母弟而立宣公，懼於見討，故結婚姻於齊爲自安計，越典禮以逆之。如此其亟而不顧者，必敬嬴、仲遂請齊立接之始謀也。其後滕文公定爲三年喪，父兄百官皆不欲，曰：「吾宗國魯先君莫之行也。」喪紀寖廢，夫豈一朝一夕之故，自文、宣莫之行矣。此所謂不待貶絶而罪惡見者也。

三月，遂以夫人婦姜至自齊。

《公羊傳》：何以不稱「公子」？一事而再見者，卒名也。何氏注：卒，竟也。竟但舉名者，省文。夫人何以不稱「姜氏」？貶。曷爲貶？譏喪娶也。喪娶者，公也，則曷爲貶夫人？内無貶於公之道也。内無貶於公之道，則曷爲貶夫人？夫人與公一體也。其稱婦何？有姑之詞也。

《穀梁傳》：其不言氏，喪未畢，故略之也。范氏注：夫人不能以禮自固，故與有貶。

武夷胡氏傳：有不待貶絶而罪惡見者，不貶絶以見罪惡。夫人與有罪焉，則待貶而後見，故不稱氏。夫人其如何？知惡無禮如《野有死麕》，能以禮自防如《草蟲》，愆期有待如《歸妹》之九四，則可以免矣。凡稱「婦」者，其詞雖同，立義則異。逆婦姜於齊，病文公也。以婦姜至自齊，責敬嬴也。敬嬴嬖妾，私事襄仲，以其子屬之，殺世適兄弟，出主君夫人，援成風故事，即以子貴爲國君母，斬焉在衰服之中請婚納婦，而其罪隱而未見也。故因夫人至，特稱「婦姜」以顯之。此乃《春秋》推見至隱，著妾母當國用事，爲後世鑒者也。槩指爲有姑之詞，而不察其旨，則精義隱矣。

夏，季孫行父如齊。

《左氏傳》：夏，季文子如齊，納賂以請會。

武夷胡氏傳：《經》書「行父如齊」，而不言其故，謂「納賂以請會」者，《傳》也。《經》有不待《傳》而著者，比事以觀，斯得矣。下書「公會齊侯于平州」，則知此會行父請之也。又書「齊人取濟西田」，則知其請蓋以賂也。雖微《傳》，其事著矣。諸侯立卿爲公室輔，猶屋之有楹也，而謀國如此，亦不待貶絶而惡自見者也。不然，以行父之勤勞恭儉，相三君而無私積，必能以其君顯，名與晏嬰等矣。

晉放其大夫胥甲父于衛。

《左氏傳》：晉人討不用命者，放胥甲父于衛，杜氏注：文十二年戰河曲，不肯薄秦於險。而立胥克。

《公羊傳》：放之者何？猶曰無去是云爾。何氏注：是，是衛。

常山劉氏曰：諸侯專放大夫，於義可乎？唯罪輕於專殺耳。

武夷胡氏傳：秦、晉戰于河曲，撓臾駢之謀者，趙穿也。若討其不用命，則當以穿爲首，止治軍門之呼。偕貶可也，而獨放胥甲父，則以趙盾當國，穿其族子，而盾芘之也。桃園之罪，其志固形於此矣。故稱國以放，見晉政之在私門而成上侵，爲後戒也。

公會齊侯于平州。

《左氏傳》：會于平州，以定公位。

杜氏注：平州，齊地。在泰山牟西縣。

武夷胡氏傳：案《左氏》曰：「會于平州，以定公位①。」魯宣公簒立踰年，舉國臣子俱從之矣，若之何位猶未定，而有待于平州之會也？《春秋》以來，弒君簒國者，已列於諸侯之會者，不復致討，故曹人以此請負芻於晉。夫簒弒之賊，毀滅天理，無所容於天地之閒，身無存殁，時無古今，其罪不得赦也。以列於會而不復討，是率中國爲戎夷，棄人類爲禽獸②，此仲尼所以懼，《春秋》所以作也。然欲定其位者，魯宣公宜稱「及齊」，而曰

「會」者，討賊之法也。凡討亂臣賊子，必深絶其黨，而後爲惡者孤矣。

吕氏曰：子赤卒，夫人歸，公即位，逆女于齊，又會齊侯于平州，齊人取濟西田，雖欲不疑於人，不可得也已。

公子遂如齊。

《左氏傳》：東門襄仲如齊拜成。

武夷胡氏傳：宣公篡立之罪，仲遂主謀爲首惡。初請於齊，遂爲上客，而並書介使者，罪叔孫得臣不能爲有無，亦從之也。大夫有以死争者矣，然削而不書者，以叔仲惠伯死非君命，失其所也。遂及行父則一再見於《經》矣。如齊拜成，雖削之可也。又再書於策者，於以著其始終成就弑立之謀，以戒後世。人臣或内交宫禁以固其寵，或外結藩鎮以爲之援，至於殺生廢置皆出其手，而人主不悟者，其慮深矣。凡此皆直書於策，而義自見者也。

六月，齊人取濟西田。

《左氏傳》：齊人取濟西之田，爲立公故以賂齊也。杜氏注：濟西，故曹地。僖三十一年，晋文以分魯。

伊川先生解：宣公不義得國，賂齊以求助。齊受之以助不義，故書「取」。不義，不能保其土，故不云「我」。非爲彼强取，故不諱。不能有而失者，皆諱。

武夷胡氏傳：魯人致賂以免討，而書齊人取田者，所以著齊罪。《春秋》討賊尤嚴於利其爲惡而助之者，所以孤其黨。夫齊，魯鄰國，盟主之餘業也。子惡弒，出姜歸而宣公立，不能聲罪致討，務寧魯亂，首與之會，是利其爲惡而助之也。弒君篡國，人道所不容，而貨賂公行，免於諸侯之討，則中國胥爲戎夷，人類滅爲禽獸。其禍乃自不知以義爲利，而以利之可以爲利而爲之也。孟子爲梁王極言利國者必至於弒奪而後饜，蓋得《經》書取田之意。舉法如此，然後人知保義棄利，亂臣賊子孤立無徒，而亂少弭矣。

襄陵許氏曰：桓公既弒，以許田賂鄭；宣公既弒，以濟西田賂齊。夫負不義於天下，則所藉以行者唯利而已。凡非利不取者，則亦何義之與擇？至於弒父與君，將無不合也。是以桓、宣之計，若出一軌，《春秋》志之以見。世平則正與法皆勝，世變則亂與賂俱行，自然之符，可不戒諸！

秋，邾《公》作「邾婁」。**子來朝。**

楚子、鄭人侵陳，遂侵宋。

《穀梁傳》：遂，繼事也。

武夷胡氏傳：楚書爵而人鄭者，貶之也。鄭伯本以宋人弒君，晉不能討，受賂而還。以此罪晉，爲不足與也，遂受盟於楚，今乃附楚以亟病中國，何義乎？書「侵陳，遂侵宋」者，以見潛師掠境，肆爲侵暴，非能聲宋罪而討之也。既正此師爲不義，然後中國之師可舉矣。

晉趙盾帥師救陳。宋公、陳侯、衛侯、曹伯會晉師于棐③《公》作「斐」④。**林，伐鄭。**

《左氏傳》：宋人之弒昭公也，晉荀林父以諸侯之師伐宋。宋及晉平。宋文公受盟於晉。又會諸侯于扈，將爲魯討齊，皆取賂而還。鄭穆公曰：「晉不足與也。」遂受盟於楚。陳共公之卒，楚人不禮焉。陳靈公受盟於晉。秋，楚子侵陳，遂侵宋。晉趙盾帥師救陳、宋，會于棐林，以伐鄭也。楚蔿賈救鄭，遇于北林，囚晉解揚，晉人乃還。

杜氏注：棐林，鄭地。滎陽宛陵縣東南有林鄉⑤。

泰山孫氏曰：此晉趙盾帥師救陳，致宋公、陳侯、衛侯、曹伯于棐林，伐鄭也。《經》言「宋公、陳侯、衛侯、曹伯會晉師于棐林伐鄭」者，不與趙盾致四國之君也。

武夷胡氏傳：鄭在王畿之內，而附蠻夷。陳，先代帝王之後，而見侵逼。此門庭之寇，利用禦之者也。晉能救陳，則存諸夏攘夷狄之師，故特褒而書「救」。凡書「救」者，未有不善之也。如解倒懸，如拯民於塗炭之中。知此義則知《春秋》用兵之意矣。《傳》稱師救陳、宋，《經》不書宋。此非闕文，乃聖人削之也。前方以不能討宋，上卿貶而稱「人」，諸侯會而不序。今若書「救宋」，則典型紊矣。列數諸侯而會晉趙盾，穀梁子以爲大趙盾之事。以其大之也，故曰「師」。此說非也。《春秋》立法，君爲重，而大夫與師，其體敵。列數諸侯於帥師之下，而又書大夫之名氏，則臣疑於君，而不可爲訓。其曰「會晉師」，此乃謹禮於微之意也。其立義精矣。棐林，鄭地也。前者地而後伐，以爲疑詞。此其地，則以著其美者。一美一惡，無嫌於同。

冬，晉趙穿帥師侵崇。《公》作「柳」。

《左氏傳》：晉欲求成於秦。趙穿曰：「我侵崇。秦急崇，必救之。杜氏注：崇，秦之與國。吾以求成焉。」冬，趙穿侵崇，秦弗與成。

武夷胡氏傳：崇在西土，秦所與也。晉欲求成於秦，不以大義動之，而伐其與國，則爲謏已甚。比諸伐楚以救江，異矣。而《傳》謂設此謀者，趙穿也。意者趙穿已有逆心，欲得兵權，託於伐國以用其衆乎！不然，何謀之迂，而當國者亦不裁正而從之也。穿之名姓自登史策，弑君於桃園，而上卿以志同受惡。其端又見於此。書「侵」，以見所以求成者，非其道矣。

晉人、宋人伐鄭。

《左氏傳》：晉人伐鄭，以報北林之役。於是晉侯侈，趙宣子爲政，驟諫而不入，故不競於楚。

武夷胡氏傳：宋人弑君，既列於會，在春秋衰世，已免於諸侯之討矣。論《春秋》王法，則其罪固在，法所不赦也。而晉人與之合兵伐鄭，是謂以燕伐燕，庸愈乎！其書「晉人、宋人」，非將卑師少，蓋貶而人之也。以貶書「伐」者，若曰聲罪致討，而已有瑕，則何以伐人矣。

【校記】

① 位：原作「會」，據《春秋左傳》改。

② 是率中國爲戎夷，棄人類爲禽獸：四庫本作「是率天下百爲無父無君之徒矣」。

③ 棐：原作「斐」，據《春秋》經文改。

④ 斐：原作「棐」，據《公羊傳》改。

⑤ 熒：原作「榮」，據《春秋左傳》改。

二年，春，王二月，壬子，宋華元帥師及鄭公子歸生帥師戰于大棘。宋師敗績，獲宋華元。

《左氏傳》：鄭公子歸生受命於楚伐宋。宋華元、樂呂御之。二月，壬子，戰于大棘。宋師敗績，囚華元。

杜氏注：大棘，在陳留襄邑縣南。

武夷胡氏傳：兩軍接刃，主將見獲，其負明矣。又書「師敗績」，詞不贅乎？此明大夫雖貴，與師等也。故將尊師少稱將不稱師，師衆將卑稱師不稱將。將尊師衆，並書於策者，示人君不可輕役大衆，又重將帥之選，其義深矣。或曰：元帥，三軍之司命，而輕重若是班乎？自行師而言，則以元帥爲司命；自有國而言，則以得衆爲邦本。鄭使高克將兵，禦狄於境，欲遠克也，而不恤其師；楚以六卒實從得臣，恐喪師也，而不恤其將。故《經》以棄師罪鄭，以殺大夫責楚。明此義，然後知王者之道，輕重之權衡矣。

秦師伐晉。

《左氏傳》：秦師伐晉。以報崇也，遂圍焦。

武夷胡氏傳：案《左氏》：「以報崇也，遂圍焦。」晉用大師於崇，乃趙穿私意而無名也，故書「侵」。秦人爲是興師而報晉，則問其無名之罪也，故書「伐」。世豈有欲求成於强國，而侵其所與，可以得成者乎？穿之情見矣。宣子當國，算無遺策，獨懵於此哉！其從之也，而盾之情亦見矣。《春秋》書事，筆削因革，必有以也。一侵一伐，而不書圍焦，所以誅晉卿上侵之意，其所由來者漸矣。

襄陵許氏曰：自襄至悼，六伐晉，獨此稱「師」，則靈之季不競甚矣。

夏，晉人、宋人、衛人、陳人侵鄭。

《左氏傳》：夏，晉趙盾救焦，遂自陰地及諸侯之師侵鄭，以報大棘之役。楚鬭椒救鄭，曰：「能欲諸侯而惡其難乎！」遂次於鄭，以待晉師。趙盾曰：「彼宗競於楚，殆將斃矣，姑益其疾。」乃去之。

武夷胡氏傳：案《左氏》：晉趙盾及諸侯之師侵鄭，以報大棘之役。初，鄭歸生受命於楚以伐宋，《經》不書「伐」，而以宋華元主大棘之戰者，蓋楚人有詞於宋矣。師之老壯在曲直。晉主夏盟，盾既當國，合諸侯之師，何畏乎楚？何避乎鬭椒？然力非不足，而去之者，以理曲也。故卿不氏而稱「人」，師書「侵」而不言「伐」。《易》於《訟卦》之象曰：「君子作事謀始。」始而不謀，將至於興師動衆，有不能定者矣。晉唯取賂，釋宋而不討，至以中國之大，不能服鄭，不競於楚，可不慎乎！《春秋》行事，必正其本，爲末流之若此也，其垂戒明矣。

秋，九月，乙丑，晉趙盾弑其君夷皐。《公》作「獔」。

《左氏傳》：晉靈公不君，厚斂以雕牆，從臺上彈人，而觀其辟丸也。宰夫胹熊蹯不熟，殺之……［趙］宣子驟諫。公患之，使鉏麑賊之。晨往，寢門闢矣，盛服將朝，尚早，坐而假寐。麑退，歎而言曰：「不忘恭敬，民之主也；賊民之主，不忠。棄君之命，不信。

有一於此，不如死也。」觸槐而死。秋，九月，晉侯飲趙盾酒。伏甲，將攻之。其右提彌明知之……遂扶以下……鬬且出，提彌明死之。……乙丑，趙穿攻靈公於桃園。宣子未出山而復。太史書曰：「趙盾弑其君。」以示於朝。宣子曰：「不然。」對曰：「子爲正卿，亡不越竟，反不討賊，非子而誰？」……宣子使趙穿逆公子黑臀於周而立之。《辨疑》曰：董狐云「亡不越竟」，言行未遂遠而君被殺。「反又不討賊」，狀涉同謀耳，非謂越竟即無罪也。

高郵孫氏曰：趙盾之爲大夫於晉，其執政之久且專如此。靈公無道而欲殺盾者數矣。族人弑君而盾反不討，又與之並立於朝。然則弑君者誰歟？盾也。若盾者，蓋陰弑其君而陽逃其迹，實行其計而穿受其名者也。有執政之久，其賢聞於國人，而靈公無道，滋欲殺之。出奔未遠，而其族人乘國人之不悦而弑之。盾反討賊，猶未免也，況不討乎！《春秋》弑君多矣，不必其身弑之。他人弑之而已受其福者，孔子皆以弑賊誅之，不論其同謀不同謀也。弑隱公者，公子翬也，桓公被弑君之罪；弑子赤者，公子遂也，而宣公受弑君之名。必待其親弑然後罪之，則姦臣賊子得以計免，而庸愚無知者常當其實也。

武夷胡氏傳：趙穿手弑其君，董狐歸獄於盾。其斷盾之獄詞曰：「子爲正卿，亡不越竟，反不討賊。」以是書斷，而盾也受其惡而不敢辭。仲尼因其法而不之革，其義云何？曰「亡而越境」，謂去國而不還也，然後君臣之義絶；「反而討賊」，謂復讎而不釋也，然後臣子之事終。不然，是趙盾僞出而實聞乎故也。假令不與聞者，而縱賊不討，是有「無將」之心，而意欲穿之成乎弑矣。惡莫慘乎意，今以此罪盾，乃閑臣子之邪心而謹其漸也。微夫子推見至隱，垂法後世，亂臣賊子皆以詭計獲免，而至愚無知如史太、鄧扈樂之徒皆蒙歸獄而受戮焉。君臣父子不相夷，以至於禽獸也幾希！

襄陵許氏曰：討賊發於忠憤，嘗藥生於孝愛，如擊其首而手應，如徒跣疾馳而目視夷險，有不待思焉而得、勉焉而至者矣。盾不討賊，止不嘗藥，此其不遂於理，非其智之罪也，所以誠其心於忠孝者，有不至也。

冬，十月，乙亥，天王崩。

《公羊傳》何休注：匡王。

三年，春，王正月，郊牛之口傷，改卜牛。牛死，乃不郊，猶三望。

《左氏傳》：不郊而望，皆非禮也。望，郊之屬也。不郊亦無望，可也。

《公羊傳》：曷爲不復卜？養牲養二卜。帝牲不吉，則扳稷牲而卜之。帝牲在於滌三月。於稷者，唯具是視。郊則曷爲必祭稷？王者必以其祖配。王者則曷爲必以其祖配？自内出者，無匹不行；自外至者，無主不止。

武夷胡氏傳：乃不郊，爲牛之口傷，改卜牛而牛又死也。不然，郊矣。禮，爲天王服斬衰。周人告喪於魯，史策已書而未葬也。祀帝於郊，夫豈其時？而或謂不以王事廢天事，禮乎？春秋以來，喪紀寖廢，有不奔王喪而遠適他國，有不修弔禮而自相聘問，固將以是爲可舉而不廢也。卒至漢文，以日易月，後世不能復，其所由來漸矣。《春秋》備書，其義自見。三望者，《公羊》曰：「祭泰山、河、海。」夫天子有天下，凡宇宙之内，名山大川，皆其所主也，故得祭天，而有方望，無所不通。諸侯有一國，則境外之山川，他人所主者，而可以望乎？季氏旅於泰山，冉求不能救而夫子責之者，爲泰山魯侯所主也，大夫何與焉？季氏不得旅泰山，則河、海非魯之封内，其不得祭亦明矣。「猶」者，可已不當爲之詞。

葬匡王。

杜氏注：四月而葬，速。

武夷胡氏傳：四月而葬，王室不君，其禮略也。微者往會，魯侯不臣，其情慢也。或曰：宣公親之者也，而常事不書。非矣。崩、葬，始終之大變，豈以是爲常事而不書也！

楚子伐陸《公》作「賁」。**渾之**《公》、《穀》無「之」字。**戎。**

《左氏傳》：楚子伐陸渾之戎，遂至於雒，觀兵于周疆。定王使王孫滿勞楚子。楚子問鼎之大小輕重焉。對曰：「在德不在鼎。……」

武夷胡氏傳：夷狄相攻不志，此志何也？爲陸渾在王都之側，戎夏雜處，族類之不分也。楚又至雒，觀兵於周疆，問鼎之大小輕重焉。故特書於策以謹華夷之辨，禁猾夏之階。

夏，楚人侵鄭。

《左氏傳》：晉侯伐鄭，及郔。鄭及晉平。士會入盟。夏，楚人侵鄭，鄭即晉故也。

武夷胡氏傳：案《左氏》：晉侯伐鄭，鄭及晉平。而《經》不書者，仲尼削之也。鄭本以晉靈不君，取賂釋賊，爲不足與似也，而往從楚，非矣。今晉成公初立，背僭竊僞邦而歸諸夏，則是反之正也。《春秋》大改過，許遷善，書「楚人侵鄭」者，與鄭伯之能反正也，故獨著楚人侵掠諸夏之罪爾。鄭既見侵於楚，則及晉平可知矣。

秋，赤狄侵齊。

襄陵許氏曰：楚侵其南，狄侵其北。此中國《大過》「棟橈」之時也。

宋師圍曹。

《左氏傳》：宋文公即位三年，殺母弟須及昭公子，武氏之謀也。使戴、桓之族攻武氏於司馬子伯之館，盡逐武、穆之族。武、穆之族以曹師伐宋①。秋，宋師圍曹，報武氏之亂也。

冬，十月，丙戌，鄭伯蘭卒。葬鄭穆公。

《左氏傳》：冬，鄭穆公卒。

【校記】

① 武穆之族：原脱，據《左傳》補。

四年①，春，王正月，公及齊侯平莒及郯，莒人不肯。公伐莒，取向。

《左氏傳》：公及齊侯平莒及郯，莒人不肯。公伐莒，取向。非禮也。平國以禮不以亂。伐而不治，亂也。以亂平亂，何治之有？無治，何以行禮？

杜氏注：向，莒邑。東海承縣東南有向城。遠，疑也。

劉氏傳：何言乎「莒人不肯，公伐莒取向」？譏。何譏爾？平莒及郯，義也。莒人不肯，吾有不義焉。伐莒，强也；取向，利也。非君子之道也。君子之道猶射，射者正己而發，發而不中，不怨勝己者，反求諸己而已矣。

高郵孫氏曰：《春秋》之義，不以有功没其過，不以不正治人之邪。楚人殺陳夏徵舒則爲義，入陳則無道矣。平莒及郯則近正，伐莒取向則有罪矣。

武夷胡氏傳：心不偏黨之謂平。以此心平物者，物必順；以此心平怨者，怨必釋。

惟小人不能宅心之若是也。雖以勢力强之，而不獲成者矣。夫以齊、魯大國平郯、莒小邦，宜其降心聽命，不待文告之及也。然而莒人不肯，則以宣公心有所私係，失平怨之本耳。故書「及」書「取」，以著其罪及所欲也。平者，成也；取者，盜也。不肯者，心弗允從，莫能强之者也。以利心圖成，雖强大者不能行之於弱小。《春秋》書此，戒後世之不知治其本者，故行有不得者，反求諸己，斯可矣。

秦伯稻卒。

夏，六月，乙酉，鄭公子歸生弑其君夷。

《左氏傳》：楚人獻黿於鄭靈公，杜氏注：穆公大子夷也。公子宋與子家將見。子公之食指動，以示子家，曰：「他日我如此，必嘗異味。」及入，宰夫將解黿，相視而笑。公問之，子家以告。及食大夫黿，召子公而弗與也。子公怒，染指於鼎，嘗之而出。公怒欲殺子公。子公與子家謀先。子家曰：「畜老猶憚殺之，而況君乎？」反譖子家。子家懼而從之。夏，弑靈公。

陸氏《微旨》：淳聞於師曰：「子公，弑君之賊也。其惡易知也。子家縱其爲逆，罪莫大焉。書之以爲首惡，所以教天下之爲人臣者也。《春秋》之作，聖人本以明微，蓋謂此也。此與書趙盾之弑義同。」

武夷胡氏傳：首謀弑逆者，公子宋也。懼譖而從之者，歸生也。而歸生爲首惡，何也？夫亂臣賊子欲動其惡而不從者，未有能全其身而不死也。故季子然問仲由、冉求其從之者與？子曰：「弑父與君，亦不從也。」是以死節許二子矣。歸生懼譖而從公子宋，特無求、路不可奪之死節耳。書爲首惡，不亦過乎？曰：歸生與宋並爲大夫，乃貴戚之卿，同執國政，可以不從，一也；嘗統大師與宋戰，獲其元帥，已得兵權，可以不從，二也。聞宋逆謀，登時而覺，先事誅之，猶反手耳。夫據殺生之柄，仗大義以制人，使人聽己，猶犬羊之伏於虎也，何畏於人，懼其見殺而從之也哉！計不出此，顧以畜老憚殺，比方君父，歸生之心悖矣。故《春秋》舍公子宋而以弑君之罪歸之，爲後世鑒。若司馬亮、沈慶之等苟知此義，則能討罪人，不至於失身爲賊所制矣。

赤狄侵齊。

秋，公如齊。公至自齊。

武夷胡氏傳：君行告至，常事不書。宣公比年如齊，而皆致者，危之也。夫以篡弑謀於齊而取國，以土地賂齊而請會，以卑屈事齊而求安，上不知有天王，下不知有方伯，惟利交是奉而可保乎！高固之事亦怠矣。故比年如齊而皆致，以戒後世之欲利有攸往者，惟義之與比爲可安耳。

冬，楚子伐鄭。

《左氏傳》：冬，楚子伐鄭，鄭未服也。

【校記】

①年：原作「月」，據《春秋》經文改。

五年，春，公如齊。夏，公至自齊。

《左氏傳》：公如齊，高固使齊侯止公，請叔姬焉。夏，公至自齊。書，過也。

秋，九月，齊高固來逆《公》、《穀》有「子」字。叔姬。

《左氏傳》：齊高固來逆女，自爲也。故書曰「逆叔姬」。卿自逆也。

《穀梁傳》：諸侯之嫁子於大夫，主大夫以與之。來者，接内也。不正其接内，故不與夫婦稱之也。范氏注：高固，齊之大夫，而今與君接婚姻之禮。故不言「逆女」。

陸氏《纂例》：春秋時有子叔姬者三，《公羊》、《穀梁》皆云同母姊妹，非也。據稱「子」，直爲時君之子，以别先君之子耳。或云：若是文公女，不應有兩叔姬。案伯仲之外，餘稱「叔」，故管叔、蔡叔等即其例也。

武夷胡氏傳：案《左氏》：公如齊，高固使齊侯止公，請叔姬焉。書「夏，公至自齊」。

「秋，齊高固來逆子叔姬」，罪宣公也。其曰「來」者，以公自爲之主。稱「子」者，或謂別於先公之女也。諸侯嫁女於大夫，主大夫以與之者，爲體敵也。而公自爲之主，壓尊毁列，卑朝廷，慢宗廟矣。以鄭國褊小，楚公子圍之貴驕强大來娶於鄭，子産辭而卻之，使館於外，欲野賜之，幾不得撫有其室。而宣公以魯國周公之後，逼於高固請婚其女，强委禽焉，而不能止，惟不能以禮爲守身之榦，是以得此辱也。《春秋》詳書，爲後世鑒，欲人之必謹於禮，以定其位。不然卑巽妄説，不近於禮，奚足遠恥辱哉！

叔孫得臣卒。

冬，齊高固及子叔姬來。

《左氏傳》：冬，來，反馬也。

武夷胡氏傳：《左氏》曰：「反馬也。」禮，嫁女，留其送馬，不敢自安，及廟見成婦，遣使反馬。則高固親來，非禮也。又禮，女子有行遠父母者，歲一歸寧。今見逆逾時，未易歲也。而叔姬亟來，亦非禮也。故書「及」書「來」，以著齊罪也。大夫適他國，必有君命與公事，否則禮法之所禁，而可犯乎！惠公許其臣越禮恣行而莫遏，高固委其君踰境自如而不忌，則人欲已肆矣。凡婚姻常事不書，而書此者，則以爲非常，爲後世戒也。

楚人伐鄭。

《左氏傳》：楚子伐鄭。陳及楚平。晉荀林父救鄭，伐陳。

六年，春，晉趙盾、衛孫免侵陳。

《左氏傳》：晉、衛侵陳，陳即楚故也。

武夷胡氏傳：案《傳》稱「陳即楚平，荀林父伐陳」，《經》皆不書者，以下書晉、衛加兵於陳，即陳及楚平可知矣。以趙盾、孫免書「侵」，即林父無詞可稱，亦可知矣。愛人不親反其仁，治人不治反其智。晉嘗命上將帥師救陳，又再與之連兵伐鄭，今而即楚，無乃於己有缺①，盍亦自反可也。不内省德，遽以兵加之，則非義矣。故林父不書「伐」，而盾、免書「侵」，以正晉人所以主盟非其道也。

襄陵許氏曰：外志侵伐，從兵書卿，始於宣六年；會討書卿，始於襄元年；從兵書卿帥師，始於襄十年。然終春秋世，三國而止，未有書卿帥師侵曰「伐」者，猶戢之也。説者以侵陳之役，不書「帥師」，委曲生意，誤矣。

夏，四月。

秋，八月，螽。《公》作「蝝」。

武夷胡氏傳：先是公伐莒取向，後再如齊伐萊，軍旅數起，賦斂既繁，戾氣應之矣。夫善惡之感萌於心，而災祥之應見於事。宣公不知舍惡遷善，以補前行之愆，而用兵不息，災異數見，年穀不豐，國用空乏，卒至改助法而税民，蓋自此始矣。《經》於蟲螟一物之變，必書於策，示後世天人感應之理不可誣，當慎其所感也。

冬，十月。

【校記】

① 乃：原作「及」，據《春秋胡氏傳》改。

七年，春，衛侯使孫良夫來盟。

《左氏傳》：衛孫桓子來盟。始通，且謀會晉也。

《穀梁傳》：來盟者，前定也。

武夷胡氏傳：來盟爲前定者，嘗有約言矣。未足效信而釋疑，又相歃血固結之爾。是盟衛欲爲晉致魯。而魯專事齊，初未與晉通也，必有疑焉，而衛侯任其無咎，故遣良夫來爲此盟。而公卒見辱，非《春秋》之所貴，義自見矣。

夏，公會齊侯伐萊。秋，公至自伐萊。

杜氏注：萊國，今東萊黄縣。

武夷胡氏傳：「及」者，内爲志；「會」者，外爲主。平莒及郯，公所欲也，故書「及」，繼以取向，即所欲者可知矣。伐萊，齊志也，故書「會」，繼以伐致，即師行之危亦可知矣。公與齊侯俱不務德，合黨連兵，恃强陵弱，是以爲此舉也。

大旱。

冬，公會齊侯、宋公、衛侯、鄭伯、曹伯于黑壤。

《左氏傳》：鄭及晉平，公子宋之謀也。故相鄭伯以會。冬，盟于黑壤。王叔桓公臨之，以謀不睦。晉侯之立也，公不朝焉，又不使大夫聘。晉人止公于會，盟于黄父。公不與盟，以賂免。杜氏注：黄父即黑壤。故黑壤之盟不書，諱之也。

武夷胡氏傳：會而不得見，不以不得見爲諱；盟而不與盟，不以不與盟爲諱，則曲不在公，而主會盟者之罪耳。與於會不與於盟，而公有歉焉，非主會盟者之過也。則書「會」不書「盟」，若黑壤是也。晉侯之立，公既不朝，又不使大夫聘，而每歲適齊，是宣公行有不慊於心，而非晉人之咎矣。凡不直者，臣爲君隱，子爲父隱，於以養臣子愛敬之心。而不事盟主，又以賂免，則不直在己矣。

八年，春，公至自會。

夏，六月，公子遂如齊，至黄乃復。

《公羊傳》：其言至黄乃復何？有疾也。何言乎有疾乃復？譏。何譏爾？大夫以君命出，聞喪徐行而不反。何氏注：聞喪者，聞父母之喪。徐行者，不忍疾行。又爲君當使人追代之。以喪喻疾者，喪尚不當反，况於疾乎！

劉氏傳：有疾也。何言乎有疾乃復？譏。何譏爾？大夫以君命出，未致使而死，以尸將事。

武夷胡氏傳：「乃」者，無其上之詞。其曰「復」，事未畢也。

辛巳，有事于大廟。仲遂卒于垂。

《左氏傳》：有事于大廟。襄仲卒而繹，非禮也。

劉氏傳：大夫卒稱名。仲者，字也。其曰「仲遂」何？譏。何譏爾？譏世卿。世卿，非禮也。言自是世仲氏也。

武夷胡氏傳：「有事」言時祭。此公子遂也，曷爲書字？生而賜氏，俾世其官也。曷爲書「卒」？以事之變卒之也。古者，諸侯立家，大夫卒而賜氏。其後尊禮權臣，寵遇貴戚，而不由其道，於是乎有生而賜氏。其在魯則季友、仲遂是也。襄仲殺惡及視，援立宣公，而公深德之，故生而賜氏，俾世大夫以答之也。《經》於其卒書族，以志變法之端，爲後世戒。

壬子，猶繹，萬入，去籥。

《公羊傳》：「繹」者何？祭之明日也。「萬」者何？干舞也。「籥」者何？籥舞也。其言「萬入去籥」何？去其有聲者，廢其無聲者，存其心焉爾。存其心焉爾者何？知其不可而爲之也。「猶」者何？通可以已也。

杜氏注：魯人知卿佐之喪不宜作樂，而不知廢繹，故内舞去籥，惡其聲聞。

武夷胡氏傳：「繹」者，祭之明日以賓尸也。「猶」者，可已之詞。「萬」，舞也，以其無聲也，故入而遂用。「籥」，管也，以其有聲也，故去而不作。是謂故知不可，存其邪心而不能格也。禮，大夫卒，當祭則不告，終事而聞則不繹。不告者，盡肅敬之誠於宗廟。不繹者，全始終之恩於臣子。今仲遂，國卿也，卒而猶繹，則失寵遇大臣之禮矣。《春秋》雖隆君抑臣，而體貌有加焉，則廉陛益尊而臣節礪。後世法家專欲隆君而不得其道，至於犬馬國人相視，大倫滅矣。聖人書法如此，存君臣之義也。

戊子，夫人嬴《公》、《穀》作「熊」。**氏薨。**

杜氏注：宣公母也。

武夷胡氏傳：敬嬴，文公妾也，何以稱「夫人」？自成風聞季友之繇，事友而屬其子，及僖公得國，立以爲夫人。於是乎嫡妾亂矣。《春秋》於風氏，凡始卒四貶之，則禘於大廟，秦人歸禭，榮叔含賵，召伯會葬，去其姓氏不稱「夫人」，王再書而無「天」是也。敬嬴又嬖，私事襄仲而屬宣公。不待致於大廟援例以立，則從同同，而無貶矣。其義若曰：以義起禮爲可繼，苟出於私情而非義，後雖欲正可若何？

晉師、白狄伐秦。

《左氏傳》：白狄及晉平。夏，會晉伐秦。

武夷胡氏傳：晉主夏盟，糾合諸侯攘夷狄，安諸夏，乃其職矣。秦人之怨，起自侵崇，其曲在晉，責己可也。既不知自反，釋怨修睦，以補前過，已可咎矣，乃復興師動衆會戎狄以伐之，獨不惡傷其類乎！直書於策，貶自見矣。

楚人滅舒蓼。《穀》作「鄝」。

《左氏傳》：楚爲衆舒叛，故伐舒蓼，滅之。楚子疆之①。及滑汭，盟吴、越而還。

武夷胡氏傳：案《詩》稱：「戎狄是膺，荆舒是懲。」在周公所懲者，其自相攻滅，中國何與焉？然《春秋》書而不削者，是時，楚人疆舒蓼②，及滑汭盟吴、越，勢益强大，將爲中國憂，而民有被髮左衽之患矣③。經斯世者，當以爲懼，有攘却之謀而不可忽，則聖人之意也。

秋，七月，甲子，日有食之，既。

杜氏注：月三十日食。

襄陵④許氏曰：董仲舒、劉向以爲：先是楚商臣弑父而立，至於莊王遂强。諸夏大國，惟有齊、晉。齊、晉新有篡弑之禍，内皆未安，故楚乘弱横行。八年之間，六侵伐而一滅國，伐陸渾戎，觀兵周室；後又入鄭，鄭伯肉袒謝罪；北敗晉師于邲，流水血色；圍宋九月，析骸而炊之。

冬，十月，己丑，葬我小君敬嬴。《公》、《穀》作「頃熊」。雨，不克葬。庚寅，日中而克葬。

《穀梁傳》：葬既有日，不爲雨止，禮也。雨不克葬，喪不以制也。

杜氏注：敬，謚；嬴，姓也。

武夷胡氏傳：成風薨以夫人，葬以小君，將祔於廟，而始有二夫人也，則四貶之，以正其事。今敬嬴亦薨以夫人，葬以小君，使祔於廟，無貶以正之，從同同可也。而於宣公元年，即以所逆穆姜婦之，何也？曰：婦有姑之詞。見敬嬴遂以子貴，援例而亟立爲夫人也。僖公享國八年，然後致成風；而敬嬴之亟也，雖云援例，魯君臣之責亦可知矣。無貶而書法若此者，猶桓、宣弑君而書「即位」爾。

又曰：敬嬴以其子宣公屬諸襄仲。殺太子及其母弟，雖假手於仲，實敬嬴之謀也。《經》書「子赤卒」，「夫人姜氏歸于齊」，其文無貶，而讀者有傷切之意焉，則以秉彝不可滅也。《傳》説「哭而過市，市人皆哭」，敬嬴逆天理，拂人心之狀慘矣。其於終事雨不克葬，著咎徵焉，而謂無天道乎！此皆直書以見人心與天理之不可誣者也。夫喪事即遠，有進無退，浴于中霤，飯于牖下，小斂于户内，大斂于阼階，殯于客位，遷于廟，祖于庭，塴于墓，以弔賓則其退有節，以虞事則其祭有時，不爲雨止，禮也。雨，不克葬，喪不以制也。或曰：卜葬先遠日，所以避不懷也。諸侯相朝與旅見天子，入門而雨霑服失容則廢，矧送終大事，人情所不忍遽者，反可冒雨不待成禮而葬乎！潦車載蓑笠，士喪禮也。有國家者，乃不能爲雨備，何也？且公庭之於墓次，其禮意固不同矣。不得，不可以爲悦；無財，不可以爲悦。得之爲有財，古之人皆用焉。而不能爲之備，是儉其親也，不亦薄乎！故穀梁子曰：「雨不克葬，喪不以制也。」厚葬，古人之所戒，而墨之治喪也以薄，又君子之所不與。故喪事以制，《春秋》之旨也。

襄陵許氏曰：子惡之弑，謀自敬嬴，故《春秋》因其雨不克葬而著咎徵焉。君子於是乎知有天道。

城平陽。

杜氏注：今泰山有平陽縣。

襄陵④許氏曰：國有大喪，始葬而又動衆城邑，非特不愛民力，以公爲忘親愛矣，不時孰甚焉！

楚師伐陳。

《左氏傳》：陳及晉平。楚師伐陳，取成而還。

【校記】

①疆：原作「强」，據《春秋左傳》改。

②疆：原作「强」，據《春秋胡氏傳》改。

③被髮左衽：四庫本作「蕩析離居」。

④陵：原作「陽」，據四庫本改。

九年，春，王正月，公如齊。公至自齊。

泰山孫氏曰：公有母喪，而遠朝强齊，公之無哀也甚矣。

夏，仲孫蔑如京師。

《左氏傳》：春，王使來徵聘。夏，孟獻子聘於周。王以爲有禮，厚賄之。

武夷胡氏傳：以淺言之，屬辭比事，《春秋》教也。當歲首月，公朝於齊。夏，使大夫聘于京師，此皆比事可考，不待貶絶而惡自見者也。宣公享國九年，於周纔一往聘，其在齊則又再朝矣。《經》於如齊，每行必致深罪之也。下逮戰國，周衰甚矣。齊威王往朝於周，而天下皆賢之，況春秋時乎！而宣公不能也。故聘覲之禮廢，則君臣之位失；諸侯之行惡，而倍畔侵陵之敗起矣。此《經》書君如齊、臣如周之意，而特書「王正月」以表之也。

齊侯伐萊。

襄陵許氏曰：狄比侵齊，齊不敢報；萊不犯齊，而齊亟伐之。畏衆强而虐輕弱，此可以觀惠公矣。

秋，取根牟。

《左氏傳》：言易也。

杜氏注：根牟，東夷國也。今琅邪陽都縣東有牟鄉。

劉氏傳：根牟者何？附庸之國也。

八月，滕子卒。

《左氏傳》：秋，滕昭公卒。

九月，晉侯、宋公、衛侯、鄭伯、曹伯會于扈。晉荀林父帥師伐陳。

辛酉，晉侯黑臀卒于扈。

《左氏傳》：討不睦也。杜氏注：謀齊也。陳侯不會。杜氏注：前年與楚成故。晉荀林父以諸侯之師伐陳。晉侯卒于扈，乃還。

杜氏注：卒於竟外，故書地。

武夷胡氏傳：案《左氏》：討不睦也，陳侯不會，荀林父以諸侯之師伐陳。晉侯卒，乃還。則知《經》所書者，與晉罪陳之詞也。會于扈以待陳，而陳侯不會，然後林父以諸侯之師伐之也。則幾於自反而有禮矣。不書諸侯之師，而曰「林父帥師」者，在會諸侯皆以師聽命，而林父兼將之也，則其衆輯矣。晉主夏盟，又嘗救陳，所宜與也，而惟楚之即，夫豈義乎！

冬，十月，癸酉，衛侯鄭卒。

陸氏《纂例》：案國君不卒於其國，例書地。

武夷胡氏傳：晉成公何以不葬？魯不會也。衛成公何以不葬？亦魯不會也。衛成事晉甚謹，而魯宣公獨深向齊。衛欲爲晉致魯，故謀黑壤之會，而特使孫良夫來盟以定之也。及會于黑壤，而晉人止公，賂然後免。是以扈之會，皆前日諸侯，而魯獨不往。二國繼以喪赴，亦皆不會。此所謂無其事而闕其文者也。或曰，二君皆有貶焉，故不書葬，誤矣。魯人不會，亦無貶乎？書「卒」而以私怨廢禮忘親，其罪已見。《春秋》文簡而直，視人若日月之無私照也。曲生意義，失之遠矣。

宋人圍滕。

《左氏傳》：因其喪也。

武夷胡氏傳：圍國，非將卑師少所能辦也，必動大衆而使大夫爲主帥明矣。然而，稱「人」，是貶之也。滕既小國，又方有喪，所宜矜哀悼恤之不暇，而用兵革以圍之。比事以觀，知見貶之罪在不仁矣。

楚子伐鄭，晉郤缺帥師救鄭。

《左氏傳》：楚子爲厲之役故伐鄭。晉郤缺救鄭。鄭伯敗楚師于柳棼，國人皆喜，唯子良憂曰：「是國之災也，吾死無日矣。」

武夷胡氏傳：楚兵加鄭數矣，或稱「人」，或稱爵，何也？鄭自晉成公初立，舍楚而從中國，正也。楚人爲是興師而加鄭，不義矣。故宣公三年書「人」書「侵」，罪之也。次年鄭公子歸生弑其君，諸侯未有聲罪致討者，而楚師至焉，故特書爵與之也。然興師動衆，賊則不討，惟服鄭之爲事，則非義舉矣。故又次年《傳》稱「楚子伐鄭」，而《經》書「人」，再貶之也。至是稱爵，豈與之乎？案《公羊》例①，君將不言帥師，書其重者也。至此書爵，見其陵暴中華，以重兵臨鄭矣。何以知其非與之乎？曰：下書「晉郤缺帥師救鄭」，則知非與之也。由此觀《春秋》書法，皆欲治亂賊之黨，謹華夷之辨，以一字爲褒貶，深切著明矣。

陳殺其大夫洩《公》、《穀》作「泄」。**冶。**

《左氏傳》：陳靈公與孔寧、儀行父通於夏姬，皆衷其衵服，以戲於朝。洩冶諫曰：「公卿宣淫，民無效焉。且聞不令。君其納之！」公曰：「吾能改矣。」公告二子，二子請殺之。公弗禁，遂殺洩冶。

武夷胡氏傳：稱國以殺者，君與用事大臣同殺之也。稱「其大夫」，則不失官守，而殺之者，有專輒之罪矣。洩冶無罪而書名，何也？冶以諫殺身者也。殺諫臣者，必有亡國弑君之禍，故書其名爲徵舒弑君、楚子滅陳之端，以垂後戒。此所謂義係於名而書其名者也。比干諫而死，子曰：「商有三仁焉。」洩冶諫而死，何②獨無褒詞？夫語默死生，當其可而止爾。洩冶之盡言無隱，不媿乎③史魚之直矣。方諸比干自靖自獻于先王，則未可同日而語也。冶雖效忠，其猶在宋子哀、魯叔肸之後乎！故仕於昏亂之朝，若異姓者如子哀，潔身而去可也；其貴戚邪，不食其禄如叔肸善矣。

襄陵許氏曰：書殺洩冶，張陳亡之本也。

【校　記】

①例：原作「傳」，據《春秋胡氏傳》改。

②何：原作「而」，據《春秋胡氏傳》改。

③乎：原作「夫」，據《春秋胡氏傳》改。

春秋集解卷十六

宣　公

十年，春，公如齊。公至自齊。

齊人歸我濟西田。

《左氏傳》：公如齊。齊侯以我服故，歸濟西之田。

伊川先生解：齊魯修好，故歸魯田。田，魯有也，齊非義取之，故云「歸我」，不足爲善也。

武夷胡氏傳：宣公於齊，順其所欲，既以女妻其臣，又以兵會伐萊之舉，又每歲往朝於齊廷，雖諸侯事天子，無是禮也。故惠公悦其能順事己，而以所取濟西田歸之也。歸讙及闡，直書曰「歸」。此獨書「我」者，乃相親愛惠遺之意，深著齊人助成弑逆之罪也。或謂濟西，魯之本封，故書「我」，則誤矣。以柔巽卑屈事人，不以其道而得地，與悦人之柔巽卑屈事己，不以其道而歸其地，皆人欲之私而非義矣。

夏，四月，丙辰，日有食之。

己巳，齊侯元卒。

齊崔氏出奔衛。

《左氏傳》：夏，齊惠公卒。崔杼有寵於惠公，高、國畏其逼也，公卒而逐之，奔衛。

《穀梁傳》：氏者，舉族而出之之辭也。

襄陵許氏曰：崔杼出而能反，反而能弑者，以其宗强。《經》以氏舉於此，辨之早也。

公如齊。五月，公至自齊。

《左氏傳》：公如齊，奔喪。

蘇氏曰：公如齊奔喪，非禮也。

武夷胡氏傳：文約而事詳者，《經》也。春如齊朝惠公，夏如齊奔其喪，若是雖不致可也，而皆致者，甚之也。天王之喪不奔，欲行郊禮，而汲汲於奔齊惠公之喪；天王之葬不會，使微者往，而公孫歸父會齊惠公之喪，其不顧君臣上下尊卑之等，所謂肆人欲，滅天理而無忌憚者也。詞繁而不殺，聖人之情見矣。

癸巳，陳夏徵舒弑其君平國。

《左氏傳》：陳靈公與孔寧、儀行父飲酒於夏氏。公謂行父曰：「徵舒似女。」對曰：

「亦似君。」徵舒病之。公出，自其廄射而殺之。二子奔楚。

武夷胡氏傳：陳靈公之無道也，而稱大夫之名氏以弑，何也？禍莫大於拒諫而殺直臣，忠莫顯於身見殺而其言驗。洩冶所爲，不憚斧鉞，盡言於其君者，正謂靈公君臣通於夏徵舒之家，恐其及禍，不忍坐觀，故昧死言之。靈公不能納，又從而殺之，卒以見弑而亡其國。此萬世之大戒也。特書徵舒之名氏，以見洩冶忠言之驗，靈公見弑之由，使有國者必以遠色修身，包容狂直，開納諫諍爲心也。以爲罪不及民，故稱大夫以弑者，非《經》意矣。

六月，宋師伐滕。

《左氏傳》：滕人恃晉而不事宋公。六月，宋師伐滕。

武夷胡氏傳：前圍稱「人」，刺伐喪也。此伐滕稱「師」，譏用衆也。宋，大國，爵上公，霸主之餘業，力非不足也，今鄰有弑逆，不能聲罪致討，乃用大衆以伐所當矜恤之小邦。且滕不事己，無乃己德猶有所闕，而滕何尤焉？故特稱「師」以著其罪，而汲汲於誅亂臣討賊子之意見矣。

公孫歸父如齊，葬齊惠公。

武夷胡氏傳：歸父，仲遂之子，貴而有寵。宣公深德齊侯之能定其位，而又以濟西田歸之也。故生則傾身以事之而不辭於屈辱，没則親往奔喪而使貴卿會其葬，亦不顧天王之禮闕然莫之供也。比事考詞，義自見矣。

晉人、宋人、衛人、曹人伐鄭。

《左氏傳》：鄭及楚平。諸侯之師伐鄭，取成而還。

武夷胡氏傳：案《左氏》：鄭及楚平，諸侯伐鄭，取成而還。其稱「人」，貶也。鄭居大國之閒，從於强令，豈其罪乎？不能以德鎮撫，而用力争之，是謂五十步笑百步，庸何愈於楚！自是責楚益輕，罪在晉矣。

襄陵許氏曰：晉自靈公以來，成、景相繼，力争陳、鄭而無以服楚，是以屢書其侵伐，譏德政之不施也。

秋，天王使王季子來聘。

《左氏傳》：秋，劉康公來報聘。杜氏注：即王季子也。其後食采於劉。

武夷胡氏傳：宣公享國，至是十年，不朝於周，而比年朝齊；不奔王喪，而奔齊侯喪；不遣貴卿會匡王葬，而使歸父會齊侯之葬。縱未舉法，勿聘焉猶可也，而使王季子來，王靈益不振矣。自是王聘，《春秋》亦不書矣。

襄陵許氏曰：自是王靈益亡，王聘益輕，《春秋》不復録矣。

公孫歸父帥師伐邾，《公》作「邾婁」。取繹。《公》作「蘱」。

杜氏注：繹，邾邑。魯國鄒縣北有繹山。

武夷胡氏傳：用貴卿爲主將，舉大衆出征伐，不施於亂臣賊子，奉天討罪，而陵弱侵小，近在邦域之中，附庸之國，是爲盜也。當此時，陳有弑君之亂，既來赴告，藏在諸侯之策矣。曾不是圖，而有事于邾，不亦傎乎①！故四國伐鄭，貶而稱「人」，魯人伐邾，特書「取繹」，以罪之也。

大水。

季孫行父如齊。冬，公孫歸父如齊。齊侯使國佐來聘。

《左氏傳》：季文子初聘于齊。冬，子家如齊，伐邾故也。國武子來報聘。

武夷胡氏傳：案《左氏》：行父如齊，初聘也。歸父如齊，邾故也。齊侯嗣立，宣公親往奔其父喪，又使貴卿會葬矣。若待踰年然後修聘，未晚也，而季孫亟行，歸父繼往，則以宣公君臣不知爲國以禮，而謂妄悦取人之可以免於討也。歸父貪於取繹，畏齊而往，蓋理曲則氣必餒矣，能無畏乎哉！《春秋》備書而不削，以著其罪，爲後世鑒也。

饑。

楚子伐鄭。

《左氏傳》：楚子伐鄭。晉士會救鄭，逐楚師於潁北。諸侯之師戍鄭②。

武夷胡氏傳：《經》有詞同而意異者，比事以觀，斯得之矣。九年，楚子伐鄭稱爵者，貶辭也，若曰國君自將，恃强壓弱，憑陵中夏之稱也。知然者，以下書「晉郤缺帥師救鄭」，則貶楚可知矣。此年楚子伐鄭稱爵者，直辭也，若曰以實屬辭書其重者，而意不以楚爲罪也。知然者，以《傳》書「晉士會救鄭，逐楚師於潁北」，而《經》削之，則責晉可知矣。此類兼以《傳》爲案者也。

【校　記】

① 傎：原作「傎」，據《春秋胡氏傳》改。

② 戍：原作「伐」，據《春秋左傳》改。

十有一年，春，王正月。

夏，楚子、陳侯、鄭伯盟于辰《穀》作「夷」。**陵。**

《左氏傳》：楚子伐鄭，及櫟。子良曰：「晉楚不務德而力争，與其來者可也。晉、楚無信，我焉得有信？」乃從楚。夏，楚盟于辰陵。陳、鄭服也。

杜氏注：辰陵，陳地。潁川長平縣東南有辰亭。

武夷胡氏傳：晉、楚争此二國，爲日久矣。今陳、鄭背晉從楚，盟于辰陵，而《春秋》書之無貶辭者，豈與其「下喬木入幽谷」乎！中國而不能令，則夷狄進矣①。《經》之大法，在誅亂臣，討賊子。有亂臣則無君，有賊子則無父。無父與君，即中國變爲夷狄②，人類殄爲禽獸。雖得天下，不能一朝居也。今魯與齊方用兵伐莒，晉與狄方會於欑函，而不謀少西氏之逆也，而楚人能謀之，所謂禮失而求之野。夷狄之有君，不如諸夏之亡也③。辰陵之盟，所以得書於《經》，而詞無貶乎！聖人討賊之意，可謂深切著明矣。

公孫歸父會齊人伐莒。

襄陵許氏曰：辰陵之盟，此中國所宜震也。而齊、魯方且務窮兵於小國，何震之有！

秋，晉會狄于欑函。

《左氏傳》：晉郤成子求成於衆狄。衆狄疾赤狄之役，遂服於晉。秋，會於欑函，衆狄服也。

《穀梁傳》：不言「及」，外狄也。

杜氏注：欑函，狄地。

武夷胡氏傳：《春秋》正法，不與外域會同，分類也。書「會戎」，「會狄」，「會吴」，皆外詞也。内中國，故詳；外四夷，故略。今中國有亂，天王不能討，則方伯之責也；又不能討，則四鄰諸侯宜有請矣。而魯方會齊伐莒，晉方求成於狄，是失肩背而養其一指，不能三年而緦小功之察，不亦傎乎④！凡此直書其事，不待貶絶而義自見者也。

襄陵許氏曰：諸侯大國恃齊與晉，而齊方伐莒，晉方會狄，莫有憂中國之心，而使楚人爲霸者事。此反道也。

冬，十月，楚人殺陳夏徵舒。丁亥，楚子入陳，納公孫寧、《公》作「甯」。**儀行父于陳。**

《左氏傳》：冬，楚子爲陳夏氏亂故，伐陳。謂陳人：「無動，將討於少西氏。」遂入陳，殺夏徵舒，轘諸栗門，因縣陳。陳侯在晉，申叔時使於齊，反，復命而退。王使讓之，對曰：「夏徵舒弑其君，其罪大矣。討而戮之，君之義也。抑人亦有言，曰：『牽牛以蹊人之田，而奪之牛。』牽牛以蹊者，信有罪矣，而奪之牛，罰已重矣。諸侯之從也，曰：『討有罪也。』今縣陳，貪其富也。以討召諸侯，而以貪歸之，無乃不可乎！」王曰：「善哉。吾未之聞也。」……乃復封陳，鄉取一人焉以歸，謂之夏州。

《穀梁傳》：納者，内弗受也。輔人之不能民而討，猶可。入人之國，制人之上下，使不得其君臣之道，不可。

伊川先生解：「人」，衆辭。大惡，衆所欲誅也。誅其罪，義也；取其國，惡也。「入」者，不受而强之也。致亂之臣，國所不容也，故書「納」。

陸氏《微旨》：淳聞於師曰：「楚子之討徵舒，正也，故書曰『人』，許其行義也。入人之國，又納淫亂之臣，邪也，故明書其爵，以示非正。《春秋》之義彰善癉惡，纖介無遺，指事原情，瑕瑜不掩，斯之謂也。」

泰山孫氏曰：孔子與楚討者，傷中國無人，喪亂陵遲之甚也。

武夷胡氏傳：稱「人」者，衆詞也。大惡，人人之所同惡，人人之所得討。其稱「楚人殺夏徵舒」，諸夏之罪自見矣。案《左氏傳》：楚子爲夏氏亂故，謂陳人「無動，將討於少西氏」，遂入陳，殺徵舒，轘諸栗門。而《經》先書「殺」，後書「入」者，與楚子之能討賊，故先之也。討其賊爲義，取其國爲貪，舜、跖之相去遠矣。其分乃在於善與利耳。楚莊以義討賊，勇於爲善，舜之徒也。以貪取國，急於爲利，跖之徒矣。爲善與惡，特在一念須臾之閒，而書法如此。故《春秋》傳心之要典，不可以不察者也。或曰：聖人大改過。楚雖縣陳，能聽申叔時之説，而復封陳，可謂能改過矣。猶書「入陳」以貶之，何也？楚莊意在滅陳，雖復封之，然鄉取一人焉以歸，謂之夏州。而又納其亂臣，是制人之上下，使不得其君臣之道也。晉人以幣如鄭，問駟乞之立故，子産對曰：「若寡君之二三臣，而晉大夫專制其位，是晉之縣鄙也。何國之爲！」辭客幣而報其使。晉人舍之。他國非所當與也，而必欲納其亂臣，存亡興滅，其若是乎！仲尼重傷中國，深美其有討賊之功，故特從末減，不稱「取陳」，而書「入」。雖曰與之，可矣。納公孫寧、儀行父於陳，此二臣者，從君於昏，宣淫於朝，誅殺諫臣，使其君見弑，蓋致亂之臣也。肆諸市朝，與衆同棄，然後快於人心。今乃詭詞奔楚，託於討賊復讎以自脱其罪，而楚莊不能察其反覆，又使陳人用之，是猶人有飲毒而死者，幸而復生，又强以毒飲之，可乎？故聖人外此二人於陳，而特書曰「納」。「納」者，不受而强納之者也。爲楚莊者宜奈何？瀦徵舒之宫，封洩冶之墓，尸孔寧、儀行父於朝，謀於陳衆，定其君而去，其庶幾乎！

呂氏曰：稱「楚人殺夏徵舒」，討賊之辭，且衆同欲也，故曰「楚人」。入陳，非衆志也，楚子之罪也。故曰「楚子入陳」，所爲之罪也。

【校　記】

① 夷狄：四庫本作「荆蠻」。

② 中國變爲夷狄：四庫本作「法紀等於土苴」。

③ 夷狄之有君，不如諸夏之亡也：四庫本《吕氏春秋集解》作「小國亦惟能庇我者，是賴之也」，四庫

本《春秋胡氏傳》卷一七作「楚雖僻處南服，猶以禮自守也」，四庫本元俞臯《春秋集傳釋義大成》卷七作「聖人亦不得以荆蠻爲外之也」，此據四部叢刊續集《春秋胡氏傳》、通志堂《吕氏春秋集解》。

④ 傎：原作「傎」，據《春秋胡氏傳》改。

十有二年，春，葬陳靈公。

《公羊傳》：討此賊者，非臣子也。何以書葬？君子辭也。楚已討之矣，臣子雖欲討之，而無所討也。

武夷胡氏傳：討賊者，非臣子也，何以書葬？天下之惡一也。本國臣子或不能討，而上有天王，下有方伯，又其次有四鄰，有同盟，有方域之諸侯，有四夷之君長，與凡民皆得而討之，所以明大倫，存天理也。徵舒雖楚討之，陳之臣子亦可以釋怨矣，故得書葬，君子詞也。

楚子圍鄭。

《左氏傳》：厲之役，鄭伯逃歸，自是楚未得志焉。鄭既受盟于辰陵，又徼事於晉。十二年，春，楚子圍鄭。三月克之，入自皇門①，至於逵路。鄭伯肉袒牽羊以逆。王曰：「其君能下人，必能信用其民矣。」退三十里而許之平。潘尫入盟，子良出質。

武夷胡氏傳：案《公羊傳》例，戰不言伐，圍不言戰，入不言圍，滅不言入，書其重者。楚子縣陳，蓋滅之矣，而《經》止書「入」。其於鄭也，入自皇門，至於逵路，蓋即其國都矣，而《經》止書「圍」。曷爲悉從輕典，不著其憑陵諸夏之罪乎？上無天王，下無方伯，天下諸侯有臣弑君、子弑父，諸夏不能討，而夷狄能討之。《春秋》取大節，略小過，雖如楚子憑陵上國，近造王都之側，猶從末減，於以見誅亂臣，討賊子，正大倫之爲重也。

夏，六月，乙卯，晉荀林父帥師及楚子戰于邲。晉師敗績。

《左氏傳》：夏，六月，晉師救鄭。荀林父將中軍，先縠佐之；士會將上軍，趙朔將下軍。及河，聞鄭既及楚平。桓子欲還，曰：「無及於鄭而勦民，焉用之？楚歸而動，不後。」隨武子曰：「善。……」彘子曰：「不可。晉所以霸，師武、臣力也。今失諸侯，不可謂力。有敵而不從，不可謂武。由我失霸，不如死。且成師以出，聞敵强而退，非夫也。命爲軍帥而卒以非夫，唯羣子能，我弗爲也。」以中軍佐濟。……韓獻子謂桓子曰：「彘子以偏師陷，子罪大矣。……不如進也。事若不捷，惡有所分。……」師遂濟。楚子北師次于郔，……將飲馬於河而歸。聞晉師既濟，王欲還，嬖人伍參欲戰。令尹孫叔敖弗欲，曰：「昔歲入陳，今兹入鄭，不無事矣。戰而不捷，參之肉其足食乎！」……伍參言於王，曰：「晉之從政者新，未能行令。其佐先縠剛愎不仁，未肯用命。……此行也，晉師必敗。且君而逃臣，若社稷何？」王病之，告令尹，改乘轅而北之，次於管以待之。晉師在敖、鄗之閒。鄭皇戌使如晉師，曰：「……楚師驟勝而驕，其師老矣，而不設備。子擊之，鄭師爲承。……」彘子曰：「敗楚服鄭，於此在矣。必許之。」欒武子曰：「……師叔入盟，子良在楚，楚、鄭親矣。來勸我戰，我克則來，不克遂往，以我卜也。鄭不可從。」……楚子又使求成於晉，晉人許之，盟有日矣。楚許伯御樂伯，攝叔爲右，以致晉師。杜氏注：單車挑戰，又似不欲崇和，以疑晉之羣帥。晉魏錡求公族未得而怒，欲敗晉師，請致師，弗許。請使，許之。遂往請戰而還。趙旃求卿未得……請挑戰，弗許。請召盟，許之。與魏錡皆命而往。郤獻子曰：「二憾往矣。弗備，必敗。」彘子曰：「鄭人勸戰，弗敢從也。楚人求成，弗能好也。師無成命，多備何爲？」士季曰：「備之善。……」彘子不可。士季使鞏朔、韓穿帥七覆於敖前，故上軍不敗。……趙旃夜至於楚軍，席於軍門之外，使其徒入之。……乙卯，王乘左廣以逐趙旃。……晉人懼二子之怒楚師也，使軘車迎之。潘黨望其塵，使騁而告曰：「晉師至矣。」楚人亦懼王之入晉軍也，遂出陳。孫叔曰：「進之。寧我薄人，無人薄我。……」遂疾進，師車馳，卒奔，乘晉軍。桓子不知所爲，鼓於軍中，曰：「先濟者有賞。」中軍、下軍爭舟，舟中之指可掬也。……及昏，楚師軍於邲。晉之餘師不能軍，宵濟，亦終夜有聲。丙辰，楚重至於邲，遂次於衡雍。……祀於河，作先君宫，告成事而還。

杜氏注：邲，鄭地。

劉氏傳：戰而言「及之」者，主之者也。猶曰晉荀林父爲志乎此戰也云爾。

武夷胡氏傳：戰而言「及」，主乎此戰者也。案《左氏》，晉師救鄭，《經》既不以救鄭書矣，又不言楚、晉戰於邲，而使晉主之，何也？陳人弑君，晉不能討賊，而楚能討之。楚人圍鄭，亦既退師，與鄭平矣；而又與之戰，則非觀釁之師也。故釋楚不貶，而使晉主之，獨與常詞異乎。案邲之役，六卿並在，大夫、司馬皆具官，不欲勦民者，三帥也；違命濟師者，先縠也，而獨罪林父何也？尊無二上，定於一也。古者仗鉞臨戎，專制閫外，雖君命有所不受，況其屬乎！欒書救鄭，軍帥之欲戰者八人，武子遂還，衆不敢遏。偪陽之舉，匄、偃二將皆請班師，荀罃令曰：「七日不克，必爾乎取之。」遂下偪陽。林父既知無及於鄭，焉用之矣，諸帥又皆信然其策。先縠若獨以中軍佐濟者，下令三軍無得妄動，案軍法而行辟，夫豈不可？既不能令，乃畏失屬亡師之罪，而從韓獻子分惡之言，知難而冒進，是棄晉師，於誰責乎？故後誅先縠，不去其官，此稱「敗績」，特以林父主之也。

秋，七月。

冬，十有二月，戊寅，楚子滅蕭。

《左氏傳》：楚子伐蕭。宋華椒以蔡人救蕭。蕭人囚熊相宜僚及公子丙。王曰：「勿殺，吾退。」蕭人殺之。王怒，遂圍蕭，蕭潰。

杜氏注：蕭，宋附庸國。

武夷胡氏傳：假於討賊而滅陳，《春秋》以討賊之義重也，未滅而書「入」；惡人貳己而入鄭，《春秋》以退師之情恕也，未滅而書「圍」，與人爲善之德宏矣。至是肆其强暴，滅無罪之國，其志已盈，雖欲赦之，不得也。故《傳》稱「蕭潰」，《經》以「滅」書，斷其罪也。孟子曰：「以力假仁者霸，霸必有大國。」楚莊蓋以力假仁，不能久假而遽歸者也。建萬國，親諸侯者，先王之政。興滅國，繼絶世者，仲尼之法。今乃滅人社稷，而絶其祀，亦不仁甚矣。蕭既滅亡，必無赴者，何以得書於魯史？楚莊縣陳入鄭，大敗晉師於邲，莫與校者，不知以禮制心，至於驕溢，克伐怨欲皆得行焉，遂以滅蕭告赴諸侯，矜其威力，以恐中國耳。孟子定其功罪，以五霸爲三王之罪人，《春秋》史外傳心之要典。推此類求之，斯得矣。

晉人、宋人、衛人、曹人同盟于清丘。

《左氏傳》：晉原縠、宋華椒、衛孔達、曹人同盟于清丘。曰：「恤病討貳。」於是卿不書，不實其言也。

杜氏注：清丘，衛地。今在濮陽縣東南。

伊川先生解：晉爲楚敗，諸侯懼而同盟，既而皆渝，故書「人」以貶之。宋伐陳，衛救之。楚伐宋，晉不救。

武夷胡氏傳：書「同盟」，志同欲也。或以惡其反覆而書「同盟」，非也。自隱公始年書儀父盟昧，宋人盟宿，已不實言矣，奚待清丘然後惡其反覆乎！楚既入陳圍鄭，大敗晉師，伐蕭滅之，憑陵中國甚矣。爲諸侯計者，宜信任仁賢，修明政事，自强於爲善，則可以保其國耳。曾不是圖，而刑牲歃血，要質鬼神，蕲以禦楚。謀之不臧，孰大於是！故國卿貶而稱「人」，譏失職也。原縠違命喪師，乃晉國罪人，而主兹盟約，所信任者皆可知矣。

宋師伐陳，衛人救陳。

《左氏傳》：宋爲盟故，伐陳。衛人救之。孔達曰：「先君有約言焉，若大國討，我則死之。」

杜氏注：背清丘之盟。

武夷胡氏傳：陳有弑君之亂，宋不能討，而楚討之，雖曰縣陳，尋復封之，其德於楚而不貳，未足責也。宋人不能内自省德，遽以大衆伐之，非義舉矣。衛人救陳，背盟失信，而以「救」書者，見宋師非義，陳未有罪而受兵爲可恤也。且謀國失圖，妄興師旅，無休息之期，則亂益滋矣。其以「救」書，意在責宋也。若衛叛盟，則不待貶絶而惡自見矣。

【校記】

① 入：原作「又」，據《春秋左傳》改。

十有三年，春，齊師伐莒。《公》作「衛」。

《左氏傳》：莒恃晉而不事齊故也。

夏，楚子伐宋。

《左氏傳》：以其救蕭也。

武夷胡氏傳：楚人滅蕭，將以脅宋，諸侯懼而同盟。爲宋人計者，恤民固本，輕傜薄賦，使民效死親其上，則可以待敵矣。計不出此，而急於伐陳，攻楚與國，非策也。故楚人有詞於伐而得書爵。

秋，螽。《公》作「蝝」。

冬，晉殺其大夫先縠。

《左氏傳》：秋，赤狄伐晉，及清。先縠召之也。冬，晉人討邲之敗與清之師，歸罪於先縠而殺之，盡滅其族。

武夷胡氏傳：先縠違命，大敗晉師，元帥不能用鉞，已失刑矣。今又重有罪焉，晉人治其罪而戮之，義也。曷爲稱國以殺而不去其官？夫兵者，安危所係，有國之大事也。將非其人，則敗；雖得其人，使親信閒之，則敗；以剛愎不仁者參焉，而莫肯用命，則敗。凡此三敗，君之過也。河曲之戰，趙穿獨出，而臾駢之謀不用；濟涇而次，欒黶欲東而荀偃之令不行。今林父初將中軍，乃以先縠佐之，使敵國謀臣知其從政者新，未能行令，誰之過歟！故稱國以殺，不去其官，罪累上也。

十有四年，春，衛殺其大夫孔達。

《左氏傳》：清丘之盟，晉以衛之救陳也，討焉。杜氏注：尋清丘之盟以責衛。使人弗去，曰：「罪無所歸，將加而師。」孔達曰：「苟利社稷，請以我説，罪我之由。我則爲政，而亢大國之討。將以誰任？我則死之。」十四年，春，孔達縊而死。衛人以説於晉而免。

武夷胡氏傳：殺大夫而書名氏，義不繫於專殺也。孔達棄信以危社稷，衛人案其罪而誅之，可也。何以稱國而不去其官？用人謀國，干犯盟主，至於見討，誰之過歟？稱國以殺，不去其官，罪累上也。《春秋》端本清源，故書法如此。

夏，五月，壬午，曹伯壽卒。

晉侯伐鄭。

《左氏傳》：夏，晉侯伐鄭，爲邲故也。告於諸侯，蒐焉而還。中行桓子之謀也，曰：「示之以整，使謀而來。」鄭人懼，使子張代子良於楚。

武夷胡氏傳：案《左氏傳》：爲邲故也。比事以觀，知其爲報怨復讎之兵，詞無所貶者，直書其事而義自見矣。

秋，九月，楚子圍宋。

《左氏傳》：楚子使申舟聘於齊，曰：「無假道於宋。」亦使公子馮聘於晉，不假道於鄭。申舟以孟諸之役惡宋，曰：「鄭昭、宋聾，晉使不害，我則必死。」王曰：「殺女，我伐之。」見犀而行。及宋，宋人止之。華元曰：「過我而不假道，鄙我也。鄙我，亡也。殺其使者，必伐我。伐我，亦亡也。亡一也。」乃殺之。楚子聞之，投袂而起，屨及於窒皇，劍及於寢門之外，車及於蒲胥之市。秋九月，楚子圍宋。

泰山孫氏曰：楚之困宋也數矣。案僖二十一年，宋公、楚子、陳侯、鄭伯、許男、曹伯會于盂，執宋公以伐宋。公會諸侯盟于薄，釋宋公。二十二年，宋公及楚人戰于泓，宋師敗績。二十七年，楚人、陳侯、蔡侯、鄭伯、許男圍宋，公會諸侯盟于宋。今又圍之。楚之困宋也，可謂數矣。

武夷胡氏傳：宋人要結盟誓，欲以禦楚，已非持國之道；輕舉大衆，勦民妄動，又非恤患之兵。特書「救陳」，以著其罪，明見伐之由也。國必自伐，然後人伐之。凡事，其作始也簡，其將成也必巨。《易》於《訟》卦曰：「君子以作事謀始。」始而不謀，必至於訟；訟而不竟，必至於師。若宋是矣。始謀不臧，至於見伐、見圍，幾亡其國，則自取之也。《春秋》端本，故責宋爲深，若蠻夷圍中國，則亦明矣。

葬曹文公。

冬，公孫歸父會齊侯于穀。

武夷胡氏傳：夫禮，别嫌明微，制治於未亂，自天子出者也。列國之君，非王事而自相會聚，是禮自諸侯出矣。以國君而降班失列，下與外臣會；以外臣而抗尊出位，上與諸侯會，是禮自大夫出矣。君臣贅旒，陪臣執命，豈一朝一夕之故，其所由來者漸矣。故《易》於《坤》之初六曰：「馴致其道，至堅冰也。」《易》言其理，《春秋》見諸行事，若合符節，可謂深切著明矣。

十有五年，春，公孫歸父會楚子于宋。

《左氏傳》：孟獻子言於公曰：「臣聞小國之免於大國也，聘而獻物，於是有庭實旅百；朝而獻功，於是有容貌采章。嘉淑而有加貨，謀其不免也。誅而薦賄，則無及也。今楚在宋，君其圖之。」公説。十五年春，公孫歸父會楚子于宋。宋人使樂嬰齊告急於晉。晉侯欲救之。伯宗曰：「不可。古人有言曰：『雖鞭之長，不及馬腹。』天方授楚，未可與争。雖晉之强，能違天乎！……」乃止。

武夷胡氏傳：楚子不假道於宋以啓釁端而圍之，陵蔑中華甚矣。諸侯縱不能畏簡書，攘夷狄，存先代之後，嚴兵固圉以爲聲援，猶之可也。乃以周公之裔，千乘之國，謀其不免，至於薦賄，不亦鄙乎！若此類，聖人不徒筆之於《經》也，比事以觀，則知中國夷狄盛衰之由①，《春秋》經世之略矣。

襄陵許氏曰：楚圍宋之威，震及魯矣。

夏，五月，宋人及楚人平。

《左氏傳》：夏，五月，楚師將去宋，申犀稽首於王之馬前，曰：「毋畏知死而不敢廢王命。王棄言焉。」王不能答。申叔時僕，曰：「築室反耕者，宋必聽命。」從之。宋人懼，使華元夜入楚師，登子反之牀，起之，曰：「寡君使元以病告，曰：『敝邑易子而食，析骸以爨。雖然，城下之盟，有以國斃，不能從也。去我三十里，唯命是聽。』」子反懼，與之盟而告王，退三十里，宋及楚平。華元爲質。盟曰：「我無爾詐，爾無我虞。」

《公羊傳》：此皆大夫也，其稱「人」何？貶。曷爲貶？平者在下也。

武夷胡氏傳：此華元、子反，二國之卿。其稱「人」何？貶也。《春秋》賤欺詐，惡侵伐。二卿不愛其情，釋怨解紛，使宋無亡國之憂，楚無滅國之罪，功亦大矣，宜在所褒，何以貶也？善則稱君，過則稱己，則民作忠。今二卿自以情實，私相告語，取必於上，以成平國之功，而其君不與知焉，非人臣之義也。世衰道微，暴行交作，君有聽於臣，父有聽於子，夫有聽於婦，中國有聽於夷狄，仲尼所爲懼，《春秋》所以作也。故平以解紛，雖其所欲，而平者在下，則大倫紊矣。聖人明其道不計其功，故褒貶如此。然則臣而有安國家利社稷者，專之不可乎？曰：專之而可者，謂境外也。子反在君之側，無奏報之難，幾會之失，奚急於平而專之若是哉！

六月，癸卯，晉師滅赤狄潞氏，以潞子嬰兒歸。

《左氏傳》：潞子嬰兒之夫人，晉景公之姊也。酆舒爲政而殺之，又傷潞子之目。六月，癸卯，晉荀林父敗赤狄於曲梁。辛亥，滅潞。酆舒奔衛。衛人歸諸晉。晉人殺之。

杜氏注：潞，赤狄之別種。潞氏國，故稱氏。子，爵也。

陸氏《纂例》：啖子曰：「凡滅國直書『滅』者，罪來滅者，不責見滅者也。言其力屈而亡，且能死社稷矣。若自致滅亡之道，則有異文，梁亡是也。凡書『滅』，又書其君奔者，則兩罪之，責其不死社稷也。凡書『滅』，又書以歸者，則名之，責其不能死位，又無復興之志也。奔而不名者，言其位或未絶也。隨而歸者名之，言其位必絶矣。

武夷胡氏傳：上卿爲主將，略而不稱「師」者，著其暴也。滅而舉號及氏者，滅見滅之罪，著滅者之甚不仁也。潞子嬰兒不死社稷，比於中國而書爵者，免嬰兒之責辭也。然則攘夷狄安諸夏非邪②？徐夷並興，東郊不開，伯禽征之；玁狁孔熾，侵鎬及方，宣王伐之；楚人侵鄭，近在王畿，齊侯攘之。皆門庭之寇，不可縱而莫禦者也。雖禦之，亦不極其兵力，殄滅之無遺育也。今赤狄未嘗侵掠晉境，非門庭之寇，而恃强暴以滅之，其不仁甚矣。《春秋》所以責晉而略狄也，又有異焉者。夫伐國之要，討其罪人斯止矣。案《左氏》，潞子夫人，晉景公之姊也，酆舒爲政而殺之，又傷潞子之目。則酆舒者，罪之在也。爲晉計者，執酆舒，轘諸市，立黎侯，安定潞子，改紀其政而返，則諸狄服，疆域安矣。今乃利狄之土，滅潞氏以其君歸，何義乎！《春秋》所以責晉而略狄也。

秦人伐晉。

王札子殺召伯、毛伯。

《左氏傳》：王孫蘇與召伯、毛伯争政，使王子捷殺召戴公及毛伯衛③。杜氏注：王子捷即王札子。卒立召襄。

《穀梁傳》：矯王命以殺之。以王命殺則何志焉？爲天下主者，天也；繼天者，君也。君之所存者，命也。爲人臣而侵其君之命而用之，是不臣也。爲人君而失其命，是不君也。君不君，臣不臣，此天下所以傾也。

杜氏注：王札子，王子札也。

泰山孫氏曰：王札子，文誤倒爾。

襄陵許氏曰：拓跋魏世，高歡睹張彝之變而生亂心焉。梁武在位，王侯專殺，政法不施，遂以亂亡。無惑乎周之無以令天下也。

秋，螽《公》作「蝝」。

武夷胡氏傳：人事感於此，則物變應於彼。宣公爲國，虚内以事外，去實而務華，煩於朝會聘問賂遺之末，而不知務其本者也。故戾氣應之，六年螽，七年旱，十年大水，十有三年又螽，十有五年復螽。府庫匱，倉廩竭，調度不給，而言利剋民之事起矣。

襄陵許氏曰：税畝之法，蓋積貪虐之習而後能至也。觀乎災異，則見政事；觀乎政事，以知災異。是謂「念用庶徵」。

仲孫蔑會齊高固于無《公》作「牟」。**婁。**

杜氏注：無婁，杞邑。

武夷胡氏傳：禮之始失也，諸侯非王事而自相會也，無以正之，不自天子出矣。然後諸侯與大夫會，又無以正之，然後大夫與大夫會，禮亦不自諸侯出矣。田氏簒齊，六卿分晉，三家專魯，理固然也。不能辨於早，後雖欲正之，其將能乎！

初税畝。

《左氏傳》：初税畝，非禮也。穀出不過藉，以豐財也。

《公羊傳》：初者何？始也。税畝者何？履畝而税也。古者什一而藉。古者曷爲什一而藉？什一者，天下之中正也。多乎什一，大桀、小桀。寡乎什一，大貉、小貉。什一者，天下之中正也。什一行而頌聲作矣。

《穀梁傳》：古者什一，藉而不税。初税畝，非正也。古者三百步爲里，名曰井田。井田者，九百畝，公田居一。私田稼不善，則非吏；公田稼不善，則非民。初税畝者，非公之去公田，而履畝什取一也。以公之與民爲已悉矣④。古者公田爲居，井竈韭葱盡取焉。

杜氏注：公田之法，十取其一。今又履其餘畝，復十收其一，遂以爲常，故曰「初」。

陸氏《纂例》：趙子曰：「賦税者，國之所以治亂也，故志之。民，國之本也，取之甚則流亡，國必危矣。故君子懼之。」

冬，蝝生。

高郵孫氏曰：蝝者，螽之子也。春秋之秋，夏時之夏也。春秋之冬，夏時之秋也。螽爲災於夏而蝝生於秋，一歲而再爲災，故謹志之耳。

武夷胡氏傳：始生曰「蝝」，既大曰「螽」。秋螽未息，冬又生子，災重及民也。而詳志之如此者，急民事，謹天災，仁人之心，王者之務也。遇天災而不懼，忽民事而不修，而又爲繁政重賦以感之，國之危無日矣。

饑。

武夷胡氏傳：春秋饑歲多矣，書於《經》者三，而宣公獨有其二，何也？古者三年耕，餘一年之蓄；九年耕，餘三年之蓄。雖有凶旱，民無菜色。是歲雖螽蝝，而遽至於饑者，宣公爲國務華去實，虚内事外，煩於朝會聘問賂遺之末，而不敦其本，府庫竭矣，倉廩匱矣。水旱螽蝝，天降饑饉，亦無以振業貧乏矣。《經》所以獨兩書「饑」，以示後世爲國之不可不敦本也。

【校　記】

① 中國夷狄：四庫本作「當時治亂」。

② 夷狄：四庫本作「外裔」。

③ 使：原作「得」，據《春秋左傳》改。

④ 與：原作「取」，據《穀梁傳》改。

十有六年，春，王正月，晉人滅赤狄、甲氏及留吁。

《左氏傳》：晉士會帥師滅赤狄、甲氏及留吁鐸辰。三月，獻狄俘。晉侯請於王。戊申，以黻冕命士會將中軍，且爲大傅。

杜氏注：甲氏、留吁，赤狄别種。晉既滅潞氏，今又并盡其餘黨。

武夷胡氏傳：案《左氏》，董是役者，士會也。上將主兵，其稱「人」，貶詞也。甲氏，潞之餘種。留吁，其殘邑也。《春秋》於夷狄，攘斥之不使亂中夏，則止矣。伯禽征徐夷，東郊既開而止；宣王伐玁狁，至於太原而止；武侯征戎瀘，服其渠帥而止。必欲盡殄滅之遺種，豈仁人之心，王者之事乎！士會所以貶而稱「人」也。

夏，成周宣榭《公羊》作「謝」火。《公》、《穀》作「災」。

《左氏傳》：人火之也。凡火，人火曰「火」，天火曰「災」。

《公羊傳》：成周者何？東周也。宣謝者何？宣宫之謝也。何言乎成周宣謝災？樂器藏焉爾。成周宣謝災，何以書？記災也。

杜氏注：成周，洛陽。宣榭，講武屋。《爾雅》曰：「無室曰榭。」謂屋歇前。

劉氏傳：成周者何？天子之東都也。宣榭者何？宣宫之榭也。宣宫久矣，猶存乎？古者天子，祖有功，宗有德，雖百世存可也。宣王之時，周亡而復存，禮廢而復興。

武夷胡氏傳：成周，天子之東都。宣榭，宣王之廟也。案吕大臨《考古圖》有郉敦者①，稱「王格于宣榭，呼内史册命郉②」，是知宣榭者，宣王之廟也。古者，爵有德，禄有功，必於太廟，示不敢專也。榭者，射堂之制，其堂無室，以便射事，故凡無室者皆謂之榭。宣王之廟謂之榭者，其廟制如榭也。宣榭火何以書？以宗廟之重書之也。貴戚擅殺大臣，而天子不討，王室不復能中興矣。人火之，天所以見戒乎！

秋，郯伯姬來歸。

《左氏傳》：出也。

武夷胡氏傳：案《左氏》，郯伯姬來歸，出也。内女出書之册者，男女居室，人之大倫也。婚姻之禮廢，則夫婦之道苦，淫僻之罪多矣。復相棄背，喪其配偶，《氓》詩所以刺衛；日以衰薄，室家相棄，《中谷有蓷》所以閔周。《易》序《咸》、《恒》爲下經首，《春秋》内女出，夫人歸，凡男女之際，詳書於策，所以正人倫之本也。其旨微矣。

吕氏曰：婦人既嫁而出，人道之大者，故謹書之。

冬，大有年。

《穀梁傳》：五穀大熟爲大有年。

高郵孫氏曰：「有」者，不宜有也。宣公，弑君之賊，即位一十六年之久，而晏然無討之者，又大有年，聖人傷之，特書曰「大有年」。「有」者，不宜有也。《春秋》書「有年」者二，又皆在於桓、宣之時，聖人之意可知矣。

武夷胡氏傳：程氏曰：「『大有年』，記異也。」旱乾水溢，饑饉薦臻者，災也。山崩地震，彗孛飛流者，異也。景星甘露，醴泉芝草，百穀順成者，祥也。大有年，上瑞矣，何以爲記異乎？凡災異慶祥，皆人爲所感，而天以其類應之者也。人事順於下，則天氣和於上。宣公弑立，逆理亂倫，水旱螽蝝饑饉之變，相繼而作，史不絶書，宜也。獨於是冬乃大有年，所以爲異乎。夫「有年」、「大有年」，一耳，古史書之則爲祥，仲尼筆之則爲異。此言外微旨，非聖人莫能修之者也。

【校記】

① 郝：原作「邢」，據《春秋胡氏傳》改。

② 郝：原作「邢」，據《春秋胡氏傳》改。

十有七年，春，王正月，庚子，許男錫我卒。

丁未，蔡侯申卒。

夏，葬許昭公。葬蔡文公。

六月，癸卯，日有食之。

己未，公會晉侯、衛侯、曹伯、邾《公》作「邾婁」。子，同盟于斷道。

《左氏傳》：晉侯使郤克徵會於齊。齊頃公帷婦人，使觀之。郤子登，婦人笑於房。獻子怒，出而誓曰：「所不此報，無能涉河！」……齊侯使高固、晏弱、蔡朝、南郭偃會。及斂盂，高固逃歸。夏，會于斷道，討貳也。盟于卷楚，杜氏注：卷楚，即斷道。辭齊人。晉人執晏弱於野王，執蔡朝於原，執南郭偃於温。

伊川先生解：諸國同心欲伐齊，故書「同盟」。

杜氏注：斷道者，晉地。

武夷胡氏傳：書「同盟」者，志同欲也。大國率之，小國畏威而從命，非同欲也。小國訴之，大國勉强而應焉，非同欲也。若斷道之盟，諸侯同心謀欲伐齊，釋其憤怒，非有不得已而要之者也。或以爲會同天子之事，築宫爲壇，設方明，如方岳之盟，故書「同」，疑其説之誤矣。

秋，公至自會。

冬，十有一月，壬午，公弟叔肸卒。

《穀梁傳》：其曰「公弟叔肸」，賢之也。其賢之何也？宣弑而非之也。非之，則胡爲不去也？曰：兄弟也，何去而之？與之財，則曰我足矣。織屨而食，終身不食宣公之食。君子以是爲通恩也，以取貴乎《春秋》。

泰山孫氏曰：不曰「公子」、「公孫」，而曰「公弟叔肸」者，以見肸無禄而卒也。凡稱「公子」、「公孫」，皆大夫也。肸，文公子，宣公母弟。宣公弑立，肸惡之，終身不食其禄，非大夫也。故曰「公弟叔肸卒」，所以重宣公之惡也。

武夷胡氏傳：稱「弟」，得弟道也。稱字，賢也。何賢乎叔肸？宣弑而非之也。或以爲叔肸寵弟，在宣公有私親之愛，故生而賜氏，俾世其卿，與季友、仲遂比，則其誤矣。誠使叔肸有寵，則是貴戚用事之卿，豈有不見於《經》者，齊年、鄭語，在外之見於《經》者；季友、仲遂，在内之見於《經》者。勢必與聞政事，執國命矣。況宣公之時，煩於聘問會朝之禮，遂、蔑、季孫、歸父交於鄰國衆矣，而獨叔肸不與焉，非其生而賜氏、俾世其卿亦明矣。

十有八年，春，晉侯、衛世子臧伐齊。

《左氏傳》：晉侯、衛太子臧伐齊，至於陽穀。齊侯會晉侯，盟于繒。以公子彊爲質於晉，晉師還。

武夷胡氏傳：保國，以禮爲本者也。齊頃公不謹於禮，自己致寇，所謂人必自伐而後人伐之矣。諸侯上卿皆執國命，取必於其君，以行其克伐怨欲之私，故盟于斷道，師于陽穀，大戰于鞌，逞其志而後止。《春秋》詳書於策，見伐與伐者之罪，皆可以爲鑒矣。

公伐杞。

夏四月。

秋，七月，邾《公》作「邾婁」。**人戕鄫**《穀》作「繒」，下同。**子于鄫。**

《左氏傳》：秋，邾人戕鄫子于鄫。凡自虐其君曰「弒」，自外曰「戕」。

范氏注：于鄫，惡其臣子不能距難。

武夷胡氏傳：邾人蓋嘗執鄫子用之，則不共戴天之世讎也。既不能復，又使邾人得造其國都，而戕殺其君。曰「于鄫」者，所以深責鄫之臣子，至此極也。

甲戌，楚子旅《穀》作「吕」。**卒。**

《公羊傳》：何以不書葬？吴、楚之君不書葬，辟其號也。何氏注：旅即莊王也。

武夷胡氏傳：楚僭稱王，降而稱「子」者，是仲尼筆之也。其不書葬者，恐民之惑而避其號，是仲尼削之也。若楚、若吴、若徐，皆自王降而稱「子」，若滕自侯降而稱「子」，若杞自伯降而稱「子」，四夷雖大①，皆曰「子」。其降而稱「子」者，狄之也②。或謂《春秋》不擅進退諸侯，亂名實？則非矣。述天理，正人倫，此名實所由定也，奚名爲亂哉！

公孫歸父如晉。

《左氏傳》：解在下文公孫還。

武夷胡氏傳：宣公因齊得國，故刻意事之，雖易世猶未怠也。及頃公不能謹禮，怒晉、魯上卿。而郤克當國，決策討之。晉方强盛，齊少懦矣，於是背齊而事晉，其於邦交，以利爲向背，無忠信誠慤之心者也。案《左氏》，歸父欲去三桓以張公室，與公謀而聘於晉，欲以晉人去之。夫輕於背與國，易於謀大家，而不知其本，未有能成而無悔者也。然則公室可不張乎？務引其君以當道，正心以正朝廷，禮樂刑政自己出也，其庶幾乎！必欲倚外援以去之，是去疥瘍而得腹心之疾也，庸愈哉！

冬，十月，壬戌，公薨于路寢。

《穀梁傳》：路寢，正寢也。

歸父還自晉，至笙，《公》、《穀》作「檉」。**遂奔齊。**

《左氏傳》：公孫歸父以襄仲之立公也，有寵，欲去三桓以張公室。與公謀而聘於晉，欲以晉人去之。冬，公薨。季文子言於朝曰：「使我殺適立庶，以失大援者，仲也夫！」臧宣叔怒曰：「當其時不能治也，後之人何罪？子欲去之，許請去之。」遂逐東門氏。子家還，及笙，杜氏注：子家，歸父字。壇帷，復命於介。既覆命，袒、括髮，即位哭，三踊而出，遂奔齊。書曰「歸父還自晉」，善之也。

《公羊傳》：還者何？善辭也。何善爾？歸父使於晉，還自晉，至檉，聞君薨家遣，墠帷，哭君成踊，反命乎介，自是走之齊。

《穀梁傳》：捐殯而奔其父之使者，是以奔父也。遂，繼辭也。

武夷胡氏傳：仲尼稱：「孟莊子之孝，其不改父之臣與父之政，是難能也。」又曰：「三年無改於父之道，可謂孝矣。」夫仁人孝子，於其父之臣，非有大不可，如晉悼公於夷羊五之屬，必存始終進退之禮，而不遽也。歸父以君命出使，未反而君薨，在聘禮有執圭復命於殯之文，升自西階，子臣皆哭，情亦戚矣。今宣公猶未殯，而東門氏逐③，忍乎哉！書曰「歸父還自晉」者，已畢事之詞也。「至笙，遂奔齊」者，罪成公君臣死君而忘父，逐之亟也。君薨家遣，方寸宜亦亂，而造次顛沛不失禮焉。歸父之善自著矣。

【校記】

① 夷：四庫本作「裔」。

② 狄：四庫本作「外」。

③ 逐：原作「遂」，據《春秋胡氏傳》改。

春秋集解卷十七

成　公

名黑肱，宣公子。定王十七年即位。《謚法》：安民立政曰成。

元年，春，王正月，公即位。

二月，辛酉，葬我君宣公。

無冰。

泰山孫氏曰：周之二月，夏之十二月，無冰，冬温也。

武夷胡氏傳：寒極而無冰者，常燠也。案《洪範傳》曰：「豫，常燠若。此政事舒緩，紀綱縱弛之象。」成公幼弱，政在三家，公室不張，其象已見，故當涸陰冱寒，而常燠應之。古者日在北陸而藏冰，獻羔而啓。朝之禄位，賓食喪祭，冰皆與焉。此亦燮調愆伏之一事也。今既寒而燠，遂廢淩人之職。然策書所載，皆經邦大訓。人有微而不登其姓名，事有小而不記其本末，雨雹冰雪，何以悉書？天人一理也，萬物一氣也，觀於陰陽寒暑之變，以察其消息盈虚。此制治於未亂，慎於微之意也。每慎於微，然後王事備矣。

三月，作丘甲。

《左氏傳》：爲齊難，故作丘甲。

劉氏《意林》曰：魯不務廣德而務廣力，不務益義而務益兵。以王者之制論之，則作丘甲之罪大矣。王者之制，諸侯不得擅賦其民，擅税其民。税爲足食也，賦爲足兵也。足食足兵，民信之矣。然而不得擅者，先王之税既足以食矣，先王之賦既足以用矣。今不循先王而以意爲準，必亂之道也。是以聖人禁之。

高郵孫氏曰：《公》、《穀》之意，則以爲甲非人人所能爲，而使丘作之，人人而爲甲也。夫甲者，惟工人能爲之耳。就令成公暴刻，亦不能使丘人皆爲之。丘人皆爲之，則是盡魯人皆作甲也。何其不近人情之甚乎！如杜預之説，則以爲甸出甲士三人，而使丘出之也。夫一甸之地，兼有四丘，而使丘出甸賦，丘豈能供之哉！亦不能頓取於民如此之暴也。蓋古者，九夫爲井，四井爲邑，四邑爲丘，四丘爲甸。一甸之地，兼有四丘，而出長轂一乘，戎馬四匹，牛十二頭，甲士三人，步卒七十二人。成公始作丘甲，則是丘出一甲，而甸出甲士四人也。往者三人，而今增其一，丘出一人焉，故曰「作丘甲」也。

武夷胡氏傳：作丘甲，益兵也。古者九夫爲井，四井爲邑，四邑爲丘，四丘爲甸。甸地方八里，旁加一里爲成。所取於民者，出長轂一乘。此《司馬法》一成之賦也。爲齊難作丘甲，益兵備敵，重困農民，非爲國之道。其曰「作」者，不宜作也。唐太宗問李靖：「楚廣與周制如何？」靖曰：「周制，一乘，步卒七十二人，甲士三人，以二十五人爲一甲，凡三甲，共七十五人。」然則，一丘所出，十有八人，積四丘而具一乘耳。今作丘甲者，即丘出一甲，是一甸之中共百人爲兵矣。則未知其所作者，三甸而增一乘乎？每乘而增一甲乎？魯至昭公時，嘗蒐于紅，革車千乘，則計甸而增乘，未可知也。楚人二廣之法，一乘至用百有五十人，則魯每乘而增一甲，亦未可知也。賦雖不同，其實皆爲益兵，其數皆增三之一耳。先儒或言甲非人人之所能爲，又以爲丘出甸賦加四倍者，誤矣。

呂氏曰：哀公問於有若曰：「年饑，用不足，如之何？」對曰：「盍徹乎！」曰：「二吾猶不足，如之何其徹也？」對曰：「百姓足，君孰與不足？百姓不足，君孰與足？」君子爲政，民力屈，財用竭，則亦反其本而已矣。宣公十五年初税畝，成公元年作丘甲。當是之時，事其君者，皆不知反本之爲務，而以取救目前爲急。下至戰國皆用之，而以反本之説爲迂闊不切之論也。如世之治病者，不務實其本，而唯病之攻，病雖暫已，而元氣脱矣。戰國以後，并吞戰争，日不暇給，其以反本之説爲迂闊不切之論顧宜然，而其國家亦從而顛覆，此療病而不先實元氣之罪也。有若之對哀公，固世之急務，而初税畝，作丘甲，聖人所甚戒也。所謂丘甲者，賦丘爲甲也。取於民已重，非常制也。

夏，臧孫許及晉侯盟于赤棘。

《左氏傳》：聞齊將出楚師。夏，盟於赤棘。

武夷胡氏傳：初，宣公謀以晉人去三桓，歸父爲是見逐而奔齊矣。今季孫當國，恨齊人之立宣公納歸父，又懼晉侯之或見討也，故往結此盟。赤棘，晉地也。其稱「及」，魯所欲也。盟非《春秋》所貴，而惡屢盟者，非惟長亂，亦國用民力所難給也。成公即位之初，方經大故，未有施舍已責、逮鰥寡、救乏困之事也。爲齊難，既作丘甲矣；聞將出楚師，又遠與晉尋盟，豈固本保邦之道乎！書「及晉侯于赤棘」，非特備齊懼晉，蓋三桓懷忿懟君父之心，將有事於齊而汲汲欲之者，罪可見矣。

秋，王師敗績于茅《公》、《穀》作「貿」。**戎。**

《左氏傳》：春，晉侯使瑕嘉平戎于王。單襄公如晉拜成。劉康公徼戎，將遂伐之。叔服曰：「背盟而欺大國，此必敗。……」不聽，遂伐茅戎。三月癸未，敗績于徐吾氏。……秋，王人來告敗。

《穀梁傳》：不言戰，莫之敢敵也。

武夷胡氏傳：程氏曰：「王師於諸侯不言敗，諸侯不可敵王也。於夷狄不言戰①，夷狄不能抗王也②。不可敵，不能抗者，理也。其敵其抗，王道之失也。」桓王伐鄭，兵敗身傷，而《經》不書敗，存君臣之義，立天下之防也。劉康公邀戎伐之③，敗績於徐吾氏，而《經》不書戰，辨華夷之分，立中國之防也。是皆聖人筆削，非魯史舊文也。然筆於《經》者，雖以尊君父，外戎狄爲義④，而君父所以尊，戎狄所以服⑤，則有道矣。桓王不以討賊興師，而急於伐鄭，康公不以惇信持國，而輕於邀戎⑥，是失所以君天下禦四夷之道也。書「敗績于茅戎」者，言自敗也，其自反亦至矣。

冬十月。

【校記】

①② 夷狄：四庫本作「外域」。

③⑥ 邀：原作「徼」，四庫本作「儌」，據四部叢刊本、薈要本《春秋胡氏傳》改。

④⑤ 戎狄：四庫本作「外域」。

二年，春，齊侯伐我北鄙。

《左氏傳》：齊侯伐我北鄙，圍龍。頃公之嬖人盧蒲就魁門焉。龍人囚之。齊侯曰：「勿殺，吾與而盟，無入而封。」弗聽，殺而膊諸城上①。齊侯親鼓，士陵城，三日取龍。

遂南侵，及曹丘。

武夷胡氏傳：初，魯事齊謹甚，雖易世而聘會不絶也。及與晉侯盟于斷道，而後怨隙成；再盟于赤棘，而後伐吾北鄙。齊侯之興是役非義矣，魯人爲鞌之戰，豈義乎！同曰憤兵，務相報復，而彼此皆無善者，則亦不待貶而罪自見矣。

夏，四月，丙戌，衛孫良夫帥師及齊師戰于新築。衛師敗績。

《左氏傳》：衛侯使孫良夫、石稷、甯相、向禽將侵齊。與齊師遇……石成子曰：「師敗矣。子不少須，衆懼盡……」乃止。

杜氏注：新築，衛地。

武夷胡氏傳：齊師侵虐，而以衛主此戰，何也？衛侯初與晉同盟于斷道矣，又使世子臧與晉同伐齊矣，又使孫良夫、石稷將侵齊矣。及與齊師遇，石稷欲還，良夫不可，曰：「以師伐人，遇其師而還，將謂君何？若知不能，則如無出。今既遇矣，不如戰也。」遂戰于新築。故齊師雖侵虐，而此戰以衛主之也。《春秋》善解紛，貴遠怨，而惡以兵刃相接，故書法如此。

六月，癸酉，季孫行父、臧孫許、叔孫僑如、公孫嬰齊帥師會晉郤克、衛孫良夫、曹公子首，《公》、《穀》作「手」。**及齊侯戰于鞌。齊師敗績。**

《左氏傳》：孫桓子還於新築，不入，遂如晉乞師，臧宣叔亦如晉乞師，皆主郤獻子。晉侯許之七百乘。郤子曰：「此城濮之賦也。有先君之明與先大夫之肅，故捷。克於先大夫，無能爲役，請八百乘。」許之。郤克將中軍，士燮佐上軍，欒書將下軍以救魯、衛。臧宣叔逆晉師，且道之。季文子帥師會之……師從齊師于莘。六月，壬申，師至於靡笄之下。……癸酉，師陳于鞌。……郤克傷於矢，流血及屨，未絶鼓音，曰：「余病矣！」……張侯曰：「師之耳目，在吾旗鼓……若之何其以病敗君之大事也？……」左并轡，右援枹而鼓，馬逸不能止。師從之。齊師敗績。逐之，三周華不注。韓厥從齊侯……逢丑父與公易位。將及華泉，驂一本無「驂」字。絓於木而止。……韓厥執縶馬前，再拜稽首，奉觴加璧以進。……丑父使公下，如華泉取飲。鄭周父御佐車，宛茷爲右，載齊侯以免。……遂自徐關入。……晉師從齊師，入自丘輿。擊馬陘。齊侯使賓媚人賂以紀甗、玉磬與地。杜氏注：媚人，國佐也。「不可，則聽客之所爲。」賓媚人致賂，晉人不可，曰：「必以蕭同叔子爲質，而使齊之封内盡東其畝。」對曰：「蕭同叔子非他，寡君之母也。若以匹敵，則亦晉君之母也。吾子布大命於諸侯，而曰『必質其母以爲信』，其若王命何？且是以不孝令也。……先王疆理天下，物土之宜，而布其利。故《詩》曰：『我疆我理，南東其畝。』今吾子疆理諸侯，而曰『盡東其畝』而已，唯吾子戎車是利，無顧土宜。

其無乃非先王之命也乎！……不然，寡君之命使臣則有辭矣，曰：『子以君師辱於敝邑，不腆敝賦，以犒從者。畏君之震，師徒撓敗。吾子惠徼齊國之福，不泯其社稷，使繼舊好，唯是先君之敝器、土地不敢愛。子又不許，請收合餘燼，背城借一。敝邑之幸，亦云從也。況其不幸，敢不唯命是聽。』」魯、衛諫曰：「齊疾我矣！……唯子則又何求？子得其國寶，我亦得地而紓於難，其榮多矣！……」晉人許之。

杜氏注：鞌，齊地。

劉氏傳：師言元帥者也。其曰「季孫行父、臧孫許、叔孫僑如、公孫嬰齊」何？譏。何譏爾？古者，大國三卿，次國二卿，小國一卿。元侯之卿，有軍作師，以承天子。諸侯之卿，無軍教衛，以聽元侯。魯一軍多矣，二軍非禮也，三軍僭也，四軍悖也，亡制甚矣。

武夷胡氏傳：大國三軍，次國二軍，魯雖大國，而四卿並將，是四軍也。當此時，舊制猶存，尺地皆公室之土也，一民皆公室之兵也。上卿行父與僑如、嬰齊，各帥一軍會戰；而臧孫許如晉乞師，又逆晉師爲之道，本不將兵，特往來晉、魯兩軍之閒預謀議耳。成公初立，主幼國危，爲季孫一怒，掃境内興師而四卿並出，肆其憤慾。雖無人乎成公之側，有不恤也，然後政自季氏出矣。將稱元帥，略其副，屬辭之體也。而四卿皆書者，豈特爲詳内録哉，堅冰之戒亦明矣。《經》之大例，受伐者爲主，而此以四國及之者。以一笑之微，殘民毒衆，幾獲其君，而怒猶未怠，焚雍門之茨，侵車東至海。故以四國主之，爲憤兵之大戒，見諸行事，深切著明矣。

呂氏曰：魯帥師者四人，言權均力敵，主軍事者，不一也。且言軍衆過制也。

秋，七月，齊侯使國佐如師。

己酉，及國佐盟于袁《穀》作「爰」。**婁。**

《左氏傳》：秋七月，晉師及齊國佐盟于爰婁，使齊人歸我汶陽之田。

《公羊傳》：齊侯使國佐如師。郤克曰：「與我紀侯之甗，反魯、衛之侵地，使耕者東畝，且以蕭同姪子爲質，則吾舍子矣。」國佐曰：「與我紀侯之甗，請諾；反魯、衛侵地，請諾；使耕者東畝，是則土齊也。蕭同姪子者，齊君之母也……」揖而去之。郤克眣魯、衛之使，使以其辭而爲之請，然後許之，逮於袁婁而與之盟。

《穀梁傳》：鞌，去國五百里；爰婁，去國五十里。

武夷胡氏傳：齊國佐如師，與楚屈完來一也。然陘之役則曰「來盟于師」，「盟于召陵」，鞌之戰則曰「及國佐盟于袁婁」，何也？荆楚橫暴，憑陵諸夏，齊桓公仗義聲罪致討，威行江、漢之上，不待加兵而楚人帖服。其書「來盟于師」者，楚人自服而求盟也。「盟于召陵」者，桓公退舍禮與之盟也。在春秋時，斯爲善矣。若夫爰婁，則異於是。齊雖侵虐，未若荆楚之暴也。諸國大夫含憤積怒，欲雪一笑之耻，至於殺人盈野，非有擊强扶弱之心。國佐如師，將以賂免，非服之也。晉大夫又不以德，命使齊人盡東其畝，而以蕭同叔子爲質。夫蕭同叔子，齊君之母也，則亦悖矣。由是國子不可，請合餘燼，背城借一，揖而去之。郤克使魯、衛之使以其詞爲之請，逮乎袁婁而與之盟。則汲汲欲盟者晉也，故反以晉人及之。若此類，見曲直之繩墨矣。是故制敵莫如仗義，天下莫大於理，而强有力不與焉。亦可謂深切著明矣。

八月，壬午，宋公鮑卒。

《左氏傳》：八月，宋文公卒。

庚寅，衛侯速《公》作「遬」。**卒。**

《左氏傳》：九月，衛穆公卒。

取汶陽田。

《公羊傳》：汶陽田者何？鞌之賂也。

武夷胡氏傳：汶陽之田，本魯田也。取者，得非其有之稱。不曰「復」，而謂之「取」，何也？恃大國兵力，一戰勝齊，得其故壤，而不請於天王，以正疆理，則取之不以其道，與得非其有奚異乎？然則宜奈何，考於建邦土地之圖，若在封域之中，則先王所錫，先祖所受，經界世守，不可亂矣。不然，侵小得之，《春秋》固有興滅國、繼絶世之義，必有處也。魯在戰國時，地方五百里，而孟子語慎子曰：「如有王者作，在所損乎？在所益乎？」《經》於復其田而書「取」，所損益亦可知矣。

冬，楚師、鄭師侵衛。

十有一月，公會楚公子嬰齊于蜀。丙申，公及楚人、秦人、宋人、陳人、衛人、鄭人、齊人、曹人、邾《公》作「邾婁」。人、薛人、鄫《穀》作「繒」。人盟于蜀。

《左氏傳》：宣公使求好于楚。莊王卒，宣公薨，不克作好。公即位，受盟於晉。會晉伐齊，衛人不行使於楚，而亦受盟于晉，從於伐齊。故楚令尹子重爲陽橋之役以救齊。將起師，子重曰：「君弱，羣臣不如先大夫，師衆而後可。……」乃……悉師，王卒盡行。……冬，楚師侵衛，遂侵我師于蜀。……楚侵及陽橋，孟孫請往賂之，以執斲、執鍼、織紝，皆百人。公衡爲質，以請盟。楚人許平。十一月，公及楚公子嬰齊、蔡侯、許男、秦右大夫説、宋華元、陳公孫寧、衛孫良夫、鄭公子去疾及齊國之大夫盟于蜀。卿不書，匱盟也。於是乎畏晉而竊與楚盟，故曰「匱盟」。……楚師及宋，公衡逃歸。……是行也，晉辟楚，畏其衆也。

伊川先生解：楚爲强盛，陵轢中國，諸侯苟能保固疆圉，要結鄰好，豈有不能自存之理！乃懼而服從，與之盟約，故皆稱「人」，以見其衰弱。責諸侯，則魯可知矣。

蘇氏曰：楚自城濮之敗，不競於晉。莊王雖入陳圍鄭及宋，而未嘗合諸侯。及蜀之盟，從之者十有一國，晉不敢争。然其盟十一國也，諸侯實畏晉而竊與之盟。其後四十二年，晉趙武、楚屈建合諸侯於宋，然後晉、楚之從得交相見。又八年，楚靈王求諸侯於晉，晉人許之，然後諸侯公得與楚盟耳。

武夷胡氏傳：案《左氏》，魯、衛受盟於晉，從於伐齊，故楚爲陽橋之役。令尹子重曰：「師衆而後可。」於是王卒盡行。二國稱「師」，著其衆也。侵衛則書；伐我師于蜀，致賂納質，没而不書，非諱也，書其重者，則莫重乎其以中國諸侯降班失列，下與夷狄之大夫會也②。季孫行父爲國上卿，當使其君尊榮，其民免於侵陵之患，而危辱至此，特起於忿忮，肆其褊心，而不知制之以禮也。《書》曰：「必有忍，其乃有濟。」懲忿窒慾，德之修也。不忮不求，行之善也。躬自厚而薄責於人，遠怨之方也。季孫忿忮弗能懲也，而辱逮君父，不亦憯乎！故《春秋》史外傳心之要典也，考其行事，深切著明。於以反求諸己，則亦知戒矣。

盟而魯與，必先書公，尊内也。次書主盟者，衆所推也。此書「公及楚人」，則知主盟者，楚也。公子嬰齊、秦右大夫説、宋華元、陳公孫寧、衛孫良夫、鄭去疾，皆國卿也，何以稱「人」？楚僭稱王，《春秋》黜之，比諸夷狄。晉雖不競，猶主夏盟，苟能任仁賢，修政事，保固疆圉，要結鄰好，同心擇義，堅事晉室，荆楚雖人，何畏焉！今乃西鄉服從，而與之盟，不亦恥乎！古者用夏服夷，未聞服於夷也。乃是之從，亦爲不善擇矣。《經》於魯公盟會，不信則諱公而不書，不臣則諱公而不書，棄中國從夷狄則諱公而不書③，蜀之盟，棄晉從楚，書公不諱，何也？事同而既貶，則從同同，正始之義也。從荆楚而與盟，既諱公於僖十九年齊之盟矣，是以於此不諱。而「人」諸國之大夫，以見義也。

【校　記】

①而：原字漫漶，據《春秋左傳》補。

②夷狄：四庫本作「荆蠻」。

③夷狄：四庫本作「外域」。

三年，春，王正月，公會晉侯、宋公、衛侯、曹伯伐鄭。

《左氏傳》：諸侯伐鄭，次於伯牛，討邲之役也。遂東侵鄭。公子偃帥師禦之，使東鄙覆諸鄤，敗諸丘輿。皇戌如楚獻捷。

杜氏注：宋、衛未葬而稱爵以接鄰國，非禮也。

武夷胡氏傳：案《左氏》：諸侯伐鄭，討邲之役也。遂東侵鄭。公子偃帥師禦之，覆諸鄟，敗諸丘輿。夫討邲之役，則復怨勤民，非觀釁也。遂東侵，則濳師掠境，非以律也。覆而敗諸，則專用詐謀，非正勝也。度此參彼，皆無善也。略而不紀，勝負微也。晉侯稱爵而以「伐」書，何也？初爲是役，必以鄭之從楚也，附蠻夷，擾中國，則盟主有詞於伐耳。宋、衛未葬，曷爲稱爵？背殯越境，以吉禮從金革之事也。

辛亥，葬衛穆《公》作「繆」。**公。二月，公至自伐鄭。**

甲子，新宫災，三日哭。

《公羊傳》：新宫者何？宣公之宫也。宣宫則曷爲謂之新宫？不忍言也。其言「三日哭」何？廟災三日哭，禮也。新宫災，何以書？記災也。

《穀梁傳》：新宫者，禰宫也。三日哭，哀也。其哀，禮也。迫近不敢稱謚，恭也。

常山劉氏曰：《春秋》宗廟之事，得禮者不書。凡書者，著其失也。廟災而哭，於禮合矣，此何以書乎？曰：廟災所以哭者，爲神靈之所止而遭變焉，斯人情之所宜哀也。新宫者，宣公之宫也。不曰宣宫者，神主未遷也。何以知其然？曰：丹桓宫楹、刻桓宫桷之類，皆舉謚以目之，此而曰「新宫」，故知其未遷也。宣公終喪，當遷於廟。宫成而主未入，遇災而哭①，此何禮哉？宣公薨，至於二十有八月，緩於遷主，兹可知矣。言哭，則不恭之致亦自見矣。

呂氏曰：宣公之薨，至是服除未久，故謂其廟「新宮」，且從當時之詞也。新宮災，其亦簡於親甚矣。莊二十年丹桓宮楹，二十四年刻桓宮桷，何以不言「新宮」？桓公死已久，可以言謚。宣公死甫除喪，未忍遽言謚也，故曰「新宮」。

乙亥，葬宋文公。

武夷胡氏傳：案《左氏》：文公卒，始厚葬，益車馬，重器備，君子謂華元、樂舉於是乎不臣。考於《經》，未有以驗其厚也，數其葬之月，則信然矣。天子七月，諸侯五月，大夫三月，士踰月，以隆殺遲速爲禮之節，不可亂也。文公之卒，國家安靖，外無危難，曷爲越禮踰時，逮乎七月而後克襄事哉？故知華元、樂舉之棄君於惡而益其侈無疑矣。夫禮之厚薄，稱人情而爲之也。宋公在殯，而離次出境從金革之事，哀戚之情忘矣，顧欲厚葬其君親，此非有所不忍於死者，特欲誇耀淫侈無知之人耳。世衰道微，禮法既壞，無以制其侈心。至於秦、漢之閒，窮竭民力，以事丘隴，其禍有不可勝言者。《春秋》據事直書，而其失自見，此類是也，豈不爲永戒哉！

夏，公如晉。

襄陵許氏曰：著魯受田之重如此，而晉輕奪之，有以知晉之無以令天下矣。

鄭公子去疾帥師伐許。

襄陵許氏曰：前此外志唯霸國有卿帥師，至是諸侯書卿帥師，霸統微也。

公至自晉。

武夷胡氏傳：宣公薨，至是三年之喪畢矣。宜入朝京師，見天子，受王命，然後歸而即政可也。嗣守社稷之重，而不朝於周，以拜汶陽田之故而往朝於晉，其行事亦悖矣。此《春秋》所爲作也。公行多不致，其書「公至自晉」，何其至也？必有以也。

秋，叔孫僑如帥師圍棘。

《左氏傳》：秋，叔孫僑如圍棘，取汶陽之田。棘不服，故圍之。

杜氏注：棘，汶陽田之邑，在濟北蛇丘縣。

武夷胡氏傳：案《左氏》：取汶陽之田。棘不服，故圍之。復故地而民不聽，至於命上將用大師環其邑而攻之，何也？魯於是時初税畝，作丘甲，税役日益重矣。棘雖復歸故國，所以不願爲之民也歟！成公不知薄税斂，輕力役，修德政以來之，而肆其兵力。雖得之，必失之矣。

大雩。

晉郤克、衛孫良夫伐廧《公》作「將」，《穀》作「牆」咎如。

《左氏傳》：晉郤克、衛孫良夫伐廧咎如，討赤狄之餘焉。廧咎如潰，上失民也。杜氏

注：此《傳》釋《經》之文，而《經》無「廧咎如潰」，蓋《經》闕此四字。

襄陵許氏曰：晉滅潞氏書「師」，滅甲氏書「人」，而伐廧咎如書卿者，從諸侯之兵也。從諸侯之兵以伐夷狄，《春秋》書卿始此。

冬，十有一月，晉侯使荀庚來聘。衛侯使孫良夫來聘。丙午，及荀庚盟。丁未，及孫良夫盟。

《左氏傳》：晉侯使荀庚來聘，且尋盟。衛侯使孫良夫來聘，且尋盟。公問諸臧宣叔曰：「中行伯之在晉也，其位在三。孫子之在衛也，位爲上卿。將誰先？」對曰：「次國之上卿，當大國之中，中當其下，下當其上大夫。小國之上卿，當大國之下卿，中當其上大夫，下當其下大夫。上下如是，古之制也。衛在晉，不得爲次國。杜氏注：春秋時以强弱爲大小，故衛雖侯爵，猶爲小國。晉爲盟主，其將先之。」丙午，盟晉；丁未，盟衛，禮也。

《公羊傳》：此聘也，其言盟何②？聘而言盟者，尋舊盟也。

劉氏《意林》：及荀庚盟，及孫良夫盟。諸侯有聘無盟。聘，禮也；盟，非禮也。良夫不務引其君當道，志於仁而已，而生事專命，爲非禮不信，以干先王之典，故不繫於國，以見其遂事之辱，非人臣之操也。

泰山孫氏曰：此公及荀庚、孫良夫盟也。不言「公」者，二子伉也。二子來聘，不能以信相親，反要公以盟，非伉而何？故言「聘」言「盟」以惡之。

吕氏曰：先晉後衛，視强弱云爾，非以其至有先後也。當是時，諸侯之班序先後例如是。

鄭伐許。

伊川先生解：鄭附於楚，一年而再伐許，故夷之。

武夷胡氏傳：稱國以伐，狄之也③。晉、楚争鄭，鄭兩事焉。及邲之敗，於是乎專意事楚，不通中華。晉雖加兵，終莫之聽也。至此一歲而再伐許，甚矣。夫利在中國則從中國，利在夷狄則從夷狄，而不擇於義之可否以爲去就，其所以異於夷狄者幾希④。況又馮弱犯寡，一歲之中而再動干戈於鄰國，不既甚乎！《春秋》之法，中國而夷狄行者則狄之⑤，所以懲惡也。以爲告詞略而從告，乃實録耳。一字爲褒貶，義安在也？

【校記】

①「而」下衍「入」字，據李明復《春秋集義》删。

②盟：原作「聘」，據《公羊傳》改。

③狄：四库本作「外」。

④夫利在中國則從中國，利在夷狄則從夷狄，而不擇於義之可否以爲去就，其所以異於夷狄者幾

希：四庫本作「夫所利在晉則從晉人，所利在楚則從楚人，而不擇於義之可否以爲去就，其何以自立於中國哉」。

⑤ 中國而夷狄行者則狄之：四庫本作「知利而不知義者則外之」。

四年，春，宋公使華元來聘。

《左氏傳》：通嗣君也。

三月，壬申，鄭伯堅卒。

杞伯來朝。

《左氏傳》：歸叔姬故也。

夏，四月，甲寅，臧孫許卒。

公如晉。

《左氏傳》：公如晉，晉侯見公不敬。季文子曰：「晉侯必不免。《詩》曰：『敬之敬之，天惟顯思，命不易哉！』晉侯之命在諸侯矣，可不敬乎！」

葬鄭襄公。

秋，公至自晉。

《左氏傳》：秋，公至自晉，欲求成於楚而叛晉。季文子曰：「不可。晉雖無道，未可叛也。國大臣睦而邇於我，諸侯聽焉，未可以貳。《史佚之志》有曰：『非我族類，其心必異。』楚雖大，非吾族也。其肯字我乎！」公乃止。

冬，城鄆。《公》作「運」。

鄭伯伐許。

《左氏傳》：冬，十一月，鄭公孫申帥師疆許田。許人敗諸展陂。鄭伯伐許，取鉏任、泠敦之田。

伊川先生解：稱「鄭伯」，見其不復爲喪，以吉禮從戎。

武夷胡氏傳：前此鄭襄公伐許，既狄之矣。今悼公又伐許，乃復稱爵，何也？喪未踰年，以吉禮與金革之事，則忘親矣。稱爵，非美詞，所以著其惡也。

五年，春，王正月，杞叔姬來歸。

《穀梁傳》：婦人之義，嫁曰「歸」，反曰「來歸」。

陸氏《纂例》：郯伯姬、杞叔姬不書嫁而書出，或嫁時夫未爲君也。

武夷胡氏傳：前書「杞伯來朝」，《左氏》以爲歸叔姬也。此書「杞叔姬來歸」，則出也。《春秋》於内女其歸、其出，録之詳者，男女居室，人之大倫也。男子生而願爲之有室，女子生而願爲之有家。父母之心，人皆有之。而不能爲之擇家與室，則夫婦之道苦，淫僻之罪多矣。王法所重，人倫之本，録之詳，爲世戒也。

仲孫蔑如宋。

《左氏傳》：孟獻子如宋，報華元也。

夏，叔孫僑如會晉荀首《公》作「秀」。**于穀。**

《左氏傳》：夏，荀首如齊逆女，故宣伯餫諸穀。

杜氏注：穀，齊地。

梁山崩。

《左氏傳》：梁山崩，晉侯以傳召伯宗。伯宗辟重，曰：「辟傳！」重人曰：「待我，不如捷之速也。」問其所，曰：「絳人也。」問絳事焉，曰：「梁山崩，將召伯宗謀之。」問：「將若之何？」曰：「山有朽壤而崩，可若何？國主山川，故山崩川竭，君爲之不舉，降服，乘縵，徹樂，出次，祝幣，史辭，以禮焉。其如此而已。雖伯宗若之何？」伯宗請見之，不可。遂以告而從之。

《公羊傳》：梁山者何？河上之山也。梁山崩何以書？記異也。何異爾？大也。

何大爾？梁山崩，壅河，三日不流。外異不書，此何以書？爲天下記異也。

杜氏注：梁山在馮翊夏陽縣北。

高郵孫氏曰：《春秋》災異及於天下者，不以國言，以其異不主於一國也。

武夷胡氏傳：梁山，韓國也。《詩》曰：「奕奕梁山……韓侯受命。」而謂之「韓奕」者，言奕然高大，爲韓國之鎮也。後爲晉所滅，而大夫韓氏以爲邑焉。書而不繫國者，爲天下記異，是以不言晉也。《左氏》載絳人之語，於禮文備矣，而未記其實也。夫降服、乘縵、徹樂、出次①、祝幣、史辭六者，禮之文也。古之遭變異而外爲此文者，必有恐懼修省之心主於内。若成湯以六事檢身，高宗克正厥事，宣王側身修行，欲銷去之是也。徒舉其文而無實以先之，何足以弭災變乎？夫國主山川，至於崩竭，當時諸侯未聞有戒心而修德也。故自是而後六十年閒，弑君十有四，亡國三十二，其應亦憯矣。《春秋》不明著其事應，而事應具存，其可忽諸！

襄陵許氏曰：山崩之歲，定王崩，周室日微。又二年，吴兵始犯中國，卒與晉争盟于黄池，王霸道盡。

秋，大水。

襄陵許氏曰：變異之發，猶疾病之見於脈，不虚設也。人君能恐懼修省，親近善人，退遠邪佞，猶可及也。不然，必及於亂亡無疑也。《春秋》之世，多大水，皆陰盛邪勝所致也。其可不自省哉！

冬，十有一月，己酉，天王崩。

《左氏傳》：十一月，己酉，定王崩。

十有二月，己丑，公會晉侯、齊侯、宋公、衛侯、鄭伯、曹伯、邾《公》作「邾婁」。子、杞伯，同盟于蟲牢。

《左氏傳》：許靈公愬鄭伯於楚。六月，鄭悼公如楚，訟，不勝。楚人執皇戌及子國。故鄭伯歸，使公子偃請成於晉。秋，八月，鄭伯及晉趙同盟於垂棘。……冬，同盟于蟲牢，鄭服也。諸侯謀復會，宋公使向爲人辭以子靈之難。杜氏注：以新誅子靈爲辭。

伊川先生解：天王崩而會盟不廢，書「同」，見其皆不臣。

杜氏注：蟲牢，鄭地。陳留封丘縣北有桐牢。

泰山孫氏曰：天王崩，晉合諸侯同盟于蟲牢，不顧甚矣。

【校　記】

① 出：原作「取」，據《春秋胡氏傳》改。

六年，春，王正月，公至自會。

二月，辛巳，立武宫。

《公羊傳》：武宫者何？武公之宫也。立者何？立者，不宜立也。立武宫，非禮也。

劉氏《意林》：立武宫。魯，諸侯也，僭天子之禮，雖欲尊其祖，鬼神不享也。而學者習於魯故，更大而稱之，曰：魯公之廟，文世室也；武公之廟，武世室也。人之迷固久矣，夫其以僭爲典也。此乃《春秋》所由作也。

常山劉氏曰：《禮·王制》曰：「諸侯五廟，二昭二穆，與太祖之廟而五。」《祭法》曰：「諸侯立五廟，一壇一墠。曰考廟，曰王考廟，曰皇考廟，皆月祭之；顯考廟，祖考廟，享嘗乃止。去祖爲壇，去壇爲墠。壇、墠有禱焉祭之，無禱乃止。去墠爲鬼。」然則諸侯宗廟，古有彝制，過則毁之，不可復立也。武宫之毁已久，而輒立之，非禮明矣。書「立」者，不當立也。定元年九月立煬宫同。

取鄟。

《穀梁傳》：取鄟。鄟，國也。

杜氏注：附庸國也。

武夷胡氏傳：鄟，微國也。書「取」者，滅之也。滅而書「取」，爲君隱也。項亦國也，其書「滅」者，以僖公在會，季孫所爲，故直書其事而不隱。此《春秋》尊君抑臣，以辨上下，謹於微之意也。人倫之際，差之毫釐，繆以千里。故仲尼特立此義，以示後世臣子，使以道事君，而無朋附權臣之惡。於《傳》有之：「犯上干主，其罪可救；乖忤貴臣，禍在不測。」故臣子多不憚人主而畏權臣。如漢谷永之徒，直攻成帝不以爲嫌，至於王氏，則周旋相比，結爲朋黨。而人主不之覺，此世世之公患也。歸父家遣，緣季氏也；朝吴出奔，因無極也；王章殺身，忤王鳳也；鄴侯寄館，避元載也。惟殺生在下，而人主失其柄也。是以黨與衆多，知有權臣而不知有君父矣。使《春秋》之義得行，尊君抑臣，以辨上下，每謹於微，豈有此患乎！

衛孫良夫帥《公》作「率」，下同。**師侵宋。**

《左氏傳》：晉伯宗、夏陽説、衛孫良夫、甯相、鄭人、伊雒之戎、陸渾、蠻氏侵宋，以其辭會也。

蘇氏曰：晉將復會諸侯，宋人辭以難，故使衛與魯更侵之。

夏，六月，邾《公》作「邾婁」，下同。**子來朝。**

公孫嬰齊如晉。

《左氏傳》：子叔聲伯如晉，命伐宋。

壬申，鄭伯費卒。

《左氏傳》：六月，鄭悼公卒。

秋，仲孫蔑、叔孫僑如帥師侵宋。

《左氏傳》：孟獻子、叔孫宣伯侵宋，晉命也。

武夷胡氏傳：魯遣二卿爲主將，動大衆焉。有事於宋而以「侵」書者，潛師侵掠，無名之意，蓋陋之也。於衛孫良夫亦然。上三年嘗會宋、衛同伐鄭矣；次年宋使華元來聘，通嗣君矣；又次年魯使仲孫蔑報華元矣；是年冬，鄭伯背楚求成於晉，而魯、衛與宋又同盟于蟲牢矣。今有事於宋，上卿授鉞，大衆就行，而師出無名，可乎？故特書「侵」以罪之也。《左氏》載此師晉命也。後二年，宋來納幣，請伯姬焉，則此師爲晉而舉，非魯志明矣。兵戎，有國之重事；邦交，人道之大倫，聽命於人不得已，焉將能立乎！《春秋》所以罪之也。

襄陵許氏曰：晉景不務彌縫諸侯之闕，去年與宋會盟，而今年魯、衛伐之。此必有晉命矣。前書宋、魯之聘，後書宋、魯之婚，則知侵宋非魯志也。禦寇之利，務順相保，而景反使諸侯搆怨如此，則楚必有以量中國矣。

楚公子嬰齊帥師伐鄭。

《左氏傳》：楚子重伐鄭，鄭從晉故也。

襄陵許氏曰：前此外志請侯有卿帥師者矣，至是書楚卿帥師者，霸統幾亡也。

冬，季孫行父如晉。

《左氏傳》：夏四月，晉遷於新田。冬，季文子如晉，賀遷也。

襄陵許氏曰：仲孫蔑、叔孫僑如、公孫嬰齊、季孫行父有如必書，相望於《春秋》者，大夫張也。

晉欒書帥師救《公》作「侵」。鄭。

《左氏傳》：晉欒書救鄭，與楚師遇於繞角。楚師還，晉師遂侵蔡。楚公子申、公子成以申、息之師救蔡，禦諸桑隧。趙同、趙括欲戰，請於武子。武子將許之，知莊子、范文子、韓獻子諫曰：「不可。吾來救鄭，楚師去我，吾遂至於此，是遷戮也。……成師以出，而敗楚之二縣，何榮之有焉？若不能敗，爲辱已甚。不如還也。」乃遂還。……或謂欒武子曰：「……子之佐十一人，其不欲戰者，三人而已。欲戰者可謂衆矣。……」武子曰：「善均從衆。夫善，衆之主也。三卿爲主，可謂衆矣。從之，不亦可乎！」

武夷胡氏傳：荆楚僭號稱王，聖人比諸夷狄而不赦者，大一統以存周，使民著於君臣之義也。鄭能背夷即華，是改過遷善，出幽谷而遷喬木也。嬰齊爲是帥師，又因其喪而伐之，不義甚矣，《經》所以深惡之也。書卿帥師伐鄭，於文無貶詞，何以知其深惡楚也？下書欒武子帥師救鄭，則知之矣。凡書「救」者，未有不善之也。而伐者之罪著矣。案《左氏》，晉、楚遇于桑隧，軍帥之欲戰者八人，武子遂還，則無功也，亦何善之有？曰：此《春秋》之所以善欒書也。兩軍相加，兵刃既接，折馘執俘，計功受賞，此非仁人之心，王者之事，故舞干而苗格者，舜也；因壘而崇降者，文也；次于陘而屈完服者，齊桓也；會于蕭魚而鄭不叛者，晉悼也。武子之能不遷戮而知還也，亦庶幾哉！

襄陵許氏曰：楚伐鄭喪，而悼公不葬，則晉救雖至，鄭已苦兵矣。志「救」，猶恃救也，正。書「欒書帥師」，以楚師遇之而還，不無功也，存霸統也。

七年，春，王正月，鼷鼠食郊牛角。改卜牛，鼷鼠又食其角，乃免牛。

《穀梁傳》：過有司也。郊牛日，展觓角而知傷，展道盡矣。其所以備災之道不盡也。改卜牛，鼷鼠又食其角。「又」，有繼之辭也。「其」，緩辭也。曰亡乎人矣，非人之所能也，所以免有司之過也。「乃」者，亡乎人之辭也。「免牲」者，爲之緇衣纁裳，有司玄端，奉送至於南郊。免牛亦然。「免牲」不曰不郊，免牛亦然。范氏注：今言「免牲」，則不郊顯矣。

若言「免牛」亦不郊。而《經》復書「不郊」者，蓋爲三望起爾。

襄陵許氏曰：小害大，下賊上，食而又食，三桓子孫相繼之象也。宣公有虞三桓之志，成始弗戒矣。亂象已著，國將無以事天也。

吴伐郯。

《左氏傳》：春，吴伐郯，郯成。季文子曰：「中國不振旅，蠻夷入伐而莫之或恤，無弔者也夫！《詩》曰：『不弔昊天，亂靡有定。』其此之謂乎！……」

武夷胡氏傳：稱國以伐，狄之也①。吴本太伯之後，以族屬言，則周之伯父也，何以狄之②？爲其僭天子之大號也。案《國語》云：「命圭有命，固曰『吴伯』。不曰『吴王』。」然則吴本伯爵也。後雖益熾，寖與中國會盟，進而書爵，不過曰「子」，亦不以本爵與之。故紀於《禮書》曰：「四夷雖大，皆曰『子』。」此《春秋》之法，仲尼之制也。而以爲不敢擅進退諸侯，亂名實者，誤矣。

襄陵許氏曰：吴自壽夢得申公巫臣而爲楚患。夷狄相攻不志也。伐郯之役，兵連上國，於是始見於《春秋》，志「入州來」，著十五年之所以會於鍾離也。

夏，五月，曹伯來朝。

《左氏傳》：夏，曹宣公來朝。

不郊，猶三望。

武夷胡氏傳：吴郡朱長文曰：「《禮》，天子有四望，諸侯則祭境内山川而已。魯當祭泰山。泰山，魯之境也，禮所得祭，故不書。三望，僭天子禮，是以書之。」其説是矣。楚子軫言：「三代命祀，祭不越望。」而曰：「江、漢、沮、漳，楚之望。」非也。楚始受封，濱江之國，漢水、沮、漳，豈其境内哉！此亦據後世并兼封略言之爾。

襄陵許氏曰：用是知魯郊或以五月，非特定公也。

秋，楚公子嬰齊帥《公》作「率」。**師伐鄭。**

《左氏傳》：楚子重伐鄭，師於汜。

公會晉侯、宋公、衛侯、曹伯、莒子、邾《公》作「邾婁」。**子、杞伯救鄭。**

《左氏傳》：諸侯救鄭。鄭共仲、侯羽軍楚師，囚鄖公鍾儀，獻諸晉。

八月，戊辰，同盟于馬陵。

《左氏傳》：尋蟲牢之盟，且莒服故也。

伊川先生解：諸侯同心病楚。

杜氏注：馬陵，衛地。陽平元城縣東南有地名馬陵。

武夷胡氏傳：楚人軍旅數起，頻年伐鄭，以其背己而從諸夏也，與莊之欲討徵舒而入陳亦異矣。書大夫之名氏，書帥師，書伐而無貶詞者，所謂不待貶絶而罪自見者也。晉合八國之君，親往救鄭，攘夷狄③，安中國之師也。欲著其善，故特書「救鄭」以美之。言「救」，則楚罪益明，而鄭能背夷即華④，善亦著矣。前此晉遣上將，諸國不與焉，此則其君自行，而會合諸國，則楚人暴横憑陵諸夏之勢益張亦可見矣。故盟于馬陵而書「同盟」者，同病楚也。

公至自會⑤。

吳入州來。

《左氏傳》：楚圍宋之役，師還，子重請取于申、吕以爲賞田。王許之。申公巫臣曰：「不可。……」子重是以怨巫臣。子反欲取夏姬，巫臣止之，遂取以行。子反亦怨之。及共王即位，子重、子反殺巫臣之族子閻、子蕩及清尹弗忌及襄老之子黑要，而分其室。……巫臣自晉遺二子書，曰：「……余必使爾罷於奔命以死。」巫臣請使於吳，晉侯許之。吳子壽夢説之，乃通吳於晉。以兩之一卒適吳，舍偏兩之一焉。與其射御，教吳乘車，教之戰陳，教之叛楚。寘其子狐庸焉，使爲行人於吳。吳始伐楚，伐巢，伐徐。子重奔命。馬陵之會，吳入州來，子重自鄭奔命。子重、子反於是乎一歲七奔命。蠻夷屬於楚者，吳盡取之，是以始大，通吳於上國。

杜氏注：州來，楚邑。淮南下蔡縣是也。

冬，大雩。

衛孫林父出奔晉。

《左氏傳》：衛定公惡孫林父。冬，孫林父出奔晉。衛侯如晉，晉反戚焉。

八年，春，晉侯使韓穿來言汶陽之田，歸之于齊。

《左氏傳》：晉侯使韓穿來言汶陽之田，歸之于齊。季文子餞之，私焉，曰：「大國制義，以爲盟主。是以諸侯懷德畏討，無有貳心。謂汶陽之田，敝邑之舊也，而用師於齊，使歸諸敝邑。今有二命，曰歸諸齊。信以行義，義以成命，小國所望而懷也。信不可知，義無所立，四方諸侯，其誰不解體？……七年之中，一與一奪，二三孰甚焉！」

陸氏《纂例》：淳聞於師曰：「韓穿受命而來，不能諫止，其惡可知矣。」

泰山孫氏曰：汶陽之田，齊所侵魯地也，故二年用師於齊取之。晉侯使韓穿來言歸之於齊，非正也。魯之土地，天子所封，非晉侯可得而制也。晉侯使歸之於齊，是魯國之命制在晉也。故曰「晉侯使韓穿來言汶陽之田，歸之于齊」，惡之。

武夷胡氏傳：汶陽之田，本魯田也。魯人恃大國之威，以兵力脅齊，得其故地，而不正疆理於天王，則取之不以其道也。郤克戰勝，令於齊曰：「反魯、衛之侵地。」齊既從之。今復有命，俾歸諸齊，則歸之不以其道也。而齊人貪得，晉有二命，穿也列卿，無所諫止，皆罪矣。「來言」者，緩詞也。「歸之于」者，易詞也。爲國以禮者，無憚於强，而魯侯微弱，遂以歸齊而不能保，罪亦見矣。

晉欒書帥師侵蔡。

《左氏傳》：晉欒書侵蔡，遂侵楚，獲申驪。

襄陵許氏曰：侵蔡，報伐鄭也。大國争衡而小國受敗，《春秋》矜焉。

公孫嬰齊如莒。

《左氏傳》：聲伯如莒，逆也。杜氏注：自爲迎婦。

宋公使華元來聘。

《左氏傳》：宋華元來聘共姬也。

襄陵許氏曰：録伯姬始此。

夏，宋公使公孫壽來納幣。

《公羊傳》：納幣不書，此何以書？録伯姬也。何氏注：伯姬守節，逮火而死。賢，故詳録其禮，所以殊衆女。

杜氏注：宋公無主婚者，自命之，故稱「使」也。

武夷胡氏傳：納幣不書，此何以書？公孫壽，卿也。納幣使卿，非禮也。禮不可略，亦不可過，惟其正而已矣。略則輕大倫，過則溺私愛。宋公之請伯姬，魯侯之嫁其女，皆致其厚者也，而不知越禮踰制，豈所以重大婚之禮哉！《經》悉書之，爲後法也。

晉殺其大夫趙同、趙括。

《左氏傳》：晉趙嬰通於趙莊姬。五年，春，原、屏放諸齊。杜氏注：原同，屏季，嬰之兄。嬰曰：「我在，故欒氏不作；我亡，吾二昆其憂哉！……」弗聽。……八年，晉趙莊姬爲趙嬰之亡故，譖之於晉侯，曰：「原、屏將爲亂。」欒、郤爲徵。六月，晉討趙同、趙括。武從姬氏畜於公宫。以其田與祁奚。韓厥言於晉侯曰：「成季之勳，宣孟之忠，而無後，爲善者其懼矣。三代之令王，皆數百年保天之禄。夫豈無辟王，賴前哲以免也。……」乃立武，而反其田焉。

劉氏傳：趙同、趙括之爲人臣也，内不正其親，外專戮以干其君，足以殺其身而已矣。

武夷胡氏傳：同、括無罪，爲莊姬所譖，而欒、郤害之也，故稱國以殺而不去其官，以見晉之失政刑矣。

秋七月，天子使召伯來賜《公》、《穀》作「錫」。公命。

《左氏傳》：秋，召桓公來賜公命。

劉氏《意林》：古者制三公一命卷，若有加，則賜也。大國之君，不過九命；次國之君，不過七命；小國之君，不過五命。夫有加而賜，所謂賜命者也。以意觀之，錫命者，其世世相襲，衮不廢矣。賜命者，服過其爵，所以彰有德，止於其身，不世傳者也。成公未有明德大功簡於王室，而服過其爵，非也。

泰山孫氏曰：天子，天王，王者之通稱。

武夷胡氏傳：諸侯嗣立而入見則有賜，已修聘禮而來朝則有賜，能敵王所愾而獻功則有賜。成公即位，服喪已畢，而不入見，既更五服一朝之歲矣，而不如京師，又未嘗敵王所愾而有功也，何爲來賜命乎？召伯者，縣内諸侯，爲王卿士者也。來賜公命，罪邦君之不王，譏天子之僭賞也。臨諸侯曰「天王」，君天下曰「天子」，蓋一人之通稱。

冬，十一月，癸卯，杞叔姬卒。

《左氏傳》：冬，杞叔姬卒。來歸自杞，故書。

陸氏《纂例》：凡内女嫁爲諸侯夫人而不書「卒」。時魯公，非其兄弟及兄弟之子也。諸侯無大功已下之服，故杞叔姬雖出猶書者，爲喪歸杞故也。成八年，叔姬卒。九年，杞伯來逆叔姬之喪以歸也。

高郵孫氏曰：特書者，蓋明年杞伯來逆其喪。將有其末者，先録其本也。

晉侯使士燮來聘。叔孫僑如會晉士燮、齊人、邾《公》作「邾婁」。**人伐郯。**

《左氏傳》：晉士燮來聘，言伐郯也。以其事吴故。公賂之，請緩師。文子不可，曰：「君命無貳，失信不立。禮無加貨，事無二成。君後諸侯，是寡君不得事君也。燮將復之。」季孫懼，使宣伯帥師會伐郯。

武夷胡氏傳：案《左氏》士燮來聘，言伐郯也，以其事吴故。公請緩師，不可。吴初伐郯，季孫固曰：「中國不振旅，蠻夷入伐而莫之或恤，亡無日矣。」當其時，既不能救，及其既成，豈獲已也！而又率諸國伐之，何義乎？前書「來聘」，下書「會伐」，晉侯之爲盟主可見矣。魯既知其不可從大國之令而不敢違，其不能立亦可知矣。

襄陵許氏曰：吴伐郯，晉弗救；至郯成而伐之，則郯有辭矣。聘而召師，霸統衰也。内討如殺趙同、趙括，外討如伐郯，則何以爲政於天下。

衛人來媵。

《左氏傳》：衛人來媵共姬，禮也。凡諸侯嫁女，同姓媵之，異姓則否。劉氏《權衡》曰：衛人來媵。《左氏》曰：「凡諸侯嫁女，同姓媵之，異姓則否。」非也。諸侯三歸，歸各一族，自同姓耳。若嬴、曹、邛、姒、嬀、弋之君，嫁女必同姓媵之，則諸侯之媵，或不能備矣。

《公羊傳》：媵不書，此何以書？録伯姬也。何氏注：伯姬以賢聞，諸侯争欲媵之，故善而詳録之。

伊川先生解：媵，小事，不書。伯姬之嫁，諸侯皆來媵之，故書之以見其賢。女子之賢尚聞於諸侯，況君子乎！或曰：魯女之賢，豈能聞於遠乎？曰：古者庶女與非敵者，則求爲媵，固爲之擇賢小君，則諸侯國之賢女，當自聞也。

杜氏注：古者，諸侯取適夫人及左右媵，各有侄娣，皆同姓之國。國三人，凡九女，所以廣繼嗣也。

蘇氏曰：諸侯嫁女，同姓媵之，異姓則否。國三人，凡九女，今衛、晉及齊人來媵，以其非禮，故書。

武夷胡氏傳：媵者何？諸侯有三歸。嫡夫人行，則侄娣從。二國來媵，亦以侄娣從。凡一娶九女，所以廣繼嗣。三國來媵，非禮也。夫以禮制欲則治，以欲敗禮則亂，而諸侯一娶十有二女，則是以欲敗禮矣。備書三國，以明逾制，爲後戒也。

【校記】

①② 狄：四庫本作「外」。

③ 夷狄：四庫本作「外患」。

④ 背夷即華：四庫本作「背楚即晉」。

⑤ 會：四庫本作「晉」。

春秋集解卷十八

成公

九年，春，王正月，杞伯來逆叔姬之喪以歸。

《左氏傳》：杞桓公來逆叔姬之喪，請之也。杞叔姬卒，爲杞故也。杜氏注：爲杞婦，故卒稱杞。逆叔姬，爲我也。杜氏注：既棄而復逆其喪，明爲魯故。

《公羊傳》：杞伯曷爲來逆叔姬之喪以歸？内辭也，脅而歸之也。

武夷胡氏傳：凡筆於《經》者，皆經邦大訓也。杞叔姬一女子爾，而四書於策，何也？有男女，然後有夫婦；有夫婦，然後有父子。故《春秋》慎男女之配，重大婚之禮，以是爲人倫之本也。事有大於此者乎？男而賢也，得淑女以爲配，則自家刑國，可以移風俗；女而賢也，得君子以爲歸，則承宗廟，奉祭祀，能化天下以婦道。豈曰小補之哉！夷考杞叔姬之行，雖賢不若宋共姬，亦不至如鄫季姬之越禮也。杞伯初來朝魯，然後出之。卒而復逆其喪以歸者，豈非叔姬本不應出，故魯人得以義責之，使復歸葬乎！魯在春秋時，内女之歸不得其所者有矣。聖人詳録其始卒，欲爲後鑒，使得有終而無弊也。其經世之慮遠矣。

吕氏曰：叔姬已棄，而杞伯復來逆其喪以歸，魯人聽而予之，是專以强弱輕重爲國，無復禮文也。

公會晉侯、齊侯、宋公、衛侯、鄭伯、曹伯、莒子、杞伯，同盟于蒲。公至自會。

《左氏傳》：爲歸汶陽之田，故諸侯貳於晉。晉人懼，會于蒲，以尋馬陵之盟。季文子謂范文子曰：「德則不競，尋盟何爲？」范文子曰：「勤以撫之，寬以待之，堅彊以禦之，明神以要之，柔服而伐貳，德之次也。」是行也，將始會吴。吴人不至。

伊川先生解：諸侯患楚之强，同盟以相保。鄭既盟復叛，深惡其反覆。

杜氏注：蒲，衛地。在長垣縣西南。

武夷胡氏傳：案《左氏》，爲歸汶陽之田，故諸侯貳於晉。晉人懼，會于蒲，以尋馬陵之盟。晉人不知反求諸己，惇信明義，以補前行之愆，而又欲刑牲歃血，要質鬼神以御之，是從事於末而不知本矣。特書「同盟」，以罪晉也。

二月，伯姬歸于宋。

夏，季孫行父如宋致女。

伊川先生解：女既嫁，父母使人安之，謂之「致女」。古者，三月而廟見，始成婦也。伯姬賢，魯國重之，故使卿致也。

杜氏注：女嫁三月，又使大夫隨加聘問，謂之「致女」。所以致成婦禮，篤婚姻之好。

晉人來媵。

杜氏注：媵伯姬也。

武夷胡氏傳：致女者何？女既嫁，三月而廟見，則成婦矣。而後父母使人安之，故謂之致也。常事爾，何以書？致女使卿，非禮也。《經》有因褒以見貶者，「初獻六羽」之類是也。亦有因貶以見褒者，致女、來媵之類是也。伯姬賢行著於家，故致女使卿，特厚其嫁遣之禮。賢名聞於遠，故諸國爭媵，信其無妬忌之行。

秋，七月，丙子，齊侯無野卒。

晉人執鄭伯。晉欒書帥師伐鄭。

《左氏傳》：楚人以重賂求鄭。鄭伯會楚公子成於鄧。……秋，鄭伯如晉。晉人討其貳於楚也，執諸銅鞮。欒書伐鄭。鄭人使伯蠲行成，晉人殺之。非禮也。兵交，使在其閒可也。

《穀梁傳》：不言戰，以鄭伯也。范氏注：欒書以鄭伯伐鄭，君臣無戰道。爲尊者諱恥，爲賢者諱過，爲親者諱疾。

劉氏傳：晉人執鄭伯稱「人」，以執者非伯討也。此其爲非伯討奈何？楚人以賂求鄭，鄭伯會於楚。晉人怒及鄭伯之朝也，執之而伐其國。鄭人改立君以拒，晉然後歸鄭伯。鄭之亂，晉爲之也。

武夷胡氏傳：案《左氏》，楚人以重賂求鄭。鄭伯會楚公子成於鄧。……秋，鄭伯如晉。晉人討其貳於楚，執諸銅鞮。欒書伐鄭，鄭人使伯蠲行成，晉人殺之。楚子重侵陳以救鄭。稱「人」而執者，既不以王命，又不歸諸京師，則非伯討也。殺伯蠲不書者，既執其君矣，則行人爲輕，亦不足紀也。楚子重侵陳，與處父救江何異？削而不書者，鄭亦有罪焉耳。夫背夷即華，正也。今以重賂故，又與楚會，則是惟利之從，而不要諸義也。故鄭無可救之善，楚不得有能救之名。

襄陵許氏曰：向使晉能制楚，使之不能危鄭，討鄭可也。今楚潰莒入鄆，晉不能救，而禁鄭之貳於楚，鄭獨能無懲於牽羊銜璧之禍乎！故晉景之執鄭伯，媿於漢武之遺樓蘭也。《春秋》之義，自反以盡其道，而後責人矣。

冬，十有一月，葬齊頃公。

楚公子嬰齊帥師伐莒①。庚申，莒潰，楚人入鄆。《公》作「運」。

《左氏傳》：楚子重侵陳以救鄭。冬，十一月，楚子重自陳伐莒，圍渠丘。渠丘城惡，衆潰，奔莒。戊申，楚入渠丘。莒人囚楚公子平，楚人曰：「勿殺！吾歸而俘。」莒人殺之。楚師圍莒。莒城亦惡。庚申，莒潰，楚遂入鄆。莒無備故也。君子曰：「恃陋而不備，罪之大者也。備豫不虞，善之大者也。莒恃其陋，而不修城郭。浹辰之間，而楚克其三都，無備也夫！……」

杜氏注：鄆，莒别邑也。

武夷胡氏傳：案《左氏》，楚子重自陳伐莒，圍渠丘。渠丘城惡，衆潰。楚師圍莒，莒城亦惡。庚申，莒潰，楚遂入鄆。孟子曰：「鑿斯池也，築斯城也，與民守之，效死而民不去，則是可爲也。」夫鑿池築城者，爲國之備，所謂事也。效死而民不去，爲國之本，所謂政也。莒恃其陋，不修城郭，浹辰之閒，楚克其三都，信無備矣。然兵至而民逃其上，不能使民效死而不去，則昧於爲國之本也。雖隆莒之城何益乎？故《經》於莒潰特書曰以謹之者，以明城郭溝池、重門擊柝，皆守邦之末務，必以固本安民爲政之急耳。

秦人、白狄伐晉。

《左氏傳》：秦人、白狄伐晉，諸侯貳故也。

武夷胡氏傳：《經》之所謹者，華夷之辨也②。晉嘗與白狄伐秦，秦亦與白狄伐晉，族類不復分矣。其稱「人」，貶辭也。武王伐商，誓師牧野，庸、蜀、羌、髳、微、盧、彭、濮皆與焉，豈亦不謹乎！除天下之殘賊，而出民於水火之中，雖蠻夷戎狄③，以義驅之可也，亦慮其同惡相濟，貽患於後也。中國友邦，自相侵伐已爲不義，又與非我族類者共焉，不亦甚乎！晉既失信，復聽婦人讒説，殺其世臣，而諸侯皆貳。《春秋》交伐比事以觀，可謂深切著明矣。

鄭人圍許。

《左氏傳》：鄭人圍許，示晉不急君也。是則公孫申謀之，曰：「我出師以圍許，爲將改立君者而紓晉使，晉必歸君。」

城中城。

杜氏注：魯邑也。在東海廩丘縣西南。

武夷胡氏傳：經世安民，視道之得失，不倚城郭溝池以爲固也。穀梁子謂：「凡城之志，皆譏。」其説是矣。莒雖恃陋不設備，至使楚人入鄆，苟有令政使民效死而不潰，寇亦豈能入也！城非《春秋》所貴，而書「城中城」，其爲儆守益微矣。王公設險，以守其國非歟？曰：百雉之城，七里之郭，設險之大端也。謹於禮，以爲國辨尊卑，分貴賤，明等威，異物采，凡所以杜絶陵僭、限隔上下者，乃體險之大用也，獨城郭溝池之足恃乎！

【校記】

①公：原脱，據《春秋》經文補。

②華夷：四庫本作「中外」。

③蠻夷戎狄：四庫本作「遠方之國」。

十年，春，衛侯之弟黑背帥《公》作「率」。師侵鄭。

《左氏傳》：衛子叔黑背侵鄭，晉命也。

武夷胡氏傳：案《左氏》，衛子叔黑背侵鄭，晉命也。其曰「衛侯之弟」者，子叔黑背生公孫剽①，孫林父、甯殖出衛侯衎而立剽，亦以其父有寵愛之私，故得立耳。此與齊之夷仲年無異，其特書「弟」，以爲後戒，可謂深切著明矣。

夏，四月，五卜郊，不從，乃不郊。

《穀梁傳》：夏四月，不時也。五卜，彊也。乃者，亡乎人之辭也。

五月，公會晉侯、齊侯、宋公、衛侯、曹伯伐鄭。

《左氏傳》：鄭公子班聞叔申之謀。三月，子如立公子繻。夏，四月，鄭人殺繻立髡頑。子如奔許。欒武子曰：「鄭人立君，我執一人焉，何益？不如伐鄭而歸其君，以求成焉。」……會諸侯伐鄭。鄭子罕賂以襄鍾，子然盟於脩澤，子駟爲質。辛巳，鄭伯歸。

齊人來媵。

杜氏注：媵伯姬也。

丙午，晉侯獳卒。

襄陵許氏曰：當景之世，楚莊入陳，爲霸者事圍鄭，圍宋，敗晉於邲。中國大絀，晉志不復遠略，而從事赤狄潞氏。逮楚莊没，始得爲搴之役，以服齊頃，僅不失霸也。

秋，七月，公如晉。

《左氏傳》：秋，公如晉。晉人止公，使送葬。於是糴茷未反。杜氏注：是春，晉使糴茷，至楚結成。晉謂魯貳於楚，故留公，須糴茷還，驗其虚實。冬，葬晉景公。公送葬，諸侯莫在。魯人辱之，故不書，諱之也。

劉氏傳：葬晉侯也。曷爲不言葬晉景公？不與葬晉侯也。曷爲不與？天子之喪動天下，屬諸侯；諸侯之喪動通國，屬大夫；大夫之喪動一國，屬修士；士之喪動一鄉，屬朋友；庶人之喪動州里，屬黨族。公之葬晉侯，非禮也，以謂惟天子之事焉可也。

武夷胡氏傳：《傳》以晉人止公送葬，諸侯莫在焉，魯人辱之，故諱而不書。非矣。假令諸侯皆在，魯人不以爲辱，而可書乎！

冬，十月。《公》無「冬十月」。

【校記】

① 生：原作「出」，據《春秋胡氏傳》改。

十有一年，春，王三月，公至自晉。

泰山孫氏曰：公留於晉九月。

晉侯使郤犨《公》作「州」，下同。來聘。己丑，及郤犨盟。

《左氏傳》：三月公至自晉。晉人以公爲貳於楚，故止公。公請受盟，而後使歸。郤犨來聘，且涖盟。

杜氏注：郤犨，郤克從父兄弟。

夏，季孫行父如晉。

《左氏傳》：夏，季文子如晉報聘，且涖盟也。

秋，叔孫僑如如齊。

《左氏傳》：秋，宣伯聘于齊，以修前好。杜氏注：罋以前之好。

襄陵許氏曰：魯蓋激晉之德禮不施，將貳於齊而未能者歟！

冬，十月。

十有二年，春，周公出奔晋。

《左氏傳》：周公楚惡惠、襄之逼也，且與伯輿争政，不勝，怒而出。及陽樊，王使劉子復之，盟于鄄而入。三日復出，奔晋。十二年，春，王使以周公之難來告。書曰：「周公出奔晋。」凡自周無出，周公自出故也。

《公羊傳》：周公者何？天子之三公也。王者無外，此其言出何？自其私土而出也。

《穀梁傳》：周有入無出。其曰「出」，上下一見之也。范氏注：鄭嗣曰：上謂僖二十四年天王出居于鄭，下謂今周公出奔。上下皆一見之。言其上下之道，無以存也。上雖失之，下孰敢有之？今上下皆失之矣。

陸氏《纂例》：啖子曰：「天子公卿奔者不言『出』，天下皆周土也，唯周公自絶於王，故書『出』，罪之也。」

常山劉氏曰：以周室衰微，《黍離》變爲國風，號令不行乎天下，則畿外皆非王有，故始於周公之奔，特書曰「出」。以王者無外，溥天之下，莫非王土之義也，故後於子朝、子瑕之奔，而止書曰「奔」。由天子之令不行於諸侯，故逋逃罪戾之人，晉、楚敢受。書之，而晉、楚之罪亦昭然矣。

武夷胡氏傳：案《左氏》，周公楚惡惠、襄之偪，且與伯輿争政不勝，怒而出。王使劉子復之，盟于鄄而入。三日復出，奔晉。夫人主無誠慤之心，而下要大臣盟，是謂君不君；人臣無忠信之實，而上與人主盟，是謂臣不臣。既已要質鬼神以入矣，又叛盟失信而出奔，則是自絶於天地。自周無出，而書曰「出」者，見周室衰微，刑政號令不行於天下爾。

襄陵許氏曰：平、桓之詩，夷於《國風》，是以《春秋》王公書「出」也。雖然，各一見之而已，後不復書，以存周也。

夏，公會晉侯、衛侯于瑣《公》作「沙」。**澤。**

《左氏傳》：秋，楚子重伐鄭，師於汜。諸侯救鄭。鄭共仲、侯羽軍楚師，囚鄖公鍾儀，獻諸晉。晉人以鍾儀歸，囚諸軍府。九年，晉侯觀於軍府，見鍾儀，問之，曰：「南冠而縶者，誰也？」有司對曰：「鄭人所獻楚囚也。」使税之，召而弔之。再拜稽首。問其族，對曰：「泠人也。」公曰：「能樂乎？」對曰：「先父之職官也，敢有二事？」使與之琴，操南音。公曰：「君王何如？」對曰：「非小人之所得知也。」固問之，對曰：「其爲大子也，師、保奉之，以朝於嬰齊而夕於側也。不知其他。」公語范文子，文子曰：「楚囚，君子也。……君盍歸之，使合晉、楚之成。」公從之，重爲之禮，使歸求成。……十二月，楚子使公子辰如晉，報鍾儀之使，請修好結成。十年，春，晉侯使糴茷如楚，報大宰子商之使也。十有一年，秋，宋華元善於令尹子重，又善於欒武子。聞楚人既許晉糴茷成而使歸復命矣。冬，華元如楚，遂如晉，合晉、楚之成。……十二年，宋華元克合晉、楚之成。夏，五月，晉士燮會楚公子罷、許偃。癸亥，盟於宋西門之外。曰：「凡晉、楚無相加戎，好惡同之，同恤菑危①，備救兇患。若有害楚，則晉伐之；在晉，楚亦如之。交贄往來，道路無壅，謀其不協，而討不庭。有渝此盟，明神殛之，俾隊其師，無克胙國。」鄭伯如晉聽成。會於瑣澤，成故也。

杜氏注：瑣澤，地闕。

襄陵許氏曰：晉厲之會始此。略之不致，則以見厲公之德不能謹始，諸侯解體焉。

秋，晉人敗狄于交剛。

《左氏傳》：狄人間宋之盟以侵晉，而不設備。秋，晉人敗狄于交剛。

劉氏《意林》：《春秋》之記「戰」、「伐」、「侵」、「入」也甚詳，然而於夷狄未有言「戰」者②，何也？曰：夷狄者③，《春秋》之所外也；中夏者，《春秋》之所内也。所内者，將以德治之；所外者，將以力治之。中國可教以禮義，故不結日，不偏陳，雖有道，猶惡之。

夷狄不可教以禮義④，其來爲寇，能勝之而已矣，雖不結日，不偏陳，無譏焉。

呂氏曰：《春秋》之世，中國有事於夷狄⑤，未有言「戰」者，蓋遏絶之爲務，惟力是恃，不以戰爲罪也。

冬，十月。

【校　記】

①　菑：原作「災」，據《春秋左傳》改。

②③④⑤　夷狄：四庫本作「外裔」。

十有三年，春，晉侯使郤錡來乞師。

《穀梁傳》：乞，重辭也。古之人重師，故以乞言之也。

伊川先生解：不以王命興諸侯師，故書「乞」。

武夷胡氏傳：晉主夏盟，行使諸侯，徵會討貳，誰敢不從。以霸主之尊，而書曰「乞師」，何也？列國疏封，雖有大小，土地甲兵，受之天子，不相統屬，魯兵非晉所得專也。今晉不以王命興諸侯之師，故特書曰「乞」，以見其卑服屈損無自反而縮之意矣。聖人作《春秋》，無不重内而輕外。至於乞師則内外同辭者，蓋皆有報怨、復讎、貪得之心，是以如此。若夫誅亂臣賊子，請於天王，以大義驅之，誰不拱手以聽命？何至於乞哉！噫，此聖人所以垂戒後世，見諸行事之深切著明者也。

襄陵許氏曰：自齊桓以來，霸者征伐，召兵諸侯。至於晉景，始使士燮來聘，以濟伐郯之役。厲公承之，始乞師矣。當此之時，晉固强盛，唯忠信之厚不崇，而僞飾之文彌勝。是以召兵而乞師，謙辭也，霸體貶矣。

三月，公如京師。夏，五月，公自京師遂會晉侯、齊侯、宋公、衛侯、鄭伯、曹伯、邾《公》作「邾婁」。**人、滕人伐秦。曹伯盧**《公》、《穀》作「廬」。**卒于師。**

《左氏傳》：公及諸侯朝王，遂從劉康公、成肅公會晉侯伐秦。……夏，四月，戊午，晉侯使吕相絶秦。……秦桓公既與晉厲公爲令狐之盟，而又召狄與楚，欲道以伐晉。諸侯是以睦於晉。晉欒書將中軍，……士燮將上軍，……韓厥將下軍，……趙旃將新軍，……郤毅禦戎，欒鍼爲右。……五月，丁亥，晉師以諸侯之師及秦師戰於麻隧。秦師敗績，獲秦成差及不更女父。曹宣公卒於師。師遂濟涇，及侯麗而還。迓晉侯於新楚。

杜氏注：既戰，晉侯止新楚，故師還過迎之。

《公羊傳》：其言自京師何？公鑿行也。何氏注：鑿，猶更造之意。公鑿行奈何？不敢過天子也。

《穀梁傳》：曹伯廬卒於師。公、大夫在師曰「師」，在會曰「會」。

伊川先生解：以伐秦爲遂事，明朝爲重。

杜氏注：伐秦，道過京師，因朝王。

劉氏傳：公如京師不書，此何以書？譏。何譏爾？公非如京師也，爲伐秦故如京師也。

泰山孫氏曰：案《周官》六年五服一朝，又六年王乃時巡，諸侯各朝於方岳，大明黜陟，未有因會諸侯伐國過京師朝之之事。故曰「春，晉侯使郤錡來乞師。」「三月，公如京師。夏，五月，公自京師遂會晉侯、齊侯、宋公、衛侯、鄭伯、曹伯、邾人、滕人伐秦。」以惡之也。

武夷胡氏傳：諸侯每歲侵伐四出，未有能修朝覲之禮者。今公欲會伐秦，道自王都，不可越天子而往也，故皆朝王，而不能成朝禮。書曰「如京師」，見諸侯之慢也。因會伐而行矣。又書「公自京師」，以伐秦爲遂事者，此仲尼親筆，明朝王爲重，存人臣之禮也。古者，諸侯即位，服喪畢則朝，小聘大聘終則朝，巡狩於方岳則朝。觀《春秋》所載，天王遣使者屢矣，十二公之述職，蓋闕如也。獨此年書「公如京師」，又不能成朝禮，不敬莫大焉。君臣之道，人之大倫，而至於此極。故仲尼嘗喟然嘆曰：「夷狄之有君，不如諸夏之亡也。」爲此懼①，作《春秋》。或抑或縱，或與或奪，所以明君臣之義者至矣。其義得行，則臣必敬於君，子必敬於父，天理必存，人欲必消，大倫必正。豈曰小補之哉！此以伐秦爲遂事之意也。

秋，七月，公至自伐秦。

泰山孫氏曰：不以京師至者，明本非朝京師。

冬，葬曹宣公。

《左氏傳》：曹宣公卒於師。曹人使公子負芻守，使公子欣時逆曹伯之喪。秋，負芻殺其大子而自立也。諸侯乃請討之。晉人以其役之勞，請俟他年。冬，葬曹宣公。既葬，子臧將亡，國人皆將從之。成公乃懼[②]，告罪，且請焉，乃反，而致其邑。

【校　記】

①　故仲尼嘗喟然嘆曰夷狄之有君不如諸夏之亡也爲此：四庫本作「夫魯爲秉禮之禮周公之後所行若是況其他乎故孔子」。

②　乃：原脱。據《春秋左傳》補。

十有四年，春，王正月，莒子朱卒。

夏，衛孫林父自晉歸于衛。

《左氏傳》：衛侯如晉。晉侯强見孫林父焉，定公不可。夏，衛侯既歸，晉侯使郤犨送孫林父而見之。衛侯欲辭，定姜曰：「不可。是先君宗卿之嗣也，大國又以爲請。不許，將亡。……」衛侯見而復之。

泰山孫氏曰：林父七年奔晉，其言「自晉歸于衛」者，由晉侯而得歸也。衛大夫由晉侯而得歸，則衛國之事可知也。

襄陵許氏曰：人臣不唯義之即安，而介恃大國，使之反己，此能爲逐君之惡者也。唯其辨之不早，是以衛獻至於出奔，禍兆此矣。「歸」，易辭也，自晉奉之故也。

秋，叔孫僑如如齊逆女。

鄭公子喜帥師伐許。「帥」，《公》作「率」。

《左氏傳》：八月，鄭子罕伐許，敗焉。戊戌，鄭伯復伐許。庚子，入其郛。許人平以叔申之封。

九月，僑如以夫人婦姜氏至自齊。

武夷胡氏傳：《穀梁》曰：「大夫不以夫人。以夫人，非正也。刺不親迎也。」僑如之不氏，一事而再見者，卒名耳。然則娶於他邦而道里或遠，必親迎乎？以封壤則有大小，以爵次則有尊卑，以道途則有遠邇，或迎之於其國，或迎之於境上，或迎之於所館，中禮之節可也。

冬，十月，庚申，衛侯臧卒。

《左氏傳》：冬，十月，衛定公卒。

秦伯卒。

十有五年，春，王二月，葬衛定公。

三月乙巳，仲嬰齊卒。

《公羊傳》：仲嬰齊者何？公孫嬰齊也。公孫嬰齊則曷爲謂之仲嬰齊？爲兄後也。爲兄後，則曷爲謂之仲嬰齊？爲人後者爲之子也。爲人後者爲其子，則其稱「仲」何？孫以王父字爲氏也。然則嬰齊孰後？後歸父也。

杜氏注：襄仲子，公孫歸父弟。宣十八年逐東門氏，既而又使嬰齊紹其後曰仲氏。

武夷胡氏傳：嬰齊者，公子遂之子，公孫歸父之弟也。歸父出奔齊，魯人徐傷其無後也，於是使嬰齊後之，故書曰「仲嬰齊」。比可謂亂昭穆之序，失父子之親者。以後歸父，則弟不可爲兄嗣；以後襄仲，則以父字爲氏，亦非矣。

癸丑，公會晉侯、衛侯、鄭伯、曹伯、宋世子成、齊國佐、邾《公》作「邾婁」，下同。人，同盟于戚。

伊川先生解：十三年，曹伯卒於師，負芻殺世子自立。既三年，諸侯與之盟矣；方執之，稽天討也，故書「同盟」，見其既同矣。

晉侯執曹伯，歸《公》有「之」字。于京師。

《左氏傳》：會于戚，討曹成公也。執而歸諸京師。……諸侯將見子臧於王而立之。子臧辭曰：「前志有之，曰：『聖達節，次守節，下失節。』爲君，非吾節也。雖不能聖，敢失守乎！」遂逃，奔宋。

陸氏《纂例》：以其篡立，故《公羊》云：「稱侯以執，伯討之也。」詳見僖五年。

劉氏傳：稱侯以執者，伯討也。此其爲伯討奈何？曹伯盧卒於師，曹人使公子負芻守，使公子欣時逆。公子負芻殺世子而自立也①，爲是執之。

蘇氏曰：稱侯以執，執有罪也。歸之于京師，禮也。《春秋》之書執諸侯者多矣，惟是爲得禮。

公至自會。

夏六月，宋公固卒。

楚子伐鄭。

《左氏傳》：楚將北師。子囊曰：「新與晉盟而背之，無乃不可乎？」子反曰：「敵利則進，何盟之有？」申叔時老矣，在申，聞之，曰：「子反必不免。信以守禮，禮以庇身。信、禮之亡，欲免得乎？」楚子侵鄭，及暴隧，遂侵衛，及首止。鄭子罕侵楚，取新石。欒武子欲報楚，韓獻子曰：「無庸，使重其罪，民將叛之。無民，孰戰？」

襄陵許氏曰：鄭偪許，楚困鄭，以國大小兵力强弱更相吞噬，夷夏一道，而人理盡矣。

秋，八月，庚辰，葬宋共公。

杜氏注：三月而葬，速。

宋華元出奔晉。宋華元自晉歸于宋。宋殺其大夫山。宋魚石出奔楚。

《左氏傳》：宋華元爲右師，魚石爲左師，蕩澤爲司馬，華喜爲司徒，公孫師爲司城，向爲人爲大司寇，鱗朱爲少司寇②，向帶爲大宰，魚府爲少宰。蕩澤弱公室，殺公子肥。華元曰：「我爲右師，君臣之訓，師所司也。今公室卑而不能正，吾罪大矣。不能治官，敢賴寵乎？」乃出奔晉。二華，戴族也；杜注：華元、華喜。司城，莊族也；六官者，皆桓族也。杜氏注：魚石、蕩澤、向爲人、鱗朱、向帶、魚府皆出桓公。魚石將止華元。魚府曰③：「右師反，必討，是無桓氏也。」魚石曰：「右師苟獲反，雖許之討，必不敢。且多大功，國人與之。不反，懼桓氏之無祀于宋也。右師討，猶有戌在。桓氏雖亡，必偏。」魚石自止華元於河上。請討。許之。乃反。使華喜、公孫師帥國人攻蕩氏，殺子山。書曰：「宋殺大夫山。」言背其族也。魚石、向爲人、鱗朱、向帶、魚府杜氏注：五大夫畏同族罪及，將出奔。出奔楚。

伊川先生解：山去族，害公族也。

常山劉氏曰：蕩山，宋公族也。乘君之喪作亂，以弱公室，殺公子肥，是背其族也。背其族者，伐其本也。人而無本，人道絶矣，故去族以示法。

蘇氏曰：華元之奔晉也，未至而復。其書曰「華元出奔晉」，且書「自晉歸于宋」，何也？元將討山，而知力之不能，故奔；奔而國人許之討，故歸。故其討山也，雖其族人莫敢救之者，故書曰「宋華元出奔晉」，「宋華元自晉歸于宋」，言其出入之正，是以能討山也。使華元懷禄顧寵，重於出奔，則不能討山矣。鄭子産爲政，豐卷將祭，請田，弗許。卷退而徵役，子産奔晉。子皮止之，歸而逐卷，亦猶是也。

冬，十有一月，叔孫僑如會晉士燮、齊高無咎、宋華元、衛孫林父、鄭公子鰌、邾人，會吴于鍾離。

《公》作「邾婁」。

《左氏傳》：會吴於鍾離，始通吴也。

《公羊傳》：曷爲殊會吴？外吴也。曷爲外也？《春秋》内其國而外諸夏，内諸夏而外夷狄④。

伊川先生解：吴益强大，求會於諸侯。諸侯之衆往而從之，故書諸國往與之會，以見夷狄盛而中國衰也⑤。時中國病楚，與吴親。一本此下云：襄十年柤之會，與此同，十四年向之會，亦同。

杜氏注：鍾離，楚邑，淮南縣。

泰山孫氏曰：此言叔孫僑如會某人會吴于鍾離者，諸侯大夫不敢致吴子也。吴子在鍾離，故相與會吴于鍾離爾。

武夷胡氏傳：吴以號舉，夷之也⑥。會而殊會，外之也。殊會有二義：會王世子於首止，意在尊王室，不敢與世子抗也；會吴于鍾離，于柤，于向，意在賤夷狄而罪諸侯不能與之敵也⑦。夫以泰伯至德，是始有吴，以族言之，則周之伯父也。至其後世，遂以號舉者，以其僭竊稱王，不能居中國之爵號耳。成、襄之閒，中國無霸，齊、晉大國，亦皆俛首東向而親吴。聖人蓋傷之，故特殊會，可謂深切著明矣。

襄陵許氏曰：會列書卿始此，君道微而臣行彰也。

許遷于葉。

《左氏傳》：許靈公畏偪于鄭，請遷於楚。辛丑，楚公子申遷許于葉。

杜氏注：葉，今南陽葉縣也。

襄陵許氏曰：凡書「遷」，皆偪也。書以刺之。時晉遷于新田，不書，無所爲書也。

【校記】

①世：原作「公」，據説《劉氏春秋傳》改。

②鱗：原作「麟」，據《春秋左傳》改。

③府：原作「石」，據《春秋左傳》改。

④夷狄：四庫本作「要荒」。

⑤夷狄：四庫本作「吴」。

⑥夷：四庫本作「外」。

⑦夷狄：四庫本作「吴人」。

十有六年，春，王正月，雨木冰。

《公羊傳》：雨木冰者何？雨而木冰也。何以書？記異也。

杜氏注：冰封著樹。

泰山孫氏曰：雨木冰者，雨著木而冰也。

武夷胡氏傳：雨木冰者，雨而木冰也。何休曰：「木者，少陽，幼君大臣之象；冰者，凝陰，兵之類也。冰脅木者，君臣將執於兵之徵。」未幾而有沙隨、苕丘之事。天人之際，休咎之應，焉可誣也！而欲盡廢《五行傳》，亦過矣。

夏，四月，辛未，滕子卒。

《左氏傳》：夏，四月，滕文公卒。

鄭公子喜帥師侵宋。

《左氏傳》：春，楚子自武城使公子成以汝陰之田求成於鄭。鄭叛晉，子駟從楚子盟於武城。……鄭子罕伐宋。宋將鉏、樂懼敗諸汋陂。退，舍於夫渠，不儆。鄭人覆之，敗諸汋陵，獲將鉏、樂懼，宋恃勝也。

六月，丙寅，朔，日有食之。

晉侯使欒黶來乞師。甲午，晦，晉侯及楚子、鄭伯戰于鄢陵。楚子、鄭師敗績。

《左氏傳》：晉侯將伐鄭，范文子曰：「若逞吾願，諸侯皆叛，晉可以逞。若唯鄭叛，晉國之憂，可立俟也。」欒武子曰：「不可以當吾世而失諸侯，必伐鄭。」乃興師。欒書將中軍，士燮佐之；郤錡將上軍，荀偃佐之；韓厥將下軍，郤至佐新軍。……郤犨如衛，遂如齊，皆乞師焉。欒黶來乞師……戊寅，晉師起。鄭人聞有晉師，使告於楚……。楚子救鄭。司馬子反。將中軍，令尹子重。將左，右尹子辛將右。五月，晉師濟河。聞楚師將至，范文子欲反，曰：「我僞逃楚，可以紓憂。夫合諸侯，非吾所能也，以遺能者。我若羣臣輯睦以事君，多矣。」武子曰：「不可。」六月，晉、楚遇於鄢陵。范文子不欲戰，郤至曰：「韓之戰，惠公不振旅；箕之役，先軫不反命；邲之師，荀伯不復從。皆晉之恥也。子亦見先君之事矣。今我辟楚，又益恥也。」文子曰：「吾先君之亟戰也有故。秦、狄、齊、楚皆强，不盡力，子孫將弱。今三强服矣，敵楚而已。唯聖人能外内無患，自非聖人，外寧必有内憂，盍釋楚以爲外懼乎！」甲午，晦，楚晨壓晉軍而陳。……欒書曰：「楚師輕窕，固壘而待之，三日必退。退而擊之，必獲勝焉。」郤至曰：「楚有六閒，不可失也。其二卿相惡。王卒以舊，杜氏注：罷老不代。鄭陳而不整，蠻軍而不陳，陳不違晦，在陳而囂，……我必克之。」……苗賁皇言於晉侯曰：「楚之良，在其中軍王族而已。請分良以擊其左右，而三軍萃於王卒，必大敗之。」……步毅御晉厲公，欒鍼爲右。彭名御楚共王，潘黨爲右。石首御鄭成公，唐苟爲右。……及戰，[呂錡]射共王，中目。王召養由基，與之兩矢，使射呂錡，中項，伏弢。以一矢復命。郤至三遇楚子之卒，見楚子，必下，免胄而趨風。楚子使工尹襄問之以弓，……郤至見客，免胄承命，……唐苟謂石首曰：「子在君側，敗者壹大。我不如子，子以君免，我請止。」乃死。杜氏注：敗者壹大，謂軍大崩也。楚師薄於險，養由基射……再發，盡殪。叔山冉搏人以投，中車，折軾。晉師乃止。囚楚公子茷。……旦而戰，見星未已。子反命軍吏察夷傷，補卒乘，繕甲兵，展車馬，雞鳴而食，唯命是聽。晉人患之。苗賁皇徇曰：「蒐乘、補卒，秣馬、利兵，修陳、固列，蓐食、申禱，明日復戰。」乃逸楚囚。王聞之，召子反謀。穀陽豎獻飲於子反，子反醉而不能見。王曰：「天敗楚也夫！余不可以待。」乃宵遁。晉入楚軍，三日穀。范文子立於戎馬之前，曰：「君幼，諸臣不佞，何以及此？君其戒之！《周書》曰『唯命不于常』，有德之謂。」

《公羊傳》：敗者稱師，楚何以不稱師？王痍也。王痍者何？傷乎矢也。然則何以不言師敗績？末言爾。何氏注：今親傷人君，當舉傷君爲重。

《穀梁傳》：日事遇晦曰「晦」。不言師，君重於師也。

杜氏注：楚師未大崩，楚子傷目而退，故曰楚子「敗績」。鄢陵，鄭地。今屬潁川郡。

武夷胡氏傳：不書師敗績，以其君親集矢於目而身傷爲重也。當是時，兩軍相抗，未有勝負之形。晉之捷也，亦幸焉爾。幸，非持勝之道。范文子所以立於軍門，有「聖人能內外無患，盍釋楚以爲外懼」之戒乎！楚師雖敗，其勢益張，晉遂怠矣，卒有欒氏之譖而誅三郤，國內大亂。聖人備書，以見行事之深切著明也。

楚殺其大夫公子側。

《左氏傳》：楚師還，及瑕。王使謂子反曰：「先大夫之覆師徒者，君不在。子無以爲過，不穀之罪也。」子反再拜稽首曰：「君賜臣死，死且不朽。臣之卒實奔，臣之罪也。」子重復謂子反曰：「初隕師徒者，而亦聞之矣！盍圖之？」……王使止之，弗及而卒。

杜氏注：側，子反。

襄陵許氏曰：共王不思所以自責而責大夫，卒殺子反，故以累上之辭言之。

秋，公會晉侯、齊侯、衛侯、宋華元、邾《公》作「邾婁」，下同。**人于沙隨。不見公。公至自會。**

《左氏傳》：戰之日，齊國佐、高無咎至於師。衛侯出於衛。公出於壞隤①。杜氏注：齊、衛皆後，非獨魯。明晉以僑如故不見公。宣伯通於穆姜，欲去季、孟，而取其室。將行，穆姜送公而使逐二子。公以晉難告，曰：「請反而聽命。」姜怒，公子偃、公子鉏趨過，指之曰：「女不可，是皆君也。」公待於壞隤，申宮，儆備，設守而後行，是以後。……秋，會于沙隨，謀伐鄭也。宣伯使告郤犫曰：「魯侯待於壞隤，以待勝者。」郤犫將新軍，且爲公族大夫，以主東諸侯，取貨於宣伯，而訴公於晉侯，晉侯不見公。

《穀梁傳》：不見公者，可以見公也。可以見公而不見公，譏在諸侯也。

伊川先生解：晉侯怒公之後期②，故不見公。君子正己而無恤乎人。魯之後期，國難故也。晉不見爲非矣。彼曲我直，故不足爲恥也。

杜氏注：沙隨，宋地。梁國寧陵縣北有沙隨亭。

武夷胡氏傳：臣子之於君父，揚其美而不揚其惡。爲尊者諱，爲親者諱，禮也。聖人假魯史以示王法，其於魯事，有君臣之義，故君弑則書「薨」，易地則書「假」，滅國則書「取」，出奔則書「遜」，屈己而與强國之大夫盟則書「及」，叛盟失信而莫適守則没公而書「會」。凡此類，雖不没其實，示天下之公，必隱避其文，以存臣子之禮。然則沙隨之會，晉不見公，是魯侯之大辱，深可恥焉者矣。曷爲直書其事而不諱乎？曰《春秋》伸道不伸邪，榮義不榮勢，正己而無恤乎人。以仁禮存心，而不憂横逆之至者也。沙隨之會，魯有内難，師出後期，所當恤者，晉侯聽叔孫僑如之譖，怒公而不見，曲在晉矣。魯侯自反，非有背仁棄禮不忠之咎也。昔曾子嘗聞大勇於夫子，曰：「自反而縮，雖千萬人吾往矣。」孟子言：「浩然之氣，至大至剛，以直養而無害，則塞乎天地之間。」沙隨不見，於公何歉乎！直書而不諱者，示天下後世，使知大勇浩然之氣，所以守身應物如此。其垂訓之義大矣。

公會尹子、晉侯、齊國佐、邾《公》作「邾婁」。人伐鄭。

《左氏傳》：七月，公會尹武公及諸侯伐鄭。將行，姜又命公如初。公又申守而行。諸侯之師次於鄭西。……［諸侯］遷於制田。知武子佐下軍，以諸侯之師侵陳。至於鳴鹿。遂侵蔡。未反，諸侯遷于潁上。戊午，鄭子罕宵軍之，宋、齊、衛皆失軍。

杜氏注：尹子，王卿士，子爵。

曹伯歸自京師。

《左氏傳》：晉侯謂子臧：「反，吾歸而君。」子臧反，曹伯歸。子臧盡致其邑與卿而不出。

伊川先生解：曹伯不名，不稱復歸，王未嘗絶其位也。自京師，王命也。

陸氏《微旨》：淳聞於師曰：「曹伯之簒，罪莫大焉。晉侯討而執之，其事當矣。王不能定其罪名，失政刑也。書曰『歸自京師』而不名曹伯，以深譏王而不罪負芻也。」

常山劉氏曰：負芻殺其太子而自立，奈何周不能用晉之執，寘諸刑典？旋使復國，失君道甚矣。故書曰「曹伯歸自京師」以譏之。曹伯不名，曰未嘗絶之也。不絶曹伯，所以累乎天王也。

武夷胡氏傳：言天王之釋有罪也。善不蒙賞，惡不即刑，以堯爲君舜爲臣，雖得天下，不能一朝居也。負芻殺世子而自立，不能因晉之執寘諸刑典，而使復國，則無以爲天下之共主矣。

九月，晉人執季孫行父，舍之于苕《公》作「招」。**丘。**

《左氏傳》：宣伯使告郤犨曰：「魯之有季、孟，猶晉之有欒、范也，政令於是乎成。

今其謀曰③：『晉政多門，不可從也。……』若欲得志於魯，請止行父而殺之，我斃蔑也而事晉，蔑有貳矣……。」九月，晉人執季文子於苕丘。公還，待於鄆。使子叔聲伯請季孫於晉……范文子謂欒武子曰：「季孫於魯，相二君矣。妾不衣帛，馬不食粟，可不謂忠乎？信讒慝而棄忠良，若諸侯何？……」乃許魯平，赦季孫。

杜氏注：苕丘，晉地。舍之苕丘，明不以歸。

劉氏《意林》：晉人執季孫行父，舍之于苕丘。執之者，以歸也。歸而未至，故不可言以歸。不可言以歸，故著「舍之於苕丘」焉。此皆《春秋》别嫌明微，慎用獄之意也。苕丘，非晉地明矣。若苕丘晉地也，則必曰「以歸」。既曰「以歸」矣，則無所復著苕丘，未有諸侯入其封内而復殊其地者也。

冬，十月，乙亥，叔孫僑如出奔齊。

《左氏傳》：出叔孫僑如而盟之。僑如奔齊。

十有二月，乙丑，季孫行父及晉郤犨盟于扈。「犨」，《公》作「州」。

《左氏傳》：季孫及郤犨盟于扈。歸，刺公子偃。召叔孫豹於齊而立之。

襄陵許氏曰：詳録季孫不恥也。晉之賞罰，英華亡矣。

公至自會。

乙酉，刺公子偃。

陸氏《纂例》：偃則直書「刺」者，有罪當殺也。

【校　記】

①隮：原作「躋」，據《春秋左傳》改。

②侯：原脱，據《程氏經説》補。

③謀：原作「言」，據《春秋左傳》改。

十有七年，春，衛北宫括《公》作「結」。帥《公》作「率」。師侵鄭。

《左氏傳》：鄭子駟侵晉虚、滑。北宫括救晉侵鄭，至於高氏。

夏，公會尹子、單子、晉侯、齊侯、宋公、衛侯、曹伯、邾《公》作「邾婁①」。人伐鄭。

《左氏傳》：公會尹武公、單襄公及諸侯伐鄭。自戲童至於曲洧。

六月，乙酉，同盟于柯陵。

《左氏傳》：六月，乙酉，同盟于柯陵，尋戚之盟也。

伊川先生解：諸侯同病楚也。

杜氏注：柯陵，鄭西地。

陸氏《纂例》：不重言諸侯，譏尹、單與盟。

蘇氏曰：齊、晉之盛，天子之大夫會而不盟，尊周也。柯陵之會，尹子、單子始與諸侯之盟，自是習以爲常，非禮也。

秋，公至自會。

齊高無咎出奔莒。

《左氏傳》：楚子重救鄭，師於首止。諸侯還。齊慶克通於聲孟子，……鮑牽見之，以告國武子。武子召慶克而謂之。慶克……告夫人……國子相靈公以會，高、鮑處守。及還，將至，閉門而索客。孟子訴之曰：「高、鮑將不納君，而立公子角。……」秋，七月，壬寅，刖鮑牽而逐高無咎。無咎奔莒，高弱以盧叛。

襄陵許氏曰：齊靈不公，其聽自沈帷牆，奔其世臣以長禍亂。《詩》曰：「萋兮斐兮，成是貝錦。」「哆兮侈兮，成是南箕。」悲夫！唯巧言能使閉門索客，爲將不能納君也。

九月，辛丑，用郊。

《公羊傳》：用者，不宜用也。九月，非所用郊也。然則郊曷用？郊用正月上辛。

《穀梁傳》：夏之始，可以承春。以秋之末，承春之始，蓋不可矣。九月用郊，用者，不宜用也。宫室不設，不可以祭；衣服不修，不可以祭；車馬器械不備，不可以祭；有司一人不備其職，不可以祭。祭者，薦其時也，薦其敬也，薦其美也，非享味也。

高郵孫氏曰：王者一歲而再郊，故春郊正月以祈穀，秋郊九月以報功。春曰「圜丘」，秋曰「明堂」。后稷，圜丘之配；文王，明堂之配。魯郊非禮矣，而成王賜之，魯公受之。《詩》曰：「皇皇后帝，皇祖后稷。」魯之郊，配后稷，不曰「文王」焉，蓋其郊止於祈穀，而報功之郊不行也。《春秋》卜牛必於正月，三月在滌，則《春秋》之正月，夏時之十一月也。十一月而養牛，則二月可以郊矣。然則魯之郊用夏時之二月，不敢竝天子之時，又殺之也。《春秋》之九月，夏時之七月，以爲祈穀則已晚，以爲報功則太早，又魯禮之不當行者。

晉侯使荀罃來乞師。

吕氏曰：《春秋》之世，霸主之令小國，其强大恣横，有勝於平世天子之令諸侯者，而猶以乞師爲名，則是先王之禮，意猶有髣髴存者。惜乎！其君臣上下習之而弗著，行之而弗察，不能襲其號以求其意，而反人道之正也。

冬，公會單子、晉侯、宋公、衛侯、曹伯、齊人、邾《公》作「邾婁」。人伐鄭。十有一月，公至自伐鄭。

《左氏傳》：冬，諸侯伐鄭。十月庚午，圍鄭。楚公子申救鄭，師於汝上。十一月，諸侯還。

泰山孫氏曰：鄭與楚比周，晉侯再假王命，三合諸侯伐之，不能服鄭，中國不振可知也。

壬申，公孫嬰齊卒于貍脤。《公》作「軫」；《穀》作「蜃」。

杜氏注：貍脤，闕。

陸氏《纂例》：大夫卒於他國即書國，卒於魯地則書地。仲遂，公孫嬰齊是也。

劉傳：十一月無壬申，其以壬申卒之何？《春秋》，故史也，有所不革。子曰：「其事則齊桓、晉文，其文則史，其義則丘竊取之矣。」

十有二月，丁巳，朔，日有食之。

邾《公》作「邾婁」。子貜且卒。

晉殺其大夫郤錡、郤犨、《公》作「州」。郤至。

《左氏傳》：晉厲公侈，多外嬖。反自鄢陵，欲盡去羣大夫，而立其左右。……欒書怨郤至，以其不從己而敗楚師也，欲廢之。使楚公子茷告公曰：「此戰也，郤至實召寡君。以東師之未至也，與軍帥之不具也。曰：『此必敗！吾因奉孫周以事君。』」公告欒書，書曰：「其有焉。不然，豈其死之不恤，而受敵使乎？君盍嘗使諸周而察之？」郤至聘於周，欒書使孫周見之。公使覘之，信。遂怨郤至。……厲公將作難，胥童曰：「必先三郤。族大，多怨。去大族不偪，敵多怨有庸。」公曰：「然。」郤氏聞之。郤錡欲攻公，……郤至曰：「……君實有臣而殺之，其謂君何？我之有罪，吾死後矣！若殺不辜，將失其民，欲安，得乎？待命而已。……」長魚矯……清沸魋……抽戈結衽而僞訟者。三郤將謀於榭。矯以戈殺駒伯、苦成叔於其位。温季曰：「逃威也！」遂趨。矯及諸其車，以戈殺之。皆尸諸朝。胥童以甲劫欒書、中行偃於朝。矯曰：「不殺二子，憂必及君。」公曰：「一朝而尸三卿，余不忍益也。」對曰：「人將忍君。……」遂出奔狄。公使辭於二子曰：「……大夫無辱，其復職位！」……公使胥童爲卿。公遊於匠麗氏，欒書、中行偃遂執公焉。

泰山孫氏曰：君之卿佐，是謂股肱。厲公不道，一日殺三卿，此自禍之道也，誰與處矣！故列數之以著其惡。明年晉殺州蒲。

楚人滅舒庸。

《左氏傳》：舒庸人以楚師之敗也，道吴人圍巢，伐駕，圍釐、虺，遂恃吴而不設備。楚公子橐師襲舒庸，滅之。

【校　記】

① 邾婁：原作「婁邾」，據《公羊傳》改。

十有八年，春，王正月，晉殺其大夫胥童。

《左氏傳》：十七年十二月，閏月，乙卯，晦，欒書、中行偃殺胥童。

襄陵許氏曰：殺胥童者，欒書、中行偃也。而稱國者，二子執君以當國也，疾其亂也。胥童道君爲亂而亂及之，是亦剌胥童也。

庚申，晉弑其君州蒲。

《左氏傳》：春，王正月，庚申，晉欒書、中行偃使程滑弑厲公，葬之於翼東門之外，以車一乘。使荀罃、士魴逆周子於京師而立之，生十四年矣。大夫逆於清原。周子曰：「孤始願不及此。雖及此，豈非天乎！抑人之求君，使出命也。立而不從，將安用君？二三子用我今日，否亦今日。共而從君，神之所福也。」對曰：「羣臣之願也，敢不唯命是聽。」庚午，盟而入……。辛巳，朝於武宫，逐不臣者七人。

《穀梁傳》：稱國以弑其君，君惡甚矣。

武夷胡氏傳：弑君，天下之大罪；討賊，天下之大刑。《春秋》合於人心而定罪，聖人順於天理而用刑，固不以大霈釋當誅之賊，亦不以大刑加不弑之人。然趙盾以不越境而書「弑」，許世子以不嘗藥而書「弑」，鄭歸生以憚老懼譖而書「弑」，楚公子比以不能效死不立而書「弑」，齊陳乞以廢長立幼而書「弑」。晉欒書身爲元帥，親執厲公於匠麗氏，使程滑弑公，而以車一乘葬之於翼東門之外，而《春秋》稱國以弑其君，而不著欒書之名氏，何哉？仲尼無私，與天爲一，奚獨於趙盾、許止、歸生、楚比、陳乞則責之甚備，討之甚嚴，而於欒武子闊略如此乎？學者深求其旨，知聖人誅亂臣討賊子之大要也，而後可與言《春秋》矣。

齊殺其大夫國佐。

《左氏傳》：十七年，齊侯使崔杼爲大夫，使慶克佐之，帥師圍盧。國佐從諸侯圍鄭，以難請而歸。遂如盧師，殺慶克，以穀叛。齊侯與之盟於徐關而復之。十二月，盧降。使國勝告難於晉，待命於清。十八年，春，齊爲慶氏之難故，甲申，晦，齊侯使士華免以戈殺國佐於内宫之朝。師逃於夫人之宫……。使清人殺國勝。國弱來奔。王湫奔萊。慶封爲大夫，慶佐爲司寇。既，齊侯反國弱，使嗣國氏。

襄陵許氏曰：慶克作慝，濁亂中闈，譖害大臣。不誅不詰，使國佐無所發其忠憤，起而殺之，顧謂俱靡而已。於是因以爲國佐罪，罪累上矣。

吕氏曰：屬辭比事，《春秋》教也。比其事，則時可知。十七年晉殺三郤，十八年殺胥童，而晉弑其君州蒲，齊殺其大夫國佐，兩月之間，諸國君臣上下相殘殺如此，則仁義不施而禮樂絶滅之效也。後之君臣欲思患而預防者，覩此亦可以少戒矣。晉厲公爲不道，稱國以弑，衆辭也。

公如晉。

《左氏傳》：朝嗣君也。

夏，楚子、鄭伯伐宋，宋魚石復入于彭城。

《左氏傳》：夏六月，鄭伯侵宋，及曹門外。遂會楚子伐宋，取朝郟。楚子辛、鄭皇辰侵城郜，取幽丘，同伐彭城，納宋魚石、向爲人、鱗朱、向帶、魚府焉，以三百乘戍之而還。……宋人患之。西鉏吾曰：「何也？……今將崇諸侯之姦而披其地，以塞夷庚。杜氏注：夷庚，吴、晉往來之要道。楚封魚石於彭城，欲以絶吴、晉之道。逞姦而攜服，毒諸侯而懼吴、晉，吾庸多矣，非吾憂也。」

杜氏注：彭城，宋邑。今彭城縣。

劉氏傳：伐宋以納魚石也。伐宋以納魚石，則其不曰「納宋魚石于彭城」何？不與納也。曷爲不與納？諸侯失國，諸侯納之，正也，諸侯世也。大夫失位，諸侯納之，非正也，大夫不世也。諸侯託於諸侯，禮也；大夫託於諸侯，非禮也。有其實者居其名，無其實者不得居其名；有其名者享其功，無其名者不得享其功。其言「復入」何？大夫無復。復者，位已絶也。已絶而復，惡也；未絶而入，亦惡也。然則何言乎位已絶、未絶？

大夫去國，君不埽其宗廟，不係累其子弟，三年不反，然後收其田邑，此之謂君有禮，此之謂未絶。未絶而入，惡也。大夫去國，君埽其宗廟，係累其子弟，去之日遂收其田邑，此之謂寇讎，此之謂已絶。已絶而復，亦惡也。交譏之。呂氏曰：不云納。楚、鄭以兵脅宋，而魚石自入焉爾。或曰：不言納，不與納也。然則言納者，是與之乎？

公至自晉，晉侯使士匄來聘。

《左氏傳》：晉范宣子來聘，且拜朝也。

襄陵許氏曰：公朝始致而聘使紹至，晉悼之下，諸侯肅矣。此列國之所以睦，而叛國之所以服也。

秋，杞伯來朝。

《左氏傳》：秋，杞桓公來朝。勞公，且問晉故。公以晉君語之。杞伯於是驟朝於晉而請爲婚。

八月，邾《公》作「邾婁」，下同。**子來朝。**

《左氏傳》：邾宣公來朝，即位而來見也。

築鹿囿。

《左氏傳》：書，不時也。

《公羊傳》：譏。何譏爾？有囿矣，又爲也。

《穀梁傳》：山林藪澤之利，所以與民共也。虞之，非正也。

杜氏注：築牆爲鹿苑。

高郵孫氏曰：《春秋》興作皆書。雖城池之固，門廄之急無遺焉，重其德不及之，而徒勞民力也，況耳目之玩，一身之娱哉！《左氏》曰：「書，不時。」蓋得時猶書也。

襄陵許氏曰：大夫擅國，威福日去，而公務自虞於鳥獸草木，是謂：「冥豫在上，何可長也？」

己丑，公薨于路寢。

《左氏傳》：言道也。杜氏注：在路寢，得君薨之道。

《穀梁傳》：路寢，正也。男子不絶婦人之手，以齊終也。

冬，楚人、鄭人侵宋。

《左氏傳》：七月，宋老佐、華喜圍彭城。老佐卒焉。……冬，十一月，楚子重救彭城，伐宋。宋華元如晉告急。韓獻子爲政，曰：「欲求得人，必先勤之，成霸安疆，自宋始矣。」晉侯師於台谷以救宋。遇楚師于靡角之谷。楚師還。

晉侯使士魴來乞師。

《左氏傳》：晉士魴來乞師。季文子問師數於臧武仲，對曰：「伐鄭之役，知伯實來，下軍之佐也。今彘季亦佐下軍，如伐鄭可也。……」從之。

襄陵許氏曰：悼公之時，霸業復興，而乞師以救宋，猶遵厲公故事。元年以後，遂無乞師，則召兵而已矣。

十有二月，仲孫蔑會晉侯、宋公、衛侯、邾《公》作「邾婁」。**子、齊崔杼，同盟于虚朾。**

《左氏傳》：孟獻子會于虚朾，謀救宋也。宋人辭諸侯，而請師以圍彭城。

杜氏注：虚朾，地闕。

襄陵許氏曰：襄公不會，當喪故也，悼之所以仁諸侯也。

丁未，葬我君成公。

《左氏傳》：書，順也。杜氏注：薨于路寢。五月而葬，國家安静，世適承嗣，故曰：「書，順也。」

春秋集解卷十九

襄　公

名午，成公子。簡王十四年即位。謚法：因事有功曰襄。

元年，春，王正月，公即位。

《穀梁傳》：繼正即位，正也。

仲孫蔑會晉欒黶、宋華元、衛甯殖、曹人、莒人、邾人、滕人、薛人圍宋彭城。凡書「邾」、「小邾」，《公》並作「邾婁」。

《左氏傳》：非宋地，追書也。杜氏注：成十八年，楚取彭城以封魚石，故曰「非宋地」。夫子作《春秋》，追書繫之宋。於是爲宋討魚石，故稱宋，且不登叛人也……。彭城降晉。晉人以宋五大夫在彭城者歸，寘諸瓠丘。

《公羊傳》：爲宋誅也。其爲宋誅奈何？魚石走之楚，楚爲之伐宋，取彭城以封魚石。魚石之罪奈何？以入是爲罪也。楚已取之矣，曷爲繫之宋？不與諸侯專封也。

《穀梁傳》：繫彭城於宋者，不與魚石正也。

武夷胡氏傳：案《左氏》曰：「非宋地，追書也。」然則書「圍彭城」者，魯史舊文也；曰「圍宋彭城」者，仲尼親筆也。楚已取彭城封魚石，戍之三百乘，則曷爲繫之宋？楚不得取之，宋魚石不得受之。楚雖專其地，君子不登叛人，所以正疆域，固封守，謹王度也。

夏，晉韓厥《公》作「屈」。**帥師伐鄭。仲孫蔑會齊崔杼、曹人、邾**《公》作「邾婁」。**人、杞人次于鄫。**《公》作「合」。

《左氏傳》：夏五月，晉韓厥、荀偃帥諸侯之師伐鄭，入其郛，敗其徒兵於洧上。於是東諸侯之師次于鄫，以待晉師。晉師自鄭以鄫之師侵楚焦、夷及陳。晉侯、衛侯次於戚，以爲之援。

杜氏注：鄫，鄭地。在陳留襄邑縣東南。

武夷胡氏傳：楚人釋君而臣是助，事已悖矣。晉於是乎降彭城，以魚石等歸，遂伐鄭，而諸侯次于鄫。此皆放於義者也。《傳》書楚子辛救鄭而《經》不書者，鄭本爲楚，以其君之故，親集矢於其目，是以與楚而不貳也。棄中國，從夷狄①，不能以大義裁之，惟私欲之從，則鄭無可救之善，楚不得有能救之名，《經》所以削之不言「救」也。

秋，楚公子壬夫帥師侵宋。

《左氏傳》：秋，楚子辛救鄭，侵宋呂、留。鄭子然侵宋，取犬丘。

襄陵許氏曰：楚人侵宋，攻晉所救，而諸侯之師卒不動，則有以量楚力之所至矣。

九月，辛酉，天王崩

邾《公》作「邾婁」②。子來朝。

冬，衛侯使公孫剽來聘。

「杜氏注：剽，子叔黑背子。」

晉侯使荀罃來聘。

泰山孫氏曰：天王崩，邾子來朝，衛侯使公孫剽來聘，晉侯使荀罃來聘，皆不臣也。

武夷胡氏傳：簡王崩，赴告已及，藏在諸侯之策矣，則宜以所聞先後而奔喪。今邾子方來修朝禮，衛侯、晉侯方來修聘事，于王喪若越人視秦人之肥瘠，曾不與焉。而《左氏》以爲禮，此何禮乎？滕定公薨，世子定爲三年喪，父兄百官皆不欲，曰：「吾宗國魯先君莫之行也。」喪紀益廢，民習於耳目而不察，故後世以日易月，人子安而行之。不知《春秋》之義，無君臣之禮，豈不惜哉！

【校記】

① 夷狄：四庫本作「南蠻」。

②　邾婁：原作「邾婁子」，據《公羊傳》改。

二年，春，王正月，葬簡王。

杜氏注：五月而葬，速。

鄭師伐宋。

《左氏傳》：鄭師侵宋，楚令也。

襄陵許氏曰：書伐宋者，積鄭之疢。

夏，五月，庚寅，夫人姜氏薨。

《左氏傳》：齊姜薨。初，穆姜使擇美檟，以自爲櫬與頌琴。季文子取以葬。君子曰：「非禮也。禮無所逆。婦，養姑者也。虧姑以成婦，逆莫大焉。……」杜氏注：穆姜，成公母；齊姜，成公婦。

六月，庚辰，鄭伯睔卒。

《左氏傳》：鄭成公疾，子駟請息肩於晉。公曰：「楚君以鄭故，親集矢於其目，非異人任，寡人也。若背之，是棄力與言，其誰暱我？免寡人，唯二三子！」秋，七月，庚辰，鄭伯睔卒。

襄陵許氏曰：鄭之託國於楚，夫豈以中國爲終可畔！既蒙其德，遂不可反，是以君子慎謀始也。

晉師、宋師、衛甯殖侵鄭。秋，七月，仲孫蔑會晉荀罃、宋華元、衛孫林父、曹人、邾《公》作「邾婁」。**人于戚。**

《左氏傳》：鄭伯睔卒，於是子罕當國。子駟爲政，子國爲司馬。晉師侵鄭，諸大夫欲從晉。子駟曰：「官命未改。」會于戚，謀鄭故也。孟獻子曰：「請城虎牢以偪鄭。」杜氏注：虎牢，舊鄭邑，今屬晉。知武子曰：「善。鄫之會，吾子聞崔子之言，今不來矣。滕、薛、小邾之不至，皆齊故也。寡君之憂不唯鄭。罃將復於寡君，而請於齊。得請而告，吾子之功也。若不得請，事將在齊。君子之請，諸侯之福也，豈唯寡君賴之。」

蘇氏曰：鄭雖以叛中國爲罪，而伐其喪，非禮也。

呂氏曰：衛不稱師，將尊師少也。

己丑，葬我小君齊姜。

杜氏注：齊，謚也。三月而葬，速。

叔孫豹如宋。

《左氏傳》：穆叔聘於宋，通嗣君也。

杜氏注：豹於此始自齊還爲卿。

冬，仲孫蔑會晉荀罃、齊崔杼、宋華元、衛孫林父、曹人、邾《公》作「邾婁」。人、滕人、薛人、小邾《公》作「小邾婁」。人于戚，遂城虎牢。

《左氏傳》：冬，復會于戚，齊崔武子及滕、薛、小邾之大夫皆會，知武子之言故也。遂城虎牢，鄭人乃成。

伊川先生解：設險所以守國也。有虎牢之險而不能守，故不繫於鄭，責其不能有也。

陸氏《微旨》：淳聞於師曰：「諸侯之大夫，取他國之邑，相與而城之，非正也。城虎牢，可以安中國，息征伐，故聖人許之而不繫之於鄭也。

劉氏傳：此鄭虎牢也，曷爲不繫之鄭？取之矣，非鄭地也。何以非鄭地？鄭不式命，地非其地也。不式命多矣，曷爲獨惡乎鄭？賢晉悼公也。以晉悼公爲霸，則宜取乎鄭者也。

武夷胡氏傳：虎牢，鄭地，故稱制邑。至漢爲成臯，今爲汜水縣，巖險聞於天下，猶虞之夏陽，趙之上黨，魏之安邑，燕之榆關，吴之西陵，蜀之漢樂。地有所必據，城有所必守，而不可棄焉者也。有是險而不能守，故不繫於鄭。然則據地設險，亦所貴乎？天險，不可升也；地險，山川丘陵也。「王公設險，以守其國」，大《易》之訓也。鑿斯池，築斯城，與民同守，孟子之所以語滕君也。夫狄焉思啓封疆，而争地以戰殺人盈野，争城以戰殺人盈城者，固非《春秋》之所貴。守天子之土，繼先君之世，不能設險守國，將至於遷潰滅亡，亦非聖人之所與，故城虎牢而不繫於鄭。

楚殺其大夫公子申。

《左氏傳》：楚公子申爲右司馬，多受小國之賂，以偪子重、子辛。楚人殺之，故書曰：「楚殺其大夫公子申。」

劉氏傳：稱國以殺大夫者，罪累上也。公子申之累上奈何？嬰齊也，壬夫也，申也，三人者，執楚國之政。公子申賄而專，嬰齊、壬夫畏其偪也而殺之，是君與臣同國之道也。

襄陵許氏曰：嬰齊、壬夫躬執楚政，惡申之偪，以政殺之，故稱國焉，罪累上也，著楚之所以不競於晉也。

三年，春，楚公子嬰齊帥師伐吴。

《左氏傳》：楚子重伐吴，爲簡之師。克鳩茲，至於衡山。杜氏注：鳩茲，吴邑。在丹陽蕪湖縣東。衡山在吴興烏程縣南。使鄧廖帥組甲三百、被練三千以侵吴。吴人要而擊之，獲鄧廖。其能免者，組甲八十、被練三百而已。子重歸，既飲至三日，吴人伐楚，取駕。駕，良邑也。鄧廖，亦楚之良也。君子謂子重於是役也，所獲不如所亡。楚人以是咎子重。子重病之，遂遇心病而卒。

公如晉。

《左氏傳》：始朝也。

夏，四月，壬戌，公及晉侯盟于長樗。

蘇氏曰：晉悼公修禮於諸侯，故去其國而與公盟。

公至自晉。

六月，公會單子、晉侯、宋公、衛侯、鄭伯、莒子、邾《公》作「邾婁」。子、齊世子光。

己未，同盟于雞澤。

《左氏傳》：晉爲鄭服故，且欲修吴好，將合諸侯。使士匄告於齊……乞盟。齊侯欲勿許，而難爲不協，乃盟於耏外。六月，公會單頃公及諸侯。己未，同盟于雞澤。晉侯使荀會逆吴子於淮上。吴子不至。

《穀梁傳》：同者，有同也，同外楚也。

伊川先生解：楚强，諸侯皆畏之而修盟，故書「同」。

杜氏注：雞澤，在廣平曲梁縣西南。

武夷胡氏傳：同盟或以爲有三例：一則王臣預盟而書「同」，二則諸侯同欲而書「同」，三則惡其反覆而書「同」。夫惡其反覆與諸侯同欲而書「同」，信矣。王臣預盟而書「同」義則未安。盟于女栗，及蘇子也，而不書「同」；盟于洮、于翟泉，會王人也，而不書「同」。然則此三盟者，正所謂諸侯同欲而書「同盟」也。其同欲奈何？同病楚也。會于柯陵之歲，夏伐鄭，楚人師於首止，而諸侯還；冬伐鄭，楚人師於汝上，而諸侯還。雞澤之盟，陳袁僑如會，楚師在繁陽，而韓獻子懼。平丘之行，楚棄疾立，復封陳、蔡而中國恐。是知此三盟者，諸侯皆有戒心而修盟，故稱「同」。不以尹子、單子、劉子亦預此盟而譏之也。夫王臣將命，必惇信明義而後可以表正乎天下。諸侯守邦，必尊主奉法，而後可以保其社稷。今王臣下與諸侯約誓，諸侯亦敢上與王臣要言，斯大亂之道也，則亦不待書「同盟」而罪自見矣。

陳侯使袁僑如會①。戊寅，叔孫豹及諸侯之大夫及陳袁僑盟。

《左氏傳》：楚子辛爲令尹，侵欲於小國。陳成公使袁僑如會求成。晉侯使和組父告於諸侯。秋，叔孫豹及諸侯之大夫及陳袁僑盟，陳請服也。

《穀梁傳》：諸侯盟，又大夫相與私盟，是大夫張也。故雞澤之會，諸侯始失正矣。

陸氏《纂例》：啖子曰：「不召而自來，諸侯既盟，袁僑乃至，故使大夫別與之盟也。」

劉氏《意林》：《春秋》褒善貶惡，不失其實者也。諸侯皆在是，又稱「叔孫豹及諸侯之大夫」。大夫，受命於其君之詞也，異乎溴梁。溴梁者，諸侯皆在是而大夫盟，其非受命而專之也明矣。

泰山孫氏曰：先言「公會單子、晉侯、宋公、衛侯、鄭伯、莒子、邾子、齊世子光。己未，同盟於雞澤」，次言「陳侯使袁僑如會。戊寅，叔孫豹及諸侯之大夫及陳袁僑盟」者，此諸侯既盟，而陳袁僑至也。諸侯既盟而陳袁僑至，無盟可也。己未，諸侯盟，戊寅，大夫又盟，是大夫强，諸侯始失政也。故十六年公會晉侯、宋公、衛侯、鄭伯、莒子、邾子、薛伯、杞伯、小邾子于溴梁，戊寅大夫盟，不復言諸侯之大夫。不復言諸侯之大夫者，政在大夫故也。孔子曰：「禄之去公室五世矣。政逮於大夫四世矣。」孔子之言，非獨魯也，滔滔者，天下皆是也。

吕氏曰：諸侯已盟，大夫無所用盟。今以袁僑故，叔孫豹及諸侯之大夫盟，是政在大夫也。至於溴梁之會，則曰「戊寅，大夫盟」，又無故而然也。言大夫之寖强也。至宋之會，則大夫自盟而諸侯不往矣，言君臣上下之失其所也。

秋，公至自會。

冬，晉荀罃帥師伐許。

《左氏傳》：許靈公事楚，不會于雞澤。冬，晉知武子帥師伐許。

【校 記】

①「袁橋」下原有夾注「公作如僑」，據《公羊傳》删。

四年，春，王三月，己酉，陳侯午卒。

《左氏傳》：春，楚師爲陳叛故，猶在繁陽。韓獻子患之，言於朝曰：「文王帥殷之叛國以事紂，唯知時也。今我易之，難哉！」三月，陳成公卒。楚人將伐陳，聞喪乃止。陳人不聽命。……夏，楚彭名侵陳，陳無禮故也。

武夷胡氏傳：午者，襄公名也。孔子作《春秋》在哀公之世，襄公，哀公之皇考也，曷不諱乎？古者死而無謚，不以名爲諱。周人以謚易名，於是乎有諱禮。故孟子曰：「諱名不諱姓。」姓，所同也。名，所獨也。然禮律所載則有不諱者。夫子兼帝王之道，參文質之中而作《春秋》，以法萬世。如公薨不地，滅國書「取」，出奔稱「遜」之類，所以放其文也。莊公名同而書「同盟」，僖公名申而書「戊申」，定公名宋而書「宋人」之類，所以從其質也。後世不明此義，則有以諱易人之名者，有以諱易人之姓者。詩、書則諱，臨文則諱，嫌名則諱，二名則偏諱。愚者違禮以爲孝，諂者獻諛以爲忠。忌諱繁，名實亂，而《春秋》之法不行矣。

夏，叔孫豹如晉。

《左氏傳》：穆叔如晉，報知武子之聘也。

秋，七月，戊子，夫人姒《公》作「弋」，下同。**氏薨。**

《左氏傳》：秋，定姒薨。不殯於廟，無櫬，不虞。匠慶謂季文子曰：「子爲正卿，而小君之喪不成，不終君也。君長，誰受其咎？」初，季孫爲己樹六檟於蒲圃東門之外。匠慶請木，季孫曰：「略。」匠慶用蒲圃之檟，季孫不御。杜氏注：御，止也。《傳》言遂得成禮。

杜氏注：成公妾，襄公母。姒，杞姓。

葬陳成公。

八月，辛亥，葬我小君定姒。《公》作「弋」。

杜氏注：踰月而葬，速。

襄陵許氏曰：《傳》載，季文子欲不以夫人禮葬定姒，志復古也。而不得已於人言，卒夫人之。觀此踰月而葬，蓋禮略也。

冬，公如晉。

《左氏傳》：冬，公如晉聽政。晉侯享公。公請屬鄫，晉侯不許。孟獻子曰：「以寡君之密邇於仇讎，而願固事君，無失官命。鄫無賦於司馬，爲執事朝夕之命敝邑，敝邑褊小，闕而爲罪，寡君是以願借助焉。」晉侯許之。

陳人圍頓。

《左氏傳》：楚人使頓閒陳而侵伐之，故陳人圍頓。

五年，春，公至自晉。

夏，鄭伯使公子發來聘。

《左氏傳》：鄭子國來聘，通嗣君也。杜氏注：鄭僖公初即位。

叔孫豹、鄫《穀》作「繒」，下同。**世子巫如晉。**

《左氏傳》：穆叔覿鄫大子於晉，以成屬鄫。書曰：「叔孫豹、鄫世子巫如晉。」言比諸魯大夫也。

劉氏傳：此鄫世子巫也，曷爲與叔孫豹如晉？鄫請於魯爲之附庸，故相與往見於晉也。鄫曷爲爲附庸於魯？鄫不勝莒、魯之患，求爲附庸以自定。諸侯死社稷，正也。不能守其國，以卑其宗廟，鄫失正矣。天子建附庸，非天子命而私有之，魯失正矣。臣不能以矯其君，子不能以正其父，故曰「叔孫豹、鄫世子巫如晉」，猶吾大夫焉，交譏之。

襄陵許氏曰：天下無道，小役大，弱役强如此，《春秋》蓋傷之也。

仲孫蔑、衛孫林父會吴于善道。《公》、《穀》作「稻」。

《左氏傳》：吴子使壽越如晉，辭不會于雞澤之故，且請聽諸侯之好。晉人將爲之合諸侯，使魯、衛先會吴，且告會期。故孟獻子、孫文子會吴于善道。

杜氏注：善道，地闕。

襄陵許氏曰：晉、楚争衡，權之在吴，故晉急吴如此。

秋，大雩。

《左氏傳》：旱也。

楚殺其大夫公子壬夫。

《左氏傳》：楚人討陳叛故，曰：「由令尹子辛實侵欲焉。」乃殺之。……君子謂：「楚共王於是不刑。……己則無信，而殺人以逞，不亦難乎！」

劉氏傳：稱國以殺大夫者，罪累上也。壬夫之累上奈何？前此者，陳、鄭去楚即晉，楚人伐之不服，媾之不可。楚子怒曰：「壬夫實侵欲焉。」乃殺之。是遷也。然則，壬夫之罪何？壬夫之爲人臣也，怙勢而懷利，足以殺其身而已矣。

公會晉侯、宋公、陳侯、衛侯、鄭伯、曹伯、莒子、邾《公》作「邾婁」。**子、滕子、薛伯、**

齊世子光、吴人、鄫《穀》作「繒」。人于戚。公至自會。

《左氏傳》：會吴，且命戍陳也。穆叔以屬鄫爲不利，使鄫大夫聽命於會。

伊川先生解：吴來會，非爲主。

武夷胡氏傳：吴何以稱「人」？案《左氏》，吴子使壽越如晉，請聽諸侯之好。晉人將爲之合諸侯，使魯、衛大夫會吴于善道，且告會期。然則，戚之事，乃吴人來會，不爲主也。來會諸侯而不爲主，則進而稱「人」，諸侯往與之會而主吴，則貶而稱國，聖人之情見矣，《春秋》之義明矣。

冬，戍陳。

《左氏傳》：楚子囊爲令尹。范宣子曰：「我喪陳矣！楚人討貳而立子囊，必改行而疾討陳。陳近於楚，民朝夕急，能無往乎？有陳，非吾事也。無之而後可。」冬，諸侯戍陳。

《公羊傳》：孰戍之？諸侯戍之。曷爲不言諸侯戍之？離至不可得而序，何氏注：離至，離別前後至也。故言我也。

高郵孫氏曰：不曰諸侯者，諸侯歸國而後遣戍。但見我戍之往，不得以諸侯言之也。

楚公子貞帥師伐陳。公會晉侯、宋公、衛侯、鄭伯、曹伯、《公》、《穀》有「莒子、邾子、滕子、薛伯」。齊世子光救陳。十有二月，公至自救陳。

《左氏傳》：子囊伐陳。十一月甲午會於城棣以救之。

《穀梁傳》：公至自救陳，善救陳也。

辛未，季孫行父卒。

《左氏傳》：季文子卒。

六年，春，王三月，壬午，杞伯姑容卒。

夏，宋華弱來奔。

《左氏傳》：宋華弱與樂轡少相狎，長相優，又相謗也。子蕩怒，以弓梏華弱於朝。平公見之，曰：「司武而梏於朝，難以勝矣！」遂逐之。夏，宋華弱來奔。司城子罕曰：「同罪異罰，非刑也。專戮於朝，罪孰大焉！」亦逐子蕩。

秋，葬杞桓公。

滕子來朝。

《左氏傳》：滕成公來朝，始朝公也。

莒人滅鄫。《穀》作「繒」。

《左氏傳》：鄫恃賂也。

吕氏曰：莒、鄫小國而自相滅亡。晉悼公爲時盟主，亦莫之恤。蓋當是時，禮義衰絶之後，滅國弑君，世所謂大惡者，皆目見之熟，不以爲甚異。故雖晉悼號爲賢君，爲諸夏宗，亦莫能正也。嗚呼！天下之禍，莫大於目見之熟，而遂以爲常事而不顧也。

冬，叔孫豹如邾。《公》作「邾婁」。

《左氏傳》：穆叔如邾，聘且修平。杜氏注：平四年狐駘戰。

季孫宿如晉。

《左氏傳》：晉人以鄫故來討，曰：「何故亡鄫？」季武子如晉見，且聽命。

十有二月，齊侯滅萊。

《左氏傳》：十一月，齊侯滅萊，萊恃謀也。於鄭子國之來聘也，四月，晏弱城東陽，而遂圍萊。……及杞桓公卒之月，乙未，王湫帥師及正輿子、棠人軍齊師。齊師大敗之。丁未，入萊。萊共公浮柔奔棠。……晏弱圍棠，十一月丙辰而滅之①。遷萊於郳。

《公羊傳》：曷爲不言萊君出奔？國滅君死之，正也。

【校　記】

① 而：原脱，據《春秋左傳》補。

七年，春，郯子來朝。

《左氏傳》：始朝公也。

夏，四月，三卜郊，不從，乃免牲。

《左氏傳》：三卜郊，不從，乃免牲。孟獻子曰：「吾乃今而後知有卜、筮。夫郊，祀后稷以祈農事也。是故啓蟄而郊，郊而後耕。今既耕而卜郊，宜其不從也。」

小邾《公》作「邾婁」子來朝。

《左氏傳》：小邾穆公來朝，亦始朝公也。

城費。

《左氏傳》：南遺爲費宰。叔仲昭伯爲隧正，欲善季氏而求媚於南遺。謂遺：「請城費，吾多與而役。」故季氏城費。

武夷胡氏傳：費，季氏邑也。案《左氏》南遺爲費宰，叔仲昭伯爲隧正，欲善季氏而求媚於南遺，謂遺：「請城費，吾多與而役。」故季氏城費。季文子相三君，無衣帛之妾，無食粟之馬，無藏金玉，無重器備，則固忠於公室，而不顧其所食之私邑也。及行父卒，宿之不忠，遂專魯國之政。羣小媢之，無故勞民，妄興是役，季氏益張。其後孔子行乎季氏，三月不違，至於帥師墮費，其越禮不度可知也。然則書「城費」，乃履霜堅冰之戒，强私家，弱公室之萌，據事直書而義自見矣。用人不惟其賢惟其世，豈不殆哉！

秋，季孫宿如衛。

《左氏傳》：季武子如衛，報子叔之聘，且辭緩報，非貳也。

襄陵許氏曰：此書滕、郯、小邾來朝，而志卿如邾、如晉、如衛。衛來拜聘，著朝廷之閒，交際之文則從矣。

八月，螽。《公》作「蝝」。

襄陵許氏曰：昭伯、南遺，實敝公室以强季氏，國之殘也，故螽生之。

冬，十月，衛侯使孫林父來聘。壬戌，及孫林父盟。

《左氏傳》：衛孫文子來聘，且拜武子之言，而尋孫桓子之盟。

楚公子貞帥師圍陳。十有二月，公會晉侯、宋公、陳侯、衛侯、曹伯、莒子、邾子于鄬。

《公》作「邾婁」。

《左氏傳》：楚子囊圍陳，會于鄬以救之。

杜氏注：謀救陳。陳侯逃歸，不成救，故不書救也。鄬，鄭地。

鄭伯髡頑《公》、《穀》作「原」。**如會，未見諸侯。丙戌，卒于鄵。**《公》、《穀》作「操」。

《左氏傳》：鄭僖公之爲大子也，於成之十六年，與子罕適晉，不禮焉。又與子豐適楚，亦不禮焉。及其元年朝於晉，子豐欲愬諸晉而廢之。子罕止之。及將會于鄬，子駟相，又不禮焉。侍者諫，不聽。又諫，殺之。及鄵，子駟使賊夜弑僖公，而以瘧疾赴於諸侯。簡公生五年，奉而立之。

《公羊傳》：操者何？鄭之邑也。諸侯卒其封内不地，此何以地？隱之也。何隱爾？弑也。孰弑之？其大夫弑之。曷爲不言其大夫弑之？爲中國諱也。曷爲爲中國諱？鄭伯將會諸侯于鄬，其大夫諫曰：「中國不足歸也，則不若與楚。」鄭伯曰：「不可。」其大夫……於是弑之。未見諸侯，其言如會何？致其意也。

《穀梁傳》：其不言弑，何也？不使夷狄之民加乎中國之君也。

武夷胡氏傳：案鄭僖公三《傳》皆以爲弑，而《春秋》書「卒」者，《左氏》則曰「以瘧疾赴也」，《公羊》則曰「爲中國諱也」，《穀梁》則曰「不使夷狄之民加乎中國之君也」。夫弑而可以僞赴，又順其欲而不彰，則亂臣賊子免於見討，而《春秋》非傳信之書矣。然則弑而書「卒」，二《傳》以爲爲中國諱，不使夷狄之民加中國之君，疑得聖人之意，顧習其説者未之察爾。夫弑君之賊，其惡不待貶絶而自見矣。見弑者，豈無不善之積以及其身者乎！衛桓則以嫡母無寵，宋殤則以亟戰疲民，齊襄則以行同鳥獸，鄭夷則以侮慢大臣，蔡固則以淫而不父，陳平國則以殺諫臣而通於夏氏，楚虔則以多行無禮，奚齊則以嬖孽而國人不之君，吴餘祭則以輕近刑人，而曾州蒲欲盡去羣大夫而立其左右也。若夫鄭僖公，則異於是矣。中國者，禮義之所出也。夷狄者，禽獸之與鄰也。僖公欲從諸侯會于鄬，則是貴禮義，爲中國之君也。諸大夫欲背諸夏與荆楚，則是近禽獸爲夷狄之民也。以中國之君而見弑於夷狄之民，豈有不善之積以及其身者乎！聖人至是傷之甚，懼之甚①，故變文而書曰：「鄭伯髡頑如會，未見諸侯。丙戌。卒于鄵。」未見諸侯，其曰「如會」何？致其志也。諸侯卒於境内不地。鄵，鄭邑也。其曰「卒于鄵」，見其弑而隱之也。卒鄭伯，逃歸陳侯，聖人之旨微，而《公》、《穀》之義精矣，存天理，抑人欲之意遠矣。

陳侯逃歸。

《左氏傳》：陳人患楚。慶虎、慶寅謂楚人曰：「吾使公子黄往而執之。」楚人從之。二慶使告陳侯於會曰：「楚人執公子黄矣！君若不來，羣臣不忍社稷宗廟，懼有二圖。」陳侯逃歸。

武夷胡氏傳：《穀梁》曰逃義曰「逃」。逃者，匹夫之事。上二年諸侯戍陳，今楚令尹來伐[②]，諸侯又救之，亦既勤矣。爲陳侯計者，下令國中，大申儆備，立太子以固守，親聽命於諸侯，謀禦敵之策。當是時，晉君方明，八卿和睦，諸侯聽命，必能致力於陳矣。不此之顧，棄儀衛而逃歸，此匹夫之事耳。夫義，路也；禮，門也。輕棄中國，惟夷蠻之懼，是不能由是路出入是門，故書「逃歸」以罪之，可謂深切著明矣。

【校記】

① 自「《左氏》則曰」至「聖人至是傷之甚懼之甚」：四庫本作「僖公欲從諸侯會于鄬，諸大夫欲背諸夏與荆楚，則是僖公之見弑，非有不善之積以及身」。

② 來：原作「求」，據《春秋胡氏傳》改。

八年，春，王正月，公如晉。

《左氏傳》：公如晉朝，且聽朝聘之數。

夏，葬鄭僖公。

鄭人侵蔡，獲蔡公子燮。《公》作「濕」。

《左氏傳》：鄭子國、子耳侵蔡，獲蔡司馬公子燮。鄭人皆喜，唯子産不順，曰：「小國無文德，而有武功，禍莫大焉。楚人來討，能勿從乎？從之，晉師必至。晉、楚伐鄭，自今鄭國不四五年弗得寧矣。」

《穀梁傳》：「人」，微者也。「侵」，淺事也。而獲公子，公子病矣。

季孫宿會晉侯、鄭伯、齊人、宋人、衛人、邾《公》作「邾婁」。**人于邢丘。**

《左氏傳》：會于邢丘，以命朝聘之數，使諸侯之大夫聽命。季孫宿、齊高厚、宋向戌、衛甯殖諸大夫會之。鄭伯獻捷於會，故親聽命。

《穀梁傳》：見魯之失正也。公在而大夫會也。

泰山孫氏曰：邢丘之會，公在晉也。晉侯不與公會而與季孫宿會者，襄公微弱，政在季氏故也。晉爲盟主，棄其君而與臣，何以宗諸侯？此晉之惡亦可見矣。

武夷胡氏傳：大夫稱「人」，貶之也。昔周公戒成王以「繼自今，我其立政、立事」。夫不自爲政而委於臣下，是以國之利器示人而不知寶也！朝聘，事之大者，重煩諸侯而使大夫聽命，無乃姑息愛人而不由德乎！使政在大夫而諸侯失國，又豈所以愛之也。後此八年，溴梁之會，悼公初没，諸侯皆在而大夫獨盟，君若贅旒，夫豈一朝一夕之故哉！故邢丘諸侯之大夫貶而稱「人」，謹其始也。

公至自晉。

莒人伐我東鄙。

《左氏傳》：莒人伐我東鄙，以疆鄫田。

襄陵許氏曰：莒人恃遠，滅鄫伐魯，以奸齊盟，而霸討弗及，閒晉方患秦、楚故也。

秋，九月，大雩。

《左氏傳》：旱也。

冬，楚公子貞帥師伐鄭。

《左氏傳》：楚子囊伐鄭，討其侵蔡也。子駟、子國、子耳欲從楚，子孔、子蟜、子展欲待晉。子駟曰：「……民急矣，姑從楚以紓吾民。晉師至，吾又從之。……犧牲玉帛，待於二境，以待强者而庇民焉。……」子展曰：「小所以事大，信也。……五會之信，今將背之，雖楚救我，將安用之？親我無成，鄙我是欲，不可從也。……」子駟曰：「《詩》云：『謀夫孔多，是用不集。……』請從楚，騑也受其咎。」乃及楚平。使王子伯駢告於晉……知武子使行人子員對之曰：「君有楚命，亦不使一介行李告於寡君，而即安於楚。君之所欲也，誰敢違君？寡君將帥諸侯以見於城下，唯君圖之。」

武夷胡氏傳：齊宣王問於孟子「交鄰國有道乎？」孟子曰：「有。唯智者爲能以小事大，故大王事熏鬻，勾踐事吴。以小事大者，畏天者也。畏天者，保其國。」鄭介大國之閒，困强楚之令而欲息肩於晉，若能信任仁賢，明其政刑，經晝財賦，以禮法自守而親比四鄰，必能保其封境。荆楚雖大，何畏焉？而子耳、子國加兵於蔡，獲公子燮，無故怒楚，所謂不修文德而有武功者也。楚人來討，不從則力不能敵，從之則晉師必至，故國人皆喜而子産獨不順焉，以晉、楚争鄭，自兹弗得寧矣。是以獲公子燮，特書「侵蔡」以罪之，而公子貞來伐鄭及楚平不復書矣。平而不書，以見鄭之屈服於楚而不信也。犧牲玉帛，待於境上，以待强者而請盟，其能國乎！

晉侯使士匄來聘。

《左氏傳》：范宣子來聘，且拜公之辱，告將用師於鄭。

九年，春，宋災。《公》作「火」，《穀》作「災」。

高郵孫氏曰：《春秋》之義，常事不書，反常則書。故其書災異可知也。二百四十二年之久，書災者一十有二，未嘗有曰「火」者。火，則人爲之也。人爲之者，又悉書之，《春秋》豈勝紀哉！

夏，季孫宿如晉。

《左氏傳》：報宣子之聘也。

五月，辛酉，夫人姜氏薨。

《左氏傳》：穆姜薨於東宮。

秋，八月，癸未，葬我小君穆《公》作「繆」。姜。

杜氏注：四月而葬，速。

冬，公會晉侯、宋公、衛侯、曹伯、莒子、邾《公》作「邾婁」，下同。子、滕子、薛伯、杞伯、小邾子、齊世子光伐鄭。十有二月，己亥，同盟于戲。

《左氏傳》：冬十月，諸侯伐鄭。庚午，季武子、齊崔杼、宋皇鄖從荀罃、士匄門於鄟門。杜氏注：三國從上軍。衛北宫括、曹人、邾人從荀偃、韓起門於師之梁。杜氏注：三國從中軍。滕人、薛人從欒黶、士魴門於北門。杜氏注：三國從下軍。杞人、郳人從趙武、魏絳斬行栗。杜氏注：三國從新軍。甲戌，師於氾。令於諸侯曰：「修器備，盛餱糧，歸老幼，居疾於虎牢，肆眚，圍鄭。」鄭人恐，乃行成。中行獻子曰：「遂圍之，以待楚人之救也，而與之戰。不然，無成。」知武子曰：「許之盟而還師，以敝楚人。吾三分四軍，與諸侯之鋭，以逆來者。於我未病，楚不能矣。猶愈於戰。暴骨以逞，不可以争。大勞未艾。君子勞心，小人勞力，先王之制也。」諸侯皆不欲戰，乃許鄭成。十一月，己亥，同盟於戲，鄭服也。將盟，鄭六卿……皆從鄭伯。晉士莊子爲載書，曰：「自今日既盟之後，鄭國而不唯晉命是聽，而或有異志者，有如此盟。」公子騑趨進，曰：「天禍鄭國，使介居二大國之閒。大國不加德音，而亂以要之，使其鬼神不獲歆其禋祀，其民人不獲享其土利，夫婦辛苦墊隘，無所底告。自今日既盟之後，鄭國而不唯有禮與强可以庇民者是從，而敢有異志者，亦如之。」荀偃曰：「改載書。」公孫舍之曰：「昭大神要言焉。若可改也，大國亦可叛也。」知武子謂獻子曰：「我實不德，而要人以盟，豈禮也哉！……姑盟而退，修德息師而來，終必獲鄭。何必今日？……」晉人不得志於鄭，以諸侯復伐之。十二月，癸亥，門其三門。閏月，戊寅，济於陰阪，侵鄭。次於陰口而還。

杜氏注：戲，鄭地。

武夷胡氏傳：善爲國者不師，善師者不陣，善陣者不戰。知武子明於善陣之法，以佐晉悼公，屢與諸侯伐鄭，楚輒救之，而不與之戰，楚師遂屈，得善勝之道矣。故下書蕭魚之會以美之。

楚子伐鄭。

《左氏傳》：楚子伐鄭，子駟將及楚平。子孔、子蟜曰：「與大國盟，口血未乾而背之，可乎？」子駟、子展曰：「吾盟固云：『唯强是從。』……」乃及楚平。公子罷戎入盟，同盟於中分。楚莊夫人卒，王未能定鄭而歸。晉侯歸，謀所以息民。魏絳請施舍，輸積聚以貸。自公以下，苟有積者，盡出之。國無滯積，亦無困人。公無禁利，亦無貪民。祈以幣更，賓以特牲。器用不作，車服從給。行之期年，國乃有節。三駕而楚不能與爭。

春秋集解卷二十

襄公

十年春，公會晉侯、宋公、衛侯、曹伯、莒子、邾《公》作「邾婁」，下同。子、滕子、薛伯、杞伯、小邾子、齊世子光，會吴於柤。夏，五月，甲午，遂滅偪《穀》作「傅」。陽。

《左氏傳》：春，會於柤，會吴子壽夢也。……夏，四月，戊午，會于柤。杜氏注：《經》書「春」，始行也。晉荀偃、士匄請伐偪陽，而封宋向戌焉。荀罃曰：「城小而固，勝之不武，弗勝爲笑。」固請。丙寅，圍之，弗克。……荀偃、士匄請於荀罃曰：「水潦將降，懼不能歸。請班師。」知伯怒，投之以机，出於其閒，曰：「女成二事，而後告余。余恐亂命，以不女違。女既勤君而興諸侯，牽帥老夫以至於此，既無武守，而又欲易余罪。曰：『是實班師，不然克矣。』……七日不克，必爾乎取之！」五月，庚寅，荀偃、士匄帥卒攻偪陽，親受矢石。甲午，滅之。……以與向戌。向戌辭……乃予宋公。……[晉]以偪陽子歸，獻於武宫，謂之夷俘。偪陽，妘姓也。使周内史選其族嗣，納諸霍人。

《穀梁傳》：會，又會，外之也。劉氏《權衡》曰：《穀梁》曰：「外之也。」非也，會于戚，吴在①，何不外之乎？會于申，淮夷亦在，何不外之乎？

杜氏注：柤，楚地。偪陽，妘姓國，今彭城傅陽縣也。

吕氏曰：中國諸侯往與吴會，宜示以禮義，明以王制，以同獎周室，遂滅偪陽，不道甚矣。

公至自會。

《穀梁傳》：會夷狄不致，惡事不致，此其致，何也？存中國也。中國有善事則并焉，無善事則異之，存之也。汲鄭伯，逃歸陳侯，致柤之會，存中國也。

楚公子貞、鄭公孫輒帥師伐宋。

《左氏傳》：六月，楚子囊、鄭子耳伐宋，師于訾毋。庚午，圍宋，門於桐門。

晉師伐秦。

《左氏傳》：九年，秦景公使士雅乞師於楚，將以伐晉。楚子許之。……秋，楚子師於武城，以爲秦援。秦人侵晉。晉饑，弗能報也。……十年，晉荀罃伐秦，報其侵也。

秋，莒人伐我東鄙。

《左氏傳》：莒人閒諸侯之有事也，故伐我東鄙。

公會晉侯、宋公、衛侯、曹伯、莒子、邾《公》作「邾婁」，下「小邾」同。**子、齊世子光、滕**

子、薛伯、杞伯、小邾子伐鄭。

《左氏傳》：諸侯伐鄭。齊崔杼使大子光先至於師，故長於滕。己酉，師於牛首。

呂氏曰：齊世子光序諸侯上，主會者爲之也。《春秋》不改，所以示譏，言上下之無禮文，專以强弱事勢爲先後也。

冬，盜殺鄭公子騑、《公》、《穀》作「斐」。公子發、公孫輒。

《左氏傳》：初，子駟與尉止有争，將禦諸侯之師而黜其車。……子駟爲田洫，司氏、堵氏、侯氏、子師氏皆喪田焉，故五族聚羣不逞之人，因公子之徒以作亂。杜氏注：八年，子駟所殺公子熙等之黨。於是子駟當國，子國爲司馬，子耳爲司空，子孔爲司徒。冬，十月，戊辰，尉止、司臣、侯晉、堵女父、子師僕帥賊以入。晨，攻執政於西宫之朝，殺子駟、子國、子耳。……子孔知之，故不死。

伊川先生解：盜殺三卿，不稱大夫，失卿職也。

泰山孫氏曰：盜者，微賤之稱。一日而殺三卿，故列數之，惡鄭伯失刑政。

武夷胡氏傳：卿大夫者，國君之陪貳，政之本也。本强則精神折衝，聞有偃息談笑而却敵國之兵，勝千里之難者矣。乃至於身不能保而盜得殺之於朝，安在其爲陪貳乎！故削其大夫，爲當官失職者鑒也。

戍鄭虎牢。

《左氏傳》：諸侯之師城虎牢而戍之。晉師城梧及制，士魴、魏絳戍之。……鄭及晉平。

武夷胡氏傳：虎牢之城，地不繫鄭者，責在鄭也。戍而繫鄭者，罪諸侯也。曷爲責鄭？設險所以守國。有是險而不能設，犧牲玉帛，待盟境上，使其民人不享土利，辛苦墊隘無所底告，然後請成。故城不繫鄭者，責其不能有也。曷爲罪諸侯？夫鄭人從楚固云不義，然中國所以城之者，非欲斷荆楚之路，爲鄭蔽也，駐師阨險以逼之爾。至是伐而復戍焉，猶前志也，則可謂以義服之乎？故戍而繫鄭者，若曰：鄭國分地，受諸天子，非列國所得專，所以罪諸侯也。聖人既以虎牢還繫於鄭，又書「楚公子貞帥師救鄭」，諸侯之罪益明矣。夫以救許楚，所以深罪諸侯不能保鄭，肆其陵逼，曾荆楚之不若也，亦可謂深切著明也哉！

楚公子貞帥師救鄭。公至自伐鄭。

《左氏傳》：楚子囊救鄭。十一月，諸侯之師還鄭而南，至於陽陵。楚師不退。知武子欲退，曰：「今我逃楚，楚必驕，驕則可與戰矣。」欒黶曰：「逃楚，晉之耻也。……我將獨進。」師遂進。己亥，與楚師夾潁而軍。子蟜曰：「諸侯既有成行，必不戰矣。從之將退，不從亦退。退，楚必圍我。猶將退也。不如從楚，亦以退之。」宵涉潁，與楚人盟。欒黶欲伐鄭師。荀罃不可，曰：「我實不能禦楚，又不能庇鄭。鄭何罪？不如致怨焉而還。今伐其師，楚必救之。戰而不克，爲諸侯笑。……」丁未，諸侯之師還，侵鄭北鄙而歸。楚人亦還。

襄陵許氏曰：書楚救鄭而致公，知諸侯之避楚也。避楚侵鄭，不書，諱也。

【校記】

①吴：原脱，據劉敞《春秋權衡》補。

十有一年，春，王正月，作三軍。

《左氏傳》：季武子將作三軍，告叔孫穆子曰：「請爲三軍，各征其軍。」穆子曰：「政將及子，子必不能。」武子固請之，穆子曰：「然則盟諸？」乃盟諸僖閎，詛諸五父之衢。正月，作三軍，三分公室，而各有其一。三子各毁其乘。季氏使其乘之人，以其役邑入者無征。杜氏注：使軍乘之人，率其役入季氏者無公征。不入者倍征。杜氏注：不入季氏者則使公家倍征之，設利病，欲驅使入己。孟氏使半爲臣，若子若弟。杜氏注：取其子弟之半也。四分其乘之人，以三歸公而取其一。叔孫氏使盡爲臣，杜氏注：盡取子弟，以其父兄歸公。不然，不舍。杜氏注：制軍分民，不如是則三家不舍其故而改作也。

杜氏注：增立中軍。萬二千五百人爲軍。

武夷胡氏傳：三軍，魯之舊也。古者大國三軍，次國二軍，小國一軍。魯侯封於曲阜，地方數百里，天下莫强焉。及僖公時，能復周公之宇，而史克作頌。其詩曰：「公車千乘。」説者以爲大國之賦也。又曰：「公徒三萬。」説者以爲大國之軍也。故知三軍，魯之舊耳。然車而謂之「公車」，則臣下無私乘也；徒而謂之「公徒」，則臣下無私民也。若有侵伐，諸卿更帥以出，事畢則將歸於朝，車復於甸，甲散於兵，卒還於邑。將皆公家之臣，兵皆公家之衆，不相係也。文、宣以來，政在私門。襄公幼弱，季氏益張，廢公室之三軍，而三家各有其一。季氏盡征焉，而舊法亡矣。是以謂之「作」。其明年，季孫宿救台，遂入鄆。又其後享范獻子而公臣不能具三耦，民不屬公可知也。《春秋》書其作舍，以見昭公失國，定公無正，而兵權不可去公室。有天下國家者之所宜鑒也。

吕氏曰：三軍，舊制也。數不必常，以示稱也。今魯無事而用常制，勞民費財，不尚德而黷武，亂所由作也。

夏，四月，四卜郊，不從，乃不郊。

《穀梁傳》：夏四月，不時也。四卜郊，非禮也。

鄭公孫舍之帥師侵宋。

《左氏傳》：鄭人患晉、楚之故……子展曰：「與宋爲惡，諸侯必至，吾從之盟。楚師至，吾又從之，則晉怒甚矣。晉能驟來，楚將不能，吾乃固與晉。」……使疆埸之司惡於宋。宋向戌侵鄭，大獲。子展曰：「師而伐宋可矣……。」夏，鄭子展侵宋。

公會晉侯、宋公、衛侯、曹伯、齊世子光、莒子、邾《公》作「邾婁」，下同。子、滕子、薛伯、杞伯、小邾子伐鄭。

《左氏傳》：四月，諸侯伐鄭。己亥，齊大子光、宋向戌先至於鄭，門於東門。其莫，晉荀罃至於西郊，東侵舊許。衛孫林父侵其北鄙。六月，諸侯會於北林，師於向。右還，次於瑣。圍鄭，觀兵於南門，西濟於濟隧。鄭人懼，乃行成。

秋，七月，己未，同盟于亳《公》、《穀》作「京」。城北。

《左氏傳》：秋七月，同盟于亳。范宣子曰：「不慎，必失諸侯。諸侯道敝而無成，能無貳乎！」乃盟。載書曰：「凡我同盟，毋蘊年，毋壅利，毋保姦，毋留慝，救災患，恤禍亂，同好惡，獎王室。或閒兹命，司慎司盟，名山名川，羣神羣祀，先王先公，七姓十二國之祖，明神殛之，俾失其民，隊命亡氏，踣其國家。」

伊川先生解：鄭服而同盟也，隨復從楚伐宋。云「同」，見其反覆。

杜氏注：亳城，鄭地。

公至自伐鄭。《穀梁傳》：不以後致，盟後復伐鄭也。

楚子、鄭伯伐宋。

《左氏傳》：楚子囊乞旅於秦。秦右大夫詹帥師從楚子，將以伐鄭。鄭伯逆之。丙子，伐宋。

公會晉侯、宋公、衛侯、曹伯、齊世子光、莒子、邾子、滕子、薛伯、杞伯、小邾子伐鄭，會于蕭魚。

《左氏傳》：諸侯之師觀兵於鄭東門。鄭人使王子伯駢行成。甲戌，晉趙武入盟鄭伯。冬，十月，丁亥，鄭子展出盟晉侯。十二月，戊寅，會于蕭魚。庚辰，赦鄭囚，皆禮而歸之。納斥候，禁侵掠。……鄭人賂晉侯以師悝、師觸、師蠲，廣車、軘車淳十五乘，甲兵備，凡兵車百乘，歌鐘二肆，及其鎛磬、女樂二八。晉侯以樂之半賜魏絳，曰：「子教寡人和諸戎狄，以正諸華。八年之中，九合諸侯，如樂之和，無所不諧。請與子樂之。」辭曰：「……抑臣願君安其樂而思其終也，……《書》曰：『居安思危。』思則有備，有備無患。敢以此規。」

伊川先生解：諸侯數月之閒再伐鄭，鄭之反覆可知。鄭又服而請會，不書鄭會，謂其不可信也。而晉悼公推至誠以待人，信之不疑。至哉！誠之能感人也，自此鄭不背晉者二十四年。

杜氏注：蕭魚，鄭地。

劉氏《意林》：會于蕭魚，鄭伯如會歟？則宜以「如會」書；乞盟歟？則宜以「乞盟」書。今一皆没之，獨稱「會」，何哉？《春秋》嘉善矜不能，而成人之美。悼公之服鄭也有道。其信義著於諸侯，非一日之積。此善之可嘉者也。鄭伯之欲從中國也，亦非一日之積，逼於楚之强而未果，此不能之可矜者也。然則，晉之取鄭，鄭之下晉，不始於會蕭魚之日，其信已在前矣。至其會也，諸侯以小息，中國以小安，是乃有貴乎約信者也。其義不言而諭，不盟而壹，故略其文以見其實，蓋《春秋》成人之美之意也。故以戰伐爲事者，殘人民，敝財用，未必能下敵也。以盟誓爲信者，繁犧牲，費辭令，未必能合衆也。今示以救災患，恤禍亂，同好惡，獎王室，而遠人服矣。爲天下豈可以詐力哉！

蘇氏曰：鄭與會也，八年，鄭人侵蔡，獲蔡公子燮。自是晉、楚争鄭，五年之間，晉人四以諸侯伐鄭，楚輒救之。晉用知罃之謀，未嘗與楚人戰。至是楚不能應，遂全師以服鄭。於是鄭固與晉二十餘年，楚不能争，雖城濮之克，不能過也。

公至自會。

《穀梁傳》：伐而後會，不以伐鄭致，得鄭伯之辭也。

伊川先生解：兵不加鄭，故書「至自會」。

高郵孫氏曰：《春秋》書「至」者，或以前事，或以後事，蓋皆擇其重者。伐鄭重於同盟，則至以伐；會而得鄭，重於徒伐，則至以會。蓋皆其重也。

楚人執鄭行人良霄。

《左氏傳》：九月，諸侯悉師以復伐鄭。鄭人使良霄、大宰石㚟如楚，告將服於晉。……楚人執之。

杜氏注：良霄，公孫輒子伯有也。

陸氏《纂例》：啖子曰：「凡稱『行人』而執，以其事執也。言爲使事。不稱『行人』而執，以己執也。」

襄陵許氏曰：書執良霄，見楚力盡於是矣。

冬，秦人伐晉。

《左氏傳》：秦庶長鮑、庶長武帥師伐晉以救鄭。鮑先入晉地。士魴禦之，少秦師而弗設備。壬午，武濟自輔氏，與鮑交伐晉師。己丑，秦、晉戰於櫟。晉師敗績，易秦故也。

十有二年，春，王三月，莒人伐我東鄙，圍台。《穀》作「邰」，下同。

杜氏注：琅邪費縣南有台亭。

泰山孫氏曰：莒背蕭魚之會，伐我東鄙，圍台。

季孫宿帥師救台，遂入鄆。《公》作「運」。

《公羊傳》：大夫無遂事，此其言遂何？公不得爲政爾。

杜氏注：鄆，莒邑。

泰山孫氏曰：季孫宿受命救台，不受命入鄆。季孫宿帥師救台，遂入鄆，專也。

武夷胡氏傳：鄆，莒邑也。遂者，生事也。入者，逆詞也。大夫無遂事，受命而救台，不受命而入鄆，惡季孫宿之擅權，使公不得有爲於其國也。或曰：古者命將得專制閫外之事，有可以安國家，利社稷者，專之可也。曰：此爲境外言之也，台在邦域之中而專行之，非有無君之心者，不敢爲也。昭公逐，定無正，夫豈一朝一夕之故哉！其所由來者漸矣。

夏，晉侯使士魴《公》作「彭」。來聘。

《左氏傳》：晉士魴來聘，且拜師。

襄陵許氏曰：晉悼服鄭抑楚而聘魯，善持勝矣。《詩》曰：「肆不殄厥愠，亦不隕厥聞。」

秋，九月，吴子乘卒。

《左氏傳》：吴壽夢卒。

襄陵許氏曰：楚自共王以後，不大爲中國患者，以壽夢總兵而議其後。

冬，楚公子貞帥師侵宋。

《左氏傳》：冬，楚子囊、秦庶長無地伐宋，師於楊梁，以報晉之取鄭也。

公如晉。

《左氏傳》：公如晉，朝，且拜士魴之辱。

十有三年，春，公至自晉。

夏，取邿。《公》作詩。

《左氏傳》：夏，邿亂。分爲三。師救邿，遂取之。

杜氏注：邿，小國也。任城亢父縣有邿亭。

劉氏傳：邿者何？附庸之國也。

襄陵許氏曰：晉始息民，是以楚侵宋不報。魯取邿不討，取無大亂而已。

秋，九月，庚辰，楚子審卒。

《左氏傳》：秋，楚共王卒。

冬，城防。

《左氏傳》：冬，城防。書，事時也。於是將早城，臧武仲請俟畢農事。

襄陵許氏曰：鄭役既息，魯政有裕，則知取邿以爲利，城防以爲安而已矣。

十有四年，春，王正月，季孫宿、叔老會晉士匄、齊人、宋人、衛人、鄭公孫蠆、曹人、莒人、邾人、滕人、薛人、杞人、小邾人，會吴于向。

《左氏傳》：十三年，吴侵楚。養由基奔命，子庚以師繼之。養叔曰：「吴乘我喪，謂我不能師也，必易我而不戒。子爲三覆以待我。我請誘之。」子庚從之。戰于庸浦，大敗吴師。……十四年春，吴告敗於晉。會于向，爲吴謀楚故也。范宣子數吴之不德也，以退吴人。

陸氏《纂例》：趙子曰：「魯書二卿，志非度也。」

武夷胡氏傳：使舉上客，而叔老並書者，以内卿行則不得不書矣。季孫宿以卿爲介而不使之免，叔老介於宿而不敢避，蓋兩失之。雖晉人輕其幣而敬其使，於君命使人之體豈爲得哉！

二月，乙未，朔，日有食之。

夏四月，叔孫豹會晉荀偃、齊人、宋人、衛北宮括、《公》作「結」。鄭公孫蠆、曹人、莒人、邾《公》作「邾婁」，下同。人、滕人、薛人、杞人、小邾人伐秦。

《左氏傳》：夏，諸侯之大夫從晉侯伐秦，以報櫟之役也。晉侯待於竟，使六卿帥諸侯之師以進。及涇，不濟。叔向見叔孫穆子。穆子賦《匏有苦葉》。叔向退而具舟，魯人、莒人先濟。……「鄭子蟜、衛北宮懿子」見諸侯之師而勸之濟。濟涇而次。秦人毒涇上流，師人多死。鄭司馬子蟜帥鄭師以進，師皆從之，至於棫林，不獲成焉。荀偃令曰：「雞鳴而駕，塞井夷竈，唯余馬首是瞻！」欒黶曰：「晉國之命，未是有也。余馬首欲東。」乃歸。下軍從之。……伯游曰：「吾令實過，悔之何及，多遺秦禽。」乃命大還。晉人謂之遷延之役。

己未，衛侯《公》有「衎」字。出奔齊。

《左氏傳》：衛獻公戒孫文子、甯惠子食，皆服而朝。日旰不召，而射鴻於囿。二子從之，不釋皮冠而與之言。二子怒。孫文子如戚。孫蒯入使，公飲之酒，使大師歌《巧言》之卒章。大師辭，師曹請爲之。初，公有嬖妾，使師曹誨之琴。師曹鞭之。公怒，鞭師曹三百。故師曹欲歌之以怒孫子，以報公。公使歌之，遂誦之。蒯懼，告文子。文子曰：「君忌我矣，弗先。必死。」并帑於戚而入……公使子蟜、子伯、子皮與孫子盟於丘宫，孫子皆殺之。四月，己未，子展奔齊，公如鄄。使子行於孫子，孫子又殺之。公出奔齊……齊人以郲寄衛侯。……衛人立公孫剽，孫林父、甯殖相之，以聽命於諸侯。

杜氏注：諸侯之策書孫、甯逐衛侯。《春秋》以其自取奔亡之禍，故諸侯失國者，皆不書逐君之賊也。

劉氏《意林》：奔而名者，兩君之辭。剽已立矣，而衎不名，何邪？曰：春秋雖亂世，君不君，臣不臣，至於劫奪之禍，尚皆有緣而作，窮悖極亂而不爲也。今剽以公族秉國政，交於諸侯有日矣。親逐其君而自取之，惡有甚焉，故絶其兩君之稱，以見所惡也。叔武攝位而鄭不名，剽篡國而衎不名。其不名也同，而所以不名異。叔武稱「子」而剽稱「侯」，稱「子」者，讓之意也；稱「侯」者，篡之實也。故曰：貴賤不嫌同號，美惡不嫌同辭，爲《春秋》者，安可弗察邪？

武夷胡氏傳：案《左氏》，衛甯殖將死，語其子曰：「吾得罪於君，名在諸侯之策，曰：『孫林父、甯殖出其君。』」夫所謂諸侯之策，則列國之史也。諸侯則若晉若魯是也。史則若晉之《乘》，魯之《春秋》是也。今《春秋》書「衛侯出奔齊」，而不曰「孫林父、甯殖出其君」者，蓋仲尼筆削，不因舊史之文也。欲知《經》之大義，深考舊文筆削之不同，其得之矣。或曰：孫、甯出君，衆所同疾，史策書之是也，聖人曷爲掩姦藏惡，不暴其罪，而以歸咎人主，何哉？曰：臣而逐君，其罪已明矣。人君擅一國之名寵，神之主而民之望也，愛之如父母，仰之如日月，敬之如神明，畏之如雷霆，何可出也？所爲見逐，無乃肆於民上，縱其淫虐，以棄天地之性乎！故衛衎出奔，使宗祝告亡，且告無罪，而定姜曰「有罪若何告無」。《春秋》端本清源之書，故不書所逐之臣，而以自奔爲名，所以警乎人君者，爲後世鑒。非聖人莫能修之，謂此類也。

莒人侵我東鄙。

秋，楚公子貞帥師伐吴。

《左氏傳》：秋，楚子爲庸浦之役故，子囊師于棠，以伐吴。吴不出而還。子囊殿，以吴爲不能而弗儆。吴人自皐舟之隘要而擊之。楚人不能相救，吴人敗之，獲楚公子宜穀。

冬，季孫宿會晉士匄、宋華閲、衛孫林父、鄭公孫蠆、莒人、邾人于戚。

《左氏傳》：晉侯問衛故於中行獻子，對曰：「不如因而定之。衛有君矣……」冬，會于戚，謀定衛也。

襄陵許氏曰：衛人立剽，非正也；而謀定之，則正弗勝矣。林父在會，是以知其謀定剽也。

十有五年，春，宋公使向戌來聘。二月，己亥，及向戌盟于劉。

《左氏傳》：宋向戌來聘，且尋盟。杜氏注：報二年豹之聘，尋十一年亳之盟。

劉夏逆王后于齊。

《左氏傳》：官師從單靖公逆王后於齊。卿不行，非禮也。杜氏注：官師，劉夏也。天子官師，非卿也。天子不親昏，使上卿逆，而公監之。

《公羊傳》：劉夏者何？天子之大夫也。劉者何？邑也。

杜氏注：劉，采地；夏，名也。

泰山孫氏曰：劉，魯地。

高郵孫氏曰：天子無親逆之禮，逆后則使三公。《春秋》書逆王后者二：祭公行得禮，而又書之者，譏遂事也；劉夏之逆，則以非三公而譏之也。《春秋》二百四十二年，周王十三，其逆后者惟二，是知非禮則書之也。

武夷胡氏傳：劉夏何以不稱使？不與天子之使夏也。婚姻，人倫之本；王后，天下之母。劉夏，士也。士而逆后，是不重人倫之本而輕天下之母矣。然則何使？卿往逆，公監之，禮也。官師從單靖公逆王后于齊，書劉夏而不書靖公，是知卿往逆、公監之禮也。《春秋》婚姻得禮者，常事不書。

吕氏曰：春秋之世，天子、諸侯皆無力於爲善之意，委靡不振，亦任之而已爾。劉夏，士也，而使逆后，其違禮而無爲善之意，可知也。

夏，齊侯伐我北鄙，圍成。公救成，至遇。季孫宿、叔孫豹帥師城成郛。

《左氏傳》：夏，齊侯圍成，貳於晉故也。於是乎城成郛。

《公羊傳》：其言「至遇」何？不敢進也。

吕氏曰：救成至遇，不敢進也。畏齊如此，而無强自爲善，多進善人以立其國之意。襄公之不才亦可知也。又曰成郛壞而城之，苟完而已。當世君臣所以爲國者如是而已，寧有遠慮乎！

常山劉氏曰：武備不謹，城邑見圍，救患當速，乃復畏避。公之所爲可知矣①。季孫宿、叔孫豹帥師城成郛，由不能救，故成郛見壞而城也。

秋，八月，丁巳，日有食之。

邾人伐我南鄙。冬，十有一月，癸亥，晉侯周卒。

《左氏傳》：秋，邾人伐我南鄙。使告於晉。晉將爲會以討邾、莒。晉侯有疾，乃止。

冬，晋悼公卒，遂不克會。

襄陵許氏曰：政在君則民一，民一則國强；政在臣則民二，民二則國弱。魯自成、襄失政，大夫並竊國靈，齊與邾、莒交伐其國，不競甚矣，則是無他[②]，民分於三桓故也。

【校　記】

① 可：原脱，據摛藻堂本補。

② 他：原作「故」，據元鄭玉《春秋闕疑》卷三十改。

十有六年，春，王正月，葬晋悼公。

三月，公會晋侯、宋公、衛侯、鄭伯、曹伯、莒子、邾子、薛伯、杞伯、小邾子于溴梁。戊寅，大夫盟。

《左氏傳》：春，葬晋悼公。平公即位……改服修官，烝於曲沃。杜氏注：《傳》言晋將有溴梁之會，故速葬。警守而下，會于溴梁。命歸侵田。以我故，執邾宣公、莒犂比公，且曰：「通齊、楚之使。」晋侯與諸侯宴於温，使諸大夫舞，曰：「歌詩必類。」齊高厚之詩不類。荀偃怒，且曰：「諸侯有異志矣！」使諸大夫盟高厚，高厚逃歸。於是，叔孫豹、晋荀偃、宋向戌、衛甯殖、鄭公孫蠆、小邾之大夫盟，曰：「同討不庭。」

《公羊傳》：諸侯皆在是，其言大夫盟何？信在大夫也。何言乎信在大夫？偏刺天下之大夫也。曷爲偏刺天下之大夫？君若贅旒然。

《穀梁傳》：溴梁之會，諸侯失正矣。諸侯會，而曰「大夫盟」，正在大夫也。諸侯在，而不曰諸侯之大夫，大夫不臣也。

杜氏注：葬晉悼公，踰月而葬，速也。溴，水名，出河内軹縣東南，至温入河。

泰山孫氏曰：案三年，公會單子、晉侯、宋公、衛侯、鄭伯、莒子、邾子、齊世子光。己未，同盟于雞澤。陳侯使袁僑如會。戊寅，叔孫豹及諸侯之大夫及陳袁僑盟，言「諸侯之大夫」。此直曰「戊寅，大夫盟」，不言「諸侯之大夫」者，雞澤之會，諸侯始失政也。至於溴梁，則又甚矣。溴梁之會，政在大夫也。政在大夫，故不言「諸侯之大夫」；不言「諸侯之大夫」者，大夫無諸侯故也。溴梁，晉地。

高郵孫氏曰：《論語》曰：「天下有道，禮樂征伐自天子出。天下無道，禮樂征伐自諸侯出。自諸侯出，蓋十世希不失矣。自大夫出，五世希不失矣。陪臣執國命，三世希不失矣。」孔子之所謂十世，則隱、桓之時也；所謂五世，則宣、成之時也。《春秋》始隱、桓，天下之禮樂征伐出於諸侯，而王道絶矣。宣、成以前，諸侯之大夫尚多稱「人」，宣、成以後，魯、宋、齊、晉、蔡、衛、陳、鄭八國之大夫會盟侵伐，名氏悉書，無復更稱「人」者。於時六卿專晉，三桓擅魯，齊之政出於崔、高，衛之政歸於孫、甯，天下諸侯之國政，無不在於大夫者。孔子傷之，始於隱、桓，而《春秋》作，隱、桓至於襄、昭，凡十世矣。

蘇氏曰：牡丘之會，諸侯既次於匡。書曰：「公孫敖帥師及諸侯之大夫救徐。」雞澤之會，諸侯既盟，而陳侯使袁僑如會，書曰：「叔孫豹及諸侯之大夫及陳袁僑盟。」今諸侯既會，將使大夫盟高厚，高厚逃歸，則書曰「豹及諸侯之大夫盟」可矣，獨書曰「大夫盟」，何也？荀偃怒而使大夫盟高厚，欲以强服諸侯，則政在大夫也。自是，晉政在六卿，故獨書「大夫盟」，言無君也。

武夷胡氏傳：上二年春正月，會于向，十有四國之大夫也。夏四月，會伐秦，十有三國之大夫也。冬會于戚，七國之大夫也。此三會，皆國之大事也，而使大夫皆專之，而諸侯皆不與焉。是列國之君不自爲政，弗躬弗親，禮樂征伐已自大夫出矣。況悼公既没，晉平初立，無先公之明也，君若贅旒，而大夫張亦宜矣，豈一朝一夕之故哉！善惡積於至微而不可揜，常情忽於未兆而不預謀。荀偃怒，大夫盟，而晉靖公廢，趙籍、韓虔、魏斯爲諸侯之勢見矣。有國者，謹於禮而不敢忽，此《春秋》以待後世之意也。

晉人執莒子、邾子以歸。

《左氏傳》：以我故，執邾宣公、莒犂比公①，且曰：「通齊、楚之使。」

劉氏《意林》：晉人知莒子、邾子之可以討矣，而未知己之不可討也。用亂治亂，用不肖治不肖，禍乃始作，非正本之意也。沈同問孟子：「燕可伐與？」孟子曰：「可。」沈同伐燕，齊人以孟子爲勸之也。孟子曰：「可。」彼如曰：「孰可伐之？」則將曰：「爲天吏則可以伐之。」譬猶殺人者而問曰：「人可殺與？」亦將應之曰：「可。」彼如曰：「孰可殺之？」則將曰：「爲士師者可以殺之。」今以燕伐燕，曷爲勸之哉！夫孟子，可謂知本矣。

泰山孫氏曰：晉平溴梁之會方退，執莒子、邾子以歸，又不歸於京師，非所以宗諸侯也。

高郵孫氏曰：僖二十一年，諸侯會楚，執宋公，《經》不再言楚人執之，所以罪中國之諸侯，從盟主以會楚子，楚執其盟主。而諸侯會于溴梁，將以號令而安之也。會而執二國之君，《春秋》罪之，故曰「晉人」也。楚，夷也②；晉，中國也。夷則不責③，中國則責之④，有知與無知者異也。

齊侯伐我北鄙。

夏，公至自會。

五月，甲子，地震。

叔老會鄭伯、晉荀偃、衛甯殖、宋人伐許。

《左氏傳》：許男請遷於晉。諸侯遂遷許，許大夫不可。晉人歸諸侯。杜氏注：唯以其師討許之不肯遷。鄭子蟜聞將伐許，遂相鄭伯以從諸侯之師。穆叔從公。杜氏注：從公歸。齊子帥師會晉荀偃。……夏，六月，次於棫林。庚寅，伐許，次於函氏。

襄陵許氏曰：晉卿主兵，而先鄭伯者，臣子不可過君也。

秋，齊侯伐我北鄙，圍成。

《左氏傳》：秋，齊侯圍成。孟孺子速徼之。齊侯曰：「是好勇，去之以爲之名。」速遂塞海陘而還。

大雩。

冬，叔孫豹如晉。

《左氏傳》：冬，穆叔如晉聘，且言齊故。晉人曰：「以寡君之未禘祀，與民之未息，不然，不敢忘。」穆叔曰：「以齊人之朝夕釋憾於敝邑之地，是以大請！敝邑之急，朝不及夕，引領西望曰：『庶幾乎！』比執事之間，恐無及也！」

【校記】

① 犂：原作「黎」，據《春秋左傳》改。

② 夷也：四庫本作「外裔」。

③ 夷則：四庫本作「于楚」。
④ 中國：四庫本作「于晉」。

十有七年，春，王二月，庚子，邾子牼《公》、《穀》並作「瞷」。**卒。**

杜氏注：宣公也。

宋人伐陳。

《左氏傳》：春，宋莊朝伐陳，獲司徒卬，卑宋也。

夏，衛石買帥師伐曹。

《左氏傳》：衛孫蒯田於曹隧，飲馬於重丘，毁其缾。重丘人閉門而詢之，曰：「親逐而君，爾父爲厲。是之不憂，而何以田爲？」夏，衛石買、孫蒯伐曹，取重丘。曹人愬於晉。

秋，齊侯伐我北鄙，圍桃。《公》作「洮」。**高厚**《公》、《穀》作「齊高厚」。**帥師伐我北鄙，圍防。**

《左氏傳》：齊人以其未得志於我故，秋，齊侯伐我北鄙，圍桃。高厚圍臧紇於防。師自陽關逆臧孫，至於旅松。郰叔紇、臧疇、臧賈帥甲三百，宵犯齊師，送之而復。齊師去之。

杜氏注：桃，魯地。弁縣東南有桃虚。

泰山孫氏曰：案十五年，齊侯伐我北鄙圍成，十六年齊侯伐我北鄙圍成，此年齊侯伐我北鄙圍桃，高厚伐我北鄙圍防。三年之中，君臣加兵於魯者四，此齊之不道，亦可知也。

九月，大雩。

宋華臣出奔陳。

《左氏傳》：宋華閲卒。華臣弱皐比之室，使賊殺其宰華吴。……宋公聞之，曰：「臣也，不唯其宗室是暴，大亂宋國之政，必逐之。」左師曰：「臣也，亦卿也。大臣不順，國之恥也。不如蓋之。」乃舍之。……十一月，甲午，國人逐瘈狗。瘈狗入於華臣氏，國人從之。華臣懼，遂奔陳。

冬，邾人伐我南鄙。

《左氏傳》：冬，邾人伐我南鄙，爲齊故也。

春秋集解卷二十一

襄公

十有八年，春，白狄來。

《左氏傳》：春，白狄始來。

《公羊傳》：狄者何？夷狄之君也。何以不言朝？不能朝也。

劉氏《意林》：諸侯閒於天子之事則相朝。相朝者，考禮正刑一德，以尊王室爲之也。是以《春秋》亦予其朝。夫夷狄於中國無事焉①，其於天子世一見，則諸侯雖善其交際，不得而通也。是以《春秋》亦不予其朝。不予其朝者，懲淫慝，一内外也。周公致太平，越裳氏重九譯而獻其白雉。周公曰：「君子德不及焉，不享其贄。」此乃天子而讓也。況列國之君，守藩之臣乎！

夏，晉人執衛行人石買。

《左氏傳》：晉人執衛行人石買於長子，執孫蒯於純留，爲曹故也。

杜氏注：石買即是伐曹者，宜即懲治本罪，而晉因其爲行人之使執之，故書「行人」以罪晉。

劉氏傳：稱「人」以執者，非伯討也。此其爲非伯討奈何？衛孫蒯淫獵於曹，曹人閉門詢之。孫蒯怒，使石買帥師以伐曹。曹人訴諸晉。石買以君命聘於晉，晉人執之。晉能知石買之伐曹爲惡矣，而未能知孫蒯之逐其君爲惡也。蒯者，曷爲者也？孫林父之子也，是始惡於君而逐之。

秋，齊師《穀》作「侯」。**伐我北鄙。**

襄陵許氏曰：齊人四年之閒，五伐鄙而四圍邑，又從邾、莒以助其虐，諸侯之陵暴，未有若是者也。是以動天下之兵，幾亡其國。

冬，十月，公會晉侯、宋公、衛侯、鄭伯、曹伯、莒子、邾子、滕子、薛伯、杞伯、小邾子同圍齊。

《左氏傳》：秋，晉侯伐齊。冬，十月，會於魯濟，尋溴梁之言，同伐齊。齊侯禦諸平陰，塹防門而守之，廣里。……范宣子告析文子曰：「吾知子，敢匿情乎？魯人、莒人皆請以車千乘自其鄉入，既許之矣。若入，君必失國。子盍圖之？」子家以告公。公恐。……齊侯登巫山以望晉師。晉人使司馬斥山澤之險，雖所不至，必旆而疏陳之。使乘車者左實右僞，以旆先，輿曳柴而從之。齊侯見之，畏其衆也，乃脱歸。丙寅，晦，齊師夜遁。十一月，丁卯，朔，入平陰，遂從齊師。……晉人欲逐歸者，魯、衛請攻險。己卯，荀偃、士匄以中軍克京兹。乙酉，魏絳、欒盈以下軍克邿。趙武、韓起以上軍圍盧，弗克。十二月，戊戌，及秦周，伐雍門之萩。雍門，齊城門。……己亥，焚雍門及西郭、南郭。劉難、士弱率諸侯之師焚申池之竹木。壬寅，焚東郭、北郭。……齊侯駕，將走郵棠。大子與郭榮扣馬，曰：「師速而疾，略也。將退矣。君何懼焉！……」抽劍斷鞅，乃止。甲辰，東侵及濰，南及沂。

伊川先生解：書「同圍」，見諸侯之惡齊。

劉氏傳：會者，聚辭也。既曰「會」矣，又曰「同圍齊」何？同圍之者，猶曰環之也。環之者何？不通也。諸侯之軍四分，或焚其郛，或攻其門，譬如棲之者。然此蓋伐也，曷爲不言「伐」？圍不言「伐」也。

泰山孫氏曰：齊爲不道，數侵諸侯，故諸侯同圍之，言「同」者，諸侯同心疾齊也。

武夷胡氏傳：凡侵、伐、圍、入，未有書「同」者，而獨於此書「同圍齊」何也？齊環背盟棄好，陵虐神主，肆其暴横，數伐鄰國，觀加兵於魯則可見矣。諸侯所共惡疾，故同心而圍之也。同心圍齊，其以伐致何也？見齊環無道，宜得惡疾。大諸侯之伐，而免其圍齊之罪辭也。《春秋》於此，有沮横逆，抑强暴之意。孟子曰：「國必自伐，而後人伐之。自作孽，不可逭。」其齊侯環之謂矣，尚誰懟哉！

曹伯負芻卒于師。

楚公子午帥師伐鄭。

《左氏傳》：鄭子孔欲去諸大夫，將叛晉而起楚師以去之。使告子庚，子庚弗許。楚子聞之，使楊豚尹宜告子庚曰：「國人謂不穀主社稷而不出師，死不從禮。不穀即位於今五年，師徒不出。人其以不穀爲自逸，而忘先君之業矣。……」子庚歎曰：「君王其謂午懷安乎？吾以利社稷也。」見使者，稽首而對曰：「諸侯方睦於晉，臣請嘗之。若可，君而繼之。不可，收師而退，可以無害……」子庚帥師，治兵於汾。於是子蟜、伯有、子張從鄭伯伐齊，子孔、子展、子西守。二子知子孔之謀，完守入保。子孔不敢會楚師。楚師伐鄭，次於魚陵。右師城上棘，遂涉潁，次於旃然。蔿子馮、公子格率鋭師侵費滑、胥靡、獻於、雍梁。右回梅山，侵鄭，東北至於蟲牢而返。子庚門於純門，信於城下而還。涉於魚齒之下，甚雨及之。楚師多凍，役徒幾盡。

【校記】

① 夷狄：四庫本作「外蕃」。

十有九年，春，王正月，諸侯盟于祝柯。《公》作「阿」。

《左氏傳》：春，諸侯還自沂上，盟於督揚，曰：「大毋侵小。」督揚，即祝柯也。

杜氏注：前年圍齊之諸侯也。祝柯，縣。今屬濟南郡。

高郵孫氏曰：諸侯已圍齊，而爲祝柯之盟不序諸侯者，前目後凡也。

晉人執邾子。

《左氏傳》：執邾悼公，以其伐我故。

劉氏傳：稱「人」以執者，非伯討也。此其爲非伯討奈何？邾人伐魯，晉人疾焉，執其君以劫其地。然則曷爲不言以歸？舍之也。曷爲舍之？未得其地，故劫之；已得其地，故舍之。

公至自伐齊。

劉氏傳：此圍也，其以伐致何？圍而以伐致者，以伐告也。

取邾田，自漷水。

《左氏傳》：遂次於泗上，疆我田。取邾田，自漷水歸之於我。

杜氏注：取邾田，以漷水爲界也。漷水，出東海合鄉縣西南，經魯國至高平湖陸縣入泗。

泰山孫氏曰：諸侯土地受之天子，不可取也。言「取」，惡内也。「自漷水」者，隨漷水爲界也。

蘇氏曰：成二年，晉人敗齊於鞌，齊人歸我汶陽之田。書曰「取汶陽田」，不言齊、魯地也。今以晉命取田於邾，故書曰「取邾田，自漷水」，言非魯地也。

季孫宿如晉。

《左氏傳》：季武子如晉拜師。

葬曹成公。

夏，衛孫林父帥師伐齊。

《左氏傳》：晉欒魴帥師，從衛孫文子伐齊。杜氏注：《經》書「夏」。

秋，七月，辛卯，齊侯環《公》作「瑗」。卒。

《左氏傳》：夏，五月，壬辰，晦，齊靈公卒。《經》書「七月辛卯」。

晉士匄帥師侵齊。至穀，聞齊侯卒，乃還。

《左氏傳》：晉士匄侵齊，及穀，聞喪而還，禮也。

《公羊傳》：「還」者何？善辭也。何善爾？大其不伐喪也。

杜氏注：詳録所至及還者，善得禮。

陸氏《纂例》：士匄聞齊侯卒，乃還。凡伐喪①，皆不當更往，又并合禮，故曰「還」。事畢也，善辭也。還例見莊八年、宣十八年。

劉氏傳：「還」者何？善辭也。何善爾？古之爲師也，不伐喪。大夫以君命出境，有可以安社稷，利國家者，則專之可也。穀者，齊地也。其曰「至穀」，而後稱其義也。非齊地，則勿復乎？曰：止師而請之，君曰可而後止，不可則復之，期可而後止。臣之事君也，凡在國無專焉；子之事親也，凡在家無專焉。臣子大節也。

蘇氏曰：將在軍，君命有所不受。有善而專之，君與有焉。必君命而後可，則安用將矣。

常山劉氏曰：天下無王，諸侯擅命，征伐各自己出。利人之難而成其私，故伐人之喪者，比比而是。而士匄乃有惻隱之心，愍人之患，還師不侵，豈不善乎！

武夷胡氏傳：喪必不可伐，非進退可疑而待請者。

八月，丙辰，仲孫蔑卒。

齊殺其大夫高厚。

《左氏傳》：齊侯娶於魯，曰顔懿姬，無子。其姪鬷聲姬生光②，以爲大子。諸子仲子、戎子。戎子嬖，仲子生牙，屬諸戎子。戎子請以爲大子，許之。仲子曰：「不可。……光之立也，列於諸侯矣。……」公曰：「在我而已。」遂東大子光。使高厚傅牙以爲大子，夙沙衛爲少傅。齊侯疾，崔杼微逆光，疾病而立之。光殺戎子。……秋，八月，齊崔杼殺高厚於灑藍，而兼其室。

劉氏傳：稱國以殺大夫者，罪累上也。高厚之累上奈何？齊靈公廢大子光，以牙爲大子，高厚傅之。靈公疾，崔杼微逆光。靈公卒，光即位，於是殺高厚也。

鄭殺其大夫公子嘉。《公》作「喜」。

《左氏傳》：鄭子孔之爲政也專。國人患之，乃討西宫之難與純門之師。子孔當罪，以其甲及子革、子良氏之甲守。甲辰，子展、子西率國人伐之，殺子孔而分其室。

武夷胡氏傳：不稱鄭人者，嘉則有罪矣。而子展、子西不能正以王法，肆諸市朝，與衆同棄，乃利其室而分之，有私意焉。故稱國以殺，而不去其官，此《春秋》原情定罪之意。

冬，葬齊靈公。

城西郛。

《左氏傳》：城西郛，懼齊也。

叔孫豹會晉士匄于柯。

《左氏傳》：齊及晉平，盟於大隧。故穆叔會范宣子于柯。

杜氏注：魏郡内黄縣東北有柯城。

襄陵許氏曰：宣十五年書「仲孫蔑會齊高固于無婁」，成五年書「叔孫僑如會晉荀首于穀」，襄十九年書「叔孫豹會晉士匄于柯」，以見政在大夫。列國之事如此，非正也。

城武城。

《左氏傳》：穆叔曰：「齊猶未也，不可以不懼。」乃城武城。

杜氏注：泰山南武城縣。

【校記】

① 凡伐喪：摛藻堂本注「缺」，空三格，四庫本作「歸父還」。查陸淳《纂例》卷八無此三字。

② 鄋：原作「騣」，據《春秋左傳》改。

二十年，春，王正月，辛亥，仲孫速《公》作「遬」。**會莒人，盟于向。**

《左氏傳》：春，及莒平。孟莊子會莒人，盟于向，督揚之盟故也。

杜氏注：向，莒邑。

夏，六月，庚申，公會晉侯、齊侯、宋公、衛侯、鄭伯、曹伯、莒子、邾子、滕子、薛

伯、杞伯，小邾子盟于澶淵。

《左氏傳》：夏，盟于澶淵，齊成故也。

杜氏注：澶淵在頓丘縣南，今名繁汙。此衛地，又近戚田。

秋，公至自會。

仲孫速《公》作「遬」。帥師伐邾。

《左氏傳》：邾人驟至，以諸侯之事弗能報也。秋，孟莊子伐邾以報之。

泰山孫氏曰：仲孫速背澶淵之盟，伐邾。

蔡殺其大夫公子燮。《穀》作「濕」。蔡公子履出奔楚。

《左氏傳》：蔡公子燮欲以蔡之晉，蔡人殺之。公子履，其母弟也，故出奔楚。……初，蔡文侯欲事晉，曰：「先君與於踐土之盟，晉不可棄，且兄弟也。」畏楚，不能行而卒。楚人使蔡無常，公子燮求從先君以利蔡，不能而死。

劉氏傳：稱國以殺大夫者，罪累上也。公子燮之累上奈何？蔡莊侯欲受盟於晉，未能行而卒。公子燮請從先君，國人不欲，於是殺公子燮。請從先君，何以爲有罪？非其力也而任之，非其民之欲也而强之，燮之智足以殺其身而已矣。

武夷胡氏傳：公子燮謀君之合於義者也，國人乃不順焉而殺燮，此何罪矣！故稱國以殺，而不去其官。公子履，其母弟也，進不能正國，退不能遠害，懼禍而奔，從於夷狄①，書者，罪之也。

陳侯之弟黄《公》、《穀》作「光」。出奔楚。

《左氏傳》：陳慶虎、慶寅畏公子黄之逼，愬諸楚曰：「與蔡司馬同謀。」楚人以爲討。公子黄出奔楚。

《穀梁傳》：諸侯之尊，弟兄不得以屬通。其「弟」云者，親之也。親而奔之，惡也。

陸氏《纂例》：稱「弟」者，罪其兄也。非兄之罪，則曰「公子」。

叔老如齊。

《左氏傳》：齊子初聘於齊，禮也。

冬，十月，丙辰，朔，日有食之。

季孫宿如宋。

《左氏傳》：冬，季武子如宋，報向戌之聘也。

【校記】

① 夷狄：四庫本作「南蠻」。

二十有一年，春，王正月，公如晉。

《左氏傳》：公如晉，拜師及取邾田也。謝十八年伐齊之師，漷水之田。

邾庶其以漆、閭丘來奔。

《左氏傳》：邾庶其以漆、閭丘來奔。季武子以公姑姊妻之，皆有賜於其從者。於是魯多盜。季孫謂臧武仲曰：「子盍詰盜？」武仲曰：「不可詰也。紇又不能。」季孫曰：「我有四封，而詰其盜，何故不可？子爲司寇，將盜是務去，若之何不能？」武仲曰：「子召外盜而大禮焉，何以止吾盜？……紇也聞之，在上位者，洒濯其心，一以待人。軌度其信，可明徵也，而後可以治人。夫上之所爲，民之歸也。上所不爲，而民或爲之，是以加刑罰焉，而莫敢不懲。若上之所爲，而民亦爲之，乃其所也，又可禁乎？……」庶其非卿也，以地來，雖賤必書，重地也。

《穀梁傳》：「以」者，不以者也。來奔者，不言出，舉其接我者也。

杜氏注：二邑在高平南。平陽縣東北有漆鄉，西北有顯閭亭。

陸氏《纂例》：以地來奔，即叛也。

陸氏《微旨》：不言叛，爲内諱也。受叛臣，非也。故諱以示譏也。

武夷胡氏傳：庶其，邾大夫也。《春秋》小國之大夫不書，其姓氏，微也。其以事接我，則書其姓氏，謹之也。莒慶以大夫即魯而圖婚，接我不以禮者也。邾庶其以地叛其君而來奔，接我不以義者也。以欲敗禮則身必危，以利棄義則國必亂。《春秋》，禮義之大宗，故小國之大夫接我以利欲，則特書其姓氏，謹之也。漆一邑，閭丘一邑，而不言「及」者，庶其之私邑，所受於君而食之者也。此叛臣何以不書叛？書名書地，而竊邑叛君之罪見矣。夫棄夷狄從諸夏，其慕義之心，疑可與也。然有據城以求援者，君子猶以爲不可受，而況鄰國乎！書「來奔」，而魯受叛臣納其地之罪，亦見矣。

襄陵許氏曰：書以邑奔、邑叛，自襄始，大夫盛强故也。

夏，公至自晉。

秋，晉欒盈出奔楚。

《左氏傳》：欒桓子娶於范宣子，生懷子。范鞅以其亡也，怨欒氏……桓子卒，欒祁與其老州賓通，幾亡室矣。懷子患之。祁懼其討也，愬諸宣子曰：「盈將爲亂，……」范鞅爲之徵。懷子好施，士多歸之。宣子畏其多士也，信之。懷子爲下卿，宣子使城著而遂逐之。秋，欒盈出奔楚。

劉氏《意林》：不以范匄逐之爲文，而以盈之自出爲説，使盈無可逐之釁，則匄不得逐矣。匄之罪易見，盈之失難知，此《春秋》所以深探其情而大正其本也。道莫難於治天下，而天下之治在國，國之治在家，家之治在身。身不治，國家不可得治也。《詩》之首周、召，《書》之首堯、舜，皆從此生矣。《春秋》述堯、舜者也，是以謹於人道之始，閨門之内。《易》曰：「閑有家悔亡。」家之不閑，悔不亦宜乎！

九月，庚戌，朔，日有食之。冬，十月，庚辰，朔，日有食之。

襄陵許氏曰：日比年食，又比月食，蓋自是八年之間而日七食，禍變重矣。

曹伯來朝。

《左氏傳》：冬，曹武公來朝，始見也。

公會晉侯、齊侯、宋公、衛侯、鄭伯、曹伯、莒子、邾《公》作「邾婁」。**子于商任。**

《左氏傳》：會于商任，錮欒氏也。

杜氏注：商任，地闕。

蘇氏曰：錮欒氏，非禮也。古者，大夫去國，君使人導之出疆，又先於其所往。

襄陵許氏曰：欒氏之出，非其罪也，徒以權臣私相忌惡，何有於國？而平公受其蔽怒①，勤動諸侯，以逞范鞅之積憾，必使盈無所容於世。故盈發憤，卒興禍亂，此皆以私敗公，足爲古今至戒。是時，中國無事，晉無所發政而亟會諸侯，則知徒以欒氏，《傳》不誣也。

【校記】

① 蔽怒：元鄭玉《春秋闕疑》卷三二作「敵怒」，《日講春秋解義》卷四二作「激怒」。

二十有二年，春，王正月，公至自會。

夏四月。

秋，七月，辛酉，叔老卒。

杜氏注：子叔齊子。

冬，公會晉侯、齊侯、宋公、衛侯、鄭伯、曹伯、莒子、邾子、《公》、《穀》有「滕子」。薛伯、杞伯、小邾子于沙隨。

《左氏傳》：秋，欒盈自楚適齊。晏平仲於齊侯曰：「商任之會，受命於晉。今納欒氏，將安用之？……」弗聽。……冬，會于沙隨，復錮欒氏也。欒盈猶在齊。晏子曰：「禍將作矣！齊將伐晉，不可以不懼。」

武夷胡氏傳：會于商任，錮欒氏也；會于沙隨，復錮欒氏也。古者大夫去國，君不埽其社稷，不繫累其子弟，不收其田邑，使人導之出疆，又先之於其所往，敕五典，厚人倫也。今晉不念欒氏世勳而逐盈，又將搏執之，而命諸侯無得納焉，則亦過也。楚逐申公巫臣，子反請以重幣錮之。楚子曰：「止。彼若能利國家，雖重幣，晉將可乎？若無益於晉，晉將棄之，何勞錮焉？」其賢于商任、沙隨之謀遠矣。

公至自會。

楚殺其大夫公子追舒。

《左氏傳》：楚觀起有寵於令尹子南，未益禄，而有馬數十乘。……王遂殺子南於朝，轘觀起於四境。

蘇氏曰：追舒爲令尹，寵觀起，未益禄而有馬數十乘。楚人患之，故誅追舒。罪不至死，故稱國以殺。

二十有三年，春，王二月，癸酉，朔，日有食之。

三月，己巳，杞伯匄卒。

《左氏傳》：春，杞孝公卒。

夏，邾畀《公》作「鼻」，《穀》作「畀」。**我來奔。**

杜氏注：畀我是庶其之黨。

泰山孫氏曰：此言「邾畀我來奔」者，惡内也。惡鄉受邾叛人邑，今又納邾叛人也。

葬杞孝公。

陳殺其大夫慶虎及慶寅。陳侯之弟黄《公》、《穀》作「光」。自楚歸于陳。

《左氏傳》：陳侯如楚。公子黄愬二慶於楚。楚人召之，使慶樂往殺之。慶氏以陳叛。夏，屈建從陳侯圍陳。陳人城，板隊而殺人。役人相命，各殺其長。遂殺慶虎、慶寅。楚人納公子黄。

《穀梁傳》：陳殺其大夫慶虎及慶寅，稱國以殺，罪累上也。「及慶寅」，慶寅累也。

劉氏傳：稱國以殺其大夫者，罪累上也。慶虎之累上奈何？慶虎爲無道，暴蔑其君而去其親。慶虎之爲人臣也，足以殺其身矣。然而暴虐其君而去其親，三年國幾亡者，陳侯則實使之也。其言「及慶寅」何？以罪及之也。寅，慶虎之族也。

武夷胡氏傳：人君擅一國之利勢，使權臣暴蔑其身而不能遠，欲去其親而不能保，譖愬之於大國而不能辨，至因夷狄之力然後能克，則非人君之道也。故二慶之死，稱國以殺。公子黄之出，特以「弟」書者，譏歸陳侯也。凡此皆《春秋》端本之意。

呂氏曰：慶虎、慶寅之罪不等，故言「及」。

晉欒盈復入于晉，入于曲沃。

《左氏傳》：晉將嫁女於吴，齊侯使析歸父媵之，以藩載欒盈及其士，納諸曲沃。欒盈夜見胥午而告之。……伏之，而觴曲沃人。樂作。午言曰：「今也得欒孺子，何如？」對曰：「得主而爲之死，猶不死也。」皆歎，有泣者。爵行，又言。皆曰：「得主，何貳之有？」盈出，遍拜之。四月，欒盈帥曲沃之甲，因魏獻子，以晝入絳。……樂王鮒待坐於范宣子。或告曰：「欒氏至矣！」宣子懼。桓子曰：「奉君以走固宫，必無害也。……欒氏所得，其唯魏氏乎！而可强取也。……」「宣子」奉公以如固宫。范鞅逆魏舒，則成列既乘，將逆欒氏矣。趨進，曰：「欒氏帥賊以入，鞅之父與二三子在君所矣。……」遂超乘……驅之……宣子逆諸階，執其手，賂之以曲沃。……欒氏乘公門。宣子謂鞅曰：「矢及君屋，死之！」鞅用劍以帥卒……欒盈奔曲沃，晉人圍之。

劉氏傳：曷爲不言叛？不言叛者，非叛者也。其非叛奈何？劫衆以敵君，則亂而已矣。

蘇氏曰：不書「自齊」何也？齊之納盈，非以兵明納之也，辟如盜賊私納之耳，故不書「自齊」。

武夷胡氏傳：欒氏，晉室之世臣，故盈雖出奔猶繫於晉。「復入」者，甚逆之辭，爲其既絶而復入也。曲沃者，所食之地。當是時，權寵之臣，各以利誘其下，使爲之用，至於殺身而不避，莫知有君臣之分者也。故聞欒孺子者，則或泣或歎，以爲得主而爲之死猶不死也。盈從之，遂入絳，乘公門。若非天棄欒氏，又有范鞅之謀，晉亦殆矣。原其失，在於錮之甚急，使無所容於天地之閒，是以至此極。《春秋》備書之，以見人而不仁，疾之已甚，亂也。其爲後世鑒，豈不深切著明也哉！

秋，齊侯伐衛，遂伐晉。

《左氏傳》：齊侯伐衛。……自衛將遂伐晉。……崔杼諫，……弗聽。陳文子見崔武子，曰：「將如君何？」武子曰：「吾言於君，君弗聽也。以爲盟主，而利其難。羣臣若急，君於何有？……」齊侯遂伐晉，取朝歌，爲二隊，入孟門，登大行，張武軍於熒庭，戍郫邵，封少水，以報平陰之役，乃還。趙勝帥東陽之師以追之，獲晏氂。

八月，叔孫豹帥師救晉，次于雍榆。《公》、《穀》作「渝」。

《穀梁傳》：言救後次，非救也。

杜氏注：雍榆，晉地。汲郡朝歌縣東有雍城。

陸氏《微旨》：淳聞於師曰：「凡言『救』者，救急之名，不當次止也。僖元年次于聶北救邢，本次止而遥爲邢援，故先書『次』，後言『救』，譏其失救急之義也。今此君命往救晉，豹畏齊而次。故上言『救晉』，以明出師本意，是先通君命也。言君本命往救，而豹自次止，所以不譏君而罪豹也。」

高郵孫氏曰：不救則懼晉之討，往救則畏齊之强大，夫帥師救之而次焉。聶北之次，先次後救，可救而不救，則罪重也。雍榆之次，先救後次，欲救而力不能，有罪而猶輕耳。《春秋》之義，次皆有罪。於次之中，有足矜者，雍榆之次是也。

己卯，仲孫速《公》作「遬」。**卒。**

冬，十月，乙亥，臧孫紇出奔邾。

《左氏傳》：季武子無適子，公彌長，而愛悼子，欲立之。……「臧紇爲立之」。季氏以公鉏爲馬正。孟孫惡臧孫，季孫愛之。孟氏之御騶豐點好羯也，曰：「從余言，必爲孟孫。」……孟莊子疾，豐點謂公鉏：「苟立羯，請讎臧氏。」公鉏謂季孫曰：「孺子秩固其所也。若羯立，則季氏信有力於臧氏矣。」弗應。己卯，孟孫卒。公鉏奉羯立於户側。……季孫曰：「孺子長。」公鉏曰：「何長之有？唯其才也。……」遂立羯。秩奔邾。臧孫入哭，甚哀，多涕。……曰：「季孫之愛我，疾疢也。孟孫之惡我，藥石也。美疢不如惡石。夫石猶生我。疢之美，其毒滋多。孟孫死，吾亡無日矣。」孟氏閉門，告於季孫曰：「臧氏將爲亂，不使我葬。」季孫不信。臧孫聞之，戒。冬十月，孟氏將辟，藉除於臧氏。臧孫使正夫助之，除於東門，甲從己而視之。孟氏又告季孫。季孫怒，命攻臧氏。乙亥，臧紇斬鹿門之關以出，奔邾。

晉人殺欒盈。

《左氏傳》：晉人克欒盈於曲沃，盡殺欒氏之族黨。

《公羊傳》：曷爲不言殺其大夫？非其大夫也。

《穀梁傳》：惡之，弗有也。不言殺其大夫，是不有之以爲大夫。

泰山孫氏曰：不言其大夫者，欒盈出奔楚，當絶也。稱「人」以殺，從討賊辭。

齊侯襲莒。

《左氏傳》：齊侯還自晉，不入。遂襲莒。門于且于，傷股而退。……莒子……獲杞梁。莒人行成。勝大國益懼，故行成。

陸氏《纂例》：趙子曰：「掩其不備者曰襲。」

高郵孫氏曰：以强攻弱，又掩其不備焉。書曰「齊侯襲莒」，蓋侵伐之中，而罪之尤者也。

二十有四年，春，叔孫豹如晉。

仲孫羯帥師侵齊。

《左氏傳》：孟孝伯侵齊，晉故也。

夏，楚子伐吴。

《左氏傳》：夏，楚子爲舟師以伐吴，不爲軍政，無功而還。

秋，七月，甲子，朔，日有食之，既。

襄陵許氏曰：《春秋》三書食既。桓三年，以周桓敗；宣八年，以楚莊興；至是而中國諸侯皆受盟於楚矣。

齊崔杼帥師伐莒。

《左氏傳》：秋，齊侯聞將有晉師，使陳無宇從薳啓彊如楚，辭，且乞師。崔杼帥師送之，遂伐莒，侵介根。

大水。

八月，癸巳，朔，日有食之。

公會晉侯、宋公、衛侯、鄭伯、曹伯、莒子、邾子、滕子、薛伯、杞伯、小邾子于夷儀。

《公》作「陳」。

《左氏傳》：會於夷儀，將以伐齊。水，不克。

冬，楚子、蔡侯、陳侯、許男伐鄭。

《左氏傳》：冬，楚子伐鄭以救齊，門於東門，次於棘澤。諸侯還，救鄭。……楚子自棘澤還，使薳啓彊帥師送陳無宇。

公至自會。

陳鍼宜咎出奔楚。

《左氏傳》：陳人復討慶氏之黨，鍼宜咎出奔楚。

襄陵許氏曰：鍼宜咎之事無聞焉爾，而以慶氏黨逐，則其人亦可知已。《易》曰：「比之匪人，不亦傷乎！」

叔孫豹如京師。

《左氏傳》：齊人城郟。穆叔如周聘，且賀城。

襄陵許氏曰：自宣九年仲孫蔑如京師，其後五十餘年，乃始有叔孫豹，以罕書也。蓋自是不書聘王矣。

大饑。

《穀梁傳》：五穀不升爲大饑。一穀不升謂之嗛，二穀不升謂之饑，三穀不升謂之饉，四穀不升謂之康，五穀不升謂之大侵。大侵之禮，君食不兼味，臺榭不塗，弛侯，廷道不除，范氏注：廢侯不燕射。廷内道路不修除。百官布而不制，范氏注：官職修列不可闕廢，不更有造作。

鬼神禱而不祀。此大侵之禮也。

武夷胡氏傳：古有救災之政。若國凶荒，或廢廩以賑乏，或移粟以通用，或徙民以就食，或爲粥溢以救餓莩，或興工作以聚失業之人，緩刑舍禁，弛力薄征，索鬼神，除盜賊，弛射侯而不燕，置廷道而不修，殺禮物而不備。雖有旱乾水溢，民無菜色，所以備之者如此其至。是年秋，有陰沴之災，而冬大饑，蓋所以賑業之者有不備矣。故書之以爲戒。

二十有五年，春，齊崔杼帥師伐我北鄙。

《左氏傳》：春，齊崔杼帥師伐我北鄙，以報孝伯之師也。公患之，使告於晉。孟公綽曰：「崔子將有大志，不在病我。必速歸，何患焉？其來也不寇，使民不嚴，異於他日。」

夏，五月，乙亥，齊崔杼弑其君光。

《左氏傳》：齊棠公之妻，東郭偃之姊也。東郭偃臣崔武子。棠公死，偃御武子以弔焉。見棠姜而美之，遂取之。……莊公通焉，驟如崔氏。以崔子之冠賜人，……崔子因是，又以其閒伐晉也……欲弑公以説於晉，而不獲閒。公鞭侍人賈舉而又近之，乃爲崔子閒公。夏，五月……崔子稱疾，不視事。乙亥，公問崔子，遂從姜氏。姜入於室，與崔子自側户出。……甲興……公踰牆。又射之，中股，反隊，遂弑之。賈舉、州綽、邴師、公孫敖、封具、鐸父、襄伊、僂堙皆死。祝佗父祭於高唐，至，覆命。不説弁而死於崔氏。申蒯，侍漁者，退，謂其宰曰：「爾以帑免，我將死。」其宰曰：「免，是反子之義也。」與之皆死。……晏子立於崔氏之門外，其人曰：「死乎？」……曰：「……君民者，豈以陵民？社稷是主。臣君者，豈爲其口實？社稷是養。故君爲社稷死則死之，爲社稷亡則亡之。若爲己死而爲己亡，非其私暱，誰敢任之？……」門啓而入，枕尸股而哭之。興，三踊而出。……盧蒲癸奔晉。王何奔莒。叔孫宣伯之在齊也，叔孫還納其女於靈公。嬖，生景公。丁丑，崔杼立而相之。慶封爲左相。……大史書曰：「崔杼弑其君。」崔子殺之。其弟嗣書而死者，二人。其弟又書，乃舍之。南史氏聞大史盡死，執簡以往。聞既書矣，乃還。

武夷胡氏傳：齊莊公見弑，賈舉、州綽等十人皆死之，而不得以死節稱，何也？所謂死節者，以義事君，責難陳善，有所從違而不苟者是也。雖在屬車後乘，必不肯同入崔氏之宫矣。若十人者，獨以勇力聞，皆逢君之惡，從於昏亂，而莊公嬖之者，死非其所，比諸匹夫匹婦自經於溝瀆而莫之知者，猶不逮也。晏平仲曰：「君民者，豈以陵民？社稷是主。臣君者，豈爲其口實？社稷是養。故君爲社稷死，則死之；爲社稷亡，則亡之。

若爲己死而爲己亡，非其私暱，誰敢任之？」此十人者，真其私暱，任之宜矣，雖殺身不償責，安得以死節許之哉！

公會晉侯、宋公、衛侯、鄭伯、曹伯、莒子、邾子、滕子、薛伯、杞伯、小邾子于夷儀。

《公》作「陳」，下同。

《左氏傳》：晉侯濟自泮，會于夷儀，伐齊，以報朝歌之役。齊人以莊公說，……賂晉侯以宗器、樂器。自六正、五吏、三十帥、三軍之大夫、百官之正長、師旅及處守者，皆有賂。晉侯許之。

泰山孫氏曰：晉再合諸侯，將伐齊，齊人懼，弒莊公以求成。晉侯許之。八月，己巳，諸侯同盟於重丘是也。莊公復背澶淵之盟，加兵晉、衛，信不道矣。然齊人弒莊公以求成，逆之大者，晉侯不能即而討之，以定齊國之亂，曷宜宗諸侯？宜乎大夫日熾，自是卒不可制也。故先書崔杼之弒，以著其惡。

武夷胡氏傳：諸侯會于夷儀，將以討齊。齊使隰鉏請成，慶封如師，男女以班。賂晉侯以宗器、樂器。自六正、五吏、三十帥、三軍之大夫、百官之正長、師旅及處守者，皆有賂。晉侯許之。夫晉，本爲報朝歌之役來討。及會夷儀，既聞崔杼之弒，則宜下令三軍建而復旆，聲於齊人，問莊公之故，執崔杼以戮之，謀於齊衆，置君以定其國，示天討之義，則方伯連帥之職修矣。今乃知賊不討，而受其賂，則是與之同情也。故《春秋》治之，如下文所貶云。

六月，壬子，鄭公孫舍之帥師入陳。

《左氏傳》：初，陳侯會楚子伐鄭。當陳隧者，井堙木刊。鄭人怨之。六月，鄭子展、子産帥車七百乘伐陳。宵突陳城，遂入之。陳侯扶其大子偃師奔墓……子展命師無入公宫，與子産親禦諸門。陳侯使司馬桓子賂以宗器。陳侯免，擁社。……子展執縶而見。……子美入，數俘而出。……司徒致民，司馬致節，司空致地，乃還。

泰山孫氏曰：前年楚子、蔡侯、陳侯、許男伐鄭，故鄭公孫舍之帥師入陳。

秋，八月，己巳，諸侯同盟于重丘。

《左氏傳》：同盟于重丘，齊成故也。趙文子爲政，令薄諸侯之幣而重其禮。穆叔見之，謂穆叔曰：「自今以往，兵其少弭矣！齊崔、慶新得政，將求善於諸侯。武也知楚令尹。若敬行其禮，道之以文辭，以靖諸侯，兵可以弭。」

伊川先生解：諸侯同病楚也。

杜氏注：重丘，齊地。

武夷胡氏傳：崔杼既弑其君矣，晉侯受其賂而許之成，故盟于重丘，特書曰「同」。

公至自會。

衛侯入于夷儀。

《左氏傳》：晉侯使魏舒、宛没逆衛侯，將使衛與之夷儀。……衛獻公入于夷儀。

杜氏注：夷儀，本邢地，衛滅邢而爲衛邑。晉愍衛衎失國，使衛分之。

武夷胡氏傳：鄭伯突入於櫟，衛侯入于夷儀，其入則一，或名或不名者，鄭伯奪正以立，而國人君之，諸侯助之，不知其義不可以有國也，故特書其名，著王法以絶之；衛侯蔑其冢卿，失國出奔，固不爲無罪矣，然有世叔儀以守，有母弟鱄以出，或撫其内，或營其外，有歸道焉，則其義猶未絶也，故止書其爵而不名。及甯喜弑剽，復歸於衛，然後書名，此聖人俟其改過遷善，不輕絶人之意。曾子曰：「夫子之道，忠恕而已矣。」此類是也。

吕氏曰：二十五年，夏，五月，公會晉侯、宋公、衛侯、鄭伯、曹伯、莒子、邾子、滕子、薛伯、杞伯、小邾子于夷儀，此衛侯即剽也。衛侯入于夷儀，即衎也。不嫌兩君名實相亂乎？曰：衎雖無道，然非臣下所當逐，則剽亦非臣下所得立，故衎入夷儀也不名，以正其名。於其復歸，則正其失地之罪名之。然則鄭伯突入于櫟何以名？曰：突不當立者，衎當立者。衎當立者，故入夷儀不名也。

楚屈建帥師滅舒鳩。

《左氏傳》：二十四年，吴人爲楚舟師之役故，召舒鳩人。舒鳩人叛楚。楚子師於荒浦，……舒鳩子……請受盟。……二十五年，秋，舒鳩人卒叛楚。令尹子木伐之，及離城。吴人救之……吴師大敗。遂圍舒鳩，舒鳩潰。八月，楚滅舒鳩。

冬，鄭公孫夏《公》作「蠆」。**帥師伐陳。**

《左氏傳》：冬十月，子西復伐陳。陳及鄭平。

十有二月，吴子遏《公》、《穀》作「謁」。**伐楚，門于巢，卒。**

《左氏傳》：十二月，吴子諸樊伐楚，以報舟師之役。門于巢。巢牛臣曰：「吴王勇而輕，若啓之，將親門。我獲射之，必殪。是君也死，疆其少安！」從之。吴子門焉，牛臣隱於短牆以射之，卒。

《穀梁傳》：古者大國過小邑，小邑必飾城而請罪，禮也。吴子謁伐楚，至巢，入其門，門人射吴子。有矢創，反舍而卒。古者，雖有文事，必有武備，非巢之不飾城而請罪，非吴子之自輕也。

杜氏注：遏，諸樊也。

劉氏傳：古者入境必假道，過門必爲之釋甲，入國則不馳。古者死而不弔者三，畏厭溺死而不義者，皆畏之類也。

春秋集解卷二十二

襄公

二十有六年，春，王二月，辛卯，衛甯喜弑其君剽。衛孫林父入于戚以叛。

《左氏傳》：二十年，衛甯惠子疾，召悼子曰：「吾得罪於君，悔而無及也。名藏在諸侯之策，曰：『孫林父、甯殖出其君。』君入，則掩之。若能掩之，則吾子也。若不能，猶有鬼神，吾有餒而已，不來食矣。」悼子許諾，惠子遂卒。二十五年，衛獻公自夷儀使與甯喜言，甯喜許之。大叔文子聞之曰：「……今甯子視君不如弈棋①，其何以免乎？弈者舉棋不定②，不勝其耦。而況置君而弗定乎？必不免矣。九世之卿族，一舉而滅之。可哀也哉！」二十六年，衛獻公使子鮮爲復，辭。敬姒强命之。對曰：「君無信，臣懼不免。」敬姒曰：「雖然，以吾故也。」許諾。初，獻公使與甯喜言，甯喜曰：「必子鮮在……。」子鮮不獲命於敬姒，以公命與甯喜言，曰：「苟反，政由甯氏，祭則寡人。」……孫文子在戚，孫嘉聘於齊，孫襄居守。二月庚寅，甯喜、右宰穀伐孫氏，不克，伯國傷。甯子出舍於郊。

伯國死，孫氏夜哭。國人召甯子，甯子復攻孫氏，克之。辛卯，殺子叔及大子角。……孫林父以戚如晉。書曰：「入于戚以叛。」罪孫氏也。臣之禄，君實有之。義則進，否則奉身而退。專禄以周旋，戮也。甲午，衛侯入。

杜氏注：衎雖未居位，林父專邑背國，猶爲叛也。

劉氏傳：不與剽得兩君之名，則其曰「衛甯喜弑其君剽」何？甯氏君之，甯氏殺之，使以稱弑焉。

劉氏《意林》：甯喜弑其君剽，季子然問：「仲由、冉求可謂大臣乎？」孔子曰：「所謂大臣者，以道事君，不可則止。今由與求也，可謂具臣矣。」季子然曰：「然則從之者與？」曰：「弑父與君，亦不從也。」由此論之，具臣者，其位下，其責薄，小從可也，大從罪也。大臣者，其任重，其責厚，小從罪也，大從惡也。夫據國之位而享其禄，臨禍不死，聞難不圖，偷得自存之計，使篡弑因己而立，後雖悔之，不可長也。里克、趙盾、甯喜之貶，不亦宜乎！曾不如公孫寧、儀行父之猶有益於其君也，又況商人、陳乞之懷惡以濟逆者乎！夫商人、陳乞懷惡以濟逆，與里克、趙盾、甯喜之事，則輕重有間矣。然而《春秋》不别也。以謂君臣之閒，義不容失，故其文一施之，所以教天下之爲人臣者也。

武夷胡氏傳：喜嘗受命於其父，使納獻公，以免逐君之惡。衛侯出入皆以爵稱，於義未絶。而剽以公孫非次而立，又未有説焉。則喜之罪應未減矣，亦以「弑其君」書，何也？弈者舉棋不定③，不勝其耦，況置君乎？於衎，則殖也出之，喜也納之；於剽，則殖也立之，喜也弑之。是弈棋之不若也④，不思其終亦甚矣。故聖人特正其爲弑君之罪，示天下後世，使知慎於廢立之際而不敢忽也。霍光以大義廢昌邑，立宣帝，猶有言其罪者，而朝廷加肅，況私意邪？范粲、桓彝之徒殺身不顧，君子所以深取之者，知《春秋》之旨矣。

甲午，衛侯衎復歸於衛。

武夷胡氏傳：衛侯出奔，入于夷儀，皆以爵稱。今既復歸而得國矣，乃書其名，何也？人之有德慧術智者，恒存乎疢疾，衛侯淹恤在外十有二年，困於心，衡於慮久矣。此生於憂患之時，而一旦得國，失信無刑，猶夫人也，則是困而弗革，雖復得國，猶非其國也。此見《春秋》俟人改過之深，而責人自棄之重，欲其强於爲善之意也。

夏，晉侯使荀吴來聘。

《左氏傳》：夏，中行穆子來聘，召公也。召公爲澶淵會。

公會晉人、鄭良霄、宋人、曹人于澶淵。

《左氏傳》：六月，公會晉趙武、宋向戌、鄭良霄、曹人於澶淵，以討衛，疆戚田。取衛西鄙懿氏六十以與孫氏。

秋，宋公殺其世子痤。《穀》作「座」。

《左氏傳》：初，宋芮司徒生女子……曰棄。……平公……嬖，生佐。惡而婉。大子痤美而很。……寺人惠牆伊戾爲大子内師而無寵。秋，楚客聘於晉，過宋。大子知之，請野享之。公使往。伊戾請從之……至，則欿，用牲，加書，徵之，而騁告公，曰：「大子將爲亂，既與楚客盟矣。」公曰：「爲我子，又何求？」對曰：「欲速。」公使視之，則信有焉。問諸夫人與左師，則皆曰：「固聞之。」公囚大子。大子曰：「唯佐也能免我。」召而使請，曰：「日中不來，吾知死矣。」左師聞之，聒而與之語。過期，乃縊而死。佐爲大子。公徐聞其無罪也，乃亨伊戾。

劉氏傳：殺世子、母弟，直稱君者，甚之也。

武夷胡氏傳：宋寺人伊戾爲大子内師，無寵，譖於宋公而殺之，則賊世子痤者，寺人矣。而獨甚宋公，何哉？譖言之得行也，必有嬖妾配適以惑其心，又有小人欲結内援者以爲之助，然後愛惡一移，父子、夫婦之間不能相保者衆矣。尸此者其誰乎！晉獻公之殺申生，宋公之殺痤，直稱君者，《春秋》正其本之意。

晉人執衛甯喜。

《左氏傳》：晉人執甯喜、北宫遺，使女齊以先歸。

陸氏《纂例》：殺其君剽故也。

劉氏傳：甯喜如晉，晉人執之，曰「爾曷爲納君而伐孫氏」云爾，非伯討也。

八月，壬午，許男甯卒于楚。

冬，楚子、蔡侯、陳侯伐鄭。

葬許靈公。

《左氏傳》：許靈公如楚，請伐鄭，曰：「師不興，孤不歸矣！」八月，卒於楚。楚子曰：「不伐鄭，何以求諸侯？」冬，十月，楚子伐鄭。鄭人將禦之，子産曰：「晉、楚將平，諸侯將和，楚王是故昧於一來。不如使逞而歸，乃易成也。……」子展説，不禦寇。十二月，乙酉，入南里，墮其城，涉於樂氏，門於師之梁。縣門發，獲九人焉。涉於汜而歸。而後葬許靈公。

【校記】

①②③④ 弈：原作「奕」，據《春秋左傳》改。

二十有七年，春，齊侯使慶封來聘。

夏，叔孫豹會晉趙武、楚屈建、蔡公孫歸生、衛石惡、陳孔奂、《公》作「瑗」。鄭良霄、許人、曹人于宋。

泰山孫氏曰：隱、桓之際，天子失道，諸侯擅權；宣、成之間，諸侯錯命，大夫專國；至宋之會，則又甚矣。何哉？自宋之會，諸侯日微，天下之政，中國之事，皆大夫專持之，故二十九年城杞，三十年會澶淵，昭元年會虢，諸侯莫有見者。此天下之政，中國之事，皆大夫專持之，可知也。

衛殺其大夫甯喜。衛侯之弟鱄《穀》作「專」。出奔晉。

《左氏傳》：衛甯喜專，公患之。公孫免餘請殺之。公曰：「微甯子，不及此，吾與之言矣。事未可知，祇成惡名，止也。」對曰：「臣殺之，君勿與知。」乃與公孫無地、公孫臣謀，使攻甯氏，弗克，皆死。公曰：「臣也無罪，父子死余矣！」夏，免餘復攻甯氏，殺甯喜及右宰穀，尸諸朝。石惡將會宋之盟，受命而出。……欲……亡，懼不免，且曰：「受命矣。」乃行。子鮮曰：「逐我者出，納我者死，賞罰無章，何以沮勸？君失其信而國無刑，不亦難乎！且鱄實使之。」遂出奔晉。公使止之，不可。及河，又使止之，止使者而盟於河。託於木門，不鄉衛國而坐。……終身不仕。

《穀梁傳》：稱國以殺，罪累上也。……專其曰「弟」何也？專有是信者，言君本使專，與喜爲約，納君許以寵賂，今反殺之。獻公使專失信，故稱「弟」，見獻公之惡也。……故出奔晉，織絇邯鄲，終身不言衛。專之去，合乎《春秋》。

劉氏傳：稱國以殺大夫，罪累上也。甯喜弑君，曷爲不以討賊之辭言之？不君剽之立，不成其弑之名也。甯喜納衛侯，則衛侯曷以殺之？喜也專，衛侯也驕，是以反其初言而殺之。

高郵孫氏曰：甯喜，弑賊也，弑剽而歸衎。衛侯衎德喜之迎以反國，復用之爲大夫，未嘗奪其位。喜既見執而歸，衛侯乃以其私殺之。喜雖有罪者，然衛侯殺之不以其罪，故書曰「殺其大夫」也。晉里克弑卓子、奚齊而立夷吾，夷吾殺之，亦曰「殺其大夫」也。晉侯夷吾、衛侯衎之殺其大夫，皆以其私。里克、甯喜之見殺，皆不以其罪，《春秋》以其事同，書之亦相類也。

秋，七月，辛巳，豹及諸侯之大夫盟于宋。

《左氏傳》：宋向戌善於趙文子，又善於令尹子木，欲弭諸侯之兵以爲名。如晉，告趙孟。趙孟謀於諸大夫。韓宣子曰：「兵，民之殘也……將或弭之，雖曰不可，必將許之。弗許，楚將許之，以召諸侯，則我失爲盟主矣。」晉人許之。如楚，楚亦許之。如齊……齊人許之。告於秦，秦亦許之。皆告於小國，爲會於宋。五月，甲辰，晉趙武至於宋。……壬戌，楚公子黑肱先至，成言於晉。丁卯，宋向戌如陳，從子木成言於楚。……

子木謂向戌：「請晉、楚之從交相見也。」庚午，向戌復於趙孟。趙孟曰：「晉、楚、齊、秦，匹也。晉之不能於齊，猶楚之不能於秦也。楚君若能使秦君辱於敝邑，寡君敢不固請於齊？」壬申，左師復言於子木。子木使馹謁諸王，王曰：「釋齊、秦，他國請相見也。」秋，七月……庚辰，子木至自陳。……以藩爲軍，晉、楚各處其偏。……辛巳，將盟于宋西門之外，楚人衷甲。……趙孟患楚衷甲，以告叔向。叔向曰：「……夫以信召人，而以僭濟之，必莫之與也，安能害我？……」晉、楚爭先。晉人曰：「晉固爲諸侯盟主，未有先晉者也。」楚人曰：「子言晉、楚匹也。若晉常先，是楚弱也。且晉、楚狎主諸侯之盟也久矣，豈專在晉？」叔向謂趙孟曰：「諸侯歸晉之德只，非歸其尸盟也。子務德，無爭先！……」乃先楚人。書先晉，晉有信也。

武夷胡氏傳：此一地也，曷爲再言宋？書之重，詞之複，其中必有大美惡焉。宋之盟，合左師欲弭諸侯之兵以爲名。而楚屈建請晉、楚之從交相見，自是中國諸侯南面而朝楚。及申之會，蠻夷之君，篡弑之賊，大合十有一國之衆，而用齊桓召陵之禮。宋左師、鄭子產皆獻禮焉。宋世子佐以後至，遂辭而不見。伐吴滅賴，無敢違者。聖人至是哀人倫之滅，傷中國之衰，而其事自宋之盟始也。故會盟同地而再言宋者，貶之也。或者乃以宋之盟，中國不出，夷狄不入，玉帛之使交乎天下，以尊周室，爲晉趙武、楚屈建之力，而善此盟也。其説誤矣。

冬，十有二月，乙卯，朔，日有食之。

《左氏傳》：辰在申，司歷過也。再失閏矣。劉氏《權衡》曰：歷家之術，求閏餘易，求交朔難。今司歷能正交朔，反不能置閏乎？

二十有八年，春，無冰。

夏，衛石惡出奔晉。

《左氏傳》：衛人討甯氏之黨，故石惡出奔晉。

邾子來朝。

《左氏傳》：邾悼公來朝，時事也。

秋八月，大雩。

《左氏傳》：旱也。

仲孫羯如晉。

《左氏傳》：孟孝伯如晉，告將爲宋之盟故如楚也。

冬，齊慶封來奔。

《左氏傳》：二十有七年，齊崔杼生成及彊而寡，娶東郭姜，生明。東郭姜以孤入，曰棠無咎，與東郭偃相崔氏。崔成有疾而廢之，而立明。成請老於崔，崔子許之。偃與無咎弗予，曰：「崔，宗邑也，必在宗主。」成與彊怒，將殺之。告慶封……慶封曰：「子姑退，吾圖之。」告盧蒲嫳。盧蒲嫳曰：「……崔之薄，慶之厚也。」他日又告。慶封曰：「苟利夫子，必去之。難，吾助女。」九月，庚辰，崔成、崔强殺東郭偃、棠無咎於崔氏之朝。崔子怒而出，其衆皆逃，求人使駕，弗得。使圉人駕，寺人御而出……遂見慶封。慶封……使盧蒲嫳帥甲以攻崔氏。……殺成與彊，而盡俘其家。其妻縊。嫳覆命於崔子，且御而歸之。至，則無歸矣，乃縊。……二十八年，齊慶封好田而耆酒，與慶舍政。則以其内實遷於盧蒲嫳氏，易内而飲酒。……使諸亡人得賊者，以告而反之，故反盧蒲癸。癸臣子之，子之，慶舍。……癸言王何而反之，二人皆嬖。二子皆莊公黨，今還，求寵於慶氏，欲爲莊公報讎。……冬，十月，慶封田於萊，……十一月，乙亥，嘗於大公之廟，慶舍涖事。……欒、高、陳、鮑之徒介慶氏之甲。子尾抽桷擊扉三，盧蒲癸自後刺子之，王何以戈擊之……死。……慶封歸，遇告亂者，丁亥，伐西門，弗克。還，伐北門，克之。入，伐内宫，弗克。反，陳於嶽，請戰，弗許。遂來奔。……既而齊人來讓，奔吴。吴句餘予之朱方，聚其族焉而居之，富於其舊。

十有一月，公如楚。

《左氏傳》：爲宋之盟故，公及宋公、陳侯、鄭伯、許男如楚。

泰山孫氏曰：公朝楚者，桓、文既死，夷狄日熾，中國日微，故公遠朝强夷也。

十有二月，甲寅，天王崩。

《左氏傳》：十一月，癸巳，天王崩。未來赴，亦未書。……十二月。王人來告喪。

杜氏注：靈王也。

乙未，楚子昭卒。

《左氏傳》：楚康王卒。

武夷胡氏傳：甲寅，天王崩。乙未，楚子昭卒。相距四十二日，則閏月之驗也。然不以閏書，見喪服之不數閏也。齊景公葬，書閏月，明殺恩之非禮也。

吕氏曰：甲寅、乙未，相距四十二日，明閏月之驗。然不書閏者，閏承前月而受其餘日，故書閏月之日，繫前月之下，史策常體，又有定則，故不必每月發傳。此范甯之説也。然杜預以十二月無乙未日，誤，蓋預專據《左氏》説《經》，不知閏月之日繫前月之下，史策常體也。

二十有九年，春，王正月，公在楚。夏五月，公至自楚。

《左氏傳》：王正月，公在楚，釋不朝正於廟也。楚人使公親襚……夏，四月，葬楚康王。公及陳侯、鄭伯、許男送葬，至於西門之外。……公還，及方城。季武子取卞，使公冶問，璽書追而與之，曰：「聞守卞者將叛，臣帥徒以討之，既得之矣。敢告。」公冶致使而退，及舍而後聞取卞。公曰：「欲之而言叛，祇見疏也。」公謂公冶曰：「吾可以入乎？」對曰：「君實有國，誰敢違君？」公與公冶冕服。固辭，强之而後受。公欲無入。榮成伯賦《式微》，乃歸。

《公羊傳》：何言乎公在楚？正月以存君也。在晉不書，在楚書者，惡襄公久在夷狄，爲臣子危録也①。

《穀梁傳》：公在楚。閔公也。……公至自楚，喜之也。致君者，殆其往而喜其反，此致君之意義也。

劉氏傳：何言乎公在楚？正月以存公也。未有言存公者，其曰存公何？公之在楚，則殆乎不得反矣，國非其國也。公之在楚，則曷爲殆乎不得反，國非其國？季武子居君之位，攝君之祭，國人屬焉，取卞以自封，使公冶告於楚，曰：「聞守卞者將叛，臣帥徒以討之，既得之矣。」公曰：「是疏我也。吾不可以入矣。」將適諸侯，榮成伯强之，乃歸。故曰「公在楚」，無魯之辭也。

武夷胡氏傳：歲之首月，公如他國者有矣。此獨書「公在楚」者，外爲夷狄所制，以俟其葬，而不得歸；内爲强臣所逼，欲擅其國，而不敢入。故特書所在，以存君也。特於歲首朝正之時而書曰「公在楚」，使後世臣子戴天履地，視君父之危且困者，必有天威不違顔咫尺，食坐見於羹牆之意，而不以頃刻忘也。此義一行，豈敢有顧其身與妻子與其家而不恤國，朋附權臣以圖富貴而背其君者乎！

泰山孫氏曰：公留於楚者七月。

庚午，衛侯衎卒。

閽弑吴子餘祭。

《左氏傳》：吴人伐越，獲俘焉以爲閽，使守舟。吴子餘祭觀舟，閽以刀弑之。

《公羊傳》：閽者何？門人也，刑人也。刑人則曷爲謂之閽？刑人非其人也。君子不近刑人。近刑人則輕死之道也。

《穀梁傳》：閽，門者也，寺人也。不稱名姓，閽不得齊於人。不稱其君，閽不得君其君也。禮，君不使無恥，不近刑人，不狎敵，不邇怨。賤人非所貴也，貴人非所刑也，刑人非所近也。舉至賤而加之吴子，吴子近刑人。閽弑吴子餘祭，仇之也。

泰山孫氏曰：閽，門者。不言盗者，閽微於盗也。不言殺者，明弑有漸也。微者猶言「弑吴子餘祭」，況大者乎！則知爲人君者，雖一介不可慢也。故曰「閽弑吴子餘祭」

以惡之。

仲孫羯會晉荀盈、齊高止、宋華定、衛世叔儀、《公》作「齊」。**鄭公孫段、曹人、莒人、**《公》、《穀》並有「邾人」。**滕人、薛人、小邾人城杞。**

《左氏傳》：晉平公，杞出也，故治杞。六月，知悼子合諸侯之大夫以城杞。孟孝伯會之。鄭子大叔……見大叔文子，與之語。文子曰：「甚乎！其城杞也。」子大叔曰：「若之何哉！晉國不恤周宗之闕②，而夏肄是屏。其棄諸姬，亦可知也已。諸姬是棄，其誰歸之！」

武夷胡氏傳：晉平公，杞出也，故合諸侯之大夫以城杞。古之建國立家者，必親九族。然有父族而後及母族，有母族而後及妻族，此《葛藟》之詩所爲刺也。晉主夏盟，令行中國，平公不能修文、襄、悼之業，尊獎王室，恤宗周之闕，而夏肄是屏，輕棄諸姬，可謂知本乎？平王惟不撫其民而遠屯戍於母家，周人怨思焉。《揚之水》所以降爲《國風》，不得列於《雅》也。城杞之役，亦不待貶絶而可見矣。

襄陵許氏曰：齊桓城邢、城衛，而諸侯歸心焉。晉平城杞，而人疾其役，其志私也，動又不時，能無攜乎！

晉侯使士鞅來聘。

《左氏傳》：范獻子來聘，拜城杞也。

杞子來盟。

《左氏傳》：杞文公來盟，書曰「子」，賤之也。賤其用夷禮。

吴子使札來聘。

《左氏傳》：吴公子札來聘，通嗣君也。

《公羊傳》：賢季子也。何賢乎季子？讓國也。其讓國奈何？謁也，餘祭也，夷昧也，與季子同母者四。季子弱而才，兄弟皆愛之，同欲立之以爲君……弟兄迭爲君，而致國乎季子。……故謁也死，餘祭也立；餘祭也死，夷昧也立；夷昧也死，則國宜之季子者也。季子使而亡焉。……札者何？吴季子之名也。《春秋》賢者不名，此何以名？許夷狄者不一而足也。季子者，所賢也，曷爲不足乎季子？許人臣者必使臣，許人子者必使子也。

《穀梁傳》：吴其稱「子」，何也？善使延陵季子，故進之也。身賢，賢也；使賢，亦賢也。延陵季子之賢，尊君也。其名，成尊於上也。

秋九月，葬衛獻公。

齊高止出奔北燕。

《左氏傳》：秋，九月，齊公孫蠆、公孫竈放其大夫高止於北燕。乙未，出。……高止好以事自爲功，且專，故難及之。

襄陵許氏曰：案《傳》：子尾、子雅實放高止，而《經》書「出」奈何？止則爲大夫，而放於君，可也。臣放大夫，是無君也，不可以訓。故以「出奔」書也。

冬，仲孫羯如晉。

《左氏傳》：冬，孟孝伯如晉，報范叔也。范叔，士鞅也。此年夏來聘。

【校　記】

①危：原作「免」，據《公羊傳》改。

②周宗：原作「宗周」，據《春秋左傳》改。

三十年，春，王正月，楚子使薳罷《公》作「顔」。**來聘。**

《左氏傳》：楚子使薳罷來聘，通嗣君也。

夏，四月，蔡世子般弑其君固。

《左氏傳》：蔡景侯爲大子般娶於楚，通焉。大子弑景侯。

五月，甲午，宋災。宋《公》、《穀》無「宋」字。**伯姬卒。**

《左氏傳》：甲午，宋大災。宋伯姬卒，待姆也。

《穀梁傳》：取卒之日加之災上者，見以災卒也。……婦人以貞爲行者也，伯姬之婦道盡矣。詳其事，賢伯姬也。

高郵孫氏曰：伯姬之行，蓋婦人之伯夷也。

武夷胡氏傳：《易》曰：「恒其德貞，婦人吉，夫子凶。」而或以爲共姬女而不婦，非也。世衰道微，暴行交作，女德不貞，婦道不明。能全其節，守死不回，見於《春秋》者，宋伯姬耳。聖人冠以夫謚，書於《春秋》，曰「葬宋共姬」以著其賢行，勵天下之婦道也。

天王殺其弟佞《公》作「年」。**夫。王子瑕奔晉。**

《左氏傳》：儋括欲立王子佞夫，佞夫弗知。戊子，儋括圍蔿，逐成愆。成愆奔平時。五月，癸巳，尹言多、劉毅、單蔑、甘過、鞏成殺佞夫。括、瑕、廖奔晉。

《穀梁傳》：天王殺其弟佞夫，甚之也。

杜氏注：稱「弟」以惡王殘骨肉。不言出奔，周無外。

劉氏傳：殺世子、母弟，直稱君者，甚之也。此其爲甚之奈何？儋括將作亂，立佞夫，佞夫弗知。王誅儋括也，并殺佞夫，非親親之道也。

秋，七月，叔弓如宋，葬宋《穀》無「宋」字。**共姬。**

《左氏傳》：秋，七月，叔弓如宋，葬共姬也。

《公羊傳》：外夫人不書葬，此何以書？隱之也。何隱爾？宋災，伯姬卒焉。其稱謚何？賢也。何賢爾？宋災，伯姬存焉，有司復曰：「火至矣，請出。」伯姬曰：「不可。吾聞之也，婦人夜出，不見傅、母不下堂。傅至矣，母未至也。」逮乎火而死。

鄭良霄出奔許，自許入于鄭。鄭人殺良霄。

《左氏傳》：二十九年，鄭伯有使公孫黑如楚，辭曰：「楚、鄭方惡，而使余往，是殺余也。」伯有曰：「世行也。」子晳曰：「可則往，難則已，何世之有？」伯有將强使之。子晳怒，將伐伯有氏。大夫和之。十二月，己巳，鄭大夫盟於伯有氏。……三十年，秋，鄭伯有耆酒，……又將使子晳如楚，歸而飲酒。庚子，子晳以駟氏之甲伐而焚之。伯有奔雍梁，醒而後知之，遂奔許。……子産斂伯有氏之死者而殯之，不乃謀而遂行。印段從之。子皮止之。衆曰：「人不我順，何止焉？」子皮曰：「夫人禮於死者，况生者乎？」遂自止之。壬寅，子産入。癸卯，子石入。皆受盟於子晳氏。……伯有……自墓門之瀆入，因馬師頡介於襄庫，以伐舊北門。駟帶率國人以伐之。皆召子産。子産曰：「兄弟而及此，吾從天所與。」伯有死于羊肆。子産禭之，枕之股而哭之，斂而殯諸伯有之臣在市側者。既而葬諸斗城。子駟氏欲攻子産。子皮怒之曰：「……殺有禮，禍莫大焉。」乃止。

武夷胡氏傳：案《左氏》：良霄汰侈，嗜酒，諸大夫皆惡之，而與公孫黑争。黑因其醉伐之。良霄奔許，自許襲鄭，以伐公門，弗勝，死於羊肆。不言復入者，其位未絶也。若宋魚石、晉欒盈去國三年，其稱復入，位已絶矣。不言叛者，將以滅國，非直叛也。若華亥之入南里，宋辰之入蕭，其書叛者，皆據土背君以自保，非有滅國之謀也。不言殺其大夫者，非其大夫矣，討賊之詞也。

冬，十月，葬蔡景公。

晉人、齊人、宋人、衛人、鄭人、曹人、莒人、邾人、滕人、薛人、杞人、小邾人會于澶淵，宋災故。

《左氏傳》：爲宋災故，諸侯之大夫會，以謀歸宋財。冬，十月，叔孫豹會晉趙武、齊公孫蠆、宋向戌、衛北宫佗、鄭罕虎及小邾之大夫，會于澶淵。既而無歸於宋，故不書其人。……不書魯大夫，諱之也。

伊川先生解：《左氏傳》：叔孫豹會晉趙武而下諸國之卿，既貶魯卿，諱而不書。

劉氏傳：會未有言其所爲者，此其言所爲何？譏。何譏爾？晉人與諸侯十二國之大夫會于澶淵，凡爲宋災故謀之也。曰：更宋之所喪。雖死者不可復生，其財復矣，非務也。何言乎非務？會者，講禮正刑一德紀天下也。蔡侯弑其君而不謀，宋災而謀之，微矣。陳恒弑其君，孔子沐浴而朝，告於哀公曰：「陳恒弑其君，請討之。」公曰：「告夫三子。」孔子曰：「以吾從大夫之後，不敢不告也。君曰『告夫三子』者①！」之三子告，不可，孔子曰：「以吾從大夫之後，不敢不告也。」

劉氏《意林》：宋災故。天下之事不一也，君子慮所遠，小人恤所近。夫災，雖諸侯所當救，然而一時之變，一國之禍也，財足以周其乏，粟足以濟其用，則已矣，非所以爲天下之憂也。彼天下之憂者，臣弑君一，子弑父二。如是則夷狄矣，雖有粟，吾得而食諸？故孔子論天下之信，則曰寧「去食」；論陳恒之變，則曰「請討之」。其察於道之輕重、緩急、大小、先後也審矣，豈以姑息愛之哉！

武夷胡氏傳：《春秋》大法，君弑而賊不討則不書葬，況世子之於君父乎！蔡景公何以獨書葬？偏刺天下之諸侯也。葬送之禮，在春秋時視人情之踈密而爲之者也。有嘗同盟，卒而不赴者，有雖同姓，赴而不會者，則以哀死而致襚爲輕，弔生而歸賻爲重必矣。今蔡世子般弑其君，藏在諸侯之策，而往會其葬，是恩義情禮之篤於世子般，不以爲賊而討之也。世子弑君，是夷狄禽獸之不若也，而不知討，豈不廢人倫，滅天理乎！故《春秋》大法，君弑賊不討則不書葬，而蔡景公特書葬者，聖人深痛其所爲，偏刺天下之諸侯也。何以知聖人罪諸侯之意如此乎？以下文書「會于澶淵，宋災故」而貶其大夫，則知之矣。二百四十二年之間，列會亦衆，而未有言其所爲者，此獨言其所爲何？徧刺天下之大夫也。大夫，以智帥人者也。智者無不知當務之爲急②。不能三年之喪而緦小功之察，「放飯流歠，而問無齒決，是之謂不知務」。蔡世子般弒其君，天下之大變，人理所不容也，則會其葬而不討；宋國有災，小事也，則合十二國之大夫，更宋之所喪而歸其財，則可謂知務乎！叔孫豹、晉趙武而下，皆諸侯上卿，執國之政者也。三綱，國政之本，至於淪絶。無父無君，是禽獸也。禽獸逼人，雖得天下，弗能一朝處矣。是故諸侯之大夫貶而稱「人」，魯卿諱而不書。又特言會之所爲，以垂戒後世，其欲人之自别於禽獸之害也，可謂深切著明矣。或曰：夫穆叔、趙武、向戌、子皮，皆諸侯之良也，而所謀若是，何也？世道衰微，邪説交作，以利害謀國家而不本於仁義也久矣，是以至此極。孔子所爲懼，《春秋》所以作乎！

【校　記】

① 君：原作「公」，據《論語·憲問》改。

② 「當」下原一空格，四庫本作「先」，《薈要》本、《春秋胡氏傳》皆無空格。

三十有一年，春，王正月。

夏，六月，辛巳，公薨于楚宫。

《穀梁傳》：楚宫，非正也。

杜氏注：公不居先君之路寢而安所樂，失其所也。

泰山孫氏曰：非正也。公朝楚，好其宫，歸而作之。

吕氏曰：不薨於路寢，已非正也，而又薨于楚宫。若襄公者，可謂安其危而利其菑，樂其所以亡者也。

秋，九月，癸巳，子野卒。

《左氏傳》：六月，辛巳，公薨于楚宫。……立胡女敬歸之子子野，次於季氏。秋，九月，癸巳，卒，毁也。……立敬歸之娣齊歸之子公子裯。

杜氏注：不書葬，未成君。

泰山孫氏曰：襄公大子，未踰年之君也。名者，襄公未葬也。不薨不地，降成君也。

武夷胡氏傳：子般、子赤弑而書「卒」，子野遇毁，亦書「卒」，何以别乎？曰：閔公内無所承，不書即位，則子般之弑可知；下書「夫人姜氏歸于齊」，上書「公子遂、叔孫得臣如齊」，則子赤之弑可知。與子野異矣。

己亥，仲孫羯卒。

《左氏傳》：己亥，孟孝伯卒。

冬，十月，滕子來會葬。

《左氏傳》：冬，十月，滕成公來會葬。

劉氏傳：諸侯之喪，諸侯會之，非禮也。

癸酉，葬我君襄公。

十有一月，莒人弒其君密州。

伊川先生解：莒子虐，國人弒之而立展輿。展輿非親弒也，故書國人。

武夷胡氏傳：《經》以《傳》爲案，《傳》有乖謬，則信《經》而棄《傳》可也。若密州之事是矣。《左氏》稱：「莒子生去疾及展輿，既立展輿又廢之。莒子虐，國人患焉。展輿因國人以攻莒子，弒之乃立。」信斯言，則子弒其父也，而《春秋》有不書乎？故趙匡謂其文當曰「展輿因國人之攻莒子弒之，乃立」，而後來傳寫，誤爲「以」字爾。左氏博通諸史，叙事尤詳，能令後人得見本末，因以求意，《經》文可知。而門弟子轉相傳授，日月既久，寖失本真。如書晉趙盾、許世子止等事，詳考《傳》之所載，以求《經》之大義可也，而《傳》不可疑。如莒人弒其君密州，獨依《經》之所書，以證《傳》之繆誤可也，而《傳》不可信。盡以爲可疑而廢《傳》，則無以知其事之本末；盡以爲可信而任《傳》，則《經》之弘意大旨，或泥而不通矣。要在學者詳考而精擇可也。

春秋集解卷二十三

昭　公

名稠，襄公子。景王四年即位。謚法：成儀恭明曰昭

元年，春，王正月，公即位。

叔孫豹會晉趙武、楚公子圍、齊國弱、《公》作「酌」。宋向戌、衛齊《公》作「石」。惡、陳公子招、蔡公孫歸生、鄭罕《公》作「軒」。虎、許人、曹人于虢。《公》作「漷」，《穀》作「郭」。

《左氏傳》：春，楚公子圍聘於鄭，且娶於公孫段氏……遂會於虢，尋宋之盟也。……楚令尹圍請用牲，讀舊書，加於牲上而已，杜氏注：舊書，宋之盟書。楚恐晉先歃，故欲從舊書，加於牲上，不歃血。晉人許之。三月，甲辰，盟。

劉氏傳：此陳侯之弟招也。何以不稱弟？諸侯之尊，弟兄不得以屬通也。諸侯之尊，則弟兄曷爲不得以其屬通？諸侯非始封之君，臣諸父昆弟，其在朝廷爵以德，齒以官，體異姓也。族人不得以其戚戚君，尊尊也。

武夷胡氏傳：諸侯之尊，弟兄不得以屬通。曰「公子」者，其本當稱者也。曰「弟」者，因事而特稱之也。會于虢，尋宋之盟，而《經》何以不書？在宋之盟，楚人先歃，若曰「狎主諸侯」，則懼晉之先也，故圍請讀舊書加於牲上，而晉人許之。觀其事，雖若楚重得志，晉少懦矣。然《春秋》不貴修盟，晉人以信爲本，故每書必先趙武。

三月，取鄆。《公》作「運」。

《左氏傳》：季武子伐莒，取鄆。莒人告於會。楚告於晉，曰：「尋盟未退，而魯伐莒，瀆齊盟，請戮其使。」樂桓子……欲求貨於叔孫，……弗與，曰：「……我以貨免，魯必受師。……」趙孟……請諸楚，曰：「魯雖有罪，其執事不辟難，……子若免之，以勸左右可也。……封疆之削，何國蔑有？主齊盟者，誰能辨焉？……」楚人許之，乃免叔孫。

伊川先生解：乘莒之亂而取之，故避諱其辭。

夏，秦伯之弟鍼出奔晉。

《左氏傳》：秦后子有寵於桓，如二君於景。其母曰：「弗去，懼選。」杜氏注：選，數也。恐景公數其罪而加戮。癸卯，鍼適晉，其車千乘。書曰：「秦伯之弟鍼出奔晉。」罪秦伯也。

《公羊傳》：秦無大夫，此何以書①？仕諸晉也。曷爲仕諸晉？有千乘之國，而不能容其母弟，故君子謂之「出奔」也。

《穀梁傳》：諸侯之尊，弟兄不得以屬通。其「弟」云者，親之也。親而奔之，惡也。

武夷胡氏傳：案《左氏》，秦后子有寵於桓，如二君於景。夫后子出奔，其父禍之，而罪秦伯，何也？《春秋》以均愛望人父，以能友責人兄。父母有愛妾，猶没身敬之不衰，況兄弟乎！兄弟翕而後父母順矣。故不曰「公子」而特稱「秦伯之弟」云。

六月，丁巳，邾《公》作「邾婁」。**子華卒。**

晉荀吴帥師敗狄于大鹵。《公》、《穀》作「原」。

《左氏傳》：晉中行穆子敗無終及羣狄於大原，崇卒也。將戰，魏舒曰：「彼徒我車，所遇又阨，以什共車，必克。困諸阨，又克。請皆卒，自我始。」乃毁車以爲行，五乘爲三伍。……爲五陳以相離，兩於前，伍於後，專爲右角，參爲左角，偏爲前拒，以誘之。翟人笑之。未陳而薄之，大敗之。

《穀梁傳》：《傳》曰：中國曰大原，夷狄曰大鹵。號從中國，名從主人。

杜氏注：大鹵，大原晉陽縣。

武夷胡氏傳：大鹵，大原也。案《六月》，宣王北伐之詩，其詞曰：「薄伐玁狁②，至於大原。」而詩人美之者，謂不窮追遠討，及封境而止也。然則大原在禹服之内，而狄人來侵，攘斥宜矣。其過在毁車崇卒，以詐誘狄人而敗之，非王者之師耳。使後世車戰法亡，崇尚步卒，争以變詐相高，日趨苟簡，皆此等啓之矣。書「敗狄」，譏之也。

襄陵許氏曰：亂世逐争，奇變滋起，兵車重遲，寖廢兆此。

秋，莒去疾自齊入于莒。莒展輿《公》、《穀》並無「輿」字。**出奔吴。**

《左氏傳》：莒展輿立而奪羣公子秩。公子召去疾于齊。秋，齊公子鉏納去疾，展輿奔吴。

伊川先生解：去疾假齊之力以入莒，討展輿之罪，正也。故稱「莒」。遂自立，無所禀命，故不稱「公子」，自以爲公子可立也。莒展輿出奔吴，爲弑君者所立，而以國氏者，罪諸侯也。虢之會，雖國亂未預，然諸侯與其立矣，故欲執叔孫也。稱莒展輿，見諸侯之與其立也。

呂氏曰③：密州以前歲十一月遇弑，展輿順衆人之情而立。立而不討賊，其罪可知也。

叔弓帥師疆鄆《公》作「運」。**田。**

《左氏傳》：叔弓帥師疆鄆田，因莒亂也。

杜氏注：春取鄆，今正其封疆。

陸氏《纂例》：趙子曰：「凡疆田而有帥師者，皆有難也。城亦同此。」文十二年，季孫行父帥師城諸及鄆之類。

葬郟《公》作「郟婁」。悼公。

冬，十有一月，己酉，楚子麇《公》、《穀》作「卷」。卒。公子比出奔晉。

《左氏傳》：冬，楚公子圍將聘於鄭，伍舉爲介，未出竟，聞王有疾而還。伍舉遂聘。十一月，己酉，公子圍至，入問王疾，縊而弑之。遂殺其二子幕及平夏。右尹子干出奔晉。……葬王於郟，謂之郟敖。使赴於鄭。伍舉問應爲後之辭焉，對曰：「寡大夫圍。」伍舉更之曰：「共王之子圍爲長。」杜氏注：不以篡弑赴諸侯。

武夷胡氏傳：案《左氏》，楚令尹圍將聘於鄭，未出竟，聞王有疾而還，入問王疾，縊而弑之，使赴於諸侯，應爲後之辭曰：「共王之子圍爲長。」初，圍之未動於惡，入預夏盟，緝蒲爲宮，設服離衛，中國大夫莫不知其有無君之心矣。雖以疾赴，曷爲承僞藏在諸侯之策乎？當是時，仲尼已生，將志於學，乃所見之世，非祖之所逮聞也，又曷爲因之而不革乎？曰：此《春秋》之所以爲《春秋》，非聖人莫能修之者也。薨則書「薨」，卒則書「卒」，弑則書「弑」，葬則書「葬」，各紀其實，載於簡策，國史掌之。此史官之所同，而凡爲史者，皆可及也。或薨或不薨，或卒或不卒，或弑或不弑，或葬或不葬，筆削因革，裁自聖心，以達王事。此仲尼之所獨，而游、夏亦不能與焉者也。然則郟敖實弑而書「卒」，何歟？令尹圍弑君以立，中國力所不加而莫能致討，則亦已矣。至大合諸侯於申，與會者凡十有三國，其臣舉六王二公之事，其君用齊桓召陵之禮，而宋向戌、鄭子産，皆諸侯之良也，而皆有獻焉，不亦傷乎！　若革其僞赴而正以弑君，將恐天下後世以篡弑之賊，非獨不必致討，又可從之以主會盟而無惡矣。聖人至此，憫之甚，懼之甚。憫之甚者，憫中國之衰微而不能振也；懼之甚者，懼人欲之横流而不能遏也。是故察微顯，權輕重，而略其篡弑，以扶中國，制人欲，存天理，其立義微矣。

蘇氏曰：君弑，畏偪而出。

【校　記】

①此：原脱。據《公羊傳》補。

②獵：原作「儠」，四庫本作「獥」，據《毛詩正義》卷一〇之二改。

③吕：原作「莒」，據《薈要》本改。

二年，春，晉侯使韓起來聘。

《左氏傳》：春，晉侯使韓宣子來聘，且告爲政而來見。

夏，叔弓如晉。

《左氏傳》：叔弓聘於晉，報宣子也。

秋，鄭殺其大夫公孫黑。

《左氏傳》：秋，鄭公孫黑將作亂，欲去游氏而代其位，傷疾作而不果。駟氏與諸大夫欲殺之。子産在鄙，聞之，懼弗及，乘遽而至。使吏數之曰：「伯有之亂，以大國之事，而未爾討也。爾有亂心無厭，……專伐伯有，而罪一也。昆弟争室，而罪二也。薰隧之盟，女矯君位，而罪三也。有死罪三，何以堪之？不速死，大刑將至。」……七月，壬寅，縊。尸諸周氏之衢。

劉氏傳：稱國以殺大夫者，罪累上也。黑有罪，其以累上言之何？惡鄭伯也。何惡乎鄭伯？言不能去有罪，以放乎亂也。其放乎亂奈何？公孫黑伐良霄而逐之，君弗誅也，以爲大夫。又與公孫楚争娶於徐吾氏，徐吾氏歸於楚，君放楚也，而盟諸大夫，黑於是自以爲卿。又將爲亂，疾作而卧。子産使吏數諸其家，則幸而勝之云爾。

冬，公如晉，至河乃復。季孫宿如晉。

《左氏傳》：夏，四月，韓須如齊逆女。齊陳無宇送女，致少姜。少姜有寵於晉侯，晉侯謂之少齊。……晉少姜卒。公如晉，及河。晉侯使士文伯來辭，曰：「非伉儷也。請君無辱！」公還，季孫宿遂致服焉。

《穀梁傳》：公如晉而不得入，季孫宿如晉而得入，惡季孫宿也。

劉氏《意林》：道千乘之國，至重也，而動不以禮，雖爲之卑服曲從，猶之無益也，適得輕焉。譬之鄭、衛之處子，蒙珠玉而過中山之盜也，滋益恭而滋益侵耳。吾以此觀之，爲國以禮者，處勝人之地矣。孔子曰：「恭而無禮則勞。」又曰：「事君數，斯辱矣。朋友數，斯疏矣。」數，猶數數也。進之不以禮節者，謂之數。莊子曰：「彼於致福，未數數然。」《左氏傳》曰：「無日不數於六卿之門。」皆謂進不以禮。

泰山孫氏曰：公如晉，至河乃復者六。二年公如晉，至河乃復；十二年公如晉，至河乃復；十三年公如晉，至河乃復；二十一年公如晉，至河乃復；二十三年公如晉，至河有疾乃復；定三年公如晉，至河乃復是也。惟二十三年書「有疾」，明有疾而反，餘皆譏。公數如晉見距，不能以禮自重，大取困辱也。

武夷胡氏傳：《經》書「公如晉，至河乃復」。季孫宿如晉」，而昭公失國之因，季氏逐君之漸，晉人下比之迹，不待貶絶而皆見矣。

三年，春，王正月，丁未，滕子原《公》作「泉」。卒。

夏，叔弓如滕。五月，葬滕成公。

襄陵許氏曰：《春秋》卒葬諸侯，有小大之體，有褒貶之義，有盛衰之變，有施報之情，無非教也。

秋，小邾子來朝。《公》作「小邾婁子」。

《左氏傳》：小邾穆公來朝。季武子欲卑之。穆叔曰：「不可。曹、滕、二邾，實不忘吾好，敬以逆之，猶懼其貳，又卑一睦，焉逆羣好也？其如舊而加敬焉。……」季孫從之。

八月，大雩。

《左氏傳》：旱也。

冬，大雨雹。

北燕伯款出奔齊。

《左氏傳》：燕簡公多嬖寵，欲去諸大夫而立其寵人。冬，燕大夫比以殺公之外嬖。公懼，奔齊。書曰：「北燕伯款出奔齊。」罪之也。

武夷胡氏傳：案《左氏》，燕簡公多嬖寵，欲去諸大夫而立其寵人，燕大夫比以殺公之外嬖，公懼，奔齊。書曰「北燕伯款出奔齊」，罪之也。君雖不君，臣不可以不臣。燕伯欲去諸大夫，固不君矣。而大夫相與比，以殺其外嬖，是威脅其主而出之也，與鬻拳之以兵諫無異。而獨罪燕伯，何哉？大夫，國君之陪貳，以公心選之而不可私也，以誠意委之而不可疑也，以隆禮待之而不可輕也，以直道馭之而不可辱也。否則，是忽其陪貳，以自危也。晉厲公殺三郤，立胥童，而弑於麗氏；漢隱帝殺楊、史，立郭允明，而弑於趙村；衛獻公蔑冢卿，而信其左右，亦奔夷儀，久而後復也。故人主不尊陪貳，而與賤臣圖柄臣者，事成則失身而見弑，事不成則失國而出奔。此有國之大戒也。《春秋》凡見逐於臣者，皆以自奔爲文，正其本之意也，而垂戒遠矣。

四年，春，王正月，大雨雹。《公》、《穀》作「雪」。

武夷胡氏傳：陰陽之氣和而散爲霜雪雨露，不和而散則爲戾氣噎霾。雹，戾氣也。陰脅陽，臣侵君之象。當是時，季孫宿襲位世卿，將毁中軍，專執兵權，以弱公室，故數月之閒，再有大變。申豐者，季氏之孚也，不肯端言其事，故暴揚於朝，歸咎藏冰之失。夫山谷之冰，藏之也周，用之也徧，亦古者本末備舉、燮調之一事耳。謂能使四時無愆，伏凄苦之變，雷出不震，無菑霜雹，則亦誣矣。意者昭公遇災而懼，以禮爲國，行其政令，無失其民，雹之災也庶可禦也。不然，雖得藏冰之道，合於《豳風·七月》之詩，其將能乎！

夏，楚子、蔡侯、陳侯、鄭伯、許男、徐子、滕子、頓子、胡子、沈子、小邾《公》作「小邾婁子」。**子、宋世子佐、淮夷會于申。**

《左氏傳》：正月，楚子使椒舉如晉求諸侯，……晉侯欲勿許。司馬侯曰：「……晉、楚唯天所相，不可與爭。君其許之，……」乃許楚使。……楚子問於子產曰：「晉其許我諸侯乎？」對曰：「許君。晉君少安，不在諸侯。其大夫多求，莫匡其君。在宋之盟，又曰如一，若不許君，將焉用之？」……夏，諸侯如楚，魯、衛、曹、邾不會。……鄭伯先待於申。六月，丙午，楚子合諸侯于申。椒舉言於楚子曰：「……夏啓有鈞臺之享，商湯有景亳之命，周武有孟津之誓，成有岐陽之蒐，康有酆宫之朝，穆有塗山之會，齊桓有召陵之師，晉文有踐土之盟。君其何用？宋向戌、鄭公孫僑在，諸侯之良也，君其選焉。」王曰：「吾用齊桓。」王使問禮於左師與子產。左師曰：「小國習之，大國用之，敢不薦聞？」獻公合諸侯之禮六。子產曰：「小國共職，敢不薦守？」獻伯、子、男會公之禮六。……楚子示諸侯侈。椒舉曰：「夫六王二公之事，皆所以示諸侯禮也，……今君以汰，無乃不濟乎！」王弗聽。

伊川先生解：晉平公不在諸侯，楚於是彊爲霸者之事。

泰山孫氏曰：中國自宋之會，政在大夫，諸侯不見者十年。此書「楚子、蔡侯、陳侯、鄭伯、許男、徐子、滕子、頓子、胡子、沈子、小邾子、宋世子佐、淮夷會于申」者，楚子大合諸侯於此也。楚子得以大合諸侯于此者，桓、文既死，中國不振，喪亂日甚，幅裂横潰，制在夷狄故也①。故自是天下之政、中國之事，皆夷狄迭制之②，至於平丘、召陵之會，諸侯雖云再出，尋復叛去，事無所救，不足道也。

高郵孫氏曰：淮夷之不殊會之者，蓋殊會之法，施於中國會夷狄也③。晉，中國；吴，夷狄也④。于柤、于向，是以殊之。楚，夷狄⑤；淮夷，亦夷狄也⑥。以夷狄⑦會夷狄⑧，又何殊乎！

武夷胡氏傳：申之會，楚子爲主，而不殊淮夷，是在會之諸侯皆狄也⑨。其意也何？楚虔弑麇以立，而求諸侯於晉。晉人許之，中國從之。執徐子，圍朱方，遷賴於鄢，城竟莫校，畏其彊盛，則曰：「晉、楚惟天所相，不可與争。」滅陳不能救，則曰：「陳亡而楚克有之，天道也。」滅蔡而又不能救，則曰：「天將棄蔡，以壅楚盈而降之罰也。」至使窮凶極惡，師潰於訾梁，身竄於棘里，而縊於申亥。人不致討，而天自討之。是責命於天，而以人事爲無益而勿爲也，而可乎？弑君之賊，在春秋時有臣子討之，則衛人殺州吁是也；有四鄰討之，則蔡人殺陳佗是也；臣子不能討之於内，四鄰不能討之於外，有與之會以定其位，則齊侯及魯宣公會于平州是也；有受其賂以免於討，則晉侯及諸國會于扈是也。然至此極矣，則未有不以爲賊，而又推爲盟主，相與朝事之，以聽順其所爲而不敢忤者也。故申之會不殊淮夷者，以在會諸侯皆爲夷狄之行⑩，皆王法之所當斥，而不使夏變於夷之意也⑪。

呂氏曰：自襄公三年雞澤之會，諸侯同盟矣，而叔孫豹始及諸侯之大夫及陳袁僑盟；襄十六年溴梁之會，獨大夫盟，諸侯不與也。至襄二十七年宋之會，大夫自會爾，諸侯不往也；此歲會于申，諸侯始復會，而楚子主之，淮夷與焉，天下之事可知矣。

楚子執徐子。

《左氏傳》：徐子，吴出也，以爲貳焉，故執諸申。

秋，七月，楚子、蔡侯、陳侯、許男、頓子、胡子、沈子、淮夷伐吴，執齊慶封，殺之。遂滅賴。《公》、《穀》作「厲」。

《左氏傳》：秋，七月，楚子以諸侯伐吴。宋大子、鄭伯先歸。宋華費遂、鄭大夫從。使屈申圍朱方。八月，甲申，克之。執齊慶封而盡滅其族。將戮慶封，椒舉曰：「臣聞無瑕者可以戮人。慶封唯逆命，是以在此，其肯從於戮乎？播於諸侯，焉用之？」王弗聽，負之斧鉞，以徇於諸侯，使言曰：「無或如齊慶封弑其君，弱其孤，以盟其大夫。」慶封曰：「無或如楚共王之庶子圍弑其君兄之子麇，而代之以盟諸侯。」王使速殺之。遂以諸侯滅賴。賴子面縛銜璧，士袒，輿櫬從之，造於中軍。……遷賴於鄢。……申無宇曰：「楚禍之首，將在此矣。召諸侯而來，伐國而克，……王心不違，民其居乎？民之不處，其誰堪之？不堪王命，乃禍亂也。」劉氏《權衡》曰：遂滅賴。《左氏》曰「賴子面縛銜璧」，非也。《經》所謂

「滅」者，謂君死其位者矣。既曰死其位，尚能面縛乎？

《公羊傳》：其言執齊慶封何？爲齊誅也。

杜氏注：胡國，汝陰縣西北有胡城。賴國，義陽隨縣。

蘇氏曰：申之諸侯有不與伐吴者，故復序。

九月，取鄫。《穀》作「繒」。

《左氏傳》：九月，取鄫，言易也。莒亂，著丘公立而不撫鄫，鄫叛而來。

杜氏注：鄫，莒邑。

劉氏傳：其言取之何？取附庸之辭也。鄫，國也，曷爲謂之附庸？莒已滅之矣，爲附庸乎莒也。

冬，十有二月，乙卯，叔孫豹卒。

《左氏傳》：初，穆子去叔孫氏，及庚宗，遇婦人，使私爲食而宿焉。問其行，告之故，哭而送之。適齊，娶於國氏，生孟丙、仲壬。……及宣伯奔齊……魯人召之……。既立，所宿庚宗之婦人，獻以雉。問其姓，對曰：「余子長矣，能奉雉而從我矣。」召而見之……名之曰「牛」，……遂使爲豎。有寵，長使爲政。……叔孫……田於丘蕕，遂遇疾焉。豎牛欲亂其室，「殺孟逐仲」［非原文］……疾急，命召仲，牛許而不召。……豎牛曰：「夫子疾病，不欲見人。」使置饋於个而退。牛勿進，則置虛，命徹。十二月，癸丑，叔孫不食。乙卯，卒。牛立昭子而相之。……仲至自齊，豎牛攻之，死。［非原文］。昭子即位，朝其家，衆曰：「豎牛……殺適立庶，……必速殺之。」豎牛懼，奔齊。孟、仲之子殺諸塞關之外。

【校　記】

①② 夷狄：四庫本作「吴楚」。

③④⑤⑥⑦⑧ 夷狄：四庫本作「外裔」。

⑨ 狄：四庫本作「外」。

⑩ 夷狄：四庫本作「不義」。

⑪ 夏變於夷之意：四庫本作「之列於中國」。

五年，春，王正月，舍中軍。

《左氏傳》：四年，季孫謀去中軍。豎牛曰：「夫子固欲去之。」五年正月，舍中軍，卑公室也。毁中軍於施氏，成諸臧氏。杜氏注：季孫不欲親其議，敕二家會諸大夫，發毁置之計。初，作中軍，三分公室而各有其一。季氏盡征之，叔孫氏臣其子弟，孟氏取其半焉。及其舍之也，四分公室，季氏擇二，二子各一。皆盡征之，而貢於公。

陸氏《纂例》：譏作、舍自己也。詳見桓公。

武夷胡氏傳：案《左氏》，舍中軍，卑公室也。初，作三軍，三分公室，而各有其一。及其舍之也，四分公室，季氏擇二，二子各一，皆盡征之而貢於公。然則三軍作、舍，皆自三家，公不與焉。公室愈卑，而魯國之兵權悉歸於季氏矣。兵權，有國之司命。三綱，兵政之本原。書其作、舍，而公孫于齊，薨于乾侯，定公無正，必至之理也。已則不臣，三綱淪替，南蒯叛，陽虎專，季斯囚，而三桓之子孫微矣，亦能免乎？書曰「舍中軍」，微詞以著其罪也。

襄陵許氏曰：叔孫豹卒，毁中軍，則公若寄矣。以是知豹之有力於公室。

楚殺其大夫屈申。

《左氏傳》：楚子以屈申爲貳於吴，乃殺之。

劉氏傳：稱國以殺大夫者，罪累上也。屈申之累上奈何？楚人仇吴而疑屈申，謂屈申貳於吴也而殺之。然則屈申之罪何？屈申之爲人臣也，君弑則不能討，國亂則不能去，北面而事寇讎，足以殺其身而已矣。

公如晉。

襄陵許氏曰：《春秋》刑案見惡，惡以疑罪殺人，簡易之道也。

《左氏傳》：公如晉，自郊勞至於贈賄，無失禮。晉侯謂女叔齊曰：「魯侯不亦善於禮乎！」……對曰：「是儀也，不可謂禮。禮所以守其國，行其政令，無失其民者也。今政令在家，弗能取也；有子家羈，弗能用也；奸大國之盟，陵虐小國。利人之難，不知其私。公室四分，民食於他。思莫在公，不圖其終。爲國君，難將及身，不恤其所。禮之本末，將於此乎在，而屑屑焉習儀以亟。言善於禮，不亦遠乎！……」

夏，莒牟夷以牟婁及防、茲來奔。

《左氏傳》：夏，莒牟夷以牟婁及防、茲來奔。牟夷非卿而書，尊地也。莒人愬於晉。晉侯欲止公。范獻子曰：「不可。人朝而執之，誘也。討不以師，而誘以成之，惰也。……請歸之，間而以師討焉。」乃歸公。

《公羊傳》：莒無大夫，此何以書？重地也。其言及防、茲來奔何？不以私邑累公邑也。

《穀梁傳》：「以」者，不以者也。來奔者，不言出。及防、茲，以大及小也。莒無大夫，其曰牟夷，何也？以其地來也。以地來，則何以書也？重地也。

杜氏注：城陽平昌縣西南有防亭。姑幕縣東北有茲亭。

武夷胡氏傳：邾、莒之大夫名姓不登於史册，微也。牟夷，莒大夫。曷爲以姓氏通？重地也。以地叛，雖賤，必書地以名其人，終爲不義弗可滅矣。其書「來奔」，是接我以利，而我入其利，兩譏之也。爲國以義不以利，如以利則上下交征，而國必危矣。爲己以義不以利，如以利則患得患失，亦無所不至矣。《春秋》於三叛人，雖賤，特書其名，以懲不義，懼淫人，爲後戒也。邑而言「及」者，《公羊》所謂不以私邑累公邑是也。

吕氏曰：牟婁，牟夷之私邑，防、玆，則他邑也，故言「及」。

秋，七月，公至自晉。

戊辰，叔弓帥師敗莒師于蚡《公》作「濆」，《穀》作「賁」。**泉。**

《左氏傳》：莒人來討，不設備。戊辰，叔弓敗諸蚡泉，莒未陳也。

杜氏注：蚡泉，魯地。

秦伯卒。

冬，楚子、蔡侯、陳侯、許男、頓子、沈子、徐人、越人伐吴。

《左氏傳》：冬，十月，楚子以諸侯及東夷伐吴，以報棘、櫟、麻之役。薳射以繁揚之師，會於夏汭。越大夫常壽過帥師會楚子於瑣。聞吴師出，薳啓彊帥師從之，遽不設備，吴人敗諸鵲岸。楚子以馹至於羅汭。吴子使其弟蹶由犒師，楚人執之……是行也，吴早設備，楚無功而還，以蹶由歸。

武夷胡氏傳：越始見《經》，而與徐皆得稱「人」，何也？吴以朱方處齊慶封，而富於其舊，崇惡也。楚圍朱方，執齊慶封殺之，討罪也。吴不顧義，入棘、櫟、麻以報朱方之役，狄道也①。楚於是以諸侯伐吴，則比吴爲善，而師亦有名，其從之者，進而稱「人」可也。或者以詞爲主，而謂不可云「沈子、徐、越伐吴」，故特稱「人」，誤矣。以不可爲文詞而進「人」於越，一字褒貶，義安在乎！

【校　記】

① 狄道：四庫本作「怙亂」。

六年，春，王正月，杞伯益姑卒。

《左氏傳》：杞文公卒。

葬秦景公。

《左氏傳》：大夫如秦，葬景公。

夏，季孫宿如晉。

《左氏傳》：夏，季孫宿如晉，拜莒田也。杜氏注云：謝前年受牟夷邑不見討。

葬杞文公。

宋華合比出奔衛。

《左氏傳》：宋寺人柳有寵，大子佐惡之。華合比曰：「我殺之。」柳聞之，乃坎，用牲，埋書，而告公曰：「合比將納亡人之族，既盟於北郭矣。」公使視之，有焉，遂逐華合比。合比奔衛。

武夷胡氏傳：《左氏》曰：宋寺人柳有寵，大子佐惡之。華合比請殺之。柳聞，坎用牲，埋書，而告公曰：「合比將納亡人之族，既盟於北郭矣。」公使視之，有焉，遂逐合比。於是，華亥欲代爲右師，乃與柳比，從爲之徵。公使代之。宋公寵信閹寺，殺世適痤而父子之恩絶，逐華合比而君臣之義睽。刑人之能敗國亡家，亦可畏矣。猶有任趙高以亡秦，信恭、顯、十常侍以亡漢，寵王守澄、田令孜以亡唐，而不知鑒覆車之轍者，不亦悲夫！凡此類，直書而義自見矣。

秋九月，大雩。

《左氏傳》：旱也。

楚薳罷《公》作「頗」。**帥師伐吴。**

《左氏傳》：徐儀楚聘於楚。楚子執之，逃歸。懼其叛也，使薳洩伐徐。吴人救之。令尹子蕩帥師伐吴，師于豫章，而次於乾谿。吴人敗其師於房鍾，獲宫廄尹弃疾。子蕩歸罪於薳洩而殺之。

襄陵許氏曰：敗楚師者，非薳洩也，而洩代其誅，故書薳罷伐吴以正之。楚再不競於吴，乃弭兵鋒，有事陳、蔡，至復伐徐而國亂。吴蓋自是休兵息民，國始寖彊。

冬，叔弓如楚。

《左氏傳》：叔弓如楚，聘且弔敗也。

齊侯伐北燕。

《左氏傳》：十一月，齊侯如晉，請伐北燕也。……晉侯許之。十二月，齊侯遂伐北燕，將納簡公。晏子曰：「不入。燕有君矣，民不貳。吾君賄，左右諂諛，作大事不以信，未嘗可也。」七年，正月，癸巳，齊侯次於虢。燕人行成，曰：「敝邑知罪，敢不聽命！先君之敝器，請以謝罪。」……二月，戊午，盟於濡上。燕人歸燕姬，賂以瑶甕、玉櫝、斝耳。不克而還。

七年，春，王正月，暨齊平。

《穀梁傳》：以外及内曰「暨」。

陸氏《微旨》：淳聞於師曰：「《爾雅》云：暨，及也。又曰：暨，不及也。今據實言之，乃是齊及魯平。非魯欲之，不可言『會齊平』，又不可言『齊及我平』，故書曰『暨』，以明外及内，且非魯之志也。」

泰山孫氏曰：暨，不得已也。齊來求平，不得已而從之，故曰「暨」，且明非魯志也。

高郵孫氏曰：《左氏》以爲「暨齊平」者，燕也。案去年齊侯伐燕，《左氏》見其閒無異事，故云爾。不知外國平書「宋人及楚人平」是也，又襄二十四年，我侵齊，二十五年，齊伐我北鄙，齊、魯之好遂絶。至是和平之後，叔孫婼如齊涖盟，足明齊、魯爲此平也。

武夷胡氏傳：我所欲曰「及」，不得已曰「暨」。當是時，昭公結婚彊吴，外附荆楚，其與齊平，無汲汲之意，乃齊求於魯而許之平也，故曰「暨」。至定公八年，魯再侵齊，結大國之怨，見復必矣。其與齊平，非不得已，乃魯求於齊而欲求平也，故曰「及」。平者，聖人之所貴，然或以賄賂而結平，或以臣下而擅平，或以附夷狄而得平，或以侵犯大國而急於平，則皆罪也。考其事而輕重見矣。

三月，公如楚。

《左氏傳》：楚子成章華之臺，願與諸侯落之。……薳啓彊來召公，……三月，公如楚。

叔孫婼《公》作「舍」，後同。如齊涖①《公》、《穀》作「莅②」。盟。

《穀梁傳》：莅，位也。内之前定之辭謂之「莅」，外之前定之辭謂之「來」。

襄陵許氏曰：始暨齊平，故盟以結好。

夏，四月，甲辰，朔，日有食之。

秋，八月，戊辰，衛侯惡卒。

《左氏傳》：秋，八月，衛襄公卒。

《穀梁傳》：鄉曰「衛齊惡」，今曰「衛侯惡」，此何爲君臣同名也？君子不奪人名，不奪人親之所名，重其所以來也。王父名子也。

九月，公至自楚。

冬，十有一月，癸未，季孫宿卒。

襄陵許氏曰：季武子相魯，作三軍，舍中軍，改革公室，唯己所利，取鄆，瀆盟，敗諸侯約，幾陷名卿，以爲國憂。則知昭公乾侯之禍，此其專欲不忌之習，非一日矣。

十有二月，癸亥，葬衛襄公。

【校記】

①涖：原作「莅」，據《春秋》經文改。

②莅：原作「涖」，據《公羊傳》改。

八年，春，陳侯之弟招殺陳世子偃師。夏，四月，辛丑，陳侯溺卒。

《左氏傳》：陳哀公元妃鄭姬，生悼大子偃師，二妃生公子留，下妃生公子勝。二妃嬖，留有寵，屬諸司徒招與公子過。哀公有廢疾。三月，甲申，公子招、公子過殺悼大子偃師，而立公子留。夏，四月，辛亥，哀公縊。

《穀梁傳》：鄉曰「陳公子招」，今曰「陳侯之弟招」，何也？曰：盡其親，所以惡招也。兩下相殺，不志乎《春秋》，此其志何也？世子云者，唯君之貳也。云可以重之存焉志之也。諸侯之尊，弟兄不得以屬通。其弟云者，親之也。親而殺之，惡也。劉氏《權衡》曰：《穀梁》曰：「鄉曰『陳公子招』，今曰『陳侯之弟招』，何也」云云，此問之非也。鄉曰「陳公子」者，乃其常稱耳。

陸氏《纂例》：齊商人殺舍，舍亦兄之子，而不言「弟」者，齊昭公已卒，則商人無兄，故殺君之罪重於兄子，故從重者也。大子輕於君，故於陳招書「弟」，以明其重也。詳見桓十二年。

常山劉氏曰：夏，四月，陳侯溺卒，則是陳侯既病可知矣。招乘間殺君之嗣，志欲取其國爾，蓋不特骨肉相殘也。

武夷胡氏傳：此公子招特以「弟」稱者，著招憑寵稔惡而陳侯失親親之道也。招以公子爲司徒，乃貴戚之卿，親則介弟，尊則叔父，號令廢立，自己而出，莫敢干之者也。不能援立嫡冢，安靖國家，而逢君之惡，戕殺偃師，以致大寇，宗社覆没，罪固大矣。陳侯信愛其弟，何以失親親乎？尊賢者，親親之本。不能擇親之賢者，厚加尊寵，以表儀公族，而徇其私愛，施於不令之人，以至亡國敗家，豈不失親親之道乎！其曰「陳侯之弟招殺陳世子偃師」，交貶之也。

叔弓如晉。

《左氏傳》：叔弓如晉，賀虒祁也。杜氏注：賀宫成。

襄陵許氏曰：財費廣侈則國貧，力役煩勞則民敝。締構雕琢輪奂之功盛，則恭儉純茂之德衰矣。此之謂可弔者也。諸侯賀之，是以人君得意滋甚，則安於亂亡而不自知。蓋諛之者衆也，志叔弓如晉是已。當楚之隆，勢專諸夏，而晉勿慮圖，唯宫室之崇以爲安榮，平公其可謂志庳矣。

楚人執陳行人干徵師，殺之。陳公子留出奔鄭。

《左氏傳》：干徵師赴於楚，且告有立君。公子勝愬之於楚，楚人執而殺之。公子留奔鄭。書曰「陳侯之弟招殺陳世子偃師」，罪在招也；「楚人執陳行人干徵師殺之」，罪不在行人也。

陸氏《纂例》：趙子曰：「三者皆宜見討，唯干徵師無罪，故稱『陳行人』以別之也。」

劉氏傳：稱「人」以執者，非伯討也。此其爲非伯討奈何？楚人惡公子招而殺干徵師，非其罪也。古者，兵交，使在其閒可也。

吕氏曰：楚既殺干徵師，公子留即出奔，未成乎爲君也，故不曰「子」。

秋，蒐于紅。

《左氏傳》：秋，大蒐于紅，自根牟至於商、衛，革車千乘。

《公羊傳》：蒐者何？簡車徒也。

《穀梁傳》：因蒐狩以習用武事，禮之大者也。艾蘭以爲防，置旃以爲轅門，以葛覆質以爲槷，流旁握，御轚者不得入。車軌塵，馬候蹄，揜禽旅，御者不失其馳，然後射者能中。過防弗逐，不從奔之道也。面傷不獻，不成禽不獻。禽雖多，天子取三十焉。其餘與士衆，以習射於射宫。射而中，田不得禽，則得禽。田得禽，而射不中，則不得禽。是以知古之貴仁義而賤勇力也。

杜氏注：紅，魯地。沛國蕭縣西有紅亭。遠，疑。

劉氏傳：何以書？譏。何譏爾？蒐，春事也，秋興之，非正也。蒐有常地矣，于紅，亦非正也。然則曷不言公？公不得與於蒐爾。公曷爲不得與於蒐？三家者專魯而分之，政令出焉，公民食焉爾。

劉氏《意林》：姦臣之將蔽其君而奪之也，未嘗不先爲非禮而動民也。蒐于紅，吾見其反天時矣，吾見其易地理矣，吾見其悖人倫矣，而昭公猶未之悟也。至於奔走失其社稷以死，豈不哀哉！呂氏曰：無事而動衆，且時失也。劉原父以爲姦臣將蔽其君而奪之，未嘗不先爲非禮而動民。如此之類，皆求之太過。

陳人殺其大夫公子過。

《左氏傳》：陳公子招歸罪於公子過而殺之。

陸氏《微旨》：淳聞於師曰：「《春秋》之作，本以懲姦慝也。夫子以招推罪於過，故獨書招殺大子也。不書招殺過，過之罪自當死，宜爲國討也。」

襄陵許氏曰：過與殺世子者也。不書過殺世子，招首惡也。招首惡，則曷爲與其討？不與其討，是以歸之衆也。

大雩。

冬，十月，壬午，楚師滅陳，執陳公子招，放之于越，殺陳孔奂。《公》作「瑗」。

《左氏傳》：九月，楚公子弃疾帥師奉孫吳圍陳。杜氏注：孫吳，悼大子偃師之子惠公。宋戴惡會之。冬十一月，壬午，滅陳。

《穀梁傳》：楚師滅陳，執陳公子招，放之於越。殺陳孔奂，惡楚子也。

杜氏注：復稱「公子」，兄已卒。殺陳孔奂，招之黨，楚殺之。

泰山孫氏曰：陳公子招，殺世子之賊也，楚子執而放之。陳孔奂，無罪之人也，楚子殺之。吁，楚靈暴虐無道，滅人之國，又爲淫刑也如此！

葬陳哀公。

《左氏傳》：輿嬖袁克殺馬毁玉以葬。

《穀梁傳》：不與楚滅，閔之也。

泰山孫氏曰：十月，壬午，楚師滅陳。此言「葬陳哀公」，如不滅之辭者，楚子葬之也。不言楚子葬之者，不與楚子滅陳而葬哀公，故以陳人自葬爲文，所以存陳也。九年，陳災同此。

九年，春，叔弓會楚子于陳。

《左氏傳》：叔弓、宋華亥、鄭游吉、衛趙黶會楚子于陳。

襄陵許氏曰：楚既滅陳，威震諸夏，是以無所號召而諸國之大夫會之。非會禮也，故志我焉。

許遷于夷。

《左氏傳》：二月，庚申，楚公子弃疾遷許于夷，實城父。取州來淮北之田以益之。伍舉授許男田。然丹遷城父人於陳，以夷濮西田益之。遷方城外人於許。

夏，四月，陳災。

《公羊傳》：陳已滅矣，其言陳火何？存陳也。

《穀梁傳》：此何以志？閔陳而存之也。

陸氏《辨疑》：趙子曰：「《公》、《穀》作『火』，《左氏》作『災』。案前後未有書外火者，小事，若一一書之，固不勝紀，諸侯亦當不告也。災是天火，事大，故書之。唯『宣榭火』，以樂器之所在書之，以示周之所司無人，示譏耳。此不同其例也，故當依《左氏》爲災。」

武夷胡氏傳：凡外災，告則書。今楚已滅陳，夷於屬縣，使穿封戌爲公矣①，必不遣使告於諸侯，言亡國之有天災也，何以書於魯國之策乎？當是時，叔弓與楚子會於陳，則目擊其事矣。雖彼不來告，此不往弔，叔弓使畢而歸，語陳故也，魯史遂書之耳。或曰：國史所書，必承赴告，豈有憑使人之言而載之於史者？曰：周景王崩，有尹、單、猛、朝②之變，固無赴告矣。叔鞅至自京師，言王室之亂也，《春秋》承其言，遂書於策，亦此類爾。仲尼作《經》，存而勿革者，蓋興滅國，繼絶世，以堯、舜、三代公天下之心爲心，異於孤秦罷侯置守，欲私一人以自奉者，所以歸民心，合天德也。《穀梁》以爲存陳，得其旨矣。

秋，仲孫貜如齊。

《左氏傳》：孟僖子如齊，殷聘，禮也。杜氏注：自叔老聘齊，至今二十年，禮意久曠，今修盛聘，以無忘舊好。

冬，築郎囿。

襄陵許氏曰：公内制於彊臣，外輕於大國，亂亡危辱兆矣。是之勿慮，而築郎囿，不時孰甚焉。

【校　記】

① 戊：原作「戍」據《春秋左傳》改。

② 朝：原作「期」，據《春秋胡氏傳》改。

春秋集解卷二十四

昭公

十年，春，王正月。夏，齊《公》作「晉」。**欒施來奔。**

《左氏傳》：齊惠欒、高氏皆耆酒，信内，多怨，彊於陳、鮑氏而惡之。夏，有告陳桓子曰：「子旗、子良將攻陳、鮑。」亦告鮑氏。桓子授甲而如鮑氏，遭子良醉而騁①，遂見文子，則亦授甲矣。使視二子，則皆從飲酒。桓子曰：「彼雖不信，聞我授甲，則必逐我。及其飲酒也，先伐諸？」陳、鮑方睦，遂伐欒、高氏。子良曰：「先得公，陳、鮑焉往？」遂伐虎門。……五月，庚辰，戰於稷，欒、高敗，……欒施、高彊來奔。

秋，七月，季孫意《公》作「隱」。**如、叔弓、仲孫貜帥師伐莒。**

《左氏傳》：秋，七月，平子伐莒，取郠。獻俘，始用人於亳社。臧武仲在齊聞之，曰：「周公其不饗魯祭乎！周公饗義，魯無義。」

武夷胡氏傳：前已舍中軍矣，曷爲猶以三卿並將乎？季氏毁中軍，四分公室，擇其二，二家各有其一。至是季孫身爲主將，二子各率一軍爲之副，則三軍固在。其曰舍之者，特欲中分魯國之衆爲己私耳。以爲復古，則誤矣。襄公以來，既作三軍，地皆三家之土，民皆三家之兵。每一軍出，各將其所屬，而公室無與焉。是知雖舍中軍，而三卿並將，舊額固存矣。

戊子，晉侯彪卒。

《左氏傳》：戊子，晉平公卒。

九月，叔孫婼《公》作「舍」。**如晉，葬晉平公。**

《左氏傳》：九月，叔孫婼、齊國弱、宋華定、衛北宮喜、鄭罕虎、許人、曹人、莒人、邾人、薛人、杞人、小邾人如晉，葬平公也。

十有二月，甲子，宋公成《公》作「戌」。**卒。**

《左氏傳》：冬，十二月，宋平公卒。

杜氏注：無冬，史闕文。

【校記】

① 騁：原作「逞」，據《春秋左傳》改。

十有一年，春，王二《公》作「正」。月，叔弓如宋，葬宋平公。

《左氏傳》：叔弓如宋，葬平公也。

夏，四月，丁巳，楚子虔誘蔡侯般，殺之于申。楚公子弃《公》、《穀》作「棄」。疾帥師圍蔡。

《左氏傳》：楚子在申，召蔡靈侯。靈侯將往，蔡大夫曰：「王貪而無信，唯蔡於感。今幣重而言甘，誘我也。不如無往。」蔡侯不可。三月，丙申，楚子伏甲而饗蔡侯於申，醉而執之。夏，四月，丁巳，殺之，刑其士七十人。公子弃疾帥師圍蔡。韓宣子問於叔向曰：「楚其克乎？」對曰：「克哉！蔡侯獲罪於其君，而不能其民，天將假手於楚以斃之，何故不克？然肸聞之：『不信以幸，不可再也。』楚王奉孫吳以討於陳，曰：『將定而國。』陳人聽命，而遂縣之。今又誘蔡而殺其君，以圍其國，雖幸而克，必受其咎，弗能久矣。……」

《公羊傳》：楚子虔何以名？絶。曷爲絶之？爲其誘討也。此討賊也，雖誘之，則曷爲絶之？懷惡而討不義，君子不予也。

《穀梁傳》：何爲名之？夷狄之君誘中國之君而殺之，故謹而名之也。

陸氏《纂例》曰：兩罪之，故兩書名也。

陸氏《微旨》：淳聞於師曰：「般，弒君之賊也，誘而殺之，何爲不可乎？」曰：楚子内利其國，外託討罪，故不許其誘而責其詐也。夫以大國之力而討小國之逆，當聲其罪而伐之，倡大義於天下。今乃重幣言甘，誘而殺之，雖曰討賊，實取其國。蔡侯之罪，自不容誅，楚子之惡，亦已甚矣。故聖人名之，言其非人君也。弃疾不能諫止，而又帥師圍蔡，從君於昏，亦已甚矣。此亦不待貶絶而罪惡見者也。

武夷胡氏傳：世子般弑其君，諸侯與通會盟十有三年矣，是中國變爲夷狄而莫之覺也。楚子若以大義倡天下，奉詞致討，執般於蔡，討其弑父之罪而在宫者無赦焉，討其弑君之罪而在官者無赦焉，殘其身，瀦其宫室，謀於蔡衆，置君而去，雖古之征暴亂者不越此矣，又何惡乎？今虔本心，欲圖其國，不爲討賊舉也。而又挾欺毁信，重幣甘言，詐誘其君，執而殺之，肆行無道，貪得一時，流毒於後。弃疾以是殺戎蠻，商鞅以是紿魏將，秦人以是劫懷王，傾危成俗，天下大亂。劉、項之際，死者十九。聖人深惡楚虔而名之也，其慮遠矣。後世誅討亂臣者，或畏其彊，或幸其弱，不以大義興師，至用詭謀詐力徼幸勝之。若事之捷，反側皆懼；苟其不捷，適足長亂。如代宗之圖思明，憲宗之紿王弁，昧於《春秋》垂戒之旨矣。

吕氏曰：《春秋》之作，誅意不誅事，論實不論名，於楚子虔之殺蔡侯般可見，學者所宜詳味也。

五月，甲申，夫人歸氏薨。

《左氏傳》：五月，齊歸薨。

杜氏注：歸，姓。

大蒐于比蒲。

《左氏傳》：大蒐于比蒲，非禮也。

《公羊傳》：簡車徒也。

劉氏傳：常事不書，此何書？譏。何譏爾？喪不貳事，夫人歸氏薨，大蒐于比蒲，非禮也。

泰山孫氏曰：蒐，春田也。五月，不時也。時又有夫人之喪。

武夷胡氏傳：其曰「大蒐」，越禮也。君有重喪，國不廢蒐，不忌君也。三綱，軍政之本，君執此以御其下，臣執此以事其上，政之大本於是乎在。君有三年之慼，而國不廢一日之蒐，則無本矣。然則君有重喪，喪不貳事，以簡車徒，爲非禮也，乃有身從金革而無避者，獨何歟？曰：喪不貳事，大比而簡車徒，則廢其常可也。有門庭之寇，而宗廟社稷之存亡係焉，必從權制而無避矣。伯禽服喪，徐夷並興，至於東郊，出戰之師與築城之役同日並舉，度緩急輕重，蓋有不得已焉者矣。晉王克用薨，梁兵壓境，而莊宗決勝於夾寨；周太祖殂，契丹入寇，而世宗接戰於高平。若此者，君行爲顯親非不顧也，臣行爲愛君非不忌也。惟審於緩急輕重之宜，斯可矣。

仲孫貜會邾《公》作「邾婁」。**子，盟于祲祥。**《公》作「侵羊」。

《左氏傳》：孟僖子會邾莊公，盟于祲祥，修好，禮也。

杜氏注：祲祥，地，闕。

秋，季孫意《公》作「隱」。**如會晉韓起、齊國弱、**《公》作「酌」。**宋華亥、衛北宫佗、鄭罕虎、曹人、杞人于厥慭。**《公》作「屈銀」。《公》作「軒」。

《左氏傳》：楚師在蔡，晉荀吴謂韓宣子曰：「不能救陳，又不能救蔡……晉之不能，亦可知也已。爲盟主而不恤亡國，將焉用之？」秋，會于厥慭，謀救蔡也。……晉人使狐父請蔡于楚，弗許。

杜氏注：厥慭，地，闕。

武夷胡氏傳：楚將滅蔡，請於楚而弗許。晉之不能，亦可知矣。曷爲諸國猶序而大夫無貶乎？扈之盟，晉侯受賂，弗克而還，諸侯略而不序，亡義利之分也；澶淵之會，謀救宋災而不討蔡，罪大夫貶而稱「人」，魯卿諱而不書，失重輕之別也。亡義利之分爲不仁，失輕重之别爲不智。今晉與諸侯心欲救蔡而力勿加焉，則無惡也。凡此見《春秋》明義利，審重輕，以恕待人，而不求其備矣。

襄陵許氏曰：蔡能嬰城，堅不下楚，此易助也。而厥憖合天下之兵，畏不敢救，遣使請命，示之不能，使夷狄益驕①，有以量中國之力而卒取之。此韓起之罪也。卿不足書而書者，中國不競。苟有善意，斯存之矣。蓋自是後，《春秋》之譏世益略。

九月，己亥，葬我小君齊歸。

《左氏傳》：九月，葬齊歸，公不慼。晉士之送葬者，歸以語史趙。史趙曰：「必爲魯郊。」杜氏注：言昭公必出在郊野，不能有國。……叔向曰：「魯公室其卑乎！君有大喪，國不廢蒐。有三年之喪，而無一日之慼。國不恤喪，不忌君也。君無慼容，不顧親也。國不忌君，君不顧親，能無卑乎？殆其失國。」

《公羊傳》：齊歸者何？昭公之母也。

杜氏注：齊，謚。

冬，十有一月，丁酉，楚師滅蔡，執蔡世子有《穀》作「友」。**以歸，用之。**

《左氏傳》：冬，十一月，楚子滅蔡，用隱大子於岡山。申無宇曰：「不祥。五牲不相爲用，況用諸侯乎？王必悔之。」

杜氏注：用之，殺以祭山。

劉氏傳：君存稱世子，君没稱子某。君既没，其稱世子何？君没而稱世子者，正疑乎不正，君子與之繼世焉。世子，猶世世子也。靈公弑其君，其子非正也。曷爲與之繼世？《春秋》之設辭也，非其人之謂也，蓋其道之謂也。楚子虔誘蔡侯般而殺之，世子友守國，楚師圍之。八月而克之，不能服，於是虐用之。古者，父母之仇，不與共天下，寢苫枕戈終身，則友之爲者，盡於世子矣。

劉氏《意林》：鄭忽疑於失國，蔡友疑於不立，衛蒯聵疑於出奔。《春秋》正父子之親，君臣之禮，貶姦逆，退不義。以此三人者，雖道德不足，猶可以世其國，蓋不登畔人之意也。《傳》曰：「斯民也，三代之所以直道而行。」其斯之謂與！

泰山孫氏曰：諸侯在喪稱「子」，此言「世子有」者，有未立也。案四月丁巳，楚子虔誘蔡侯般，殺之于申。楚公子弃疾帥師圍蔡。十有一月丁酉，楚師滅蔡，執蔡世子有以歸，用之。有窮迫危懼，以至於死，此未立可知也。故曰「世子」。噫！楚子既誘蔡侯般，殺之于申，又滅蔡，執蔡世子有以歸，用之，甚矣。楚靈之惡，其若此也。

武夷胡氏傳：内入國而以其君來，外滅國而以其君歸，皆服而「以」之，易詞也。既書「滅蔡」矣，又書「執蔡世子有」者，世子無降服之狀，强執以歸②，而虐用之也。世子，繼世有國之稱，必以此稱蔡有者，父母之仇不與共天下，與民守國，效死不降，至於力屈就擒，虐用其身而不顧也，則有之爲世子之道得矣。

【校記】

① 夷狄：四庫本作「荆蠻」。

② 執：原作「封」，據《春秋胡氏傳》改。

十有二年，春，齊高偃帥師納北燕伯于陽。

《左氏傳》：齊高偃納北燕伯款於唐，因其衆也。

杜氏注：陽即唐，燕别邑。中山有唐縣。不言於燕，未得國都。

泰山孫氏曰：北燕伯三年出奔齊，不言納於燕者，明未得國都也。

吕氏曰：北燕伯不名，劉質夫以謂與襄二十五年衛侯入于夷儀同。蓋國其國，非臣下所當逐。「入于夷儀」，「納于陽」不名，以正其君臣之分也。

三月，壬申，鄭伯嘉卒。

《左氏傳》：三月，鄭簡公卒。

夏，宋公使華定來聘。

《左氏傳》：夏，宋華定來聘，通嗣君也。

公如晉，至河乃復。

《左氏傳》：公如晉，至河乃復。取郠之役，莒人愬於晉。晉有平公之喪，未之治也，故辭公。公子慭遂如晉。

《穀梁傳》：季孫氏不使遂乎晉也。

五月，葬鄭簡公。

杜氏注：三月而葬，速。

楚殺其大夫成熊。《公》作「然」，《穀》作「虎」。

《左氏傳》：楚子謂成虎，若敖之餘也，遂殺之。杜氏注：成虎，令尹子玉之孫，與鬬氏同出於若敖。宣四年鬬椒作亂。今楚子信譖而託討若敖之餘。或譖成虎於楚子，成虎知之而不能行。書曰：「楚殺其大夫成虎。」懷寵也。

劉氏傳：稱國以殺大夫者，罪累上也。成熊之累上奈何？楚子惡成熊。或謂楚子曰：「是若敖之餘矣。若敖之亂，國幾亡。」楚子殺之。古者父子兄弟不相及，然則是殺無罪者也。其以累上言之何？成熊之爲人臣也，懷寵而安利，足以殺其身而已矣。

秋，七月。

冬十月，公子慭《公》作「整」。**出奔齊。**

《左氏傳》：叔仲小、南蒯、公子慭謀季氏。慭告公，而遂從公如晉。杜氏注：慭，子仲。南蒯懼不克，以費叛，如齊。子仲還，及衛，聞亂，逃介而先。及郊，聞費叛，遂奔齊。

楚子伐徐。

《左氏傳》：楚子狩於州來，次於潁尾，使蕩侯、潘子、司馬督、囂尹午、陵尹喜帥師圍徐以懼吳。楚子次於乾谿，以爲之援。

晉伐鮮虞。

《左氏傳》：晉荀吳僞會齊師者，假道於鮮虞，遂入昔陽。秋，八月，壬午，滅肥，以肥子綿皋歸。……晉伐鮮虞，因肥之役也。

《穀梁傳》：其曰晉，狄之也。

杜氏注：不書將帥，史闕文。劉氏《權衡》：杜云闕文，予謂以殽之戰推之，安知非晉恥以詐襲人而不以將帥告乎？在殽之戰，則以謂晉恥背喪用兵，在鮮虞則以謂史自闕文，《春秋》之義何其駁，且至於此也。

蘇氏曰：晉荀吳僞會齊師，假道於鮮虞以滅肥，遂伐鮮虞。晉雖以詐爲罪，而書曰「晉伐鮮虞」。以夷狄書之，過矣。晉獻公假道于虞以伐虢，因以執虞公。其滅虢也書「晉師」，其執虞公也書「晉人」。今伐鮮虞稱「人」若「師」可也，特書「晉」，深罪之也。楚滅陳、蔡而晉不救，力誠不能，君子不罪也。能伐鮮虞而不救陳、蔡，非力不足也，棄諸侯也，故以夷書之。

武夷胡氏傳：楚奉孫吴討陳，因以滅陳；誘蔡般殺之，因以滅蔡。晉人視其殘虐莫能救，則亦已矣，而效其所爲以伐人國，是中国居而夷狄行也①。人之所以爲人，中國之所以爲中國，信義而已矣。一失則爲夷狄，再失則爲禽獸②。禽獸逼人，人將相食，自春秋末世，至於六國、亡秦，變詐並興，傾危成俗，河決魚爛，不可壅而收之，皆失信棄義之明驗也。《春秋》謹嚴於此，制治未亂，拔本塞源之意，豈曰過乎！

吕氏曰：爲《春秋》者，以爲書州、書國、書人及書帥師者姓名，爲褒貶輕重，故以晉伐鮮虞不書人與師，爲狄之也③。以理考之，則恐未然。夫事有大小，則記有詳略，史家常法。《春秋》特因是以褒貶，垂訓後世爾。所謂「吾無所隱乎爾」也。晉伐鮮虞，罪在伐人之國，以天子在上，而諸侯放恣，擅行誅討也。其事則微，故其書亦略。「晉伐鮮虞」，略辭也，其罪則自見矣。故書楚、書吴，皆略之之辭爾，以爲遠者有不可得而詳也。事之小者亦然，皆非所以爲褒貶輕重也。十五年，晉荀吴帥師伐鮮虞，如以晉伐鮮虞爲狄之，則荀吴帥師伐鮮虞，何以不狄之也④？以此知詳略之異，非褒貶輕重所繫，無疑也。

【校記】

① 中國居而夷狄行也：四庫本作「所謂效尤又甚也」。

② 一失則爲夷狄，再失則爲禽獸：四庫本作「信義一失，天下壞亂不可復救」。

③④ 狄：四库本作「外」。

十有三年，春，叔弓帥師圍費。

《左氏傳》：叔弓圍費，弗克，敗焉。平子怒，令見費人，執之以爲囚俘。冶區夫曰：「非也。若見費人，寒者衣之，飢者食之，……費來如歸，南氏亡矣。……若憚之以威，懼之以怒，民疾而叛，爲之聚也。……」平子從之，費人叛南氏。……十四年，費人司徒老祁、慮癸……劫南蒯，曰：「羣臣不忘其君，杜氏注：君謂季氏。畏子以及今，三年聽命矣。子若弗圖，費人不忍其君，將不能畏子矣。子何所不逞欲？請送子。」請期五日。遂奔齊。……司徒老祁、慮癸來歸費。

陸氏《微旨》：淳聞於師曰：「凡家臣以邑叛，悉不書叛人之名，何也？曰：家臣賤微，名不合登於史册也。但書大夫圍之，則邑叛可知矣。且罪大夫無政，而使家臣得專邑而叛也。克之不書，本非他國之邑也。」

劉氏《意林》：周之王，必毋廢文、武之法，毋過天之道。諸侯雖大國，孰敢慢其上？諸侯必毋僭天子，其大夫孰淩？大夫必毋脅其君，其賠臣孰畔？故南蒯雖以費入齊，而《春秋》未以畔誅蒯，非寬蒯弗誅也。事有本末，法有原省，季氏未得以畔名蒯，則魯亦未得以彊討季氏，魯未得以彊討季氏，則周亦未得以僭絶魯。其不正相乘，非一日之積矣。

武夷胡氏傳：費，内邑也。命正卿爲主將，舉大衆圍其城，若敵國然者，家臣彊，大夫弱也。《語》不云乎：「有一言而可以終身行之者，其恕矣夫。」「己所不欲，勿施於人。」「所惡於下者，無以事上也；所惡於上者，無以使下也。然後家齊而國治矣。」季孫意如以所惡於下者事其上，而不忠於其君；以所惡於上者使其下，而不禮於其臣。出乎爾者反乎爾，宜南蒯之及此也。《春秋》之法，不書内叛，反求諸己而已矣。其圍費，欲著其實，不没之也。

吕氏曰：圍費，費叛也。不書叛，聖人不以爲叛也。是時季氏方彊，公室日微。季氏之臣，其欲去季氏以張公室，未可知也。雖處之未當，然未可以叛名也。所謂處之未當者，既事之矣，則當以義正之；正之不得，則去之可也。未有假其勢以伐其人，以自爲正也。君子不食姦，不蓋不義，知其不可，則如勿仕而已爾，故君子以爲未當也。

夏，四月，楚公子比自晉歸于楚，弑其君虔于乾谿①。《穀》作「溪」。楚公子弃《公》作「棄」。疾殺《公》作「弒」。公子比。

《左氏傳》：楚子之爲令尹也，殺大司馬薳掩而取其室。及即位，奪薳居田；遷許而質許圍。蔡洧有寵於王，王之滅蔡也，其父死焉，王使與於守而行。申之會，越大夫戮焉。王奪鬬韋龜中犫，又奪成然邑，而使爲郊尹。蔓成然故事蔡公，杜氏注：蔡公，棄疾也。故薳氏之族及薳居、許圍、蔡洧、蔓成然，皆王所不禮也。因羣喪職之族，啓越大夫常壽過作亂，圍固城，克息舟，城而居之。觀起之死也，其子從在蔡，事朝吴，曰：「今不封蔡，蔡不封矣。我請試之。」以蔡公之命召子干、子晳，及郊，而告之情，杜氏注：告以蔡公不知謀。彊與之盟，入襲蔡。蔡公將食，見之而逃。觀從使子干食，坎，用牲，加書，而速行。己徇於蔡，曰：「蔡公召二子，將納之，與之盟而遣之矣，將師而從之。」……衆曰：「與之。」乃奉蔡公，召二子而盟於鄧，依陳、蔡人以國。楚公子比、公子黑肱、公子弃疾、蔓成然、蔡朝吴帥陳、蔡、不羹、許、葉之師，因四族之徒，以入楚。……殺大子禄及公子罷敵。公子比爲王，公子黑肱爲令尹……公子弃疾爲司馬……使觀從從師於乾溪，而遂告之，且曰：「先歸復所，後者劓。」師及訾梁而潰。王聞羣公子之死也，自投于車下，曰：「人之愛其子也，亦如余乎？」侍者曰：「甚焉。小人老而無子，知擠於溝壑矣。」王曰：「余殺人子多矣，能無及此乎？」……王沿夏，將欲入鄢。……夏，五月，癸亥，王縊於芋尹申亥氏。……觀從謂子干曰：「不殺弃疾，雖得國，猶受禍也。」子干曰：「余不忍也。」子玉曰：「人將忍子，吾不忍俟也。」乃行。……弃疾……使蔓成然走告子干、子皙，曰：「王至矣！國人殺君司馬，將來矣！君若早自圖也，可以無辱。……」二子皆自殺。丙辰，弃疾即位，名曰熊居。葬子干於訾，實訾敖。

《公羊傳》：楚公子弃疾弑公子比。……大夫相殺稱「人」，此其稱名氏以弑何？言將自是爲君也。

陸氏《微旨》：淳聞於師曰：「不書『復入』而言『歸』者，明非始謀也。以之首惡罪其從亂，且敢有其位也。所謂原情定罪。」

武夷胡氏傳：或曰：昭元年，楚虔弑立，比出奔晉；十三年比歸而虔縊於棘圍，則比未嘗一日北面事虔爲之臣。虔又弑立，固非比之君矣。而書曰「比弑其君虔」何也？曰：凡去國出奔，而君不以爲臣，則晉於欒盈是也。臣不以爲君，則公子鱒於衛是也。若去國雖久，而爵禄有列於朝，出入有詔於國，不埽其墳墓，不收其田里，不係纍其宗族，即君臣之分猶在也。比雖奔晉，而晉人以羇待比，以國底禄，固楚之亡公子也。楚又未嘗錮之如晉之於欒盈，比又未嘗不向楚而坐如子鮮之於衛，安得以爲比非楚臣而虔非比之君乎？《春秋》書比「弑其君虔」明於君臣之義也。爲比者②，宜乎效死不立。若國有所歸，爲曹子臧、魯叔肸，不亦善乎！今乃脅於勢而忘其守，怵於利而忘其義，被之大惡，欲辭而不可得矣。爲人臣而不知《春秋》，守經事而不知其宜，遭變事而不知其權者，若此類是也。悲夫！聖人垂戒之意明矣。弃疾立比爲王而己爲司馬，固君比矣，而又殺之，則宜書曰「弃疾弑其君比」，而曰「殺公子比」何也？初，子干歸自晉，觀從假弃疾命而召之來，則來；坎，牲，加書，而殭之盟，則盟；帥四族衆而使之入楚，則入；殺太子禄而立之爲王，則王；周走而呼於國中，謂衆怒如水火，而逼之自殺，則自殺。其行止遲速，去就死生，皆觀從與國人所爲，而比未嘗可否之也，安得爲弃疾之君乎！然比兄也，黑肱弟也，弃疾其季弟也。立比爲王，肱爲令尹，疾爲司馬，蓋國人以長幼之序立之也，則宜書曰「楚人殺比」。而《春秋》變文歸獄弃疾者，誅其本意在於代比，而非討之也。所謂輕重之權衡，曲直之繩墨，而懷惡者亦無所隱其情矣。

秋，公會劉子、晉侯、齊侯、宋公、衛侯、鄭伯、曹伯、莒子、邾《公》作「邾婁」，下小邾同。子、滕子、薛伯、杞伯、小邾子于平丘。

《左氏傳》：晉成虒祁，諸侯朝而歸者，皆有貳心。爲取郠故，晉將以諸侯來討。叔向曰：「諸侯不可以不示威。」乃並徵會，告於吴。秋，晉侯會吴子於良。水道不可，吴子辭，乃還。七月，丙寅……合諸侯于平丘。

杜氏注：平丘，在陳留長垣縣西南。

武夷胡氏傳：案《左氏》，晉成虒祁，諸侯朝而歸者，皆有貳心。齊侯往朝於晉，燕而投壺，曰：「寡人中此，與君代興。」晉人知其亦將貳也。叔向曰：「諸侯不可以不示威。」乃並徵會，治兵於邾南，甲車四千乘。遂合諸侯于平丘。方是時，楚人暴横，陵蔑中華。在宋之盟，爭晉先歃；及虢之會，仍讀舊書；遂召諸侯，爲申之舉；遷賴於鄢，縣陳滅蔡。此乃敵國外患，臨深履薄，恐懼省戒之時。其君當倚於法家拂士，以德修國政，其臣當急於責難陳善，以禮格君心，内結夏盟，外攘夷狄，悼公之業若勿暇也。今乃施施然安於不競，無憤恥自彊之志，惟宫室臺榭是崇是飾，及諸侯皆貳，顧欲示威徵會，而以兵甲耀之，不亦末乎！《春秋》之法，制治於未亂，保邦於未危，貴事之預，恥以苟成而不要諸道者也。是以深惡此會，如下文所貶云。明其義者，然後知仲尼作《經》於一臺囿之築，一宫室門觀之作，必謹而書，以重民力。其弭亂持危，固結人心之慮遠矣。

八月，甲戌，同盟于平丘。公不與盟。

《左氏傳》：晉人將尋盟，齊人不可。晉侯使叔向告劉獻公……對曰：「……天子之老，請帥王賦，『元戎十乘，以先啓行』……」叔向告於齊曰：「諸侯求盟，已在此矣。今君弗利，寡君以爲請。」對曰：「諸侯討貳，則有尋盟。若皆用命，何盟之尋？」叔向曰：「……晉禮主盟，懼有不治。奉承齊犧，而布諸君。［求終事也。］君曰『余必廢之』，何齊之有？唯君圖之，寡君聞命矣！」齊人懼，對曰：「小國言之，大國制之，敢不聽從？……」叔向曰：「諸侯有間矣，不可以不示衆。」八月，辛未，治兵，建而不旆。壬申，復旆之。諸侯畏之。邾人、莒人愬於晉曰：「魯朝夕伐我，幾亡矣。……」晉侯不見公，使叔向來辭。……子服惠伯對曰：「君信蠻夷之訴，以絶兄弟之國，棄周公之後，亦唯君。寡君聞命矣。」叔向曰：「寡君有甲車四千乘在，雖以無道行之，必可畏也。況其率道，其何敵之？有牛雖瘠，僨於豚上，其畏不死？……」魯人懼，聽命。甲戌，同盟于平丘……公不與盟。晉人執季孫意如以……歸，子服湫從。

《穀梁傳》：同者，有同也。同外楚也。

伊川先生解：楚弃疾立，諸侯懼之，故同盟。公不與盟，晉罪公，不使與盟。雖欲辱公，然得不與同盟之罪，實爲幸也。

陸氏《纂例》：不重言諸侯、劉子與盟。凡諸侯及王臣盟，皆譏也。臣無疑君之禮，故王臣在會，但會而已，多不與盟。而其時或有王臣與諸侯盟者，皆書以示譏。

泰山孫氏曰：自宋之會，諸侯不出，大夫專盟者十年。至申之會，則又甚矣。楚子專盟會者，又十年矣。今晉昭一旦與劉子合諸侯同盟於此者，乘楚靈弑逆之禍爾。乘楚靈弑逆之禍，與劉子合諸侯同盟於此，何所爲哉？此固不足道也。自是訖會召陵，諸侯不復出者二十四年。

武夷胡氏傳：其書同盟者，劉子與盟，同懼楚也。會與盟同地，再書「平丘」者，書之重，詞之複，其中必有美惡焉，見行事之深切著明，故詞繁而不殺也。主盟中國，奉承齊犧，而矜其威力，恐迫諸侯，又信蠻夷之訴，絶兄弟之歡，求逞私憤，間其憂疑。如此盟者，流及戰國。彊衆相誇，恫疑恐喝，恣行陵暴，死者十九。積習所致，有自來矣。詞繁而不殺，則惡其競力不道，爲後世鑒也。「公不與盟」，臣子之於君父隱諱其恥，禮也。十二國會于平丘，公獨見辭，不得與盟，斯亦可恥矣。曷爲直書其事而不隱也？晉主此盟，德則不競，而矜兵甲之威，肆脅持之術，以諸侯上要天子之老而歃血，以中國同惴夷狄篡立之主而結盟③，無禮義忠信誠慤之心，而以威詐涖之，具此五不韙者，得不與焉，幸也。聖人筆削《春秋》，凡魯君可恥者，必爲之隱諱。至會于沙隨而公不得見，盟于平丘而公不得與，自衆人常情，必深沮喪以爲辱矣，仲尼推明其故，自反而縮，雖晉國之嚴，不可及也。彼以其威，我以其理，彼以其勢，我以其義，夫何歉乎哉！直書其事，示後世立身行己之道也。其垂訓之用大矣。

晉人執季孫意《公》作「隱」。**如以歸。**

武夷胡氏傳：稱「人」以執，非伯討也。自文以來，公室微弱，三家專魯，而季氏罪之首也。宿及意如，尤爲彊逼。元年伐莒疆鄆，十年伐莒取郠，中分魯國以自封殖，而使其君民食於家，其不臣甚矣。何以爲非伯討乎？晉人若案邾、莒所訴有無之狀，究南蒯、子仲奔叛之因，告於諸侯，以其罪執之，請於天子，以大義廢之，選於魯卿，更意如之位，收斂私邑爲公室之民，使政令在君，三家臣順，則方伯之職修矣。今魯與邾通好，亦不朝夕伐莒，而鄆、郠之故，又非昭公意也。徒以邾、莒之言曰：「我之不共，魯故之以。」遂辭魯君而執意如，則是意在貨財，而不責其無君臣之義也，何得爲伯討乎！稱「人」以執，罪晉之偷也。

公至自會。

《公羊傳》：公不見與盟，大夫執，何以致會？君子不恥不與焉。

蔡侯廬歸于蔡。陳侯吴歸于陳。

《左氏傳》：楚之滅蔡也，靈王遷許、胡、沈、道、房、申於荆焉。平王即位，既封陳、蔡，而皆復之。……隱大子之子廬歸于蔡，……悼大子之子吴歸于陳。

《公羊傳》：此皆滅國也，其言「歸」何？不與諸侯專封也。

《穀梁傳》：此未嘗有國也，使如失國辭然者，不與楚滅也。

泰山孫氏曰：聖人不作，諸侯不振，二國之命，制在夷狄故也。孔子以陳、蔡自歸爲文，所以抑彊夷而存中國也。

武夷胡氏傳：楚虔遷六小國於荆山，又滅陳、蔡而縣之。及弃疾即位，復諸遷國，封蔡及陳。隱太子有之子廬歸于蔡，悼世子偃師之子吴歸于陳，曰「歸」者，順詞也。陳、蔡，昔皆滅矣，不稱「復歸」者，不與楚虔之得滅也。其稱「歸于」者④，國其所宜歸也。廬與吴，皆亡世子之子也，而弃疾封之，可謂有奉矣。不言「自楚」者，不與楚子之得封也。其稱「侯」者，位其所固有也。陳，列聖之後；蔡，王室之親。見滅於楚虔而諸侯不能救，復封於弃疾而諸侯不能與，是以夷狄制諸夏也。聖人至是懼之甚，蓋有不得已焉。制《春秋》爲後世法，大要天子之事也，其義則以公天下爲心。興滅國，繼絶世，異於自私其身欲擅而有之者也，故書法如此。爲天下國家而不封建，欲望先王之治，難矣。

冬，十月，葬蔡靈公。

《穀梁傳》：變之不葬有三：失德不葬，弑君不葬，滅國不葬。然且葬之，不與楚滅，且成諸侯之事也。

陸氏《纂例》：國復乃葬，二十九月。

公如晉，至河乃復。

《左氏傳》：公如晉。荀吴謂韓宣子曰：「……執其卿而朝其君，有不好焉。不如辭之。」乃使士景伯辭公於河。

吴滅州來。

《左氏傳》：吴滅州來。令尹子期請伐吴。王弗許，曰：「吾未撫民人，未事鬼神，未修守備，未定國家，而用民力，敗不可悔。州來在吴，猶在楚也。子姑待之。」

蘇氏曰：州來，楚之附庸。

【校　記】

① 弑：原作「殺」，據《春秋》經文改。

② 比：原作「此」，據《春秋胡氏傳》改。

③ 夷狄：四庫本作「荆蠻」。

④ 于：原作「子」，據《春秋胡氏傳》改。

十有四年，春，意《公》作「隱」。如至自晉。

《左氏傳》：十三年，季孫猶在晉。子服惠伯私於中行穆子，曰：「……魯，兄弟也，土地猶大，所命能具。若爲夷弃之，使事齊、楚，其何瘳於晉？……」穆子告韓宣子……乃歸季孫。

泰山孫氏曰：大夫執則致，致名不稱氏，前見也。

武夷胡氏傳：案《左氏》，季孫猶在晉，子服惠伯私於中行穆子曰：「魯事晉，何以不如夷之小國？土地猶大，所命能具。若爲夷弃之，使事齊、楚，其何瘳於晉？」乃歸季孫。其始執之，爲邾、莒之供，而非有扶弱擊彊之義也。其終歸之，爲「土地猶大，所命能具」，而非有不能救蔡、爲夷執親之悔也。然則晉人喜怒皆以利發，其勸沮皆以利行，違道甚矣。故平丘之會，深加貶斥。自是而後，諸侯不合二十餘年。至於召陵，又以賄敗。十有八國之諸侯而書侵楚以譏之。於是晉日益衰，外攜内叛，不復振矣。利之能敗人國家乃如此，《春秋》之深戒也。

三月，曹伯滕卒。

夏，四月。秋，葬曹武公。

八月，莒子去疾卒。

《左氏傳》：秋八月，莒著丘公卒。郊公不慼，國人弗順，欲立著丘公之弟庚輿。蒲餘侯惡公子意恢，而善於庚輿。郊公惡公子鐸，而善於意恢。公子鐸因蒲餘侯而與之謀，曰：「爾殺意恢，我出君而納庚輿。」許之。……冬，十二月，蒲餘侯茲夫殺莒公子意恢。郊公奔齊。公子鐸逆庚輿於齊。

武夷胡氏傳：卒，自外録者也。莒人來赴，故魯史書其卒。葬，自内録者也，魯人不往，是以闕其葬。自昭公以來，雖薛、杞微國，無不會其葬者，何獨於莒則不往乎？方是時，意如專政，而莒嘗訴其疆鄆取郠之罪於方伯，而見執矣。爲是怨莒，故獨不會其葬也。夫怨不棄義，惡不忘親，怒不廢禮。在桓公時，雖與衛戰，而宣公卒，則往葬之，不以私故絶吉凶慶弔、往來施報之常，禮也。以此見意如之專恣矣。若意如者，其傲很修怨，敢施於昭公與莒子；及其在晉，聞除館西河，則恐懼逃歸，如一匹夫，何也？小人無禮，喜怒勇怯不中節，皆若是爾。苟不遠之，其能國乎！

冬，莒殺其公子意恢。

劉氏《意林》：郊公不慼其親之憂，使意恢得緣以闚覦。意恢不隱其兄之惡，使蒲餘侯得緣以專禍。是上下交失也。《書》不云乎：「于弟不念天顯，乃疾厥兄。兄亦不念鞠子哀，大弗友于弟。惟弔茲，不于我政人得罪。」蓋痛之矣。聽訟蔽獄，可勿熟察邪！

高郵孫氏曰：《公》、《穀》之説，皆以爲曹、莒無大夫。蓋曹、莒小國，其君之爵，才當大國之大夫，其大夫之位才當大國之士。《春秋》，諸侯之士皆不書名，故曹、莒大夫之名不得見於《經》也。其有事繫懲勸，法當書者，則雖賤而名之。邾庶其、黑肱，莒牟夷、意恢是也。

襄陵許氏曰：公子鐸首亂而無見焉者，《春秋》書法，表見王道而已，不誅其人，若鐸類者多矣。此意自韓愈發之也。

十有五年，春，王正月，吴子夷末《公》作「昧」。卒。

二月，癸酉，有事于武宫。籥入，叔弓卒。去樂，卒事。

《左氏傳》：二月，癸酉，禘。叔弓涖事，籥入而卒。去樂，卒事，禮也。

陸氏《辨疑》：啖氏曰：「宗廟大事，大夫卒小事，以禮言之，應待祭畢。又《禮記》稱衛侯曰：『柳莊者，非寡人之臣也，社稷之臣也。如其卒，雖當祭，必告。』據此，足明常禮不書告。」

高郵孫氏曰：武宫者，廢廟也。成六年立之。於是有事焉，而大夫卒，去樂卒事，則合禮矣。然武宫之事，則不當有者。《春秋》因變禮而推言之。

常山劉氏曰：禮曰：「衛有太史曰柳莊，寢疾，公曰：『若疾革，雖當祭，必告。』」然則當祭而卿佐死，不當告也。告則不能祭，而禮不成矣。夫宗廟之祭，盡其誠敬而已。聞臣佐之喪而不能成，豈禮也哉！且籥已入矣，至於不得已而去樂卒事，皆由告故也。故書以示譏。

武夷胡氏傳：案《曾子問》君在祭不得成禮者，夫子語之詳矣。而無有及大臣者，是知祭而去樂，不可也。有事於宗廟，遭大夫之變，則以聞，可乎？案《禮》：衛有大史柳莊寢疾，君曰：「若疾革，雖當祭必告。」是知祭而以聞，不可也。禮莫重於當祭，大夫有變而不以聞，則内得盡其誠敬之心於宗廟，外全其隱恤之意於大臣，是兩得之也。然則有事於宗廟，大臣涖事，籥入而卒於其所，則如之何？禮雖未之有，可以義起也。有事於宗廟，大臣涖事，籥入而卒於其所，去樂卒事，其可也。緣先祖之心，見大臣之卒，必聞樂不樂；緣孝子之心，視已設之饌，必不忍輕徹。故去樂而卒事，其可也。宗廟合禮者，常事不書。苟以爲可，則《春秋》何書乎？此記禮之變，而書之者也。

夏，蔡朝《公》作「昭」。**吴出**《公》無「出」字。**奔鄭。**

《左氏傳》：楚費無極害朝吴之在蔡也，欲去之，乃謂之曰：「王唯信子，故處子於蔡。子亦長矣，而在下位，辱。必求之，吾助子請。」又謂其上之人曰：「王唯信吴，故處諸蔡，二三子莫之如也。而在其上，不亦難乎？弗圖，必及於難。」夏，蔡人逐朝吴。朝吴出奔鄭。王怒，……無極對曰：「臣豈不欲吴？然而前知其爲人之異也。吴在蔡，蔡必速飛。去吴，所以翦其翼也。」

武夷胡氏傳：朝吴，蔡之忠臣。雖不能存蔡，而能復蔡。其從於弃疾者，謂蔡滅而弃疾必能封之也。弃疾以其忠於舊君而信之，使居舊國，可謂知所信矣。則曷爲出奔？費無極害其寵也。無極，楚之讒人，去朝吴，出蔡侯朱，喪大子建，殺連尹奢，屏王耳目使不聰明，卒使吴師入郢，辱及宗廟。讒人爲亂，可不畏乎！爲國有九經，而尊賢爲上；勸賢有四事，而去讒爲首。志朝吴出奔，而入郢之師兆矣。然朝吴身居舊國，處危疑之地，苟有譖之者，則王不能無動也。能以忠信自任，而杜讒諂之謀，則善矣。而費無極乃語之曰：「子亦長矣，而在下位，辱也。」欲爲之請，以名利累其心而莫之覺，不智亦甚矣。故特書其出奔以罪吴，爲後戒也。

六月，丁巳，朔，日有食之。

秋，晉荀吴帥師伐鮮虞。

《左氏傳》：晉荀吴帥師伐鮮虞，圍鼓。鼓人或請以城叛，穆子弗許。曰：「……或以吾城叛，吾所甚惡也。人以城來，吾獨何好焉？賞所甚惡，若所好何？如其弗賞，是失信也，何以庇民？力能則進，否則退，量力而行。吾不可以欲城而邇姦，所喪滋多。」使鼓人殺叛人而繕守備。圍鼓三月，鼓人或請降，使其民見，曰：「猶有食色，姑修而城。」……鼓人告食竭力盡，而後取之。……以鼓子鳶鞮歸。

武夷胡氏傳：晉滅潞氏、甲氏，及再伐鮮虞，皆用大夫爲主將，而或稱人或稱國，或稱其名氏，何也？以殄滅爲期而無矜惻之意[①]，則稱人；見利忘義而以狄道欺詐行之，則稱國；以正兵加敵而不納其叛臣，則稱名氏。夫稱其名氏，非褒之也，纔免於貶耳。而《春秋》用兵禦狄之略，咸見矣。

冬，公如晉。

《左氏傳》：冬，公如晉，平丘之會故也。

【校　記】

① 惻：原作「測」，據《春秋胡氏傳》改。

春秋集解卷二十五

昭公

十有六年，春，齊侯伐徐。

《左氏傳》：齊侯伐徐。二月，丙申，齊師至於蒲隧。徐人行成。徐子及郯人、莒人會齊侯，盟于蒲隧，賂以甲父之鼎。叔孫昭子曰：「諸侯之無霸，害哉！齊君之無道也，興師而伐遠方，會之，有成而還，莫之亢也。無霸也夫！……」

襄陵許氏曰：景公之時，吴、楚方争者，晉既不能遠略，以齊之彊，務德修政，以通天下之志，糾合諸侯，復霸可也，而區區務争伐徐、伐莒之利，志亦卑矣。

楚子誘戎蠻子，《公》作「曼子」。**殺之。**

《左氏傳》：楚子聞蠻氏之亂也，與蠻子之無質也，使然丹誘戎蠻子嘉，殺之，遂取蠻氏。

《公羊傳》：楚子何以不名？夷狄相誘，君子不疾也。曷爲不疾？若不疾，乃疾之也。

武夷胡氏傳：楚子之誘一也，或名或不名者，虔欲滅中國，而弃疾討蠻氏，謹華夷之辨也①。蔡侯與蠻子之見殺一也，或名或不名者，蔡般弑父與君，蠻氏亂而無質，其罪之輕重亦差矣。

夏，公至自晉。

《左氏傳》：正月，公在晉。晉人止公，不書，諱之也。夏，公至自晉。

武夷胡氏傳：《左氏》曰：「公如晉，平丘之會故也。」至是始歸者，晉人止公。其不書，諱之也。昭公數朝於晉，三至於河而不得入；兩得見晉侯，又欲討其罪而止旃，其困辱亦甚矣。在《易》之《困》曰：「困亨者，因困窮而致亨也。」夫困於心，衡於慮而後作；徵於色，發於聲而後喻，此正憤悱自彊之時。而夏少康、衛文公、越勾踐、燕昭王四君子者，由此其選也。今昭公安於危辱，無激昂勉勵之志，即所謂自暴自棄，不可與有爲，而人莫之告矣，不亦悲乎！諱而不書，深貶之也。

秋，八月，己亥，晉侯夷卒。

《左氏傳》：秋，八月，晉昭公卒。

九月，大雩。

《左氏傳》：九月，大雩。旱也。

季孫意《公》作「隱」。如如晉。冬，十月，葬晉昭公。

《左氏傳》：冬，十月，季平子如晉，葬昭公。

杜氏注：三月而葬，速也。

【校記】

① 華夷：四庫本作「中外」。

十有七年，春，小邾子來朝。

《左氏傳》：小邾穆公來朝。

夏，六月，甲戌，朔，日有食之。

《左氏傳》：夏，六月，甲戌，朔，日有食之。祝史請所用幣。昭子曰：「日有食之，天子不舉，伐鼓於社；諸侯用幣於社，伐鼓於朝。禮也。」平子禦之，曰：「止也。唯正月朔，慝未作，日有食之，於是乎有伐鼓，用幣，禮也。其餘則否。」大史曰：「在此月也。正月，謂建巳正陽之月也。於周爲六月，於夏爲四月。日過分而未至，三辰有災。於是乎百官降物，君不舉，辟移時，樂奏鼓，祝用幣，史用辭。故《夏書》曰：『辰不集于房，瞽奏鼓，嗇夫馳，庶人走。』此月朔之謂也。當夏四月，是謂孟夏。」平子弗從。昭子退，曰：「夫子將有異志，不君君矣。」劉氏《權衡》曰：六月日有食之。《傳》曰：「唯正月朔，慝未作，日有食之，於是乎有伐鼓用幣。」又引《夏書》以證之。今案《夏書》乃季秋月朔，非正陽之月。《詩・十月之交》：「朔日辛卯，日有食之，亦孔之醜。」然則古人不獨以正月日食爲醜矣。《傳》之所言，未可信也。

秋，郯子來朝。

八月，晉荀吳帥師滅陸《公》作「賁」。渾之《公》、《穀》無「之」字。戎。

《左氏傳》：晉侯使屠蒯如周，請有事於雒與三塗。……九月丁卯，晉荀吳帥師涉自棘津，使祭史先用牲於雒。陸渾人弗知。師從之。庚午，遂滅陸渾，數之以其貳於楚也。陸渾子奔楚，其衆奔甘鹿。

武夷胡氏傳：林父之於潞氏，士會之於甲氏，荀吳之於陸渾戎，皆滅之也。而林父、士會稱「人」，荀吳舉其名氏，何哉？夷不亂華①，陸渾之戎，密邇王室，而縱之雜處，則非膺戎狄，别内外之義也。與闢土服遠以圖彊霸則異矣。然舉其名氏，非褒詞也，纔得無貶耳。則窮兵於遠，虛内事外者可知矣。

冬，有星孛於大辰。

《左氏傳》：冬，有星孛于大辰，西及漢。申須曰：「彗，所以除舊布新也。天事恒象，今除於火，火出必布焉。諸侯其有火災乎！」

《公羊傳》：孛者何？彗星也。其言于大辰何？在大辰也。大辰者何？大火也。大火爲大辰，北辰亦爲大辰，何以書？記異也。

杜氏注：大辰，房、心、尾也。

范氏注：劉向曰：「大辰者，大火也。不曰『孛於大火』，而曰『大辰』者，謂濫於蒼龍之體，不獨大火。」

武夷胡氏傳：大辰，心也。心爲明堂，天子之象，其前星太子，後星庶子。孛星加心，象天子適庶將分争也。後五年，景王崩，王室亂，劉子、單子立王猛，尹氏、召伯立子朝，歷數載而後定。至哀十三年，有星孛于東方，不言宿名者，不加宿也。當是時，吴人僭亂，憑陵上國，日敝於兵，暴骨如莽，其戾氣所感，固將鍾吴而降之罰也。故氛祲所指，在於東方，假手越人，吴國遂滅。天之示人顯矣，史之有占明矣。

楚人及吴戰于長岸。

《左氏傳》：吴伐楚。陽匄……司馬子魚……戰于長岸。子魚先死②，楚師繼之，大敗吴師，獲其乘舟餘皇。……吴公子光請於其衆，曰：「喪先王之乘舟，豈唯光之罪，衆亦有焉。請藉取之，以救死。」……使長鬣者三人，潛伏於舟側，曰：「我呼餘皇則對，師夜從之。」三呼，皆迭對。楚人從而殺之。楚師亂，吴人大敗之，取餘皇以歸。

武夷胡氏傳：言戰不言敗，勝負敵也。楚地五千里，帶甲數十萬，戰勝諸侯，威服天下，本非吴敵也。惟不能去讒賤貨，使費無極以讒勝，囊瓦以貨行，而策士、奇才爲敵國用，故日以侵削，至雞父之師七國皆敗，柏舉之戰國破君奔，幾於亡滅。吴日益强而楚削矣。是故爲國，必以得賢爲本，勸賢必以去讒賤貨爲先。不然，雖廣土衆民，不足恃也。考其所書本末彊弱之由，其爲後世戒明矣。

【校記】

① 夷不亂華：四庫本作「晉爲盟主」。

② 先：原脱，據《春秋左傳》補。

十有八年，春，王三月，曹伯須卒。

夏，五月，壬午，宋、衛、陳、鄭災。

《左氏傳》：夏，五月，火始昏見。丙子，風。……戊寅，風甚。壬午，大甚。宋、衛、陳、鄭皆火。……火作，子産辭晉公子、公孫於東門，使司寇出新客，禁舊客勿出於宮。使子寬、子上巡羣屏攝，至於大宮。……使府人、庫人各儆其事。……司馬、司寇列居火道……城下之人，伍列登城。明日，使野司寇各保其徵。……書焚室而寬其征，與之材。

三日哭，國不市。使行人告於諸侯。宋、衛皆如是。陳不救火，許不弔災，君子是以知陳、許之先亡也。

《公羊傳》：何以書？記異也。何異爾？異其同日而俱災也。外異不書，此何以書？爲天下記異也。

劉氏傳：何以書？記災也。四國同日而俱災，非人力所能爲也已。其序宋、衛、陳、鄭，《春秋》之正也。同德則尚爵，同爵則尚親，同親則尚齒。

六月，邾人入鄅。《公》作「邾婁人」。

《左氏傳》：六月，鄅人藉稻。邾人襲鄅。鄅人將閉門，邾人羊羅攝其首焉，遂入之，盡俘以歸。鄅子曰：「余無歸矣。」從帑於邾。邾莊公反鄅夫人，而舍其女。

秋，葬曹平公。

《左氏傳》：秋，葬曹平公。往者見周原伯魯焉，與之語，不説學。歸以語閔子馬，閔子馬曰：「周其亂乎！……」

冬，許遷于白羽。

《左氏傳》：楚左尹王子勝言於楚子曰：「許于鄭，仇敵也，而居楚地，以不禮於鄭。晉、鄭方睦，鄭若伐許，而晉助之，楚喪地矣。君盍遷許？……」冬，楚子使王子勝遷許於析，實白羽。

十有九年，春，宋公伐邾。《公》作「邾婁」。

《左氏傳》：鄅夫人，宋向戌之女也，故向寧請師。二月，宋公伐邾，圍蟲。三月，取之。乃盡歸鄅俘。

武夷胡氏傳：案《左氏傳》：宋公伐邾，圍蟲，取之，而《經》不書圍與取，何也？初鄅人藉稻，邾人襲鄅，盡俘之。鄅夫人，宋向戌之女也，故向寧請師圍蟲，取之，盡歸鄅俘。此所謂聲罪執言之兵，歸鄅之俘，其善意也。故書伐邾，而釋其取邑之罪。此亦善善長、惡惡短之意。

夏，五月，戊辰，許世子止弒其君買。

《左氏傳》：夏，許悼公瘧。五月，戊辰，飲大子止之藥，卒。大子奔晉。書曰：「弒其君。」君子曰：「盡心力以事君，舍藥物可也。」

《穀梁傳》：止不弒也。不弒而曰弒，責止也。止曰：「我與夫弒者，不立乎其位。」以與其弟虺。哭泣，歠饘粥，嗌不容粒，未踰年而死。

蘇氏曰：許悼公瘧，飲世子止之藥而卒，其以弒書之，何也？止雖不志乎弒，而君由止而卒，則亦止弑之也。君由止以卒，而不以弑君書之，則臣將輕其君，子將輕其父，亂之道也。故止之弑君，雖異乎楚商臣、蔡般也，而《春秋》一之，所以隆君父也。今律，過失殺人以贖論，過失殺朞尊減殺人二等，過失殺大父母、父母減殺人一等，而和御藥誤不如法者死。父子之親，許以情論；至於君臣，則情不勝法，此蓋《春秋》之遺意也。

武夷胡氏傳：案《左氏》：許悼公瘧，戊辰，飲世子之藥卒。書曰：「弑其君」者，止不嘗藥也。古者，醫不三世不服其藥，夫子之所慎者三，疾居其一。季康子饋藥，曰：「丘未達，不敢嘗。」敬慎其身如此也，而於君父可忽乎！君有疾飲藥，臣先嘗之；父有疾飲藥，子先嘗之。蓋言慎也。止不擇醫，而輕用其藥，藥不先嘗而誤進於君，是有忽君父之心而不慎矣。自小人之情度之，世子弑君，欲速得其位，而止無此心。故曰：「我與夫弑者，不立乎其位。」哭泣，歠饘粥，嗌不容粒，未踰年而卒。無此心，故被以大惡而不受。自君子聽之，止不嘗藥，是忽君父之尊而不慎也。而止有此心，忽君父之尊而不慎，此篡弑之萌，堅冰之漸，而《春秋》之所謹也。有此心，故加以大惡而不得辭。書「許世子止弑其君」乃除惡於微之意也。而或者顧以操刃而殺與不躬進藥及進藥而不嘗三者，罪應殊科，疑於三《傳》之說，則誤矣。必若此言，夫人而能爲《春秋》，奚待於聖人之筆乎！墨翟兼愛，豈其無父？楊子爲我，豈其無君？孟軻氏辭而闢之，以爲禽獸逼人，人將相食。後世推明其功，不在禹下，未有譏其過者。知此説則知止不嘗藥，《春秋》以爲弑君之意矣。

己卯，地震。

秋，齊高發帥師伐莒。

《左氏傳》：秋，齊高發帥師伐莒。莒子奔紀鄣。使孫書伐之。杜氏注：孫書，陳無宇之子子占也。初，莒有婦人，莒子殺其夫，已爲嫠婦。及老，託於紀鄣，紡焉，以度而去之。及師至，則投諸外。或獻諸子占，子占使師夜縋而登。……莒共公懼，啓西門而出。七月丙子，齊師入紀。

冬，葬許悼公。

《公羊傳》：賊未討，何以書葬？不成於弑也。曷爲不成於弑？止進藥，而藥殺也。止進藥而藥殺，則曷爲加弑焉爾？譏子道之不盡也。其譏子道之不盡奈何？曰：樂正子春之視疾也，復加一飯則脱然愈，復損一飯則脱然愈，復加一衣則脱然愈，復損一衣則脱然愈。何氏注：脱然，疾除貌也。言消息得其節。止進藥而藥殺，是以君子加弑焉爾①。

《穀梁傳》：不使止爲弑父也。曰：子既生，不免乎水火，母之罪也；羈貫成童，不就師傅，父之罪也；就師學問無方，心志不通，身之罪也；心志既通，而名譽不聞，友之罪也；名譽既聞，有司不舉，有司之罪也；有司舉之，王者不用，王者之過也。許世子不知嘗藥，累及許君也。范氏注：許君不授子以師傅，使不識嘗藥之義，故累及之。

伊川先生解：蔡般、許止疑同，故一作「以」。書葬。

武夷胡氏傳：何以書葬？穀梁子曰：「許世子止不知嘗藥，累及許君也。」觀止自責，可謂有過人之質矣。乃至以弑君獲罪，此爲人臣子而不知《春秋》之義者也。古者，大子自其初生，固舉以禮，有司端冕見之南郊，過闕則下，過廟則趨，爲赤子而其教已有齊肅敬慎之端矣。此《春秋》訓臣子除惡於微，積善於早之意也。

【校記】

① 弑：原作「殺」，據《公羊傳》四庫本改。

二十年，春，王正月。

夏，曹公孫會自鄸《穀》作「夢」。出奔宋。

《公羊傳》：爲公子喜時之後諱也①……何賢乎公子喜時？讓國也。……君子之善善也長，惡惡也短，惡惡止其身，善善及子孫。

劉氏傳：奔未有言「自」者，此其言「自鄸」何？自鄸，待放也。大夫有罪，待放於其境三年，君賜之環則復，賜之玦則去，逾境，則爲位鄉國而哭，素衣素裳，素冠徹緣，鞮屨素幭，乘髦馬，不蚤翦，不祭食，不説人以無罪，婦人不當御，三月而復服。此去國之禮也。

劉氏《意林》：春秋之時，臣能專其邑，無不畔其國者；能使其衆，無不要其君者。臧武仲之智可謂智矣，然猶據防以求爲後於魯。是以孔子譏之，以謂其罪當與不孝非聖者均也。不孝則無親，非聖則無法，要君則無上，三者皆大亂之道也。故深察公孫歸父之至檉奔齊，公孫會之自鄸奔宋也，其賢於臧武仲遠矣。降而不憾，憾而能昣，唯知命而好禮者能之。孔子曰：「不知命，無以爲君子；不知禮，無以立也。」此之謂也。

武夷胡氏傳：奔未有言「自」者，此其言「自」何？劉敞曰：待放也。曹無大夫，其曰「公孫」，賢之也。待放而後出奔，臣子常禮，免於貶足矣，而何以賢之？爲公子喜時之後，賢之也。喜時者，曹之社稷鎮公子，能以國讓不取乎爲諸侯，所謂子臧是也。以其賢者之後，苟可善焉，斯進之矣。此《舜典》「罰弗及嗣，賞延于世」之意也。後世議者，有乞録用賢者之類，功臣之世，蓋得《春秋》之旨矣。

秋，盜殺衛侯之兄縶。《公》、《穀》作「輒」。

《左氏傳》：衛公孟縶狎齊豹，奪之司寇與鄄，有役則反之，無則取之。公孟惡北宫喜、褚師圃②，欲去之。……懼，而欲以作亂。……初，齊豹見宗魯於公孟，爲驂乘焉。將作亂，而謂之曰：「公孟之不善，子所知也。勿與乘，吾將殺之。」對曰：「吾由子事公孟，子假吾名焉，故不吾遠也。雖其不善，吾亦知之。抑以利故，不能去，是吾過也。今聞難而逃，是僭子也。子行事乎，吾將死之，以周事子。而歸死於公孟，其可也。」丙辰，衛侯在平壽。公孟有事於蓋獲之門外，……齊氏用戈擊公孟，宗魯以背蔽之，斷肱，以中公孟之肩，皆殺之。公聞亂，乘，驅自閱門入。……公載寶以出……公如死鳥……齊氏之宰渠子召北宫子。北宫喜也。北宫氏之宰不與聞謀，殺渠子，遂伐齊氏，滅之。丁巳，晦，公入，與北宫喜盟於彭水之上。秋，七月，戊午，朔，遂盟國人……琴張聞宗魯死，將往弔之。仲尼曰：「齊豹之盜，而孟縶之賊，女何弔焉？君子不食姦，不受亂，不爲利疚於回，不以回待人，不蓋不義，不犯非禮。」

《穀梁傳》：盜，賤也③。……目衛侯，衛侯累也。凱曰：諸侯之尊，兄弟不得以屬通。《經》不書「衛公子」，而斥言「衛侯之兄」者，惡其不保護其兄，乃爲盜所殺，故稱至賤殺至貴。

劉氏傳：諸侯之尊，弟兄不得以屬通。其「兄」云者，以重書也。何重乎衛侯之兄輒？言不得親親也。千乘之國亦大矣，而盜得以殺其兄，故君子閔焉。

泰山孫氏曰：盜者，微賤之稱。以衛侯之兄而盜得殺之，衛侯之無刑政也若此。

武夷胡氏傳：《左氏》以爲齊豹殺之也。齊豹爲衛司寇，守嗣大夫，其書爲「盜」，所謂求名而不得者也！臣竊以爲仲尼書斷此獄，罪在宗魯。宗魯，孟縶之驂乘也。於法應書曰「盜」，非求名而不得者也。齊豹首謀作亂，宗魯雖預聞行事，又以身死之矣。今乃釋豹不誅，而歸獄於宗魯，不亦頗乎！曰：豹之不義，夫人皆知之也。若宗魯欲事豹而死於公孟，蓋未有知其罪者。故琴張聞其死，將往弔之。仲尼曰：「齊豹之盜，孟縶之賊，女何弔焉？」非聖人發其食姦受亂，蓋不義犯非禮之罪，書於《春秋》，則齊豹所畜養之盜，孟縶所見殺之賊，其大惡隱矣。

冬，十月，宋華亥、向寧、《公》作「甯」。**華定出奔陳。**

《左氏傳》：宋元公無信，多私，而惡華、向。華定、華亥與向寧謀，曰：「亡愈於死，先諸？」華亥僞有疾，以誘羣公子。……夏，六月，丙申，殺公子寅、公子御戎、公子朱、公子固、公孫援、公孫丁，拘向勝、向行於其廩。公如華氏請焉，弗許，遂劫之。癸卯，取大子欒與母弟辰、公子地以爲質。公亦取華亥之子無慼、向寧之子羅、華定之子啓，與華氏盟，以爲質。……公請於華費遂，將攻華氏。……曰：「子死亡有命，余不忍其詬。」冬，十月，公殺華、向之質而攻之。戊辰，華、向奔陳，華登奔吳。向寧欲殺大子，華亥曰：「干君而出，又殺其子，其誰納我？且歸之，有庸。」使少司寇牼以歸。

泰山孫氏曰：三卿並出，危之也。

十有一月，辛卯，蔡侯盧卒。

【校　記】

①爲公子喜時之後諱也：原作「公子喜時之後也」，據《公羊傳》改。

②褚：原作「楮」，據《春秋左傳》改。

③賤：原作「賊」，據《穀梁傳》改。

二十有一年，春，王三月，葬蔡平公。《穀》作「正月」。

夏，晉侯使士鞅來聘。

《左氏傳》：夏，晉士鞅來聘。叔孫爲政，季孫欲惡諸晉，使有司以齊鮑國歸費之禮爲士鞅。士鞅怒，曰：「鮑國之位下，其國小，而使鞅從其牢禮，是卑敝邑也。將復諸寡君。」魯人恐，加四牢焉，爲十一牢。

襄陵許氏曰：禮好不結而誅求無度，則聘義亡矣。蓋自是聘不復志。

宋華亥、向寧、華定自陳入于宋南里以叛。《公》作「畔」。

《左氏傳》：宋華費遂生華貙、華多僚、華登。貙爲少司馬，多僚爲御士，與貙相惡，乃譖諸公曰：「貙將納亡人。」……公懼……使告司馬。司馬歎曰：「必多僚也。吾有讒子而弗能殺，吾又不死，抑君有命，可若何？」乃與公謀逐華貙，……五月，丙申，子皮……殺多僚，劫司馬以叛，而召亡人。壬寅，華、向入。樂大心、豐愆、華牼禦諸横。華氏居盧門，以南里叛。六月，庚午，宋城舊鄘及桑林之門而守之……冬，十月，華登以吴師救華氏。……丙寅，齊師、宋師敗吴師於鴻口，……華登帥其餘以敗宋師。公欲出，廚人濮曰：「吾小人，可藉死，而不能送亡，君請待之。」……齊烏枝鳴曰：「用少莫如齊致死，齊致死莫如去備。彼多兵矣，請皆用劍。」從之。華氏北，復即之。……遂敗華氏於新里。……十一月，癸未，公子城以晉師至。曹翰胡會晉荀吴、齊苑何忌、衛公子朝救宋。丙戌，與華氏戰於赭丘。……大敗華氏，圍諸南里。……楚薳越帥師將逆華氏①。

《穀梁傳》：自陳，陳有奉焉爾。入者，内弗受也。……「以」者，不以者也。

陸氏《纂例》：趙子曰：「凡據土背君曰『叛』，叛者皆書，不必命卿也。」

武夷胡氏傳：案《左氏》，初，宋元公無信多私，而惡華、向。三大夫謀曰：「亡愈於死，先諸？」乃誘羣公子殺之。公如華氏請焉，弗許，遂劫公。取大子及其母弟以爲質。公怒，攻之。華、向奔陳，至是入于南里以叛。凡書「叛」，有入于戚者而不言衛，有入于朝歌者而不言晉，有入于蕭者而不言宋，此獨稱「宋南里」，何也？戚與朝歌及蕭，皆其所食私邑也，若南里，則宋國城内之里名也。《傳》稱華氏居盧門南里以叛，而宋城舊鄘及桑林門以守，是華氏與宋分國而居矣。故其入其出，皆以南里繫之宋。此深罪叛臣逼脅其君已甚之詞也。

秋，七月，壬午，朔，日有食之。

八月乙亥，叔輒《公》作「痤②」。卒。

冬，蔡侯朱《穀》作「東」。出奔楚。

《左氏傳》：三月，葬蔡平公。蔡大子朱失位，位在卑。大夫送葬者歸，見昭子。昭子問蔡故，以告。昭子歎曰：「蔡其亡乎！若不亡，是君也必不終。《詩》曰：『不解于位，民之攸塈。』今蔡侯始即位而適卑，身將從之。」……蔡侯朱出奔楚。費無極取貨於東國，而謂蔡人曰：「朱不用命於楚，君王將立東國。若不先從王欲，楚必圍蔡。」蔡人懼，出朱而立東國。

公如晉，至河乃復。

《左氏傳》：公如晉，及河。鼓叛晉。晉將伐鮮虞，故辭公。

【校記】

① 將：原脱，據《左傳》補。

② 痤：原作「座」，據《公羊傳》改。

二十有二年，春，齊侯伐莒。

《左氏傳》：二月，甲子，齊北郭啓帥師伐莒。莒子將戰，苑羊牧之諫曰：「……不如下之。大國不可怒也。」弗聽①，敗齊師于壽餘。齊侯伐莒，莒子行成。……莒於是乎大惡其君。

宋華亥、向寧、華定自宋南里出奔楚。

《左氏傳》：楚薳越使告於宋曰：「寡君聞君有不令之臣爲君憂，……寡君請受而戮之。」……諸侯之戍謀曰：「若華氏知困而致死，楚恥無功而疾戰，非吾利也。不如出之，以爲楚功，其亦能無爲也已。……」乃固請出之。宋人從之。己巳，宋華亥、向寧、華定、華貙、華登、皇奄傷、省臧、士平出奔楚。

武夷胡氏傳：華、向誘殺羣公子，又劫其君，取太子、母弟爲質，又求助於吳、楚蠻夷，入披其國都以叛。此必誅不赦之賊也。宋宜竭力必討之於内，諸侯宜協心必救之於外，楚子宜執叛臣之使而戮之於境。今楚人釋君而臣是助，諸侯之戍怠於救患固請逸賊，而宋人又從之，則皆罪也。故晉荀吴、齊苑何忌、衛公子朝、曹大夫皆略而不書，其曰「自宋南里」者，譏宋之縱釋有罪，不能致討。「出奔楚」者，不待貶絶，而亢不衷、獎亂人之惡自見矣。

大蒐于昌閒。《公》作「姦」。

《穀梁傳》：秋而曰「蒐」。此春也，其蒐何也？以蒐事也。

劉氏傳：何以書？譏。何譏爾？大蒐于昌閒，公不與，非禮也。蓋不得與爾。

武夷胡氏傳：昭公之時，凡三書「蒐」。或以非其時，或以非其地，而大意在權臣專行，公不與也。三綱，軍政之本。古者，春蒐，夏苗，秋獮，冬狩，皆於農隙以講事。而所主者，明貴賤，辨等列，順少長，習威儀，則皆納民於軌物，非馳射擊刺之末矣。是故觀於有莘，少長有禮，知可用也，而文公遂霸；臨於洛陽，袒而發喪，爲義帝也，而漢祖遂王。今魯國，其君則設兩觀，乘大輅；其臣則八佾舞於庭，旅泰山以《雍》徹；其宰則據大都，執國命，而軍政之本亡矣，何以蒐爲！此《春秋》所書，爲後戒之意也。

夏，四月，乙丑，天王崩。六月，叔鞅如京師，葬景王。王室亂。

劉子、單子以王猛居于皇。

《左氏傳》：王子朝、賓起有寵於景王。王與賓孟説之，欲立之。……夏四月，王田北山，使公卿皆從，將殺劉子、單子。王知單、劉不欲立子朝，欲因田獵先殺之。王有心疾，乙丑，崩於榮錡氏②。……單子……攻賓起，殺之。……丁巳，葬景王。王子朝因舊官、百工之喪職秩者，與靈、景之族以作亂……逐劉子。壬戌，劉子奔揚。單子逆悼王於莊宮以歸。悼王，子猛也。王子還夜取王以如莊宫。王子還，子朝黨也。不欲使單子得王猛，故取之。癸亥，單子出。失王，故出奔。王子還……奉王以追單子……單子殺還、姑、發、弱、鬷、延、定、稠，八子，景、靈之族，因戰而殺之。子朝奔京。丙寅，伐之，京人奔山。劉子入於王城。子朝奔京，故得入。辛未，鞏簡公敗績於京。乙亥，甘平公亦敗焉。甘、鞏二公，周卿士，皆爲子朝所敗。叔鞅至自京師，言王室之亂也。……單子欲告急於晉。秋，七月，戊寅，以王如平時。……冬，十月，丁巳，晉籍談、荀躒帥九州之戎……以納王於王城。庚申，單子、劉蚡以王師敗績於郊。……十一月，乙酉，王子猛卒，不成喪也。己丑，敬王即位，館於子旅氏。……閏月，晉……師，取前城，軍其東南。王師軍於京楚。京楚，子朝所在。

《公羊傳》：何言乎「王室亂」？言不及外也。刺周室之微，邪庶並篡，無一諸侯之助，匹夫之救，故變「京師」言「王室」，正王以責諸侯也。不爲天子諱者，方責天下不救之。

泰山孫氏曰：以天子之尊，三月而葬，此諸侯之不若也。

劉氏傳：此未踰年之君也。其謂之「王猛」何？正也。生名之，死亦名之。其曰「居于皇」何？正也。

蘇氏曰：叔鞅至自京師，知王室之亂，而未知亂之所在也。故書曰「王室亂」。稱「王室」，亂在兄弟也。諸侯之亂，未有不待事而書者。不待事而書亂，急王室也。景王世子壽早卒，其次猛也。子朝，王之長庶也。

武夷胡氏傳：凡稱「以」者，不以者也。師而曰「以」，能左右之也。地而曰「以」，能取與之也。人而曰「以」，能死生之也。尊不以乎卑，貴不以乎賤，大不以乎小。劉蚠、單旗，臣也，曷爲能以王猛乎？猛無寵於景王，不能自定其位，制在劉、單。其曰「以」者，能廢立之也。案《左氏》，景王大子壽，以昭十五年卒，至是八年矣。猛與匄皆其母弟，禮無疑於當立，然久而未立者，王愛庶子朝，欲立以爲嗣，未果而王崩，故諸大臣競立君，諸王子争欲立，以正則有猛，以寵則有朝。猛雖正而無寵，其威不足以懾羣下；朝雖寵而不正，其分不足以服人心。二子廢立，皆恃大臣彊弱而後定也。故特稱曰「以」，而景王之弱其後嗣，輕其宗社之罪亦著矣。景王之葬，子猛既居喪位矣。既葬而書「王室亂」，則亂生子朝，子猛非亂者也。

襄陵許氏曰：《易》曰：「王居无咎。」曰「居于皇」者，《春秋》所正也。

秋，劉子、單子以王猛入于王城。

武夷胡氏傳：猛未踰年而稱「王」何？示當立也。既當立矣，何以稱名？明嗣君也。曰「王猛」者，見居尊得正，又以别乎諸王子也。君前臣名，劉、單不名而王名，不嫌於倒置乎？曰：君前臣名，常禮也。禮當其變，臣有不名，名其君而不嫌者矣。王不當稱，未踰年而稱；王名不當稱，立爲君而稱猛，皆禮之變也。惟可與權者能知其變，而不越乎道之中。再書劉子、單子之以王，何也？《春秋》詞繁而不殺者，必有美惡焉。劉子、單子蓋挾天子以令諸侯，而專國柄者也。書而未足，故再書於策，以著上下舛逆，爲後世之深戒也。

呂氏曰：《洛誥》：「我乃卜澗水東，瀍水西，惟洛食。」先儒以爲今河南城也，所謂王城也。成王定鼎於郟鄏是也。「我又卜瀍水東，亦惟洛食」，先儒以爲今洛陽也，即所謂成周也。是時以成周爲下都。所謂成周既成，「分正東郊成周」是也。至敬王時，自王城遷而都之。

冬，十月，王子猛卒。

劉氏傳：其謂之「卒」何？未踰年之王也，謂之「卒」則可，謂之「薨」則不可。

蘇氏曰：猛既稱「王猛」矣，於其卒也，稱「王子猛」，何也？《春秋》書名，嚴於卒葬。於其卒，不得不正其本名也。所謂非薨非葬，名有所不必盡也。

十有二月，癸酉，朔，日有食之。

【校記】

①弗：原作「勿」，據《春秋左傳》改。

②縈：原作「縈」，據《春秋左傳》改。

二十有三年，春，王正月，叔孫婼《公》作「舍」，後皆同。如晉。癸醜，叔鞅卒。

晉人執我行人叔孫婼。

《左氏傳》：邾人城翼，還，將自離姑①。……武城人……取邾師。……邾人愬於晉，晉人來討。叔孫婼如晉，晉人執之。書曰「晉人執我行人叔孫婼」，言使人也。晉人使與邾大夫坐，叔孫曰：「列國之卿，當小國之君，固周制也。邾又夷也。寡君之命介子服回在。……」韓宣子使邾人取其衆，將以叔孫與之。叔孫聞之，去衆與兵而朝。……乃弗與。……士伯御叔孫，從者四人，過邾館以如吏。……乃館諸箕。……范獻子求貨於叔孫，使請冠焉。取其冠法，而與之兩冠，曰：「盡矣。」劉氏《權衡》曰：案是年正月有壬寅朔，有庚戌，有癸丑。《傳》叙邾事在庚戌之後，《經》紀叔孫如晉在癸丑之前。夫庚戌、癸丑，四日耳，邾人已能訴於晉，晉人已能來討，何其神速也。故曰不然。

蘇氏曰：邾人城翼，師自武城，還，魯人譎而取之。邾人訴於晉，晉人來討，故叔孫婼如晉，晉人執之。稱「行人」，言非其罪也。

晉人圍郊。

《左氏傳》：二十三年，春，王正月，壬寅，朔，二師圍郊。癸卯，郊、鄩潰。……王使告閒，庚戌，還。杜氏注：晉師還。

武夷胡氏傳：案《左氏》，晉籍談、荀躒帥師軍於侯氏，箕遺、樂徵濟師，軍其東南。正月，二師圍郊。郊，子朝邑也。既不稱大夫之名氏，又不稱師，而曰「晉人」，微之也。所謂以其事而微之者也。當是時，天子蒙塵，晉爲方伯，不奔問官守，省視器具，徐遣大夫往焉，勤王尊王之義若是乎！書晉人「圍郊」，而罪自見矣。

夏，六月，蔡侯東國卒于楚。

秋，七月，莒子庚輿來奔。

《左氏傳》：莒子庚輿虐而好劍，苟鑄劍，必試諸人。國人患之。又將叛齊。烏存帥國人以逐之。……遂來奔。齊人納郊公。

武夷胡氏傳：庚輿虐而好劍，苟鑄劍，必試諸人，國人患之。又將叛齊，烏存帥國人逐之。庚輿來奔。齊人納郊公。三代之得失天下，仁與不仁而已矣。苟無仁心，甚則身弑國亡，不甚則身危國削。庚輿免死道左而出奔於魯，幸爾。入國不書，而書其出奔，惡之也。郊公出入皆不書，微之也。所謂以其人而微之者也。微之爲義，或以位，或以人，或以事。《春秋》書法，達王事，名氏不登於史策，此類亦衆矣。

襄陵許氏曰：爲人君，仁則得其所止。庚輿出奔，無仁心也。

戊辰，吳敗頓、胡、沈、蔡、陳、許之師于雞父。《穀》作「甫」。**胡子髡、沈子逞**《公》作

「楹」，《穀》作「盈」。**滅，獲陳夏齧。**

《左氏傳》：吴人伐州來，楚薳越帥師及諸侯之師奔命救州來。吴人禦諸鍾離。子瑕卒，楚師熸。吴公子光曰：「諸侯從於楚者衆，而皆小國也。畏楚而不獲已，是以來。……七國同役不同心……若分師先以犯胡、沈與陳，必先奔。三國敗，諸侯之師乃摇心矣。諸侯乖亂，楚必大奔。請先者去備薄威，後者敦陳整旅。」吴子從之。戊辰，晦，戰于雞父。吴子以罪人三千先犯胡、沈與陳，三國争之。吴爲三軍以繫於後，中軍從王，光帥右，掩餘帥左。吴之罪人或奔或止，三國亂。吴師擊之，三國敗，獲胡、沈之君及陳大夫。舍胡、沈之囚，使奔許與蔡、頓，曰：「吾君死矣！」師譟而從之，三國奔，楚師大奔。書曰：「胡子髡、沈子逞滅，獲陳夏齧。」君臣之辭也。

《公羊傳》：其言「滅」、「獲」何？别君臣也。君死於位曰「滅」，生得曰「獲」，大夫生死皆曰「獲」。

杜氏注：雞父，楚地。安豐縣南有雞備亭。國雖存，君死曰「滅」。

泰山孫氏曰：《春秋》之戰，書敗者多矣，未有諸侯之師略而不序者。此六國之師略而不序者，皆夷狄之也②，賤其舍中國而與夷狄③，故皆夷狄之④。其言「胡子髡、沈子逞滅」者，深惡二國之君不得其死，皆以自滅爲文也。

武夷胡氏傳：吴伐州來，楚令尹帥師及諸侯之師與吴戰。曷爲不書楚？令尹既喪，楚師已熠；六國先敗，楚師遂奔，是以不書楚也。諸侯之師，曷爲略而不序？頓、胡、沈，則其君自將，蔡、陳、許，則大夫帥師，言戰則未陳也，言敗績則或滅或獲，其事亦不同也，故總言吴人以詐取勝於前，而以君與大夫序六國於後。胡、沈書爵、書名、書滅者，二國之君幼而狂，不能以禮自守，役屬於楚，悉師以出，一敗而身與衆俱亡也。其曰「胡子髡、沈子逞滅」者，若曰非有能滅之者，咸其自取焉耳。亦猶梁亡，自亡也；鄭棄其師，自棄也；齊人殲于遂，自殲也。或曰「滅」，或曰「獲」，别君臣也。君死曰「滅」，胡子髡、沈子逞是也。生得曰「獲」，秦、晉戰于韓原，獲晉侯是也。大夫生死皆曰「獲」，鄭獲宋華元，生也；吴獲陳夏齧，死也。書其敗，不以國分，而以君、大夫爲序；書其死，不以事同，而以君臣爲别。皆所以辨上下，定民志，雖顛沛必於是也。其義行，而亂自熄矣。

天王居于狄泉。尹氏立王子朝。

《左氏傳》：夏，六月，壬午，王子朝入於尹。……庚寅，單子、劉子、樊齊以王如劉。甲午，王子朝入於王城。……秋，七月，戊申，鄩羅納諸莊宫。於是敬王居狄泉，尹氏立子朝。

《公羊傳》：此未三年，其稱「天王」何？著有天子也。

《穀梁傳》：「天王居于狄泉」，始王也。……「尹氏立王子朝」，立者，不宜立者也。

朝之不名，何也？别嫌乎尹氏之朝也。若但言「尹氏立朝」，則嫌朝是尹氏之子，故言「王子」以别之。

杜氏注：狄泉，今洛陽城内大倉西南池水也，時在城外。

劉氏傳：此未三年，其稱「天王」何？臣子辭也。

襄陵許氏曰：《春秋》之法，踰年書「王」，故敬王踰年即位而稱「天王」。

陸氏《纂例》：大夫稱氏者，唯尹氏、武氏、崔氏，皆譏世卿也。言氏，則世之意可見也。時世卿既多，不可勝譏。因尹氏私赴不以名，因齊人崔氏出奔，因武氏以子伐父，故特書之。及尹氏立王子朝，并以子朝奔楚，皆以世卿亂王室，故從而書之。譏此數者，足以見世卿之惡也。

泰山孫氏曰：「立」者，篡辭。嗣子有常位，故不言「立」。王猛，共王也。此言尹氏立王子朝，其惡可知也。尹氏，世卿。

武夷胡氏傳：「立」者，不宜立也。王猛當立而未能立，故稱大臣以之，而不言立。敬王當立，又能立矣，故直稱居于狄泉，而不言立。子朝庶孽奪正，以賤妨貴，基亂周室，不當立者也，故特稱「立」而目「尹氏」。尹氏，天子之卿也。王朝公卿書爵，而變文稱氏者，見世卿之擅權亂國，爲後戒也。或曰稱「氏」者，時以氏稱之也。《詩》云「王謂尹氏」，此《大雅》美宣王詩也，亦譏世卿歟！爲此説者誤矣。詩人主文而不以害意，有美而或過，有刺而或深，以意逆之可也。《春秋》所書或稱爵，或稱字，或稱名，或稱氏，或稱子，或稱人，名分所由正，是非所由定，禮義所由出，皆斷自聖心，游、夏不能與也。徇時之所稱而稱之，豈其然乎！

呂氏曰：既曰「天王居于狄泉」，尊無二上，斷可知矣。又曰「尹氏立王子朝」，則王子朝之不正而争立，罪亦明矣。屬辭比事，《春秋》教也。

八月，乙未，地震。

冬，公如晉，至河，《公》、《穀》有「公」字。有疾，乃復。

《左氏傳》：公爲叔孫故如晉，及河，有疾而復。

《公羊傳》：何言乎公「有疾乃復」？殺恥也。何氏注：因有疾，以殺畏晉之恥。

泰山孫氏曰：凡公如晉，不得入者六，此書有疾，明公自有疾而反耳，餘則皆譏。公如晉爲晉距而不納，以取其辱。

武夷胡氏傳：昭公兩朝於晉而一見止，五如晉而四不得入焉。今此書有疾乃復，殺恥也。以周公之胄，千乘之君，執幣帛修兩君之好，而不見納，斯亦可恥矣。有恥而後能知憤，知憤而後能自彊，自彊而後能爲善，爲善而後能立身，立身而後能行其政令，保其國家矣。昭公内則受制於權臣，外則見陵於方伯，此正憂患疢疾，有德慧術智，保生免死之時也。而安於屈辱，甘處微弱，無憤恥自彊之心，其失國出奔，死於境外，其取之哉！

襄陵許氏曰：公失其重久矣，故晉得輕進退之。

【校記】

①將：原作「遂」，據《左傳》改。

②皆夷狄：四庫本作「蓋皆外」。

③夷狄：四庫本作「楚人親」。

④夷狄：四庫本作「外」。

二十有四年，春，王二月，丙戌，仲孫貜卒。

婼《公羊》有「叔孫」字，「婼」作「舍」。至自晉。

《左氏傳》：晉士彌牟逆叔孫於箕。……叔孫受禮而歸。

呂氏曰：婼不言叔孫，前見也。劉原父以謂二《傳》不言叔孫，而《公羊》獨言叔孫，似是聖人本意，因遂以爲可褒而褒之。世儒說《經》之鑿，舉皆類此。原父能知他人之鑿，而不自知其鑿也，惜哉！

夏，五月，乙未，朔，日有食之。

秋，八月，大雩。

《左氏傳》：秋八月，大雩，旱也。

丁酉，杞伯郁《公》作「鬱」。釐卒。

冬，吴滅巢。

《左氏傳》：楚子爲舟師以略吴疆。沈尹戌曰：「此行也，楚必亡邑。不撫民而勞之，吴不動而速之。吴踵楚，而疆埸無備，邑能無亡乎？」……王及圉陽而還。吴人踵楚，而邊人不備，遂滅巢及鍾離而還。沈尹戌曰：「亡郢之始，於此在矣。王壹動而亡二姓之帥，幾如是而不及郢？……」劉氏《權衡》曰：《書》曰「巢伯來朝」，巢爲諸侯審矣，非楚邑也。

武夷胡氏傳：巢，楚之附庸，實邑之也。書「吴入州來」，著陵楚之漸。書「吴滅巢」，著入郢之漸。四鄰封境之守，既不能制，則封境震矣。四境國都之守，既不能保，則國都危矣。故沈尹戌以此爲亡郢之始也。《春秋》内失地不書，明此爲有國之大罪；外取滅皆書，明見取滅之不能有其土地人民，則不君矣。故諸侯之寶三，以土地爲首。

葬杞平公。

春秋集解卷二十六

昭公

二十有五年，春，叔孫婼如宋。

夏，叔詣《公》、《穀》作「倪」。會晉趙鞅、宋樂大《公》作「世」。心、衛北宫喜、鄭游吉、曹人、邾人、滕人、薛人、小邾人于黄父。

《左氏傳》：二十四年，鄭伯如晉，子大叔相，見范獻子。獻子曰：「若王室何？」對曰：「老夫其國家不能恤，敢及王室？抑人亦有言曰：『嫠不恤其緯，而憂宗周之隕，爲將及焉。』今王室實蠢蠢焉，吾小國懼矣。然大國之憂也，吾儕何知焉？吾子其早圖之！《詩》曰：『缾之罄矣，惟罍之恥。』王室之不寧，晉之恥也。」獻子懼，而與宣子圖之，乃徵會於諸侯，期以明年。二十五年，夏，會於黄父，謀王室也。趙簡子令諸侯之大夫輸王粟，具戍人，曰：「明年將納王。」……宋樂大心曰：「我不輸粟。我於周爲客，若之何使客？」晉士伯曰：「自踐土以來，宋何役之不會？而何盟之不同？曰『同恤王室』，子焉得辟之？……」右師不敢對，受牒而退。

武夷胡氏傳：案《左氏》，鄭子大叔如晉，范獻子曰：「若王室何？」對曰：王室之不寧，大國之憂，晉之恥也。吾子其早圖之！獻子懼，乃徵會於諸侯，會於黄父，謀王室也。趙簡子令諸侯之大夫輸王粟，具戍人，將納王。夫以王猛之無寵，單旗、劉蚠之屢敗，敬王初立，子朝之衆召伯奂、南宫嚚、甘桓公之黨，疑若多助之在朝也。然會於黄父凡十國，而諸侯之大夫無異議焉，是知邪不勝正久矣。猶有寵愛庶孽，配適奪正，至於滅亡而不悟者，不知幽王、晉獻之父子亦何足效哉！然則，黄父之會，王事也，而無美辭，何也？王室不靖，亦惟友邦冢君克修厥職，以綏定王都，非異人任，亦何美之有？免於譏貶足矣。此《春秋》以正待人之體也。後世以濫賞報臣子所當爲之事，臣子者亦受而不辭，失此義矣。

有鸜鵒來巢。

《左氏傳》：「有鸜鵒來巢」，書所無也。

《公羊傳》：何以書？記異也。何異爾？非中國之禽也，宜穴又巢也。

武夷胡氏傳：《傳》曰：「鸜鵒不踰濟。」濟水東北會於汶，魯在汶南，其所無也。故書曰「有」。「巢」者，去穴而巢，陰居陽位，臣逐君象也。鸜鵒宜穴處於下而巢居於上。

季孫宜臣順於家，而主祭於國，反常爲異之兆。能以德消，則無其應矣。或曰：此公子宋有國之祥也。

秋，七月，上辛，大雩；季辛，又雩。

《左氏傳》：秋，書再雩，旱甚也。

《穀梁傳》：「季」者，有中之辭也。范氏注：不言「中辛」，中辛無事。「又」，有繼之辭也。

武夷胡氏傳：《左氏》以再雩爲旱甚。聖人書此者以志禦災之非道，而區區於禱祠之末也。昭公之時，雨雹、地震，四見於《經》，旱乾爲虐，相繼而起，有鸜鵒來巢，異之甚也。季辛又雩，災之甚也。考諸列位，則國有人焉；觀諸天時，則猶有眷顧之心，未終棄也。若反身修德，信用忠賢，災異之來，必可禦矣。昔高宗肜日，雉升鼎耳，異亦甚矣，聽於祖己，克正厥身，故能嘉靖殷邦，享國長久。宣王之時，旱魃蘊隆，災亦甚矣，側身修行，遇災而懼，故能興衰撥亂，王化復行。此皆以人勝天，以德消變之驗也。昭公至是猶不知畏，罔克自省，而求於禱祠之末，將能勝乎？故特書此，以爲後世鑒。

九月己《穀》作「乙」。**亥，公孫于齊，次于陽**《公》作「揚」。**州。齊侯唁公于野井。**

《左氏傳》：初，公若怨平子。季、郈之雞鬭。季氏介其雞，郈氏爲之金距。平子怒，益宫於郈氏，且讓之。故郈昭伯亦怨平子。……將禘於襄公，萬者二人，其衆萬於季氏。

臧孫曰：「此之謂不能庸先君之廟。」大夫遂怨平子。公若獻弓於公爲，且與之出射於外，而謀去季氏。公爲告公果、公賁。公果、公賁使侍人僚柤告公。公寢，將以戈擊之，乃走。公曰：「執之。」亦無命也。懼而不出，數月不見，公不怒。又使言，公執戈以懼之，乃走。又使言，公曰：「非小人之所及也。」公果自言，公以告臧孫，臧孫以難。告郈孫，郈孫以可，勸。告子家懿伯，懿伯對曰：「讒人以君徼倖，事若不克，君受其名，不可爲也。舍民數世，以求克事，不可必也。且政在焉，其難圖也。」公退之。辭曰：「臣與聞命矣。言若洩，臣不獲死。」乃館於公。叔孫昭子如闞，公居於長府。九月，戊戌，伐季氏，殺公之於門，遂入之。平子登臺而請……子家子曰：「君其許之！政自之出久矣，隱民多取食焉，爲之徒者衆矣。日入慝作，弗可知也……」弗聽……公使郈孫逆孟懿子。叔孫氏之司馬鬷戾言於其衆曰：「……凡有季氏與無，於我孰利？」皆曰：「無季氏，是無叔孫氏也。」鬷戾曰：「然則救諸！」帥徒以往，陷西北隅以入。公徒釋甲，執冰而踞，遂逐之。……孟氏執郈昭伯，殺之於南門之西，遂伐公徒……公與臧孫如墓謀，遂行。己亥，公孫于齊，次于陽州。齊侯將唁公於平陰，公先至于野井。齊侯曰：「寡人之罪也。使有司待於平陰，爲近故也。」

《公羊傳》：唁公者何？昭公將弑季氏，何氏注：《傳》言「弑」者，從昭公之辭。告子家駒曰：

「季氏爲無道，僭於公室久矣，吾欲弒之，何如？」子家駒曰：「諸侯僭於天子，大夫僭於諸侯久矣。」昭公曰：「吾何僭矣哉？」子家駒曰：「設兩觀，乘大輅，朱干，玉戚，以舞《大夏》，八佾以舞《大武》。此皆天子之禮也。且夫牛馬維婁，委己者也，而柔焉。季氏得民衆久矣，君無多辱焉。」昭公不從其言，終弒之而敗焉。走之齊。齊侯唁公于野井，曰：「奈何君去魯國之社稷？」昭公曰：「喪人不佞，失守魯國之社稷，執事以羞。」再拜顙。……景公曰：「寡人有不腆先君之服①，未之敢服；有不腆先君之器，未之敢用。敢以請。」昭公曰：「喪人不佞，失守魯國之社稷，執事以羞，敢辱大禮？敢辭。」景公曰：「寡人有不腆先君之服，未之敢服；有不腆先君之器，未之敢用。敢固以請。」昭公曰：「以吾宗廟之在魯也，有先君之服，未之能以服；有先君之器，未之能以出。敢固辭。」景公曰：「寡人有不腆先君之服，未之敢服；有不腆先君之器，未之敢用。請以饗乎從者。」昭公曰：「喪人其何稱？」景公曰：「孰君而無稱？」昭公於是噭然而哭，諸大夫皆哭。既哭，以人爲菑，以幦爲席，以鞌爲几，以遇禮相見。孔子曰：「其禮與其辭足觀矣！」

《穀梁傳》：「孫」之爲言，猶孫也。諱奔也。「次於陽州」，次，止也。弔失國曰「唁」。唁公不得入于魯也。

杜氏注：陽州，齊、魯竟上邑。濟南祝阿縣東有野井亭。

陸氏《纂例》：趙子曰：「弔往曰『唁』。」

泰山孫氏曰：次于陽州者，不得入於齊也。唁，慰安之辭。齊，大國也。不能討意如於魯國，徒能唁昭公於野井。此齊侯之惡，亦可見也。

武夷胡氏傳：内出奔稱「孫」，隱也。次于陽州，待齊命也。魯自東門遂殺嫡立庶，魯君於是乎失政。禄去公室，政在季氏，於此君也四公矣。作三軍盡征其一，舍中軍兼有其二，民賦入於其家半矣。受命救台也遂入鄆，帥師取卞也不以聞，軍政在其手專矣。行父片言而東門氏逐，南蒯一動而公子慭奔，魯之羣臣亦無敢忠於公室，而獻謀者所謂《屯》難之時也。在《易·屯》之六五曰：「屯其膏，小貞吉，大貞凶。」象曰：「屯其膏，施未光也。」昭公不明乎消息盈虚之理，正身率德，擇任忠賢，待時循致，不忍一朝之忿，求逞其私欲，而以羣小謀之，其及也宜矣。齊侯唁公于野井，以遇禮相見。孔子曰：「其禮與其辭足觀矣。」然則何以失國而不反乎？禮有本末，正身治人，禮之本也；威儀文詞，禮之末也。昭公喪齊歸無慼容而不顧，娶孟子爲夫人而不命，政令在家而不能取，有子家子之賢而不能用，而屑屑焉習儀以亟，能有國乎！雖齊侯來唁，其禮與詞是矣，而方伯連帥之職則未修也，又豈所以爲禮哉！

冬，十月，戊辰，叔孫婼卒。

《左氏傳》：昭子自闞歸，見平子。平子稽顙，曰：「子若我何？」昭子曰：「人誰不死？子以逐君成名，子孫不忘，不亦傷乎！將若子何？」平子曰：「苟使意如得改事君，所謂生死而肉骨也。」昭子從公於齊，與公言。……昭子……歸。平子有異志。冬，十月，辛酉，昭子齊於其寢，使祝宗祈死。戊辰，卒。

十有一月，己亥，宋公佐卒于曲棘。

《左氏傳》：十一月，宋元公將爲公故如晉。……己亥，卒于曲棘。

《公羊傳》：曲棘者何？宋之邑也。諸侯卒其封内不地，此何以地？憂内也。

杜氏注：陳留外黄縣城中有曲棘里。宋地。

陸氏《纂例》：諸侯卒於他國及卒於會、卒於師，則書之。雖在國，不卒於其都，亦書之。晉侯卒于扈，宋公卒于曲棘是也。

劉氏《意林》：宋公佐卒于曲棘。十二月，齊侯取鄆。置天子者，非以優天子，以牧天下也；置諸侯者，非以優諸侯，以牧一國也。諸侯有方伯、連帥、州牧、卒正者，非以優强大，以存小國也。故小事大，大字小，爲治之要，《春秋》之所甚貴也。分災救患，扶傾濟弱，誅叛討亂，王政之所急，仁義之所本也。諸侯卒其竟内，猶大夫之卒其家，未有言其地者也，而佐卒獨見。外取邑不書，書之未嘗不稱「人」也。而齊獨稱「侯」。以宋公有親附鄰國，憂諸侯之心，齊侯有方伯討不登畔人之意，是以異之也。《詩》云：「何其處也，必有與也。何其久也，必有以也。」又曰：「豈不懷歸？畏此簡書。」簡書，同惡相恤之謂也。文王嘗以懷西方矣。

武夷胡氏傳：案《左氏》，宋元之夫人曹氏生子，妻意如。或謂曹氏勿與，魯將逐之。曹氏告元公，公告樂祁，祁曰：「與之。如是，魯君必出。無民而能逞其志者，未之有也。魯君失民久矣。」然則宋元，意如之外舅也，不此之顧而求欲納公，是以正倫恤患爲心而不匿其私親之惡者也。其賢於當時諸侯遠矣。故雖卒於封內，而特書其地以別之也。

十有二月，齊侯取鄆。《公羊》作「運」。

《公羊傳》：外取邑不書。此何以書？爲公取之也。

杜氏注：取鄆，以居公也。

武夷胡氏傳：鄆，魯邑也，直書齊侯取之，何也？齊不自取，而爲公取鄆，使居之也。昭公出奔，《經》書「次于陽州」，見公於魯未絕，而季氏逐君爲不臣。及書「齊侯取鄆」，則見公已絕於魯，而逐於季氏爲不君。君者，有其土地人民，以奉宗廟之典籍者也。己不能有，而他人是保，則不君矣。《春秋》之義，欲爲君，盡君道；欲爲臣，盡臣道。各守其職而不渝也。昭公失君道，季氏爲亂臣，各渝其職而不守矣。其爲後世戒，深切著明矣。

吕氏曰：齊侯取鄆，以處公也。齊侯不能討季氏以正君臣大義，而獨取鄆以處公。其無意於善而忽遠略可知也。

【校　記】

① 人：原作「君」，據《公羊傳》改。

二十有六年，春，王正月，葬宋元公。

杜氏注：三月而葬，速。

三月，公至自齊，居于鄆。《公羊》作「運」。

《左氏傳》：言魯地也。

《穀梁傳》：居于鄆者，公在外也。至自齊，道義不外公也。

高郵孫氏曰：鄆本魯邑，昭公居之，與其在道中等耳，故曰「居」也。

蘇氏曰：凡公行，反而告廟，則書「至」。在外，雖不告而書「至」，所以存公也。

武夷胡氏傳：居者，有其土地人民之稱也。昭公失國出奔而稱「居于鄆」者，存一國之防也。襄王已出而稱「居于鄭」，敬王未入而稱「居于狄泉」者，存天下之防也。天子之於天下，率土之濱，莫非其臣，非諸侯所敢擅也。諸侯之於封國四境之内，莫非其土，非大夫所得專也。故諸侯避舍以待巡狩，而大夫專邑是謂叛君。曰「居于鄆」，其爲防也至矣。

夏，公圍成①。

《左氏傳》：夏，齊侯將納公，命無受魯貨。申豐從女賈，以幣錦二兩，縛一如瑱，適齊師，謂子猶之人高齮：齮，子猶家臣。子猶，梁丘據。「能貨子猶，爲高氏後，粟五千庾。」杜氏注：當爲請使得爲高氏後。高齮以錦示子猶，子猶欲之。……齮曰：「魯人買之，百兩一布，以道之不通，先入幣財。」子猶受之，言于齊侯曰：「……宋元公爲魯君如晉，卒于曲棘。叔孫昭子求納其君，無疾而死。不知天之棄魯邪，抑魯君有罪於鬼神，故及此也？君若待于曲棘，使羣臣從魯君以卜焉……」齊侯從之，使公子鉏帥師從公。……齊師圍成。……師及齊師戰於炊鼻。

泰山孫氏曰：「公圍成。」書者，見國内皆叛也。

武夷胡氏傳：不書齊師者，景公怵於邪説，爲義不終，故微之也。書「公圍成」，則季氏之不臣，昭公之不君，齊侯之不能修方伯、連帥之職，其罪咸具矣。

秋，公會齊侯、莒子、邾子、杞伯，盟于鄟陵。

《左氏傳》：秋，盟于鄟陵，謀納公也。

杜氏注：鄟陵，地，闕。

公至自會，居于鄆。《公羊》作「運」。

九月，庚申，楚子居卒。

《左氏傳》：九月，楚平王卒。

冬，十月，天王入于成周。

《左氏傳》：四月，單子如晉告急。五月……戊辰，王城人、劉人戰於施谷，劉師敗績。……七月，己巳，劉子以王出。……晉知躒、趙鞅帥師納王……冬，十月，丙申，王起師於滑。辛丑，在郊，遂次於尸。十一月，辛酉，晉師克鞏。召伯盈逐王子朝。王子朝及召氏之族、毛伯得、尹氏固、南宮嚚奉周之典籍以奔楚。陰忌奔莒以叛。召伯逆王於尸，及劉子、單子盟。遂軍圉澤，次於隄上。癸酉，王入于成周。甲戌，盟於襄宮。晉師使成公般戍周而還。十二月，癸未，王入莊宮。

《公羊傳》：成周者何？東周也。其言「入」何？不嫌也。

《穀梁傳》：周，有入無出也。

泰山孫氏曰：子朝之亂甚矣。悼王既死，敬王即位於外，四年始勝其醜，反正於宗廟。不言「歸」而言「入」者，言「歸」嫌與即位於内者同，故變文言「入」，以著即位於外也。

高郵孫氏曰：成周，蓋京師也。不曰「京師」而曰成周者，京，大也；師，衆也。惟衆惟大，故天子之居稱之。是時周已衰微，而敬王孱弱，不能高居京師以臨制天下，至於出奔而復入也。聖人以周之衰微同於列國，敬王失地同於諸侯，故曰「天王入于成周」，而不曰「京師」也。

尹氏、召伯、毛伯以王子朝奔楚。

陸氏《纂例》：王子朝書尹氏云「以」者，能制之也。

泰山孫氏曰：立王子朝獨書尹氏，奔楚並舉召伯、毛伯者，明罪本在尹氏，當先誅逆首，後治其徒也。

武夷胡氏傳：取國有五利，寵居一焉。子朝有寵於景王，爲之黨者衆矣，卒不能立，至於奔楚，何也？是非有出於人之本心者，不可以私愛是，亦不可以私惡非，卒歸於公而止矣。景王寵愛子朝，將蕲於見是，而天下卒不以爲是；踈薄子猛，將蕲於見非，而天下卒不以爲非。徒設此心，兩棄之也。庶孽憑寵，爲羣小之所宗，而人心不附；適子恃正，爲人心之所向，而羣小不從。故伯服雖殺，而平王亦不能復宗周之盛；申生已死，而奚齊、卓子亦不能勝里克之兵，是兩棄之也。景王不鑒覆車，王猛、子朝之際，危亦甚矣。《春秋》詳書，爲後世戒，可謂深切著明也哉！

【校　記】

①成：原作「城」據《春秋》經文改。

二十有七年，春，公如齊。公至自齊，居于鄆。《公羊》作「運」。

《左氏傳》：言在外也。

《穀梁傳》：公在外也。

夏，四月，吳弑其君僚①。

《左氏傳》：吳子欲因楚喪而伐之，使公子掩餘、公子燭庸帥師圍潛。使延州來季子聘於上國。……楚莠尹然、工尹麇帥師救潛。……吳師不能退。……吳公子光曰：「此時也，勿可失也。」告鱄設諸曰：「……我，王嗣也，吾欲求之。」……夏，四月，光伏甲於堀室而享王。……鱄設諸寘劍於魚中以進，抽劍刺王，鈹交於胸，遂弑王。……吳公子掩餘奔徐，公子燭庸奔鍾吾。

劉氏傳：親弑僚者，闔廬也。其稱國以弑何？稱國以弑者，衆弑君之辭也。闔廬弑僚，則曷爲以衆弑君之辭？吴之謁也，餘祭也，夷昧也，不與子國，而與弟，凡爲季子也。季子使而亡焉。僚者，長庶也，即之。是廢讓而毁義，以成篡也。國人莫説，故謂之衆弑其君也。

武夷胡氏傳：此公子光使鱄諸弑之，而稱國何也？吴子壽夢有四子，長諸樊，次餘祭，次夷昧，次季札。光，諸樊之子；僚，夷昧之子也。諸樊兄弟而以次相及，必欲致國於季子，而季子終不受。則國宜之光者也，僚烏得爲君？故稱國以弑，而不歸獄於光。其稱國以弑者，吴大臣之罪也。大臣任大事，事莫大於置君矣。故君存而國本定，君終而嗣子立，社稷嘉靖，人無閒言。此秉政大臣之任，伊、召之所以安商、周，孔明之所以定劉漢也。若廢立進退出於羣小閽寺，而當國大臣不預焉，則將焉用彼相矣？此《春秋》歸罪大臣稱國師君之意，其經世之慮深矣。

楚殺其大夫郤《穀》作「郄」。**宛。**

《左氏傳》：郤宛直而和，國人説之。鄢將師爲右領，與費無極比而惡之。令尹子常賄而信讒，無極……謂子常曰：「子惡欲飲子酒。」又謂子惡：「令尹欲飲酒於子氏。」子惡曰：「我，賤人也，不足以辱令尹。令尹將必來辱，爲惠已甚，吾無以酬之，若何？」無極曰：「令尹好甲兵，子出之，吾擇焉。」取五甲五兵，曰：「寘諸門。令尹至，必觀之，而從以酬之。」及饗日，帷諸門左。無極謂令尹曰：「吾幾禍子。子惡將爲子不利，甲在門矣。……」令尹使視郤氏，則有甲焉。不往，召鄢將師而告之。將師退，遂令攻郤氏，且爇之。子惡聞之，遂自殺也。……令尹……盡滅郤氏之族黨。

劉氏《意林》：楚殺其大夫郤宛。君不明，故臣得專其威，至於殺其大夫而莫之止也，不亦甚乎！然而郤宛則有以取之。有以取之者，辟嫌不審也。辟嫌不審，罪也。

秋，晉士鞅、宋樂祁犂、衛北宫喜、曹人、邾人、滕人會于扈。

《左氏傳》：秋，會于扈，令戍周，且謀納公也。宋、衛皆利納公，固請之。范獻子取貨於季孫，……乃辭小國，而以難復。

武夷胡氏傳：文十五年，諸侯盟於扈，將爲魯討齊。齊侯賂之而不克討，故在會諸侯略而不序。今此謀納公，亦以賂故不克納，而諸侯之大夫皆序，何也？曰利於納公者，宋、衛之大夫也；受賂而不納公者，獨范鞅主之耳。又況戍周之令行乎，所以列序而不略也。以此見聖人取捨之大情，而輕重審矣。

冬，十月，曹伯午卒。

邾快來奔。

公如齊。公至自齊，居于鄆。《公》作「運」。

《左氏傳》：冬，公如齊。齊侯請饗之。……使宰獻，而請安。

【校　記】

① 弑：原作「殺」，據《春秋》經文改。

二十有八年，春，王三月，葬曹悼公。

陸氏《纂例》曰：六月。

公如晉，次于乾侯。

《左氏傳》：春，公如晉，將如乾侯。子家子曰：「有求於人，而即其安，人孰矜之？其造於竟。」弗聽。使請逆於晉。晉人曰：「天禍魯國，君淹恤在外。君亦不使一个辱在寡人，而即安於甥舅，其亦使逆君？」使公復於竟，而後逆之。

《穀梁傳》：公在外也。

泰山孫氏曰：公如齊者再，皆不見禮，故如晉。其言「次于乾侯」者，不得入於晉也。公既不見禮於齊，又不得入於晉，其窮辱若此。

吕氏曰：公如齊不得入，如晉又不得入，當世諸侯如是，然後知無霸之害也。

夏，四月，丙戌，鄭伯寧《公》作「甯」，下同。**卒。**

六月，葬鄭定公。

陸氏《纂例》曰：三月。

秋，七月，癸巳，滕子寧卒。

冬，葬滕悼公。

二十有九年，春，公至自乾侯，居於鄆。《公》作「運」

《左氏傳》：公至自乾侯，處于鄆。齊侯使高張來唁公，稱主君。子家子曰：「齊卑君矣，君祇辱焉。」公如乾侯。

泰山孫氏曰：以乾侯至者，不得見晉侯故。

齊侯使高張來唁公。

武夷胡氏傳：遣使來唁，淺事也，亦書於《經》者，罪齊侯不能修方伯連帥之職也。昔狄人迫黎侯，黎侯寓於衛，衛人弗恤，黎之臣子勸其君以歸，而賦《式微》。其一章曰「微君之故」者，以事求人，而人不有其事，是謂「微君之故」。若昭公見逐出奔，而齊莫之討，淹恤日久而齊侯莫之納，「微君之故」矣。其二章曰「微君之躬」者，以身下人而人不有其身，是謂「微君之躬」。若齊侯設禮以享而使宰獻，遣使來唁而稱主君，「微君之躬」

矣。諸侯失國，託於諸侯，禮也。諸侯失國，諸侯納之，正也。齊侯先世嘗主夏盟，而太公受先王五侯九伯之命矣。魯爲鄰境，甥舅之國也。昭公朝夕立於其朝，曾不能陳師境上，討意如逐君之罪，而遣使唁公，豈得禮乎！

襄陵許氏曰：荀躒唁公地，高張不地，以居於鄆，猶以魯志也，故稱「來」焉。

公如晉，次于乾侯。

夏，四月，庚子，叔詣《公》、《穀》作「倪」。**卒。**

秋，七月。

冬，十月，鄆潰。

《穀梁傳》：潰之爲言，上下不相得也。上下不相得，則惡矣，亦譏公也。

武夷胡氏傳：民逃其上曰「潰」，自是昭公削迹於魯，尺地一民皆非其有矣。公之出奔，處鄆四年，民不見德，亡無愛徵，至於潰散，豈非昏迷不反，自納於罟擭陷穽之中，其從者又皆艾殺其民，視如土芥，其下不堪，所以潰歟！然則去宗廟社稷出奔，而猶不惕然恐懼，蘄改過以補前行之愆也，自棄甚矣。欲不亡，得乎！噫，故書以爲後世戒。

吕氏曰：《易・蹇》之《象》曰：「君子以反身修德。」反身修德，固處蹇之道也。盡處蹇之道，則有出蹇之期。昔太王去國，從之者如歸市。昭公所至而民潰，其亦不知自反甚矣。孟子曰：「家必自毁，而後人毁之。國必自伐，而後人伐之。」善夫！

三十年，春，王正月，公在乾侯。

《穀梁傳》：存公故也。

劉氏傳：其言公在乾侯何？正月以存公也。曷爲存公？公在外也。公在外久矣，曷爲於此乎存公？居于鄆，有魯也；在乾侯，無魯也。公雖無魯，魯不可無公也。

劉氏《意林》：向曰「居」，今曰「在」；向也魯，而今也晉。一民莫得使焉，尺地莫得有焉，人固曰乾侯之君耳，而《春秋》則以爲猶吾君也。冉求謂子貢曰：「夫子爲衛君乎？」子貢曰：「諾。吾將問之。」入，曰：「伯夷、叔齊何人也？」曰：「古之賢人也。」曰：「怨乎？」曰：「求仁而得仁，又何怨？」出曰：「夫子不爲也。」故君雖不君，臣不可以不臣；父雖不父，子不可以不子。古今之大義，子貢其知之矣。

常山劉氏曰：書「公在乾侯」，存君也。君失其居，在於乾侯而不得歸，故因朝正之時而書公所在。則存君父、罪臣子、譏諸侯之意，此可具見也。

武夷胡氏傳：公去社稷，於今五年，每歲首月，不書公者，在魯四封之内，則無適而非其所也。至是鄆潰，客寄乾侯，非其所也。歲首必書公之所在者，蓋以存君，不與季氏之專國也，而罪臣子，譏諸侯之意具矣。唐武后廢遷中宗，革命自立，史臣列於本紀，欲著其罪，而君子以爲非《春秋》之法。其言曰：「天下者，唐之天下。」中宗受之於其父，武后安得絶先君之世？復嗣君之年，黜武氏之號，自以爲竊取《春秋》之義，信矣。

夏，六月，庚辰，晉侯去疾卒。秋，八月，葬晉頃公。

《左氏傳》：夏，六月，晉頃公卒。秋，八月，葬。鄭游吉弔，且送葬。魏獻子使士景伯詰之，曰：「悼公之喪，子西弔，子蟜送葬。今吾子無貳，何故？」對曰：「……先王之制：諸侯之喪，士弔，大夫送葬；唯嘉好、聘享、三軍之事，於是乎使卿。晉之喪事，敝邑之間，先君有所助執紼矣。若其不閒，雖士、大夫有所不獲數矣。……靈王之喪，我先君簡公在楚，我先大夫印段實往，敝邑之少卿也。王吏不討，恤所無也。……」晉人不能詰。

杜氏注：三月而葬，速。

冬，十有二月，吴滅徐，徐子章羽《公》作「禹」。**奔楚。**

《左氏傳》：吴子使徐人執掩餘，使鍾吾人執燭庸。二公子奔楚。楚子大封而定其徙。……吴子怒。冬十二月，吴子執鍾吾子，遂伐徐，防山以水之。己卯，滅徐。徐子章禹斷其髮，攜其夫人，以逆吴子。吴子唁而送之，使其邇臣從之，遂奔楚。……吴子問於伍員曰：「初而言伐楚，余知其可也，而恐其使余往也，又惡人之有余之功也。今余將自有之矣，伐楚何如？」對曰：「楚執政衆而乖，莫適任患。若爲三師以肄焉，一師至，彼必皆出。彼出則歸，彼歸則出，楚必道敝。亟肄以罷之，多方以誤之。既罷而後以三軍繼之，必大克之。」闔廬從之，楚於是乎始病。

陸氏《纂例》：啖子曰：「徐子名者，初已服吴子。吴子唁而送之，非能自奔。」

劉氏傳：徐子張羽何以名？貶。曷爲貶？賤也。其賤奈何？吴子伐徐，防山以水其城。章羽不能守，斷其髮，攜其妻子以逆吴子。吴子唁而復之，使其邇臣從之，自是走之楚。

三十有一年，春，王正月，公在乾侯。

季孫意《公》作「隱」。如會晉荀躒《公》、《穀》作「櫟」，下同。于適歷。

《左氏傳》：晉侯將以師納公。范獻子曰：「若召季孫而不來，則信不臣矣。然後伐之，若何？」晉人召季孫。獻子使私焉，曰：「子必來，我受其無咎。」季孫意如會晉荀躒于適歷。

陸氏《微旨》：淳聞於師曰：「季孫，逐君之臣也，晉不罪之而反爲會，書曰『意如會晉荀躒于適歷』，晉侯之爲盟主可見矣，荀躒之爲人臣可知矣。此不待貶絶而惡見者也。」吕氏曰：晉爲盟主，以號令諸侯，將以託國者也，而使大夫與叛臣會，其禮義消亡，公室日衰可知矣。荀躒奉命而行，不能諫止，其爲人臣，亦可知也。晉之君臣，皆不待貶而惡自見矣。

武夷胡氏傳：意如出君不事，專有魯國。晉實主盟，不能致討，而寵以會禮，不亦逆哉！或曰：季孫事君如在國，未知其罪而君伐之，是昭公之過也，則非矣。行貨齊、晉，使不納公，禱於煬宫求君不入，及其復也，猶欲絶其兆域，加之惡謚，安在乎事君如在國？猶曰未知其罪乎！齊、晉不能誅亂禁姦，悖君臣之義，不知其從自及也。

夏，四月，丁巳，薛伯穀卒。

晉侯使荀躒唁公于乾侯。

《左氏傳》：夏，四月，季孫從知伯如乾侯。知伯，荀躒。子家子曰：「君與之歸。一慙之不忍，而終身慙乎？」公曰：「諾。」衆曰：「在一言矣。君必逐之！」荀躒以晉侯之命唁公，且曰：「寡君使躒以君命討於意如，意如不敢逃死，君其入也！」公曰：「君惠顧先君之好，施及亡人，將使歸糞除宗祧以事君，則不能見夫人。己所能見夫人者，有如河！」荀躒掩耳而走，曰：「寡君其罪之恐，敢與知魯國之難！臣請復於寡君。」退而謂季孫：「君怒未怠，子姑歸祭。」

陸氏《纂例》：在晉地，故亦不言來。

秋，葬薛獻公。

冬，黑肱《公》作「弓」。以濫來奔。

《左氏傳》：冬，邾黑肱以濫來奔。賤而書名，重地故也。君子曰：「名之不可不慎也如是。夫有所有名，而不如其已。以地叛，雖賤，必書地，以名其人，終爲不義，弗可滅矣。是故君子動則思禮，行則思義，不爲利回，不爲義疚。或求名而不得，或欲蓋而名章，懲不義也。齊豹爲衛司寇，守嗣大夫，作而不義，其書爲『盜』。邾庶其、莒牟夷、邾黑肱以土地出，求食而已，不求其名，賤而必書。此二物者，所以懲肆而去貪也。若艱難其身，以險危大人，而有名章徹，攻難之士將奔走之。若竊邑叛君，以徼大利而無名，貪冒之民將寘力焉。是以《春秋》書齊豹曰『盜』，三叛人名，以懲不義。數惡無禮，其善志也。故曰：《春秋》之稱微而顯，婉而辨。上之人能使昭明，善人勸焉，淫人懼焉，是以君子貴之。」《辨疑》：趙子曰：「《左氏》若以齊豹是大夫，但爲求其名，故書爲『盜』，以不與其名者，則諸相殺而書其名者，是與其名乎？又云三叛人欲蓋而名章，言其賤必不書其名。夫子矯其心而書爾。若如此，則三人預知夫子修《春秋》，賤者不書其名乎？爲是將以賂魯而屬夫子令不書乎？何言欲蓋也！皆妄爲曲説，殊可怪也。」

泰山孫氏曰：案襄二十一年，邾庶其以漆、閭丘來奔；五年，莒牟夷以牟婁及防、茲來奔。邾、莒言國，此不言國者，脱之也。

十有二月，辛亥，朔，日有食之。

三十有二年，春，王正月，公在乾侯。取闞。

吕氏曰：取鄆、取闞，皆言公之無遠圖，求目前之利而戕其民，無復國之慮也。

夏，吴伐越。

《左氏傳》：夏，吴伐越，始用師於越也。

秋，七月。

冬，仲孫何忌會晉韓不信、齊高張、宋仲幾、衛世叔《公》作「大叔」。申、鄭國參、曹人、莒人、《公》、《穀》有「邾人」。薛人、杞人、小邾人城成周。

《左氏傳》：秋，八月，王使富辛與石張如晉，請城成周。……范獻子謂魏獻子曰：「與其戍周，不如城之。……雖有後事，晉勿與知可也①。……」冬，十一月，晉魏舒、韓不信如京師，合諸侯之大夫於狄泉，尋盟，且令城成周。……己丑，士彌牟營成周，計丈數，揣高卑，度厚薄，仞溝洫，物土方，議遠邇，量事期，計徒庸，慮材用，書餱糧，以令役於諸侯。屬役賦丈，書以授帥，杜氏注：帥諸侯之大夫。而效諸劉子。韓簡子臨之，以爲成命。

《穀梁傳》：天子微，諸侯不享覲。天子之在者，惟祭與號。故諸侯之大夫相帥以城之，此變之正也。

泰山孫氏曰：周，自天子言之，則曰王城、成周。昭二十二年，劉子、單子以王猛入于王城；二十六年，天王入于成周是也。諸侯言之，則曰京師。僖二十八年，晉人執衛侯歸之于京師；三十年，公子遂如京師，遂如晉；文元年，叔孫得臣如京師葬襄王；成十三年三月，公如京師，夏五月，公自京師遂會晉侯、齊侯、宋公、衛侯、鄭伯、曹伯、邾人、滕人伐秦；十五年，晉侯執曹伯歸于京師；十六年，曹伯歸自京師之類是也。此不言「城京師」，而曰「城成周」者，不與大夫城京師也。大夫城京師以安天子，其言不與大夫城京師者，天子微，諸侯又微，故諸侯不城京師，而大夫城之也。諸侯不城京師，而大夫城之，是天下無諸侯也。故曰「仲孫何忌會晉韓不信、齊高張、宋仲幾、衛世叔申、鄭國參、曹人、莒人、薛人、杞人、小邾人城成周」以惡之。

高郵孫氏曰：成周，蓋京師也。不曰京師者，所以見王室之衰，同於列國也。《春秋》有書城邢、城杞者矣，今曰「城成周」，何以異也。

武夷胡氏曰：天子有道，守在四夷。今至於城王都，可以不書乎？不曰「城京師」，而曰「城成周」者，京師，衆大之稱；成周，地名也。與列國等矣。

吕氏曰：周室雖微，諸侯猶勤之如此，先王之德澤猶有存焉者也。

十有二月，己未，公薨于乾侯。

《左氏傳》：十二月己未，公薨。書曰：「公薨于乾侯。」言失其所也。趙簡子問於史墨曰：「季氏出其君，而民服焉，諸侯與之。君死於外，而莫之或罪也。」對曰：「……魯君世從其失，季氏世修其勤，民忘君矣。雖死於外，其誰矜之？社稷無常奉，君臣無常位，自古以然。故《詩》曰：『高岸爲谷，深谷爲陵。』三后之姓，於今爲庶，主所知也。……昔成季友，桓之季也，文姜之愛子也，……有大功於魯，受費以爲上卿。至於文子、武子，世增其業，……魯文公薨，而東門遂殺適立庶，魯君於是乎失國。政在季氏，於此君也四公矣。民不知君，何以得國？是以爲君，慎器與名，不可以假人。」

武夷胡氏傳：諸侯失國出奔者衆矣。鄭伯突爲祭仲所逐而出奔于櫟而復國。衛侯衎爲孫、甯所逐而出奔，入于夷儀而復國。昭公在外八年，終以客死，爲天下笑，何也？祭仲雖專而世權不重於季氏，衛侯失國猶夫人也，而有推挽之者，所以雖失而復得也。魯自季友受費以爲上卿，至於意如，專執國命四世矣，其臣皆季氏之乎也，其民皆季氏之獲也，而昭公有一子家駒，言不聽而計不行也，不能復國宜矣。故《春秋》詳録其所因，爲後世之戒。公雖失國，然每歲之首月，必書「公在乾侯」，誅意如也。書「齊侯取鄆」，「公圍成」，「鄆潰」，絶昭公也。爲人臣者，觀此每歲必書公所在，必不敢萌跋扈不臣之心。爲人君者，觀《春秋》所書「圍成」，「鄆潰」，知社稷之無常奉也，亦必少警矣。嗚呼！可謂深切著明者矣。

【校 記】

① 勿：原作「弗」，據《春秋左傳》改。

春秋集解卷二十七

定　公

名宋。襄公子，昭公弟。敬王十一年即位。謚法：安民大慮曰定。

元年，春，王。

《公羊傳》：正月者，正即位也。定無正月者，即位後也①。即位何以後？昭公在外，得入不得入未可知也。曷爲未可知？在季氏也。定、哀多微辭，主人習其讀而問其《傳》，則未知己之有罪焉爾。

《穀梁傳》：不言「正月」，定無正也。定之無正，何也？昭公之終，非正終也，定公之始，非正始也。昭無正終，故定無正始。

劉氏傳：何以無正月？定無正也。定何以無正？定之始非正始也。其非正始奈何？定者，公子宋也，昭公之弟也。昭公薨于乾侯，季孫逆其喪，廢太子衍及務人，而立公子宋焉。喪至於壞隤，公子宋先入，以主社稷，蓋受之季氏也，非受之先君者也。定無正，則何以不言「正月」？微辭也。正月者，正即位也。定之即位後，未可以言正月。主人習其讀而問其《傳》，則未知己之有罪焉爾。

劉氏《意林》：君子莫重乎授受。授受，王事之本也。授之者以禮，受之者以義，正也。正己而後可以正人矣。今定公不然，汙於僞，誘於利，脅於威，雖欲正人，人何由而正？

泰山孫氏曰：不書「正月」者，定公未立，不與季氏承其正朔也。是時季氏專國，昭公薨于乾侯，及歲之交，定又未立，故略而不書焉。所以黜彊臣而存公室也。

吕氏曰：元年不書「正月」者，國無君無稟天子之正朔也。

三月。晉人執宋仲幾于京師。

《左氏傳》：元年，春，王正月，辛巳，晉魏舒合諸侯之大夫于狄泉，將以城成周。……魏獻子屬役於韓簡子及原壽過，而田於大陸，焚焉。還，卒於甯。……孟懿子會城成周。庚寅，栽。宋仲幾不受功，曰：「滕、薛、郳，吾役也。」薛宰曰：「宋爲無道，絶我小國於周，以我適楚，故我常從宋。晉文公爲踐土之盟，曰：『凡我同盟，各復舊職。』若從踐土，若從宋，亦唯命。」仲幾曰：「踐土固然。」薛宰曰：「薛之皇祖奚仲居薛，以爲夏車正。奚仲遷於邳，仲虺居薛，以爲湯左相。若復舊職，將承王官，何故以役諸侯？」……士彌牟曰：「晉之從政者新，子姑受功。歸，吾視諸故府。」仲幾曰：「縱子忘之，山川鬼神其忘諸乎？」士伯怒，謂韓簡子曰：「薛徵於人，宋徵於鬼，宋罪大矣。……」乃執仲幾以歸。三月，歸諸京師。城三旬而畢，乃歸諸侯之戍。

《公羊傳》：其言「于京師」何？伯討也。伯討，則其稱「人」何？貶。曷爲貶？不與大夫專執也。

《穀梁傳》：此大夫，其書曰「人」何也？微之也。何爲微之？不正其執人於尊者之所也。

泰山孫氏曰：《春秋》之義，諸侯不得專執，況大夫乎！宋仲幾會城成周，韓不信，陪臣也，非天子命，執仲幾於天子之側，甚矣。故曰「晉人執宋仲幾于京師」以疾之。

武夷胡氏傳：案《左氏》，諸侯會城成周，宋仲幾不受功，曰：「滕、薛、郳，吾役也。」爲是執之，則有罪矣。書「晉人執仲幾于京師」，則貶詞也。以王事討有罪，何貶乎？案《周官·司隸》：掌凡囚執人之事，屬於司寇；凡諸侯之獄訟，定以邦典；凡卿大夫之獄訟，斷以邦法，則大司寇之職也。不告諸司寇，而執人於天子之側，故雖以王事討有罪，猶貶。凡此類皆篡弑之萌，履霜之漸。執而書其地，謹之也。每謹於初，而禍亂熄矣。

夏，六月，癸亥，公之喪至自乾侯。戊辰，公即位。

《左氏傳》：夏，叔孫成子逆公之喪于乾侯。季孫曰：「子家子亟言於我，未嘗不中吾志也。吾欲與之從政，子必止之，且聽命焉。」子家子不見叔孫，易幾而哭。幾，哭會也。不欲見叔孫，故朝夕哭，不同會。叔孫請見子家子。子家子辭，曰：「羈未得見，而從君以出。君不命而薨，羈不敢見。」叔孫使告之曰：「公衍、公爲實使羣臣不得事君。若公子宋主社稷，則羣臣之願也。凡從君出而可以入者，將唯子是聽。子家氏未有後，季孫願與子從政。此皆季孫之願也。使不敢以告。」對曰：「若立君，則有卿士、大夫與守龜在，羈弗敢知。若從君者，則貌而出者，入可也；寇而出者，行可也。若羈也，則君知其出也，而未知其入也。羈將逃也。」喪及壞隤，公子宋先入。從公者皆自壞隤反。六月，癸亥，公之喪至自乾侯。戊辰，公即位。

《公羊傳》：曷爲以戊辰之日然後即位？正棺於兩楹之間，然後即位。

《穀梁傳》：殯，然後即位也。定無正，見無以正也。踰年不言即位，是有故公也。謂昭公在外故。言即位，是無故公也。即位，授受之道也。先君無正終，則後君無正始也；先君有正終，則後君有正始也。戊辰，公即位，謹之也。定之即位，不可不察也。……癸亥，公之喪至自乾侯，何爲戊辰之日，然後即位也？正君乎國，然後即位也。沈子曰：「正棺乎兩楹之間，然後即位也。」……踰年即位，厲也。范氏注：厲，危也。公喪在外，踰年六月乃得即位。於厲之中，又有義也。未殯，雖有天子之命猶不敢，況臨諸臣乎？

杜氏注：定公不得以正月即位，失其時，故詳而日之。

蘇氏曰：元年，定公之元年也，而書「公之喪至自乾侯」可乎？ 昭公之喪未至，定公未即位，則猶昭公之年也。

陸氏《纂例》：凡公即位，皆於朔日，故不書日。 定公待昭公喪至，既殯而即位，故書之。

武夷胡氏傳：昭公之薨已越葬期，猶未得返。至於六月癸亥，然後喪至。 而定之即位乃在是月之戊辰，蓋遲速進退爲意如所制，不得專也。以《周書・顧命》考之，成王之崩在四月乙丑，宰臣太保即於是日命仲桓、南宫毛，俾爰齊侯吕伋，以二干戈虎賁百人逆王世子釗於南門之外，延入翼室宅憂，爲天下主，不待崇朝而後定也。 今昭公喪至，在葬期之後，公子宋自壞隤先入，猶未得立。 是知爲意如所制，不得以時定，非謂正棺乎兩楹之間，故定之即位②，不可不察也。 夫即位，大事也，宗嗣先定，則變故不生。 蓋代君享國而主其祭，宜戚宜懼，一失幾會，或萌窺伺之心，至於生變，則爲不孝矣，古人所以貴於早定國家之本也。 今昭公之薨，定之即位，《春秋》詳書於策，非爲後法，乃見諸行事爲永鑒耳。

秋，七月，癸巳，葬我君昭公。

《左氏傳》：季孫使役如闞公氏，將溝焉。榮駕鵝曰：「生不能事，死又離之，以自旌也。縱子忍之，後必或恥之。」乃止。……秋，七月，癸巳，葬昭公於墓道南。孔子之爲司寇也，溝而合諸墓。

杜氏注：公在外薨，故八月乃葬。

吕氏曰：葬本國之君稱「葬某公」足矣。必曰「葬我君某公」者，隆君臣之恩，盡忠愛之義，資於事父，有父之道焉。故必曰「我君」以明之也。此道也，常時無事則不見此理。特於昭公，爲有大警動於其臣下者。

九月，大雩。

《穀梁傳》：雩月，雩之正也。秋大雩，非正也。冬大雩，非正也。秋大雩，雩之爲非正何也？毛澤未盡，人力未竭，未可以雩也。雩月，雩之正也。月之爲雩之正何也？其時窮，人力盡，然後雩，雩之正也。何謂其時窮、人力盡？是月不雨，則無及矣；是年不艾，則無食矣。是謂其時窮、人力盡也。雩之必待其時窮、人力盡何也？雩者，爲旱求者也。求者，請也，古之人重請。何重乎請？人之所以爲人者，讓也。請道去讓也，則是舍其所以爲人也，是以重之。焉請哉？請乎應上公。古之神人有應上公者，通乎陰陽，君親帥諸大夫道之而以請焉。夫請者，非可詒託而往也，必親之者也，是以重之。

立煬宮。

《左氏傳》：昭公出，故季平子禱於煬公。九月，立煬宮。

《公羊傳》：煬宮者何？煬公之宮也。立者何？立者，不宜立也。立煬宮，非禮也。

杜氏注：煬公，伯禽子也。

武夷胡氏傳：煬公，伯禽之子。其曰「立」者，不宜立也。喪事即遠，有進而無退；宮廟即遠，有毀而無立。

吕氏曰：立煬宮，違禮悖義之甚。言天下之亂，無復有綱紀文章也。

冬，十月，隕《公》作「霣」。霜殺菽。

《公羊傳》：何以書？記異也。

《穀梁傳》：未可以殺而殺，舉重；范氏注：舉殺豆，則殺草可知。可殺而不殺，舉輕。其曰菽，舉重也。

杜氏注：周十月，今八月。隕霜殺菽，非常之災。

蘇氏曰：於其不殺而言草，言其廣也。於其殺而言菽，言其所害也。

【校　記】

① 後：原作「故」，據《公羊傳》改。

② 定：原作「正」，據《春秋胡氏傳》改。

二年，春，王正月。

夏，五月，壬辰，雉門及兩觀災。

杜氏注：雉門，公宫之南門。兩觀，闕也。

泰山孫氏曰：其言雉門及兩觀災者，雉門及兩觀俱災也。雉門、兩觀，天子之制。

秋，楚人伐吴。

《左氏傳》：桐叛楚。吴子使舒鳩氏誘楚人，曰：「以師臨我，我伐桐，爲我使之無忌。」秋，楚囊瓦伐吴，師於豫章。吴人見舟於豫章，而潛師於巢。冬，十月，吴軍楚師於豫章，敗之。遂圍巢，克之，獲楚公子繁。

襄陵許氏曰：自襄三年書楚公子嬰齊伐吴，終於人之，則楚力竭矣。於是有吴人入郢。自昭三十二年書吴伐越，終於越再入吴，於是吴亡。吴、楚介在南荒，夷蠻相攻，不可殫録，故删取其要如此，以爲伐國之戒。

冬，十月，新作雉門及兩觀。

《穀梁傳》：言「新」，有舊也。「作」，爲也，有加其度也。

劉氏傳：何以書？譏。何譏爾？譏不務乎公室也。雉門，天子應門。

劉氏《意林》：魯用王禮，是以其庫門，天子臯門；雉門，天子應門。而設兩觀，僭君甚矣。習舊而不知以爲非，覩變而不知以爲戒，無怪於季氏之脅其主矣。此《春秋》之微辭至意也。

泰山孫氏曰：新作雉門及兩觀者，定公不知僭天子之惡也。定公不知僭天子之惡，故作而新之。

武夷胡氏傳：書「新作」者，譏僭王制而不能革也。雉門，象魏之門，其外爲庫門，而臯門在庫門之外，其内爲應門，而路門在應門之内，是天子之五門也。僖公嘗修泮宮，復閟宮，非不用民力也，而《春秋》不書。新作南門，則獨書者，南非一門也，必有不當爲者。子家駒以設兩觀爲僭天子，是非諸侯之制明矣。夫撥亂反正者必本諸身，身正者，物必正。《春秋》於僭君必書者，必正之意也。使定公遇災而懼，革其僭禮，三家陪臣雖欲僭諸侯，執國命，其敢乎？習舊而不知以爲非，何以禁季氏之脅其主矣！特書「新作」以譏之也。

吕氏曰：雉門、兩觀，僭矣，即災又復作。魯之君臣非不知以是爲僭也，蓋以爲無足恤也。以爲無足恤者，弑父與君所由起也。「新作」者，不用其舊之辭。

三年，春，王正月，公如晉，至河，乃復。

伊川先生解：季孫意如上不請於天子，下不告於方伯而立定公，故晉怒，而公往朝焉。晉辭公而復，故明年因會而請盟于皋鼬。

二《公》、《穀》作「三」**月，辛卯，邾**《公》作「邾婁」。**子穿卒。**

《左氏傳》：二年，邾莊公與夷射姑飲酒，私出。閽乞肉焉。奪之杖以敲之。三年，春，二月，辛卯，邾子在門臺，臨廷。閽以缾水沃廷。邾子望見之，怒。閽曰：「夷射姑旋焉。」命執之。弗得，滋怒，自投於牀，廢於爐炭，爛，遂卒。

夏，四月。秋，葬邾《公》作「邾婁」，下邾子同。**莊公。**

冬，仲孫何忌及邾子盟于拔。《公》作「枝」。

《左氏傳》：冬，盟于郯，杜氏注：郯即拔也。修邾好也。

杜氏注：拔，地，闕。

襄陵許氏曰：天下有禮，則邦國相下。春秋之季，大國日亢，小國日侵，兵力勝而禮敬亡，故志「公如晉，至河乃復」，著晉之輕魯也；志「仲孫何忌及邾子盟于拔」，著魯之輕郲也。當昭公時，祲祥之盟，猶未爾也。

四年，春，王二月，癸巳，陳侯吳卒。

三月，公會劉子、晉侯、宋公、蔡侯、衛侯、陳子、鄭伯、許男、曹伯、莒子、郲子、頓子、胡子、滕子、薛伯、杞伯、小郲子、齊國夏于召陵，侵楚。

《左氏傳》：二年冬，蔡昭侯爲兩佩與兩裘以如楚，獻一佩一裘於昭王。昭王服之，以享蔡侯。蔡侯亦服其一。子常欲之，弗與，三年止之。唐成公如楚，有兩肅爽馬，子常欲之，弗與，亦三年止之。唐人或相與謀，請代先從者，許之。飲先從者酒，醉之，竊馬而獻之子常。子常歸唐侯。……蔡人聞之，固請，而獻佩於子常。子常朝，見蔡侯之徒，命有司曰：「蔡君之久也，官不共也。明日，禮不畢，將死。」蔡侯歸，及漢，執玉而沈，曰：「余所有濟漢而南者，有如大川。」蔡侯如晉，以其子元與其大夫之子爲質焉，而請伐楚。四年，春，三月，劉文公合諸侯于召陵，謀伐楚也。晉荀寅求貨於蔡侯，弗得。言於范獻子曰：「國家方危，諸侯方貳，將以襲敵，不亦難乎！水潦方降，疾瘧方起，中山不服，杜氏注：中山，鮮虞。弃盟取怨，無損於楚而失中山，不如辭蔡侯。吾自方城以來，楚未可以得志，祇取勤焉。」乃辭蔡侯。晉人假羽旄於鄭，鄭人與之。明日，或旆以會。晉於是乎失諸侯。

伊川先生解：楚恃其强，侵陵諸侯。晉上請於天子，大合諸侯以伐之，而不能明暴其罪，以行天討，無功而還，故書「侵」以罪之。

杜氏注：入楚竟，故書「侵」。

泰山孫氏曰：蔡人病楚，使告於晉，故晉合諸侯於此。此救蔡伐楚也。其言「會於召陵，侵楚」者，諸侯不振，不能救蔡伐楚也，故使救蔡伐楚之功歸於彊吴。「冬，蔡侯以吴子及楚人戰於柏舉，楚師敗績」是也。噫！昭公十三年，公會劉子、晉侯、齊侯、宋公、衛侯、鄭伯、曹伯、莒子、邾子、滕子、薛伯、杞伯、小邾子于平丘。八月，甲戌，同盟于平丘。此年，公會劉子、晉侯、宋公、蔡侯、衛侯、陳子、鄭伯、許男、曹伯、莒子、邾子、頓子、胡子、滕子、薛伯、杞伯、小邾子、齊國夏于召陵，侵楚。五月，公及諸侯盟于皐鼬。內不能奪大夫之權，外不能攘夷狄之患，何所爲哉？徒自相與歃血要言而已。此固不足道也。

蘇氏曰：齊侯侵虐魯國，晉爲魯合諸侯凡八國，將討齊，取賂而止。書曰：「諸侯盟于扈」而不序，以不序賤之也。今召陵之盟，楚方陵蔡，晉爲蔡大合諸侯凡十八國，以求賂不克，侵楚而已。若不序諸侯，則侵楚爲愈於扈，故序十八國之衆，而以「侵楚」之陋媿之。

夏，四月，庚辰，蔡公孫《公羊》有「歸」字。姓帥師滅沈，以沈子嘉歸，殺之。

《左氏傳》：沈人不會於召陵，晉人使蔡伐之。夏，蔡滅沈。

陸氏《微旨》：淳聞於師曰：「書『滅』，罪蔡也。書『以歸』，罪沈子死不予位也。言『殺之』，又譏蔡侯也。」

武夷胡氏傳：所惡於前，無以先後。出乎爾者，反乎爾者也。蔡侯視楚，猶沈視蔡也。昭公拘於郢三年而後反，非以國小而弱乎？沈雖不會召陵，未有大罪惡也，而恃彊殺之，甚矣。能無公孫翩之及哉！

襄陵許氏曰：沈不受令而使蔡滅沈，許已受盟而不能禁鄭滅許，有以知晉政之失諸侯矣。

呂氏曰：蔡公孫姓不能正其君之失，而遂滅沈，至以沈子嘉歸，殺之，其罪極矣。春秋之世，諸侯君臣失道至此者，皆由不知分義。苟力所能制，則爲之矣。此與禽獸奚辨？

五月，公及諸侯盟于臯鼬。《公》作「浩油」。

《左氏傳》：將會，衛子行敬子言於靈公曰：「會同難，嘖有煩言，莫之治也。其使祝佗從！」公曰：「善。」乃使子魚。……及臯鼬，將長蔡於衛。衛侯使祝佗私於萇弘。……萇弘曰：「……蔡叔，康叔之兄也，先衛，不亦可乎？」子魚曰：「以先王觀之，則尚德也。昔武王克商，成王定之，選建明德，以蕃屏周。故周公相王室，以尹天下，於周爲睦①。分魯公以大路，大旂，夏后氏之璜，封父之繁弱，……使之職事於魯，以昭周公之明德……；分康叔以大路、少帛、綪茷、旃旌、大呂……；分唐叔以大路，密須之鼓，闕鞏，沽洗……。三者皆叔也，而有令德，故昭之以分物。不然，文、武、成、康之伯猶多，而不獲是分也，唯不尚年也。管、蔡啓商，惎間王室。王於是乎殺管叔而蔡蔡叔，……其子蔡仲，改行帥德，周公舉之，以爲己卿士。見諸王，而命之以蔡。其命書云：『王曰：胡！無若爾考之違王命也。』若之何其使蔡先衛也？……晉文公爲踐土之盟，衛成公不在，夷叔，其母弟也，猶先蔡。其載書云：『王若曰：晉重、魯申、衛武、蔡甲午、鄭捷、齊潘、宋王臣、莒期。』藏在周府，可覆視也。……」……乃長衛侯於盟。

伊川先生解：公以不獲見於晉，故因會盟且求盟焉。則此盟公意也，故稱「公及」。

杜氏注：繁昌縣東南有城皐亭。

陸氏《纂例》：重言「諸侯」，劉子不與盟也。

劉氏《意林》：楚人之不義甚矣。晉以霸主之勢，憑王命之重而不能討，顧使吳乘其釁，中國不振旅，功近而禍遠矣，不亦病乎！孔子曰：「夷狄之有君，不如诸夏之亡。」是所以眷眷於皐鼬之盟者也②。

襄陵許氏曰：齊桓、晉文之興，至於盟不言同者，過乎同之辭也。春秋之季，至於盟不言同者，不及乎同之辭也。皐鼬之盟，諸侯攜矣。齊梁丘據説幣錦昭公不復，楚子常志在佩裘使蔡侯自絶，晉士鞅以賂罷扈之會，荀寅求貨弗得折召陵之謀。故正勝於明時，而賂流於衰世，君子所以察治忽也。

杞伯成《公》作「戊」。**卒于會。**

六月，葬陳惠公。

許遷于容城。

秋，七月，公至自會。

襄陵許氏曰：不致侵楚，譏無功也。諸侯無故而遠涉敵竟，師或役久不知所聽。以月致者，甚危之也。

劉卷卒。

《穀梁傳》：此不卒而卒者，賢之也。寰内諸侯也，非列土諸侯，此何以卒也？天王崩，爲諸侯主也。

葬杞悼公。

楚人圍蔡。

《左氏傳》：秋，楚爲沈故，圍蔡。

襄陵許氏曰：圍蔡不書卿帥師者，見其驕陵不戒，益而必決，求而將敗，是以微之也。

晉士鞅、衛孔圉《公》作「圄」。帥師伐鮮虞。

杜氏注：士鞅，即范鞅。

蘇氏曰：昭十二年，楚滅陳、蔡，晉人不救而伐鮮虞，稱晉以夷之。今晉既不爲蔡伐楚，楚人圍蔡，亦弗之救，而於其伐鮮虞也，稱「晉士鞅、衛孔圉」何也？晉雖有棄諸侯之罪，而蔡無滅亡之禍，輕重之異也。

葬劉文公。

冬，十有一月，庚午，蔡侯以吴子及楚人戰于柏《公》、《穀》作「伯」。舉。《公》作「莒」。

楚師敗績。楚囊瓦出奔鄭。

《左氏傳》：伍員爲吴行人以謀楚。楚之殺郤宛也，伯氏之族出。伯州犁之孫嚭爲吴大宰，以謀楚。楚自昭王即位，無歲不有吴師。蔡侯因之，以其子乾與其大夫之子爲質於吴。冬，蔡侯、吴子、唐侯伐楚。舍舟於淮汭。自豫章與楚夾漢。左司馬戌謂子常曰：「子沿漢而與之上下，我悉方城外以毁其舟，還塞大隧、直轅、冥阨。子濟漢而伐之，我自後擊之，必大敗之。」既謀而行。……史皇謂子常：「楚人惡子而好司馬。若司馬毁吴舟於淮，塞城口而入，是獨克吴也。子必速戰，不然不免。」乃濟漢而陳，自小别至於大别。三戰，子常知不可，欲奔。史皇曰：「……子必死之，初罪必盡説。」十一月，庚午，二師陳於柏舉。闔廬之弟夫槩王晨請於闔廬曰：「楚瓦不仁，其臣莫有死志。先伐之，其卒必奔，而後大師繼之，必克。」弗許。夫槩王曰：「所謂『臣義而行，不待命』者，其此之謂也。……」以其屬五千，先擊子常之卒。子常之卒奔，楚師亂，吴師大敗之。子常奔鄭。……吴從楚師，及清發，將擊之。夫槩王曰：「困獸猶鬭，況人乎？若知不免而致死，必敗我。若使先濟者知免，後者慕之，蔑有鬭心矣。半濟而後可擊也。」從之。又敗之。楚人爲食，吴人及之，奔。食而從之，敗諸雍澨。五戰，及郢。己卯，楚子取其妹季芈畀我以出。……庚辰，吴入郢，以班處宫。子山處令尹之宫，夫槩王欲攻之，懼而去之，夫槩王入之。左司馬戌及息而還，注：息，汝南新息也。聞楚敗故還。敗吴師於雍澨，傷。……謂其臣曰：「誰能免吾首？」吴句卑曰：「臣賤，可乎？」司馬曰：「我實失子，可哉。」三戰，皆傷，曰：「吾不可用也已。」句卑布裳，剄而裹之，藏其身，而以其首免。楚子涉雎③，濟江，入於雲中。王寢，盜攻之，以戈擊王。王孫由于以背受之。中肩。王奔鄖……鬭辛與其弟巢以王奔隨。吴人從之，謂隨人曰：「周之子孫在漢川者，楚實盡之。天誘其衷，致罰於楚，而君又竄之。周室何罪？……」隨人卜與之，不吉。乃辭吴。……初，伍員與申包胥友。其亡也，謂申包胥曰：「我必復楚國。」申包胥曰：「勉之！子能復之，我必能興之。」及昭王在隨，申包胥如秦乞師……秦伯使辭焉，曰：「寡人聞命矣。子姑就館，將圖而告。」對曰：「寡君越在草莽，未獲所伏。下臣何敢即安？」立，依於庭牆而哭，日夜不絶聲，勺飲不入口七日。秦哀公爲之賦《無衣》。九頓首而坐。秦師乃出。五年，申包胥以秦師至，秦子蒲、子虎帥車五百乘以救楚。子蒲曰：「吾未知吴道。」使楚人先與吴人戰，而自稷會之。大敗夫槩王於沂。吴人獲薳射於柏舉，其子帥奔徒以從子西，敗吴師於軍祥。秋，七月，子期、子蒲滅唐。九月，夫槩王歸，自立也。以與王戰，而敗，奔楚，爲堂谿氏。吴師敗楚師於雍澨。秦師又敗吴師。吴師居麇，子期將焚之，子西曰：「父兄親暴骨焉，不能收，又焚之，不可。」子期曰：「國亡矣！死者若有知也，可以歆舊祀，豈憚焚之？」焚之而又戰，吴師敗。又戰於公壻之谿，吴師大敗，吴子乃歸。囚闉輿罷。闉輿罷請先，遂逃歸。杜氏注：言吴惟得楚一大夫復失之。楚子入於郢。

《公羊傳》：吴何以稱「子」？夷狄也而憂中國。……蔡昭公朝乎楚，有美裘焉，囊瓦求之，昭公不與，爲是拘昭公於南郢，數年然後歸之。於是歸焉，用事乎河，曰：「天下諸侯，苟有能伐楚者，寡人請爲之前列。」楚人聞之，怒，爲是興師，使囊瓦將而伐蔡。蔡請救於吴，伍子胥復曰：「蔡非有罪也。楚人爲無道，君如有憂中國之心，則若時可矣。」於是興師而救蔡。

《穀梁傳》：吴其稱「子」何也？以蔡侯之以之，舉其貴者也。蔡侯之以之，則其舉貴者，何也？吴信中國而攘夷狄，吴進矣。

杜氏注：柏舉，楚地。

泰山孫氏曰：「以」者，乞師而用之也。楚人圍蔡，晉師不出，故蔡侯去晉，求救於吴，吴子許之。冬，十有一月，吴子、蔡侯伐楚。庚午，及楚人戰于柏舉。楚師敗績，囊瓦奔鄭。吴稱「子」者，大救蔡也。晉合十八國之君不能救蔡伐楚，吴子救之伐之，此吴、晉之事，彊弱之勢較然可見矣。故自是諸侯大小皆宗於吴。

武夷胡氏傳：吴何以稱「子」？善伐楚解蔡圍也。荆楚暴横，盟主不能致其討，天王不能達其命，長惡不悛，復興師而圍蔡，王法所當討而不赦也。吴能自卑，聽蔡侯之義，以達天子之命，興師救蔡，戰于柏舉，大敗楚師，成伯討之功，善矣。晉主夏盟，中國所仰，若嘉穀之望雨也。有請于晉，如彼其難。吳國，天下莫强焉，非諸侯所能以也。有請於吳，如此其易。故召陵之會，大合諸侯而書「侵楚」；柏舉之戰，蔡用吳師，特書曰「以」者，深罪晉人保利棄義，難於救蔡也。然則何以不言「救」乎？「救」，大矣，闔廬、子胥、宰嚭皆懷謀楚之心，蔡人往請，會逢其適，非有救災恤鄰，從簡書，憂中國之實也。聖人道大德宏，樂與人爲善，故因其從蔡，特進而書爵。囊瓦貪以敗國，又不能死，可賤甚矣，故其記出奔，特貶而稱「人」，《春秋》之情見矣。

庚辰，吳入郢。《公》、《穀》作「楚」。

《公羊傳》：吳何以不書「子」？反夷狄也。其反夷狄奈何？君舍於君室，大夫舍于大夫室，蓋妻楚王之母也。

《穀梁傳》：何以謂之吳也？狄之也。何謂狄之也？君居其君之寢，而妻其君之妻；大夫居其大夫之寢，而妻其大夫之妻，蓋有欲妻楚王之母者。

武夷胡氏傳：及楚人戰則稱爵，入郢則舉其號，何也？君舍於其君之室，大夫舍於其大夫之室，狄道也[4]。聖人誰毀誰譽？救災恤鄰，則進而書爵，非有心於與之，順天命也。乘約肆淫，則出而舉號，非有心於貶之，奉天討也。伐國者，固當拯民於水火之中，而鳩集之耳。殺其父兄，係其子弟，毀其宗廟，遷其重器，而亂男女之配也。如水益深，如火益熱，則善小而惡大，功不足以掩之矣。聖人心無毀譽，如鏡之無妍醜也。因事物善惡而施褒貶焉，不期公而自公爾。明此義，然後可以司賞罰之權，得《春秋》之法矣。

【校　記】

①於周爲睦：原脱。據《春秋左傳》補。

②孔子曰夷狄之有君不如諸夏之亡是：四庫本删此，作「此春秋」。

③雎：原作「睢」，據《春秋左傳》改。

④狄道：四庫本作「是亂」。

五年，春，王三《公》作「正」。月，辛亥，朔，日有食之。

夏，歸粟于蔡。

《左氏傳》：五年，夏，歸粟于蔡，以周亟矜無資。杜氏注：亟，急也

《穀梁傳》：諸侯無粟，諸侯相歸粟，正也。孰歸之？諸侯也。不言歸之者，專辭也，義邇也。范氏注：言此是邇近之事，故不足以列諸侯也。

杜氏注：蔡爲楚所圍，饑乏，故魯歸之粟。

吕氏曰：列國饑，諸侯歸粟，正也。以爲先王之澤猶有存焉者也。

於越入吴。

《左氏傳》：越入吴，吴在楚也。

杜氏注：於，發聲也。

劉氏傳：「於越」者何？於越者，其自稱也，「越」者，中國稱之者也。

高郵孫氏曰：越見於《經》凡六，其三稱「越」，皆在於昭公之時也。五年稱越人與楚子伐吴，八年楚放陳公子昭於越，三十二年吴伐越。皆曰「越」也。其三稱「於越」。二在定公之時，五年於越入吴，十四年於越敗吴于檇李；一在哀公之時，十三年於越入吴，皆曰「於越」也。然則越之見於昭公之時者曰「越」，見於定、哀之時者曰「於越」也。蓋當是時，越有數種，有東越、南越、閩越、甌越，越於定公之前，國名爲越，故《經》據其號皆書曰「越」也。於定公之後，欲自別於羣越，始改號爲「於越」，《經》據其已改之號，故皆書曰「於越」也。此猶楚初見《經》稱「荆」，其後稱「楚」，始改號也。

六月，丙申，季孫意《公》作「隱」。如卒。

《左氏傳》：六月，季平子行東野。還，未至，丙申，卒於房。陽虎將以璵璠斂，仲梁懷弗與，杜氏注：懷亦季氏家臣。曰：「改步改玉。」陽虎欲逐之，告公山不狃。不狃曰：「彼爲君也，子何怨焉？」……九月，乙亥，陽虎囚季桓子……而逐仲梁懷。……冬，十月……

己丑，盟桓子於稷門之内。庚寅，大詛。逐公父歜及秦遄，皆奔齊。

劉氏《意林》：意如親逐其君而卒之，其異於翬，何也？曰：以定公爲君，則不得不以意如爲大夫矣。孰有大夫卒而君不爲之變者乎？夫意如之逐昭公也明，翬、遂之弑君也隱，而叔仲惠伯之蔽惡也未形。《春秋》固曰有不待貶絶而罪惡見者，此之謂也。且夫意如之罪固著矣，及其卒也而絶之，則其著不亦彌信乎！而《春秋》弗爲也。以謂定不書正月，適足以見定之非正，而猶未足其效。其受國於季氏，故於是復明意如爲定之大夫也。使定公誠能明君臣之義，不賞私勞，討先君之賊，致季氏之誅，則意如不免矣。故雖逆取而順守之，猶賢乎已。今一不然，苟於利而忘其辱，幸於禍而忘其讎，謂意如定之大夫也，不亦宜乎！

秋，七月，壬子，叔孫不敢卒。

冬，晉士鞅帥師圍鮮虞。

《左氏傳》：三年，秋，九月，鮮虞人敗晉師於平中，獲晉觀虎，恃其勇也。五年，冬，晉士鞅圍鮮虞，報觀虎之役也。

六年，春，王正月，癸亥，鄭游速《公羊傳》作「遬」。帥師滅許，以許男斯歸。

《左氏傳》：鄭滅許，因楚敗也。

二月，公侵鄭。公至自侵鄭。

《左氏傳》：二月，公侵鄭，取匡，爲晉討鄭之伐胥靡也。

杜氏注：胥靡，周地也。周儋翩因鄭人以作亂，鄭爲之伐胥靡，故晉使魯討之。

泰山孫氏曰：内有强臣之讎，外構怨於鄭。

襄陵許氏曰：公侵鄭，取匡，爲晉討鄭之伐胥靡也。案周儋翩率王子朝之徒因鄭人將以作亂於周，鄭於是乎伐馮、滑、胥靡、負黍、狐人、闕外。六月，晉閻没戍周，且城胥靡。冬，十二月，天王處于姑蕕，辟儋翩之亂也。七年，春，二月，周儋翩入於儀栗以叛。冬，十有一月，戊午，單子、劉子逆王於慶氏，晉籍秦送王；己巳，王入於王城。王室之亂如此，而《春秋》不書者，諱也。何以諱？存中國也。春秋之季，大夫逐君，家臣囚主，於是焉又書王辟儋翩之亂，則無中國矣。夫禮義之節不崇，則僭亂之禍滋起，故世故之變益醜，而《春秋》之諱彌深，存大訓也。

夏，季孫斯、仲孫何忌如晉。

《左氏傳》：夏，季桓子如晉，獻鄭俘也。陽虎强使孟懿子往報夫人之幣，晉人兼享之。

襄陵許氏曰：魯國政在大夫，而家臣能强使之，則家臣始擅國矣。

秋，晉人執宋行人樂祁犂。

《左氏傳》：秋八月，宋樂祁言於景公曰：「諸侯唯我事晉，今使不往，晉其憾矣。」……它日，公謂樂祁曰：「唯寡人説子之言，子必往。」陳寅曰：「子立後而行，吾室亦不亡，杜氏注：寅知晉政多門，往必有難，故使樂祁立後而行。惟君亦以我爲知難而行也。」見溷而行。趙簡子逆，而飲之酒於緜上，獻楊楯六十於簡子。……范獻子言於晉侯曰：「以君命越疆而使，未致使而私飲酒，不敬二君，不可不討也。」乃執樂祁。

武夷胡氏傳：稱「人」以執，非伯討也。何以非伯討也？使范、趙方睦，皆有獻焉，則弗執之矣。執異國行人，出於列卿私意，威福之柄移矣。三卿分晉而靖公廢爲家人，豈一朝一夕之故哉！

冬，城中城。

季孫斯、仲孫忌帥師圍鄆。《公》作「運」。

杜氏注：何忌不言「何」，闕文。

吕氏曰：不曰「仲孫何忌」，而曰「仲孫忌」，脱文無疑也。而《公羊》以爲：「譏二名，二名，非禮也。」大抵三《傳》解《經》皆據文生義，不論是非，無復闕疑，最學者大病，故不可不詳也。

七年，春，王正月。

夏四月。

秋，齊侯、鄭伯盟于鹹。

《左氏傳》：秋，齊侯、鄭伯盟于鹹，徵會於衛。衛侯欲叛晉，諸大夫不可。使北宫結如齊，而私於齊侯曰：「執結以侵我。」齊侯從之，乃盟於瑣。杜氏注：瑣，即沙也。

杜氏注：鹹，衛地。

襄陵許氏曰：霸道隳，諸侯散離，盟始復。志此①，蓋自是中國無復殷會矣。齊、鄭之盟，叛晉也。

齊人執衛行人北宫結以侵衛。

劉氏《意林》：善爲國者，親近而遠信之，附内而外歸之。衛侯欺其羣臣以結晉，殘其百姓以奉齊。齊之執結也，固非伯討矣，而衛之無良又甚焉。從此觀之，孟子曰：「今之諸侯，五霸之罪人。」不亦信乎！

齊侯、衛侯盟于沙。《公》有「澤」字。

杜氏注：結叛晉也。陽平元城縣東南有沙亭。

大雩。

齊國夏帥師伐我西鄙。

《左氏傳》：齊國夏伐我，陽虎御季桓子，公斂處父御孟懿子，將宵軍齊師。齊師聞之，墮，伏而待之。處父曰：「虎不圖禍，而必死。」苫夷曰：「虎陷二子於難，不待有司，余必殺女。」虎懼，乃還，不敗。

蘇氏曰：魯事晉而齊叛之，故伐我。

九月，大雩。

冬十月。

【校記】

① 志：原作「制」，據元李廉《春秋會通》卷二三改。

春秋集解卷二十八

定公

八年，春，王正月，公侵齊。公至自侵齊。

《左氏傳》：正月，公侵齊，門於陽州。……師退，冉猛僞傷足而先。其兄會乃呼曰：「猛也殿！」

二月，公侵齊。三月，公至自侵齊。

《左氏傳》：公侵齊，攻廩丘之郛。

泰山孫氏曰：公一歲而再侵齊以重其怨，甚矣。

曹伯露卒。

夏，齊國夏帥師伐我西鄙。

《左氏傳》：夏，齊國夏、高張伐我西鄙。

襄陵許氏曰：《春秋》書内伐十六，宣以後七；内侵七，宣以後六；伐我二十一，宣以後十七；侵我五，宣以後一。用兵則侵多而伐少，被兵則伐多而侵少。蓋魯自中世衰矣，而欲與齊構怨，以侵易伐，其能久乎！

公會晉師於瓦。公至自瓦。

《左氏傳》：晉士鞅、趙鞅、荀寅救我。公會晉師于瓦。范獻子執羔，趙簡子、中行文子皆執鴈。魯於是始尚羔。

杜氏注：瓦，衛地。東郡燕縣東北有瓦亭。

武夷胡氏傳：案《左氏》，晉士鞅、荀寅救魯，則其書「公會晉師」，何也？《春秋》大法，雖師次於君而與大夫敵，至用大衆，則君與大夫皆以師爲重，而不敢輕也。故棐林之會，不言趙盾，而言晉師；瓦之會，言晉師而不書士鞅，於以見人臣不可取民有衆，專主兵權之意。陳氏厚施於齊以移其國，季孫盡征於魯以奪其民，皆王法所禁也。《春秋》之義行，則不得爲爾矣。

秋，七月，戊辰，陳侯柳卒。

晉士《公》作「趙」。**鞅帥師侵鄭，遂侵衛。**

《左氏傳》：晉師將盟衛侯於鄟澤。趙簡子曰：「羣臣誰敢盟衛君者？」涉佗、成何曰：「我能盟之。」衛人請執牛耳。成何曰：「衛，吾温、原也，焉得視諸侯？」將歃，涉佗捘衛侯之手，及捥。衛侯怒，……叛晉。晉人請改盟，弗許。秋，晉士鞅會成桓公侵鄭，圍蟲牢，報伊闕也。杜氏注：六年鄭伐周闕外，晉爲周報之。遂侵衛。

葬曹靖公。

九月，葬陳懷公。

杜氏注：三月而葬，速。

季孫斯、仲孫何忌帥師侵衛。

《左氏傳》：九月，師侵衛，晉故也。

冬，衛侯、鄭伯盟于曲濮。

杜氏注：結叛晉。曲濮，衛地。

從祀先公。盜竊寶玉、大弓。

《左氏傳》：季寤、公鉏極、公山不狃皆不得志於季氏，叔孫輒無寵於叔孫氏，叔仲志不得志於魯。故五人因陽虎。陽虎欲去三桓，以季寤更季氏，以叔孫輒更叔孫氏，己更孟氏。冬，十月，順祀先公而祈焉。辛卯，禘於僖公。杜氏注：順祀之義，當退僖公，懼於僖神，故於僖廟行順祀。壬辰，將享季氏於蒲圃而殺之，戒都車，曰：「癸巳至。」成宰公斂處父告孟孫，曰：「季氏戒都車，何故？」孟孫曰：「吾弗聞。」處父曰：「然則亂也，必及於子，先備諸。」

與孟孫以壬辰爲期。陽虎前驅。林楚御桓子，虞人以鈹、盾夾之。陽越殿，將如蒲圃。桓子咋謂林楚曰：「而先皆季氏之良也，爾以是繼之。」對曰：「臣聞命後。陽虎爲政，魯國服焉，違之徵死。死無益於主。」桓子曰：「何後之有？而能以我適孟氏乎？」……孟氏選圉人之壯者三百人，以爲公期築室於門外。林楚怒馬，及衢而騁。陽越射之，不中。築者闔門。……陽虎劫公與武叔，以伐孟氏。公斂處父帥成人自上東門入，與陽氏戰於南門之内①，弗勝。又戰於棘下，陽氏敗。陽虎説甲如公宫，取寶玉、大弓以出，……陽虎入於讙、陽關以叛。

劉氏《權衡》曰：且虎之謀三桓，宜使三桓不知。今明白而祈，三桓聞之，虎何能集其意邪？意者，虎實惡季氏，季氏以臣而陵君，猶僖公以子而先父矣。不敢察察言，故先正逆祀以微諭其意，功成事立，而後其指可見耳。虎既敗走，魯人又薄其行，則謂虎之順祀祈作亂也。其實不然。何以知之？曰：祈則謀泄，謀泄則事危，虎必不爲也。

《公羊傳》：從祀者何？順祀也。文公逆祀，去者三人。定公順祀，叛者五人。……盜者孰謂？謂陽虎也。……寶者何？璋判白，弓繡質，龜青純。

《穀梁傳》：從祀先公，貴復正也。……寶玉者，封圭也。大弓者，武王之戎弓也。周公受賜，藏之魯。

杜氏注：從，順也。先公，閔公、僖公也。將正二公之位次，所順非一。親盡，故通言先公。盜，謂陽虎也。家臣賤，名氏不見，故曰「盜」。

劉氏傳：從者何？順也。其祀何？禘也。禘則曷爲不言禘？譏。何譏爾？從祀先公，正也。所以從祀先公，則非正也。其非正奈何？陽虎專季氏，季氏專魯。陽虎欲去三桓而伐之，從祀先公以説焉，非能正也。其義君子弗與也。

蘇氏曰：是時陽虎以鄆、讙、龜陰叛奔齊，十年侯犯以郈叛，及昭十三年，南蒯以費叛，皆以賤不書。書「竊寶玉、大弓」，何也？分器重於地。分器重於地者，賤貨而貴命也。

【校記】

① 南：原作「東」，據《春秋左傳》改。

九年，春，王正月。

夏，四月，戊申，鄭伯蠆《公》作「囆」。卒。

得寶玉、大弓。

《左氏傳》：夏，陽虎歸寶玉、大弓。杜氏注：無益近用，而衹爲名，故歸之。……六月，伐陽闕。陽虎使焚萊門，師驚，犯之而出，奔齊。

《公羊傳》：何以書？國寶也。喪之書，得之書。

武夷胡氏傳：穀梁子曰：寶玉，封圭；大弓，武王之戎弓。周公受賜，藏之魯。或曰①：夏后氏之璜，封父之繁弱也。子孫世守，罔敢失墜，以昭先祖之德，存宿敬之心爾。古者告終易代，弘璧、琬琰、天球、夷玉、兑之戈、和之弓、垂之竹矢，莫不陳列，非直爲美觀也。先王所寶，傳及其身，能全而歸之，則可以免矣。魯失其政，陪臣擅權，雖先公分器，猶不能守，而盜得竊諸公宫，其能國乎！故失之書，得之書，所以譏公與執政之臣，見不恭之大也。此義行，則天下國家者，各知所守之職，不敢忽矣。

六月，葬鄭獻公。

杜氏注：三月而葬，速。

秋，齊侯、衛侯次于五氏。

《左氏傳》：秋，齊侯伐晉夷儀。……晉車千乘在中牟。衛侯將如五氏，杜氏注：齊侯在五氏，將往助之。卜過之，龜焦。衛侯曰：「可也。衛車當其半，寡人當其半，敵矣。」乃過中牟。中牟人欲伐之，衛褚師圃亡在中牟，曰：「衛雖小，其君在焉，未可勝也。齊師克城而驕，其帥又賤，遇，必敗之。不如從齊。」乃伐齊師，敗之。齊侯致禚、媚、杏於衛。

杜氏注：五氏，晉地。

襄陵許氏曰：此伐晉也，而曰「次」何？諱伐晉也。何諱乎？往晉爲盟主，崇也。前此不諱，此何以諱？存之也。王道衰則存王，霸業替則存霸，公室微則存公，此《春秋》經世撥亂之志也。以是春秋之初諱伐王，春秋之季諱伐霸。世至無霸，而中國夷矣②。

秦伯卒。冬，葬秦哀公。

襄陵許氏曰：秦自晉悼以後，寖不見於《春秋》，則知秦益退保西戎，軍旅禮聘之事，不交於中國矣。

【校記】

① 或：原作「又」，據《春秋胡氏傳》改。

② 夷：四庫本作「危」。

十年，春，王三月，及齊平。

杜氏注：平前八年再侵齊之怨。

夏，公會齊侯于夾《公》、《穀》作「頰」，下同。谷。公至自夾谷。

《左氏傳》：夏，公會齊侯於祝其，實夾谷。孔丘相，犂彌言於齊侯曰：「孔丘知禮而無勇，若使萊人以兵劫魯侯，必得志焉。」齊侯從之。孔丘以公退，曰：「士，兵之！兩君合好，而裔夷之俘以兵亂之，非齊君所以命諸侯也。裔不謀夏，夷不亂華，俘不干盟，兵不逼好。於神爲不祥，於德爲愆義，於人爲失禮，君必不然。」齊侯聞之，遽辟之。將盟，齊人加於載書曰：「齊師出竟，而不以甲車三百乘從我者，有如此盟。」孔丘使茲無還揖對，曰：「而不反我汶陽之田，吾以共命者，亦如之。」齊侯將享公，孔丘謂梁丘據曰：「齊、魯之故，吾子何不聞焉？事既成矣，而又享之，是勤執事也。且犧、象不出門，嘉樂不野合。饗而既具，是棄禮也。若其不具，用秕稗也。用秕稗，君辱；棄禮，名惡。子盍圖之！夫享，所以昭德也。不昭，不如其已也。」乃不果享。

《穀梁傳》：離會不致，何爲致也？危之也。危之，則以地致何也？爲危之也。其危奈何？曰頰谷之會，孔子相焉。兩君就壇，兩相相揖。齊人鼓譟而起，欲以執魯君。孔子歷階而上，不盡一等，而視歸乎齊侯，曰：「兩君合好，夷狄之民何爲來爲？」命司馬止之。齊侯逡巡而謝曰：「寡人之過也。」退而屬其二三大夫曰：「夫人率其君，與之行古人之道，二三子獨率我而入夷狄之俗，何爲？」罷會。齊人使優施舞於魯君之幕下。孔子曰：「笑君者，罪當死！」使司馬行法焉，首足異門而出。齊人來歸鄆、讙、龜陰之田，蓋爲此也。因是以見雖有文事，必有武備。孔子於頰谷之會見之矣。

晉趙鞅帥師圍衛。

《左氏傳》：晉趙鞅圍衛，報夷儀也。

襄陵許氏曰：使晉有以報齊，則衛可無用兵而服也。今圍衛而不能服，則徒足以堅齊之從而已矣。

齊人來歸鄆、《公》作「運」。**讙、龜陰**《穀》有「之」字。**田。**

《公羊傳》：齊人曷爲來歸鄆、讙、龜陰田？孔子行乎季孫，三月不違，齊人爲是來歸之。

伊川先生解：齊服義而來歸之，故書「來歸」。始失不書，解在哀八年。

杜氏注：三邑皆汶陽田也。泰山博縣北有龜山，陰田在其北也。

劉氏《意林》：仲尼一言爾，威重於三軍。豈有他哉！順其理故也。

武夷胡氏傳：齊人前此嘗歸濟西田矣，後此嘗歸讙及闡矣。而此獨書「來歸」何也？曰「歸」者，魯請而得之也。曰「來歸」者，齊人心服而歸之也。桓公以義責楚，而楚人求盟，夫子以禮責齊，而齊人歸地，皆書曰「來」，序績也。《春秋》，夫子之筆削，自序其績，可乎？聖人會人物於一身，通古今於一息，曰：「天之將喪斯文也，後死者不得與於斯文也。天之未喪斯文也，匡人其如予何？」而亦何嫌之有！

叔孫州仇、仲孫何忌帥師圍郈。

秋，叔孫州仇、仲孫何忌帥師圍郈。《公》作「費」。

《左氏傳》：初，叔孫成子欲立武叔，公若藐固諫曰：「不可。」成子立之而卒。……武叔既定，使郈馬正侯犯殺公若，弗能。其圉人杜氏注：武叔之圉人……殺公若。侯犯以郈叛，武叔、懿子圍郈，弗克。秋，二子及齊師復圍郈，弗克。叔孫謂郈工師駟赤曰：「郈非惟叔孫氏之憂，社稷之患也。將若之何？」對曰：「臣之業，在《揚水》卒章之四言矣。」……駟赤謂侯犯曰：「……子盍求事於齊？……」侯犯從之。齊使至，駟赤與郈人爲之宣言於郈中曰：「侯犯將以郈易於齊，……」衆兇懼。……[駟赤]謂侯犯……侯犯請行，許之。……駟赤止，而納魯人。侯犯奔齊。

杜氏注：郈，叔孫氏邑。

武夷胡氏傳：郈，叔孫氏邑也。侯犯以郈叛，不書於策。書「圍郈」，則叛可知矣。再書二卿帥師圍郈，則彊亦可知矣。天子失道，征伐自諸侯出，而後大夫彊；諸侯失道，征伐自大夫出，而後家臣彊。其逆彌甚，則其失彌速。故自諸侯出，十世希不失矣。自大夫出，五世希不失矣。陪臣執國命，三世希不失矣。三家專魯，爲日既久，至是家臣爭叛，亦其理宜矣。《春秋》制法本忠恕，施諸己而不願，亦勿施於人。故所惡於上，不以使下；所惡於下，不以事上。二三子知傾公室以自張，而不知家隸之擬其後也。凡此類，皆據事直書，深切著明矣。

宋樂大《公》作「世」。**心出奔曹。宋公子地**《公》作「池」**出奔陳。**

《左氏傳》：九年，春，宋公使樂大心盟於晉，且逆樂祁之尸。辭，僞有疾。乃使向巢如晉盟，且逆子梁之尸。子明謂桐門右師出，曰：「吾猶衰絰，而子擊鐘，何也？」右師曰：「喪不在此故也。」既而告人曰：「已衰絰而生子，余何故舍鐘？」子明聞之，怒，言於公曰：「右師將不利戴氏。不肯適晉，將作亂也。不然，無疾。」乃逐桐門右師。十年，公子地有白馬四，公嬖向魋，魋欲之。公取而朱其尾、鬣以與之。地怒，使其徒抶魋而奪之。魋懼，將走，公閉門而泣之，目盡腫。母弟辰曰：「……子爲君禮，不過出竟，君必止之。」公子地奔陳，公弗止。辰爲之請，弗聽。辰曰：「是我迋吾兄也。吾以國人出，君誰與處？」冬，母弟辰暨仲佗、石彄出奔陳。

冬，齊侯、衛侯、鄭游速《公》作「遬」**會于安甫。**《公》「安甫」作「安革」。

杜氏注：安甫，地，闕。

叔孫州仇如齊。

宋公之弟辰暨《公》、《穀》有「宋」字。仲佗、石彄出奔陳。

泰山孫氏曰：宋公失道，其弟辰暨仲佗①、石彄出奔陳。暨，不得已也。仲佗、石彄爲宋大臣，不能以道事君，爲辰彊牽而去。故曰「宋公之弟辰暨仲佗、石彄出奔陳」，以交譏之也。

武夷胡氏傳：其「弟」云者，罪宋公以嬖魋故失二弟，無親親之恩。「暨」云者，罪辰以兄故，帥其大夫出奔，無尊君之義。夫「暨」者，不得已之詞，又以見仲佗、石彄見脅於辰，不能自立，無大臣之節也。

【校　記】

①「仲」下衍「孫」字，據《春秋尊王發微》卷一一删。

十一年，春，宋公之弟辰及仲佗、石彄、公子地《公》作「池」。自陳入于蕭以叛。

夏，四月。

秋，宋樂大《公》作「世」。心自曹入于蕭。

《左氏傳》：春，宋公母弟辰暨仲佗、石彄、公子地入于蕭以叛。秋，樂大心從之，大爲宋患，寵向魋故也。

《穀梁傳》：「及仲佗、石彄、公子地」，以尊及卑也。「自陳」，陳有奉焉爾。「入于蕭以叛」，「入」者，内弗受也；「以」者，不以也；「叛」，直叛也。

劉氏傳：「及」之者何？從也。向謂之「暨」，今曷爲謂之「及」？從出奔陳，謂之「暨」則可，自陳入于蕭以叛，謂之「暨」則不可。事君者可貧可賤可殺，而不可使爲亂。

劉氏《意林》：以此見《春秋》之斷獄詳矣。其出也謂之「暨」，其入也謂之「及」。「及」，非不得已之言也，得已而不已之説也。君親無將，將而誅焉。又況據邑以伐其君者乎？其罪一施之。

冬，及鄭平。叔還如鄭涖《公》、《穀》作「莅」盟。

《左氏傳》：冬，及鄭平，始叛晉也。

十有二年，春，薛伯定卒。

夏，葬薛襄公。

叔孫州仇帥師墮郈。

《左氏傳》：仲由爲季氏宰，將墮三都，於是叔孫氏墮郈。季氏將墮費，公山不狃、叔孫輒帥費人以襲魯。公與三子入於季氏之宫，登武子之臺。費人攻之，弗克。入及公側。仲尼命申句須、樂頎下，伐之，費人北。國人追之，敗諸姑蔑。二子奔齊，遂墮費。

《公羊傳》：曷爲帥師墮郈，帥師墮費？孔子行乎季孫，三月不違，曰：「家不藏甲，邑無百雉之城。」於是帥師墮郈，帥師墮費。雉者何？五板而堵，五堵而雉，百雉而城。

杜氏注：墮，毀也。

高郵孫氏曰：墮，毀也。是時，三桓之邑皆以爲自固，其家臣因之以叛。昭十三年叔弓圍費，去年夏、秋郈凡再圍，於是一墮毀之。

衛公孟彄帥師伐曹。

《左氏傳》：夏，衛公孟彄伐曹，克郊。

季孫斯、仲孫何忌帥師墮費。

武夷胡氏傳：三桓既微，陪臣擅命，憑恃其城，數有叛者，三家亦不能制也，而問於仲尼，遂墮三都。是謂以禮爲國，可以爲之兆也。推而行諸魯國而準，則地方五百里。凡侵小而得者，必有興滅國、繼絶世之義。諸侯大夫各謹於禮，不以所惡於上者使其下，亦不以所惡於下者事其上，上下交相順，而王政行矣。故曰：「苟有用我者，期月而可，三年有成。」

秋，大雩。

冬，十月，癸亥，公會齊《公》作「晉」。侯，盟于黄。

十有一月，丙寅，朔，日有食之。

公至自黄。

十有二月，公圍成。公至自圍成。

《左氏傳》：將墮成，公斂處父謂孟孫：「墮成，齊人必至於北門。且成，孟氏之保障也。無成，是無孟氏也。子僞不知，我將不墮。」冬，十二月，公圍成，弗克。

蘇氏曰：孔子爲魯司寇，而仲由爲季氏宰，三家從之矣。其不從者，其家臣也。家臣未能得魯衆也，雖其不從，不能爲患。此孔子所以墮三都而無疑也。

武夷胡氏傳：書「公圍成」，彊也；其致，危之也。仲由爲季氏宰，孔子爲魯司寇，而不能墮成，何也？案是冬公圍成弗克，越明年，孔子由大司寇攝相事，然後誅少正卯。與聞國政三月，而商賈信於市，男女别於途。及齊人饋女樂，孔子遂行。然則，圍成之時，仲尼雖用事，未能專得魯國之政也。而辯言亂政，如少正卯等，必肆疑阻於其間矣。成雖未墮，無與爲比，亦不能爲患。使聖人得志，行乎魯國，以及朞月，則不待兵革而自墮矣。

十有三年，春，齊侯、衛侯《穀》無「衛侯」。次于垂葭。《公》作「瑕」。

《左氏傳》：春，齊侯、衛侯次于垂葭，實郹氏①。使師伐晉，將濟河。諸大夫皆曰：「不可。」邴意茲曰：「可。銳師伐河内，傳必數日而後及絳。絳不三月，不能出河，則我既濟水矣。」乃伐河内。

蘇氏曰：二君使師伐晉，次于垂葭，以爲之援。

夏，築蛇淵囿。

襄陵許氏曰：魯政不修，而非時勤民，築囿奉己而已，志不及國矣。夫圍成弗克，歸而力此，何振之有？

大蒐于比蒲。

杜氏注：夏蒐非時。

衛公孟彄帥師伐曹。

秋，晉趙鞅入于晉陽以叛。

《左氏傳》：晉趙鞅謂邯鄲午曰：「歸我衛貢五百家，吾舍諸晉陽。」午許諾。歸，告其父兄，父兄皆曰：「不可。衛是以爲邯鄲，而寘諸晉陽，絶衛之道也。不如侵齊而謀之。」……趙孟怒，召午，而囚諸晉陽。……遂殺午。趙稷、涉賓以邯鄲叛。……邯鄲午，荀寅之甥也。荀寅，范吉射之姻也……秋，七月，范氏、中行氏伐趙氏之宫。趙鞅奔晉陽。晉人圍之。……荀躒言於晉侯曰：「君命大臣，始禍者死，載書在河。今三臣始禍，而獨逐鞅，刑已不鈞矣。請皆逐之。」冬，十一月，荀躒、韓不信、魏曼多奉公以伐范氏、中行氏，弗克。二子將伐公，齊高彊曰：「三折肱，知爲良醫。唯伐君爲不可，民弗與也。我以伐君在此矣。三家未睦，可盡克也。克之，君將誰與？若先伐君，是使睦也。」弗聽，遂伐公。國人助公，二子敗，從而伐之。丁未，荀寅、士吉射奔朝歌。韓、魏以趙氏爲請。十二月，辛未，趙鞅入於絳，盟於公宫。……哀公三年，冬，十月，晉趙鞅圍朝歌，師於其南。荀寅伐其郛，使其徒自北門入，己犯師而出。癸丑，奔邯鄲。……四年九月，趙鞅圍邯鄲。冬十一月，邯鄲降。荀寅奔鮮虞，趙稷奔臨。十二月，弦施逆之，遂墮臨。國夏伐晉，取邢、任、欒、鄗、逆時、陰人、盂、壺口。會鮮虞，納荀寅於柏人。五年，春，晉圍柏人。荀寅、士吉射奔齊。

《穀梁傳》：「以」者，不以者也。「叛」，直叛也。

陸氏《微旨》：趙子曰：「趙鞅之入晉陽，拒范、中行也。而書曰『叛』者，人臣不當專土也。」

武夷胡氏傳：趙鞅之入，拒范、中行也，而直書「叛」，何也？人臣專土，與君爲市，則是篡弑之階，堅冰之戒，豈無以有已之義乎！後世大臣有困於讒間，遷延居外，不敢釋兵卒以憂死者，亦未明人臣之義故爾。故直書「入于晉陽以叛」。「入」者，不順之詞。「叛」者，不赦之罪。

冬，晉荀寅、《公》有「及」字。**士吉射入于朝歌以叛。**

杜氏注：吉射，士鞅子。

武夷胡氏傳：晉主夏盟，威服天下。及大夫專政，賄賂公行，內外離析，示威平丘而齊叛，辭請召陵而蔡叛，盟于沙、鹹而鄭叛，次于五氏而衛叛，涖于鄭、會于夾谷、歃于黄而魯叛。諸侯叛於外，大夫叛於內，故奔于晉陽而趙鞅叛，入于朝歌而荀寅與士吉射叛。以晉國之大，天下莫彊焉，邦分崩而不能守也。《春秋》於晉事或略而不序，或賤而稱「人」，或書「侵」以陋之，責亦備矣。至是三卿内叛，直書於策，見其效也。故臧哀伯曰：「國家之敗，由官邪也。官之失德，寵賂章也。」晉卿始禍，緣衛貢也；樂祈見執，獻楊楯也；蔡侯從吴，荀寅貨也；昭公弗納，范鞅賂也。而晉室自是不能復主盟矣。故爲國以義不以利，《春秋》之大法在焉。見諸行事，亦可謂深切著明矣。

晉趙鞅歸於晉。

蘇氏曰：鞅、寅、吉射之叛，其罪鈞也。鞅以有助，故得復；寅、吉射以無援，故終叛。《春秋》無所與也。鞅之言「歸」，寅、吉射既出，則無難也。

武夷胡氏傳：叛逆，人臣之大惡。始禍晉國之載書，既不能致辟于鞅，奉行天討，以警亂臣，又亢不衷，徇韓、魏之請而許之，復無政刑矣，其能國乎！先儒或謂，言「歸」者，以地正國也。鞅取晉陽之甲，以逐君側之惡人，則其説誤矣。以地正國而可，是人主可得而脅，人臣擅興無罪以兵諫者，真愛其君也？使後世賊臣稱兵向闕，以誅君側爲名，而實欲脅君取國者，則此説啓之也，大失《春秋》之意矣。

吕氏曰：春秋之世，大義不明。據城以要其君者，皆叛也，而不自知其爲大惡。臧武仲以防求爲後於魯，則亦叛而已矣。晉獻公使寺人披伐蒲，重耳曰：「君父之命不校。」乃徇曰：「校者，吾讎也。」踰垣而走。其亦可以免於大戾矣。趙鞅歸於晉，以叛而歸，言其自如，亂之甚也。「歸」，易辭也。不言「入」，不以叛入也。

薛弑其君比。

武夷胡氏傳：稱國以弑者，當國大臣之罪也。孫復以爲舉國之衆皆可誅，非矣。三晉有國半天下，若皆可誅，刀鋸不亦濫乎！潁川常秩曰：「孫復之於《春秋》動輒有罪，蓋商鞅之法耳。棄灰於道者有誅，步過六尺者有罰，其不即人心遠矣。」王回以是常秩，此善議復者。

【校記】

① 鄍：原作「郥」，據楊伯峻《春秋左傳注》中華書局一九八一年版一五八八頁改。

十有四年，春，衛公叔戍來奔。衛《公》、《穀》作「晉」。**趙陽出奔宋。**

《左氏傳》：初，衛公叔文子朝，而請享靈公。退，見史鰌而告之。史鰌曰：「子必禍矣。子富而君貪，其及子乎！」文子曰：「然。吾不先告子，是吾罪也。君既許我矣，其若之何？」史鰌曰：「無害。子臣，可以免。富而能臣，必免於難，上下同之。戍也驕，其亡乎。……」及文子卒，衛侯始惡於公叔戍，以其富也。公叔戍又將去夫人之黨，夫人愬之曰：「戍將爲亂。」〔以上見十三年〕十四年，春，衛侯逐公叔戍與其黨，故趙陽奔宋，戍來奔。

武夷胡氏傳：公叔戍將去南子之黨，夫人愬曰：「戍將爲亂。」故公叔來奔。趙陽、北宫結皆戍黨也，故亦出奔。而靈公無道，不能正家，以喪其大臣之罪著矣。戍又以富見惡於衛侯。夫富者，怨之府也。使戍積而能散，以財發身，不爲貪人之所怨，於以保其爵位焉，儻庶幾乎！

二月《公》作「三月」**辛巳，楚公子結、陳公孫**《公》作「子」。**佗人帥師滅頓，以頓子牂**《公》作「艙」。**歸。**

《左氏傳》：頓子牂欲事晉，背楚而絶陳好。二月，楚滅頓。

陸氏《纂例》：凡書「滅」，又書「以歸」及名者，罪重於奔者也。既責其不死位，又責其無興復之志也。

夏，衛北宮結來奔。

《左氏傳》：夏，衛北宮結來奔，公叔戍之故也。

五月，於越敗吴于檇《公》作「醉」。**李。吴子光卒。**

《左氏傳》：吴伐越。越子句踐禦之，陳於檇李。句踐患吴之整也，……使罪人三行，屬劍於頸，……自剄。……師屬之目，越子因而伐之，大敗之。靈姑浮以戈擊闔廬，闔廬傷將指，取其一屨。還，卒於陘，去檇李七里。夫差使人立於庭，苟出入，必謂己曰：「夫差！而忘越王之殺而父乎？」則對曰：「唯，不敢忘！」三年，乃報越。……哀公元年，吴王夫差敗越於夫椒，報檇李也。遂入越。越子以甲楯五千保於會稽。使大夫種因吴大宰嚭以行成。吴子將許之。伍員曰：「不可。臣聞之樹德莫如滋，去疾莫如盡。……句踐能親而務施。施不失人，親不棄勞。與我同壤，而世爲仇讎。於是乎克而弗取，將又存之，違天而長寇讎，後雖悔之，不可食已。姬之衰也，日可俟也。介在蠻夷，而長寇讎，以是求伯，必不行矣。」弗聽。退而告人曰：「越十年生聚而十年教訓。二十年之外，吴其爲沼乎！」三月，越及吴平。

杜氏注：於越，越國也。檇李，吴郡嘉興縣南醉李城。

泰山孫氏曰：檇李，吴地。

武夷胡氏傳：案《左氏》，吴伐越，勾踐禦之，患其整也，使罪人三行，屬劍於頸，吴師屬目，因伐之，闔廬傷而卒。書「敗」者，詐戰也。定公五年，於越入吴，至是敗吴于檇李；會黄池之歲，越又入吴，悉書於史，以其告也。哀之元年，吴子敗越，棲勾踐於會稽之上，豈獨不告而史册不書？疑仲尼削之也。吴子光卒，夫差使人立於庭，苟出入，必謂己曰：「夫差，而忘越王之殺而父乎？」則對曰：「唯。不敢忘。」三年，乃報越。然則，夫椒之戰，復父讎也，非報怨也。《春秋》削而不書，以爲常事也，其旨微矣。

公會齊侯、衛侯于牽。《公》作「堅」。**公至自會。**

《左氏傳》：晉人圍朝歌。公會齊侯、衛侯於脾、上梁之間，杜氏注：脾、上梁間即牽。謀救范、中行氏。

杜氏注：魏郡黎陽縣東北有牽城。

秋，齊侯、宋公會于洮。

《左氏傳》：齊侯、宋公會于洮，范氏故也。

杜氏注：洮，曹地。

天王使石尚來歸脤。

《公羊傳》：石尚者何？天子之士也。脤者何？俎實也。腥曰脤，熟曰燔。

杜氏注：石尚，天子之士。石，氏；尚，名。脤，祭社之肉，盛以脤器，以賜同姓諸侯。

泰山孫氏曰：天子祭社稷、宗廟，有與諸侯共福之禮。此謂助祭諸侯也。魯未嘗助祭，天王使石尚來歸脤，非禮也。石尚士故。

衛世子蒯聵出奔宋。衛公孟彄出奔鄭。

《左氏傳》：衛侯爲夫人南子召宋朝，注：南子，宋女也。朝，宋公子，舊通於南子，在宋呼之。會於洮。大子蒯聵獻盂於齊，過宋野。野人歌之曰：「既定爾婁豬，盍歸吾艾豭？」大子羞之，謂戲陽速曰：「從我而朝少君。少君見我，我顧，乃殺之。」速曰：「諾。」乃朝夫人。夫人見大子。大子三顧，速不進。夫人見其色，啼而走，曰：「蒯聵將殺余。」……大子奔宋。盡逐其黨，故公孟彄出奔鄭，自鄭奔齊。

劉氏《權衡》曰：衛世子蒯聵出奔宋。《左氏》叙蒯聵欲殺夫人，夫人啼而走，公執其手以登臺。大子出奔宋。予謂蒯聵雖不善謀，安有此事哉？且殺夫人，蒯聵獨得全乎？彼所羞者，以夫人名惡也。如殺其母，爲惡愈大，反不知可羞乎？蓋蒯聵聞野人之歌，其心慙焉，則以謂夫人。夫人惡其斥己淫，則啼而走，言大子將殺余以誣之。靈公惑於南子，所言必聽從。故外則召宋朝，内則逐公叔戍、趙陽。彼不恥召宋朝，故亦不難逐蒯聵矣。此其真也，不當如《左氏》所記。又蒯聵乃出奔宋。宋，南子家也。蒯聵負殺南子之名而走，又入其家，使真有其事者，敢乎哉？此亦一證也。

常山劉氏曰：蒯聵出奔，《春秋》不去其「世子」者，衛侯之罪也。南子之惡亦已甚矣，其欲去世子之意，亦已明矣。如哀姜亂魯，驪姬亂晉，若此比者，不云鮮矣。而靈公聽南子之譖，謂蒯聵欲弑其母，不能爲辨之，以致其出奔，豈非靈公之罪乎！哀二年，晉趙鞅納衛世子蒯聵於戚，亦書「世子」，同此義也。

武夷胡氏傳：世子，國本也。以寵南子故，不能保世子，而使之去國；以欲殺南子，故不能安其身，而至於出奔。是輕宗廟社稷之所付託而恣行矣。《春秋》兩著其罪，故特書「世子」，其義不繫於與蒯聵之世其國也。而靈公無道，不能正其家，以危其國本，至使父子相殘，毀滅天理之所由著矣。

宋公之弟辰自蕭來奔。

大蒐于比蒲。

高郵孫氏曰：《春秋》田狩之事，公行之者必書「公」。「公觀魚于棠」，「公狩于郎」是也。而蒐四見於《經》，皆不曰「公」，於是比蒲之蒐，未還而邾子來會公，是知蒐者公也。然而不曰「公」者，政在三桓，非公自出也。棠魚、郎狩，遠地則譏。而隱、桓之時，政由自出，無三桓之專行故也，必皆曰「公」。自昭之紅蒐，政在三桓久矣。蒐田之禮，雖公自行，而政之所出，實由三桓也。故皆曰「大蒐」，而不曰「公」焉。所以見公之不得爲政，而大夫專國之罪也。

邾子來會公。

城莒父及霄。

杜氏注：此年無冬，史闕文。

十有五年，春，王正月，邾子來朝。

《左氏傳》：春，邾隱公來朝。

鼷鼠食郊牛，牛死，改卜牛。

《公羊傳》：曷爲不言其所？食漫也。何氏注：漫者，遍食其身。

《穀梁傳》：不敬大焉。

陸氏《纂例》：趙子曰：「予上元二年因避兵旅於會稽時，牛災，小鼠能齧牛，纔傷皮膚，無不死。」

二月，辛丑，楚子滅胡，以胡子豹歸。

《左氏傳》：吴之入楚也，胡子盡俘楚邑之近胡者①。楚既定，胡子豹又不事楚，曰：「存亡有命，事楚何爲？多取費焉。」二月，楚滅胡。

武夷胡氏傳：案《左氏》，吴之入楚也，胡子盡俘楚邑之近胡者。楚既定，又不事楚，曰：「存亡有命，事楚何爲？」爲是楚滅之。夫滅人之國，其罪大矣。然胡子豹乘楚之約，盡俘其邑之近胡者，所謂國必自滅而後人滅之，非滅之者獨有罪也。國君造命，不可委命。既以爲有命，而又貪生忍辱，不死於社稷，則是不知命矣。書「以歸」，罪豹之不能死位而與歸也，故楚子書爵而胡子豹名。

夏，五月，辛亥，郊。

《公羊傳》：曷爲以夏五月郊？三卜之運也。何氏注：運，轉也。已卜春三正②不吉，復轉卜夏

三月，周五月。

壬申，公薨于高寢。

《穀梁傳》：高寢，非正也。

杜氏注：高寢，宫名。

襄陵許氏曰：《春秋》所大，正始與終。禮，卒以正終也。内卒凡十四公，得正而薨焉者，唯莊、宣、成，是以君子務力於禮，而順命之變，又何求焉？

鄭罕《公》作「軒」。達帥師伐宋。

《左氏傳》：鄭罕達敗宋師於老丘。

齊侯、衛侯次于渠蒢。《公》作「蘧蒢」。

《左氏傳》：齊侯、衛侯次于蘧挐，謀救宋也。

邾子來奔喪。

《公羊傳》：奔喪，非禮也。

吕氏曰：諸侯相爲奔喪，專以强弱利害爲國，禮義消亡可見矣。

秋，七月，壬申，姒《穀》作「弋」，下同。氏卒。

《公羊傳》：姒氏者何？哀公之母也。何以不稱「夫人」？哀未君也。

陸氏《纂例》：哀公妾母。卒時子未踰年，雖行喪禮，不可加於子。子既未成君，故不稱夫人也。

八月，庚辰，朔，日有食之。

九月，滕子來會葬。

杜氏注：諸侯會葬，非禮也。

吕氏曰：邾子來奔喪，畏魯甚也。滕差遠而大於邾，故但來會葬。此專以强弱利害爲國者也。

丁巳，葬我君定公，雨，不克葬。戊午，日下昃，《穀》作「稷」。**乃克葬。**

《穀梁傳》：葬既有日，不爲雨止，禮也。雨，不克葬，喪不以制也。

辛巳，葬定姒。

《公羊傳》：定姒何以書葬？未踰年之君也。有子則廟，廟則書葬。

武夷胡氏傳：《公羊》曰：「有子則廟，廟則書葬。」曾子問：「並有喪，則如之何？」子曰：「葬先輕而後重；其奠也，先重而後輕。」

冬，城漆。

杜氏注：邾庶其邑。

【校　記】

① 胡子：原作「吴子」，據《春秋左傳》改。

② 正：原作「月」，據《公羊傳》改。

春秋集解卷二十九

哀　公 名蔣，定公子。敬王二十六年即位。謚法：恭仁短折曰哀。

元年，春，王正月，公即位。

楚子、陳侯、隨侯、許男圍蔡。

《左氏傳》：春，楚子圍蔡，報柏舉也。里而栽，廣丈，高倍。夫屯晝夜九日，如子西之素。蔡人男女以辨。使疆於江、汝之間而還。蔡於是乎請遷於吴。

杜氏注：定六年，鄭滅許。此復見者，蓋楚封之。

武夷胡氏傳：案《左氏》曰：報柏舉也。蔡人男女以辨，使疆於江、汝之間。夫男女以辨，則是降也；疆於江、汝，則遷其國也。而獨書圍蔡，何也？蔡嘗以吴師入郢，昭王奔隨，壞宗廟，徙祭器，撻平王之墓矣。至是，楚國復寧，帥師圍蔡，降其衆，遷其國，而《春秋》書之略者，見蔡宜得報，而楚子復讎之事可恕也。聖人本無怨，而怨出於不怨，故議讎之輕重，有至於不與共戴天者。今楚人禍及宗廟，辱逮父母，若包羞忍恥而不能一洒之，則不可以有立，而天理滅矣。故特書「圍蔡」而稱爵，恕楚之罪詞也。

襄陵許氏曰：隨列諸侯，許復有國，王霸不作，夷狄擅命矣。

鼷鼠食郊牛，《穀》有「角」字。改卜牛。夏，四月，辛巳，郊。

《穀梁傳》：此該郊之變而道之也。於變之中，又有言焉。「鼷鼠食郊牛角，改卜牛」，志不敬也。郊牛日展觓角而知傷，展道盡矣。郊，自正月至於三月，郊之時也。夏四月郊，不時也。五月郊，不時也。夏之始，可以承春；以秋之末，承春之始，蓋不可矣。九月用郊，用者，不宜用者也。郊三卜，禮也；四卜，非禮也；五卜，彊也。卜免牲者，吉則免之，不吉則否。牛傷，不言傷之者，傷自牛作也，故其辭緩。全曰牲，傷曰牛，未牲曰牛，其牛一也，其所以爲牛者異。有變而不郊，故卜免牛也。已牛矣，其尚卜免之，何也？禮，與其亡也，寧有。嘗置之上帝矣，故卜而後免之，不敢專也。卜之不吉則如之何？不免，安置之，繫而待六月上甲始庀牲，然後左右之。子之所言者，牲之變也，而曰我一該郊之變而道之，何也？我以六月上甲始庀牲，十月上甲始繫牲。十一月、十二月牲雖有變，不道也。待正月，然後言牲之變，此乃所以該郊。郊，享道也，貴其時，大其禮。其養牲雖小，不備可也。子不志三月卜郊，何也？郊自正月至於三月，郊之時也。我以十二月下辛，卜正月上辛；如不從，則以正月下辛，卜二月上辛；如不從，則以二月下辛，卜三月上辛；如不從，則不郊矣。

武夷胡氏傳：鼷鼠食郊牛，改卜牛，志不敬也。夏，四月，郊，書，不時也。四卜，非禮也；五卜，彊也。全曰牲，傷曰牛。已牛矣，其尚卜免之，何也？嘗置之上帝矣，故卜而後免之，不敢專也。昔者，周公郊祀后稷以配天，此成王亮陰之時，位冢宰，攝國政，行天子之事也。魯何得以郊？成王追念周公有大勳勞於天下，而欲尊魯，故賜以重祭，得郊禘大雩。然則可乎？孔子曰：「魯之郊禘，非禮也。周公其衰矣。」欲尊魯，而賜以人臣不得用之禮樂，豈所以康周公也哉！天子祭天地，諸侯祭社稷，大夫祭五祀，庶人祭其祖，此定理也。今魯得郊以爲常事，《春秋》欲削而不書，則無以見其失禮；盡書之乎，則有不勝書者。故聖人因其失禮之中，又有失焉者，則書於策，所謂由性命而發言也。聖人奚容心哉！因事而書，以誌其失，爲後世戒，其垂訓之義大矣。

秋，齊侯、衛侯伐晉。

《左氏傳》：秋，八月，齊侯、衛侯會於乾侯，救范氏也。師及齊師、衛孔圉、鮮虞人伐晉，取棘蒲。

襄陵許氏曰：楚得專封，王道盡矣。盡受衆伐，霸統亡矣。《春秋》之變，至是而窮。

冬，仲孫何忌帥師伐邾。

二年，春，王二月，季孫斯、叔孫州仇、仲孫何忌帥師伐邾，取漷東田及沂西田。

《左氏傳》：春，伐邾，將伐絞。邾人愛其土，故賂以漷、沂之田而受盟。

《穀梁傳》：「取漷東田」，漷東未盡也。「及沂西田」，沂西未盡也。

泰山孫氏曰：案襄十九年，取邾田自漷水。今三卿帥師伐邾，又取漷東田及沂西田，故列數之，以重其惡。

襄陵許氏曰：中國無霸，諸侯並争，陵歷不忌，矯奪不厭，蓋自伐晉以後，無復寧歲矣。

癸巳，叔孫州仇、仲孫何忌及邾子盟于句繹。

《穀梁傳》：三人伐而二人盟，何也？各盟其得也。

杜氏注：句繹，邾地。

劉氏傳：曷爲三人伐而二人盟？季孫臨之，叔、仲成之。季孫之汰也，蓋自謂猶君矣。

武夷胡氏傳：曷爲列書三卿？哀公得國，不張公室，三卿並將，魯衆悉行，伐國取地，以盟其君，而己不與焉，適越之辱兆矣。定公之薨，邾子來奔喪，事魯恭矣，而不免於見伐，徒自辱焉，不知以禮爲國之故也。邾在邦域之中，不加矜恤，而諸卿相繼伐之，既取其田，而又彊與之盟，不知以義睦鄰之故也。故詳書以著其罪。三人伐，則曷爲二人盟？盟者，各盟其所得也。莫彊乎季孫，何獨無得？季氏四分公室有其二。昭公伐意如，叔孫氏救意如而昭公孫；陽虎囚桓子，孟孫氏救桓子而陽虎奔。今得邾田，蓋季氏以歸二家而不取也。

夏，四月，丙子，衛侯元卒。

滕子來朝。

晉趙鞅帥師納衛世子蒯聵于戚。

《左氏傳》：初，衛侯遊於郊，子南僕。注：子南，靈公子郢也。公曰：「余無子，將立女。」不對。他日，又謂之。對曰：「郢不足以辱社稷，君其改圖。君夫人在堂，三揖在下。君命祇辱。」夏，衛靈公卒。夫人曰：「命公子郢爲大子，君命也。」對曰：「郢異於他子。且君没於吾手，若有之，郢必聞之。且亡人之子輒在。」乃立輒。六月，乙酉，晉趙鞅納衛大子于戚。

《公羊傳》：戚者何？衛之邑也。曷爲不言入於衛？父有子，子不得有父也。

陸氏《微旨》：《傳》言蒯聵雖出奔，而靈公未嘗有命廢之，故言猶當立其子也。

武夷胡氏傳：世子不言「納」，位其所有固有，國其所宜居，謂之儲副，則無所事乎納矣。凡公子出奔，復而得國者，其順且易則曰「歸」，其難也則曰「入」，有奉焉則曰「自」，不稱「納」矣，況世子哉！今趙鞅帥師以蒯聵復國而書「納」者，見蒯聵無道，爲國人之所不受也。國人不受而稱「世子」者，罪衛人之拒之也。所以然者，緣蒯聵出奔，靈公未嘗有命廢之而立他子。及公之卒，大臣又未嘗謀於國人，數蒯聵之罪，選公子之賢者以主其國。乃從輒之所欲而君之，以子拒父，此其所以稱「世子」也。人莫不愛其親，而志於殺；莫不敬其父，而忘其喪；莫不慈其子，欲其子之富且貴也，而奪其位，蒯聵之於天理逆矣。何疑於廢黜？然父雖不父，子不可以不子，輒乃據國而與之争，可乎？故特繫「納衛世子蒯聵于戚」於「趙鞅帥師」之下，而鞅不知義，靈公與衛國大臣不能早正國家之本，以致禍亂，其罪皆見矣。

吕氏曰：蒯聵與輒固無責矣。然聖人備書之者，以爲天下之惡無所不有，故《春秋》所書無所不戒，固聖人委曲垂教，使天下盡反人道之正，而不憚煩也。

秋，八月，甲戌，晉趙鞅帥師及鄭罕《公》作「軒」。**達帥師戰于鐵。**《公》作「栗」。**鄭師敗績。**

《左氏傳》：秋，八月，齊人輸范氏粟，鄭子姚、子般送之。士吉射逆之，趙鞅禦之，遇於戚。……甲戌，將戰，郵無恤御簡子，衛太子爲右。登鐵上……鄭人擊簡子，中肩，斃於車中，獲其蠭旗。大子救之以戈。鄭師北，獲温大夫趙羅。大子復伐之，鄭師大敗，獲齊粟千車。

杜氏注：鐵，在城南。

冬，十月，葬衛靈公。

杜氏注：七月而葬，緩。

十有一月，蔡遷于州來。

蔡殺其大夫公子駟。

《左氏傳》：吴洩庸如蔡納聘，而稍納師。師畢入，衆知之。杜氏注：元年，蔡請遷于吴，中悔，故因聘襲之。蔡侯告大夫，殺公子駟以説，哭而遷墓。冬，蔡遷于州來。

武夷胡氏傳：州來，吴所滅也。蔡雖請遷於吴而中悔。吴人如蔡納聘，而師畢入。蔡侯告大夫，殺公子駟以説，哭而遷墓。如此，則實吴人之所遷也，而《經》以自遷爲文，何也？楚既降蔡，使疆於江、汝，蔡人聽命而還師矣①，復倍楚請遷於吴，而又自悔也。其謀之不臧甚矣。夫遷國，大事也。盤庚五遷，利害甚明，衆猶胥怨，不適有居，至於丁寧反覆播告之，修而後定也。今蔡介於吴、楚二大國之間，倍楚誑吴。及其事急，又委罪於執政。其誰之咎也？故《經》以自遷爲文。而殺公子駟則書「大夫」而稱國，言君與用事大臣擅殺之也。放公孫獵，則書「大夫」而稱「人」，言國亂無政，衆人擅放之也。駟與獵，其以請遷於吴爲非者乎？而委之罪以説，誰敢復有盡忠而與謀其國者哉！

【校記】

①還：原作「遷」，據《春秋胡氏傳》改。

三年，春，齊國夏、衛石曼姑帥師圍戚。

《左氏傳》：春，齊、衛圍戚，求救援於中山。

《穀梁傳》：此衛事也，其先國夏何也？子不圍父也。不繫戚於衛者，子不有父也。

劉氏傳：此衛戚也。曷爲不曰圍衛戚？子之義不可以加乎父也。曼姑主兵以圍戚，則其先齊國夏何？臣之義不可以加其君也。冉有問子貢曰：「夫子爲衛君乎？」子貢曰：「諾，吾將問之。」入曰：「伯夷叔齊何人也？」孔子曰：「古之賢人也。」曰：「怨乎？」孔子曰：「求仁而得仁，又何怨？」子貢出曰：「夫子不爲也。」

高郵孫氏曰：欲圍戚者，衛也。而主兵以齊。蓋聖人之意，以蒯聵爲世子，而衛輒拒之，以子拒父而又圍之，其罪不待誅絶而可見也。齊，大國，又世盟主，諸侯不道，父子爭國，明大義以正之可也，乃助其子以圍其父，推之主兵，所以深罪之也。

武夷胡氏傳：主兵者，衛也。何以序齊爲首？罪齊人與衛之爲惡而黨之也。公孫文仲主兵伐鄭，而序宋爲首，以誅殤公；石曼姑主兵圍戚，而序齊爲首，以誅國夏。訓天下後世討亂臣賊子之法也。古者，孫從祖，又孫氏王父之字。考於廟制，昭常爲昭，穆常爲穆，不以父命辭王父命，禮也。輒雖由嫡孫得立，然非有靈公之命，安得云受之王父辭父命哉？故冉有謂子貢曰：「夫子爲衛君乎？」子貢曰：「諾，吾將問之。」入曰：「伯夷叔齊何人也？」孔子曰：「古之賢人也。」曰：「怨乎？」孔子曰：「求仁而得仁，又何怨？」子貢出曰：「夫子不爲也。」伯夷以父命爲尊而讓其弟，叔齊以天倫爲重而讓其兄，仲尼以爲求仁而得仁者也。然則爲輒者奈何？宜辭於國，曰：「若以父爲有罪，將從王父之命，則有社稷之鎮公子在，我焉得爲君？以爲無罪，則國乃世子之所有也。」天下豈有無父之國哉？烏有父不慈，子不孝，争利其國，滅天理而可爲者乎？

夏，四月，甲午，地震。

五月，辛卯，桓宫、僖宫災。

《左氏傳》：夏，五月，辛卯，司鐸火。火踰公宫，桓、僖災。

《穀梁傳》：言「及」，則祖有尊卑，由我言之則一也。

劉氏傳：桓、僖久矣。其宫何以存？不毁也。曷爲不毁？三家者出於桓，立於僖，以是爲悦者也。

高郵孫氏曰：桓公者，哀公之十世祖也。僖公者，哀公之七世祖也。諸侯五廟，而十世、七世之廟存焉，蓋非禮也矣。

武夷胡氏傳：桓、僖親盡矣。或謂：「祖有功，宗有德，所以勸也，則如之何？」曰：孝子慈孫，氏其祖考，仁也。或七廟，或五廟，自是以衰，禮也。奚問其功德之有無也？必若此言，是子孫得選擇其祖宗而尊事之矣，豈理也哉？

季孫斯、叔孫州仇帥師城啓《公》作「開」。**陽。**

杜氏注：魯黨范氏，故懼晉。比年四城。啓陽，今琅邪開陽縣。

襄陵許氏曰：所城近敵，故帥師焉。元年鼠食郊牛，三年地震，宗廟災。變異之弗圖，而取田城邑，兵役相繼，可謂不畏天命矣①。中失而外鍵，本亡而末務，此魯之季世也。

宋樂髡帥師伐曹。

秋，七月丙子，季孫斯卒。

《左氏傳》：秋，季孫有疾，命正常曰：「無死。南孺子之子，男也，則以告而立之。女也，則肥也可。」肥，康子也。季孫卒，康子即位。既葬，康子在朝。南氏生男，正常載以如朝，告曰：「夫子有遺言，命其圉臣曰：『南氏生男，則以告於君與大夫而立之。』今生矣，男也。敢告。」遂奔衛。康子請退。公使共劉視之，則或殺之矣，乃討之。

蔡人放其大夫公孫獵于吴。

冬，十月，癸卯，秦伯卒。

叔孫州仇、仲孫何忌帥師圍邾。

【校記】

① 不畏：二字原脱，據元鄭玉《春秋闕疑》卷四三補。

四年，春，王二《公》作「三月」。**月，庚戌，盜殺**《公》、《穀》作「弒」。**蔡侯申。**

《左氏傳》：春，蔡昭侯將如吴。諸大夫恐其又遷也，承公孫翩逐而射之，入於家人而卒。以兩矢門之。衆莫敢進。文之鍇後至，曰：「如牆而進，多而殺二人。」鍇執弓而先，翩射之，中肘。鍇遂殺之。故逐公孫辰，而殺公孫姓、公孫盱。杜氏注：盱，即霍也。

《公羊傳》：弒君賤者窮諸人，此其稱「盜」以弒何？賤乎賤者也。賤乎賤者孰謂？謂罪人也。

劉氏傳：蔡有申矣，其又曰申何？遠也。古者不諱，及周而後諱。諱之日，舍故而諱新。舍之，禮也。名之，非禮也。舍之何以禮？遠也。天子及七，諸侯及五，大夫及三，士及二。舍之禮，則名之何以非禮？大夫之諱不舉諸其家，妻之諱不舉諸其側，以爲盡人心也。古者諸侯或爲禘，或爲祫，雖毁廟必升食於大廟，有諱之道存焉爾。

泰山孫氏曰：盜者，微賤之稱。不言殺者，賤盜也。其曰「盜殺蔡侯申」，責蔡臣子不能距難。

武夷胡氏傳：案《左氏》，蔡昭侯將如吴，諸大夫恐其又遷也，公孫翩逐而射之，卒。然則翩非微者，其以「盜」稱何也？蔡侯倍楚誑吴，又委罪於執政，其謀國如是，則信義俱亡，禮文並棄，無以守身而自衛，夫人得而害之矣。故變文書「盜」，以警有國之君也。翩弑君而略其名氏。姓與霍，皆翩之黨，稱國以殺而不去其官者，二公孫蓋嘗謀國，不使其君至於是，而弗見庸者也，故書法如此。而或者以翩非微者而稱「盜」，蘇轍以爲求名而不得，非也。天下豈有欲求弑君之名，《春秋》又惜此名而不與者哉？

蔡公孫辰出奔吴。

《左氏傳》解併在上。

葬秦惠公。

宋人執小邾子。

夏，蔡殺其大夫公孫《公》有「歸」字。姓、公孫霍。

《左氏傳》：解在上。

晉人執戎蠻《公》作「曼」。子赤，歸于楚。

《左氏傳》：夏，楚人既克夷虎，乃謀北方。左司馬眅、申公壽餘、葉公諸梁致蔡於負函，致方城之外於繒關……襲梁及霍。注：梁，河南梁縣西南故城也。梁南有霍陽山，皆蠻子之邑也。單浮餘圍蠻氏，蠻氏潰。蠻子赤奔晉陰地。司馬起豐、析與狄戎，以臨上雒。左師軍於菟和，右師軍於倉野，使謂陰地之命大夫士蔑曰：「晉、楚有盟，好惡同之。若將不廢，寡君之願也。不然，將通於少習以聽命。」士蔑請諸趙孟。趙孟曰：「晉國未寧，安能惡於楚？必速與之。」士蔑乃致九州之戎，將裂田以與蠻子而城之，且將爲之卜。蠻子聽卜，遂執之，與其五大夫，以畀楚師於三户。

《公羊傳》：赤者何？戎曼子之名也。其言歸於楚何？子北宫子曰：「辟霸晉而京師楚也。」

武夷胡氏傳：其曰「晉人」云者，罪之也。蠻子赤何以名？夷狄也①，無罪見執，亦書名，外之也。文公執曹伯則曰「畀宋人」，今此曷云「歸於楚」？歸於楚者，猶曰京師楚也。晉主夏盟，爲日久矣，不競至此，《春秋》所惡。

呂氏曰：昭十六年，楚子誘戎蠻子殺之。戎蠻近楚之地，故晉人執其君而歸於楚，畏楚之彊也。春秋之世，諸侯專視彊弱以相侵伐，以相取下，動失其正，人理滅絶，不道之極也。

城西郛。

六月，辛丑，亳《公》作「蒲」。**社災。**

《公羊傳》：亡國之社，蓋揜之。揜其上而柴其下。

《穀梁傳》：亳社者，亳之社也。亳，亡國也。亡國之社以爲廟屏，戒也。其屋亡國之社，不得達上也。

杜氏注：亳社，殷社，諸侯有之，所以戒亡國。

蘇氏曰：亳社，商社也。周之滅商也，以其社賜諸侯，所謂亡國之社也。亡國之社必屋，故災也。

秋，八月，甲寅，滕子結卒。

冬，十有二月，葬蔡昭公。

葬滕頃公。

【校記】

① 夷狄：四庫本作「戎敌」。

五年，春，城毗。《公》作「比」。

夏，齊侯伐宋。

晉趙鞅帥師伐衛。

《左氏傳》：夏，趙鞅伐衛，范氏之故也，遂圍中牟。

秋，九月，癸酉，齊侯杵《公》作「處」。臼卒。

《左氏傳》：齊燕姬生子，不成而死，諸子鬻姒之子荼嬖。……公疾，使國惠子、高昭子立荼，寘羣公子於萊。秋，齊景公卒。冬十月，公子嘉、公子駒、公子黔奔衛，公子鉏、公子陽生來奔。

冬，叔還如齊。

閏月，葬齊景公。

劉氏傳：閏不書，此何以書？喪其閏數也。喪曷爲以閏數？喪之以月算者以閏數，以年算者不以閏數。

六年，春，城郠瑕。《公》作「葭」。

杜氏注：備晉也。任城亢父縣北有郠婁城。

襄陵許氏曰：定、哀十六年間，凡八城邑。魯既不得事晉，諸侯方争，是以高城深池，務守其國，以捍禍亂，隱虞至矣。雖然，使魯能修其政如治城者，則天下歸之，豈特僅僅自守而已，是以譏也。三年以來，歲書城邑，以著魯無德政，勞民薦數如此。後雖城邑，不復志矣。

晉趙鞅帥師伐鮮虞。

《左氏傳》：春，晉伐鮮虞，治范氏之亂也。

吴伐陳。

《左氏傳》：吴伐陳，復修舊怨也。楚子曰：「吾先君與陳有盟，不可以不救。」乃救陳，師於城父。

夏，齊國夏及高張來奔。

《左氏傳》：齊陳乞僞事高、國者，……又謂諸大夫曰：「二子……恃得君而欲謀二三子，……盍及其未作也，先諸？……」大夫從之。夏，六月，戊辰，陳乞、鮑牧及諸大夫，以甲入於公宫。昭子聞之，與惠子乘如公。戰於莊，敗。國人追之，國夏奔莒，遂及高張、晏圉、弦施來奔。

杜氏注：二子阿君，廢長立少，既受命，又不能全。書名，罪之也。

蘇氏曰：齊景公無適子，諸子鬻姒之子荼嬖，公疾使國夏及高張立荼，寘羣公子於萊。公卒，陳乞將立陽生，乃與諸大夫謀先，逐高、國。

襄陵許氏曰：親臣去，則國體輕，國體輕則君德降，故必奔高、國，而後陳乞弑君之謀得肆矣。

叔還會吴于柤。

秋，七月，庚寅，楚子軫卒。

《左氏傳》：秋七月，楚子在城父，將救陳。卜戰，不吉；卜退，不吉。王曰：「然則，死也。再敗楚師，不如死……」命公子申爲王，不可；則命公子結，亦不可；則命公子啓，五辭而後許。將戰，王有疾。庚寅，昭王攻大冥，卒於城父。子閭退，曰：「君王舍其子而讓，羣臣敢忘君乎？……」與子西、子期謀，潛師，閉塗，逆越女之子章立之，而後還。

齊陽生入于齊。

《左氏傳》：八月，齊陳僖子使召公子陽生。……逮夜，至於齊，國人知之。僖子使子士之母養之，與饋者皆入。冬，十月，丁卯，立之。將盟，鮑子醉而往。其臣差車鮑點曰：「此誰之命也？」陳子曰：「受命於鮑子。」遂誣鮑子曰：「子之命也。」鮑子曰：「女忘君之爲孺子牛而折其齒乎，而背之也？」悼公稽首曰：「吾子，奉義而行者也。若我可，不必亡一大夫。若我不可，不必亡一公子。義則進，否則退，敢不唯子是從？廢興無以亂，則所願也。」鮑子曰：「誰非君之子？」乃受盟。使胡姬以安孺子如賴。去鬻姒，殺王甲，拘江説，囚王豹于句竇之丘。

伊川先生解：稱齊陽生，見景公廢長立少，以啓亂也。

武夷胡氏傳：陽生曷爲不稱公子？非先君之子也。爲人子者，無以有己，則以父母之心爲心者。景公命荼世其國矣，已則篡荼而自立，是自絶於先君，豈復得爲先君之子也？不稱公子，誅不子也。陽生不子，則曷爲繫之齊？《春秋》端本之書也。正其本，則事理。陽生之不子也，其誰使之然也？不有廢長立少以啓亂者乎？故齊景問政於孔子，孔子對曰：「君君，臣臣，父父，子子。」君不君，則臣不臣；父不父，則子不子。以陽生繫之齊，著亂之所由生也。

齊陳乞弑其君荼。《公》作「舍」。

《左氏傳》：公使朱毛告於陳子，曰：「微子，則不及此。然君異於器，不可以二。器二不匱，君二多難，敢布諸大夫。」僖子不對而泣，曰：「君舉不信羣臣乎？以齊國之困，困又有憂。少君不可以訪，是以求長君，庶亦能容羣臣乎！不然，夫孺子何罪？」毛覆命，公悔之。毛曰：「君大訪於陳子①，而圖其小可也。」使毛遷孺子於駘。不至，殺諸野幕之下，葬諸殳冒淳。

杜氏注：弑荼者，朱毛與陽生也，而書陳乞，所以明乞立陽生而荼見弑，則禍由乞始也。楚比劫立，陳乞流涕，子家憚老，皆疑於免罪，故《春秋》明而書之，以爲弑主。

高郵孫氏曰：陽生入齊而陳乞弑君，則是陽生與聞乎弑也。不以陽生首惡者，陽生之入，陳乞召之；荼之弑，陳乞爲之。加陽生以弑君之罪，則陳乞廢立之迹不明。書陽生之入而陳乞弑君，則陳乞之惡著，而陽生與有罪也。

冬，仲孫何忌帥師伐邾。

宋向巢帥師伐曹。

【校　記】

① 陳：原作「臣」，據《春秋左傳》改。

七年，春，宋皇瑗帥師侵鄭。

《左氏傳》：春，宋師侵鄭，鄭叛晉故也。

襄陵許氏曰：定十五年老丘之役，鄭、宋始搆怨。至是復侵，九年取鄭，師于雍丘，十三年取宋師于嵒。

晉魏曼多帥師侵衛。

《左氏傳》：晉師侵衛，衛不服也。

夏，公會吴于鄫。《穀》作「繒」。

《左氏傳》：夏，公會吴于鄫。吴來徵百牢，子服景伯對曰：「先王未之有也。」吴人曰：「宋百牢我，魯不可以後宋。且魯牢晉大夫過十，吴王百牢，不亦可乎！」景伯曰：「晉范鞅貪而棄禮，以大國懼敝邑，故敝邑十一牢之。君若以禮命於諸侯，則有數矣。若亦棄禮，則有淫者矣。周之王也，制禮，上物不過十二，以爲天之大數也。今棄周禮，而曰必百牢，亦唯執事。」吴人弗聽。……乃與之。……反自鄫，以吴爲無能爲也。

杜氏注：鄫，今琅邪鄫縣。

秋，公伐邾。八月，己酉，入邾，以邾子益來。

《左氏傳》：季康子欲伐邾，乃饗大夫以謀之。子服景伯曰：「小所以事大，信也。

大所以保小，仁也。背大國，不信。大國，吴也。伐小國，不仁。……」孟孫曰：「二三子以爲何如？怪諸大夫不言，故指問之。惡賢而逆之？」對曰：「禹合諸侯於塗山，執玉帛者萬國，諸大夫對也。今其存者，無數十焉。惟大不字小，小不事大也。知必危，何故不言？魯德如邾，而以衆加之，可乎？」孟孫忿答大夫。不樂而出。季、孟異，佞直不同，故罷饗。秋，伐邾，及范門，猶聞鐘聲。大夫諫，不聽。茅成子請告於吴，不許，曰：「魯擊柝聞於邾，吴二千里，不三月不至，何及於我？……」成子以茅叛，師遂入邾，處其公宫。衆師晝掠。邾衆保於繹。師宵掠，以邾子益來，獻於亳社，囚諸負瑕……。邾茅夷鴻以束帛乘韋，自請救於吴，曰：「魯弱晉而遠吴，……以陵我小國。……若夏盟於鄫衍，秋而背之，……四方諸侯，其何以事君？且魯賦八百乘，君之貳也。邾賦六百乘，君之私也。以私奉貳，唯君圖之。」吴子從之。

《穀梁傳》：以者，不以者也。益之名，惡也。范氏注：惡其不能死社稷。

《辨疑》：趙子曰：「來者，至内之辭。」

劉氏傳：孰入之？公也。公則何以不言公？諱也。曷爲諱公？一閭廬也。邾子益何以名？賤之也。賤之奈何？虜服也。

蘇氏曰：在外曰「以歸」，在内曰「以來」，内外之别也。

武夷胡氏傳：《春秋》隱君之惡，故滅國書「取」，婉以成章，而不失其實也。恃强陵弱，無故伐人而入其國，處其宫，晝夜掠，以其君來，獻於亳社，囚於負瑕。此天下之惡也。吴師爲是克東陽，齊人爲是取吾二邑，辱國亦甚矣。何以備書於策而不諱乎？聖人道隆而德大，人之有惡，務去之而不積也，則不念其惡而進之矣。「以邾子益來」，惡也；「歸邾子益於邾」，是知其爲惡，能去之而不積也。故書「以邾子來」而不諱者，欲見後書歸邾子之爲能去其惡而與之也。聖人之情見矣。明此，然後可以操賞罰之權。不明乎此，以操賞罰之權，而能濟者鮮矣。

宋人圍曹。冬，鄭駟弘帥師救曹。

《左氏傳》：宋人圍曹。鄭桓子思曰：「宋人有曹，鄭之患也。不可以不救。」冬，鄭師救曹，侵宋。

春秋集解卷三十

哀公

八年，春，王正月，宋公入曹，以曹伯陽歸。

《左氏傳》：七年冬，初……曹伯陽即位，好田弋。曹鄙人公孫彊好弋，獲白鴈，獻之，且言田弋之説，説之。因訪政事，大説之。有寵，使爲司城以聽政。……彊言霸説於曹伯，曹伯從之，乃背晉而奸宋。宋人伐之，晉人不救，築五邑於其郊，曰黍丘、揖丘、大城、鍾、邗。八年春，宋公伐曹，將還，褚師子肥殿。曹人詬之，不行。師待之。公聞之，怒，命反之，遂滅曹。執曹伯及司城彊以歸，殺之。

蘇氏曰：此滅曹也。其不言「滅」，何也？曹伯陽好田弋，曹之鄙人公孫彊獲白鴈而獻之，因訪政事，大説之。彊言霸説於曹伯，曹伯從之，乃背晉而奸宋。宋人伐之，晉人不救。書曰「宋公入曹」，而不書「滅」，言自滅也。猶虞之滅，言「晉人執虞公」，而不言「滅」也。

武夷胡氏傳：滅者，亡國之善詞，上下之同力也。書「宋公入曹，以曹伯陽歸」，而削其見滅之實，猶虞之亡，書「晉人執虞公」，而不言「滅」也。《春秋》輕重之權衡，故書法若此。有國者妄聽辯言，以亂舊政，自取滅亡之禍，可以鑒矣。

吴伐我。

《左氏傳》：吴爲邾故……三月，伐我。……伐武城，克之。……吴師克東陽而進，舍於五梧，明日，舍於蠶室。公賓庚、公甲叔子與戰於夷，獲叔子與析朱鉏。獻於王，王曰：「此同車，必使能，國未可望也。」明日，舍於庚宗，遂次於泗上。……吴人行成，將盟。景伯曰：「楚人圍宋，易子而食，析骸而爨，猶無城下之盟。我未及虧，而有城下之盟，是棄國也。吴輕而遠，不能久，將歸矣，請少待之。」弗從。景伯負載，造於萊門……吴人盟而還。

泰山孫氏曰：吴伐我，以邾子益來故也。直曰「伐我」者，兵加於都城也。

武夷胡氏傳：吴爲邾故，興師伐魯，兵加國都，而盟於城下。《經》書「伐我」，不言四鄙及與吴盟者，諱之也。「來戰于郎」，直書不諱。盟於城下，何諱之深也？楚人圍宋，易子而食，析骸而爨，亦云急矣。欲盟城下，則曰：「有以國斃，不能從也。」晉師從齊，齊侯致賂，晉人不可，國佐對曰：「子若不許，請合餘燼，背城借一。敝邑之幸，亦云從也。」

遂盟於爰婁，而《春秋》與之。今魯未及虧，不能少待，遂有城下之盟，是棄國也。夫棄國者，其能國乎？使有華元、國佐之臣，則不至此矣。故《春秋》不言四鄙及與吴盟者，欲見其實而深諱之，以爲後世誤國之士，不能以禮義自强，偷生惜死，至於侵削陵遲而不知恥者之戒也。

夏，齊人取讙及闡。《公》作「僤」，下同。

《左氏傳》：齊悼公之來也，季康子以其妹妻之，即位而逆之。季魴侯通焉，女言其情，弗敢與也。齊侯怒。夏，五月，齊鮑牧帥師伐我，取讙及闡。

伊川先生解：内失邑不書，辱當諱也。不能保其土地民人，是不君也。已與之，彼以非義而受，則書「取」，此與濟西田是也。魯人邾而以其君來，致齊怒、吴伐，故賂齊以説之。

杜氏注：闡在東平剛縣北。

陸氏《纂例》：魯不與季姬，故怒而取二邑也。

歸邾子益于邾。

《左氏傳》：齊侯使如吴請師，將以伐我，乃歸邾子。注：魯懼二國同心，故歸邾子。邾子又無道，吴子使大宰子餘討之，囚諸樓臺，栫之以棘。使諸大夫奉大子革以爲政。

秋，七月。

冬，十有二月，癸亥，杞伯過卒。

齊人歸讙及闡。

《左氏傳》：秋，及齊平。九月，臧賓如如齊涖盟。齊閭丘明來涖盟，且逆季姬以歸，嬖。冬，十二月，齊人歸讙及闡，季姬嬖故也。

伊川先生解：不云「我田」，既歸邾子，亦歸其田，非以爲惠也。

泰山孫氏曰：公既歸邾子益於邾，故齊人歸讙及闡。凡土地、諸侯取之、歸之，皆書者，惡專恣也。取而不歸，則又甚矣。

武夷胡氏傳：案《左氏》，邾子益，齊出也。魯以益來，則齊人取讙及闡，又如吴請師，而怒猶未怠也。以此見國君造惡不悛，則四鄰謀取其國家，莫能保矣。歸邾子益於邾，則齊人歸讙及闡。又辭師於吴，而德猶未泯也。以此見國君去惡而不積，則四鄰不侵其封境，而自安矣。曰「以」曰「取」者，逆詞也。曰「歸」者，順詞也。去逆效順，息争休兵，齊無取地之罪，魯無失地之辱，以此見遷善之優，改過之大。而《春秋》不諱入邾，以邾子益來者，以明歸益於邾之能掩其前惡而美之也。

吕氏曰①：吴之伐我，齊侯之取讙及闡，以魯之入邾，以邾子歸也。歸邾子益於邾，魯畏吴、齊故也。齊人歸讙及闡，以我歸邾子也。諸侯紛紛如此苟徇目前，無一人求出當世規模者，日朘月削，以至於亡而卒不悟也。《易》曰：「困于葛藟，于鯢卼，曰動悔有悔，征吉。」能知動悔有悔，求出乎是，變心易慮，惟賢是用，改前之爲，則出乎困矣，故曰「征吉」。春秋之世，諸國君臣束手待斃，其亦不知征吉之理矣。

【校記】

①吕：底本、摛藻堂本、四庫本皆作「吴」，「吴氏曰」，僅此一見，或爲「吕」之誤。

九年，春，王二月，葬杞僖公。

杜氏注：三月而葬，速。

宋皇瑗帥師取鄭師于雍丘。

《左氏傳》：鄭武子賸之嬖許瑕求邑，無以與之。請外取，許之。故圍宋雍丘。宋皇瑗圍鄭師，每日遷舍，壘合，鄭師哭。子姚救之，大敗。二月，甲戌，宋取鄭師於雍丘，使有能者無死，以郟張與鄭羅歸。

《公羊傳》：其言「取」之何？易也。其易奈何？詐之也。

杜氏注：雍丘縣屬陳留。

陸氏《纂例》：趙子曰：「凡悉俘之曰取某師。」

劉氏傳：此師也，其言「取」之何？覆之也。覆而敗之，不遺一人之詞也。

襄陵許氏曰：春秋之季，日尋干戈，詐力相傾，奇變滋起。於是始志取人之師，甚其譎，惡其盡也。鄭以不義，深入敵境而圍其邑，此固喪師之道也。

吕氏曰：隱十年，宋人、蔡人、衛人伐戴，鄭伯伐取之。伐取之，不義也，猶有難也。此直言取之，易之甚也。

夏，楚人伐陳。

《左氏傳》：夏，楚人伐陳，陳即吴故也。

秋，宋公伐鄭。

冬十月。

十年，春，王二月，邾子益來奔。

《左氏傳》：春，邾隱公來奔。齊甥也，故遂奔齊。

公會吴伐齊。

《左氏傳》：九年春，齊侯使公孟綽辭師於吴。吴子曰：「昔歲寡人聞命，今又革之，不知所從。將進受命於君。」十年，公會吴子、邾子、郯子伐齊南鄙，師于鄎。齊人弒悼公，赴於師。吴子三日哭於軍門之外。徐承帥舟師，將自海入齊。齊人敗之，吴師乃還。

泰山孫氏曰：公會吴伐齊。齊，中國也；吴，夷狄也。會夷狄，伐中國，其惡可知也。

常山劉氏曰：公會夷狄伐中國諸侯，具文可見其罪。

三月，戊戌，齊侯陽生卒。

《左氏傳》在上文。

武夷胡氏傳：案《左氏》，公會吴伐齊。齊人弒悼公，赴於師。《春秋》不著齊人弒君之罪，而以「卒」書者，亦猶鄭伯髡頑弒而書「卒」，不忍以夷狄之民加中國之君也①。其存天理之意微矣。魯人入邾以其君來，罪也。齊侯爲是取讙及闡，如吴請師討之也。魯人悔懼，歸益於邾，是知其罪而能改也。齊侯爲是歸讙及闡，又辭師於吴，是變之正也。夫變之正也，禮義之所在，中國之君也。吴人欲遂前言而背違正理，狄道也。齊之臣子不能將順，上及其君，此天下大變，常理之所無也，故没其見弒之禍而以「卒」書，其旨深矣。《春秋》弒君大惡，不待貶絶而自見也。君而見弒，豈無不善之積以及其身乎！若夫悼公變而克正，則無不善之積矣，故以「卒」書而没其見弒，所謂不忍以夷狄之民加中國之君也，而存天理之意微矣②。

夏，宋人伐鄭。

晉趙鞅帥師侵齊。

《左氏傳》：夏，趙鞅帥師伐齊……取犂及轅，毁高唐之郭，侵及賴而還。

五月，公至自伐齊。

葬齊悼公。

衛公孟彄自齊歸于衛。

薛伯夷《公》作「寅」。卒。

秋，葬薛惠公。

冬，楚公子結帥師伐陳。吴救陳。

《左氏傳》：冬，楚子期伐陳。吴延州來季子救陳，謂子期曰：「二君不務德，而力争諸侯，民何罪焉？我請退，以爲子名，務德而安民。」乃還。

武夷胡氏傳：《春秋》惡首亂，善解紛。自誅亂臣，討賊子之外，凡書「救」者，未有不善之也。救在王室，則罪諸侯，子突救衛是也。救在遠國，則罪四鄰，晉陽處父救江是也。救在夷狄③，則罪中國，楚公子貞救鄭④，狄救齊，吴救陳是也。吴雖蠻夷之國，來會於戚，則進而書「人」矣。使季札聘，則又進而書「子」矣。救而果善，曷爲獨以號舉而不進之也？其以號舉而不進之者，深著楚罪而傷中國之衰也。陳者，有虞之後，嘗爲楚滅而僅存耳。今又無故興師，肆行侵伐，而列國諸侯，縱其暴横，不能修方伯、連帥之職，而吴能救之，故獨以號舉，深著楚罪而傷中國之衰也。子欲居九夷，乘桴浮海，而曰：「夷狄之有君，不如諸夏之亡也⑤。」其書「吴救陳」之意乎！

【校　記】

① 不忍以夷狄之民加中國之君：四庫本作「穀梁以爲不使加於中國之義」。

② 所謂不忍以夷狄之民加中國之君也而存天理之意：四庫本作「微而顯著而晦彰善而勸惡者於是乎在春秋之旨」。

③ 夷狄：四庫本作「外域」。

④ 貞：原作「真」，據《春秋胡氏傳》改

⑤ 子欲居九夷乘桴浮海而曰夷狄之有君不如諸夏之亡也：四庫本作「孔子曰道不行乘桴浮於海從我者其由與非果欲浮於海」。

十有一年，春，齊國書帥師伐我。

《左氏傳》：春，齊爲鄎故，國書、高無丕帥師伐我，及清。季孫謂其宰冉求曰：「齊師在清，必魯故也。若之何？」求曰：「一子守，二子從公禦諸竟。」季孫曰：「不能。」求曰：「居封疆之閒。」季孫告二子，二子不可。求曰：「若不可，則君無出。一子帥師，背城而戰。……」季孫使從於朝，俟於黨氏之溝。武叔呼而問戰焉。對曰：「君子有遠慮，小人何知？」懿子强問之，對曰：「小人慮材而言，量力而共者也。」武叔曰：「是謂我不成丈夫也。」退而蒐乘。孟孺子洩帥右師，顔羽御，邴洩爲右。冉求帥左師，管周父御，樊遲爲右。……老幼守宫，次於雩門之外。五日，右師從之。公叔務人務人，公爲，昭公子。見保者而泣，曰：「事充，政重，上不能謀，士不能死，何以治民？吾既言之矣，敢不勉乎！」師及齊師戰於郊。齊師自稷曲，師不踰溝。樊遲曰：「非不能也，不信子也。請三刻而踰之。」如之，衆從之。師入齊軍。冉求之師。右師奔，齊人從之。……孟之側後入以爲殿，抽矢策其馬，曰：「馬不進也。」林不狃之伍曰：「走乎？」不狃曰：「誰不如？」曰：「然則止乎？」不狃曰：「惡賢？」徐步而死。師獲甲首八十，冉求所得。齊人不能師。宵，諜曰：「齊人遁。」冉有請從之，三，季孫弗許。……公爲與其嬖僮汪錡乘，皆死，皆殯。孔子曰：「能執干戈以衛社稷，可無殤也。」冉有用矛於齊師，故能入其軍。孔子曰：「義也。」

劉氏傳：不言鄙者，受之也。此其爲受之奈何？蓋伐喪也。

武夷胡氏傳：諸侯來伐，無有不書四鄙者。今齊師及清涉泗，非有城下之盟可諱之辱，亦書「伐我」何也？傳説復於高宗曰：「惟甲胄起戎。惟干戈省厥躬。」夫「省厥躬」者，自反之謂也。自反而縮則爲壯，自反而不縮則爲老。師之老壯在曲直，曲直自我，而不繫乎人者也。邾子，齊之甥，魯嘗入邾以其君來，齊人爲是取讙及闡，請師於吴，曲在我矣。及歸邾益，而齊人歸讙及闡，又辭吴師，直在齊矣。魯人何名？會伐吴之也。故《春秋》之記斯師，特曰「伐我」者，欲省致師之由而躬自厚也。垂訓之義大矣。

襄陵許氏曰：以魯之微，搆怨大國，郊之戰，非其風俗禮義正勝，則國幾亡。此仲尼之化也。以是知君子居人之國，雖曰其道不行，猶蒙其福焉。

夏，陳轅《公》作「袁」。**頗出奔鄭。**

《左氏傳》：夏，陳轅頗出奔鄭。初，轅頗爲司徒，賦封田以嫁公女，有餘，以爲己大器。國人逐之，故出。

襄陵許氏曰：《春秋》書陳轅頗之奔，若曰：「爲人臣而刻以附上，託公而營私者，其亡乎！」

五月，公會吴伐齊。甲戌，齊國書帥師及吴戰于艾陵。齊師敗績，獲齊國書。

《左氏傳》：爲郊戰故，公會吴子伐齊。五月，克博。壬申，至於嬴。中軍從王，胥門巢將上軍，王子姑曹將下軍，展如將右軍。齊國書將中軍，高無丕將上軍，宗樓將下軍。陳僖子謂其弟書：「爾死，我必得志。」……甲戌，戰於艾陵。展如敗高子，國子敗胥門巢。王卒助之，大敗齊師。獲國書、公孫夏、閭丘明、陳書、東郭書，革車八百乘，甲首三千，以獻於公。……公使大史固歸國子之元，寘之新篋，褽之以玄纁，加組帶焉。寘書於其上，曰：「天若不識不衷，何以使下國？」吴將伐齊，越子率其衆以朝焉，王及列士皆有饋賂。吴人皆喜，惟子胥懼，曰：「是豢吴也夫！」諫曰：「越在我，心腹之疾也。壤地同，而有欲於我。夫其柔服，求濟其欲也，不如早從事焉。得志於齊，猶獲石田也，無所用之。越不爲沼，吴其泯矣。……」弗聽。使於齊，屬其子於鮑氏，爲王孫氏。反役，王聞之，使賜之屬鏤以死。

吕氏曰：公會吴伐齊而戰不言公，齊國書帥師而來主與吴戰，不爲魯也。

秋，七月，辛酉，滕子虞毋卒。

冬，十有一月，葬滕隱公。

衛世叔齊出奔宋。

《左氏傳》：冬，衛大叔疾出奔宋。疾即齊也。初，疾娶於宋子朝，其娣嬖。子朝出，孔文子使疾出其妻而妻之。疾使侍人誘其初妻之娣，寘於犂，而爲之一宫，如二妻。文子怒，欲攻之，仲尼止之。遂奪其妻。或淫於外州，外州人奪之軒以獻。耻是二者，故出。

十有二年，春，用田賦。

《左氏傳》：十一年，冬，季孫欲以田賦，使冉有訪諸仲尼。仲尼曰：「丘不識也①。」三發，卒曰：「子爲國老，待子而行。若之何子之不言也？」仲尼不對，而私於冉有曰：「君子之行也，度於禮，施取其厚②，事舉其中，斂從其薄。如是，則以丘亦足矣。若不度於禮，而貪冒無厭，則雖以田賦，將又不足。且子季孫若欲行而法，則周公之典在。若欲苟而行，又何訪焉？」弗聽。十二年，春，王正月，用田賦。

《公羊傳》：何以書？譏。何譏爾？譏始用田賦也。

《穀梁傳》：古者，公田什一。用田賦，非正也。

武夷胡氏傳：哀公問於有若曰：「年饑，用不足，如之何？」有若對曰：「盍徹乎！」曰：「二，吾猶不足，如之何其徹也。」曰：「百姓足，君孰與不足？百姓不足，君孰與足？」古者，公田什一，助而不稅。魯自宣公初稅畝，後世遂以爲常，而不復矣。至是二猶不足，故又以田賦也。夫先王制土，籍田以力，而底其遠邇；賦里以入，而量其有無。

里，廛也。謂商賈所居之區域。今用田賦，軍旅之征，非矣。田以出粟爲主而足食，賦以出軍爲主而足兵。《周禮》，宅不毛者有里布，無職事者征夫家，漆林之税二十而五。則弛力薄征，當以農民爲急；而增賦竭作，不使末業者獨幸而免也。今二猶不足，而用田賦，是重困農民而削其本，何以爲國！書曰「用田賦」，「用」者，不宜用也。近世議弛商賈之征，達於時政者，欲先省國用，首寬農民，後及商賈，知《春秋》譏田賦之意矣。

襄陵許氏曰：先王之法，九夫爲井，四井爲邑，井邑未有賦也。四邑爲丘，丘十六井，乃有牛馬之賦。今以丘賦爲不足也，於是更用田賦，籍井而取之，不待及丘，此非禮也。古者蓋田有税，丘有賦，税以足食，賦以足兵。

夏，五月，甲辰，孟子卒。

《左氏傳》：夏五月，昭夫人孟子卒。昭公娶於吴，故不書姓。死不赴，故不稱夫人。不反哭，故不言葬小君。

杜氏注：魯人諱娶同姓，謂之孟子。

劉氏傳：孟子者何？昭公之夫人也。其稱孟子何？諱娶同姓，蓋吴女也。何以不曰夫人薨？命於天子，然後成夫人。孟子不受命，不可以稱夫人。蓋自是魯夫人不命於天子也。

武夷胡氏傳：孟子，吴女。昭公之夫人。其曰孟子云者，諱娶同姓也。禮，娶妻不取同姓，買妾不知其姓則卜之，厚男女之别也。同姓從宗合族屬，異姓主名治際會，名著而男女有别矣。四世而緦，服之窮也；五世袒免，殺同姓也；六世，親屬竭矣。其庶姓别於上，而戚單於下，婚姻可以通乎？綴之以姓而弗别，合之以食而弗殊，雖百世而婚姻不通，周道然也。昭公不謹於禮，欲結好强吴，以去三家之權，忍取同姓，以混男女之别。不命於天子，以弱其配；不見於廟，不書於策，以廢其常典，禮之大本喪矣。其失國也宜。故陳司敗問：「昭公知禮乎？」子曰：「知禮。」孔子退③，揖巫馬期而進之，曰：「吾聞君子不黨。君子亦黨乎！君取於吴爲同姓，謂之吴孟子。君而知禮，孰不知禮？」巫馬期以告，子曰：「丘也幸。苟有過，人必知之。」書「孟子卒」，雖曰爲君隱，而實亦不可掩矣。

吕氏曰：孟子卒。吴女也。諱取同姓，故曰「孟子」。魯之君豈苟爲無禮而亂男女之别哉？迫於强吴之威，欲自固其國，而不知以禮自防，以義爲上，徇目前之急，忘長久之慮，遂至於夷狄禽獸而不辭也④。春秋之世，君臣上下所以持其國家者皆如是。曰「孟子卒」，不待貶而惡自見也。

公會吴于橐皋。

《左氏傳》：公會吴于橐皋。吴子使大宰嚭請尋盟。公不欲，使子貢對曰：「盟，所以周信也，故心以制之，玉帛以奉之，言以結之，明神以要之。寡君以爲苟有盟焉，弗可改也已。若猶可改，日盟何益？……」乃不尋盟。

杜氏注：橐皋，在淮南逡遒縣東南。

秋，公會衛侯、宋皇瑗于鄖。《公》作「運」。

《左氏傳》：秋，衛侯會吴于鄖。公及衛侯、宋皇瑗盟，而卒辭吴盟。吴人藩衛侯之舍。……子貢[見太宰嚭]曰：「衛君之來，必謀於其衆。其衆或欲或否，是以緩來。其欲來者，子之黨也。其不欲來者，子之讎也。若執衛君，是墮黨而崇讎也。……」大宰嚭説，乃舍衛侯。

杜氏注：鄖，發陽也。廣陵海陵縣東南有發繇亭。

宋向巢帥師伐鄭。

《左氏傳》：宋鄭之間有隙地焉，曰彌作、頃丘、玉暢、嵒、戈、錫。子産與宋人爲成，曰：「勿有是。」及宋平，元之族自蕭奔鄭，鄭人爲之城嵒、戈、錫。九月，宋向巢伐鄭，取錫，殺元公之孫，遂圍嵒。十二月，鄭罕達救嵒。丙申，圍宋師。

冬，十有二月，螽。《公》作「蝝」。

《左氏傳》：冬十二月，螽。季孫問諸仲尼。仲尼曰：「丘聞之，火伏而後蟄者畢。今火猶西流，司歷過也。」

杜氏注：周十二月，今十月。是歲應置閏而失不置，雖書十二月，實今之九月。司歷誤一月。九月之初尚温，故得有螽。

【校記】

① 丘：原作「某」，據《春秋左傳》改。

② 其：原作「於」，據《春秋左傳》改。

③ 孔：原脱。據《論語》補。

④ 夷狄：四庫本作「淪於」。

十有三年，春，鄭罕《公》作「軒」。**達帥師取宋師于嵒。**

《左氏傳》：春，宋向魋救其師。鄭子賸使徇曰：「得桓魋者有賞。」魋也逃歸，遂取宋師于嵒，獲成讙、郜延。以六邑爲虚。

泰山孫氏曰：宋向巢帥師伐鄭。鄭罕達帥師取宋師于嵒，報雍丘之師也。

夏，許男成《公》作「戍」。**卒。**

公會晉侯及吴子于黄池。

《左氏傳》：夏，公會單平公、晉定公、吴夫差于黄池。六月，丙子，越子伐吴，爲二隧。……大敗吴師。獲大子友、王孫彌庸、壽於姚。丁亥，入吴。吴人告敗於王。王惡其聞也，自剄七人於幕下。秋，七月，辛丑，盟，吴、晉争先。吴人曰：「於周室，我爲長。」晉人曰：「於姬姓，我爲伯。」趙鞅呼司馬寅曰：「日旰矣，大事未成，二臣之罪也。建鼓整列，二臣死之，長幼必可知也。」對曰：「請姑視之。」反，曰：「肉食者無墨。今吴王有墨，國勝乎？大子死乎？且夷德輕，不忍久，請少待之。」乃先晉人。……冬，吴及越平。

《公羊傳》：吴何以稱「子」？吴主會也。吴主會則曷爲先言晉侯？不與夷狄之主中國也。其言「及吴子」何？會兩伯之辭也。

杜氏注：陳留封丘縣南有黄亭，近濟水。

泰山孫氏曰：黄池之會，其言「公會晉侯及吴子」者，主在吴子也。黄池之會，不主晉侯，而主在吴子者，晉侯不能主諸侯故也。吴自柏舉之戰，勢横中國，諸侯小大震栗，皆宗於吴。晉侯不見者二十四年，此不能主諸侯可知也。故黄池之會，吴子主焉。不言「公會吴子、晉侯」者，不與夷狄主中國也①。

高郵孫氏曰：《春秋》之辭雖萬，其尊異而爲法者三：天王也，魯也，中國也。故内京師，外諸夏，尊天王也；内諸夏，外夷狄②，尊中國也；内魯外諸侯，尊魯也。及其既久，而天王益衰，諸夏益弱，魯益無道，則聖人一反之，以託於《春秋》之終，而深爲後世之戒也。《春秋》，天王之事見於《經》者，必曰京師，而昭三十二年書曰「城成周」③，天王竟衰而同之列國也。魯爲他國侵伐者必曰某鄙，而哀公八年、十一年再言「伐我」，魯竟無道而同之諸候也。夷狄之會稱國而離④，《春秋》之常法也，而「公會晉侯及吴子于黄池」，進吴稱「子」，又言晉侯及之，諸夏竟弱而同之夷狄也⑤。《春秋》之旨微矣。

武夷胡氏傳：黄池，衛地。其言「及」者，會兩伯之辭也。《春秋》内中國而外諸夏⑥，吴人主會，其先晉，紀常也。《春秋》四夷雖大皆曰「子」。吴僭王矣，其稱「子」，正名也。以會兩伯之詞而言「及」者，先吴則拂《經》而失序，列書則泯實而傳疑，特書曰「及」，順天地之經，著盟會之實，又以見夷狄之彊而抑其横也⑦。定公以來，晉失霸業，不主夏盟。夫差暴横，勢傾上國，自稱周室於己爲長，蓋太伯之後，以族屬言，則伯父也。而黄池之會，聖人書法如此者，訓後世，治中國，御四夷之道也⑧。明此義，則知漢宣帝待單于位在諸侯王上，蕭、傅之議非矣。唐高祖稱臣於突厥，倚以爲助，劉文靖之策失矣⑨。況於以父事之如石晉者，將欲保國而免其侵暴，可乎？或曰：「苟不爲此，至於亡國，則如之何？」曰：「存亡者，天也；得失者，人也；不可逆者，理也。以人勝天，則事有在我者矣。

必若顛倒冠履而得天下，其能一朝居乎？故《春秋》撥亂反正之書，不可以廢焉者也。」

襄陵許氏曰：左氏傳《春秋》曰「先晉」⑩，《國語》曰「先吴」，此二國史籍之異也。顧自宋之盟，則晉已爲楚所先，陵遲至於黄池之時，豈能復與吴争？《國語》信也。晉人恥吴先之，故諱焉爾！

楚公子申帥師伐陳。

於越入吴。

《左氏傳》：六月，丙子，越子伐吴，爲二隧。疇無餘、謳陽自南方，先及郊。吴大子友、王子地、王孫彌庸、壽於姚自泓上觀之。彌庸見姑蔑之旗，曰：「吾父之旗也。不可以見讎而弗殺也。」大子曰：「戰而不克，將亡國。請待之。」彌庸不可，屬徒五千，王子地助之。乙酉，戰，彌庸獲疇無餘，地獲謳陽。越子至，王子地守。丙戌，復戰，大敗吴師。獲大子友、王孫彌庸、壽於姚。丁亥，入吴。吴人告敗於王。……冬，吴及越平。二十年，十一月，越圍吴。二十二年，冬，十一月，丁卯，越滅吴。請使吴王居甬東，辭曰：「孤老矣，焉能事君？」乃縊。越人以歸。

泰山孫氏曰：於越入吴者，吴子方會，乘其無備也。

武夷胡氏傳：吴自柏舉以來，憑陵中國，黄池之會，遂主夏盟，可謂彊矣。而《春秋》

繼書「於越入吴」，所謂因事屬詞，垂戒後世，而見深切著明之義也。曾子曰：「戒之戒之，出乎爾者反乎爾。」老氏曰：「佳兵，不祥之器。」「其事好還。」夫以力勝人者，人亦以力勝之矣。吴常破越，遂有輕楚之心；及其破楚，又有驕齊之志；既勝齊師，復與晉人争長，自謂莫之敵也，而越已入其國都矣。吴侵中國而越滅之，越又不監而楚滅之，楚又不監而秦滅之，秦又不監而漢滅之。老氏、曾子其言豈欺哉！《春秋》初書「於越入吴」，在柏舉之後，再書「於越入吴」，在黄池之後，皆因事屬辭，垂戒後世，不待貶絶而見深切著明之義也，而可廢乎！

秋，公至自會。

晉魏曼多帥師侵衛。《公》無「曼」字。

襄陵許氏曰：晉以范、中行之難伐衛、伐鮮虞，閒齊之難而一侵之，又再侵衛。而諸侯卒莫之宗者，唯其國無政也。師雖數出，能侵而已，益玩而頓矣，此王霸道盡之時。

葬許元公。

九月，螽。《公》作「蝝」。

冬，十有一月，有星孛于東方。

《公羊傳》：其言「孛于東方」何？見於旦也。何氏注：旦者，日方出時，宿不復見，故言東方，知爲旦。何以書？記異也。

泰山孫氏曰：光芒四出曰「孛」。不言所出之次者，見於旦也。案文十四年，有星孛入于北斗，昭十七年有星孛入于大辰。此不言所在之次者，見於旦可知也。

盜殺陳夏區《公》作「彄」。**夫。**

十有二月，螽。《公》作「蝝」。

襄陵許氏曰：自用田賦而比年三書「螽」，貪殘無已之應也。

【校記】

①夷狄：四庫本作「吴人」。

②④⑤夷狄：四庫本作「外裔」。

③成：原脱，據孫覺《春秋經傳》補。

⑥夏：四庫本作「夷」。

⑦夷狄：四庫本作「外域」。

⑧四夷：四庫本作「外域」。

⑨靖：原作「靜」，據《春秋胡氏傳》改。

⑩「晉」下衍「紀」，據宋張洽《春秋集注》卷十一改。

十有四年，春，西狩獲麟。

《左氏傳》：春，西狩於大野，叔孫氏之車子鉏商獲麟。杜氏注：大野，在高平鉅野縣東北大澤是也。以爲不祥，以賜虞人。仲尼觀之，曰：「麟也。」然後取之。

《公羊傳》：何以書？記異也。何異爾？非中國之獸也。然則孰狩之？薪采者也。薪采者則微者也，曷爲以狩言之？大之也。曷爲大之？爲獲麟大之也。曷爲爲獲麟大之？麟者，仁獸也。有王者則至，無王者則不至。有以告者曰：「有麏而角者。」孔子曰：「孰爲來哉！孰爲來哉！」反袂拭面，涕霑袍。顏淵死，子曰：「噫！天喪予。」子路死，子曰：「噫！天祝予。」西狩獲麟，孔子曰：「吾道窮矣。」

泰山孫氏曰：天子失正，自東遷始；諸侯失正，自會溴梁始。故自隱公至於溴梁之會，天下之正，中國之事，皆諸侯分裂之。自溴梁之會至於申之會，天下之正，中國之事，皆大夫專執之。自申之會，至於獲麟，天下之正，中國之事，皆夷狄迭制之①。聖王憲度，禮樂衣冠，遺風舊政，蓋掃地矣。中國淪胥，逮此而盡。前此猶可言者，黄池之會，晉、魯在焉；後此不可言者，諸侯泯泯，制命在吴，無復中國，天下皆夷狄故也②。

蘇氏曰：春秋起於五霸之始，而止於戰國之初，隱、哀適其時耳。

常山劉氏曰：麟乃和氣所致，然春秋時有者，何以應？天地之氣，豈可如此間別，如聖人之生，亦天地交感五行之秀，乃生聖人。當戰國之時，生孔子何足怪？况生麟乎？聖人爲出非其時，故有感。如聖人生不得其時，孔子感麟而作《春秋》。或謂不然，《春秋》不害感麟而作。然麟不出，《春秋》豈不作？孔子之意，蓋亦有素，因此一事乃作，故其書之成復於此終，大抵須有發端處。如畫八卦，因見《河圖》、《洛書》；果無《河圖》、《洛書》，八卦亦須作也。

武夷胡氏傳：河出《圖》，洛出《書》，而八卦畫；《簫韶》作，《春秋》成，而鳳麟至。事應雖殊，其理一也。世衰道微，暴行交作，臣弑其君者有之，子弑其父者有之，夫子爲是作《春秋》，明王道，正人倫，氣志天人，交相感應之際深矣。制作文成而麟至，宜矣。勇夫志士，精誠所格，上致日星之應，召物産之祥，蓋有之矣。况聖人之心，感物而動，見於行事，以遺天下與來世哉！《簫韶》九奏，鳳儀於庭；魯史成《經》，麟出於野，亦常理爾。《詩》以正情，《書》以制事，《禮》以成行，《樂》以養和，《易》以明變，垂教亦備矣，則曷爲作《春秋》？子曰：「我欲載之空言，不如見之行事之深切著明也。」知我者，其惟《春秋》乎！」何以約乎魯史？子曰：「我欲觀夏道，是故之杞，而不足徵也。我欲觀殷道，是故之宋，而不足徵也；我觀周道，幽、厲傷之，舍魯何適矣！」何以始乎隱公？三綱淪，九法斁，天下無復有王也。何以絶筆於獲麟？其以天道終乎！聖人之於天道，命也，有性焉，君子不謂命也。是故《春秋》天子之事，聖人之用，撥亂反正之書。考諸三王而不謬，建諸天地而不悖，質諸鬼神而無疑，百世以俟聖人而不惑。其於格物、修身、齊家、治國、施諸天下，無所求而不得，亦無所處而不當。何莫學夫《春秋》！故君子誠有樂乎此也。

【校記】

① 夷狄：四庫本作「南蠻」。

② 夷狄：四庫本作「從吴」。

附録 舊版序跋

陳振孫《直齋書録解題》卷三

《春秋集解》十二卷，吕本中[注]撰。自三傳而下，集諸家之説，各記其名氏，然不過陸氏、兩孫氏、兩劉氏、蘇氏、程氏、許嵩老、胡文定數家而已。大略如杜謂《會義》，其所擇頗精，卻無自己議論。

[注]四庫輯《永樂大典》本作吕祖謙。此據清盧文弨《新訂直齋書録解題》

趙希弁《郡齋讀書志》附志卷五上

《春秋集解》三十卷

右東萊先生所著也。長沙陳邕和父爲之序

王应麟《玉海》卷四〇《春秋・宋朝春秋傳》

「吕本中《集解》十二卷」

《宋史》卷二〇二《藝文志·經類》

吕本中《春秋解》二卷

《宋史·吕本中傳》

《春秋解》一十卷

馬端臨《文獻通考》卷一八三《經籍考十·經·春秋》

《春秋集解》十二卷

陳氏曰：吕本中撰。自自三傳而下，集諸家之説，各記其名氏，然不過陸氏及兩孫氏、兩劉氏、蘇氏、程氏、許嵩老、胡文定數家而已。大略如杜諤《會義》，其所擇頗精，卻無自己議論。朱子語録曰：吕居仁《春秋》甚明白，正與某《詩傳》相似。

朱彝尊《曝書亭集》卷四二

《吕氏春秋集解跋》

《春秋集解》三十卷，趙希弁《讀書》附志第云「東萊先生所著，長沙陳邕和父爲之序」，而不書其名。蓋吕氏自右丞好問徙金華，成公述《家傳》稱東萊公，而居仁爲右丞子，學山谷爲詩，作《江西宗派圖》。學者亦稱爲東萊先生。然則吕氏三世皆以東萊爲目，成公特最著者耳。陳氏《書録解題》撮居仁《集解》大旨，謂自三傳而下集諸儒之説，不過陸氏、兩孫氏、兩劉氏、蘇氏、程氏、許氏、胡氏數家，合之今書良然，而《宋史·藝文志》於《春秋集解》三十卷，直書成公姓名，世遂因之。考成公年譜，凡有著述必書，獨《春秋集解》不書，疑世所傳三十卷，即居仁所撰，惟卷帙多寡未合，而陳和父之序無存，此學者之疑，猶未能釋爾。同里徐亭從予學《春秋》，書以示之。

朱彝尊《經義考》卷一八四

吕氏本中《春秋集解》

《宋志》十二卷。又吕祖謙集解三十卷。另《經義考》卷一八七著録：「吕氏祖謙《春秋集解》宋志三十卷，未見。」

存

趙希弁曰：《春秋集解》三十卷，東萊先生所著也。長沙陳邕和父爲之序。

陳振孫曰：《春秋集解》十二卷，吕本中撰，自自三傳而下，集諸家之説，各記其名氏，然不過陸氏及兩孫氏、兩劉氏、蘇氏、程氏、許嵩老、胡文定數家而已，大略如杜諤《會義》，其所擇頗精，卻無自己議論。朱子曰：吕居仁《春秋》亦甚明白，正如某《詩傳》相似。《宋史》：吕本中字居仁。元祐宰相公著之曾孫，好問之子。從楊時、游酢、尹焞遊。紹興六年賜進士出身，擢起居舍人，兼權中書舍人。八年遷中書舍人兼侍講，權直學士院。學者稱爲東萊先生。卒謚文清。

按：趙氏讀書附志以《春秋集解》爲東萊先生所著，而不書其名，蓋吕氏自右丞好問徙金華，成公述《家傳》稱東萊公，而居仁爲右丞子，學山谷爲詩，作《江西宗派圖》。學者亦稱爲東萊先生。然則吕氏三世皆以東萊爲目，成公特最著者耳。陳氏《書録解題》撮居仁《集解》大旨，謂自三傳而下集諸儒之説，不過陸氏、兩孫氏、兩劉氏、蘇氏、程氏、許氏、胡氏數家，合之今書良然，而《宋史·藝文志》於《春秋集解》三十卷，直書成公姓名，世遂因之。考成公年譜，凡有著述必書，獨《春秋集解》不書，疑世所傳三十卷，即居仁所撰，惟卷帙多寡未合，而陳和父之序無存，此學者之疑，猶未能釋也。

通志堂《吕氏春秋集解》序

《春秋集解》三十卷，趙希弁讀書附志云：東萊先生所著也，長沙陳邕和父爲之序。按成公年譜，凡有著述必書，獨是編不書。《宋史》本傳，公所著有《易》、《書》、《詩》，而無《春秋》，惟《藝文志》於《春秋集解》三十卷直書成公姓名。考吴興陳氏《書録解題》有《春秋集解》十二卷云是吕本中撰，且撮其大旨，謂自三傳而下，集諸儒之説，不過陸氏、兩孫氏、兩劉氏、蘇氏、程氏、許氏、胡氏數家而已，其所擇頗精，卻無自己議論，合之是編誠然，蓋吕氏自右丞好問徙金華，成公述家傳成爲東萊公，而本中爲右丞子，學山谷爲詩，作江西宗派圖，學者稱爲東萊先生，以之名集，然則吕氏三世皆以東萊先生爲目，成公特最著者爾。朱子嘗曰：吕居仁《春秋》亦甚明白，正如某《詩傳》相似。竊疑是編爲居仁所著，第卷帙多寡不合，或居仁草創而成公增益之者。與序其端，用質淹通博洽之君子，倘獲善本，有陳和父序者，予之疑庶可以釋矣。康熙丙辰二月納蘭成德容若序。

《四庫全書》提要

《春秋集解》三十卷。宋吕本中撰。舊刻題曰吕祖謙，誤也。本中字居仁，好問之子。《宋史》載其紹興六年賜進士，擢起居舍人，遷中書舍人，兼侍講，權直學士院，學者稱爲東萊先生。故趙希弁讀書附志稱是書爲東萊先生撰。後人因祖謙與朱子遊，其名最著，亦稱曰東萊先生。而本中以詩擅名，詩家多稱吕紫微，東萊之號稍隱，遂移是書于祖謙，不知陳振孫《書録解題》載是書固明云本中撰也。振孫又言，是書自三傳而下，集諸儒之説不過陸氏、兩孫氏、兩劉氏、蘇氏、程氏、許氏、胡氏數家，而采擇頗精，全無自己議論。以此本考之亦合，知舊刻誤題審矣。本中所著《江西宗派圖》、《紫微詩話》皆盛行於世，而不知其經學之邃乃如此，今考正之，庶幾不没其真焉。

《四庫全書考證》卷四十七《史部·經義考下》

《吕氏春秋集解》陳振孫曰：「大略如杜諤《會義》」，刊本「義」訛「議」，據《書録解題》及《文獻通考》改。

彝尊案吕氏自好問稱東萊公，而居仁作《江西宗派圖》，學者亦稱東萊先生。然則吕氏三世皆據此爲目①。案：《新唐書·藝文志》有《東萊吕氏家譜》一卷，據此，則吕氏之號東萊，遠在唐世，此謂起於好問，蓋未深考。

【校　記】

① 吕氏三世皆據此爲目：原作「吕氏家譜一卷據此則目」，當屬傳抄錯誤，據朱氏《經義考》文意改。

中國歷史文集叢刊

吕本中全集

三

〔宋〕吕本中 撰
韓酉山 輯校

中華書局

吕氏大學解

呂氏大學解整理説明

《吕氏大學解》不知卷數。僅見於《晦庵集》卷七二《雜學辨》。《四庫全書》提要著録《雜學辨》，誤以「吕氏」爲吕希哲。朱熹曰：「吕氏之先，與二程夫子游，故其家學最爲近正，然未能不惑於浮屠、老子之説，故其末流不能無出入之弊。」所謂「吕氏之先」，當指吕希哲。吕希哲與程頤爲太學同學，關係在師友之間。「其末流」，當指吕本中及其後人。朱熹又在《張無垢中庸解》中批評張九成「格物知至之學，内一念外，而萬物無不窮其終始」謂：「吕舍人《大學解》所論格物正與此同。」《吕氏大學解》爲吕本中之作可確定無疑。惜其書久已湮没不存。今存者，唯朱熹《晦庵集》中四則，衛湜《禮記集説》中七則，現一併輯入。

呂氏大學解（斷文）

原文：知所先後則近道矣。

呂氏曰：異端之學，皆不知所先後。考索勤苦雖切而終不近，故有終始爲一道，本末爲兩端者。

原文：致知在格物，物格而後知至。

呂氏曰：致知格物，脩身之本也。知者，良知也，與堯舜同者也。理既窮則知自至，與堯舜同者，忽然自見，默而識之。

呂氏曰：草木之微，器用之别，皆物之理也。求其所以爲草木、器用之理，則爲格物；草木、器用之理吾心存焉，忽然識之，此爲物格。

呂氏曰：聞見未徹，正當以悟爲則。所謂致知格物，正此事也。比來權去文字，專務體究，尚患雜事紛擾，無專一工夫，若如伊川之説「物各付物，便能役物」①，卻恐涉顢頇爾。

呂自注云：其意以爲物不可去，事不可無，正當各任之耳。

（輯自朱熹《晦庵集》卷七二《雜學辨》）

【校　記】

①便能：《二程遺書》卷十五《入關語録》作「則是」。

原文：所謂誠其意者，毋自欺也。如惡惡臭，如好好色，此之謂自謙。故君子必慎其獨也。小人閒居爲不善，無所不至。見君子而後厭然，揜其不善，而著其善。人之視己，如見其肺肝然，則何益矣。此謂誠於中，形於外。故君子必慎其獨也。曾子曰：「十目所視，十手所指，其嚴乎。」富潤屋，德潤身，心廣體胖。故君子必誠其意。

東萊吕氏曰：揜不善而著其善，此小人之良心猶存也。由不能充之，故其自暴如是。如其知萬物一理，中外一致。作於此者見於彼，至隱至微之間，而有所謂昭昭不可欺者，則亦知所以反身矣。知所以反身者，知格物之道也。居仁。（輯自宋・衛湜《禮記集説》卷一五〇）

原文：《詩》云：「邦畿千里，惟民所止。」《詩》云：「緡蠻黄鳥，止於丘隅。」子曰：「於止，知其所止，可以人而不如鳥乎？」《詩》云：「穆穆文王，於緝熙敬止！」爲人君，止於仁；爲人臣，止於敬；爲人子，止於孝；爲人父，止於慈；與國人交，止於信。

東萊呂氏曰：止則一，不止則二。人之行也，未得其所居，則其心茫然，不雜則亂矣；及得其所居，則心自定矣。此止則一也。君子之學，擇其所止，而已矣。居仁。（輯自宋·衛湜《禮記集説》卷一五一）

原文：所謂脩身在正其心者，身有所忿懥，則不得其正；有所恐懼，則不得其正；有所好樂，則不得其正；有所憂患，則不得其正。心不在焉，視而不見，聽而不聞，食而不知其味。此謂脩身在正其心。

東萊呂氏曰：四者皆非心之正也。然則如之何而謂之心正？非知至意誠不足以識之。今夫視聽言動求合乎禮以正其心，則可謂之正心乎？曰：此求正其心，而非心正也。心正者，非言語擬議所能形容也，故唯知至意誠者能默識之。居仁。（輯自宋·衛湜《禮記集説》卷一五一）

原文：所謂治國必先齊其家者，其家不可教，而能教人者無之。故君子不出家而成教於國。孝者，所以事君也；弟者，所以事長也；慈者，所以使衆也。《康誥》曰：「如保赤子。」心誠求之，雖不中，不遠矣。未有學養子而後嫁者也。一家仁，一國興仁；一家讓，一國興讓；一人貪戾，一國作亂，其機如此。此謂一言僨事，一人定國。堯舜帥天下以仁，而民從之；桀紂率天下以暴，而民從之。其所令，反其所好，而民不從。是故君子有諸己而後求諸人，無諸己而後非諸人。所藏乎身不恕，而能喻諸人者，未之有也。故治國在齊其家。詩云：「桃之夭夭，其葉蓁蓁。之子於歸，宜其家人。」宜其家人，而後可以教國人。詩云：「宜兄宜弟。」宜兄宜弟，而後可以教國人。詩云：「其儀不忒，正是四國。」其爲父子兄弟足法，而後民法之也。此謂治國在齊其家。

東萊吕氏曰：有善於己，然後可以責人之善，無惡於己，然後可以非人之惡。恕，謂推己及人也。不能推己及人，而但欲以言語曉諭人，不可得也。聞諸先生曰：有諸己不必求諸人。以求諸人而無諸己，則不可也。無諸己不必非諸人。以非諸人而有諸己，則不可也。居仁。（輯自宋・衛湜《禮記集説》卷一五二）

原文：生財有大道，生之者衆，食之者寡，爲之者疾，用之者舒，則財恒足矣。仁者以財發身，不仁者以身發財。未有上好仁而下不好義者也，未有好義其事不終者也，未有府庫財非其財者也。

東萊吕氏曰：「君子創業垂統，爲可繼也。若夫成功，則天也。」然則有好義而其事不終者矣，而《大學》以爲未有好義而其事不終者，何也？曰：好義則其志伸矣，其志伸則其事終矣。居仁。（宋·衛湜《禮記集説》卷一五三）

原文：長國家而務財用者，必自小人矣。彼爲善之，小人之使爲國家菑害並至。雖有善者，亦無如之何矣！此謂國不以利爲利，以義爲利也。

東萊吕氏曰：君不鄉道，不志於仁而求富之，是富桀也。故長國家而務財用，無與人同利之心，是必小人矣。人之所非，彼之所善，故曰：今之所謂良臣，古之所謂民賊也。既曰善矣，則唯其言之聽，求善人之立，而國之無菑害，難矣。是皆不知以義爲利，與人同之而已。

又曰：《大學》所記，自致知格物，以至家齊國治而天下平，先後本末，循循有序。學者明乎此而力行之，則聖功也。而篇末乃反覆教戒爲利之害，如此則知爲天下國家而賊夫心術者利爲甚，何也？以其私己而外人，其身且不能保，其能體人物與己爲一乎！故記者極言之。戰國之世，聖人之道不行，君臣父子之間，所以相告語者，唯有利害，不知禮義。當是時，聖人之學幾不立矣。凡此之論，皆以爲迂闊而遠事情，賢者畏之，故極言之以爲是，則《大學》之終也。居仁。（輯自宋・衛湜《禮記集説》卷一五三）

附：解《中庸》一則

原文：在下位不獲乎上，民不可得而治矣。獲乎上有道：不信乎朋友，不獲乎上矣；信乎朋友有道：不順乎親，不信乎朋友矣；順乎親有道：反諸身不誠，不順乎親矣；誠身有道：不明乎善，不誠乎身矣。

東萊呂氏曰：此段蓋自末至本，居下者固欲有獲於上，不知所以獲者，自有道擎跽曲拳，豈足以獲於上？直言正諫，豈足以獲於上？甚者乃云，我能取信自然，獲於上，不知其平日之心不誠信，安能一旦爲誠信？須是平日見信然後可。故曰「不信於友，不獲於上矣。」信於友者，又須是能悦親；如不能悦親，於朋友交際閒，雖有誠信，而非發之於内。常時固可遮藏，偶然遇一大君子則不能掩。故曰不悦於親，不信於友矣。悦親有道，非三牲五鼎爲足悦親，須是承順顔色，方爲悦親。又須是出於誠。誠者，乃與生俱生，固結而不能自解。故曰反身不誠，不悦於親矣。此章一句一緊一句，漸漸入來，故明善乃理之極，雖堯舜湯禹文武周公孔子，所以相繼者，亦不過明善。於明善之外，更無所加損。故曰不明乎善，不誠乎身矣。止是要從近處看。今之人，其於事親從兄事上交友之際，固有時乎中理，然有時又差了。蓋雖到九分九釐，盡有一毫差，則併前都差。如行九十九里，忽差路頭，則都不濟事。此所以要明善，明善要明得盡。居仁。（輯自宋・衛湜《禮記集説》卷一三二）

痛定録

詩文編

痛定録

呂本中《痛定録》，初見於徐夢莘《三朝北盟會編》卷七四，引文一條，標明録自呂本中《痛定録》，繼之李心傳《建炎以來繫年要録》亦加引用。尤袤《遂初堂書目》著録是書無卷數，作者，陳振孫《直齋書録解題》著録《痛定録》一卷，「不著名氏」。紹興三年有詔命汪伯彦、董耘、梁楊祖、耿延禧、高世則編類元帥府事跡，以付史館。後來樓鑰在《書董資政耘元帥府事跡》中説：「若之詔書檄及李綱、宗澤之表奏，何烈之小史，徐偉之《忠謀録》及《痛定録》等，皆公以爲可信者，併裒而上之。然則，此編是所謂實而不誣，可備史氏之采擇，以信後世。」王仲暉《雪舟詘語》謂：「靖康徽、欽北狩，紀其事者有《泣血録》……《天會録》、《靖康小史》、《痛定録》、《嘗膽録》、《竊憤録》，覽之使人涕泗沱然，不意後人復哀後人也。」清朱鶴齡《愚庵小集》卷十五《書北盟會編後》云：「靖康俘虜，炎興屈辱之狀，令人痛心指髮，《宋史》盡諱之而不書，賴此書猶存其實耳。中引呂本中《痛定録》曰（略）。自古文士以詩文得禍者，往往有之，帝王則僅見欽宗，此可發一浩嘆也。」足見前人對是書的史料價值十分重視，惜其久已不存，僅賴《會編》留此一則。

痛定録①一則

前此上在青城齋宫，無聊，何栗奏宜賦詩以遣興。乃以孫覿、汪藻應制。上詩用時字韻，覿詩曰：「噬臍有愧平燕日，嘗膽無忘在莒時。」藻詩曰：「虜帳夢回驚日處②，都城心切望雲時。」有以此達賊帥③，及見在莒之句，又斥其爲虜帳④，因摭此爲名，遂滯留車駕。

輯自上海古籍出版社影印清光緒許涵度刻本《三朝北盟會編》卷七四

【校記】

① 光緒本署吕本中，四庫本作者署名作吕本宗，顯係傳寫之誤，《建炎以來繫年要録》卷一引此，亦作吕本中。

②④ 虜：四庫本作「敵」。

③ 賊：四庫本作「金」。

附録

宋·尤袤《遂初堂書目·本朝雜史》

《痛定録》。

宋·陳振孫《直齋書録解題》卷五《雜史類》

《痛定録》一卷，不著姓氏。

童蒙訓

童蒙訓整理説明

《童蒙訓》，顧名思義，爲訓誡蒙童之作。宋樓昉云：「舍人公以正獻公長孫，逮事元祐遺老，與諸名勝遊，淵源所漸者遠，渡江轉徙流落之餘，中原文獻與之俱南。因即疇昔所聞見者，輯爲是編。……書之所載，自立身、行己、讀書、取友、撫世、醻物，仕州縣、立朝廷，綱條本末，皆有稽據。大要欲學者反躬抑志，循序務本，切近篤實，不累於虚驕，不騖於高遠，由成己以至成物，豈特施之童蒙而已哉！雖推至天下國家可也。」南渡以後，作者多次聚徒授業，故是書流傳甚早。現在我們看到的，成書於紹興十八年的胡仔《苕溪漁隱叢話》前集，即援引《童蒙訓》二十四條。吕氏卒於紹興十五年，顯然在其生前即廣爲流傳。此後，朱熹的《小學》、劉清之的《戒子通録》、吕祖謙的《少儀外傳》等理學著作皆大量引用。不言而喻，早期的傳本應屬不少。嘉定本樓昉題記即稱，此前長沙郡學、龍溪學皆曾刊刻此書。無記載者究竟有多少，則不得而知。

今見最早著録《吕氏童蒙訓》者，爲南宋尤袤的《遂初堂書目》，不記卷數；繼之陳振孫《直齋書録解題》著録爲一卷；元修《宋史》，吕本中本傳及《藝文志》皆著録爲三卷，而馬端

《天禄閣琳琅書目》著録爲「一函一册」稱「上下二卷」。臨《文獻通考》則沿陳振孫之説，仍爲一卷。明楊士奇《文淵閣書目》著録爲「一部一册」，

而今傳世者，唯三卷本。宋嘉定八年（一二一五），丘壽雋守金華，得吕大器手寫、經吕喬年訂正的《童蒙訓》稿本，出錢五萬，刊刻而成。樓昉時爲州學教授，爲作題記，述其始末。按題記内容應附於篇末。宋紹定二年（一二二九），李皐來守金華，得此本於吕祖烈，並依嘉定本鋟木於玉山堂。移樓之題記於前作序，篇末附記「紹定己丑郡守眉山李皐得此本與詳刑使者東萊吕公祖烈，因鋟木於玉山堂，以惠後學」。内文「桓」、「慎」、「敦」、「惇」缺筆，「仁廟」、「泰陵」前空一格。此似即《宋史》著録的三卷本。明代有坊間翻刻本，然「槧刻再三，故字畫不能圓勁，紙亦不佳」。清代有乾隆二十年王嗣賢所抄三卷本，自言借抄於「□□堂沈氏」之「宋板」，樓題置前，李附記於後。經與紹定本對照，形制幾於無異。《四庫全書》本謂即據「明人依宋槧翻雕」本抄録。清同治二年當歸草堂本亦稱出自「李氏原刻本」。還有自日本回流的有文化十三年（一八一六）翻刻本，亦本自紹定本。民國初年陶湘的《拓跋廛叢刻》景印宋本《童蒙訓》，首標「嘉定本」，其實並非嘉定原本，而是紹定的翻刻本。不過印製精美，頗具宋版書的風貌。

四庫編者當時已經發現，這已不是全本。現據宋代諸多典籍援引的内容，《童蒙訓》應包含現在以單本流傳的《官箴》與近人輯録的《童蒙詩訓》。如《官箴》始見於吕祖謙《吕東

萊文集》卷一〇《家範》中，題名《舍人官箴》，爲祖謙抄付初入仕的門人魏衍者。宋理宗寶慶中陳昉刊刻單行於世。而早於陳昉的劉清之(子澄)所輯的《戒子通録》中即摘取《童蒙訓》一書，幾乎包含《官箴》全部内容。《童蒙詩訓》宋公私書目皆無著録，僅見於明楊士奇《文淵閣書目》與葉盛《菉竹堂書目》，皆不記著人、刊本或鈔本。自宋至清，論詩衡文的著作，鮮有引自《童蒙詩訓》的論述。今輯本散見於《苕溪漁隱叢話》、《竹莊詩話》、《仕學規範》、《詩人玉屑》、《修辭鑑衡》、《餘師録》諸書，諸書一律稱輯自呂氏《童蒙訓》。筆者頗疑呂氏是否真實存在過《童蒙詩訓》，或作者另有其人。

至於今本《童蒙訓》爲何不存論詩文部分？《四庫提要》云：「何焯跋疑其但節録要語而成，已非原本。然刪削舊文，不過簡其精華，除其枝蔓，不應近語録者全存，近詩話者全汰。以意推求，當時殆以商榷學問者爲一帙，品評文章者爲一帙，有内編外編之分，傳其書者，輕詞華而重行誼，但刻其半，亦未可定也。」這只是一種猜測。筆者以爲最主要的原因，刊刻此書者受到朱熹的影響。朱熹在《答吕伯恭書》中説：「向見正獻公家傳，語及蘇氏，直以浮薄輩目之。而舍人丈所著《童蒙訓》，則極論詩文必以蘇、黄爲法。嘗竊歎息，以爲若正獻、滎陽，可謂能惡人者，而獨恨於舍人丈之微旨有所未喻也。然則老兄今日之論，未論其他，至於家學，亦可謂蔽於近而違於遠矣。更願思之，以求至當之歸，不可自誤而復誤人也。」（《晦庵集》卷三三）吕祖謙卒後，朱熹多次批評吕氏家學「不純」，所以吕喬年在校訂吕大器手録《童蒙訓》時，或將評詩論文的内容全部剔除，是完全有可能的。

此次整理，以紹定本（拓跋廛叢刻本）爲底本，參校以下諸本：

（一）、清王嗣賢抄本《童蒙訓》
（二）、文淵閣四庫全書本《童蒙訓》
（三）、當歸草堂本《童蒙訓》
（四）、人民文學出版社一九六二年版宋胡仔《苕溪漁隱叢話》前後集
（五）、文淵閣四庫全書本宋朱熹《小學》
（六）、文淵閣四庫全書本宋刘清之《戒子通録》
（七）、文淵閣四庫全書本宋吕祖謙《少儀外傳》
（八）、文淵閣四庫全書本宋張鎡《仕學規範》
（九）、中華書局一九六三年版宋魏慶之《詩人玉屑》
（十）、人民文學出版社一九八七年版宋阮閲《詩話總龜》前後集
（十一）、文淵閣四庫全書本宋王正德《餘師録》
（十二）、文淵閣四庫全書本元王構《修辭鑒衡》

（十三）、中華書局一九八〇年版《宋詩話輯佚·童蒙詩訓》等

鑒于《官箴》在南宋已有單行本問世，且影響至爲深遠，現仍因其舊，不與《童蒙訓》合併，其他散見各書，凡標明見於吕氏《童蒙訓》者，一律作爲佚文收入《童蒙訓》（包括已單獨刊行的《童蒙詩訓》）。原《童蒙訓》上、中、下三卷不變，增加「輯佚」一卷。

目録

童蒙訓卷上

學問當以《孝經》、《論語》、《中庸》、《大學》、《孟子》爲本，熟味詳究，然後通求之《詩》、《書》、《易》、《春秋》，必有得也。既自做得主張，則諸子百家長處皆爲吾用矣。

孔子已前，異端未作，雖政有污隆，而教無他説，故《詩》、《書》所載，但説治亂大槩。至孔子後，邪説並起，故聖人與弟子講學，皆深切顯明，《論語》、《大學》、《中庸》皆可考也。其後孟子又能發明推廣之。

大程先生名顥，字伯淳，以進士得官。正獻公爲中丞，薦之朝，用爲御史。論新法不合，罷去。泰陵即位，以宗正丞召，未受命，卒于家。其門人共謚爲明道先生。先生嘗以董仲舒「正其義不謀其利①，明其道不計其功」爲合於聖人。仲舒之學，度越諸子者以此。故門人以先生學之所就，以明道見其志焉。

【校記】

① 義：《漢書·董仲舒傳》作「誼」。

小程先生名頤，字正叔，舉進士，殿試不中，不復再試。元祐初，正獻公與司馬温公同薦，遂得召用，侍講禁中。旋又罷去，遂不復用。紹聖中，貶涪州。元符還洛。大觀間卒于家。學者謂之廣平先生。後居伊陽，又謂之伊川先生。二程先生自小刻勵，推明道要，以聖學爲己任，學者靡然從之，當時謂之「二程」。

二程始從周茂叔先生爲窮理之學，後更自光大。茂叔名敦頤①，有《太極圖説》傳於世②，其辭雖約，然用志高遠可見也。正獻公在侍從時，聞其名，力薦之，自常調除轉運判官。茂叔以啓謝正獻公云：「在薄宦有四方之遊，於高賢無一日之雅。」

【校　記】

① 敦：底本、王嗣賢抄本缺筆，避光宗嫌名，下同，不另出校。

② 圖：底本、王抄本、當歸草堂本無「圖」字，據《宋史·周敦頤傳》、四庫本補。

張戩天祺與弟載子厚①，關中人，關中謂之「二張」。篤行不苟，爲一時師表，二程之表叔也。子厚推明聖學，亦多資於二程者。吕大臨與叔兄弟、後來蘇昞等皆從之學，學者稱子厚爲横渠先生。天祺之爲御史，用正獻公薦也。

【校　記】

① 據《伊洛淵源録》、《宋史·道學傳》與《宋元學案》記載，皆謂張載爲兄，張戩爲弟。吕氏偶誤。

二程與横渠，從學者既盛，當時亦名其學爲「張程」云。

滎陽公年二十一時①，正獻公使入太學，在胡先生席下，與伊川先生鄰齋。伊川長滎陽公纔數歲，公察其議論，大異，首以師禮事之。其後楊應之國寶、邢和叔恕、左司公待制皆師尊之，自後學者遂衆，實自滎陽公發之也。

【校記】

① 二十一：原校曰：「一本作十九。」

關中始有申顔者，特立獨行，人皆敬之。出行市肆，人皆爲之起，從而化之者衆。其後二張更大發明學問淵源。

伊川先生嘗至關中，關中學者皆從之遊，致恭盡禮。伊川嘆「洛中學者弗及也」。

伊川先生嘗識楊學士應之於江南，常稱其偉度高識絶人遠甚。楊學士是時猶未師伊川也。

安定胡先生之主湖州學也，天下之人謂之「湖學」，學者最盛。先生使學者各治一事，如邊事、河事之類。各居一齋，日夕講究，其後從學者多爲時用。蓋先生教人，務有實效，不爲虚言也。是時孫公莘老名覺，顧公子敦名臨，最爲高弟。

正獻公之在侍從也，專以薦賢爲務，如孫莘老覺、李公擇常、王正仲存、顧子敦臨、程伯淳顥、張天祺戩等，皆爲一時顯人。

正獻公既薦常秩，後差改節，嘗對伯淳有悔薦之意。伯淳曰：「願侍郎寧百受人欺，不可使好賢之心少替。」公敬納焉。

滎陽公嘗説：「楊十七學士應之樂善少比，聞一善言，必書而記之。」滎陽公嘗書于壁云：「惟天子爲能備物，惟聖人爲能備德。」應之遽取筆録記之。

楊應之勁挺不屈，自爲布衣，以至官於朝，未嘗有求於人，亦未嘗假人以言色也。篤信好學，至死不變。滎陽公嘗贈之以詩云：「獨抱遺經唐處士，差强人意漢將軍。」應之，元祐間用范丞相堯夫薦館職，不就試，除太學博士，出爲成都轉運判官。有屬官與之辨論，應之嘉其直，即薦之朝。其自成都召爲校書郎，有遠房舅在蜀中，官滿，貧不能歸，應之盡以成都所得數百千遺之。其自立如此。

邵堯夫先生受學於李挺之之才，李之才受學於穆脩伯長，穆伯長受學於陳摶希夷。其所傳先天之學，具見於《易圖》與《皇極經世》。故程伯淳作《堯夫墓誌》云：「推其源流，遠有端緒。」震，東方也；巽，南方也；離，南方之卦之類，此妙用之位①。如天地定位，乾南而坤北，山澤雷風水火相對，即先天之位。先生既没，其學不傳，人能知其名，而不知其用也。嘗欲傳其學於伊川，伊川不肯。一日，與伊川同坐，聞雷聲，問伊川曰：「雷從何方起？」伊川云：「從起處起。」蓋不領其意。先生既没，元祐間，謚康節。

【校　記】

① 妙：王抄本、四庫本、當歸草堂本皆作「入」，此據底本。

邵康節以十二萬四千五百年爲一會，自開闢至堯時，正當十二萬年之中數，故先生名雍，字堯夫。名雍，取「黎民於變時雍」也。其居洛陽，亦取天地之中。字堯夫，取當堯時中數也。「四千五百年」，數未詳①。

【校　記】

① 「四千五百年，數未詳」：此句四庫本在「其居洛陽，亦取天地之中」前，據底本。疑為衍文。

邵康節先居衛州之共城①，後居洛陽。有商州太守趙郎中者，康節與之有舊，嘗往從之。時章惇子厚作令商州②，趙厚遇之。一日，趙請康節與章同會，章以豪俊自許③，議論縱横，不知敬康節也④。語次，因及洛中牡丹之盛。趙守因謂章曰：「先生，洛人也，知花爲甚詳。」康節因言：「洛人以見根橃而知花之高下者⑤，知花之上也；見枝葉而知高下者，知花之次也；見蓓蕾而知高下者⑥，乃知花之下也⑦。如長官所説，乃知花之下也。」章默然慙服。趙因謂章：「先生，學問淵源，世之師表，公不惜從之學，則日有進益矣。」章因從先生游，欲傳數學⑧。先生謂章：「須十年不仕宦乃可學。」蓋不之許也。

【校記】

①先：底本、王抄本、當歸草堂本、四庫《童蒙訓》皆無「先」字，此據《苕溪漁隱叢話》補。

②惇：底本、王抄本缺筆，避光宗諱。

③以：底本、王抄本、當歸草堂本、四庫《童蒙訓》無「以」字，據《苕溪漁隱叢話》補。

④敬：《苕溪漁隱叢話》作「尊」。

⑤撥：四庫本作「撥」。

⑥蓓：原作「菩」，據四庫本改。

⑦乃：底本、王抄本、四庫本無「乃」字，據當歸草堂本補。

⑧欲：《苕溪漁隱叢話》作「求」。

虔州人李潛君行先生，篤行自守，不交當世。年五十餘，監泗州僧伽塔，人弗知也。右丞范公彝叟爲發運使，始深知之，力薦於朝，除太學博士、校書郎。紹聖中，力求去，知蘄州，遂請老。君行之學，專以經書、《論語》、《孟子》爲正，舍此皆不取。如「七世之廟，可以觀德」，則專守七廟，其他言廟數不同者，皆無取也。「『昊天有成命』，郊祀天地也」，則是合祭天地無疑也。其言南北郊，其言圜丘郊禘異禮，皆不取也。其學簡而易明，以行己爲本，不爲空言。東萊公與叔父舜從皆與之游。

君行先生嘗言：「學者當以經書、《論語》、《孟子》如秤相似，以秤量衆説，其輕重等者正也，其不等者不正也。」

田腴誠伯，篤實士。東萊公與叔父舜從之交遊也。嘗從横渠學，後從君行游。誠伯每三年治一經，學問通貫，當時無及之者。深不取佛學。建中靖國間，用曾子開内翰薦，除太學正。崇寧初罷去。誠伯叔父明之，亦老儒也。然專讀經書，不讀子史，以爲非聖人之言，不足治也。誠伯以爲不然，曰：「『博學而詳説之，將以反説約也。』如不遍覽，非博學詳説之謂。」

徐積仲車先生①，山陽人，小許牓登科。初從安定胡先生學，潛心力行，不復仕進。其學以至誠爲本，積思《六經》，而喜爲文詞②，老而不衰。先生自言：「初見安定先生，退，頭容少偏。安定忽厲聲云：『頭容直！』某因自思，不獨頭容直，心亦要直也。自此不敢有邪心③。後因具公裳以見貴官④，又自思云：『見貴官尚必用公裳⑤，豈有朝夕見母而不具公裳者乎？』遂晨夕具公裳揖母。」先生事母至孝⑥，山陽人化之。

【校　記】

①積：《苕溪漁隱叢話》無「積」字。

②詞：當歸草堂本作「辭」。

③「其學……邪心」一段，《苕溪漁隱叢話》無。

④後：《苕溪漁隱叢話》作「仲車一日」。

⑤必用：《苕溪漁隱叢話》作「具」。

⑥先生：《苕溪漁隱叢話》無「先生」二字。

先生嘗爲文訓勵學者云：「仲車先生一日升堂訓諸生曰：『諸君欲爲君子，而使勞己之力，費己之財，如此而不爲君子猶可也；不勞己之力，不費己之財，諸君何不爲君子？鄉人賤之，父母惡之，如此而不爲君子猶可也；父母欲之，鄉人榮之，諸君何不爲君子？』又曰：『言其所善，行其所善，思其所善，如此而不爲君子，未之有也；言其不善，行其不善，思其不善，如此而不爲小人，未之有也。』」

元符三年，滎陽公自和州謫居起知單州，道過山陽，因出過市橋，橋壞墮水而不傷焉。仲車先生年幾七十矣，作《我敬詩》①贈公云：「我敬呂公，以其德齒。敬之愛之，何時已已。美哉呂公，文在其中。見乎外者，古人之風。惟賢有德，神相其祉。何以祝公？勿藥有喜。」

詩後批云：「前日之事，橋梁腐敗，人乘蹉跌，而公晏然無傷，固有神明陰相其德。願爲本朝自重，生民自重。」

【校　記】

① 我敬詩：《節孝集》作「贈吕公侍講」。

熙寧初，滎陽公監陳留税務，時汪輔之居陳留，恃才傲物，獨敬重公。横渠先生聞之，語人云：「於蠻貊之邦行矣，於吕原明見之。」

正獻公嘗稱滎陽公於張文潛云：「此子不欺闇室。」

滎陽公之監陳留税也，章樞密質夫粢知縣事，雅敬愛公。一日，因語次暴陵折公，公不爲動。質夫笑曰：「公誠厚德可服，某適來相試耳。」

元祐中，滎陽公在經筵，除司諫，姚舍人輝中勔當制，詞云：「道學至於無心，立行至於無愧，心若止水，退然淵静。」當時謂之實録。建中靖國元年，豐相之稷遷禮部尚書，薦滎陽公自代，詞云：「心與道潛①，湛然淵静，所居則躁人化②，聞風則薄夫敦。」

【校　記】

① 心與道潛：原校曰：「一作志以道寧。」

②躁：原校曰：「一作里。」

滎陽公入太學時，二十一歲矣。胡先生實主學。與黄右丞安中履、邢尚書和叔恕同齋舍。時安中二十六歲，爲齋長，和叔十九歲。安中方精專讀書，早晨經書每授五百遍，飯後史書可誦者百遍，夜讀子書每授三百遍。每讀書，危坐不動，句句分明。和叔時雖少，當世時務無不通曉，當世人材無不徧知。

滎陽公教學者，讀書須要字字分明，仍每句最下一字尤要令聲重則記牢。

正獻公簡重清静，出於天性，冬月不附火①，夏月不用扇，聲色華耀，視之漠然也。范公内翰淳夫祖禹②，實公之婿，性酷似公。後滎陽公長婿趙仲長演，嚴重有法，亦實似公焉。

【校記】

①附：當歸草堂本作「坿」。

②内翰：《戒子通録》無「内翰」二字。

正獻公教子既有法，而申國魯夫人，肅簡公諱宗道之女①，閨門之内，舉動皆有法則。滎陽公年十歲，夫人命對正獻公則不得坐，命之坐則坐，不問不得對。諸子出入，不得入酒肆茶肆。每諸婦侍立，諸女少者則從婦傍。

【校　記】

①　肅簡：原作「簡肅」，據《宋史・魯宗道傳》改。

正獻公年三十餘，通判潁州，歐陽文忠公知州事。焦伯強千之方從歐陽公學，正獻公請伯強處書室，命滎陽公從學焉。其後，正獻公罷歸京師，請伯強同行，歐陽公有送行詩，所謂「有能掇之行①，可謂仁者勇」者也。伯強性耿介不苟，危坐終日，不妄笑語。每諸生有不至，則召之坐，面切責之，不少假借。滎陽公幼時，申公與夫人嚴毅如此，就師傅而得伯強，其後有成，非偶然也。滎陽公嘗言：「中人以下，内無賢父兄，外無嚴師友，而能有成者，未之有也。」

【校　記】

①　掇：歐陽修《文忠集》作「揭」。

正獻公年三十餘，通判潁州，已有重名。范文正公以資政殿學士知青州，過潁，來復謁公，呼公謂之曰：「太博，近朱者赤，近墨者黑。歐陽永叔在此，太博宜頻近筆研。」申國夫人在廳事後聞其語，嘗舉以教滎陽公焉。前輩規勸懇切，出於至誠，類如此也。

滎陽公嘗言：「世人喜言『無好人』三字者，可謂自賊者也。包孝肅公尹京時，民有自言：

『有以白金百兩寄我者，死矣。予其子，其子不肯受。願召其子予之。』尹召其子，其子辭曰：『亡父未嘗以白金委人也。』兩人相讓久之。」公因言：「觀此事而言無好人者，亦可以少愧矣。『人皆可以爲堯舜』，蓋觀於此而知之。」

滎陽公張夫人，待制諱昷之之女也，自少每事有法，亦魯肅簡公外孫也①。張公性嚴毅不屈，全類肅簡②，肅簡深愛之②，家事一委張公。夫人，張公幼女，最鍾愛，然居常至微細事，教之必有法度，如飲食之類，飯羹許更益，魚肉不更進也。時張公已爲待制、河北都轉運使矣。及夫人嫁吕氏，夫人之母，申國夫人姊也，一日來視女，見舍後有鍋釜之類，大不樂，謂申國夫人曰：「豈可使小兒輩私作飲食，壞家法耶？」其嚴如此①。

【校　記】

①②③ 肅簡：四庫本作「簡肅」，據底本、王抄本。

④ 其嚴如此：《戒子通録》無此四字。

叔父舜從，既與東萊公從當世賢士大夫游，嘗訓子弟曰①：「某幸得從賢士大夫游，過相推重，然某自省所爲②，才免禽獸之行而已，未能便合人之理也，何得士大夫過相與耶③？」因思前輩自警脩省如此。

【校　記】

① 嘗：《戒子通録》作「常」。

② 過相推重然某自省所爲：《戒子通録》作「然過相推重某自省所爲」。

③ 耶：《戒子通録》作「也」。

正獻公交游，本中不能盡知之。其顯者，范蜀公、司馬温公、王荆公、劉原甫也①。滎陽公交游，則二程、二張、孫莘老、李公擇、王正仲、顧子敦、楊應之、范醇夫、黄安中、邢和叔、王聖美也②。東萊公交游，則李君行、田明之、田誠伯、吴坦求、陳端誠、田承君、陳瑩中、張才叔、龔彦和及彦和之弟大壯也③。

【校　記】

① 劉原甫：《戒子通録》作「劉侍讀原甫」。

② 黄安中、邢和叔、王聖美：《戒子通録》無此三人。

③ 彦和之弟大壯：《戒子通録》作「其弟之任」。

張横渠詩云：「若要居仁宅①，先須入禮門。」温公作《横渠哀詞》曰②：「教人學雖博，要以禮爲先。」伊川先生云：「子厚以禮教學者最善，使學者先有所據守③。」然則横渠之教，以禮爲本也。後程門高弟張繹思叔作《伊川祭文》云：「在昔諸儒，各行其志，或得於數，或觀於禮，學者趨之，世濟其美。獨吾先生，淡乎無味，得道之真④，死其乃已。」或得於數，蓋指康節。或觀于禮，謂横渠也。

【校　記】

①要：《仕學規範》作「知」。

②詞：當歸草堂本作「辭」。

③使學者先有所據守：原作「先有所據守」，《二程遺書》作「使學先有所據守」，據《張子全書》卷十五《附録》。

④道：《二程遺書》作「味」。

明道作《邵康節墓誌》云：「昔七十子學於仲尼，其傳可見者，惟曾子所以告子思，子思所以授孟子者爾。其餘門人，各以己之所宜者爲學，雖同尊聖人，所因而入者，門户則衆矣。況後此千餘歲，師道不立，學者莫知所從來。獨先生之學爲有傳也。先生得之於李挺之，挺之得之於穆伯長，推其源流，遠有端緒。今穆、李之言，及其行事，槩可見矣。而先生醇一不雜，汪洋浩大，乃其所自得者多矣。然而名其學者，豈所謂門户雖衆，各有所因而入者歟！語成德者，昔難其居。若先生之道，就所至而論之①，可謂安且成矣。」觀此誌文，明道所以處康節者無餘藴矣。

【校　記】

① 就：《二程粹言》作「以其」。

李公擇尚書嘗與滎陽公諸賢講論行己須先誠實，只如書帖言語之類，不情繆敬，盡須削去，如未嘗瞻仰而言瞻仰，未嘗懷渴而言懷渴，須盡去之，以立其誠。

伊川嘗言：「今僧家讀一卷經，便要一卷經中道理受用。儒者讀書，却只閑讀了，都無用處。」

顧公子敦内翰嘗語東萊公云：「學者須習不動心。事緒之來，每每自試，久久之間，果能不動，則必自知，曰：『我不動矣。』」由此觀之，前輩所以自立，非徒然也。

陳瑩中右司嘗言：「學者須常自試，以觀己之力量進否。《易》曰：『或躍在淵，自試也。』此聖學也。」紹聖中①，顧公子敦被謫，過京師，東萊公與叔父往見之。子敦再三講論行己如何，云：「守至正以俟天命，觀時要以養學術。」

【校　記】

① 四庫本，自「紹聖中」而下分爲另則。此據底本。

劉公待制器之嘗爲本中言：少時就洛中師事司馬公，從之者二年。臨別，問公所以爲學之道。公曰：「本於至誠。」器之因效顔子之問孔子，曰：「請問其目。」公曰：「從不妄語始。」器之自此專守此言，不敢失墜。後任磁州司法，吴守禮爲河北轉運使，嚴明守法，官吏畏之。吴與器之尊人有舊，相待頗異衆。器之不以爲喜。一日，有人告磁州司户贓污于轉運使者，吴親至磁州，欲按其事，召器之至驛舍堂中。器之心不喜，曰：「常時相待少異，我已自不喜，況今召我至堂中，人得無疑我乎？」吴因問：「司户贓污如何？」器之對曰：「不知。」吴因不悦，曰：「與公有契，所以相問，何不以誠告？」明日，吴閲視倉庫，召司户者謂曰：「人訴爾有贓，本欲來案爾，今劉司法言爾無之。姑去，且謹視倉庫，俟北京回，倉庫不如法，必案無疑也。」於是衆方知器之長者。然器之心常不自快，曰：「司户實有贓，而我不以誠告，吾其違司馬公教乎？」後因讀揚子云「君子避礙則①通于理②」，然後意方釋然。言不必信，如此而後可。

【校　記】

① 則：原脱。據《揚子法言》補。

② 于：原作「諸」，據《揚子法言》改。

器之嘗爲予言：「當官處事，須權輕重，務合道理，毋使偏重可也。夫是之謂中。」因言：「元祐間，嘗謁見馮當世宣徽。當世言：『熙寧初，與陳暘叔、吕寶臣同任樞密。暘叔聰明少比，遇事之來，迎刃而解。而吕寶臣尤善稱停事，每事之來，必稱停輕重，令必得所而後已也。事經寶臣處畫者，人情事理無不允當。』」器之因極言「稱停」二字最吾輩當今所宜致力，二字不可不詳思熟講也。寶臣，蓋惠穆公也。

楊應之學士言：「後生學問，聰明强記不足畏，惟思索尋究者爲可畏耳。」

伊川先生言：「人有三不幸：少年登高科，一不幸；席父兄之勢爲美官，二不幸；有高才，能文章，三不幸也。」

近世故家，惟晁氏因以道申戒子弟①，皆有法度。羣居相處，呼外姓尊長②，必曰某姓第幾叔若兄；諸姑尊姑之夫，必曰某姓姑夫，某姓尊姑夫，未嘗敢呼字也；其言父黨交遊，必曰某姓幾丈，亦未嘗敢呼字也。當時故家舊族皆不能若是。

【校記】

① 因以道申戒子弟：原校曰：「一作能以道訓戒子弟。」

② 羣居相處呼外姓尊長：《戒子通録》作「羣居相呼外姓尊」。

頃見陳瑩中與關止叔沼、與滎陽公書問①，其言前輩與公之交遊，必平闕書云「某公某官」，如稱器之，則曰「待制劉公」之類。其與己同等，則必斥姓名，示不敢尊也，如曰游酢、謝良佐云。此皆可以爲後生法。

【校　記】

① 頃見：《戒子通録》無「頃見」二字。

張才叔庭堅專務以直道進退，不求苟得。「君子創業垂統，爲可繼也。若夫成功，則天也。」才叔之學，蓋主於此。

張思叔因讀《孟子》「志士不忘在溝壑，勇士不忘喪其元」，慨然有得。蓋能守此，則無不可爲之事。

後生學問，且須理會《曲禮》、《少儀》、《儀禮》等，學洒掃、應對、進退之事，及先理會《爾雅》訓詁等文字，然後「可以語上」，「下學而上達」，自此脱然有得，自然度越諸子也。不如此，則是躐等，犯分，陵節，終不能成。「孰先傳焉？孰後倦焉？」不可不察也。

吕與叔嘗作詩曰：「文如元凱徒稱①癖②，賦若相如止類俳。惟有孔門無一事，只傳顔氏得心齋。」

【校　記】

① 稱：《能改齋漫録》、當歸草堂本作「成」。

② 癖：《苕溪漁隱叢話》作「僻」。

横渠《讀詩》詩云①：「置心平易始知《詩》②。」楊丈中立云：「知此詩，則可以讀三百篇矣。」

【校 記】

① 讀詩：《張子全書》作「題解詩後」。

② 知：《張子全書》作「通」，當歸草堂本作「得」。

韓公持國維，閑居潁昌，伊川先生常自洛中往訪之。時范右丞彝叟純禮亦居潁昌①，持國嘗戲作詩示二公云：「閉門讀《易》程夫子，清坐焚香范使君。顧我未能忘世味，緑尊紅妓對西曛②。」

【校 記】

① 右：《苕溪漁隱叢話》作「中」，四庫《童蒙訓》、當歸草堂本作「右」。《宋史》本傳，范純禮官至尚書右丞，未嘗作御史中丞，「中」當爲「右」之誤。

② 妓：四庫本《童蒙訓》、《宋詩鈔》作「芰」。按：《宋詩鈔》録此詩，題爲《戲示程正叔范彝叟時正叔自洛中過訪》，詩云：「曲肱飲水程夫子，晏坐燒香范使君。顧我未能忘外樂，緑樽紅芰對朝曛。」

龔殿院彦和夬①，清介自立，少有重名。元祐間，僉判瀛州，與弟大壯同行。大壯尤特立不羣。曾子宣帥瀛，欲見不可得。一日，徑過彦和，邀其弟出。不可辭也，遂出相見。即爲置酒，從容終日乃去。因題詩壁間，其兩句云：「自慙太守非何武，得向河間見兩龔。」近日貴人如曾子宣之能下士，亦難及也。紹聖中，彦和爲監察御史，未能去。大壯力勸其兄早求罷，彦和遂去。大壯不幸早卒，雖彦和之弟，實畏友也。

【校　記】

① 央：底本、王抄本皆作「央」，據《宋史·龔夬傳》、四庫本、當歸草堂本改。

李君行先生自虔州入京，至泗州①，其子弟請先往。君行問其故，曰：「科場近，欲先至京師，貫開封户籍取應。」君行不許，曰：「汝虔州人，而貫開封户籍，欲求事君而先欺君，可乎？寧緩數年，不可行也。」

【校　記】

① 至泗州：《戒子通録》作「至泗州止」。

正獻公幼時，未嘗博戲。人或問其故，公曰：「取之傷廉，與之傷義。」

滎陽公嘗言：「孫莘老、李公擇之爲友，友也。」

滎陽公嘗言：「吕吉甫嘗稱李公擇有樂正子之好善。」

滎陽公嘗言：「所在有鄉先生處，則一方人自别，蓋漸染使之然也。人豈可以不擇鄉就士哉！」

侯叔獻者，少有聲名。熙寧初，屢來求見正獻公。滎陽公因爲公言：「叔獻可比趙清獻。」正獻深不以爲然，云：「趙清獻自守一世，方成就如此①。後生有多少事，豈可便比前輩？」既而叔獻果建水事求進。

【校記】

① 方成就如此：原校曰：一作「方做到此地位」。

姜潛至之，仁宗朝老儒先生也，不喜人作詩，云：「招悔吝，損心氣。」

明道先生嘗至禪寺，方飯，見趨進揖遜之盛，嘆曰：「三代威儀，盡在是矣。」

正獻公爲樞密副使，年六十餘矣。嘗問太僕寺丞吴公傳正安持己之所宜修，傳正曰：「毋敝精神於蹇淺。」滎陽公以爲，傳正之對，不中正獻之病，正獻清淨不作，爲患於太簡也。本中後思得正獻問傳正時，年六十餘矣，位爲執政，當時人士皆師尊之。傳正，公所獎進，年才三十餘，而公見之，猶相與講究，望其切磋，後來所無也。滎陽公獨論其問答當否，而不言下問爲正獻公之難，蓋前輩風俗純一①，習與性成，不以是爲難能也。

【校　記】

① 一：底本空格，據王抄本、四庫本、當歸草堂本補。

正獻公每時節必問諸生有何進益。

滎陽公嘗言少時與叔祖同見歐陽文忠公，至客次，與叔祖商議見歐陽公叙契分、求納拜之語。及見歐陽公，既叙契分，即端立受拜，如當子侄之禮。公退，而謂叔祖曰：「觀歐陽公禮數，乃知吾輩不如前輩遠矣。」

童蒙訓卷中

本中嘗問滎陽公曰：「兄弟之生相去或數日，或月十日①，其爲尊卑也微矣。而聖人直如是分別長幼，何也？」公曰：「不特聖人直重先後之序，如天之四時，分毫頃刻皆有次序，此是物理自然，不可易也。」

【校　記】

① 月：《戒子通録》作「數」。

滎陽公爲人處事皆有長久之計，求方便之道。只如病中風人，口不能言，手不能書，而養疾者乃問所欲，病者既不能答，適足增苦。故公嘗教人每事作一牌子，如飲食、衣裳、寒熱之類，及常所服藥，常所作事，原注：常所服藥，如「理中圓」之類；常所作事，如梳頭、洗手之類，及作某親等書。病者取牌子以示人，則可減大半之苦。凡公爲人處事每如是也。

王尚書敏仲古每事必爲人求方便之道。如河朔舊日北使經由州郡，每北使將至，民間假貸供張之具至煩擾。敏仲奉使，即言之朝，乞令河朔人使經由處，皆支官錢置什物，儲之別庫，專待人使。自此河朔無復假貸之擾矣。王公臨事，每如此也。

滎陽公與諸父自少官守處①，未嘗干人舉薦，以爲後生之戒。仲父舜從守官會稽，人或譏其不求知者。仲父對詞甚好，云：「勤於職事，其他不敢不慎，乃所以求知也。」

【校記】

① 諸父：《伊洛淵源録》作「諸人云」。

本中往年每侍前輩先生長者，論當世邪正善惡，是是非非，無不精盡。至於前輩行事得失、文字工拙，及漢唐先儒解釋經義，或有未至①，後生敢略議及之者，必作色痛裁抑之②，曰：「先儒得失，前輩是非，豈後生所知！」楊十七學士應之兄弟，晁丈以道，持此規矩最嚴③。故凡後生嘗親近此諸老者，皆有敦厚之風，無浮薄之過。

【校記】

① 及漢唐先儒解釋經義或有未至：《戒子通録》無此十二字。

② 抑：王抄本、四庫本《童蒙訓》作「折」，據底本、當歸草堂本。

③ 持此：底本、王抄本、四庫本《童蒙訓》、當歸草堂本無此二字，據《戒子通録》補。

前輩士大夫專以風節爲己任，其於褒貶取予甚嚴。故其所立，實有過人者。近年以來風節不立，士大夫節操一日不如一日。夏侯旄節夫，京師人。年長本中以倍，本中猶及與之交。崇寧初，召任諸州教授，學制既盼①，即日尋醫去。後任西京幕官，罷任，當改官，以舉將一人安惇也，不肯用，卒不改官。浮湛京師②，至死不屈。唐丈名恕字處厚，崇寧初，任荆南知縣。新法既行，致仕不出者幾三十年。范丈正平子夷，忠宣公之子。忠宣公當國，子夷是時官當入遠，不肯用父恩例，卒授遠地。後爲祥符尉，當紹聖初與中貴人爭打量地界，與辨曲直，不屈，得罪去。劉丈跂斯立③、蹈斯行④，皆丞相莘老子，登高科以文學知名，仕州縣，自處約甚，人不知其爲宰相子也。汪革信民，政和間諸公熟聞其名，除國子博士，欲漸用之，竟辭不受。謝逸無逸，臨川人，州郡欲以八行薦，堅却之。凡此諸公⑤，皆卓然自立一時，不愧古人。爾來流俗，不復以此爲貴矣⑥。

【校　記】

① 盼：《戒子通録》作「頒」。

② 湛：四庫本作「沈」。

③ 丈：《戒子通録》無「丈」字。

④ 斯行：四庫本注「缺」，當歸草堂本作墨丁，据底本。

⑤ 「後爲祥符尉」至「凡此諸公」：《戒子通録》删節。

⑥「爾來流俗不復以此爲貴矣」：《戒子通録》删節。

韓魏公留守北京，有幕官每夜必出遊宴，同官皆欲譖之，慮公不聽。一日，相約至日晚見公議急事，乞召幕官，久之不至。衆方欲白公所以，公佯驚曰：「某忘記，早來某官嘗白某，早出見一親識矣。」其寬大容人之過如此。又嘗久使一使臣求去參選，公不遣。如是數年，使臣怨公不遣，則白公：「某參選方是作官，久留公門，止是奴僕耳。」公笑，屏人謂曰：「汝亦嘗記某年月日私竊官銀數十兩置懷袖中否？獨吾知之，他人不知也。吾所以不遣汝者，正恐汝當官不自慎①，必敗官爾。」使臣愧謝。公之寬弘大度，服人如此。

【校　記】

①慎：底本、王抄本缺筆，避孝宗嫌名，下同，不另出校。

崇寧初本中始問楊中立先生於關止叔。止叔稱楊先生學有自得，有力量。嘗言常人所以畏死者，以世人皆畏死，習以成風，遂畏死耳。如習俗皆不畏死，則亦不畏死也。凡如此，皆講學未明，知之未至而然。

東萊公嘗言：「凡衆人日夕所説之話，如趙丈仲長諸公，都無此話也；衆人所作之事，如楊公應之、李公君行諸公都不做衆人做底事也。」

李公公擇每令子婦諸女侍側，爲説《孟子》大義。

唐充之廣仁每稱前輩説：「後生不能忍詬，不足以爲人①；聞人密論，不能容受而輕泄之者，不足以爲人。」

【校　記】

① 「不能忍詬不足以爲人」：《戒子通録》脱此九字。

陳公瑩中，閩人也。而專主北人，以北人而後可以有爲。南人輕險易變，必不可以有爲。待制叔祖都不説夢，云：「既妄也，何用説爲！」

明道先生嘗語楊丈中立云：「某作縣處，凡坐起等處並貼『視民如傷』四字，要時觀省①。」又言：「某常愧此四字。」

【校　記】

① 時：四庫本作「常」，據底本、王抄本。

明道先生言：「人心不同，各如其面。所不同者，皆私心也。至於公則不然。」

陳公瑩中言：「人之爲惡，雖至於謀反大逆，若有一念悔心，使臨刑之際説我悔也，便須赦他，便須用他。」

滎陽公嘗言：「後生初學，且須理會氣象。氣象好時，百事是當①。氣象者，辭令容止，輕重疾徐，足以見之矣。不唯君子小人於此焉分②，亦貴賤壽夭之所由定也。」

【校記】

① 是：《戒子通録》作「自」，據底本、王抄本。

② 唯：《戒子通録》作「惟」，據底本、王抄本。

滎陽公嘗言：「朝廷奬用言者，固是美意，然聽言之際，亦不可不審。若事事聽從，不加考覈，則是信讒用譖，非納善言也。如歐陽叔弼最爲靜默，自正獻當國，常患不來，而劉器之乃攻叔弼以爲奔競權門。器之號當世賢者，猶差誤如此，況他人乎？以此知聽言之道，不可不審也。」

崇寧初，滎陽公謫居符離，趙公仲長諱演①，公之長婿也，時時自汝陰來省公。公之外弟楊公諱瓌寶②，亦以上書謫監符離酒稅。楊公事公如親兄③，趙公事公如嚴父④。兩人日夕在公側，公疾病，趙公執藥牀下，屏氣問疾，未嘗不移時也。公命之去然後去。楊公慷慨獨立於當世，未嘗少屈。趙公謹厚篤實，動法古人。兩人皆一時之英也。饒德操節、黎介然確、汪信民革時皆在符離，每公疾病少間，則必來見公而退，從楊公、趙公及公之子孫游焉。亦一時之盛也。趙公每與公子弟及外賓客語⑤，及作書帖之類⑥，但稱滎陽公曰公，其尊之如此。楊公與他人語，稱滎陽公但曰内兄，或曰侍講，未嘗敢字稱也。蓋滎陽公中表，惟楊氏兄弟盡事親事長之道，可爲後生法。

【校　記】

①②④ 公：《戒子通録》作「丈」，據底本、王抄本。

③ 公：《戒子通録》脱「公」字，據底本、王抄本。

⑤ 公：《戒子通録》作「丈」，據底本、王抄本。

⑥ 及作書帖之類：底本、王抄本、四庫本、當歸草堂本脱此六字，據《戒子通録》補。

滎陽公爲郡處，令公帑多蓄鰒魚諸乾物及筍乾、蕈乾以侍賓客，以減雞鴨等生命也。

徐仲車先生畜犬孳生至數十，不肯與人。人或問之，云不忍使其母子相離。

孫丈元忠學士朴，正獻公所薦館職也，嘗爲本中言：「某嘗對侍講譏笑程正叔，一日，侍講責某云：『正叔有多少好事，公都不説，只揀他疑似處非笑他，何也？』某因釋然心服，後不敢復深議正叔。」今世之士，如孫丈之服義，亦少有也。侍講，謂滎陽公也。

滎陽公嘗言：「少年爲學，唯撿書最有益。才撿便記得精，便理會得子細。」

又嘗言：「讀書，編類語言相似者事做一處，便見優劣是非。」

滎陽公嘗說：「『攻其惡，無攻人之惡』，蓋自攻其己惡。日夜且自點檢，絲毫不盡，『不慊於心』矣，豈有工夫點檢他人耶？」

或問滎陽公：「爲小人所詈辱，當何以處之？」公曰：「上焉者知人與己本一。何者爲詈，何者爲辱，自無忿怒心也①；下焉者且自思曰：我是何等人，彼爲何等人，若是答他，却與此人等也。如此自處，忿心必自消也②。」

【校　記】

① 自無忿怒心：《仕學規範》「自」下有「然」字，據底本、王抄本。

② 必：《仕學規範》作「亦」，據底本、王抄本。

滎陽公嘗說：「王介甫解經皆隨文生義，更無含蓄。學者讀之更無可以消詳處，更無可以致思量處。」

田誠伯常力闢釋氏輪迴之說，曰：「君子職當爲善。」

童蒙訓卷下

滎陽公嘗言：「孝子事親，須事事躬親，不可委之使令也。」嘗説：「《穀梁》言：『天子親耕以共粢盛，王后親蠶以共祭服，國非無良農工女也，以爲人之盡事其祖禰①，不若以己所自親者也。』此説最盡事親之道。」又説：「『爲人子者，視於無形，聽於無聲。』心未嘗頃刻離親也。事親如天，頃刻離親，則有時而違天，天不可得而違也。」

【校　記】

① 禰：底本、王抄本作「爾」，據四庫本、當歸草堂本改。

范文正公愛養士類，無所不至。然有亂法敗衆者，亦未嘗假借。嘗帥陜西日，有士子怒一廳妓，以甆瓦剺其面，涅之以墨。妓訴之官，公即追士子致之法，杖之曰：「爾既壞人一生，却當壞爾一生也。」人無不服公處事之當。

滎陽公嘗大書「治人事天莫若嗇」於所坐壁上，修養家以此爲養生要術。然事事保慎常令有餘，持身保家安邦之道不越於此，不止養生也。老子之論亦當於理矣。

焦伯强千之先生嘗稱東漢……①一節至顔子……②滎陽公不以爲然。列子稱狐父之盜食爰旌目，爰旌目義不食其食，兩手據地而歐之不出，喀喀然，遂伏而死。狐父之人則盜矣，而食非盜也。以人之盜，因謂食爲盜而不敢食，是失名實者也。

【校　記】

①②　底本墨丁，王抄本空格，四庫本注謂「闕」。

《易》曰：「君子以儉德避難，不可榮以禄。」大抵居困否之世，惟貧與賤則可以免。苟居權寵，擁富厚，鮮有不及者。季札謂晏平仲：「子速納邑與政。無邑無政，乃免於難。」晏子因陳桓子以納政與邑①，是以免欒高之難。大氏春秋之世，以無邑與政爲可以免。齊與晏子邶殿，其鄙六十，卒不受也。曰：「慶氏之邑足欲，故亡，吾邑不足欲也，益之以邶殿，乃足欲，足欲亡無日矣。」「與子雅邑，辭多受少；與子尾邑，受而稍致之。公以爲忠而有寵。」衛與公孫免餘邑六十，辭曰：「甯子唯多邑故死。臣懼死之速及也。」公固與之，受其半。鄭子張有疾，歸邑于公，而使黜官薄祭，盡歸其餘邑，曰：「吾聞之生於亂世，貴而能貧，民無求焉，可以後亡，敬共事君與二三子，生在敬戒不在富也。」此皆古人辭尊居卑，辭富居貧，處亂世自全之道，可以爲萬世貪冒不厭，以致破家亡國者之至戒也。

【校　記】

①桓：底本、王抄本缺筆，避欽宗諱。下同。

滎陽公嘗言：「子産有數事失君子氣象者，如言：『民不可逞，度不可改。』又曰：『子寧以他規我。』如此之類，全無君子氣象。」又言：「張良説漢祖詐秦卒，大不類子房平日所爲。」

外高祖侍郎晉陽王公諱子融，嘗編集京師世家家法善者，以遺子孫。

前輩嘗有編類國朝以來名臣行狀、墓誌，取其行事之善者，別録出之以自警戒，亦樂「取諸人以爲善」之義也。

京師曹氏諸貴族，卑幼不見尊長三日，必拜。

元符末，叔祖待制公坐元祐黨人貶道州，未至，先遣人賃屋兩間。時公亦挈家往，既至，屋窄陋甚，更益一間，以公狀申郡守，不敢往見。是時。上皇即位，已議褒用矣。韓原伯川先貶道州，公以俱在謫籍，不敢相見。既原伯與公俱復官内徙，原伯先受命，往見公，亦不敢與相見，以爲未受復官命也。前輩慎事如此，其亦能遠䰙矣。然且不免，則亦命也。

蘇子由崇寧初居潁昌，時方以元祐黨籍爲罪，深居自守，不復與人相見，逍遥自處，終日默坐。如是者幾十年，以至於没。亦人所難能也。

崇寧間，張公芸叟既貶復歸，閉門自守，不交人物，時時獨遊山寺，芒鞵道服，跨一羸馬，所至從容。飲食一甌淡麪，更無他物。人皆服其清德，後生取法焉。

崇寧間饒德操節、黎介然確、汪信民革，同寓宿州，論文會課，時時作詩，亦有略詆及時事者。滎陽公聞之，深不以爲然。時公疾病方愈，爲作《麥熟》、《繅絲》等曲詩，歌詠當世，以諷止饒、黎諸公。諸公得詩慙懼，遽詣公謝，且皆和公詩，如公之意，自此不復有前作矣。

張琪同美①，京畿人，久遊太學，諸生多稱之。擢第後守官衛州。陳公瑩中爲郡，頗厚待琪，禮遇獨異衆人。琪深感公以意②，然亦不能曉獨異之意。崇寧間琪官宿州，諸公貴人數欲招致之，琪感陳公見待，終不肯進。蓋琪之爲人賢而差弱，陳公所以異待之者，欲以堅其意也。琪終能自守。前輩成就人，委曲如此。教亦多術矣。

【校　記】

① 同：底本墨丁，王抄本空格，四庫本注「闕」，據當歸草堂本補。

② 以：王抄本、四庫本、當歸草堂本皆作「恩」，據底本。

劉器之論當時人物，多云弱，實中世人之病。大氐承平之久①，人皆偷安畏死辟事②，因循苟且，而致然耳。

【校　記】

① 氐：四庫本作「抵」，據底本、王抄本、當歸草堂本。

② 辟：《戒子通録》作「避」，據底本、王抄本、當歸草堂本。

紹聖、崇寧間，諸公遷貶相繼，然往往自處不甚介意。龔彦和夬貶化州①，徒步徑往，以扇乞錢，不以爲難也。張才叔庭堅貶象州，所居屋才一間②，上漏下濕。屋中間以箔隔之，家人處箔内，才叔躡屐端坐于箔外，日看佛書，了無厭色。凡此諸公皆平昔絶無富貴念，故遇事自然如此。如使世念不忘，富貴之心尚在，遇事艱難，縱欲堅忍，亦必有不懌之容，勉强之色矣。鄒志完侍郎嘗稱才叔云：「是天地間和氣薰蒸所成，欲往相近，先覺和氣襲人也。」

【校　記】

① 夬：底本、王抄本等作「央」，據《宋史·龔夬傳》、四庫本改。

② 間：《戒子通録》作「架」，據底本、王抄本。

豐公相之稷清節自守，一意直道，更無他説，而未嘗絶物。張才叔蓋師法之。相之元祐間與滎陽公同在經筵，有女之喪，滎陽公問之曰：「以公定力如此，必無過戚。」相之云：「正爲未能如此。」

李君行先生紹聖中致仕歸虔州，元符庚辰歲諸公既還朝廷，君行驛召賜對，管勾宗子學，比國子司業，蓋有陰沮之恐在要地者。伊川先生嘗問從學者：「李君行何以復出？」從學者對曰：「李司業承朝廷美意，不得不出，然且歸矣。」君行既至京師，即引疾得歸。

伊川先生嘗有門弟子日赴歌會過差，先生聞之大不樂，以爲如此絶人理，去禽獸無幾爾①。

【校　記】

① 幾爾：原注：一本作「幾希」。

正獻公作相時，每月以上尊分遺親舊。楊十七學士應之，公之甥也，月送兩壺。楊學士得酒，即送酒家易常酒數壺，欲飲酒即取之。東萊公以爲楊學士英氣偉度，必不以唇舌間需玩上尊滋味爲美也，得酒貴多，不問美惡，過人遠矣。

李君行先生之長子格篤行博學，克肖其父，而長於四六表章。早歲登科，紹聖中知江寧府上元縣，滎陽公知太平州。李以啓事賀公，其略有云：「知府侍講，藴命世之雄才，賦經邦之遠器。令問令望，起韋平舊相之家；嘉謀嘉猷，翊舜禹重熙之代。危誠獨立，直己不回，從容進退之儀，挺達始終之節。」李尋以病不起，學士大夫惜之。

《國語》：公父文伯之母告季康子：「君子能勞，後世有繼。」又謂其子：「聖王之處民也，擇瘠土而處之，勞其民而用之，故長王天下。又曰：民勞則思，思則善心生。逸則淫，淫則忘善，忘善則惡心生。沃土之民不才，淫也；瘠土之民莫不嚮義，勞也。」《左傳》亦言：「民生在勤，勤則不匱。」以此知勤勞者，立身爲善之本；不勤不勞，萬事不舉。今夫細民能勤勞者必無凍餒之患，雖不親人，人亦任之常。嬾惰者必有饑寒之憂，雖欲親人，人不用也。公父文伯之母與《左傳》所記，皆故家遺俗相傳之語，其必自聖人出也。然則，後生處身居業，其可不以勤勞爲先，而嬾惰自弃其身哉？

元祐末，李君行先生與楊應之學士同在京師，安靜自守，諸公以其不附已①，不甚肯進用。趙公君錫無愧爲中丞，當薦御史，問滎陽公所當薦者，公以應之爲對。無愧亦不能用，更舉楊畏子安爲御史，楊畏後反攻無愧。紹聖初，應之病卒，蘇子由罷知汝州，李君行先生往見之，與之論當世事，子由恨知君行之晚。當時議者謂楊、李二公如在言路，必不肯委靡自已。縱無所益，亦必極言而去也。

【校　記】

① 附：當歸草堂本作「坿」，據底本。

司馬温公既辭宥密之命，名冠一時，士無賢不肖皆所歸重。而兩程先生、孫莘老、李公擇諸公尤推重正獻。已而二公同居洛中。熙寧末，正獻起知河陽，明道以詩送行曰：「曉日都門颭旆旌，晚風鐃吹入三城。知公再爲蒼生起，不是尋常刺史行。」又與温公同餞正獻，復有詩與温公云：「二龍閑卧洛波清，此日都門獨餞行。願得賢人均出處，始知深意在蒼生。」蓋以二公出處無異，且恐温公以不出爲高也。及正獻公自河陽乞在京宫祠，神廟大喜，召還，遂登樞府。人或問二程以二公出處爲有優劣。二程先生曰：「正不如此。吕公世臣也，不得不歸見上；司馬公爭臣也，不得不退處。」蓋自熙寧初正人端士相繼屏伏，上意常不樂，以爲諸賢不肯爲我用，故正獻求在京宫祠，以明不然，上意始大喜。

元祐間，伊川先生既歸洛中，寄范公淳父書云：「丞相久留左右，所助一意正道者，實在原明爾。」原注：原明，滎陽公字也。

伊川嘗言：「楊應之在交游中英氣偉度，過絶於人，未見其比，可望以託吾道者。」應之樂善尚德，而論議不苟。以富文忠公處事猶不免有心，如孫威敏操行不能端一，石守道行多詭激，特以兩人附己①，乃薦威敏代己，薦守道可任臺諫。又如劉原父文學絶人而喜訕韓、富，亦加擯抑。凡此之類，未免有心，況常人乎？雖然毫髮之失生於心術，其流之敝有不可勝言者。豈不要賢師友以正救其微邪？此應之之論也。

【校　記】

①附：當歸草堂本作「坿」，據底本。

太宗、真宗朝，睢陽有戚先生者，名同文，字同文，有至行，鄉人皆化之。睢陽初建學，同文實主之。范文正與嵇内翰穎之父①，皆嘗師事焉。戚綸其後也。所居門前有大井，每至上元夜，即坐井傍，恐游人墜井，守之至夜深，則掩井而後歸寢②。嘗有人盜其所衣衫者，同文適見之，喻盜第將去，然自此慎勿復然，壞汝行止，悔無及也。盜慚謝而去。同文竟以衫予之。南康學中至今有戚先生祠堂。范文正公初從戚先生學，志趣特異。初在學中，未知己實范氏子，人或告之，歸問其母，信然。曰：「吾既范氏子，難受朱氏資給。」因力辭之。貧甚，日糴粟米一升，煮熟放冷，以刀畫四段，爲一日食。有道人憐之，授以燒金法，并以金一兩遺之，又留金一兩，謂之曰：「候吾子來予之。」明年，道人之子來取金，文正取道人所授金法并金二兩，皆封完未嘗動也，併以遺之。其勵行如此。後登科，封贈朱氏父，然後歸姓。

【校　記】

①穎：底本、王抄本、四庫本皆作「潁」，據當歸草堂本、《通鑒長編》卷一六九、《宋史·嵇穎傳》。

②寢：四庫本、當歸草堂本作「寝」。

師友淵源必有所自，未有無因而然。如周茂叔先生官守南安軍，爲守所不禮。兩程之父太中公自虔州差攝南安倅，與茂叔相善，力庇護之。其後兩程皆師事茂叔。陝西侯無可先生，二程之舅。賢豪獨立，與申顔先生爲友。申先生死，侯先生傾家所有予之。

關止叔嘗言：「伊川門弟子且是信得及師説。」

陳瑩中嘗作《責沈文》送其侄孫幾叟云：「予元豐乙丑夏，爲禮部貢院點檢官，適與校書郎范公淳夫同舍。公嘗論顔子之不遷不貳，唯伯淳能之。予問公曰：『伯淳誰也？』公默然久之，曰：『不知有伯淳耶？』予謝曰：『生長東南，實未知也。』時予年二十九矣。自是以來，常以寡陋自愧。得其傳者，如楊中立先生①，亦未之識也」云云②。所謂責沈者，葉公沈諸梁也。葉公問孔子於子路，子路不對。葉公當世賢者，魯有仲尼而不知，宜乎子路之不對也。瑩中以謂世有伯淳而已不知，宜自責者也。今世之人，聞己所不知，其不愠而發謗罵者幾希矣，況能自責日夜以爲愧乎！瑩中之所以超絶今古，特立獨行而不顧，非偶然也。了翁之子正由云：「了翁自是每得明道先生之文，必冠帶然後讀之。」③

【校記】

① 先生：《少儀外傳》脱「先生」二字，據底本、王抄本。

② 云云：《少儀外傳》脱「云云」二字，據底本、王抄本。

③ 「了翁之子……讀之」：底本、四庫本《童蒙訓》、當歸草堂本皆無，据《少儀外傳》補。

瑩中爲都司，上曾子宣論日録書云：「自今觀之，成、哀之世，使大臣之門有負恩之士，則漢之宗社未至危亡。然則爲大臣者不欺其君，盡忠之士，亦安忍負其門哉！」如此等語，皆足以立懦夫之志矣。其後上呂吉甫書：「《列子》有言：世以生人爲行人，則死人爲歸人矣。行而不知歸，失家者也。此禦寇未了之語。生死無時而不一，四大無時而不離，何待死乃爲歸乎？其生也心歸，其死也形化。歸而待化，復何俟於言哉！」其精識遠見，殆過古人。此蓋誘吉甫使之爲善，老子所謂「常善救人」者也。

高郵守晁仲約，有大賊過城下，欲攻城。守醵民金與賊，賊乃去。范文正公、富鄭公同在政府，鄭公建議，守不能死守，乃以金與賊，失節當誅。范公以爲守能醵金却賊爲有功，縱不欲賞，安可誅耶？既退，富公愠曰：「方今患法不舉，方欲舉法而多方沮之，何以整衆？」范公密告云：「祖宗以來，未嘗輕殺臣下，此盛德之事。奈何輕壞之？且吾與公在此同寮之間，同心者幾人？雖上意亦未定也，而輕道人主以殺戮臣下，他日手滑，雖吾輩亦未敢自保也。」富公曰：「聞高郵人欲食守肉。」范公曰：「高郵守既能爲民却賊，民感戴之不暇，豈有欲食守肉之理！」仁廟卒從范公議。明日富公稱疾不出。仁廟問宰執：「富弼何以不出？」范曰：「必是爲爭高郵事。」上曰：「富弼非卿門人耶？」范曰：「富弼雖與臣相知，然弼爲人守義不回，心不安者，不肯從也。此正是弼好處。」上曰：「此却是卿好處。」後范、富俱罷政，富以事召至京師，譖之者甚衆。或以爲富公有不臣之意，至京城不得見者累日。富公甚恐懼，且悔建議高郵之非，歎曰：「范六丈真聖人，與吾淺見不同！」

滎陽公嘗榜文中子數語於家中壁上，云：「子之室，酒不絶。」注云：「用有節，禮不缺也。」周恭叔行已嘗言：見吕與叔博士説「必有事焉，而勿正，心勿忘，勿助長也。」浩然之氣，充塞天地，雖難得而言，非虚無也，必有事焉。但正其名而取之，則失之矣。又不可忘之也，忘之者不芸苗者也。正其名而取之者，揠苗者也①。

【校　記】

① 揠：王抄本、四庫本、當歸草堂本作「非」，此據底本。

伊川先生嘗言：「成王不當賜魯以天子禮樂。使周公在，必不受也。故曰：『魯之郊禘非禮也。周公其衰矣！』後世儒者以爲周公能爲人臣所不能爲之功，故賜人臣不得用之禮樂。此尤傷教害義也。爲人臣如周公始可，故曰『不以舜之所以事堯事君，不敬其君者也』。」

范正平子夷，堯夫丞相之子，賢者也。能世其家①。嘗言其家家學不卑小官②，居一官便思盡心治一官之事。只此便是學聖人也。若以爲州縣之職徒勞人爾，非所以學聖人也。

【校　記】

① 范正平子夷堯夫丞相之子賢者也能世其家：《戒子通録》作「范子夷」，據底本、王抄本、四庫本。

② 其家家學：《戒子通録》作「其家學」，據底本、王抄本、四庫本。

周恭叔又説：「先生教人爲學，當自格物始。格物者，窮理之謂也。欲窮理，直須思始得。思之有悟處始可。不然所學者恐有限也。」恭叔又言：「『陰陽不測之謂神。』原注：横渠先生云：「兩在故不測。」『仁者見之謂之仁，知者見之謂之知。』然則聖人之道，仁、知者皆不能測也。『一陰一陽之謂道。』仁，且知夫子所以既聖也。乾坤之於《易》，猶陰陽之於道，仁、知之於聖也。故曰：『乾坤其《易》之緼耶？乾坤成列，而《易》立乎其中矣。乾坤毁，則無以見《易》。《易》不可見，則乾坤或幾乎息矣。』」

李君行先生説：「武王數紂之罪曰：『郊社不修，宗廟不享。』歷觀諸書，皆以郊對社。蓋郊者所以祭天，社者所以祭地也。南郊、北郊、五帝之類，皆出於《周禮》。聖人書中不見也。嚴父配天之禮，蓋始自周公。若自古有之，則孔子何得言『則周公其人也』。『列爵惟五①，分土惟三②』，蓋至周始定。若夏、商以前俱如此，則書爲妄也。因言吾徒學聖人者，當自用意看《易》、《詩》、《書》、《春秋》、《論語》、《孟子》、《孝經》而已。中心既有所主，則散看諸書，方圓輕重之來，必爲規矩權衡所正也。」又言：「史書尚可，最是《莊》、《老》讀時大段害道。」

【校 記】

①③ 惟：底本、王抄本、當歸草堂本作「爲」，據《書·武成》、四庫本

「萬物皆備於我矣」。「反身而誠」，富有之大業；「至誠無息」，日新之盛德也。

田腴誠伯嘗説他：「用心多使氣勝心，每心有所不善者，常使氣勝之。」且云：「自知如此未得爲善也。」

誠伯又言：「讀書須是盡去某人説某人説之心，然後經可窮矣。」

李君行先生學問，以去利欲爲本。利欲去則誠心存矣。

李君行先生説①：年二十餘時，見安退處士劉師正解《春秋》文字，甚愛之，從他觀其文，他亦不惜也②。後於楚州聚學，他一日見訪，問曰：「李君在此何欲？」答曰：「爲大人令去應

舉，今及第後歸。今次以朞服礙，却欲且就此處脩學，以俟後次應舉也。」劉曰：「不然。夫不可得而久者，在父母之左右也。」君行於是便歸鄉。然則，劉師正者，君行之師與？又云：嘗語君行：「今之人所以爲學者，某却不會如此爲學③。」

【校記】

① 説：《戒子通録》無「説」字。

② 「從他觀其文他亦不惜也」：《戒子通録》無此十字。

③ 「他一日見訪」至結尾：《戒子通録》：「劉問何故留此。君行曰：吾父母戒我，令不登科勿歸。我以朞喪，不得就試，故留此聚徒，以待後舉。劉曰：不然。難得而易失者，事親之日也。豈可以爵禄故，久去親側如此。君行聞之，即徑歸侍。」此據底本、王抄本、四庫本。

徐仲車先生少年時爲母置膳。先過一賣肉家，中心欲買他肉。遂先於市中買他物，而別路於歸途爲順，且亦有賣肉者。因自念言：心中已許買他家肉，若捨而之他，能不欺心乎？遂迂道買肉而歸。且云：「己之行信自此始也。」又言：「少年時逐日以衫帽揖母，一日當見貴官，乃用襆頭襴衫。因自念言天下之尊，無逾父母，今反不若見貴官。自明日以襆頭襴衫往揖母焉。家人之見者莫不笑之，既久亦不笑也。」且云：「己之行敬自此始也。」

徐仲車見門人，多於空中書一「正」字。且云：「於安定處得此一字，亦用不盡。」

徐仲車説：「以信解誠，不能盡誠。『至誠無息』，信豈能盡之乎？」

伊川先生嘗説：「楊子雲云：『聖人之言遠如天，賢人之言近如地。』是不然也。當爲他易數字曰：聖人之言，其遠如天，其近如地。其遠者，須謂之遠。其近者，須謂之近也。」

范辯叔説：「今太學長、貳、博士，居此任者，皆利於養資考，求升進也①。爲之學生者，皆利於歲月而應舉也。上下以利相聚，其能長育人才乎！此於本亦已錯了，更不須言也。」

【校　記】

① 升：王抄本、四庫本、當歸草堂本作「外」，據底本。

田誠伯説：「『仲弓問子桑伯子，子曰：『可也簡。』仲弓未以爲然也。乃曰：『居敬而行簡，以臨其民，不亦可乎？居簡而行簡，無乃太簡乎？』子曰：『雍之言然。』仲弓未以聖人之言爲然而問之，而聖人以仲弓之言爲然也。學聖人者，如仲弓可也。」且云：「見君行如此説。」

誠伯説：「《公羊》不知聖人之意也，故其立言多傷教害義，至如『母以子貴，子以母貴』，及『人臣無將，將則必誅』，此二者尤甚。至令西漢時尊崇丁、傅，及誅大臣以爲將謀惡者，蓋用《公羊》之説也。其爲天下後世害甚矣。」

李朴先之説：「臨離洛時，請教於先生。先生言：『當養浩然之氣。』語先之云：『觀張子厚所作《西銘》，能養浩然之氣者也。』」

先之説：「以舉業育人才，不知要作何使用！」

誠伯説：「近世學者恐無有如横渠先生者也。正叔其次也。」又云：「向日因看《正蒙》書，似有箇所得處。」又云：「每見與叔《中庸解》，便想見其爲人。」由是觀之，誠伯師横渠也。

劉元承、元禮嘗師事伊川，説「紀侯大去其國」：「大者，紀侯之名也。齊師未入境而已去之，則罪不在齊侯也。故不書齊侯焉。」又見伊川先生説：「仲尼曰：『惜乎出境乃免！』須終身不反始可免罪。」

宿州高朝奉説他師事伊川先生，嘗見先生説：「義者，宜也；知者，知此者也；禮者，節文此者也。皆訓詁得盡。惟『仁』字，古今人訓詁不盡。或以謂『仁者，愛也』，愛雖仁之一端，然喜怒哀懼愛惡欲，情也，非性也。故孟子云：『仁者，人也。』」

樂文仲説：「鄒浩學士事亦好①，常見人寫字不端正，必須勸戒之。或人問之，曰：『每事無不端正，則心自正矣。』」

【校記】

① 鄒：原作「眉」，據吕祖謙《少儀外傳》卷上改。

陳正端誠説：「王輔嗣、王介甫有大段不通處，須要説應故也。田明之説《易》，所以尤多過者，須要説無應故也。《易》中自説上下敵應，剛柔相應之類甚多，豈得謂之無應？ 但不可執定耳。」

又説：「邵堯夫先生説：『孟子雖不説《易》，然精於《易》者也。』且云：『能説「可以仕則仕，可以止則止」，及「禹、稷、顔子易地則皆然」。非精於《易》，豈及此乎？』」

李君行説他每日常多只讀《易》、《書》、《詩》、《春秋》、《孝經》，間讀《孟子》。田明之説他常只讀《易》、《論語》、《孟子》、《老子》、《楊子》，如《莊子》未暇讀也。

吳叔揚紹聖中嘗説①：「世人多欲勝於學，故無所不爲。惟陳瑩中學勝於欲，故有所不爲。」且云：「瑩中，今諸公非不知他，但不可得而用也。」又説：「《字説》：『詩字從言從寺，詩者，法度之言也。』説詩者不以文害辭，不以辭害志，惟詩不可拘以法度。若必以寺爲法度，則侍者法度之人，峙者法度之山，痔者法度之病也。古之置字者，詩也，峙也，侍也，痔也，特以其聲相近取耳。」

【校記】

① 揚：《萬有文庫》本作「楊」，據底本、王抄本、四庫本。

又說：「今之學者，必要一其說，是不知聖人之意也。『无妄之往何之矣？』言无妄之世，往無所之也。『无妄之往得志』，言无妄而往，則可以得志也。其言无妄之往則一，其所以爲无妄之往，則異也。」

任淳夫說：「《莊子》儵、忽、混沌之說，郭象只以『爲者敗之』解之。則解經者何用多言。」

【校記】

① 混：《莊子·應帝王》作「渾」。

范①子夷②說其祖作外任官時，與③京中人書言④：「居京慎勿竊論曲直不同。任言官時，取小名受大禍。」因言：「吾徒相見，正當論行已立身之事耳。」又說：「仲尼聖人也，才作陪臣。顔子大賢也，簞食瓢飲。後之人不及孔子顔子遠矣，而常嘆仕宦不達，何愚之甚。若能以自己官爵比方孔、顔，僥倖甚矣。」又說：「凡人爲事須是由衷方可，若矯飾爲之，恐不免有變時，任誠而已。雖時有失，亦不覆藏使人不知，但改之而已⑤。」

【校記】

① 范：《戒子通録》無「范」字，據底本、王抄本、四庫本。

②夷：底本、王抄本作「夸」，據四庫本、當歸草堂本。

③與：《戒子通録》脱「與」字，據底本、王抄本、四庫本。

④言：原脱「言」字，據《戒子通録》補。

⑤但：《戒子通録》作「但能」，據底本、王抄本、四庫本。

李君行、田明之俱説：「讀書須是不要看别人解者。聖人之言易曉，看傳解則愈惑矣。」田誠伯説：「不然。須是先看古人解説，但不當有所執，擇其善者從之。若都不看，不知用多少工夫方可到先儒見處也。」

陳端誠説：「《易》須是説到可行處始可。」

陳瑩中説：「書曰：『惟彼陶唐，有此冀方。今失厥道，亂其紀綱。』蓋堯授舜，舜授禹，禹授啓，三聖一賢相繼，未始失道也。至太康失邦，故上推陶唐而云。『今失厥道』，自堯至太康百二十年矣。」

又説：「『大舜有大焉，善與人同，舍己從人，樂取於人以爲善。自耕稼、陶、漁以至於爲帝，無非取於人者。取諸人以爲善，是與人爲善者也。故君子莫大乎與人爲善。』夫能如是，故能養其大體，而爲大人，故能格君心之非，而使天下利見，故能言動以爲法則。後之人急急然唯欲已爲是也，恐其畔己以利誘之，以害毆之，天下終不以爲然，而自以爲過天下，何愚之甚。」

又説：「『安而行之』，聖人也。自非聖人，皆利而行之者也，何也？欲遷善遠罪，是利於善也；欲忠於君，是利於忠也；欲孝於父，是利於孝也。其餘皆然。今之學者，不能見其近者、小者，而妄意談其大者、遠者，故終汗漫而無成也。」

陳瑩中説：「學者非獨爲己而已也，將以爲人也。自王介甫解經，止尚高論，故使學者棄民絶物。管仲、晏嬰，霸者之佐一也。桓公殺公子糾，管仲不能死，有三歸反坫，官事不攝，可謂違禮之極矣。崔杼弑君，晏子從容於其間，成禮而後去，可謂有節矣。然孔子之稱晏子則曰：『善與人交，久而敬之』而已。及稱管仲則曰：『如其仁，如其仁。』豈不以管仲功及天下，所濟者廣，而晏子獨善其身而已哉！」

又説：「陰陽災異之説，雖儒者不可泥此，亦不可全廢。王介甫不用此。若爲政依介甫之意，是不畏天者也。」原注：已上皆紹聖中語。

前邵倅吴朝奉説：「近世士大夫太不以節操爲事。」〔瑩中〕因説：「與他立節，非一朝一夕所能爲，蓋在平日之所養也。」他甚然之。時李自明在坐，云：「此事閑時説時甚易，在於臨事時，要執得定耳。」因言：「昔人有自諫官以言事被責，時兼判國子監，乃與諸生往賀焉。蓋嘉祐以前，以言事被責爲榮也。既見，顔色慘沮，殆不能説話。昔人尚如此，他人未易能也。」吴因言：「自小讀書，用得工夫不正，當立節非素養不能。若學得不正，則所養亦非也。」

陳瑩中又説：「學者非止讀誦語言，撰綴文詞而已，將以求吾之放心也。故《大畜》之卦曰：『君子以多識前言往行，以畜其德。』所謂識者，識其是非也、識其邪正也。夫如是，故能畜其德。所以言『天在山中』者，前言往行，無有紀極。故取天之象焉。」

瑩中説：「今有人曰仕宦顯達者，使天下謂之賢人則不可，使天下謂之不賢人，則可矣。使天下謂之賢人，是自取其善，而歸過於其君也；使天下謂之不賢，是自取其惡而歸美於其君也。曰：是不然。此乃李斯分謗之説也。不能盡受其惡名，使惡名不及於君，是李斯而已。何況天下謂之不賢，未必不爲其君之累也。」

又説：「范子思所知所守，過於其兄，范氏家學便有使處。」

又説：「孔子以柔文剛，故内有聖德，而外與人同也。孟子以剛文剛，故自信其道，而不爲人屈也。衆人以剛文柔，故色厲而内荏也。却説與他，楊子之書，唯是説到；孟子之書，如自得之發於面。平旦之氣，養浩然之氣之類，皆自得處。孔子則并自得處亦無。」陳瑩中説：「立人之朝，能捨生取義始可。然此事須是學問有功，方始做得從容。」①又説：「學者非特習於誦數，發於文章而已。將以學古人之所爲也。自荆公之學興，此道壞矣。」

【校記】

① 「陳瑩中説」至「做得從容」，據《戒子通録》補。

又説：「凡欲解經，必先反諸其身而安，措之天下而可行①，然後爲之説焉。縱未能盡聖人之心，亦庶幾矣。若不如是，雖辭辯通暢②，亦未免乎鑿也。今有語人曰：冬日飲水，夏日飲湯，何也？冬日陰在外陽在内，陽在内則内熱，故令人思水；夏日陽在外陰在内，陰在内則内寒，故令人思湯。雖甚辯者③，不能破其説也。然反諸其身而不安也，措之天下而不可行也。嗚呼，學者能如是用心，豈曰小補之哉！」

【校記】

① 必先反諸其身而安措之天下而可行：《戒子通録》作「必先反諸其身又思措之天下反諸其身而安措之天下而可行」，據底本、王抄本、四庫本。

②③ 辯：《戒子通録》作「辨」，據底本、王抄本、四庫本。

《禮記》曰：誠者，非獨成己也，將以成物也。我之所得者不能盡推於人，非聖人之道也。但行之一身有先後耳。孟子曰：「窮則獨善其身，達則兼善天下。」方其窮也，獨善一身之道，乃兼善天下之道。及其達也，兼善天下之道，乃獨善一身之道也。施於一身而非有餘也，施於天下而非不足也，是之謂聖人之道。學聖人者不能以孔子、孟子爲心，而專以莊周爲我之書爲説，烏在其學聖人也。

《莊子》曰：道之真以治身，其緒餘土苴以治天下國家①。曰：是不然。

【校記】

① 道之真以治身，其緒餘土苴以治天下國家：《莊子·讓王》：「道之真以治身，其餘緒以爲國家，其土苴以治天下。由此觀之，帝王之功，聖人之餘事也，非所以完身養生也。」

瑩中説：『爲學日益，爲道日損。』尋常人便説作兩事，失之遠矣。蓋語學則益，道則損，二卦未嘗偏廢也。所損者懲忿窒慾，所益者見善則遷，有過則改也。若用此説方始可行，不然，則虚語也。」又云：「胡先生在邇英講損、益卦，專以損上益下，損下益上爲説。」

童蒙訓輯佚

滎陽公言：「吾幼學之年，侍親於東潁，時邦人王回深甫、常秩夢臣皆爲先公所重。常先生深居靜默，罕與人交，召之多不至。王先生每與先公及歐陽公、侍讀劉公原父朝夕講論，故有『聚星』之説焉。」（輯自《戒子通録》卷六吕舍人《童蒙訓》）

滎陽公言：焦伯强先生嘗言「『莊敬日强，安肆日偷。』故君子當自强不息。以之容貌禮際，其接人也，不敢不敬，不敢少懈也，況君親乎，況長上乎，況賢於我者乎！苟不能自强，則怠惰之心入矣，非惟失義也，禍且及焉。」（輯自《戒子通録》卷六吕舍人《童蒙訓》）

滎陽公元祐末嘗與子弟書云：「予生五十二歲矣，欲極富貴之樂事，窮山水之勝遊，豈惟心力已有所不逮，於殘年晚日鋪排亦不能矣。若汲汲爲善，則亦未晚，要無虚日云爾。」（輯自《戒子通録》卷六吕舍人《童蒙訓》）

滎陽公嘗言：伯祖行父嘗題於壁云：「但畏賢者之議論，不顧小人之是非。」①（輯自《戒子通録》卷六吕舍人《童蒙訓》）

【校　記】

① 吕希哲《吕氏雜記》有此條，「伯祖行父」，作「行父兄」。

治平中李公公擇數謂朋友言：「吕蔡州未嘗聞其疾聲，見其遽色，亦未嘗草書，學者當師慕之。」吕蔡州，謂正獻公也。（輯自《戒子通録》卷六吕舍人《童蒙訓》）

司馬温公幼時患記問不若人①，羣居講習，衆兄弟既成誦遊息矣，獨下帷絶編，原書案：孔子讀易韋編三絶，乃指積久功深之時。此即以誦讀爲絶編，于義未安，蓋相沿之誤。迨能背誦乃止②。用力多者收功遠，其所精誦者③，乃終身不忘矣。（輯自《少儀外傳》卷上）

【校　記】

① 司馬：《戒子通録》無「司馬」二字。

② 誦：《戒子通録》作「諷」。

③ 收功遠其所精誦者：《戒子通録》無此八字。

正獻公平日未嘗較曲直，聞謗未嘗辯也。少時書於座右曰：「不善加己，直爲受之。」蓋其初自懲艾也如此。（輯自《少儀外傳》卷下）

讀《古詩十九首》及曹子建詩，如「明月入我牖①，流光正徘徊」之類，詩皆②思深遠而有餘意[③]，言有盡而意無窮也。學者當以此等詩常自涵養，自然下筆不同[④]。（輯自《苕溪漁隱叢話》前集卷一《國風漢魏六朝》上）

【校　記】

① 入我牖：曹植《七哀》爲「照高樓」。

② 詩皆：《竹莊詩話》作「皆詩」；《仕學規範》、《修辭鑑衡》作「皆致」。

③ 而有餘意：《仕學規範》、《修辭鑑衡》皆無此四字。

④ 下筆不同：《竹莊詩話》作「筆下超妙」；《仕學規範》、《修辭鑑衡》作「下筆高妙」。

李太白詩[①]，如「曉月出天山[②]，蒼茫雲海間。長風一萬里[③]，吹度玉門關」，及「沙墩至梁苑，二十五長亭，大舶夾雙艣，中流鵝鸛鳴」之類，皆氣蓋一世，學者能熟味之，自然[④]不褊淺矣[⑤]。（輯自《苕溪漁隱叢話》前集卷五《李謫仙》）

【校　記】

① 李太白詩：《叢話》無此四字，據《仕學規範》、《修辭鑑衡》。

② 曉月：李白詩諸本皆作「明月」。

③ 一萬里：李白詩諸本皆作「幾萬里」。

④ 自然：《仕學規範》、《修辭鑑衡》無「然」字。

⑤ 矣：《修辭鑑衡》無「矣」字。

謝無逸語汪信民云：「老杜有自然不做底語到極至處者，有雕琢語到極至處者。如『丹青不知老將至，富貴於我如浮雲』，此自然不做底語到極至處者也；如『金鐘大鏞在東序，冰壺玉衡懸清秋①』，此雕琢語到極至處者也。」（輯自《苕溪漁隱叢話》前集卷六《杜少陵》一）

【校記】

① 衡：《杜詩詳注》：「《英華》作『珩』。」

前人文章各自一種句法①。如老杜「君今起柂春江流②，予亦沙邊具小舟③」，「同心不減骨肉親，每語見許文章伯」，如此之類，老杜句法也。東坡「秋水今幾竿」之類，自是東坡句法。魯直「夏扇日在搖」，「行樂亦云聊」，此魯直句法也。學者若能遍考前作，自然度越流輩。（輯自《苕溪漁隱叢話》前集卷八《杜少陵》三）

【校記】

① 自：《詩人玉屑》作「有」。

② 君今：原作「今君」，據杜詩諸本改。

③ 沙邊：原作「江邊」，據杜詩諸本改。

老杜云：「新詩改罷自長吟。」文字頻改，工夫自出①。近世歐公作文，先貼于壁，時加竄定，有終篇不留一字者。魯直長年多改定前作，此可見大略，如《宗室挽詩》云：「天網恢中夏，

賓筵禁列侯。」後乃改云：「屬舉左官律，不通宗室侯。」此工夫自不同矣②。（輯自《苕溪漁隱叢話》前集卷八《杜少陵》三）

【校記】

①《仕學規範》卷三五引至此。

②矣：《竹莊詩話》脱「矣」字。

陸士衡《文賦》云：「立片言以居要，乃一篇之警策。」此要論也。文章無警策則不足以傳世，蓋不能竦動世人。如老杜及唐人諸詩，無不如此。但晉宋間人，專致力於此，故失於綺靡而無高古氣味。老杜詩云：「語不驚人死不休①。」所謂驚人語，即警策也。（輯自《苕溪漁隱叢話》前集卷九《杜少陵》四）

【校記】

①語：《仕學規範》、《詩話總龜》後集作「句」。

「雕蟲蒙記憶，烹鯉問沉綿。」不説作賦而説雕蟲，不説寄書而説烹鯉，不説疾病而云沉綿；「頌椒添諷味①，禁火卜歡娛。」不説歲節但云頌椒，不説寒食但云禁火，亦文章之妙也。（輯自《苕溪漁隱叢話》前集卷十二《杜少陵》七）

【校記】

①味：杜詩諸本皆作「詠」。

潘邠老言①：「七言詩第五字要響，如『返照入江翻石壁，歸雲擁樹失山村』，『翻』字、『失』字是響字也。五言詩第三字要響，如『圓荷浮小葉，細麥落輕花②』，『浮』字、『落』字是響字也。所謂響者，致力處也。」予竊以爲字字當活，活則字字自響。（輯自《苕溪漁隱叢話》前集卷十三《杜少陵》八）

【校　記】

① 言：《修辭鑒衡》作「云」。

② 落：仇注杜詩夾注：「一作『墮』。」

徐師川言：「人言蘇州詩，多言其古淡，乃是不知言蘇州詩。自李杜以來，古人詩法盡廢，惟蘇州有六朝風致，最爲流麗。」（輯自《苕溪漁隱叢話》前集卷十五《韋蘇州》）

浩然詩：「掛席幾千里，名山都未逢；泊舟潯陽郭，始見香爐峰。」但詳看此等語①，自然高遠。如此詩亦可以爲高遠者也②。（輯自《苕溪漁隱叢話》前集卷十五《孟浩然》）

【校　記】

① 語：《竹莊詩話》作「詩」。

② 如此詩亦可以爲高遠者也：《苕溪漁隱叢話》、《詩人玉屑》、《竹莊詩話》無此語，據《詩林廣記》補。

徐師川問山谷云：「人言退之、東野聯句，大勝東野平日所作，恐是退之有所潤色。」山谷

云：「退之安能潤色東野，若東野潤色退之，即有此理也。」（輯自《苕溪漁隱叢話》前集卷十八《韓吏部》下）

淵明、退之詩，句法分明，卓然異衆，惟魯直爲能深識之。學者若能識此等語，自然過人。阮嗣宗詩亦然。（輯自《苕溪漁隱叢話》前集卷十八《韓吏部》下）

蘇子由晚年多令人學劉禹錫詩。以爲用意深遠，有曲折處。後因見夢得《歷陽詩》云：「一夕爲湖地，千年列郡名。霸王迷路處，亞父所封城。」皆歷陽事，語意雄健，後殆難繼也。（輯自《苕溪漁隱叢話》前集卷二十《劉賓客》）

徐師川云①：「爲詩文常患意不屬，或只得一句，語意便盡，欲足成一章，又惡其不相稱。」師川云：「但能知意不屬，則學可進矣。凡注意作詩文，或得一兩句而止②。若未有其次句，即不若且休養鋭，以待新意。若盡力，須要相屬。譬如力不敵而苦戰，一敗之後，意氣沮矣。③王荆公好集句④，嘗於東坡處見古硯，東坡令荆公集句，荆公云『巧匠斵山骨』，只得一句，遂逡巡而去。山谷嘗有句云：『麒麟卧葬功名骨⑤。』終身不得好對。」（輯自《苕溪漁隱叢話》前集卷三十五《半山老人》三）

【校　記】

① 徐師川云：《苕溪漁隱叢話》無此四字，據《詩話總龜》補。

②師川云……或得一兩句而止：此數語《叢話》無，據《總龜》補。

③《詩話總龜》至此爲一則，自「王荆公」而下爲另則。

④王：《苕溪漁隱叢話》無「王」，據《詩話總龜》補。

⑤葬：《山谷詩外集》卷一作「笑」。

徐師川言：「作詩自立意①，不可蹈襲前人。」因誦其所作慈母溪詩②，且言③：「慈母溪與望夫山相對，望夫山詩甚多，而慈母溪古今無人題詩。」末兩句云：「離鸞只説閨中事，舐犢那知母子情！」（輯自《苕溪漁隱叢話》前集卷三十七《賀方回》）

【校　記】

①自：《宋詩紀事》無「自」字。

②慈母溪：陸游《入蜀記》引此詩作「慈姥磯」。

③誦其所作慈母溪詩且：《宋詩紀事》無此九字。

老杜歌行，最見次第出入本末。而東坡長句①，波瀾浩大，變化不測；如作雜劇，打猛諢入，却打猛諢出也②。《三馬贊》「振鬣長鳴，萬馬皆瘖」，此記不傳之妙。學文者能涵泳此等語，自然有入處。（輯自《苕溪漁隱叢話》前集卷四十二《東坡》五）

【校　記】

①老杜歌行最見次第出入本末而：《詩人玉屑》、《東坡詩話録》無此十三字。

②《詩話總龜》引至此。《仕學規範》、《修辭鑒衡》無以上語。

或稱魯直「桃李春風一杯酒，江湖夜雨十年燈」，以爲極至。魯直自以此猶砌合，須「石吾甚愛之，勿使牛礪角，牛礪角尚可，牛鬬殘我竹①」，此乃可言至耳②。然如魯直《百里大夫家詩》與《快閣詩》，已自見成就處也。（輯自《苕溪漁隱叢話》前集卷四十七《山谷》上）

【校　記】

①殘：《竹莊詩話》作「殺」，據《山谷集》。

②此：《苕溪漁隱叢話》無「此」字，據《竹莊詩話》。

義山《雨》詩：「摵摵度瓜園，依依傍水軒①。」此不待説雨，自然知是雨也。後來魯直②、無己諸人，多用此體，作③詠物詩④不待分明説盡⑤，只髣髴形容，便見妙處。如魯直《酴醿詩》云：「露濕何郎試湯餅，日烘荀令炷爐香。」（輯自《苕溪漁隱叢話》前集卷四十七《山谷》上）

【校　記】

①水：《李義山集》作「竹」。

②魯直：《詩人玉屑》無「魯直」二字，據《苕溪漁隱叢話》等。

③ 作：《詩話總龜》無「作」字。

④ 詩：《修辭鑒衡》無「詩」字。

⑤ 分：《修辭鑒衡》無「分」字。

學古人文字，須得其短處。如杜子美詩，頗有近質野處，如《封主簿親事不合詩》之類是也①。東坡詩有汗漫處；魯直詩有太尖新、太巧處。皆不可不知。東坡詩如「成都畫手開十眉」，「楚山固多猿，青者黠而壽」，皆窮極思致，出新意於法度，表前賢所未到。然學者專力於此，則亦失古人作詩之意。（輯自《苕溪漁隱叢話》前集卷四十八《山谷》中）

【校記】

①《詩人玉屑》引至此。

東坡詩云：「賦詩必此詩，定知非詩人①。」此或一道也。魯直作詠物詩，曲當其理。如《猩猩筆詩》：「平生幾兩屐？身後五車書。」其必此詩哉？（輯自《苕溪漁隱叢話》前集卷四十八《山谷》中）

【校記】

① 定知非詩人：蘇集諸本皆作「定非知詩人」。

讀《莊子》令人意寬思大敢作①。讀《左傳》便使人入法度②，不敢容易。此③二書不可偏廢

也④。近世讀東坡⑤、魯直詩⑥亦類此⑦。（輯自《苕溪漁隱叢話》前集卷四十九《山谷》下）

【校　記】

①意寬思大：《修辭鑒衡》作「思意寬大」。

②《修辭鑒衡》無「便」字。

③此：《苕溪漁隱叢話》脱「此」字，據《仕學規範》《修辭鑒衡》補。

④也：《修辭鑒衡》無「也」字。

⑤世：《修辭鑒衡》無「世」字。

⑥詩：《修辭鑒衡》作「文」。

⑦類此：《竹莊詩話》作「此類」。

山谷嘗謂諸洪言：「作詩不必多，如三百篇足矣。某平生詩甚多，意欲止留三百篇，餘者不能認得」。諸洪皆以爲然。徐師川獨笑曰：「詩豈論多少，只要道盡眼前景致耳。」山谷回顧曰：「某所説止謂諸洪作詩太多，不能精致耳。」（輯自《苕溪漁隱叢話》前集卷四十九《山谷》下）

秦少游詩①「雨砌墮危芳②，風軒納飛絮」之類，李公擇以爲謝家兄弟得意不能過也③。少游過嶺後詩，嚴重高古，自成一家，與舊作不同。（輯自《苕溪漁隱叢話》前集卷五十《秦少游》）

【校　記】

①秦少游詩：《苕溪漁隱叢話》無此四字，據《竹莊詩話》。

②砌：《竹莊詩話》作「腳」，據《淮海集》。

③《竹莊詩話》引至此。

文潛詩，自然奇逸，非他人可及。如「秋明樹外天」，「客燈青映壁，城角冷吟霜[①]」，「淺山寒帶水，旱日白吹風」，「川塢半夜雨[②]，卧冷五更秋」之類，迥出時流，雖是天姿，亦學可及。學者若能常玩味此等語，自然有變化處也。（輯自《苕溪漁隱叢話》前集卷五一《張文潛》）

【校　記】

①吟：《張右史集》作「吹」。

②塢：《張右史集》「亦作鳴」《詩人玉屑》、《石倉歷代詩選》亦作「鳴」。

大概學詩[①]，須以《三百篇》、《楚辭》及漢、魏間人詩爲主，方見古人妙處，自無齊梁間綺靡氣味也[②]。（輯自《苕溪漁隱叢話》後集卷一《楚漢魏六朝》上）

【校　記】

①學：《苕溪漁隱叢話》無「學」字，據《仕學規範》、《竹莊詩話》《詩人玉屑》補

②味：《詩人玉屑》作「象」。

作文必要悟入處①，悟入必自工夫中來，非僥倖可得也②。如老蘇之於文，魯直之於詩，蓋盡此理也③。（輯自《苕溪漁隱叢話》後集卷三十一《山谷》上）

【校　記】

① 必：《竹莊詩話》無「必」字。

② 也：《修辭鑒衡》無「也」字。

③ 也：《仕學規範》、《詩人玉屑》、《修辭鑒衡》作「矣」。

徐師川云：「作詩回頭一句最爲難道，如山谷詩所謂『忽思鍾陵江十里』之類是也。他人豈如此，尤見句法安壯。山谷平日詩多用此格。」（輯自《詩話總龜》後集卷二十《句法門》）

老杜歌行與長韻律詩，後人莫及；而蘇、黄用韻下字用故事處亦古所未到。晉、宋間人造語題品絶妙今古，近世蘇、黄帖題跋之類，率用此法，尤爲要妙。（輯自《詩話總龜》後集卷三十一《格致門》）

學退之不至，李翺、皇甫湜。然翺、湜之文足以窺測作文用力處。近世欲學詩，則莫若先考江西諸派矣①。（輯自《詩話總龜》後集卷三十一《格致門》）

【校　記】

① 矣：《詩話總龜》無「矣」字，據《竹莊詩話》補。

孫元忠朴學士嘗問歐陽公爲文之法，公云：「於吾侄豈有惜，只是要熟耳。變化姿態，皆從熟處出也。」（輯自《仕學規範》卷三十四《作文》）

老蘇嘗自言「升裏轉斗裏量」，因聞此遂悟文章妙處。文章紆餘委曲，説盡事理，惟歐陽公爲得之①。至曾子固加之，字字有法度，無遺恨矣。文章有本末首尾，元無一言亂説，觀少游五十策可見。（輯自《仕學規範》卷三十四《作文》）

【校記】

①《修辭鑒衡》唯録「文章紆餘委曲，説盡事理，惟歐陽公得之」。

《孟子》中《百里奚鬻於秦》一章；與韓退之論「思元賓而不見，見元賓之所與者，猶吾元賓也」；及曾子固《答李沿書》，最見抑揚反覆處，如此等類皆宜詳讀。（輯自《仕學規範》卷三十四《作文》）

歐陽公謂退之爲樊宗師墓誌，便似樊文，其始出於司馬子長爲《長卿傳》如其文。惟其過之，故兼之也①。（輯自《仕學規範》卷三十四《作文》）

【校記】

① 此條又見《後山詩話》。《師餘録》列「黄魯直」名下。

文章須要説盡事情，如《韓非》諸書大略可見。至於「一唱三歎有遺音」者，則非有所養不能也。如《論語》、《禮記》文字簡淡不厭，似非《左氏》所可及也①。《列子》氣平文緩，亦非《莊子》步驟所能到也。東坡晚年叙事文字多法柳子厚，而豪邁之氣非柳所能及也。（輯自《仕學規範》卷三十四《作文》）

【校　記】

① 《修辭鑒衡》僅引「《論語》文字簡淡不厭，非《左氏》所可及」一句。

張文潛云：「《詩》三百篇，雖云婦人女子小夫賤隸所爲，要之非深於文章者不能作，如『七月在野』，至『入我牀下』，於七月以①下皆不道破，直至十月方言蟋蟀，非深於文章者能爲之耶？」（輯自《仕學規範》卷三十四《作文》）

【校　記】

① 以：《苕溪漁隱叢話》作「已」。

《左氏》之文，語有盡而意無窮，如獻子辭梗陽人一段，所謂一唱三歎有遺音者也。如此等處，皆是學文養氣之本，不可不深思也。（輯自《仕學規範》卷三十五《作文》）

班固叙事詳密，有次第，專學《左氏》，如序霍氏、上官相失之由，正學《左氏》記秦穆、晉惠相

失處也。（輯自《仕學規範》卷三十五《作文》）

此尤文章妙處。（輯自《仕學規範》卷三十五《作文》）

《孫子》十三篇論戰守次第與山川險易長短小大之狀，皆曲盡其妙，摧高發隱，使物無遁情，

讀三蘇進策，涵養吾氣，他日下筆，文字自然霶霈，無吝嗇處。（輯自《仕學規範》卷三十五《作文》）

韓退之文渾大廣遠難窺測，柳子厚文分明見規模次第，初學者當先學柳文，後熟韓文，則工夫自易。（輯自《仕學規範》卷三十五《作文》）

張文潛嘗云：「但把秦漢以前文字熟讀，自然滔滔地流也。」又云：「近世所當專學者惟東坡。」（輯自《仕學規範》卷三十五《作文》）

古人文章一句是一句，句句皆可作題目，如《尚書》可見。後人文章累千百言不能就一句事理①。只如《選》詩，亦有高古氣味。自唐以下，無復此意。此皆不可不知也。（輯自《仕學規範》卷三十五《作文》）

【校　記】

① 事：《仕學規範》作「是」，據《餘師録》、《修辭鑒衡》改。

② 亦：《仕學規範》無「亦」字，據《餘師録》、《修辭鑒衡》補。

③ 皆：《修辭鑒衡》無「皆」字，據《仕學規範》、《餘師録》。

文章不分明指切而從容委曲①，辭不迫切而意以獨至②，惟《左傳》爲然。如當時諸國往來之辭，與當時君臣相告相誚之語③，蓋可見矣。亦是當時聖人餘澤未遠，涵養自别，故辭氣不迫如此，非後世專學言語者也。（輯自《仕學規範》卷三十五《作文》）

【校記】

① 章：《餘師録》作「氣」。

② 以：《修辭鑑衡》作「已」。

③ 誚：《餘師録》作「讓」。

文章大要須以西漢爲宗，此人所可及也。至於上面一等，則須審己才分，不可勉强作也。如秦少游之才，終身從東坡步驟次第，止宗西漢，可謂善學矣①。（輯自《仕學規範》卷三十五《作文》）

【校記】

① 善：《仕學規範》作「喜」，據《餘師録》改。

《檀弓》云「南宮縚之妻之姑之喪」，三「之」不能去其一；「進使者而問故」，夫子之所以問使者，使者之所以答夫子，一「進」字足矣。豐不餘一言，約不失一辭。諒哉①！（輯自《仕學規範》卷三十五《作文》）

【校　記】

① 諒哉：《修辭鑒衡》無「諒哉」二字。

《漢・高紀》詔令雄健，《孝文紀》詔令温潤，去先秦古書不遠，後世不能及；至《孝武紀》詔令始事文采，文亦寖衰矣。（輯自《仕學規範》卷三十五《作文》）

醫書論脈之形狀，病之證驗，無一字妄發；乃於借物爲喻，尤見工夫。大抵見之既明，則發之於言語，自然分曉。觀此等書可見。（輯自《仕學規範》卷三十五《作文》）

東坡云：「意盡而言止者，天下之至言也。」然而言止而意不盡，尤爲極至，如《禮記》、《左傳》可見①。（輯自《仕學規範》卷三十五《作文》）

【校　記】

① 左傳：《仕學規範》作「左氏」，此據《餘師録》。

韓退之《答李翱書》、老蘇《上歐公書》，最見爲文養氣妙處①。西漢自王褒以下，文字專事詞藻，不復簡古，而谷永等書雜引經傳，無復己見，而古學遠矣。此學者所宜深戒。（輯自《仕學規範》卷三十五《作文》）

【校　記】

①《修辭鑒衡》無「韓退之《答李翺書》、老蘇《上歐公書》，最見爲文養氣妙處」等語。

《檀弓》與《左氏》紀太子申生事詳略不同，讀《左氏》然後知《檀弓》之高遠也。（輯自《仕學規範》卷三十五《作文》）

學者須做有用文字，不可盡力虚言。有用文字，議論文字是也。議論文字，須以董仲舒、劉向爲主，《禮記》、《周禮》及《新序》、《説苑》之類，皆當貫穿熟考，則做一日便有一日工夫。

近世文字如曾子固諸序尤須詳味。（輯自《仕學規範》卷三十五《作文》）

山谷云：「詩文唯①不造空强作②，待境而生③，便自工耳。」山谷謂秦少章云：「凡始學詩須要每作一篇④，先立大意⑤；長篇須曲折三致意⑥，乃能⑦成章⑧。」（輯自《仕學規範》卷三十九《作詩》）

【校　記】

① 詩文唯：《山谷集》作「文章惟」。

② 造：《山谷集》作「構」。

③ 待境：《山谷集》作「詩遇境」。

④ 須要：《山谷集》作「要須」。

⑤ 先：《山谷集》作「輒須」。

⑥ 意：《山谷集》作「焉」。

⑦ 能：《山谷集》作「爲」。

⑧ 《山谷集》章後有「耳」字。

又云：「詩詞高勝要從學問中來①。後來學詩者雖時有妙句，譬如合眼摸象，隨所觸體，得一處，非不即似，要且不是。若開眼，全體見之②，合古人處，不待取證也。」（輯自《仕學規範》卷三十九《作詩》）

【校　記】

① 詩詞：《山谷集》作「詞意」。《山谷集》「來」後有「爾」。

② 全：《山谷集》作「則全」。

潘邠老語饒德操云：「作長詩須有次第本末，方成文字，譬如做客，見主人須先入大門，見主人、升階、就坐、説話乃退。今人作文字都無本末次第，緣不知此理也。」（輯自《仕學規範》卷三十九《作詩》）

學詩須熟看老杜、蘇、黄，先見體式，然後遍考他詩，自然工夫度越過人。老杜歌行與長韻律詩，後人莫及，而蘇、黄用韻、下字、用故事，亦古所未到。（輯自《仕學規範》卷三十九《作詩》）

老杜詩云「詩清立意新」，最是作詩用力處，蓋不可循習陳言，只規摹舊作也。魯直云「隨人作計終後人①」，又云「文章最忌隨人後②」，此自魯直見處也。近世人學老杜多矣，左規右矩，不能稍出新意，終成屋下架屋，無所取長。獨魯直下語，未嘗似前人，而卒與之合，此爲善學。如陳無己力盡規摹，已少變化。（輯自《仕學規範》卷三十九《作詩》）

【校　記】

① 計：《仕學規範》作「詩」，據《山谷集》、《修辭鑒衡》。

② 最：《仕學規範》、《修辭鑒衡》作「切」，據《山谷集》。

《載馳》詩反覆説盡情意，學者宜考。《蒹葭》詩説得事理明白，尤宜致思也。（輯自《仕學規範》卷三十九）

初學作詩，寧失之野，不可失之靡麗；失之野不害氣質，失之靡麗不可復整頓。（輯自《仕學規範》卷三十九《作詩》）

《歐陽詩話》①云：「陳舍人從易②，偶收得《杜集》舊本③，文多脱誤。至《送蔡都尉詩》云『身輕一鳥』，其下脱一字。陳公因與數客用一字補之，或云『疾』，或云『落』，或云『起』，或云『下』，莫能定。其後得一善本，乃是『身輕一鳥過』。陳公嘆服，以爲雖一字，諸君亦不能到也。」（輯自《修辭鑒衡》卷一《詩》）

【校　記】

①《歐陽詩話》：今傳本多名《六一詩話》。

②據《六一詩話》，「陳舍人從易」以下節去「當時文方盛之際，獨以醇儒古學見稱，其詩多類白樂天。蓋自楊、劉唱和，《西昆集》行，後進學者爭效之，風雅一變，謂『西昆體』。由是唐諸賢詩集幾廢而不行。陳公」等數十字。

③《六一詩話》無「收」字。

曾子固《答李沿書》，最見抑揚反覆處。（輯自《修辭鑒衡》卷二《文·曾子固文》）

曾子固文章紆餘委曲，説盡事情，加之字字有法度，無遺恨矣。（輯自《修辭鑒衡》卷二《文·曾子固文》）

附　録：以下數則，未標明出自《童蒙訓》，姑附於此。

吕居仁云：潘邠老嘗得詩「滿城風雨近重陽」，文章之妙，至此極矣。後有詩託謝無逸綴成，無逸詩云①：「病思王子同傾酒，愁憶潘郎共賦詩。」蓋爲此語也②，王子立之也③。（輯自《苕溪漁隱叢話》後集卷六《杜子美》二）

【校　記】

①無逸詩：《詩林廣記》無此三字，據《東萊詩集》卷四補。

②蓋：《詩林廣記》無「蓋」字，據《東萊詩集》卷四補。

③王子立之也：《苕溪漁隱叢話》無此五字，據《東萊詩集》卷四補。

呂居仁云：《七哀》之類宏大深遠，非復作詩者所能及，蓋未始有意於言語之間也。（輯自《竹莊詩話》卷二《兩漢·七哀詩》）

劉勰《辨騷》云：「敘情怨則鬱伊而易感，述離居則愴快而難懷。」此知文者也。言以述志，文以宣言，覩此可知。但其間有遠近、高下、抑揚、微顯。（輯自《餘師録》卷三《呂居仁》）

《左氏》「景公欲更晏子之宅」一段，反覆再三，至於辭理俱盡，無復餘蘊。此當深考也。（輯自《餘師録》卷三《呂居仁》）

劉知幾云：敘事之省，其流有二焉：一曰省句，二曰省字。如《左傳》「宋華耦來盟」，稱其先人得罪於宋，魯人以爲敏。夫以鈍者稱敏。原注：魯人，爲鈍人也。記中有注解。則明焉者所嗤，此爲省句也。《春秋》經曰：「隕石于宋五。」夫聞之隕，視之石，數之五，加之一字太詳，減其一字太略，求諸折中簡要合理，此爲省字也。其反於是者，若《公羊》稱郤克眇，季孫行父秃，孫良夫跛者，齊使跛者逆跛者，秃者逆秃者，眇者逆眇者①，蓋宜除跛者以下字，但云各以其類逆者，必於事皆再述，此於文殊費，尤爲煩句也。《漢書·張蒼傳》云「年老口中無齒」，蓋於此一句之中，去「年」及「口中」可矣。此六文成句，而三字妄加，此爲煩句也。然則省句爲易，省字爲難。（輯自《餘師録》卷三《吕居仁》）

【校　記】

①事見《穀梁·成公元年》，非《公羊》。作者偶誤。原文爲：「季孫行父秃，晉郤克眇，衛孫良夫跛，曹公子手僂，同時而聘於齊。齊使秃者御秃者，使眇者御眇者，使跛者御跛者，使僂者御僂者。」

《吕氏家塾廣記》云：歐陽文忠公每爲文既成，必自竄易，至有不留本初一字者。其爲大文章，則書而傅之屋壁，出入觀省之。至於尺牘單簡，亦必立藁，其精審如此。每一篇出，士大夫皆傳寫諷誦，唯覩其渾然天成，莫究其斧鑿之跡也。原注：曾於諸子學舍中，見與劉原父書，一書十數本。（輯自《餘師録》卷三《吕居仁》）

劉摯作張文定《玉堂集》叙云：甚哉，辭之不可以已也。夫萬事異理，非言不命；四方異情，非辭弗通。《詩》不云乎：「辭之輯矣，民之洽矣。」《傳》亦有之：「子産有辭，諸侯賴之。」是以君天下者，必使其臣贊爲辭而後出之。周御史掌贊書，漢尚書作詔文，此其官之見於古者，歷代因之，其任愈重。夫以堂宁之一言，行乎四方萬里之外，不高深簡嚴，不足以重王體；又欲其誠之宣，不優柔曲折，不足以究民聽；又欲其言之約，三代而上，經聖人所定，不可尚已。三代而下，作者汙隆，隨時屢變。其間承平之時，訓詞深厚，號令温雅，有古風烈；而傾側之際，書詔所下，武夫悍卒，揮涕感動，終於享好治之譽，建持危之功，則潤色之效，豈小補哉！　自慶曆至於熙寧，惟仁祖恭儉寬大，英祖克篤前烈，主上長駕遠馭，略不世出。　三朝政績，巍巍煥煥，非尋常耳目所能觀聽。　而於斯時，典册告命，多出公手，上之仁心德意，國之威福所指，明布諭下，昭如日星，學士大夫，都邑野人，莫不曉然知治道之所以然。　雖政績固自卓越，而述作之妙，知有助哉。　至於供奉歌頌祠祝贊戒，勒之金石，播之樂府，多者千百，少數十言，體制紛紛，各得其度。　衆人不給，我獨贏餘，又何其富也！

（輯自《餘師録》卷三《吕居仁》）

童蒙訓附録　舊版序跋

宋・尤袤《遂初堂書目》

吕氏《童蒙訓》

宋・嘉定本樓昉跋

昉兒時侍鄉長老，嘗從旁竊窺所謂《吕氏童蒙訓》者，其間格言至論，粗可記者一二。稍長，務鑽厲舉子業，而親舊几案上亦不復有此書矣。世道之升降，於此可占也。客授金華，太守丘公先生語次及之，且曰：「昔先公每以訓子侄，某初在傅，日誦習焉，將求善本，刻之學宫，或太史祠中，使流布於世。」昉因從臾成之，曰：書出於吕氏，刻於祠堂，宜也。會公有民曹之命，迺出錢五萬，以從初約。吕兄巽伯喬年家所藏本①，最爲精密。前此長沙郡龍溪學皆嘗鋟木，而譌舛特甚，丘公所習誦者，未知何所從得也。初，舍人公以正獻公長孫，逮事元祐遺老，與諸名勝游，淵源所漸者遠，渡江轉徙流落之餘②，中原文獻與之俱南。因即疇昔所聞見者③，輯爲是編。倉部既手寫而藏之，巽伯又是正而刊之，庶幾可以傳矣。

書之所載，自立身、行己、讀書、取友、撫世、醻物，仕州縣、立朝廷，綱條本末，皆有稽據，大要欲學者反躬抑志，循序務本，切近篤實，不累於虚驕，不騖於高遠，由成己以至成物，豈特施之童蒙而已哉！雖推至天下國家可也。巽伯屬記始末，因輒附所聞於其後，是亦丘公之志焉爾。公名壽雋字真長，文定公之嫡長子云。嘉定乙亥中秋日，四明樓昉謹書。

【校記】

①「伯喬年」三字：四庫本注「缺」。

②「渡江」二字：四庫本注「缺」。

③因：四庫本注「缺」。

宋·紹定本李𡌴跋

紹定己丑郡守眉山李𡌴得此本於詳刑使者東萊吕公祖烈，因鋟木于玉山堂，以惠後學。

宋·陳振孫《直齋書録解題》卷九《儒家類》

《童蒙訓》一卷　中書舍人東萊吕本中居仁撰。

元・馬端臨《文獻通考》卷一九〇《經籍考十七》

《童蒙訓》一卷。陳氏曰：「中書舍人東萊吕本中居仁撰。」

《宋史》卷二〇二《藝文志一》

吕本中《童蒙訓》三卷

明・楊士奇《文淵閣書目》卷二

吕氏《童蒙訓》一部一册

《天禄閣琳琅書目》卷七《明版經部》

《童蒙訓》一函一册。

宋・吕本中著。上下二卷。前宋樓昉序。昉序作於宋寧宗嘉定八年，稱金華太守邱公長儁出錢五萬鐫刻於吕氏祠堂。此本書末别行刊：「紹定己丑郡守眉山李𡋯得此本於詳刑使東萊吕公祖烈，因鋟木於玉山堂，以惠後學。」按：紹定己丑，爲紹定二年，去嘉定八年，已閲十有四載，則吕祖烈所藏，即邱長雋所刊，以置呂氏祠堂者，李臯特取而翻刻其版耳。此本又從李版翻出，槧刻再三，故字畫不能圓勁，紙亦不佳，係坊間所印行者也。考《宋史》：呂本中字居仁，壽州人。公著之曾孫，好問之子。宣和六年，由大名府帥司幹官除樞密院編修官，遷職方員外郎。紹興六年特賜進士出身，擢起居舍人，官至侍講兼權直學士院。不附秦檜，爲御史蕭振所劾，罷，提舉太平觀卒。謚文清。樓昉，《宋史》無傳，淩迪知《萬姓統譜》：昉，鄞縣人。少從呂祖謙學，晚號迂齋。紹熙中登進士第。

《宋元学案·紫微學案》引全祖望《跋宋槧呂西垣童蒙訓》

紫微先生《師友雜志》、《雜説》諸書，大略與《童蒙訓》三卷互相出入，無甚異同也。記晁公武《讀書志》曾引《童蒙訓》中語，謂秦淮海自過嶺後，詩嚴重高古，自成一家，與其舊作不同，而今無之，然則尚非足本邪？然讀樓迂齋序，則是本乃紫徽從子倉部弸中所手鈔，大愚子喬年所是正，不應尚有脱落。或者公武誤指《紫微詩話》以爲是書，未可知也。（雲濠案：弸中爲紫微弟，倉部乃弸中子大器。其云「從子倉部弸中」，誤。）

《皕宋樓藏書志》卷三九《子部·儒家類一》

《童蒙訓》三卷，宋吕氏本中居仁撰。注謂「仿宋刻本」。並録宋樓昉跋。蓋即清四庫全書收録之本。

清·楊紹和《楹書隅録》初編卷三

宋本《童蒙訓》三卷二册一函。每半葉十行，行二十字，卷末題款云：「紹定己丑，郡守眉山李𡌴得此本於詳刑使者東萊吕公祖烈，因鋟木於玉山堂，以惠後學。」卷首有莫氏壽樸堂記、斗氏元敬、南濠居士張侯之印、荒復指印各印。是書明時有復本，行式無異，然較之原刻，則東施傚顰矣。宜自勝朝以來，已爲吴中莫都鑑賞也。

清·王嗣賢抄本

王嗣賢跋：

宋板《吕氏童蒙訓》三卷　堂沈氏所收藏。乾隆乙亥夏從而借觀，是有益於人心身者，因亟録存之，復識數語於此，欲後之人誦而習之，毋輕而棄之云爾。端午前三日，閩忠懿二十二世孫嗣賢。

鐵琴銅劍樓藏書目録卷十三《子部・儒家類》

《童蒙訓》三卷（舊鈔本）

宋吕本中撰。樓昉序。其書歷述師友遺聞，多格言至論。宋時重之，其本不一刻。此邑人王嗣賢所録宋本原書。卷末有墨圖記四行，其文云：「紹定己丑，郡守眉山李𡌴得此本於詳刑使者東萊吕公祖烈，因鋟木於玉山堂，以惠後學。」案：嗣賢，工書法，喜鈔録古書，陳見復先生弟子。（卷末有「生於虞山」、「嗣賢」二朱記。）

四庫全書提要

《童蒙訓》三卷，宋吕本中撰。本中有《春秋集解》已著録。是書其家塾訓課之本也。本中北宋故家，及見元祐遺老，師友傳授，具有淵源，故其所記，多正論格言，大抵皆根本經訓，務且實用，於立身、從政之道，深有所裨。中間如申顏、李潛、田腴、張琪、侯無可諸人，其事蹟史多失傳，頗賴此猶可考見大略，固不僅爲幼學啓迪之資矣。考朱子答吕祖謙書，有「舍人文（丈）所著《童蒙訓》極論詩文必以蘇黄爲法」之語，此本無之。其他書所引論詩諸説，亦皆不見於書内。故何焯跋疑其但節録要語而成，已非原本。然删削舊文，不過簡其精華，除其枝蔓，不應近語録者全存，近詩話者全汰。以意推求，當時殆以商榷學問者爲一帙，品評文章者爲一帙，有内編外編之分，傳其書者，輕詞華而重行誼，但刻其半，亦未可定也。其書初刻於長沙龍溪，訛舛頗甚。嘉定乙亥婺州守邱壽雋重校刊之，有樓昉所爲跋。後紹定己丑眉山李𡌴守郡得本於提刑吕祖烈，復鋟木玉山堂。今所傳本，即明人依宋槧翻雕，行款字畫，一仍其舊，最爲善本，今亦悉從之焉。

清·當歸草堂叢書本高均儒跋

道光十五年秋，均儒與桐城蘇厚子惇元，同寓杭州海會寺。見厚子所謄文瀾閣本《吕氏童蒙訓》，始讀心懔，而未即潛心重謄。二十二年夏，寓乍浦劉氏，見有寶誥堂小字眉山李氏本，匄歸誦繹，言近指遠。咸豐五年，在清江浦，令手民别寫樣本。六年夏，刊成，每葉注「紅荔館」三字，印本以貽同志。十年正月攜版回嘉興，三月攜至平湖，七月燬。嗣流離轉徙，于同治元年三月，至上海書錦里書肆，見有是訓，楷書大字本，其賈甚昂，以燬餘篋中，尚存紅荔館本一册，遂未購也。二年春，丁松生丙，自海上寄來是訓大字本，暨黄蕘圃校本《武林舊事》，屬爲重刊。竊謂《童蒙訓》視《武林舊事》尤有裨于學者。即以紅荔館重刊小字本互勘，略無增損。大字本樓跋在前，李記紹定己丑鋟木於玉山堂等字雙行列後。度是李氏原刻印本，均儒對覈閒，兒子行篤，從旁覘之曰：是即鄉在書錦里書肆所見本也。

用自愧購書之誠，不如松生多多。今再重刊，仍依小字本，蓋工劣不能摹玉山堂楷書，兹刊但取其有字而已。朱子纂《小學》，引是訓者，是本閒有未見，豈玉山所刻已非吕氏原本歟！今刻仍因玉山堂之舊，亦以識未見原刻本，實均儒之陋，讀者諒之。四年六月二十八日，高均儒書於淮上。

官箴

官箴點校説明

呂本中《官箴》，《宋史·藝文志》著録一卷。今存傳本最早的應爲其從孫呂祖儉在整理呂祖謙的《東萊集》中收入的《舍人官箴》，該書刊行于宋寧宗嘉泰四年（一二〇四）。理宗寶慶三年（一二二七）陳昉刊刻單行。文字略有異同。嗣後，左圭的《百川學海》，元陶宗儀的《説郛》，明胡文焕的《格致叢書》、清編《四庫全書》、《學津討原》皆收入是書。今存有《百川學海》本、《説郛》本、《格致叢書》本、明成化邢讓刻本、《四庫全書》本、叢書集成初編本等。此次整理，以《百川學海》本爲底本，參校其他諸本，文字有異者一律出校。

官箴

當官之法唯有三事：曰清、曰愼①、曰勤。知此三者，可以保禄位，可以遠恥辱，可以得上之知，可以得下之援②。然世之仕者，臨財當事不能自克，常自以爲不必敗，持不必敗之意，則無所不爲矣。然事常至於敗而不能自已，故設心處事，戒之在初，不可不察。借使役用權智，百端補治，幸而得免，所損已多，不若初不爲之爲愈也。司馬子微《坐忘論》云：「與其巧持於末，孰若拙戒於初。」此天下之要言，當官處事之大法，用力簡而見功多③，無如此言者。人能思之，豈復有悔吝耶？

【校記】

① 愼：《百川學海》本缺筆，避孝宗嫌名，下同，不另出校。

② 「可以保禄位，可以遠恥辱，可以得上之知，可以得下之援」：《東萊文集》、《小學》、《戒子通録》、《仕學規範》皆作「則知所以持身矣」。

③ 簡：《東萊文集》作「寡」。

事君如事親，事官長如兄，與同僚如家人，待群吏如奴僕，愛百姓如妻子，處官事如家事，然後爲能盡吾之心。如有毫末不至，皆吾心有所未盡也。故事親孝，故忠可移於君；事兄弟[①]，故順可移於長[②]；居家理[③]，故事可移於官。豈有二理哉！

【校記】

① 弟：四庫本作「悌」。

② 事兄弟，故順可移於長：《戒子通録》無此句。

③ 理：四庫本、《東萊文集》本皆作「治」。

當官處事，常思有以及人。如科率之行，既不能免，便就其間求其所以使民省力，不使重爲民害[①]，其益多矣。不與人爭者，常得利多；退一步者，常進百步；取之廉者，得之常過其初；約於今者，必有垂報於後。不可不思也。惟不能少自忍者必敗，此實未知利害之分，賢愚之别也。

【校記】

① 害：《東萊文集》本作「患」。

予嘗爲泰州獄掾，顔岐夷仲以書勸予治獄次第，每一事寫一幅相戒。如夏月取罪人，早間在西廊[①]，晚間在東[②]廊[③]，以辟日色之類。又如獄中遣人勾追之類，必使之畢此事，不可更别遣人，恐其受賂已足，不肯畢事也。又如監司、郡守嚴刻過當者，須平心定氣，與之委屈詳盡，使之相從而後已。如未肯從，再當如此詳盡④，其不聽者少矣。

【校記】

①西：四庫本作「東」。

②東：四庫本作「西」。

③早間在西廊，晚間在東廊：《戒子通录》按：「西廊东廊当互易，始與避日色合。」

④盡：《東萊文集》作「之」。

當官之法，直道爲先。其有未可一向直前，或直前反敗大事者。須用馮宣徽所稱①惠穆「稱停」之説②。此非特小官然也，爲天下國家當知之。

【校記】

①所稱：底本原脱，據《東萊文集》本補。

②稱停：原作「秤停」，據《東萊文集》本改。《童蒙訓》亦作「稱停」。

黄兑剛中嘗爲予言：頃爲縣尉，每遇檢尸，雖盛暑亦先飲少酒，捉鼻親視。人命至重，不可避少臭穢，使人横死無所申訴也。

范侍郎育作庫務官，隨人箱籠，只置廳上，以防疑謗。凡若此類，皆守臣所宜詳知也。

當官既自廉潔，又須關防小人，如文字、曆、引之類①，皆須明白，以防中傷，不可不至慎，不可不詳知也。

【校　記】

① 曆：四庫本作「歷」。

當官者，難事勿辭，而深避嫌疑，以至誠遇人，而深避文法，如此則可以免。

前輩常言①：小人之性，專務苟且。明日有事，今日得休且休。當官者，不可徇其私意，忽而不治。諺有之曰：「勞心不如勞力。」此實要言也。

【校　記】

① 常：《東萊文集》作「嘗」。

徐丞相擇之嘗言前輩盡心職事。仁廟朝，有爲京西轉運使者，一日，見監窑官①，問②：「日所燒柴凡幾竈？」曰：「十八九竈。」曰：「吾所見者十一竈，何也？」窑官愕然。蓋轉運使者，晨起望窑中所出煙幾道知之。其盡心如此。

【校　記】

① 見：《東萊文集》作「問」。

② 問：《東萊文集》脱「問」字。

前輩嘗言：吏人不怕嚴，只怕讀。蓋當官者詳讀公案，則情僞自見，不待嚴明也。

當官者，凡異色人皆不宜與之相接。巫、祝、尼、媼之類尤宜踈絶，要以清心省事爲本。

後生少年乍到官守，多爲猾吏所餌，不自省察。所得毫末，而一任之間，不復敢舉動。大抵作官嗜利，所得甚少，而吏人所盗不貲矣。以此被重譴，良可惜也①。

【校　記】

① 良：《東萊文集》本脱「良」字。

當官者，先以暴怒爲戒。事有不可，當詳處之，必無不中。若先暴怒，只能自害，豈能害人。前輩嘗言：「凡事只怕待。」待者，詳處之謂也。蓋詳處之，則思慮自出，人不能中傷也。

嘗見前輩作州縣或獄官，每一公事難決者，必沉思靜慮累日①，忽然若有得者，則是非判矣。是道也，惟不苟者能之。

【校　記】

① 沉：四庫本作「沈」。

處事者，不以聰明爲先，而以盡心爲急；不以集事爲急，而以方便爲上①。

【校　記】

①《戒子通録》此與上則合一。

孫思邈嘗言：「憂於身者，不拘於人；畏於己者，不制於彼；慎於小者，不懼於大；戒於近者，不悔於遠①。」如此，則人事畢矣，實當官之要也。

【校　記】

① 悔：原作「侈」，據孫思邈《攝養枕中方・自慎》改。

同僚之契，交承之分，有兄弟之義，至其子孫，亦世講之。前輩專以此爲務，今人知之者蓋少矣。又如舊舉將及舊嘗爲舊任按察官者，後己官雖在上，前輩皆避坐下坐。風俗如此，安得不厚乎？

叔曾祖尚書，當官至爲廉潔。蓋嘗市縑帛，欲製造衣服，召當行者取縑帛，使縫匠就坐裁取之，并還所直錢，與所剩帛①，就坐中還之。滎陽公爲單州，凡每月所用雜物，悉書之庫門，買民間未嘗過此數，民皆悦服。

【校　記】

① 剩：四庫本作「賸」。

關沼止叔獲盜，法當改官，曰「不以人命易官」，終不就賞，可謂清矣。然恐非通道，或當時所獲盜有情輕法重者，止叔不忍以此被賞也。

當官取傭錢、般家錢之類，多爲之程，而過受其直，所得至微，所喪多矣。亦殊不知此數亦吾分外物也。

當官者，前輩多不敢就上位求薦章，但盡心職事，所以求知也。心誠盡職，求之雖不中，不遠矣。未有學養子而後嫁者也。當官遇事，以此爲心，鮮不濟矣。

畏辟文法[①]，固是常情。然世人自私者，常以文法難任，委之於人。殊不知人之自私，亦猶已之自私也。以此處事，其能有濟乎？其能有後福乎？其能使子孫昌盛乎？

【校　記】

① 辟：四庫本作「避」。

當官處事，務合人情。「忠恕違道不遠」，觀於已而得之，未有舍此二字，而能有濟者也。嘗有人作郡守，延一術士，同處書室。後術士以公事干之，大怒叱下，竟致之理，杖背編置。招延此人，已是犯義，既與之稔熟，而干以公事，亦人常情也。不從之足矣，而治之如此之峻，殆似絶滅人理。

嘗謂仁人所處，能變虎狼如人類。如虎不入境，不害物，蝗不傷稼之類是也。如其不然，則變人類如虎狼。凡若此類，及告訐中傷，謗人欲寘於死地是也。

唐充之廣仁，賢者也。深爲陳、鄒二公所知。大觀、政和間，守官蘇州，朱氏方盛，充之數刺譏之。朱氏深以爲怨，傅致之罪。劉器之以爲充之爲善，欲人之見知，故不免自異，以致禍患，非明哲保身之謂。

當官大要，直不犯禍，和不害義，在人消詳斟酌之尔①，然求合於道理，本非私心專爲己也。

【校　記】

① 消：四庫本、《東萊文集》本作「精」。

當官處事，但務着實。如塗擦文書，追改日月，重易押字，萬一敗露，得罪反重。亦非所以養誠心，事君不欺之道也。百種奸僞，不如一實；反覆變詐，不如慎始；防人疑衆，不如自慎；智數周密，不如省事。不易之道。事有當死不死，其詬有甚於死者，後亦未免死；當去不去，其禍有甚於去者，後亦未必得安。世人至此，多惑亂失常，皆不知輕重義之分也①。此理非平居熟講，臨事必不能自立，不可不預思。古之欲委質事人，其父兄日夜先以此教之矣。中材以下，豈臨事一朝一夕所能至哉！教之有素，其心安焉，所謂有所養也。

【校　記】

① 輕重義：《東萊文集》本作「義命輕重」。

忍之一事，衆妙之門。當官處事，尤是先務。若能清、慎、勤之外，更行一忍，何事不辦！《書》曰：「必有忍，其乃有濟。」此處事之本也。諺曰：「忍事敵災星。」少陵詩云①：「忍過事堪喜。」此皆切於事理，爲世大法，非空言也，王沂公嘗說：「喫得三斗釅醋，方做得宰相。」蓋言忍受得事。

【校　記】

① 少陵：應爲杜牧。牧《遣興》：「忍過事堪喜，泰來憂勝無。」作者偶誤。

劉器之建中、崇寧初知潞州，部使者觀望，治郡中事，無巨細皆詳考，然竟不得毫髮過。雖過往驛券，亦無違法予者。部使者亦歎伏之。後居南京，有府尹取兵官白直點磨①，它寓居無有不借禁軍者②，獨器之未嘗借一人。其廉慎如此。

【校　記】

①《東萊文集》「白直」下有「歷」字。

② 它：四庫本作「他」。

故人龔節亨彦承，嘗爲予言：「後生當官，其使令人無乞丐錢物處，即此職事可爲；有乞丐錢物處，則此職事不可爲。」蓋言有乞丐錢物處，人多陷主人以利，或致嫌疑也。

前輩嘗言：「公罪不可無，私罪不可有。」此亦要言。私罪固不可有，若無公罪，則自保太過，無任事之意。

范忠宣公鎮西京日，嘗戒屬官：「受納租税，不要令兩頭探。」或問何謂①？公曰：「賢問是也。不要令人户探官員等候受納，官員不要探納者多少，然後入場。此謂兩頭探。但自絶早入場待人户②，則自無人户稽留之弊。」

【校　記】

①或：四庫本作「戒」。

②户：四庫本作口。

官箴附録：舊版題跋

宋・陳昉跋

昉顓蒙之資，蚤膺吏事。塵囂馳鶩，無所津梁。既得此書，稍知自勉。敬鋟于梓，與有志者同之。寶慶丁亥三月既望永嘉陳昉謹書。

宋・黄震《黄氏日鈔》卷四十《官箴》

以覓取求庇獻書爲第一戒，以下條目甚詳。事涉權貴，平心看理。又舍人《官箴》尤詳，云當官先以暴怒爲戒。

《宋史》卷二〇五《藝文志》著録

吕本中《官箴》一卷。

明・成化本刑讓跋

余忝教國學，將及二載。雖黽勉夙夜，於諸生不能分寸益，尸素之咎，其何能逃。近例，諸生省覲外，在學不三二年，即得循次入官。雖欲久於斆學，理不可得。因手録呂舍人《官箴》刻梓模印，諸生及次者，各遺一通，使於此而有得焉，亦余教益之及，而尸素之咎，或因少逭萬一云。時成化戊午三月朔旦河東邢讓謹志。

《續通志》卷一五八《藝文略·附官箴》著録

《官箴》一卷，宋呂本中撰。

清·王士禎《古夫于亭雜録》卷一

上嘗御書「清、慎、勤」三大字刻石，賜内外諸臣，士禎二十年前亦蒙賜。按：此三字本呂本中居仁《官箴》中語也。

四庫全書提要

《官箴》一卷，宋呂本中撰。本中有《春秋集解》，已著録。此乃其所著居官格言，凡三十三則。《宋史·本中列傳》備列其著作之目，不載是書。然《藝文志·雜家類》中乃著録一卷。此本載左圭《百川學海》中，後有寶慶丁亥永嘉陳昉跋，蓋即昉所刊行。或當日偶然題記，如歐陽修《試筆》之類，本非有意於著書。後人得其手稿，傳寫鐫刻，始加標目，故本傳不載歟？本中以工詩名家，然所作《童蒙訓》，於修己治人之道，具有條理，蓋亦頗留心經世者。故此書多閱歷有得之言，可以見諸實事。書首即揭「清、慎、勤」三字，以爲當官之法，其言千古不可易。王士禎《古夫于亭雜録》曰：「上嘗御書『清、慎、勤』三大字，刻石賜内外諸臣。案此三字，吕本中《官箴》中語也。」是數百年後，尚蒙聖天子采擇其說，訓示百官，則所言中理可知矣。至其論不欺之道，明白深切，亦足以資儆戒。雖篇帙無多，而詞簡義精，固有官者之龜鑒也。

四庫全書簡明目録

《官箴》一卷，宋吕本中撰。篇帙無多，而語皆明切，其首揭清、慎、勤三字，千古言吏治者莫之易也。

師友雜志

師友雜志點校説明

《師友雜志》一卷。《師友雜志》，又名《東萊呂紫微師友雜志》。初見趙希弁《郡齋讀書志》附志，謂一卷，「鄭寅刻之廬陵」。陳振孫《直齋書録解題》、馬端臨《文獻通考》著録相同。《宋史》本傳謂呂本中著有《師友淵源録》五卷；明彭大翼《山堂肆考》卷一二二《著書》亦著録呂本中有《師友淵源録》，不記卷數；《河南通志》卷六一《理學·河南府》呂本中下亦云。今不傳。頗疑《雜志》與《淵源録》或同爲一書而異名，然卷數相差甚遠。今存唯《師友雜志》一卷。宋本無存，明穴硯齋有抄本，「擴」字不出，注「御名」，原本當爲宋寧宗時刻本或抄本，清十萬卷樓刻本及《叢書集成》排印本皆出此本。

師友雜志

饒節字德操，謝逸字無逸，俱臨川人。少皆有志節，相與友善。德操才高，而無逸學博。二人所爲詩文，一時稱重，不能優劣也。德操早去鄉里，至黄州，從潘大臨邠老游。後游京師，元符間，客知樞密院曾布子宣家，子宣遇之極厚。上皇既踐阼，稍收用舊人，德操上子宣書，請引用蘇子瞻、黄魯直諸公。不能，即辭去。崇寧初，客宿州，從予父祖游。後往鄧州，滎陽公使之見香嚴智月師，遂悟道祝髮，更名如璧。後游江淮間，與予家數相遇，相親如骨肉也。無逸浮湛里閭，雖甚困，然未嘗少屈。汪革信民，少饒、謝數歲，平生敬事二人，如親父兄。

汪信民試南省第一，頗收畜時文。無逸同試被黜，問信民：「用此何爲？」曰：「恐登科須作學官，要此用爾。」無逸曰：「前日不免爲此，爲覓官計爾。今尚復爾，是無時而已也。」信民痛自咎責，盡取所畜時文焚之。

夏倪均父，先名侔。少能文樂善，其妻又賢，使均父多從賢士大夫游。饒德操每依均父，如家也。後德操作僧，所度弟子，皆令均父諸子聯名。徐俯師川，少豪逸出衆，江西諸人皆從服焉。崇寧初，見予所作詩，大相稱賞，以爲盡出江西諸人右也。其樂善過實如此。

汪信民初任潭州教授，張舜民芸叟作帥，厚遇信民，且勉之學。時畢漸通判州事，芸叟深薄其人。後信民教授宿州，又師事滎陽公。信民嘗言：「吾平生有意於善，張、吕二公之力也。又因張六丈薄畢魁，有激發焉。」

崇寧初，予家宿州，汪信民爲州教授，黎確介然初登科，依妻家孫氏居。饒德操亦客孫氏，每從予家游。三人者，嘗與予及亡弟揆中由義會課，每旬作雜文一篇，四六表啓一篇，古律詩一篇。旬終會課，不如期者罰錢二百。

謝無逸因汪信民獻書滎陽公，致師事之禮。且與予父子交。政和初，無逸至京師省試，嘗寄予書，極相推重，以爲：「當今之世，主海内文盟者，惟吾弟一人而已。」又語外弟趙才仲云：「以居仁詩似老杜、山谷，非也。杜詩自是杜詩，黄詩自是黄詩，居仁詩自是居仁詩也。」

仲姑清源君，嫁蔡氏。長子興宗字伯世，清源每使之從賢士大夫游，且令尊事予。雖云太過，然使其子爲善，可以爲世法也。元符間，滎陽公謫居和州，楊丈克一字道孚①，爲州司法，予家重甥。嘗稱賞予，以爲可教者。其内陳氏，亦吕氏重甥，予謂表姑，有文學。嘗供嶽神，用王者冠冕。予時尚幼，以爲非禮。陳姑問何謂非禮。予曰：「五嶽視三公，何爲僭用天子禮也。」又嘗指古婦人畫像，問予孰美。予答曰：「美者自美，吾不知其美；惡者自惡，吾不知其惡。」大相奇重。

【校記】

① 孚：穴研齋本、十萬卷樓本作「子」，據《紫微詩話》、張耒《題道孚墨竹》改。

予年十八，從滎陽公至京師，始與從叔知止聚學，相期甚遠。明年至河朔，外弟趙枏才仲從伯姑華陽君來歸寧。才仲時已文詞成就，曾肇子開稱於滎陽公，以爲能爲古人之文。予見之，因大激發，相與友善。

晁沖之叔用①，文元之後。少穎悟絶人，其爲詩文，悉有法度。大觀後，予至京師，始與游，相與如兄弟也。叔用從兄貫之季一，謂之季此，皆能文博學，皆與友善。若説之以道，則予尊事焉。以道弟詠之之道，叔用之兄載之伯禹，予皆與之游。大觀、政和間，予客京師，叔用日來相招，如不能往，即再遣人問訊。時劉義仲壯輿在京師守官，亦日相問訊。

【校記】

① 冲：穴硯齋本、十萬卷樓本作「仲」，據叢書集成本改。

文靖丈事晁文元，而晁文莊丈事文靖。諸家事契，無如二家之深。後晁丈説之以道事滎陽公，如親子侄。

晁以道參禪不就，後專爲天台教，自號老法華。

高茂華秀實，於學無所不窺。元符末，爲太學正，罷去，不復用，專主慈恩教，求生兜率。

關沼止叔，知見高遠，議論諦當。崇寧間，諸賢比之陳瓘瑩中，而學問加精深焉。

止叔嘗説，近見晁以道説交游：「賢者不如早死，免得見他改節也。」

崇寧初，始聞楊時中立之賢於關沼止叔，久方見之，而獲從游焉。止叔嘗稱楊丈之語，以爲世人畏死，特以衆人共畏之耳。如使人皆不畏死，則死爲不足畏矣。止叔以楊丈實能不畏死也。

熙寧間，滎陽公居申國魯夫人憂而居京師，嘗至洛中省覲。正獻公令滎陽公日講《周易》一卦。後崇寧間，張繹思叔自洛中訪待制叔祖於汝州，留連幾月，亦日講《周易》一卦。滎陽公自京師至洛中嵩山，見顒禪師，伊川先生説顒之爲人，曰：「某嘗見之，方是律僧，禪則未會。」

滎陽公嘗問邵康節先生亦讀佛書否？康節曰：「人病舍其田而芸人之田。」

滎陽公言，嘗有言鬼物於伊川先生者，先生云：「君曾親見耶！」伊川以爲：「若是人傳，容不足信；若是親見，容是眼病。」

潘旻子文，温州人。師事伊川先生，自言有自得處。嘗聞人説鬼怪者，以爲必無此理，以爲疑心生闇鬼，最是要切議論。滎陽公嘗謂思慮所有，則必有此理。有此理，則有此物。

或問尹焞彦明：「死後斷滅不斷滅？」彦明徐謂之曰：「但以祭祀時心觀之。」

汪信民嘗言：「人常咬得菜根，則百事可做。」胡安國康侯聞之，擊節歎賞。

往年在重侍下，每夜侍滎陽公與祖母張夫人，極論學問及出世法，至二更方罷。夜夜如此。

滎陽公在京師舊第時，諸位子侄常召來自教之書，使日有課程。關澮聖功，止叔之兄，樂善不倦，藏書數千卷，嘗榜所居室壁「樂道人之善，惡道人之惡」，以戒子弟。

高秀實於學問無所不通，至於内典疏義，悉皆精貫。滎陽公嘗與之論法華龍女成佛事，秀實遍舉天台以爲如何，慈恩以爲如何，無不成誦。予因問秀實，何故如此記得。秀實笑云：「且要諸處相難。」

劉丈器之自謂參禪有所得，高秀實不以爲然。劉丈甚不平。關止叔嘗與范純粹德孺論劉器之爲人，德孺云：「只爲蔡新州事大害事。」止叔云：「莫是他見得是如此否？」德孺云：「若事事見得如此，豈不害事耶！」

晁以道自言：少時每自嫌以門蔭得官，以爲不由進士仕進者，如流外雜色，非真是作官也。後既登第，始與李六丈德叟游。德叟誚薄進士得官，卻如某已前薄門蔭時也。自此始知登科不足爲美。其後遍親師友，粗有立者，皆李六丈德叟激發所致。德叟，名秉彝，公擇弟子，商老之父也。

晁以道篤於親戚故舊，及有牽聯之親，一日之雅，皆委曲敦叙，從生從而化者甚衆。以道盛文肅家外甥，洪炎玉父祖母文城君亦盛氏甥。以道於玉父爲尊行。一日，同會京師，玉父未及見以道，邂逅僧寺中，玉父謂以道曰：「公丈行也，前此未得一見。」以道遽折之曰：

「某是公表叔，何丈行之有！」玉父再三謝之，曰：「是表叔，是表叔。但某未曾敢叙致爾！」以此知游學之士，須經中原先達鈐椎，方能有成也。

劉羲仲壯輿嘗言尋常交游，有自然輩行，有相去二三十歲卻成兄弟行者，有校一兩歲卻成丈姪行者，不以年歲貴賤。如劉原父與申公，便自是兄弟行，貢父便是父子行也。

伊川先生嘗説司馬君實、邵堯夫皆未嘗學，但其資稟自過人耳。政和間，李畯民師客游京師，有書策記前輩議論，邵伯温子文，康節子也，訪民師不遇，几案間見此策，即以數十百言辨康節非不學也，書於策後。民師亦高節士，長年不復爲科舉學，躬耕楚州之寶應縣村中，無妻子，與唐充之諸人交。

唐廣仁字充之，北京人。馬涓榜登科，誠實篤厚。陳瑩中、鄒志完諸公深喜之。後以上書邪等黜廢，居楚州寶應。監蘇州酒務，忤朱冲、盛章失官。劉器之以爲太直，卒以直不用，死。充之練達時務，如役法、茶鹽法及民間利害，皆編類成書，本末分明，毫髮不遺。時張裕益中亦以上書被罪，居寶應。往來賢士大夫經由寶應者，皆從兩人游①。益中，畢漸榜登科。大觀末，復從人辟云。

【校　記】

① 皆從：穴研齋本、十萬卷樓本作「從皆」，據叢書集成本改。

邵子文云，先人非是毀佛，但欲崇立孔氏之道爾。

馬涓巨濟，元祐間廷試第一。元符庚辰年，除監察御史。崇寧以後，遂廢不用。巨濟學問浩博，於書無所不窺，而與人甚和，不問彼此。劉器之頗以此非之。政和間，予從之游甚久。器之以爲巨濟多預南京貴人飲會，甚不喜。滎陽公以器之責人太甚。

游酢定夫、楊時中立，俱建州人。謝良佐顯道，蔡州人，同時師事二程。定夫後更爲禪學。大觀間，本中嘗以書問之云：「儒者之道①，以爲父子②、君臣、夫婦、朋友、兄弟，順此五者③，則可以至於聖人；佛者之道④，則去此然後可以至於聖人⑤。吾丈既從二程先生學，後又從諸禪老游⑥，則二者之論，必無滯閡，敢問所以不同，何也？」游丈答書云：「佛書所説，世儒亦未嘗深考。往年嘗見伊川先生云：吾之所攻者，迹也。然迹安所自出哉？要之此事須親到此地，方能辨其同異。不然，難以口舌争也。」

【校　記】

① 儒者之道：《宋名臣言行録》外集卷七《游酢》作「儒道」。

②以爲：《言行録》「以爲」後有「順此」二字。
③順此五者：《言行録》無此四字。
④佛者之道：《言行録》作「佛道」。
⑤則去此然後：《言行録》作「則」。
⑥禪老：《言行録》「禪」後無「老」字。

游定夫嘗言：前輩先生往往不曾看佛書，故詆之如此之甚。其所以破佛者，乃佛書自不以爲然者也。

定夫崇寧間居和州，見本覺長老實有所得。覺老，長蘆夫禪師門人。

謝顯道任江州判官，見叔祖待制，問禪學之要。

顯道後至洛中，伊川先生問尹焞彦明曰：「曾見謝良佐否？」彦明曰：「常相見。」先生云：「第更往。」彦明即再往見，既回見先生，先生問何如。彦明云：「謝良佐今次説話别。」先生頷之。

王直方立之，京師人。自少游前輩諸公間，諸公皆稱之。崇寧間病廢。予初未識也。立之盡以平生書籍圖畫散之故人朋友，予亦得數種。託楊符信祖附來寄予書，書不成字矣。書中但言「劉玄德生兒不象賢」。又云：「自想蔡邕身已老，更將書籍付何人。」蓋歎其子不能繼紹也。立之先未病時，上滎陽公書，書詞奇偉，並雜文、詩兩軸。喪亂失之。予嘗答立之書，晁以道京師適見之，極相稱賞，但言不合説得佛學太多。晁以道大觀間赴明州船場，來真州見滎陽公，語予云：「今次見侍講，説話更別，亦都不説佛學，其過人遠矣。」

大觀初，趙丈仲長、晁丈以道與夏侯節夫、夏均父、汪信民同在京師，每出入多聯騎同往。趙丈最長，先行，信民時最幼，後行。信民調官歸，過符離，自以得預京師諸賢出入爲榮。

大觀間，東萊公迎侍赴真州船場，過楚州，汪信民爲教官，洪玉父迎其祖母文城君赴官潁州。信民、玉父與予會飲舟中，甚樂。玉父戲信民云：「某是范淳夫知舉時過省，可以無愧，信民乃林希知舉時作省魁，不得不慙於某也。」別後，玉父有寄予與信民四言詩。

謝邁幼槃①，無逸從弟。與予相聞甚久，而未相識。大觀間，幼槃下第歸臨川，始見之符離。嘗讀予詩，作詩所以推重甚至。

【校　記】

① 邁：原作「邁」，據四庫本《竹友集》改。

游定夫嘗寄予書曰：「文靖、正獻專以人物爲己任，薦士報國，爲世大法；侍講與朝散，世濟其美，居仁實似之。此酢所以傾心也。」朝散，謂東萊公也。

叔巽叔嘗自言：「每見世父，大有進益，亦不能語人也。」世父，滎陽公也。

崇寧中，叔巽來省滎陽公于符離，有故人遇之甚薄。及欲行，來召飯，人或止之曰：「此人相待如此之薄，何必赴飯。」叔巽曰：「不欲與人生睚眦之怨。」

劉器之自言常作書簡，多起藁草及不作草字，以戒苟且。

張繹字思叔，西京壽安縣人。家甚微，年長未知讀書，爲人傭作。一日，見縣官出入，傳呼道路，思叔頗羨慕之。問人何以得如此，或告之曰：「此讀書所致耳！」思叔始發憤從人授學，執勞苦之役。教者憐其志，頗勸勉之。後頗能文，入縣學、府學。被薦，以科舉之學不足爲也，因至僧寺見道楷禪師，悅其道，有祝髮從之之意。時周行己恭叔官洛中，思叔亦從之。恭叔謂之曰：「子它日程先生歸，可從之學，無爲空祝髮也。」及伊川先生歸自涪陵，思叔始往從學。時學者甚衆，先生獨許思叔。因讀《孟子》「志士不忘在溝壑，勇士不忘喪其元」，始有自得處，更窮理造微，少能及之者矣。

【校　記】

① 學：叢書集成本作「事」，據穴研齋本、十萬卷樓本。

尹焞字彦明，與張思叔同時師事伊川先生。思叔以高識，彦明以篤行，俱爲先生所稱。先生没，思叔亦病死，彦明窮居教學，未嘗少自貶屈。常以先生教人專以「敬以直内」爲本，彦明獨能力行之。

彦明嘗言先生教人，只是專令用「敬以直内」。若用此理，則百事不敢輕爲，不敢妄作，不愧屋漏矣。習之既久，自然有所得也。因説往年先生自涪陵歸，日日見之。一日，因讀《易》至「敬以直内」處，因問先生「不習，無不利」時，「更無睹，當更無計校也耶？」先生深以爲然。且曰：「不易見得如此。且更涵養，不要輕説。」彦明又言先生以死生爲常事，釋氏不合把來做一事説。

尹彦明言：先生自涪陵歸，過襄陽見楊畏子安，因説某在涪州卻了得《易傳》。子安卻問《易》從何起，先生以扇畫一畫，云：「從此起。」後子安至洛中，因説與彦明：「某當時卻忘了問正叔，一從何起。」彦明曰：「吾丈何不問先生？」子安云：「不欲問，問時卻似相難，卻煩公自問之。」彦明卻以此意問先生，先生云：「記得當時曾説，若他問從何起，只消某不答，想得他更説是也。」

彦明又言：范季達嘗從先生問《易》云：「如某所見，只消得乾坤兩卦。」先生云：「季達所問是聖人分上事耶?」曰：「聖人分上事。」先生云：「聖人分上事，只一畫亦不消。」

范元實，崇寧中過符離，别後寄予書云：「道，一也。佛之所得，比孔子爲狹。然豈容易可到。若學佛則有《楞嚴》、《圓覺》，學孔子則有《論語》、《中庸》、《大學》，須窮探力索，久自得之。然吾輩今日事業，直須多讀書，考古人成敗，作文章以法前人，又不可自屈沉也。萬事不廢，隨事觀理，他日自須脱然度越諸子。近見先生譏人博學，而學者廢書不觀，反爲害事，不然只《論語》已自太多矣。」

元實説汪信民神氣不盛，非壽相。信民亦説元實太快，不能永。兩人所説皆驗。王及之仲時，相州人。少從諸公游。少時學問止欲師法前輩，學古人。因至洛中，與范元實相聚。元實説：「學佛須學阿難，學孔子須學顔子、曾子。」□□□①「某自此方有意於學也。」

【校記】

① □□□：原無空格，疑此處脱「仲時曰」三字。

王仲時才高識遠，有絶人者。宣和間，在京師作宗學官，來見先公，與一貴官同坐。貴官問仲時：「與舜徒游從，必甚可樂。」仲時矍然曰：「吕丈，及之所尊仰，何敢言游從。」王仲時宣和間與余别後寄書云：「聞居仁名，十五年矣，比者獲見，仍大過所聞。文章論議，超絶一時，在公爲餘事耳。」

王俊乂堯明①、李祁蕭遠，自崇寧間同在學校，不與衆人同趨向。師仰前輩古人，不妄交游。兩人雅相推重，人多笑之，亦不以介意。堯明，海陵人；蕭遠，雍丘人。蕭遠少堯明一兩歲，兄事堯明。蕭遠先登科，堯明次舉作魁。蕭遠家貧，養親至孝，冬月往往無綿被，隨家所有，以贍故人朋友。堯明有意世事。蕭遠官至尚書郎，堯明擢都司，出知岳州。兩人樂善，出於天性。人或譏謗之者，終不怒也。

【校　記】

① 俊乂：原作「俟乂」，《宋史·王覿傳》附傳作「俊義」，據宋彭百川《太平治迹統類》卷二七《祖宗科舉取人》宣和元年記事、《至元嘉禾志》卷十五《宋登科題名·宣和元年王俊乂榜》改。

陳瑩中持論以爲：「天下事無時不可爲，無時不可進，顧已所存，與歲終何如耳。」關止叔、高秀實以爲瑩中「得聖人之任」。然當時論者以爲惟瑩中則可，他人不可。如「有伊尹之志則可，無伊尹之志則篡者也」。瑩中嘗言關止叔崇寧中召至京師，一日與數人見蔡京，留坐甚久。及出，同見者猶相候，止叔見之，面微發赤。瑩中以爲止叔見蔡元長必無傾附之意，其論必能有益於時，何必面發赤，是止叔自信猶有未盡也。瑩中嘗言尋常學者須知得王介甫一分不是，即是一分好人，知得王介甫十分不是，即是十分好人。

瑩中專以方便爲主，務要必成。豐相之直道而行，更無委曲。瑩中極尊敬豐公，然嘗笑之以爲闍梨子。

張思叔嘗稱洛中尼長老智深，以爲深老之道比先生爲狹，或者以爲思叔此語，猶未知先生也。

宣和間，江公民表避方寇至京師。本中調官京師，常得見之。民表喜韓維持國爲人。且說元豐中過潁昌，見持國，相遇極厚。民表以所爲詩數十篇示之，明日以簡相謝云：「昨夜清坐焚香，誦吾子詩，且摘十數聯。」過相稱道，因思前輩獎進後生，不遺餘力。觀二公之志，豈可忘也。

歷觀自古儒者，未嘗以食肉、殺生、淫欲爲當然者。惟近世學者，因攻佛說，遂以此數事爲當然。處之益安，至禽獸斷命受至苦，以爲於義當爾。殊不知推原遠庖廚本意，擴而充之也①。

【校　記】

① 擴：原缺，注曰「御名」，避寧宗諱。

政和中，本中自揚州隨侍先君子沿檄至靜海，涂經海陵，日陪馬丈巨濟游。凡累日，乃過靜海，任丈德翁，日得請見。任丈志剛氣直，都不少屈，真王佐才也。馬丈論事有體，紆餘委曲，不與物競，世亦罕能及者。時陳丈瑩中尚謫台州，其家留台州。某嘗登海山樓寄公詩，有「爲公頻上海山樓」之語，公有和詩云：「滄海從來共一漚，平生錯認演多頭。老矣頓忘庵外事，閉門堅坐勝登樓。」又與余書論學問本末云：「《華嚴》一攝一切，一切攝一，無有内外，亦無中間。異夫世儒以精麤爲二致，始終爲兩途，得本遺末，語道棄事者也。」

崇寧初，衣服皆尚窄袖狹緣。有不如是者，皆取怒於時。故當時章疏有言：「襃衣博帶，尚存元祐之風；矮帽幅巾，猶襲姦臣之體。」蓋東坡喜戴矮帽，當時謂之東坡帽；黄魯直喜戴幅巾，故言猶襲姦臣之體也。韓子蒼大觀間嘗贈予外弟蔡伯世詩云：「禿巾小帽紛紛是，眼明見此襃衣士。」禿巾小帽，皆當時浮薄子所尚。關止叔既被召，衣服不改舊，或問之曰：「止叔若登對，衣服當如何？」止叔曰：「衣帛帛見，衣褐褐見。」

「德無常師，主善爲師。」此論最善。以言學者不主一門，不私一人，善則從之。滎陽公初以師禮事伊川，後從諸老先生甚衆。後來程門弟子，如謝顯道、楊中立，亦皆以師禮事滎陽公。

范之才文甫、之翰申甫兄弟，富公外孫，皆師事伊川先生。大觀間，被省檄至真州，時東萊公迎侍滎陽公在真州船場官舍，文甫日來見公，頗盡事師之禮。故諫大夫陳次升坐元符言官遠謫，歸真州。次升嘗論滎陽公自外召還爲秘書少監太驟。文甫欲謁次升，聞其曾論滎陽公，遂斥去刺字曰：「此人論吕公，吾豈可見耶！」申甫尤篤厚，學問有淵源。

京東舊多名醫，鄆州尤盛，其學皆有師承。單州醫者張宗元，家本大富，少喜醫術，故學醫，卒爲名醫。其初學也，師教之刮厚紙上茸毛，以手撚之，閉門静坐，晝夜撚紙茸不輟。一夜，忽大悟曰：「吾得之矣。」由是脈輕重虚實皆究，纖悉不差。崇寧間，滎陽公寓居宿州，因飲酒罷即卧，既而大苦頭痛，而脈遲澁。宿醫皆以爲腎厥，服熱藥灼艾，頭痛增甚。久遂發瘈瘲，昏不知人，右手足廢。自秋至春，增劇。召宗元視之。宗元診脈笑曰：「此伏熱在内耳。」頓下大黄等藥，即差。時公年六十六七矣。臨别，戒公曰：「病已除，然不可以年尊故服補藥。」公不以爲然，服平補藥，遂得目疾。予仲弟得疾，就見宗元單州，宗元謂仲弟曰：「公何爲忽苦此，此正虚勞也。肝臟已絶，不可治。且以鬆小艾炷作數日炙，仍不計飲食，皆雜人參進之，可以支數月。然亦不能過來年清明。」時八九月也。明年清明前數日，果不起疾。曹州醫者劉大順，比宗元尤精審，後聞宗元以仲弟肝臟絶①，不可治，以宗元之術尚未至，曰：「一藏絶，猶可治，兩藏絶，則不可治矣。」大順初從其伯父學②……

【校　記】

① 臟：穴硯齋本作「藏」，據十萬卷樓本。

② 穴硯齋本此下兩葉空白，葉十二行，每行二十一字。十萬卷樓本亦如式留空白，叢書集成本注：「以下缺二十四行，每行二十一字。」

［田晝承君］①……習常平法，不受。知淮陽軍，淮陽人愛重之，死於淮陽，淮陽人即廟祀焉。元邈嚴峻，亦不減承君，而有通時之才。去就取舍，至明至嚴。靖康間，召爲密院編修，知事不可爲，即求致仕去。與粹中俱死江南。仲觀蚤死，其父沆娶予外曾祖張待制女，舊與王介甫爲友，有聲場屋間，故承君亦從王氏學，後乃遍求師友。沆之兄況，仁宗朝樞密副使。

【校　記】

① ［田晝承君］：據《宋史·鄒浩傳》田晝附傳：晝嘗知淮陽軍，歲大疫，日挾醫問病者藥之，遇疾卒；淮陽人祀以爲土神云。

田粹中常言：前輩於交游間不惜語言，各務盡情。明鎬參政平貝州後，病危欲死，田樞密往視之，曰：「前勸公不要殺人，公不相信，公死宜矣！」明參政再三謝之。

崔德符，元符庚辰以上書被廢。爲人清苦，然非矯激，交游間常設珍饌召，却而不食，曰：「此玉食也，不敢受。」宣和中，何㮚爲中丞，薦爲殿中侍御史，復以上書人罷。靖康間，以諫官召，力攻馮澥專主王氏，頃之，病卒。病時每歎：「天下事不可爲。某所居官，合是元邈做底。」

諸田兄弟，在陽翟縣南十里竹林店居。其地多竹，故名竹林店。有屋十數間，文史足用。陽翟人張宗文秀才與諸田親戚，自言頃年自城中月夜步謁諸田，適值酒熟，花方盛開，留連十許日，商榷文字，意足而後歸。

陽翟辛廱①，前輩賢者。自少以父任得官，隱居不仕，蘇子容丞相妻弟，而二程先生表叔。方蘇丞相盛時，屢招之不出。伊川先生元豐間，每歲自洛中至潁昌訪韓持國，過陽翟，必爲辛廱留十數日②。其所居有大屋七間，屋後皆奇花異草，終身自樂。陽翟人所以士風不衰，聞見知識過他處，由此數人化導之也。

【校　記】

①② 靡：原缺，據《蘇魏公文集》卷六一《朝請郎辛君墓誌銘》補。

陳瑩中諫議嘗言：「凡爲學者，師弟子之間，如善財之參善知識，可也。善財初見文殊，文殊令見德雲，告以解脱門，且云惟我知此，又使别見一知識焉。當是時也，德雲不自以我爲盡，善財亦不以德雲爲非，亦不疑德雲之言，而復見一知識，如是展轉至五十三人。故能師不以爲私惠，弟子不以爲私恩。今則不然，教者惟以我説爲然，學者惟以師説爲是，故皆卒至於蔽溺不通，而遂至於大壞也。」

王子韶聖美言：「莊子不能窺測列子，列子不能窺測老子。」滎陽公答云：「莊子而不能窺測列子，則孰能窺測列子？列子而不能窺測老子，則孰能窺測老子？故善窺測列子者莫如莊子，善窺測老子者莫如列子。」此滎陽公之語也。

司馬温公嘗言：「釋氏嘗戒人妄語，而妄語莫大於釋氏。神通變化之事，在理必無，而釋氏唱之，非妄語而何！」公曰：「陰陽不測之謂神。」

晁以道嘗説：「頃嘗以書問伊川先生云：『某平生所願學者，康節先生也。康節先生没不可見，康節之友，惟先生在爾，願因先生聞康節之學。』伊川答書云：『某與堯夫同閭巷居者三十餘年，世間事無所不論，惟未嘗一字及數學。』」以道笑云：「早是得他答也。」

崇寧初，家叔舜從以黨人子弟補外官，知河南府鞏縣，請見伊川先生，問：「方今新法初行，當如何做？」先生云：「只有『義命』兩字，當行不當行者，義也；得失禍福，命也。君子所處，只説義如何爾！」

建中靖國元年冬，滎陽公出守曹南，屬李璟粹老以荊門朱巽爲薦。巽爲人淳謹無他，專意時文。從予家至相州、邢州，至京師取解被黜，遂歸荊門。時胡安國閑居荊門，巽慕其科第，又有操行，常見之。康侯知其曾游滎陽公之門也，再三問公尋常語言及動作等，巽不能詳對，但言別公時嘗求公詩，得詩之卒章，言：「他日稍成毛義志①，再求師友究淵源。」康侯再三謂巽：「此乃吕公深教左右爲學未是，使左右登科後別爲根本學問也。」由是，巽與其兄震子發，始皆發憤，力爲學問，因從謝顯道學，久之皆有所成。巽先死，震後遂爲時用。

【校 記】

① 義：原作「遂」，據《紫微詩話》改。

温州人陳經正者①，崇寧初，嘗從伊川先生學。當時學者以經正爲一意學聖人者②，其意不至聖人不已也。

頗宗黄老。

【校記】

①② 正：原作「止」，據《二程遺書》卷二一、《浙江通志》卷一七七《人物·温州府》改。

田亘元邈，宣和以前，居陽翟郟城，操行高潔，論議明白，其於邪正，秋豪不假借也。然其學頗宗黄老。

陳公瑩中尊敬前輩，皆可爲後生法。晚年過揚州，見滎陽公，請公坐受六拜，又拜祖母河南夫人。請必無答拜然後拜。其與他人語，必曰吕公，或曰吕侍講。其對前輩説後進，公斥姓名，未嘗少改。

田元邈當辭必辭，當去必去，未嘗遲疑。趙才仲以爲元邈去就之際，最快活人。

張正素先生子厚，名舉，東萊公從表兄也，長東萊公十餘歲，與東萊公書，未嘗呼字。楊器之大夫名瓌寶，滎陽公表弟，於東萊公尊行也，與東萊公書，亦未嘗呼字。滎陽公與表姪書，外封只書押字，不稱名。

往時族人有視楊應之學士爲尊行者，在朝中字呼應之，應之回首不應。滎陽公以應之當如是。

胡康侯甚非佛學，而極推重滎陽公，或問康侯：「呂公何故學佛。」康侯曰：「呂公儒釋兼通。」

胡康侯與唐恕處厚，皆推明東萊公圍城中所立。爲可以激勸後世，或以爲不然者，二公必與之辨論。處厚篤實自守，君子也。崇寧初，與其弟俱爲湖南知縣。新法行，皆棄官去。終宣和世不出仕宦。東萊公之薨，處厚爲挽詩三章云。

楊應之兄弟四人，皆呂出也。叔高祖刑部公外孫，正獻公其從舅也。兄弟自少皆親依正獻。應之名國寶，次補之名賢寶，次器之名瓌寶，次擇之名仁寶。應之、器之皆尚氣立名節。應之從師友學聖人者也，伊川先生及諸公皆推重之；器之亦博學强記，補之、擇之，亦皆循循自守，兄弟平生皆安貧樂道，未嘗少屈於人。元豐中，親喪服除，至京師，寓於余家榆林舊第，日以麄飯置一盆，又以一盆盛菜蔬，兄弟分食之，甘如飴蜜，不求於人，卒能有所立云。應之後以儒學氣節，爲世推重，伊川稱交游中如楊應之更有英氣。元祐初，范堯夫薦召試館職，不就，除太常博士、成都路轉運判官。以正獻當國，不得大用。元祐末，朝廷之士多分彼此，應之無所附離，爲開封府推官，卒。識者痛惜之。器之累任監司，未嘗與時俛仰，流落至死，終不悔也。

顧子敦内翰①，治平、熙寧間，嘗言與程正叔諸人同爲山居，專治《通典》一二年，如此則學問應變，無不浹洽矣。此語固未知伊川，然其學亦實有用也。

【校記】

① 顧：原作「顔」，據《宋史·顧臨傳》改。

楊中立説二程、横渠，論至理則不容不同，若解經則不容皆一。

張瞻景前，陽翟人，自守善士，有志於學。元祐間，其父爲秦州通判，吕大忠爲秦帥，景前往問學，後入太學。吕汲公爲相，求進伯書，欲見汲公。進伯云：「賢不須見微仲，卻是大臨舍弟一意學問，不若見大臨。」時與叔爲博士，景前至京師即見與叔，與叔居汲公府第，屢往方得見坐客次中。與叔云：「某以出入無甚暇，有疑便可問。然事有當問者，有不當問者。」景前即問：「凡學謂之誠，可也，而必曰至誠，何也？」與叔曰：「此當問也。諸子百家之學，皆可謂誠，惟聖人之道，方可謂之至誠。」

劉器之嘗論「至誠之道」：「凡事據實而言，纔涉詐僞，後來忘了前話，便是脱空。據實而言，十年二十年須説得一般，安世每如此也。若是十年二十年後説事異同，賢便不説，劉安世元來只是脱空漢。」

呂進伯爲河北運判，黄魯直爲北京教官，託魯直請門客，數日斥去之。召魯直謂曰：「此人豈可爲人師？某至學院，却見與小子對坐，如此豈可爲人師！」請魯直别請一門客，魯直爲之遴選，且嚴戒之曰：「呂運判行古禮，賢且加慎。」既數日[①]，又逐去。魯直問所以，進伯云：「此人尤甚，却聞呼小子字，豈可爲人師耶！」

【校記】

①日：底本脱「日」字，據《戒子通録》、《叢書集成》本補。

明道先生嘗説：「横渠《西銘》，學者若能涵味此理，以誠敬存之，必自有得處。」某以書問楊中立先生曰：「既曰誠矣，又復説敬，何也？」楊先生答書言：「以誠敬存之，皆非誠敬之至者，若誠敬之至，又安用存。」

呂汲公家法至嚴。進伯，汲公兄也。汲公夫人每見進伯，必拜於庭下。汲公既相，進伯往見之，夫人令兩獲扶，下階而拜。進伯不樂曰：「宰相夫人尊重，不必拜。」汲公甚懼，遽令兩獲，勿扶夫人。

尹彦明言：伊川先生嘗説：「釋氏見得極親切極頭處，見得極分明，但不見四旁耳。」

彦明嘗説：「不消分别此是釋氏説，此是孔子説。如此時，却是私也。但只論道理如何。」

又說：「釋氏不合説得死生報應等事太切。」

彦明嘗説：「古人只是爲己，所以得力。却是今禪家直截，會時便會，不會便去，更没許多之乎者也。今從事聖人之學，都只被理會之乎者也，却不理會緊要處。」

胡憲原仲嘗言：「頃年在荆州，因侍坐季父次，言及學者患妄想多。季父稱昔過應城，見謝上蔡，語及此事，謝云：『譬如樹子，斫了又生，斫了又生，只爲有根在。至於庭柱一塌倒即無事。』」季父即康侯，謝即顯道。顯道答康侯書云：「承□進道之意浸確①，深所望於左右。儒異於禪，正在下學處。顔子工夫真百世軌範。舍此應無入路，無住宅，三二十年不覺便虚過了，可戒，幸毋怠。朱君聞進學，可喜。向亦嘗稱仁敬之説，當不忘之。游於河南之門者甚多，不知從事於斯，則見功不遠，行之方可信此語也。」又書云：「《春秋》大約如法家斷例，要折以中道爾。承諭進學加功，甚善甚善。若欲少立得住，做自家物，須著如此。邇來學者何足道，能言真如鸚鵡也。富貴利達，今人少見出脱得者，所以全看不得。非是小事，切須勉之。透得名利關，便是小歇處。然須藉窮理工夫，至此方可望有入聖域之理，不然休説。」又云：「《春秋》之學，向見河南先生言：須要見諸家説，因能熟讀《左氏》爲佳。人之情僞，文章根本，備於是矣。自昔有志之士，未有不玩心於此者。志完可爲天下痛惜，中立到毗陵，猶及一見，然已危矣。語尚及相從知識也。」又書云：「良佐緣早從有道爲克己之學，遂於世味若存若亡。」又書云：「良佐同在京師，來相訪者多仙鄉士子，其間爽固異北人，一聞當便知趣。然學之所貴，有諸己之爲難。聞詹君輩勇進可喜，能更覷得破一切物累尤佳。若覷不破，未論行險僥倖，而氣已弱，志已喪矣。」又云：「有志於道者，不可不戒。真當朝夕點檢，令了了也。」又書言：「年來老態浸見，不堪爲吏，無復有仕宦意，念修身以畢此生而已。聞學甚篤，更以大者移於小物，作日用工大尤佳。」

【校　記】

①□：原無，據叢書集成本補。

徐存誠叟疑「小德出入」，何以謂之「出入」？「忠恕」何以謂之「違道不遠」？尹彦明云：「不可去言語上一字理會，且如『小德出入可也』，正如『言不必信，行不必果』；『忠信違道不遠』，正如『性相近』也。」

李先之、周恭叔皆從伊川學問，而學東坡文辭以文之，世固多譏之者矣。

范元實嘗謂：黄魯直禪學于祖母仙源君，曰：「魯直參禪，别高於常人。」仙源君言：「如汝所言，除是有兩個佛也。」

予嘗以鬼神死生之説問王信伯，信伯答書云：「詳觀來書辭意，正以疑慮汨之爾。若能息心靜念，默坐宴觀，當自釋然也。死生鬼神之理，未易以窺測斷之也。」予又以「原始要終」之説問之，答書言：「『原始要終』亦聖人不得已爲學者言之爾，使知道者豈待於原反耶！死生鬼神之理，豈可以窺測斷之耶！」

《莊子》之言，道理固多可議，至論養生則精盡。只如《廣成子》一章，養生之祖也。虛靜恬淡，寂寞無爲者，萬物之本也。如「齧缺睡寐」，「瞳焉若新生之犢①」之類，若能充之，亦可以終身無病矣。

【校　記】

① 焉：原作「然」，據《莊子》改。

晁氏兄弟，皆尊敬以道，然亦不敢没其實。嘗言以道嘗問明州中立講師以己之所短。中立曰：「以道之學患雜。」兄弟皆敬重此語，以爲切中以道之病。

建中靖國元年秋，滎陽公在京爲秘書少監，已而左遷光禄少卿。王鞏定國通判河南府。自蘇、程相失之後，門下士各有彼此。定國素爲東坡所厚，滎陽公恐其在河南與伊川不甚親愛，其行也，予之簡，再三屬之。定國還帖云：「我輩視天地衆生猶一子，況先生者乎！」崇寧元年，滎陽公守曹南，伊川以書寄公，大略言：「一别十五年，不得款集，每深懷想。」後云：「願更自愛，爲一郡之福。頤啓上知郡學士」而已。别幅言：「紀常令弟、范家令妹，相繼傾背，手足之愛，何以堪之。范生甚有向學意，小者尤俊。」小者，謂元實也。滎陽公與伊川先生書，但稱廣平先生云。

往年，見范内翰淳夫元祐間與李尚書公擇手簡，言横渠先生盛年早世，而禄不及其子，願中丞早爲一言。前稱「某頓首再拜」，後再稱「某頓首再拜侍讀中丞丈」。范内翰是時在講筵，未爲侍從也。

崇寧元年，叔父舜從至洛中，請見伊川先生。先生召食，食五品，亦甚豐潔。坐間問事甚衆，先生一一酬答。臨行又請教，語甚詳。既而微笑云：「却只被公家學佛。」

李尚書公擇家人嘗置聲伎，孫中丞莘老不以爲然。滎陽公曰：「此莫只是小節否？」孫中丞曰：「此一節亦不小。」

元符三年，滎陽公謫居和州，起知單州，以《周易》筮之，得《復》之上六，知吾道之不復振也。

許翰嵩老，舊從劉器之游，精於《易》數。崇寧以後，每歲歲首爲器之作《易》卦。十數年間，未嘗有吉卦。道之不行，亦可知也。

元祐間，滎陽公爲崇政殿説書，除右司諫，方力辭不受。至資善堂，東坡時亦爲侍讀，見公來，因戲云：「法筵龍象衆，當觀第一義。」是時公亦必辭，因謂范内翰淳夫云：「若必不得已須做，必首及楊畏、來之邵。」時兩人者，方深爲東坡兄弟所喜，聞公此語，遂許公辭。

元豐間，神廟嘗稱温公於輔臣云：「司馬光只是待做嚴子陵，他那裏肯做事。」

元祐間，范内翰在經筵，嘗薦滎陽公與伊川先生可任講官，東坡與趙元考彦若可爲讀官。

政和間，陳瑩中自通徙江州，過揚州，見滎陽公及東萊公，甚款。瑩中與東萊公從容論天下事，云：「如瓘止可爲公家毆除爾①。若是經綸事業，須是公始得。」及後，靖康圍城之變，蘇嘉景謨太博老矣，謂家叔舜察云：「舜徒乃能做許大事業，吾輩做他底不得也。」然是時紛紛之論亦不一，景謨亦不顧也。

【校　記】

①毆：十萬卷樓本、叢書集成本作「歐」，據穴硯齋本。

王信伯云：「讀書須是玩味，如一奇物，朝夕玩愛，必自知之。不可迫切也。」

喬執中希聖，前輩厚德士也。元祐末紹聖初，爲給事中，止繳駁兩人。陳次升爲殿中侍御史，希聖以爲傾險反覆，忌嫉正人。賈青爲監司，希聖以爲掊克險詐，兩人之命皆止。

伊川先生甚愛《表記》中說「君子莊敬日强，安肆日偷」。蓋常人之情放肆，則日就曠蕩；自檢束，則日就規矩。

尹彦明在經筵，嘗從容説：「黄魯直如此做詩，不知要何用。」

楊學士應之，尊尚節義，而輕官爵。元祐間，范内翰淳夫爲翰林學士，應之其親戚，有連而齒長，爲開封府推官，每與范内翰坐，徑坐上坐，未嘗讓。親戚故舊，有年齒輩行在楊上者，應之必坐下坐。

附：王時敏《師問》七則

吕紫微書問：「『配義與道』，道義如何分？」先生曰：「道是總名，義則見於事。」（《和靖集》卷五《師問》上）

紫微吕公領子文同問學於先生。曰：「弟子入則孝，出則弟，謹而信，汎愛衆而親仁，行有餘力則以學文。」吕即令文起拜而書之紳。（《和靖集》卷五《師問》上）

時敏問：「『三年無改於父之道，可謂孝矣』，如其道，終身無改可也；如其非道，何待三年？」先生曰：「喪不過三年，示民有終也。三年天時一變。先王制禮，設爲中制。使知者不敢過，不肖者不敢不及。三年無改孝子之心，有所不忍故也。」曰：「『鯀則殛死，禹乃繼興』，則改之何速也？」先生久之曰：「賢讀書不子細。鯀九載績用不成，堯誅之。堯崩，三年喪畢，舜始命禹，以平水土。何止三年！」時敏歸以語吕文（丈），吕曰：「『子細』二字極好。」故吕教人必以「子細」，先生教人全在涵養。（《和靖集》卷五《師問》上）

吕紫微書問釋氏生死輪回説，先生謂時敏曰：「居仁泥於生死輪回，某已作書喻之，引潮以喻輪回。賢他日見渠作某拜意，問渠今世既做了中書舍人，後世更要做宰相？輪回説，佛家之愛便宜也。」未幾，吕書再至，云：「既無輪回，人何苦爲善而不爲惡？」先生笑曰：「只這便是私心。經曰『天地之性，人爲貴』，人生天地中，其本甚善，幾曾教你爲惡作賤？他來得之太虚，還之太虚，我在何處！」（《和靖集》卷六《師問》中）

先生有書答吕文（丈）問胡《春秋》與他祖父所問不同辭云：「某再拜，屢承下問，所以不能一一拜答者，以居仁聰明，加之力學，何待老拙，豈非欲發其狂言乎！見詢《春秋》改用夏時，未嘗有此説。以《傳》爲案，《經》爲斷，尤背於理。往年侍坐，有一説諸經是律，《春秋》

是斷，未嘗以《傳》爲案也。昔夏君廷列見訪，某嘗書數字與之曰：『若不得某心，只是記他意。』此先生語。若非居仁疑，何以知其錯誤，甚幸甚幸。遇荒歉則憂死亡，遇患難則生恐怖，此乃士大夫之常情，愚切以爲不然，此蓋見之未明，養之未熟，臨事乃爾。敢以愚見布左右，或以爲然，毋惜見教。某再拜。」先生作書後，謂時敏曰：「前輩皆以《左傳》是按，《春秋》是斷，如此則是孔子因《傳》而爲《經》矣。孔子却與左丘明一般，先生那有此說。」（《和靖集》卷六《師問》中）

呂紫微書問先生：「某祖父侍講嘗説伊川矣：『諸儒解經，不合全解，謂：聖人語言，自有人不到去處，更經秦火，言義豈無所續。某於《易傳》或有所見，則隨記之。』今《易傳》乃成全書，與祖父不同，何也？」先生曰：「某在先生席下數年後，方學《易》序，有七十二家《易傳》，先生初教某或只得看一象一爻，須説盡諸儒解。有未盡處，然後始於巾箱中出他所説，臨啓手足，連封以付張思叔。思叔，能文者也，庶有所潤色。明年，思叔死，其子以歸四明高抑崇，今慈溪本是矣，今見在。據當時所見，考校全書與不全書，亦未可知。」（《和靖集》卷六《師問》中）

呂紫微書問：「伊川退朝納其告勑，曰：臣本布衣，誤蒙聖聽，置之講列，無補於世。今既歸田里，亦願只乞布衣爲榮。今先生亦合乞布衣而歸。受四品服致仕，與伊川異，何也？」

先生謂時敏曰：「居仁責我則是。但某荷聖恩，四章不允，復賜象簡、筆、墨、茶各一百，端硯、金絲匣、金鼎、硯滴各一，令講《孟子》以進。書成日，賜四品之服，當隨此上納。」（《和靖集》卷六《師問》中）

拾遺 一則

呂居仁末年云：「好相識惟恐其老壽，錯做了陳圖南。」亦謂种明逸曰：「名者造物所忌，恐有物敗之。」（劉克莊《後村集》卷四五《乙酉答真侍郎》）

附録　舊版序跋

宋・趙希弁《郡齋讀書志》附志卷五上《雜説類》

《東萊紫微雜説》一卷，《師友雜志》一卷，《詩話》一卷

右吕本中字居仁之説也。鄭寅刻之廬陵

宋・陳振孫《直齋書録解題》卷九《儒家類》

《師友雜志》一卷，《雜説》一卷。吕本中撰

元・馬端臨《文獻通考》卷二百一十《經籍考三七・子・儒家》

《師友雜志》一卷，《雜説》一卷。

陳氏曰：吕本中撰

清・翁斌孫題記

此穴研齋鈔本。予先於吳門蔣氏收得十六册，兹來京師，又由蔣藝圃侍御同年介紹，獲此兩册，延津之合，殆有神助。欣喜記之。　光緒癸卯夏日　斌孫記

紫微雜説

紫微雜説點校説明

《紫微雜説》又名《東萊吕紫微雜説》。宋尤袤《遂初堂書目·小説類》著録《吕紫微雜説》，不記卷數。陳振孫《直齋書録解題》卷九《儒家類》著録：「《雜説》一卷，吕本中撰。」趙希弁《郡齋讀書志》附志卷五上《雜説類》著録：「《東萊吕紫微雜説》一卷」，「吕本中居仁之説也。鄭寅刻之廬陵。」然是書在流傳中曾誤署爲吕祖謙撰。《四庫全書》提要云：「《紫微雜説》一卷，舊題宋吕祖謙撰，又有别本，則但題《東萊吕紫微雜説》，而不著其名。……蓋吕氏祖孫，當時皆稱爲東萊先生，傳寫是書者，遂誤以爲出祖謙之手。不知本中嘗官中書舍人，故稱曰紫微，若祖謙，僅終於著作郎，不得有紫微之稱。又書中有自嶺外歸之語，而本中《東萊集》有避地過嶺詩，於事跡亦適相合，其爲本中所撰無疑也。」至於其書内容，提要則謂：「分條臚列，於六經疑義諸史事跡，皆有所辨論，往往醇實可取。」「大抵平正通達，切中理道之言，非諸家説部所能方駕。」

舊題吕祖謙本今已不傳，今傳最早者唯與《師友雜志》合爲一册的明穴硯齋抄本，此本書寫精美,「殷」、「楨」、「桓」、「慎」、「敦」爲缺筆,「基」不出,注「御名」,其母本當爲度宗(名禥)時的刻本或抄本。其次則《四庫全書》本、《指海》本、十萬卷樓本、叢書集成本等。現以穴硯齋本爲底本,校以其他諸本,異文一律出校。

紫微雜説

「衡門之下，可以棲遲。泌之洋洋，可以樂飢。」哀時君之無立志，不足以有爲。賢者退而窮處，以自樂也。故衡門之下，不以爲陋；泌之洋洋，可以自樂而忘飢也。「豈其食魚，必河之魴？豈其娶妻，必齊之姜？」「豈其食魚，必河之鯉？豈其娶妻，必宋之子？」魴、鯉，食之盛也。齊姜、宋子，女之盛也。言時君既如是不足以有爲，則退而自樂，不必居高位之盛云爾也。

《樂記》：「天高地下，萬物散殊，而禮制行矣；流而不息，合同而化，而禮興焉。」《孔子閒居》①：「天有四時，春秋冬夏，風雨霜露，無非教也；地載神氣，神氣風霆，風霆流形，庶物露生，無非教也。清明在躬，氣志如神；嗜欲將至，有開必先；天降時雨，山川出雲。其在詩曰：『嵩高惟嶽，峻極于天；惟嶽降神，生甫及申。維申及甫，惟周之翰；四國于蕃，四方于宣。』此文武之德也。」凡此之類，皆道理含蓄，示人之意深矣。學者若比較同異，循文討義，以求有得，則失之遠矣。凡此等語，皆不可以文字言語求者也。然此皆聖賢自説己分上事，或是贊揚此理。學者涵味可也②，未須妄求，枉費思慮。

【校　記】

①　閒：穴研齋本、十萬卷樓本作「間」，據《禮記》、四庫本、指海本、叢書集成本。

②　味：指海本、叢書集成本作「泳」，據穴研齋本、十萬卷樓本、四庫本。

「孝弟也者，其爲仁之本與！」夫孝弟，何以爲仁之本也？曰：孝弟者，人之本心。親生之膝下以養，父母日嚴，孩提之童無不知愛其親者；及其長也，無不知敬其兄也。然則愛親、敬兄之心，心之本如此，無有絲毫僞者，非勉强而爲之也。故聖人因嚴以教敬，因親以教愛，皆因其所固有而導之爾①。仁者，身之本體也。孝弟，爲仁之本基②而充之爾③。

【校　記】

①③　爾：四庫本作「耳」，據穴研齋本、十萬卷樓本。

②　基：穴研齋本、十萬卷樓本作「御名」，四庫本、指海本、叢書集成本作「根」。宋帝無名「根」者，唯度宗名禥，「基」乃其嫌名。

古之爲政，皆務委曲以合人情。其置法行令，皆出於不得已者也。不得已者，可以施於一時，不可以行於長久。鄭葬簡公，將毀游氏之廟。子産不忍，竟不毀也。其後將爲蒐，除游氏之廟，過期三日不毀，子産復不忍，而毀於北方。如使商鞅之徒爲之，不惟必毀，游氏其不毀，且有重辟矣。然則，刻核之論，非君子所宜道。信賞必罰，非仁政之先也。然則奈何？曰：「夫子之道，忠恕而已矣。」子產知之矣。管子所謂「留令者死」、「不從令者死」之類，皆刻核之論所由出也。豈惟有害聖人之教，亦未知子產之用心矣。

魏晉以後，評品人物，多言「幹局」、「識鑒」。如何楨①「文學器幹」，郭展「有器度幹用」，徐邈同郡韓觀「有鑒識器幹」，蜀先主「機權幹略，不逮魏武」，劉弘「有幹略政事之才」，王導稱何充「器局方槩」，魏文帝欲觀黄權器局②，《蜀志》稱司馬徽「清雅有知人鑒」，吴賀循「才鑒清遠」，王導「少有風鑒」，陶侃亦稱王導「鑒識經遠」，梅陶稱陶侃「機神明鑒似魏武」。以此觀之，幹局、識鑒，最是觀人要法，不可不知也。後世忽而不論，故取人之際，不能甚精，深可歎也。

【校記】

① 楨：穴研齋本缺筆。避仁宗嫌名。

② 黄：四庫本作「王」，據穴研齋本、指海本、十萬卷樓本。

答問雖是要切，然道理多非答問所能盡者。如「子曰：『參乎，吾道一以貫之。』曾子曰：『唯。』」此話不容再問也。「子出，門人問曰：『何謂也？』曰：『夫子之道，忠恕而已矣。』」此與夫子之謂曾子，曾子之對夫子意實不盡，聊以答門人之問爾。如王子墊問孟子：「士何事？」曰：「尚志。」此話亦不容再問也。王子墊復問：「何謂尚志？」曰：「仁義而已矣。」

此亦與初答不同，亦聊以答王子埶之問爾。

心有所思，則其容寂；有所敬，則其容貌儼然矣。懷千金之璧而行於道者，其視聽應接，必有所遺也。莊子所謂「若亡其一」、「若喪其一」，皆謂志有所在，則氣專而容自寂也。體此者，其知道乎！

陶侃、温嶠之討蘇峻，湘州刺史卞敦擁兵不赴①，又不給軍糧。及峻平，陶侃奏敦「阻軍顧望，不赴國難，請檻車收付廷尉」。「王導以喪亂之後，宜加寬宥，轉敦安南將軍、廣州刺史」。温公以爲卞之罪「既不能明正典刑，又以寵禄報之，晉室無政，亦可知矣」。温公之言，固正論也。然未知王導之意，蓋有所在。導意以爲晉室衰微已甚，又前此無積仁累德之效，若一一行法用刑，則離心更甚，危亡必及。如人元氣不固，而又峻藥利病，豈不殆哉！凡導之輔晉，蓋得子産治鄭之意，多委曲遷就，以求合人心者，未可以常理論也。王右軍與殷浩言：「中興之業，政以道勝②，寬和爲本。」又顧和勸王導：明公爲政，當使網漏吞舟之魚。此皆深達當時治體，王導能慎守之以輔衰晉③，非後人所能詳也。

【校記】

① 敦：穴研齋本、十萬卷樓本缺笔。避光宗讳。下同。

② 政：原脱。據《晉書·王羲之傳》補。

③ 慎：穴研齋本、十萬卷樓本缺筆。避孝宗諱。

《揚子》：或曰①「有人焉，自姓孔而字仲尼」一章，近世解經者，以爲問者爲不必問，答者爲不必答。非也。揚子之意，蓋譏王莽舉動皆效聖人耳。

【校記】

① 曰：原作「問」，據《揚子法言·吾子篇》改。

神爵、五鳳之間，天下殷富①，數有嘉應。宣帝頗作歌詩，欲興協律之事。丞相魏相奏言知音善鼓雅琴者趙定、龔德，皆召見待詔，而益州刺史王襄使王褒作《中和》、《樂職》詩，歌大學下，轉而上聞。夫宣帝號明主，而魏相亦名賢臣也，作歌詩，興協律事，此侈心已生，有奢泰之漸矣。而魏相不能以道規諫，反進趙定等以諛悦之，君臣相與如此，亦可鄙矣。大抵秦漢以後，禮樂消亡，君臣道喪，雖漢宣、魏相，鄙陋至此，亦不自知其非也。欲治之主，覩此可不知自戒哉！

【校記】

① 殷：穴研齋本缺筆，避太祖嫌名，下同，不另出校。

「仁，人心也。」知物己本同，故無私心，無私心故能愛。人之有憂，由有私己心也。仁則私己之心盡，故不憂。

士會知郤克有憾於齊而請老焉①，且曰「使郤子逞其志」，可以爲正乎？曰：正也。曰：夫不能以義正其下，而使逞其志，傷國而害民，何以爲正也？曰：夫固知之也。如使郤克不得逞其志於齊，其傷國而害民，必有烈於此者。故士會隱忍遷就，使擇其禍之輕者而爲之爾②。鄭書曰：「安定國家，必大焉先。」若士會可謂先其大者矣。大抵春秋之世，賢士大夫所以處其國家者，率皆類此。其意蓋以全國家，保社稷，活生靈爲急，非以行一善，守一事，取信於人爲正也。以後世士大夫比春秋之世，其廣狹自可見矣。晉師伐齊歸，范文子後入。武子曰：「無爲吾望爾也乎？」對曰：「師有功，國人喜以逆之。先入，必屬耳目焉，是代帥受名也，故不敢。」武子曰：「吾知免矣。」鄢陵之戰，「楚晨壓晉軍而陳，軍吏患之。范丐趨進曰：『塞井夷竈，陳於軍中，而疏行首。晉楚惟天所授，何患焉！』文子執戈逐之曰：『國之存亡，天也。童子何知焉！』」「范文子莫退於朝，武子曰：『何莫也？』對曰：『有秦客廋辭於朝，大夫莫之對，吾知三焉。』武子怒曰：『大夫非不能也，讓父兄也。爾童子何知，而三掩人於朝？吾不在，晉國亡無日矣！』擊之以杖，折委笄。」「訾祏死，宣子謂獻子曰：『鞅乎③，昔吾有訾祏也，吾朝夕顧焉，以相晉國，且爲吾家。今吾觀汝也，專則不能，謀則無與，將若之何？』對曰：『鞅也，居處恭，不敢安易；敬學而好仁，和於政而好於道，謀於衆不以賈好，私志雖衷，不敢謂是也，必長者之由。』宣子曰：『可以免身。』」夫范獻子在當世以賄稱，未必能守此言也。要其所聞所信者如是，源深流遠矣。蓋春秋之世，先王之澤未遠，忠言善行率見於④故家遺俗之相傳者⑤。觀范氏數世所以教其子者，蓋可見矣。其意皆以謙退自下，不伐善，不施勞，以全其家及其國爲本也。

【校　記】

① 郤：穴研齋本、十萬卷樓本作「卻」，据指海本、《左傳》改。下同。

② 爾：四庫本、指海本、叢書集成本作「耳」，據穴研齋本、十萬卷樓本。

③ 鞅乎：原脱。據《國語·晉語》補。

④ 於：四庫本、指海本、叢書集成本作「如」，據穴研齋本、十萬卷樓本。

⑤ 相傳：指海本、叢書集成本作「保傳」，據穴研齋本、十萬卷樓本、四庫本。

古之爲國者，先盡人事①，事無遺恨②，然後歸之於天。功可爲也，事可作也，若功之必成，事之必濟，則非天命不可。此古人所以至成功濟事，有不敢自任者也。孟子曰：「若夫成功，則天也。」惟力行不善，而責命於天，則爲大罪爾③。春秋之世，論事之成敗，未有不言天命者。如「天方授楚」，「晉楚唯天所授」，「晉楚唯天所相」，「齊楚唯天所授」，「吳之與越，唯天所授」，「國之存亡，天也」，「吾以卜之於天」。故當時論功成事濟者，必兼天命言之，未有專言人事者。

【校　記】

①先：四庫本、指海本、叢書集成本作「必」，據穴研齋本、十萬卷樓本。

②恨：四庫本、指海本、叢書集成本作「憾」，據穴研齋本、十萬卷樓本。

③爾：四庫本、指海本、叢書集成本作「耳」，據穴研齋本、十萬卷樓本。

《論語》記孔子答人君之問，必言「孔子對曰」。其答季康子亦如是。其尊君敬上大夫如是，故弟子記之，謹其辭也。

韓退之書北平王家貓相乳事，以謂貓人畜，無仁義之性者。予竊以爲不然。予頃自嶺外歸，畜數馬，前馬得草未食，視後馬未有草，即銜草回顧與後馬。如此，豈可謂無仁義性也哉？但蔽之甚爾①。呂與叔解《中庸》：「蔽有深淺，故有愚智；蔽有通塞，故有人物。」此論最善。

【校　記】

①爾：四庫本、指海本、叢書集成本作「耳」，據穴研齋本、十萬卷樓本。

古今論病①，多言内熱，今人所未詳也。如「朝受命而夕飲冰，我其内熱與！」張翙「行年四十，而有内熱之病以死」，「内熱溲膏」，「使其君内熱發於背」，「淫則生内熱惑蠱之疾」。今人論病，知内熱之名者甚少，况能治其疾乎！大抵皆由思慮紛擾，不能内省，一意外慕，不求諸己，以致心火上炎，血脈錯亂，而生此疾。故養生者深謹之，而善學者以爲至戒。知此疾之生，在我不在外也。

【校記】

① 今：指海本、叢書集成本作「人」，據穴研齋本、四庫本、十萬卷樓本。

古人自奉簡約，類非後人所能及。如飲食高下，固自有制度。「諸侯無故不殺牛，大夫無故不殺羊，士無故不殺犬豕」，此猶是極盛時制度也。大抵古人得食肉者至少，如：「食肉之禄，冰皆與焉」，「肉食者謀之」，「肉食者無墨」，此言貴者方得肉食也。《莊子》：九方歅相子綦之子，「刖而鬻之於齊。適當渠公之街，然身食肉而終」。相班超者曰：虎頭燕頷，食肉相也。以此知古人以食肉爲貴，食肉爲難得。比之後人，簡約甚矣。

知天人一理，無上下内外之殊，然後能作禮樂。威儀升降，聲音節奏，感動人物，皆形容天理而已。「窮神知化」，由通於禮樂，不可誣也。

「陰始凝也。」有結聚意；「君子以正位凝命。」凝，重也。既結聚，則自重也。凝然，凝重，皆有不動意。《列子》：「心凝形釋。」神凝者，想夢自消。大抵是結聚打成一片，自然不動也。

《書》曰：「今天其命哲。」又曰：「自貽哲命。」言君子智識之遠，可以自致也。自致之道如何？曰：「人一能之己百之，人十能之己千之」是也。「思曰睿」，「睿作聖」，皆自貽之道也。

或問列子：「子奚貴虛？」列子曰：「虛者，無貴也。」莊子曰：「唯道集虛①。」又曰：「無能者無所求……虛而遨遊者也。」二子之論虛亦遠矣。此最是二子分上得力處，亦豈後人容易可到。但不當如此說了便已，唯虛然後可以學也。易曰：「君子以虛受人。」以虛受人，則聖功也。

【校記】

①唯：穴研齋本、十萬卷樓本作「惟」，據四庫本、指海本、《莊子·人間世》。

莊子稱「南郭子綦隱几」、「齧缺睡寐」，又稱「天地固有常矣①，日月固有明矣」之類。此正與今說休歇者一致。若於其中能有自得，方可謂之物格知至。

【校　記】

① 矣：原脱，據《莊子·天道》補。

《鄉黨》記孔子衣服之制，當時衣服自當如此。但周衰禮壞，君臣上下，差亂無别，獨聖人從容有常，不改其制，故學者記之。

「釣而不綱」，「弋不射宿」，亦非聖人本志也，於不得已之中而爲之節文，使見之者漸反其正爾①。然則聖人之志果如何？曰：不釣、不綱、不弋、不射宿，然後爲正。所謂「堯舜其猶病諸」者也。

【校　記】

① 爾：四庫本、指海本、叢書集成本作「耳」，據穴研齋本、十萬卷樓本。

可欲之善，充而至於大，力行所及也。大而化之，則非力行可至，然非力行，亦不能化。

《列子》記老成子學幻於尹文先生，三年不告。造父師秦豆氏，亦三年不告。列子之學，三年之後，始得壺丘一眄；五年之後，始一解頤而笑。此皆足以見古人教人規摹次第。故學者得力，非後人所能彷彿也。蓋用力深者，其收功也遠；得之艱，則守之也固。未有僥倖於或成，似若有合，而卒然失之也。

孟子曰：「予不屑之教誨也者，是亦教誨之而已矣。」「永矢弗過①」，「永矢弗告②」，亦庶幾其君知我自誓如此，而亦有悔心焉。縱其君之不能悔，亦庶幾後世之爲人君者，知賢者自誓如此，則思警戒而不敢至此極也。古之君子，求納其君於善者，亦多術矣。是則詩人之志也。

【校記】

①② 弗：四庫本、叢書集成本作「勿」，據穴研齋本、十萬卷樓本、《詩·考槃》。

「蒹葭蒼蒼，白露爲霜。」歎歲月之晚也；「所謂伊人，在水一方。」言道理之不遠也；「遡洄從之，道阻且長。」言逆道而求之，終不可近；「遡游從之，宛在水中央。」言順道而求之，則至近爾。①

【校記】

① 「孟子曰」與「蒹葭蒼蒼」，四庫本、指海本、叢書集成本，皆合而爲一，此據穴研齋本、十萬卷樓本分爲兩則。

郭象解《莊子》，實有助於養生。蓋默識心通，出於言語之表。如「雲將曰：『吾遇天難，願聞一言。』鴻蒙曰：『心養。』」郭象注云：「夫心以用傷①，則養心者其惟不用心乎！」《達生》篇「壹其性②」。注云：「飾則二矣。」「養其氣」云：「不以心使之。」又《在宥》篇「目無所見，耳無所聞，心無所知，汝神將守形，形乃長生」云：「此皆率性而動，故長生也。」「天地有官，陰陽有藏」云：「但當任之。」「吾與日月參光，吾與天地爲常」云：「都任之也。」凡此之類，皆極於養生者，非得於言語之表，不能知也。

【校　記】

①夫：郭原注文無「夫」字。

②壹：四庫本、指海本、叢書集成本作「一」，據穴研齋本、十萬卷樓本、《莊子·達生》。

夫教人之道固多術，如《列子》所謂三年不告者，古人規摹大概如此。然有心勤懇而才不逮，須待聖賢啓發者，亦不止舉一隅而已也。如《莊子》所説：女偊謂卜梁倚：「吾猶守而告之，參日而後能外天下①。已外天下矣②，吾又守之，七日而後能外物。已③外物矣④，吾又守之，九日而後能外生。」古人教人雖不盡如此，然觀《孝經》所記，孔子所以告曾子者，亦詳且盡矣。

【校　記】

①參：原作「三」，據《莊子·大宗師》改。

②已：四庫本、指海本、叢書集成本作「也」，據穴研齋本、十萬卷樓本、《莊子·大宗師》。

③矣：原脱，據《莊子·大宗師》補。

④ 矣：四庫本作、指海本、叢書集成本作「已」，據穴研齋本、十萬卷樓本、《莊子·大宗師》。

先儒解「致」字，往往不盡。如「致中和，天地位焉」，鄭康成云：「致，行之至也。」「致樂以治心①」云：「致，深審也。」《周禮略例》：「主必致一也。」孔穎達云：「致，猶歸也。」《禮記·禮器》：「禮也者，物之致也。」鄭云：「致之言至也，極也。」其它諸經，往往只爲極盡之意②。如「喪致乎哀而止」、「士見危致命」、「君子以致命遂志」與「病則致其憂」之類是也。此皆意猶未盡。蓋「致」有盡之意，有取與納之意。如「喪致乎哀而止③」、「見危致命」之類，謂之極盡可也。如「致中和」、「致知」之類，則又有取之意焉。「吾聞致師者」，亦有取之意也。用致夫人，凡春秋以「某事致」、「七十致事」、「致爲臣而歸」，則又有納之意與盡之意。凡此皆難以一字通解也。今人謂招致者，亦有取之意也④。

【校記】

① 心 原作「身」，據《禮記·樂記》。

② 極：四庫本、叢書集成本作「竭」，據穴研齋本、十萬卷樓本。

③ 乎：穴研齋本、十萬卷樓本作「于」，據四庫本、指海本、《論語·子張》。

④ 有：四庫本、指海本、叢書集成本脱「有」字，據穴研齋本、十萬卷樓本。

《檀弓》：「齊穀王姬之喪。」穀，當爲告。古毒反，聲之誤也。告下告上之辭，故誤爲穀。

「父母之喪，哭無時，使必知其反也。」「知」，當爲「如」字之誤也。言父母之喪，號哭哀慕，如欲父母之復反。

「和順於道德，而理於義。」「配義與道」。既曰道矣，而又曰義；既曰道德，而又曰理於義。蓋義者，就其日見之行而中節者言之也。行義以達其道，蓋惟日見之行而後可以達其道也。

「窮理盡性，以至於命。」命也，性也，理也，皆一事也。在物謂之理，在人謂之性，在天謂之命。至於命者，言盡天道也。薰陶漸染之功，與講究持論互相發明者也。要之薰陶之益，過於講究，知此理者，方可以語學也。①

【校記】

① 「和順於道德」與「窮理盡性」兩則，叢書集成本合而爲一，此據穴研齋本、指海本、十萬卷樓本、四庫本。

《乾》西北之卦，《坤》西南之卦。《乾》、《坤》而有方所，何也？曰：不有方所，則不見其用。言方所者，明其用也。

孔穎達解「貞」一字云：「正也，一也。」固善矣，然不如近世儒者以「貞」者中虛無我之謂爲盡善也①。

【校記】

①謂：指海本、叢書集成本脱「謂」字，據穴研齋本、十萬卷樓本、四庫本。

春秋之末，凡謀國者，不知禮義①，專言利害，上下安之，恬不知怪。季平子將娶於宋，公若謂曹氏勿與，魯將逐之。曹氏告公，公告樂祁。樂祁曰：「與之。如是，魯君必出。政在季氏三世矣，魯君喪政四公矣②。無民而能逞其志者，未之有也。」卒與之。季平子，叛臣也，其迹已見。爲樂祁者，宜告其君以君臣大義，縱未能討，其可與之昏姻，而崇獎亂人以自託乎！爲宋公者，又不知叛臣之可惡，而輕妻之女，君臣之義，父子之親，於是盡矣。

【校記】

①禮：穴研齋本、十萬卷樓本作「理」，據四庫本、指海本、叢書集成本。

②君：穴研齋本、十萬卷樓本作「公」，據《左傳・昭公二十五》、四庫本、指海本、叢書集成本。

《七月》之詩，凡生物之時舉日，「一之日觱發」之類是也；成物之時舉月，「七月流火」之類是也。四時盡備，獨無三月，蓋三月無專指之事耳。其言「春日遲遲」，汎言春和時也①。而先儒以爲春日，則三月也，又以爲三月爲陰陽之中，亦已鑿矣。

【校記】

①汎：指海本、叢書集成本作「泛」，據穴研齋本、十萬卷樓本、四庫本。

消息盈虚之運，惟賢知之士爲能察之。爲國者惟修其在我者①，以待時焉可也。如：「時將有反，事將有間。」「天時不作，弗爲人客②。人事不起③，弗爲之始④。」「天節不遠，五年復反。」凡此之類，非賢知④之士不能察⑤，非剛健之君不能用也。知時與否，成敗之由，存亡之幾也⑦。不肖之君，下愚之臣，則常易之。

【校　記】

① 爲：指海本、叢書集成本作「治」，據穴研齋本、十萬卷樓本、四庫本。

②④ 弗：指海本、叢書集成本作「勿」，據穴研齋本、十萬卷樓本、四庫本。

③ 不：穴研齋本、十萬卷樓本、四庫本作「弗」，叢書集成本作「勿」，據《國語・越語下》。

⑤ 知：四庫本、指海本、叢書集成本作「智」，據穴研齋本、十萬卷樓本。

⑥ 不：四庫本作「弗」，指海本、叢書集成本作「勿」，據穴研齋本、十萬卷樓本。

⑦ 幾：四庫本、指海本、叢書集成本作「機」，據穴研齋本、十萬卷樓本。

《論語》，弟子記孔子之語，都不及治心養性上事。止論目前日用，閑邪去非，孝弟忠信而已。蓋修之於此，必達之於彼；約之於内，必得之於外；知生則知死矣，能盡人則能事鬼神矣；下學而上達矣。聖人之道，如是而已。

讓千乘之國，無一言之諾，可以爲難矣，以爲君子則未也。然則如之何而可謂之君子？

曰：利害之心薄，義理之心勝，愛己及物，薰然慈仁，其心休休焉，無疵文，無矯詐，然後爲君子。

天下萬物一理。苟致力於一事，必得之理，無不通也。張長史見公主擔夫爭道，及公孫氏舞劍，遂悟草書法。蓋存心於此，遇事則得之。以此知天下之理本一也。如使長史無意於草書，則見爭道、舞劍，有何交涉？學以致道者亦然。一意於此，忽然遇事得之，非智巧所能知也。德成而上，藝成而下。其願學者雖不同，其用力以有得則一也。學者盍以張長史學書之志而學道乎！

春秋之後①，先王之澤漸遠，然善言相傳，猶有存者。學者得其言，猶可以詳思而致力也。如伍子胥爲人②，「剛戾忍詬，能成大事」。趙襄子言：「君所以置毋恤③，爲能忍詬也。」知忍詬之道④，微此數子言之，後人不知也。《莊子》稱伊尹「强力忍詬」，亦是道也。後世人自處既不厚，而輕用其身，皆不知忍詬之道也。

【校　記】

① 後：四庫本、叢書集成本作「世」，據穴研齋本、十萬卷樓本。

② 如：四庫本、叢書集成本作「謂」，據穴研齋本、十萬卷樓本。

③ 毋：穴研齋本、四庫本、十萬卷樓本作「母」，據叢書集成本、《史記・趙世家》。

④ 知：穴研齋本、十萬卷樓本作「如」，據四庫本、指海本、叢書集成本。

古之人君①，能有人君之言者，如楚共王謂申公巫臣②：「其爲吾先君之謀也則忠，其自爲謀也則過矣。」巫臣欺君自予，以成其奸，惡之大者，衆所不赦，而楚共王以爲能諫止其先君之惡，而遂以爲忠。記人之功，而忘人之過，絕疵吝之心，開廣大之路，可以爲萬世之法矣。古之人君，能爲此言者甚少。李衛公獨取漢武帝説郭解，「此其家不貧」，謂田蚡「遂取武庫」，以爲能盡事理，折姦人之謀，蓋亦未嘗深究共王之語矣。使後之人君如漢武帝之徒，聞巫臣事，則必以爲欺君濟姦，以忠之言爲笑矣，安知有此廣大之理邪！此良由古人風俗未壞，先王之澤未遠，善言猶存，人皆相傳，楚共王未爲大賢，猶能爲此語也。後世風俗已壞，先王之澤愈遠③，善言不存，民無所習，雖有過絕人之才，如唐太宗之爲君，李德裕之爲臣，亦未能爲此言也。

【校記】

① 人君：四庫本、指海本、叢書集成本作「君人」，據穴研齋本、十萬卷樓本。

② 共：穴研齋本、十萬卷樓本作「恭」，據四庫本、《左傳·成公二年》，下同。

③ 愈：四庫本、叢書集成本作「已」，據穴研齋本、十萬卷樓本。

古之善爲國者，常勇於不敢。勇於不敢，則自天祐之之兆，所以全其國者也。

韓非言「非知之難，處知爲難」矣。所謂處知者，實盡天下事理。今有絶世之才，非常之用，而卒不能濟事保身者，皆不能處其知者也。如崔浩之徒是也。張子房從容事外，人主不疑，功臣不忌，事未成而身已退，峨峨清遠，真所謂能處其知者也。

世之人，方住此一念①，則牢不可破。及後念衝前念，則雲散冰消，了無關涉，方知前念後念本無實事。但方住此念時，則遂以爲實耳。如愛富貴人，且只愛富貴；愛聲色人，只愛聲色。及後識破，方知可笑。如郗超之死，其父念之過甚，及見超與桓温書，則遂大怒，不復傷悼。此皆後念衝前念，後念既起，前念自去。萬彙不同，各滯形氣。覩此理者，其知之矣。

【校　記】

① 住：四庫本作「注」，據穴研齋本、十萬卷樓本、叢書集成本。

《易》言爲善爲惡之應，理之必至，則但言「自天祐之」，「自上祐也」，「自外來也」，「終來有它，吉」，皆言非人智之所知，力之所及，而天理自如是也。其導人之意深矣①。

【校　記】

① 導：四庫本、指海本、叢書集成本作「道」，據穴研齋本、十萬卷樓本。

韓退之言「行而宜之之謂義」。義者，見於行事者也。事有體有用，義則其用也。故曰「配義與道」。《易》曰：「和順於道德而理於義。」又曰：「方其義也。」義常别作一事説，正是用處也。

今日記一事，明日記一事，久則自然貫穿。今日辨一理，明日辨一理，久則自然浹洽。今日行一難事，明日行一難事，久則自然堅固，涣然冰釋，怡然理順。久則得之，非偶然也①。

【校記】

① 此條《戒子通録》、《小學》卷五以《童蒙訓》引入。

「生於其心，害於其政。」心之所生，害於其政者，有大小輕重之異，不可以槩舉。《春秋》以一字爲褒貶，隨其心術高下，推其功過大小，不爲過也。《禮》禁於未然之前，《春秋》制於已發之後，聖人之憂患後世至矣。後世儒者注解紛然，同異叢雜，務末失本，此莊周之徒，所以痛加掊擊也。然周之徒，遂欲泯絶是非，無復輕重，所謂以一字爲褒貶者，不復可用，其流遂至於君臣父子之道，無所分别，此周之徒所以爲大罪也。

退之於《施先生墓銘》云：「古聖人言，其旨密微，箋注紛羅，顛倒是非，聞先生講論，如客得歸。」此論豈獨形容施氏有功，蓋於聖人之道有補矣。

【校　記】

①於：四庫本、指海本、叢書集成本脱「於」字，據穴研齋本、十萬卷樓本。

學問工夫，全在浹洽涵養藴蓄之久，左右採擇，一旦冰釋理順，自然逢原矣①。非如世人强襲取之，揠苗助長，苦心極力，卒無所得也。

【校　記】

①原：指海本、叢書集成作「源」，據穴研齋本、十萬卷樓本、四庫本。

東門襄仲殺適立庶，魯之羣臣①，無一人能討賊者。季文子爲國正卿，任國之重，亦無一言以正其失，固名教之罪人也。於②莒僕事③，乃自以爲於舜之功二十之一，庶幾免於戾。其亦不自知而無媿恥也甚矣。歷代學者誦其文而讚美之，亦不能知其過惡有不可赦者，豈不可惜也！

【校　記】

①羣：四庫本、指海本、叢書集成本作「君」，據穴研齋本、十萬卷樓本。

②於：四庫本、指海本、叢書集成本脱「於」字，據穴研齋本、十萬卷樓本補。

③僕：四庫本、指海本、叢書集成本「僕」後有「之」字，據穴研齋本、十萬卷樓本。

漢承暴秦之後，誅戮斬伐，恬不知怪。君臣上下，莫能推其原，以救其失。淮南厲王之死，在文帝無毫髮之過，公卿議法，亦無失也，而袁盎以爲獨斬丞相、御史，以謝天下乃可。此何等語！雖文帝賢君，必無肯從其言之理。然諸縣傳淮南王不發封者皆棄市，濫刑之甚，與秦無異，皆盎言所致。惜乎大亂暴酷之後，士大夫生於其時者①，不學無術，不能深知前日之非，以所聞見，形之議論，以誤天下後世，其害不小也。

【校記】

① 於：四庫本、叢書集成本脱「於」字，據穴研齋本、十萬卷樓本。

《左氏》宣公六年，赤狄伐晉，圍懷及邢丘。晉侯欲伐之，中行桓子曰：「使疾其民，以盈其貫，將可殪也。」而釋文「貫」音古患反①，訓串習之串。恐有未盡。閔子騫曰：「仍舊貫，如之何？」先儒以爲：貫，事也。蓋釋詁文。然則盈其貫，亦當以本字讀，而盈其事也，不必作串習之串。

【校記】

① 反：穴研齋本、四庫本、十萬卷樓本作「及」，據叢書集成本、《左傳注疏》。

《左氏》宣公五年，「高固使齊侯止公，請叔姬焉」，杜預以爲「連昏於鄰國之臣①，厭尊毁列」。釋文：厭，於涉反。古人用此字多矣。近世學者乃以爲「壓尊毁列」，失之甚遠矣②。

【校　記】

① 於：原脱「於」字，據《左傳注疏》補。

② 甚遠：穴研齋本、十萬卷樓本無「甚遠」二字，據四庫本、指海本、叢書集成本。

前輩常教少年毋輕議人，毋輕説事，惟退而自修可也。學記曰：「幼者聽而弗①問。」皆使人自修，不敢輕發，養成德器也。鄢陵之戰，范匄趨進曰：「塞井夷竈，陳於軍中，而疏行首。晉楚惟天所授，何患焉！」文子執戈逐之，曰：「國之存亡，天也。童子何知焉！」鄭侵蔡有功，鄭人皆喜，唯子産不順，曰：「小國無文德，而有武功，禍莫大焉。楚人來討，能勿從乎？從之，晉師必至。晉、楚伐鄭，自今鄭國不四五年，弗得寧矣。」子國怒曰：「爾何知！國有大命，而有正卿。童子言之，將爲戮矣。」范宣子、子産之言②，皆切論③也。而文子、子國深抑之如此者，正恐後生輕發，未成德器，而先招旤敗，卒無以立也。故此兩人後來所立如此之遠，良由老成教之有素，中有所主也。

【校　記】

① 弗：指海本、叢書集成本作「勿」，據穴研齋本、十萬卷樓本、四庫本、《禮記·學記》。

② 言：指海本、叢書集成本作「論」，據穴研齋本、十萬卷樓本、四庫本。

③ 論：指海本、叢書集成本作「言」，據穴研齋本、十萬卷樓本、四庫本

張子房見黄石公後，從前豪氣，刮磨盡矣。鐵未去𥖃，擊之則折。百鍊之鋼，所伐必壞，而無摧折之患者，𥖃盡故也。黄石公所以教子房者，獨去其𥖃耳。《莊子》所謂「欲當則緣於不得已，不得已之類，聖人之道」。子房悟此矣。崔浩之徒，不知去𥖃，而果於自用①，所以致夷滅之旤也。

【校　記】

① 果於：四庫本作「好」，指海本、叢書集成本作「以」，據穴研齋本、十萬卷樓本。

前輩嘗説後生才性過人者不足畏，惟讀書尋思推究者，爲可畏耳。又云：讀書只怕尋思，蓋義理精深，惟尋思用意，爲可以得之。鹵莽猒煩者，決無有成之理。《論語》：「温故而知新。」先儒以爲「温，尋也。尋繹故者，又知新者。」「學而不思則罔」。先儒以爲「學不尋思其義，則罔然無所得。」尋繹，尋思，就先儒分上所得已多，況真能尋繹尋思者乎！

君子氣象難遽形容，惟平易安和者爲近之。書曰：「其心休休焉，其如有容①」。此近君子氣象也。所謂休休者，平易安和，無急躁狠戾貪冒之意也。「范宣子讓，其下皆讓。」《傳》稱之曰：「一人刑善②，百姓休和。」鄭未服晉，知武子曰：『若能休和，遠人將至。』「休和」二字，最是無急躁忿戾貪冒處，故古人數稱之，亦切論也。

【校　記】

①容：指海本、叢書集成本「容」後衍「焉」字，據穴研齋本、十萬卷樓本、《書·秦誓》。

②刑：四庫本、指海本、叢書集成本作「讓」，據穴研齋本、十萬卷樓本、《左傳·襄公十三年》。

春秋之末，貨賂公行，政以賄成，無復理義。故樂桓子求帶於叔孫豹①，范獻子請冠於叔孫婼，高齮取貨於季氏，荀寅求貨於蔡侯，祁勝行賂於荀躒，子常求馬與裘於唐、蔡二君。當此之時，風俗大壞如此，而諸國之君，安於苟且，不能一捄其敝②，因循陵遲，以至滅亡，莫之能悟也。欲捄其敝③，固多術矣，然莫如親近正人，誘引善類，以爲標的。則風俗自變，好惡自定。風俗變，好惡定，則國勢自安，不假它術也。

【校　記】

①桓：穴研齋本缺筆，避欽宗諱。下同，不另出校。

②③敝：四庫本、指海本、叢書集成本作「弊」，據穴研齋本、十萬卷樓本。

「四體不勤，五穀不分。」荷蓧丈人自謂也。言我方患四體不勤，五穀不分，孰能知夫子耶？如此則氣象好。若説四體不勤，五穀不分，指夫子，則氣象不甚好。觀子路「拱而立」，則敬之甚至。蓋察其容貌，有得於心矣。其氣象不容不好也。

桓公殺公子糾，召忽死之，管仲不死，子路疑以爲未仁。夫子以爲桓公九合諸侯，不以兵車，管仲之力也。「如其仁，如其仁。」夫子之意，不以爲召忽不必死也，亦不以管仲爲可以無死也，特以爲事有大於死，則就其大者可也。事小於死，則死之可也。不以公子糾君臣之分未正，爲不必死也。既事之矣，而所事者，爲爭國者所殺矣，豈有不死之理。獨管仲之意，以爲生民方在塗炭，得我則生，不得我則死①；王室不絶如綫，得我則存，不得我則亡②；華夷方且不辨③，得我則有中國，不得我則無中國。故忍死就仇，以成其大，此聖人所深與也。召忽不能若是，則豈有不死之理。孔子恐人以必死爲是，不以就大者爲正，故子貢之問，則又答以：「管仲相桓公，霸諸侯，一匡天下，民到于今受其賜。微管仲，吾其被髮左衽矣④。」此孔子深稱管仲之功，所就者大，可以如此也。「豈若匹夫匹婦之爲諒也，自經於溝瀆，而莫之知也。」聖人恐人以必死爲賢，不以就大者爲正，故又詳爲此言以丁寧之也，亦豈以召忽爲不當死哉⑤！學者所以處輕重微細，正在於此。

【校記】

① 死：四庫本、指海本、叢書集成本作「亡」，據穴研齋本、十萬卷樓本。

② 王室不絶如綫，得我則存，不得我則亡：指海本、四庫本脱此三句，據穴研齋本、十萬卷樓本。

③ 華夷方且不辨：指海本、叢書集成本作「華夏衰弱極矣」，據穴研齋本、十萬卷樓本、四庫本。

④ 微管仲，吾其被髮左衽矣：指海本、叢書集成本作「夫一匡九合，爲天下如此」，據穴研齋本、十萬卷樓本、四庫本。

⑤ 召：四庫本、指海本、叢書集成本脱「召」字，據穴研齋本、十萬卷樓本。

管仲不死公子糾之難，聖人不以爲非者，知其所就者大，可以如此也。至「三歸」「反坫」之類，深詆之者，以其爲無所爲也。雖君奢亦奢，君淫亦淫，管仲本志如此，而「三歸」「反坫」之類，本不爲君設。故聖人知其器小，不可以入堯舜之道也。

「君親無將，將而誅焉。」所謂「將」者，謂有此意也。有此意者，何由知之？必見於事，事形而未用，欲必弑其君親，已見於事而未成者也。若不見於事，而逆知其意以爲「將」，則濫刑以逞，人皆有罪。有意無意，皆可妄指；已形未形，皆可强服。忠良被禍，多由此言。《公羊》腐儒，妄設此論。自漢以來，率皆用之，爲忠良之害甚大。竊謂治平之世，當先去此不經之論，然後後世淫暴之君，姦諛之臣，不得用其私意，忠良賴以得免。不可不深戒也。

魯昭公三十一年十二月辛亥朔，日有食之。是夜也，趙簡子夢童子羸而轉以歌，旦占諸史墨曰：「吾夢如是，今而日食，何也？」史墨則對以爲吴入郢之咎，終以弗克①。又以「入郢必庚辰，日月在辰尾。庚午之日，日始有謫。火勝金，故弗克也」②。夫日食於上，趙簡子不能戒懼，思所以遷善懲惡者，夢亦肆矣。而史墨不能對以大義，專明近事，而先及吴、楚紛爭之釁，此乃占人常談，非爲國之言也。後世京房、郎顗之徒，其學蓋出於此。

【校　記】

①② 弗：指海本、叢書集成本作「勿」。據穴研齋本、十萬卷樓本、四庫本、《左傳·昭公三十一年》。

昭二十六年，王子朝告于諸侯曰：「王后無適，則擇立長。年鈞以德①，德鈞以卜。」此語最爲害正。天下未有年鈞者，先一日生，則一日之長也；先一時一刻生，則亦一時一刻之長也。聖人重先後之序，如春夏秋冬之不可踰也。天理如是②，何謂年鈞乎？此姦言也。而《左氏》不能詮定，以誤後世③，陋亦甚矣。又如王后無適，則長幼固有定分。長幼定分，亦猶適庶之不可亂也，何謂擇立長乎？王子朝爲此言，皆尹氏、毛、召之徒，懷姦助惡，其辭錯亂然也。孟子曰：「邪辭知其所離。」蓋於王子朝之言見之矣。

【校　記】

① 鈞：四庫本、指海本、叢書集成本作「均」，據穴研齋本、十萬卷樓本、《左傳·昭公二十六年》，下同。

② 也天理如是：四庫本作「天理」，叢書集成作「天理也」，據穴研齋本、十萬卷樓本、十萬卷樓本。

③ 後：四庫本、指海本、叢書集成本脱「後」字，據穴研齋本、十萬卷樓本。

《左氏膏肓》，何休作，鄭玄箴①。兩人引據及詰難之語，盡用漢世緯書《感精符》之類爲證②，無識淺見甚矣。而漢末學者，咸以大儒推之，吾知漢末諸儒，未嘗學也。《公羊》淺陋已甚，而何休之徒，又從而逢其惡。如「黜周王魯」之類，大不近人情。定公六年，季孫斯、仲孫忌帥師圍鄆③。仲孫忌闕文耳，而《公羊》以爲：「仲孫忌譏二名，二名非禮也④。」固已可笑。而何休則以爲：「春秋定、哀之間，文致太平，欲見王者治定，無所復爲譏，惟有二名，故譏之。」定、哀之世，大亂之極也。而何休以爲「文致太平，王者治定，無所復爲譏，唯有二名可譏」爾⑤。其誣穢荒謬至此，令人憤恚不已。垂世立教者，須取此等妄説，及引用緯書之類，皆當科別而顯黜之，不得與其它諸儒所説並行，然後聖人之言，不爲蕪漫所覆，坦然可見。

【校　記】

① 玄：指海本、叢書集成本作「元」，據穴研齋本、四庫本、十萬卷樓本。
② 漢世緯書：四庫本作「春秋」，指海本、叢書集成本作「漢書」，據穴研齋本、十萬卷樓本。
③ 鄆：穴研齋本、十萬卷樓本作「運」，據四庫本、叢書集成本、《左傳・定公六年》。
④ 二名原脱，據《公羊傳》補。
⑤ 爾：四庫本、指海本、叢書集成本作「耳」，據穴研齋本、十萬卷樓本。

越之謀吴，大夫種獻謀：「王不如設戎，約辭行成，以喜其民，以廣侈吴王之心。吾以卜之於天，天若棄吴，必許吾成，而不吾足也，將必寬然有伯諸侯之心①。既罷敝其民，而天奪之食，安受其燼，乃無有命矣。」申胥諫曰：「不可許也。夫越非實忠心好吴也②，又非懾畏我甲兵之彊也③。大夫種勇而善謀，將還，玩吴國於股掌之上，以得其志。夫固知君王之蓋威以好勝也，故婉約其辭，以從逸王志④，使淫樂於諸夏之國⑤，以自傷也。使吾甲兵鈍敝，民人離落，而日以憔悴，然後安受吾燼。」此越之謀吴，吴之拒越大槩也。然謀之者不過曰「安受吴燼⑥」。燼者，焚爇之殘也。鈍敝其國⑦，多方損壞，使至如焚爇之極，不可復然，然後舉手取之，無毫髮之勞矣。此吴越成敗之大槩也。越用大夫種之策以成功，吴黜申胥之計以滅亡，非偶然也。

【校記】

① 伯：指海本、叢書集成本作「霸」，據十萬卷樓本、四庫本、《國語·吴語》。

② 忠：四庫本、叢書集成本作「中」，據穴研齋本、十萬卷樓本、《國語·吴語》。

③ 畏：穴研齋本、十萬卷樓本脱「畏」字，據四庫本、《國語·吴語》。

④ 從：指海本、叢書集成本作「縱」，據穴研齋本、十萬卷樓本、四庫本、《國語·吴語》。

⑤ 夏：四庫本、指海本、叢書集成本作「侯」，據穴研齋本、十萬卷樓本、《國語·吴語》。

⑥ 此越之謀吴吴之拒越大槩也然謀之者不過曰安受吴燼：四庫本、叢書集成本脱此二十三字，據穴研齋本、十萬卷樓本。

⑦ 鈍：穴研齋本、十萬卷樓本作「頓」，據四庫本、叢書集成本。

趙簡子使尹鐸爲晉陽，請曰：「以爲繭絲乎？抑爲保鄣乎？」簡子曰：「保障哉！」尹鐸損其户數，簡子誡襄子曰：「晉國有難，而無以尹鐸爲少，無以晉陽爲遠，必以爲歸。」其使尹鐸爲晉陽也，簡子謂之曰：「必墮其壘培。吾將往焉。若見壘培，是見寅與吉射也。」壘培，荀寅士、吉射圍趙氏爲之者也。尹鐸往而增之。簡子如晉陽，見壘，怒曰：「必殺鐸也而後入。」且曰：「是昭吾讎也。」郵無正進諫曰：以爲鐸之意謂「思樂而喜，思難而懼，人之道也。委土可以爲師保，吾何爲不增？」以是「可以鑑而鳩趙宗也」。簡子説，「以免難之賞賞尹鐸」。及晉陽之圍，衆欲往長子，又欲往邯鄲，襄子皆以爲不可，獨以爲「先主之所屬也，尹鐸之所寬也，民必龢矣」，乃走晉陽。晉師圍而灌之，沈竈産鼃，民無畔意。若趙簡子可謂知所任矣。夫所謂尹鐸之所寬者，國之所恃以爲根本。如人之元氣，元氣苟存，不可得而死；根本所在，不可得而亡。後世謀國者，偷目前之急，而忘後日之慮，其得存者幸也。然尹鐸之所寬者，不但寬賦税而專扞蔽也，蓋先去其主之邪意，以行其義，然後民得以寬也。增荀寅、吉射之壘，動存規戒矣，其肯納君於不義乎！沈竈産鼃，民無畔意，非一日積也。

自鄭康成論郊禘之説，紛紜不同。以爲禘者，冬至圜丘祭昊天上帝也。郊者，孟春南郊祭感生帝也。而孔穎達之徒，又以爲《經》、《傳》之文，稱禘非一，其義各殊。《論語》「禘自既灌而往者」，及《春秋》「禘於太廟」，謂宗廟之祭也。《喪服小記》曰「王者禘其祖之所自出」，及《大傳》曰「不王不禘」，謂祭感生之帝於南郊也。而《祭法》所謂禘黄帝者，祭昊天上帝於圜丘也。必知此是圜丘者，以禘文在郊祭之前。郊祭之前，唯圜丘耳。鄭康成又謂《噫嘻》「春夏祈穀於上帝」，春者，祭感生帝於南郊，夏即雩祭。凡此紛紜，皆由康成惑於讖緯妖説。後之學者，不能極力辨明，反爲出力以濟誣僞。王肅《聖證論》力疏鄭短，如謂圜丘與郊爲一之類，所補甚多。然猶有未盡。獨陸淳之論，坦然明白，盡去邪説，實有功於聖人，學者不可不察也。

《禮記》「是月禫」、「中月而禫」，鄭康成皆以爲非此月而禫，於大祥之後月而禫，緣此遂有禫制。世人以其過於厚者，莫之敢改，然失禮之正矣。王肅以爲「是月者，此月也；中月者，此月之中也。」力攻鄭短，實爲至論。

《儀禮》喪服，在古書中最爲詳盡。差次輕重，皆出天理。聖人之意，明白可見，不可得而改更也。子爲父三年，父爲子朞，孫爲祖朞，祖爲孫九月。蓋父祖爲直下，子孫降一等報也。

如旁親爲我朞者，則亦爲之朞。爲我大功者，則亦爲之大功。報施均者，旁親之道也。近世以來，婦爲舅姑三年，已大失輕重之序，非禮甚矣。而舅姑爲婦，猶爲九月，是降兩等報也，悖理特甚。

天下無二斬，婦人在家爲父，既嫁爲夫，明無二上也。今爲舅姑三年，則不得不爲父母三年，是一婦人之身，有三年之服者，五也。

聖人制禮，惟祀典喪服大概，後世不可得而變更。何者？皆出天理，非人之私意也。如天子祭天地，諸侯無所事於天地也。子爲父斬衰三年，本其所生也，它人無所用其服也。其它輕重皆然。如庶母之祭至孫止，父母在，不爲庶母服，皆明大義至重，不以私恩曲從也。能明此者，則知天理矣。

今世陰陽家，以人姓配五音宫、商、角、徵、羽，以定災福，世固以爲不經可笑。然而春秋之世，蓋已有此説。「晉趙鞅卜救鄭，遇水適火，占諸史墨、史趙、史龜。史龜曰：『是謂沉陽，可以興兵。利以伐姜，不利子商。伐齊則可，敵宋不吉。』史墨曰：『盈，水名也；子，水位也。名位敵，不可干也。炎帝爲火師，姜姓其後也。水勝火，伐姜則可。』」盈則鞅名，子則宋姓。夫以子爲水位，盈爲水名，炎帝爲火師，姜姓其後，水勝火，伐姜則可。此正與今陰陽家之術同，皆無稽之説也。然有此説，則有此事，心説相應，禍福從之。禍福之起，生於心念，理既如是。横渠説：「言形則卜如響。」以是知形質蔽固之鄙心，不能嘿然自達於性與天道。」性與天道，萬事有無，皆其分内所固有也。雖有出於思慮之表者，亦是分内。正横渠所謂形質蔽固之鄙心，不能嘿然自達於性與天道也。

莊周言：「生之來不能却①，其去不能止。悲夫！世之人以爲養形足以存生，而養形果不足以存生，則世奚足爲哉！」此謂有意於養形以存生者也。有意於養形以存生，則實有不可存生②。若無意於養形以存生，則養形豈有不存之理。莊周又言：「雖不足爲，而不可不爲者，其爲不免矣。夫欲免爲形者，莫如弃世，弃世則無累，無累則正平，正平則與彼更生，更生則幾矣。」夫所謂弃世無累，是無意者也。至於「更生則幾矣」，則所謂無意於養形以存生者，方可以存生也。所謂「雖不足爲，不可不爲也」。不可不爲者，任之而已，非實爲也。其爲不免矣，實爲之而有所爲者也③，故不免此養生之要也。

【校　記】

①却：指海本作「郤」，穴研齋本、十萬卷樓本作「卻」，據四庫本、《莊子·達生》。

②有：穴研齋本、十萬卷樓本無「有」字，據四庫本、叢書集成本。

③者：四庫本、指海本、叢書集成本脱「者」字，據穴研齋本、十萬卷樓本。

論養生者，以神氣相守爲本。《列子》：「體合於心，心合於氣，氣合於神，神合於無。」《莊子·廣成》一章，皆養生之祖也。至謂「汎乎若不繫之舟」，「瞳然若新生之犢」，皆是發明此理。此理既明，能更調出入息，久之息住，或存想一處，心不外馳，皆可以卻疾延年也①。嵇叔夜言「神仙可以學得，不死可以力致」，勉之至矣。

【校　記】

①卻：四庫本作「却」，指海本作「郤」，據穴研齋本、十萬卷樓本。

晁文元《法藏碎金》云：百骸導引①，貴乎動久②，久必和柔③。又云：導氣令和④，引體令柔。是知導引以和柔爲至。氣和體柔，疾不得入矣。此晁公親得此味者，據其所知而言也。然則氣錯雜，體强梗，乃疾病死傷之本也⑤。

【校　記】

①④導：四庫本、指海本、叢書集成本作「道」，據穴研齋本、十萬卷樓本、《法藏碎金録》卷一。

②久：指海本、叢書集成本作「息」，據穴研齋本、四庫本、十万卷樓本。

③必：諸本皆作「則」，據《法藏碎金録》改。

⑤乃：穴研齋本、十萬卷樓本作□，據四庫本、指海本、叢書集成本。

「士會在秦三年，不見士伯。其人曰：『能亡人於國，不能見於此，焉用之！』士季曰：『吾與之同罪，非義之也，將何見焉！』及歸，遂不見。」自古以來，能知非省過，不與人爲黨，如士會者蓋鮮矣。後世議者，以爲與人長久，不計是非邪正，皆以爲善，其亦未知士會之用心矣。

陳太丘以太守受侯常侍之託，歸罪於己。此君子用心也。然不得專謂之正。所謂正者，不揚其非，隱默而去之可也。但當時風俗，激訐太甚，陳太丘不得已而欲矯其敝爾①。不然，亦非所以垂世立教也。

【校記】

① 敝爾：四庫本、指海本、叢書集成本作「弊耳」，據穴研齋本、十萬卷樓本。

文中子稱：「北山黄公善醫，先寢膳而後針藥。孫思邈《千金方·惡疾大風論》云：「難療易療，屬在前人，不關醫藥。」又古醫書稱：凡病自治八分，師治二分。觀此數者，則所以治疾者，亦可知其大槩矣。

「賞必當功，罰必當罪」，刻核之論也；「罪疑惟輕，功疑惟重」，君子長者之心也。以君子長者之心爲心，則自無刻核之論。如君子不盡人之忠，不竭人之歡，去其臣也，必使可復仕；去其妻也，必使可復嫁。如此等論，上下薰蒸，則太平之功，可立致也。芝草生，甘露降，醴泉出，皆是此等和氣薰蒸所生。

自古人君，導人使諫①，容受直言，亦未必出於至誠爲善也。惟明於利害，知諫之必有益於己，故信納不疑，且不以爲難也。如趙簡子、唐太宗皆是也。趙簡子親篡晉國，唐太宗殺兄逼父，無所不至，至於聞諫則喜，不以爲難者，蓋知納諫有益，而拒諫爲有損，知納諫利於己，而拒諫必害吾身也。今夫病者，起居無禁，飲食無忌，無人勸止，則死必矣。夫勸止果善意乎？惡意乎？此不待剖判而後喻也。唐明皇相李林甫，十九年間，無一言忤旨，卒至大亂。夫忤旨與不忤旨，人君果孰利乎！然自古人君，自非昏惑失志，皆知此理。然且不能用者，亦由姦人逆爲之説，以爲爲此論者，必有所爲，或以爲有黨，或以爲邀名，其説不一，人君甘心信之，而忠言直辭，不復可入矣。故至於危亡，而卒不悟也。《易》曰：「入于左腹，獲明夷之心，于出門庭。象曰：入于左腹，獲心意也。」夫所謂獲心意也者，固已奪其心而蠱惑之也。忠臣義士，寧得而救之耶！

【校　記】

① 導：四庫本、指海本、叢書集成本作「道」，據穴研齋本、十萬卷樓本。

引導攝生，平時不見有力，惟有横生之疾，則得力矣。引用善良，平時未知其益，惟有卒然之旣，則當知之。所以病危不死，國危不亡者，知此道也。常人之情，多是私意，而不能自觀省也。如園林花竹，己自種植者，見之意思便別。它人所種植者，雖甚愛之，終無親暱之之意[①]。草木無知，猶私之如此，況其親黨所愛乎[②]！若於此類，盡能觀省，其亦將寡過而得至公之體矣。

【校 記】

① 之：四庫本、指海本脱一「之」字，據穴研齋本、十萬卷樓本。

② 黨：四庫本、指海本「黨」下有「之」字，據穴研齋本、十萬卷樓本。

從師問學[①]，當知輕重。既知輕重，然後慎擇而謹守之可也。所謂知輕重者，如七十子之徒從孔子，則當事事模範，不當少異。然有不安於心者，猶當詳問以釋其疑，疑釋心安，而後從之。如子路之問孔子，反覆問難[②]，亦可見矣。自孔子以降，性各有偏，見或未至，則有當從有不當從。若就其所偏及所未至[③]，事事學之，安得不爲大害。此聖人之後，所以多流而入於異端，皆由不知輕重也。然學者從師，便有私心，以己所傳爲是。私心既生，百敝俱出[④]，此固未足以語於學矣。

【校 記】

① 問學：四庫本、指海本、叢書集成本作「學問」，據穴研齋本、十萬卷樓本。

② 問：四庫本作「辯」，指海本、叢書集成本作「辨」，據穴研齋本、十萬卷樓本。

③ 則有當從有不當從若就其所偏及所未至：四庫本、叢書集成本脱此十七字，據穴研齋本、十萬卷樓本。

④ 敝：四庫本、指海本、叢書集成本作「弊」，據穴研齋本、十萬卷樓本。

人君取人，不當以一事一言之誤，便爲可去；一事一言之善，便爲可信。要當論其大概邪正及公議之所去取者爾①。自古人君，常失於此。小人取媚於君者，術固多端，然大抵必先多爲可信，以中上志，然後彌縫補合，以久其權。乘勢高下，以遂其意。大則簒奪，小則敗國，不可不察也。班固論石顯、師丹事，最爲有益。「顯内自知擅權，事柄在掌握，恐天子一旦納用左右耳目②，有以間己，迺時歸誠取一言以爲驗③，顯嘗使至諸官有所徵發，顯先自白，恐後漏盡宮門閉，請使詔吏開門，上許之。顯故投夜還，稱詔開門入。後果有上書告顯顓命矯詔開宮門，天子聞之，笑以書示顯。」此元帝在顯術中而不悟，其不亡者幸也。「人會有上書言自古者以龜貝爲貨④，今以錢易之，民以故貧，宜可改幣。上問師丹，丹對言可改。章下有司議，皆以爲行錢以來久，難卒變易，丹老人，忘其前語，後從公卿議。」哀帝亦不能察也。《師丹傳》若不言「丹老人，忘其前語」，則丹爲反覆無據之人。《石顯傳》若不言「時歸誠取一言以爲驗⑤」，則顯罪狀亦不甚明白。惟此數語，然後其人平生忠邪⑥，自可詳考。

非班固高識遠見，有益世教，何以及此。人君但以一事一言，以分邪正，一事一言，以爲去取，而不論大概邪正公議是非，蓋亦不知此矣。而不爲小人所誤，以至敗亡者，幸而已矣。

【校　記】

①爾：四庫本、指海本、叢書集成本作「耳」，據穴研齋本、十萬卷樓本

②一旦：四庫本、指海本脱「一旦」二字，據穴研齋本、十萬卷樓本《漢書·石顯傳》。

③⑤言：原作「信」，據《漢書·石顯傳》改。

④會：原文脱「會」字，據《漢書·石顯傳》補。

⑥平生：四庫本、指海本、叢書集成本作「生平」，據穴研齋本、十萬卷樓本。

「其在東夷、北狄、西戎、南蠻，雖大曰子。」吴子、楚子之類，皆是也。鄭康成以此一節爲「九州之外長也」。然亦謂「雖有侯伯之地，本爵亦無過子，是以同名曰子」。而《國語·吴語》：「夫命圭有命，固曰吴伯，不曰吴王。」夫所謂吴伯，正謂牧伯之伯。如《禮記》「五官之長曰伯」，《周禮》「九命作伯」及周、召二伯之類是也。而韋昭以爲：「吴本稱伯，故曰吴伯。」大謬妄矣。

李斯、李林甫之徒，當極盛時，自知不可，禍敗必及。察其所言，皆知之矣。如使二人者，知其如此，痛自改悔，變前所爲，言之於君，言之於衆，以求自新，則可以變禍爲福，易亡爲存。

惟其不能改，所以旣敗危亡必及也。若此者，可謂自弃矣，可謂委其身於劍戟矣。不然，不得爲下愚不移也。雖然，自古天道察人之不能改，必養成其惡，所謂「厚其毒而降之罰」也。如秦之末世是也①。方陳勝未起，外難未作，先有内畔，改用忠良，則基業豈有便壞之理。惟不如此，所以謂之養成其惡也。

【校　記】

① 末：指海本、叢書集成作「没」，據穴研齋本、十萬卷樓本、四庫本。

《列子》：「爲伯昏無人射。」①《列子》「無」字音「莫侯反」。《莊子》不音，讀如本字也。「列禦寇之齊，中道而反，遇伯昏瞀人」，申徒嘉與鄭子産同師伯昏無人。然則伯昏無人，自一人也；伯昏瞀人，自一人也。列子既師壺丘子林②，友伯昏瞀人，乃居南郭，又言「師老商氏，友伯高子」。不知老商氏即壺邱子林耶？或别一人也？又不知伯高子與無人、瞀人爲一爲二也？此雖禦寇寓言，然據文指事，則自不一。要皆獨立絶塵，高出一時之上者也。

【校　記】

① 爲：四庫本、指海本、叢書集成本作「謂」，據穴研齋本、十萬卷樓本、《列子·黄帝》。

② 壺：四庫本、指海本、叢書集成本作「吴」，據穴研齋本、十萬卷樓本、《列子·仲尼》。

「列禦寇爲伯昏無人射①，引之盈貫。」張湛解云：「盡弦窮鏑。」郭象云：「盈貫，猶溢鏑也。」「措杯水其肘上。」張湛云：「手停審故杯水不傾。」郭象云：「左手如拒石②，右手如附枝。右手放發而左手不知，故可措之杯水也。」如此之類，訓釋明白，文詞高古，皆後人所不到。又「揮斥八極，神氣不變」。郭象以爲：「德充於内，則神滿於外，遠近幽深皆明，故審安危之機，而泊然自得也。」如此等語，殆類有得者矣。

【校　記】

①爲：四庫本、指海本、叢書集成本作「謂」，據穴研齋本、十萬卷樓本、《列子・黄帝》。

②石：原文脱「石」字，據《莊子注・田方子》補。

《莊子》：「聖人之靜①，非曰靜也，善故靜也。萬物無足以鐃心者②，故靜也。……水靜猶明，而況精神。」蓋言聖人之靜，非以靜爲善故靜爾③。「萬物無足以鐃心者④」，則自然靜也。「水靜猶明，而況精神」，靜之至也，自然之應也。

【校　記】

①靜：原作「心」，據《莊子・天道》改。

②④鐃：穴研齋本、十萬卷樓本作「撓」，四庫本、指海本、叢書集成作「擾」，據《莊子・天道》改。

③爾：四庫本、指海本、叢書集成本作「耳」，據穴研齋本、十萬卷樓本。

《月令》：「上丁釋菜。」《周禮》：大胥「舍菜合舞①」。「釋菜」者，不用牲牢幣帛，釋蘋藻而已。禮之輕者。至釋奠則有牲牢幣帛，獨無迎尸以下之禮爾②。夫禮於先師先聖，而用禮之輕者，何也？曰：陶匏燔柴，以事上帝，亦貴乎簡也云爾③。

【校　記】

① 舍：叢書集成本作「釋」，據穴研齋本、十萬卷樓本、四庫本、《禮記·月令》。

②③ 爾：四庫本、叢書集成本作「耳」，據穴研齋本、十萬卷樓本。

李絳對憲宗言：「人臣生死，繫人主喜怒①。」凡此等語，皆不當對人主輕説。如昏君暗主，便以爲當然，適足以啓其驕心。未有毫髮之補，而有無窮之害也②。不如後漢樊英對順帝言「陛下焉能生臣，焉能殺臣」，「焉能貴臣，焉能賤臣」之語，能消人主未萌之驕，而長其敬賢之心。詩曰：「辭之輯矣，民之洽矣。辭之懌矣③，民之莫矣。」樊英之謂乎。

【校　記】

① 繫：四庫本、指海本、叢書集成本作「係」，據穴研齋本、十萬卷樓本。

② 害：四庫本、指海本作「禍」，據穴研齋本、十萬卷樓本。

③ 懌：穴研齋本、十萬卷樓本、四庫本作「繹」，據《詩·大雅·板》改。

《莊子·徐無鬼》篇：「所謂暖姝者，學一先生之言，則暖暖姝姝而私自悦也。自以爲悦也，自以爲足矣，而未知未始有物也。」莊子此論，備見小人私意，小知自足情狀。世人自私害正者，無不如是。但論之未盡，不能取信於人。所謂未始有物也者，非學者所當先論也。

《莊子》稱「目無所見，耳無所聞，心無所知」，「瞳焉如新生之犢①，而無求其故②」，「泛若不繫之舟」，「齧缺睡寐」，「神農晝瞑」。自以此論爲極至也，至所謂「有干越之劍者，柙而藏之，不敢用也。精神並流四達，上際於天，下蟠於地」，則實爲養生要訣。

【校記】

① 焉：原作「然」，據《莊子·知北遊》改。

② 求：原作「問」，據《莊子·知北遊》改。

《列子》稱：「子列子學也，三年之後，心不敢念是非，口不敢言利害。」又言：「列子自以爲未始學而歸。」古人所謂學者類如是，其亦異於後人所謂學矣。

齊桓公嘗與管仲謀伐衛，退朝而入。衛姬望見君，下堂再拜，請衛君之罪。公曰：「吾與衛無故。」對曰：「妾望君之入也，足高氣强，伐國之志也；見妾而有動色，伐衛也。」明日，君朝，揖管仲而進之。管仲曰：「君舍衛乎？」公曰：「安識之？」管仲曰：「君之揖朝也恭，而言之徐，見臣而有慙色，臣是以知之。」公曰：「善！仲父治外，夫人治内，寡人不爲諸侯笑矣。」夫心術之動，毫髮不能自隱，必爲人知，不可得而欺也。管仲、衛姬之知桓公，亦可見矣。此謂微之顯，誠之不可掩也。海上之鷗，舞而不下，彼必有以知之矣，孰謂色莊言厲，而可以自蔽乎！

天下風俗美惡之極，無有不由積累而後①成者。至於人才事業，必因積累之久，互相推激，然後能至微妙。且如漢、魏以來，士大夫多以字畫爲事，西晉以後尤盛，故積累推激，至王右軍然後能造微入妙。若魏、晉以前，不以字畫爲事，右軍縱能書，必不能便至如此之極②。學問工夫，何獨不然。三代賢聖相繼③，故賢聖之出④，如此之衆，亦有積累推激之功也。

【校記】

①後：四庫本、指海本、叢書集成本脱「後」字，據穴研齋本、十萬卷樓本。

②極：四庫本、指海本、叢書集成本作「妙」，據穴研齋本、十萬卷樓本。

③④賢聖：四庫本、叢書集成本作「聖賢」，據穴研齋本、十萬卷樓本。

《孟子·桃應問》一章，王介甫、劉原父皆不以爲然。劉原父論：「齊國夏、衛石曼姑帥師圍戚①。曼姑受命而立輒，其不可以圍戚，何也？或問乎孟子曰：舜爲天子，皋陶爲士②，瞽瞍殺人，則執之乎？孟子曰：執之。……今以蒯聵爲瞽瞍，以輒爲舜，以曼姑爲皋陶，此孟子之義已。曰：孟子未盡於義也。伯夷、叔齊讓國而不取，餓于首陽之下，終身訢然。

以謂求仁得仁，故無怨也。夫不以能有其國家爲貴，而以全其志義爲安。故孔子稱之。舜有天下，瞽叟殺人，是亦將且循伯夷之義矣③，安在其必申有司之法④，而以己之貴加其親！此不爲知《春秋》。」歐陽公論柴守禮殺人事，世宗不問，爲「知權」也。以爲「天子有宗廟社稷之重，百官之衛，朝廷之嚴」，無有竊負而逃之理。范淳夫以此章爲「非孟子」語也。程正叔以爲此語有誤謬處。滎陽公嘗言⑤：介甫、原父皆以孟子答之爲非，曷不曰是舜爲天子，瞽叟殺人，皋陶亦不得執此二公之論也。予聞之師友曰：聖賢立教，務成其善而已，言不委曲則理不明。今曰舜爲天子，瞽叟殺人，皋陶不得而執，而學者何問焉！若必以是答之，是亦二公而已矣。何以爲孟子？何以知其然？齊宣好樂與勇，好貨與色，以常人論之，皆在所不答，而孟子委曲告之如此，亦導其志使其趨於善而已。不然，何以爲孟子！然則，桃應之問，孟子之答，亦盡夫世人委曲之意，而使之趨正道云爾。若以爲不然，則問者爲不必問，答者爲不必答也。

【校記】

① 原文脱「石」字，據《劉氏春秋意林》補。

② 原文「士」下有「師」字，據《劉氏春秋意林》删。

③ 原文脱「矣」字，據《劉氏春秋意林》補。

④ 申：原文作「循」，據《劉氏春秋意林》改。

⑤ 嘗：四庫本、指海本、叢書集成本作「常」，據穴研齋本、十萬卷樓本。

歷觀古人爲君帥師，而覆敗陷虜者①，未嘗以爲深罪，而必使之死而後已也。秦伯之用孟明之類，蓋可見矣。至漢武帝時，李陵敗亡，然後以爲深罪，而當世之人亦以爲隤其家聲也。其後敗亡者，以爲大戮，皆起於此。蓋士大夫學術不明，知識淺下，懷諂諛以事君，而忘古人之大義也。夫帥師而戰，敗亡常事。其事有當誅者，有不當誅者，獨論其罪之輕重②，事之是非，而察其用心何如，而要其歸焉，可也。秦伯之用孟明之類是也。若以一概論之，以爲可誅，而不究夫用心何如，此秦、漢以下庸主之驕心，邪臣之諛説③，終必有以敗夫國家也。夫力屈而僞降，降有所爲，或在久遠，或在密邇，其效必見。安得與夫背主歸賊，反害其主，而脱其死者，一例戮辱哉！獨黄權降魏，先主以爲「孤負黄權，權不負孤也④」，猶得古人之用心。

【校記】

① 虜：指海本、叢書集成本作「寇」，據穴研齋本、十萬卷樓本。

② 罪：四庫本、指海本、叢書集成本作「事」，據穴研齋本、十萬卷樓本。

③ 説：四庫本、指海本、叢書集成本作「悦」，據穴研齋本、十萬卷樓本。

④ 原文「權」上衍「黃」字，據《三國志・蜀志・黃權傳》删。

春秋之世，家臣而欲張公室者，皆以爲大罪，此必非聖人之本旨。家臣而忘公室，諸侯士大夫而忘王室，猶子之愛其父，而忘其祖也，可乎！家臣而不忘公室者，正也。但當先其所事，使之盡忠於其君焉，可也。其不肯聽之，則遂去之，可也。苟不以告，而遂圖之，此其所以爲罪也與！

《抑》詩，衛武公刺厲王也。「嗚呼小子，未知臧否」者，惡厲王敗周室之甚①，怨之之深也。而歐公《詩本義》以爲遍考古人，未有謂君爲小子者，言「小子者，武公自謂也」；「『未知臧否』者，不度可否也」。至於「言提其耳」，則言刺王之不可教誨，「提其耳而告之，欲其聽而王終不聽信也」。夫既曰提其耳矣，而不得謂之小子，則若失輕重之序者。《考槃》詩「永矢弗諼②」，「弗告弗過」者，怨其君失道，欲與之絶，而知其不可復改也。然此皆非詩人本意。詩人之意，特欲爲艱難之辭，苦口之語，有以感發之，庶幾其君猶有悔也。先儒之解，未爲害義，而歐公以爲如鄭之説，進則喜樂，退則怨懟，乃不知命之很人爾。以爲「弗諼」者，謂碩人居於山澗之間，不以爲狹，而獨言自謂不忘此樂也；「弗過」謂不復有所他之也。「弗告」者，自得其樂，不可妄以語人也。歐公之意，以爲君不可怨，怨君非義，故以「小子」自謂，而「弗諼」「弗過」「弗告」，非有及君之意也。然而高子以《小弁》爲小人之詩，曰怨，孟子以高子爲固矣，且以「親之過大而不怨，是愈疏也」，「愈疏，不孝也」。然則事君愈疏而不怨，亦可得爲忠乎？孔子曰：詩「可以怨」。然則怨者，乃所以甚愛其君也。此固忠孝之道，無所不用其極，有不能忘於心者也。故思之深，則怨之切，念之至③，則痛之甚④，於常人有是乎！歐公既未察此義，習見秦、漢以來，人君⑤以怨望爲大罪，遂以爲常，違君臣規戒相與之道，而啓佞人懷利謬敬以事君者之心，且使後世庸主督察臣下，無復人理，使不得議己，皆此等議論，有以發之，不得不詳辨也。

【校記】

① 甚：四庫本、指海本、叢書集成本作「衰」，據穴研齋本、十萬卷樓本。

② 弗：四庫本、指海本、叢書集成本作「勿」，據穴研齋本、十萬卷樓本、《詩・衛風・考槃》。下同。

③ 至：四庫本、指海本、叢書集成本作「甚」，據穴研齋本、十萬卷樓本。

④ 甚：四庫本、指海本、叢書集成本作「深」，據穴研齋本、十萬卷樓本。

⑤ 人君：穴研齋本、四庫本、十萬卷樓本在「習見秦漢以來」上，此據指海本、叢書集成本。

古人褒貶取舍，考其用心，而不計其行事。其心是也，其事非也，君子不以爲非。其心非也，其事是也，君子不以爲是。季札歸吴，弒君之賊猶在，季子不以爲討，《春秋》不罪也。

何也？知其力有所不足，起而行吾志，則國家之禍，顛覆將及，甚而至於亡，其害有大於前日之惡①，故季子隱忍而姑置之，其意必不以是而止也。聖人推明其志，故不以爲不然也。范文子請老，郤克實代之②，使之快意於齊。不得爲正也。而古人不以爲非者，范文子知郤克不得志於齊③，其禍國家必有大於伐齊。君昏於上，無與同德；衆懷姦於下，無與同力，故亦隱忍而不與之爭。古人推明文子之意，亦不以爲不然也。桓公殺公子糾，召忽死之，管仲不死。聖人不以管仲爲不當死，特以管仲不死，其所爲者，有大於死也。使王室猶存，中國尚在，被髮左衽之禍不及九州④，管仲雖欲死子糾之難，安得而死之。此聖人所以深予之也⑤。周公東征，二公當世大賢，而在朝廷，獨無一言諫止，成王至雷風之變，然後明周公之忠。彼固知未可言則不言，恐害夫大事也。然此等事，皆繫夫用心如何，不容有毫髪私心。私心存焉，則事雖是，不免得罪於聖人；使無私心，而有所爲，則無適而不可。

【校 記】

① 大：四庫本、指海本、叢書集成本作「甚」，據穴研齋本、十萬卷樓本。

②③ 郤：穴研齋本、十萬卷樓本作「卻」，據四庫本、指海本。

④ 被髮左衽之禍不及九州：指海本、叢書集成本作「著九合之勳成一匡之業」，據穴研齋本、十萬卷樓本、四庫本。

⑤予：四庫本、指海本、叢書集成本作「與」，據穴研齋本、十萬卷樓本。

忍之名，一也，而用不同。必有忍，其乃有濟：「小不忍，則亂大謀。」此皆聖賢之所謂忍，忍於不善以就善也，所謂吉德也。而世俗之所謂忍，如猜忍、剛忍之類，乃是忍於善而就不善也，所謂凶德也。王導不忍美人之勸酒，恐其見殺，而强爲之飲，此則不忍也，正所謂忍於不善而就善也，非吉德而何！王敦不顧美人之死，而不爲之飲，此世俗之所謂忍，忍於善而就不善也，非凶德而何！天之報施，必以其類。觀王導、王敦之後，興衰禍福，蓋可見矣。然則不忍者，正人之良心，孟子所謂「人皆有不忍人之心」者，是也。而世俗所謂忍者，賊義害善之本，殺身覆族之由也。項羽爲人不忍，雖不能成事，要之良心猶在。伍子胥爲人剛戾忍訽，雖能成事，然良心喪失盡矣。子家子曰：「一慙之不忍，而終身慙乎！」王導能忍事，此皆忍不善以就善之謂也①。

【校記】

①也：穴研齋本、十萬卷樓本無「也」字，據四庫本、指海本。

齊有彗星，齊侯使禳之。晏子以爲：「天之有彗，以除穢也。君無穢德，又何禳焉。」若德之穢，禳之何損。晏子之意固善①，然進言於君者，但當言恐懼修省。德之未修，政之未善，用人未明，百姓未安，以驕惰縱佚克伐怨欲之所致，不當言「君無穢德，又何禳焉」也。凡此皆開人君諱惡違善之端，末流之敝[②]，至有不可勝言者，可不戒也？

【校　記】

① 子之：穴研齋本作「之子」，據十萬卷樓本、四庫本、指海本。

② 敝：四庫本、指海本、叢書集成本作「弊」，據穴研齋本、十萬卷樓本。

「郊祀后稷以配天，宗祀文王於明堂。」鄭康成以爲天者所感之天神，如周人木德所感靈威仰也。以后稷配明堂，遍祭五帝，以文王配。《祭法》：「有虞氏禘黄帝而郊嚳。」則以爲禘者，「祭昊天於圓邱」，郊則以爲「祭上帝於南郊」，是則圜邱、南郊爲兩事，禘與郊爲兩祭，禘大於郊，圓邱大於南郊。《昊天有成命》「郊祀天地也」，《我將》「祀文王於明堂」，《噫嘻》「春夏祈穀於上帝」，皆爲此説。又以爲春祈穀，即《月令》孟春祈穀於上帝。夏祈穀，即左氏「龍見而雩」，及《月令》「仲夏雩帝以祈穀」。《月令》誤言于仲夏。《雝》「禘太祖」，即祫禘之禘，禘於宗廟者也。《長發》「大禘也」，即祭感生帝之禘。「禮，不王不禘」，王者禘其祖之所自出，皆以祭感生之帝，而以祖配之也。凡此皆誕妄不經之甚，無足取信。郊祀后稷，以配天。宗祀文王於明堂，以配上帝。天如言國，上帝如言其君也。南郊所以祭天，圓邱即南郊，王者禘其祖之所自出，則于太祖之廟，而祭所出之帝，故曰「不王不禘」。祈穀言春夏之間祭天地，其禮則亡矣。《月令》之類，皆不足信，雩祭則非所以祭天也。不得以祈穀爲一，

《春秋》書大雩，則通言祭天矣。又《祭法》所記，皆未可信也。

朝廷有伉直之風，然後臨難有死節之士。五代之際，能以端謹厚重①，不忌嫉人，不爲中傷，不爲傾陷，已是極至。若責仗節死難，則猶闕焉。曹彬在朝，忠厚寬和，足師表一世。然史家稱其未嘗抗辭忤旨，此乃爲大臣功名之極，勢須如此。然未可以爲事君之法。五代之際，所以無死節之士，良由以此。爲是事君之法，當如宋璟、顔真卿、蕭復，乃是極至。人主必欲有益於國，則當何用？亦曰當用伉直之士，緩急有益於己者爾②。不然，累千百人，緩急之際，各自爲計，亦何用哉！然則伉直之風，亦在人主獎進之爾③。此是爲國者，切己利害也。唐太宗固知之矣。

【校記】

① 以：十萬卷樓本脱「以」字，據穴研齋本、指海本。

②③ 爾：四庫本、指海本、叢書集成本作「耳」，據穴研齋本、十萬卷樓本。

勢位使人往往不能自知。如氣血之盛，詞色舉動，悉與常人不同，而亦不自知也。醉酒者，天地易位；服藥者，喜怒不定。酒消藥散，則復如常。君子思所以自養，不可不察也。

紫微雜說拾遺

莊生言：欲當則緣於不得已，不得已之類，聖人之道。留侯蓋庶幾於此。韓非曰：非知之難，處知爲難矣。此留侯與荀彧輩所以分也。使其親受業於聖人，蓋未可量。故妄作此詩，論其大概，實平昔所粗曉也。（《東萊詩集》卷八《留侯》詩自注）

世之學者，忘近而趨遠，忽近而升高，虛詞大言，行不適實。雖始就學，則先言：「言不必信，行不必果，達節行權，由仁義行。」而不知「言必信，行必果」，守節共學，行仁義之爲先務也。故修其身，荒唐繆悠之説；施之於事，則顛倒悖亂而卒無所正也。（《東萊詩集》卷九《叔度季明學問甚勤而求於余甚重其將必有所成也因作兩詩寄之》之一「所要在守節，未言能與權」自注）

【校　記】

①　近：宋集珍本叢刊清抄本《詩集》作「邇」，此據乾道本。

王輔嗣卦解云：「安身莫若不①競，修己莫若自保；守道則福至，求祿則辱來。」實法言。（《東萊詩集》卷十九《和伯少穎迂仲將歸福唐偶成數詩欲奉寄無便未果也辰叔常季南還因以奉送五首》之四：「嘗聞安身要，其本在無競」二句自注）

【校　記】

① 不：原作「無」，據王弼《周易注》改。

往見滎陽公與楊道孚諸人書，外封只押字，書中禮數極簡。張正素先生子厚於右丞從表兄也，未嘗呼字，滎陽公以爲禮。此道也，今亡矣。楊應之兄弟平生安貧樂道，未嘗少屈於人。元豐間，親喪服除，至京師，寓予家榆林舊第，日以麤飯置一盆，又一盆盛菜蔬，兄弟分食之，甘之如飴蜜，不求於人，卒能有所立云。（輯自吕祖謙《少儀外傳》上，注「舍人雜説」）

大抵後生爲學，須是嚴立課程，不可一日放慢。每日須讀一般經書，一般子書，不須多，只要令精熟。須靜室危坐，讀取二三百遍，字字句句須要分明。又每日須連前三五授，通讀五七十遍，須令成誦，不可一字放過也。史書每日須讀取一卷或半卷以上始見功。須是從人授讀，疑難處便質問，須是孜孜就人，不可自家先自放慢也。然此是學之業，又須理會所以爲學者何事。一行一住，一語一默，須要盡合道理。求古聖賢用心，竭力從之，亦無不至矣。夫指引者，師之功也；行有不至，從旁規戒者，朋友之任也；決意而往，則須用己力，難仰他人矣①。（輯自吕祖謙《少儀外傳》上，注「舍人雜説」）

【校　記】

① 朱熹《小學》此則全文如下：「大抵後生爲學，先須理會所以爲學者何事，一言一行，一語一默，須

要盡合道理。學業則須是嚴立課程，不可一日放慢。每日須讀一般經書，一般子書，不須多，只要令精熟。須靜室危坐，讀取二三百遍，字字句句須要分明。又每日須連前三五授，通讀五七十遍，須令成誦，不可一字放過也。史書每日須讀取一卷或半卷以上始見功。須是從人授讀，疑難處便質問，求古聖賢用心，竭力從之，夫指引者，師之功也；行有不至，從容規戒者，朋友之任也；決意而往，則須用己力，難仰他人矣。」

紫微雜説附録一　林之奇《紀聞》三十則

按：之奇爲本中弟子。其《記聞》，又稱《拙齋紀聞》、《道山紀聞》，記其師友言論。其中「少蓬」與「呂紫微」二稱，四庫提要謂指呂本中。呂本中曾任中書舍人，称「呂紫微」，自無疑義。而「少蓬」之稱，自唐至宋，皆指秘書少監，在呂氏官履中，從未任過此職。清王梓材認爲少蓬乃呂本中之别號，亦不知何據。下録「嘗問尹和靖日用下工夫處」條，和靖提及「吉甫」云云，吉甫，或即曾幾。幾字吉甫，與本中同歲。紹興二十七年十月入爲秘書少監，二十八年十月以權禮部侍郎提舉洪州玉隆觀，居紹興。林之奇二十六年九月爲秘書省正字，二十九年五月爲校書郎，是年七月以疾求去，改大宗正丞，紹興供職。曾、林多有交集。曾作爲呂之好友，林作爲曾之下屬，從之問學，亦在情理之中。但尚無更多佐證，姑附此以存疑。

少蓬曰：子張問「崇德辨惑」。子曰：「先事後得，非崇德歟！」學者要德崇，須是「先事後得」始得，如釋氏，却是先得後事。

少蓬嘗問胡文定：「今有人居山澤之中，無君臣，無父子，無夫婦，所謂道者果安在哉？」文定曰：「此人冬裘夏葛，飢食渴飲，晝作入息，能不爲此否？」少蓬曰：「有之。」文定曰：「只這便是道。」

又嘗問曰：「某已永感，欲盡孝心如何行？」文定曰：「何曾一日離得！」

嘗問尹和靖日用下工夫處。和靖曰：「須求喜怒哀樂未發以前底心。」少蓬曰：「如今才舉便是發了，如何求得未發之心？」和靖曰：「只如吉甫未發意來，相見時豈有許多事？才舉意來，乘轎來相見，喫茶喫湯，須如此類求之。」

少蓬曰：「道只在日用處。師冕見云云，子張曰：『與師言之道歟？』子曰：『然。』固相師之道也。故讀書須是玩。」

少蓬云：「《子張》一篇，惟記諸弟子之言，蓋有深旨。欲明羣弟子學之所至，其言亦與聖人不殊。」

子貢曰：「我不欲人之加諸」云云。子貢問曰：「一言而可以終身」云云。此一事或以與子貢，或不與者，蓋聖人之教，不惟隨其人之性質，亦各因其時節，時節可以分付，然後與之，惟聖人能如此。

少蓬論忠恕即是一貫。余曰：「忠恕自是兩字，如何得一貫？」蓬曰：「推己與物爲一，豈非一貫？且如飢之欲食，豈有僞乎？其間此便是忠。稷思天下有飢者，猶己飢之，此便是恕。在己者爲忠，推以及物爲恕，合彼己以爲一，便是一以貫之，通天下是一箇心。」

夫子之言「性與天道，不可得而聞」。蓋文章可以耳聞，而性與天道要在以心聞，而不可以耳聞也。此是子貢指衆人而言。天道，即天理也。

顔淵問仁，曰：「回雖不敏，請事斯語矣。」仲弓問仁，亦曰：「雍雖不敏，請事斯語矣。」此二子者，便就這裏領會將去。至司馬牛問仁，曰：「仁者，其言也訒。」則曰：「其言也訒，斯謂之仁矣乎！」問君子，曰：「君子不憂不懼。」則曰：「不憂不懼，斯謂之君子矣乎！」此非能領解者。作《論語》者，以此四段相接，亦有意。蓋以見夫子之教，有能領解與不能領解者，其異如此也。雖是司馬牛未能領解，亦可謂善問者。其言曰：「其言也訒，斯謂之仁矣乎！」蓋世亦有一種不言不語底人，豈可一槩謂之仁。曰：「不憂不懼，斯謂之君子矣乎！」世亦有一種愚戇無賴之人，肆意直行，全無所憂懼者，豈可槩謂之君子。故孔子遂告之以爲之難，「内省不疚」。樊遲問仁。子曰：「愛人。」問智。子曰：「知人。」樊遲未達其所以。未達者，蓋仁之愛人，則無所不愛；至於智之知人，則有賢有不肖。有是，有非，有邪，有正，如何都愛。得此則疑於仁智之相妨也。夫子曉之曰：只知人便是愛人，本不相妨。故「舉直錯諸枉」。能使枉者直，何謂也？意謂夫子答其智，不答其仁也。樊遲尚未領會，故其退見子夏。則曰：「鄉也吾見於夫子而問智。子曰『舉直錯諸枉』，能使枉者直，何謂也？」意謂夫子答其智，不答其仁也。子夏嘆曰：「富哉，言乎！」蓋嘆其一言而備仁智也。

「萬物皆備於我矣」，「反身而誠，樂莫大焉」。是頓；「强恕而行，求仁莫近焉」，是漸。

因說「攻乎異端，斯害也已」。少蓬曰：「如孟子闢楊、墨，豈不是攻異端？」余曰：「孟軻未嘗攻異端。孔子嘗曰：『人而不仁，疾之已甚，亂也。』攻者，疾之已甚，斯所以爲害也已。孟子之於楊、墨，姑亦辭而闢之，爲之辨其理之是非爾，非攻也。」少蓬曰：「若韓子之於釋老，則近於攻矣。所以疾之已甚，而迄不能勝。」

「季文子三思而後行。子聞之，曰：『再斯可矣。』」天下只有一个是，一个非，初思之以爲是，既而思之亦是，則行之；初思之，以爲是，既而思之非也，則改之。過是則思慮紛擾，何時而已耶！

少蓬嘗問尹和靖：「釋氏至處，與吾儒有異否？」和靖曰：「未嘗有少不同，然只是塗轍異。釋氏一向做從空處去，吾儒並是實用。」

少蓬嘗問龜山「學而時習之，不亦説乎」，龜山曰：「譬之學射，須是時時習之，到得漸漸知射之味，便是説。」

「見善如不及，見不善如探湯。」須是見始得，見得湯不可探，自是不肯去探。

「多聞闕疑，慎言其餘。」「多見闕殆，慎行其餘。」其慎如此，宜其無尤，無悔矣。而僅能寡尤、悔，蓋由其見未徹，所以猶有尤、悔，若是大徹大悟，見得明白洞達，又何尤、悔之有！

「管仲之器小哉！」謂其不可以大受，蓋小器易盈，三歸備官，是奢塞門，反坫是僭，其功業未少有得，而已奢已僭，所以爲小器。

少蓬云：「一以貫之。」夫子以是告曾子、子貢，而其告之者異。曾子之爲人魯，都無許多多學而識之事，故直告以一貫。若子貢則其聰明才智過人，往往以其多學爲異。故先告以「汝以予爲多學而識之者歟」，蓋先與之除病解縛，待其對曰「然」，復以爲「非歟」，然後授以「一貫」，此所以不同。

「弗如也。吾與汝弗如也。」只是與其「弗如」。若子貢所以不如回者，原不在見聞覺知處，「既竭吾才，如有所立卓爾」，須是竭盡了那才，方始見道。若只靠着才，又如何有所見。其曰「如有所立卓爾」，便是見得到處。苟真箇見一物，「所立卓爾」，便不是只曰「如有所立」爲有味。

夫子又不曾與顔回説道，只是「博之以文，約之以禮」，使之「欲罷不能」，彼才既竭，自然有所見。

「雖欲從之，末由也已。」全體是自己，更有什麽「從」？《無妄卦》曰：「無妄之往，何之矣。」無妄矣，更有什麽「往」？

「顔淵喟然嘆曰」，是他在這裏忽有所入。

少蓬曾問胡文定：「甚處是精妙處？甚處是平常處？」胡文定曰：「此語説得不是，無非妙處。」徐憲又云：「亦無非平常處。」

子曰：「予欲無言。」夫子須要無言則甚？蓋聖人所以不免於有言者，以道之不明不行也。若是道之已明已行，又何言之有？「四時行焉，百物生焉」，天自不言，是則無言者，聖人之心，而言者出於不得已爾。

「信近於義，言可復也。恭近於禮，遠恥辱也。」因信而不失其義，因恭而不失其禮，是謂「因不失其親」。

少蓬論召忽死之，管仲不死，曰：「此正所謂『可以死，可以無死，死傷勇』。可以死，故召忽死之；可以無死，故管仲不死。然忽之死爲傷勇矣。」

少蓬嘗問劉待制：「《孝經》曰：『昔者周公郊祀，后稷以配天。宗祀文王於明堂，以配上帝。』『孝莫大於嚴父，嚴父莫大於配天。則周公其人也。』夫衛獻公曰：『政由甯子（氏），祭則寡人。』周公既攝政，政由己出矣，則祭亦當在成王。苟成王嚴父配天，則當以武王配，今曰嚴父，而又宗祀文王，以配上帝。又曰：『『則周公其人』，無乃祭出於周公乎？周公不應自紊其典禮如此。」劉待制曰：「某今日被公將《孝經》問倒，且容思之。」後嘗以書來云：「周公制《周禮》，定用后稷配天，文王配上帝，不隨世改易故爾。」少蓬復問有何依據，劉曰：「只《孝經》便是據，不必更他求。」少蓬復云：「若如此說，《易》之《豫》卦云：『殷薦之上帝，以配祖考。』又似隨世變易，當時亦不曾以此難劉，畢竟可疑。」余謂：「《清廟》之序曰：『周公既成洛邑，朝諸侯，率以祀文王。』亦可疑也。」

少蓬說：「劉待制器之學問門户，亦自與伊川不同。伊川説話儘極乎精微，劉大抵理會篤信力行，亦自有省要處。嘗言『勿忘勿助長』，『不思善不思惡』，但願『空諸所有』，慎勿實諸所無。此等，某每不惜以此布施學者。」少蓬因問：「勿忘是勿忘个甚底？」劉曰：「且説勿忘。」

少蓬曾竦身問文定曰：「這箇是甚底？」文定曰：「此便是本。」

少蓬云：「胡明仲嘗言：到聖人地位，自是殺他不得。」

管子《侈靡篇》云：一爲賞，再爲常，三爲固然。又云：毋以物亂官，毋以官亂心。又云：心以藏心，心之中又有心焉。又云：節怒莫若樂，節樂莫若禮，守禮莫若敬，守敬莫若静。内敬外静，能反其性，性將大定。」

紫微雜説附録二　舊版序跋

宋・尤袤《遂初堂書目・小説類》

呂紫微雜説

宋・趙希弁《郡齋讀書志》附志卷五上《雜説類》

東萊呂紫微雜説一卷、師友雜誌一卷、詩話一卷　右呂本中字居仁之説也。鄭寅刻之廬陵。

宋・陳振孫《直齋書録解題》卷九《儒家類》

《師友雜誌》一卷,《雜説》一卷,呂本中撰。

《續通志》卷一百六十《藝文略・雜説》

紫微雜説一卷,宋呂本中撰。

四庫全書提要

紫微雜説一卷。舊題宋呂祖謙撰，又有别本，則但題東萊呂紫微雜説，而不著其名。今考趙希弁《讀書志》，載東萊呂紫微雜説一卷，師友雜誌一卷，詩話一卷，皆呂本中居仁之説，鄭寅刻之廬陵云云。據此，則當爲呂本中所撰。蓋呂氏祖孫，當時皆稱爲東萊先生，傳寫是書者，遂誤以爲出祖謙之手。不知本中嘗官中書舍人，故稱曰紫微，若祖謙，僅終於著作郎，不得有紫微之稱。又書中有自嶺外歸之語，而本中《東萊集》有避地過嶺詩，於事蹟亦適相合，其爲本中所撰無疑也。其書分條臚列，於六經疑義，諸史事蹟，皆有所辨論，往往醇實可取。如謂經書中，致字有取之義，又有納之義，先儒但以至極立解爲未盡。又謂《檀弓》「齊穀王姬之喪」句，「穀」當爲「告」；「使必知其反也」句，「知」當爲「如」，皆於經訓有合。又謂《論語》「四體不勤，五穀不分」句，爲荷蓧丈人自謂，亦頗有所見。其他大抵平正通達，切中理道之言，非諸家説部所能方駕。其書首論《衡門》之詩一條，所云「哀時君之無立志者」，祖謙後作讀詩記，實祖是説，亦可見其家學之淵源也。

《四庫全書簡明目録》卷十三《子部·雜家類》

《紫微雜説》一卷。宋呂本中撰。舊本題呂祖謙者，誤也。其書分條臚列，於六經疑義，諸史事迹，皆有所論辨，大都中理。

紫微雜記

紫微雜記點校説明

《紫微雜記》一卷，《宋史·藝文志二》著録：「吕本中《紫微雜記》一卷。」原本不存，陶宗儀《説郛》録有是書。明鈕氏世學樓抄本、弘治九年郁文博刻本、四庫本《説郛》皆署作者爲「宋吕祖謙」，涵芬樓本署爲「宋吕東萊」。當亦如《四庫提要·紫微雜説》所言：「蓋吕氏祖孫，當時皆稱爲東萊先生，傳寫是書者，遂誤以爲出祖謙之手。不知本中嘗官中書舍人，故稱曰紫微；若祖謙，僅終於著作郎，不得有紫微之稱。」另其中《晁伯禹詩》、《晁以道詩》兩條又見於吕本中《紫微詩話》，其爲吕本中所作，殆無疑義。

是書今存明鈕氏世學樓《説郛》抄本（明抄本有數種，多數殘缺不全，故選取鈕抄本）、明上海郁文博《説郛》刻本、四庫《説郛》本、涵芬樓《説郛》本等。此次整理以鈕氏抄本爲底本，校以其他諸本。異文一律出校。

紫微雜記

賭新法

神宗病甚不能言，宣仁謂曰：「我欲爲汝改某事某事[①]，凡二十餘條，神宗皆點頭。獨至青苗法，再三問，終不應。熙寧間[②]，神宗與二王禁中打球子，上問二王欲賭何物[③]，徐王曰：「臣不賭别物，若贏時，只是罷了新法。」

【校　記】

① 某事某事：明弘治刻本作「某事」，涵芬樓本作「某事事」，據鈕氏抄本。

② 間：鈕氏抄本作「初」，涵芬樓本脱字，據弘治刻本、四庫本。

③ 上：弘治刻本、四庫本作「止」，據鈕氏抄本、涵芬樓本。

何宗韓詩

神宗朝，蔣堂爲樞密直學士知成都府，有狂士何宗韓上堂詩，有：「截斷劍門燒棧閣，此中别是一乾坤。」堂懼，遽下宗韓吏，繳其詩待罪。一日，上問政府：「何宗韓事如何？」諸公對：「方欲進呈，此本狂生，欲諸州編置可也。」上曰：「不可。如此窮措大，爲餓寒逼迫所致[①]，與一不管事官。」遂授鄧州司士參軍[②]，仍賜袍服。

【校　記】

①餓寒逼迫：弘治刻本、四庫本、涵芬樓本作「饑寒迫」，據鈕氏抄本。

②遂授：鈕氏抄本作「授遂」，據弘治刻本、四庫本、涵芬樓本。

晁伯禹詩[①]

晁伯禹載之[②]，學問精確，少見其比。嘗[③]作《昭靈夫人祠》詩云[④]：「殺翁分我一杯羹，龍鍾由來事杳冥。安用生兒作劉季，暮年無骨葬昭靈[⑤]。」

【校　記】

①晁伯禹詩：此條又見《紫微詩話》。

②載：鈕氏抄本、弘治刻本、四庫本、涵芬樓本皆作「戴」，誤。據《紫微詩話》改。

③嘗：涵芬樓本作「常」，據鈕氏抄本、弘治刻本。

④祠詩：鈕氏抄本、弘治刻本、四庫本作「詩詞」，據涵芬樓本，參見《紫微詩話》此條。

⑤昭靈：鈕氏抄本、涵芬樓本作「昭陵」，據弘治刻本、四庫本。

晁之道詩①

晁之道詠之《西池唱和》云②：「旌旗太一三山外，軍馬長楊五柞中③。柳外雕鞍公子醉，花前團扇麗人行④。」殆絶唱也。

【校　記】

① 此條又見《紫微詩話》。

② 晁之道：弘治刻本、四库本、涵芬樓本作「以道」，《紫微詩話》作「知道」，《能改齋漫録》作「之道」，此據鈕氏抄本。

③ 軍：弘治刻本、四庫本作「車」，據鈕氏抄本、涵芬樓本。

④ 花前：鈕氏抄本作「花邊」、《紫微詩話》作「水邊」，據弘治刻本、四庫本、涵芬樓本。

家　禮

吕氏舊俗：母母受嬸房婢拜，似受其主母拜也①。嬸見母母房婢跪即答拜②，是亦尊尊之義也③。母母呼嬸房人並斥其名，嬸房呼母母房稍老成親近者，則并以姐稱之。諸婢先來即呼後來者名，後來者呼爲姐④。母母於嬸處自稱名，或去名不稱，新婦嬸於母母處則稱之⑤。

【校　記】

①似：钮氏抄本、涵芬楼本作「以」，据弘治刻本、四库本。

②跪：钮氏抄本、涵芬楼本作「妮」，据弘治刻本、四库本。

③是：弘治刻本、四庫本作「是母母」，涵芬楼本作「是毋」，据钮氏抄本。

④名后来者：钮氏抄本脱此四字，此据弘治刻本、四库本、涵芬楼本。

⑤母母：涵芬楼本作「母」，据钮氏抄本、弘治刻本、四库本。

作文引事

老蘇嘗謂學士作文，引證事實，猶訟事之引證見人①，引一人苟得審諦，不須更引別人②。或一人不能證之③，不免共引。

【校　記】

①弘治本、四庫本脱此下二十五字，據鈕氏抄本、涵芬樓本。人：鈕本抄本作「止」，據涵芬樓本。

②別人：涵芬樓本脱此二字，據鈕氏抄本。

③或：鈕氏抄本脱「或」，據涵芬樓本。

司馬文正所以不樂東坡①

司馬文正公見賓客多論事②，語言不窮。東坡一日謁之，謂文正曰：「告相公，少住教誨之言，容軾道幾句。」文正公大不樂③，遂不復語。

【校記】

① 弘治刻本、四庫本無此條，據鈕氏抄本、涵芬樓本。

② 正：鈕氏抄本作「政」，據涵芬樓本。事：涵芬樓本脱，據鈕氏抄本。

③ 公：涵芬樓本脱，據鈕氏抄本。

盛服赴宴④

富鄭公每赴親賓宴集，未嘗不盛服而往，以享主人之厚意。

【校記】

① 弘治刻本、四庫本無此條，據鈕氏抄本、涵芬樓本。

紫微雜記拾遺

蔡京亦時有長者語

吕本中《雜記》：崇寧間，蔡京每謂人：如劉安世更碓搗磑磨，亦只説元祐是也。京執政久，亦時有長者之言，嘗有乞將元祐臣僚編置遠惡州郡者，京曰：「元祐人本無大罪，止不合改先帝法度耳。」其後，蔡京得保其首領以殁，未必不緣其有長者之語也。《續資治通鑑長編拾補》卷二五崇寧四年九月己亥引《紀事本末》卷一二四原注

詩答營妓

《紫薇雜記》：張文潛初官通許，喜營妓劉淑女，爲作詩曰：「可是相逢意便深，爲郎巧笑不須金。門前一尺春風髻，窗外三更夜雨衾。别燕從教燈見淚，夜船惟有月知心。東西芳草皆相似，欲望高城何處尋①。」「未必蛸蟏如素領②，故應新月學蛾眉③。引成密約因言笑，試得真情是别離④。樽酒且傾寒琥珀⑤，淚妝更著薄胭脂⑥。北城月落烏啼夜，便是孤

舟腸斷時[7]。」前詩頸聯，後詩腹聯，予以爲韓致堯渥、吴子華融香奩不是過也。（明・徐伯齡《蟫精雋》卷一〇）

【校記】

①城：原作「樓」，據《柯山集》改。

②必：原作「説」，據《柯山集》改。領：原作「頸」，據《柯山集》改。

③故：原作「固」，據《柯山集》改。

④試：原作「認」，據《柯山集》改。

⑤寒：原作「濃」，據《柯山集》改。

⑥妝：原作「痕」，據《柯山集》改。

⑦便：原作「更」，據《柯山集》改。

吕本中《雜説》曰：金人再逼京師，謝克家、耿南仲黨人，往往在圍城中，皆前日力攻李綱者也。綱既相，復以圍城中事中傷之。以邦昌僭號叛逆，凡在圍城中皆次第論罪。吕好問謂綱曰：「圍城中固可罪，若但責以不能死節，彼無所逃罪矣；然其間尚有曲折，若專以叛逆罪之，則彼必有辭矣。却恐反爲害。」由是綱不悦，即使言者中好問，上深以爲非。然好問亦不敢留，綱亦旋罪去。由是觀之，耿南仲、李綱之黨，苟以罪更相加誣，於國事所害甚大，

皆不得無罪也。（輯自《中興小紀》卷一建炎元年六月壬戌記事）

按：吕氏《雜説》乃辨論「六經疑義諸史事跡」，此乃記當時事，與《雜説》内容不合。姑附於此。下一則同。

吕本中《雜説》曰：鄧肅前一年，因李綱薦得官，時又用汪伯彦薦爲右正言，故傅會綱意，專以圍城爲言，繼而潘良貴又乞三等誅罰。（輯自《中興小紀》卷一建炎元年六月丁卯記事）

軒渠録

軒渠録點校説明

《軒渠録》一卷。初見《遂初堂書目》，不著作者、卷數。晁公武《郡齋讀書志》、陳振孫《直齋書録解題》皆不著録。唯陶宗儀《説郛》録有是書，註明作者爲吕居仁。今存者僅十五則，顯非完璧。即此十五則中，亦非全出吕本中之手。吕本中卒於紹興十五年七月，史有明確記載。而「紹興十七年五月初臨安雨雹」條、「紹興辛巳冬女真犯順」條，所記二事皆發生於吕氏卒後，顯然是後人摻入者，現予剔出列後。另增入拾遺二則。

是書今存明鈕氏世學樓《説郛》抄本、弘治《説郛》刻本、四庫《説郛》本、涵芬樓刻本等，現以弘治刻本爲底本，校以其他諸本。

軒渠録

東坡知湖州，嘗與賓客遊道場山，摒退從者而入。有僧憑門閫熟睡①。東坡戲云：「閫髡上困。」有客即答曰：「何不用『釘頂上釘去聲』。」

【校　記】

① 閫：涵芬樓本作「間」，據鈕氏抄本、弘治刻本。

强淵明字隱季①，除帥長安②，辭蔡太師③。蔡戲之云④：「公今喫冷茶去也。」强不曉而不敢發問⑤，親識間有熟知長安風物者⑥，因以語訪之。乃笑曰：「長安妓女步武極小，行皆遲緩，故有喫冷茶之戲。」

【校　記】

① 季：鈕氏抄本、涵芬樓本作「李」，據《宋史·强淵明傳》、弘治本。

② 除：弘治本無「除」字，據鈕氏抄本、涵芬樓本。

③ 師：弘治本作「史」，據鈕氏抄本、涵芬樓本。

④ 戲：弘治本、涵芬樓本無「戲」字，據鈕氏抄本補。

⑤ 而：鈕氏抄本無「而」字，據鈕氏抄本、四庫本、涵芬樓本。

⑥ 識：弘治刻本作「戚」，據鈕氏抄本、四庫本、涵芬樓本。

范直方師厚，性極滑稽，嘗赴平江會太守鄭滋德象。問營妓之妍醜於師厚。師厚以王蕙、趙芷對①。德象云②：「趙芷非不佳，但面上顴骨高耳。」師厚云：「南方婦人豈有無顴骨者，便是錢大王皇后，也少他那兩塊不得。」

【校　記】

① 芷：鈕氏抄本作「竝」，據弘治刻本、涵芬樓本。下同。

② 象：鈕氏抄本作「相」。

米元章居鎮江，嘗在甘露寺①，榜其所趣曰「米老庵②」。甘露大火③，惟李衛公塔及米老庵獨存。元章作詩云：「神④護衛公塔⑤，天存米老庵⑥。」有戲之者每各⑦添兩字⑧，云：「神護李衛公塔颯，天留米老娘醃臢⑨。」蓋⑩元章母入内祇應老娘⑪，元章以母故命官。

【校　記】

① 嘗：鈕氏抄本、涵芬本作「常」，據弘治刻本、四庫本。

② 趣：涵芬樓本作「處」，據鈕氏抄本、弘治刻本。

③ 大：鈕氏抄本作「失」，據弘治刻本、四庫本、涵芬樓本。

④神：涵芬樓本作「雲」，據鈕氏抄本、四庫本。
⑤塔：鈕氏抄本作「李」，據涵芬樓本。
⑥元章作詩曰神護衛公塔天留米老庵：弘治刻本、四庫本脱此十五字，據鈕氏抄本、涵芬樓本補。
⑦各：鈕氏抄本作「名」，涵芬樓本。
⑧兩：鈕氏抄本無「兩」字，據涵芬樓本補。
⑨神護李衛公塔颯天留米老娘醃臢：鈕抄本作「神護李衛公塔天存米老庵有颯天留米老娘庵黎」，此據涵芬樓本。
⑩蓋：鈕抄本無「蓋」字，據涵芬樓本。
⑪入：鈕氏抄本作「乃大」。

司馬温公在洛陽閒居時，上元節，夫人欲出看燈。公曰：「家中點燈，何必出看！」夫人曰：「兼欲看遊人①。」公曰：「某是鬼耶！」

【校　記】

①欲：鈕氏抄本脱「欲」字，據弘治刻本、涵芬樓本。

東坡有歌舞妓數人①，每留賓客飲酒②，必云③：「有數個搽粉虞候，欲出來祗應也。」

【校　記】

①妓數人：鈕氏抄本作「數人妓」。據弘治刻本、涵芬樓本。

② 每：鈕氏抄本「每」後衍「雨」字。

③ 必：鈕氏抄本作「畢」，據弘治刻本、涵芬樓本。

米元章喜潔。金陵段拂字去塵登第，元章見其小録，喜曰：「觀此人名字，必潔也。」亟造議親①，以女妻之②。

【校記】

① 造：鈕氏抄本、涵芬樓本作「遣」，據弘治刻本。

② 女：弘治刻本衍一「女」字。

族嬸陳氏頃寓嚴州，諸子宦遊未歸。偶姪大琮過嚴州，陳嬸令代作書寄其子①。因口授云：「孩兒要劣爛子，又闖闖音吸霍霍地，且買一柄小剪子來，要剪腳上骨出上聲兒②，肐音胖胝音支兒也。」大琮遲疑不能下筆。嬸笑云：「元來這廝兒也不識字③。」聞者哂之。因説昔時京師有營婦，其夫出戍，嘗以數十錢託一教學秀才寫書寄夫。云：「窟賴兒娘傳語窟賴兒爺，窟賴兒自爺去後直是忔音肸憎兒，每日根入聲特特地笑④，勃騰騰地跳。天色汪去聲囊不要喫温吞入聲蠖託底物事。」秀才沉思久之，卻以錢還，云：「你且別處倩人寫去⑤。」與此正相似也。窟賴兒乃子之小名。

【校　記】

① 代作書：鈕氏抄本作「代書作」，弘治刻本作「作代書」，據涵芬樓本。

② 出：涵芬樓本作「茁」，據鈕氏抄本、弘治刻本。

③ 元：涵芬樓本作「原」，據鈕氏抄本、弘治刻本。

④ 根：涵芬樓本作「根」，據鈕氏抄本、弘治刻本。

⑤ 倩：涵芬樓本作「請」，據鈕氏抄本、弘治刻本。

劉貢父爲館職，節日，同舍有令從者以書筒盛門狀徧散於人家①，貢父知之，乃呼住所遣人坐於別室，犒以酒炙。因取書筒視之②，凡與貢父有一面之舊者，盡易以貢父門狀。其人既飲食③，再三致謝，徧走巷陌④，實爲貢父投刺，而主人之刺，遂不得達。

【校　記】

① 徧：鈕氏抄本作「偏」，據弘治刻本、涵芬樓本。

② 因：鈕氏抄本作「困」，據弘治刻本、涵芬樓本。

③ 食：鈕氏抄本作「困」，據弘治刻本、涵芬樓本。

④ 巷陌：弘治刻本作「陌巷」，據鈕氏抄本、涵芬樓本。

王齊叟字彥齡①，懷州人。高才不羈。爲太原掾官，嘗作《青玉案》、《望江南》詞以嘲帥與監司，監司聞之大怒，責之。彦齡斂板向前應聲答曰②：某「居下位，常被人讒。只是曾填《青玉案》，何曾敢作《望江南》③。請問馬都監④。」時馬都監者⑤，適與彦齡並坐，馬皇恐亟自辨訴⑥。既退，詰彦齡曰：「某舊不知子③，乃以某爲證，何也？」彦齡笑曰：「且借公趁韻，幸勿多怪。」

【校　記】

①宗：涵芬樓本作「叟」，據鈕氏抄本、據弘治刻本、四庫本。

②板：涵芬樓本作「袥」，據鈕氏抄本、弘治刻本。

③作：鈕氏抄本作「做」，據弘治刻本、涵芬樓本。

④⑤都：鈕氏抄本、弘治刻本作「初」，據涵芬樓本。

⑥訴：鈕氏抄本、涵芬樓本作「數」，據弘治刻本。

③舊：鈕氏抄本、涵芬樓本作「實」，據弘治刻本、四庫本。

莊綽季裕，年未甚老而體極癯瘠。洪枏仲本呼爲細腰宫院子①。

【校　記】

①洪枏：鈕氏抄本作「洪拆」、弘治刻本、四庫本作「江枏」，涵芬樓本作「洪析」，皆誤。應爲「洪枏」。黄庭堅甥洪枏字仲本。

拾遺二則

有人以糟蟹餓子同薦酒者，或笑曰：「只是家中没物事，然二味作一處，怎生吃？」衆以爲笑。近傳溆浦富家楊氏嘗宴客作蟛蜞餛飩，真可作對也。（輯自周密《癸辛雜識》别集卷上）

熙寧中，河州雨雹，大者如雞卵，小者如蓮芡，或如人頭，耳目口鼻皆具，無異鐫刻。次年王師平河州。（見《淵鑒類函》卷九《天部·雹》）

吕居仁云：米元章盥手，用銀方斛瀉水於手。已而兩手相拍，至乾都不用巾拭。（輯自明何良俊《何氏語林》卷二二《容止》）

誤入二則

紹興十七年五月初，臨安大雨雹，太學屋瓦皆碎，學官申朝廷修，不可言雹，稱爲硬雨。有一村人，多爲不善者。夜中行人聞神過曰：「付硬雨施行。」次日雨雹，大損禾稼①。

【校　記】

①「有一村人」以下，按清陳元龍《格致鏡原》卷四《雹》補。

紹興辛巳冬，女真犯順。米忠信夜於淮南劫寨得一箱篋，乃是燕山來者，有所附書十餘封，多是虜中妻寄軍中之夫。建康教授唐仲友於樞密行府僚屬方圖仲處親見一紙，别無他語，止詩一篇：「垂楊傳語山丹，你到江南艱難。你那裏討個南婆，我這裏嫁個契丹。」

軒渠録附録

尤袤《遂初堂書目》(小説類)著録:

軒渠録

《浙江通志》卷二四六《經籍六·小説家》著録:

軒渠録注:《真珠船》:吕東萊有《軒渠録》,取兒識父母,軒渠笑悦之意。

東萊詩集

東萊詩集整理説明

《東萊詩集》又名《東萊先生詩集》。《前集》二十卷，《外集》三卷。是吕本中保存較爲完整的著作。吕氏現存詩歌一千二百多首，絶大部分保存在這兩部詩集中。他早負詩名，生前作品即廣爲流傳。因此在南宋時期就有許多抄本、刊本問世，現在我們見到的最早刊本乾道本《東萊先生詩集》校勘中「一作某某」的記載，就是證明。少吕本中二十一歲的晁公武，在《郡齋讀書志》中就有《吕居仁集》的著録；繼之，尤袤的《遂初堂書目》、陳振孫《直齋書録解題》皆有著録。宋以後的正史、方志《藝文志》不絶於書。但大多因年代久遠，湮没不傳。

今存世而且流傳有序者，唯乾道二年（一一六六）沈度（公雅）刻於平江的《東萊先生詩集》二十卷，前有曾幾之序。今日本内閣文庫有藏本，一九二〇年張元濟影印收入《四部叢刊》續集。此本卷十二缺最後一頁，影印時據涵芬樓藏鈔本補齊。

慶元五年（一一九九）黄汝嘉所刻江西詩派本《東來先生詩集》前集二十卷，《外集》三卷。前集今僅存十八、十九、二十凡三卷，外集全。一九一八年，傅增湘得自帶經堂書坊，今存國家圖書館。以僅存的前集三卷與乾道本此三卷互校，作品的數量、排列次序完全一致。可見其前集即轉刻自乾道本，而新發現的呂氏作品則釐爲三卷作《外集》附後。

在發現上述兩種版本之前，流傳海内的則爲《四庫全書》所收的《東萊詩集》二十卷，《總目提要》謂爲「兩淮馬裕家藏本」。與上述兩種版本相校，多有異同之處。四庫本與乾道本的卷數相同，除第十卷外，其餘十九卷作品的數量、排列次序大體相同。與慶元本相校，無《外集》三卷，唯卷十則與慶元本《外集》卷一基本相同。傅增湘先生以爲「此集年代曠遠，輾轉迻寫，此卷適亡。幸其時外集尚存，無知市估，遂移取首卷，以彌其闕」。可見四庫本其源亦出於乾道本與慶元本。與四庫本相近的還有清初呂留良家鈔本、咸豐九年呂儁孫家刻本及清代多種鈔本，似皆出於馬氏藏本或四庫本。另外文淵閣《四庫全書・集部》舊題宋陳起編、元陳世隆補的《兩宋名賢小集》收呂本中詩三卷，名《紫微集》，僅詩二百零三首，但有二十五首乾道本、慶元本未收。

一九九一年黄山書社出版的沈暉整理的《安徽古籍叢書・東萊詩詞集》，詩歌部分合乾道本二十卷與慶元本《外集》三卷爲一書；一九九八年北京大學出版社出版的謝思煒整理的《全宋詩・呂本中卷》則另增輯佚一卷，共二十四卷。兩書皆有開拓之功。

本次点校所作三事：校勘、輯佚、辨僞。

一、校勘。前集以乾道本爲底本，外集以國家圖書館出版社影印《東萊先生詩集》（即慶元本）爲底本，參校以下諸本：

（一）四部叢刊續編《東萊先生詩集》

（二）文淵閣四庫全書本《東萊詩集》；

（三）宋集珍本叢刊清鈔本《東萊先生詩集》

（四）文淵閣四庫全書本舊題宋・陳思編、元陳世隆補《兩宋名賢小集・紫微集》；

（五）《永樂大典》卷八九五「支」韻《吕居仁集》；

（六）文淵閣四庫全書本清・曹庭棟編《宋百家詩存・紫微集》；

（七）清嘉慶五年李光垣刻本《瀛奎律髓刊誤》；

（八）上海古籍出版社一九八三年版《瀛奎律髓滙評》；

（九）文淵閣四庫全書本明曹學佺編《石倉歷代詩選・吕本中》；

（十）文淵閣四庫全書本清陳焯編《宋元詩會・吕本中》；

（十一）黄山書社一九九一年版《東萊詩詞集》；

（十二）北京大學出版社一九九八年版《全宋詩・吕本中》卷。

諸本遇有異文，除底本有明顯錯誤進行參改外，一律保留底本原文，在校記中標明其他版本的異文。乾道本呂氏自注與沈度的校勘皆爲夾註。現呂氏自注仍因其舊，加「自注」二字；沈度校勘一律移入校記，稱「原校曰」；其他如，稱「黄本」，則爲慶元本；稱「四庫本」，則爲四庫全書本《東萊詩集》等。

乾道本、慶元本有重出篇什，保留先出者，删去後出者，並在後出位置註明。

二、輯佚。呂詩散佚甚夥，本集參考《全宋詩·呂本中》卷二十四，略加考訂損益，得佚詩一卷，爲保持宋版書原貌，附於集後。

三、辨僞。因年代久遠，輾轉相抄，亦有他人之作而誤爲呂氏之作者，經過考訂確知爲某人之作者，皆一一剔出，附於集後注出；顯非呂氏之作，又不能確定作者爲誰，亦作存疑附於集後。

東萊詩集目録

東萊詩集卷二

東萊詩集卷四 …… 一三一三

東萊詩集卷五

東萊詩集卷六……一二五一

東萊詩集卷七……一三七一

東萊詩集卷九

東萊詩集卷十一

東萊詩集卷十二……一四六七

東萊詩集卷十三……一四八七

東萊詩集卷十四 …… 一五〇五

東萊詩集卷十五……一五二五

東萊詩集卷十七……一五六一

東萊詩集卷十九

東萊詩集卷二十…………一六二九

東萊詩集外集卷三

東萊詩輯佚……一六九三

誤收及存疑詩……一七〇五

東萊詩集卷一

暮步至江上

客事久輸鸚鵡盃，春愁如接鳳凰臺。樹陰不礙帆影過，雨氣却隨潮信來。山似故人堪對飲，花如遺恨不重開。雪籬風榭年年事，辜負風光取次回①。

【校 記】

① 春：《宋詩紀事》作「韶」。

題張君墨竹自注：崇寧五年宿州。

張卿畫竹今成癖，笑語揮毫不作難。欻見高標起蕭瑟，坐令炎暑變荒寒。筆頭似有千年韻，胸次猶須萬斛寬。歲晚雪霜君記取，此君懷抱要重看。

陰

涼風森爽遽如許，天氣蕭條殊未佳。密逕留陰鎖苔竹①，敗畦藏雨鬭蛙蟇。碧雲莫合人千里，丹鳳愁看天一涯②。唯有雙叢庭下菊，殷勤還作去年花③。

【校　記】

① 鎖苔：宋集珍本作「團桂」，四庫本注「原缺二字」。

② 愁看：宋集珍本作「□□」，四庫本注「原缺二字」。

③ 殷：原缺末筆，避宋太祖趙匡胤嫌名，下同，不再出校。

符離諸賢詩

窮居日荒涼，杜門與世絶。親故日夜踈，詩書固宜缺。符離雖陋邦，賢士稍羅列。德操青雲器，議論輩前哲。外貌發英華，中心瑩冰雪。介然特立士，勁氣剛於鐵。攘臂辨是非，孰能逃區別。信民粹而和，名利誠難悦。汩没稠人中，獨抱雲松節。偉哉二三子，寔乃邦家傑。我來從之遊，内顧慙踈拙。欣然對三益，放懷歌數闋。已矣不須言，渠當爲君説。

德操充之皆約九月間見過今皆未至扶杖出門悠然有感

病着文書懶出門，偶扶藜杖看行雲。屋頭日在轉花影，水面風來散縠文。不厭莫城千嶂合，稍令明月萬家分。小庭留得清秋在，已見霜紅未見君。

游劉氏園自注：大觀元年宿州

暖日温風破淺寒，短青無數簇幽蘭。三年止酒償春意，可忍花梢戴面看①。

【校記】

① 面：四庫本作「雨」。

上元

步屧荒園日已昏，呼兒當逕掃苔痕。春愁不作遊人地，細雨殘梅過上元。

柳

含煙帶雨過平橋，嫋嫋千絲復萬條。張令當年成底事①，風流才似女兒腰②。

【校　記】

① 成：宋集珍本、四庫本、《兩宋名賢小集》作「緣」。

② 似：《後村千家詩》作「是」。

喜　雨

天乞幽人一夜涼，故教微雨送斜陽。暝陰籠樹山更好，爽氣侵人土自香。多病不眠唯藥裹，居閑長坐只繩床。五年謬作江湖客，幾對鱸魚思故鄉。

舍東舊有花數百株自去歲大雨道路阻絶不復可尋感歎成詩

無數新花替舊叢，兔葵高卧占春風。向來桃李成蹊處，今在陂塘渺莽中。

送文潛歸因成一絶奉寄

水天空闊片帆開，野岸蕭條送騎回。重到張公泊船處，小亭春在鎖青苔。

謝人送牡丹

晚風初染嫩鵝黃，小雨仍添百和香。折與病夫元不稱①，玉瓶留待冶游郎。

【校　記】

① 元：原校曰：「一作渾。」

宿州初暑

暑氣侵人始欲愁，簞瓢窮巷不堪憂。亂蟬泊雨林塘静①，密逕吹花草樹幽。春盡茆簷深着燕，日高田水故飛鷗。莫欺湫隘無餘地，待借元龍百尺樓。

【校　記】

① 泊：宋集珍本作「咽」，四庫本注「缺」。

夏日書事

小行畏蛇蝎，端坐困蚊蚋。終日方丈間，茫然但昏睡①。豈唯供病本，兼恐添藥費。小園新雨餘，蔬畦共風味。飽聞膺門柳，清陰妙無對。便思攜杖往，行歌當遊戲。千秋陶淵明，此意渠亦會。

【校　記】

① 但昏睡：宋集珍本作「□□□」，四庫本注「原缺三字」。

② 風味：宋集珍本作「□□」，四庫本注「原缺二字」。

③ 戲：宋集珍本作「□」，四庫本注「缺」。

寄吉州若谷叔

念我江西老斲輪，久無漫鼻與揮斤。千金莫買蛾眉笑，留寄溪堂病主人。自注：溪堂，無逸所居也。是時聞無逸窮甚，而吉州俸稍增，故有此語。

寄汪信民 自注：時信民在京師有宗子博士之除

萬里江南雨外船，長腰秔米縮頭鯿。廣文繫馬無由去，更有何人贈酒錢。

同諸子游城東園

昔聞城東園，欲往常不欵。今來天氣佳，茶甌起衰懶。杖藜出門去，如膜開病眼。木葉犯新霜，瓜田帶餘暖。川源疑有無，風雲遞舒卷。不期魚鳥會，偶逐鷗鷺遠。淺水亂菰蒲，荒亭半苔蘚。青山近在望，更悟秋意晚。同行二三子，詩語各蕭散。不愁罰觴難，苦恨白日短。千秋高陽池，令人憶山簡。

楊道孚墨竹歌

君不見，渭川之陰臥龍橫千秋，皃取者誰文湖州。十年筆意閉黄壤，只今妙手唯楊侯。楊侯畫竹盡真跡，功奪造化令人愁。滿堂迴頭看下筆，擾擾雲煙亂晴日。大叢縱横高入雲，斜風落葉秋紛紛。小叢欹傾病無力，旁水長根走蒼石。門前車馬汗成川，何得陰風動高壁。楊侯嘻笑辭未工，此意不與丹青同。粉黛初無一錢費①，酒炙能使千家空。襪材遠寄動盈屋，我知子畫無由窮。剡溪寒藤不難致，須君放手爲雙叢。須君放手爲雙叢，與我俱隱南山中。

【校記】

① 黛：原校曰：「一作繪。」

謝無逸秦處度諸人皆許省試後見訪冬夜有懷作此詩寄之

八年去東都，觸事無一好。沉綿淹歲時，憂虞滿懷抱。欲歸故里閭，稀復舊耆老。悠悠歲欲盡，忽忽身向老。小堂佳有餘，所恨來不早。飢蟲語夜霜，踈星亂衰草①。支撑壞壁高，側轉寒木小。詩書久弃置，詞林迹如掃。佳人何時來，路遠音信少。庭前冬開花，扶杖起千繞。春風回馬首，清尊待君倒。先期留酒錢，仍須具梨棗。

【校　記】

① 衰：《宋百家詩存》作「枯」。

歲　晚

野竹新開徑，踈籬自著行。暮寒收雨雪①，落日散牛羊。生事顔公拙，才名謝弈狂。藥囊無奈汝，春到莫相妨。

【校　記】

① 寒：原校曰：「一作雲。」

晚步至江上自注：大觀二年真州

浦口生春緑未酣，南山初見碧嶄巖。風聲入樹翻歸鳥，月影浮江倒客帆。破甑不堪充酒券，短蓑真欲换朝衫。往來泥雨城南路，可見輕鷗定不凡。

訪晁進道歸

樹陰殘雪半成泥，尚想狂花一尺圍。小雨似酥黄草盡，澄江如練白鷗飛。未辭酒炙爲公費，政恐親知見面稀。南市津頭行艓子，無人識我醉中歸。

怨歌行

借君手中板，爲君歌一辭。辭中宛轉君不曉，爲君説盡長相思。輕霜夜度吴城暖，楓葉蘆花秋意晚。萬里春隨驛使歸，十年夢逐佳人遠。當時笑語似兒劇，象牀玉手無消息。古岸風江千里船，咫尺春愁那得憐。君不見信陵門下客，侯嬴不用今白頭。

雪盡 自注：大觀二年宿州

雪盡寒仍在，園荒春欲歸。晴空落鴈小①，古木聚鵶稀。肺病猶堪酒，囊空合典衣。碧雲愁不見，千里故山薇。

【校記】

① 小：《瀛奎律髓》作「少」。

三月一日泊舟宿州城外因縱步至城北遂過天慶觀道士留飲乃歸

水霜連暮春①，既雨寒愈重。扁舟纜荒亭，淺水咽微凍。今晨稍和柔，始覺芳意動。經旬厭拘束，樂事須一縱。籃輿無俗情，鵾夷當賓從。千花犯濃雲，紅紫相餞送。未知滕薛長，乃若鄒魯鬨。娉婷北門柳，别淚作淒痛。陵陂少荒蕪，亦未妨耕種。道人喜我來，清談破昏夢。彈琴不須絃，風林助吟諷。嫩玉搗香秔，浮蛆撥春甕。嘉蔬剪朝露，奇果市新貢。西鄰亦可人，明窗碾雙鳳。人生一飽適，此外更何用？七年城北交，事與朱阮共。長詩不成篇，臨行當三弄。瓊瑶報木桃，爲子末後供②。

【校　記】

①水：宋集珍本、四庫本作「冰」。

②後供：宋集珍本作「□□」，四庫本注：「原缺二字。」

宿青陽驛

燈火客帆盡，人煙村市幽。晚風號古木，高岸束黄流。物色淮山近，春光霧雨愁。棲遲舊游地，來豁十年憂。

游南山歸簡張嘉父博士

吾生復何往，樂身亦怱怱①。寶塔千帆外，春城萬壑中。亂花緣側逕②，晚照落斜空。坐想西倉老，掀髯一笑同。

【校　記】

①身：宋集珍本、四庫本《詩集》、《百家詩存》、《御選宋詩》皆作「事」。

②逕：原校曰：「一作岸」。

書懷

拄腹文書未補飢①，積瑕潛塊不堪悲。兒曹怪我疎愚甚，不見田光盛壯時。

【校記】

① 拄：原作「柱」，據宋集珍本、四庫本改。

客居書懷奉寄介然若谷才仲兼簡信民

客愁如長河，浩蕩去不息。未來已相關，千里在咫尺。抱疾寄他鄉，終年守岑寂。中虚耗神志，内熱損筋力。長虞二豎嬰①，復有寒餒迫。怪渠甑上煙，愧尔囊中帛。平生所讀書，已如不相識。坐貽鄉黨笑②，敢辭塵埃没。舊游今幾時，轉眄忽陳迹。死者不復見，墓草春已碧。生者天一涯，未免陳蔡厄。兒曹乳臭在，瞑目紛黑白。雖無未見書，頗多雌黄筆。出言輒周孔，而不辨菽麥。啾啾要酬和，内顧頗牽率。坐令懷抱惡，更覺天宇窄。忽忽十年事，俯仰同戲劇。從來胇腑親，翻手胡與越。獨餘二三子，肝膽猶鐵石。尚怪東郭貧，亦訝懷祖黠。西軒來何時，簞瓢共飢渴。念君不能已，一飯再三歇④。誰能明予心，皎皎霜夜月。

【校　記】

①嬰：四库本作「攖」。

②坐貽：原校曰：「一作坐憐。」

③紛：宋集珍本、四庫本作「分」。

④三歇：宋集珍本、四庫本作「三噎」。

小　園

小園常在眼，春事已天涯。雨暗堤前路，苔深林外家。曲池通小徑，密樹隱殘花。長愧鄰翁酒，囊空尚可賒。

謁雍道士

自注：雍有古畫甚衆，盡爲郡掾取去。雍游貴人門甚熟。

紛紛乾没混泥沙，暫遣麈言掛齒牙①。妙畫已歸三語掾②，壯游空記五侯家。古壇背日藏芳草，小樹留春放晚花。能共山翁同活計，隔林分聽一池蛙。

【校　記】

①暫遣：原校曰：「一作不遣。」

②妙畫：原校曰：「一作妙手。」

春日即事二首

隱几虚堂俗客稀，片心真與道相宜。風摇柳帶千絲亂，雨勒花心十日期。瘦病才蘇休强酒，良辰雖好少題詩。賈生詞賦常流落，歸去來兮在幾時？

病起多情白日遲，强來庭下探花期。雪消池館初春後，人倚欄干欲暮時。亂蝶狂蜂俱有意，兔葵燕麥自無知。池邊垂柳腰支活，折盡長條爲寄誰？

寄前鎮西楊法曹

楊子文章老更新，狂吟寡和過陽春。雙聲疊韻俱難敵，指物程形似有神。畫馬已無韓幹肉，草書真得伯英筋。可憐一首閑居賦，解道連蜷能幾人。

飲　酒

人生百歲能幾何，顧我把酒胡不歌。窮通大抵夢南柯，我復夢中多蹉跎。自古英雄亦何有，往事紛紛不如酒。嗟予真得酒中趣，幾度尊前揖星斗。病起槐陰鬢已老，今日相逢還草草。忽忽數日是行人，且向尊前一傾倒。人生樂事亦難并，明月清風況都好。

讀史

陳壽謂諸葛，將略非所長。私恨寫青史，千古何茫茫。謗議終自破，公論不可當。是非儻可定，青蠅果何傷！

戲呈七十七叔

大阮愛我詩，謂我能詩矣。我詩來無極，愛之終不已。吾非聖者也，但智慮多耳。賜始可言詩，吾智由商起。

偶作

去年芳草又萋萋，休歎王孫猶未歸。更見春深送春鴈，三三兩兩傍雲飛。

謁陶朱公廟

悠悠千載五湖心，古廟無人鎖緑陰。爲問功成肥遯後，不知何術累千金。

睡

終日題詩詩不成，融融午睡夢頻驚。覺來心緒都無事，牆外啼鶯一兩聲。

夢

夢入長安道，萋萋盡春草。覺來春已去，一片池塘好。

讀陶元亮傳

我愛陶彭澤，解言歸去來。醉眠猶遣客，却使世人猜。我愛陶彭澤，不求絃上聲。琴中如有趣，曾遣幾人聽。

寄璧上人

出門厭交情，袖手看世故。紛紛駒過隙，忽忽豹隱霧。生平喜退縮，未到心已悟。尚餘好事人，相就討新句。雖非琢肝腎，終日費調護。君看雪霜根，豈受桃李妬。胥疏老支離，骯髒舊賓傅。何由兩行纏，遠泛一大瓠。從君乞妙語，一洗詩酒污。

寄璧公道友

符離城裏相逢處，酒肉如山放手空。已見神通過鶖子，未應鮮健勝龐公。且尋扇子舊頭角，一任杏花能白紅。破箬笠前江萬里，無人曾識此家風。

【附　録】

次韻答呂居仁　　饒　節

向來相許濟時功，大似頻伽餉遠空。我已定交木上座，君猶求舊管城公。文章不療百年老，世事能磨雙頰紅。好貸夜窗三十刻，胡床趺坐究幡風。

再次前韻

曾將千古較窮通，芥孔能容幾許空。借問折腰辭五斗，何如折臂取三公。四時但覺風雨過，一飯奚須刀匕紅。要識壞魔三昧力，更培根撥待春風。（以上《倚松老人詩集》卷二）

用前韻寄商老

先生昔據道玄峰①，咳唾珠玉家爲空。只今江西二三子，可到元和六七公。雙鬢只期它日白，千花猶是去年紅。須君吸盡西江水，不假扶摇萬里風②。

【校　記】

①道玄：原校曰：「一作通玄。」

②扶搖：原校曰：「一作鵬摶。」

【附　録】

戲次居仁見寄韻居仁見督參雪竇下禪　　李　彭

長蘆老人半聖號，眉毛不惜爲談空。靜委耽禪如縛律，懸知選佛勝封公。影沉寒水雁無意，春入幽園花自紅。欲向池陽參百問，卻慚勾賊亂家風。按：李彭尚有《寄如璧上人》、《次韻寄居仁二弟隆禮敦智》、《次韻寄山伯蕭老二弟》皆爲同韻詩。（《日涉園集》卷八）

余嘗會李商老於海昏識吕居仁於符離今已五六年矣偶見二公唱和詩各次其韻一首　　謝　薖

憶昔逢君夜雪中，高談未了酒尊空。清漣緑篠今輸我，白璧黄金政負公。渭水流清終異濁，池花變碧舊曾紅。欲評此意君何在，長是蒼茫立晚風。右寄李商老

維舟濁汴偶相逢，彈鋏歸來四壁空。耕道十年常九潦，謀身一國自三公。似聞諷喻能知白，豈但詩詞要比紅。中國凜然生氣在，故知郎子有家風。寄居仁（《竹友集》卷六）

又寄無逸信民

文字撑腸不療窮，詩來想見左書空。雖非問道睹狂屈①，自注：璧公數譏二子學道不進。猶勝遺書訪子公。銀杯久拚浮大白，桃花且看舒小紅。記取浮盃無剩語，它年説似馬牛風。

【校　記】

①睹狂屈：原作「賭狂屈」，據《莊子·知北遊》改。

奉答璧公兼簡諸友

江山取別太怱怱，對面難尋一段空。顧我自無黄閤様，如君合是黑頭公。客塵袞袞催前浪①，俗眼紛紛替舊紅。炙日茅簷那接膝，重來肯借一帆風。

【校　記】

①袞袞：宋集珍本作「滾滾」。

得李去言詩次韻答之

歌呼屢回曹相國，牋書或似魏司空。半生懷抱向餘子，千載風流獨此公。未用反身藏白黑，更須著眼辨青紅。無人與助求田費，雅稱謝家林下風。

督山伯蕭遠和詩並示舍弟

愛閑多病老封戎，看子垂天上碧空。懶惰未須攀此老，典刑政尔賴諸公。酒如震澤三春渌，詩似芙蕖五月紅。坐此逃禪天可恕，不應獨許我乘風。

用寄璧上人韻寄范元實趙才仲及從叔知止兼率山伯同賦

故人瓶錫各西東，吾道從來冀北空。病去漸於文字懶，南來猶覺歲時公。江回夜雨千巖黑，霜着高林萬葉紅。政好還家君未肯，莫教慚愧北窗風。自注：是時范元實游蜀未歸，知止得官潁州，趙才仲在郢，久不聞耗。三子皆奇士，故以北窗風諷之。

夜作呈諸公

風江舞暮帆，野樹散歸鳥①。寒燈上壁角，踈星綴林杪。歸來静無事，猶坐搜默稿。放筆有新功，無人與傾倒。不知新恨多，但覺舊愁少。石鼎倚殘爐，茶煙看清裊。明朝尋酒錢，折簡喚諸老。

【校 記】

① 野樹：原校曰：「一作遠樹。」

東萊詩集卷二

山陽寶應道中與汪信民兄弟洪玉父杜子師張益中日夕過從自過高郵不復有此樂也因作此詩寄懷

日日南風沙打圍，掛帆端爲故人回。長空渺渺水無際，遠樹冥冥花自開。疾病久辜鸚鵡杓，江山稍近鳳凰臺。月明雪霽山陰道，尚想王郎乘興來。自注：李太白有鸚鵡盃、鸕鷀杓二物，名雖異，其用一也。故得借用，亦以發諸公一笑。

春日

春風未雌雄，尊酒自賢聖。燕巢樓閣間，鶯語花柳静。

知止歗傲軒

貪夫九鼎猶不足，淵明一軒長有餘。人生趣向各天壤，鴟嚇腐鼠猜鵷雛。中郎妙處世不識，風期自與常人殊。開軒便有千載韻，友葛天氏無懷徒。坐看松菊換時節，兔葵桃樹紛榮枯。五年却走各南北，千里懷想空煩紆。雙魚沉浮久不至，三徑寂寞今何如。文章潦倒付丘壑，疾病蹭蹬思江湖。何時共坐北風裏，煩君小摘園中蔬。

暑夕乍涼二絶

三旬埃鬱得清風，領袖猶黐汗摺紅。已是魂清無俗夢，更移涼簟月明中。

暮蟬蕭瑟下斜陽，已似茅簷氣味長。團扇未須憂棄置，竹奴猶可助清涼。

寄知止二絶

少年樂事未全諳，疾病侵淩已不堪。尚喜步兵頻入夢，夢中猶復似曹南。

竹林還往風流絶，剡縣交游氣味踈。今代高人多惜費，千金未抵一行書。自注：去秋，知止與石子殖皆許見過，已而俱不來。

游北李園三絶

雨映煙籠萬竹蟠，枯條高下不堪看。非干秋後多霜露，自是芙蓉不耐寒。

去馬來舟絶往還，此中情味却相干。明年知是明寒食，待約花梢月下看。

壁間詩字有凝塵，庭下梅梢又作春。獨有城南汪教授，當時同是看花人。自注：壁間有饒德操詩。

游北李園

小徑縱横出紫苔，緑陰高下綴黄梅。榴花却是多情思，宿留薰風未肯開。

寄李㤚去言

東南之望廬山英，李郎落落奇後生。鳳凰麒麟在郊藪，芝蘭玉樹生階庭。文章初如濫觴水，行見萬里通滄溟。汪侯愛君筆不停，謂君詩似秋風清。世間兒子甘縮手，蘇過趙柟俱抗行。少年才氣乃如此，後來定是賢公卿。伊昔先朝文物盛，君家諸父當朝廷。外兄復是不世才，奇祥異瑞相輝映。飜雲覆雨十年後，昏昏醉夢須君醒。我生未壯日向衰，疾病侵凌心已灰。眼中之人不易見，千變百技常追隨①。詩書深藏半鼠矢，筆墨高卧封蛛絲。功名已矣付公等，田園肯放吾先歸。

【校　記】

① 技：原作「𢪏」，據宋集珍本、四庫本改。

贈汪莘叔野

汪子宦不進，四海漫聲名。有弟極磊落，氣宇和而清。三冬文史足，十年書劍成。出言見瓌穎，府庫森五兵。於身則已拙，泛如池中萍。輕肥置度外，辛苦抱遺經。乃知佳子弟，必由賢父兄。念子初來時，我方疾病嬰。相從四寒暑，所歷不可聽。昏昏醉夢裏，得君時一醒。擁爐共殘火，軟語當盃鐺。君亦不厭我，爲我雙眼青。勿云軀幹小，氣吞横海鯨。懸榻念文舉，開逕憶淵明。二子風流遠，感君兄弟情。窮通有時節，此士尔勿輕。

新　冬

西風吹禾黍，落日在陋巷。杖藜訪新冬，霜樹眇空曠。人煙村舍西，行旅古原上。晚山晴更好，秀色常在望。居閒得真趣，日欲就踈放。豈惟憎俗徒，庶自免嘲謗。東鄰酒初熟，清香亂盆盎。徑須騎牆頭，挈榼獻窮狀。吾生足羇旅，久病非少壯。銀杯多羽化①，布帆且無恙②。雖非陶潛隱，不負徐邈暢。

【校　記】

① 多：原校曰：「一作驚。」

② 且：原校曰：「一作保。」

贈謝無逸

君不見城南千樹桃，君不見澗底百尺松，松生偃蹇卧霜雪，桃李一笑隨春風。百年澗底終自苦[①]，桃花猶得暫時紅。嗚呼志士每如此，衡門高卧不見用，心雖無瑕飢欲死。

【校　記】

① 苦：四庫本作「若」。

贈張若虚

病憶江湖去，書無尺寸功。平時窶人子，忽是富家翁。活計呻吟裏，交情夢寐中。獨餘張處士[①]，相近數過從。

【校　記】

① 獨餘：宋集珍本、四庫本作「獨於」。

贈信民

五年客符離，端坐受貧病。從來踈出門，今乃懶成性。官多豪富郎，分明與時競。取醉不論錢，定無塵生甑。豈但相娱樂，頗復自賢聖。汪侯雖官居，笑語怯豪横①。折腰衆人後，瓊林自輝映。背後足官府，眼前謬恭敬②。偷閑過草堂，遣興眯眼淨。雖非醉紅裙，清談却差勝。秋高數能來，勿厭阻泥濘。

【校　記】

① 豪横：宋集珍本作「□□」，四庫本注：「原缺二字。」

② 恭敬：宋集珍本作「□□」，四庫本注：「原缺二字。」

符離行①

符離之民難與居，五年坐此如囚拘。比屋生涯但剽劫，諸生學問只鄉閭。南鄰經年不相見，北里雖見復麤踈。窄衣小帽走塵土，也復生貌施襟裾。對此自然憂氣滿，疾病日益何由除。君不見圖經所記又可哀，此州自古無賢才。

【校　記】

①符離行：宋集珍本無題、四庫本作「又」，則爲《贈信民》之一。

探梅呈汪信民

縞帶銀杯欲着塵，小園幽樹已含春。風流王謝佳公子，臭味曹劉入幕賓。細朵定無泥土涴①，暗香猶帶雪霜新。剩摩枵腹搜奇句，去惱城南得定人。

【校　記】

①泥土：原校曰：「一作塵土。」

奉懷張公文潛舍人二首

顔子置身陋巷，屈原放跡江湖。何似我公歸去，馬羸不厭長途。

腕中有萬斛力，胸次乃千頃陂。字畫顔行楊草，文章韓筆杜詩。

答無逸惠書

三年讀書少餘味，燈火可親病爲祟。謝侯好事憐我窮，時遣雙魚問鴟鵂。交情乃似親骨肉，學行坐越諸公輩。胸中萬卷書屈蟠，少日力戰登詩壇。下帷却掃謝俗子①，凍吟不管兒號寒。只今食粥已數月，千慮百憂煩筆端。高才本是棟梁器，苦語終無儒生酸。樂章短句又清絶，陶寫萬象嘲江山。江南草木不得閑，問君何爲愁肺肝。十年行坐想風采，千里魂夢勞追攀。我無良田歸不得，忍窮氣味君應識。囊貯未了歲寒計，學道空愧琳與璧。交親零落半鬼録，白日輕去真可惜。終朝撥火煮蘆菔，南山之南待君喫。

【校　記】

① 却掃：宋集珍本作「□□」，四庫本注「原缺二字」。

寄知止才仲

一門叔父到卿好，中表兄弟惟尔賢。往事關心空自語，新詩好句與誰傳。溪山已近堪投老，文史雖窮莫取憐。仲弟墓頭今宿草，爲渠先賦補亡篇。

寄張益中

五年望張子，兀坐四壁空。今晨千里來，如熱濯清風。笑談不改舊，憐我衰病攻。斯人舊豪氣，頗似陳元龍。只今更省事，終歲兩頰紅。何知珊瑚樹，却倚塵埃中。晁侯夙所敬，見渠如見公。網羅技出脚①，遠逐冥冥鴻。同會得王郎，敲門夜相從。殷勤一盃酒，目送西歸鴻。人生少如意，此樂難再逢。君家老季鷹，高韻留吴松。風流遠孫在，一櫂何時東。不嫌道里遠，爲我略從容。

【校　記】

① 技：宋集珍本、四庫本作「枝」。

元日贈沈宗師四首自注：大觀三年真州

東家起傳觴，西家起相唤。我亦了新詩，成此奇一段。念無豪髮益，但見日月换。出門語沈郎，造請吾亦漫。

念昔從諸賢，關汪老耆舊。是事今則無，斯人亦難又。尔來見公子，却立兩公後。不倦以終之，可以爲子壽。

沈郎固可人，好善乃天性。迹隨萬事遠，心與一物定。蕭然四立壁，筆墨自温凊。更持孟賁勇，少折楚士輕①。

君無綺紈氣，我有冰雪容。相期五石瓠，共濟萬里風。江山秀句在，内子空洞中。還身視塵滓，尚有一日功。

【校記】

① 輕：宋集珍本、四庫本作「脛」。

梅①

南雪看未穩，北風吹已殘。才堪十年夢，不稱一生酸。日月方回首，風霜與憑欄。遲明出謝客，頓覺帽圍寬。

【校記】

① 此詩《瀛奎律髓》收入晁沖之（叔用）名下，誤。

苦陰

破臈冬仍在，逢正陰更頻。寒流未解凍，雪意欲妨春。畏病還疎酒，逃寒懶見人。東郊小桃李，還是一番新①？

【校記】

① 還：原校曰：「一作別。」

贈浹上人

一庵便送淵明老，四海共傳摩詰詩。本自妨人枕邊夢，不能陪汝劍頭炊。交遊太半飢寒裏，疾病中分少壯時。西寺木魚東寺鼓，三年三見浹闍黎。

正月十二日夜作

春來消息未真傳，久負蒲團一味禪。燈火侵尋作佳境，冰霜偃蹇過新年。江聲悞落三更雨，夜色遥看萬斛船。咫尺風光不相貸，忍令好語到愁邊。

咸安公主

漢朝公主歌黄鵠，秦地佳人唱柳枝。想見雲車度沙漠，一盃重酪酹明妃。

明　妃

秦人彊盛時，百戰無逡巡。漢氏失中策，清邊烽燧頻。丈夫不任事，女子去和親。君王爲置酒，單于來奉珍。朝辭漢宫月，暮隨胡地塵。鞍馬白沙暮，旃裘黄草春。人生在相合，不論胡與秦。但取眼前好，莫言長苦辛。君看輕薄兒，何殊胡地人。

正月十三日河堤上作

雨着河堤柳着煙，小樓燈火又今年。東風不與行人便，留滯長亭十里船。

昨日晚歸戲成四絶呈子之兼煩轉示進道丈

踈燈欲盡漁商市，小雨似開桃李顏。一夜簷聲鳴甕盎，無人知我坐蒲團。

卧疾江邊久未回①，懶隨兒輩走塵埃。天公尚有餘情在，肯放梅花自在開。

春愁故故妨人樂，舊蘚新苔不暫晴。想見江郎閉船卧，滿川風雨報天明。

晁卿白髮風流在，肯伴香車作夜遨。借問典衣充戲責，何如沽酒唤吾曹？

【校　記】

① 疾：原校曰：「一作病。」

上元夜招沈宗師不至聞已赴郡會作一絶戲之

燈火滿城公不來，爲公雕句洗塵埃①。春愁不到城西寺，更約梅花緩緩開。

白酒紅燈稱意春②，知公未免踏黄塵。繩床好在休相憶，輸與瑯琊浹上人。

【校　記】

① 公：《宋百家詩存》作「誰」。

② 白酒：原校曰：「一作渌酒。」

浹上人求枯木庵詩戲成兩絶贈之

枯木庵中浹道人，百年無影卧輪囷。未須特地通身去，放取枝條自在春。

前身石霜後身浹，如印印泥風去塵。認得當時侍者意，無人知是密庵人①。

【校　記】

① 密庵人：原校曰：「一作吕居仁。」

正月末雪中小酌

柳着河冰雪着船，小桃應誤取春憐。床頭有酒須君醉，又廢蒲團一夜禪。

次韻張生

密庵居士渠不識，齒髮則衰心未然。樽下不知公子貴，酒中差覺孟生賢。已吞舌本三千丈，却住人間五百年。觸忤風光君莫怪，棒頭無地可逃禪。

追成舊作

滿江風月一船霜，無計留君只自狂。燈火隔簾香隔坐，無人知是竹枝娘。

久不得才仲書因成兩絶寄之

望大趙書如渴驥，憶老汪膠無續弦。看遍江南與江北，小屏微雨是斜川。自注：小屏畫淵明「孟夏草木長」詩。

病去詩無一點塵，亦知摩詰是前身。憐君更似西江水，合伴倚松庵裏人。

晚　晴

斜陽入花柳，渾欲不勝情。春事乃如此，病軀安得平①。尚堪銜宿酒，復作快新晴。荒簷足烏烏，莫厭晚來聲。

【校記】

①安得平：原校曰：「一作殊未平。」

連日與一上人會話密庵清坐附火乃有山居氣息因成一詩奉呈

春風吹茄箵，落日半花柳。餘寒盛氣來，佳辰爲誰有？公來但默坐，有味皆可口。端如列鼎食，衣被以醇酒。煩言不知要，實自費斗藪。南泉山下人，了不計可否。山柴晚復焰，當爲一舉手。荒江甚泬寥，此味亦長久。不嫌薰病眼，重當爲公取。

一上人屢言琅琊南塔之勝予蓋樂之而未能往也

二頃良田一畝宮，好山當自屬林公。須君留我卓錐地，要聽颼飀萬壑風。

夜坐有懷

西還豈不好，本自乏周旋。道有魯一變，歲無官九遷。疾風驚半夜，惡況極今年。咫尺沙頭路，猶堪着釣船。

晚春即事

春色不自惜，曉寒摧折之。殘花帶雨去，薄酒信風吹。尚有尋行債，初無了事癡。論詩得奇味，當使阿戎知。

廣陵道中寒食日二絶

風雨屬連春事休，碧鱗三尺薦行舟。短牆不見桃花面，付與長江自在流。
南來消息不真傳，政恐相逢却未然。何處青帘足沽酒，粥香餳白是今年。

就甯子儀求酒

鼻息咈然君莫驚，飢腸渠自作雷鳴。須公一勺羔兒酒，伴我夜窗聽雨聲。

東萊詩集卷三

廣陵 自注：借韻戲用文潛體

往來六十里，各是一江郊。柳色團渦岸，春風楊子橋。好山當斷岸①，野鳥度空巢。一任雷塘路，暮天風雨號。

【校記】

① 岸：《宋百家詩存》作「浦」。

沈宗師甚喜江梅而微貶酴醿因成一絶

淡緑衣裳玉作糚，好風涼月自相當。沈郎笑汝多情在，不似江梅滿意香。

勸張李二君酒

張侯好詩如好色，不敢爲主而爲客。李侯好酒如好詩，心雖甚壯無人知。兩侯風味俱不惡，如芙蓉與木芍藥。午窗留客看筆快，曉枕無人猶睡着。廣袖漸變天寶粧，大字不作元和脚。世人譏笑乃其分，政是仍叔之子弱。病夫坐穩無所求，荒簷斷雨鳴春鳩。爐煙未盡消百憂，恨不緩帶從公游。何時清江横小舟，與公一醉荻花秋，却來密庵參牧牛。

庵居

鳥語花香變夕陰，稍閑復恐病相尋。正應獨有江山分，素自都無廊廟心。堂上老親雙白髮，門前稚子舊青衿。兒曹不會庵居意，古澗寒泉疑至今。

小園即事

千花老無蹤，衆草來可喜。欣然得幽尋，我亦病良已。飛飛兩蝴蝶，不悟塵土裏。禽聲甚可人，亦似相汝爾。人生貴愜志，不必須甚美。三年白沙詩，已費千幅紙。問君何所樂，赤手費摩洗。短屏看遠山，心作千萬里。此豈畫者功，實自一念起。君當如是觀，在此不在彼。

登舟

夜雨曉猶滴，怒風晴更吹。已無行役念，寧有别離悲。舟楫三年路，江山一月期。東庵舊還往，不廢百篇詩。

張褘秀才乞詩①

白蓮庵中張居士，夢斷世間風馬牛。風塵表物自無意，神仙中人聊與遊。自注：張舊與前輩名士往還甚衆。澄江似趁北城曉，苦雨不放南山秋。君當先行我繼往，向吴亭東留小舟。

【校記】

① 褘：宋集珍本、四庫本作「樟」。《瀛奎律髓》、《宋百家詩存》皆作「褘」。

效古樂府三首

君住長江邊①，妾上長江去。長江日夜流，相思不相顧。
長江日夜流，妾心終不改。誰謂江頭人，相思不相待。
東家石榴紅，西家石榴紫。俱是一種花，同生不同死。

【校記】

① 住：原校曰：「一作家。」

讀太真外傳

上盡馬嵬路，東風吹舊京。乾坤已新主，草木自秋聲。錦襪千年恨，皇輿萬里程。寧知挽船士，亦有別離情。

簡甯子儀二絶

只恐老去被花惱，更欲忘憂須酒澆。何似山堂病居士，閉門高枕過春朝。

新晴欲上南樓月，柳可藏鴉水蘸牆。無限客愁芳草裏，不知風雨阻斜陽。

寄浹上人

胸中無一毫事，筆下有千斛力。走遍江南江北山，滿堂禪和不相識。

呈愚上人

不能歸續侍中貂，遂有聲名伴老饒。萬里更行看騕褭，一枝才足賦鷦鷯。詩囊磈磊君其漫，藥裹侵尋我亦聊。舉目雲天盡新語，殷勤收寄一牛腰。

贈浹上人一上人

君行南山南，我在北山北。不聞浴鵠白，但見染絲黑。老境欲垂垂，快意須得得。孰知百雉堅，而有一日克。浹如澗底松，縱老終不踣。一如雲天鶴，不復可羈勒。我如千里風，遇此兩鴻鵠。明珠脱氛翳，曉日破昏塞。宿障不盡除，胸次猶筆墨。君看説詩口，乃是拔山力。冰霜卧偃蹇，歲月飽封殖。誰能窺藩籬，未易得閫閾。政當斂光芒，不必①須緣飾②。相從無何鄉，敗衲依破裓。更令好事人，妙語添一則。

【校　記】

①必：《兩宋名賢小集》作「少」。

②政當斂光芒，不必須緣飾：原校曰：「一作政當磨其鋒，共掃煩惱賊。」

雨後月夜懷沈宗師承務

雨雲攬江色，偃蹇破昏睡。千花閉紅紫[①]，妙見一室内。披衣行夜永，明月在船背。微風過蕭瑟，古柳立蒼翠。翛然一蒲團，堅坐覓詩對。我生無南北，所到意輒遂。孰知十年游，保此清淨退。頗念城北人，結友老杉檜。漫隨長鋏歸，甘作短檠棄。出門萬里涂，已駕安得税。何當持被來，把酒相就醉。

【校　記】

① 閉：原校曰：「一作開。」

秋夜示李十

晴鳩不時鳴，雨鳩不暫歇。相去跬步間，婁見屐齒折。寒泥擁衰草，秋扇罷殘熱。今晨好風景，稍貸屋頭月。清光冷相照，玉艷滿金玦。唤客坐前窗，文字相澡雪。殷勤傍詩律，未暇了麴糵。瀾翻談經口，邂逅如意鐵。我歌君輒書，字字有行列。不須陛楯嚴，但要兵衛設。譬如南山石，琢齒當井渫[①]。真成一戰霸，未可三鼓竭。人生各涇渭，世事亦滕薛。高堂食肉人，兩馬方蹀躞。何知緼袍底，猶有不安節。

【校　記】

① 瑑：宋集珍本、四庫本作「瑑」、《宋百家詩存》作「琢」。

中秋日沈宗師約遊城西泥雨不果因成四十字兼寄趙才仲

遂阻城西步，兼懷霅上游。長風掠歸燕，苦雨應鳴鳩。月向誰邊好，寒催社後秋。傳杯有新韻，能憶老兄不？

桃花菊

嫩粉殷勤換淺黄，鬱金叢裏見新糚。已翻百疊紅衣潤，更沐九回沉水湯。

九日晨起

漸歇歐蚊手①，真成把酒天。長河印曉月，老木聚荒煙。了了江山夢，區區文字緣。南階兩三菊，極意作今年。

【校　記】

① 歐：宋集珍本、四庫本作「毆」、《宋百家詩存》作「驅」。

王氏郊居

江山處處好，落日極登臨。雨續蔬畦潤，風吹柿葉陰。客船頻上下，水鳥故浮沉。尚有南飛鴈，丁寧可寄音。

對　菊

稚子尋花莫漫狂，已知衰疾負重陽。新霜有意留青蘂，更放殘枝十月黄。

雨後至江上有懷諸子

落日滿寒雨，長江收夕霏。定知聊復爾，敢望不相違。野鳥晴相唤，殘螢晚自飛。殷勤兩山口，好爲放朝暉。

登南樓

疾風吹沙不成雨，十日狂陰倒殘暑。江頭樹木半焦枯，不厭潮頭洗塵土。南樓反照千丈紅，落日却在洪濤中。舟人漁子莫惆悵，更借朝來東南風。

歲晚作

南山雪雲千丈高，北山晚田無寸毛。富兒巨家飽欲死，笑我陋巷長蓬蒿。道人坐穩忘作勞，百念解縱如垂櫜。但當折簡唤我曹，並坐擇蝨煩抑搔。筆力可借秋江濤，莫學人間膏火熬。

吊古塚

荆榛閉莽蒼，千歲一孤墳。生則無是叟，死應冥漠君。略無他日念，唯有不堪聞。想得西陵道，荒臺亦暮雲。

奉送子之還京師

日月老投閑，文字今削跡。便然腰十圍，欲吐喙三尺①。頗懷平生友，相就語肝膈。諸江好兄弟，夫子眉最白。詞林三二公，子實門下客。布帆千里來，許我間賓席。階庭出蘭樹，户牖照圭璧。詩如駕高浪，萬頃隨筆力。寧爲首陽餓，不作嬖奚獲。乃知工語言，要是飽糠覈。茫然李杜壇，未免陳蔡戹。出門觀善陣，斂手避勍敵。澄江摇夜霜，歲晚見沙石。叙頭罥蛛絲，即有梁宋役。士生多艱虞，道遠自古昔。相期逍遥游，不計天地窄。名聲了三黜，談笑供百讁。别君爲此言，可當繞朝策。

【校記】

① 喙：原作「啄」，據宋集珍本、四庫本改。

外弟趙才仲數以書來論詩因作此答之

君才如長刀，大窾當一割。正須礱其鋒，却立望容髮。平生江海念，不救文字渴。茫然攬轡來，六驥仰朝秣。病夫百無用，念子故疎闊。未能即山林，頗復便裘褐。前時少年累，如燭今見跋。胸中塵埃去，漸喜詩語活。孰知一杯水，已見千里豁。初如彈丸轉，忽如秋兔脱。旁觀不知妙，可愛不可奪。君看擲白盧，乃是中前筈。不聞鐵甲利，反畏彊弩末①？輿薪遵大路，過眼有未察。君能探虎穴，不但須可捋。自注：才仲，佳士也。年十七八時，隨其父演在定州。子開及晁四諸人，比其文柳子厚。

【校記】

① 彊：原作「疆」，據宋集珍本改。

過子之泊船舊亭

江郎泊船處，草徑不勝秋。客裏終年別，春前萬斛愁。山横采菱口，月滿望江樓。政可夢春草，莫令吟白頭。

望金陵偶成兩絶

臺城南望入斜陽，尚想能詩玉樹郎。乘興風流莫相笑，眼看直北是雷塘。

雷塘别有風流坐，可作南舟兩日行。江水自流春自好，不知芳草爲誰生。

烹　茶

水光欲盡琉璃影，玉色初浮翡翠斑。便覺麴生風味惡，小爐新火對蒲團。

西　樓

小院無人日自長，隔簾時有芰荷香。客游未作安居計，更借西樓一夜凉。

寄信上人

笑語三年别，舟航十里淮。新霜變草木，好雨過風霾。萬事不如意，一生常好乖。何因伴明月，特地入君懷。

秦處度與一上人同宿密庵處度爲一畫斷崖枯木

小庵無客亦無氈，遂有高人借榻眠。一夜西風撼枯柳，不知春在石崖邊。

寄謝無逸并汪叔野兄弟

老謝風流緑綺琴，小汪兄弟亦南金。文章已悮半生事，江海略酬他日心。好酒不當愁偪仄，舊書差尉病侵尋①。平生恩義泮宫老②，斷綆寒泉百尺深。自注：汪信民没方數月。

【校　記】

① 尉：宋集珍本、四庫本作「慰」。

② 泮：宋集珍本、四庫本作「伴」。

月下

白鷗笑汝不能飲①，澄江惱人勤作詩。可惜南樓好風月，只無春柳對瓊枝。

【校記】

① 汝：原校曰：「一作我。」

劉穆之

金枰一斛貯檳榔，戲調兒童走欲狂。不謂林間有元亮，念公時在酒中藏。

戲贈道浹上人①

忽逢邗溝道人浹，如見錫山居士秦。問着世緣渾忘却，知公不是箇中人。

【校記】

① 道：宋集珍本、四庫本脱「道」字。

喜章仲孚朝奉見過十韻

苦語不難好，舊交今則無。但能留客坐，已勝折腰趨。只有連根煮，初非滿眼酤。苔痕記柱杖，雪影傍跏趺。語道我恨晚，説詩公不迂。丁寧入漢魏，委曲上唐虞。歷歷有全體，忽忽或半塗。真當置度外，不敢望庭隅。日月換新歲，江山非故吾。他年佳句在，與畫密庵圖。自注：山谷論作詩法，當自舜臯陶《賡歌》及《五子之歌》以下，皆當精考。故予論詩，必斷自唐虞以下。

觀甯子儀所蓄維摩寒山拾得唐畫歌

君不見寒山子，垢面蓬頭何所似。戲拈柱杖唤拾公，似是同游國清寺。又不見維摩老，結習已空無可道。牀頭誰是散花人，墮地紛紛不須掃。嗚呼，妙處雖在不得言，尚有丹青傳百年？請公着眼落筆前，令我琢句逃幽禪。異時淨社看白蓮，莫忘只今香火緣。

寄朱時發

茭橋脊梁硬如鐵①，天下柱杖打不折。倒騎佛殿出三門，南頭學來北頭説。昔苗未生今作米，更判阿師三尺觜。公但吸盡西江水，莫怕庭前簸箕尾。自注：簸箕尾，事出《小釋迦録》。

【校　記】

①　茭：宋集珍本、四庫本作「菱」。

②　柱：宋集珍本、四庫本作「拄」。

寄潁昌諸叔

身如許縣老聾丞，心是江湖版下僧①。萬事聊憑曲肱夢，一尊時近短檠燈。舊遊可數終難又，惡況雖多不厭曾。尚憶少年情話否？夜窗相對髮鬅鬙。

【校　記】

①　心是：原校曰：「一作心似。」

謝人送瓊花白沙人謂瓊花爲無雙花戲成兩絶

凝塵欲滿讀書窗，忽有瓊花對小缸。更喜風流好名字，百金一朵號無雙。

斷腸風味久難尋，尚有名花寄此心。折盡長枝已春晚，只宜涼月不宜陰。

觀甯子儀朝奉山堂諸石三絶

箇中真味久難忘，但覺人間萬事忙。今日爲公留不得，剩分詩思入山堂。

向人懷抱終何有，過眼崢嶸得暫醒。更唤秦髯與湔祓，爲公題作小南屏。

知公心似山堂石，悮落人間几案間。今日風光已相負，看朱成碧未能還。

十一月五日與才仲弟相别于白沙東門之外悵然久之不能自釋乃知謝安石作惡之語不爲過也因成八詩奉寄可見别後氣味亦可并示京洛間親舊也

終年想顔色，未有食頃忘。君寧不念我，苦畏冰雪妨。斯文百戰罷，閲士如堵牆。孰知五湖口，一葦可以航。

君才不長貧，太阿之在匣。故知譏議口，不受龍象踏。此道有從來，骯髒端不乏。相期甕頭春，夜雨重一呷。

盛欲與子談，乃復爲此别。怱怱得餘歡，把酒到耳熱。人生不如意，肝膽有楚越。何知若人胸，中有積立鐵。

伯姑無恙時，令我與子友。周旋以至今，各是遺種叟。文字種聲名①，於身亦何有。還書問兩弟，是事君識否？婦如先姑賢，兒似乃翁好。識君相與心，見我亦傾倒。頻年作離情，悟賞到丘嫂。卜鄰洛水陽，此語當在早。低頭拜東野，未厭擿抉窮。停軍問縮酒②，不計牛馬風。胸次脱塵滓，欲與秋水同。斯人未遽遠，當在阿堵中。往者汪信民，愛我不自勝。以我如古人，得與子並稱。若士不復有，斯言當伏膺。期君極膏沃，更作無盡燈。鍛以百鍊剛，淬以萬里流。閉門待彊敵，忽見天地秋。以石投水中，萬歲終不浮。堂堂倚松老，於今忘百憂。

【校　記】

① 種：原校曰：「一作重。」

② 停軍：宋集珍本、四庫本作「停車」。

東萊詩集卷四

山水圖歌

君不見南江老龍夜不眠，令我破屋開青天。千巖倒壁卷角上，一榻却在洪濤前。又不見江頭古木一尺圍，猿猱接手懸高枝。雨中寒蘆披靡去，天際風帆先後歸。陳生故是可憐人，筆雖未到心已親。南村北村渴欲死，怪此一室無纖塵。鄭虔祁嶽不解奇，韓幹畫馬空多肥。萬里咫尺君得之，更看湘江雷雨垂。自注：陳生欲畫湖湘圖。

庚寅年正旦郡中客次作

曉霜挾霧入寒廳，四座伊優不暫停。剩欲禪房作新歲，念無餘瀝到空瓶。詼諧與世聊從俗，嘯傲它年可乞靈。更爲旁人住俄頃，座間愁殺兩螟蛉。

題李伯時維摩畫像圖

老松攙天四無壁，小庵不勞容一室①。野竹入户芭蕉肥，下有無言病摩詰。文殊妙對亦未真，身如浮雲那得親。驚倒同行問話人，彼上人者何所云。龍眠好事筆有神，不避世間狐兔群。掃渠胸中千斛塵②，多口阿師聞不聞。

【校記】

① 勞：《聲畫集》作「足」；《兩宋名賢小集》作「旁」。

② 掃渠：原校曰：「一作洗盡。」

遣懷三首

何山不堪隱，何家不可居。古來子華門，亦着荷畚夫。荒田脱積雨，未免供晚租。今日視昨日，但見有不如。故人勸加飡，老親憐嗜書。寧知毛錐子，不可一日無①。

秋風襲殘暑②，忽過江上林。旦日扶杖來，不見十畝陰。蔬畦甚寂寞，亦受霜雪侵。念此不常好，如我宿昔心。濤頭落崩岸，野鳥助謳吟。潛魚着沙底，避網冬更沉。

異時忘言人，馬鬣今宿草。生平不如意，欲伴寒木槁。遂令藜莧腸，更盡組繡巧。三年對空案，誦子詩可飽。從來文字工，不解顔色好。相逢期後身，再訪西院老。自注：謂信民也。

【校　記】

① 不可一日無：原校曰：「一作一日不可無。」

② 襲：原校曰：「一作鏖。」

符離阻雨

東風吹船窗，未曉天復雨。篙師促添纜，卧聽泥漉漉。不知城北園，春事今幾許。舊游如宿昔，花柳默可數。鄰里先後來，頗復相勞苦。東家獻牛酒，西家饋雞黍。感渠長久情，愧我無所取。汪侯哦詩處，積水敗環堵。念此不忍行，不但出入阻。七年此端居，畏病如畏虎。故人饒與黎，此老可共語。

伍員祠

伍員廟前一丈碑，上有野鶴雙來棲。水雲杳杳涼去遠，風雨冥冥秋到遲。江花相趁野花發，舊燕不隨新燕歸。大夫遺恨竟何許，楚越勾吴今是非。

東園

垢汗久思出①，江山秋更新②。荒田出龜兆，老檜落龍鱗。風月猶堪夜，蒲蓮浪作春。籃輿亦乘興，實自厭冠巾。

【校記】

① 汗：宋集珍本、四庫本、《宋百家詩存》作「汙」。

② 新：《宋百家詩存》作「親」。

寄琦監院

往時濟陽晁公子，今日靈巖琦上人。千山不礙一月曉，北樹忽見南枝春。箇中有味渠不識，底處無情公得親。不知碧眼之面壁，何如黧顏西入秦。

即事戲答季一

斜陽着高柳，環堵半黄昏。小圃三年旱，荒池一尺渾。粗知詩有味，寧使婦無褌。不信晁公子，猶招楚些魂。自注：季一詩云：「思與諸公論人物，試憑清議賦招魂。」

湘竹

小雨催寒入夕曛，湘江風味可憐人。班班玉淚無時盡，裊裊金梢別是春。

有懷宿州城北因作詩寄才仲

宿州古城城北隅，雨罷晴開如畫圖。雜花亂蘂未須道，白杏一枝天下無。香風裊裊入短袖，明月蕭蕭隨蹇驢。二年不復見此樂，清江萬頃正愁予。

示沈宗師二首

十日兒號不出房，殘梅猶在小瓶香。沈郎喚客煮湯餅，政恐匆匆未得嘗。
九日狂陰一日晴，落花飛絮作清明。與君攜手南樓去，共聽長江月下聲。

夜坐戲成兩絶呈迪吉宗師二友

夜窗燈火著新寒，喜見蒲團一味閑。縱有好詩人不要，却須還與檻前山。
踈簾欲上梧楸影，遠枕微聞盆盎鳴。甚欲分身就公宿，只愁塵土變江聲。

戲成兩絶奉簡章仲孚兼呈宗師

日日勃鳩相應鳴，年年春草趁愁生。道人不怕冰霜面，又作南舟十日行。

沈郎愛客如愛酒，章子問詩如問禪。肯共寒爐撥殘火，共搜佳句作新年？

老　松

奉君以緑綺琴，報我以雙南金。盃中琥珀不須盡，聽妾一聲行路吟。君看庭前老松樹，上有杳默不斷之清陰。牆低未礙髯髮古，歲晚不辭霜雪侵。東園桃李自妍好，與君百生同此心。

揚州雍熙寺納涼

高樓有餘涼，但見旗脚動。鳥語簷角來，仰聽風響弄。江山舊還往，草木老賓從。平生一笑適，可得萬鈞重。儵然六尺床，更許佳月共。

訪張鑒秀才兄弟

眼看霍霍萬錢食，便就匆匆五鼎烹。何似張侯五兄弟，閉門相對飽芹羹。

邵伯埭路中

行前蒲柳後鷗鳥，乃似白沙之舊居。忽見雲天有新語，不知風雨對殘書。往來河樹幾傾蓋，上下江船如貫魚。更與河山結香火，夜窗重枉故人車。

寄周司理

日月走劻勷，舟楫臥煩暑。涼秋在萬里，客子安得語。周侯磊落人，憐我自熬煮。殷勤半月留，可得一笑許。别來今幾日，坐此百里阻。清風不時來，曉月仍半吐。卷簾看脩竹，忽似對眉宇。人生行樂耳，舍此皆自苦。終期卜鄰歸，重聽對床雨。雖無嗚嗚歌，亦有坎坎鼓。

山光寺前泊舟值雨

輕雷喚小雨，憶在白沙時。緑酒留連醉，紅燈取次詩。好風那復有，涼月自相隨。獨上山光寺，清歌無柳枝。

步月有懷

平生最愛花梢月，可與青樓一等看。病去老來渾忘却，曉窗晴日上蒲團。

揚州留一上人

日日東風吹客衣，小園春在掩芳菲。殘花過雨飄零盡，好鳥穿林自在飛。往事虚成采薇瘦，故人頻有食言肥。知公未厭西行晚，且伴江船緩緩歸。

送一上人之京師

東風吹雲十日雨，卧聽城頭打衙鼓。道人遠自山中來，共坐南窗濯泥土。自然高韻到羲皇，豈止微言變齊魯。萬牛回首不震掉，一葉横江且掀舞。未能入水取蛟蜃，尚欲投戈伐貔虎。念公守此非一朝，木病魄瘣無枝條。已盡千峰西嶺雪，更夢八月錢塘潮。京城塵沙深一尺，是中莫留公履迹。權門蹲嗒兒女笑①，我一思之不能食。片帆無事早歸來，爲公一洗山中石。

【校　記】

① 嗒：原作「啗」，據宋集珍本、四庫本改。

擬古二首①

狡兔死三窟，老松堅百尋。物生各有願，共此分寸陰。荒城六月旱，長江三日霖。稻苗不遂死，幸無蟊賊侵。皇天不私覆，一語銷百壬。先王典刑在，落落傳至今。願以小人腹，而爲君子心。

寒雞不能晨，苦雨自朝夕。上爲雲雷巢，下乃龍蜃宅②。坐懷陰外天，缺月掛殘魄。少來可喜人，牖户陳玉帛。平生千萬言，略省二三策③。牛山所種木，日在斤斧厄。念君十年心，使我雙鬢白。

【校　記】

① 擬古二首：慶元本《東萊先生外集》卷三有第二首，無第一首。

② 龍蜃宅：慶元本《外集》卷三作「龍窟宅」、《永樂大典》本亦作「龍窟宅」。

③ 省：《永樂大典》本作「有」。

潘邠老嘗得詩云滿城風雨近重陽文章之妙至此極矣後託謝無逸綴成無逸詩云病思王子同傾酒愁憶潘郎共賦詩蓋爲此語也王子立之也作此詩未數年而立之邠老墓木已拱無逸窮困江南未有定止感歎之餘輒成二絶

漫營新句補殘章，寄與烏衣玉樹郎。他日無人識佳景，滿城風雨近重陽。

好詩政似佳風月，會賞能知已不凡。萬里潘王舊鄉縣，半江斜日落歸帆。

【附　録】

亡友潘邠老有滿城風雨近重陽之句今去重陽四日而風雨大作遂用邠老之句廣爲三絶句　　謝　逸

滿城風雨近重陽，無奈黄花惱意香。雪浪翻天迷赤壁，令人西望憶潘郎。

滿城風雨近重陽，不見修文地下郎。想得武昌門外柳，垂垂老葉半青黄。

滿城風雨近重陽，安得斯人共一觴。欲問小馮今健否？雲中孤鶴不成行。（謝逸《溪堂集》卷五）

寄李商老

竹不可一日無，酒不可飲不醉。平生嗜酒愛風竹，此意不許凡兒會。南來經年飽塵垢，袖手甘隨百夫後。文章漫作無功身，只了兒曹補窻竇。黄沙障日江漫流，青山喚我十年舊。憶夕泊船鶤翎口，把酒遥爲故人壽。只今身在心已老，千巖想像靈芝秀。君家兄弟固不凡，解挽三友勤相就①。中郎卧病過春晚，昔則酒狂今詩瘦。山房大名不墜地，諸老風流未宜棄。老檜參天可乞盟，粢食鍘羹乃無味②。如君高韻千載同，可更託身三數公。丈夫勁挺要長久，百夫叩關一夫守。胸中江海不須道，此流何必計升斗。眼前勃窣訴二友，聽客所爲公絶口。

【校　記】

① 三：宋集珍本、四庫本、《宋百家詩存》作「二」。

② 鍘：原作「鍘」，據宋集珍本、四庫本改。

雨中作

咄咄真成夢，悠悠復未知。寧爲牛背語，不作劍頭炊。雨挾秋聲亂，江含暝色悲。故知無事飲，猶勝頃來詩。

示內

貧賤不可忘，富貴安足羨。我生未三十，種種厭貧賤。宦情肱九折，老味金百鍊。稍回功名心，來結香火願。平生所知人，久已焚筆硯。是中無真實，不在儒術緣。有如退飛鷁，更借逆風便。病妻頗癡絶，可與共開宴。小女真吾兒，語學春鳥囀。初非本來有，且作夢中見。居看手捉鼻①，絶勝扇障面。他年從吾名②，同入隱士傳。

【校記】

① 居：宋集珍本、四庫本作「君」。

② 吾名：宋集珍本、四庫本作「我居」。

寄外弟趙枏材仲

長年更多疾，念爾不能忘。夢去關山靜，書來道里長。形骸且憔悴，草木自蒼唐。古縣踈還往，微官絶簸揚。頗聞能吏事，仍不廢文章。客舍襄江下，人家筑水旁。婁成千里目，虚斷九回腸。我老知無用，身閑欲半藏。預愁章服裹，仍怯簿書忙。事業煩詩卷，生涯在藥囊。得非嵇叔懶，寧似次公狂。野檜多鱗甲，寒松半雪霜。高天一鴈遠，小徑百年荒。每惜朱絲斷，空懷素錦張。舊交渾潦倒，此語更微茫。欲判五斗米，先尋百本桑。殘羹得共啜，薄酒要同嘗。匣裏出鳴劍，眼中除眯糠。未容窺突奥①，虚自倚門牆。指點飛鴻路，何人識故鄉②。

【校　記】

① 突：宋集珍本作「突」，四庫本作「突」。

② 原校曰：「一本自『野檜多鱗甲，寒松半雪霜』下云：『直須守歲晚，莫羨踏春陽。夙受祖師印，得遊夫子牆。直言無異理，未學故多方。必若除煩惑，先能起仆僵。君才可辨此，吾説未應亡。匣裏得明鏡，眼中除眯糠。高天一鴈遠，小逕百年荒。每惜朱絃斷，空懷素錦張。馬難逢伯樂，麟有遇鉏商。却倚摩天刃，兼除治水航。舊交渾潦倒，此語更微茫。欲判五斗米，先尋百本桑。永無南浦送，頻受北風涼。想弟眉宇好，見兄籌策良。殘羹可共啜，薄酒更同嘗。黽勉初無害，衰遲却未妨。時尋二三子，同看億千場。指點征鴻路，無人識故鄉。』」

京師贈大有叔

尊酒相逢十載前，緑髮紅顔俱少年。尊酒相逢十載後，皮黄肉皺俱白首。叔如鴻鵠但高飛，姪似鸒鶋更深走。南來行李初一逢，長安舊第冰雪中。閉門不識故人面，豪氣直欲輕元龍。平生爲道不爲食，少小所期皆目擊。何時相就過江南，同訪曾遊舊泉石。

寄蔡伯世趙才仲五絶

我恨不識鹿門公，蔡郎心期千載同。不隨吏部曹中板，去赴長蘆寺裏鍾。

一坐十月長江濱，自君之來心轉親。還書起居清源君，人間紛紛何足云。

同行者誰平原孫，於我不但骨肉親。誰言不爲桃花去，只愛江山亦可人。

二子逃禪不計年，江湖重去水粘天①。直饒透盡三關語，到底終成百漏船。

木魚光裏兩蒲團，意氣與我平生歡。盡底告君君不會，空得癡人尋筆端。自注：兩蒲團，謂愚、璧。時諸人爭收璧書。

【校　記】

① 粘：宋集珍本作『黏』。

寄范子

范郎平生萬人傑，只今未免兒號寒。三江五湖在胸次，琨玉秋霜看筆端。舊疾祇令肝肺熱，春風欲開桃李顏。待約南江今夜月，與渠萬里報平安。

春風

春風隨長江，一日行萬里。蕭條起岷山，欻忽度楊子。江南千酒樓，春風樓上頭。金樽開翠幄，青帘吹客愁。長堤二月暖，寒溪千古流。紛紛桃李花，處處作芳華。不見梁間燕，空悲王謝家。

聽琴

君不見龍門之下百尺桐，漂霰飛雪愁寒空。何年班爾落君手，小窗伴坐歌南風。恍然如着山巖裏，不知身在塵埃中。初聞平野飛鴻鵠，欻聽金盤起珠玉。遶壇古樹鬱嵯峨，六月吹霜作寒緑。折楊黄華不須道①，别鶴離鸞尚堪續。君不見開元天子醉西都，音聲十院留歡娱。當時臨軒奏此曲，徑須解穢煩花奴。乃知恬淡世莫識，無絃之趣何時無。歸家愁厭箏笛耳，此聲一聽還已矣。會須流水訪鍾期，試向爐中覓焦尾。

【校記】

① 華：底本作『花』，據宋集珍本、四庫本改。

雨後

新花欲盡竹當欄，喜見空牆野色團。稚子乘陰蒔蘭菊，僕夫留水灌萵蔓。茶香於汝初無分，酒熟逢人也强歡。惱亂春光君會否？小瓶猶占一枝殘。

送山伯良佐東歸以務道期息塗爲韻

荆棘生良心，米鹽入塵務。芬芳老不達，豈不以此故。人生錐處囊，穎末要立露。玉壺近青蠅，没没自點污。刳心萬物表，却立看脱兔。臨别當一言，齦齦念忠告。縹囊可取足，往結萬古好。默識古則然，愚智同一道。遠師顔氏子，近比伯業操。文章有妙斲，期子開突奥。吾詩如清風，去留不可期。灑然或一來，不繫凡子知。兩郎從我遊，豈但窺藩籬。山房光焰在，實藉衆木枝。斯言可三復，如我清風詩。昔我同學生，文字虎而翼。仲弟最多才，去以六月息。自吾失若人，每語輒氣塞。子如求數君，慎莫怪蝨賊①。胸懷但明了，几案付塵黑。贈我貂襜褕，報以明月珠。古來聲名人，一一行此塗。漢中屠沽兒，適可曹公奴。人生嗜好異，至有海上夫。孰能識其然，飽此萬卷書。

【校記】

① 慎：底本注「御名」，避宋孝宗名諱。下同，不另出校。

河水清贈良佐兼寄商老

河水清，江水黄，南山北山自相望，恨君不止白石房。與誰同遊南郡郎，白玉刻佩明月璫，如鳳四海求其凰。道里遼遠日月長，爽氣自足陵朝陽，舉酒送君君莫忘。

同晁季一李天紀過沈宗師北莊因成長韻

三年城南居，不識城北土。但聞玉雪郎，去作猿鶴主。今晨籃輿來，握手相勞苦。勝遊有佳士，洗耳聽妙語。晴窗背雲壑，落日在環堵。晚風生白楊，想像原野古。斷崖懸老木，小港聚寒雨。却觀城市人，努力自熬煮。畏途出衽席，禍福有未覩。杜陵懷壯遊，無忌笑豪舉。二者覓真是，政恐君未許。千秋柴桑翁，妙句聊一吐。

郵上祈雨

泥龍蜴蜥困追求，旱遍淮南二十州。寄語天公莫輕許，少留明月過中秋。

清風

清風如君子，所至有餘情。忻然破煩溽，百醉時一醒。嗟我二三友，飄散秋葉零。不知城南王，何以識我名。欹斜左手字，勞苦如平生。會寫《登樓賦》，一弔漳濱靈。

學視

學視覩懸虱，病耳聞鬬蟻。紛然酬六鑿，萬劫費揩洗①。君看杯中蛇②，妄想從何起。忽聞一妙語，初無强料理。回觀積年疾，乃是一念使。誰能明此心，香山老居士。

【校記】

① 揩：原作「楷」，據宋集珍本、四庫本改。

② 杯中蛇：原作「林中蛇」，據宋集珍本、四庫本改。

寄舍弟

殘暑墜空屋，舊書穿破帷。才蒙小雨潤，遽得好風吹。逸少每作惡，淵明常病羸。他鄉憶吾弟，苦語自成詩。

斷　雲

斷雲西南來，好風東北去。翩然兩無心，空中忽相遇。化爲一尺雪，照我亭前路①。昔者甚可憐，今來渺無處。故人多勸色，留我不少住。羈愁動中腸，疾病增百慮。虚庭着明月，皎皎如積素。不見乘鸞子，空懷舊煙霧。

【校　記】

①亭：宋集珍本、四庫作「庭」。

如皋道中

客路三日雨，頗知袍袴單。長河貫沃野，薄酒動新寒。晚日魚蝦市，秋風藜藿盤。衰顔定可笑，不必鏡中看。

東萊詩集卷五

初去白沙再望路中江南諸山慨然有懷

青山如美人，濃淡各有態。挽之不肯來，乃似孤竹隘。念無千里風，限此一衣帶。夏木與藩屏，不畏炎日曬。三年白沙游，藉爾寬眼界。脱身塵垢中，一笑終不壞。别君更舉酒，未了清淨債。雖無絲竹娱，會有詩律快。何如少陵翁，亦爲杜鵑拜。吾詩有餘歡，此語君勿怪。

赴濟陰留别一公

近别君莫嗟，遠别君莫惜。往來天壤間，誰爲不相識。十年幾相别，日月虚棄擲。見君長江口，已作胡眼碧。别君廣陵城，妙語摧霹靂。今别知幾時，復念駒過隙。坐成千里阻，當有片言益。不勸君愛身，不勸君强食。勸君以勇決，萬事要努力。愚夫之所欣，智士之所戚。譬如醉而顛，亦有傍震虩。聲色糾纏人，萬劫困封植。本自驕墮生，亦以因循得。實惟招侮慢，豈止礙空寂。居然耳目内，反務化勍敵。誰能深山中，弄此無孔笛。芳草變蕭艾，每爲長太息。如公定不然，此語當謾憶。何妨膏腴地，更論去荆棘。君看一壺用，亦有千金直。

五月五日泊舟北神與關聖功唐充之李元輔作别意殊惘然端午日行次洪澤把酒北望已如異世事矣因念屈大夫之死正是此日慨然有感於心輒成長韻奉寄李民師翁士特①來可求和也

麥上蝴蝶飛，水邊鸂鶒卧。却望山陽城，已若一夢過。今晨又端午，把酒意亦墮。風回浪蹙船，鬧淺沙著柂。故人阻情話，客子且清坐。更念屈大夫，是日遇奇禍。空餘後世名，弟子只增些。寶璐與明月，皎皎不受涴。固知汨羅沉，可到首陽餓。還書二三老，此語君可和。

【校記】

① 特：宋集珍本、四庫本作「時」。

贈唐充之兼簡益中

三年白沙看江山，可當中原故人面。今來千里逢故人，笑談却作江山見。江山故人不相遠，平生志願於君滿。唐侯獨立一代無，張侯與之來集枯。老松本自歲寒外，良馬不畏長途驅。飢年百室仰粟廩，暑路六月懸冰壺。念昔關汪不相貸，視世好爵如機械。上書索去不作難，云我未了平生債。後生少年延頸觀，諸公故人思一快。基本未定天奪之，賴有君侯數人在。龍媒已遠風馭回，坐歎四海梁木摧。爾來老謝又繼往，但覺眼界常塵埃。長江無津出光怪，迥野入夜開風雷。此語不誣君可驗，請君更討防身劍。

夜　雨

夢短添惆悵，更深轉寂寥①。如何今夜雨，只是滴芭蕉。

【校　記】

① 深：《後村千家詩》作「長」。

出門見明月

出門見明月，入門思故人。故人如此月，一見一回新。明月相見多，故人相見少。問爾何因緣，長似此月好。故人在何處，南北東西路。明月在咫尺，夜夜庭前樹①。明月莫虧缺，故人莫離別。願月如故人，故人亦如月。

【校　記】

① 夜夜庭前樹：原校曰：「一作宿我庭前樹。」

往歲在白沙見江上往來祠神者殺豬羊鵝鴨日夕相屬也有感於心後至濟陰因成長韻當託白沙故人投之廟前庶幾神少知自戒乎

今日殺一羊，明日殺一豬。問神何所樂，而必爲此歟？羊死噤無聲，豬死足號呼。傷哉鴨與鵝，閉目頸已朱。問神此何負，神亦何所取。吾知斯民愚，非是神所許。江船一帆風，江田一犁雨。民或謝神勞，尚使相告語。但采澗溪毛，足以薦筐筥。何須污刀几，而後羞鼎俎。於物固無怨，於神亦無苦。更令嗚嗚歌，時送坎坎鼓。

濟陰野次

去年騎馬古城西，雨涴鞍韉一尺泥。今日重來轉無緒，强扶衰疾遶河堤。

毛彦謨容膝軒

黄金爲樓玉爲梯，畫旗素錦生光輝。不如一庵醉而歸，倒卧側立無東西。君才於用無不宜，會稽竹箭梁山犀。賈而不售君不疑，亦自不以爲珍奇。淵明妙處君得之，萬古一首歸來辭。一庵容膝君所知，不用芥子藏須彌。望風懷想三歸依，眼前有睫見者誰？世人紛紛不自治，何異羊質蒙皋比，見豺而戰忘其皮。牆頭燕雀莫謾肥，汝不仰看鴻鵠飛。伯夷去采西山薇，想渠瘦亦不勝衣，不羨汝曹腰十圍①。

【校　記】

①原校曰：一本「倒卧側立無東西」下云：「小窗容膝君所知，不用芥子藏須彌。君才於用無不宜，醫無閭之珣玗琪。會稽竹箭梁山犀，賈而不售君不疑，亦自不以爲珍奇。淵明妙處君得之，萬古一首歸來辭。望風懷想三歸依，眼前有睫見者誰。我生甚窮今則衰，何異羊質蒙皋比。見豺而戰忘其皮，恨不與子歸同時。君生於書無不窺，文字皆好尤長詩，今我琢句相追隨。牆頭燕雀莫漫肥，汝不仰看鴻鵠飛。伯夷去采西山薇，想渠瘦亦不勝衣，不羨汝曹腰十圍。」

濟陰寄故人①

柳絮飛時與君别，南樓把酒看新月。月似當年離别時，柳絮隨君何處飛。千書百書要相就，思君不見令人瘦。念君情意只如新②，顧我形骸已非舊。朝來有信渡黄河，鴈足繫書多網羅。城南城北芳草多，明月如此奈愁何。

【校記】

①曾季貍《艇齋詩話》：「『柳絮飛時與君別』有兩本者：東萊少時作，後失其本，在臨川，因與學徒舉此詩，亡之，遂用前四句及結尾兩句補成一篇；已而得舊詩，遂兩存之。『落花寂寂長安路』者是舊詩，『千書百書要相就』者是追作。」舊作見卷十《新鄭路中》。此詩金履祥《濂洛風雅》卷四繫于張横渠名下，題爲《憶别》，誤。

②新：《濂洛風雅》作「初」。

晁叔用得古鏡二一以遺法一上人澄澈可愛底水隱然蜃樓突起又作杯渡禪師像翻翩然①衣動正在中流間也一求記於予因爲作歌

晁郎高居卧冰雪，得此懸空兩秋月。已將屋角倒魑魅，更與人間洗炎熱。一月團團如扇面，一月菱花光掣電。憐君囊中一物無，意欲分君託方便。菱花入袖世莫識，空堂夜留踈雨滴。天生寶氣有期會，復恐藏去終無益。君行萬里尋劍術，山精喚君君莫出。寒泉百尺傍枯樹，狡兔九月投霜鶻。未須潘謂苦哦詩，或自蘇公識神物。下有禪和不笑人，須君以照蛟龍窟。

【校　記】

①翻翩然：宋集珍本、四庫本作「翩然」。

别離行

城頭草木日夜黄，九月北風天雨霜。月色入户侵我床，美人乃在天一方。舊游可樂不可忘，恨君不隨鴈南翔，恨妾塊守此空房。曉風忽來吹夢長，夢中與君還故鄉。黄金爲屋玉爲堂，與君更笑億千場，不須合佩雙鴛鴦。

李念七不見過二絶

不隨殘暑退青蠅，入眼囂塵漸可憎。静裏工夫君莫厭，夜窗重對短檠燈。

羅襦襟解燭滅後，喝雉喝盧人散時。願君莫忘默軒老，少小先蒙國士知。

往年與關止叔相别甬上止叔見勉學道甚勤且曰無爲專事文字間也及今五年矣尚未有所就因作詩見志且自警也

老關别我時，笑我勤苦甚。曰吾與子然，同此一味静。收功粥魚底，筆墨有譏評。五年念此語，但見日月競。雖無蛾眉斧，亦有宴安鴆。斯人今何往，想作大樹蔭。我走足欲蠒，始學兩鳥噤。君看齊聲謳，何異衆哭臨。繁紅成春條，本自其天性。風雨頌繫之①，不有十日盛。人生亦何聊，共未免此病。乃知钁頭通，已勝狗脚朕。自注：洞山會下有僧法空，具宿命。時有通上座者，刻苦練行。空以水照之，知其前身爲魏孝靖帝也。時衆中謂通爲钁頭通云。

【校　記】

① 頌繫：原校曰：「一作摧折。」

六月初三雨後步至城東

涼秋生郊原，快雨灑庚伏。曲肱訪幽睡，朝夢不可續。開門招此山，爽氣滿嵓谷。村蹊没衰草，古院蟠翠木。東行得幽亭，小徑來已熟。下有十里濠，暑退萬荷緑。恨無沽酒錢，一醉起枵腹。人生要快意，豈止寄幽獨。若看後池蛙①，聲韻故不俗。怡然供清歡，何必絲與竹。

【校　記】

①若：宋集珍本、四庫本作「君」。

得揚州書

書來每恨日月晚，書去還憂道里長①。但得老親常健好，不辭新歲且窮忙。文章已受塵埃涴，禪觀多爲疾病妨。趁得殘春北歸否？近箕臨潁是吾鄉。

【校　記】

①道里：原校曰：「一作道路。」

歸計未成作詩寄懷

萬里田園半有無，十年歸夢阻江湖。文章繆忝聲名在，氣體猶須藥餌扶。客路因風起舟楫，水田無雨卧菰蒲。青帘白酒斜陽外，不與行人滿眼酤。

閲舊詩卷有懷

好詩無過亦無功，準擬還家贈阿宗。會有江山與湔祓，且無塵土共從容①。大汪矯矯雲間鶴，老謝森森澗底松。回首百年俱一夢，暮年文采更誰從？

【校　記】

① 且無：原校曰：「一作略無。」

高郵道中荷花極目平生所未見

緑淨紅深水不流，炎天烈日自然秋。只供野父已無計，便與行人亦暗投。明月不來江北岸，好山應在石城頭。何年得映潘妃步，更放君王作意游。

高郵遇大熱作

南風極炎暑，赤日不可傍。扁舟在地底，淺水安得强。坐懷長河冰，未盡暍飲狀。甚憎食案蠅，意欲不相讓。旱苗乾欲死，蒲藕秋可望？平生投筆手，中有無盡藏。尓來但深藏，穩着犢鼻上。有如三年艾，更復加百壯。黑雲翻日脚，好雨終不放。雷聲無事來，殷殷車百兩。東街暴泥龍，西街設銅像。利害有不同，未易相得喪。農夫責催租，日夕困大杖。那知清歌前，把酒有餘量。

題孫廣伯主簿家壁

古木輪囷老歲寒，好花無力便凋殘。秋風只在盆池上，但作江湖萬里看。

贈孫廣伯

人皆笑君拙，我獨喜君直。拙則世所無，直則未易識。昔者中丞公，事主以一德。從容進退間，多士所取則。朝廷九鼎重，冠冕萬夫特。塵埃困人路，此老難再得。至今門下士，必以身許國。孰知强弩末，而有千鈞力。賢孫後來秀，見我好顔色。收功却掃中，欲任門内責。空拳入善陣，匹馬見勍敵。不嫌不識察，但恨無此獲。欲赤莫如丹，欲黑莫如墨。吾嘗持此言，以辨主與賊。苟無牛羊害，則有天地塞。君能但拙直，亦莫忘黑白。

與吴迪吉諸人赴晁季一陳塘范園之游因成十韻

春風未寂寞，頻枉故人車。客舍輕寒下，村煙宿雨餘。曉紅留隱映，新緑上扶疎。妙墨懸高榜，殘章得舊書。自注：即所謂「白水滿時雙鷺下」。蛟龍忽舒卷，草木自清虚。渺渺登臨地，悠悠水竹居。只今那復有，本自不關渠。塘水空遺廟，自注：塘即陳元龍所開①，今有元龍廟在此塘上。鼉淙亦故墟。自注：園西今有寺②，名鼉淙，唐武宗時所建。寺邊有鼉，爲水害。同行喜佳士，所到即吾廬。政恐習池飲，風流却未如。

【校　記】

① 開：原作「聞」，據宋集珍本、四庫本改。

② 西：原作「面」，據宋集珍本、四庫本改。

送晁①季一罷官西歸

少年閲人若郵傳，漢廷公卿日千變。故人一蹙便青雲，咫尺相逢不相見。丈夫鬚髯但如戟，黄塵没馬渠未識。晁侯文采老不聞，兩耳壁塞目爲昏。三年刺促簿書裏，更覺和氣生春温。誰能種蘭生九畹，從公不辭墮車蹇。冰霜入眼蚊蚋去，桃李成蹊草茅遠。胸中滄海無水旱，眼底浮雲看舒卷。頃來江上幾送迎，聚蚊成雷公不驚。笙竽沸地不知曉，公但寒窗延短檠。乃知風雨晝窈冥，我亦不廢晨鷄鳴。箕山之下潁水邊②，脱冠便歸須壯年。請公先尋買山錢，我亦從今當着鞭。

【校　記】

① 晁：宋集珍本、四庫本作「趙」。

② 潁：原作「頴」，據宋集珍本、四庫本改。

侯　嬴

游士縱横飜覆手，山東諸侯望關走。歷下邯鄲無使來，長城易水非燕有。大梁賓客舊如雲，夷門監者未有聞。謾將苦語送公子，市井屠酤虚見存。後來毫髮爭得喪，紛紛小兒誇跌宕[①]。不知世有公子牟，一生放迹江海上。

【校　記】

① 誇：原作「跨」，據四庫本改。

昭　君

湅雲霾空風折木，烏孫公主歌黄鵠。昭君請自嫁單于，當時各倚顔如玉。霧鬟雲鬢胡地塵，帳中誰是可憐人。左抱琵琶右揮手，胡地漢宫能幾春。嗚呼，古來出婦嫁鄉曲，何曾肯望秦雲哭。

戲呈外弟趙才仲

趙郎風味春月柳，可到阮公青眼邊。秋水黏天劇空闊，曉霜挾月作嬋娟。比來好句傳新鴈，一夜客愁如少年。安得瓊枝更當眼，沙頭同理釣魚船。

城北別江子之

但覺與君別，孰知歸興長。亂畦分宿雨，老木掛晨霜①。未許緣詩瘦，只知如許忙。它年風雨夜，重約細商量。

【校　記】

①晨：原校曰：「一作新。」

訪晁季一

近人烏雀聒弟語，堆案簿書鳧鶩行。是中亦自有佳趣，公但徐之渠自忙。西風忽來涼月曉，楓葉蘆花秋意少。勸君多飲莫多談，截斷中流公更參。

吴君求詩因作四韻寄之並簡小吴與甯生

文字縛人同束濕，吴君不言如坐忘。知公胸中有餘地，萬頃亦在一葦航。寒梢倒掛夜來雨，細草已披秋後霜。寄語兩吴兼小甯，莫因詩律廢相望。

古劍歌

寒江九月雷殷空，落日倒射千山紅。江頭樹木半傾倒，衮衮不盡洪濤風。風中有物如長戟，電光忽來傾霹靂。雨罷晴開不復知，乃是潛蛟倚長石。蒼皮半卷頗飛動，澁蘚中開欲跳擲。青熒野火下絶水，夭矯長煙轉空壁。天生神物有時出，歲月飄流爲誰得。銅花欲盡秋水渾，尚有千年妖血痕。向來天地亦兒戲，俄頃變怪徒紛紜。君不見，豐城之來亦不久，寶氣何爲上牛斗。

初夏即事

歌呼連牆亦任渠，移門賓從又何如。自注：是日西鄰置酒會客，甚盛。晴階仰日卧紅藥，野水趁船跳白魚。多病且參箍桶話，得閑時近養生書。平生不盡幽居興，付與長江拯釣車。

偶作

鄙夫養病苦不足，諸公覓官常有餘。自是閑人不更事，可隨雲鳥更深居。

癸巳自南京過泗上

昔我往矣天欲霜，今我來思梅已黄。淮山澡雪塵垢面，魚稻騷除藜藿腸。好風肯伴客帆遠，故國不辭歸夢長。塔中老人莫相笑，我自寂然渠自忙。

泗上贈楊吉老二首

杯中蛇去無恙，醉裏詩成有神。相逢不及世故，長年倍覺情親。
置王坦之膝上，着陳長文車中。何似維摩丈室，蕭然一榻清風。

題寶應張氏草堂

好風殘暑不同途，穩看飢蚊自掃除。不謂南軒有佳竹，捲簾相對一牀書。

學仙行

長松拂雲根合抱，雪虐霜凌不相到。下有千歲老茯苓，化爲琥珀光自照。食之便可登廣寒，不但無病長年少。浮生溷濁那可言，和氣乃爲塵務煎。坐看靈藥置泥土，五味雜置成薰膻。豈不聞齊天子，黄金丹成不肯仙。且貪人間樂，不能從汝飛上天。惜哉韋郎之妙語，一失毫釐千萬年。

冬日訪朱深明博士二首

北風迎馬入裘茸，來訪殘爐半日紅。敗屋數間書百篋，無人知是老龜蒙。
見公便是倚松老，念我不忘擔板心。萬里江山一尊酒，主人無古亦無今。

東萊詩集卷六

初别清源姑才仲弟過楚丘作

前村後村鳩亂鳴，梨花點雪柳半青。斷雲忽過楚丘縣，驟雨已見龍丘亭。故人愁緒各南北，宿酒别時同醉醒。語離情緒乃如此，故園可歸公不聽。

宿楚丘懷石子植顔平仲趙才仲

暮行楚丘北，適與寒雨值。旅舍一尺泥，又乏芻秣費。故人渺天涯，客子初夜至。披衣附殘火，煮茗當晚饋。昏昏傍晚枕，悄悄入清睡。向來談笑聲，已若異世事。但覺舌本間，尚有宿酒味。鴻鵠乘秋風，意在網羅外。强飯無多談，此語敢失墜。

發邵伯埭二首

柳外鵓鳩相應鳴，屋頭新月半輪生。知公未便爲官去，且放扁舟自在行。

曉日烘窗不得眠，夾河高柳亂鳴蟬。西風種種入愁思，更有長亭十里船。

余病不能蔬食懼有五味口爽之責作詩自戒

君不如屈大夫，夕餐但秋菊。又不如顔平原，米盡且食粥。雖知舌本欠滋味，頗覺和氣實其腹。癡人要盈餘，椒有八百斛，錢有一百屋。鼎俎涴腥膻，杯盤眩紅緑。四方採珍異，亦未極所欲。寧知下箸處，但有一飽足。坐償姓命債，百死有未贖。何如野僧飯，晚菜下脱粟。撞鐘擊鼓坐高堂，童奴唱飯來相續。竹間新筍大如椽，樹頭老耳肥於肉。亦不見蟹躁擾，亦不見牛觳觫①。石郎愛惜韭萍虀，晉侯睥睨熊蹯熟。以此相重輕，於君未爲福。

【校　記】

① 觫：原作「餗」，據宋集珍本、四庫本改。

南　山

南山佳有餘，我病不自得。今日飲君家，把酒到曛黑。秋風浩萬頃，涼月掛江色。對此不能歡，何以消偪塞。人生少如意，百語輸一默。喜逢佳主人，略爲解羈勒。歡然有餘味，即此是温克。陽春内空洞，隱如一敵國。世賢首陽餓，我愛鄭朝穆。却懷三年艾，未盡一醉力。青蠅閧殘暑，小雨頻敗北。漸須把蟹螯，莫計舟摧抑。君看兒女笑，終勝官事逼。殘盃蓋餘瀝，慎勿貸雞肋。要看知我真，不獨觀酒德。

與諸弟諸李同登塔山愚壁①以事不能來因成一絶

李家漾南江漫流，幕阜山前春更愁。無人肯會西來意，且作小詩盟白鷗。道人不來花滿山，蹇驢出没松聲間。待約江頭今夜月，與渠他日報平安。

【校　記】

① 壁：四庫本作「壁」。

春日二首

春日紛紛一段奇，無言桃李任春欺。要須及熱蘆灣去，莫看風吹雨打時。誰將舊日狂蜂蝶，誤入春風桃李蹊。咫尺風光不相貸，無因乞與上天梯。

東園

暫開還落不停枝，雨濕東園柳絮飛。遥想釣船今夜月，暗隨潮信與春歸。

即事

經旬無客事亦少，多病閉門身更輕。我自不能知許事，暮江斜雨送蛙聲。

和李二十七食蛙聽蛙二首

膏香未即輸鮭菜，煎和真同食蛤蜊。北人驚嘆不下箸，乞與韓公南食詩。
莫驚朋類多驚爆，曾伴中郎鼓吹來。今日屬官本渠分，晚江煙雨閙池臺。

題秦惇秀才園亭

秦郎重構水邊亭①，髣髴踈林過雨聲。更喚清泉入屏坐，少留他日濯吾纓。

【校記】

① 構：底本避高宗諱未出，注曰「太上御名」，据宋集珍本、四庫本補。

别夜

薄酒殘燈欲别情，暗螢依草不能明。懸知先入他年話，一夜蛙聲連雨聲。

寄題蘇州靈巖

水分西子採香徑，山是吴王避暑宫。可惜同來不同賞，落花飛絮曉濛濛。

呈甘露印老

水滿南河月滿牀，市樓燈火隔秋江。無人可會庵前事，一夜北風吹破窗。

璧上人欲行爲雨止戲成一絶用前韻

東風不借南舟便，細雨輕寒鎖暮江。更想亂山明日路，暮天風雨打船窗。

江口送璧上人二絶

小雨浮江霜送秋，曉山晴遶讀書樓。道人不作當時面，萬里一帆隨白鷗。自注：予夏中數讀書江樓上。今日鉢囊南去人，當時雕句作新春。更知自昔相逢意，定是他生骨肉親。

送朱時發

眼底家鄉不自歸，癡人爭認劫前灰。直饒古廟香爐去，也要披毛戴角來。

送甯子儀

洪波奔放不停塵，萬劫茫茫寄此身。畢竟無人會休去，滿堂枯木不能春。

唐張瑄書記梁時婦人黄鼎因侯景亂没北齊爲小校胡兒所虜生二子後附海舶歸聞鼓角得岸乃知是會稽郡鼎先在梁許嫁張固及歸固適爲剡令求與相見不可乃遣令送之宣城鼎在齊時作秋風曲渡海時又作詩三章瑄書稱其詞淒怨自瑄時已不傳

萬里秋風曲，三章渡海詩。絶勝漢公主①，略似蔡文姬。故國山河在，荒城鼓角悲。何如覓張固，不用憶胡兒。

【校記】

① 勝：宋集珍本作「□」，四庫本注「缺」。

夜坐呈吴迪吉

伏暑不能旱，楚天頻復陰。疾雷衝雨斷，亂草接江深。舊圃可小摘，老盆餘數斟。明朝有傾倒，相待沃愁吟。

與李去言諸人分題得之字

人生行樂耳，此去復何之。酒憶徐公聖，月如京兆眉。未須誇敏捷，或恐勝肥癡。不作別離見，卻憂兒輩知。

訪秦氏北莊

午日城西路，籃輿欵舊尋①。稻田疎野水，草徑接秋陰。飯憶分盤玉，書藏遺子金。不須千里目，枉費百年心。

【校　記】

①欸：宋集珍本、四庫本作「疑」。

喜才仲兄弟至偶成四十字

落日下喬木，好風來暮船。徑思投轄飲，復作對牀眠。寂寂驅愁外，紛紛着酒邊。平生五經笥，不值一囊錢。

春　日

數畝幽畦滿小園，兒童無事亦嘲喧。水摇日影上簷角，風送花香來鼻根。病去只留花作伴，客來常欠酒應門①。城南旱麦塵埃裏②，不借春江一尺渾。

【校　記】

①欠酒：宋集珍本作「欠鶴」，四庫本作「遣鶴」。

②旱麦：宋集珍本、四庫本作「衮衮」。

甲午送甯子儀歸洛

異時從公游，頗恨相得晚①。同參長蘆禪，共聽資福板。公今三年病，我亦百事懶。春風廣陵城，笑語有未欵。嵩陽有歸路②，河水漸清暖。豈無一言贈，尉此千里遠。青松老合抱，意不在俗眼。豈如山上苗，共盡白日短。一身隨藥囊，萬事付茗盌。爐煙裊晴窗，自足了遲緩。奈何孔文舉，苦要坐客滿③。更知蘇門公，遠效嵇中散。舟行儻見念，此語試三反。

【校　記】

① 相得：原校曰：「一作相見。」

② 有歸：原校曰：「一作眇歸。」

③ 要：宋集珍本、四庫本作「思」。

讀舊詩有感

但聞微雨響梧桐，不悟高樓盡日風。團扇向人仍有意，短檠於汝漸無功。誤遊兀者形骸外，恐墮淵源雲霧中。剩攬飢腸供好句，爲君常占一生窮。

别後寄舍弟三十韻

還家日已短，況此獨行情。客路三年别，秋帆十日程。小船攜手上，斜柳縱篙撑。岸失乖龍蟄，窗留素月縈。重回召伯埭，虚住廣陵城。破屋仍堅坐，殘鶯只强鳴。江猶渺莽去，草欲蔓延生。水縮蛙蟇鬭，場空霧雨横。土風沾瘧癘，民俗混蠻荆。豈識排門入，兼無倒屣迎。好詩思共讀，薄酒念同傾。枕席煩團扇，膏油乏短檠。可無道里念？或恐夢魂驚。惟昔交朋聚，相期文字盟。筆頭傳活法，胸次即圓成。孔劍猶宵練①，隨珠有夜明。英華仰前輩，廓落到諸卿。敢計千金重，嘗叨一字榮。因觀劍器舞，復悟擔夫爭②。物固藏妙理，世誰能獨亨。乾坤在蒼莽，日月付崢嶸。凛凛曹劉上，容容沈謝并。直須用欸欸，未可笑平平。有弟能知我，它年肯過兄。初非强點灼，略不費譏評。短句箜篌引，長歌傴側行。力探加潤澤，極取更經營。徑就波瀾闊，勿求盆盎清。吾衰足欿壈，汝大不欹傾。莫以東南路，而無伊洛聲。

【校　記】

① 宵練：原作「宵鍊」，據《列子·湯問》改。

② 悟：原作「悮」，據宋集珍本、四庫本改。

記夜

殘暑薰炙人，客夢不得長①。忽蒙千里風，尉此六尺牀。高梧舞清影，上懸明月光。初更枕簟穩，未厭塵土忙。中宵有臭蟲，其大如蛣蜣。排闥觸屏帳，怒欲淩空翔。熟視不得名，但見兩翼張。本草所不載，爾雅所未詳。夏蟲盛百族，此物尤猖狂。東窗不得睡，幸無疾病妨。惜哉有知物，點污此微凉。人生要更事，美惡無不嘗。悉除糞壤念，頓悟服食方。去爲千丈松，凜然衝雪霜。慎勿學瓜瓠，置身籬落傍。

【校記】

① 客：宋集珍本、四庫本作「安」。

夜坐

廣陵城中聽夜雨，倒牀不眠問更鼓。西風萬里卷長河，遍與淮山洗塵土。淮南米賤魚亦好，敢復摧頹歎覊旅。重簾複幕懶相負，細字寒燈且如許。漫如爾雅注蟲魚，更就篇章考齊古。粗知俛首受寒餓，未暇着意尋豪舉。牀頭有酒不敢飲，況復閨門畫眉嫵。故人此去今幾時，亦有文字相撐拄？東明縣前濟陽路，每一夢至猶能數。少年不憚道里遠，平生未省别離苦。只今多病鬢已白，尚能呼渠醉而舞？田園未還君可恨，歲月漸晚吾何取。飢蟲遶壁不自聊，爾獨何情促機杼。

寄唐充之二十韻

俗事日相促，吾生常作難。長河已萬折，險路復千盤。坎壈深藏步，岑崟穩轉鞍。誰知守樗散，略不悮泥蟠。末學多乖謬，微軀實控摶。小兒成頂領①，列士吐心肝。許下少文舉，吴中無伯鸞。直須識根柢，始是極波瀾。念此欲誰語，想公還自寬。屢成長劍倚，得洗夜蟲酸。解后終年别②，殷勤一笑歡。已除舌本强，仍斲鼻端漫。直節群公念，高名四海看③。相期更無事，所祝在加餐。晚日留殘雪，春雷續淺寒。欲行殊未必，堅坐只長歎。不厭道里遠，敢辭裘褐單。却尋三語掾，重對兩蒲團。剩欲洗胸次，先留倒筆端。何須灞陵岸，回首望長安。

【校記】

① 頂領：宋集珍本、四庫本作「項領」。

② 解后：宋集珍本、四庫本作「邂逅」。

③ 看：宋集珍本、四庫本作「間」。

竹西亭

十年走塵土，重上竹西亭。草木新容態，江山舊典刑。狂風掃毒暑，落月伴踈星。認取揚州路，荒城一抹青。

邵伯路中逢[①]御前綱載末利花甚衆舟行甚急不得細觀也又有小盆榴等皆精妙奇靡之觀因成二絶

花似細薇香似蘭，已宜炎暑又宜寒。心知合伴靈和柳，不許行人子細看[②]。

玉檜盆榴作隊來，異香相趁不相猜。從今閉向深宫裏，莫學江湖自在開。

【校　記】

① 逢：宋集珍本、四庫本作「途」。

② 子：四庫本作「仔」。

飲秦少方家

秦郎家畔一甌茶，何處清涼不是家。客子三杯玉泉酒，主人一曲浪淘沙。

孫量臣約遊乾明借秦少方韻見贈復次韻答之

睦州香火趙州茶，走遍叢林不着家。今日爲公拈出也，兩橋人語是高沙。自注：僧問睦州，如何是自己？州云：「看香火去。」僧問趙州，州喚云：「吃茶去。」

春晚郊居

柳外樓高緑半遮，傷心春色在天涯。低迷簾幕家家雨，淡蕩園林處處花。簷影已飛新社燕，水痕初没去年沙。地偏長者無車轍，掃地從教草徑斜。

外姊趙夫人智量①以良人没祝髮感歎成詩

故人前去冢纍纍，爲恨爲憂未肯歸。縱有青山可藏骨，却無紅淚與沾衣。饒三笑汝參禪誤，晁四憐渠祝髮非。猶勝同儕二三子，枉隨秋草閉斜暉。

【校　記】

① 量：原校曰：「一作諒。」

代贈

十年流落漫西東，想見謝家林下風。晉邑自思欒孺子，魯儒空望叔孫通。風花已分飄落外，玉樹何情著土中。縱有春梢堪寓目，却無人面與爭紅。

又代贈

略無歸夢遶湖湘，漫逐微陰出建章。月裏寒珠一生露，鏡中衰鬢十年霜。逢人莫唱相思調，閱世終無却老方①。想得扁舟北還路，斷雲衰草更斜陽。

【校記】

① 閱世：原校曰：「一作處世。」

臨川王坦夫故從谿堂先生謝無逸學北行過廣陵見余意甚勤其行也作詩送之

王郎别我春已晚，索我題詩敢辭懶。讀書萬卷君所聞，只要躬行不相反。聖人遺言凜可畏，小事未免書之簡。衣冠瞻視有法則，何獨文章要編剗。譬如逆風曳長艦，竭力正在千夫挽。君行念此須飽參，即是谿堂句中眼。自注：無逸嘗有送吴君詩云：「問我句中眼。」

登淮南樓

樓上西風日脚斜，樓前廣道更人家。高林稍稍變黄葉，細草重重冒白花。薄酒尚堪澆舌本，故人何事走天涯①。蓬籠只繫南亭下，乞與寒江整釣車。

【校　記】

① 走：原校曰：「一作各。」

題淮上亭子

亭下長淮百尺深，亭前雙樹老侵尋。暮雲秋鴈且南北，斷壟荒園無古今。露草欲隨霜草盡，歸檣時度去檣陰。秋風未滿鱸魚興，更有江湖萬里心。

夏夜大雨呈若谷叔并晁叔用江子之一上人

中庭電光垂，四壁雨脚溜。初如單車馳，忽若萬馬驟。並牆不相語，燈影照圭竇。翻思共按樂，日月不得又。叔能糠覈肥，姪且藜藿瘦。買田嵩潁間①，欲往今已後。旦夕呼晁江，把酒且相就。更煩一上人，不語居坐右。

【校　記】

① 穎：原作「頴」據宋集珍本、四庫本改。

贈一上人

細褥紗幮卧軟綾，豈知秋色到襄陵。飢烏乍定門門樹，寶塔新晴夜夜燈。晚菜聊充肉一臠，殘杯才當飯三升。平生積懶成憍憻，慚愧空房獨坐僧。

【校　記】

① 憍憻：宋集珍本、四庫本作「驕惰」。

久雨路絶賓客稀少聞后土祠瓊花盛開亦未果一往也

卧聞更鼓濕不鳴，曉窗但有摧簷聲。雲横不放山入坐，風怒欲倒江衝城。東家酒熟花爛漫，折簡唤客留娉婷。街頭泥潦一尺許，意雖欲往無由行。儒生活計亦不惡，蒲團堅坐到日落。映窗香穗觸凝塵，過眼文書開病膜。明朝新晴有佳處，穩看小檻翻紅藥。無雙亭下一枝春，玉潔霜清未寥廓。閉門懶出君莫笑，看汝多愁吾獨樂。故人無事儻能來，爲君試舉舒州杓。

同狼山印老早飯建隆遂登平山堂

塵埃障西風，草木被朝日。籃輿郭北門，未厭來往疾。僮奴懶不進，頗復費呵叱。道人先我行，宴坐已一室。殷勤勸客住，午飯當促膝。爐煙窗紙明，鳥語樹葉密。却上平山堂，晚景更蕭瑟。澄江渺天際，妙句不容乞。平生泉石念，固自有遺失。何能從兒曹，十事九不實。兹游豈不快，此老固坦率。尚從文殊師，一往問摩詰。

舟行次靈壁①二首

往來湖海一扁舟，汴水多情日自流。已去淮山三百里，主人無念客無憂。

小市荒橋貫濁河，故人雖在懶誰何。只因遠地經過少，更覺新年坐卧多。

【校　記】

① 壁：原作「壁」，據宋集珍本、四庫本改。

己亥上元數同晁季一叔用清坐不出

北風凜凜吹月高，萬木夜作窮猿號。卧聽車馬赴塵土，愛此一室明秋毫。小爐著火晚收焰，短檠照坐寒無膏。主人忘言客亦懶，更煩赤脚送茗盌。子雲事業本清淨，維摩方丈常蕭散。出游苦畏今日鬧，歸坐略盡平生欵。自知衰病損剛腸，只要文書遮病眼。公能却掃趁閑暇，渠自低頭費牽挽。明朝乘興尚能來，咫尺吾廬不嫌遠。

寄李商老

黄塵車馬流，金火戰殘暑。西風迎潮來，密雲復無雨。江淮旱已甚，映眼但塵土。田疇雜蕪穢，草樹翳洲渚。緬懷平生歡，捐棄各秦楚。千言偪胸次，到口不能吐。君非一臂舊，此意復可許。青蠅暗藩溷，有似嚇腐鼠。須君濟川手，略爲虹蜺舉。念之不能眠，清坐聽嗚櫓。

【附　録】

次韻吕居仁見寄　　　　李　彭

井鋞澹疏煙，幽憂廢寒暑。孤雲起幽嶼，澤物猶能雨。殷殷空裏雷，何曾濡厚土。燕鴻且長饑，誰能投枉渚。知心不識面，公子賓楚楚。五葉活國謀，摩挲噤不吐。勝日覓羊何，幽期得支許。才高賦雌蜺，識遠辯鼮鼠。蘭蓀無異縣，臭味同此舉。開歲欲問津，夢逐寒江櫓。

晚至城南

來往城南路，今年又作冬。荒林掛落日，古寺疊疎鐘。職事日三出，交游時一逢。可憐河上水，唯少莫山重。

東萊詩集卷七

汴上作

不使西風便解維，且留殘暑震餘威。累累野水循河下，攝攝榆蟲撲面飛。五斗漫隨王績隱，一裘聊待晏嬰歸。平生事業新詩在，送與江南舊釣磯。

初抵曹南四首

未辨①歸山計②，今年學作官。簿書妨好夢，塵土敗餘歡。但有妻孥累，初無肺腑寬。從來畜鮭菜，不上八珍盤。

久罷攝生術，虚藏種樹書③。病多詩輒廢，秋到客仍疎。約帶何繇緩④，穿靴不暇徐。猶勝策高足，辛苦曳長裾。

併足經庭右，褰裳入坐隅。頻容著帽進⑤，雅稱折腰趨。燥吻應難濕⑥，殘杯莫强濡。平生駟跛鱉⑦，今日更長途。

往時汪博士，勸我便歸休。細雨簷花夜，長江楓葉秋。欲行殊未必，高卧恐無由。感歎思亡友，端居可泪流⑧。

【校記】

① 辨：宋集珍本、四庫本作「辦」。

② 未辨歸山計：原校曰：「一作卧病初無策。」

③ 虚：原校曰：「一作空。」

④ 繇：宋集珍本、四庫本作「辭」。

⑤ 頻：原校曰：「一作時。」

⑥ 應：原校曰：「一作終。」

⑦ 鱉：四庫本作「鼈」。

⑧ 可：原校曰：「一作只。」

言志

馮驩客傳舍，彈鋏歌不已。託身孟嘗君，惟有一劍耳。何事食無魚，何事出無輿。先生猶有劍，至我劍亦無。一來曹南郡，優游聊自娱。春風吹我衣，春草生庭除。小便胞略轉①，晚髮手自梳。仰面送歸鴈，低頭羨游魚。幸有薄薄酒，浸漬滿腹書。安時待天命②，吾心亦何如。長鋏莫漫彈，何必憶吾廬。

【校記】

①略：原作「胳」，據嵇康《與山巨源絶交書》改。四庫本亦爲「略」。

②時：宋集珍本、四庫本作「得」。

學道

學道如養氣，氣實病自除。驗之寒暑中，可見實與虚。頹然覺志滿，乃是氣有餘。豈唯煖臍腹，便足榮肌膚。但能嚴關鍵，百歲終不枯。道苟明於心，如馬得堅車。養以歲月久，自然登坦途。江河失風浪，草莽成膏腴。熟視八荒中，何物能勝予。時來與消息，吾自有卷舒。死生亦大矣，汝急吾自徐。捷行不爲速，曲行不爲迂。一漚寓大海，此物定有無。誰能具此眼，況望捋其鬚。學有不精盡，遂至玉碔砆。昔人中道立，爲汝指一隅。千言不知要，徒自費吹嘘。所以季路勇，不如顔氏愚。請子罷百慮，一念回須臾。忽然遇事入，此語當不誣。

和趙承之

十日①九日昏夢集，職事向人如束濕。看朱成碧有底忙，然萁煮豆相煎急②。長官抵几入門去，小吏垂頭就行立。塵埃上下久可厭，學問崢嶸老難入。平生謬欲師古人，遇事始知吾不及。正須眼底去涇渭，便自胸中無戟級③。丈夫蓋棺事則已，破屋頹牆使誰葺。要隨歸雁刺天飛，莫待枯魚過河泣。

【校　記】

① 日：原作「月」，據宋集珍本、四庫本校改。

② 萁：原作「箕」，據宋集珍本、四庫本校改。

③ 戟級：四庫本作「棨戟」。

【附　録】

昔官會稽故侍講吕公原明丈請以其孫揆中者娶余之長女既受幣矣無何揆中與余女未成婚而俱卒濟陰簿本中則揆中之弟也近於同舍林德祖處見其所與石子植唱和詩子植又余太學之舊僚也故次其韻因寄吕兼以簡石且請德祖同賦　趙承之

我昔江湖百憂集，侍講寄書猶墨濕。婚姻竟作覆手空，日月真如跳丸急。哀哉大耿已川逝，秀矣小馮今玉立。詞源江海浩奔茫，句法風騷森出入。石郎與我金石交，每懷見君嗟靡及。種桑自比侯千户，力田不願爵一級。頗聞杖屨約招攜，應許蓬茅助營葺。欲討明珠救子饑，老矣安能發鮫泣。（《竹隱集》卷三）按：揆中爲本中二弟，趙誤。

曹州後圃夜行

衣欲生棱夢不成，城頭高下打三更。月明如晝柳如畫，更向瑤池南岸行。

風吹蒲葦叢三首

風吹蒲葦叢，中有霜墮意。美人天一涯，行子初夜至①。

風吹蒲葦叢，秋色日向晚。美人何時來，行子飢未飯。

行子惜日月，美人輕別離。風吹蒲葦叢，及時當早歸。

【校　記】

① 行：原校曰：「一作客。」

曹南試院懷向子諲兄弟兼呈張擴

大向金相玉爲表，小向堅車取長道。閉門不見今幾日，塵埃滿城何時好。病夫坐穩百不聞，讀書聒人到夜分。朝來雨過涼氣足，思與張侯同叩門。

試院中作二首

客夢斷復續，角聲寒更長。踈籬擁殘月，老木犯新霜。閉繫身何恨，馳驅汝自忙。稍知詩有味，復恐道相妨。

諸生未下筆，客子且安眠。老覺文章退，官憂簿領纏。短檠仍有味，高枕自無緣。但願無他苦，今年如去年。

擬古

西鄰有佳人，開户納明月。月照衣上纓，同心爲誰結。此結今幾時，未解心已折。隔林聞擣練，起坐更嗚噎。情人在萬里，我獨音問缺。不聞行路難，但見思婦切①。年來契闊久，烈士或喪節。如何空床居，初未見短闕。胡馬與越鳥，本自無離別。草摇新霜白，秋送池水竭。君心有斷絶，妾恨無盈歇。

【校記】

①婦：宋集珍本、四庫本、《永樂大典》本作「歸」。

正月十五日試院中烹茶因閲漢碑

小爐方鼎蛙蚓鳴，那知簾外東風驚。亂雲初破盤鳳影，缺月半墮春江明。已驅簿領出門去，更澆肝肺令愁醒。坐看光焰掃塵土，便覺冰霰臨窗屏。文章斷絶生氣在，妙句直欲無蘭亭。大碑古字久寂寞，高堂素壁空崢嶸。嶧山野火燒欲盡，瘞鶴半在江中陵。不如此書更奇古，反覆厭飫無譏評。山精地神肯愛護，至今歐虞來乞靈。要令石鼓舉吉日，不必細字臨黄庭。生平訪古少如意，對此自足忘經營。世間兒女爭媚好，紙上姓名誰重輕。邇來半月得堅坐，一室當行千里程。南樓燈火漫明滅，北里笙竽頻送迎。儒生事業了不惡，故人浮沈吾嬾聽。更闌更自取書讀，唤起奴僕尋短檠。

試院夜坐

急雨翻燈夜不眠，小床欹側似乘船。平生萬事不如意，病後一身私自憐。海中神山渺茫裏，方外酒徒憔悴邊。本自無心覓餘地，問公何故愛逃禪。

清都行

我昔謁帝白玉墀，獨駕翠虬驂赤螭。御風而行過日圍，遂登清都游太微。廣殿上建明月旗，綴以列宿懸雙蜺。帝顧而歎憐其癡，寸田不治來何遲。我拜稽首心自疑，世俗逼隘臣所知，黜慢之故還無期。後有美人雲霧衣，玉坐交映生光輝。不必翠被緣珠璣，秘文玉簡手自持。見我而笑揚蛾眉，問我此去來何時。握手贈我藍田芝，汝生甚良學則宜，無自輕厭令神馳。一來人間今幾時，恍如夢覺不可追，骨肉腥穢顔忸怩。北風吹寒霜露微，想視倒景淩空飛。却從帝居尋玉妃①，爲汝更賦無言詩。

【校記】

① 却：原作「郤」，據宋集珍本、四庫本改。

試院中呈工曹惠子澤教授張彦實

十日虚房罷送迎，不知新鴈已南征。忍窮有味知詩進，處事無心覺累輕。殘葉入簾收薄暑，破窗留月漏微明。知公坐穩無它念，識我階前柱杖聲。

寄知止

近有書來欲見尋，扁舟南下已春深。濁河遠貫長淮水，峽岸遥瞻寶塔臨。揚子宦游常落拓，茂倫心事轉崎嶔。雲横雪擁藍關路，總是平生願學心。

印纍纍

印纍纍，綬若若，不如相逢一餉樂。谷量牛馬斗量珠，不如閉門細讀平生書。居閑意氣或有餘，利害毫髮過，不能以手援其軀。風吹月明，落我庭樹。宿鳥夜驚，徐又飛去。晝夜有程，汝何不住？前畏彈射，後畏網羅。孰視鴻鵠①，雲霄可摩。亦如人生②，如意少，不如意多。富貴欲長保，執斧不見柯。印纍纍，如此宿鳥飛去何！

【校記】

① 孰視：宋集珍本作「熟熟」，四庫本注「原缺二字」。

② 亦如：宋集珍本、四庫本作「亦知」。

曹南過五丈河堤入城訪顔歧夷仲清談久之乃歸

春色不自惜，落花如許愁。晴天一望遠，漕水十分流。每遶長隄去，頻因好句留。相隨覓季主，不必貸河侯。論極文章秘，居兼竹石幽。和風落香燼，晚日泛茶甌。壯節知無用，諸儒誤見收。江山亦在眼，歲月忽忘憂。南郭今喪我，長卿仍倦游。謾成長韻律，勝與小蠻謳。簿領憎頻過，塵埃嬾再謀。何須五湖口，風雨轉船頭。

雪夜 自注：政和六年①

曹州城南三日雪②，半夜疾風吹石裂。先生睡美唤不聞，不信③衾幬冷如鐵④。病妻索火少聲韻，稚子哦詩應歌節。殘書向人老可愛，舊劍空在磨先缺⑤。未能去尋泉石伴，未用深藏狐兔穴⑥。新正已過今幾日，歲事嬾復從人説。長江略無千里夢，故人動有十年别⑦。相逢一笑又艱阻⑧，所向端⑨坐成癡絶⑩。城中諸公不相棄，時有妙句扶衰拙。頗知晴意在明日，泥深不怕車輪折⑪。便當脱帽過君家，共放南窗看新月⑫。一杯凍酒君莫辭⑬，預借炎天洗煩熱。

【校記】

①慶元本《東萊先生詩集》外集卷二題作《丙申正月四日大雪簡府中諸公》。
②日：慶元本作「月」。
③不信：慶元本作「不覺」。
④幬：慶元本作「裯」。
⑤空：慶元本作「雖」。
⑥未用：慶元本作「豈恨」。
⑦故：慶元本作「落」。
⑧相逢：慶元本作「相從」。
⑨端：慶元本作「堅」。
⑩成：慶元本作「如」。
⑪車輪：慶元本作「車軸」，宋集珍本、四庫本作「車轄」。
⑫共放南窗看新月：慶元本作「共挂南西看明月」。
⑬莫：慶元本作「勿」。

曹南官舍書事

去歲頭已白，今年眼復昏。不憂窮至骨，仍有病傷魂。酒薄如官冷，年豐荷主恩。空庭閑草木，終未答乾坤。

早出

早出公莫厭①，此心吾已灰。嚴風送月落②，曉氣挾霜回③。疾病衝寒怯，衰遲畏事催。忽忽節物去，袞袞簿書來。破壁詩猶在，荒城菊半摧。還家一樽酒，思與故人開。

【校記】

① 公：宋集珍本作「苦」、四庫本作「火」。

② 送：宋集珍本、四庫本作「逸」。

③ 挾：宋集珍本、四庫本作「浹」。

寄江端本子之晁沖之叔用

往歲孟秋月，我行東出關。人煙眇歸路①，風雨轉河灣。别恨交游失，心成木石頑。有隨妻子嘆，無望烏烏閑②。曩事空回首，微官真强顔③。舊諳塵土送，頻辱簿書頒。日月勤憂患，庭闈實阻艱。自忘身窘束，時得淚潺湲。疾病衰猶活，漂流老未還。悞需文字癖，虚覺鬢毛班。苦語終難好④，蕪辭漫不删。絶知出意表⑤，敢復見顔間。二子今懷璧，羣公時賜環。

寄書常恨草，雕句得無慳。晚照雲千疊，新涼月半彎。相忘有道術，那得厭塵寰。聖治先三輔⑥，皇威極北蠻。物能同應瑞，民自不藏姦。薄技寧堪奏⑦，餘光或許攀。何須陽翟望，咫尺是箕山⑧。

【校 記】

① 眇：原校曰：「一作滿。」
② 望：宋集珍本、四庫本作「語。」
③ 真：原校曰：「一作直。」
④ 好：原校曰：「一作就。」
⑤ 絶：原校曰：「一作定。」
⑥ 先：宋集珍本、四庫本作「光」。
⑦ 技：原作「扙」，據宋集珍本、四庫本改。
⑧ 何須陽翟望，咫尺是箕山：原校曰：「一作相期下江海，不敢厭荆蠻。遠樹出頭角，諸峰明髻鬟。與辭肥馬健，且（原作目，據宋集珍本、四庫本改）就小船跧。桂子猶堪拾，梅梢或許攀。不須陽翟路，咫尺是箕山。」

兩鶴行

西風引湖光，上與月色亂。化爲兩白鶴，飛來洞庭岸。洞庭無網羅，兩鶴願爲伴。鳴聲既清好，羽翼又璀璨。一鶴飛上天，久厭俗眼玩。一鶴不能飛，摧頹自悲歎。三年望絶壁，念汝腸已斷。昔既薄恩情，今還恨霄漢。未忍學鷦鷯，裁求一枝换。

陵城歌①

曹州城北十里有陵城，坡冢纍然，即定陶恭王、丁、傅陵也。余往來過之，傷嗟再三因爲作歌

北風吹沙秋草黄，漢家故陵當路傍。殘基斷壠趁風雨②，狹徑小樹行牛羊。當時王子朝未央，飛燕姊弟承龍光③。大策已定回朝陽，不知外家諸舅忙。後來變化尤倡狂，佞賢賊莽分行藏。豈知漢運中更長，濟陽舍中方赤光。終亦變化隨飛揚，何獨此地令人傷？人生覩此當自顧，位高金多終此路。君不見五陵佳氣且如此，更復何情説丁傅。

【校　記】

①　原題與小序相接，現析爲二。

②　基：宋集珍本、四庫本作「墓」。

③ 龍：宋集珍本、四庫本作「寵」。

早至天寧寺即趙州受業院也

殘月曉未落，疎星點寒林。嚴車城南路，先聞鍾磬音。道人迎我入，共步重廊深。瀹㦮施淨供，水味雜海沈①。蒲團近宿火，不受塵埃侵。欲求半日息，簿領勤相尋。東堂老禪師，枯木尚龍吟。一轉庭前柏，諸方疑至今。我生晚聞道，所向足崎嶔。謬傳無字印，常恐力不任。淮海罷行役，吾人多滯淫。於焉一枕夢，可見平生心。

【校　記】

① 水：宋集珍本、四庫本作「冰」。

曹南寄親舊

淨名居士默無語，翰林子卿虛見尋。半世泥塗催老大，中年詩律費光陰。江湖每有同歸興，酒𤎌初無獨飽心①。三尺枯桐取煨燼，斷絃遺譜有知音。

【校　記】

① 𤎌：宋集珍本、四庫本作「炙」。

大雪不出寄陽翟寧陵

簿書終歲忙，風雪一日靜。閉門近殘火，稍覺諸事勝。平生汗漫游，已負麋鹿性。微官不能歸，但見日月競。老人去已遠，我行復未定。訓言實在耳，無因問温凊。歸心止陽翟，悲夢識新鄭。大女癡無比，有語多未聽。小女索乳啼，不與窮屋稱。想喚添丁來，與汝相和應。低回坐兒曹①，氣血安得盛。非無車馬心，未忍求捷徑。顧自阻飢寒，疇能免譏評。諸郎何時逢，想作玉樹映。文章有活法，得與前古並。默念智與成，猶能愈吾病。

【校記】

①回：宋集珍本、四庫本作「頭」。

與寧陵叔弟别後有懷兼寄趙才仲二首

一别又經月，欲來渾未期。寧知萬卷讀，難療十年飢。長物新添女，生涯舊有詩。更傷新况味，不報老親知。

表弟今何在，中郎亦漫游。平生足艱阻，今日倍遲留。誤辱瓊瑶報，兼蒙札翰投。南窗五更月，常照别離愁。

大雪不出

晶晶日欲出，飄飄風自横。近階三尺雪，附火一杯羹。老樹春難到，深簷鳥或鳴。新春第三日，堅坐若爲情。

自曹南至陽翟懷江上舊游呈叔弟

醉别白沙江上亭，晚蟬高樹各秋聲。風乘小艇鳧鷟進，雨歷踈簷環佩鳴。家事不隨王事了，新愁常接舊愁生。只今疲病嫌鞍馬，十日同居眼暫明。

自陽翟至寧陵與虚己叔諸弟别還曹未久知止復來偶成二十八字

緑遍牆頭楊柳枝，小亭春盡阻歸期。頭昏目暗無情緒，不比少年離别時。

試院中作

職事侵人畏作官，略偷身去不能還。樹移午影重簾静，門閉春風十日閑。尚有文書遮病目，却無塵土犯衰顔。故人何處蓬籠底，看盡江南江北山。

去冬試院中嘗作詩云衣敝蝨可拾髮垢櫛不下披衣坐牆角尚有微火跨平生足拘窘今日幸閑暇新文加點竄欲歇不能罷雖微塵事妨頗畏俗子罵出門見諸老此語君可畫今年復入試院職事多窘迫者簿書滿前如赴湯蹈火也再次前韻

誰令君作官，袞袞簿書下。誰令君不學，陷穽乃欲跨①。緬懷北窗翁，斯人蓋多暇。田疇望家遠，日月已秋罷。尚蒙諸公憐，未至官長罵。何時歸來圖，更作一段畫。

【校　記】

① 乃欲跨：原校曰：「一作欲淩跨。」

雨後數與李仲輔兄弟往來且約十七日同過士特因成長韻

鄰雞再三鳴，不改風雨晦。束裝向前塗，恐與泥潦會。故人時一來，共此一室内。微言久已絶，苦語或未遂。子生甚奇古，却立有餘地。舊從伯氏游，則已聞令季。斯文儻未遠，吾今蓋憔悴。相期無何鄉，獲保清淨退。收身稠人中，着眼世事外。山空倚巖石，雪立老杉檜。往來相遇難，更自少如意。旦日過城南，把酒公一醉。

首夏二首

生平寡嗜欲，頗願得少閑。盡讀未見書，徧尋雲外山。往來二十年，昔者盟未寒。妻子見驅迫，低頭言作官。朝飜朱墨案，暮對藜藿盤。豈無一畝宫，令汝得少安。向來棲息地，苔竹奉餘歡。何時二三子，共駕牛車還。汝實江海人，悞令塵土干。舊遊在彷彿，欲往當不難。但去眼前窄，自然心地寬。

空庭下踈箔，樂此樹陰美。鳥聲相續來，百種皆可喜。日長少文字，俗事不到耳。開窗略須夜，月露欣一洗①。頗念閑居樂，感歎投筆起。吾家老清源，自注：家姑先封清源君。愛我入骨髓②。還家治場圃，喚我共料理。會同江海去，更欲附船尾。平生跨欵段，不敢廢鞭箠。誰云馬中龍，一日有萬里。卜鄰吾所知，江晁老兄弟。

【校　記】

① 一洗：宋集珍本、四庫本作「瀰瀰」。

② 老清源愛：宋集珍本作「□□□痛」，四庫本注「缺四字」，二本皆脱自注。入：原校曰：「一作深。」

中國歷史文集叢刊

呂本中全集

四

[宋]呂本中 撰
韓酉山 輯校

中華書局

東萊詩集卷八

問晁伯宇疾二首①

晁子卧京城，歲月晚不用。偷身出塵土，閉户忍疾痛。客來不與語，有口吾懶動。今年又請老，氣力當少縱。生平厭筆墨，棄去不復弄。頗念白頭親，甘旨須子奉。呻吟在衽席，妙語時一諷。誰令稻粱謀，未答泉石夢。鄙夫託末契，義實憂患共。天定或勝人，寡固不敵衆。請公但縮手，保此清淨供。因書報安否？兼與問群從。

取驥伏鹽車，更欲縶其足。於物未有害，罰汝則已酷。晁子江海士，老去自窘束。平生萬卷書，豈只十年讀。隨身幾箱篋，一一手自録。初無解衣贈，未免操戈逐。仲也抱瑚璉，幼亦好奇服。西堂老弘微，與子同軌躅。過門有江謝，共語喧破屋。棄官吾已懶，覆種子未孰。逢人强應接，遇事多詬辱。何時把鋤頭，得止季路宿。

【校　記】

① 問晁伯宇疾二首：宋集珍本、四庫本卷八無此詩。

商村河決①

今年河口決商村，遠望飛濤疋馬奔。曲港定無蛟鱷横，下田甘受雨泥渾。衣裳蟣蝨藏針縫，頭面塵沙露爪痕。猶恐因循葬魚腹，故人無地與招魂。

【校　記】

① 商村河決：宋集珍本、四庫本卷八無此詩。

新霜行①

新霜下幽蘭，昔在顧眄間。時過理當爾，敢復致一言。物生無榮賤，悉是君所見。相值有相違，誰能滿吾願。田園棄荒蕪，官居走郵傳。誤尋文字盟，秣馬當百戰。一飯或未飽，逢人足嫌怨。窮於投林猿，窘若巢幕燕。忍學少年子，羽翼偷絢練？百萬買纏頭，千金奉娱宴。願爲匣中玉，不作秋後扇。丈夫重許與，正爾未爲倦。絶糧有不死，酒肉虚健羨。古人馬伏波，吾猶識君面。

【校　記】

① 新霜行：宋集珍本、四庫本及《兩宋名賢小集》卷一〇二《紫微集》載是詩，皆題爲《問晁伯宇》，少

首「新霜下幽蘭，昔在顧眄間。時過理當爾，敢復致一言」四句。

將去曹南連得江晁書因歎存殁諸友遂成長韻

西風脱殘暑，我病不自聊。吏舍少還往，亦復長蓬蒿。欣然脱帽去，念此非一朝。陽翟未遽往，寧陵虚見招。初無食息地，未免柴水勞。故人數通書，尚有江與晁。窮涂感節義，俗耳受風騷。向來相知人，昔盛今寂寥。落日送汪謝，荒山留老饒。關侯最傑立，亦以膏自燒。後生有向子，更盡兒女嬌。出門天奪之，不令上雲霄。坐看朋友淚，未減春秋褒。怪我但羸疾，悞蒙風雨摇。日月費奔走，文章勤琢雕。會須領妻子，更欲投吾曹。耆舊唤歸隱，諸公憐久要。自注：劉丈器之及顔平仲、向伯恭、韓秉則諸人，皆相約爲一州之隱，以便往還講席之益。出同赴雞黍，歸但守簞瓢。相將訪雲山，所至雜漁樵。還當古渡口，卧聽西江潮。

精衛詩

西山有鳥，其狀如烏。名曰精衛，其名自呼。精衛堙海，不堙不止。問誰之報，云帝之子。帝子女娃，往遊不還。精衛求之，不敢有安。海流不改，汝堙不遷。嗟哉精衛，志則可憐。我昔讀書，惟聖之求。竭力從之，以春及秋。老人宴居，審吾之學。惟時友朋，日就雕琢。

聖言甚微，吾意則近。近以識微，退或有進。三年于曹，惟罪之恐。人雖甚厭，子亦不勇。舒舒其雲，沄沄其水。子不與歸，而曰有以。豕羊在牢，芻秣之戀。烹庖及之，抑又誰怨。予學日遠，予道日踈。有愧精衛，其誰與居。精衛之飛，不必戾天。子之不如，寧有智焉。惟作與否，愚智之擇。小人作詩，惟一勸百。

寧陵弟相送至南京因成四韻寄季一子之叔用

白髮無端巧上頭，鏡中顔狀不能羞。要尋楊子一廛地，未用劉公百尺樓。野竹連陰護苔蘚，暮雲生雨續黄流。秋風有信鱸魚在，更約江晁共小舟。

十一月一日步河堤上

簿書糾纏人，欲出不自許。老吏環我前，更作附耳語。脱身上河堤，頗似晝伏鼠。河堤平如掌，下有千歲土。夕陽斂殘照，草木過寒雨。遊魚著釣餌，舟子快新煮。煮魚得放飯，尚嘆行役苦。江湖平生心，歲月可逆數。故人書斷絶，吾事有去取。歸來討清尊，妙句還一吐。

留侯

留侯下邳時，豪氣或未除。晚節欲輕舉，效在黄石書。其書本無言，一嘆三嗚呼。彼公實天人，識此鵷鳳雛。良田有蕪穢，令子痛自鉏。萬事不得已，一身常晏如。袖手默無語，四方瞻步趨。不知隆準公，果能知子無？小兒荀彧輩，下及崔浩徒。謂能明子心，此語亦已誣。不能處其知，正足殺其軀。所恨生已晚，聖門無坦塗。學不盡其才，未免風俗驅。詩書在煨燼，子何不回車。試問禮之本，更觀心地初。自注：莊生言：欲當則緣於不得已，不得已之類，聖人之道。留侯蓋庶幾於此。韓非曰：非知之難，處知爲難矣。此留侯與荀彧輩所以分也。使其親受業於聖人，蓋未可量。故妄作此詩，論其大概，實平昔所粗曉也。

送韓撝秉則赴棣倅

公如玉壺冰，見即離煩熱。況當清秋懸，更自貯霜月。中邊本無垢，何處覓焚爇。盛以百鍊銅①，此亦不得折。初蒙一日欵，遽有千里别。扁舟轉青齊，歲事當雨雪。遠行不嬴糧，已悟服食訣。古來饕餮徒，頗謂一世傑。唾壺彼何知，便爲如意缺。觀其所用心，舉不異鼠竊。首陽獨往人，渠自飽薇蕨。舉頭公一笑，百慮無以絶。江源初濫觴，末乃流不竭。

傷哉鞲上鷹，一飽便飛掣。

【校　記】

①銅：宋集珍本、四庫本作「鋼」。

讀秦碑

秦人跨九州，欲以傳萬世。立石名山旁，往往章得意①。至今見遺刻，字體甚雄異。壯哉蒼蘚文，未改回屈勢。風雨所侵蝕，中有千丈氣。嚴如虬龍蟠，深若鐵石利。餘威到山鬼，謹守敢失墜！漢魏能書人，亦豈可睥睨。未能識藩籬，何止趁姿媚。初無一日雅，但有三舍避。文章又奇古，遷雄蓋苗裔。觀其所稱述②，肯爲尊者諱。巧言未大失，末乃爲俗累。嗚呼結繩前，此又誰與記。君臣俱無爲，垂拱天下治。春秋記日月，大易垂彖繫。嬴氏厭休息，動以衡石計。斯翁變古文，程邈分篆隸。自此更滋蔓，日以趨簡易。馳驅千百年，漫有紙墨費。誰能罷煩文，盡掃著天外。此書雖見存，或以少爲貴。持此槁木枝，我亦無甚愧。

【校　記】

①章：原校曰：「一作示。」

②稱：原校曰：「一作著。」

次韻答曹州同官兼范寥信中

好詩有味終難捨，俗事無功莫羨渠。破曆屢翻深甕酒，短檠時檢舊窗書。何年雞黍先投社，是處田園可結廬。更請二公搜好句，一身苛癢要爬梳。

【附　録】

得海陵掾吕居仁書　　張　擴

故人温飽竟何如，忽寄郵筒滿紙書。頗愧中年猶吏隱，相望千里未情疎。官曹清簡庭無訟，淮海豐穰食有魚。見説參禪新了了，幾時爲我痛爬梳。（《東窗集》卷四）

龔彦承觀軒

愛山不能歸，常恐山怪責。終歲在行役，感動頭已白。高秋强僮僕，路過龔掾宅。蒙君開南軒，除我眼界窄。白波遶青嶂，彷彿見顔色。江上飛來峰，却立對君側①。蕭蕭蒲葦叢，不受塵土隔。知君有奇趣，笑我常偪仄。人生無窮已，得一乃願百。床頭貯美酒，窗下著好客。請公但默然，歲晚當有獲。

【校　記】

①　却：原作「郤」，據宋集珍本、四庫本改。

畫馬圖

平沙遠草春未生，萬馬夜起爭悲鳴。秋雲欲墜都護壘①，急雪暗下屯田營。胡人却走畏深入②，漢家飛將已雲集。此時一馬直萬錢③，隴右河湟更供給。邊塵淨盡今百年，萬馬潦倒西風前。天生駿骨例艱阻，是處雕鞍蒙愛憐。君家九幅開新帳，欻見驊褭華堂上。長鞭不用羈絡遠，霧縠雲羅倚惆悵。高旌嫋嫋霜露微，苜蓿得雨連山肥。同時戰士今不歸，曹霸弟子能神奇。毫端妙處君得之，駑駘往來空爾爲。

【校　記】

①　墜：原校曰：「一作墮。」

②　胡：四庫本作「邊」，宋集珍本與底本同。

③　直：原校曰：「一作費。」

堤　上①

落花吹盡不堪憂，只見河堤水漫流。晚日强穿城北市，春風猶駐驛南樓。妻孥轉覺爲身累，歲月終難忘汝留②。萬里長江一尊酒，故人何處倚扁舟。

【校　記】

① 堤上：此詩卷十重出。

② 忘：卷十《堤上》作「望」。

將赴海陵出京沿汴覓舟候送客不至遂行

子行殊未來，我馬已再秣。略投故人飯，苦厭從者聒。長河見舟楫，尚恐塵事奪。風翻蟬急噪，雨漱岸欲脱①。南山已在眼，想望淮水闊。别離古所重，況在交友末。翩然欲行際，所寄一短褐。路長書來稀，何以慰飢渴。自注：四月二十二日出城至子我家，候子之、民師不至。因簡商丈、壯輿、夷行、伯野、季一、由中諸公。

【校　記】

① 脱：宋集珍本作「鋭」。

京師新鄭與諸晁兄弟往還前後數詩

夜雨不嫌久①，凜然天欲秋。客燈吹屢滅，細雨落還休。未許金張並，虚爲鄠杜遊。江湖少歸夢，知爲故人留。

我髮白已短，公愁安得長。牆根春薺老，瓶水臘梅香。侍立無天女，相隨有漫郎。平生湖海興，今夜宿連牀。

髮短各已白，眼昏誰復明。殘春斷花柳，晚日閉柴荆。潦倒書常廢，驅馳夢或驚。尚於團聚樂，雖老未忘情。

令弟窮顔蠋，書生老仲舒。相招得共處，何往更安居。歲月塵埃外，桑麻雨露餘。送行無別物，圯上一編書。

苦語相留極，虚床會宿頻。山東今出相，海内不無人。婦女能尊客，兒童不厭貧。長途有知遇[②]，今日倍情親。

【校　記】

① 雨：宋集珍本、四庫本作「語」。

② 知：原作「如」，據宋集珍本、四庫本、《兩宋名賢小集》本改。

本中將爲海陵之行念當復與子之作别意殊憒憒偶得兩詩上呈并告送與壯輿叔用也

斯人如玉雪，可愛不可忘。助以濯滄海，亦復闞餘光。今兹困塵土，更伴衆翼翔。時來唤我語，共此一榻涼。風雨下頰舌，冰霜清肺腸。我老漸窘束，公才方頡頏。春秋有體製，子蓋能文章。要當纂微言，不以近故妨。粲然東園花，不登葵藿場。

老僕倦日長，羸馬困道遠。東行數日間，尚欲一再款。我能喻子意，子亦識我嬾。追懷十年遊，僅得一笑莞①。時能煮湯餅，更復下茗盌。晁郎木京邑，劉子蓋楚産。江山兩秀異，與子日在眼。南風動歸興，感慨毛髮短。相尋儻有日，歲月亦未晚。

【校　記】

① 莞：原作「筦」，據宋集珍本、四庫本改。

鴈

鴈從何方來，云自燕趙北。今當何所往，暖日近暘谷。寒雲墮江漢，未見所棲宿。朝憂稻粱少，莫畏罝網逐。惜哉還往頻，愈覺歲月促。悔不近藩籬，隨群伴雞鶩。羽幹何必好，志願亦易足。物生有高下，終恐厭摧伏。公看滄海頭，萬里飛鴻鵠。

【校　記】

①罝：宋集珍本、四庫本作「羅」。

赴海陵行次寶應①

半升濁酒試蓴羹，賤買魚蝦已厭烹。淺水依蒲有船過，淡煙籠月更人行。交遊潦倒腸先斷，疾病侵陵涕自横。北望中原一千里②，故人誰復唤歸耕。

【校　記】

①赴海陵行次寶應：原校曰：「一作過白田。」

②一：原校曰：「一作幾。」

海陵雜興八首

四海今誰託，飄然未有歸。先生作詩瘦，穉子食言肥。未忍螢枯死，甘隨鷁退飛。故人取堅坐，不爲賦無衣。

相見各已老，壯懷如昔然。蛟龍夜改穴，風雨暗移船。把酒猶堪醉，逢人嬾問禪。還家有餘地，留我買山錢。諸老今無恙，秋來數寄聲。尚能無事飲，猶勝不平鳴。行李虛長鋏，生涯共短檠。江湖日在眼，恐負白鷗鳴①。

荒城足風雨，今日更新冬。草木山嵐暗，人家水影重。漫看文字過，時有簿書逢。目極橫塘路，西樓聞暮鍾。

曾子不復見，斯人絶可憐。夢回千嶂裏，氣奪萬夫前。異日文章社，平生香火緣。高樓更南望，霜露倚江天②。自注：時曾元似新物故。

萬事不如意，自然添白鬚。極知少餘韻，何敢厭窮途。土俗尊魚婢，生涯欠木奴。東行見李白，誰爲致區區。

空山鶴夜鳴，海風令人驚。對月且愁思，看書終眼明。斗酒不爲薄，客帆那計程。猶憐它夜雨，曾作打窗聲。

輕帆載曉月，和夢到揚州③。木落山光寺，江横北固樓。漫拋三徑隱，虛有十年遊。尚勝劉師命，才因越女留。

【校　記】

①　鳴：宋集珍本、四庫本作「盟」。

②露：原校曰：「一作路。」
③到：原校曰：「一作别。」

往來送迎城南道中二絶

破裘重補却勝寒，暗減頭圍覺帽寬。數頃桑麻遶城路，每隨妓吏去迎官。
海氣如煙跨市樓，北風連夜舞梧楸①。平生事業難牽强，坐守寒燈聽聒囚。

【校　記】

①舞：原校曰：「一作雨。」

家叔舍弟與黎介然會于符離因用兩絶奉寄

漫約同歸久未償，只今留滯各它鄉。春風有信勤歸鴈，夜雨何時復對床。
老覺爲官百不宜，故人雖在鬢如絲。遥知再踏同遊地，更想汪饒曳杖時。自注：余昔與介然、德操、信民同寓符離。

病中夜聞雪作時堯明有廣陵之行未歸思爲數語奉寄久之未就它日堯明歸攜詩相過飄然有馭風淩雲之氣因以前詩答之

公方它山行，我此一室病。擁爐聽夜雪，若與風勢競。蕭條中疑休，狼藉久未定。平明望屋瓦，入我眼界靜。所恨子猷遠，無復肯乘興。想當巖壑間，玉立與輝映。時來有傑句，遂入風雅正。寒威固深避，草木自温凊。公家鶴氅翁，韻與羲皇並。流風及遠孫，筆力如此勁。彫繢或過眼，惟我乃弗稱。新春上河堤，梅柳當歷聘。過從不厭數，荒疇取微徑。

次韻堯明貢院詩

忍窮不能歸，强飯亦良計。東風頻報春，草木可次第。厭爲龍頭縮，寧作龜尾曳。從來翰墨場①，即有聞見滯②。譬如已耕田③，更欲深種蓺。或蒙鹵莽報，未肯即弃置④。不聞太倉粟，亦校豪髮細⑤。王卿固倦遊，穢濁有蟬蜕⑥。聲名動時人⑦，我實託末契。泥塗倒屐齒，塵埃涴衣袂⑧。要爲無用用，乃作不事事。下馬舊戰場⑨，午日在庭戺⑩。向來槁木枝，忽有紅緑綴。來非偶然往，去亦無所詣⑪。聚蚊著甌中，得聽此鶴唳⑫。窗前有餘馥⑬，勝韻入松桂。扁舟下淮南，間里思少憩。熟視昔所歷，請與居士戲。江湖要同歸，不假木蘭枻⑭。

【校　記】

① 翰墨場：原校曰：「一作文字娱」。
② 即：原校曰：「一作乃。」
③ 耕：原校曰：「一作耨。」
④ 肯：原校曰：「一作忍。」
⑤ 亦：原校曰：「一作肯。」
⑥ 有：原校曰：「一作乃。」
⑦ 人：原校曰：「一作流。」
⑧ 涴：原校曰：「一作滿。」
⑨ 下馬：原校曰：「一作重尋。」
⑩ 甩：原校曰：「一作砌。」
⑪ 去：原校曰：「一作出。」
⑫ 得：原校曰：「一作忽。」
⑬ 窗前：原校曰：「一作前詩。」
⑭ 請與居士戲。江湖要同歸，不假木蘭枻：原校曰：「一作萬變才一戲。滄浪要同歸，更整它日枻。」

海陵夜作

夜長夜長天復霜，海陵城中今夜長。夜長夜長冬向晚①，寒階無人看月滿②。路長家遠來信稀③，水闊④山深歸夢短⑤。堂上書生頭已白，朔方健兒十年客。想渠當此夜長時，撫劍雖長酒杯窄。明妃愛惜漢宫衣，烏孫公主終不歸⑥。戚姬去視鴻鵠舉，更爲君王作楚舞。當此夜長誰送迎，此月還如今夜明⑦？夜長夜短公莫歎，寒即重裘熱須簟。夜長夜短公莫憂，多憂多厭公白頭。

【校記】

① 冬向晚：原校曰：「一作天向暖。」

② 寒階無人看月滿：原校曰：「一作海陵城中今夜短。」

③ 長：原校曰：「一作遥。」

④ 闊：《兩宋名賢小集》作「闊」。

⑤ 短：原校曰：「一作斷。」

⑥ 主：《兩宋名賢小集》作「子」。

⑦ 還：原校曰：「一作亦。」

東萊詩集卷九

秋夜行

八月九月啼寒螿，十月北風天雨霜。客游無聊思故鄉，書來不來空斷腸①，鴻飛何爲滿夕陽。舉頭攬取明月光，置我堂上六尺牀。滿酌玉杯碧淋浪，唤取姮娥來共嘗。人間歡樂壽命長，不須辛苦老桂旁。

【校　記】

① 書來：宋集珍本、四庫本作「鄉書」。

臘　梅

學得漢宫糚，偷傳半額黄。不將供俗鼻，愈更覺清香。

牧牛兒①

牧牛兒，放牛莫放澗水西，澗水流急牛苦飢。放牛只放青草畔，牛卧得草兒亦嬾。兒嬾隨牛莫著鞭，幾年力作無荒田。雨調風順租税了，兒但放牛相對眠。

【校　記】

① 金履祥《濂洛風雅》誤繫於張横渠名下。

洞　庭

嘗聞洞庭湖，秋至清皎潔。往來八百里，長風駕明月。中有仙人居，容顔若冰雪。我願從之游，問渠傳實訣。脱冠着霞佩①，長與塵世别。

【校　記】

① 着：宋集珍本、四庫本作「養」。

細　雨

細雨不成雪，北風來解紛。冥冥小江樹，漠漠暮空雲。誰惜江東弟，今修地下文。西齊千萬里，遺恨不堪聞。

王陽

王陽作黄金，才了車馬費。苦身邀聲名，未免遺俗累。何如陶淵明，蕭散塵世外。公田二頃餘，覓酒償一醉。高風久寂寞，斯文若旒贅。白眼看世人，此意渠不會。

題趙丞瑞薏苡圖

甘泉殿中芝九莖，不與百草同條生。當時祥瑞已稠疊，薏苡亦未來爭衡。漢皇不容矍鑠翁，此物乃與明珠同①。爾來萬物更變化，薏苡寧甘死荒野。故遺根苗霜雪白②，炯若微月來清夜。趙郎好事古亦無，俯拾旁觀盡圖畫。畫師不辭粉繪費③，遇時亦得千金價。君不見古來異瑞與奇祥，何曾不致南宫下。

【校　記】

① 乃：宋集珍本、四庫本作「不」。

② 故：宋集珍本、四庫本作「放」。

③ 不辭：四庫本《歷代題畫詩類》作「不辨」，《聲畫集》作「不辯」。

即事

清陰庭中槐，緑潤牆外草。職事苦見妨，令人惡懷抱。朋從多飄徙，今我獨枯槁。高牀書數帙①，時節豈不好。不能逐爾去，但覺歸思浩。人情便久習，世態嫌衰老。閉門了殘詩，昔者跡已掃。何時北窗風，清尊爲君倒。

【校記】

① 帙：原作「秩」，據宋集珍本、四庫本改。

寄晁以道

朝辭陘山清，莫涉潁水緑①。往來百里間，得此意已足。吾人少如願，夫子更絶俗。閉門觀易象，未用傷局促。使我三日留，共此一室獨。皎如嶺頭月，凜然霜後竹。欲爲斯文壽，以作學者福。洛陽佳少年，撫事多慟哭。此其於聖學，何異狗尾續。寧知草玄翁，萬事不掛目。深湛而雅澹，亦不在反覆。吾祖早聞道，晚與夫子熟。相期千載外，未得一世伏。深山竄鼯鼬②，晚日度鴻鵠。誰能從公遊，歲月如轉燭。

【校　記】

① 潁：宋集珍本、四庫本作「賴」。

② 深：四庫本作「渫」。

轎上口占二首

城北城南柳絮飛，街東街西鵓鴣啼。海陵三月與春別，一夜雨成三尺泥。

風雨屬連春事休，十日九日轉城頭。雖無俗物敗人意，可使澄江消客愁。

次韻遜叔直閣見寄兼請堯明同和

紛紛塵土計秋豪，忽送長江八月濤。陶令且爲州祭酒，鄧公才可掾功曹。但看秋到猶絺綌，即是花時合緼袍。待得公歸吾已老，滿田荼蓼與誰薅。自注：蒿字同豪字韻收。

再和兼寄奉符大有叔①

血氣侵淩不復豪，往來欹倒似乘濤。寧知嬾過嵇中散，亦有詩如謝法曹。舊藁只堪供醬瓿，故人相贈有綈袍。兗州賓主同風味，惡句煩公更一薅。

【校　記】

①　四庫本王之道《相山集》卷一〇誤收此詩。

雨後至城外

日日思歸未就歸，只今行露已沾衣。江村過雨蓬麻亂，野水連天鸛鶴飛。塵務却嫌經意少，故人新更得書稀。鹿門縱隱猶多事，苦向人前説是非。

龐　公

卧龍雛鳳不曾閑，舉世皆危子獨安。應念橋公無特操，晚將情話向曹瞞。

衛　青

將軍相繼出天山，漢主吞胡意未闌①。本自無心接賓客，故人猶有一任安。

【校　記】

①　吞胡：四庫本作「開邊」。

雜詩三首

烹葵去王畿，剥棗在海角。歲序忽已周，月亦頻告朔。向來手中扇，今此已倦捉。尚嫌簿領煩，不厭朋友數。塵埃向奔走，文字費雕琢。途人有前知，子乃獨未覺。出門見大路，夫子焉不學。

結髮在簡編，俗事方剌促。往來三十年，未見可棲宿。微官不能去，尚恐遭逼逐。歸棲則在念，所望一枝足。頻蒙故人悮①，豈有鄰可卜。出門雖無車，逕自騎黄鵠。重尋置錐地，青燈一盂粥。

飢蚊青而化②，怒目虬兩鬚。黄昏與我遇，且復少踟躕。肌膚恣啖齧，熟視不可敺。中宵盛黨徒，意氣若有餘。傷哉陷穽虎，有時被囚拘。求食至摇尾，曾此蚊不如。雲龍困螻蟻，此語不可誣。

【校　記】

①悮：《永樂大典》本作「娱」。

②化：宋集珍本、四庫本作「花」。

秋日三首

諸卿談笑賞先登，我欲從之病不能。門閉日長公事少，衹疑身是住庵僧①。

塵滿文書燈暗檠，荒城相望殷殘更②。莫言愁罷無佳處，睡正熟時聞雨聲。

往來奔走看渠忙③，疾病低回却未妨。唤客不須嫌酒惡，隔牆時喜送橙香。

【校　記】

① 衹：原校曰：「一作却。」

② 殷：底本缺筆，避宋太祖嫌名，已見前。宋集珍本、四庫本作「數」。

③ 奔走：原校曰：「一作馳騁。」

橙二首

西風吹鴈欲斜行，小檻寒花却未香。將謂諸公頻載酒，枉留橙菊十分黄。

不辭玉露著新行，漫作人間徹骨香。知道輸棊償舊約，故留殘菊一時黄。

寄京師親舊

屋頭橙實如李梅，庭下葵花深覆盃。豆田失雨不稱意，野菊出苗虚見猜。故人相望一尊酒，問我此住何時回。江山空自汚敲扑，筆硯況復生塵埃。交情自昔少同調，人事只今多好乖。欲隨明月覓公處，限以白浪摇長淮。舟楫誤逢蛟鱷横，歲月苦遭霜露催。側身西望莫回首，堂上書生心已灰。

和成士觳鹿女泉詩

成子東遊十日程，駞裘顛倒帽欹傾。新詩頓數神仙事，病耳忽聞京洛聲。去住閑經幾塵刹①，往來相望一牛鳴②。再尋六月山前路，分我寒泉數勺清。

【校　記】

① 閑：原校曰：「一作同。」

② 來：原校曰：「一作還。」

春申君

少年談笑解秦兵，便欲連從却未成。莫謂江東可長保，莫年無意引朱英。

秋日三首

罷馬厭鞭策，征鴻思稻粱①。終年在泥土，永路困風霜。慎勿鞍韉愛，直須矰繳防。吾衰亦已甚②，念爾不能忘。

交游太半死，吾亦老相侵。古木十圍大，寒泉百尺深。恨猶能切骨，愁或至傷心。寄語南飛鴈，君無笑苦吟。

獄掾酸寒極，官曹冗長催。真同鶴久住，不學鴈輕回。婦女能相笑，兒童忍見猜。猶怜舊耆老，時有一書來。

【校　記】

①征：原校曰：「一作飢。」

②亦：原校曰：「一作則。」

和成士轂海安道中見寄

成侯老更嬾，處世一虛舟。暫脱塵埃夢，還尋江海秋。從來仙聖宅，不數鳳麟洲。有意相隨否？因公更一游。

送虞澹季然之官京師

車如雞栖馬如狗，勸公莫笑循牆走。車如流水馬如龍，不如還家行御風。以尻爲輪神爲馬①，世人計出車馬下。出門險阻道里遠，只今誰是能行者。海陵事劇俸則薄，得公相從亦不惡。小吏相欺官長怒，我自作煩公笑樂。庾公故是豐年玉，道皃更自見不足②。斷崖獨立老松柏③，青天何處飛鴻鵠④。汴堤六月塵自障，請公登高更南望。馬煩車怠早歸來，且從夫子濠梁上。

【校　記】

① 尻：原作「尻」，據《莊子·大宗師》改。

② 皃：四庫本作「貌」。

③ 獨立：原校曰：「一作百丈。」

④ 何處：原校曰：「一作萬里。」

海陵病中五首①

病知前路資糧少，老覺平生事業非。無數青山隔滄海②，與誰同往却同歸。

先生高卧了殘冬，我亦年來不諱窮。夜半打窗人不會，滿天風雨角聲中。

客游歷歷都如夢，身事悠悠略似僧。只麽隨緣作官去，不知從古更誰曾。

往來車馬鬧泥塗，一室蕭然百事無。語默二途俱不涉③，不勞辛苦對文殊。

久諳罷卧嬾呼醫④，剩讀文書不療飢。數有故人來問疾，更煩耆舊與傳詩。

【校記】

① 海陵病中：原校曰：「一作寄劉器之丈五首。」

② 海：原校曰：「一作江。」

③ 語默二途俱不涉：原校曰：「一作本自無言亦無默。」

④ 久：原校曰：「一作飽。」

次韻李叔友賀堯明登弟叔友丹陽人也本中得其人之詳於王堯明恨未之識也堯明擢第叔友作詩賀之堯明令繼作既喜叔友能不妄許可又嘉堯明進退取捨皆中乎道也三首

柴桑無復陶元亮，谷口虛傳鄭子真。二子風流知有在，且留餘味及吾人。

澄江雖近不容親，亦是人間可喜人。枯木巖前有歧路，一杯濁酒自成春。

二子深居筆吐虹，從來氣節萬夫雄。欲知聖主求賢意，不爲相如詞賦工。

次堯明見和因及李蕭遠五首

小閣才堪置一牀，病軀雖在鬢蒼浪。隨身行李無長劍，猶勝堆錢與窟郎。

交游潦倒漫虚名，悮結它生文字盟。踏盡塵埃公莫厭，不應因酒愛江清。

故人飄散各窮途①，諸老交情却未踈。賴有清詩在書案，時時讎讀伴更初。

萬里星河指顧間，此中何自著江山。精金百鍊終無用，才與佳人照指鐶②。

阮公游宦喜東平，賀監從來憶四明。但得從容飽鱸糲，不須辛苦辨肴鯖。

【校記】

① 故：宋集珍本、四庫本作「文」。

② 照：宋集珍本、四庫本注曰：「一作點。」

西歸舟中懷通泰諸君

一雙一隻路旁堠，乍有乍無天際星。亂葉入船侵破衲，疾風吹水擁枯萍。山林何謝難方駕①，詩語曹劉可乞靈。酒盌茶甌俱不猒，爲公醉倒爲公醒。

【校　記】

①難：《石倉歷代詩選》作「誰」。

寄馬巨濟察院時監泰州酒得宮祠歸南京

新春欸南園，積雨寒不歇。起望海陵城，幸未還往缺。聞公得安還，未放車軌折。毫端倒江海，胸次湛明月。東風片帆來，乃復爲此别。田園到荒蕪，歲事有曲折。不見南山松，高卧擁霜雪。鬚髯凛可畏，此豈念容悦。願公考其然，一向鼻頭説。

寄趙十弟

十年流落各西東，再見初非舊阿蒙。晉邑自思欒孺子，魯儒空望叔孫通。宦情潦倒三荒徑，世味衰頽一秃翁。石室度籌吾豈敢，且看鮮健勝龐公。

叔度季明學問甚勤而求於余甚重其將必有所成也因作兩詩寄之

兩章後來秀，頭角固嶄然。但語强弩末，不爭駑馬先。寓言有十九，曲禮至三千。所要在守節，未言能與權[①]。自注：世之學者，忘近而趨遠[②]，忽近而升高，虚詞大言，行不適實。雖始就學，則先言言不必信，行不必果，達節行權，由仁義行。而不知言必信，行必果，守節共學，行仁義之爲先務也。故修其身，荒唐繆悠之説；施之於事，則顛倒悖亂而卒無所正也[③]。念我少年日，結交皆老蒼。曹南見顔石，甬上拜饒汪。自注：顔平仲、石子植、汪信民、饒德操。敢幸江海浸，得霑藜藿腸。諸郎但勉力，餘事及文章。

【校　記】

① 未：宋集珍本、四庫本作「末」。

② 近：宋集珍本作「邇」。

③ 四庫本脱自注。

與李[①]宏子植同過信中飲薜荔亭下夜深乃散别後奉懷遂成長韻

殘花無言卧風雨，小亭寂寞延初暑。范侯置酒呼我來，共坐階前洗塵土。坐間問有李與韓，文字崢嶸各奇古。起卧逡巡失杯杓，笑語瀾翻雜歌舞。滿城車馬鬧侵淫[②]，誰解牆陰看樽俎。薜荔扶疏出枝葉，老氣横空君一吐。人生此會不可常，昔者各在天一方。簿書相急如探湯，好風吹我來君旁。鶯啼燕乳各自忙，明日酒醒空斷腸。

【校　記】

①李：四庫本作「季」。

②鬧：四庫本作「鬨」。

秋日呈顔夷仲

老去身已衰，事過意愈嬾。斯人未寂寞，吾此歸亦晚。踈籬帶落葉，秋色忽已滿。南窗可炙背，唤婦同茗盌。舊讀無新功，亦復費編纂。凝塵亂朱墨，妙句折編簡。往者荷蓧翁，實具世外眼。不能與之游，只有興盡返。曹南二三老，夙昔荷推挽。平生萬卷書，未盡一日欵。微詞絶端兆，自怪識者罕。願聞片言佳，庶用收褊短。

謝任伯夫人挽詩

幽蘭在深山，無人終自芳。豈伊桃李顔，取媚少年腸①。高氏有潛德，奕世被輝光。自其父祖來，低首不肯昂。夫人生既賢，豈止秀閨房。出身事夫子，和鳴更鏘鏘。笙鏞列兩序，圭幣羅中堂。云何去日遠，遂棄陵風翔。伋也奉慈訓，將見久必昌。瞻彼汝南路，松柏泣新霜。淒然馬鬣封，千歲終不忘。

【校　記】

①腸：宋集珍本、四庫本作「場」。

贈筆工安伋

昔人三年學屠龍，技成不試身已窮。安生不願洴澼封，嗜好乃與屠龍同。使世淬礪磨其鋒，側出逆曳求新功。伋也中立無適從，隨所欲用吾能供。歙溪孕石南山松，四方萬里時一逢。病夫乍閑百念空，敗毫破管塵埃蒙。明窗淨几聊從容，恨無列宿羅心胸。使汝得見文章公，展卷略書吾已慵。

寄共城賈秀才

萬里歸來四壁空，舊游渾在默然中。明年我欲江南去，何處留詩可寄公。

題大名府官舍

宿昔尚殘暑，晚風吹欲無。不知留此住，更白幾莖鬚。

東萊詩集卷十

秋日即事四首

瓦爐香燼欲凝塵，小檻黄花更一新。絡緯戒寒鳩唤雨①，世間那有自由人。

鬢髮蒼然雪欲垂，問君何苦讀書爲？旁人不會回頭意②，猶記田光盛壯時。

簿書塵土亂蒙茸，無復江船萬里風。卧聽秋聲滿簷溜，不知牆下有梧桐。

何處螳螂欲捕蟬，主人初未覺鳴弦。稍知東里能堪事，一任神龍鬭淯淵。

【校記】

① 唤雨：原校曰：「一作唤婦。」

② 會：原校曰：「一作悟。」

閏月九日自注：政和戊戌

踈林渺渺下新霜，留得黄花小檻香。莫道窮秋少風味，一時頓有兩重陽。

【附録】

九日與蔡伯世兄弟城上採菊伯世誦居仁九日絶句因用其韻　崔鶠

老頭未易見清香，折取蕭蕭滿把黄。歸去釀錢煩里社，買糕沽酒作重陽。（見宋蒲積中《歲時雜詠》卷三七《重陽》）

惡木

惡木不忍伐，留我窗户前。人皆笑我拙，我獨爲汝賢。共生天地間，誰不願長年。如何枝葉内，便縱斤斧穿。人或甚於斯，同被恩愛纏。燕昭與漢武，所享固已偏。樂極未肯休，更欲求神仙。孰能以此心，擴爲無盡泉。大哉周文王，尚結枯胔緣。傷生有禁止，亦具月令篇。好木雖云好，不須公愛憐。惡木雖云惡，莫自生讎冤。歲晏霜雪穩，夏深雷雨顛。扶踈有震落，與公常晏然。

江上二首

南山稍踈闊，病眼不能明。月挾清霜下，風隨細浪行。未蒙青鳥信，虚負白鷗盟。不見臺城路，年年春草生。

甚欲從此去，作煩渠未休。風期竹萬箇，活業橘千頭。漢水覓二老，青門尋故侯。情知作寒士，不解殺袁劉。

寄外弟蔡明善

相見還須未白頭，只今君是富春秋。鶯花與夢飛騰去，甲子如川日夜流。白酒可澆千卷讀，青山欲唤十年愁。無因早辨歸耕計，更就深公買沃洲。

秋　夜

鳴鳩唤雨入西樓，草樹蟲聲旋作秋。明月自如常夜好，晚山仍發去年愁。久抛詩酒尋思去，勝與兒童作隊遊。辜負禪心多少事，石城看渡木蘭舟。

蛇

山雲樓起風旋磨，百毒乘陰出相賀。中庭夜夜蛇作堆，草堂病夫愁欲破。時須兵子設符咒，更遣貍奴旁坐卧。雖非當道白帝子，恐是多年老書佐。蛟龍變化未可量，草莽連崗足逋播。農夫催租正苦辛，莫向零陵作奇貨。

謝新酒螃蟹

提壺滿送小槽春，尖團未霜亦可人。略借畢郎左右手，爲公一洗庾公塵。

寄諸子

南國旱愈甚，西郊雨復休。蠅蛆作殘暑，蛙黽鬪清秋。草暗黄沙盡，風吹白日愁。衹應有相憶，時依仲宣樓。

湘水

湘水一番竹，下有千畝陰。寧知竹上淚，是妾一生心。

頃與知止相别於曹州西門外蓋今十四年矣聞嘗自澶淵過此感歎

昔别是兹土，今游還偶然。似聞嘗少憩，猶自未真傳。所過有陳迹，相逢多少年。長途守病馬，何敢更爭先。

雙廟

唐四業孫德下衰，久厭坐穩思奔馳。外由驕胡内艶妻，楊李氣餤相奪移。太宗之業甚整齊，尔曹忽來撞掊之。旁人爲之掩涕悲，處之甚安渠不疑。賊風忽來吹白陂，翠輿走避彎弓追。倒立却視千熊羆，猛將不解河北圍。睢陽失守東南危，城中月餘析骨炊。兩公奮髯死不回，鼎鑊在前惟恐遲。蜀中消息未可期，此輩未易折箠笞。念公不量勢力微，本自不辱國士知。大廈又非一木支，何必感槩如此爲？往時開元全盛時，公胡不念鱸魚歸，亦不往吊湘江纍。死後聲名何足奇，商山老人吾所歸。

歸自成園

新春今幾時，忽有簷外朵。病眼久不用，念此歲月頗。橋南數畝園，風雨與關鎖。主人猷敲門，荆棘生道左。還家續殘章，妙句仍帖妥。雖無爐錘工，亦有盤礴蠃。歸帆渺江湖，宿疾眩風火。扶犂伴老農，此語當自我。君看鄉閭鬬，則有閉户可。慎無學春蠶，作繭自纏裹。

與諸舍弟游董村

來往無十里，頗能妨晝眠。踈籬董村水，遠樹洛城煙。酒薄詩牽强，身閑病接連。荒田點殘雪，知在甬山前。

見信民舊書有感

蝸涎狼藉閣殘書，彷彿黄公舊酒壚。試問東山謝安石，不知能似此人無？

同叔用宿子之家

老足交親薄，江晁爾獨賢。文章未遽絶，歲月或堪憐。薄酒寧非道，寒灰却會禪。猶須五湖口，風雨夜同船。

［此下有《堤上》一首，已見卷八，删去。］

游西池歸

偶爲池上游，入郭天尚早。香塵入晚霧，柳色映馳道。我馬亦未疲，歸路貪月好。還舍了無事，百念紛未掃。近店酒可沽，重當爲君討。

出順天門歸陽翟二首

遲明出都城，夾路多柳色。行人半歌哭，莽不見阡陌。西池已春晚，我復道里迫。枯田甚渴雨，久作龜兆拆。屢遭人馬飢，更悟坡壠隔。微官戀升斗，恐負朋友責。初無秦楚遇，亦有陳蔡厄。沉憂能傷人，今汝頭已白。

淵明在柴桑，意亦憚遠役。豈無好事人，助子了耕植。還家賦歸來，頗自悔平昔。向時經由地，風雨晦行迹。欣然倚南窗，謂此可容膝。孰知劉檀輩，生有五鼎食。流風未遽遠，此士真有力。傷哉謝太傅，辛苦至折屐。

新鄭路中①

柳絮飛時與君别，南樓把酒看新月。月似當年離别時，柳絮隨君何處飛。落花寂寂長安路，陌上十人九人去。準擬歸鴻寄得書，回頭已失秦州樹。丈夫薄情多可念，爾獨何心守貧賤。勸君以金屈卮，贈君以長短歌。城南城北春草多，明月如此奈愁何。

【校　記】

①　參見卷五《濟陰寄故人》校記。

離新鄭

荒村更柳色，節物近清明。去國三年恨，還家一日程。故人投曉别，羸馬傍山行。何事逢寒食，春來苦要餳。

宿潁昌范氏水閣

溪流淺無聲，月色初到竹。主人中夜歸，客子睡已熟。向來湖海興，歲事方窘束。云何蟋蟀歌，更自傷局促。相尋覓舊約，見子故未足。翛然解衣卧，高枕被數幅。賢哉五年别，有此一室獨。我須日已白，子髮良未禿。尚懷平生歡，歌呼聲徹屋。何須豕腹脹，更伴狗尾續。明朝尋故人，戲語公一讀。

【附　録】

和吕居仁宿盤溪　蘇　過

君詩如芝蘭，君操如松竹。寧當食舍魚，坐待熊蹯熟。申商掩仁義，已作高閣束。長吟失憔悴，短綴謝煩促。自然四壁空，惟有三冬足。我懷嵩少遊，已辦巾一幅。願言山中友，先登唯子獨。須煩懸河辯，令我千兔秃。歸來詩滿囊，大勝富潤屋。窮通有定分，鳧脛悲所續。一醉盤溪堂，自取君詩讀。

（《斜川集》卷一）

聞南寇已平歡快之甚作五十韻

日月開南極，山河拱上都。聖朝頻決勝，賊黨莫狂圖。驛道傳烽燧，官軍下舳艫。弄兵心已壯，渫血氣猶麤。臘月杭州破，驩聲歙縣屠。迹雖連勁越，勢欲動全吴。劍戟排空上，芻糧夾路輸。予方在衰杖，意不保頭顱。豈謂除關傳，都非驗漢符。坐看前乘没，誰救左輪朱。守將仍安枕，鄉豪肯棄軀？百川歸巨浸，一命仰洪鑪。撫事思同輩，低頭失壯夫。風雷蟄龍卧，名字列仙臞。遇寇來淮口，迎家傍海隅。未隨霜雪死，甘伴甲裳趨。每有妻孥問，寧知道里虞。荒城補泥土，旱水著菰蒲。交友多流寓，人煙乍有無。相逢可慟哭，掩淚只長吁。羽檄邀鋒數①，江船取路迂。艱難脱紛擾，潤澤到焦枯。婁辱分金送，兼容折簡呼。同羣見鸞鷟，猛獸伏於菟。往往投僧飯，時時就客廚。苦留春駘蕩，勤對色敷腴。不有溝中斷，其如屋上烏。身猶訪安佚，意獨離囚拘。行李催歸疾，生涯與舊殊。裹糧違戰地，舉足值窮途。悮猷韓城僻，虚隨潁水紆。舊書猶醬瓿，破屋但繩樞。蔣詡空三徑，揚雄更一區。生平從學圃，老復厭爲儒。愛草騎驢穩，看雲借杖扶。幾年供坎廩，盡室付崎嶇。觸熱醫頻喚，傾囊酒漫酤。素冠窮偪仄，白髮鬼耶廠。側轉驥縶足，往還狼跋胡。衆憐東郭困，自學北山愚。取别方摇扇，成詩欲斷壺。踈籬倒禾黍，驟雨落楸梧。苦語終難好，清談却未須。家猶近墳墓，晚或望桑榆。今日祆氛滌，新秋暑氣蘇。如聞舊巢覆，盡伏逆臣誅。遣卒寬平賈，令民内半租。文章元典則，刑賞舊規摹。桀惡先函首，渠魁已獻俘。書來問安否，尚足慰馳驅。

【校　記】

①　鋒：原校曰：「一作風。」

還韓城三首

乍喜全家脱，虚疑疋馬奔①。乾坤德甚大，盜賊爾猶存。稻壠秋仍旱，溪流晚自渾。素冠兼白髮②，愁絶更誰論③。

老有幽禪着，窮知俗事踈。漸諳深屋病，無復故人書。日月馳驅後④，江山疾病餘。新涼有佳句，端爲述離居。

讀易初無説，言詩既有功。客游千里異，心事一尊同。藥裹難休老，經函可御窮。江淮足知遇，耆舊憶徐公。

【校　記】

①　疋：原校曰：「一作萬。」

②　白髮：原校曰：「一作皓首。」

③　愁：《瀛奎律髓》作「悉」。

④　日月：原校曰：「一作歲月。」

秋日至孟明莊

野色幽花靜有餘，好山雖近不同途。荒村被雨泥三日，草具留僧飯一盂。斷壠入秋頻放水，老農垂手怕催租。平生粗識田園興，更復何門可曳裾。

韓城記事五首

老恥爲儒不學禪，還家常欠買山錢。成州太守憐衰病，時有書來說太玄。自注：晁以道守成州。

糠豆猶慳不到盤，小兒寒至尚衣單。雖無事業傳惇史，或有聲名託稗官。

穩看飛蟲著網黏，爐香欲盡不須添。未嫌禿項如壺赤，何處香醪似蜜甜。

病來每有爲僧興，老去初無涉世心。它日三江五湖口，斷雲寒水有知音。

老不謀身望子公，少年豪氣想元龍。倚松庵下香嚴路，今日書來第一封。

陽翟冬夜①

便往吾何敢②，長閑力未能③。寒爐夜篝火，急雪暗翻燈。唤客初無酒，敲門尚有僧。不嫌空四壁④，相對倚枯藤。

【校　記】

① 陽翟冬夜：原校曰：「一作冬日書懷。」

② 往：原校曰：「一作死。」

③ 長閑：原校曰：「一作同歸。」

④ 不嫌空四壁：原校曰：「一作猶餘四壁立。」

孟明田舍

未嫌衰病出無驢，尚喜冬來食有魚。往事高低半枕夢，故人南北數行書。茆茨獨倚風霜下，粳稻微收鴈鶩餘。欲識淵明只公是，爾來吾亦愛吾廬。

雪　後①

謾遣兒童掃雪開②，却穿籬落看春回。溪山冷淡泥三尺③，故舊飄零酒一杯。近④買芒鞵供踏雨⑤，更收藜杖與尋梅⑥。玉川老去生涯在，時有鄰僧送米來。

【校　記】

①雪後：《後村千家詩》作「探春」；《石倉歷代詩選》、《宋元詩會》作「探花」。

②謾：《後村千家詩》作「漫」。

③淡：《後村千家詩》作「落」。

④近：《後村千家詩》作「止」。

⑤雨：《後村千家詩》作「雪」。

⑥收：《後村千家詩》作「攜」。

宿田舍

飢腸不貯酒，凍粟自生膚。旅枕三年夢，荒村一事無。不愁風折木，時有火添爐。尚想崔夫子，冬來體更臞①。自注：崔德符居郟城。

【校　記】

①冬來體更：原校曰：「一作簞瓢却未。」

除　日

我食已併日，子來能隔年。溪山出城路，風雪探梅天。納息初聞妙，繙經舊有緣。相陪得清坐，不敢歎無氈。

將遊嵩少題石淙（并序）

石淙在嵩山之東三十里，下臨絶壑，有流水焉，奔騰縱放，適與石會。蛟龍之所畏避，風雨之所出入。駭目奇異之觀，少有能過此者矣。作石淙詩。

南山吐雲柳絮飛，北山之外煙草微。南山北山日在眼，問公此去何時歸。石淙山水更奇絶，水怒決石山崩摧。長空無聲曉色靜，忽聽萬壑懸驚雷。珊瑚缺折玉破碎，月落倒卷從天回。中流險絶不須道，笑侮灩澦憐離堆。平生好事心突兀①，時於圖畫見彷彿。褰衣度水公莫畏②，何須苦避蛟龍窟。明朝更作嵩少遊，五更絶頂看日出。

【校　記】

①平：原校曰：「一作半。」

②莫：原校曰：「一作勿。」

登太室絶頂

生平仰嵩丘，今日上絶頂。蒼天不能高，星斗閟光景。風雲乍起伏，雷雨半蘇醒。下看飛鳥背，錯亂松柏影。神龍不深遁，偃蹇卧半嶺。舊聞飛石鬬，不受懸瀑梗。大河東北流，渺渺黄數頃。五更看日出，平地湧金餅。誰能啜其華，夜氣初未冷。諸峰環而立，一一皆秀整。中居此丈夫，衆象不得騁。巍然萬物表，獨閲百代永。同來有奇士，可得一笑領。不用貯微言，區區弔箕潁。

與崔德符田元邈别後奉寄

處僻猶多事，陪公得暫閑。直緣怕酒去，不爲憶家還。苦語知無策，微官直强顔。高城更南望，林斷有青山。

出遊

日日春濃病不知，偶游僧寺送春歸。長年誤跨將軍馬，漸老空悲游子衣。山路有泥知雨過，村場無酒驗人稀。今秋定作江東計，趁得鱸魚八月肥。

董村歸路馬上口占自注：暫歸陽翟。

水聲高下竹回環，薄酒無功不耐寒。白塔忽從林外出①，青山常在馬頭看。

【校記】

① 林：慶元本《外集》卷三重出本詩作「雲」。

嘲柱杖

王郎贈我桄榔杖，三歲庵中伴我閑。只爲懶行常靠壁①，不能隨我過嵩山。

【校記】

① 靠壁：原校曰：「一作倚壁。」

朮煎

斸苗取靈根，斸石不到土。道人掃落葉，閉門手自煮。晴煙溜窗几，初夜過風雨。老盆酌天醴，春甕發膏乳。擔囊到城市，餽我一勺許。中年血氣敗，令我飲此醑。色如膠飴重，味有荷心苦。京城舊交游，䰞醢亂鼎俎。誰能供此飲，遠視鴻鵠舉。一洗肝肺塵，但噛公勿吐。

有客

燥硯渴水不濡筆，濁酒欠錢長卧瓶①。此中定自有佳處②，紙帳蒲團增眼明。故人江南江北岸，千書不如一見面③。人生歡會不可常，畫梁已送西飛燕④。

【校記】

① 長：原校曰：「一作常。」

② 定：原校曰：「一作故。」

③ 千：原校曰：「一作百。」

④ 西：原校曰：「一作雙。」

李文若季敵訪余高安留連累日臨行贈之

十年奔走風塵中，學殖不進身愈窮。夢斷江南不得往，坐歎歲月如驚鴻。君家政當匡廬路，時有僧行附書去。每念君家草堂好，便欲移家就君住。當時氣象已參差，今日情懷況遲暮。斯文未喪欲誰託，交游十人九不樂。百川東下障狂瀾，伯兄嶷然如斷山。蒼蒼在上久無意，空使妙句留人間。兩季只今名籍籍，北方人士所未識。未歇中原胡馬塵，且喜沙頭風浪息。高安相遇一長吟，盛夏苦雨成淫霖。顧我無能甘畎畝，如君豈合在山林。豫章老矣棟梁在，莫厭它時斤斧尋。

木芙蓉

小池南畔木芙蓉，雨後霜前著意紅。猶勝無言舊桃李，一生開落任東風。

東萊詩集卷十一

食筍

窮鄉未寂寥，五月富筍茁。近山新得雨，此物晚亦發。初看數寸出，意有千尺拔。長條不成鞭，乃以美見伐。錦綳罷騈頭，玉指已不襪。坐令藜藿口，如受滫瀡滑。連年江海病，未免魚蟹罰。甘津到齒頰，恐此或未察。居閑快一飽，我已久斷殺。更莫厭比鄰，時時聽羹戛。

白鬚

不作韓城住，虚爲河朔行。白鬚鑷更出，知爲阿誰生。

宿劉固寺佛殿下即劉伶墳也

劉伶墳上土，佛殿古崔嵬。坐久野僧出，天寒飢鴈來。千年醉裏魄，一亩死前灰。未儘先生意，空留數字回。

懷衛道中寄京師諸友三首

客舍冷如漿，客夢甘若飴。初無遠行念，况有徂年悲。平生好交遊，太半走路歧。不如庭前月，所到長相隨。何時脱身去，共採西山芝。有兒當似公，尚能傳我詩。

直莫如兩王，清莫如兩方。孫謝豈不美，久滯尚書郎。黎子老歸國，只今鬚鬢蒼。邵子住山雲，欲出未肯忙。高子出林壑，坐看天際翔。

人誰不小康，李趙常窘束。窮閻爨温火①，老未飽饘粥。它長未遽數，此事已絶俗。爲人死不厭，自奉一米足。

【校　記】

① 爨：原作「爂」，據宋集珍本、四庫本改。

河　堤

平田接長河，眼界起突兀。今日並堤行，麥壠青已出。客行不知晚，但感此節物。新霜被西山，久厭塵土没。坐懷故人面，於此見髣髴。

寄濬州張掞

張卿留客酒如澠，我欲從之病不能。憶過公家更東望，斷崖高樹雪層層。

田家樂

東家西家蠶上簇，南村北村麥白熟。小兒腰鐮日早歸，大兒去就田間宿。斗酒相邀不爲薄，鄰翁相對且斟酌。聖主當陽億萬年，年年歲歲田家樂。

梅

獨自不爭春，都無一點塵。忍將冰雪面，所至媚游人？

寄崔德符

江城昔還往，耆舊各能文。暫別猶相憶，雖忙亦見存。好詩能愈疾，濁酒不勝渾。它日經行地，相尋夜叩門。

還家

解鞍歇馬倦西游，過眼文書且罷休。薄酒向人殊有味，長年於世已無求。常情未語溝中木，俗眼能驚海上鷗。何處雲山不堪隱，更誰辛苦訪菟裘。

即事

晚菘早韭老不厭①，夜鯉晨鳧多見疎。地僻難尋野僧飯，路長時枉故人車。青山出没塵埃裏，白髮栽培疾病餘。更有腐儒窮事業，夜窗殘燭一編書。

【校記】

① 菘：宋集珍本作「松」。

讀易

春暖瘡疥繁，衣敝蟣蝨細。頹然坐南軒，讀易初有味。初看象數殊，忽此爻彖異。紛紛者衆説，行各半途滯。大言累千百，雜解記一二。坐令天人分，復以小大計。或强出枝葉，或自起旒贅。孰能言語表，能使意獨至。空中本無華，眼病因有翳。沈思忽有得，是則入精義。吾生晚聞道，歲月今少憩。遺經日在眼，似足了一世。臨流濯垢衣，尚勿惜餘棄。

復往大名三首

復往真無策，兹行亦漫游。塵埃走劇暑，風雨占新秋。便欲還家去，其誰爲汝謀。尚憐蘇季子，虛敝黑貂裘。

我老不自得，每爲飢所敺。漫抛青箬笠，空負白髭鬚。見賊猶堪鬬，逢人莫問途。寰區足秀句，山澤有臞儒。

地濕頻經水，田荒亦未收。斷雲催雨過，漲水没橋流。半世想高卧，十年悲遠游。藜羹不用挾，尚足誑飢喉。

開德道中①

五更發荒村，小憩草市北。披衣度積水，月落天正黑。豆苗半委地，野父厭匍匐。我馬則已飢，泥土污羈勒。翻思在家時，一飯亦假貣。小兒不解事，笑語頗自得。一官走道路，此責久未塞。速行勿遲留，有手須擊賊。

【校　記】

①開：宋集珍本、四庫本作「聞」。

陽翟道中

不爲傷離别，其如漸老何。秖應從此去，轉覺白鬚多。

長葛道中遇周原仲

羸馬衝寒驕不駛，積雪殘冰雜泥滓。長葛縣中日落時，舉頭忽見周夫子。下馬相看兩驚怪，各喜南歸此身在。僧房夜語久不眠，更摩枵腹償詩債。子行四方尚謀食，我亦年來倦行役。櫪下驊騮世得知，海底珊瑚人未識。長安公卿富貴客，誰能日在子思側。洛陽年少未宜輕，看子重陳治安策。

簡叔易益謙兄弟

秋來歸興復何如，李范聲名更羨渠。它日買田吾有策，兩家兄弟要隣居。

贈益謙兄弟

范郎走微官，清固不絶俗。家常四壁立，腹有萬卷讀。爾來所爲文，深若泉萬斛。紆餘風過水，宛轉蟲蛀木。諸弟況可人，不但好眉目。丹穴固出鳳，藍田自宜玉。行扛九鼎重，頓使一世伏。聖朝急用士，如子尚窮獨。乃知德在躬，不必富潤屋。我病拙文詞，筆鈍如髮秃。時逢子兄弟，未語心已足。長空絶纖埃，何處著梟鶩。朝來秋氣清，佇看飛鴻鵠。

題蘆鴈扇

鴈下秋已晚，江天風雨微。寧爲聚沙立，不作旁雲飛。

遊西宫有感

種種不如意，悠悠無復聽。漫尋村路好，似得片時醒。水隱城坳白，山來樹杪青。晚田收䆉穲，殘日度笭箵。輿入山陰道，詩如歷下亭。荒原子胥廟，千載想儀刑。

送一書記杲公作天寧化士

田家得米輸官倉，一粒不得囊中藏。天寧化士去如雨，此亦未易能低昂。因官乞取民始病，况復妄邀檀越敬。縱令不得半錢歸，堂中聖僧應自知。

京城圍閉之初天氣晴和軍士乘城不以爲難也因成四韻

賊馬侵城急①，官軍報捷頻。民心皆欲鬭，天意已如春。魏闕方佳氣，王畿且戰塵。不妨來往路，經月絶行人。

【校　記】

① 賊：四庫本作「戰」，宋集珍本與底本同。

守城士

北風且莫雪，一雪三日寒。不念守城士，歲晚衣裳單。衣單未爲苦，隔壕聞戰鼓。殺賊須長槍①，防城要强弩。砲來大如席，城頭且撐柱②。豈不知愛身③，傾心報明主。報主此其時，一死吾亦宜。未敢望爵賞，且令無事歸④。寄語守城士，此言君所知。

【校　記】

①殺賊：四庫本作「陷陣」，宋集珍本與底本同。

②柱：宋集珍本作「拄」。

③身：原校曰：「一作君。」

④且：原校曰：「一作幸。」

聞軍士求戰甚力作詩勉之

今春賊來時①，軍士怖而走。今冬賊來時②，決拾揎兩肘③。憤然思出鬬，不但要死守。仰懷吾君仁，愈覺戎虜醜④。欲以占天心，於焉卜長久。暫勞何足道，富貴要力取。行看斬賊頭⑤，金印大如斗。

【校　記】

①②賊：四庫本作「敵」，宋集珍本與底本同。

③拾：原校曰：「一作射。」

④愈覺戎虜醜：四庫本作「未可釋重負」，宋集珍本與底本同。

⑤斬賊頭：四庫本作「偃干戈」，宋集珍本與底本同。

丁未二月上旬四首

丞相憂宗及，編氓恐禍延。乾坤正翻覆①，河洛倍腥羶②。報主悲無術，傷時祇自憐。遥知漢社稷，别有中興年。

厄運雖云極，群公莫自疑。民心空有望，天道本無知。野帳留黄屋，青城插皂旗③。燕雲舊耆老，寧識漢官儀。

羽檄從天下，于今久未回。如何半年内，不見一人來。周室仍遭變，宣王且遇災。猶存九廟在，咫尺得祈哀。

主辱臣當死，時危命亦輕。誰吞豫讓炭④，肯結仲由纓。灑血瞻行殿⑤，傷心望虜營⑥。尚留儀衛否？早晚復神京。

【校　記】

① 翻：宋集珍本、四庫本作「反」。

② 倍腥羶：四庫本作「擾戈鋋」，宋集珍本與底本同。

③ 皂：《永樂大典》本作「宅」。

④ 誰：宋集珍本、四庫本作「謀」。

⑤ 灑：四庫本作「泣」。

⑥ 虜：四庫本作「敵」，宋集珍本與底本同。

兵亂寓小巷中作

城北殺人聲徹天，城南放火夜燒船。江湖夢斷不得往，問君此住何因緣①。竄身窮巷米如玉，翁尋濕薪媪爨粥。明日開門雪到簷，隔牆更聽鄰家哭。

【校　記】

① 因：原校曰：「一作寅。」

圍城中故人多避寇在鄰巷者雪晴往訪問之坐語既久意亦暫適也

雪泥春既融，曉日初破霧。出門尋故人，來往不數步。共談江南勝，閉眼想去路。松風被茅屋，稻壠立白鷺。行看賊圍解①，春水即可渡。先當上鍾山，次弟入廬阜。生平泉石念，久受塵土污。況今九死餘，轉覺處事悮。預懷巖壑裏，所至陪杖屨。可行君莫辭，行李我已具。

【校　記】

① 賊：四庫本作「長」，宋集珍本與底本同。

城中紀事

生平足艱窘，可嘆不可言。兩遭重城閉，再因群盜奔。今兹所值遇，我豈不與聞。脱身保兒女，恐辜明主恩。傍徨不忍去，敢計生理存。昨者城破日，賊燒東郭門①。中夜半天赤，所憂驚至尊。是時雪政作，疾風飄大雲。十室九經盜，巨室多見焚。至今馳道中，但行胡馬群②。翠華久不返，魏闕連妖氛③。都人向天泣，欲語聲復吞。我病未即死，爾來春既分。剥牀供晨炊，兩眼煙已昏。豈無好少年，可與共殊勳。志士或不恥，有身期報君。塞水須塞源，伐木須伐根。子莫笑短拙，荆蠻生伍員。

【校　記】

① 賊：四庫本作「延」，宋集珍本與底本同。

② 胡：四庫本作「塞」，宋集珍本與底本同。

③ 連妖：四庫本作「横煙」，宋集珍本與底本同。

讀　易

江南江北公不歸，人言公嬾笑公癡。閉門端坐讀周易，直過新春圍閉時。

無　題

胡虜安知鼎重輕①，禍胎元是漢公卿②。襄陽耆舊唯龐老，受禪碑中無姓名。

【校　記】

① 胡虜：四庫本作「敵國」，宋集珍本與底本同。

② 禍胎：原校曰：「一作指蹤。」

懷京師

北風作霜秋已寒，長江浪生船去難。客愁不斷若江水，朝思莫思在長安。長安外城高十丈，此地豈容胡馬傍①。親見去年城破時，至今鐵馬黄河上。小臣位下才則拙，有謀未獻空惆悵。漢家宗廟有神靈，但語胡兒莫狂蕩②。

【校　記】

① 胡：四庫本作「塞」，宋集珍本與底本同。

② 胡兒：四庫本作「戈鋋」，宋集珍本與底本同。

讀司馬公集解太玄

京城半年圍，道路三月病。輕舟過江來，所向復未定。客房夜涼冷，氣體亦粗勝。月穿窗罅白，風入桐葉勁。挑燈讀太玄，愛此頃刻静。物數極三甲，此理本天命。首贊則分行，故未及世應。古曆漢則亡，易實更三聖。哀哉楊子雲，上與數子競。雖云耗心力，固自有捷徑。後來司馬公，獨斂衆説盛。錙銖判訛謬，一宗蒙是正。讀玄則知易，此實公所證。如何少年子，便欲獻譏評。我老未知學，讀此知不稱。掩卷坐搔首，一洗肝肺淨。明朝尋故人，此語殊未竟。

黄池西阻風

烏雲銜日日不出，驟雨飄風吼三日。扁舟寸步不得行，坐歎輕鷗如箭疾。我行去家秋復冬，故園回思春夢中。客愁茫茫若江水，生計渺渺隨征鴻。三年京城共憔悴，一杯此地難從容。長溪卷浪雪花碎，遠山横空眉黛濃。故人別我上江去，亦有書來唤同住。破屋數間君有餘，太倉五升吾已具。嚴霜未放鷹隼擊，盤渦恐致蛟龍怒。片帆欲掛任篙師，君但徐行莫深懼。

景德北窗

雲横樹陰濃，雨漲溪水白。故人唤我出，已度蒸暑厄。北窗非不佳，尚苦眼界窄。小樓隱牀後，自與塵霧隔。更憐昭亭山，相向有佳色。君能具鷄黍，略不厭須索。我能知子窮，子亦能愛客。人生要如是，一舉乃諷百。我病思遠引，未塞交友責。便當約諸公，歸耕作長策。囊無一錢赢，歲晚會有獲。

昭亭廣教寺

故人唤我去①，久雨值新晴。草暗鼯鼠出，山深鵂鶹鳴。齋廚半盂粥，草具一杯羹。尚肯頻來否？門前春筍生。

【校記】

① 去：原校曰：「一作出。」

昨日之熱一首贈趙彦强

昨日之熱未爲熱，涼風頗隨團扇發。今日之熱不可言，西山火炎塵障天。高樓堅坐若燔炙，常恐秋到無寅緣。與君相從今幾日，欲度一日如長年。憶昔京城值秋雨，人家邂逅得細語。不愁歸舍少薪米，且喜尊前好賓主。去年君自雲中歸，隔巷尋君相勞苦。是時强虜在城下①，耳猶厭聽賊營鼓②。豈知喪亂到江南，同向宣城過殘暑。晚來一雨天遂涼，便思約君來對牀。牀前適有新酒熟，君醉可舞吾能狂。醉中談天亦未妨，回船吴中君勿忙。

【校　記】

① 虜：原校曰：「一作弩。」四庫本作「敵」。

② 賊：四庫本作「列」，宋集珍本與底本同。

又贈

日日住疊嶂，君能同此游。黑雲才映日，白雨忽穿樓。盜賊何時定，溪山且自幽。炎蒸不須厭，俄頃是新秋。

題涇縣水西

江東住已厭，又却過江西①。急雨投涇縣，窮秋渡賞溪。稻田猶少水，山路已多泥。珍重高僧意，求詩索自題。

【校　記】

① 却：原校曰：「一作復。」

宿秋霜閣後方丈

秋霜閣後山屈蟠①，行人衝泥脚未乾。正是水西佳絶處，不辭風雨夜深寒。

【校　記】

① 蟠：原校曰：「一作盤。」

水西與李彦恢相從余將取旌德趨徽州彦恢先歸旌德相候彭元任亦自太平縣來相送遇于三溪驛遂同過旌德道中呈二子三首

水西投宿近秋霜，起聽晨鍾厭束裝①。尚惜故人輕作別，亂山深處過重陽。

村場路僻多無酒，野菊寒深亦未花。底事中原歸不得，又扶衰病過天涯。

白頭嬾入少年場，二老追隨却味長。預喜尊前聽清話，夜窗相對一爐香。

【校記】

①厭：原校曰：「一作促。」

【附録】

宿秋霜閣方丈　李宏

青山夭矯虯龍蟠，溪流瀉竭灘聲乾。履霜未落秋尚早，夜半已作貂裘寒。（《宛陵群英集》卷一二）

和呂居仁涇縣旌德道中見寄三首

筍輿破曉踏新霜，千里高安遠辨裝。會約明年追勝集，茱萸細把記重陽。

山環傑閣染深緑，石吐寒泉蹙浪花。一夜秋霜不成寐，感時憂國思無涯。

賞溪漱玉聲湍急，石壁參天路阻長。准擬解鞍能過我，新泉活火茗甌香。（《永樂大典》卷一四三八〇引《涇川志》）

休寧縣與汪致道諸公別後晚宿黟縣界魚亭驛二首

竹密如雲不見天，好山無數簇溪田。祇應黟縣溪山勝，盡在魚亭驛舍前。

故人相繼别休寧，山路籃輿睡復醒。所恨溪山正佳處，不能同我到魚亭。

寄宣城故舊

宣城經歲無它事，尚喜交游不棄遺。疊嶂樓頭納涼處，宛陵堂下探梅時。君今尚要一囊粟，我去亦無三徑資。歸卧雲山更深處①，因書煩報故人知。

【校　記】

①更：《宋百家詩存》本作「最」。

祁門道中四首①

去程歸雁兩悠悠，行到荒山儘上頭。試問中原何處是，只言東北是宣州。

風落千山雨夜鳴，時因歸夢識宣城。欲知溪路行多少，已過徽州第五程。

宣城人物未全衰，四士風流世不知②。别後略無佳語寄，道中才有數篇詩。

詹郎逸氣今誰似，李令清言久不聞。獨立共傳摩詰後，隱居還見伯仁孫。

【校　記】

①祁：原作「祈」，據四庫本改。

②不：原校曰：「一作未。」

【附　録】

次韻吕居仁詩尾見及四絶　周紫芝

詩成邂逅得窮愁，眼見郎潛又白頭。人物向來山吏部，篇章今日謝宣城。
狗盜連衡苦未平，秋成戈甲尚乘城。夢魂幾欲隨公去，爲問高安路幾程。
樓上看山酒一卮，人間此樂豈兒知。秋風吹落霜前雁，寄得西來别後詩。
白髮書生誰復論，蕭然深閉一蓬門。自知赤壁功名晚，羞與周郎作耳孫。（《太倉稊米集》卷一一）

桂林别珂首坐二首

故人相望馬牛風，世事波濤滉漾中。灕水東邊兩年住，往還才有一珂公。
北歸我已辦行纏，久約相從却未然。何處雲山堪著子，亂松回首嶺南天。

答趙祖文陳夢授

嶺海畏深入，江湖成遠游。猶懷不活怖，少爲故人留。苦乏瓊琚報，虚蒙札翰投。因來問消息，不必計沉浮。

寄趙十一弟

親朋雖近懶追尋，湖嶺歸來病至今。寄語洪州趙從事，忍令無酒過冬深。

東萊詩集卷十二

浮梁道中見小松數寸者極多然皆與蓬蒿雜出不能即長也余傷之作詩寄范四弟

青松數寸根，意出千丈外。如何蓬蒿底，此志久未遂。朝爲牛馬踐，莫受塵土翳。雖云歲寒姿，當此亦憔悴。今年雖小出，尚與凡草類。會須扶其根，與作梁棟計。大廈千萬間，匠石所睥睨。世或未盡知，慎勿傷汝志①。

【校　記】

① 勿：《兩宋名賢小集》作「毋」。

自祁門至進賢路中懷舊一絶①

雨歇路踰滑，山空鳥不飛。却思無事日，騎馬踏泥歸。汴水夾榆柳，今留胡馬蹤。如何進賢路，只是見青松。

【校　記】

①祁：原作「祈」，據宋集珍本、四庫本改。

離洪州渡西江至翠微寺紫清宫

平明渡西江，西山正崔嵬。中流欲浪作，細雨隨風回。促櫂赴前浦，頗爲風雨催。寒沙引細路，人家山半隈。密雲蔭脩竹，久旱無莓苔。晚入翠微寺，諸峰環抱來。其西洪崖居，百代所仰懷。何年蛟龍怒，更擊深山開。縣瀑瀉洪井，噴噫藏風雷。客行少休息，暫此得徘徊。城中二三老，咫尺不得陪。豈無陵風翰，邀至山中臺。澗水清且寒，可以當餘杯。獨來不敢久，恐爲神物猜。

宿翠微寺

西山今夜雨，不爲故人留。泥滑淹行李，風聲欲送秋①。中原且多事，吾黨敢無憂。明日經由地，江南更幾州。

【校　記】

①欲送：原校曰：「一作送晚。」

發翠微寺

古殿突兀風有聲，粥魚欲打鷄三鳴。披衣起坐問行李，僕夫屢報天陰晴。昨日路長頻雨阻，今日東風得無苦。杉松連山寒欲動，橘柚隔籬香欲吐。卻憶京城無事時，人家打酒夜深歸。醉裏不知妻子罵，醒後肯顧兒啼飢？如今流落長江上，所至盗賊猶旌旗。已憐異縣風俗僻①，況復中原消息稀。

【校　記】

① 異：四庫本作「吴」。

送宋仲安往虔州

已流之水不可以復回，已往之日不可以復來。唯有野外籬邊之黄菊，年年歲歲見花開。君如此菊不我厭，處處相逢同酒杯。三年喪亂那可説，君頭已白我齒缺。高才抑塞久未用，坐守松檜凌霜雪。君今又作章貢游，我猶少忍住筠州。破屋不憂遭鬼瞰，端坐或恐貽神羞①。求田問舍古所歎，敢有遠去惟身謀。爲約嶺南三數子，明年乘興欲東流②。

【校　記】

① 貽：原校曰：「一作爲。」

② 欲：原校曰：「一作却。」

與仲安别後奉寄

出門送君時，一步再徘徊。雖云非遠别，念與始謀乖。欲求連牆居，故作千里來。君今不我待，欲跨洪溝回。我獨滯一方，後會良未諧。冬初風浪息，蛟龍深蟄雷。其如中原盜，所至尚揚埃。子行莫夷猶，恐致狼虎猜。胡人更遠適①，畏死投煙霾。皇天久助順，似不及吾儕。獨以智力免，寧有此理哉！因書寄苦語，亦以謝不才。新春好天色，指望妖氛開。即當候歸艎，取酒尋罇罍。欣然得一笑，便足禳千災。豫章百里遠，可以慰客懷。須君起我病，同上徐孺臺。

【校　記】

① 胡：四庫本作「敵」，宋集珍本與底本同。

題筠州僧房

客來無語坐禪房，共賞西窗一榻涼。山路雨餘新筍出，江城春晚雜花香。廚煙已逐鍾聲遠，樹色初隨塔影長。敢道閑居便安穩，今年更欲下湖湘。

【校　記】

① 廚煙：宋集珍本、四庫本作『煙廚』。

離筠州

舊日閑居日，無悰已倦游。如今避地走，不復爲山留。淮甸初經夏，江西復度秋。今朝小亭望，東北是筠州。

題圜悟與惇兄法語

杲公昔踏胡馬塵①，城中草木凍不春。胡兒却立不敢問②，其誰從之惇上人。袖手歸來兩無語，如今且向江南住。雲居老人費精神，送向高安灘頭去。

【校　記】

①胡：四庫本作「塞」，宋集珍本與底本同。

②胡兒：四庫本作「甲士」。宋集珍本與底本同。

建城道中

建城南路入袁州，怪石縱横水亂流。盡日衣冠在圖畫，百年心跡付林丘。中原未作重歸計，胡馬能令此地憂①。浪跡江湖亦吾分，運籌帷幄有留侯。

【校　記】

①胡：四庫本作「塞」，宋集珍本與底本同。

行至醴陵寄故人

淺溪沙磧寒，月白樹影踈。我行天一角，所至尚躊躇。偶逢勝絶地，不異嵩潁居。臨流遂忘歸，默坐數游魚。寧知胡馬鬧①，江縣已丘墟。故人亦未來，一旬三寄書。不必問淺深，但當膏子車。新霜隨北風，慘慘度重湖。相尋近五嶺，慎勿厭長途。

【校　記】

①胡：四庫本作「塞」，宋集珍本與底本同。

將至南嶽先寄演公禪師善公華嚴

胡馬揚塵烽燧作①，我行乃在天一角。江西趼足過湖南，本赴郴陽故人約。中途群盜又蜂起，所至往往爲囊橐。遲回改路心自笑，隱忍畏事人所薄。不因此去渡湘水，更欲何時到南嶽。山中況有二老人，萬里同來且安樂。遥瞻見我應大笑，白鬚黑面都如昨。平生故舊幾人在，不早從公老丘壑。自從喪亂可過從，每一思之懷抱惡。請公更説因地初，一解人間因慧縛。

【校　記】

① 胡：四庫本作「塞」，宋集珍本與底本同。

避寇南行

何處田園不是家，儘扶衰病過天涯。山村酒熟人人醉，客路春濃處處花。敢道嶺南無賊馬①，側聞江左尚胡沙②。囊空甑倒君休笑，亦有新詩伴齒牙。

【校　記】

① 賊：四庫本作「甲」，宋集珍本與底本同。

② 胡沙：四庫本作「風沙」，宋集珍本與底本同。

貞女峽①

欲上貞女峽，江險未敢行。豈是畏江險，愧此貞女名。時經喪亂後，世不聞堅貞。烈士久喪節，丈夫多敗盟。寧聞閨房秀，感義不偷生。窮荒禮法在，尚此留佳聲。時事有通塞，江流無濁清。欲行勿憚險，爲君先濯纓。

【校記】

① 貞：底本缺筆，避仁宗嫌名，下同，不另出校。

山水圖

君家茅屋低蓬蒿，客來頗厭蛙蚓號。何得有此山突兀，氣壓太華陵嵩高。坐看遠澗受懸瀑，似聽跬步鳴秋濤。槎牙老樹半枯死，上倚絶壁緣飛猱。我行日畏盜賊逼，敢厭瘴癘同腥臊②。偶逢坐穩懶歸去，豁達眼界無纖毫。嶺南山水固多異，恨無中州清淑氣。對君圖障心悦然，便如太華嵩高前③。君但對此能高眠，當有好句令君傳。

【校　記】

①　猱：宋集珍本作「夒」。

②　同：四庫本作「多」。

③　如：原校曰：「一作似。」

連州陽山歸路三絶

蒼黄避地出連州，邃谷深巖懶轉頭。歸路始知山水好，少留村驛當閑游。

稍離煙瘴近湘潭，疾病衰頽已不堪。兒女不知來避地，强言風物勝江南。

嶺外從來不識春，青梅年後已嘗新。深山忽有殘花在，知與清明待北人。

陽山道中遇大風雨暴寒有感

嶺南二月春已盡，百花委棄隨風吹。山前山後緑陰滿，已過中原初夏時。不知何氣忽乖沴①，風雨夜作雷乘之。鞭笞宇宙蔽日月，萬象倒錯藏光輝。巖傾澗絶水府現，捕搏虎豹擒蛟螭。百圍老樹不須説，忍凍欲壓摧其枝。崢嶸屋瓦走飛雹，如戰初合麾旌旗。我行避地更值此，閉目但聽兒啼飢。僕夫噤死者數輩，牛馬懼不存毛皮。長途三日斷還往，況有鳥雀淩雲飛？只今胡塵暗江路②，盜賊往往乘餘威。良民雖在困須索，四海萬里皆瘡痍。天公忍不一顧此，反更震動窮荒爲？此方亦是神所主，我欲告訴心先疑。明朝風定寒亦解，收召魂魄尋歸期。凋毛自可薦筐筥，試出苦語令神知。

【校記】

① 沴：原校曰：「一作戾。」

② 胡：四庫本作「風」，宋集珍本與底本同。

答朱成伯見贈四首

三年轉東南，足跡不得息。新霜未壓瘴，已畏賊馬迫①。蒼黄度嶺去，山路楓葉赤。慨然念平生，謬自有欣戚。交游半鬼録，在者費相憶。朱卿早聞道，一見如舊識。新詩入要妙，如射已破的。我行囊貯空，所至但四壁。豈知投異縣，忽枉和氏璧。斯文得未喪，豈不繫人力②。出門仰高山，此道如矢直。

我適蒼梧野，君來洞庭岸。相逢迫盜賊③，一笑未得款。欣然望眉宇，於我意自滿。天寒道路長，歲晚日晷短。僧房肯再來，晴窗自妍暖。

入林恐不遠，入山恐不深。城市有深遠，不必在山林。隋珠不自寶，豈在須淵沈。斷絃得遺譜，千載有知音。

昔在中朝時，每從賢俊游。酒酣握手歎，預懷今日憂。兩經嶺嶠春，三度江湖秋。朱卿抱奇節，好語忽見收。我無濟世策，君有活國謀。相尋不相笑，夜光猶暗投。道喪師友絶，寧有民不偷。風波極浩渺，欲濟能無舟？

【校記】

①迫：原校曰：「一作逼。」

②繫：宋集珍本、四庫本作「係」。

③迫：原校曰：「一作逼。」

連州行衙水閣望溪西諸山

嶠南氣常昏，終日如霧隔。我來已經時，初不辨山色。紛紛翳犯眼，默默悸動魄。今晨忽晴快，如語見肝膈。群峰插天青，野水恣意白。深窺木杪静，細數鳥道窄。天心豈無意，直欲尉北客。才經盜賊擾，更脱瘴癘厄。湖湘雖未定，勢已初夏迫。頗聞胡虜遠①，不復更追索。我歸當何時，俗事累千百。便擬衡山前，今年飽新麥。憂慮則未已，四海方偪仄。群公獻納際，或肯任此責。先當肅區夏，次用及蠻貊。豈容胡虜暴②，歲必有大獲。天雖未悔禍，世豈無良策。生人苟未盡③，狐兔當有宅。

【校　記】

① 胡虜：四庫本作「鐵騎」，宋集珍本與底本同。

② 胡虜暴：四庫本作「肆蹂躪」，宋集珍本與底本同。

③ 生：原校曰：「一作主。」

贈歐陽處士

愛君年少便知足，今君雖老更無欲①。閉門不出動經時，保此無窮清淨福。黄衣弟子雜僧徒，共守荒郊數椽屋。門前山水各有態，君但踈籬對脩竹。直如季路恥有聞，清似之推不言禄。坐看世事雲變化，一任兒曹手翻覆。上皇龍飛三十春，臨軒亦嘗思異人。詔書屢下廣搜索，當時幾人能識真。君時聲名動天子，高卧不起空逡巡。謾收符籙養丹火，一旦四海生風塵。我來見君斛嶺下，識君無營真静者。慇懃愛我莫遽行，尚肯相從結茅舍。時當喪亂足淹留，豺狼恣横空山夜。它年有意過匡廬②，更許淵明入蓮社。

【校　記】

① 更：原校曰：「一作轉。」

② 匡廬：原校曰：「一作廬山。」

嶺外懷宣城舊游

中原未敢説歸期，却憶宣城近别離。疊嶂雨來如畫裏，敬亭秋入勝花時。每憎卑濕尤多病，苦愛風光屢有詩。今日衰頹那可説，鬢鬚經瘴總成絲。

余避地踰嶺寄書宜章孫氏賊去則盡失之感歎有作

賊馬蹤横未説歸，草間梁上借餘威。布帆此去應無恙，銀盌從來亦解飛。世事只堪開口笑，主人空有食言肥。自慙學道工夫少，坐覺文書到眼稀。

過嶺將至江華先寄朱成伯二首

自怪怱怱來往忙，又攜兒女過湖湘。敢言此地能安穩，且道新年離瘴鄉。

嶺下微陰已自寒，早行山路覺衣單。故人見我應驚笑，疾病衰頹怯據鞍。

端午日北還至斛嶺寄連州諸公

嶺上逢端午，隨家更北征。隔村聞賊鬭，通夕畏蛇行。厭病初辭瘴，衝泥却勝晴。猶憐昌歜酒，不與故人傾。

山居素飯

豆苗可瀹瓠可羹，僧廚早飯蒸香粳。道人得此清淨供，下箸已勝肥羊烹。平生爲腹不爲目，偶逢一飽心自足。晚菘早韭舊所知，五鼎百牢未爲福。

寺居夜起

山深夜無人，竹密風露集。長空新過雨，尚覺星斗濕。避地走天涯，如何免拘縶。朝憂粟囊盡，暮恐賊報急。荒城兵火後，所至復未葺。古寺半頹垣，梟嘯鬼亦泣。感事念平生，徘徊近階立。

寺居即事三首

瘴癘過庚伏，庶幾其少瘳。甘心忍殘暑，指日是清秋。汴水他年別，郴江此日留。如何理歸夢，只見嶺南州。

因循過嶺表，忽復到湖南。氣力渾非舊，情懷老不堪。無錢供痛飲，因病廢清談。尚有尋書僻，窮搜未免貪。

中原是何處，敢道幾時回。一夏無書讀，經時畏賊來。老松猶偃蹇，病鶴久摧頹。莫怪論兵少，吾今心已灰。

贈夏庭列①兄弟

披金簡沙勤乃見②，讀書何止須百遍。如君心期已不凡，況有長兵可鏖戰。一寒濕薪薰病目，君但讀書聲徹屋。僧房夜永燈火足，更肯襆被來同宿？

【校　記】

① 列：原作「別」，參酌卷十四《寄計議弟張彦實錢元成夏庭列》，「別」當爲「列」之誤。

② 簡：宋集珍本、四庫本作「揀」。

墨梅

嶺南十月春漸回，妍暖先到前村梅。問君何處識此妙，一枝冷豔隨霜開。長江凜凜欲崩岸，乃見好事移牆隈。初疑滲漉入瘴霧，更恐寂寞埋煙煤。微風不動暗香遠，淡月入户空徘徊。坐看粉黛化羶惡，豈但桃李成輿臺。我行萬里厭窮獨，疾病未已心先灰。對此不免三歎息，恐是轉側同南來。異鄉久處少意緒，破壁相對無根荄。古來寒士每如此，一世埋没隨蒿萊。遁光藏德老不燿，肯與世俗相追陪。輪囷離奇多見用①，犧尊青黄木爲②災③。含毫吮墨去顔色④，況自不必須穿裁⑤。歲窮路遠莫惆悵，此去保無蜂蝶猜。

【校　記】

① 離奇：原校曰：「一作濩落。」

② 木爲：宋集珍本、四庫本作「未爲」，注曰「一作爲木」。

③ 災：底本缺，據宋集珍本、四庫本補。

④ 含：底本缺，據宋集珍本、四庫本補。

⑤ 況：底本此字爲葉尾，下葉爲白葉。《四部叢刊》本注曰「此葉據涵芬樓藏舊抄本補」。自此至本

卷末皆爲涵芬樓藏舊抄本。文字與宋集珍本同。

賀州聞席大光陳去非諸公將至作詩迎之①

五年避地走窮荒，嶺海江湖半是鄉。歡喜聞君俱趣召，衰頽如我合深藏。曉寒已靜千山瘴，宿霧先吞萬瓦霜。日日江頭望行李，幾回驅馬度浮梁。

【校記】

① 涵芬樓抄本原校曰：「一有次韻字」。四庫本同。

【附録】

次韻謝吕居仁居仁時寓賀州　陳與義

別君不覺歲時荒，豈意相逢魑魅鄉。篋裏詩書總寥落，天涯形貌各昂藏。江南今歲無胡虜，嶺表窮冬有雪霜。儻可卜鄰我欲住，草茅爲蓋竹爲梁。（《增廣箋注簡齋詩集》卷二七）

送周靈運入閩浙①

青松著廛市，不辭塵土侵。忍恥半桃李②，不言歸故林。交游在貧賤，始見平生心。周侯客異縣，屢蒙金玉音。殷勤不我厭，自昔以至今。使其少富貴③，未必能相尋。豈謂子誠然，此風今則深。子欲轉嶺海，歲暮足愁陰。路經盜賊窟，往往未就擒⑤。加鞭策駑馬，欲行無滯淫。故人散天涯，所在亦崎嶔⑥。相尋倘見及，道我病難任⑦。

【校　記】

①送周靈運入閩浙：慶元本《外集》卷三重出。題爲《賀州周秀才》。

②半：慶元本作「伴」。

③少：慶元本作「小」。

④暮：慶元本作「莫」。

⑤就：慶元本作「能」。

⑥亦崎嶔：慶元本作「足崎崟」。

⑦任：慶元本作「侵」。

次韻錢遜叔見寄

異時文物漢庭臣，公是中朝第一人。忍使閑行犯山瘴①，不令疾去掃胡塵②。情懷縱老原非病，時運方隆只暫屯。顧我衰頹已無用，尚煩新語訪沉淪。

【校　記】

①閑：宋集珍本作「間」，四庫本作「閒」。

②胡：四庫本作「邊」，宋集珍本與底本同。

贈宗真上人

到處相逢是偶然，淛江湖嶺屢經年。贈君頌子君休笑，我已新來不問禪。

東萊詩集卷十三

全州與解子中向伯恭相會

五年流落判西東，尚喜交游一再逢。但得低頭拜東野，不妨下卧見元龍。中原極目山千疊，往事傷心酒一鍾。如我支離久無用，敢因窮約廢過從①。

【校　記】

① 廢過從：原校曰：「一作費相從。」

初至桂州二首

連年走遐方，所至若郵傳。未論道艱阻，先問米貴賤。賊勢來未已，行役我已倦。解鞍憩空館，敢歎此異縣。清泉上短綆，一洗塵垢面。瘴癘非不深，美醖良可戀。胡沙久衝突①，賊馬亦馳騖。我行不得息，終歲在道路。敢言吏事多，尚恐與時忤。低頭訪殊俗，何處可放步。江流下滄海，日慘蛟鱷怒。出門尋故人，風雨已斷渡。

【校　記】

①　胡沙：四庫本作「塵沙」，宋集珍本作「湖沙」。

②　賊馬：四庫本作「戎馬」，宋集珍本與底本同。

桂林解后拜見仲古龍圖吉父學士别後得兩詩書懷奉寄

所至艱危裏，如何更別離。只看山似戟，已合鬢如絲。湯熨徒增病，文章不療飢。端居渴餘論，苦語自成詩。

折老久高卧，曾卿仍倦游。同爲萬里走，肯避數年留。賊幟江湖晚，嵐煙嶺嶠秋。相逢得安穩，乘興莫東流。自注：比聞二公皆欲爲廣東之行。

次韻吉父見寄新句

詞源久矣多歧路，句法相傳共一家。良賈深藏宜有待，大圭可寶在無瑕。長江渺渺看秋注，孤鶩悠悠伴落霞①。盛欲寄書商榷此，嶺南不見鴈行斜。

【校　記】

①　鶩：原作「霧」，據宋集珍本、四庫本改。

桂林水西

隆隆而雷風乘之，斷霓落日江東西。江頭古寺頗岑寂，僧簷正與南山齊。我來端坐已寒暑，終日看山默無語。盜賊連村那敢問，藜莧充腸未爲苦。早禾已旱心所知，正待前山一犁雨①。

【校　記】

① 前山：原校曰：「一作山前。」

斷　橋自注：三月中作。

斷橋客逾少，春深花已休。閉門尤省事，於世轉無求。來往只諸老，相期非壯游。欲知身所往①，同寓呰家洲。自注：時獨范叔器、季平、裴夢兕，數相過從也。

【校　記】

① 往：底本漫漶不清，據宋集珍本補，四庫本作「住」。

贈嶺東陳秀才

風吹賀江浪如雪，浮梁左右行人絶。病夫坐穩懶出行，破屋只愁吹瓦裂。東縣陳卿忽叩門，笑語驩然相暖熱。怪我長貧走道路，所至不安寧有説。鄰州賊報又警急，欲泛扁舟窮百粤。如君長材亦未用，獨守區區負奇節。未能俯首效兒輩，肯便出門探虎穴。馬羣時致千里足，烈士寧無一時傑。我復何人敢言事，一世摧頽甘短拙。幸君無事時一過，喜聽高談健其決。瘴癘參差畏久留，歲月崢嶸惜輕别。

衡州逢解子中别後奉寄

我來筠水陽，君亦發章貢。相逢瀟湘門，及此兵未動。卧聞羽書馳，起已行者衆①。匆匆不及款，尚辱苦語送。慨然念平生，相從已如夢。交游半生死，所至多罅縫。我衰學不入②，君亦老未用。孰知一世中，有此九鼎重。子賤則君子，閔子言必中。師門未遽絶，斯文實天奉。别離又幾日，坐想發孤諷。衡州逼南嶽，湘水寒不凍。頗傳江西擾，盜賊已放縱。往從田蘇游，此樂不得共。

【校　記】

① 已：宋集珍本、四庫本作「見」。

② 入：原校曰：「一作及。」

范縣丞惠雙鷄

羸病不能除肉味，每逢齋鉢愧餘生。雙鷄未可爲公膳，留與山僧報五更。

王撫幹失去毛裘

王郎隨身一駝裘，偷兒遽作鑿失舟。春初未免霜露迫①，歲晚可無遷徙憂。客房夜坐薪當燭，不怕近江風裂屋。馬平編户更艱難，君行莫忘民號寒。

【校　記】

① 迫：原校曰：「一作逼。」

四十二弟將還賓州相過夜話

兵戈久未歇，所至轉搶攘。萬里逢吾弟，三年走瘴鄉。春風入古寺，夜雨暗浮梁。尚肯留連否？僧廬可對牀。

呈折仲古四首

市酒酸甜久絶沽，濕薪熏眼坐僧爐①。尚憐諸老無機事②，不待愁人折簡呼。

龍閣老翁流落久，如今辛苦去朝天。向來嶺海經行地，分付蠻溪著釣船。

已無厚禄故人書，尚有相尋長者車。所至紛紛兵火裏，不知從此更何如。

疾病侵淩百不能，只今全是住庵僧。謝安肯爲蒼生起，早與吾君了中興。

【校　記】

①爐：四庫本作「廬」。

②機：原校曰：「一作幾。」

次韻王撫幹見惠

新春忽忽到庭除，短褐經寒病却蘇①。漫以詩書教兒子，嬾將薪水倩童奴。天涯每覺人情薄，眼界何知風景殊。萬里相逢君莫歎，好山無數簇城隅。

【校　記】

①經：原校曰：「一作輕。」

次韻王漕見贈并寄曾吉父二首

前賢去則遠，今代不無人。小出已無敵，深藏恐未仁。兩章知思苦，一語見情親。徑欲忘衰病，知公筆有神。

曾子住南國，端居無所思。逃禪不用酒，投筆謾成詩。敏捷忘千慮，縱横又一奇。於中有佳處，莫待折肱醫。

次韻折仲古見贈

未有絲毫補縣官，幾年流轉但求安。江湖自稱嵇康嬾，故舊空嗟范叔寒。顧我初無食肉相，喜公復著侍臣冠。新詩不忘東山志①，敢作尋常禁近看。

【校記】

① 東山：原校曰：「一作平戎。」

再用前韻奉和

自昔支離畏作官①，只今猶望一枝安。飽知時態病良已，心喜故人盟未寒。所至軍書銷日月，幾回戎馬污衣冠。公歸定有安邊策，不學愚夫靜處看。

【校　記】

①畏：原校曰：「一作怕。」

夜坐有感

五更月落鷄未鳴，小爐殘火猶晶熒。道人强起理衰疾，不聞松聲聞雨聲。跏趺坐穩百念去，豈有宿夢令神驚。平生與世萬事嬾，況復今兹飽憂患。中原北望四千里，三年不見南飛鴈。著身天涯未爲遠，所至風沙莫深歎。時寒但趁僧房火①，日暖可赴鄰家飯。嶺南無瘴便可老，江頭有酒猶堪唤。惜哉甯子不自休，辛苦飯牛過夜半。

【校　記】

①但：原校曰：「一作可。」

送密上人歸江西

輕舟君先行，羸馬我繼往。湖山已在望，南嶽行可仰。不憂盜賊繁，漸喜草木長。密也負奇氣，少已離塵網。飽參諸方禪，所至被稱賞。獨留末後句，未肯付吾黨。徑尋卓錐地，更足以自養。囊空脚頗健，體儉心甚廣。喜談江西勝，妙處猶指掌①。未見頻寄書，悠然發遐想。

【校　記】

①猶：原校曰：「一作如。」

送常子正赴召二首

屬者居閑久①，今來促召頻。但能消黨論，便足掃胡塵②。衆水同歸海，殊塗必問津。如何彼黠虜③，敢謂漢無人④。

疾病老逾劇，交親窮轉踈。惟公不改舊，怪我未安居。日月干戈裏，江山瘴癘餘。因行見李白，亦莫問何如。

【校　記】

①屬：原校曰：「一作昔。」

②胡塵：四庫本作「風塵」，宋集珍本與底本同。

③彼黠虜：四庫本作「徒貴耳」，宋集珍本與底本同。

④漢：原校曰：「一作世。」

頌送山上人游南華①

二浙三衢未説歸，且從嶺路訪曹溪。盧公若問南來事，但道江湖盡鼓鼙。

【校　記】

① 頌送：四庫本作「送頌」。

山頌送譚師直歸湖南①

人事日飜覆，昔同今不然。於心苟有用，與世自無緣。剩結官田社，飽參雲蓋禪。已勝高鳥盡，徒泛五湖船。

【校　記】

① 山頌：宋集珍本、四庫本作「頌山」。

送能化主還法輪

嶺外三年避賊忙，法輪元不下禪牀。君歸却説嶺南事，瘴暑作時君自涼。

送夏少曾兄弟

處處人家避賊忙，數因行李問舟航。江横晚照鳧鷗亂，春到空山草木香。我未有緣離嶺嶠，君今決策下湖湘。定知此去添貧病，不及相從氣味長。

本中將爲江浙之行念當與夢貺遠别感歎傷懷因成長韻奉呈

客行已無聊，況此憂慮集。頹然念遠役，未見勇可習。虚庭覺氣潤，遠視螢火濕。故人不我厭，踏雨相勞揖。朝餐共飢飽，夜語同坐立。問我去此邦，何用如此急。干戈與瘴癘，未見可出入。何殊知二五，而不知有十。俛首謝勤意，此非愚所及。天涯重别離，所至方業岌。感懷平生舊，忍效兒女泣。胡沙蔽中原①，道路滿荆棘。世事古則然，臨分莫於邑。

【校記】

① 胡沙：四庫本作「風沙」，宋集珍本與底本同。

贈日者張直夫

因循避世不求名，潦倒江湖過一生。賈誼定能尋季主，子雲先已識君平。獨行市肆口無語，嬾踏權門身自輕。看甑生塵只堅坐，世間寧有不平鳴①。

【校　記】

①世間：原校曰：「一作似君。」

永州西亭

舊聞西亭勝，獨盛湖湘間。山秀水亦好，千里在憑欄。今來乃不然，眼境故未寬。環城但濁水，滿目唯荒山。如何柳司馬，肯爲此解顔。始知憂慮久，方覺所遇安。我從避地來，山水亦飫觀①。初不厭嶺嶠，況敢嫌荆蠻②。徘徊念昔人，亦作故意看。所慚二三子，來不倦躋攀。開軒納微凉，共用一日閑。説詩到雅頌，論文參詰盤。快若箭破的，圓於珠在盤。此樂固可樂，此盟安得寒。天暑畏道路，時危安阻艱③。相逢得少款，莫問何時還。何須待杯酒，始盡平生歡。

【校　記】

①亦：原校曰：「一作日。」

②敢：原校曰：「一作復。」

③安：原校曰：「一作多。」

浯溪

五月行人汗如雨，意緒昏昏雜塵土。浯溪一見中興碑，便有清風濯煩暑。中興之業誠艱難，敢作漢武周宣看。紛然大曆上元間，文恬武嬉主則孱。但知追咎一禄山，袖手不作如旁觀。天亦未使庸夫干，故生李郭在人間。一時節士張許顔，其誰不知唐已安。道州落筆風雨寒，魯公大書鎮百蠻，訶叱水怪摧神姦。有臣若此世所歎，而不能使君心還。我來轉嶺逾千盤，對此凜然清腑肝。想見羣小遭譏彈，爾曹何心猶誕謾，至今怒髮常衝冠。

送元上人歸禾山①

長囂而寂，方作而息；如箭破的，初不以力。子居深山，又處絶頂。避囂不作，二事俱屏。往來臨川，道里且千。一見我喜，如舊交然。我欲屬子，重於發言。子請則堅，之子之賢。遍尋諸方，不主先入。唯是之從，何拘何執。惟昔善財，我曹之師。其心廣大，誰能間之。山高海深，德則不孤。不深不高，培塿潢污。奚必深山，惟靜之守。求寂念息，以閲永久。

【校 記】

① 禾山：四庫本作「木山」。

贈一上人

偶從嶺嶠轉江東，得向踈山見一公。所至共游常草草①，爾來相遇更匆匆。晁郎埋骨虚無裏，璧老收聲②蒼莽中③。二十餘年往還事，半隨秋鴈落寒空。

【校　記】

① 所至：原校曰：「一作疇昔。」

② 聲：原校曰：「一作身。」

③ 蒼莽：原校曰：「一作莽蒼。」

贈珪公杲公四首

北歸住江西，塵事日窘束。兩公時踵門，高誼已絶俗。空房擁殘火，更許相就宿。不嫌寒無氈，肯厭飯脱粟。

杲公玉壺冰，所至自清淨。珪公出林鶴，肯與鷄鶩競？吾窮得兩公，頗覺意氣盛。未能出艱危，猶足起衰病。

杲固昔所熟，珪亦舊聞名。江西一聚首，遂寛南去程。掃除文字習，追尋香火盟。期君向此道，隱若一長城。

堂頭老居士，我識蓋自早。聲名從少年，閉户今却掃。公能爲少留，尚可慰枯槁。欲知賢主人，但看此二老。

次韻錢遜叔清江圖後二首

公但一室堅坐，我方萬里生還。共作十年清夢，同尋五嶺名山。

作清江三兩曲，勝大廈千萬間。若保此中安坐，不必中原遽還。

次韻錢遜叔獨鶴圖三首

長頸竦身嬾不前①，此寧有望更騰騫。懿公愛爾非無意，要壓曹人三百軒。

粉墨半銷翎翅短，正如衰髮不勝簪。可憐少保功名悮，寫此淩雲意不堪。

眼明見此出籠鶴，似我北歸辭瘴嵐。慎勿低頭待收養①，人間欣戚盡朝三。

【校　記】

① 竦：四庫本作「竦」。

③ 勿：原校曰：「一作莫。」

次韻錢遜叔畫圖

西風著人塵滿襟，江山縱近難追尋。當年寫此數幅妙，坐使几案頻登臨。斷雲黤慘出古寺，遠岸杳靄連荒岑。漁舟蕩漾江路晚，煙雨濛籠山店陰。已知落筆氣象古①，一任世間消息沈。最憐霜榦倚長石，不待歲久成枯林。知公此中興不淺，此畫故能留意深。只今燕坐一室裏，尚費從來長短吟。詩成掩卷坐秋晚，一唱三歎求遺音。

【校　記】

① 落筆：原校曰：「一作筆下。」

送一上人

我齒久已摇，君髮日向白。相逢不相笑，共被老境迫。周旋三十年，近乃多間隔。伊昔無事時，日夕望顔色。此道要琢磨，苦語費思索。不能如宿心，每負朋友責。别我寧陵縣，隨我昭德宅。所期無二三，可恨已千百。交游太半死，況值兵火厄。舉首望八荒，無乃天地窄。涼風吹秋深，江湖動行客。誰能於此時①，出語見肝膈。胡塵蔽中原②，盜賊暗阡陌。公其無遽行，待我有良策。

【校　記】

①時：原校曰：「一作際。」

②胡：四庫本作「邊」。

錢遜叔諸公賦石鼓文請同作

江頭羽書相續來，城中草木凍不開。腐儒坐視了無策，但守寒爐吹死灰。煩公送我石鼓文，令我琢句要春回。籢蕩風雲走蛟蜃①，百蟲久蟄聞驚雷。錢公自是力扛鼎，持此浮游轉湖嶺。漢碑秦篆已么麽，況復鍾王敢馳騁。後來頗供兒女弄，神物有知當遠屏。石鼓之文公所知，正是周室中興時。庶幾我皇亦如此，一掃狂虜②隨風飛③。石鼓之文尚可讀，小臣願繼車攻詩。

【校　記】

①走：原校曰：「一作寫。」

②狂虜：四庫本作「攙搶」，宋集珍本與底本同。

③風：原校曰：「一作灰。」

和邢子堅韻

萬里重歸舊秃翁，笑談聊復與君同。鷦鷯所願一枝足，鼫鼠從來①五技窮②。短髮自梳渾欲白，殘爐因客尚能紅。正須混迹師元亮，未忍低頭學敬通。

【校　記】

①從來：原校曰：「一作真成。」

②五技：原作「五技」據宋集珍本、四庫本改。

東萊詩集卷十四

戲呈東林雲門二老

幾年湖嶺費追尋，尚喜歸來聽足音。禦虎已知吾有命，問禪方見子無心。風塵黤慘病如昨，歲月崢嶸窮至今。猶覺相逢有餘恨，老盆盛酒不同斟。自注：余常以謂可與共飲者至難得也。二公超然之韻，可與共飲也，而不得共飲，爲可痛惜。曉此語者，許伊具一隻眼。

佛日縱步相尋索歸甚苦戲成絶句

相逢不用苦相催①，只到更深月上回②。莫怪室空無侍者，夜窗相對有寒梅。

【校記】

① 用：《永樂大典》本作「可」。

② 只：原校曰：「一作直。」

東林珪雲門杲將如雪峰因成長韻奉送

東風被澤國，君有千里行。送君不能遠，宿昔春水生。胡馬污中原①，旁淮多賊城。如今江南岸，盜賊猶縱横。頗聞閩粤静，農民方及耕。雪峰佳主人，況欲屣履迎。兩公與談道，正欲平其衡。但見演若頭，自然心地明。云何未覽鏡，便欲其流清。君行可語此，勿憂兒女驚。鄙夫牙齒缺，苦遭塵事嬰。七年在犇走，一飽費經營。野鶴出籠飛，尚須完翅翎。今者與君别，故鄉它日情。新詩見萬一，庶用託同盟。

【校記】

① 胡馬污：四庫本作「塞馬馳」，宋集珍本與底本同。

贈童堯詢蔡楠謝敏行

七年避胡塵①，無復少年事。適從嶺外歸，眼病不識字。尚幸戎馬間，得見此數士。蔡童南城傑，所養蓋有自。兩謝名家子，學已前作似。相逢眼暫明，已足慰遲暮。如何捨我去，使我起千慮②。江深羽檄繁，況此日月騖。猶餘大謝留，與我相近住。風霜眇墟落，泥土暗道路。得無經此别③，各復走它處。期君則甚遠，苦語不厭屢④。微言恐遂絶，其誰與調護⑤。

要當發憤求，不欲僥倖遇[6]。聖門極坦平，渠自有回互。河清儻有期，未死或可俟。

【校　記】

① 胡：四庫本作「風」，宋集珍本與底本同。

② 使：原校曰：「一作令。」

③ 經：原校曰：「一作驚。」

④ 苦：原校曰：「一作告。」

⑤ 與：原校曰：「一作知。」

⑥ 不欲：原校曰：「一作未可。」

和范仲熊舜元游橘園見梅

橘林經雨未全衰[1]，歸路人家已見梅。風物粗知江左勝[2]，瘴煙新離嶺南來。筆頭有眼方知妙，句裏忘言始絕埃。但得一寒無事過，與公還往勝銜盃。

【校　記】

① 經：原校曰：「一作因。」

② 知：原校曰：「一作如。」

答錢遜叔①

北風吹霜夜如雪②，江城草木凍欲折③。病夫袖手無所爲，一坐臨川已三月。忽蒙妙句起衰憊，頓覺和氣生毛髮。公能忘機我亦倦，不待曼殊見摩詰。畫圖是非久未解，況保長年不磨滅。請公置畫莫多求，要與時人除愛渴。

【校記】

① 答錢遜叔：原校曰：「一本下有訪戴圖三字。」按：《兩宋名賢小集》收此詩，題即《答錢遜叔訪戴圖》。

② 如：原校曰：「一作飛。」

③ 欲：原校曰：「一作未。」

與錢遜叔飲酒分韻得鳥字

客游等浮萍①，歲事如過鳥。逢公得一笑，不厭古寺悄。雨聲喧客耳，燭影吹半裊。宿酲未及解，更覺惡韻擾。時方足艱虞，身未識要眇。如何一杯酒，便出萬物表②。別公願一言，使我意易了③。

【校　記】

①等浮：原校曰：「一作如藻。」宋集珍本、四庫本曰：一作「如薄」。

②物：原校曰：「一作事。」

③使：原校曰：「一作令。」

贈別范一哥

相送不嫌遠，詰朝當語離。文詞知子進，道路覺吾衰。力疾終無補，徐行敢厭遲。臨分更回首，苦語漫成詩。

送謙上人回建州三首

子來不憚千里遠，我病可無終歲憂。相見忽忽又相別，主人無恨客無求①。

平生苦節胡元仲，老大多才劉致中。爲我殷勤問消息，十年堅坐想高風。

遥山渡口晚猶寒，道路奔波未許閑。頗恨獨來不同賞，竹輿穿雨上踈山。

【校　記】

①恨：原校曰：「一作厭。」

與范益謙炳文叔儀步月①

歲月忽已過，羈窮非獨今。稻塍分白水，月影上清陰。畎畝平生事，江湖它日心。相過無百尺，猶覺費追尋。

【校　記】

① 與范益謙炳文叔儀步月：原校曰：「一云與諸范步月。」

陸庭元紹意齋

聖人毋意物我同①，大賢庶幾其屢空。今君胡爲用此意，乃欲酬酢萬化參天工。客來無窮君不厭，所施不同皆有驗。風寒燥濕互相伐②，一理驅除無頓漸。衡門端坐一事無③，衆皆劫劫君有餘。見賢不避忘其軀，肯與俗子爭錙銖？知君此意久已絶，爲爾病生吾有説。倚儲百藥待百病，任爾紛紛强分别。君但守此心如鐵，偏與衆生除衆熱。是則名爲無意訣，剩放南山著秋月④。

【校　記】

① 毋：底本作「母」，據四庫本改。

②伐：四庫本作代。
③端：原校曰：「一作宴。」
④山：原校曰：「一作窗。」

病中口占示益謙四弟

病來全少靜工夫，藥裹關心計已迂。縱使君來亦無語，更無餘法待文殊。

竹夫人

與君宿昔尚同床，正坐西風一夜涼。便學短檠牆角棄，不如團扇篋中藏。人情易變乃如此，世事多虞只自傷。却笑班姬與陳后，一生辛苦望專房。

郊居

紛紛俗駕不容攀，尚喜郊居絶往還。野寺並冬終日雨，客房無事一秋閑。平生談説舌猶在，病起彫踈鬢已斑。始悟莊周太多事，處夫才與不才間。

送楊蒙秀才往樂平

我有閩粵役，君成江浙行。窮途一回首，歲晚倍傷情。佳氣占行在，妖氛是賊營。如何抱奇策，不一請長纓。

寄題暨尚卿雙蓮亭

異畝同穎久未出①，雙鮥共抵復何物。今君何以得此花，和氣所致無它術。雙蓮共蔕中連理，相映同心出秋水。秋水池塘曉自涼，雙蓮中含風露香。飛燕姊妹不相妬①，並騁逸豔來昭陽。自然容質見高韻，不必粉黛呈新糚。君家孝友聞近縣②，故使奇祥眼中見。一洗東南戰鬭塵，小人知之亦革面。我來崎嶇山嶺間，忽聞雙蓮能解顔。請君更畫作圖看，無使惡木讒雕殘。

【校記】

① 穎：原作「潁」，據宋集珍本、四庫本改。

② 妹：原校曰：「一作弟。」

③ 近：原校曰：「一作郡。」

簡范信中鈐轄三首

交游契分如君少，湖嶺溪山似此稀。夾路梅花三十里，故人雖病莫先歸。

海角相逢又一奇，更憐朋舊得追隨。滿堂舉酒話疇昔，疑是中原無事時。

它日曹南十日雪，訪君尋酒不能回。梅花此日懷安路，更有清詩入坐來。

次韻李仲輔簽判

曉晴破雨却寒天，海上風光絶可憐。更欲陪公了春事，不須乘醉始逃禪。

西施舌

海上凡魚不識名，百千生命一杯羹①。無端更號西施舌，重與兒曹起妄情。

【校　記】

① 生：原校曰：「一作性。」

和秦楚材直閣韻

胡馬南來議擊球①，忽聞羌虜斬楊酋。自注：虜中欲謀舉事，則先爲擊球之會。漢宣帝時，羌虜斬首惡楊玉、酋非二人首，降服②。一年春事妖氛退，萬國歡聲佳氣浮。臺閣如君須强起，林泉容我且歸休。漢家基業無窮盡，早晚留侯與運籌。

【校記】

① 胡：四庫本作「鐵」，宋集珍本與底本同。

② 《漢書·宣帝紀》：「（神爵二年）夏五月，羌虜降服，斬首惡大豪楊玉、酋非首。置金城屬國以處降羌。」又《趙充國傳》：「其秋，……斬先零大豪猶非、楊玉首」。顏師古注曰：「猶非及楊玉，二人也。《宣紀》作酋非，而此傳作猶字，疑紀誤。」底本自注「楊玉」誤爲「楊王」。

和展鉢詩

紛紛未了向來因，同在浮漚寓此身。顧我久拚庵外事，知公曾是箇中人。齋盂已猒五鼎食，詩卷初無一點塵。今代王孫能樂此，中興祥瑞不緣麟。

鼓山

危欄不知高，下瞰萬里路。滄海近咫尺，大舶不敢度。風雲遞舒卷，川原更回互。如何此道場，乃倚絶壁住。得非化人居，無乃仙聖寓。斷崖石倒懸，絶壑水暗聚。我行天一涯，勝處時一遇。衰病九死餘①，已乏濟勝具。登臨兹忘返②，尚足慰遲暮。山林與膏壤，未到已心悟。

【校記】

①病：原校曰：「一作頽。」

②登臨兹：原校曰：「一作兹遊欲。」

王傅巖起樂齋

人生各有樂，所樂故不同。吹竽與擊缶，同在可樂中。孰能識至樂，不計窮與通。顔子在陋巷，肯憂家屢空？朝從聖師游，暮歸無近功。忽然若有合，此樂固無窮。當時二三子，因之開蔽蒙。君生百世下，久已聞其風。端居有遐想，客至聊從容。四壁倚蓬蒿，萬卷蟠心胸。回視世所求，失道迷西東。此樂既不遠，欲往吾其從。

寄范四弟十弟①

俗事紛紛如亂麻，又扶衰病轉天涯。文章老矣思吾弟，頭角嶄然勝外家。異味幾回占食指，遠書終夕望燈花。何時更住城南寺，共聽春池兩部蛙。

【校記】

① 十弟：原校曰：「一無十弟二字。」

春日紀事寄内外諸弟三首

水生溪漲欲容舠，疾病因循厭作勞。莫道深居便無事，午窗苛癢費爬搔①。

自聞賊報離揚州，準擬春來泰出游②。所恨溪山最佳處，不容老子便歸休。

長閑漸化讀書癖，遠道聊因避地行。安得薄田了饘粥，便相依倚過平生。

【校記】

① 苛：四库本作「疴」。

② 泰：宋集珍本、四庫本作「共」。

寄諸弟

九年在奔走，一飽費經營。此日窮居意，它鄉獨往情。相憂只有病，所至但論兵。尚喜吾諸弟，形模遠勝兄。

游鳳池

遠近諸山翠作堆，鳳池北望更崔嵬。青松夾路攙天去，白鳥黐雲旁海來。喜有故人同出郭，屬因衰病阻銜盃。猶憐不赴對床約，獨上籃輿日暮回。

題孫子紹所藏王摩詰渡水羅漢

問渠褰裳欲何往，彷徨徙倚滄波上。至人入水固不濡，何以有此恐怖狀。我知摩詰意未真，欲以筆端調世人。此水此渡俱非實，摩詰亦未嘗下筆。孫郎寶藏今幾年，往來周旋兵火間。世人險阻更百難，彼渡水者安如山。請君但作如此觀，莫更思惟尋筆端。

送筍與何晉之

年來念念欲深藏，頗覺看書氣味長。莫怪囊空無一物，猶能分筍送何郎。

次韻李伯紀園亭［二首］

昔者翺翔雨露邊，已將勳業畫凌煙。便尋松菊同元亮，不訪丹砂學稚川。可但海山勝緑野，頗知風物似平泉。小園只在虚窗外，佳處常當几杖前。

本無俗事可裝懷，藥圃花欄應手栽。乘興聊陪野僧坐，賞心時許故人來。頓令此地成三絶，不爲它鄉賦七哀。鍾鼎山林兩無礙，豫章須是棟梁材。

【附　録】

小圃初成秦楚材直閣有詩因次其韻二首　　李　綱

僧坊暫寓白雲邊，古木荒溪濕暝煙。試葺池臺學愚谷，不妨風物似斜川。邀賓深愧裴公野，瀹茗空懷陸子泉。塵世悠悠盡虚幻，且將身健闘尊前。

屏跡山林得放懷，檻花欄藥手親栽。會心魚鳥自相近，乘興朋遊時自來。半世乾忙嗟白髮，四方多難使心哀。巖隈水曲翛然處，老木輪囷愧不才。（《梁谿集》卷三一）

送林之奇少穎秀才往行朝

我爲福唐游，破屋占城市。城中幾萬户，所識一林子。蓊然衆木中，見此真杞梓。未爲棟梁具，且映風日美。子之於爲學，其志蓋未已。上欲窮經書，下考百代史。發而爲文詞，一一當俊偉。夫豈效鄙夫，念彼不念此。今來赴行朝，學已優則仕。窮通決有命，所願求諸己。聖賢有明訓，不在拾青紫。丈夫出事君，邪正從此始。

鄭昂用岑參太白胡僧歌韻作楞伽室老人歌寄杲老

楞伽室中絶皂白，去天何止三百尺①。只今更住最高峰，齋無木魚粥無鍾。已將虎兕等螻蟻，更許蛙蚓同蛟龍。聞道説禪通一線，爲爾不識楞伽面。一生强項吾所知，氣壓霜皮四十圍。世人未辯此真僞，敢向楞伽論是非？諸公固是舊所適②，鄭髯從之新有得。欲將此意向楞伽，但道鵠烏同一色。

【校記】

① 何止：原校曰：「一作未到。」

② 適：岑參原韻爲「識」。

【附録】

太白胡僧歌並序　　岑參

太白中峰絶頂，有胡僧，不知幾百歲，眉長數寸，身不製繒帛，衣以草葉。恒持《楞伽經》，雲壁迥絶，人跡罕到。嘗東峰有鬭虎，弱者將死，僧杖而解之；西湫有毒龍，久而爲患，僧器而貯之。商山趙叟，前年采茯苓，深入太白，偶值此僧，訪我而説。予恒有獨往之意，聞而悦之，乃爲歌曰：

聞有胡僧在太白，蘭若去天三百尺。一持楞伽入中峰，世人難見只聞鐘。窗邊錫杖解兩虎，床下鉢盂藏一龍。草衣不鍼復不線，兩耳垂肩眉覆面。此僧年歲那得知，手種青松今十圍。心將流水同清淨，身與浮雲無是非。商山老人已曾識，願一見之何由得。山中有僧人不知，城裏看山空黛色。

贈王周士諸公

空房夜氣清，落月傍簷明。念我平生友，相望隔荒城。我老未厭書，破窗猶短檠。君亦不奈閑①，默坐數殘更②。共結香火社，同尋文字盟。王子潮州來，一笑冠欹傾。午飯展僧鉢，村醪傾客缾。相逢但談道，絶口不論兵。未免俗眼笑，屢遭時輩輕。人生各有趣，小大俱有程。譬彼澗底松，難伴池中萍。雲鵬與斥鷃，已矣兩忘情。一洗瘴海耳，此言君可聽。

【校記】

① 奈：原校曰：「一作得。」

② 殘更：原校曰：「一作長更。」

贈范信中

異時攜客醉公家，蠟燼堆盤酒過花。萬里溪山隔春事，一年風景困胡沙①。鄭莊好客渾如昨，何遜能詩老更佳。但得尊前添一笑，莫言漂泊在天涯②。

【校　記】

① 胡：四庫本作「風」，宋集珍本與底本同。

② 莫：原校曰：「一作勿。」

會稽石道叟教授南劍兵火搶攘之餘興治郡學尺椽片瓦皆其所自經營也未朞月而學成遠近賴之又祠前輩賢者以風勵多士使游其間者望之而心化由是而入堯舜之道不難也古之教者蓋多術矣五帝憲三王有乞言憲賢於乞言也道叟知之矣吕本中爲作詩叙本末云

聖遠道則微，世久學欲絶。區區續微言，未易勝邪説。石侯東南秀，睹此心欲折。分教南劍州，意在補亡缺。歘令兵火後，復見俎豆設。廟貌甚尊嚴，上下有區別。先生默無語，風化動閩粤。斯文自明白，如仰見日月。坐令穿鑿悮，不待湯沃雪。不知旁祠誰，今代古豪傑。孰能與之齊，共此歲寒節。入門日在望，未返意已竭。由來正心術，不在費頰舌。乃知薰陶功，自與聞見別。參魯回不愚，亦豈有優劣。此理儻可求，萬古同一轍。自注：前輩，謂陳了翁也。

寄計議弟張彦實錢元成夏庭列

遠書來稍稀，叔也經月病。微官自拘束，歸興復未定。誰能相勞苦，頗亦奉朝請。安身子有道，可保在不競。寧聞鄭子真，肯待當世聘？張錢平生歡，未貴渠有命。舊交餘此人，豈減昔日盛。夏郎來幾時，問學當轉勝。高風隕寒梧，想助筆鋒勁。同歸定何日，不必有三徑。相從説平生，保此一室靜。

寄内弟並示仲輔諸公①

江浙音書絶不聞，每逢時序歎離群。一秋多病常嫌客，短日無聊只閉門。淺學未容窺易象，舊書嬾復誦玄文②。莫言耆舊彫零盡，海内交游尚數君。

【校記】

①內：原校曰：「一作家。」

②嬾：原校曰：「一作聊。」

簡范信中

詩人例窮君不然，畫堂繡户羅嬋娟。當時乘醉出三峽，至今妙句留西川。底事新來多退縮，梅花滿眼看未熟。便期載酒約來冬，似要惡詩相抵觸。曉來寒凜似中原，君忍閉門清晝眠？我病猶能相追逐，知君心期終不俗。但攜二妙喚諸公，一醉落花吾亦足。

東萊詩集卷十五

再簡范信中兼呈張仲宗

昨日之游樂不樂，主人愛客亦不惡①。梅花遠近遍川谷，雨練風揉未全落②。明日之游復如何，城南城北梅更多。對酒我不飲，把琖君當歌。酒肴雖勤主人費③，且幸吾黨頻相過。梅花縱落君莫歎，與君同往海南岸。花開花落都幾時，君醉我醒人得知。相逢一笑俱有詩，如何不飲令君嗤。

【校記】

① 亦：原校曰：「一作客」。

② 練：原校曰：「一作湅」。

③ 肴：四庫本作「肉」。

寄晁恭道鄭德成二漕

二年住閩中，不識建溪茶。處處得殘杯，顧未悉齒牙。飢腸擁滯氣，病眼增昏花。故人持節來，憐我病有加。會當餉絶品，不但分新芽。蒼璧月墮曉，寶胯金披沙。一洗肝肺淨，兀坐如還家。陰雨久不解，天氣復未佳。持詩寄兩公，請爲交舊誇。便續北苑譜，即日定等差。

連得夏三十一翜兄弟范十五仲容趙十七穎達書相與甚勤作詩寄之①

閑居病亦侵，世務每絶念。猶憐二三子，從我久未厭。書來不改昨，意苦辭亦贍。問我來何時，期我早會面。我行但謀食，欲去復未便。要當相就居，同止山水縣。讀我所傳書，亦足滿素願。開卷忽有得，如飲醇酒釅。吾聞古志士，學也蓋有漸。欲升夫子堂，不摘屈宋豔。倒籬望青天，豈必在窺覘②。它時儻從容，此語子可驗。

【校記】

① 翜：《兩宋名賢小集》作「翼」。

② 覘：四庫本作「覸」。

送錢子虛撫幹往洪州赴新任二首

君不求時用，居然如病夫。經過閱歲月，相伴走江湖。白玉終無玷，寒松保不枯。同官多勝士，總爲致區區。

老矣吾無用，歸歟子未宜。端能出奇策，略爲濟斯時。悶有書遮眼，閑須笏拄頤。西山有爽氣，當報故人知。

題晁恭道善境界圖[二首]

疇昔相從三十年，如今休去不逃禪。知君參見法輪老，始悟蒼蒼便是天。

境界本來無善惡，人間何處有新圖。欲知箇裏真消息，臘月寒松永不枯。

簡乾元珪老

問訊乾元老，江頭幾日回。還應艤船待，不作御風來。漫有經旬別，頻思一笑開。庭前荔子熟，尚要著詩催。

贈楊紹祖

城東往還者，相近得楊卿。處世如無事，爲官不近名。匣藏防身劍，案有讀書檠。此外唯尊酒，時時喚客傾。

謝宇文漳州送茶

暑氣侵人病逾劇，虚堂坐調出入息。漳州太守送茶來，王圭小鳳俱無敵。太守憐我病無語，故遣此茶相勞苦。千金一餅君未許，百金一盞如潑乳。其它鬬芽未足數，下視紛紛等塵土。病夫未飲病先愈，坐覺爽氣生肺腑。城中車馬鬧如雨，更有樂善如君否？

夏日

暑雨遂經月，客來因稍踈。閉門觀易象，反復看何如。妙處元非畫，微言不在書。故山初未遠，舉首是吾廬。

過劉忠顯公鄉縣作

疾風知勁草，世亂識忠臣。自古有此語，今代豈無人。劉公生東南，節義邁等倫。時危出一死，以捍胡馬塵①。遂令天驕子②，稍知吾道尊。至今生氣在，凜凜凌層雲。我行崇安野，瞻望彼高墳。流澤既未遠，有子賢而文。會當廣德業，早爲建殊勳。此意苟不泯，楚人生伍員。

【校　記】

① 胡：四庫本作「戰」，宋集珍本與底本同。

② 天驕子：四庫本作「天下人」，宋集珍本與底本同。

夏日深居二首

怱怱車馬未言還，因病深居未得閑。更爲故人留一夏，稍移行李過東山。

故人多住城東寺，還許相過結淨緣。海寇求降荔枝熟，是中風月可忘年。

乾元副寺欲還雲門

子有四方志，雲門尋舊游。溪山往時夢，江海向來秋。物態隨高下，生涯任去留。閑將問庵主，如此是禪不？

慶堯侍者以詩相贈偶成絶句謝之

滿城車馬雜塵埃，所至紛紛撥不開。只有西禪堯侍者，肯衝劇暑送詩來。

渴雨簡張仲宗二首

强讀文書不補飢，只今一飽尚難期。薄雲未肯蘇禾稼，細雨才堪濕荔枝。

雨濕平林松桂香，斷雲苒苒拂踈篁①。江山故自可人意，從此歸休策最長。

【校　記】

① 苒苒：慶元本作『荏苒』，四庫本作「冉冉」。

謝楊紹祖惠玉友

我來閩中居，中熱久斷酒。端居苦無事，神氣思内守。故人憐我病，小缸送玉友。極知此不凡，嶺海見未有。感君意則重，納約況自牖。欣然洗盞嘗，不待捧素手。空盃貯玉色，一洗市沽醜。坐令百疾去，敢復望升斗。從今破酒戒，可以入道否①？

【校　記】

① 否：宋集珍本、四庫本作『不』。

與李似宗别後奉寄

昔者相過今幾時，心期雖在事多疑。滯留江海君先病，悵望雲山我欲歸。老境猶存作詩苦，故人多有食言肥。漢陰老父如無事，肯復逢人論是非。

作雨不成旱暑愈甚未能就道

三日陰風雨不成，坐嫌衝暑作宵征。敢因貧故累公子，尚欲閒時尋友生。兵甲未休心已醉，詩書頗廢眼猶明。便須準擬庵居用，拄杖繩牀折脚鐺。

聞鵲

一夏病如此，它鄉閑未回。踈籬聞鵲喜，知有遠書來。

荔子

南征未苦厭關山①，荔子今年已厭餐。時有野僧來獻供，每煩佳士約同槃。門前炎暑三伏旱，坐上冰霜六月寒。它日一尊須念此，中州傳買半梨乾。

【校記】

① 苦厭：宋集珍本作「問苦」，四庫本作「厭苦」。

乾元真歇數約它日同庵居

與君俱自走天涯，何處雲山不是家。城市少留真夢事，林泉高卧亦空花。久無佳句彫肝腎，漫有微言到齒牙。它日一庵如可必，願分齋罷半甌茶。

將發福唐①

盡此一囊粟，我行當有期。涼風吹天涯，增我别後思。結束向行在，問子還何時②。初無濟③時策④，處事多參差。環視中所有，無一施可宜。形骸久已病，敢徼當世知。不蒙朋友責，定遭兒輩嗤。矧此世外人，勸歸常恐遲。相尋有如日，請盟吾此詩。

【校記】

①將發福唐：原校曰：「一云别李叔易兼簡士珪。」

②還：原校曰：「一作來。」

③濟：宋集珍本作「際」。

④時：原校曰：「一作世。」

聽雨

日數歸期似有期，故園無語説相思。芭蕉葉上三更雨，止是愁人睡覺時。

末利

香如含笑全然勝，韻比酴醿更似高。所恨海濱出太遠，初無名字入風騷。

聞二弟召對

晚來忽雨已如秋，竹枕欹眠得自由。忽報諸郎例升進，頗容老子便歸休。人傳胡虜三年旱[①]，勢合山河一戰收。顧我迂踈最宜病，衹應隨處是菟裘。

【校記】

① 胡虜：四庫本作「幽并」，宋集珍本與底本同。

夜涼早起尋李貽季陸慶長所惠詩有作

夜長忘陰晴，忽聽簷雨滴。空房閉重門，涼氣通枕席。欣然欲攬被，如覓舊相識。那知庚伏内，得此睡通夕。起尋兩君詩，令我生氣力。成蹊長桃李，已自除荆棘。遠游得數士，舍此百無益。挑燈視皮膚，不顧蚊螥赤。因之不復寐，爲子增歎息。

聞大倫與三曾二范聚學并寄夏三十一四首[①]

我思臨川居，欲往意未慊。每懷二三子，歲月多荏苒。後生慎所習，正是絲在染。未須極軒昂，且須就收斂。舉動思古人，此志豈不遠。才雖有高下，事亦要强勉。願爲江海深，莫作盆盎淺。

世人爭錙銖，未語色已變。居然面頸赤，自處亦已賤。寧知烈士胸，渠自有志願。一介不妄取，萬鍾吾亦倦②。古人有伯夷，名冠太史傳。

見人輒有求，所以百慮非。但能守簞瓢，何事不可爲。愚夫飽欲死，志士固長飢。出門萬里塗，其亦慎所之。

莫惜一日勤，而忘終身憂。農夫力耕作，其必歲有秋。月前不鹵莽③，久亦有倍收。少年不努力，長大復何求。

【校記】

①聞大倫與三曾二范聚學并寄夏三十一四首：金履祥《濂洛風雅》卷三作「寄臨川學者」。

②亦：金履祥《濂洛風雅》作「已」。

③月：金履祥《濂洛風雅》作「目」。

别法一上人

我有江浙役，子能乘興來。便同湯院浴，却爲故人回。此道恐遂絶，後生良可哀。試尋鑰匙子，一一與重開。

別後寄珪粹中①

海上相逢雨過秋，飄然乘興亦悠悠。送行百里還歸去，同是江湖不繫舟。

【校　記】

①别後寄珪粹中：原校曰：「一作鼓山。」

哭王元邁

紛紛舉手爭毫末，砥柱當河獨不流。一夕便隨波浪没，天涯黄葉更悲秋。

別林氏兄弟

二年住閩嶺，所閲足青紫。那知萬衆中，得此數君子。相從不我厭，但覺歲月駛。高論脱時俗，如風濯煩暑。出處雖未同，氣味固相似。人生有離合①，所畏爲物使。要當啜英華，不必計相滓。它年肯相尋，在此不在彼。

【校　記】

①離合：原校曰：「一作低昂。」

本中欲謀它日復來福唐之東山林少潁請作詩以記因成兩絶

老大驅馳百不宜，敢將筋力蹈危機。它年更欲眠雲住，同過東山嘗荔枝。

更作東山住，尋盟尚有詩。看君騰踏去，及我未歸時。

謝人送陳家紫

煩君惠我陳家紫，萬里漂流合得嘗。莫道聞名不相識，舊隨籩實到吾鄉。

閑居感舊偶成十絶乘興有作不復詮次

四海交游一信民，後來情分更誰親。可憐相伴溪堂老，一去塵寰三十春。自注：汪信民、謝無逸。

一世聲名高與關，亦知不合住人間。不令整頓乾坤了，虚逐松聲半夜還。自注：高茂華秀實、關沼止叔。

璧老投冠去學禪，堂堂一鼓陣無前①。平生老伴唯均父，馬病途窮不著鞭。自注：饒節德操、夏倪均父。

屏醫卻藥病良已，絶學捐書我又休。卻到舊時行履處，五湖煙水上漁舟。

萬里飄然不繫舟，老來專憶舊交游。西風日短中原路②，虚度江湖數十秋。

唐子直心絶可憐，夏侯苦節更誰傳。諸晁事業風流在，各有殘詩數十篇。自注：唐廣仁充之、夏侯髦節夫、晁載之伯禹、詠之之道、貫之季一、謂之季此、沖之叔用。

平生親愛獨諸晁，叔也相親共寂寥。半日不來須折簡，暫時相遠定相招。自注：叔用。

病夫長病合長飢，豈復輕隨世上兒。雲雨覆飜渠有分，江湖潦倒我無知。

曾郎學行冠姻親，趙子才能又絶倫。仲弟故應同二妙，一時先後委埃塵。自注：曾元似、趙才仲及余仲弟也。

便欲長休老未能，爾來頻愧住庵僧。直須棄盡人間事，始見從來一點燈。

【校記】

① 一：原校曰：「一作三。」

② 短：四庫本作「落」。

温泉①

海上秋來早晚涼，客愁蘇醒似還鄉。歸途尚欲療瘡疥②，剩乞温泉一勺湯。

【校記】

① 温泉：原校曰：「一作福州湯院。」

② 療：原作撩，據四庫本改。

將去福州

委曲從人久未甘，翛然午枕睡方酣。功名到此終無分，身世從來百不堪。爲己工夫今粗曉，住山活計舊相諳。它時不用求三徑，投老才須住一庵。

初　秋

涼風驚木葉，意欲作深秋。客病渾如昨，囊空却自由。因閑得飲酒，端坐勝封侯。寄語平生友，當能爲我謀。

奉呈鼓山雲門二老

汝水相逢今幾年，只今同住海南偏。月明本自無虧缺，山色何嘗有變遷。它日會逢舅弟語，一時驚散野狐禪。儻因居士閑開口，却作沖和二月天。

從叔巽叔覓茶

疾病侵凌轉不堪，時思一室奉清談。嗣宗已餉兵廚酒，當有新茶惠阿咸。

福建界首寄福州親舊

海上秋風吹客衣，婁煩親舊送將歸。今朝更入江東路，便恐書來即漸稀。

嚴州九日座上贈胡明仲常子正

今年得交舊，九日會嚴州。城角風雲暮，天涯景色秋。功名有長鋏，行李付扁舟。苦恨三年別，聊因一笑留。病添文字嬾，老恥稻粱謀。活國須公等，吾生便可休。

【附　録】

次吕居仁九日群集韻　朱　翌

衣冠交上郡，氣象有中州。九日一尊酒，千巖萬壑秋。星方聚吴分，魚已躍王舟。即事感今昔，乃情無去留。憂時俱出力，濟勝合先謀。北望邊風凜，戎衣詎敢休。（《灊山集》卷三）

方允迪挽詞二首

已矣儒林老，今爲地下郎。空山留几杖，遺藁漫文章。徑狹風霜遠，溪深草木長。傷心釣臺路，千載閟幽光。

惟君好兄弟，少小共聲名。豈止千人傑，俱爲一代英。云何卧丘壑，不使至公卿。慟哭松風遠，悲雲咽莫聲。

程伯禹母夫人挽詩二首

久矣閨門秀，端如玉在淵。相夫成令德，教子作名賢。遽逐秋色盡，空令莫景遷。傷心江左地，松柏閉新阡。

舊隨賢子後，每得熟嚴規。未獲升堂拜，空成相挽詩。爵頻賜湯沐，壽不至期頤。它日家聲在，流傳世未知。

送范師厚宣諭四川

老境侵尋久廢詩，送君寧復似當時。虺隤病馬猶長路，偃蹇寒松只舊枝。想得山川瞻使節，便令父老識家規。自注：忠宣公嘗使成都。聖朝本意惟寬大，網漏吞舟始合宜。自注：王導嘗遣八部從事之部，顧和在。下傳還，從事見導，人人各言二千石長短，和獨無言。導問之，和曰：明公爲政，當使網漏吞舟之魚，豈可采聽風聞，察察爲政。導咨嗟其言。

贈了老

前年見公滄海上，法會堂堂萬騎將。今年見公浙河東，猶是當時舊老翁。送行更有天童老，騏驥齊驅獵霜草。野狐射干膽欲破，不但獨噴羣馬倒。我衰且病百念絶，便得從公不爲早。忘情遁跡亦未是，言與不言俱一掃。世人擾擾不歸家，公行問渠有何好。

東萊詩集卷十六

送楊晨當時赴夔漕

楊侯從舊名籍籍，吴中一見如舊識。憐我衰頽病已侵，怪我辛勤百無益。今君遽作巴蜀行，江頭宿昔春水生。路經三峽不艱阻，遍與疲氓問疾苦。隨身長劍莫輕舞，試伐蛟鼉斬豺虎。北來人士衆如雨，得君此行慰羈旅。君但垂情一笑許，勝使區區入州府。百城因之遂安堵，亦勝無事閑坐否？

送徐林稚山赴江西漕

總角相從四十年，如今衰病已華顛①。久無耆老可訪事，尚喜交游不乏賢。未使從容持從橐，却令辛苦上江船。百城編户皆疲瘵，日望公來與息肩。

【校　記】

① 已：宋集珍本、四庫本注曰：「已，一作各。」

將發金陵奉懷張彦實

老矣君何往，翩然我欲歸。文章晚未用，歲月事多違。江接鄱陽路，風吹游子衣。不應蘧伯玉，獨悟昔年非。

初離建康①

嘗憶它年出舊京，汴堤榆柳與船平。寧知此日鍾山路，亦是東行第一程。紛紛車馬未言還，我獨支離便得閑。尚有同門二三子，肯同今夜宿鍾山？

【校　記】

① 初離建康：原校曰：「一云鍾山寄范十四諸人。」

寓會稽禹迹寺

陰雨靜不出，端居還自由。客衣從短褐，天氣已深秋。所在兵猶鬬，中原亂不休。廟堂如有意，更與萬人謀。

會稽初秋四首

今來留滯浙河東，想見閩山荔子紅。雖有故人家在彼，可無方便託西風。
張侯問舍復何時，我亦留連去未期。便欲爲君草堂客，幾時先寄落成詩。
故園回首但斜陽，所至奔波避賊忙。天下何曾有定處，越南燕北是中央
病來每有居山興，老去初無住世心。三尺枯桐無舊譜，始知三歎有遺音。

錢遜叔侍郎奉京師舊墳改葬天柱謹成挽詩一首

錢氏霸吴越，功德在斯民。遜王早退位，身退道益尊。至今二百年，盛事傳後昆。文采震本朝，豈惟光一門。後來翰林公，又以直聲聞。累葉其外家，家世悉殊勳。善惡久乃效，其報於此分。裔孫傑立者，迎喪自中原。遂令擾攘後，得安久旅魂。依依天柱山，不必京洛塵。死者如有知，當言吾有孫。小人託末契，所恨老不文。睹此一時盛，忍終無一言？越水流不竭，越山早不昏。孝子亦不匱，錫類到仍雲。

重陽日西興寄臨安親舊

我來西興口，君在龍山旁。如何阻一水，不共作重陽。别浦潮猶白，深秋菊未黄。遥知對杯酌，不記是它鄉。

范伯言藥隱①

烈士故徇名，中民但榮官。寧知陋巷士，堅坐有餘歡。出從聖師遊，歸坐守一簞。出門視天壤，密爾心自寬。范侯嬾仕宦，決意歸西山。西山有藥隱，此地可盤桓。誓將從古人，上追孔與顔。有田可以耕，有屋可以安。寧能伴兒曹，日夜不得閑。我亦倦游者，世味更百難。夢寐想君家，父子兄弟間。便當卜鄰居，一生長往還。相依得情話，出語清肺肝。後生有鄙質，更爲斲其漫。君行問安否，此盟當未寒。

【校　記】

① 范伯言藥隱：原校曰：「一云送范彦行歸西山。」

題趙祖文盤谷圖

趙郎落筆寫盤谷，正是太平無事時。今日太行那有此，滿川樵採盡胡兒①。

【校　記】

①川：宋集珍本、四庫本作「山」。

②胡：四庫本作「癡」，宋集珍本與底本同。

送胡明仲知永州

君行西遊浮沅湘，洞庭岳麓天一方。嶽前老人望君久，歲晚不嫌歸路長。晴天萬里去鴻鵠，韞玉未售猶深藏。遠行固是君素願，多畜奇謀羞自獻。後生紛紛了目前，大策定非凡所見。簿書汩没渠自忙，道里崎嶇吾不倦。百川東下倒狂瀾，要君嶷然如斷山。我老無用逢多艱，敢復著脚塵埃間。胸次偪塞良未寬，日夜矯首須君還。運斤成風君不難，不使世人漫鼻端①。

【校　記】

①「簿書汩没渠自忙」以下，宋集珍本作：「道里崎嶇我不倦。百州東下例無瀾，要君嶷然如斷山。

我老無用逢多病，□蚕（？）得與君契間。胸次倡塞猶未寬，日夜矯首須君安。□汴□風君不難，不使量炎漫□端。』四庫本作『道里崎嶇我不倦。百州東下例無潤，要君嶷然如斷山。我老無用逢多［注：原缺六字］契間。胸次倡塞［注：原缺一字］未寬，日夜矯首須［注：原缺三字］汴［注：原缺一字］風君不難，不使量炎漫［注：原缺一字］端。」

孫肖之短堂①

孫郎囊空意自滿②，自謂身長才則短③。以短名堂堂未成，長短是非俱不管。嚴州一見鬢蒼浪④，贈我新詩如夜光。何時到君短堂上，更話如今歸興長。

【校記】

①肖：宋集珍本、四庫本作「首」。

②自：宋集珍本、四庫本作「且」。

③自：宋集珍本、四庫本作「因」。

④蒼：宋集珍本、四庫本作「倉」。

贈孫肖之①

子窮非一時②，所歷固長久③。自從太平時，以至戎馬後④。今茲益窮甚，所至但縮手。遂令甑生塵，不止衿見肘。未能脱身去，但作避地走。金盤貯火齊，熟視不一取⑤。溪船下濤江，亦未遠南斗⑥。固知松柏生，必不在培塿。見我嚴州城，世事嬾到口。念子抱奇才，有節空自守⑦。簞瓢在窮巷，世亦如此不？乖離勿重言⑧，寒甚且飲酒⑨。

【校記】

①肖：宋集珍本、四庫本作「首」。

②子：宋集珍本、四庫本作「予」。

③所歷：宋集珍本、四庫本作「丹塵」。

④馬：宋集珍本、四庫本作「事」。

⑤一：宋集珍本、四庫本作「敢」。

⑥遠：宋集珍本、四庫本作「遮」。

⑦自守：四庫本曰：「原缺二字。」

⑧乖：四庫本作「垂」。

⑨寒：宋集珍本、四庫本作「悲」。

朱成伯秀野堂

客愁固多歧，我懷亦蕭散。連年尋故人，見子二水岸。官居少閑暇，歲月忽已换。有堂名秀野，未入俗眼看。得名自君子，可當清淨觀。未能藝桃李，且自飽藜莧。荒涼城一隅，初不越門限。脱身少年場，念此已熟爛。嗟予老病侵，閱世蓋多難。相逢默無語，自足洗憂患。窮冬足雨雪，近市乏薪炭。時來上子堂，尚得一笑粲。

【校　記】

①上子：宋集珍本、四庫本作「正堂」。

次秀亭韻二首

忽見新亭起廢基，暮雲踈雨兩霏霏。憑欄一望長空遠，鑿石新開小徑微。治世從今可招隱，至人何處更藏輝。使君不厭賓朋集，正爲飄流到眼稀。

舟車來往鬧回環，今日陪公得暫閑。漸喜著身人迹外，勝如隨衆馬蹄間。縈紆細數溪頭路，蒼翠遥看雨後山。正恐朝廷須舊物，不容常此面孱顔。

甘棠樓

高樓面面好，舉目是溪山。急水瀉湍瀨，諸峰呈髻鬟。聊爲半日出，得伴使君閑。作者風流在，承平氣象還。身雖住世網，心已離塵寰。未厭陪游數，唯恐覔句慳。高風雖在望，逸韻恐難攀。咫尺蓬萊路，惟公指顧間。

師奴病化［二首］

伴我閑中氣味長，竹輿游歷徧諸方。火邊每與人爭席，睡起偏嫌犬近床。能與兒童校幾許，賢於臧獲便相忘。他生尚欲隨吾在，要奉香爐漉水囊。

受戒不捕鼠，聽經如欲膺。誰知兩溪畔，今日送亡僧。

舟行至桐廬

乘舟待潮發，一日到桐廬。物色寒初甚，溪山畫不如。往來真是夢，親舊不須書。猶勝鴟夷在①，時容託後車。

【校　記】

① 勝：宋集珍本、四庫本作「賸」。

示　兒

忍窮吾有味，雕句汝無功。客舍囂塵裏，春愁浩蕩中①。初無買山費，真與住庵同。更想顏回宅，簞瓢亦屢空。

【校　記】

①愁：宋集珍本、四庫本作「隨」。

陳朝奉坐化

東風吹雨欲翻盆，杏樹前頭柳暗村。試問老人何處去，夜來新月又黄昏。

嚴州春曉［二首］

居間[①]病常嬰[②]，出郭春已老。微陰淨新緑[③]，轉覺原野好。故人各漂散，頗恨來不早。尚有壁間詩，猶堪寫懷抱。

是月足陰晦，暮春常苦寒。閉門猶疾病，春物豈相干。堅坐客已少，長貧心自安。幽蘭有花在，尚肯結餘歡。

【校　記】

①間：宋集珍本作「閑」、四庫本作「閒」。

②嬰：四庫本作「攖」。

③ 陰：宋集珍本、四庫本作「雨」。

予將爲三衢之行下塔僧惠道求詩留題因成絶句遺之

欲過城東病不能，飛檐高棟想層層。半年夢作嚴州住，一首詩留塔下僧。

將適三衢而七弟欲往臨安臨行作詩奉送

弟要題詩別，人還勸我留。如何南去路，更送北行舟。處事須遠略，擇交當廣求。秋風理歸棹①，爲我上衢州。

【校　記】

① 棹：宋集珍本作「櫂」。

椿　閣〔二首〕

往時椿閣老，盛德傳鄉閭。至今風流在，遺芳殊未踈。

有孫仁者静，遠近伏其賢①。定知建德民，祝令如翁年。

【校記】

①其：四庫本作「共」，宋集珍本與底本同。

弋陽魏令賞音亭

高亭已寂寞，山水自清音。主人去亦久，此意誰復尋。夢回還舊觀，川上有微吟。於焉繼前作，因見平生心。

建安熊述之爲令建德不言而民治將適三衢留詩美之二首

熊卿治建德，隱几心若水。民肥吏乾枯，亦不用笞箠。問子何能然，此豈力可使。建安今多賢，於子可見爾。

建安固多賢，故人劉與胡。山川古秀潤，珠生崖不枯。我病日已懶，觸事見迂踈。行當脱身去，一廛從子居。

擬古樂府

高堂陳八音，同聽不同樂。狂飆送鴻鵠，萬里翔寥廓。一去三十年，事事非前約。當時緑綺琴，塵埃無處著。時節非不久，此意但如昨。

己未重陽

病無佳思只深藏，漫遶東籬菊未黄。最是一年秋好處，可能無酒過重陽？

李珹拙軒①

念彼巧者勞，知此拙者安。拙者固無營②，一生長得閑。子豈真拙者，託此以自完③。何嘗曳長裾，顧肯卑小官。世人極變態，飜手覆手間。子獨如不聞，默坐安如山。九衢走紅塵，本自不相干④。我老始見子，古井久不瀾。贈子拙軒詩，留子静處看。當蒙一笑許，敢言愁肺肝。

【校　記】

① 珹：宋集珍本、四庫本作「城」。

② 營：宋集珍本作「窮」。

③ 完：底本缺筆，宋集珍本、四庫本作「安」。

④ 本自：宋集珍本、四庫本作「百事」。

清慎軒

清慎軒中一事無，午窗高枕似吾廬。世人稱意何須道，乃祖風流正不疎。

將往城南觀音寺阻雨未果①

野寺它年別，溪山浪作秋。初涼頗宜出，小雨故妨游。僧老渾無念，田荒近不收。猶思五更懺，清切勝蠻謳。

【校　記】

① 寺：原脱，據宋集珍本、四庫本補。

余迪漫浪齋

顔子在陋巷，無一當其心。日惟聖之學，正自惜分陰。子生千載後，此意尚能尋。齋雖名漫浪，迹豈計浮沉。文字浩今古，不受俗務侵。端如貯美酒，妙處當自斟。臨卷忽有得，如奉①君親臨②。即此是聖域，子行無滯淫。

【校　記】

①奉：宋集珍本作「未」、四庫本作「來」。

②親：宋集珍本、四庫本作「義」。

無題四首

我病無能到處窮，子才安得尚漂蓬。如何共飲重陽酒，相對無聊似乃翁①。

重陽共采東籬菊，却似乃翁年少時。顧我無能甘老病，相尋唯有向來詩。

聞鍾即起待天明，客舍無聊坐五更。何日長風破巨浪，看渠萬里出門行。

平生隨我飯脱粟①，静夜不眠尋細書。可見烏衣諸弟子，從來志業不如渠。

【校　記】

①聊：宋集珍本、四庫本作「言」。

②隨：四庫本作「飽」。

邊　愁［二首］

胡人吹短笛①，一半是離聲。想得南飛鴈②，雲間亦厭聽。

愁聲晚來急③，邊塞乍寒時。不似江南日，愁多只自知。

【校　記】

① 胡：《後村千家詩》作「邊」，四庫本作「牧」。

② 鴈：宋集珍本、四庫本作「鳥」。

③ 愁：四庫本作「秋」。

招范四弟

涼風忽滿簟，江漢有歸心。顧我病如昨，憐君窮至今。苦嫌歸夢短，不厭酒盃深。試問玉川老，何時許降臨。

衢州路中

今日衢州路，師奴不共行。阿童渾似汝，只是太羸生。

憶福州舊居菊花

問訊階前菊，如今屬阿誰。祗應風露底，猶記摘殘枝。

求趙表之墨

超然堂中墨如戟，支撑宗門渠有力。參得諸方一味禪，以此示人人不識。病夫見之喜折屐，便欲投詩恐無益。主人不吝是家風，會見琅琅送珪璧。

陋　巷

陋巷客自稀，短日寒未到。感君時一來，得以尉懷抱①。論文有根柢，落筆清且奥。如歌五弦琴，促軫有餘操。黄花開正繁，薄酒可相勞。請君尋此盟，妙處同一造。

【校　記】

①　尉：宋集珍本、四庫本作「慰」。

示聞生

形容落魄猶須酒，疾病因循久廢詩。忽見聞郎七字句，却如汪謝少年時①。

【校　記】

①　汪：宋集珍本、四庫本作「王」。

簡何居厚

我乏濟勝具，子懷經世才。寒窗得一笑，陋巷絶纖埃。白酒難充醉，黄花只强開。更憐無事日，時有好詩來。

謝人送酒

它鄉逢故人，已覺意氣盛。得君雙榼酒，起我終日病。清如兩龔潔，氣出徐邈聖。乃知無功鄉，欲往有捷徑。一盃吾已足，不必待歷聘。扁舟下東陽，此計或未定。尚欲尋舊盟，短拙恐未稱。先生肯降臨，時掃一室静。

東萊詩集卷十七

聞蔡九弟十四弟到行在

苦懷吾表弟，别久費相思。愛客能忘酒，長貧不廢詩。每蒙高士喜，終少貴人知。試問遊吴興，何如在蜀時。

贈蔡九弟十四弟

年來疾病日衰頹，忽報山中兩弟來。徑欲相從營一醉，未須辛苦便輕回。

病　中

貸米供晨炊，尚欠數束薪。平生甘此味，此去未爲貧。新霜已嚴厲，况我病經旬。但守此心足，無爲思古人。

病中曾伯端見訪

不見倉曹十五年，江城相遇各華顛。何時更踐隣居約，判斷諸方五味禪。浮生擾擾亂初定，久病昏昏閑始便。欲問小童尋大隗，勝於猛將畫凌煙。

無　題

一任衡門可雀羅，時容欹枕聽懸河①。因君小試屠龍手，要與午窗降睡魔。

【校　記】

① 欹：《永樂大典》本作「歌」。

送曾吉父

吾道從來到處窮，八珍常與一簞同。子房故是青雲士，圯上乃逢黄石翁。聖學有傳爲可喜，宦遊少味自無功。亦知湖嶺如江淛，盡在先生指顧中。

【附　録】

呂居仁力疾作詩送行次其韻　　曾　幾

雪屋風窗逼歲窮，一杯情話與誰同。向人寡偶無如我，抵老相知獨有公。文字欲求千古事，簿書還費二年功。新詩已佩臨分語，況復哦詩是病中。（《茶山集》卷五）

次韻曾吉父蘭谿三絶

夜窗相對不成眠，苦爲離愁定不然。政以蒼生未蘇息，思君日夕望回船。

春信先尋嶺上梅，兩年零落待君開。非關使節須重到，自是溪山未遣回。

久覺藏身不厭深，舊遊風物要追尋。書來肯附銅魚使①，記我今年病不斟。自注：出子雲《方言》②。

【校　記】

① 附：一作「際」，見李孟傳《刻方言後序》。

② 不斟：原作「不禁」，據李孟傳《刻方言後序》改。自注亦據《刻方言後序》補。

窮臘有懷

冰霜底窮臘，伏枕久亦倦。思公如和風，咫尺未得見。人生無賢愚，各自有志願。但得所趣同，公固不我賤。何須肱九折，始見金百錬。平安望中原，棲息各異縣。尚欲從公遊，衰年保窮健。

病中聞諸范日赴飲會

諸公相隨日酣飲，我病昏昏困衾枕。人生苦樂故不同，世味再尋如拾瀋。良醫更在肱九折，曾子從來日三省。不離方丈走諸方，萬事只如驢覷井。

深居

深居如山林，初不遠城市①。塵凝喜事少，犬吠知客至。生涯付衰疾，日力破昏睡。欣然一笑足，自省甘若薺。收身當在早，過是恐少味②。

【校記】

① 遠：宋集珍本、四庫本作「識」。

② 是：宋集珍本、四庫本作「此」。

慶大悲閣成

自離閩嶺罷參禪，疾病深藏不計年。尚得閑人相印可，隔門惟有白衣仙。

贈人

堅卧因循欲過冬，故人無復馬牛風。得君好句能忘病，笑我長飢不諱窮。清夢肯嫌齋舍冷，破囊常伴酒盃空。新正所願長强健，剩作歌詩準備公。

送廣東漕范子儀

我爲三衢居，君作番禺行。君行我方病，歲序仍崢嶸。嶺海未寂寞，斯民則憔悴。得君鎮臨之，固可以卒歲。嗟君盛德後，窮獨與我同。比年數見之，長在寒苦中。番禺盛賓僚，莫如元帥賢。君行問安否，道我如昔然。

夜聞諸生讀書因成寄趙十七侄

紛紛藥裹了新正，北望蘭溪不數程。且喜諸生會勤苦，夜窗如子讀書聲。

夜坐

所至留連不計程，兩年堅卧厭南征。荒城日短溪山静，野寺人稀鸛鶴鳴①。藥裹向人閑自好，文書到眼病猶明。較量定力差精進，夜夜蒲團坐五更。

【校記】

①鶴：《瀛奎律髓》作「雀」。

簡李巽伯

愛酒舊無敵，能詩新有聲。荒城時過我，長句屢尋盟。厭病時招客，因行不計程。祇應有餘暇，未肯賦閑情①。

【校記】

①厭病時招客，因行不計程。只應有餘暇，未肯賦閑情：原校曰：「一本後四句云：往事十年夢，生

涯三尺椠。却憐陶靖節，着意賦閑情。」

追記昔年正月十日宣城出城至廣教

嘗憶它年在宛陵，好山松竹面層層。江城氣候猶含雪，草市人家已掛燈。每怪愁腸難貯酒，時隨柱杖出尋僧。如今轉覺衰頹甚，病坐南窗冷欲冰。

病中上元

病久仍多事，深居未識春。慇懃今夜雨，且爲阻遊人。

三衢上元

俗事紛紛避作煩，夢中時厭雨聲喧。但看閑客時來去，勝説群兒手覆翻。事業不同俱可笑，形骸如此尚何言。他年更有相逢話，同是三衢過上元。

贈人

剩作閑官不計年，得公相近轉翛然。飽諳文字能生病，始信虚空不住禪。水澁船回休進棹，路長馬倦莫加鞭。漫成拙句爲公壽，要作新正第一篇。

官閑贈人

自喜閑官不計員①，月叨微禄勝歸田。藥囊往往充詩稿，米券時時當酒錢。忍病作勞吾不厭，對人無語子差賢。不須更見盧溪老，會得安心即是禪。

【校 記】

① 員：宋集珍本作「年」。

正月十七日

令節今安在，晨鍾奉夙興。空庭留素月，廣殿有殘燈。笑語已難記，經遊如未曾。吾衰得堅臥，差勝住房僧。

病中得舍弟信

頻通婺女訊，兼得會稽書。歲月呻吟裏，文章困睡餘。百年判憔悴，萬事付迂踈。尚欲身强健，相從得定居。

疥

瘙癢撓膚無春冬，爲害略與惡疾同。只有瘡痂不相負，夜闌長滿寢衣中。

正月十九日暴熱

一夜飛蚊遶鬢鳴，都忘時節是新正。祗應朝暮須風雨，便作踈簷瀉竹聲。

即事

十年不調張廷尉，一字拔人山巨源。萬事重尋已陳迹，此公相對可忘言。故人久已音書絶，古寺終嫌市井喧。更欲移家近深僻，漫留書册教兒孫。

送向仲告往江西①

紛紛車馬鬧如雲，膏火煎熬祇自焚。亦有故人來問疾，苦無佳思與論文。江湖老矣頻搔首，毛髮翛然政似君。它日卜鄰猶有約，靜中風景要平分。

【校記】

①告：四庫本作「吉」。

寄臨川親舊十首意到輒書不復次序

偶從行李轉江湖，所至翛然一物無。午枕久拚閑事業，夜窗新有靜工夫。

少小交游不乏賢，二三豪俊聚臨川。自從老大飄零盡，獨有殘詩數百篇。

屢試吴中千里蓴，閩中荔子亦嘗新。獨遊每恨無佳思，正好溪山少故人。

故人自失嵇中散，疾病衰頹轉不堪。猶喜閑居有賢弟，且隨長鋏住江南。自注：季平。

張卿別後且郊居，無復黄公舊酒壚。試問今年有閑暇，亦隨書劍入城無？自注：文叔。

交遊疇昔住臨川，博士高風世不傳。饒謝得名三十載，當時已道小汪賢。自注：叔野。

故人子弟惟汪謝，每一思之忘寢興。莫道臨川便寂寞，後來相繼有諸曾。

吏部聲名動一時，中原人物未全衰。低摧不用還歸去，坐守遺經可療飢。自注：子禮。

金谿比歲復何如，二董風流却未踈。聞道移家遠城市，欲攜書籍更深居。自注：彦先、彦速。

愛賢如渴吴夫子，不染世間兒女塵。老病不逢終不悔，後生誰復記斯人？自注：吴迪吉。

奉懷季平范丈戲成兩絶句録呈

形骸已病尤宜懶，歲月長貧屢有詩。猶得深居少塵事，只如同在嶺南時。

新年爲況復何如，尚有心情打酒無？只恐後生行樂處，轉嫌吾輩白髭鬚。

病中寄胡原仲劉致中

累月不寄書，我病亦在牀。仰視出林鶴，如覯二子翔。冰壺貯秋月，所至有輝光。僻郡足風雨，深春猶雪霜。閩水遠而清，閩山深且長。何時一尊酒，更復議行藏。

才元相過三衢偶成近體詩一首奉呈

紛紛俗事起如毛，病起南窗厭作勞。正欲往來求飯飽，敢將辛苦治名高？長閑似稱三冬卧，舊學虚蒙一字褒。它日相逢有餘地，尚容衰年鬬堅牢。

無　題

衾裯尚冷知春早①，意緒無聊覺病深②。夜半改詩緣底事，向來餘習正關心。

【校　記】

①早：《永樂大典》本作「深」。

②深：《永樂大典》本作「侵」。

寄人三首

世久無高識，斯人我獨知。子行吾羡子，雖病敢忘詩。

念昔無事日，同升夫子堂。江湖晚相見，猶喜共行藏。

世久趨浮末，於時爾獨賢。閑遊衆目外，却立萬夫前。老驥空伏櫪，長琴有斷弦。傷心共隱地，回首更茫然。

寄祁居士

聞道祁居士，抄書手未停。艱難走異縣，辛苦抱遺經。野寺猶堪隱，人言懶復聽。十年事夫子，今日得儀刑。

贈人四首

病欲相尋久未能，虎丘山下在家僧。諸方本末須君記，拈出叢林舊葛藤。

昔年曾侍老姑旁，誨我全身只退藏。長恐風流便踈遠，子猶它日及升堂。

跬步無功已厭遲，後生誰復肯從師。無人識子閑居意，手冷深藏只自知。

三江古路更深居，白首窮經一丈夫。借問新年入城市，亦曾頻到虎丘無？

寄朱希真

幕下諸侯老，微言衆不聽。袛應有餘論，時復注前經。郡古踈還往，官閑任醉醒。主人鵝可换，更爲寫黄庭。

寄向縣丞

念子它時兩頰紅，十年犇走變衰翁。耐官丞相風流在，坐守簞瓢不訴窮。

病中

藥裹關心老不宜，只今筋力已全衰。何由更得身無事，却似它時把酒時。

山城①

山城雨雪繁，春氣來不早。思君如和風，未見意已好。時蒙枉車騎，笑語得傾倒。我能知子賢，子亦憐我老。舊交半鬼録，在者迹已掃。慨然念平生，令人惡懷抱。相從飽喫飯，此計或未保。東遊有前約，預恐别草草。豈無一言贈，妙句寫默藁。出户仰高山，猶堪慰枯槁。

【校記】

① 山城：《兩宋名賢小集》作「山城雨」。

病夫

病夫坐穩嬾出門，底事逢春作癯瘦。故人相尋不憚遠，欲以一盃爲我壽。鋪張古昔引大義，勸使忍窮如忍詬。感君意氣但如昨，顧我情懷已非舊。平生甘作蟻旋磨，萬事只如船放溜。十年參差故鄉夢，一心守待靈芝秀。辱身竊比柳下惠，疾惡幸逢朱伯厚。它時城市望雲山，歲晚何由數相就。

無　題

心廣體故胖，意肅氣自屏。頽然萬物表，樂此一室靜。念君久安坐，轉覺此味勝。踈籬過野馬，破牖行日景。但令此意真，不必費譏評。想當溪山横，更有松竹映。隱几得晝眠，此固可補病。

偶成兩絶奉寄文若庭列

强欲馳驅老不宜，故人雖在費相思。只應大府多還往，職事雖忙不廢詩。

夏子經時不寄書，十年犇走尚窮途。不知自到高安縣，亦有心情記我無？

寄閩中親舊

濃陰蔽烈日，小院有餘凉。頓覺枕簟好，時聞芰荷香。秋成今可必，衰病未相妨。徑欲閩中去，尋僧不裹糧。

廖用中世綵堂

廖氏居七閩，土俗變齊魯。子孫仁且壽，每繼先父祖。作堂名世綵，此意天所予。近者得矜式，遠者快先覩。今公懷直道，邪正有區處。還家上此堂，父祖當笑許。小人慕清風，想像濯煩暑。孰知少年場，有此毛髮古。何時望世綵，得聽公笑語。老松卧歲寒，亦以蔽風雨。人或不予知，亦莫予敢侮。

劇暑

劇暑先庚伏，經旬在炮燔。今夕驟雨過，我病亦少安。涼風醒病骨，好月上更闌。尚恐賊報急，淩風無羽翰。閩中故人書，日夜望我還。無車載家具，欲往故不難。所恨去已晚，不及荔子丹。家家有白酒，自足解愁顔。

即事

經旬困炮煮，今夕有微風。市井囂塵外，溪山嘯傲中。涼秋亦不遠，吾道恐終窮。準擬閩中士，今年一笑同。

秋日

斟酒莫辭酒琖寬，酒琖少寬令心安。客遊無聊思舊歡，舊歡新愁千萬端，如何不飲空長歎。歲云秋矣風落山，白露應節衣裳單。南遊並海當不難，雨雪欲下何時還。

懷秋

秋風日夜至，念我少年時。新涼喜欲舞，至今心未衰。心雖未遽衰，老病則已甚。頹然坐前階，乃若兩鳥噤①。子病少則尔，衰羸非獨今。徘徊以徬徨，何以異夙心。死者各已死，空費子百慮。在者亦已老，契闊少相遇。洗心西方觀，子復未肯然。胡然競日力，今年如去年。

【校記】

① 兩鳥：四庫本作「雨鳥」。

贈范十八

君去留不得，我窮前未聞。如何出籠鶴，更送離山雲。歲晚逢同志，人稀莫離群。肯思臨別語，只用十年勤。

秋日

少年固長貧，長歲復多疾。閉門取堅坐，到此多事日。不嫌冷如漿，所要甘似蜜。舊書堆几案，老眼厭塗乙。不如壁角坐，萬事付以實。況今雨澤足，已覺憂患失。秋成日在望，所至有梨栗。賊報雖未衰，一飽良可必。

讀書

老去有餘業，讀書空作勞。時聞夜蟲響，每伴午雞號。久靜能忘病，因行當出遨。胡爲良自苦，膏火自煎熬。

宿昔

宿昔尚煩暑，平生悲遠遊。長貧不貰酒，雖健嬾登樓。晚節勞千慮，經年走數州。新涼事事好，只是迫防秋。

謝人送詩

堅坐少愉樂，欲行還滯淫。時蒙七字句，可慰十年心。歲晚日晷短，天寒霜雪侵。主人不厭客，敢辭酒盃深①。

【校記】

① 辭：原校曰：「一作避。」

水仙二絶

澹緑衣裳白玉膚，近人香欲透衣襦。不嫌破屋飀飀甚，肯與寒梅作伴無？

破臘迎春開未遲，十分香是苦寒時。小瓶尚恐無佳對，更乞江梅三四枝。

東萊詩集卷十八

處暑

平時遇處暑，庭户有餘涼。一紀走南國，炎天非故鄉。寥寥秋尚遠，杳杳夜先長。尚可留連否？年豐秔稻香。

教授鄭國材挽詞

松桂在荆棘，所趨故不同。雖云被剪伐，所至仰清風。念子行古道，簞瓢生婁空。我來則已病，不復能從容。平生務躬行，聖處久收功。堅坐想顔子，欲往吾其從。丹旐忽已遠，暮靄千山重①。論文一尊酒，堅坐更誰逢。

【校記】

① 山：宋集珍本、四庫本作「萬」。

無題二首

柴門羅雀懶頻開，喜有新詩到眼來。聞道繫舟城脚底，莫乘溪漲便輕回。
入秋多病渾無酒，學道無成却讀書。莫謂窮居便寂寞，天涼猶枉故人車。

潘義榮惠木犀二首

年年無酒對新秋，辜負涼天懶出游。想得故人憐我病，故分巖桂洗窮愁。
掃除炎暑脱氛埃，色似菊花香似梅。知是西風要清賞，少留陰雨候晴開。

次潘都尉富季申冬日探梅韻二首

暑退園林物物新，過溪風好月初晨。酒壺茶具偏宜坐，細草殘花别是春。但得主人令客醉，不辭秋冷和詩頻。從來禮節空疎放①，見我狂歌意自親。
開府新從日下歸，却尋山水對煙霏。剩披詩律留花住，不使親知到眼稀。但見鯤鵬常遠舉，應憐蜩鷃只卑飛。此游尚恨還家早，未許溪頭送落暉。

【校　記】

① 空：宋集珍本、四庫本作「生」。

次韻木犀二首

折送幽花與做秋，溪頭風物未重游。已憐多病逢三益，更喜成詩擬四愁。

洛陽車馬走塵埃，一歲顛狂自探梅。還識此花風味否？年年秋後兩番開。

謝潘義榮送菊二首

經旬霖雨足莓苔，忽喜雙盆送菊來。已似風霜憔悴損，主人云是待晴開。

漸開粉白間微黄，肯與新橙一例香。送與衰翁元未稱，且留青蘂作重陽。

畜　犬

主人長年閑，柴門終日閉。雖云伴我懶，常有跋扈志。端如在籠鶴，又若伏櫪驥。舉首望道路，久欲從此逝。恨無陸探微，寫此師子戲。如何尚摇尾，更作求食計。

疥

刺刺齪齪疥欲作，今年去年只如昨。人生縱病莫病此，此病雖微更作惡。寒窗夜長燈燼落，敗人禪觀妨人樂。安得壯士挽天河，盡洗此瘡閑處著。

潦倒

潦倒心猶在，衰遲分獨深。如何一朝淚，空費百年心。好月思同步，清樽懶獨斟。惜哉王子敬，誰復歎人琴。

贈人

它年好兄弟，見我嶠南時。相對能忘病，清言可療飢。後生寧復有，末俗漫相疑。尚想閒居處，踈燈守破帷。

無題

疾病侵凌我亦衰，後生誰復更相知①。可憐日落長安路，不見驊騮整轡時。

【校記】

①生：《永樂大典》本作「王」。

寄京口使君

使君鎮京口，隱若一長城。詩律有同社，溪山聊主盟。囂塵不掛念，鷗鳥自忘情。曾記貧交否？衰頽判此生。

【校記】

①隱：宋集珍本作「穩」。

再贈

婺女勝京口，公來歲已秋。閑雲出山寺，好月掛星樓。往事付情話，故人多倦游。十年浪奔走，今日爲公留。

【附録】

歲晚泊姑蘇用吕居仁韻二首寄孟信安　仲并

斷岸留孤棹，層臺聳近城。雁傳他邑信，鷗背去年盟。幾片雪多思，一枝梅有情。何人在樓上，吹笛暮寒生。

睡穩窗遲曉，愁多鬢易秋。祇堪浮小艇，不宜上西樓。無盡江山景，須陪杖屨游。一區何日辦，孰爲我公留。（《浮山集》卷一）

贈友

子來已冬深，僅得數夕欵。寒窗聽談道，未猒白日短。從來不飲酒，萬事付茗盌。别去今幾日，荒階月猶滿。

歲暮

歲暮少懽愉，況復嬰病苦。閉門每猒客，幸此連日雨。寒爐火復焰，乃若相媚嫵。披衣坐壁角，妙處時一睹。風聲耿初夜，有句或未吐。還書問故人，可復一笑許。

戲成二絶句

老讀文書懶不前①，亦無餘地可逃禪。閉門省事群囂遠，唯有貍奴附日眠。

病犬尫隤唯附日，懶貓藏縮尚逃寒。寧知兩馬霜風下？更有長途不道難。

【校記】

①懶：《永樂大典》本作「兩」。

久病二首

久病畏人事，長閑增道心。寧貪風日好，不避雪霜侵。跼蹐身猶在，高低手自斟。酒盃休厭滿，茗碗向來深。

未愈俱生疾，空懷宿昔憂。時因發孤笑，尚足慰窮愁。月落初無念，花開不自由。如何鴈南鄉，不共水東流。

偶作二絶

不嫌羸病守繩床，世念紛紛久已降。一夜月明如白日，驟聞急雨打天窗。

膏火從來只自焚，何曾野鶴駐雞群。如何死亦無公論，地下猶存衛府勳？

謝滕尉送梅①

破帷冷落不禁風，疾病深藏稱懶慵。忽有梅花來陋巷，喜聞春信出初冬。未須趁雪爭先睹，尚恐衝寒不滿容。會約君家好兄弟，他年尊酒更相從。

【校　記】

① 滕：《瀛奎律髓》、《宋百家詩存》作「勝」。

遊　山

世味日可猒，兹遊那得忘。稻田疏宿雨，木葉犯新霜。潦倒交游在，追隨氣味長。僧窗有淨供，茗盌侑爐香。

李丞相挽詞三首

舊學邈難繼，相期從少年。初看驥伏櫪，遽作鶴沖天。烈所平生志①，高名萬代傳。如何事未濟，此老下黄泉。

兄弟俱英妙，聲名萃一門。論才無不可，於道獨爲尊。未定千年策，終嫌萬丈渾。天乎乃如此，不使拯乾坤。

事業懷蕭相，胸襟識謝安。流風有餘烈，志士只長歎。淮海他年竭，冰霜此夜寒。向來交友淚，南望不曾乾。

【校　記】

①所：慶元本作「士」，宋集珍本、四庫本作「節」。

以一縑寄范四弟

中原厭胡馬①，所至是賊窟②。念君室縣磬③，何以備倉卒。窮冬霜雪繁，欲救乃無術。兒號君莫厭，婢怨君莫恤。平生師顔子，於此見髣髴。此縑君所知，自我機杼出。

【校　記】

①胡：四庫本作「兵」，宋集珍本與底本同。

②是賊：四庫本作「無完」，宋集珍本與底本同。

③室：四庫本作「空」，宋集珍本與底本同。

④縣：宋集珍本、四庫本作「懸」。

江　梅

江梅消息未真傳，微露芳心几杖前。不信冰霜能作惡，要令桃李便爭先。斜枝似帶千峰雪，冷艷偷回二月天。準擬從君出城去，竹輿仍勝百花韉。

鼓山頌法眼語在裏即求出云大家合眼跳黄河戲成四韻奉答

合眼跳黄河，未有過得者。豈惟不能過，身亦須判捨。告君過河妙，止要具船筏。乘時等風去，過此無别法。

夜深歸家聞鄰家小兒讀書可喜有作

還家更寒三鼓餘，鄰巷小兒猶讀書①。侯王將相乃無種，紈袴綺襦寧似渠。北風颼颼霜被草，聽汝讀書聲轉好。莫言翁媪惜膏油，有兒如此可無憂。

【校　記】

① 鄰巷：原作「鄰卷」，據慶元本、宋集珍本改。四庫本作「鄰家」。

梅　花

野水依城竹映沙，江梅開處又人家。天晴徑欲花前醉，只恐衰顔不稱花。

無題二首

德盛不狎侮，玄談多類俳。居然少莊語，無乃近齊諧。恨此達者趣，猶乖壯士懷。故當先復禮，方得盡梯階。

聖學邈難繼，斯文當望誰。還能養志氣，且務攝威儀。曾子但三省，子長徒愛奇。從來要功處①，本不在多知。

【校記】

① 功：《永樂大典》本作「公」。

贈李元亮之子季子①

往時諸李在江都，文采風流一代無。每得清詩如鮑謝，已聞前輩許封胡。好松久已埋深澗，老馬今猶憶舊途。令子相逢初未識，尚容衰晚見規摹。

【校記】

① 季：四庫本作「李」。

二月七日與群從遊陳氏園[二首]

平居羸病每相妨，今日尋春有底忙。何似主人常不出，看人衝雨度浮航。

橋南橋北花亂開，小園和雨掃莓苔。不嫌柱杖衝泥入，更許乘閑着屐來。

懷許子禮①

寒松猷庭院，老馬倦維縶。翛然出塵去，粗免朝夕急。我友隔湖嶺，尚作一日葺。平生學道心，擇善有固執。豈不在行路，自遠霜露濕。百川灌河來，砥柱乃中立。何時一樽酒，更與交舊集。

【校　記】

①懷許子禮：朱熹《跋曾吕二公寄許吏部詩》作《奉懷子禮吏部賢友》下有「本中再拜」。

雪

窮巷無人對雪，小詩自可逃禪。看取一年三白，喜歡共入新年。

堅坐正宜養病，開門便是幽尋。一夜雪深一尺，與誰取酒同斟。

報暉庵

寸草仰生活，春暉常照臨。不知欲報德，何以見此心。江漢有時竭，此心無淺深。魏氏有令德，傳家非獨今。結庵在山阿，日瞻松柏林。仁風被遠邇，猛獸不敢侵。令子守直道，意在無崎嶔。遂令此鄉人，得聞金玉音。我行時序晚，回望西山岑。延頸長太息，聊爲純孝吟。

贈莊季裕

老矣莊夫子，居閑肯厭貧？盛時更讀易，憂道不無人。記往詩猶在，相逢意倍親。尚期香火社，文字約遺民。

李尚書挽詞

李氏三吴秀，尚書一代英。立朝唯直道，守己但純誠。報國心雖在，憂時病已成。人推四兄弟，氣壓百公卿。未就養生術，獨收强諫名。傷心舊遊地，城郭漫溪聲。

李器之履齋

人履履險巇，君履履平地。平地信可履，行穩居亦易。責己不責人，爲道不爲利。孰視履險者，豈不心有愧。君家天台守，學固有餘味。微言化子侄，自足警一世。初無舉足勞，寧有半塗滯。君能識其然，我亦從子逝。

野　寺

曉窗日未融，野寺雨欲作。經旬少客到，靜坐差可樂。平生遭病擾，今更不如昨。囊空畏高醫，何以致良藥。所幸秋已至①，所在身可着。洗耳聽涼風，不待一葉落。

【校　記】

① 幸：慶元本作「行」。

辛酉立春

中原擾擾尚胡塵①，堅坐江南懶問津。漫讀舊詩如昨夢，都疑往事是前身。子桑自了經時病，原憲長甘一味貧。剩忍雪寒君莫厭，土牛花勝已迎春。

【校　記】

①胡：四庫本作「征」，宋集珍本與底本同。

雪　夜

破屋除燈雪自明，案頭無用讀書檠。老慵已慣跏趺坐，昏夢尤便松竹鳴①。知有故人來問道，久無佳句與尋盟。明年更有閩山興，但辦行纏莫計程。

【校　記】

①鳴：四庫本作「吟」。

謝方倅惠炭

寒壓新春雪不融，布衾如鐵坐衰翁。煩君又送南山炭，更放殘爐一夜紅。

即事四首

老來於世轉無求，事業聲名種種休。伴得鄰僧忍飢慣，閉門無飯讀春秋。

怱怱和夢別星樓，擾擾隨緣住信州。尚笑長江少方便，只教溪水暫西流。

問柳尋花懶不知，登山臨水病難爲。日長客去松陰靜，强課兒曹學和詩。經旬却怕酒盃深，野寺雖閑病至今。莫謂閑居厭醫藥，未妨隨證檢千金。

贈人

中表多離隔，情親子獨賢。心遊衆目外，氣出萬夫前。米賤猶堪飽，官閑不記年。春風上嚴瀨，爲我略回船。

辛酉之冬周提宫埅惠竹隔

深冬坐窮閻，未厭風日惡。今晨起濃陰，正恐雨雪作。故人念我寒，垂意到丘壑。虚堂排竹牖，已覺煖勝昨。初無穹窒勞，漸有閑適樂。我生甚易足，所至況旅泊。不爲禦冬計①，敢復備隕籜。偶蒙仁者念，僻處未蕭索。從今作新年，對酒且斟酌。

【校記】

①計：原校曰：「一作具。」

寄張仲宗

聞到張夫子，今年已定居。偶緣荔子債，遂絶故人書。歲月足可惜，溪山莫負渠。它年得相近，不必遠庖廚。

【附　録】

次吕居仁見寄韻　　張元幹

老去猶爲客，誰人念退居。相望千里路，賴有數行書。白曬猶堪寄，烏牛正憶渠。何時聞枉駕，竹裏喚行廚。

周仲固尚論齋

周侯不出何所爲，閉門讀書心自知。簞瓢陋巷君不厭，讀書萬卷能忘飢。上參羲黄下秦漢，采取英華幾脱腕。是非榮辱姑置之，忽若乘船到彼岸。古人之學有傳授，君生寂寞千載後。問君何以識古人，袖手無言坐清晝。以此讀書爲尚友，是事渺茫人信否。人信不信君不問，松柏固難生培塿。朝來落葉滿荒城，青山照人溪水横。往來車馬作塵土，想君深夜讀書聲。

吉州段秀才粟庵

大千非有餘，一粟豈不足。須彌納芥子，豈復論盈縮。今君住世網，何以得此獨。始知陋巷居，已悟不遠復①。

【校　記】

① 復：原校曰：「一作此。」慶元本注曰：「一作■。」

自如齋

朝爲事所奪，莫爲飢所驅。不知六合間，何人能自如。永新段夫子，屋小心有餘。教子有家法，逃禪猶作書。

醉經堂

紛紛入醉夢，一語令渠醒。段子閉門居，云何猶醉經。其醉蓋非醉，初無能解醒。問經何所説，明善故能誠。

題焦寺丞詩册三絶

一世奔波在别離，君家孝友獨天知。已令好夢傳消息，更有賓鴻效羽儀。

路旁來報定何人，物理潛通自有神。想得三衢相見地，至今草木亦長春。

河朔家人墮渺茫，江南風日正舒長。已知原上鶺鴒處，更入雲間鴻雁行。

暴物①

暴物看日景，頃刻未嘗停。隨景移暴物，目示令心驚②。寓此不停景，乃復望長生？忽忽駒過隙③，悠悠池汎萍。況兹兵火中，而每疾病嬰④。野寺過毒暑，旱氣浮高城。出門君莫厭，宿昔已秋聲。

【校　記】

①暴：慶元本作「曝」，文内同。

②目示：慶元本、吕抄本作「目視」。四庫本作「日示」。

③忽忽：四庫本作「匆匆」。

④嬰：四庫本作「攖」。

次葉守喜雨

群囂寂寞已收聲，預怯秋房獨夜情。忽聽僧簷鳴宿雨，定知田舍舞安甿。盡消積暑經時旱，不厭新涼數日晴。更喜此邦賢太守，樂爲詩頌教諸生。

無　題

學詩漸老轉銷聲，末路蒙公此日情。尚有文章能起疾，豈惟田里解蚩甿。近郊秔稻成秋熟，遶郭溪山入晚晴。剩繞長廊和新句，不知庭下薄寒生。

次韻曾宏甫木犀

風吹旱暑未成秋，辜負江村事事幽。巖桂敢煩先折送，好詩仍不待邀求。自憐疾病常高枕，坐想風流换此州。它日出門尋舊約，未嫌踈嬾作人不？

贈鄭侍郎二首

便欲深居過一寒，破窗重覓舊蒲團。莫年生活如何做，子細煩公指示看。

幾時不過西禪寺，直自初秋到晚秋。聞道主人憐我病，天寒酒未送新篘①。

【校　記】

①酒：慶元本、四庫本均作「猶」。

東萊詩集卷十九

次曾宏甫九日韻

僧園曉色散栖鴉，强起新詩整復斜。正想故人披宿霧，忽蒙佳句洗昏花。舊游往往違心事，老病昏昏漫歲華。辜負重陽一尊酒，且來占雨又朝霞。

九日贈曾宏甫二絶

茶花過雨十分香，山後山前已帶霜。何事東籬數株菊，已將青蘂趁重陽。

漸退中原胡馬塵①，溪山未厭往來頻。雖無名酒酬佳節，尚有新詩答故人。

【校　記】

① 胡：四庫本作「戰」。

送徐止秀才歸小葉

後生少規摹①，子學有根源。紛然衆説中②，獨識孔氏尊。古人雖不作，此理固常存。滄海無津涯，寧有衆水分。鑑明不受垢，垢盡亦無痕。子還訪師友，當自得其門。躬行見日用，餘事不論文。

【校　記】

① 摹：宋集珍本、四庫本作「模」。
② 説：宋集珍本、四庫本作「室」。

【附　録】

借舍人吕丈送大雅東還詩韻奉呈　　汪應辰

典刑寄老成，師友須淵源。今代紫薇公，身退道益尊。言行無表襮，卓然中所存。雲雨自翻覆，誰能動毫分。洗垢既無垢，尚或求瘢痕。嗟我與徐子，昔也掃公門。相期膏吾車，從公畢斯文。（《文定集》卷二四）

次葉守韻

新正無所爲，出户亦乘輿。欲尋林泉幽，不避風雪迸。搜腸乞佳語，分外若贅癭。故知藜藿盤，不受珍果飣。清詩洗病目，鄙陋知不稱。披雪見新月，乃悟本來性。溪山況蕭灑，復有松竹映。何須待醇酒，然後有酩酊。

送曾宏甫知黄州四絶

雨餘天氣欲嘗橙，栗可煨炮芋可羹。正是一年秋好處，忍令無酒送君行。

口唇白醭未嘗開，正始餘音挽復回。他日爐香爲誰起，公曾親見了翁來。自注：宏甫頃常爲諫議陳公所知。

君到江頭不問津，雪堂草木幾番新。一生未得文章力，要掃中原胡馬塵①。

騏驥徐行不離群，却行江北訪斯文。潘何子弟能傳業，當奉遺書與使君。

【校　記】

① 胡：四庫本作「戰」，宋集珍本與底本同。

題范才元畫軸後

昔年同過嶺南州，曾看湘江萬里流。妙手可傳詩外意，亂雲寒木更孤舟。

【附　録】

題范才元湘江唤舟圖用吕居仁韻　　朱　松

天涯投老鬢驚秋，夢想長江碧玉流。忽對畫圖揩病眼，失聲便欲唤歸舟。（《韋齋集》卷六）

送尹少稷賢良還懷玉山

青松在庭檻，乃受衆目憐。令彼歲寒姿①，肯爭桃李妍。不如卧澗壑，歲久霜雪前。尹侯東州英，炯若珠在淵。避地走南荒，因循留瘴煙。歸來懷玉山，草草屋數椽。深居絶萬慮，讀書欲忘年。偶出到城市，頗厭塵囂煎。搜腸出妙語，贈我以長篇。行潦被注挹，朽木煩雕鐫。紛紛車馬間，孰能知子賢。别後值短晷，肯復更留連。我老百事廢，鈍馬難加鞭。清霜粲屋瓦，白雲常在天。悵望子所居，欲去無寅緣②。

【校　記】

① 姿：宋集珍本、四庫本作「枝」。

② 寅緣：慶元本作「因緣」。宋集珍本、四庫本作「夤緣」。

寄題曾黄州重修睡足齋

雲濤際天江北路，郡古人稀春復暮①。平生想像睡足庵，頗見王杜安身處。十年兵火庵已壞，草莽連岡穴狐兔。使君初來席未暖，重就新齋立窗户。踈踈脩竹帶泉石，歷歷幽花點煙霧②。竹樓月波不寂寞，雪堂東坡復共住。昔者同遭盜賊擾，今者定蒙神物護。使君忘言坐搔首，抖擻衣襟脱巾屨。下簾高枕百吏散，一任江頭風斷渡。會思王杜與新詩，夢裏相逢得奇句。

【校　記】

① 復：四庫本作「欲」。

② 花：四庫本作「光」。

③ 屨：宋集珍本、四庫本作「履」。

重陽前一日作

涼風策策旁江城，道路猶寬遠去程。秋晚情懷常索漠①，夜長更漏轉分明。未償臍腹三年艾，不負膏油二尺檠。明日黄花一尊酒，苦思親舊與同傾。

【校　記】

① 漠：宋集珍本、四庫本作「莫」。

春　晚

春色忽已晚，悠悠留此心。深居有閑暇，令節廢追尋。更老愁何在，長貧病亦侵。一盃聊自勸，不爲落花斟。

寒食二絶

梨花雪白柳深青，也似中原舊驛亭。猶記往來寒食下，客房無酒卧空瓶。

今年春物更忽忽，野杏山桃取次紅。底事無錢作寒食，可無新語記車公？自注：白樂天與河南尹詩云：「明朝欲出須謀樂，不泥車公更泥誰①。」

【校　記】

① 白居易《歲暮長夜病中燈下聞盧尹夜宴以詩戲之且爲來日張本也》：「明朝强出須謀樂，不擬車公更擬誰。」

閑居即事

新舊音書寂不來①，略無一事可縈懷。春風寂寞花侵路，野寺荒涼草上階。剩欲出門留客坐，不妨扶杖看僧齋。無人會得龐公意，只道淵明是匹儕。

【校　記】

① 新：慶元本墨筆改「斤」爲「見」，作「親」。

偶出謝客

才過清明日更長，竹輿頻出度浮梁。雨侵田水連溪白，春入山花帶蜜香。數有故人相勞苦，不嫌俗事且窮忙。今年尚有湖湘興，不待秋風便促裝。

蔬食三首

殺物以活己，肉食固多慚。況無一事勤，敢於滋味貪。今晨病少間，調羹有酸鹹。居然飽筍蕨，自足慰清饞。

磨刀向豬羊，渠有千種苦。廚人盡心力，博汝一笑許。此道在忠恕，觀彼更觀汝。聖人雖未言，寧可自莽鹵。夫子釣不綱，於理已不隱。浮屠斷食肉，此語説始盡。人生慣便習，奉法乃不謹。要當守淡薄，萬事可堅忍。

戒殺八首

勸君勿殺犬，犬有爲主心。爲主反見殺，君何無淺深。君貧犬不去，君富犬分憂。執以付鼎鑊，於君心穩不？

畜犬被縛時，猶爲主人吠。吠聲未絶口，湯沸毛已退。主人調醯鹽，欲以作滋味。持此望身安，世間寧有是。

犬雖有小過，未至不得活。賣錢與屠宰，使得恣臠割。君兒小不安，君夜不得眠。何獨於此犬，如此安忍然。

勸君勿殺鷄，鷄能伺昏曉。聞鷄君即起，一一家事了。一朝被烹煮，不念前日功。主人取暫飽，鷄苦固無窮。

縱犬使殺鼠，鼠窘生百畏。其飢使之出，此亦有何罪。犬鼠俱勿殺，莫記有無功。苟以無功死，還與殺犬同。

願君普斷殺，能益君壽數。子孫亦長年，皆以不殺故。君子遠庖廚，非有意於善。但能觀其身，此理即可見。商臣殺其父，身亦享楚國①。世民殺其兄，亦未妨大福。以此知報應，未必在此時。此時雖無他，終久君試思。虎狼非不仁，天機使之然。蛇虺肆百毒，此亦受之天。願君勿憎怒，惘此心謬用。仁氣苟薰蒸，終皆變麟鳳。

【校　記】

① 不：宋集珍本、四庫本作「否」。

② 享：宋集珍本、四庫本作「烹」。

寄祁居之

苦憶均陽祁處士，只今全是住庵僧。何時更得相從去，細話叢林舊葛藤。

寄韓念八迪功

君去留不得，我行還未忙。飄零更遠別，衰疾且深藏。野水千山緑，荷花一路香。猶思往還地，相望隔浮航。

謙①上人清湍亭

道人結庵殊未就，先起小亭山左右。不將溪水濯塵埃，且以清湍爲客壽。雲煙晻靄作春濃，草木堅枯辨秋瘦。客來相對兩無語，豈有浮辭問時候。一生行脚如夢覺，天意似於君獨厚。我今留滯未得往，想像此亭如故舊。再三伸紙誦清詩，已勝開尊飲醇酎。自注：上人録寄彦禮、彦沖、原仲諸公題詩。簞瓢可樂不淡薄，蘭菊重生足滋茂。他時有暇更分題，此遊未落諸公後。

【校　記】

① 謙：慶元本作「請」。

送韓臨亨提舉

君有千里行，我獨留此居。君行赴何許，沅江隔重湖。我留此山中，欲去尚躊躇。沅江道里僻，罷民待君蘇。君亦憐其民，濕沫勤呴濡。涼風促君旆，小雨膏君車。漸去囂塵遠，及此夏景初。野色望行路，東門初首涂。風土日已好，誰能懷舊廬。舉手謝拘束，有若縱壑魚。路逢舊交游，相見問何如。道我且貧病，因風時寄書。

和伯少穎迂仲將歸福唐偶成數詩欲奉寄無便未果也辰叔常季南還因以奉送〔五首〕

紛紛走道途，擾擾雜泥滓。既爲風俗移，又以血氣使。百川灌河來，夫豈有涯涘。故人林與李，始可與語此。

方子獨立士自注：德順，歲莫亦深居。林李從之游，欲出更躊躇。紛華晚不顧，浮湛同里閭。時從陸丈人，共此一篇書。自注：諸公皆從陸亦顔游。

閩山固多奇，閩士亦多傑。弱水不勝舟，有此積立鐵。胡劉守節意，亦豈待言説。自注：原仲、致中。堂堂混衆流，此固不得折。

經時望子來，慰我終歲病①。西行道路迂，欲見復未定。秋毫論得失，此豈不有命。嘗聞安身要，其本在無競。自注：王輔嗣卦解云：「安身莫若無競，修己莫若自保；守道則福至，求禄則辱來。」實法言。

才叔策名時，已自能不動。中年謫南荒，與世作梁棟。生平所踐履，自待九鼎重。失固不足言，得亦何所用。自注：才叔，諫議張公也。初登科時，已無喜色矣。

【校　記】

①尉：四庫本作「慰」。

送范才元

胡塵犯中原①，冠蓋走東南。同時辟地人，十不存二三。相逢各衰病，豈復能清談。君今尚行役，未暇脱征衫。聲名自宿昔，文字性所耽。誰能隨少年，下筆令人慙。並海雖名邦，嗜愛殊酸鹹。君但撫罷民，未須嚴轡銜。開堂宴賓客，清詩消半酣。時寄荔子來，尚能憐我饞。自餘君不問，只向鼻端參。

【校　記】

①胡塵犯：四庫本作「風塵滿」，宋集珍本與底本同。

贈魏邦達張彦素

公更深居我更衰，山林膏壤偶同時。兩年疾病略相似，二老風流應自知。苦學養生猶有累，不知閑過是無爲。初冬寄遠無他物，半夜才成一首詩。

送南上人

閑居病益侵，俗事初一掃。南公犯寒來，爲我略傾倒。論詩已得妙，不必在窮討。我懶百慮廢，識子恨不早。歸途見徐董，自注：明叔、彦光，更問此二老。所恨聊復翁，向者骨已槁。自注：彦速。拭目看遺文，令人惡懷抱。自注：南上人收二董詩與明叔墨妙甚富①。

【校　記】

① 詩：原作時，據四庫本改。

贈曾吉甫

荒城少還往，居處喜相近。欣然得一笑，渠敢有不盡。詞源久欲竭，此道或少進。作氣在一鼓，軍士況未憖。涼風動高梧，塵土朝作陣。臨溪惜暫别，溪淺雨復吝。豈無一言贈，以當百鎰贐。沉綿我未瘳，行李君更慎。

贈魏邦達張彦素

橘緑冬未黄，菊老霜變紫。不知風土佳，但覺日月駛。問居得養疾①，調氣實在此。從今便休去，敢復爲物使。誰能明吾心，旁邑有君子。

【校　記】

①間：慶元本、宋集珍本、四庫本作「閒」。

次韻汪教授木犀

治藥呼醫懶出門，每聞樂事漫消魂。秋花帶雨寒由在①，老病尋詩目更昏。但見晚霞飜雨脚，不知山石是雲根。主人有意留嵓桂，要使貧交奉一尊。

【校　記】

①由：宋集珍本、四庫本作「猶」。

送詹慥秀才

子來今幾時，歲月忽已晚。今當别我去，道里初不遠。家山霜正濃，馬草寒更短。何以奉親懽，一笑和氣滿。邇來游學士，已見如子罕。讀書要躬行，俗事不厭簡。故鄉多老儒，歸日正可欸。時能寄餘論，尚足起我懶。兩州多便人，自可數往反。

靜　軒

紛紛逐人行，擾擾與事競。不知一世間，能得幾人靜。公今默無語，種種以靜勝。人來漫相接，事至聊復應。開軒道院旁，足以補我病。日高公事散，轉與靜相稱。千載師蓋公，此理久已證。爐煙裊晴窗，松聲韻鍾磬。簿書勿勤來，公方在禪定。

贈吴周保

舊琴無譜亦無絃，子獨深求不計年①。正以安閑有餘地，不因言語悟先天。論詩再到新删後，讀易仍窺未畫前。老病相逢聊一笑，非關無地可逃禪。

【校　記】

① 不計：宋集珍本作「百計」，四庫本作「不許」。

尹穡少稷方齋

人圓君方君但方，鑿圓枘方君不忙。富貴可取君則忘，閉門讀書聲琅琅。舊書重疊堆在床，點勘同異分偏傍。運精竭思心力强，十年足不離僧房。荒山野路秋水長，客雖欲來嫌路妨。幽蘭無人爲君芳，采菊落英充餱糧，客雖不來有餘香。

送義先上人歸古田

斷雲無水去無蹤①，回望闢山指顧中。何處尋君問消息，古田南路已春風。

【校記】

① 無：宋集珍本、四庫本作「流」。

送范十八

范子閑行定不窮，袖中詩卷敵清風。野僧道士有餘意，同學故人多近功。已辦辛勤十年讀，時須談笑一尊同。相看又作韶州客，却望臨川是夢中。

徐師川挽詩三首

江西人物勝，初未減前賢。公獨爲舉首，人誰敢比肩。時雖在廊廟，終亦返林泉。今日西州路，臨風更泫然。

異日逢明主，端居不復藏。一心扶正道，極力拯頹綱。已病猶軒豁，臨衰更激昂。始知操韞處，餘事及文章。念昔從者舊，公知我獨深。意猶如昨日，愛不減南金。撫事思前作，於時媿夙心。素琴理舊曲，無復有知音。

即事六言七首

老來與世相忘，尚喜攤書滿床。憶得少年無事，苦心更學文章。

少年與世無求，老覺心情自由。放倒文章事業①，追隨倦鳥虛舟。

不入樂天歡會，不隨淵明酒徒。看取簞瓢陋巷，十分晝夜工夫。

百壯艾能已疾，一盃酒便生春。熟睡覺時意思，罷勞歇後精神。

游夏一辭不措，非關未究源流。直自孟軻没後，無人會讀春秋。

養生不能延年，忘言未是安禪。聖學工夫安在，重尋曲禮三千。

畢竟學書不成，誰道能詩有聲。點檢平生交舊，幾人曾是同盟。

【校記】

① 放：宋集珍本、四庫本作「顛」。

楊雄

讀易先知未畫前，聖人何事絶韋編。始知楊子多閑暇，更有工夫草太玄。

嚴君平

千秋蜀道一君平，氣象從來不近名。可惜下簾無一事，才將老子授諸生。

賈誼

孔丘墨翟並稱賢，始信先生學未專。何事退之傳此謬，亦將餘論點遺編。

晉二絶

紛紛禮樂付浮埃，一取玄虚禍始開。但見出言齊老易，始知胡馬不虚來①。

晉朝朝士安知禮，盡出紛紛篡盜餘。漫使當時辟世士，放言高論祖浮虚。

【校記】

① 胡：四庫本作「戎」。宋集珍本與底本同。

畜犬雪童黠甚勝人壬戌夏暴死作詩傷之[二首]

它生與我有微因，來見防家最後身。共住世間均是夢，未應心境不如人。浮雲斐變本無迹，叉路多歧莫問津。此後窮愁有南北，更誰隨馬踏埃塵

伴我走道路，直前無葛藤。三年貧病裏，幾度送亡僧。

又作二絶

荒山古寺欲黄昏，梁上諸君欲到門。雨濕雪童埋處土，向來精爽更誰論。

客至書來總不知，都緣邇日吠聲稀。蛛絲網遍常行處，猶道奔逃未肯歸。

秋　日

禦盜犬新死，放生羊尚存。有書消永日，無客到衡門。山色熱猶好，溪流雨不渾。還須止雜念，數息度黄昏。

懷雪童①

老來於世漫多悲，夢幻推移且自知。想得開山藏骨處，却如摇尾乞憐時。送行識我貧無蓋，閑坐思渠悶有詩。從此窮居添寂寞，夜長誰復遶簾帷。

【校　記】

①《宋詩紀事》題下有小注「犬名」。

即　事

畏事成閑猒出遨，故人不見如曹逃。一寒一暑便衰老，如夢如幻無堅牢。客游袞袞漫南北，往事悠悠增鬱陶。此去還能安坐否？割雞元不用牛刀。

念　舊

俛首思疇昔，常期不負渠。事隨新境轉，人與舊情踈。少日猶相憶，多年遂絶書。況於生死隔，寧復似平居。

和汪教授

羡君須作緣陂竹①，飯飽哦詩聲徹屋。閉門不出動經旬，坐看禪房花柳簇。却記冰霜動地時，半夜小園風折木。一尊相對任濁清，三徑閑行漫松菊。長篇短句動盈軸，想像清香有餘馥。問君何以得此妙，木潤只緣山有玉。我窮猶敢和君詩，不留和氣暖臍腹。搜尋險韻少工夫，敢與諸公鬭遲速。

【校　記】

① 陂：宋集珍本、四庫本作「坡」。

癸亥歲正月二首

閑居足因循，所至漫冬夏。今年忽六十，稍覺日有暇。孔子固大聖，未害六十化。同時蘧伯玉，亦豈出此下。莊周與惠施，初未識此話。何因爲此語，百世呈縫罅。不如姑置之，以俟一戰霸①。

孔子六十時，入耳心則通。所造不可知，誰能强形容。當世設梯級，聊發百世蒙。如何陋巷顔，年少兩頰紅。出門請從之，便欲齊此翁。心知路不遠，試用一日功。還家對簞瓢，此士正不窮。

【校　記】

①　戰：宋集珍本、四庫本作「朝」。

寄蔡伯世李良宇

兩君羈旅宦西蜀①，我亦江南住僧屋。想像平生肺腑親，晴天何處飛黄鵠。庾郎故是豐年玉，道兒更是見不足。藜羹脱粟有餘味，富貴薰天果非福。死生契闊今誰在，往事悠悠陵谷改。他年乘興下瞿唐，見我衰頹莫驚怪。別尋好語和君詩，償盡平生難詛債。掃除壁土更焚香②，下酒如今有鮭菜。

【校　記】

①　宦：宋集珍本作「官」。

②　壁：慶元本作「塵」。

贈魏承事二絶①

雨漲溪渾欲斷橋，水鄉風物轉蕭條。煩君下筆留春住，令我寒窗不寂寥。

四十餘年別歷陽，舊游如夢費思量②。眼明見此老居士，聽話舊游如到鄉。

【校　記】

① 贈魏承事二絶：慶元本作「别魏先生」。

② 寒：慶元本作「閑」。

③ 如：慶元本作「魂」。

送魏縣丞之官餘杭

君去我逾靜，我病君得知。如何便相遠，未有再見期。溪橋已春晚，紅紫久離披。初無一尊酒，慰君别後思。君才則甚長，所用無不宜。但當斂光芒，匣劍深藏之。初非擊刺用，肯顧庸人嗤。平生富事業，餘事尤長詩。當官儻見念，琢句敢嫌遲。上以寄難兄，下以愈我飢。

葉尚書普光明庵

日月豈不明，明乃有昏晝。四時所出火，更自表新舊。寧知普光明，亘古不傳授。獨照萬物表，不見所成就。遠乃包須彌，近不聞圭竇①。茫茫濁水源，我此明亦透。尚書所居庵，草木甚癯瘦。收藏萬丈光，斂退著懷袖。至寶久不耀，却立萬夫後。我願從公游，昏病方待救。先持此微言，遠寄爲公壽。

【校記】

①聞：慶元本作「閒」、四庫本作「間」。

焦復州惟正寄鼎復兩州喜雨詩來以近體詩一首寄之

聞道復州賢太守，只如前在武陵時。相逢未説爲州樂，所至先傳喜雨詩。行比曾參仍不魯，自注：焦君居家，以孝友稱。政同龔遂更何疑。懸知此去長閒暇，定是愚民不忍欺。

送范十八還江西效白樂天體

與君此别重依然，再得相逢又幾年。無使人言長似舊，况教人道不如前。窮通軒輊皆由命，貴賤高低總是天。只有脩身全屬我，少遲留處便加鞭。

晁公詩九經堂

人家有屋但堆錢，君家有屋定不然。一堂無物四壁立，六藝三傳相周旋。人言君貧君不顧，以此辛勤立門户。聖人遺意要沉思，暫脱楚騷辭漢賦。他年相見問何如，且説九經得力處。

送瑞印上人歸福州

不須布襪與行纏，參得諸方五味禪。散盡白雲見明月，虚空只是水中天。

東萊詩集卷二十

尤美軒在玉山縣小葉村喻子才作尉時名之取歐陽文忠公醉翁亭記所謂林壑尤美望之蔚然者後數年舊軒既毁復作寺僧移軒山下汪聖錫要詩叙本末因成數句寄之

兹軒在何許，遠在洞巖側。洞巖山水勝，自與塵土隔。天以奉幽人，寧肯媚過客。尉曹昔吏隱，到此若有獲。名軒曰尤美，盡去眼界窄。坐令歐陽公，餘意轉明白。車馬走道路，我久度此厄。茫茫六合間，於此有安宅。軒雖有成壞，山本無異色。舉頭見林壑，不必更遠索。

金谿董需彦光淩岑庵①

我爲江南游，衰病轉不堪。往來信撫問，未上淩岑庵。淩岑賢主人，清峻如山巖。避事若荼苦，守貧如薺甘。平生好交游，十不存二三。令弟又繼往，世不聞清談。高風故絶俗，想像令人慙。浮生有欣戚，此味久已諳。請君但高枕，客來睡方酣。茫茫歧路間，與渠爲指南。乘風本餘事，不向鼻端衾。

【校　記】

① 谿：原作「鷄」，據慶元本改。

盛華彦光丘壑庵

盛侯少時偉儀觀，下筆不休人共歎①。胸中別自有丘壑，萬里溪山藏几案。往來車馬鬧泥土，盛侯何嘗著眼看。較量古今考同異，抖擻胸襟別真贋。今朝示我故人詩，老病窮愁得消散。故人相繼在鬼録，君雖獨存飽憂患。且住溪南數間屋，坐穩不憂時節换。人言丘壑殊不惡，君守一丘只如昨。文章老健氣如虹，不向山巖何處著。

【校　記】

① 歎：宋集珍本、四庫本作「歡」。

送晁公慶西歸

頃從君家諸父遊，談經語道久未休。死生契闊風塵起，往事追尋三十秋。疾病衰頹且深坐，喜見後生勤勝我。臨行索我送行詩，短句長篇無不可。少年學問要躬行，世人營營勿與爭。閉户忍窮心自樂，簞食瓢飲殊不惡。紛紛得失誰厚薄，得此失彼莫籌度。

曾吉父橫碧軒

囂塵等山林，此理久未盡。君今住世網，於此已自信。僧居隔長溪，屋古柱礎潤。不知市聲遠，但覺山色近。開軒有餘地，草木當夏閏①。一身船轉頭，萬事燈落燼。譬如癢在體，搔抑吾已認。青山故在眼，已絶封閉吝②。悠然有遐想，此語君所印。

【校記】

① 閏：四庫本作「盛」，宋集珍本作「潤」。

② 封：四庫本作「對」。

送邢道州趙邵州歸湖南

相逢不得欵，奈此離别何。長涂已新秋，從此風雨多。欣然出殘暑，如鳥離網羅。我獨此淹留，衰病日婆娑。跂足望二子，洞庭秋始波。道州通家舊，口辯如懸河。邵州我表弟，玉也保不磨。無由得相就，相近日經過。黄塵黏馬足，未暇眄庭柯。何時寄書來，與我消睡魔。天涼不飲酒，爲子一高歌。

【校　記】

① 涂：宋集珍本、四庫本作「塗」。

② 由：宋集珍本作「田」。

送方豐之秀才歸福唐

我居江東，惟信之州。子來自南，而與我游。問其所友，一時之秀。其兄韞德，亦既有就。子學既立，子志甚遠。何以終之，止在不倦。貧賤勿猒，自然無悶。富貴勿羨，害德之本。彼古之人，能聖與仁。我胡不能，歎其絶塵。今子歸矣，歲亦有秋。何以告子，惟聖之求。水流有源，木生有根。惟源與根，入德之門。求聖根源，惟正之守。正之不守，棄師背友。

絲毫之僞，勿萌於心。無有内外，亦無淺深。由此則聖，舍此則病。是以君子，所守先正。于以贈别，亦以自警。爲别後思，且以三省。

向敦武挽詞

耐官丞相後，世固不無人。位下能安命，身閑不厭貧。還能死異域，便足繼前塵。此日何山路，空悲草木新。

向簽判母挽詞

懶作塵寰住，虚隨雲雨仙①。人皆欽懿範，天不予長年。室静如歸隱，心安勝學禪。傳家有令子，尚得慰重泉。

【校記】

① 仙：原作「山」，宋集珍本、四庫本作「還」，據慶元本改。

贈眼醫張子驥郎中

人生所有疾，萬種皆眼病。由眼不得明，故視有不正。指白以爲黑，遠邇皆未定。如何少翳膜，遂失本來性。今君有妙手，與世脱機穽。病雖有多端，但以一理勝。不須望奇功，藥病自相應。吾觀世間物，唯眼爲至淨。不容著纖毫，况復計少剩。自古大醫王，其治有捷徑。不能添汝明，但要除此證。鏡有塵故昏，塵本不在鏡。塵去鏡自明，豈必與物競。皎潔玉壺冰，澄澈秋月瑩。坦然望長途，欲往不待倩。其説甚易知，在汝聽不聽。請君明其然，説法我已竟。

送晁侍郎知撫州

與君相從四十載，老病昏昏君不怪。交游太半在鬼録，一時輩行惟君在。前年簪筆侍明光，論議風流傳梗槩。邇來同住此荒城，笑語瀾翻絶機械。薄酒重尋它日盟，新詩未了平生債。今君奉詔作鄰郡，共喜朝廷有除拜。定知惠政及斯民，一洗從來州郡隘。甕頭春色早晚熟，遠寄還須例霑丐。爲君試草德政碑，蕭何自昔文無害。

晁留臺劉夫人挽詩二首

自昔聞諸父，文章漢兩京。自注：原父侍讀、貢父舍人，夫人諸父也。風流傳壼範，烜赫振家聲。睦族今無匹，能書舊得名。如何江左郡，今日望銘旌。

故家劉與魏，我亦忝姻親。自注：夫人劉姓，魏出也。久矣思前作，居然愧後塵。遺芳接惇史，舊德見夫人。悵望鵝湖路，新年草木春。留臺無恙日，樂善出誠心。文采不復見，聲名空至今。半生資内助，三歎有遺音。撫事思前輩，於誰覓斷金。

贈鄭侍郎

鄭公一勺酒，時與故人傾。況兹沖和天，草木日向榮。山茶逞獨艷，著意呈軒楹。坐中四五客，還來尋此盟。主人久未厭，頻得倒屣迎。燒燭夜照花，知公有餘情。清歌洗俗耳，軟語令心醒。豈伊鶴頂丹，獨自能傾城。要令同一妙，相伴作三英。紛紛桃李花，開謝略不停。誰知此深院，别有高世名。我老百事廢，對此眼暫明。還家不能寐，起坐數殘更。明朝有新句，更欲煩公聽。

【校　記】

①耳：宋集珍本作「老」。

送宗紀上人歸福州

道人海上來，訪我江外寺。春風吹行李，飄摇不得住。手中主人書，足下千里路。臨行請一語，懇款過外慕①。人生未入道，所至皆旅寓。急參庭前柏，會取末後句。相逢與相別，唯此是先務。

【校　記】

① 過：宋集珍本、四庫本作「遇」。

郡會分韻得蠻字

柳外高樓四面山，使君攜客共躋攀。塵埃不動日方永，桃李無言春自閑。未厭簿書時到眼，每逢詩酒亦怡顏。夜闌一倍園林勝，尚覺清歌欠小蠻。

郡會賞牡丹分韻得賞字

敢辭深坐嬾衣裳，便欲追陪恐病妨。小户常憂勸酒滿，短才仍怯和詩忙。牡丹花在逢寒食，群玉山如望洛陽。不是使君尋舊賞，更無人會憶姚黄。

次蔡楠韻

交舊悠悠西復東，建昌南望水連空。蔡侯念我有新句，猶似灞橋風雪中。

送王提舉赴淮東七首

君爲千里行，我此一室住。清風隨畫舸，已過江北路。
君如暑伏冰，所至自清靜。儵然接新秋，已復天地性。
隨行萬卷書，既足以自娱。因知君所樂，不在使者車。
入門雖多途，其究有安宅。君能識其然，一語在物格。
學道貴積習，天地故相似。不容有私心，毫髮在胸次。
海陵我舊游，歲月亦已久。不知兵火後，尚有昔人否？
官閑有新作，寄我莫憚遠。兼書海陵事，令我開病眼。

送財用歸開化二首

年來相聚欲無言，嬾説諸方五味禪。所恨歸程太怱遽，不收吾骨瘴江邊。

疾病支離欲著牀，爾來殊不負秋陽。頭童齒豁西風裏，尚費縈簾一炷香。

謝范子儀見寄因次其韻

疾病深藏一事無，眼從昏澁廢看書。清詩忽覩驚人句，遠道如瞻使者車。頗放溪山時入座，不妨賓客醉騎驢。傳家事業風流在，早晚還朝得盡攄。

謝周侍郎送木瓜

染以猩猩血，緣以刺繡文。天生此碩果，似是百果君。杯槃快先覩，便足張吾軍。雅宜椽燭照，正合侑金樽。環橙與大柚，其從蓋如雲。我病日已衰，故人時見存。晨興有奇事，此果蒙先分。開緘見珍異，坐使童僕奔。把玩不去手，舉室生清芬。所恨茅屋低，著此太不倫。瓊琚未足報，拙句聊相聞。

謝幽巖長老送荔枝二首

年來疾病日衰頽，咫尺閩山嬾便回。不是幽巖老尊宿，更無人寄荔枝來。

荔子蕉乾久未嘗，今年霜下始聞香。幽巖闊略庵前事，容得先生爲口忙。

撫州俞隱居挽詩

臨川俞處士，獨擅隱居名。嬾倦不復出，風流聞後生。白甘長寂寞，肯作太鮮明？松柏新阡路，傷心秋後聲。

贈汪信民之子如愚

四海同門一信民，近淮來往七經春。生平坎廩不如意，死去聲名多悞人。漫以文章付兒子，略無毫髮仰交親。請君但自傳家學，陋巷簞瓢莫道貧。

謝曾台州送梅

不辭深坐轉衰頹，養病仍無酒一杯。尚喜故人相勞苦，臘前先送一枝梅。甕間吏部久不見，江東步兵那得知。故人憐我太寂寞，一枝梅送兩篇詩。

送范子儀將漕湖北五首

君行欲何之，乃在湖水北。湖水多郡縣①，使者易爲德。其民淳而古，其吏朴以直①。官閑足賓客，歲稔少盜賊。得君清靜化，用教不以力。但自養根苗，勿苦厭蝨蟦。脱身走許昌無事時，地固多英豪。況君忠宣子，譽望素已高。讀書不出户，俛首自作勞。江南，始爲時所褒。每念其先人，水靜絶波濤。時從文字戲，餘事及風騷。君昔在忠宣在朝廷，每欲消黨與。以我廣大心，盡使變齊魯。同門有不察，平地鬬豺虎。許昌，閉口不復吐。靜思前人意，皆是神所許。自守泥塗間，肯復計齟齬？令兄守家學，曰自文正始。惟不卑小官，至死而後已。其間有富貴，乃是偶然爾。人欲學古人，豈不識此理。奈何厭貧賤，乃不退就己。君今久蹈之，可爲吾黨喜。我嬾百事廢，尚叨交舊知。時蒙寄書來，索我送行詩。我詩老益退，久爲人所嗤。君獨不見鄙，論相不舉肥。送君湖北去，無事隔山陂。時應有佳句，尚足慰相思。

【校　記】

①郡：宋集珍本、四庫本作「近」。

②以：宋集珍本、四庫本作「且」。

梅花二首

白玉花頭碧玉枝，水邊籬下雪晴時。暗香別有關情處，却是春風未得知。

占得先開不待春，風鬢雪虐長精神。老人不是尋花看，要與尊罍洗世塵。

周承務鄉求諸己齋

爲腹不爲目，貴久不貴速。人皆求其餘，我獨心易足。人皆重外慕，我獨慎其獨。閉門想顔子，默坐相追逐。壽夭有定分，簞瓢乃其福。修身雖多塗，要在不遠復。

送程伯禹歸浮梁［二首］

不見程公二十年，上饒相遇各華顛。平生氣節君先立，老去安閑我未然。即看歸來上廊廟，未容休歇住林泉。飽山閣上憑欄處，合得逍遥第一篇。

疾病因循嬾出門，茅簷終日坐昏昏。雨聲點滴松藏寺，人迹稀踈犬吠村。時得使君相勞苦，勝於書札問寒温。只應此去添憔悴，又欠先生酒一尊①。

【校　記】

① 欠：原作「次」，據慶元本、四庫本改。

寄題王珉中玉通判夢山堂

青山甚不遠，每因塵事疎。百事攪胸次，豈知山有無。君無適俗韻，常似山中居。出處本無二，夢覺固不殊。不知此山堂，始往從何途①。未嘗走道路，亦不用舟車。溪流與山色，相對若有餘。此地甚閑曠，如君心地初。行雲映遠樹，中有此田廬。如今遂安處，始驗實不虛。得非神所相，無乃道力扶。親朋在左右，不待折簡呼。往來一笑樂，勝有十輪朱。何須從范子，辛苦泛五湖。亦不學沮溺，遠迹斯人徒②。從容萬事表，在我不在渠。欣然理前夢，已勝在華胥。

【校　記】

①往：宋集珍本、四庫本作「性」。

②迹：宋集珍本、四庫本作「去」。

去冬以紙衾遺劉彦沖劉有詩來謝以二絶句答之

初無一物獻高人，紙被封題意却真。想得蒙頭忘百慮，滿山風雪自成春。

錦繡堆牀已不宜，芬芳淑郁又成癡。心知此被無他巧，能與山翁换好詩。

【附録】

吕居仁惠建昌紙被

劉子翬

寒聲晚移林，殘臘無幾日。高人擁褚眠，孌卷意自適。素風含混沌，春煦回呼吸。餘温偶見分，來自芝蘭室。乍舒魄流輝，忽捲潮無跡。未能澡余心，愧此一衾白。嘗聞盱江藤，蒼崖走虬屈。斬之霜露秋，漚以滄浪色。粉身從澼絖，蜕骨齊麗密。乃知瑩然姿，故自漸陶出。治物猶貴精，治心豈宜逸。平生感交遊，耳剽非無得。精神隨事分，内省殊未力。寸陰捐已多，老矣將何及。自從得此衾，夢覺常惕惕。清如夷齊鄰，粹若淵騫覿。獨警發鏗鍧，邪思戢毫忽。勿謂絶知聞，虚闈百靈集。鼎龠或存戒，韋弦亦規失。則知君子所，惠以勵蒙塞。（《屏山集》卷一三）

送曾季直下弟歸臨川

老病侵淩重别離，爾來瘦欲不勝衣。信州城北荒山寺，兩送親知下弟歸。曾子不愁歸泥路，臨行索我送行詩。頭童齒豁衰頹甚，不似京城相别時。

送趙十一弟之官南安①

君爲千里行，我有一罇酒。把酒持勸君，欲以爲君壽。南安傍庾嶺，瘴癘亦時有。德人固天相，和氣生户牖。斯民得安樂，如我屈伸肘。居然變遠俗，共感賢太守。我病居上饒，忽忽歲月久。杜門百事廢，亦復厭奔走。得君暫相從，感歎成皓首。頗念河朔時，相從誦詩否。人生只此是，不必更抖擻。有便即寄書，頻來問衰朽。

【校　記】

① 送趙十一弟之官南安：慶元本作「送趙十一弟之官南安守」。

寄劉彦沖兼寄胡原仲劉致中

故人别去兩經冬，今歲書來第幾封。正以空疎少製作，不因窮約廢過從。養生漫説終難效，學道無心亦未逢。若問真歸是何處，五更常聽寺樓鍾。

【附　録】

居仁報李季言論養生之益　劉子翬

平生外騖已知非，木枕藤衾老可依。春半風光唯掩户，病邊懷抱自忘機。不知静守綿綿息，何似閒隨栩栩飛。欲寄勤渠問仙李，元關底處是真歸。

次居仁韻　劉子翬

是身如樹槁窮冬，一點心花自閉封。久矣吹嘘存泛愛，偶於遲暮得相從。頗聞妙用縱横是，深愧真源

左右逢。白雪黄芽計雖下，可能無意起龍鍾。（《屏山集》卷一九）

去歲嘗以紙被竹簡遺劉致中後爲大水所漂致中有詩以二絶句答之

念君無愛亦無求，一室翛然冷欲秋。尚恐深居有餘念，更將衾簡委洪流。

紙被公無笑不才，兩公相繼有詩來。五更睡足天昏黑，也似他人錦繡堆。

吴傅朋游絲書

君不見往時文學顧八分，中郎之後典刑存。又不見先朝文惠書堆墨，大榜濃雲照南北。未似只今上饒守，静寫游絲不停手。非煙非雲斷復續，緩步徐行不拘束。斷崖一落千丈滑，遠望筆行如一髮。鬼神竭力覷不見，鐵礦消亡鋼作線①。線舞飛揚不自由，縱横自在勝銀鉤。知君此意非安排，妙處不從筆下來。心凝形釋萬事去，信手却立無纖埃。滿堂回頭莫見猜，我自悟此忘胸懷。操舟相馬在事外，顔氏識此由心齋。如君下筆少有意，錦繡寧不悮剪裁。君惟無心故如此，秋毫自可纏風雷。鍾王斂手謝不敏，長史懷素慚衰頽。病夫睹此心目開，向來窮愁安在哉！

【校記】

① 鋼：底本作「綱」，宋集珍本、四庫本作「網」，據慶元本改。

東萊詩集外集卷一

離行在即事三首

昏旦黄□裏①，經營謝②獨清③。看人長麈尾，懷我短燈檠④。舊交分窮達⑤，斯文鼎重輕。邊聲授明主，禮樂謝諸生。

漂泊留旁郡，煩人久厚顔。强求微禄去，未得故鄉還。驛騎隨朝發，舟師語夜闌。到家傳吉夢⑥，歸使下燕山⑦。

客況多堪笑，歸舟静擁衾。轉喉常觸諱，對面却論心。外物家無有，閑居念本深。妻孥安短褐，終不羡多金⑧。

【校記】

① □：慶元本注「缺字」，宋集珍本、四庫本注「缺」。

② 謝：宋集珍本、四庫本注「缺」。

③ 獨：宋集珍本、四庫本作「榻」。

④ 懷：宋集珍本、四庫本作「讓」。

⑤ 交：宋集珍本、四庫本作「友」。

⑥ 吉：宋集珍本、四庫本作「一」。

⑦ 使下燕：四庫本注「原缺三字」。

⑧ 弩安短褐終不羨多金：四庫本注「原缺九字」。

廬陵相遇同煉金液贈師厚直閣①

掃地樗樹陰，煽火煉金液。飢烏下朝陽，啄枝墜紅實。禿翁未着巾，僂背散破綌。提鈴顧四海，老手閑可惜。相勉各衰年，省事慎藥石。急當固根本，迺可傳損益。元氣日憊虧，藥邪資盜賊。誰能豎乾坤，相眎淚橫臆。

【校　記】

① 宋集珍本卷十題作《廬陵相遇同□□金液□□□□□》詩作「掃地樗□□□□□金□□馬一朝陽□□□□□禿翁未着□□□□□□□□□□四海老子隨可惜相勉各衰年省事□□□□□固根本遇可□□□元氣日憊虧□□□□□□□□□□□□□□」四庫本卷十缺此首。

次韻景實椰子詩①

舊傳椰實來瓊州，珍如楚萍出中流。雙帆八槳嚴護送，海若亦恐貽神羞。當時荔子寵妃子，一日紅塵歸帝里。棄捐碩果□不食②，正音鏗鏘不入耳。勿嗤磈礌老瓠壺，中含瓊漿碧琳腴③。聖門兒取失子羽，底事端可銘璠璵。新詩應欲泄感意，更復誇談作真賜。閲人如此慎勿欺，我□與君諳世事④。

【校記】

① 次韻景實椰子詩：宋集珍本作「次韻□□□□詩」，四庫本題作「次韻」。

② □：慶元本漫漶不清，宋集珍本、四庫本作「人」。

③ 漿碧琳：宋集珍本、四庫本作「鼎碧淋」。

④ 諳：四庫本作「論」。

閑居

風土偪人住①，依棲縣令尊。摘山春晚苦，汲澗雨餘渾。白日供高枕，生涯付小園。時來擕白鏟，種藥兩三根。

【校　記】

①傜：四庫本作「猺」。

冬日雜詩

白日供多病，青山且舊居。柴門臨水静，風葉舞霜餘。老練時情熟，貧□家計踈①。牆東端可望，炙背飽翻書。

春景晴乃暵②，寒江曉不波。雲山明客眼，風露淨林柯。紫塞傳烽急，潢池帶劍多。蒼生好蘇息，天意定如何③？

【校　記】

①□：宋集珍本、四庫本作「窮」。

②暵：四庫本作「映」。

③本首四庫本《東萊詩集》卷十另加一詩題《失題》。《兩宋名賢小集》爲《冬日雜詩》之二。

苦　雨

雨添東澗連西澗，雲斷前山起後山。野水到門人去盡，昏煙迷樹鳥飛還。江天日月渾無色，客路風埃只强顔。舞石至今隨燕乳，裁詩不復哭龍慳。

題宫使趙樞密獨往亭

謝公爲時出，四海正仰渠。雅志在東山，本末固不渝。苻堅百萬師①，一掃談笑餘。今公抱長策，豈止安石徒。平生獨往願，結亭山一隅。躋扳上脩竹②，已自勝巾車。舉手謝世人，不與汝同途。出佐明天子，意欲無强胡③。行當復中原，即日還舊都。豈容思昔隱，更作深山居。小人病無能，悮入承明廬。朝夕投劾歸④，爲公先掃除。

【校記】

① 苻：原作「符」，據宋集珍本、四庫本改。

② 扳：宋集珍本作「攀」。

③ 無强胡：四庫本作「雄萬夫」。宋集珍本與底本同。

④ 劾：原作「効」，據宋集珍本、四庫本改。

申端應時①

避亂久去國，遠游將抱孫。氛埃到湖嶠，愁歎滿乾坤。氣力吾先老，風流子獨存。相逢能少駐，重爲倒餘尊。

【校　記】

① 申端應時：原爲「申端應詩」，據《永樂大典》本改。

己酉冬江上警報①

京路蕭條信不通，胡塵尚欲競南風。三年避地身多病，萬里攜孥囊篋空。天際每垂憂國淚，日邊誰了濟時功。宣王自是中興主，會見鑾輿返故宮②。

【校　記】

① 己酉：原作「丁酉」。作者言「三年避地」，即建炎元年至三年。江上警報應指建炎三年（一一二九）冬，金兵渡江事。徑改。

② 鑾：四庫本注「缺」。

高安道中有懷故人李彤

寒起溪邊蘆荻風，霜林病葉未全紅。鴈隨雲落斜陽外，舟傍山行晚照中。極目閑愁愁欲絶，滿川離恨恨無窮。天涯更送親朋去，尊酒何時得再同①。

【校　記】

① 得再：宋集珍本、四庫本作「再得」。

游陽山廣慶寺①

泝流蕩槳到陽山，寺在雲山縹緲間。雨洗竹萌穿野岸，風吹榕葉落荒灣。僧眠白日鍾聲靜，花送青春鳥語閑。留醉嶺南無所恨，不妨蠟屐恣躋攀。

【校　記】

① 慶：四庫本作「陵」。

自陽山還連州

雨後輕裘寒尚侵，杖藜終日共登臨。水聲不似風聲急，山色何如草色深。萬疊殘雲遮晚照，千章古木發新陰。飄零未忍踈杯酌，欲醉飜嫌酒滿斟。

柳州開元寺夏雨①

風雨傏傏似晚秋，鵶歸門掩伴僧幽。雲深不見千巖秀，水漲初聞萬壑留②。鐘喚夢回空悵望，人傳書到竟沉浮。面如田字非吾相，莫羨班超封列侯。

【校　記】

① 夏：四庫本作「夜」。

② 留：宋集珍本、四庫本、《瀛奎律髓》作「流」。

③ 到：《瀛奎律髓》作「至」。

寄雲門山僧宗杲

隨堤河畔別支公①，目斷霜天數去鴻。歲月崢嶸如許久，江湖漂泊略相同。無窮煙草夕陽外，不盡雲山秋色中。寄語只今能見憶，書來莫遣太匆匆。

【校　記】

① 隨：宋集珍本、四庫本作「隋」。

懷從弟

折柳長亭今幾年，一行作吏楚江邊。音書頓逐歸鴻斷，消息時因過客傳。五領風温吹瘴雨，九疑雲濕卷愁煙。每吟春草池塘句，尚想詩成夢惠連。

郴州謁義帝陵廟

漸漸寒聲未落霜，滿庭殘葉不勝黄。牆頭①雨帶煙悲冢②，爐冷風飄塵帶香③。修墓尚應懷楚德，入關猶想快秦王④。追思往事空垂淚，無限傷心對夕陽。

【校　記】

① 頭：宋集珍本、四庫本作「頽」。

② 冢：宋集珍本、四庫本作「象」。

③ 塵帶：宋集珍本作□□，四庫本注「原缺二字」。

④ 想：宋集珍本、四庫本作「恐」。

桂陽鹿頭山寺次壁間韻

霜風過雨不勝寒，木落重重見遠山。雲卷沈浮横浦外，鳥飛明滅夕陽間。頳肩道永方南去，趼足何時得北還。杖屨登臨共回首，自憐五澤入荒蠻。

同諸人再登鹿頭山再次前韻

梅梢風動勒花寒，淡淡煙横天際山。顧我未能超物外，因君聊爾出雲間。水聲不逐鐘聲歇，林影常隨塔影還。異日同歸嵩少路，却將詩卷話南蠻。

聞岳侯破賀州賊次韓端卿韻

旌旗摩日甲生光，俘馘黄巾第幾方①。滅賊未須占鬬蟻，破胡行且見神狼②。燕然刻石功昭漢，太華題辭事後唐。從此兒童傳姓字③，風流何止繼韓康。

【校　記】

① 方：宋集珍本作□，四庫本注曰「缺」。

② 破胡：四庫本作「拓疆」。

③ 姓字：四庫本作「姓氏」。

送王循友往柳州①

苦雨淒風未肯晴，衝寒行李强南征。煙横遠浦牽離恨，雲暗亂山迷去程。曉雨來時驚短夢，夜窗誰與對長檠。它年鴈蕩天台路，滿望君還尋舊盟。

【校　記】

① 宋集珍本卷十題作《送王循友任柳州》，詩作「苦雨淒風未肯晴□□行李事南征□□□□牽離恨雲

暗亂山迷□情□□□□□□□□□□對長檠他年鴈宕天台路萬里君還尋舊盟」，四庫本卷十缺此首。

永州法華寺西亭

西亭清淨冠南州，蠟屐聊爲半日留。蒼莽輕煙漲山麓①，連卷雌霓落城頭。禽聲高下雲間木，帆影參差天際舟。欲去憑欄一回首，晚風吹角不勝愁。

【校　記】

① 煙漲：宋集珍本作□□，四庫本注曰：「原缺二字。」

廬陵舟行

雨過歸雲山更昏，時聞雞犬鬧江村。風欹船側收帆幅，浪拍堤平没石痕。憂患積年身益勸，功名它日志空存。又看秋色飛紅葉，故國歸期未可論。

春　晚

柳暗鶯啼春正妍，斷塍分水灌平田。花開花落幾番雨，山淡山明一抹煙。突兀初晴雲外寺，橫斜欲晚渡頭船。天涯因愜滄洲興，何用區區苦自怜。

宜章元日

東風初解凍，桃李已經春。避地逢雞日，傷時感鴈臣。湖南馳賊騎，江外踐胡塵①。憔悴成無用，虛煩泪濕巾。

【校記】

①胡：四庫本作「邊」，宋集珍本與底本同。

久雨

宿雨何曾歇，濃雲未放晴。莓苔侵户長，蛙蚓入窗行。鐘送遠山響，燈挑殘夜明。芭蕉添客恨，只伴□簷聲①。

【校記】

①□：慶元本注曰「缺一字」，宋集珍本作□，四庫本注曰「缺」。

界步河亭

窮山擁翠染人愁，亭下寒溪東北流。寄語扁舟舟上客，爲傳消息到筠州。

涂中久雨乍晴

匝地濃雲散曉風，輕霜挾冷下長空。攢峰疊嶂來無盡，疑是舟行圖畫中。

連　州

再到連州却是家，逢人不復嘆生涯。尊前欲洒思鄉泪，羞見枝頭含笑花。

寧遠道中

路轉寒松日欲衰，野梅初吐兩三花。溪流映石風吹碧，時有鱗鱗雨後砂①。

【校　記】

① 鱗鱗：宋集珍本、四庫本作「粼粼」。

春晚

宴坐翛然萬慮忘。從它春雨送春忙。佛燈初上黄昏後，時炷郴州石乳香。

湘江斑竹

湘江江上數重山，山遠雲深縹緲間。帝子不歸腸欲斷，竹梢空染舊痕斑。

興安靈渠

淡日輕風細雨餘，陰陰溪柳映溪浦。清流平岸舟行疾，野鳥時聞聲自呼。

野岸

淡日輕烟村徑斜，長風卷浪欲浮花。夜深隔岸漁舟過，螢火驚飛亂點沙。

春晚即事

淡淡陰雲晝掩門，隔溪楊柳暗江村。落花狼藉飛紅雨，又是潺湲過一春。

香山觀壁間詩因次其韻

抗志欲學仙，自恨無仙骨。去國將六年，避地欠三窟。禪房翳翠陰，竹本可製笏。誰持大君前，指顧取回鶻。

懷　古

買臣負薪行且歌，其妻羞縮悲蹉跎。季子歸佩六相印，骨肉歆羨緣金多。人生窮達等幻滅，貧賤何憂貴何悦。爭如飢采首陽薇，不慕臯夔希稷契。貪功徇名世莫嗤，拖金曳紫同兒嬉。一朝禍至幾發冢，却思衣布丹徒時。丹徒風月依然好，爾自升沉委荒草。草長木拱荒煙寒，此恨年年向誰道。

近體詩二十韻寄錢秉之

憶昔春將莫，分擕桂領邊。落花依斷隴，飛絮滿長川。風急吹殘雨，雲開放曉天。山光如欲動，草木不勝妍。沽酒遥村市①，停驂近郭田。臨行思款曲，已别更留連。治邑煩游刃，編氓荷息肩。高才久藏巧，篤行衆推賢。屢辱銀鉤况②，頻更玉律遷。故鄉迷藪澤，回夢眇雲烟。漂泊遥相望，窮愁祇自憐。愛閑身益懶，多病氣仍孱。故國因人問，新年底事傳。政因升斗戀③，聊結簿書緣。諸老方推轂，乘時好着鞭。提撕起憔悴，騰踏動蜿蜒。袖有平戎策，囊無封禪篇。功名期萬里，富貴屬丁年④。范蠡中興越⑤，田單卒破燕。異時歸稛載⑥，乞我買鄰錢。

【校　記】

① 遥：慶元本注「缺一字」四庫集本、《名賢小集》皆作「遥」，據補。

② 况：宋集珍本、四庫本作「睨」。

③ 政：宋集珍本、四庫本作「祇」。

④ 丁：宋集珍本、四庫本作「千」。

⑤ 中：宋集珍本、四庫本作「終」。

⑥ 稛：宋集珍本、四庫本作「捆」。

東萊詩集外集卷二

絶句〔二首〕

過盡層城渡石梁，亂山千疊轉羊腸。草堂居士風流在，與種寒香滿古堂。

江城春色漲晴空，櫻杏漫山潑眼紅。溪轉路迴人不見，籃輿十里度松風。

送韓存中侍郎赴光州二首

公今處羣士，培塿望嵩高。不有千鈞重，虚蒙一字褒。荒山伏虎兕，小徑押狸猱。默坐吾已得，往尋渠自勞。

令弟今先達，諸郎復可人。一麾公出守，三徑我知津。香火它年社，山河後夜春。會須從几杖，不必畫麒麟。

試院中呈諸同官

老眼文書便一窗，短檠風味竹方床。洛陽甲子清明近，海内交游道里長。漸欲着身舡尾上，不能尋汝馬蹄旁。慢紅夭緑無多事，紫蝶黄蜂各自忙。

試院鎖宿數日未出

一閉幾十日，春風能幾時。悞尋高士傳，虚負老人期。酒或知愁處，人應笑我癡。衰顔已無緒，仍對折殘枝。

堤上

水上人家各繫舡，畫旗何處插鞦韆。長堤繚繞人行外，古木槎牙鳥宿邊。敢爲簿書嫌蹭蹬，却因升斗致留連。何時更鼓江南棹，一住越中三十年。

阻雨不出

年來塵土住都城，尚見東行半月程。一夜北風三尺雨，卧聞車馬濺泥聲。

次潘節夫韻

昔年繞舍培楸梧，霜風初勁葉未枯。雞肥兔賤年穀熟，草服黄冠真野夫。時時步屧過鄰叟，共醉不復煩追呼。杯中滿汎注白玉，林邊阿堵無青鳧①。擊壤歌缶有餘樂，豈羡麒麟馳大衢。眼眵看朱或成碧，心懵讀馬還作烏。富如安昌徒自苦，上賈必欲求膏腴。聲名向晚更寂寞，何似揚雄宅一區。美官好爵乃土苴，人生要在修廉隅。

【校記】

① 林：似爲「牀」字之誤。

再用前韻寄璧公

直言曾許老盲聾，文物當年掃地空。縱病且懷脩月手，更窮不顧拍張公。長年眼作胡僧碧，舊賞花今何處紅。知有百年餘習在，略煩佳句愈頭風。

郴州牛脾山謁景星觀觀下有白鹿洞乃蘇耽飛昇之地

清霜散曉陰，輕風吹宿霧。橋傾絶人行，漁間借舟渡。初驚烏背轉，漸入牛脾路。長林連雲壑，細草縈石户。洞深鎖靈蹤，鹿去驂仙馭。殿高鄰天冠，廊回寬地屨。驟響水湍流，飄香花似雨。崎嶇到山椒，靜曠奪塵慮。四顧但蒼茫，俯窺若軒翥。佇立鶴不歸，寒生日云暮。

春日十二韻

看花不忍摘，憶在歷陽時。夢挾春風走，生嫌莫景移。老人扶杖隱，諸少倚歌遲。懶拙今誰問，漂流只自知。久無紅頰映，但有白須隨。一世半疾病，百年長別離。謾成歸隱夢，頻有送行詩。痛飲心猶在，高吟病不宜。未應譏偪仄，或恐勝肥癡。何日江南去，秋帆滿意吹。

京師雨春

驟雨翻簷急，殘花落按頻。春光一夢過，物態逐時新。舊識嵇康懶，兼隨原憲貧。南鄰鼓喚客，知是可憐人。

府學治事奉懷張彦實兼寄惠子澤范信中向君受

疾病衝忙百不宜，只今筋力已全衰。長廊廣殿風來遠，古柳高槐日上遲。彭澤老人新斷酒，輞川居士舊能詩。已憐疋馬西歸後，更憶扁舟南渡時。

寄家叔虚己

莫言離别廢周旋，萬里星河共此天。山色自然無罣礙，月明何處不團圓。寒雲渺莽初飛鴈，野樹蕭條咽斷蟬。問舍求田經有願，曉帆春渚望回舡。

北齊

陳郎苑裏朝朝樹，齊主宫中步步蓮。莫言河朔便麄魯，亢有琵琶膝上弦。

信安生日

和風藹藹動祥煙，此日祥鸞下九天。已共清秋却殘暑，更同蒼柏享長年。瓊枝自出塵囂外，寶月常臨雨露前。□問當筵何所頌，人間今日地行仙。

和張文潛于湖曲[並序]①

晉大寧四月②，王敦自武昌下屯于湖，明年六月敦將舉兵内向，明帝微行至于湖，陰察其營壘而去。唐温庭筠作《湖陰曲》蓋爲此也。後漢王霸之孫改封蕪湖縣，吴時，此地稱于湖，或稱蕪湖。「察其營壘」，則姑熟之西，初無湖陰。又且于湖乃蕪湖也。張文潛有《于湖曲》，廣其意追和焉

琅琊初渡秦淮水，外託姦雄抗胡壘。白頭欻發問鼎心③，十萬鋭師同日起。旌旗蔽江銜舳艫，卸帆鉤壍屯于湖。雲昏霧慘恣誅殺，雷激風奔傳指呼。謀狂慮逆天奪魄，晝夢環營日五色。巴滇駿馬去如飛，始遣輕兵索行客。黄須英特神所憐，舍旁老嫗留寶鞭。寶鞭玩賊佇俄頃，野陌塵斷生青煙。石城戰士爭憤泣，君王試敵曾深入。纍纍金印取封侯，忍瞰上流借餘力。際山暴骨真可哀，向來勝負安在哉！至今秋晚漁樵地，雨洗漬血空蒼苔。

【校　記】

① 原以小序爲題，據慶元本目録補。

② 晉大寧四月：按《晉書·明帝紀》應爲「晉大寧元年四月」。當爲傳抄遺漏「元年」二字。

③ 心：原作「新」，據《晉書·王敦傳》改。

【附　録】

湖陰詞并序

温庭筠

王敦舉兵至湖陰，明帝微行，視其營伍。由是樂府有湖陰曲而亡其辭，因作而附之。

祖龍黄須珊瑚鞭，鐵驄金面青連錢。虎髯拔劍欲成夢，日壓賊營如血鮮。海旗風急驚眠起，甲重光摇照湖水。蒼黄追騎塵外歸，森索妖星陣前死。五陵愁碧春萋萋，灞川玉馬空中嘶。羽書如電入青瑣，雪腕如槌催畫鞞。白虯天子金煌釭，高臨帝座回龍章。吴波不動楚山晚，花壓闌幹春晝長。（《温飛卿詩集箋注》卷一）

于湖曲有序

張　耒

蕪湖令寄示温庭筠《湖陰曲》，其序乃云：「晉王敦反，屯于湖陰。帝微行至其營。敦夢日遶之，覺而追不及。故樂府有《湖陰曲》。」按《晉·地志》有于湖而無湖陰。本紀云「敦屯于湖」，又曰「帝至于湖，陰察營壘而去」。頃余遊蕪湖，問父老「湖陰」所在，皆莫之知也。然則「帝至于湖」當斷爲句。乃作《于湖曲》以遺之，使正是非云。

武昌雲旗蔽天赤，夜築于湖洗鋒鏑。巴滇騄駿風作蹄，去如滅没來不嘶。日圍萬里纏孤壁，兵氣如霜已潛釋。蛇矛賤士識天顔，玉帳髯奴落妖魄。君不見銅駝陌上塵沙起，鐵騎春來飲瀍水。浮江天馬是龍兒，蹙踏揚州開帝里。王氣高懸五百秋，弄兵老濞空白頭。石城戰骨卧秋草，更欲君王分上流。

（《柯山集》卷三）

題九江王插劍泉

嬴氏方失鹿，羣豪競奔馳。較力爭勝負，未辨雄與雌。項羽奮其中，氣壓諸侯師。破關與救趙，九江實先之。指揮半率土，自謂可立治。孰知大蛇斷，天命潛已移。隋和説淮南，禍福非面欺。間行共歸漢，遂合垓下圍。海岳既有主，智勇安所施。不自晦圭角，寧能免嫌疑。殺身膏草莽，爲復歸怨誰。插劍郴岸口，泉溢何神奇。載籍加隱括，曷嘗親到斯。惜哉功名悮，徒令後世嗤。

陽山大雹

建炎庚戌正月尾，陽山雨雹大如李。疾雷先驅風御隨，頃刻雲屯遍千里。初疑地軸開九淵，固陰驚蟄神龍起。又恐帝出發震怒，下掃炎荒除癘鬼。破窗穿牖□□横①，觸石摧林勢難比。疑是曉色方窺簷，慘澹復黑迷巾履。披衣欲興還就枕，訇磕崩騰喧兩耳。吾君聖德過成康，胡虜憑陵殊未已。中原都邑半丘墟，鐵騎猶思犯南鄙。安得天威假廟謨，恢復兩河端可竢。

【校　記】

①□□：原注曰「缺二字」。

謁韓文公廟陽山

雄文峙華嵩，高詞燦星斗。孝思古人齊，名出當時右。少小懷經綸，志氣頗自負。東帶入柏臺，極力排姦醜。讒言如青蠅，正立無所苟。貶官宰陽山，萬里困奔走。松竹羅縣齋，黄卷不離手。地偏雜蠻風，吏民歸化誘。至今數百年，流俗獨淳厚。山川發清奇，與公俱不朽。我來拜遺像，肴蔬薦芳酒。拂石哦公詩，一洗胸中垢。

游會勝寺蒙泉

去郡十五里，滿山蔽青松。朝來雨初過，蕭瑟鳴悲風。踏泥轉溪曲，路盡山無窮。層崖築欄閣，宛在雲烟中。引水遶砌下，濆石常飛濛。尋幽到寺背，蒼碧摩高空。古甃冽寒泉，淺沙影重重。伏流尚數步，暗與溪相通。潺湲去何之，可折從此東。會有到海期，豈計朝暮功。我行因避賊，眺覽聊從容。裵回未忍去，僧飯催撞鍾。

連州游隅湖亭

附溪翳嘉木，瀕溪引清流。如何幾畝田，委曲林泉幽。亂石際高下，森列如戈矛。青色染黛淺，暎水疑欲浮。危亭跨絶壁，廣榭排荒丘。我來雨初過，遠山雲半收。百花開已盡，桑柘鳴晴鳩。不知汝潁間，還有此景不？躊躇思痛飲，沃洗胸中愁。明朝儻未去，提壺再來游。

奉觀超然居士面面亭唱和新句輒成近體詩上呈

我老日已懶，君閑寧廢詩。塵埃久無夢，苔竹舊相知。早晚春猶在，追隨病不宜。因觀七字句，尚足樂晨飢。

送李惇秀才

有口莫飲朝市水，有脚莫踏紅塵地。市朝之水不可飲，塵埃一涴無由洗。十年閲世真夢寐，一日逢君得歡喜。自嫌疾雨倒晴雷，且願濁河露清泚。君行此去道廬山，爲我作詩山兩間。寒泉夜聽鳴玦環，剗茆後池種白蓮。更約洪謝林汪潘，徐李欲去不作難。倚松聞之亦解顔，我且往矣君且還。

元日雪中作

老病昏昏閒不出，山後山前雪三日。人家閉户作新年，一飽經營苦無術。朝來附火讀陽秋，箋注紛羅添百憂。未減少年窮事業，青燈分坐寫蠅頭。

送王周士

病欲馳驅轉不宜，只今筋力十分衰。平生轗軻老更甚，此去艱難心自知。苛癢未除妨攝念，交游雖近廢論詩。明年更欲尋公去，同上衡山過九疑。

寄小范

高卧終無策，繙書謾作緣。相望如一日，不見已三年。事少知心遠，居門覺地偏。明年得安靜，爲子下臨川。自注：三年前，在紹興作此詩，欲奉寄久不果，今謾録云。

奉贈伯世仲志二弟［二首］

我已蹉跎不及閑，百年遺範子猶存。故知前輩風流遠，世世傳家有外孫。
往時天未喪斯文，吾祖聲名更絶羣。内外諸孫幾人在，不應如我便無聞。

送張子直西歸［四首］

年來衰病只深藏，轉覺閑居氣味長。所恨浮生有拘絆，不能相逐上瞿塘。
君家兄弟各能文，季也風流又絶羣。萬里相逢又相别，落花時節却思君。
朋從索寞厭分離，老去心情祇自知。記取上饒相望處，小橋南路往來時。
親舊留連莫厭頻，並江花絮已殘春。定知數到嘗新酒，未有工夫憶故人。

謝趙士原送酒［四首］

小雨生涼挽未回，只愁殘暑閟風雷。老人端坐氣如縷，更進先生酒一盃。
早來取酒瓶已空，對殘不復能從容。出門更值督郵苦，住鬲猶憎琥珀濃。
老來疾病與時添，苦怕香醪如蜜甜。安得瀉缾清似水，主人應未笑無厭。

愛君好句能勝酒，顧我無心久似灰。老病深藏如怯暑，未妨初伏送詩來。

邦傑惠研紙墨三物謹成古體詩一首上謝

歙溪孕石成縠紋，歙山松煤煙入雲。敲冰落手卷盈軸，頓使几案生清芬。魏侯哦詩日更好，靜到溪山未枯槁。肯分三物到幽人，不留自起太玄草。

燕龍圖畫山水歌

燕公畫山水，名在能品中。至今筆墨欲飛動，妙處不與丹青同。巴陵六月風暴起，只尺長江欲千里。魚龍變怪鮫鼉怒，細草長林恣鞭箠。斷雲却掛懸石上，急雨正墮荒崖裏。想見行人弛檐時，亦有野店臨沙觜。漁子回頭歎失色，霜女無言欣一洗。問公何處得此妙，長劍出匣須天倚。公不見簿書叢中塵埃多，歸思頗遭貧病魔。念今新涼江始波，如此萬水千山何。爲公試作吴興歌，更覓神仙張志和。

初夏即事

但見溪山如畫裏，不知風景是它鄉。苦遭毒暑三年旱，預喜西風一榻涼。俗事不須頻到口，舊書何苦要撑腸。雨聲只在芭蕉上，正與愁人作夜長。

晚出

小雨收殘暑，低雲隱莫雷。聊乘野興出，復爲故人回。旱日晚難好，秋花愁正開。論詩已奇事，猶恨不勝杯。

贈趙九弟〔二首〕

獨居少還往，況此陰雨天。踈籬閉岑寂，晝永不得眠。芳菲隨手盡，樂事缺周旋。趙郎遠過我，千里一篷舡。

温姿破殘夢，妙語爭春妍。喜逢骨肉親，懶近新少年。平生金石交，惟爾未改前。君看嵇與阮，感槩後代傳。

寄李商老①

渌漲西河可縱篙，春光無信費詩招。香煙繚繞重城静，月影欹斜半夜潮。好鳥似聞昆弟語，垂楊初放女兒腰。無人與語當時事，興盡江南大小喬。

【校　記】

① 寄李商老：慶元本元校曰：「一作放歌行。」

喜宗師諸公數見過分韻得席字

野水春未生，積雪晴已滴。倏然六尺床，正可容一席。諸公數往還，未厭詩酒溺。短檠有新功，妙語乃破的。鱠槃約纖紅，茗盌亂晴碧。雖無費百金，亦有飲一石。尚念山堂老，病鳥藏羽翼。生平餘習在，種種見排斥。荒城滿泥潦，亦可試幽屐。明當袖詩往，先盡一醉力。

巫山圖歌

君不見我家壁上六幅圖，淡墨寒煙半江水。上有巉然十二峰，乃似突兀當空起。幽花嫵媚閉泥土，亂石崢嶸入荆杞。巫山縣下水到天，神女廟前江接連。溪流去與飛瀑亂，屋角却對寒崖懸。陽臺昨夢不知處，只今飢鴉迎客船。飢烏受食不肯去，舟子欣然得神護。曉鏡新糚斂舊屏，亦有餘紅點荒樹。病夫坐穩便幽禪，每見此畫心茫然。文章事業已罷勸，少日氣味無寅緣。楚王不作宋玉死，暮雨朝雲千萬年。

將去濟陰寄泗上寧陵

淮海三年别，家山十日程。時思一笑樂，轉覺異鄉情。叔父勤相喚，諸郎許見迎。濁醪行處有，所恨不同傾。

此下有《丙申正月四日大雪簡府中諸公》一首，與卷七《夜雪》爲同一詩重出，删去。

東萊詩集外集卷三

宿石頭多寶寺

四山環其外，一峰屹當中。支徑轉屈曲，雲峰踏飛鴻。僧居架蒼崖，高下潛相通。昏鍾罷香火，餘音裊寒空。梅開何處花，吹香到簾櫳。回望雲山城，木杪殘陽紅。愁心易生感，滿耳唯松風。對酒成浩歌，飄零見涂窮。

［此首後原有《董村歸路馬上口占》絶句一首，已見卷十，今删。］

兵亂後自嬉雜詩［二十九首］

晚逢戎馬際，處處聚兵時。後死番爲累，偷生未有期。積憂全少睡，經劫抱長飢。欲逐范仔輩，同盟起義師。自注：近聞河北布衣范仔起義師①。

羽檄連朝莫，戎旃匝邇遐。未教知死所，詎敢作生涯。東郭同逃户，西郊類破家。萍蓬無定迹，斐欲過三巴。

胡騎倡狂甚，連年窺兩京。貪饕期竭澤，翦戮遂盈城。國論多遺策，人情罷請纓。有誰似南八，血指衆心驚。

廬舍經兵火，頭顱尚在門。風掀灰燼迹，月澁劍鋩魂。鼠穴頻遭斷，燕巢猶半存。看花泪盈眼，寧忍復開尊。

碣石豺狼種，長驅出不虞。是誰遺此賊，故使亂中都。官府室如罄，人家錐也無。有司少恩惠，何忍復追呼！

叛將斬關入，通衢列衆兵。軍聲逐飛瓦，殺氣暗前旌。事定愁方劇，身危夢尚驚。乾坤空納納，何處寄餘生。

將士承恩澤，臨危勿擇安。牛衣寒卧易，馬革裹屍難。破虜陳奇計，策勳超達官。兜鍪未可忽，從古出貂冠。

夷甫終隳晉，羣胡迫帝居。王綱板蕩後，國勢土崩初。戈戟連梁苑，頭顱塞浚渠。天心應助順，側聽十行書。

黄事多反覆②，蕭蘭不辨真。汝爲誤國賊，我作破家人。求飽羹無糝，澆愁爵有塵。往來梁上燕，相顧却情親。

兵餘門巷静，親故白頭新。常與貧爲侣，祇將愁送春。焚車絶此事，推宅望何人。但得長安信，相看眉一伸。國命方屯厄，吾曹何所依。白駒將老至，黄鳥恨春歸。柳巷清陰合，花蹊紅蘂稀。主憂聞未解，涕泗望天畿。江城朝夕閉，里巷絶人行。驕虜未歸塞，凶渠猶弄兵。正須烽火息，早罷陣雲横。胡孽將銷藴，吾君幸聖明。四郊多壘壘，何地可逃生。水水但爭渡，城城各點兵。牛亡罷春種，馬奪盡徒行③。囊槖經鈔掠，寇來渾不驚。蝸舍嗟蕪没，孤城亂定初。籬根留弊屨，屋角得殘書。雲路慚高鳥，淵潛羡巨魚。客來闕佳致，親爲摘山蔬。一紀幽棲地，宛然高樹林。比鄰風雨散，垣屋草萊深。池面華光歇，井床苔色侵。衰年筋力弱，閤道罷登臨。一廛江上宅，毁撤自羣凶。卜築勞心計，攜鉏失指蹤。鳩啼□□景④，花斂帶愁容。何日休兵革，重來依老農。遭亂心紆鬱，郇堪茅舍空。百年窘食事，一旦墮兵戎。授簡慙詞客，據鞍成老翁。欲逃無所適，朝夕泣涂窮④。

汾陽六甲士，率衆出中都。欲使親平虜，翻成遠避胡。操戈取金幣，奪馬載妻孥。汝自違天意，何緣保汝軀。自注：謂郭京。

春宅屯兵後，荒墟非故居。陶門柳徑短，阮舍竹陰踈。風雨無由障，牛羊自入廬。朝廷安反側，何日降恩書。

平世多忘戰，今真得陣梁。燕雲擁貙虎，陸晉失金湯。漢將爭奔北，胡兵尚崛强。何當合餘燼，戮力共勤王。

閭巷經鏖戰，空餘池上亭。簷楹鏃可拾，草木血猶腥。雲漢悲鴻鴈，郊原媿鶺鴒。白頭兩兄弟，各未保殘齡。自注：和仲氏。

孽孼開邊隙，羌胡恃釁端。天戈增照耀，國步向平安。騎吹春容遠，孤烽戰氣殘。妖星稍退舍，便覺老懷寬。

亂後驚身在，端如犬喪家。沈吟悲世故，寂默對春華。堤外鴉藏柳，欄中蜂動花。今宵眠未穩，餘寇尚紛拏。

君父圍城内，忽逾三月期。六龍時觚觚，百雉日孤危。報國寧無策，全軀各有詞。旄頭漸低小，早晚定班師。

亂離仍再歲，未敢有吾廬。林下休官久，草間求活初。迹雖寄戎旅，心已混樵漁。吉語來何晚，將軍□素書⑤。

重到江頭宅，荒殘足歎嗟。新烏忽栖樹，舊犬已辭家。月淡初回夢，風輕不落花。相親爲部曲，弓劍作生涯。

偷生戎馬内，室宇半摧殘。假寐何曾看，驚魂尚未安。風前花自妥，雨後食猶寒。望斷京華信，終宵泪不乾。

忽復清明過，林園緑陰稠。光陰同轂轉，身世着舟浮。舊識梁間燕，全生水上鷗。幸問諸將輩，稍稍近前旒。

歲間值狂寇，曾此駐戈鋋。臺沼餘春草，圖書散野煙。懶尋愛酒伴，愁起落花邊。不忍登江閣，心隨北斗懸。

【校　記】

①范仔：慶元本墨丁，據《瀛奎律髓》補。

②黄：《瀛奎律髓》作「萬」。

③牛亡罷春種，馬奪盡徒行：《瀛奎律髓》作「牛亡春奪種，馬死盡徒行」。

④□□：慶元本注曰：「缺二字。」

⑤□：慶元本爲墨丁。

［此下有《賀州周秀才》詩一首，即卷十二《送周霊運入閩浙》。删去。］

寄題莊季裕静軒

雲静天如水，風停海不波。請觀如是相，夫子意如何？

雪中奉簡張子直

深居畏雪謾添衣，過了梅花病不知。同住荒城懶還往，一年天氣最寒時。

［此下有《絶句》一首，即卷十五《渴雨簡張仲宗》之二，《擬古》一首，已見卷四。删去。］

夜同李十步月至崔成美家

伏暑不可去，客帆秋未回。偶攜南縣李，來訪北橋崔。藤枕風前簟，瓜槃月下杯。十年老懷抱，故爲故人開。

讀東坡詩

命代風騷第一功，斯文到底爲誰雄。太山北斗攀韓愈，琨玉秋霜敵孔融。不見陸機歸洛下，只聞張翰過江東。廣陵雅操無人繼，六十餘年一夢中。

讀亡弟由義舊詩有感

平昔烏衣游，感事寄青史。後生見頭角，唯子與夫子。自注：夫子，知止也。知止，由義師友也。奈何阻中涂，去我適蒿里。三年莫春日，西郊漫桃李。才難聖所歎，反是俗眼眯。坐看玉壺冰，終污青蠅矢。銜憤已成疾，傷讒空忍死。雪涕别時言，歷歷猶在耳。嗚呼骨肉親，遺恨有如此。吾生復亡聊，念爾中夜起。讀君離别篇，沈吟泪如水。

與范益謙飲有懷才仲

范郎醉倒西風前，夜思趙子起不眠。與渠别來今幾年，細數往事如雷顛。塵埃刺促今尚賢，問我此行詩幾篇，殘編斷簡棄不編。鶴鳴九臯鳶唳天，燕雀欲上無寅緣。江湖舊游性所便，我先往矣君加鞭，更呼趙子來同船。

感　懷

十年南北長爲客，萬里江山半是鄉。夢裏題詩隨意了，醉中書字不成行。燕思公子歸來早，草憶王孫恨更長。枕上不知多少事，覺來依舊熟黄粱。

贈唐虎

白酒因循久絶傾，小詩聊復贈君行。故人若問庵中事，但道春來太瘦生。

寄酒與陽翟諸弟

奔走黄塵未説歸，諸郎堅坐各能詩。略無夢去尋消息，謾有書來道别離。但得阮公連月醉，不嫌王湛半生癡。遥知共飲北窗下，自勝烏衣全盛時。

〔此下原有《别魏先生》二首，即卷十九《贈魏承事二絶》。删去。〕

晉康逢師厚

藤江合賀江，浮蕩蒼梧雲。我如老餓鶴，忍飢啄蠻塵。二更客入户，月黑雨翻盆。坐久始驚省，兩翁非昔人。一别二十年，家國忍復論？豈知半暗眼，再見忠宣孫。君負濟世美，實識治亂根。寧同一三子，但粥父祖名？心豈燕丘壑，妻召終逡巡。新年憤忠極，決意去脩門。龍鬼亦妒賢，飜舟使回犇。嗚呼天下事，敢笑不敢言。師尹實令弟，高義横乾坤。

政坐才卓犖，亦使身奇屯。人説龔州居，勝事專江村。未赴結社約，長耿懷友心。君歸兄弟語，況我應殷勤。二子豈隱者，中興要甫申。勉哉赤松子，善事黄中君。我欲北渡嶺，江西老耕耘。子房但强飰，勿道綺與園。自注：師厚自龔被召，至三水，泛舟復還。并寄師尹。

初十日王震秀才家探梅

不問主人聊一來，水亭風榭小裴回。春風大似私南土，未臘江梅半欲開。

王園觀梅主人置酒莫歸[二首]

臨溪照影若自愛，犯雪看花寧怕寒。百繞蜂兒緣底事，癡心猶作蜜房看。

日没未没霧縈山，古寺松門欲上關。尚有香風泛衣袖，兒童知我探春還。

飯花光店是日立春

綵勝繒幡安在哉，客行巾帽只風埃。東西水畔凍全拆，南北枝頭春已回。故國音書黄耳斷，餘生光景白駒催。山村誰道全荒陋，也有畦蔬入饌來。

清隱及歐園賞梅［三首］

亭邊竹外影踈踈，惱客清香半有無。不共東君苦交涉，只緣冰雪作肌膚。
枯叢凍枿兩交加，中有仙人萼緑華。會挽一枝供越使，莫令三弄發胡笳。
向人一笑真粲者，出屋數枝殊瘦生。剛腸妙句兩無語，始覺諸孫愧廣平。

次韻酴醿［二首］

絶去人間淺俗香，染成天上羽衣黄。緑窗擬倩纖纖手，收拾春風入枕囊。
掩冉欹垂千萬條，始知天女是青腰。輕衫曾立花陰下，三日餘香尚不銷。

寒　食［五首］

三年羈旅逢寒食，萬里江山隔故園。墳墓荒涼誰拜掃，東風吹泪濕黄昏。
淮南江北半胡兵，想見春風戰血腥。無復良辰修祓禊，空將新火發兜零。
野哭行歌滿道邊，紙灰飛處落烏鳶。墦間祭肉能多少，只恐齊人意缺然。
病夫只欲閉柴荆，客至從嗔不出迎。未恨家貧無曆日，紫桐花發即清明。

松塢雲窗睡足時，溪藤閑展試毛錐。薄才豈敢追能事，寒食江村合有詩。

宿嵩前

火雲如鵬騫，簸翮赴山谷。獨含片雨歸，故故喧澗竹。野亭桂空起，入夜鳥爭宿。我行亦已殆，況此弛儋僕。倒床不復呼，爛熳聽自足。人生浪游世，世網未易觸。好學還山雲，終焉宿幽獨。

客説嵩頂松實甚佳

飄飖山中女，緑毛以爲衣。但食青松子，不死亦不飢。晝想此仙人，夜或夢見之。客雲嵩高頂，長松亂紛披。拔地起霜榦，盤空缺虬枝。惜無長臂人，挽此鬚與鬐。但聞雲間子，時被天風吹。愧我一食身，何由揖仙姿。欲學飧松法，人間了無師。

送蘇龍圖知明州[二首]

知君鄉味憶吴酸，便逐輕鷗下急湍。要使煙雲有佳思，莫驅鼓吹傍湖山。

宇宙之間得幾人，平生季子最相親。一麾出守三千里，去覓風流賀季真。

塵外亭

寧飲山中泉，勿食城中米。塵埃苦着人，何翅虱與蟣。爬搔十指秃，敗褐未易洗。緬懷佳公子，珠璧不受浼。藏身着幽處，闔户謝紈綺。君看羅曲旃，何似容燕几。不幸文字眼，未負鐘鼎耳。長安游俠窟，未晚看參觜。紛紛萬馬蹄，門外自千里。

題晁以道新居

小阮東來語太誇，爲傳新構甲千家。氣衝雪野羣山過，光轉雲空一水斜。聞道洗心求淨觀，不妨合掌讀楞伽。箇中富貴還君子，莫愛羣奴日兩衙。

星月枕屏歌

雪涵踈星月既望，老檜長松倚千丈。田夫漁父不愛惜，落向公家枕屏上。枕屏映研連春冰，主人中夜卷寒藤。詩成不寫坐歎息，長松老檜無顔色。海陵掾曹來作歌，却憶洞庭秋水多。洞庭水多秋亦晚，如此枕屏星月何。

即事

夭夭桃李花，春到已成蹊。主人不好事，居然作藩籬。容華坐消歇，芳心端爲誰。風雨日衰謝，覆水難再期。物有幸不幸，難用一理推。不見浣溪女，嫁與隴頭兒。

次韻堯明如皋道中五首

萬頃曾經一葦航，舊纓如可濯滄浪。簿書窘束塵埃裏，猶見當年玉樹郎。
王李風華舊得名，頗容偏左去求盟。從來量比江河大，不取人間盆盎清。
不嫌衆裏衣冠古，自覺人前禮法疎。已似羲之棄官後，近逢安石赴京初。
醉别江南久未還，至今猶夢雨餘山。少留白髮三千丈，勝取黄金十二環。
侯喜學詩新有聲，坐中忽遇老彌明。故知麥飯與藜藿，不識虞卿醒酒鯖。

别才仲

憶子丱角時，單衣小襦袴。見我不能拜，笑語多自誤。初看讀孝經，旋即絶文字。先姑謂我言，爾曹頗相似。悠悠二十年，歷歷眼中事。江河坐乖隔，清□謾佳句①。堂堂曾定州，許爾天下士。自爾憂患多，頗復慰漂寓。故人薄□腸②，子猶披情素。胸次磈礧盡，皆是濟世具。從來人中英，俗子眼中刺。子行少邅迴，無與此曹遇。

【校　記】

①□：慶元本注「缺一字」。

②□：慶元本注「缺一字」。

［此下原有《再用前韻寄璧公》一首，已見外集卷二。删去。］

東萊詩輯佚

試院中作①

衣敝蝨可拾，髮垢櫛不下。披衣坐牆角，尚有微火跨。平生足拘窘，今日幸閑暇。新文加點竄，欲歇不能罷。雖微塵事妨，頗畏俗子駡。出門見諸老，此語君可畫。

輯自《東萊詩集》卷七《去冬試院中嘗作詩云……今年復入試院職事多窘迫者簿書滿前如赴蹈湯火也再次前韻》

【校　記】

① 試院中作：題爲輯者所加。

臞　庵

伊洛富山水，家有五畝園。花竹繞瀍澗，不讓桃花源。清時足真賞，户門開層軒。一朝胡塵暗①，故家希復存？莽蒼走萬里，始及吴市門。庵廬據形勝，冰壺貯乾坤。亭榭著仍穩，不見斧鑿痕。主人更超邁，雲夢八九吞。植杖邀我坐，笑語清而温。坐令車馬客，稍識山林尊。十年老朝市，漸見兩目昏。求田與問舍，姑置不復論。但願從我公，不使世諦渾。

輯自景宋本范成大《吴郡志》卷一四。

【校　記】

①胡塵暗：四庫本《吴郡志》作「烽烟起」。

南　山①

盤飧已作江湖味，衣袂猶餘京洛塵。洗眼南山得佳處，春風淮水一時新。

輯自王象之《輿地紀勝》卷四四《盱眙軍》

【校　記】

①南山：爲輯者所加。

夜　雨

吟魂不飲覺惺惺，那更宵眠得雨晴。遍地亂沾霜葉碎，隨風斜上紙窗明。暗欣石罅添泉脈，幾向簷牙認雪聲。明日梅邊曾有約，西郊泥濘未堪行。

暮　雨

暮燕翻雷天作雲，一聲歸鳥萬村昏。荒城寂寞無堪宿，月下揞頤雨打門。

以上輯自宋·劉克莊《後村千家詩》卷一二《雨》。

寄傲軒

自嗟踽踽復涼涼，糊口安能仰四方。目送歸鴻心自遠，門堪羅雀日偏長。家徒四壁樽仍緑，侯户千頭橘又黄。我醉欲眠君且去，肯陪俗客話羲皇。

輯自宋·金履祥《濂洛風雅》卷六。

谷隱堂

汝州城南二十里，棲畝山前足山水。老人中開谷隱堂，草屋疏簷對山起。南横秀嶺右官道，想像此堂容此老。堂前茂林浮春煙，堂後池塘多白蓮。前池紅蓮開更早，正與茂林相對好。開軒看蓮看不足，遠望少室如碧玉。碧玉如屏掩此堂，老人與世已相忘。胡馬揚塵不容駐，萬里奔波失歸路。客舟不顧生事窘①，所至有堂名谷隱。大榜灰飛小榜存，至今長在對衡門。澗上丈人骨已冷，自注：陳恬叔易，號澗上丈人。谷隱大榜小榜，皆陳所書。中原舊事空銷魂。老人本是山中客，四海爲家無住宅。家人清坐已忘貧，何曾更問堂寬窄。

輯自《永樂大典》卷七二三九「陽」字韻《谷隱堂》。

① 舟：《廣信府志》作「中」。

【附　録】

題呂季升谷隱堂兼寄居仁　李處權

莘野隱於耕，傅巖隱於築。叔夜隱於鍛，君平隱於卜。四子隱不同，抗志俱超俗。夫君無所事，掃迹隱於谷。優游以卒歲，燕居常慎獨。方寸湛若水，顔狀温比玉。白璧無瑕玷，幽蘭自芬馥。插架萬籤書，擁篲千挺竹。時乘昃月過，自伴微雲宿。蕭然伏臘餘，尚不愧此屋。豈曰不願仕，可以速則速。富貴草頭露，榮華風中燭。止止理固明，知止乃不辱。小人無藉在，放浪謝羈束。衰年迫飢凍，强顔隱於禄。晚食且徐行，分量初易足。婆娑一丘壑，雅趣在松菊。平生喜文字，終恨窘邊幅。顧聞多種秫，迎寒釀已熟。更約阮仲容，清談夜更僕。（李處權《崧庵集》卷二）

荷珠

誰倩亭亭著意擎，風中零亂月中明。渾無定處光偏潤，正值圓時影最清。曲檻落紅歌一串①，横塘點碧夢三更。絶憐蕩漾波心裏，添得連宵細雨聲。

【校記】

① 紅：宋集珍本《名賢小集》作「江」，據四庫本。

詠郭西魚池①

煙艇江湖網罟疏，石磯風雨釣綸虚。碧池漫鑿方通徑，鱗冶聊巡供别儲②。詩客興來堪佐酒，野人夢去却多魚。鴟夷聞道曾興越，經濟還餘十倍漁③。

以上輯自《兩宋名賢小集》卷一〇二《紫微集一》

【校記】

①《詠郭西魚池》：原作《採菱詞》，據蔣光煦抄本《紫薇集》卷二〇改。

② 冶：蔣抄本作「沼」。

③ 十：蔣抄本作「千」。

秋窗遣興十首

造物何繁敷，雜然呈萬變。潛飛愜會心，顯藏亦遮見。人生事機巧，雕鑿失性善。碌碌塵寰事，輪環走精電。蕭散眄庭柯，商意集微霰。

晴枝颭小鳥，啁啾振毛羽。涼飆墮寒花，靜中有真趣。倚檻看浮雲，隨時成散聚。世變無常境，心定自安遇。棐几雜圖書，幽事能畢具。

朝擁羣書坐，所樂常自足。聖賢重出處，理本無偏曲。志行道合尊，安貧未爲辱。壓架富卷帙，縱情無踡跼。窮達各有時，此意當勉勖。

東園有喬木，翳翳淩霄漢。歲月變虬枝，雨露滋霜幹。濃陰陰書屋，伴我同昏旦。根株視百草，秋風已萎爛。良材際時用，未忍付樵爨。

抱璞淪巖阿，失懷亦自寶。豈無用世心，遇合貴得道。連城重白珩，聲價先傾倒。瑕瑜混沙礫，莫訝荆山老。會當游勳華，元圭贊熙皞。

旦奭久不作，依然三代民。一善浮萬端，不難風俗淳。上士貴抱負，修己在立身。進退各有據，宇宙任屈伸。願言勵厥修，學以答君親。

門外一渠水，清光自泠泠。濯纓偕素侶，鬢髮無遁形。春風起層波，鵾化失南溟。縠紋亂星斗，泥沙混窅冥。澄清當有志，天地還虚靈。智者尚明察，不爲物理宥。吾儒任學術，精力事研究。至人邈難繼，得亦瞠乎後。庸盲終溟漠，全天亦自厚。大化無殊途，何事朴與秀。寒氣生户牖，草木變輕黄。南郊詢秋畦，豐稔薦滌場。八口娱妻孥，温飽樂歲康。簞瓢亦自得，憂樂各相忘。所以常忻忻，安問無儲糧。我生事柔翰，中懷異好尚。瀟灑逼嵇阮，功成薄瑜亮。白衣本山人，置身豈疎放。途逢醉尉呵，未具封侯相。亭亭千仞松，當破萬里浪。

次韻錢遜叔泛舟虹橋

半篙春漲緑平溪，二月江城草色齊。舟比蜉蝣千頃外，身同鳲鸒一枝棲。野橋柳綫斜風軟，曲檻花光夕照低。却訝探驪人不至，清樽畫舫倩分題。

春暮渡江

霽色春江上，滄茫一棹通。水隨天地闊，山入畫圖工。薄靄凝新碧，輕風隨亂紅。片帆迎返照，疊嶂路疑窮。

渡鷺湖至溪上即事［三首］

宿霧重陰傍晚桴，日斜風定渡鷺湖。陂塘浩淼水光闊，煙寺中流島嶼孤。滿眼波濤迷客泛，一行雁影帶雲徂。到來荒舍未岑寂，寒樹依依鬧晚烏。

絡繹蕭蕭徧里門，支機嘉事自天孫。七襄曉織憐花譜，百室春梭饜夕飡。誰檢吴綾儉歲月①，猶飛楚縠照軍屯。摻摻女手還持作，佳麗江南第一論。

湖水安瀾似鏡明，昔年曾向鏡中行。侵晨浥露來花市，落日流風倚醉楹。俯仰繁華餘暮色，蕭條高寄但秋聲。應知節序猶遷轉，撫劍如何教未平。

【校　記】

①　綾儉：宋集珍本、四庫本《名賢小集》皆注「闕」，據蔣鈔本補。

紀棲賢山讀書

遲日欣欣山景妍，攜琴吟詠翠微前。行廚燒筍粉鋪色，高閣看梅雪白天。午罷抛書曳短杖，雨來擁卷聽幽泉。一春灑落韶光足，他日芳懷得復然。

秋日康山東歸

整櫬淩晨問所之，鄉園迢遞水東遲①。歸舟但信溪紅蓼，别夢還牽山翠眉。安穩秋風三徑竹，躊躇行李一囊詩。解維猶有留題處，瓜葛縈懷不自持。

【校記】

① 水：宋集珍本作「□」。

中秋［二首］

雨雲初霽放晴空，乍卷珠簾望月宫。夜静笙篁何處發，玉樓猶記月明中。

泱泱秋水荻蘆輕，徙倚樓頭待月明。紅燭燒殘白墮醒，秋風颯颯獨關情。

長嘯夜泊

春煙失晚樹，柔櫓翠峰眉。埜徑尋山暗，艤舟問路岐。敲詩吟入甕，點字黑前池。把酒懷前哲，蕭條一夕思。

月夜閒步聞笛

挑燈讀易後，乘月到溪前。野犬聲如豹，秋蟲吟似禪。光寒人意静，影澹物情妍。更聞村笛遠，幽意曲中傳。

遊石筍庵

石筍殊峰精舍幽，瘦笻踏向碧雲遊。天然青茁層崖裏，玉版參來點石頭。

夏夜宿乳竇峰

峭壁淩空靄氣浮，山泉滴茗暗香流。炎雲不到冰心静，好向峰前一簟秋。

以上輯自《兩宋名賢小集》卷一〇四《紫微集三》

斷句

小艇原從天上來，白雲自向杯中落。

《滕王閣詩》輯自林之奇《拙齋文集》卷一《記聞上》：

昔者同升夫子堂，如今俱是鬢蒼浪。

輯自呂本中《紫微詩話》

爲公頻上海山樓。

輯自呂本中《師友雜誌》

莫言衲子籃無底，盛得山南骨董歸。

輯自宋・吴曾《能改齋漫録》卷七

殘雨入簾收薄暑，破窗留月縷微明。

輯自宋・胡仔《苕溪漁隱叢話》前集卷五三《陳去非呂居仁》

山中露冷草木瘦，江上月寒蒲柳秋。

輯自宋《錦繡萬花穀》前集卷三

十二峰前且繫船。

輯自宋・紹嵩《亞愚江浙紀行集句詩》卷七

不用君王羯鼓敲。

輯自宋・李龏《梅花衲》卷二一

黄流過盡見清川。

輯自宋・王象之《輿地紀勝》卷四四《盱眙軍》

畫角聲中一歲除……平明更飲屠蘇酒。

向子諲《酒邊詞》卷上《浣溪沙·瀑竹聲中一歲除》小序

東萊詩集誤收及存疑詩

以下四十三首，除《絶句》（雲海冥冥日向西）見於慶元本《東萊先生外集》卷二，餘皆輯自《永樂大典》、《石倉歷代詩選》、《宋百家詩存》與清蔣光煦藏抄本《紫微集》等書。其中凡另見出處者，皆加按語説明；其難尋出處諸篇，細揣詩意，亦不類本中之作。如《秋興》之三云：「捲堂宋室由來事，逐客秦都曾有文。」是化用宋理宗淳祐四年（一二四四）臨安四學生員反對史嵩之起復所作的《捲堂文》中的兩句：「昔鄭僑且謂毁校不可，而李斯尚知逐客爲非。」（見《宋季三朝政要》卷二），此事發生在吕本中卒後九十九年，顯非吕氏之作；又《海上篇》頗似暗喻鄭成功祖孫三代據臺興衰的歷史，當爲清初人之作。如此等等，均録以存疑。

效白體贈晁無咎白公守蘇時夢得守和有歲暮贈劉詩三首因效其體寄齊州知府無咎學士二哥雖愧仰聲華然亦不慚分義

過去生中作弟兄，依然骨肉有餘情。青衫校正同三館，白髮東南各一城。君比鄽生多事業，我方謝朓欠詩名。想當把酒笙歌裏，亦記長安痛飲生。

江南歲晚水風寒，鈴閣無人晝掩關。過雨樓臺宛溪市，新霜松竹敬亭山。不悲仕宦從來拙，所喜形骸絶得閒。山妓村醪君莫笑，亦勝苜蓿滿朝盤。

關河戰國東秦地，風月南朝小謝城。妓樂比君拈不出，溪山許我賭來嬴。真珠金線真無比，疊嶺雙溪亦有聲。一事與君霄壤别，板輿時從老人行。

按：《永樂大典》卷一四三八〇「寄」字韻云爲吕本中詩。此乃張耒謫守宣州時寄晁補之之作。見《張耒集》卷二五。

海陵雜興

紛紛五代亂離偏，一旦雲開復見天。草木百年新雨露，車書萬里舊山川。尋常巷陌猶簪紱，取次園林亦管弦。人老太平春未老，鶯花無恙日高眠。

按：此詩明・曹學佺《石倉歷代詩選》卷一七九下、清陳焯《宋元詩會》卷三七選入《吕本中》名下，題爲《海陵雜興》。實乃邵雍詩《觀盛化吟》二首之一，見《擊壤集》卷一。

答天下歸仁問①

面前徑路無令窄，窄時無過客。無過客時徑益荒，眼前滿地生荆棘。

按：此詩見明楊慎《升庵集》卷七十《史籍類・君子立己》：「或問吕居仁天下歸仁如何？居仁作韻語答之曰（略）」

邵雍《擊壤集》卷十六《路徑吟》：「面前路徑無令窄，路徑窄時無過客。過客無時路徑荒，人間大率多荆棘。」

絶句

雲海冥冥日向西，春風着意力猶微。無端一棹歸舟疾，驚起鴛鴦向背飛。

按：此詩載慶元本《東萊詩外集》卷二《絶句三首》之一。實爲陳師道詩，見《後山集》卷八、《後山詩注》卷十一，題爲《絶句》。

丹桂軒

丹枝近歲出深宫，合向嚴宸伴晚楓。珍重幽軒無俗物，月中根撥日邊紅。

按：此詩見清·蔣光焴藏抄本《紫微集》卷一，又見羅願《羅鄂州小集》卷一《日涉園次韻五首》之三。

松

一夜風霜萬木枯，歲寒惟見老松孤。秦皇不識清高操，强欲煩君作大夫。

按：此詩見清·曹庭棟《宋百家詩存·紫薇集》、清·蔣光焴藏抄本《紫微集》卷四，又見明·胡居仁《胡文敬集》卷三

失題

間移書畫舫，一葉足浮家。潮漲添春雨，山明放野花。繞煙依樹斷，飛鳥受風斜。翻訝江

潭客，塵容改歲華。

按：蔣鈔本卷十九列此詩爲《春暮渡江》之二，《名賢小集·紫微集》無此詩。《失題》爲輯者所加。

偶　題

槿籬臨古澗，蒼然來書幄。垂釣澗魚清，銜盃山醪濁。三逕草既深，一庭鳥剥啄。繩床竹翠陰，石几苔蘚駁。遊方莊老書，抱琴陶家樂。山水洗塵囂，百年好一覺。

田家漫興[二首]

巷陌交道近，茅簷接復疏。岸榆容繫艇，籬竹許封蔬。地僻常遠市，簷卑牧雞豕。繞村楊柳花，沿溪蘆荻水。野老隨分過，商榷桑與梓。

參星瞻穀日，水影量元夕。旱潦種早晚，老農從定策。催耕鳴鳩起，護竿烏鵲去。秋成不饜懷，暑雨不告勞。歲時社酒會，扶醉有年高。

游白省寺看畫壁

古徑接長松，曠觀碧殿逢。巉巖山巘立，浩渺海濤衝。盡啗寰中勝，尤瞻天外峰。世塵何日掃，五嶽遍扶笻。

秋游棣山游新庵中路却遇頭陀雪野

秋雲歷亂日光微，山色蕭疏木葉飛。旅夢空遺鶴唳恨，羈情思聽牧吟歸。荒涼舊院深溪遠，解后江湖逸士稀。却作頭陀談越事，不堪楚客淚沾衣。

秋　興［四首］

平疇一望黍禾稀，遠樹峰巒天外微。水國蝦留當鱠鮓，鄉園桑盡典秋衣。連翩羽檄荒林下，繹絡征書塞上飛。可是三分才溢額，那知鴻雁野號歸。

西郊一夕葉初稀，原野荒涼草具腓。荷鍤耕夫閒箬笠，從戎火伴急軍機。閨中淚雨征衫剪，塞外驚風夜柝依。莫是羽毛零落盡，不堪燕燕頡頏飛。

浸滿溪煙楓葉紛，嵚崎蒼弁入青雲。卷堂宋室由來事，逐客秦都曾有文。兔園圃田間可耨，豹林筆研笑須焚。莫嘲寂寞秋風士，于越當年君子軍。

清秋風景晝平分，江外波濤驚夕曛。誰誤唐家門架史，却來蓬户市租文。樹禽惋惜一枝借，野兔何心三窟聞。只恐東南馬力盡，祗應契伴駐寒雲。

海上篇

天風萬里起，海水高十尋。中有都人士，拔劍拯陸沉。素甲三十里，朱藤萬千壘。誓身殉國家，援抱常切齒。東連海上兵，天挺三世英。艨艟山嶽高，軍儲滄海傾。縱横長江動，軍威千里空。拊手功可立，名姝何足惜。痛飲佇黄龍，酣醉實狼籍。一朝肘腋變，驚雷還自敵。鳥獸散何爲，島上復賣國。歎息復歎息，燕市文山即。海外多君子，至今長恨水。

閑　居［七首］

濕雲一片傍門垂，秋草盈庭緑未辭。剥啄無聲詩思懶，竹床方枕夢回遲。
綿綿風雨雨鳩催，衰柳朦朧玉作堆。不道陶公秫未熟，煙波一片欲飛來。
新添漲水碧天空，拄杖斜衣紅蓼中。負甕何須猶倔强，桔槔南陌正秋風。
荆扉寂寞鎖花枝，欹枕閑追方外知。一縷茶煙新水足，半簾宿雨燕飛遲。
陰晴未定兩相催，夜半蛩聲送晚雷。可憐野人無底事，階前新看繡莓苔。
秋原儘好放遊笻，何事山齋任懶慵。屋漏有痕留作字，梧桐帶雨聽笙鏞。
西風岑寂子雲居，未放秋陽曬腹書。却笑問字誰載酒，雨煙仍是老樵漁。

喜晴

經旬陰雨水滄浪，煙鎖巖扉遊騎荒。赤日纔來巽宿昔，青山看去倍尋常。秋林腰斧歌共醉，春市擔魚粟滿囊。野老新詩興未艾，風雲役使不勝狂。

采菱詞

浩瀚湖光淹北皐，柳彎翠滿敢辭勞。青菰出水猶佳蔌，紫芰循溪作沚毛。楚水嗜奇聞辨論，輞川燈火正風騷。何當採掇秋光裏，游嬉吴姬蕩小舠。

古意

茂陵消渴遠山眉，那得閒情到緑絲。一曲白頭吟未了，回文字字起新詩。

寒梅

一樹寒梅曲檻東，含葩未吐蕊頭紅。霜枝不許遊人看，驀地吹來栗烈風。

寄遠曲

相送江邊遠客船，孤帆一道寸心懸。日南珠價知多少，不及閨中珠淚圓。

覲竺閨女

澹妝素抹舊羅衣，雅致天姿覲竺歸。始信若耶溪畔女，何須珠翠館娃妃。

望遠

上林燕不飛，朔雲無消息。天山應雲霏，吴苑草碧色。斷腸人不知，耿耿多思憶。當年惜繁華，緑琴悔不理。於今霜露歸，徘徊明月裏。

金絲桃

菲菲紅紫送春去，獨自黄葩夏日閒。那得文仙歸故園，黄冠相向到丘山。

昭君怨

延壽無金翠鈿銷，銅丸擿鼓晚來朝。寧爲龍塞青青草，不作昭陽細細腰。

採蓮曲

芳時並採曾蓮舟，一段相思水緩流。憎殺回風無意緒，解儂錦纜轉船頭。

山園即事

翠峰窩裏掛青黄，水市逡巡到野航。帶雨鋤耘碧葶淺，臨風採摘緑枝長。分甘送客憐秋實，辟穀仙家嗜果香。聞道龍陽千匹絹，何如山圃四時芳。

秋夜雨中分韻

風淒漏永暗銀河，滴響空階碎玉壺。無那騷心思紛墜，且教高詠和寒梧。閒心欲寄雲中鶴，逸興旋懷江上鱸。莫使扶摇不可及，他年惆悵舊時粗。

華林書堂漫興

兩樹疏梅草閣前，一池晴日畫橋穿。論文欲飲先民筆，讀史常期循吏賢。攜酒閑望野陌間，吟柳外來采桑篇。因憐百里平蕪寂，漫使寒山片石傳。

晨　興

書闈靜若隱，鐘到攬衣遲。花睡猶含露，鶯歌方踏枝。耘苔開曲徑，考古韻新詩。誰識晨興意，西山爽氣時。

戲詠庭前萱草

傳説忘憂樹後屏，誰教却種在前亭。想因白髮愁千樹，故遣芳階緑一庭。青柎幾時將碧草，丹心有日恐飄萍。更憐共道慈親號，遶砌還須雨露榮。

立冬日贈張直夫

參差寒葉樹，林鳥獨依棲。髮變心同素，年遲日向西。一水通晨夕，三山隔海溪。尚憶魯儒席，南樓攜手齊。

清明遊震澤即事

挈伴提壺桃柳芳，東風暫醉少年場。波浮十里飛舸疾，衣影千重夾道光。使氣可如燕趙士，輕兵原是楚吴郎。應知萬事同棋局，鼓角春江一日狂。

以上輯自清蔣光焴藏抄本《紫微集》卷二〇

東萊詩集附録　舊版序跋

東萊先生詩集後序

曾幾

文集莫盛於唐，亦莫盛於本朝。唐則韓退之、柳子厚，本朝則歐陽文忠公，實爲之冠。是數公固出類拔萃，巍巍乎不可尚已。編次行於世，退之則李漢，子厚則夢得，文忠公則東坡先生。或其門人，或其故舊，又皆與數公深相知。蓋知之不深，則歲月先後、是非去取往往顛倒錯亂，不可以傳。近世張文潛、秦少游之流，其遺文例遭此患，知與不知之異也。

東萊吕公居仁，以詩名一世。使山谷老人在，其推稱宜不在陳無己下。然即世多歷年所，而編次者竟無人焉。墨客詞人，相視太息，曰：「居仁所謂知我者希，則我者貴歟！」儀真沈公宗師，名卿之子，少卓犖有奇志。方黨禁未解時，不顧流俗，專與元祐故家厚。居仁尤知之，往來酬唱最多。沈公之子公雅，以通家子弟從居仁游，居仁稱之甚。乾道初元，幾就養吴郡，時公雅自尚書郎擢守是邦。暇日裒集居仁詩，略無遺者。次第歲月，爲二十通，鋟板置之郡齋。蓋居仁之知沈氏父子也深，故公雅編次之也備。幾亦受知於居仁者也，公雅用是屬幾題其後。

竊自伏念，與居仁皆生於元豐甲子，又相與有連，雅相好也。紹興辛亥，幾避地柳州，居仁在桂林，是時年皆未五十，居仁之詩，固已獨步海内。幾亦妄意學作詩。居仁一日寄近詩來，幾次其韻，因作書請問句律。居仁察我至誠，教我甚至，且曰：「和章固佳，本中猶竊以爲少新意。」又曰：「詩卷熟讀，治擇工夫已勝，而波瀾尚未闊。欲波瀾之闊，須令規模宏放，以涵養吾氣，而後可。規模既大，波瀾自闊，少加治擇，功已倍於古矣。」幾受而書諸紳，今三十有六年。顧視少作，多可愧悔。既老且病，無復新功，而居仁之墓木拱矣！觀遺文，爲之絶歎。因記居仁教我之言於篇末，使後生知前輩相與情實如此，且以見幾於居仁之言，雖老不忘也。乾道二年四月六日，贛川曾幾題。

（乾道本《東來先生詩集》卷首、《茶山集》拾遺）

宋晁公武《郡齋讀書志》卷四下《别集類》下

《吕居仁集》十卷

右皇朝吕本中居仁，好問右丞之長子。靖康初權尚書郎，紹興中賜進士第，除右史，遷中書舍人。已而落職奉祠。少學黄山谷爲詩，嘗作《江西宗派圖》行於世。

宋陳振孫《直齋書録解題》卷二十《詩集類》下

《東萊集》二十卷，《外集》三卷

中書舍人吕本中居仁撰。希哲之孫，好問之子，而祖謙之伯祖也，撰《江西宗派》者。後人亦以其詩入派中。

《宋史》卷二〇八《藝文志七・别集類》

《吕本中詩》二十卷

明楊士奇《文淵閣書目》卷二《詩詞》

《吕東萊詩集》一部六册

《四庫全書》總目卷一五八《集部十一・别集十一》

《東萊詩集》二十卷兩淮馬裕家藏本

宋・吕本中撰。本中有《春秋集解》，已著録。其詩法出於黄庭堅。嘗作《江西宗派圖》，列陳師道以下二十五人，而以己殿其末。其《紫微詩話》及《童蒙訓》論詩之語，皆具有精詣。案：今本《童蒙訓》不載論詩諸條，其文散見各書中，説見本條之下。敖陶孫《詩評》稱其詩如散聖安禪，自能奇逸。頗爲近似。苕溪胡仔《漁隱叢話》稱其「樹移午影重簾靜，門閉春風十日閑」、「往事高低半枕夢，故人南北數行書」、「殘雨入簾收薄暑，破窗留月縷微明」諸句。殊不盡其所長。《朱子語録》乃稱本中論詩欲字字響，而暮年詩多啞。然朱子以詩爲餘事，而本中以詩爲專門，吟詠一道，所造自有淺深，未必遂爲定論也。此集有慶元二年陸游序、乾道二年曾幾後序。《文獻通考》别載有《集外詩》二卷。此本無之，蓋已散佚。又陸游序稱嗣孫祖平悉裒集他文爲若干卷。今此本有詩無文。惟其草《趙鼎還右僕射制詞》所云：「合晉、楚之成，不若尊王而賤伯。散牛、李之黨，未如明是而去非」之語，以秦檜惡之，載於日曆，尚爲世所傳誦，其他文則泯没久矣。

四庫全書《簡明目録》卷十六《集部四・别集類三》

《東萊詩集》二十卷　宋吕本中撰

本中有《文集》及《外集》，皆久佚，此其詩集也。其詩得法於黄庭堅，故作《江西宗派圖》列陳師道等二十五人，而已居其末。其《紫微詩話》及《童蒙訓》論詩尤多精語，故吐言天拔，卓爾成家。敖陶孫詩評譬以「散聖安禪，自然奇逸」，可謂善狀矣。

咸豐刻本《東萊先生詩集》序

吕僊孫

東萊先生詩集，宋太常少卿兼侍講權直學士院先文清公所著也。文清至僊孫，凡二十四傳。僊孫學孤陋，向未得是集而敬讀之。此本不知爲何人手録。咸豐己未，攝守馮翊，涇陽許編修子中掌權是邦，偶於坊肆購得，以贈僊孫。初不知僊孫即東萊裔孫也。文清于《宏簡録》有傳，附考右丞公傳後。嘗以草趙鼎遷僕射制，諷執政，忤相檜，檜嗾御史蕭振劾罷。又稱有詩二十卷，得黄庭堅、陳師道句法。國朝《四庫全書》收是集，亦稱其詩得法於山谷。曾作《江西宗派圖》列陳師道等二十五人，而己居其末。其《紫微詩話》及《童蒙詩訓》，論詩尤多精語。故吐語天拔，卓爾成家。敖陶孫詩評譬以「散聖安禪，自然奇逸」，至所著文集及外集，則久佚焉。是集也，既登中秘，遂少行世，而僊孫偶權是郡，斯集之抄本輾轉得之，謂非先世之遺業，俟子孫而重光歟！亟於公暇校刊，以備家集之一。詩次二十卷，字四萬有奇。原序二，首缺，竊仍其舊。以九月開梓，十二月工竣，板藏郡署，敬述其緣起如此。二十四世孫僊孫謹識。

石門吕氏抄本《紫微集》跋

傅增湘

此吕居仁詩二十卷。有秦伯敦藏印，知爲石硯齋舊抄。然余細審卷中，凡「留」字均缺末畫，知爲石門吕氏所抄也。余舊藏有《東萊集》宋刊珍本六卷，爲江西詩派本，友人張閬聲爲代校於此本上，即第十八、十九、二十卷是也。其第十卷，以余本校之，實爲外集卷一，乃知世傳本在此卷以外集一卷補之，而不知其年代次第之不合也。今涵芬樓假日本内閣所藏宋刻影印出行世，其第十卷與此卷無一首相同，益證余言之非謬也。余更取内閣本補校各卷，俾成完璧。此一而有兩宋本可校，在余輩間殘眼福。異時當就内閣本補抄第十卷，更依余藏宋本將外集二卷抄附於後，俾致百年竄亂缺矣。卷一一更定而綴完之，以復紫微之舊觀，非一大快之事乎！　藏園寫之。

四部叢刊續編《東萊詩集》跋

張元濟

宋吕本中《東萊詩集》二十卷。乾道初元，沈公雅守吴郡日，裒集鋟板，曾幾爲之序。是集宋本久佚，近代藏目皆舊鈔本攙入慶元二年陸游文集序，蓋後來傳鈔所附益，非原刊所舊有也。戊辰秋，偕中華學藝社社友鄭君心南，同渡東瀛，得見此本於内閣文庫，前有曾幾序及總目，無陸序。既從求借攝影，歸檢涵芬樓舊藏陳仲魚鈔本互校，陳本無總目，卷十全卷其詩皆與宋本不合。卷六闕《東園》七絶一首，卷七《寄江端本本，陳鈔誤太子之晁沖之》一首脱二十字相忘有道術，那得厭塵寰。聖治先三輔，皇威極百蠻。卷八首闕《問晁伯宇疾》二首、《商村河決》一首、《新霜行》題一行，詩二韻新霜下幽蘭，昔在顧盼間。過時理當爾，敢復致一言。凡十九行。又《將赴海陵出京》一首末，闕注文三十五字。陳氏爲清代知名藏家，所傳之本，略一檢校，謬誤已有若是之甚，他之傳本邵位西《四庫標注》附録，載有陽湖吕氏刻本，未見。度亦出於傳鈔本。可知矣。傅沅叔語余，近得宋刻東萊外集三卷，此之十卷即爲其三卷之一，不知何以淆亂致此。非見宋刻，非見外集，何由知其誤處。書之必貴宋刻，豈好事哉！東萊於江西詩派中自居殿軍，得此真本傳世，詎非學者之幸，而亦鄰邦七百年藏弆之貽也。校印既竣，爰舉宋刻勝處誌之於册末云。民國紀元十有九年五月，張元濟

宋江西詩派本《東萊先生詩集》三卷《外集》三卷書後　傅增湘

吕居仁詩集，近代藏家目録皆係舊鈔，《四庫全書》著録所據者亦馬裕泰所進鈔本，蓋宋刊絶少流傳，元明以後亦無覆刻。邵氏《批註簡明目》言有明刊，余未之見，其言羌無故實，恐係誤記也。近時崇尚江西詩派，於東萊詩尤以不得見宋本爲憾。日本内閣文庫藏有

乾道刊本二十卷，余庚午歲東游，曾獲拜觀。時方陳書中庭，以新法攝影，詢之掌庫，知方允張君菊生之請，將以副本寄涵芬樓，俾傳播於中土者也。近者，此本已由《四部叢刊續編》中印行，海内學者咸拭目驚歎，欣出意表，謂此驚人秘笈，何圖於海外獲之！不知吕詩宋刊，吾國尚未嘗斷種，且十數年前已爲鄙人所收，儲之雙鑒樓中。其《詩集》雖已畸殘，而外集三卷，自直齋著録以後，數百年來，已亡佚不可復覩。似此孤行天下之秘本，蕘翁所稱爲「奇中之奇，寶中之寶」者，殆足當之。論其珍異，宜與東瀛官庫本齊趨並駕，或且騣騣欲度驊騮前矣。兹惴述梗概於左，以告當世。

《東萊先生詩集》，宋慶元刊本，存第十八、十九、二十凡三卷，又外集三卷。半頁十行，每行二十字，白口，左右雙闌，版心記字數若干，下方記刊工姓名。可辨者有黄鼎、吴仲、余章、弓定、曾茂、高仲諸人名，及傑、遂、興、汝、昇、明、延、壽、昌、升、郁、孜、贊、敬、京、卞、霞諸名各一字。《詩集》於上魚尾下標「東萊集十八」，《外集》標「東萊外一」等字。每卷首行，書名下空四格，題「江西詩派」四字。《詩集》後有乾道二年四月六日贛川曾幾題二頁，題前下注「增刊」二字。外集前有目録四頁，目後題「慶元己未校官黄汝嘉增刊」一行。刻工精整，字仿顔平原體，結構方嚴，而氣息渾厚，似是江西所刻。收藏有「寶敕堂印」、「蘇衛指揮史印」、「葛閬中印」、「東望」諸印記，其人皆不可考矣。

按：内閣文庫藏本據曾幾題跋，知爲乾道二年沈公雅刻於吴門郡齋者，故於「慎」字下注「御名」。余本爲慶元己未黄汝嘉刻，後於沈本三十四年，避諱已至「敦」字，而「慎」字亦僅缺末筆矣。舉殘存三卷與沈本對勘，詩題次第相同，篇中小注亦合，文字絶少差異，知黄氏即依沈本重梓，未嘗以意變更也。再與咸豐己未吕儁孫新刻相校，差僞之處甚夥，小注咸删落無存，三卷之中補正至一百六十餘字。其尤足詫怪者，則第十全卷與沈本無一首相符，而檢余本核之，正爲外集之首卷。且新刻於此卷缺字空行，彌望盈幅，取校宋刻，幸皆綴完，凡所補正，殆近二百言。羼雜淩亂，至斯而極，殊不可解。余以私意測之，此集年代曠遠，展轉迻寫，此卷適亡。幸其時外集尚存，無知市估，遂移取首卷，以彌其闕，不知其作詩歲月與前後卷迥不相接，識者一展卷而疑罅漏。然非親睹宋刊，又焉能破其作僞之迹耶！考陳氏《直齋書録解題》載《東萊詩集》二十卷，外集二卷，今目録宛然具存，知「二」實爲「三」之訛。然自陳氏誤録於先，馬氏《經籍考》遂承訛於後，世人竟莫知其非者。至《宋史·藝文志》則只存《詩集》二十卷，而不著外集，蓋其時已久湮逸矣。夫以五六百年不傳之書，一旦復出於世，已足謚爲曠代之珍，況既可以糾正舊目一字之差訛，復可以證明傳本全卷之臆造，其寶貴之值，又不徒以版刻之古，傳世之稀矣。

余獲此書也，在戊午之秋。始聞内城帶經堂書坊有《東萊詩集》殘帙，意謂成公遺集，未之奇也。時朋好中如授經、印臣諸人咸得經眼，余以部務冗迫，未暇追尋。嗣屬徐君森玉爲我踪迹，買羊得王，發函驚忭。同來者，尚有金刻長春真人《磻溪集》三册，亦號異書。千金脱手，雙璧投懷，喜可知矣。庚申春，南游申浦，攜示沈君乙盦，歡喜讚歎，謂余摭逸搜殘，有此奇遇，留觀几案者匝月，爲訂考源流，題古詩十二韻於簡末。兹録於別幅。緬懷前輩勝賞風流，今日已渺不可追，而余幸獲妙翰雅吟，更爲古書增重，又私自喜矣。

又，此集每卷咸題「江西詩派」四字，知即江西詩派之叢刻也。考居仁曾作《江西詩派圖》，列後山以次二十五人，而己居其末，意黄氏於諸家皆有刻本。余生平所見，尚有《倚松老人集》殘本二卷，行格字體與此集同，即前題詩派四字及慶元黄汝嘉一行亦無不同，乙盦詩中所謂「宋刻倚松孑無伍」，正指《饒集》而言，何意《吕集》復見，正可與之作配乎！此匪特版刻之舊聞，抑亦詩林之故實也。乙盦詩又深憾世無完書，無以證其割補之實。今沈本既出，糅竄之跡大明，所謂「預構圓成」者，殆非鑿空，九原有知，得毋欣然豫言之奇驗耶！歲在丙子六月下澣，藏園老人識於香山雨香館中。

附：沈乙盦先生題詩

紫微詩話横街塾，丱年默識元祐學。東萊集迄晚歲逢，江西詩派孯異同。二十五家佹存五，宋刻倚松子無伍。豈知還是密庵人，來與香嚴作賓主。外集完然三誤二，陳録馬考訂訛字。外集目録具存，足證《直齋解題》「二卷」爲「三卷」之誤。《經籍考》、《宋志》皆沿陳氏之誤。公雅編年廿通次，卷十胡然偭兹例。離行在詩冠卷端，微旨若寓春秋然。退聽古風兹祖述，竄廁卷中何説焉。外集與抄本正集重複，最不可解。曾序沈公雅有次第歲月之言，案之全集，井然不紊，不應獨於第十卷中以建炎、紹興諸作列之政、宣以前，此之糅竄痕跡顯然。凡江西詩派本前皆有目録，獨抄本《東萊集》無，亦罅漏之不可掩者。閣本録由馬家進，肊測元爲不全本。割將外集補亡篇，世無完書孰徵診。老翁嚮壁抽殘思，鑿空預構圓成辭。生公立義經來證，會有延平劍合時。平生憶[臆]度多中，近日因《鐔津》而表章神清，《北山日録》忽現人間，因薛碑研究信行，而《三階集録》發見海外，皆意外足以增成妄想者。沅叔攟摭殘書，尤多奇遇，作此預言，以待他日。庚申二月，由拳沈曾植記於海日樓中。

《藏園群書題記》卷一四

紫微詞

紫微詞點校説明

吕本中詞，其生前和卒後皆無結集問世，作品散見《樂府雅詞》、《中興以來絶妙詞》、《花庵詞選》、《永樂大典》諸書中，近人趙萬里輯爲《紫微詞》一卷，唐圭璋稍作增補，收入《全宋詞》。今以《全宋詞》本爲底本，校以宋以來諸詞集。

紫微詞目録

紫微詞

采桑子 別情①

恨君不似江樓月，南北東西。南北東西。只有相隨無別離。　恨君卻似江樓月，暫滿還虧。暫滿還虧。待得團團是幾時。

【校　記】

① 別情：據《花庵詞選》續集卷一補。

又

亂紅夭緑風吹盡，小市疏樓。細雨輕鷗。總向離人恨裏收。　年年春好年年病，妾自西遊。水自東流。不似殘花一樣愁。

西江月

渺渺風吹月上，濛濛霧挾霜迴。百年心事老相催。人在夕陽落外。　有夢常嫌去遠，無書可恨來遲。一盃濁酒兩篇詩。小檻黄花共醉。

又 熟水詞

酒罷悠揚醉興，茶烹喚起醒魂。卻嫌仙劑點甘辛。衝破龍團氣韻。金鼎清泉乍瀉，香沉微惜芳熏。玉人歌斷恨輕分。歡意厭厭未盡。

朝中措

病香無力傍欄干。風雨送春還。一枕曉來清夢，無人説似西山。忽忽笑語，時時邂逅，草草杯盤。莫謂雜花時候，便忘梅蕊衝寒。

南歌子 旅思①

驛路侵斜月，溪橋度曉霜。短籬殘菊一枝黄。正是亂山深處、過重陽。旅枕元無夢，寒更每自長。只言江左好風光。不道中原思歸、轉淒涼。

【校　記】

① 旅思：據《花庵詞選》續集卷一補。

虞美人

梅花自是于春懶。不是春來晚。看伊開在衆花前。便道與春無分、結因緣。　風前月下頻相就。笑我如伊瘦。幾回衝雨過疏籬。已見一番青子、綴殘枝。

又

平生臭味如君少。自是君難老。似儂憔悴更誰知。只道心情不似、少年時。　春風也到江南路。小檻花深處。對人不是憶姚黄。實是舊時風味、老難忘。

浣溪沙①

暖日温風破淺寒。短青無數簇幽欄②。三年春在病中看。　中酒心情渾似夢，探花時候不曾閒。幾年芳信隔秦關。

【校　記】

① 唐圭章按：此首詞謝逸《溪堂詞》誤收。暖日二句，亦見《東萊先生詩集》卷一，可證必係吕作。

② 欄：《東萊詩集》作「蘭」，此據《樂府雅詞》。

又

共飲昏昏到暮鴉。不須春日念京華。邇來沈醉是生涯。　不是對君猶惜醉，只嫌春病却憐他。願爲蜂採落殘花。

長相思 閨思①

要相忘。不相忘。玉樹郎君月豔娘。幾回曾斷腸。　欲下牀。却上牀。上得牀來思舊鄉。北風吹夢長。

【校記】

①閨思：據《花庵詞選》續集卷一補。

減字木蘭花 憶舊①

去年今夜。同醉月明花樹下。此夜江邊。月暗長堤柳暗船。　故人何處，帶我離愁江外去。來歲花前。還似②今年憶去年。

【校記】

①憶舊：據《花庵詞選》續集卷一補。

② 還似：《樂府雅詞》作「人似」，《花草稡編》作「又似」，據《花庵詞選》續集卷一。

菩薩蠻

客愁不到西池路。殘春又逐花飛去。今日傍池行。新荷昨夜生。　故人千慮繞。不道書來少。去住隔關河。長亭風雨多。

又 夜宴①

高樓只在斜陽裏。春風淡蕩人聲喜。攜客不嫌煩。使君如酒醇。　花光人不會，月色須君醉。月色與花光。共成今夜長。

【校　記】

① 夜宴：據《花庵詞選》續集卷一補。

又

登樓一望南山雪。使君風味如新月。月向雪前明。主人今夜情。　平生相與意。老病猶堪記。對酒爲君歡。酒杯嫌未寬。

踏莎行 梅雪①

雪似梅花，梅花似雪。似和不似都奇絶。惱人風味阿誰知，請君問取南樓月。　記得舊時，探梅時節。老來舊事無人説。爲誰醉倒爲誰醒，到今猶恨輕離别。

【校　記】

① 梅雪：據《花庵詞選》續集卷一補。

清平樂

故人何處。同在江南路。百種舊愁分不去。枉被落花留住。　舊愁百種誰知。除非是見伊時。最是一春多病，等閒過了酴醾。

漁家傲

小院悠悠春未遠。牡丹昨夜開猶淺。珍重使君簾盡卷。風欲轉。緑陰掩映欄干晚。　記得舊時清夜短。洛陽芳訊時相伴。一朵姚黄鬆髻滿。情未展。新來衰病無人管。

生查子

殘春霧雨餘，小院黄昏後。説道覓新詞，把酒來相就。　酴醾插髻雲，歲歲長如舊。不是做詞遲，却怕添伊瘦。

以上十九首見《樂府雅詞》卷下

滿江紅 幽居①

東里先生，家何在、山陰溪曲。對一川平野，數間茅屋。昨夜岡②頭新雨過，門前流水清如玉。抱小橋、回合柳參天，摇新緑。　疏籬下，叢叢菊。虚簷外，蕭蕭竹。歎古今得失，是非榮辱。須信人生歸去好，世間萬事何時足。問此春、春醖酒何如，今朝熟。

見《苕溪漁隱叢話》前集卷五一、《花庵詞選》續集卷一

【校　記】

①幽居：據《花庵詞選》續集卷一補。

②岡：《花庵詞選》續集卷一作「江」，據《苕溪漁隱叢話》。

浪淘沙

柳色過疏籬。花又離披。舊時心緒没人知。記得一年寒食下，獨自歸時。　歸後卻尋伊。月上嫌遲。十分斟酒不推辭。將爲老來渾忘卻，因甚沾衣。

見《艇齋詩話》

清平樂 柳塘書事①

柳塘新漲。艇子操雙槳。閒倚曲樓成悵望，是處春愁一樣。　傍人幾點飛花。夕陽又送棲鴉。試問畫樓西畔，暮雲恐近天涯。

【校　記】

① 柳塘書事：據《花庵詞選》續集卷一補。《全芳備祖》前集卷十八《楊花門》題作「浪淘沙」。

生查子 離思①

雙雙小鳳斜，淡淡鴉兒穩。一曲渭城歌，柳色饒春恨。　離觴洗别愁，酒盡愁難盡。寶瑟雁縱横，誰寄天涯信。

【校　記】

① 離思：據《花庵詞選》續集卷一補。

又 離思

人分南浦春，酒把陽關盞。衣帶自無情，頓爲離人緩。　愁隨苦海深，恨逐前峰遠。更聽斷腸猿，一似聞絃雁。

蝶戀花 春詞

巧語嬌鶯春未暮。楊柳風流，恰過池塘雨。芳草滿庭花滿樹。無情蝴蝶飛來去。　睡起小奩香一縷。玉篆回紋，等箇人分付。桃葉不言人不語。眉尖一點君知否。

如夢令 憶舊

海雁橋邊春苦。幾見落花飛絮。重到柳行西，懶問畫樓何處。凝竚。凝竚。十頃荷花風雨。

以上五首見《花庵詞選》續集卷一

宣州行 墨梅

小溪篷底湖風重。吹破凝酥動。一枝斜映庾門深。冷淡無言香泛、月華清。　已經輕瘦誰與共。魂繞徐熙□①。恥同桃李困春容。肯向毫端開發、兩雲中。

見《永樂大典》卷二八一三梅字韻引呂居仁詞

【校記】

①□：唐圭章按：疑脱「夢」字。

唐圭章按：以上呂本中詞二十七首用趙萬里輯《紫微詞》，稍有增補。

呂居仁文輯

吕居仁文輯整理説明

吕本中無文集傳世。宋寧宗慶元二年，其裔孫祖平曾將其文若干結集，稱《吕居仁集》，並屬陸游爲序。此集是否付梓，無考。尤袤《遂初堂書目·别集類》著録《吕居仁集》，不記詩或文及卷數。晁公武《郡齋讀書志》卷四下著録《吕居仁集》十卷，不言詩或文。三本今皆失傳。《永樂大典》卷八九五「二支」韻有《吕居仁集》，僅收詩五十餘首，無文，顯非陸游所序之集。另《遂初堂書目》著録《吕居仁奏議》，不記卷數。久佚。此次將其散見于各種典籍的文章輯録，裒爲一卷，名之爲《吕居仁文輯》。一鱗半爪，聊勝於無耳。陸游稱：「其詩文汪洋閎肆，兼備衆體，間出新意，愈奇而愈渾厚，震耀耳目，而不失高古，一時學士宗焉。」就其文而言，於此卷中可略見規模。

呂居仁文輯目録

吕居仁文輯

詞賦

六子哀詞并序

余行天下，得友五人焉，曰餘杭關止叔沼、臨川汪信民革、謝無逸逸、大梁夏侯節夫旄、王立之直方。予之與五人者友，惟五子之爲信。洛陽張思叔繹，則予願交之而未得也，然皆不免死矣，予哀之如骨肉也。初止叔没，予曰：「關子吾友也，今死，吾其可以無一言半詞，以盡予哀，以見於世乎？」然予業之未精也，業未精而作，辱吾友也，吾不可以辱吾友。其後，信民又没，無逸又没，立之又没，思叔又没，節夫又没，余念之如止叔也。甲午歲，余來維揚，深居無事，遍考古今之文人騷詞之爲而後識其大槩，則並頌六子之德，以見余平昔之志焉。其詞曰：

余結髮以從學兮，歷四方而取友。立前聖以折衷兮，考衆議之當否？既試之以阨艱兮，又要之以歲月之久。夫惟六子之不可及兮，焕若衆星之望北斗；奈何天不假之年兮，吾獨付之以不朽之壽。

惟關氏之獨立兮，識衆人之未然；洶江河之東下兮，久睥睨而不前；斥異端而遠遊兮，攬衆芳而佩之；問其才之如何兮，蓋無施而不宜；山岳高則自頹兮，歎斯人而不久長；吾嘗期之以可大之業兮，乃首塗而絶糧。

張子出於微眇兮，得千載不傳之學；續微言之已墜兮，子爲之玉而夫子與之雕琢；推吾智以窮萬物之理兮，反之於吾身而安；用吾以逆聖人之志兮，蓋甚易而不難；同天人而一本末兮，兼精麤而合内外；夫何多端而異貫兮，謂去此而有良貴；子獨釋夫昧糠兮，初不知天地之易位也。

謝子文江南之望兮，吾嘗以饒、汪與子爲臨川之三傑；處下流而不污兮，蓋百撓而不折；吾蓋嘗書其母夫人之墓碑兮，信斯言之可傳；人之生孰不爲土地以易其氣質兮，長又不爲風俗之所遷；少壯則又徇於氣血兮，蓋其居之使然；惟知其所止而不自失兮，夫然後得全於天；此蓋衆人之所難兮，而謝子之所易；其文章黼黻足以焜耀一世兮，又謝子之餘弃；凜凜乎其不可犯干兮，恢恢乎其有餘地也。

知謝子莫若汪子兮，知汪子又莫如吾久；請言汪子之爲學兮，曰以明善爲本，知言爲右；邪説紛吾前而不變兮，曰吾蓋識之未言之前；貫萬物於一理兮，衆日用而不知其所以然；能此則聖兮，弗知則顛；世有拂亂反覆騁①其辭以信其妄兮，蓋舍此而謬傳；嗟此言之不復聽兮，于今五年。

王子之學得於見賢兮，合衆善而一之；見一善如不及兮，蓋真意而不疑；奔走乎仁義之途兮，沉涵乎大正之域；終其身而不困兮，笑世人之自賊；知學之必始於尚志兮，志定矣則何求而不得；沉痼在躬而弗替兮，曰吾視此得疾如九鼎之珍；捐平昔之所好以遺朋友故舊兮，曰吾惟子之親。

惟夏侯氏之力行兮，蓋有類乎古者之剛；以剛直内兮，則守此而自强；其取與則甚嚴兮，蓋其自處如此；達吾之志以一四海兮，吾且繼之以死；死且弗改兮，其何物之能使；志士不忘在溝壑兮，又何有夫禄仕。

嗟此六子之爲學兮，其入雖異，其歸則一；如行乎四通八達之衢兮，卒同會於一室；傷六子之不可見兮，吾邅回而日窮；張子雖吾不識兮，實疇昔之願從；惟此六子或識或不識，或久或近兮，皆視予猶弟兄；夫豈内交以自重兮，是皆一之以至誠。嗚呼哀哉，傷此六子之不可復見兮，霜已墜而草枯；狐貍奮於千仞兮，日煢煢而望予；歲宴日晚兮，吾誰與居；念子之儀容兮，想子之聲音，千秋萬祀之下兮，其有得於語言文字之表，而識予之用心。

（輯自《東萊集注類編觀瀾文集》甲集卷十六）

【校　記】

① 騁：原作「聘」，據文意改。

蜜蜂賦（節文）

早出暮歸，聚房以居，生理甚微，檜花菊英，反爲身害。雖云甚甘，終以是敗。既奪之食，又臘其雛。以侑爾酒，以爲爾娱。醉而咀嚼，鼓舌自如。人之不仁，一如是乎！

（輯自吴曾《能改齋漫録》卷十五《蜂子》）

序

江西詩社宗派圖序二則

苕溪漁隱曰：吕居仁近時以詩得名，自言傳衣江西。嘗作《宗派圖》，自豫章以降，列陳師道、潘大臨、謝逸、洪芻、饒節、僧祖可、洪朋、林敏修、洪炎、汪革、李錞、韓駒、李彭、晁沖之、江端本、楊符、謝薖、夏倪①、林敏功、潘大觀、何覬、王直方、僧善權、高荷，合二十五人，以爲法嗣，謂其源流，皆出豫章也。其宗派圖序數百言，大略云：唐自李杜之出，焜耀一世，後之言詩者，皆莫能及。至韓、柳、孟郊、張籍諸人，激昂奮厲，終不能與前作者並。元和以後，至國朝，歌詩之作或傳者，多依效舊文，未盡所趣。惟豫章始大出而力振之。抑揚反覆，盡兼衆體，而後學者同作並和，雖體制或異，要皆所傳者一。予故録其名字，以遺來者。

（輯自胡仔《苕溪漁隱叢話》前集卷四十八）

呂居仁作《江西詩社宗派圖》，其略云（略，見後）。録其名字，曰「江西宗派」，其源流皆出豫章也。宗派之祖曰山谷，其次陳師道無己、潘大臨邠老、謝逸無逸、洪朋龜父、洪芻駒父、饒節德操，乃如璧也、祖可正平、徐俯師川、林（敏）修子仁、洪炎玉父、汪革信民、李錞希聲、韓駒子蒼、李彭商老、晁沖之叔用、江端本子之、楊符信祖、謝薖幼槃、夏倪均父、林敏功、潘大觀、王直方立之、善權巽中、高荷子勉，凡二十五人，居仁其一也。議者以謂陳無己爲詩高古，使其不死，未必甘爲宗派。若徐師川則固嘗不平曰：「吾乃居行間乎？」韓子蒼云：「我自學古人。」均父又以其在下爲恥。不知居仁當時果以優劣銓次，而姑記姓名？而紛紛如此，以是知執太史之筆者，戛戛乎難哉！又不知諸公之詩，其後人品藻，與居仁所見又如何也。

古文衰於漢末，先秦古書存者，爲學士大夫剽竊之資。五言之妙，與《三百篇》、《離騷》爭烈可也。自李杜之出，後莫能及。韓、柳、孟郊、張籍諸人，自出機杼，別成一家。元和之末，無足論者，衰至唐末極矣。然樂府長短句，有一唱三歎之音。國朝文物大備，穆伯長、尹師魯始爲古文，成於歐陽氏。歌詩至於豫章始大出而力振之，後學者同作並和，盡發千古之秘，亡餘藴矣。

（輯自趙彦衛《雲麓漫抄》卷十四）

【校 記】

① 俔：原作「傀」，據《師友雜志》改。

宣州新學序

三代之盛，其在上而列爲諸侯卿大夫以達於天下而治民者，大抵皆賢聖人也。故其治明而化洽，民之生於斯時者，薰陶漸染，無非善也；耳聞目見，威儀動作，物皆有養，不蘄於修而已入德矣。自灑掃應對進退，以至酬酢，天人之變，範圍天地之化，下學而上達，非有本末精粗之別也；入孝而出弟，移孝以事君，移順以事長，而天下之事畢矣。此聖人之教所以不肅而成，其政不嚴而治，無二道焉故也。彼蓋有□遷善而不自知者，故詩書所載，獨記夫治亂成敗之迹，與其一時君臣訓誡之言，至於教之所由興，學之所自成，弗致詳也。

周道衰，聖賢在下，恐治之不可期，而道之遂不明也，退而傳之其徒，於是教爲甚詳，學爲甚備，本末先後，粲然明白，不可誣也。然而，孔子設教，諸弟子各以己之所見，才之所宜，而傳其學；傳之既久，而能不失聖人之意者，希矣。獨曾子之學，專反諸其躬而求其内，明聖人之用心，傳之子思，及孟子而卒不畔。蓋篤志而近思，不爲空言者，如《論語》、《孝經》、《中庸》、《大學》可考也。嗟乎，士生千載之後，異端間作，徇空言而忘實用，求其傳之不畔誠甚難。雖然，豈可以自已哉！要當窮探力索而見之行事焉爾矣。

宣州之學，廢久不治。前所居者，湫隘庳下，在州治之南，兵火搶攘之際，而學者講誦不輟，固已勤矣。則又求其故學之基，而改治之，至建炎三年某月某日學始成，其勤若此。前滄州州學教授宣人李宏也，叙學者之意，而求記於東萊吕本中。竊爲造次顛沛必於是者，聖人之言。宣之學者，當歲之不易而勤若此，可謂造次顛沛不忘矣。所謂不忘者，豈學舍之成否，與講論之輟與不輟哉！固將優游饜飫，詳味而力行之，求所謂傳之不畔者，則必有道也。此本中私獨拳拳，有望於宣之學者。

（輯自嘉慶《寧國府志》卷二一《藝文志》文上）

遠遊堂詩集序①

頃歲與學者論學詩當識活法②。所謂活法者，規矩具備，而能出於規矩之外；變化不測，而卒亦不背於規矩也③。是道也，蓋有定法而無定法，無定法而有定法④。知是者，則可以語活法矣⑤。世之學者知規矩固已甚難，況能遽出規矩之外，而有變化不測乎⑥！謝元暉有言，「好詩流轉圓美如彈丸⑦」，此真活法也。元暉雖未能實踐此理，言亦至矣⑧。近世黄魯直首變前作之弊⑨，而後學者知所趨向⑩，畢精盡知⑪，左規右矩，庶幾至於變化不測，而遠與古人比，蓋皆由此道入也⑫。然余區區淺末之論，皆漢、魏以來有意於文者之法，而非無意於文者之法也。孔子曰⑬：「興於詩。」又曰⑭：「詩可以興，可以觀，可以群，可以怨；邇之事父，遠之事君，多識鳥獸草木之名。」今之爲詩者，果可以使人讀之而能興、觀、群、怨矣乎？果可以使人讀之而能知所以事父、事君，而能識鳥獸草木之名乎⑮？爲之而不能使人如是，則如勿作。

雖然，「文猶質也，質猶文也。」君子於文有不得已焉者也⑯。吾友夏均父，蘄人也⑰。賢而有文章，其于詩，蓋得所謂規矩備具，而出於規矩之外，變化不測者。其天才於流輩獨高，衆苦不足，而均父常用之若不盡也⑱。後果多從先生長者游，聞人之所以言詩而得其要妙，所謂無意於文之文，而非有意於文之文也⑲。

（輯自宋・王正德《餘師録》卷三《吕居仁》）

【校　記】

① 遠遊堂詩集序：四部叢刊《後村大全集》卷九五《江西詩派》作《夏均父集序》。

② 頃歲與學者論：《後村大全集》無此六字。

③ 卒：《後村大全集》無「卒」字。

④ 無：《後村大全集》「無」前有「而」字，疑衍。

⑤ 語：《後村大全集》作「與語」。

⑥ 世之學者……不測乎：《後村大全集》無此數語。

⑦ 流：《後村大全集》無「流」字。

⑧ 元暉雖未能實踐此理言亦至矣：《後村大全集》無此十三字。

⑨ 黄魯直：《後村大全集》作「惟豫章黄公」。

⑩ 趨：《後村大全集》作「趣」。

⑪ 畢：《後村大全集》作「必」。

⑫ 而遠與古人比蓋皆由此道入也：《後村大全集》無此十三字。

⑬ 孔：《後村大全集》無「孔」字

⑭又曰：《後村大全集》無「又曰」二字

⑮果可以使人讀之而能興、觀、群、怨矣乎？果可以使人讀之而能知所以事父、事君，而能識鳥獸草木之名乎：《後村大全集》作「讀之果可使人興起爲善之心乎？果可使人興觀群怨乎？果可使人知事父事君，而能識鳥獸草木之名之理乎」。

⑯雖然，文猶質也，質猶文也。君子于文有不得已焉者也：《後村大全集》無此語。

⑰蘄人也：《後村大全集》無此三字。

⑱其天才于流輩獨高，衆苦不足，而均父常用之若不盡也：《後村大全集》無此數語。

⑲後果多從先生長者游，聞人之所以言詩而得其要妙，所謂無意於文之文，而非有意於文之文也：《餘師録》無此數語，據《後村大全集》補。

記

重建仙居淨梵院記

佛之爲説，與孔子異乎？不異也。何以知其不異也？以其爲教知之。孔子以「知止而後有定，定而後能靜，靜而後能安，安而後能慮，慮而後能得」也。孔子傳之曾子，曾子傳之子思，子思傳之孟子矣。而佛之教，由戒生定，由定生慧，蓋與《大學》之説無異者。孟子以「萬物皆備於我矣①，反身而誠，樂莫大焉」。而佛之説，以天地萬物皆吾心之所見，山河大地皆吾身之所有，正與孟子之説同。吾是以知佛之説與孔子不異也。然而區區施設，則有若不同者，世人惑焉，而生異論，竭智畢精以相攻詆，而卒不測其要，則不知其所以異者，跡然也。

雖然，跡安所自出哉？此非默識心通，實至此者，不能知其實然也。彼方且從事於文字語言②，不揣其本，而欲判其果同與異，則亦易惑矣。雖然，物有本末，事有始終，自佛與孔子使學者知所後先皆然，未有不思而得，無爲而成，由思至於無思，有爲至於無爲，然後爲學之正，有意於善者，不可忽也。

妙湛禪師思慧以道德譽望，震耀一時，其所以教其徒者，有終始本末，如吾前所陳。自頃歲以來③，所至兵火，佛與殿廢，不支者多矣。台州仙居县淨梵院，去邑十五里許，首建梁天監中，宣和盜起清溪，延蔓遍浙東，院爲賊所焚。僧梵臻，力行士也，慨然憫之，廣求信士，銖積寸累，因院舊基規模宏大而一新之，誨僧惠宗爲之勸首，數年而工畢，不知其兵火之餘也。天台之人，咸嘉臻之勤而重其志。始佛殿未成，衆患無大木可就，一夕，溪水漲，得大木沙磧中，殿遂成。識者知其有神相也。吾以是知有爲之功爲不可廢，由思至於無思，有爲至於無爲，天下通論，不可易也。而世之學佛者，率抱虛自大，自誦佛號，作觀持禁戒悉棄不爲，曰是有爲者，非吾所致力也。彼蓋不知二者之相須，闕一不可，本末次第，不可誣也。觀臻之所以全復舊宇，崇飾備具，亦可不少愧矣。梵臻舊從妙湛師遊，漸滋餘潤固久，院成，妙湛屬本中爲記大概，不可以已，故以佛孔子不異者並告之，庶居其屋，而遊其中，知有爲無爲之相須，而佛孔子之所以不異者，或有得於斯言也。

（輯自《嘉定赤城志》卷二九《寺觀門》三）

【校　記】

① 矣：原脱，据《孟子・盡心》補。

② 語言：四庫本作「言語」，據《宋元方志》本《嘉定赤城志》。

③ 頃歲以來：四庫本作「頃所闕來」，據《宋元方志》本。

奏議

上高宗皇帝論中興根本疏①（節文）

自古中興，必有根本之地，以制四方；有根本之兵，以制四方之兵。今根本之地，不過江浙福建，而諸路凋殘，民力已困；若根本之兵，則禁衛是也，而單弱不可用。望諭大臣先求二者之要而力行之②。

（輯自《中興小紀》卷二〇）

【校　記】

① 題爲輯者所加。

② 望論：原作「令」，據《建炎以來繫年要録》卷一〇六改。

繳駁苗亘獲罪詔黥之奏①

近歲官吏犯贓多抵黥罪，且既名士人，行法之際，宜有所避。況四方之遠，或有枉濫，何由盡知。若遽施此刑，異時察其非辜，雖欲深悔，無所及矣。論者以嚴刑上法祖宗，夫祖宗之時，臨機制變，事有不得已者；然自仁宗而降，寬大之政，久已成風，累聖相承，不敢輒易。今一旦盡改成法，欲用祖宗權宜之制，則將重失人心，未見其可也。又此刑既用，臣恐後世不幸奸臣弄權，必且借之以及無罪，直言私議亦不能免。何者？用之已熟，彼得藉口不以爲異也。使國家此刑不絶，則紹聖以來，憸人盗柄，縉紳遭此，殆將無遺類矣。願酌處恒罰，以稱陛下仁厚之意。

（輯自《中興小紀》卷二〇）

【校記】

① 題爲輯者所加。苗亘：《中興小紀》、《資治通鑑後編》作「苗豆」，據《宋名臣言行録別集》。

上高宗皇帝論恢復疏①

當今之計，必先爲恢復事業，求人才，恤民隱，講明法度，詳審刑政，開直言之路，俾人人得以盡情；然後練兵謀帥，增師上流，固守淮甸，使江南先有不可動之勢，伺彼有釁，一舉可克。若徒有恢復之志，而無其策，邦本未强，恐生他患。今江南兩浙科須日繁，閭里告病，倘有水旱乏絶，奸宄竊發，未審朝廷何以待之。近者臣庶勸興師問罪者，不可勝數，觀其辭固甚順，考其實不可行。大抵獻言之人，與朝廷利害絶不相侔，言不酬，事不濟，則脱身而去，朝廷施設失當，誰任其咎！鷙鳥將擊，必匿其形。今朝廷於進取未有秋毫之實，所下詔命已傳敵境，使之得以爲備，非策也。

……江左形勢，如九江、鄂渚、荆南諸路，當宿重兵，臨以重臣。吴時謂西陵、建平②，國之藩表，願精擇守帥，以待緩急，則江南自守之計備矣。

（輯自《宋史·呂本中傳》、《歷代名臣奏議》卷二三三）

【校　記】

①　題爲輯者所加。

②　吴時謂:《言行録》作「至如孫氏以來,名將皆言」。

諫起内侍鄭諶爲兵官疏

陛下進臨江滸,將以有爲,今賢士大夫未能顯用,巖穴之幽隱未能招致,乃起諶以統兵之任,何邪?

(輯自《宋史·吕本中傳》)

論分别邪正疏(節文)

任人當辨邪正,邇來建言用事之臣,稍稍各徇私見,不主正説。元祐、紹聖混爲一途,其意皆有所在。若不早察,必害政體。

(輯自李幼武《宋名臣言行録别集》卷七《吕本中傳》)

附:《朱子語類》卷一三二《中興至今人物》下:「紹興間曾天隱名恬作中書舍人,曾亦賢者,然嘗爲蔡京引用。後脩《哲宗實録》成,太上、趙丞相要就褒賞脩實録官,制辭上説破前後是非。曾以蔡之故,常主那一邊,及行詞,只模糊作一脩史轉官制,一與丞相,不樂,命吕居仁行。吕權中書舍人，自丁巳三月二十五日上一狀，論分别邪正，謂曾之徒也。自荆公熙豐間用事，新經、字説之類，已壞了人心術。元祐諸公所爲那一邊，人終不以爲是。紹聖以後，又復新政，敗壞一向至於渡江，然舊人亦多在者，其所見舊染不省，雖賢者亦復如是，如曾之徒是也。因論人以先入爲主，一生做病。」

金使來當示以節儉疏

使人之來，正當示以節儉，客館芻粟若務充悦，適啟戎心。且成敗大計，初不在此，在治政得失，兵財强弱，願詔有司令無乏可也。

（輯自《宋史·吕本中傳》）

制詞

左僕射趙鼎遷特進制（斷句）

……惟宣仁之誣謗未明，致哲廟之陰靈不顯。

（輯自王明清《揮麈後録》卷三）

謂合晉楚之成①，不若尊王而賤霸②；謂散牛李之黨③，未如明是而去非。惟爾一心，與

予同德。（輯自《建炎以來繫年要録》卷一二二）

【校記】

①③《中興小紀》、《宋史·吕本中傳》無「謂」字

②霸：《要録》卷一四六，秦熺奏章作「伯」。

論

公論行則治

公論行，則治。世之治也，君子在上位，而其説行；世之不治也，君子在下位，而其説隱。夫説非隱也，上之人不能顯其言而用之也。雖然，君子爲是説，非一人之私言也，天下之公論也。天下之公論不能盡隱，不行於上，必傳於鄉黨閭里，而世之好事者常必相與珍貴而扶持之；及世之有爲，則必質前日不用之説以爲治，取鄉黨閭里之所珍貴而扶持者達之於朝廷，施之於四海，其效可睹也。當漢之治，其用人，必先曰長者；其舉事，必先曰大體。此固漢之所以爲治，而非漢之君臣建爲此言也，因秦之世，其説不行，而況鄉黨閭里珍

貴而扶持之者，漢取而用之耳。（輯自宋·无名氏《群書會元截江網》卷二〇《國論·諸儒至論》）

書

與趙承國論學帖

作文必要悟入處。悟入必自工夫中來，非徼倖可得也。如老蘇之於文，魯直之於詩，蓋盡此理①。

韓退之文渾大廣遠，難窺測，柳子厚文分明見規模次第。學者當先學柳文，後熟讀韓文，則工夫自見。

韓退之《答李翺書》，老蘇《上歐陽公書》，最見爲文養氣妙處。

西漢自王褒以下，文字專事詞藻，不復簡古。而谷永等書，雜引經傳，無復己見，而古學遠矣。此學者所宜深戒。

學文須熟看韓、柳、歐、蘇，先見文字體式，然後更考古人用意下句處。

學詩須熟看老杜、蘇、黄，亦先見體式，然後遍考他詩，自然工夫度越過人。

學者須做有用文字，不可盡力虛言。有用文字，議論文字是也。議論文字，須以董仲舒、劉向爲主，《周禮》及《新序》、《説苑》之類，皆當貫串熟考，則做一日便有一日工夫。

後生問學，且須理會《曲禮》、《少儀》等，學灑掃應對進退之事，及先理會《爾雅》訓詁等文字，然後可以語上，下學而上達。

學者當以質直爲本。孔子曰：「質直而好義。」孟子曰：「不直則道不見。我且直之。」放勳曰：「匡之直之。」孟子曰：「以直養而無害。」《楞嚴經》亦言三世諸佛皆以直心成等正覺，因地不直果招迂曲。《維摩經》言直心是菩薩淨土。但觀古人爲學②，只是一個直字，學者不可忽也③。

學者當以《孝經》、《論語》、《孟子》、《中庸》、《大學》爲主。此數書既深曉，然後專治一經，以爲一生受用。原注：説「受用」已是不是，只要成自己之性而已。

大凡爲學須以見賢爲主。孟子言友一鄉之善士至友天下之善士。孔子言事其大夫之賢者，友其士之仁者。所謂賢者，必須取捨分明，不可二三，《易》所謂「定其交而後求」者是也。既能見賢須尊賢，若但見而不能尊，則與獸畜之無異④。今人於有勢者則能屈，而於賢者則不能尊，是未之熟思。韓退之作《師説》，曲中今世人之病。大抵古人以爲榮，今人以爲恥，於不能尊賢之類是也。

威儀辭令，最是古人所謹。春秋時人，以此定吉凶興衰。曾子臨死，以此等事戒孟敬子。此等事最宜留意，最是君子養成處。

作文不可强爲，要須遇事乃作。須是發於既溢之餘，流於已足之後，方是極頭。所謂「既溢」、「已足」者，必從學問該博中來也。

後生爲學，必須嚴定課程⑤，必須數年勞苦，雖道途疾病，亦不可少渝也。若是未能深曉，且須廣以文字淹漬，久久之間，自然成熟。

自古以來，語文章之妙，廣備衆體，出奇無窮者，唯東坡一人。極風雅之變，盡比興之體，包括衆作，本以新意者，唯豫章一人。此二者，當永以爲法。

老杜歌行，並長韻律詩，切宜留意。

老蘇作文，真所謂意盡而言止也，學者亦當細觀。

外弟趙承國至誠樂善，同輩殆未見其比。蓋其性質甚良，不可以他人語也。若少加雕琢，少下勤苦，便當不愧古人。政和三年四月，相遇於楚州寶應，求余論爲學之道甚勤，因録予之聞於先生長者本末告之，隨其所問，信筆便書，不復詮次，當更求充之老人印證也⑥。

古人年長而爲學者多矣，但看用功多寡耳。近時司馬子立，年逾二十，不甚知書，人多以爲懦弱。後更激勵苦學，不舍晝夜，從伊川、張思叔諸人講求大義。數年之間，洛中人士翕然稱之。向之笑之者，皆出其下，此學之不可以已也。承國既以余言爲然，便當有力行之實。臨川羨魚，不如退而結網，此真要語也。

（輯自宋・陳鵠《西塘集耆舊續聞》卷二《吕東萊贈趙承國論學帖》）

【校　記】

① 盡：知不足齋本注曰：「一作得。」

② 但：四庫本作「歷」，據知不足齋本。

③ 忽：四庫本作「忘」，據知不足齋本。

④ 之：四庫本脱「之」字，據知不足齋本。

⑤ 定：四庫本作「立」，據知不足齋本。

⑥ 老：知不足齋本作「考」，據四庫本。

與曾吉甫論詩第一帖

寵諭作詩次第，此道不講久矣。如本中何足以知之。或勵精潛思，不便下筆；或遇事因感，時時舉揚，工夫一也。古之作者，正如是耳。惟不可鑿空强作，出於牽强，如小兒就學，俯就課程耳。楚詞、杜、黄，固法度所在，然不若徧考精取，悉爲吾用，則姿態横出，不窘一律矣。如東坡、太白，雖規模廣大，學者難依，然讀之使人敢道，澡雪滯思，無窮苦艱難之狀，亦一助也。要之，此事須令有所悟入，則自然越度諸子。悟入之理，正在工夫勤惰間耳。如張長史見公孫大娘舞劍，頓悟筆法。如張者，專意此事，未嘗少忘胸中，故能遇事有得，遂造神妙；使它人觀舞劍，有何干涉。非獨作文學書而然也。和章固佳，然本中猶以爲少新意也。近世次韻之妙，無出蘇、黄，雖失古人唱酬之本意，然亦用韻之工，使事之精，有不可及者。

（輯自《苕溪漁隱叢話前集》卷四九《山谷下》）

與曾吉甫論詩第二帖

詩卷熟讀，深慰寂寞。蒙問加勤，尤見樂善之切，不獨爲詩賀也。其間大概皆好，然以本中觀之，治擇工夫已勝，而波瀾尚未闊。欲波瀾之闊，必須於規模令大，涵養吾氣而後可；規模既大，波瀾自闊，少加治擇，功夫已倍於古矣。試取東坡黄州以後詩，如《種松》、《醫眼》之類，及杜子美歌行及長韻近體詩看便可見。若未如此，而事治擇，恐易就而難遠也。退之云：「氣，水也；言，浮物也。水大，則物之浮者，大小畢浮。氣之與言，猶是也。氣盛，則言之長短，與聲之高下皆宜。」如此，則知所以爲文矣。曹子建《七哀詩》之類，宏大深遠，非復作詩者所能及此，蓋未始有意於語言之間也。近世江西之學者，雖左規右矩，不遺餘力，而往往不知出此，故百尺竿頭，不能更進一步，亦失山谷之旨也。

（輯自《苕溪漁隱叢話前集》卷四九《山谷下》）

與范沖書①二首

瞻仰帖

本中再拜，比稍不聞動静，瞻仰之至。即日，伏惟尊候萬福。本中久留閩中，比已治北去計，伏被召命。顧自春多病，日頗增劇，須俟旬日稍閒乃行。衰羸如此，亦復何用？前路當懇求宫祠再任，期必得請。或見諸公，敢乞先致一言張本，至幸。尚阻侍見，倍乞爲時護重。不備。本中再拜徽猷侍講姑夫、淑人四十七姑座前。四月二十八日。

收召帖

本中拜覆：收召雖出推獎，然本中衰病不堪，若冒昧求進，必致顛隮。將來自陳，尚乞垂意。「不能者止」，聖人明戒，亦或不辱題品萬分之一矣。其他覼縷，當俟後狀。曾婿到行朝請見，敢乞矜憐。六哥、十哥，續别作書。大同包上起居。本中拜覆。

（輯自宋・岳珂《寶真齋法書贊》卷二五《吕居仁瞻仰收召二帖》）

【校　記】

①　題爲輯者所加。

與周紫芝書

先君子平生無所嗜好，獨於當世賢士大夫，見之唯恐不及。雖在嶺表，倉皇避寇，亦未嘗不以宣城諸賢爲言也。

（輯自周紫芝《太倉稊米集》卷六七《跋吕舍人帖後》）

與周郷書

廬阜只尺，讀書少休，必到山中，所與遊者誰也？古人觀名山大川，以廣其志意而成其德，方謂善遊。太史公之文，百氏所宗，亦其所歷山川有以增發之也。惜其所用止在文字間，若使志於遠大者，雖近逐游、夏可也。

（輯自宋・周煇《清波雜誌》卷八）

答人書九首

（一）

建州有君子曰胡憲，曰劉勉之，非身所得，一毫不受，此後生所宜法也。近見世人，緣親戚故舊，干求差遣，爲世鄙笑，尤可戒也。頃年嘗聞元祐間范仲宣作相，其子子夷名正平當入遠，忠宣欲以恩例换近地，子夷堅不肯，曰：「當入遠即入遠，不欲以恩例求僥幸。」前人立志，例皆如此。

（二）

讀書不輟，甚書不讀了。萬一都廢，且須自今重新勤苦，下十分工夫，不可因循隱忍，甘心作庸人過一生。最是行義一事，不可放過，正心修身，念念須學前輩，久久自然相應。

（三）

大凡爲學，須以見賢爲主。孟子曰：「一鄉之善士，斯友一鄉之善士；一國之善士，斯友一國之善士；天下之善士，斯友天下之善士。」然則，見賢廣者其德大，見賢寡者其德小。子貢問爲仁，而孔子答以「工欲善其事，必先利其器。居是邦也，事其大夫之賢者，友其士之仁者。」然則，事大夫之賢，友士之仁，所以利爲仁之器也。然則，見賢不可以已也。只是所謂賢者，大須取捨分明，不可二三，《易》所謂「定其交而後求」者是也。

（四）

既能見賢，又須要尊賢。若見而不能尊，則與獸畜之無異。今人於有勢者則能屈，而於賢者不能尊，是未之熟思。若無志於善，則何所不可；若必有志焉，則于此不可苟也。韓退之作《師説》，曲中今世人之病。大抵古人以爲榮者，今人以爲恥，如不能尊賢之類是也。

（五）

爲學之要，先要實頭，不説大話。須是自麤至細，自微至顯，但不可分麤細微顯爲兩事，言忠信，行篤敬，言必信，行必果，最是初學要下工夫處。作事第一不可苟且，不可因循，要作便作直是了當，方可放下。

（六）

衣服之制，飲食之度，字畫之别，以至音聲笑語之高下，行步進趨之遲速，當一以古人爲法。古之善教人者，必以此爲本，所以養誠閑邪，而反人道之正也。若於此數事少有舛異，若不能自克，久久之間，必至喪志失身。

（七）

爲學之本，莫先於讀書。讀書之法，須令日有課程。句讀有未曉，大義有未通，不惜與人商榷，不惜就人讀授。凡人多以此爲恥，曾不知不如是則有終身之恥。與其有終身之恥，不若忍暫時之恥也。又況從人讀授，適足以爲榮。

（八）

陳公瑩中尊敬前輩，皆可以爲後生法。晚年過揚州，見滎陽公，坐受六拜，又拜祖母河南夫人，請必無答拜然後拜。其與它人語，必曰吕公，或曰吕侍講。其對前輩説後進，必斥姓名，未嘗少改。

（九）

呂進伯爲河南北運判，黄魯直爲北京教官，託魯直請門客，數日斥去之，召魯直謂曰：「此人豈可爲人師？某至學院，卻見與小子對坐，如此，豈可爲人師！」請魯直别請一門客，魯直爲之遴選，且嚴戒之曰：「呂運判行古禮，賢且加慎。」既數日，又逐去。魯直問所以，進伯曰：「此人尤甚。却呼小子字，豈可爲人師耶！」

（輯自宋·呂祖謙《少儀外傳》上，原注「并舍人答人書」）

跋

跋大監蘆川幽巖老隱尊祖事实

世之人處父子兄弟間，有厚有薄。其有厚者，非真能孝友也，施報不一，意慮爲變，出於有激云爾。然則，如之何而可？曰：惟無所薄者，爲能有厚也。觀仲宗之所立，則古人之意得矣。宣和五年六月二日呂本中書。

（輯自張元幹《蘆川歸來集》卷十）

跋汪若海《麟書》

司馬長卿作《大人賦》，詼詭譎怪，不可致詰，然意實有在，漢武帝蓋未之知也。汪子之爲《麟書》，蓋得法於此，予固知之矣。吕本中書

（輯自明陳繼儒《寶顔堂祕笈》本）

跋謝幼槃文集

謝康樂詩，規摹宏遠，爲一時之冠；而元暉詩，清新獨出，又自有過人者。後之善言者，於二公蓋未敢有所優劣也。本中竊以爲無逸詩似康樂，幼槃詩似元暉，此平等之論也。紹興三年秋，自嶺外北還，過臨川，去幼槃之没十八年矣。始盡得幼槃書於其子長訥所。伏讀累日，益知前語之不謬。雖然，幼槃與其兄無逸修身厲行，在崇寧、大觀間，不爲世俗毫髮污染，固後進之師也；其文字之好，蓋餘事爾。後之學者，尊其行，並學其文可也。學其文，不究其行，則非二子立言之本志。九月二十日，吕本中書。

（輯自叢書集成本《謝幼槃文集》）

行狀

楊文靖公行狀（節略）

虔守楚潛議法平允，而通判楊增多深刻，先生每從潛議，增以先生爲附太守輕己。及潛去，後守林某議不持平，先生力與之爭，方知先生能有守也。

知潭州瀏陽縣，安撫使張公舜民雅敬重先生，每見必設拜席，與均禮。知杭州餘杭縣，簡易不爲煩苛，遠近悦服。蔡京方相貴盛，母前葬餘杭，用日者之言，欲浚湖瀦水爲形勢便利，託言欲以便民，事下餘杭縣，先生詢問父老，人人以爲不便，即條上其事，得不行。

知越州蕭山縣，蕭山之人聞先生名，不治自化，人人圖畫先生形像就家祠焉。或説當世貴人，以爲事至此必敗，宜力引耆德老成置上左右，開導上意，庶幾猶可及也。會路允迪、傅墨卿使高麗，高麗王問兩人：「龜山先生今在何處？」兩人對：「方赴闕矣。」及還，遂以名聞。因勸政府宜及此時力引先生，政府然之，遂以秘書郎召。及對，陳儆戒之言，上嘉納焉。太原被圍，朝廷遣姚古救援，古逗留不進，先生上言，乞誅古以肅軍政；又率同列上疏論蔡京、王黼、童貫等罪惡，或死或貶；乞罷宦者典修京城事，且録五代史傳以進；朝廷置詳議司，議天下利病，先生以爲三省政事所出，六曹分治，各有攸司，今乃别辟官屬，新進小生，未必賢於六曹長貳也，朝廷從其議；又乞褒復元祐名臣凡在黨籍者，力辯宣仁誣謗，乞復元祐皇后位號。凡所論，皆切當時要務。

太學生詣闕上書，議者疑其生事儌亂。先生即見上言：「諸生欲忠於朝廷耳，本無他意，但擇老成有行義者爲之長貳，即自定矣。」淵聖喜曰：「此無踰卿者矣！」即命先生兼國子祭酒。

今上即位，本中之先君子初在政府，首爲上言先生之賢，於是除工部侍郎。

先生天資仁厚寬大，能容物又不見涯涘，不爲崖異絶俗之行，以求世俗名譽。與人交，終始如一。性至孝，幼喪母，哀毁如成人；事繼母尤謹。熙寧中既舉進士得官，聞河南兩程先生之道，即往從之學。是時，從兩先生學者甚衆，而先生獨歸，閒居累年，沉浸經書，推廣師説，窮探力索，務極其趣，涵蓄廣大，而不敢輕自肆也。

本中嘗聞於前輩長者，以爲明道先生温然純粹，終身無疾言遽色，先生實似之。

（輯自朱熹《伊洛淵源録》卷一〇）

存目

（一）青溪集序　《直齋書録解題》卷二十著録《青溪集》一卷，稱「臨川汪革信民撰，吕居仁序之」。朱熹《晦庵集》卷八三《跋吕舍人青溪類稿》謂：「紹興紫微吕公名德之重，一言一動皆有法戒，固非後學可得而贊也。其論汪謝諸賢，高志清節，皆足以傳信後世，孰敢改評……紹熙甲寅夏四月既望朱熹仲晦父書。」《青溪集》與《青溪類稿》當爲同書而異名。

（二）繳駁袁焕章乞作教官議　《朱子語類》卷一三二《中興至今人物》下：「吕居仁作舍人時，繳奏文字好處多。一章論袁焕章乞作教官：『教官，人之師表，豈可乞。』此論不聞，數十年矣。今皆是陳乞，然不陳乞，朝廷又不與檢舉。朝廷檢舉方是。亦可以養士大夫廉恥。今皆不然，都要陳乞。」

（三）《宋論》四十篇　公私書目皆無著録。清張泰來《江西詩社宗派圖録·吕本中》謂：「公所作《宋論》四十篇，審時度勢，洞若觀火。」

（四）講道修身帖　朱熹《晦庵集》卷八二《跋吕舍人帖》謂：「吕公之言，所以發明講道修身之法，詳矣。學者審其先後緩急之序而用力焉，其入聖賢之域也孰禦。紹熙辛亥九月癸酉新安朱熹敬書。」

（五）與曾信道書　吕祖謙《吕東萊文集》卷六《題伯祖紫微翁與曾通道手簡後》。

（六）與友人書　朱熹《晦庵集》卷八三《跋吕舍人帖》謂：「人之大倫有五，而朋友居其一，然世人鮮克知之，獨吕公於此爲拳拳焉，觀於此帖可以見矣。至於其間多以詩文爲教，則公晚歲蓋深悔之，覽者又不可以不知也。紹熙甲寅四月二十四日新安朱熹書。」

（七）魏某墓誌銘　汪應辰《文定集》卷十四《慰魏邦傑》云：「惟先丈之令德，而有邦傑之賢，有吕丈名德之重，而實爲之志其墓，此三者，皆足以不朽矣。」邦傑爲魏矼之弟，則本中曾爲魏矼之父作墓誌銘。今不存。

（八）倪濤墓誌銘　《直齋書録解題》卷十七《玉溪集》二十二卷「左司員外郎永嘉倪濤巨濟撰……吕居仁誌其墓。」

（九）江民表墓誌銘　見《朱子語類》卷一三二《中興至今日人物》下「吕居仁作江（原誤爲「汪」）民表墓誌不好，作龜山底尤不好，故文定全不用，盡做過了。」

（十）楊時墓誌銘　見《江民表墓誌銘》。

（十一）謝逸母夫人墓誌銘　《六子哀辭》謝子下有「吾蓋嘗書其母夫人之墓碑兮」語。

（十二）趙聿之碑銘　朱熹《晦庵集》卷八四《跋趙鈐轄墓誌》謂：「獨恨東萊吕舍人所撰碑銘，今不復存，當爲求之其家」云。

吕居仁文輯附録

吕居仁集序

陸　游

天下大川，莫如河江，七源皆來自蠻夷荒忽遼絶之域，累數萬里而後至中國，以注於海。今禹之遺書，所謂岷積石者，特記禹治水之迹耳，非其源果止於是也。故《爾雅》謂河出昆侖墟，而傳記又謂河上通天漢。某至蜀，窮江源，則自蜀岷山以西皆岷山也。地斷壤絶，不復可窮，河江之源，豈易知哉！古之學者，蓋亦若是。唯其上探伏羲、唐虞以來，有源有委，不以遠絶，不以難止，故能卓然布之天下後世而無媿。凡古之言者皆莫不然。

自漢以下，雖不能如三代盛時，亦庶幾焉。宋興，諸儒相望，有出漢唐之上者。迨建炎、紹興間，承喪亂之餘，學術文辭，猶不愧前輩，如故紫微舍人東萊吕公者，又其傑出者也。公自少時，既承家學，心體而身履之，凡三十年。仕愈躓，學愈進，因以其暇，盡交天下名士。其講習探討，磨礱浸灌，不極其源不止，故其詩文汪洋閎肆，兼備衆體，間出新意，愈奇而愈渾厚，震耀耳目，而不失高古，一時學士宗焉。晚節稍用於時，在西掖嘗兼直内庭，草趙丞相鼎制，力排和戎之議，忤秦丞相檜。秦公自草日歷，載公制詞以爲罪，而天下益推公之正。

公平生所爲詩，既以孤行於世，嗣孫祖平又盡裒他文凡若干首，爲若干卷，而屬某爲序。某自童子時，讀公詩文，願學焉。稍長，未能遠遊，而公捐館舍。晚見曾文清公，文清謂某：「君之詩，淵源殆自呂紫微，恨不一識面。」某於是尤以爲恨。則今得託名公集之首，豈非幸歟！慶元二年九月既望，中大夫提舉建甯府武夷山沖佑觀，山陰陸某謹序。

（《渭南文集》卷十四）

宋・尤袤《遂初堂書目・别集類》著録：

《呂居仁集》（不記卷數）。

宋・晁公武《郡齋讀書志》卷四下《别集類下》著録：

《呂居仁集》十卷

右皇朝呂本中字居仁。好問右丞之長子。靖康初權尚書郎，紹興中賜進士第，除右史，遷中書舍人。已而落職奉祠。少學山谷爲詩，嘗作江西宗派圖行於世。

紫微詩話

紫微詩話點校説明

《紫微詩話》初見宋趙希弁《郡齋讀書志》附志《雜説類》，《宋史·藝文志》及本傳皆不載。《文淵閣書目》卷二著録「《東萊紫微詩話》一部一册」，《續通志》卷一六三著録「《紫微詩話》一卷，吕本中編」。四庫提要謂：「大致以論詩爲主。其學出於黄庭堅，嘗作『江西宗派圖』，以庭堅爲祖，而以陳師道等二十四人序列於下。宋詩之分門别户，實自是始。然本中雖得法於豫章，而是編稱述庭堅者惟『范元實』一條，『從叔知止』一條，『晁叔用』一條，『潘邠老』二條，『晁無咎』一條，皆因他人而及之。其專論庭堅詩者，惟『歐陽季默』一條而已。餘皆述其家世舊聞，及友朋新作。如横渠張子、伊川程子之類，亦備載之，實不專於一家。」又極稱李商隱《重過聖女祠》詩『一春夢雨常飄瓦，盡日靈風不滿旗』一聯，及嫦娥詩『嫦娥應悔偷靈藥，碧海青天夜夜心』二句，亦不主於一格。蓋詩體始變之時，雖自出新意，未嘗不兼采衆長。自方回等一祖三宗之説興，而西昆、江西二派乃判如冰炭，不可復合。……觀於是書，知其初之不儘然也。」

今傳最早刊本爲宋刻《百川學海》本，《標目》庚集題《東萊詩話》，正文則題《東萊吕紫微詩話》，不署名；其次爲《津逮秘書》本、《四庫全書》本、《歷代詩話》本、螢雪軒叢書本、涵芬樓《説郛》本等，皆署名「宋東萊吕本中居仁」或「宋吕本中」，唯四庫《説郛》本署名「吕伯恭」。伯恭，祖謙字。亦如《紫微雜説》四庫提要所言，「祖謙僅終於著作郎，不得有紫微之稱」也。今以《百川學海》本爲底本，校以其他諸本，文字有異者，一律出校。

紫微詩話

晁伯禹載之，學問精確，少見其比，嘗作《昭靈夫人祠詩》云：「殺翁分我一盃羹，龍種由來事杳冥①。安用生兒作劉季②？暮年無骨葬昭靈。」

【校　記】

① 杳：四庫本作「查」，據《百川學海》本。

② 季：津逮秘书本作「秀」。

晁之道詠之《西池唱和詩》①。有「旌旗太一三山外，車馬長楊五柞中。柳外雕鞍公子醉，水邊紈扇麗人行」。殆絶唱也。

【校　記】

① 之道：《津逮秘書》本、四庫本作「知道」，據《百川學海》本。

高秀實茂華，人物高遠，有出塵之姿，其爲文稱是。嘗和予《高郵道中詩》，有「中途留眼占星聚，一夕披顔覺霧收」之句，便覺予詩急迫，少從容閑暇處。

汪信民革，嘗作詩寄謝無逸云：「問訊江南謝康樂，溪堂春木想扶踈。高談何日看揮麈，安步從來可當車。但得丹霞訪龐老，何須狗監薦相如？新年更勵於陵節，妻子同鉏五畝蔬。」饒德操節見此詩，謂信民曰：「公詩日進，而道日遠矣。」蓋用功在彼而不在此也。

洪龜父朋《寫韻亭詩》云：「紫極宮下春江横，紫極宮中百尺亭。水入方洲界玉局①，雲映連山羅翠屏。小楷四聲餘翰墨，主人一粒盡僊靈②。文簫采鸞不復返，至今神界花冥冥。」作詩至此，殆無遺恨矣③。

【校記】

①洲：四庫本、《津逮秘書》本作「州」，據《百川學海》本、《西渡集》。

②盡：《説郛》本作「晝」字，據《百川學海》本、《津逮秘書》本。

③恨：《津逮秘書》本、四庫本脱「恨」字，據《百川學海》本。

宣和末，林子仁敏功寄夏均父倪詩云：「嘗憶它年接緒餘，饒三落托我迂疎①。溪橋幾换風前柳，僧壁今留醉後書。」忘記下四句。饒三，德操也。

【校記】

①托：《宋詩紀事》作「拓」，據《百川學海》本。

表叔范元實既從山谷學詩，要字字有來處。嘗有詩云：「夷甫雌黄須倚閣，君卿唇舌要施行。」

從叔知止少年作詩云：「彭澤有琴常無弦①，大令舊物惟青氈。我亦四壁對默坐，中有一牀供晝眠。」元實深賞愛之，云：「殆似山谷少時詩也②。」

【校　記】

① 常：《逮津秘書》本、四庫本作「嘗」，據《百川學海》本。

② 也：《津逮秘書》本、四庫本無「也」字，據《百川學海》、《説郛》本。

從叔大有少時詩云：「范雎才拊穰侯背，蔡澤聞之又入秦。」不減王荆公得意詩也①。

【校　記】

①《津逮秘書》本、四庫本脱此條，據《百川學海》本。

外弟趙才仲少時詩「夕陽緣澗明①」等句，精確可喜。才仲少學柳文，曾内相肇、晁丈以道説之皆以才仲能爲古人之文也②③。

【校　記】

① 緣：《四庫》本作「緑」，據《百川學海》、《津逮秘書》本。

② 丈：《津逮秘書》本、四庫本作「文」，據《百川學海》。

③ 曾内相肇晁丈以道説之皆：四庫《説郛》作「曾詩晁以道説之輩」，據《百川學海》本、《津逮秘書》本。

夏均父倪文詞富贍，儕輩少及。嘗以「天寒霜雪繁，游子有所之」爲韻，作十詩留別饒德操，不愧前人作也①。

【校　記】

① 人：《百川學海》、《説郛》本皆無「人」字，據《津逮秘書》本、四庫本。

晁季一貫之嘗訪杜子師輿不遇①，留詩云：「草堂不見浣溪老，折得青松度水歸。」

【校　記】

① 輿：《津逮秘書》本作「與」，據《百川學海》本。

衆人方學山谷詩時，晁叔用沖之獨專學老杜詩①；衆人求生西方時②，高秀實獨求生兜率。

【校　記】

① 詩：《津逮秘書》本、四庫本無「詩」字，據《百川學海》本。

② 時：四庫本無「時」字，據《百川學海》、《説郛》本。

叔用嘗戲謂余云：「我詩非不如子，我作得子詩，只是子差熟耳。」余戲答云：「只熟便是精妙處。」叔用大笑，以爲然。

王立之直方病中盡以書畫寄交舊，余亦得書畫數種。與余書云：「劉玄德生兒不象賢。」蓋譏其子不能守其圖書也。余初未與立之相識，而相與如此。夏均父嘗寄立之詩云：「書來整整復斜斜。」蓋謂其病中作字如此。

饒德操酷愛徐師川俯《雙廟詩》「開元天寶間，袞袞見諸公。不聞張與許，名在臺省中」之句。

張先生子厚與從祖子進，同年進士也。張先生自登科不復仕，居毗陵。紹聖中，從祖自中書舍人出知睦州，子厚小舟相送數程，别後寄詩云：「籬鷃雲鵬各有程①，匆匆相别未忘情。恨君不在篷籠底，共聽蕭蕭夜雨聲。」先生少有異才，多異夢，嘗作《夢録》，記夢中事，予舊寶藏，今失之。先生夢中詩，如：「楚峽雲嬌宋玉愁，月明溪淨印銀鉤。襄王定是思前夢，又抱霞衾上玉樓。」又「無限寒鴉冒雨飛」、「紅樹高高出粉牆」之句，殆不類人間语也②。紹聖初，嘗訪祖父滎陽公於歷陽，既歸，乘小舟泝江至烏江，還書云：「今日江行，風浪際天，嘗記往在京師作詩云③：『苦厭塵沙隨馬足，却思風浪拍船頭』也。」

【校　記】

①程：四庫《説郛》本作「營」，據《百川學海》本、《津逮秘書》本。

②語：《百川學海》本、《津逮秘書》本、涵芬樓《説郛》本、四庫本作「人」，據《歷代詩話》本。

③在：四庫《説郛》本作「時」，據《百川學海》、四庫本。

汪信民於文無不精到，嘗代滎陽公作《張先生哀詞》云：「惟古制行必中庸兮，降及末世戾不通兮，首陽柱下更拙工兮。」其餘忘之矣。

紹聖初，滎陽公自淛中赴懷州①，叔祖赴睦州，邂逅於鎮江。别後，叔祖寄絶句云：「江南江北來，昨夜同枝宿。平明一聲起，四顧已極目。」

【校　記】

①淛：《津逮秘書》本、四庫本作「浙」，據《百川學海》本。

江西諸人詩，如謝無逸富贍，饒德操蕭散，皆不減潘邠老大臨精苦也。然德操爲僧後，詩更高妙，殆不可及。嘗作詩勸予專意學道，云：「向來相許濟時功，大似頻伽餉遠空①。我已定交木上座，君猶求舊管城公。文章不療百年老，世事能排雙頰紅②。好貸夜窗三十刻，胡床趺坐究幡風。」

【校　記】

① 頻伽：《倚松詩集》作「频婆」。

② 排：《倚松詩集》作「磨」，原校曰：「一作排。」

邠老嘗寄德操、均父詩云：「文如二稚徒懷璧，武似三明却韔弓。松檜參天西邑路，時時騎馬訪龐公。」「文如二稚」謂德操，「武似三明」謂均父也。後德操爲僧，名如璧，殆詩之讖也。

吴春卿參政，以資政殿大學士知河南，過郭店，《謁文靖公墓詩》云：「漢相巖巖真國英，門庭曾是接諸生。陽秋談論四時具，河嶽精神一座傾。」議者以爲頗盡文靖儀觀論議云。

滕元發甫《賀正獻公拜相啓》云：「玉璜釣瀨，家傳渭水之符；金鼎調元，代出山東之相。」又云：「寰區大抃，盡還仁祖之風；朝野一辭，復見申公之政。」當時稱誦之。

劉師川，莘老丞相幼子，力學有文，嘗贈舍弟詩云：「大阮平坐予所愛①，小阮相逢亦傾蓋。濟陰未識情更親，信手新詩落珠貝。楊氏作公誰料理，臧孫有後誠可喜。長亭木落風雨多，無酒飲君如别何？」余時爲濟陰縣主簿，大阮，謂知止也。

【校　記】

① 坐：《津逮秘書》本、《説郛》本、四庫本、《歷代詩話》本作「生」，據《百川學海》本。

曾子固舍人爲太平州司户時，張伯玉作守①，歐公、王荆公諸人，皆與伯玉書，以子固屬之，伯玉殊不爲禮。一日，就設廳召子固，作大排，唯賓主二人，亦不交一談也。既而召子固於書室，謂子固曰：「人謂公爲曾夫子，必無所不學也。」子固辭避而退。一日，請子固作《六經閣記》，子固屢作，終不可其意，廼爲子固曰：「吾試爲之。」即令子固書曰：「六經閣者，諸子百家皆在焉，不書，尊經也。」其下文不能具載。又令子固問書傳中隱晦事，其應答如流，子固大服，始有意廣讀異書矣。

【校記】

① 張伯玉：原諸本皆作「張伯玉璪」。據《乾隆太平府志·職官志》謂：「張伯玉字公達，建安人。以侍御史知。」又《嘉靖建寧府志》卷一八《人物》：「張伯玉，建安人。第進士，舉書判拔萃科。嘉祐中爲御史，嘗攻宰相文彦博，不自安而去。後出知太平府。時曾鞏爲司户，一日語之曰：『吾方作六經閣，子爲我記之。』鞏數呈稿，終不合意，乃自爲之。其首云：『六經閣者，諸子百家皆在焉，不書，尊經也。』鞏嘆服，從此益勵於學。伯玉後遷司封郎官。有《蓬萊詩》二卷。」據《宋史》三二八《張璪傳》：璪字邃明，全椒人。未嘗知太平州。故删去「璪」字。

晁丈以道言：「劉斯立跂初登科①，以賢稱。就亳州見劉貢父，所稱引皆劉所未知，於是始有意讀書。」以道又言：「少年讀書時，嘗鄙薄蔭補得官，以蔭補得官不是作官。後從李德叟游，德叟更輕賤科名，議論高遠，方有意真爲學矣。」

【校　記】

① 跂：《津逮秘書》本、《説郛》本、四庫本作「跋」，據《百川學海》本。

叔祖待制公嘗與賓客飲酒，時大有尚幼，侍側。叔祖令大有作四聲，大有應聲云：「微雨變雪。」

元祐中，諸阮族人居榆林①，甚盛。嘗一日，同游西池，有士子方行觀②，嘆曰：「紈綺不餓死，儒冠多誤身。」從叔叔巽應聲問曰：「秀才，汝『讀書破萬卷，下筆如有神』也未？」士子甚驚嘆。

【校　記】

① 阮：《百川學海》本作「院」，據《津逮秘書》本、四庫本。

② 行：《歷代詩話》本作「游」，據《百川學海》、《津逮秘書》本、四庫本。

東萊公嘗與羣從出城，至村寺中，寺僧設冷淘，止具酢，無他物。令衆對「入寺冷淘惟有酢」，叔巽應聲對云：「出門蒸餅便無鹽。」衆服其敏。

崇寧初，晁以道居登封，滎陽公嘗寄詩云：「將謂清風全掃地，世間今復有盧鴻。」以道和詩云：「渭濱人老釣綸中，晚達那知有早窮①？顧我巖棲終作底，謾將病目送飛鴻。」

【校 記】

① 達：《津逮秘書》本、四庫本作「歲」，據《百川學海》本。

崇寧末，東萊公迎侍滎陽公，居真州船場，晁以道赴官明州，來訪公，留連數日而去。别後，以詩寄公，云：「鳳老不竹食①，子復將衆雛。一門三世行，名教文章俱②。自可不富貴，天德公已餘。公乎默終日，誰言得親疎。人間亦何事，前賢重作書。公豈不窮愁，聊爲筆墨娱。掩卷長歎息，曷不巖廊歟？却慙小人計，不當君子居。可恨只江水③，潮生明月初。捩舵讋北客④，别去敢踟躕。回首望丹穴，涕泣日漣如。」

【校 記】

① 竹：《津逮秘書》本、四庫本、《歷代詩話》本、作「行」，據《百川學海》本。

② 教：《津逮秘書》本、四庫本、《歷代詩話》本作「數」，據《百川學海》本。

③ 只：《歷代詩話》本作「空」，據《百川學海》本。

④ 舵：《百川學海》本、《津逮秘書》本作「拖」，《歷代詩話》作「柂」，據四庫本。

曾元嗣續政和間嘗作十友詩，蓋謂顔平仲岐、關止叔沼、饒德操節、高秀實茂華、韓子蒼駒及余諸人，凡十人也。其稱予詩云：「吕家三相盛天朝，流澤于今有鳳毛。世業中微誰料理？卻收才具入風騷。」

崇寧初，滎陽公守曹州①，陳無己以詩寄公云：「往時三吕共脩途②，擬上青云近玉除。中道勒回犇電足，今年還值邇英廬。縱談尚記華嚴夜，枉道難同刺史車。乘興寬爲七字句，逢人聊代一行書②。」紹聖初，滎陽公罷經筵，出舍城東華嚴寺，無己與晁伯禹載之、唐季實之問皆來訪公。每晨興，公未起，三人者皆揖於門外。及寢，公就枕，三人者皆揖於門外，如親弟子云。

【校記】

① 曹：應爲「單」。詩見《後山詩注》卷一一，題爲《寄單州吕侍講》。乃元符三年（一一〇〇）所作。陳師道卒於建中靖國元年（一一〇一）十二月，崇寧元年（一一〇二）吕希哲出知曹州，已不及見。本中偶誤記，或傳抄之訛。

② 時：《津逮秘書》本作「生」，據《百川學海》本、《後山集》。

③ 一：諸本皆作「八」，據《後山集》改。

崇寧初，滎陽公自曹州與相州太守劉壽臣唐老學士兩易，會於滑州。滑守陳伯修師錫殿院也，坐中有詩云：「金馬舊游三學士，玉麟交政兩諸侯。」蓋記當時事也。

楊念三丈道孚克一，吕氏重甥，張公文潛之甥也。少有才思，爲舅所知。年十五時，在鄂渚作詩云：「洞庭無風時，上下皆明月。微波不敢興，甚静蛟蜃穴。」

元符初，滎陽公謫居歷陽，道孚爲州法曹掾。嘗從公出游，以職事遽歸，遺公詩云：「雨緑霜紅郭外田，山濃水淡欲寒天。參軍抱病陪清賞，一檄呼歸亦可怜。」公甚稱之①。

【校　記】

① 「楊念三丈」與「元符初」二則，《津逮秘書》本、四庫本合而爲一，此據《百川學海》本。

李方叔廌嘗作①《寒食詩》：「千株蜜炬出嚴闉，走馬天街賜近臣。我亦茅簷自鑽燧，煨針燒艾檢銅人。」又嘗《贈汝州太守詩》云：「安得吾皇四百州，皆如此邦二千石。」

【校　記】

① 廌：《百川學海》作「豸」，據《津逮秘書》本、四庫本。

方叔《祭東坡文》云：「皇天后土，實表平生忠義之心；名山大川，復收自古英靈之氣。」

【校　記】

① 「李方叔廌嘗作《寒食詩》」與「方叔《祭東坡文》」二則，《津逮秘書》本、四庫本合而爲一，此據《百川學海》本。

滎陽公紹聖中謫居歷陽，閉户却掃，不交人物。嘗有詩云：「老讀文書興易闌，須知養病不如閑。竹牀瓦枕虛堂上，卧看江南雨外山。」

滎陽公元符末起知單州，《登城樓》詩云：「斷霞孤鶩欲寒天，無復青山礙目前。世路崎嶇飽經歷，始知平地是神仙。」

東萊公元祐中《西池詩》云：「遊人初避熱，多傍柳陰行。」崇寧中閑居符離，嘗步至村寺，作詩贈僧云：「柳外陰中一鐸鳴，老僧拄杖出門行。自言老病難看讀，只坐蒲團到五更。」

饒德操初見潘邠老和山谷中興碑詩①，讀至「天下寧知再有唐，皇帝紫袍迎上皇」，嘆曰：「潘十後來做詩，直至此地位耶！」

【校記】

① 黃庭堅《山谷內集詩》卷二〇有《書摩崖碑後》詩，《宋文鑒》卷二一收潘大臨《浯溪》詩，即和山谷詩。

邠老送山谷貶宜州詩：「可是中州着不得，江南已遠更宜州。」山谷極稱賞之。

何斯舉頡嘗和余詩云：「秋水因君話河伯，接籬持酒對山公①。」斯舉即無己詩所謂「黃塵投老得何郎②，準擬明年共我長」者也，然斯舉與予初不相識。

【校　記】

①公：《津逮秘書》本、《四庫》本作「谷」，據《百川學海》、《歷代詩話》本。

②得：《津逮秘書》本作「■」，四庫本作「遇」，據《百川學海》、《歷代詩話》本。

晁叔用嘗作廷珪墨詩，脱去世俗畦畛，高秀實深稱之。其詩云：「君不見①江南墨②官有諸奚，老超尚不如廷珪，後來承晏頗秀出，喧然父子名相齊。百年相傳紋破碎，彷佛尚見蛟龍背。雷光屬天星斗昏③，雨痕倒海風雷晦。却憶當年清暑殿，黄門侍立才人見。銀鉤灑落桃花箋，牙床磨試紅絲硯。同時書畫三萬軸，二徐小篆徐熙竹。御題四絶海内傳，秘府毫鋩惜如玉④。君不見，建隆天子開國初，曹公受詔行掃除，王侯舊物人今得，更寫西天貝葉書。」

【校　記】

①君不見：《歷代詩話》本、《宋詩抄》作「我聞」，據《百川學海》本。

②墨：《津逮秘書》本、四庫本作「星」。據《百川學海》本。

③屬：《津逮秘書》本、四庫本作「燭」。據《百川學海》本。

④鋩：《津逮秘書》本、四庫本作「芒」。據《百川學海》本。

東萊公嘗言：「少時作詩，未有以異於衆人，後得李義山詩，熟讀規摹之，始覺有異。」

東萊公深愛義山「一春夢雨常飄瓦，盡日靈風不滿旗」之句，以爲有不盡之意。楊道孚深愛義山「嫦娥應悔偷靈藥，碧海青天夜夜心」，以爲作詩當如此學。仲姑清源君嘗言：「前身當是陶淵明，愛酒不入遠公社，故流轉至今耳①。」

【校　記】

① 耳：《津逮秘書》本作「耶」，四庫本作「邪」，據《百川學海》本。

吴正憲夫人最能文①，嘗雪夜作詩云：「夜深人在水晶宫。」吴正憲夫人知識過人，見元祐初諸公進用人才之盛，嘆曰：「先公作相，要進用一箇好人，費盡無限氣力；如今日用人，可謂無遺才矣。」吴正憲作相時，蓋元豐間也。

【校　記】

① 憲：《津逮秘書》本、四庫本作「獻」，據《百川學海》本、《宋史·吴充傳》。

孔毅甫平仲學士，建中、靖國間作吴正憲夫人挽詩云①：「贊夫成相業，聽子得忠言。」其子蓋傳正安詩舍人也。傳正有賢行，紹聖初，以左史權中書舍人，欲論事而懼其親老未敢。夫人聞之，屢促其子論列時事，傳正由此遂貶，夫人不以爲恨也。《百川學海》本原注：挽詩乃蘇子由作。

【校　記】

① 憲：《津逮秘書》本、四庫本作「獻」，據《百川學海》本、《宋史・吴充傳》。

紹聖初，蘇子由罷門下侍郎知汝州，吴傳正當制，行詞云：「薄責尚期改過，原情本出愛君①。」

【校　記】

① 薄責尚期改過，原情本出愛君：據《宋宰輔編年録》卷十吴安詩草制爲：「原誠終是愛君，薄責尚期改過。」

李忿去言，公擇尚書猶子，少能文詞，年十七八時作詩云：「去國城春桃李花①，楓林葉病尚天涯。今年九日風前帽，北客南舟雨後沙②。」忘下四句。汪信民甚稱之，以爲有過其侄商老處。然商老詩文富贍宏博，非後生容易可到。方臘之亂，去言有詩：「蒼黄避地小兒女，漂泊連床老弟兄。」亦佳句也。

【校　記】

① 城春：《歷代詩話》作「春城」，據《百川學海》、四庫本。

② 南：《津逮秘書》本、四庫本作「李」，據《百川學海》本。

夏均父稱張彦實詩出江西諸人。彦實《送均父作江守》詩云：「平時袞袞向諸公，投老猶推作郡公。未覺朝廷踈汲黯，極知州郡要文翁。」均父每諷誦之。

【校　記】

① 翁：《津逮秘書》本、四庫本作「公」，據《百川學海》本。

張子厚先生紹聖中蘇、常道中題予授讀書卷後云：「一水帝鄉路，片雲師子山。」不知此何人詩也。

正獻公自同知樞密院出知定州①，謝上表有云：「特以百年舊族，荷累朝不貲之恩；一介微軀，辱上主非常之遇。」又云：「謂臣世服近僚，有均休共戚之義；察臣旁無厚援，絶背公死黨之嫌。」又云：「進不敢希功而生事，退不敢弛備以曠官。」

【校　記】

① 獻：《歷代詩話》作「憲」，據《宋史・吕公著傳》、《百川學海》本、《津逮秘書》本、四庫本。

正獻公自中司罷後數年①，起知河陽，謝上表云：「三學士之職，嘗忝兼榮；中執法之司，亦蒙真授。」蓋公嘗爲翰林學士，兼侍讀學士、寳文閣學士，官至侍郎，拜中丞，銜内不帶「權」字。公爲中丞時，官已至侍郎，故云「亦蒙真授」也。

【校　記】

①　獻：《歷代詩話》作「憲」，據《宋史·吕公著傳》、《百川學海》本、《津逮秘書》本、四庫本。

正獻公知揚州①，《賀景靈宫成表》有云：「即上都之福地，再廣真庭②；會列聖之晬容，益嚴昭薦。」又云：「回廊曼衍，圖拱極之近僚；秘殿重深③，列儀坤之正位。」

【校　記】

①　獻：《歷代詩話》作「憲」，據《宋史·吕公著傳》、《百川學海》本、《津逮秘書》本、四庫本。

②　再廣真庭：《宋文鑑》卷六九作「載廣珍庭」，據《百川學海》、四庫本、《津逮秘書》本。

③　秘：《津逮秘書》本作□，四庫本作「内」，據《百川學海》本。

正獻公守河陽①，范蜀公、司馬温公往訪，公具燕設口號，有云：「玉堂金馬，三朝侍從之臣；清洛洪河，千古圖書之奥。」

【校　記】

①　獻：《歷代詩話》作「憲」，據《宋史·吕公著傳》、《百川學海》本、《津逮秘書》本、四庫本。

夏英公《賀文靖公兼樞密使啓》云：「三公之尊，古無不統；五代多故，政乃有歸。」又云：「部分諸將，獨出於禁中；制決奇謀，不關於公府。」又云：「當清明之盛旦，布焜煌之册書。」原注：啓事乃宋子京作。

孫廣伯衍《謝東萊公舉改官啓》云：「清朝薦士，寒門蒙座主特達之知①；絳帳傳經，賤子辱侍講非常之遇。」蓋孫公莘老受知正獻公，廣伯嘗從滎陽公學也。

【校　記】

① 寒：《百川學海》本作「大」，據《津逮秘書》本、四庫本、《歷代詩話》本。

朱巽子權，荆門人，崇寧初嘗客予家，未有聞也。其後赴舉，滎陽公送之以詩。子權後見胡康侯給事，康侯問：「朱子久從吕公，亦嘗聞吕公議論乎？」朱曰：「未也，獨記公有送行詩卒章云：『它日稍①成毛義志②，再求師友究淵源。』」康侯曰：「是乃吕公深教子，以子學問爲未至③，故勉子再求師友爾。」子權由是發憤爲學，與兄震子發俱從師請問焉。

【校　記】

① 稍：《津逮秘書》本、四庫本作「稱」，據《百川學海》本。

② 義：《師友雜誌》引此詩作「遂」字，據《百川學海》本、《津逮秘書》本。

③ 學問：《津逮秘書》本、四庫本作「問學」，據《百川學海》本。

叔祖待制，尊德樂道，以父師禮事滎陽公，嘗寄公詩，有「久矣摳衣闕過庭」之句。

汪信民嘗和予《欲晴》詩云：「釜星晚雜出，雨脚晨可歇。」又嘗和予《春日》絶句云：「晏坐爨堂一事無，居官蕭散似相如。偶違濁酒風前約，不見繁英雨後踈。」

張丈文潛大觀中歸陳州，至南京，答予書云：「到宋冒雨，時見數花淒寒，重裘附火端坐，略不類季春氣候也。」

顔夷仲岐，舊嘗從滎陽公問學。予爲濟陰主簿，夷仲適在曹南，嘗贈予詩：「念昔從學日，同升夫子堂。」夫子，蓋謂滎陽公也。予罷官歸，作詩留別夷仲云：「昔者同升夫子堂，如今俱是鬢蒼浪。」蓋用其語也。

饒德操作僧後，有送别外弟蔡伯世詩云：「要做仲尼真弟子，須參達麽的兒孫①。」時諸説禪者不一，故德操專及之。

【校　記】

① 麽：《津逮秘書》本、四庫本作「摩」，據《百川學海》本。

未改科已前，有吴儔賢良爲廬州教授，嘗誨諸生，作文須用倒語，如「名重燕然之勒」之類，則文勢自然有力。廬州士子遂作賦嘲之云：「教授於廬，名儔姓吴。大段意頭之没，全然巴鼻之無。」

前輩有士人登科作太原職官，能文輕脱，嘲侮同官，爲衆所怒①。太原帥戒之，因作啓事謝帥云：「才非一鶚，難居累百之先；智異衆狙，遂起朝三之怒。」副總管武人嘗戲之，使對句云：「快咬鹽虀窮措大。」其人應聲對曰：「善飧倉米老衙官。」雖云輕佻，然自改科後，士人亦不能爲此語矣。

【校　記】

① 怒：《津逮秘書》本、《歷代詩話》、四庫本作「怨」，據《百川學海》本。

李尚書公擇，向見秦少游上正獻公投卷詩云①：「雨砌墮危芳，風軒納飛絮。」再三稱賞云：「謝家兄弟得意詩，只如此也。」

【校　記】

① 獻：《歷代詩話》作「憲」，據《百川學海》本、《津逮秘書》本。

予舊藏秦少游上正獻公投卷①，張丈文潛題其後云：「予見少游投卷多矣，《黄樓賦》、《哀鍾文》，卷卷有之，豈其得意之文歟？少游平生爲文不多，而一一精好可傳，在嶺外亦時爲文。此卷是投正獻公者②，今藏居仁處。居仁好其文，出以示予，覽之令人愴恨。時大觀改元二月也。」

【校　記】

①② 獻：《歷代詩話》作「憲」，據《百川學海》本、《津逮秘書》本。

文潛嘗爲其甥楊道孚作《真贊》云：「其氣揚以善動，其神鶩以思用。盍觀老氏之言乎？君子行不離輜重。」蓋規之也。

楊十七學士應之國寶力行苦節①，學問贍博，而弘致遠識，特異流俗。嘗題所居壁云：「有竹百竿，有香一爐，有書千卷②，有酒一壺，如是足矣。」伊川正叔先生嘗以爲交游中惟楊應之有些英氣③。

【校　記】

① 寶：《津逮秘書》本、四庫本、《歷代詩話》作「賓」，據《百川學海》本。

② 千：《百川學海》本作「十」，據《津逮秘書》本、四庫本。

③ 些：《百川學海》本無「些」字，據《津逮秘書》本、四庫本、《歷代詩話》本。

邢和叔尚書嘗以丹遺伊川先生，先生以詩謝之云：「至誠通化藥通神①，遠寄衰翁救病身。我亦有丹君信否？用時還解壽斯民。」

【校　記】

① 誠：《百川學海》本、《津逮秘書》本、四庫本皆作「神」；《二程遺書》、《能改齋漫録》、《困學紀聞》皆

作「誠」。謂爲《寄謝王子真詩》。化：《二程文集》作「聖」。原校曰：「一作化。」據《百川學海》本、《津逮秘書》本、《四庫》本。

司馬温公既辭樞密副使，名重天下。韓魏公元臣舊德，倍加歆慕。在北門與温公書云：「多病寖劇，闕于修問。但聞執事以宗社生靈爲意，屢以直言正論，開悟上聽，懇辭樞弼，必冀感動，大忠大義，充塞天地，横絶古今，固與天下之人歎服歸仰之不暇，非於紙筆一二可言也。」又書云：「音問罕逢，闕于致問。但與天下之人欽企高誼，同有執鞭忻慕之意②，未嘗少忘也。」又書云：「伏承被命，再領西臺，在于高識，固有優游之樂，其如蒼生之望何？此中外之所以鬱鬱也。」

【校記】

① 歆：《歷代詩話》作「欽」，據《百川學海》、《津逮秘書》本、《四庫》本。

② 同：《津逮秘書》本、四庫本、《歷代詩話》本作「間」，據《百川學海》本。

王荆公嘗寄正獻公書云①：「備官京師二年，疵吝積於心②，每不自勝。一詣長者，即廢然而反。夫所謂德人之容，使人之意消者，於晦叔得之矣。以安石之不肖，不得久從左右，以求其放心，而稍近於道。猥以私養竊禄，所以重貪污之罪，惓惓企望，何以勝懷？因書見教，千萬之望。」

【校　記】

①獻：《歷代詩話》作「憲」，據《百川學海》本。

②疪：《津逮秘書》本、四庫本作「鄙」，據《百川學海》本。

崇寧初，楊丈道孚見寄數絶，有云：「東平佳公子，好學到此郎。别去今幾日，結交皆老蒼。」又一絶云：「不知更事多，但覺拜人少。」其餘忘之。

張子厚先生嘗游山寺，詩有「凍僕堆堆依竈燎，山僧草草具盤飧。井丹已厭嘗葱葉，庾亮何勞惜薤根」之句，蓋寺僧具食極疏略也。

晁丈以道嘗以所爲《易解》示謝丈顯道。它日，顯道還其書，因批其後云：「事忙不及相難。」

以道嘗令子弟門人學《易》，先治李鼎祚《集解》①。或以語楊丈中立。中立問其故，其人曰：「以其集衆説。」楊丈笑曰：「集衆説不好者。」

【校　記】

①集解：《百川學海》、《津逮秘書》本、四庫本無「集」字，據《歷代詩話》本。其書即名《周易集解》。

潘邠老《哭東坡絶句十二首》，其最盛傳者：「元祐絲綸兩漢前，典刑意得寵光宣。裕陵聖德如天大，誰道微臣敢議天？」「公與文忠總遇讒，讒人有口直須緘。聲名百世誰常在？公與文忠北斗南。」

歐陽季默嘗問東坡：「魯直詩何處是好？」東坡不答，但極口稱重黄詩。季默云：「如『夜聽疎疎還密密①，曉看整整復斜斜』，豈是佳邪？」東坡云：「正是佳處。」

【校　記】

① 夜：《津逮秘書》本、《百川學海》本作「卧」，據《山谷集》。

山谷贈晁无咎詩曰：「執持荆山璧①，要我琱琢之。」蓋无咎初從山谷理會作詩，故无咎舊詩往往似山谷。

【校　記】

① 璧：《百川學海》本、《津逮秘書》本作「玉」，據《山谷集》。

僧守訥，圓照師門人。本衣冠家子弟，後從圓照師祝髮，辯博能文。元符末，上皇踐阼，遠近稱頌新政，守訥以詩寄滎陽公云：「野夫生長仁皇世，再見仁皇御太平。」是時，天下稱上皇爲小仁宗云。

劉跂斯立，莘老丞相長子，賢而能文。建中靖國間，丞相追復，斯立以啓謝諸公云：「晚歲離騷，旋招魂於異域；平生精爽，猶見夢於故人。」

李光祖元亮，野夫學士之孫，少有俊聲，與蔡嶷同學舍。嶷既貴，元亮猶蹉跎場屋。嶷在金陵，以同舍故，先謁之，元亮以啓事謝之云：「跣足而見長者，古猶非之；輕身以先匹夫，今無是也。」

知止叔少時，嘗作《初涼詩》云：「西風吹木葉，庭户作涼時①。夜有愁人歎，寒先病骨知。」予每喜誦此句。爾來少年能爲此詩者蓋少矣②。

【校　記】

① 作：《歷代詩話》本作「乍」，據《百川學海》本、《津逮秘書》本、四庫本。

② 爾：《津逮秘書》本、四庫本、《歷代詩話》作「邇」，據《百川學海》本。

范正平子夷，丞相忠宣公長子，少有高節，專務靜退。紹聖中，欽聖向后爲其家作功德寺，爲屋數百間。百姓訴其地民間地也，朝廷下其事開封府，府尹王震、户部尚書蔡京皆定以爲官地。民訴不已，再委開封尉覈實。時子夷適爲開封尉，驗治實民間地。哲宗問正平何人家。執政對曰：「純仁子也。」上曰：「名家。」有手詔改寺城外①，王震、蔡京各贖金。用事者怒之。開封縣有兩尉，一尉治内，一尉治外。子夷，治外尉也，治内尉失囚被譴，遂并子夷銜替，子夷不恤也。常以爲好事到手難得，豈可不做，做而被罪，其庸多矣。後益連蹇不進，恬如也。常乘一馬卑小，謝公定贈詩云：「一官如馬小，衆眼似衫青。」

【校　記】

①手：《百川學海》本作「守」，據《津逮秘書》本、四庫本。

崇寧間，談命術者多言叔祖待制子進與曾内翰子開，皆宰相命也。或有以吉凶占於紫姑神者，代書村童即書於紙云：「待曾、吕相方發。」人皆以二公可必相也，然皆不驗。豈鬼神亦但聞人所説，而遂以爲然乎！叔祖有詩云：「夢寐西山結草廬①，逝將臨水詠游魚。何人見卯求時夜，更着閑言問藐姑②。」

【校　記】

①寐：《津逮秘書》本、四庫本、《歷代詩話》本作「寢」，據《百川學海》本。

②藐：《歷代詩話》本作「紫」，據《百川學海》本、《津逮秘書》本、四庫本。

崇寧初，叔祖待制自瀛帥改知潁州，過曹南，省滎陽公，見學院諸生作詩，因和之：「騏驥方騰踏，蚊虻敢撲緣。明年小期集，請看十蘆鞭①。」紹聖間，調知歸州，過太平州，亦和諸生詩，其末句有「何處孤城號秭歸」之句。

【校　記】

①蘆：《津逮秘書》本、《歷代詩話》、四庫本作「廬」，據《百川學海》。

紫微詩話拾遺

山谷論作詩法，當自舜皋陶《賡歌》及《五子之歌》以下，皆當精考。故予論詩，必斷自唐虞以下。（《詩集》卷三《喜章仲孚朝奉見過十韻》自注）

紫微詩話附録一

林之奇《記聞》五則

吕紫微和曾吉甫侍郎詩，有云：「長江渺渺看秋注，孤鶩悠悠伴碧霞。」蓋以詩比「孤鶩落霞」而視長江秋注爲不足耳。曾亦領略此語，故其詩云：「潛郎有語須參取，孤鶩悠悠伴落霞。」又云：「詩來含風刺，有味如猗那。悠悠誚孤鶩，渺渺看秋河。」

吕紫微未二十歲時，有《滕王閣詩》，其兩句云：「小艇原從天上來，白雲自向盃中落。」前輩作者已服其精當矣。此虞夢符之説也。余記得舊聞諸吕逢吉言：舍人少時有詩云：「春盡茅簷低着燕，日高田水故飛鷗。」蘇黄門見之云：「此人他日當以詩名天下。」（以上《拙齋文集》卷一）

曾吉甫曾託某問吕紫微，其詩如何。紫微曰：其詩學山谷，大抵只是於浮標上理會，無甚旨趣。子通云。

紫微云：句中要有眼，非是句句有之。只一篇之中一兩句有眼，便是好詩。老杜詩篇篇皆然。

吕紫微云：「作詩以三百篇爲首。詩人之作，其美、刺、箴、規、咏、歌，舉合乎道學者。學詩須本諸此，乃爲佳作。」（以上《拙齋文集》卷二）

張戒《歲寒堂詩話》一則

往在桐廬，見吕舍人居仁，余問：「魯直得子美之髓乎？」居仁曰：「然。」「其佳處焉在？」曰：「禪家所謂『死蛇弄得活』。」余曰：「活則活矣。如子美『不見旻公三十年，封書寄與淚潺湲。舊來好事今能否，老去新詩誰與傳』，此等句，魯直少日能之。『方丈涉海費時節，玄圃尋河知有無。』『桃源人家易制度，橘洲田土仍膏腴。』此等句，魯直晚年能之。至於子美『客從南溟來，朝行青泥土。』《壯遊》、《北征》，魯直能之乎？如『莫自使眼枯，收汝淚縱横。眼枯卻見骨，天地終無情』，此等句魯直能到乎？」居仁沉吟久之，曰：「子美詩有可學者，有不可學者。」余曰：「然則未可謂之得髓矣。」（《歲寒堂詩話》卷上）

紫微詩話附録二　舊版題跋

《郡齋讀書志》趙希弁附志《雜説類》著録

《東萊吕紫微雜説》一卷，《師友雜誌》一卷，《詩話》一卷。右吕本中字居仁之説也。鄭寅刻之廬陵。

《文淵閣書目》卷二《詩詞類》著録

東萊紫微詩話一部一册

《續通志》卷一六三著録

《紫微詩話》一卷，宋吕本中編

《津逮秘書》本毛晉跋

紫薇公，希哲之孫，好問之子，祖謙之祖也。自言傳衣江西，嘗作《江西宗派圖》，自黄豫章而下，列陳后山等二十五人爲法嗣，蓋以獨師豫章也。又作夏倪集序，論學詩當識活法，極其明快，可補入詩話中。劉後村跋云：夏倪所作，似未能然，往往紫薇公自道耳。湖南毛晉識。

《四庫全書總目》卷一九五《集部·詩文評類一》

《紫微詩話》一卷，江蘇巡撫採進本。宋吕本中撰。本中有《春秋集解》，已著録。本中歷官中書舍人，權直學士院。故詩家稱曰吕紫微，而所作詩話亦以紫微爲名。其中如李鼎祚《易解》諸條，偶涉經義；秦觀《黄樓賦》諸條，頗及雜文；吴幵《倒語》諸條，亦間雜詼諧。而大致以論詩爲主。其學出於黄庭堅，嘗作「江西宗派圖」，以庭堅爲祖，而以陳師道等二十四人序列於下。宋詩之分門别户，實自是始。然本中雖得法於豫章，而是編稱述庭堅者惟「范元實」一條，「從叔知止」一條，「晁叔用」一條，「潘邠老」二條，「晁无咎」一條，皆因他人而及之。其專論庭堅詩者，惟「歐陽季默」一條而已。餘皆述其家世舊聞，及友朋新作。如横渠張子、伊川程子之類，亦備載之，實不專於一家。又極稱李商隱《重過聖女祠》詩「一春夢雨常飄瓦，盡日靈風不滿旗」一聯，及嫦娥詩「嫦娥應悔偷靈藥，碧海青天夜夜心」二句，亦不主於一格。蓋詩體始變之時，雖自出新意，未嘗不兼采衆長。自方回等一祖三宗之説興，而西昆、江西二派乃判如冰炭，不可復合。元好問題《中州集》末，因有「北人不拾江西唾，未要曾郎借齒牙」句，實未流相詬，有以激之。觀於是書，知其初之不儘然也。王士禎《古夫于亭雜録》曰：「《紫微詩話》載張子厚詩『井丹已厭嘗葱葉，庾亮何勞惜薤根』，三韭二十七，乃杲之事，與元規何涉？張誤用而居仁亦無辨證，何也？」今考《南齊書·庾杲之傳》，杲之清貧自業，食惟有韭葅、瀹韭、生韭、雜菜。或戲之曰：「誰謂庾郎貧？食鮭嘗有二十七種。」則杲之但有食韭事，實不云薤。《晉書·庾亮傳》載：「亮噉薤，因留白。陶侃問曰：『安用此爲？』亮曰：『故可以種。』」則惜薤實庾亮事，與杲之無關。此士禎偶然誤記，安可反病本中失於辨證乎！

《四庫全書簡明目録》卷二〇《詩文評類》

《紫微詩話》一卷，宋吕本中撰。其中偶涉經義，兼及雜事、雜文，然大致以論詩爲主。其學源出豫章，而所論乃不主一家，亦不主一格，雖張子、程子之作，與文士南轅北轍，亦不廢稱述，可謂無門戶之見。

附録

著作存目

一、《春秋解》　《宋史》本傳謂「《春秋解》一十卷」，《宋史》卷二〇二《藝文一》著録二卷。明朱睦㮮《授經圖義例》卷十六《諸儒著述附歷代春秋傳注》著録：「《春秋解》二卷，吕本中。」今不傳。有學者認爲今傳《春秋集解》中之「吕氏曰」，即引自吕氏《春秋解》。亦屬推測，並無實證。現查《集解》「吕氏曰」，正文一〇三則，夾註三則。

二、《中庸解》　不知卷數。宋・衛湜《禮記集説》卷一三二收有東萊吕氏解《中庸》一則，注謂「居仁」。今不存。

三、《江西宗派詩社圖》　明以前公私書目皆不著録，僅見於宋人筆記，所存者唯序之片段（見今輯《吕居仁文輯》）。清《佩文齋書畫譜・纂輯書籍》載：「《江西宗派詩社圖》吕居仁。」又王士禎《居易録》卷九：「姜西溟云：嘗於吴門董姓家見……宋刻《江西宗派圖》，圖如年表世系之例，再過則已亡之矣。」

四、《吕文靖公事狀》　《遂初堂書目・本朝雜傳》著録《吕文靖事狀》，不記著人與卷數。《宋史》卷二〇三《藝文二》著録《吕文靖公事狀》一卷。注曰：「不知作者」。汪應辰

《文定集》卷一〇《題吕文靖公事狀》曰：「右吕文靖公事狀，公之孫中書舍人本中所論次也。」

五、《吕居仁奏議》　見《遂初堂書目·章奏類》，不載卷數。久佚。

六、《申國春秋》　《遂初堂書目》著録《申國春秋·本朝雜傳》，不記著人與卷數。汪應辰《文定集》卷一〇有《讀申國春秋》曰：「右《申國春秋》十卷，蓋所記正獻吕公言行編年之書也。」不記作者，或亦本中之作。今不傳。

七、《江西宗派詩集》　尤袤《遂初堂書目·總集類》著録：「江西詩派。」不言編者、卷數。陳振孫《直齋書録解題》卷十五《總集類》載：「江西詩派一百三十七卷，《續派》十三卷。」亦不記編者。唯《宋史》卷二〇九《藝文八》著録：「吕本中《江西宗派詩集》一百十五卷。」現在所知：（一）陳振孫《直齋書録解題》卷二十《詩集類》著録：「《山谷集》三十卷，《外集》十一卷，《别集》二卷，黄庭堅魯直撰，江西所刻『詩派』，即豫章前後集中詩也。《别集》者，慶元中莆田黄汝嘉增刻。」（二）清修四庫全書時收入饒節的《倚松詩集》即據「慶元己未校官黄汝嘉重刊」的「江西詩派」本的抄本。今國家圖書館藏有自康熙至宣統多種《倚松詩集》抄本，均標明「江西詩派」本「慶元己未校官黄汝嘉重刊」。（三）一九一八年傅增湘購得的江西詩派本《東萊詩集》殘本十八、十九、二十凡三卷；《東萊詩外集》三卷，全，其目録後注明「慶元己未校官黄汝嘉增刊」。據此，知黄汝嘉之前，江西曾刻有江西詩派詩集，蓋即淳熙十一年程叔達帥江西時刻本，有楊萬里序（《誠齋集》卷八十《江西宗派詩序》）。黄汝嘉在慶元五年「重刻」，而其中「增刻」、「增刊」，則爲江西本所無者。楊序江西本云：「以謝幼槃之孫源所刻石本，自山谷外，凡二十有五家，彙而刻之於學宫。」謝源所刻石本，當爲《江西宗派圖》，而非詩集。意即按石本圖中所列詩人名單，彙刻詩集。楊萬里與呂本中年代相接，如呂氏編有《江西宗派詩集》，不可能隻字不提。可以確定呂氏並無此編，宋志乃屬誤載。

八、《師友淵源録》《宋史》本傳謂五卷，《山堂肆考》（卷一二二《著书》上）、《河南通志》（卷六一《理学·开封·吕希哲》）續有著録，不言卷數。或即《師友雜誌》同書而異名，然卷數相差太多。

傳記資料

呂本中傳

宋・李幼武

呂本中，初名大中，字居仁。其先東萊人，自文靖公始家京師。以正獻公恩，補假承務郎。紹聖間黨事，追貶正獻，亦奪官。元符中復官。政和五年，調興仁濟陰簿，繼爲泰州士曹。丁母憂，吉，除大名路撫幹。宣和六年，除樞密院編修。靖康初，遷職方員外郎，引嫌，除直秘閣，主管明道宫。紹興初，召直言，爲祠部員外郎。尋丐閑，除直秘閣主管崇道觀。六年召，賜進士出身，擢起居舍人，屢辭不允，兼權中書舍人。七年四月，直龍圖閣知台州，尋改崇道觀。冬，除常少。八年，拜中書舍人，旋兼侍講，權直學士院，史館修撰。後忤秦檜，言罷，提舉太平觀。紹興十五年六月卒。遷上饒，年六十二。隆興二年，追復敷文待制。

自少講學即聞父祖至論，又與諸君子晨夕相接薰陶，常言：「『德無常師，主善爲師』，此論最要。」又謂：「學者當熟究《孝經》、《論語》、《中庸》、《大學》，然後徧求諸書必有得矣。」從游、楊力叩微旨，復造劉安世、陳瓘之門請益。公之學問端緒深遠蓋如此。

六飛幸吴郡，欲進蹕建康。公論自古創業中興者，必有根本之地，以制四方之地，必有根本之兵，以制四方之兵。今所以仰以爲根本之地者，不過兩浙、江東、福建而已，然而諸路凋殘，民力已困，所仰以爲根本之兵者，禁衛是也，而單弱不可用。乞令大臣廣選才略，先求二者之要而力行之。

苗亘監階州倉草場，以贓獲罪，黥之。公奏曰：「近歲官吏犯贓多抵黥罪。且既名士人，行法之際，宜有所避。況四方之遠，或有枉濫，何由盡知。若遽施此刑，異時察其非辜，雖欲深悔，亦無及矣。又此刑既用，臣恐後世不幸姦臣弄權，必且借之以及無罪。使國家此刑不絶，則紹聖以來憸人盜柄，縉紳遭此，殆無遺類矣。願酌處常罰，以稱陛下仁厚之意。」疏再上，從之。

駕幸建康，公疏言：「當今之計，必先爲恢復事業，乃可觀釁而動。若但有其志，而無其業，恐益他患。今江南、二浙科須實繁，閭里告病，尤當戒謹。倘有水旱乏絶之虞，奸宄竊發，未審何以待之。」

復請於九江、鄂渚、荆南諸處多宿師旅，臨以重臣，至如孫氏以來，名將皆言西陵、建平，國之蕃表，今二處正在荆、峽間，當精擇守臣，假之權柄，以待緩急，則江南自守之計，差爲備矣。

論任人當辨邪正，邇來建言用事之臣，稍稍各狥私見，不主正説。元祐、紹聖混爲一途，其意皆有所在。若不早察，必害政體。

靖康間，公與秦檜同爲郎，意懽甚，秦又公父所薦御史也。趙鼎耳熟公名，亦大欽鄉之。公之真拜西掖也，趙、秦適爲左右揆，論議多不諧。秦有專擅之意，欲排不附己者，公爲陳「同人于野，亨」之意，當以大同至公，圖濟艱難，秦不然之。又力勸其不可汲用親黨。亡幾何，除目果下，公即奏還之。秦諭，且令書行，卒不聽，秦始怨公矣。《哲宗實録》成，趙除特進，公行其制曰：「謂合晉、楚之成，不若尊王而賤伯。」秦見此語，指爲破和議，不樂也。公繳還制敕甚衆，抑僥倖，明是非，未嘗苟合。趙能容，多聽從；秦皆以爲罪，遂誣公阿附首台。趙鼎去，言者希合，論公爲朋比，罷之。公去，秦之勢張矣。

公以切直忤柄臣，一斥不得復用，貧甚。人多爲公戚，而公方且深居，講明道要，其視擢抑擯棄爲士之常，初不以介意也。

公器藴閎厚，行誼純篤，誠意充積，表裏無間，與人忠信樂易，即之藹然，莫見其喜愠。平日學問，以窮理盡性爲本，卓然高遠，不可企及。（李幼武《宋名臣言行録別集》卷七）

吕本中傳

元·脱　脱等

吕本中字居仁，元祐宰相公著之曾孫、好問之子。幼而敏悟，公著奇愛之。公著薨，宣仁太后及哲宗臨奠，諸童稚立庭下，宣仁獨進本中，摩其頭曰：「孝於親，忠於君，兒勉焉。」祖希哲師程頤，本中聞見習熟。少長，從楊時、游酢、尹焞遊，三家或有疑異，未嘗苟同。以公著遺表恩，授承務郎。紹聖間，黨事起，公著追貶，本中坐焉。

元符中，主濟陰簿、泰州士曹掾，辟大名府帥司幹官。宣和六年，除樞密院編修官。靖康改元，遷職方員外郎，以父嫌奉祠。丁父憂，服除，召爲祠部員外郎，以疾告去。再直秘閣，主管崇道觀。

紹興六年，召赴行在，特賜進士出身，擢起居舍人兼權中書舍人。内侍李琮失料曆，上以潛邸舊人，不用保任特給之。本中言：「若以異恩別給，非所謂『宫中府中當爲一體』者。」上見繳還，甚悦，令宰臣諭之曰：「自今有所見，第言之。」

監階州草場苗亘以贓敗，有詔從黥。本中奏：「近歲官吏犯贓，多至黥籍，然四方之遠，或有枉濫，何由盡知？異時察其非辜，雖欲拔拭，其可得乎？若祖宗以來此刑嘗用，則紹聖權臣當國之時，士大夫無遺類久矣。願酌處常罰，毋令姦臣得以藉口於後世。」

從之。

七年，上幸建康，本中奏曰：「當今之計，必先爲恢復事業求人才，恤民隱，講明法度，詳審刑政，開直言之路，俾人人得以盡情。然後練兵謀帥，增師上流，固守淮甸，使江南先有不可動之勢，伺彼有釁，一舉可克。若徒有恢復之志，而無其策，邦本未强，恐生他患。今江南、兩浙科須日繁，閭里告病，倘有水旱乏絶，姦宄竊發，未審朝廷何以待之？近者臣庶勸興師問罪者，不可勝數，觀其辭固甚順，考其實不可行。大抵獻言之人，與朝廷利害絶不相侔，言不酬，事不濟，則脱身而去。朝廷施設失當，誰任其咎？鷙鳥將擊，必匿其形，今朝廷於進取未有秋毫之實，所下詔命，已傳賊境，使之得以爲備，非策也。」又奏：「江左形勢如九江、鄂渚、荆南諸路，當宿重兵，臨以重臣。吴時謂西陵、建平，國之藩表，願精擇守帥，以待緩急，則江南自守之計備矣。」

内侍鄭諶落致仕，得兵官。本中言：「陛下進臨江滸，將以有爲，今賢士大夫未能顯用，巖穴幽隱未能招致，乃起諶以統兵之任，何邪？」命遂寢。引疾乞祠，直龍圖閣、知台州，不就，主管太平觀。召爲太常少卿。

八年二月，遷中書舍人。三月，兼侍講。六月，兼權直學士院。金使通和，有司議行人之供，本中言：「使人之來，正當示以儉約，客館芻粟若務充悦，適啓戎心。且成敗大計，初不在此，在吾治政得失，兵財强弱，願詔有司令無乏可也。」

初，本中與秦檜同爲郎，相得甚歡。檜既相，私有引用，本中封還除目，檜勉其書行，卒不從。趙鼎素主元祐之學，謂本中公著後，又范沖所薦，故深相知。會《哲宗實録》成，鼎遷僕射，本中草制，有曰：「合晉、楚之成，不若尊王而賤霸；散牛、李之黨，未如明是以去非。」檜大怒，言於上曰：「本中受鼎風旨，伺和議不成，爲脱身之計。」風御史蕭振劾罷之。提舉太平觀，卒。學者稱爲東萊先生，賜謚文清。

有詩二十卷，得黄庭堅、陳師道句法，《春秋解》一十卷、《童蒙訓》三卷、《師友淵源録》五卷，行於世。

論曰：《傳》有之：「不有君子，其何能國。」紹興之世，吕頤浩、秦檜在相位，雖有君子，豈得盡其忠，宋之不能圖復中原，雖曰天命，豈非人事乎？若常同、張致遠、薛徽言、陳淵、魏矼、潘良貴、吕本中，其才猷皆可以經邦，其風節皆可以厲世，然皆論議不合，奉祠去國，可爲永慨矣。（《宋史》卷三七六）

宋元學案·紫微學案（節略）

（黄宗羲原本　黄百家纂輯　全祖望補定）

紫微學案表

呂本中　滎陽孫。元城、龜山、廌山、了翁、和靖、震澤門人。安定、泰山、涑水、百源、二程、横渠、清敏、焦氏再傳。廬陵、濂溪、鄞江、西湖三傳。

- （從子）大器
  - （從孫）祖謙（别爲《東萊學案》）
  - （從孫）祖儉（别見《東萊學案》）
- （從子）大倫
- （從子）大猷
- （從子）大同（按：大猷、大同皆本中子，原云「從子」，誤）
  - （從子）子沖
- 林之奇
  - 呂祖謙（别爲《東萊學案》）
  - 劉世南（别見《豫章學案》）
- 李楠
- 李樗

汪應辰（别爲《玉山學案》）
王時敏（别見《和靖學案》）
章憲
章悊
周憲（並見《震澤學案》）
王師愈（别見《龜山學案》）
曾季貍
方疇
方豐之（子）士繇（别見《滄洲諸儒學案》）
黄櫄
三山學侶

曾幾（别見《武夷學案》。）
許忻（别爲《范許諸儒學案》。）并紫微講友

紫微學案序録

祖望謹案：大東萊先生爲滎陽冢嫡，其不名一師，亦家風也。自元祐後諸名宿，如元城、龜山、廌山、了翁、和靖以及王信伯之徒，皆嘗從遊，多識前言往行以畜其德。而溺于禪，則又家門之流弊乎！述《紫微學案》。梓材案：紫微與及門諸傳本在和靖卷中，自謝山始别爲《學案》。

滎陽家學（胡、程再傳。）

文清吕東萊先生本中

吕本中，初名大中，字居仁。其先東萊人，自文靖公始家京師。父好問，資政殿學士，封東萊郡侯。先生以正獻公恩補承務郎。紹聖間黨事起，正獻追貶，先生亦坐黜。元符中復官。政和五年，調興仁濟陰簿，繼爲泰州士曹。丁母憂，吉，除大名路撫幹。宣和六年，除樞密院編修官。靖康初，遷職方員外郎，以不答梁師成大著名。紹興六年，自直秘閣、主管崇道觀召赴行在，特賜進士出身，擢起居舍人兼權中書舍人。七年，上幸建康，先生奏曰：「當今之計，必爲恢復事業，求人才，卹民隱，審政刑，開言路，然後練兵謀帥，增師上流，固守淮甸，伺彼有釁，一舉可克。若邦本未强，恐生他患。」引疾乞祠，直龍圖閣、知台州，不就，主管太平觀。召爲大常少卿。八年，遷中書舍人，又兼權直學士院。初，先生與秦檜同爲郎，意歡甚，秦又先生父所薦御史也。趙忠簡鼎耳熟先生名，亦大欽嚮之。先生之真拜西掖也，趙、秦適爲左右揆，論議多不諧。檜有專擅之意，欲排不附己者，先生爲陳「同人于野，亨」之義，檜不然之。又力勸檜不可汲用親黨，除目下，先生即奏還之，檜勉其書行，卒不從。會《哲宗實録》成，忠簡除特進，先生草制有曰：「會晉、楚之成，不若尊王而賤伯；散牛、李之黨，未如明是以去非。」檜大怒，言于上曰：「本中受鼎風旨，伺和議不成，爲脱身之計。」風御史蕭振劾罷，與祠。卒于上饒，年六十二，學者稱爲東萊先生，賜謚文清。所著有《春秋解》、《童蒙訓》、《師友淵源録》，行于世。先生少從游定夫、楊龜山、尹和靖遊，而于和靖尤久。和靖之致仕也，先生問曰：「伊川歸田，納其告敕曰：『臣本布衣，得還初服爲榮。』今先生受四品服致仕，與伊川異，何也？」和靖曰：「居仁責我則是。但焞荷聖恩，四章不允，復賜雜物。今解《孟子》以進，當俟書成，隨納章服耳。先後之間，非有異也。」從孫祖謙、祖儉。（修）

祖望謹案：先生歷從楊、游、尹之門，而在尹氏爲最久，故梨洲先生歸之尹氏《學案》。愚以爲先生之家學，在多識前言往行以畜德，蓋自正獻以來所傳如此。原明再傳而爲先生，雖歷登楊、游、尹之門，而所守者世傳也。先生再傳而爲伯恭，其所守者亦世傳也。故中原文獻之傳獨歸吕氏，其餘大儒弗及也。故愚别爲先生立一《學案》，以上紹原明，下啓伯恭焉。

西垣童蒙訓（略）

祖望謹案：紫微所作，切要于《童蒙訓》一書。其所述諸大儒言行，予已采入諸《學案》。其未盡者，列于此卷。而《官箴》見于成公《集》中者，亦備引之。

謝山《跋宋槧吕西垣童蒙訓》曰：紫微先生《師友雜志》、《雜説》諸書，大略與《童蒙訓》三卷互相出入，無甚異同也。記晁公武《讀書志》曾引《童蒙訓》中語，謂秦淮海自過嶺後，詩嚴重高古，自成一家，與其舊作不同，而今無之，然則尚非足本邪？然讀樓迂齋序，則是本乃紫微從子倉部弸中所手鈔，大愚子喬年所是正，不應尚有脱落。或者公武誤指《紫微詩話》以爲是書，未可知也。雲濠案：弸中爲紫微弟，倉部乃弸中子大器。其云「從子倉部弸中」，誤。

舍人官箴（略）

紫微説（略）

雜録（略）

祖望謹案：紫微之學，本之家庭，而徧叩游、楊、尹諸老之門，亦嘗及見元城，多識前言往行以畜德。成公之先河，實自此出。顧世以其喜言詩也，而遂欲以《江西圖》派擠之，不知先生所造甚高。成公詩云：「吾家紫微翁，獨守固窮節。金鑾朝罷歸，朝飯而薇蕨。峨峨李杜壇，總角便高躡。暮年自誓齋，銘几深刻責。名章與俊語，掃去秋一葉。冷淡靜工夫，槁乾迂事業。有來媚學子，隨叩無不竭。辭受去住閒，告戒意尤切。」可以知先生晚年之養矣！惟是其于釋氏之學，有未盡斥者，則滎陽之遺風也。然學者讀其《童蒙訓》、《官箴》而行之，足以入聖學矣。于其佞佛，姑置之可也。

附　録（略）

紫微講友

文清曾茶山先生幾（別見《武夷學案》。）

吏部許先生忻（別爲《范許諸儒學案》。）

紫微家學（胡、程三傳）

倉部吕先生大器

奉議吕先生大倫（合傳）

吕先生大猷（合傳）

吕先生大同（合傳）

吕大器，字治先，㻶中子，紫微從子，累官尚書倉部郎，東萊之父也。兄弟四人，曰大倫，字時叙；大猷，字允升；大同，字逢吉。築豹隱堂以講學，汪文定公稱之，嘗謂吕奉議時叙貧甚。閒廢日久，可惜。而尤愛逢吉，謂其所講釋者，莫非前言往行之要。蓋皆有得于家學者也。治先爲曾文清公壻，兼得其傳。兄弟中惟逢吉夭。

（梓材謹案：汪玉山《與逢吉書》，謝山節録六條于《玉山學案》，其五條今分移《高平》、《涑水》、《元城》、《景迂》諸《學案》）

紫微門人

提舉林三山先生之奇

林之奇，字少穎，一字拙齋，侯官人。從居仁遊，教之以廣大爲心，以踐履爲實，稱高弟。紹興丙辰，西上應進士，行至北津而返，曰：「未忍舍吾親也！」益肆力于學，及門常數百人，學者稱爲三山先生。成紹興己巳進士，由長汀尉薦除正字，遷校書郎。入對，言堯、舜執中，不離仁義，次言宜革文弊，歸于忠實，次言無尚老、莊之學，高宗褒納之。御製《損齋記》，先生奏言損思以益德，損用以益本，損華以益實。朝議欲兼用王氏新經，先生言：「晉人以王、何清談之罪深于桀、紂。胡蝗內食，考其端倪，王氏實負王、何之責，所謂邪説詖行淫辭之不可訓者。」先生嘗言：「欲圖中原，必自巴、蜀。若浮江絶淮，下梁，宋以圖中原，必不能也。故赤壁、淝水雖一勝，而卒不能長驅而前。」符離之捷，中外稱賀，先生獨貽書幕府，戒以持重，已而果覆。以病乞去，除宗正丞、使泉舶，奉祠，尋卒。三山之門，當時極盛，今其弟子多無可考，而吕成公其出藍者也。先生所著有《尚書》、《周禮》、《論》、《孟》、《楊子》等講義，又《拙齋集》二十卷。今惟《尚書》與《集》存。修。雲濠案：《尚書全解》，《宋志》作五十八卷，内府藏本爲四十卷。

拙齋紀問（略）

鄉貢李和伯先生楠

李楠，字和伯，侯官人也。與其弟樗并有名。吕居仁入閩，先生兄弟與林少潁首事之，遂得伊洛之傳。少潁謂先生如元紫芝，其弟如黄叔度。其論學之言曰：「不用私稱，輕重自定；不用私斛，多寡自足；不用私心，是非自明。」又曰：「夢者，心之鑑。人之善，或以矜持矯飾爲之，至夢寐間，則毫髮不可揜。君子以夢爲鑑，自知心之誠僞。」又曰：「道有并行而不悖者：人之善則譽之，己不可以自譽；人之過則恕之，己不可以自恕；人之貧則矜之，己不可以自矜。」又曰：「吾于《甫田》得爲學之道，于《衡門》得處世之方。」又曰：「陳平燕居深念，陸賈至前而不見，吾欲以是慎吾思。嚴顔曰：『斫頭便斫頭，何怒邪？』吾欲以是懲吾忿。」又曰：「《春秋》之不可以凡例拘，猶《易》之不可泥于象數。苟惟取必于例，與杜後惠文何異哉！」先生尤精于《春秋》，旁搜衆説以會其趣。衆説所未安，然後斷以己意。其書未成而卒，年止三十有七，論者惜之。（修）

鄉貢李迂齋先生樗

李樗，字迂仲，侯官人，自號迂齋，與兄楠俱有盛名，并以鄉貢不第早卒。臨終謂林少穎曰：「空走一遭！」勉齋嘗稱之曰：「吾鄉之士，以文辭行義爲學者宗師，若李若林，其傑然者也。」所著有《毛詩解》，博引諸説，而以己意斷之。學者亦稱爲三山先生。雲濠案：《閩書》言先生有《毛詩注解》，學者稱迂齋先生。于少潁爲外兄。林，李出也。

文定汪玉山先生應辰（别爲《玉山學案》）

隱君王先生時敏（别見《和靖學案》）

章復軒先生憲

章先生悊

周先生憲（并見《震澤學案》）

説書王先生師愈（别見《龜山學案》）

隱君曾艇齋先生季貍

曾季貍，字裘父，臨川人，南豐先生弟宰之曾孫。先生嘗遍從南渡初年諸名宿，而學道以吕舍人居仁爲宗，乾、淳諸老多敬畏之。嘗勉張宣公爲范堯夫，而戒以勿輕言兵。隱居蕭然，布衣，劉共父、張于湖爭薦之，謝不出。其師友尺牘，舍人居第一。先生嘗一試禮部，不中，終身不赴。有《艇齋雜著》一卷，乃議論古今之文，陳振孫稱其辭質而義正，可以得其人。蓋有所傳于伊洛之統者也。（補）

梓材謹案：《直齋書録解題》云：「鞏之弟曰湘潭主簿宰，宰之孫曰大理司直晦之，季貍其子也，少從吕居仁、徐師川遊。」是先生又爲徐氏門人。

通守方困齋先生疇

方疇，字耕道，弋陽人也。學者稱爲困齋先生。受業于紫微，而徧從胡文定父子、張橫浦諸公遊。紫微嘗述顧子敦語以告之曰：「守至正以待天命，觀物變以養學術。」因名其所居之堂曰守正，曰觀養，且曰：「吾將朝于斯，夕于斯，以無忘吕公之賜。」建炎中，成進士。紹興中，上書有四宜憂，謂女真詭計、盜賊猖獗、藩鎮跋扈、將帥畏怯；十宜行，講征伐、理財用、擇人才、明賞罰、重臺諫、抑奄寺、議詔令、卹凶荒、訓鄉兵、寬民力；一宜去，則宰相秦檜也。通判武岡，太守宋若樸希宰相意，言先生與胡忠簡公爲姻家，以深文貶零陵。忠簡自嶺外貽之書曰：「君取《易·困卦》詳玩而深索之，則得所以處困之道矣！」先生于是名其所居曰困齋，其讀《易》也謂之「困交」，其自稱曰困叟，張魏公雅重之。先生才氣抗邁，閨門雍睦之行甚篤，出處又不苟，謫居好學不倦。汪文定公嘗曰：「幸聞耕道之風，庶取則不遠，且足令吾同學者有所興起。」後赴判建康，卒于官。有《集》二十卷。（補）

監鎮方先生豐之

方豐之，字德亨，莆田人也。從紫微吕公學于信州，其後辭歸，紫微以詩送之，有云「子學既立，子志甚遠，何以終之？止在不倦」是也。仕至監鎮。先生後以婦家，遂遷建陽。工詩，蓋亦紫微之餘風，朱子與放翁皆嘗序之。子士繇，則朱子之門人；孫丕父，則勉齋之門人。（補）

三山學侶

宣教黄先生

黄櫄，字實夫（雲濠案：先生名一作樵。）漳州人，樵仲之弟。淳熙中舍選，入對大廷，獻十論，升進士丙科，調南劍州教授。三山講學之侶，二李與林其眉目，而先生亦翹楚也。迂仲解《毛詩》，先生足之，兼傳龜山、了齋之學。官終宣教郎。有《詩解》、《中庸》、《語》、《孟解》。（修）

倉部家學（胡、程四傳）

成公呂東萊先生祖謙（别爲《東萊學案》）

忠公呂大愚先生祖儉（别見《東萊學案》）

林氏家學

主簿林先生子沖

林子沖，字通卿，拙齋猶子。主南豐簿，能世其學。

林氏門人

成公呂東萊先生祖謙（别爲《東萊學案》）

司理劉先生世南（别見《豫章學案》）

方氏家學

方遠庵先生士繇（别見《滄洲諸儒學案》）